ADNOTATIONES IN IUS CANONICUM

Hrsg. von Elmar Güthoff und Karl-Heinz Selge

Band 46

PETER LANG
Frankfurt am Main · Berlin · Bern · Bruxelles · New York · Oxford · Wien

Die Rota Romana

Stefan Killermann

DIE ROTA ROMANA

Wesen und Wirken des päpstlichen Gerichtshofes im Wandel der Zeit

2., überarbeitete Auflage

PETER LANG
Internationaler Verlag der Wissenschaften

Bibliografische Information der Deutschen Nationalbibliothek
Die Deutsche Nationalbibliothek verzeichnet diese Publikation in der Deutschen Nationalbibliografie; detaillierte bibliografische Daten sind im Internet über http://dnb.d-nb.de abrufbar.

ISSN 0946-9176
ISBN 978-3-631-62065-6

Internationaler Verlag der Wissenschaften
Frankfurt am Main 2009
2., überarbeitete Auflage 2011

www.peterlang.de

Meinen lieben Eltern

Walter und Irmgard Killermann

und meinem Bruder Christoph

Geleitwort

Einhundert Jahre waren es im vergangenen Herbst, seit eine der ältesten noch heute bestehenden Institutionen des Abendlandes wieder anfing, Geschichte zu schreiben. Dem heiligen Pius X. ist es zu verdanken, dass der Apostolische Gerichtshof der Rota Romana, der schon im Mittelalter Berühmtheit erlangt hatte, seinen Auftrag nach einer Phase unterbrochener Gerichtstätigkeit fortsetzen und sich auf dem festen Grund jahrhundertelanger Überlieferung den gewandelten Anforderungen der Zeit neu stellen konnte.

Es ist mir deshalb eine sehr große Freude, zum Abschluss des Jubiläumsjahres ein Werk präsentieren zu können, das Wesen und Wirken des traditionsreichen Gerichtshofes der Päpste umfassend darlegen möchte. Mons. Stefan Killermann, Judizialvikar der Diözese Eichstätt, hat in diesem Buch nicht nur sehr umfangreiches Quellen- und Literaturmaterial verarbeitet, sondern auch seinen eigenen an der Rota dreizehn Jahre treu geleisteten Dienst auf andere Weise fortgeführt und ergänzt.

Die vorliegende Arbeit kann als rechtshistorische Zusammenschau gelten. Indem sie die Entstehung der Rota und deren Entwicklung bis hinein in die jüngste Zeit beschreibt, ermöglicht sie einen Vergleich der einzelnen Gerichtsepochen untereinander sowie ein besseres Verstehen der heutigen Rechtslage auf dem Hintergrund der Vergangenheit. So lässt sich eher erkennen, was in Anbetracht der jeweiligen Umstände und der vielerlei Einflüsse von innen und außen wandelbar am Wesen und Wirken der Rota ist und was gleichbleibend Bestand haben muss.

Möge die Darstellung einem vertieften Verständnis des Beitrages dienen, den die Rota Romana zeit ihres Bestehens zum Heil der Seelen geleistet hat und auch in Zukunft zu leisten haben wird. In diesem Sinne wünsche ich der Studie weite Verbreitung.

Vatikanstadt, am Fest der Kathedra Petri 2009

✠ Antoni STANKIEWICZ
Titularbischof von Novapietra
Dekan der Rota Romana

Vorwort

Die vorliegende Arbeit fertig zu stellen, hat lange gedauert. Sie geht in ihren Grundlinien auf eine Dissertation zur Erlangung des Doktorgrades in beiden Rechten zurück, die im Juni 1995 unter dem Titel *Die Rota Romana. Auftrag und Funktion des Gerichtshofes in geschichtlicher Entwicklung und aktuellem Anspruch* an der Päpstlichen Lateranuniversität verteidigt sowie im Jahre 1999 in Auszügen publiziert wurde. Die Dissertation war von den Professoren P. Dr. Domingo Javier Andrés Gutiérrez *C.M.F.*, dem damaligen Präses des *Pontificium Institutum Utriusque Iuris*, als Doktorvater, Prälat Dr. José María Serrano Ruiz und P. Dr. Manuel Jesús Arroba Conde *C.M.F.* betreut worden.

Bereits zu jener Zeit hatte ich die Absicht, die Studie als ganze zu veröffentlichen. Während sich dieses Vorhaben durch Umstände unterschiedlicher Art verzögerte, zeigte sich immer deutlicher, dass zu einer gründlichen Aufarbeitung des Wesens und Wirkens der Rota Romana in Geschichte und Gegenwart noch weit umfangreichere Nachforschungen erforderlich waren. Insbesondere im Hinblick auf die Jahrhunderte vom Beginn der Neuzeit bis zur Unterbrechung der Gerichtstätigkeit der Rota im 19. Jahrhundert, aber auch auf die jüngste Zeit, waren zudem zahllose neue Publikationen zu berücksichtigen und auszuwerten. Ergänzenswert erschien mir nicht zuletzt, einen Abriss der historischen Grundlagen vorzulegen, die einst zur Entstehung dieses päpstlichen Dikasteriums führten. Die weitere Vertiefung in die Materie hat den Umfang gegenüber der ursprünglich abgeschlossenen Studie dann aber erneut beträchtlich gesteigert. So hat sich allein die Anzahl der im Literaturverzeichnis aufgeführten und damit in die Arbeit eingefügten Titel noch einmal um fast das Dreifache erhöht.

Dass die Studie nun in der vorliegenden Form veröffentlicht werden kann, verdanke ich auch dem Wohlwollen und der Hilfsbereitschaft vieler Personen und Einrichtungen.

Ich denke zunächst an meine früheren Vorgesetzten und Kollegen in der Rota Romana: an den Dekan des Gerichtshofes, S. E. Erzbischof Dr. Ernesto Maria Fiore (†), und an alle, die ihm in diesem Amte nachfolgten, besonders an S. E. Bischof Prof. Dr. Antoni Stankiewicz, der mir die Ehre seines Geleitwortes gegeben hat; an Auditoren, Kanzleibeamte und Emeriti des Apostolischen Tribunals, neben Prälat Prof. Dr. José María Serrano Ruiz namentlich Prälat Dr. Mario Giannecchini, Prälat Dr. Egidio Turnaturi, Prälat Dr. Michael Xavier Leo Arokiaraj, Msgr. Dr. Robert Gołebiowski und S. E. Dekan Prälat Dr. Dr. Heinrich Ewers (†).

Großzügigerweise haben mir sämtliche Dikasterien des Heiligen Stuhles, die ich gebeten hatte, aus bisher unveröffentlichten Quellen zitieren zu dürfen, die Erlaubnis gegeben, die entsprechenden Stellen in meine Publikation aufzunehmen: das Staatssekretariat, das die Genehmigung auch für Dokumente der einstigen Kongregation für die außerordentlichen Angelegenheiten des Heiligen Stuhles sowie des früheren Rates für die öffentlichen Angelegenheiten der Kirche erteilte, die Bischofskongregation als Nachfolgerin der Konsistorialkongregation, die Kongregation für die Gottesdienste und die Disziplin der Sakramente, der Oberste Gerichtshof der Apostolischen Signatur sowie die Rota Romana selbst.

Für wertvolle Ergänzungen und Hinweise – beispielsweise bei der Erstellung der Auditorenliste des vergangenen Jahrhunderts – danke ich auch vielen anderen Amts- und Privatpersonen: Archivaren, bischöflichen Sekretären, Kanonisten und Historikern im In- und Ausland, Freunden und Bekannten.

Eine ganz besondere Anerkennung gebührt dabei meinem Mitarbeiter, Herrn Offizialatsrat Dr. Peter Stockmann, der mit stetiger Geduld Seite um Seite den mühevollen Korrekturdienst auf sich genommen hat und diesem mit sehr großer Gewissenhaftigkeit und profundem Sachverstand über mehrere Jahre hinweg nachgekommen ist. Sein geschätzter Rat war mir in vieler Beziehung eine wertvolle Hilfe.

Allen, die in irgendeiner Weise zur Fertigstellung der Arbeit beigetragen haben, gilt mein herzliches Vergelt's Gott.

Möge das nun vorliegende Werk ein wenig dazu anregen, sich der Einzigartigkeit des Apostolischen Gerichtshofes der Rota Romana bewusst zu werden, und manche Quellen- oder Literaturangabe in interessierten Leserinnen und Lesern den Wunsch wecken, am Rande gestreiften Fragen näher nachzugehen.

Eichstätt, im März 2009 *Stefan Killermann*

In der vorliegenden zweiten Auflage sind etwa 50 Schreib- und Flüchtigkeitsfehler behoben worden. Zudem wurden der Auditorenliste drei Namen (Nr. 121-123) und sieben Daten (bei Nr. 79, 101, 105, 108, 112, 114 und 115) hinzugefügt. Weitere Ergänzungen gegenüber der ersten Auflage sind außer an drei Stellen im Stichwortverzeichnis nicht erfolgt. Auch am Seitenumbruch wurden nur im Register III geringfügige Änderungen vorgenommen.

Eichstätt, im September 2011 *Der Verfasser*

Inhaltsverzeichnis

Sechstes Kapitel

Die Bestätigung

Einleitung

JESUS CHRISTUS, der von Gott eingesetzte Richter der Lebenden und der Toten[1], ist nicht in die Welt gekommen, damit er die Welt richtet, sondern damit die Welt durch ihn gerettet wird[2]. Sein Auftrag an die Kirche ist es, die Menschen aus der Verstrickung durch das Böse herauszuführen auf den Weg des Heiles und der Erlösung. Er hat die Apostel daher unter dem Vorsitz des heiligen Petrus zu Verwaltern der Geheimnisse Gottes gemacht[3] und sie dazu bestimmt, den Seinen als Lehrer, Hirten und Priester zu dienen.

Da die Gemeinschaft der Gläubigen aber aus sündigen Menschen besteht, die um des Friedens und der Eintracht willen nicht auf Recht und Gesetz verzichten können[4], übten die Apostel auf Grund des ihnen übertragenen Hirtenamtes von Anfang an auch richterliche Gewalt über die Gläubigen aus. So mahnt der heilige Paulus die Getauften von Korinth, ihre Rechtsstreitigkeiten nicht vor ungläubige Richter zu bringen, sondern vor die christliche Gemeinde selbst[5]. Durch alle Jahrhunderte der Kirchengeschichte hindurch waren es dann die

---

[1] Vgl. Apg 10, 42.

[2] Vgl. Joh 3, 17.

[3] Vgl. 1 Kor 4, 1.

[4] Vgl. GREGOR IX., Papst, Ap. Konst. *Rex pacificus*, 1234, Sep 5: E. FRIEDBERG (Hg.), *Corpus iuris canonici. Editio Lipsiensis secunda*, II, Leipzig ²1881 = Graz 1955, 2-3, 2: „Rex pacificus pia miseratione disposuit sibi subditos fore pudicos, pacificos et honestos. Sed effrenata cupiditas, sui prodiga, pacis aemula, mater litium, materia iurgiorum, tot quotidie nova litigia generat, ut, nisi iustitia conatus eius sua virtute reprimeret, et quaestiones ipsius implicitas explicaret, ius humani foederis litigatorum abusus exstingueret, et dato libello repudii concordia extra mundi terminos exsularet. Ideoque lex proditur, ut appetitus noxius sub iuris regula limitetur, per quam genus humanum, ut honeste vivat, alterum non laedat, ius suum unicuique tribuat, informatur“; siehe hierzu auch J. M. SERRANO RUIZ, *El espíritu del Derecho Canónico*, Valladolid 1986, 25.

[5] Vgl. 1 Kor 6, 1-6.

Nachfolger der Apostel, die gefordert waren, zum Heil der ihnen anvertrauten Seelen Streit unter den Gläubigen zu schlichten und so als Richter über sie zu entscheiden[6]. Ausdrücklich bestätigt daher das Zweite Vatikanische Konzil das Recht und die Pflicht der Bischöfe, nicht nur Gesetze für ihre Untergebenen zu erlassen, sondern ebenso auch Urteile über sie zu fällen[7]. Aus demselben Grund ist neben der gesetzgebenden und der ausführenden auch die richterliche Gewalt Bestandteil der einen *potestas regiminis* in der Kirche[8].

Wenn diese den Aposteln erteilte Vollmacht unlösbar mit dem ihnen übertragenen Auftrag verbunden ist, dann bleibt es der freien Entscheidung der Kirche überlassen, geeignete Strukturen zu schaffen, die eine auf das Heil der Gläubigen bedachte Gerichtsbarkeit am besten gewährleisten. So kann der Nachfolger des Apostelfürsten als oberster Gesetzgeber und Richter auf Erden seine Vollmacht entweder persönlich oder durch delegierte Stellvertreter wahrnehmen.

Zu diesen Stellvertretern zählen seit Jahrhunderten die Auditoren der Römischen Rota, eines Gerichts, das auf Grund seiner weit reichenden Entscheidungsbefugnis immer wieder Anlass zu Neugier und Spekulation innerhalb und außerhalb der Kirche gegeben hat und gibt.

Vieles ist bereits über die Rota Romana geschrieben worden. Schon aus der Mitte des 16. Jahrhunderts ist uns ein Manuskript überliefert, in dem ein spanischer Auditor der Rota namens Antonio Agostín die damalige Gerichtspraxis

---

[6] Zur Entstehung und Geschichte der kirchlichen Gerichtsbarkeit vgl. J. FESSLER, *Der kanonische Proceß nach seinen positiven Grundlagen und seiner ältesten historischen Entwickelung in der vorjustinianischen Periode*, Wien 1860; kritisch: M. A. v. BETHMANN-HOLLWEG, *Der Civilprozeß des gemeinen Rechts in geschichtlicher Entwicklung*, VI, Bonn 1874, 83-84: „Erinnert man sich des Ursprungs der christlichen Kirche als der von Christus gestifteten Anstalt des Heils und Gemeinschaft thätiger Liebe, so liegt die Frage nahe, wie es möglich war, daß dieselbe Kirche jetzt, neben Wort und Sacrament, als ihre wesentlichste Function das Gericht betrachtete? Den Grund dazu hatte schon unmittelbar nach der Zeit der Apostel die altkatholische Kirche gelegt, indem sie, als die Fülle des apostolischen Geistes von ihr wich, das Evangelium in ein neues Gesetz verwandelte und aus dem Gesetzthum des alten Bundes die Scheidung eines opfernden und herrschenden Klerus von der Gemeinde herübernahm. Nun wurde [...] das ursprünglich Geringste ihrer Werke, die Kirchenzucht, [...] als Disciplin und Strafgerichtsbarkeit eine Hauptaufgabe an ihren Gliedern".

[7] Vgl. VATICANUM II, Dogmatische Konstitution über die Kirche *Lumen Gentium*, 1964, Nov 21, n. 27: AAS 57 (1965), 5-71, 32-33; hierzu und zur richterlichen Funktion in der Kirche siehe auch PAUL VI., Papst, *Allocutio ad Praelatos Auditores, Officiales et Advocatos Tribunalis Sacrae Romanae Rotae, novo litibus iudicandis ineunte anno coram admissos*, 1968, Feb 12: AAS 60 (1968), 202-207, 203-204.

[8] Vgl. can. 135 § 1 CIC; can. 985 § 1 CCEO.

erläutert[9]. Etwa 120 Jahre später verfasste sein deutscher Kollege Jakob Emerix eine handgeschriebene Arbeit mit dem Titel *Tractatus seu notitia Sacrae Romanae Rotae*[10]. Obwohl die päpstliche Gerichtsbarkeit seit dem 16. Jahrhundert immer wieder in allgemeinen Abhandlungen über die Römische Kurie und das kirchliche Recht Berücksichtigung findet[11], erscheint jedoch erst anfangs des 18. Jahrhunderts die erste Publikation, die speziell die Rota zum Gegenstand ihrer Darstellung macht, nämlich der 1717 veröffentlichte Traktat von Domenico Bernino[12].

Um die Mitte des 19. Jahrhunderts sind es die Werke des Italieners Giuseppe Bondini[13] und des französischen Grafen Henri-Joseph Dugué de la Fauconnerie[14], die den Gerichtshof zum Thema haben. Beachtenswert sind daneben auch die zusammenfassenden Darstellung von Gaetano Moroni[15], Johann Hein-

---

[9] Vgl. A. AUGUSTIN, *Praxis Rotae*: C. LEFEBVRE (Hg.), *Antonii Augustini Praxis Rotae et Jacobi Emerix Tractatus seu notitia S. Rotae Romanae. Deux traités inédits sur la procédure de la S. Rote Romaine* (= MCS, 8), Tournai 1961, 12-27.

[10] Vgl. J. EMERIX, *Tractatus seu notitia S. Rotae Romanae*: C. LEFEBVRE (Hg.), *Antonii Augustini Praxis Rotae et Jacobi Emerix Tractatus seu notitia S. Rotae Romanae. Deux traités inédits sur la procédure de la S. Rote Romaine* (= MCS, 8), Tournai 1961, 43-171 und 173-178. Das Manuskript ist um 1676 zu datieren (vgl. *ebd.*, 30).

[11] Vgl. dazu unter anderem L. GOMES, *In regulas cancellariae iudiciales commentaria*, Venetiis 1540; O. VESTRIUS, *Practica in Romanae aulae actionem et iudiciorum mores introductionem continens*, Coloniae 1597, l. II. cap. 17; S. SCACCIA, *Tractatus De judiciis Causarum civilium criminalium et haereticalium*, Francofurti 1618, lib. I, cap. 26; H. PLETTENBERG, *Notitia congregationum et tribunalium curiae Romanae*, Hildesiae 1693; G. B. DE LUCA, *Theatrum veritatis & justitiae: sive decisivi discursus per materias, seu titulos distincti, & ad veritatem editi in forensibus controversiis canonicis & civilibus, in quibus in Urbe Advocatus pro una partium scripsit, vel consultus respondit*, XV/2. *Relacio Romanae curiae forensis, ejusque tribunalium, & congregationum*, Venetiis 1716, disc. 32, und hierzu C. LEFEBVRE, *J. B. De Luca et le tribunal de la Rote*: EphIC 14 (1960), 300-320; J. AYMON, *Tableau de la Cour de Rome dans lequel sont representés au naturel sa Politique, & son Gouvernement tant spirituel, que Temporel, les cérémonies religieuses & civiles, ce qui s'observe dans le Conclave à l'Election des Papes, les cavalcades, & plusieurs autres choses très-rares & très-curieuses, et qui ne se trouvent ni dans l'histoire des Conclaves, ni dans aucune relation de l'Italie*, Den Haag ^{2}1726, 247-256 und 278.

[12] Vgl. D. BERNINO, *Il tribunale della S. Rota Romana*, Roma 1717 = Sala Bolognese 2001.

[13] Vgl. G. BONDINI, *Del Tribunale della Sagra Romana Rota. Memorie storiche colle rispettive bolle de'Pontefici*, Roma 1854 = Città del Vaticano 2008.

[14] Vgl. H. DUGUÉ DE LA FAUCONNERIE, *Le tribunal de la Rote*, Paris 1859.

[15] Vgl. G. MORONI, *Dizionario di erudizione storico-ecclesiastica da S. Pietro sino ai nostri giorni*, LXXXII, Venezia 1862, 206-279.

rich Bangen[16], George Phillips[17], Paul Hinschius[18], Dominique Bouix[19] und Johann Baptist Sägmüller[20]. Zudem stellte zu Beginn des 20. Jahrhunderts Michele Lega[21] genaue Untersuchungen zur Entstehung und Entwicklung des Gerichtshofs an. Doch kann auf Grund des vielen bis dahin noch nicht entdeckten oder berücksichtigten Quellenmaterials wohl erst seit Emil Göller[22] und Rudolf von Heckel[23] von einem echten Fortschritt in der Erforschung der Historie der Rota gesprochen werden.

Die bis heute grundlegenden und vollständigsten Abhandlungen über die Geschichte der Rota Romana sind jedoch zweifelsfrei die von dem deutschen Auditor Franz Egon Schneider verfasste Monografie aus dem Jahre 1914[24] und das mehrbändige Werk des vatikanischen Archivrats Emanuele Cerchiari[25]. Anhand des ihnen zur Verfügung stehenden Quellenmaterials – neben den päpstli-

---

16 Vgl. J. H. BANGEN, *Die römische Curie, ihre gegenwärtige Zusammensetzung und ihr Geschäftsgang*, Münster 1854, 292-344.

17 Vgl. G. PHILLIPS, *Kirchenrecht*, VI, Regensburg 1864 = Graz 1959, 449-497.

18 Vgl. P. HINSCHIUS, *Das Kirchenrecht der Katholiken und Protestanten in Deutschland. System des katholischen Kirchenrechts mit besonderer Rücksicht auf Deutschland*, I, Berlin 1869 = Graz 1959, 392-404.

19 Vgl. D. BOUIX, *Tractatus de Curia Romana seu de Cardinalibus, Romanis Congregationibus, Legatis, Nuntiis, Vicariis et Protonotaris Apostolicis*, Paris 1880, 277-278.

20 Vgl. J. B. SÄGMÜLLER, *Die Entwicklung der Rota bis zur Bulle Johanns XXII: „Ratio Iuris" a. 1326*: ThQ 77 (1895), 97-120.

21 Vgl. M. LEGA, *Praelectiones in textum Iuris Canonici de iudiciis ecclesiasticis in scholis Pont. Sem. Rom. habitae*, I/2. *De iudiciis ecclesiasticis civilbus in specie et in primis de ordinatione Curiae Romanae*, Romae 1898, 38-80; M. LEGA, *Praefatio*: SRRDec 1 (1909), V-LIV.

22 E. GÖLLER, *Zur Geschichte der Rota Romana. Ein Verzeichnis päpstlicher Rota-Auditoren vom Ende des 14. bis zur Mitte des 16. Jahrhunderts*: AkKR 91 (1911), 19-48.

23 R. VON HECKEL, *Die Organisation der kurialen Behörden und ihr Geschäftsgang*: H. GRAUERT (Hg.), *Magister Heinrich der Poet in Würzburg und die römische Kurie* (= ABAW.PPH, 27/1), München 1912, 224 und 489-491.

24 Vgl. F. E. SCHNEIDER, *Die Römische Rota nach geltendem Recht auf geschichtlicher Grundlage*, I. *Die Verfassung der Rota* (= VGG.R, 22), Paderborn 1914. Die dortige Ankündigung: „Ein zweiter Band wird das Verfahren der Rota zum Gegenstande haben und dem ersten, so hoffe ich, bald folgen" (*ebd.*, IV) konnte der Verfasser nicht mehr in die Tat umsetzen (vgl. dazu F. E. SCHNEIDER, *Über den Ursprung und die Bedeutung des Namens Rota als Bezeichnung für den obersten päpstlichen Gerichtshof*: RQ 41 [1933], 29-43, 29, Anm. 2).

25 Vgl. E. CERCHIARI, *Capellani Papae et Apostolicae Sedis Auditores causarum sacri palatii apostolici seu Sacra Romana Rota ab origine ad diem usque 20 septembris 1870. Relatio historica-iuridica*, I. *Relatio*, Romae 1921; II. *Syntaxis Capellanorum Auditorum*, Romae 1920; III. *Documenta*, Romae 1919; IV. *Formae et indices*, Romae 1921. Der erste Band ist für die Geschichte der Rota von besonderem Interesse.

chen Bullen vor allem Register[26], Diarien[27] und Protokollbücher[28] – legen sie Wesentliches in der Entstehungsgeschichte der Rota offen und beschreiben auf dieser Basis deren Entwicklung bis in das 19. beziehungsweise 20. Jahrhundert. Schneider und Cerchiari kommen teilweise jedoch zu sehr verschiedenen Ergebnissen.

Aus diesem Grund und auch deshalb, weil in den letzten Jahrzehnten in vielen Detailpunkten wichtige Erkenntnisse hinzugewonnen werden konnten, so zum Beispiel hinsichtlich der Erklärung des Namens „Rota“[29], in verschiedenen Fragen der Prozedur[30], bei der näheren Untersuchung der Amtsdaten einzelner Richter[31] oder – wie erst in jüngster Zeit durch drei beachtenswerte Monogra-

---

26 Vgl. hierzu auch H. HOBERG, *Register von Rotaprozessen des 14. Jahrhunderts im Vatikanischen Archiv*: RQ 51 (1956), 54-69.

27 Vgl. hierzu auch H. HOBERG, *Die Diarien der Rotarichter*: RQ 50 (1955), 44-68, der feststellt: „Die Diarien der Rotarichter sind eine der Hauptquellen für die Geschichte der Rota in neuerer Zeit. *Cerchiari* hat ihnen vieles entnommen, sie aber keineswegs voll ausgeschöpft“ (*ebd.*, 49).

28 Vgl. hierzu auch F. TÁDRA, *Kníha protokolů auditorů papežskýck z konce XIV. století*, Praha 1894; C. HENNER, *Zur Geschichte der Rota Romana*: AkKR 73 (1895), 177-180; H. HOBERG, *Die Protokollbücher der Rotanotare von 1464 bis 1517*: ZSRG.K 39 (1953), 177-227.

29 Siehe dazu vor allem die Ergänzungen von F. E. SCHNEIDER, *Über den Ursprung und die Bedeutung des Namens Rota als Bezeichnung für den obersten päpstlichen Gerichtshof*: RQ 41 (1933), 29-43; außerdem G. COLOMBE, *Au palais des papes d'Avignon: Recherches critiques et archéologiques XXI: La „rota“ de la Grande Audience*, Paris 1921; G. COLOMBE, *A propos de la ‚rota' de l'Audience au Palais d'Avignon*, Marseille 1926; J. GEMMEL, *Zum Namen der Rota romana*: ThQ 10 (1947), 418-428; M. BECK, *Rota, Roe = Pluteus Versatilis. Über mittelalterliche Lesemaschinen*: ZfB 62 (1948), 291-304; J. REETZ, *Zur Bedeutung des Namens „Rota“*: ÖAKR 9 (1958), 50-51.

30 Vgl. C. LEFEBVRE, *La procédure du tribunal de la Rote Romaine au XVIIe siècle d'après un manuscrit inédit*: ACan 5 (1957), 143-155; C. LEFEBVRE, *Le tribunal de la Rote Romaine et sa procédure au temps de Pio II*: D. MAFFEI (Hg.), *Enea Silvio Piccolomini – Papa Pio II. Atti del Convegno per il quinto centenario della morte e altri scritti raccolti*, Siena 1968, 199-211; C. LEFEBVRE, *Un texte inédit sur la procédure rotale au XIVe siècle*: RDC 10-11 (1960-1961), 174-191; H. GILLES, *Gilles Bellemère e le tribunal de la Rote à la fine du XIVe siècle*: MAH 67 (1955), 281-319.

31 Siehe zum Beispiel J. RIUS, *Auditores españoles en la Rota Romana*: REDC 3 (1948), 767-781; H. HOBERG, *Die Amtsdaten der Rotarichter in den Protokollen der Rotanotare von 1464-1566*: RQ 48 (1953), 43-78; H. HOBERG, *Die Antrittsdaten der Rotarichter von 1566 bis 1675*: RQ 48 (1953), 211-224; H. HOBERG, *Der Amtsantritt des Rotarichters Antonio Albergati (1649)*: RQ 49 (1954), 112-122; H. HOBERG, *Die Rotarichter in den Eidregistern der Apostolischen Kammer von 1347-1494*: QFIAB 34 (1954), 159-172; H. GILLES, *Les auditeurs de Rote au temps de Clément VII et Benoit XIII (1378-1417). Notes biographiques*: MAH 67 (1955), 321-357.

fien[32] – bei der Erforschung einzelner Abschnitte oder Aspekte der Gerichtsgeschichte[33], erweist sich eine aktualisierte Gesamtdarstellung als notwendig[34].

---

[32] Nämlich C. BUKOWSKA-GORGONI, *Causae polonae coram sacra Romana Rota, XV-XVII saec. Explanatio processuum et regesta documentorum* (= StEc.HI, 1), Roma 1995; A. SANTANGELO CORDANI, *La giurisprudenza della Rota romana nel secolo XIV* (= PISDI, 26), Milano 2001; P. INGESMAN, *Provisioner og processer. Den romerske Rota og dens behandling af danske sager i midelalderen. With an English Summary*, Aarhus 2003.

[33] Siehe zum Beispiel B. KURTSCHEID, *De quibusdam Praelatis Romanae Curiae: de Collegio Praelatorum Auditorum*: Apol 8 (1935), 559-568; G. MOLLAT, *Contribution à l'histoire de l'administration judiciaire de l'Église romaine au XIVe siècle*: RHE 32 (1936), 877-928; G. DOLEZALEK, *Litigation at the Rota Romana, particularly around 1700*: A. WIJFFELS (Hg.), *Case Law in the Making. The Techniques and Methods of Judicial Records and Law Reports*, I-II (= CSLH, 17/1-2), Berlin 1997, I, 339-373 und II, 457-485; S. KILLERMANN, *Die Rota Romana. Auftrag und Funktion des Gerichtshofes in geschichtlicher Entwicklung und aktuellem Anspruch. Excerpta ex Dissertatione ad Doctoratum*, Roma 1999, 15-89; A. CHIARELLI, *La Rota ai tempi dell'Uditore Pericle Felici*: A. CHIARELLI, U. MEUCCI (Hg.), *Coram Felici*, Città del Vaticano 2005, 251-262; H.-J. BECKER, *Die* Sacra Rota Romana *in der frühen Neuzeit*: L. AUER, W. OGRIS, E. ORTLIEB (Hg.), *Höchstgerichte in Europa. Bausteine frühneuzeitlicher Rechtsordnungen* (= QFGAR, 53), Köln – Weimar – Wien 2007, 1-18; K. W. NÖRR, *Über die mittelalterliche Rota Romana. Ein Streifzug aus der Geschichte der kurialen Gerichtsbarkeit, des römisch-kanonischen Prozessrechts und der kanonistischen Wissenschaft*: ZSRG.K 93 (2007), 220-245.

[34] Eine Zusammenfassung, die sich freilich nicht auf bestimmte Gesichtspunkte in der Geschichte der Rota beschränkt, bietet die Dissertation von W. NACHTMAN, *Trybunal Roty Rzymskiej. Historia, organizacja, postepowanie* (= RWPK, 9), Lublin 1957. Des Weiteren geben einen Überblick über die Geschichte des Gerichts: A. CORDOVA, *Rota (Tribunale della)*: DigIt, XX/2 (1918), 1646-1658; G. NOVAL, *Commentarium Codicis Iuris Canonici*, IV. *De processibus*, 1. *De iudiciis*, Augustae Taurinorum – Romae 1920; A. TRILHE, *Les chapelains du Pape auditeurs des causes du palais apostolique ou la Rote Romaine*: BLE 24 (1923), 348-359; F. X. WERNZ, P. VIDAL, *Ius canonicum ad Codicis normam exactum*, VI. *De processibus*, Romae 1927, 113-116; A. WYNEN, *Die Rota Romana*: J. MAGNUS (Hg.), *Die Höchsten Gerichte der Welt*, Leipzig 1929, 613-622; V. MARTIN, *Les cardinaux et la Curie. Tribunaux et offices, la vacance du siège apostolique* (= BCSR, 36), Paris 1930, 73-88; V. RUSSO, *La Sacra Romana Rota e la Segnatura Apostolica. Storia – Competenza Procedura e Giurisprudenza circa le cause matrimoniali*, Acireale 1933; I. SIPOS, *Rota Romana*: KatL, IV (1933), 113-114; V. BARTOCCETTI, *Die Römische Rota, der Gerichtshof der Päpste*: IllVat.D 7 (1936), 115-118; F. E. SCHNEIDER, *Rota*: LThK, VIII (1936), 1007-1009; A. VERMEERSCH, J. CREUSEN, *Epitome Iuris Canonici cum commentariis ad scholas et ad usum privatum*, III. *Libri IV et V Codicis iuris canonici. Indices generales*, Mechliniae – Romae – Parisiis – Bruxellis ^{5}1936, 26; A. TESIO, *Rota*: EncIt, XXX (1936), 164; F. ROBERTI, *Tribunali ecclesiastici*: NDigIt 12/2 (1940), 517-519; A. BRIDE, *Tribunaux ecclésiastiques*: DThC, XV (1946), 1516-1525; P. SANTINI, *Tribunali ecclesiastici: I. T. della S. Sede: III. Sacra Romana Rota*: EC, XII (1954), 502-508; F. ROBERTI, *De processibus opus ad Codicis schemata exactum Ss. Congregationum instructionibus normisque S. R. Rotae conlatis iurisprudentia Tribunalium Apostolicorum inspecta et cum iure canonico orientali comparatum*, I. *De actione. De praesuppositis processus et sententiae de merito*, Romae ^{4}1956, 335-362; N. DEL RE, *Rota. -1, Sacra Romana Rota*: DizEc, III (1958), 606-607; F. E. SCHNEIDER, H. EWERS, *Rota, Sacra Romana R. (SRR)*: LThK^{2}, IX (1964), 62-64; C. LEFEBVRE, *Rote Romaine (Tribunal de la*

Es ist in diesem Zusammenhang bemerkenswert, dass zwar die Geschichte und die Bedeutung der Rota nach deren Wiedergründung durch Papst Pius X. im Jahr 1908 auf große Resonanz in der kanonistischen Literatur gestoßen sind. Teils im Schrifttum zur umfassenden Neugliederung des päpstlichen Behördenwesens[35], teils auch in eigenen Abhandlungen[36] wurde das neu erstandene Ge-

---

Sainte): DDC, VII (1965), 742-771; E. A. FUS, *Rota*: NCE, XII (1967), 683-685; G. PALAZZINI, *Rota S. Romana*: DMC, IV (1968), 153-155; F. DELLA ROCCA, *Tribunali ecclesiastici*: NovDigIt, XIX (1973 = 1980), 753-761; A. LEITE, *Rota (Tribunal da)*: ELBC, XVI (1974), 904-906; G. DOLEZALEK, *Audientia sacri palatii*: LMA, I (1980), 1193-1194; L. PASZTOR, *La Curia Romana. Problemi e ricerche per la sua storia nell'età moderna e contemporanea*, Roma 1969, 104-106; P. MONETA, *Rota Romana (tribunale della)*: EncD, XLI (1989), 137-151; G. DOLEZALEK, *Rota*: HDRG, IV (1990), 1148-1152; M. PACAUT, *Rote*: Cath, XIII (1993), 130-132; L. SPINELLI, *Tribunali ecclesiastici*: EncD, XLV (1992), 77-79; P. MONETA, *La giustizia nella Chiesa*, Bologna 1993, 53-61; M. ASCHERI, *Höchste Gerichte in Italien zur Zeit des Ancien Régime*: I. SCHEURMANN (Hg.), *Frieden durch Recht. Das Reichskammergericht von 1495 bis 1806*, Mainz 1994, 428-434, 428-429; H. HOBERG, *Inventario dell'Archivio della Sacra Romana Rota (sec. XIV-XIX)*, hg. v. J. METZLER (= CAV, 34), Città del Vaticano 1994, 15-18; A. GNAVI, *Carriere e Curia romana: l'Uditorato di Rota (1472-1870)*: MEFRIM 106 (1994), 161-202, 166-171; B. DE LANVERSIN, *Auditeur de Rote*: DHP (1994), 169-170; B. DE LANVERSIN, *Rote (Tribunal de)*: DHP (1994), 1490-1493; J.-B. D'ONORIO, *Tribunaux apostoliques*: DHP (1994), 1644-1647; A. VITALE, *Tribunali ecclesiastici*: EncG, XXXI (1994), [1]-[6]; BUKOWSKA-GORGONI, *Causae polonae*, 1-16 und 67-83; N. DEL RE, *Rota Romana (Tribunale della)*: N. DEL RE (Hg.), *Mondo Vaticano. Passato e presente*, Città del Vaticano 1995, 904-907; N. DEL RE, *Die Römische Rota*: OR (D) 26 (1996), Nr. 7, 16.02.1996, 5; G. PASUTTO, *Romana Rota (Romana Rota)*: NDDC^2 (1996), 930-931; G. MARIGLIANO, *Le „Normae Romanae Rotae Tribunalis" del 1994. Dimensione legislativa e procedurale*, Romae 1997, 73-81; N. DEL RE, *La Curia Romana. Lineamenti storico-giuridici*, Roma ^{4}1998, 226-242; N. DEL RE, *Rota, Tribunal der römischen*: N. DEL RE (Hg.), *Vatikanlexikon*, Augsburg 1998, 661-663; J. WOLFRAM, *Die Rota Romana. Ältestes Gericht der Welt und örtlich zuständig für alle Kontinente der Erde*: AnwBl 48 (1998), 354-358; G. DZIERŻON, *Troska Roty Rzymskiej o jednośč jurisprudencji w kościele*: PraKan 42 (1999), 192-195; S. HAERING, *Rota, Romana R., Sacra Romana R.*: LThK^3, VIII (1999), 1318-1319; F. J. RAMOS, *I tribunali ecclesiastici. Costituzione, organizzazione, norme processuali, cause matrimoniali*, Roma ^{2}2000, 205-207; SANTANGELO CORDANI, *La giurisprudenza della Rota*, 1-30; B. DE LANVERSIN, *Auditor, Rota*: PapEnc, I (2002), 126; B. DE LANVERSIN, *Rota, Tribunal of the*: PapEnc, III (2002), 1348-1351; R. FUNGHINI, *Tribunal Rotae Romanae*: P. V. PINTO (Hg.), *Commento alla* Pastor Bonus *e alle norme sussidiarie della Curia Romana* (= CorpIC, 3), Città del Vaticano 2003, 183-192, 183-184; J. ORLANDIS, *Historia de las instituciones de la Iglesia Católica. Cuestiones fundamentales,* Pamplona 2003, 51-52; INGESMAN, *Provisioner og processer*, 16-23; G. MAY, *Rota*: RGG^4, VII (2004), 542-543; M. WEGAN, *Rota Romana*: LKStKR, III (2004), 464-467; A. SZUROMI SZABOLCS, *Rota Romana Törvényszék*: MagKL, XI (2006), 718; G. MATTEI, *Portata ed effetti della connotazione della Rota Romana quale Tribunale Apostolico*: QStR 18 (2008), 167-190; U. NERSINGER, *„Der kostbarste Edelstein in der päpstlichen Krone". Aus der Geschichte des Gerichtshofes der Päpste*: OR (D) 38 (2008), Nr. 7, 15.02.2008, 6; A. STANKIEWICZ, *Il Tribunale Apostolico della Rota Romana*: QStR 18 (2008), 103-113.

[35] Zur Literatur siehe unten, 5. Kapitel, 182, Anm. 23.

richt zum Gegenstand zahlreicher Untersuchungen. Selbst in jüngerer Zeit sind in dieser Hinsicht einzelne Veröffentlichungen zu registrieren[37]. Auffallend ist aber, dass die meisten Autoren in erster Linie Verfassungs[38]- und Verfahrensfragen[39] behandeln oder sich in ihren Darlegungen fast ausschließlich den Ergebnissen der Rechtsprechung widmen[40]. Auch den Weisungen der Päpste in

---

36 So zum Beispiel M. MARTIN, *The Tribunals of the Roman Curia. II. The Sacred Roman Rota*: AEcR 43 (1910), 412-429; R. PARAYRE, *Une institution judiciaire de l'Église: La S. Rote Romaine*: UnCa (1911), 63-104; LEGA, *Praefatio*; U. BENIGNI, *Rota, Sacra Romana*: CE, XIII (1912), 205-206; SCHNEIDER, *Die Römische Rota*; M. J. BROWNE, *The Sacred Roman Rota*, Dublin 1928; M. J. BROWNE, *The Catholic Matrimonial Courts*: *The Sacred Roman Rota*, New York s. a. [1928?]; R. FIAMINGO, *La S. Romana Rota e la Segnatura apostolica*: DEc 43 (1932), 345-361; RUSSO, *La Sacra Romana Rota*; S. GOYENECHE, *De SS. Congregationum, tribunalium et officiorum constitutione et interna ordinatione post const. „Sapienti Consilio". II. Tribunalia et Officia*: Apol 25 (1952), 123-139; A. JULLIEN, *Il beato Papa Pio X e i tribunali della Segnatura Apostolica e della S. R. Rota*: Apol 25 (1952), 159-163; NACHTMAN, *Trybunal Roty Rzymskiej.*

37 So Z. GROCHOLEWSKI, *I tribunali apostolici*: M. THÉRIAULT (Hg.), *Le nouveau Code de Droit Canonique – The new Code of Canon Law (Actes du Ve Congrès International de Droit Canonique – Proceedings of the 5th International Congress of Canon Law)*, I, Ottawa 1986, 457-479, 458; Z. GROCHOLEWSKI, *I Tribunali:* P. A. BONNET. C. GULLO (Hg.), *La Curia Romana nella Cost. Ap. „Pastor Bonus"* (= StGiur, 21 = ADGC, 13), Città del Vaticano 1990, 395-418; T. G. DORAN, *The Apostolic Tribunal of the Roman Rota*: CANON LAW SOCIETY OF AMERICA (Hg.), *Reflections on the Occasion of the 50th Anniversary*, Washington 1988, 29-32; C. DE DIEGO-LORA, *Los tribunales de justicia de la Sede Apostólica*: *I. La Rota*: IusEc 4 (1992), 419-461.

38 Vgl. vor allem SCHNEIDER, *Die Römische Rota*; NACHTMAN, *Trybunal Roty Rzymskiej*.

39 Vgl. hierzu vor allem M. MASSIMI, DekRR., *Prooemium ad novissimas Normas S. R. Rotae,* 1934, Jun 29: AAS 26 (1934), 449-450; C. BERNARDINI, *Leges processuales vigentes apud S. R. Rotae Tribunal,* Romae ^{2}1947; NACHTMAN, *Trybunal Roty Rzymskiej*; J. M. SERRANO RUIZ, *Praxis procesal de la Rota Romana a partir del nuevo Código*: J. SÁNCHEZ Y SÁNCHEZ (Hg.), *Curso de Derecho matrimonial y procesal canónico de los profesionales del foro (IX)* (= BSal.E, 131), Salamanca 1990, 478-494.

40 Neben zahlreichen Untersuchungen zu bestimmten Aspekten der Rechtsprechung (zum Beispiel zu einzelnen Nichtigkeitsgründen in Eheverfahren) geben unter anderem einen Überblick: A. WYNEN, *Die bisherigen Entscheidungen der S. R. Rota*: AkKR 91 (1911), 230-251, 424-447 und 638-654; J. HOLLNSTEINER, *Die Spruchpraxis der S. Romana Rota in Ehenichtigkeitsprozessen seit Geltung des C.J.C. Auf Grund gedruckter und ungedruckter Rotal-Urteile*, Freiburg im Breisgau 1934; A. ODAR, *Sodbe rimske rote v zakonskih pravdah*, Groblje-Domžale 1934; C. HOLBÖCK, *Tractatus de jurisprudentia Sacrae Romanae Rota juxta decisiones quas hoc sacrum tribunal edidit ab anno 1909 usque ad annum 1946 et publicavit in voluminibus I - XXXVIII*, Graetiae – Vindobonae – Coloniae 1947; D. LAZZARATO, *Iurisprudentia Pontificia in istis primis 50 annis S. Rotae restitutae*, I-III, Neapoli 1963; U. MOSIEK, *Die neueste Judikatur der S. R. Rota in Ehesachen*: ÖAKR 13 (1962), 300-324; U. MOSIEK, *Bemerkenswertes aus der neuesten Judikatur der S. R. Rota*: ÖAKR 15 (1964), 198-208; F. DELLA ROCCA, *Diritto matrimoniale canonico. Tavole sinottiche*, Padova 1963; J.

den Ansprachen zur Eröffnung des neuen Gerichtsjahrs der Rota[41] wird großes Interesse entgegengebracht[42].

KHOURY, *La jurisprudence de la Sacrée Rote Romaine dans les causes des Églises Orientales*, Romae 1972; A. M. ARENA, *The Jurisprudence of the Sacred Roman Rota: Its Development and Direction after the Second Vatican Council*: StCan 12 (1978), 265-293; F. DELLA ROCCA, *Diritto matrimoniale canonico. Tavole sinottiche. Volume di aggiornamento*, Padova 1982; J. VERNAY, *La jurisprudence matrimoniale du Tribunal de la Rote*: CDE 3 (1986), 121-143; F. DELLA ROCCA, *Diritto matrimoniale canonico. Tavole sinottiche. Secondo volume di aggiornamento*, Padova 1987; H. PREE, *Neuestes aus der Ehejudikatur der Rota Romana*: AkKR 159 (1990), 60-93; F. DELLA ROCCA, *Diritto matrimoniale canonico. Tavole sinottiche. Terzo volume di aggiornamento*, Padova 1992; A. MENDONÇA, *Recent Trends in Rotal Jurisprudence*: StCan 28 (1994), 167-230; H. PREE, *Aus der Rechtsprechung der Rota Romana. Ausgewählte Fragen der Gerichtsjahre 1989/90-1993/94*: DPM 1 (1994), 95-125; F. DELLA ROCCA, *Diritto matrimoniale canonico. Tavole sinottiche. Quarto volume di aggiornamento*, Padova 1995; V. PALESTRO, *Rassegna di giurisprudenza rotale nelle cause iurium e penali (1909-1993)* (= MG, 10), Milano 1996; A. FANELLI, *Relatio super jurisprudentia de ritu in Decisionibus Incidentibus et Praeliminaribus latis a Tribunali Apostolico Rotae Romanae, a nova Codificatione Juris Canonici usque ad praesentiarum*, I. *(annis 1984 – 1988)*, Città del Vaticano 2003; III. *(annis 1994 – 1998)*, Città del Vaticano 2000; M. T. ROMANO, *Rassegna ragionata della giurisprudenza di rito della Rota Romana. Anno 2002*: QStR 13 (2003), 83-99; J.-J. BOYER, *Chronique de jurisprudence rotale*: ACan 46 (2004), 295-311, und ACan 47 (2005), 313-333; M. T. ROMANO, *Rassegna ragionata della giurisprudenza di rito della Rota Romana. Anno 2003*: QStR 14 (2004), 95-106; M. T. ROMANO, *Rassegna ragionata della giurisprudenza di rito della Rota Romana. Anno 2004*: QStR 15 (2005), 165-187; N. SCHÖCH, *Römische Höchstgerichtsbarkeit*: ÖARR 52 (2005), 493-522, 515-522; G. MARCHESI, *La Rota Romana e le cause di nullità matrimoniale*: CivCatt 157 (2006), 587-596, 594-596; M. T. ROMANO, *Rassegna ragionata della giurisprudenza di rito della Rota Romana. Anno 2005*: QStR 16 (2006), 173-203; S. KILLERMANN, *Die Rota Romana und ihre Rechtsprechung zu Beginn des neuen Jahrtausends*: DPM 14 (2007), 27-74. Vor allem aber sei verwiesen auf folgende Sammlung wichtiger Leitsätze und Sentenzen in englischer Sprache: A. MENDONÇA, *Rotal Anthology. An Annotated Index of Rotal Decisions from 1971 to 1988*, Washington 1992.

41 Zur Zeremonie der Eröffnung des Gerichtsjahres im 18. Jahrhundert (vgl. Abbildung unten, 493) vgl. BERNINO, *Il tribunale della S. Rota Romana*, 182-186; zum heutigen Ablauf (vgl. Abbildung unten, 500) vgl. P. STOCKMANN, *Die Ansprache Papst Johannes Pauls II. vom 30. Januar 2003 vor der Römischen Rota*: DPM 11 (2004), 117-124, 117-118, Anm. 1.

42 Die *allocutiones* an die Rota wurden seit 1939 im OR veröffentlicht, seit 1941 auch in den AAS. Die bisher umfassendste und beste Zusammenstellung erfolgte durch G. ERLEBACH (Hg.), *Le allocuzioni dei Sommi Pontefici alla Rota Romana (1939-2003)* (= StGiur, 66), Città del Vaticano 2004; darüber hinaus vgl. auch F. BERSINI (Hg.), *I discorsi del Papa alla Rota* (= StGiur, 9), Città del Vaticano 1986; sowie in englischer Übersetzung: W. H. WOESTMAN (Hg.), *Papal Allocutions to the Roman Rota 1939-2002*, Ottawa 2002; französisch: J. THORN (Hg.), *Le Pape s'adresse à la Rote. Allocutions annuelles de Pie XII à Jean-Paul II. 1939-1994*, Ottawa 1994; spanisch: A. LIZARRAGA ARTOLA (Hg.), *Discursos pontificios a la Rota Romana*, Pamplona 2001; portugiesisch: S. COSTA GOMES (Hg.), *Alocuções dos Papas Paulo VI e João Paulo II ao Tribunal da Rota Romana* (= LusCan.B, 1), Lisboa 2006; zur Bedeutung der Ansprachen vgl. G. COMOTTI, *Le allocuzioni del Papa alla Rota Romana e i rapporti tra magistero e giurisprudenza canonica*: S. GHERRO (Hg.), *Studi sulle*

Die Frage, wie Wesen und Wirken des Gerichts sich im Lauf der Jahrhunderte gewandelt haben und welche Funktion dem Tribunal dadurch in der Kirche zukam, blieb bei den Untersuchungen zur Geschichte der „alten" Rota (bis 1908) fast gänzlich ausgespart[43]. Auch das Verhältnis von „alter" und „neuer" Rota findet in der Literatur so gut wie keine Berücksichtigung. Besonders aber die Frage nach Wesen und Wirken des Gerichtshofs nach dessen Wiedergründung im Jahr 1908 wird in allen vorliegenden Abhandlungen nur am Rande erörtert[44]. Daher fehlt bis heute eine eingehende Darstellung über die historische Entwicklung der Aufgaben des Tribunals, wie sie in den grundlegenden Gesetzesnormen des 20. Jahrhunderts definiert worden sind; ebenso wurde es bisher

fonti del diritto matrimoniale canonico (= PFGUP, 109), Padova 1988, 173-185; D. LE TOURNEAU, *Questions canoniques et ecclésiologiques d'actualité dans les discours de S. S. Jean Paul II à la Rote Romaine (1979-1988)*: IusCan 28 (1988), 607-618; M. CANONICO, *Il magistero di Giovanni Paolo II in tema di matrimonio nelle allocuzioni alla Sacra Romana Rota*: DFP 20 (1991), 1226-1265; D. D. PRICE, *Law at the Service of Truth and Justice: An Analysis of Pope John Paul II's Rotal Allocutions*: Jur 53 (1993), 155-185; D. LE TOURNEAU, *Discours du pape à la Rote romaine*: DHP (1994), 567-568; D. LE TOURNEAU, *Critérios básicos de los discursos de Juan Pablo II a la Rota Romana en los años 1989-1998*: IusCan 38 (1998), 677-704; G. COMOTTI, *Considerazioni circa il valore giuridico delle allocuzioni del Pontefice alla Rota Romana*: IusEc 16 (2004), 3-20; U. NAVARRETE, *Introduzione*: ERLEBACH, *Le allocuzioni*, 7-15 (= U. NAVARRETE, *La rilevanza giuridica delle Allocuzioni dei Romani Pontefici alla Rota Romana*: QStR 15 [2005], 19-28); J. LLOBELL, *Sulla valenza giuridica dei Discorsi del Romano Pontefice al Tribunale Apostolico della Rota Romana*: IusEc 17 (2005), 547-564; F. SALERNO, *Natura e sacramento nel matrimonio canonico, secondo Giovanni Paolo II nei discorsi alla Rota Romana*: QStR 17 (2007), 17-69; V. DE PAOLIS, *La giurisprudenza del Tribunale della Rota Romana e i tribunali locali*: QStR 18 (2008), 131-165, 155-165; O. FUMAGALLI CARULLI, *Verità e giustizia nella giurisprudenza ecclesiale*: IusEc 20 (2008), 463-478, 471-474.

43 Nur zwei Ausnahmen sind zu verzeichnen: zum Einfluss und zur Kompetenz der Rota zu Beginn des 16. Jahrhunderts der Aufsatz von H. HOBERG, *Die Tätigkeit der Rota am Vorabend der Glaubensspaltung*: ARCHIVIO VATICANO (Hg.), *Miscellanea in onore di Monsignor Martino Giusti, Prefetto dell'Archivio Segreto Vaticano*, II (= CAV, 6), Città del Vaticano, 1978, 1-32; zur Kompetenz und Jurisdiktion der Rota im frühen 19. Jahrhundert die Untersuchung von F. GROSSE-WIETFELD, *Justizreformen im Kirchenstaat in den ersten Jahren der Restauration (1814-1816). Ein Beitrag zur Geschichte der kurialen Gerichtsbehörden und der Entwicklung des kanonischen Prozeßrechts*, Paderborn 1932.

44 Zur Bedeutung der Rota-Jurisprudenz vgl. K. MÖRSDORF, *Die Autorität der rotalen Rechtsprechung*: AkKR 131 (1962), 415-432; M. F. POMPEDDA, *La giurisprudenza rotale tra ius conditum e ius condendum*: E. CAPPELLINI (Hg.), *Problemi e prospettive di diritto canonico*, Brescia 1977, 289-313; F. LÓPEZ-ILLANA, *De aequitate in iudiciis ea generalia quae in decisionibus S. R. Rotae iacent*: Per 59 (1970), 485-494; R. RODRÍGUEZ-OCAÑA, *El Tribunal de la Rota Romana y la unidad de la jurisprudencia*: IusCan 30 (1990), 423-448. Rodriguez-Ocaña untersucht systematisch die Funktion der Rota im Bereich der Rechtsprechung, jedoch eher theoretisch, und beschränkt sich dabei fast ausschließlich auf die Gegenwart.

noch nicht unternommen, einen historischen Abriss der rotalen Gerichtstätigkeit dieser Zeit zu erstellen[45].

Zwei Aspekte sind somit Gegenstand der folgenden Untersuchung. Sie sollen zusammen eine Antwort auf die Frage ermöglichen, welche Stellung dem päpstlichen Gerichtshof der Rota Romana im Lauf seiner Geschichte beigemessen wurde und welche ihm in der Gegenwart zukommt. Es sind zum einen die Zweckbestimmung und der Auftrag, die dem Tribunal zeit seines Bestehens vom Papst übertragen worden sind, näherhin auch deren Wandlung von den Anfängen bis hinein in die jüngste Zeit. Zum anderen ist es die Funktion oder die Aufgabe, die diese Institution dann auch tatsächlich in den verschiedensten Epochen ihres Bestehens wahrgenommen hat und noch heute erfüllt. Beide Aspekte – Wesen und Wirken – sollen bei der Darstellung jeder einzelnen Epoche berücksichtigt werden, und zwar nicht nur im Hinblick auf den jeweiligen Zeitabschnitt, sondern auch im Zusammenhang mit der Gesamtentwicklung und bleibenden Bedeutung des Gerichts. Es ist daher ebenso Ziel der vorliegenden Untersuchung, den Anspruch aufzuzeigen, der heute und morgen an ein päpstliches Tribunal wie das der Rota Romana zu stellen ist. Nur auf diesem Hintergrund kann eine Antwort auf die Frage gefunden werden, ob innerhalb der Gerichtsstruktur der Kirche ein Fortbestand dieser Institution sinnvoll und notwendig ist.

Die vorliegende Arbeit ist in acht Kapitel gegliedert, die unter den genannten Gesichtspunkten folgende Etappen der Gerichtsgeschichte untersuchen: die Entstehung des Tribunals (bis zur Mitte des 14. Jahrhunderts); die Erstarkung (von der Mitte des 14. bis zum Beginn des 16. Jahrhunderts); die Schwächung (vom Beginn des 16. Jahrhunderts bis zur Mitte des 19. Jahrhunderts); die Unterbrechung (von 1870 bis 1908); die Erneuerung (von 1908 bis 1917 und 1929); die Bestätigung (von 1917 bis 1962); die Anpassung (von 1962 bis 1983); und die Vervollkommnung (seit 1983)[46].

---

[45] Ein Überblick über das jeweils abgeschlossene Gerichtsjahr findet sich seit 1942 im Jahrbuch *L'attività della Santa Sede*. Zu bestimmten Zeitabschnitten vgl. auch A. JULLIEN, *Cinquant'anni di attività giudiziaria del Tribunale della Sacra Romana Rota 1908-1958. Prolusione tenuta all'inaugurazione del Corso Accademico dello Studio Rotale 1958-59*: ME 84 (1959), 1-15; M. NOIROT, *L'activité du Tribunal de la Rote*: AmiCl 61 (1955), 689-702.

[46] DEL RE, *La Curia Romana*, 251-252, untergliedert die Geschichte der Rota (bis 1908) hingegen folgendermaßen: 1. rein kirchliche Kompetenz (Mitte 13. – Ende 14. Jahrhundert); 2. Einschränkung von Kompetenzen (15. Jahrhundert); 3. allmähliche Kompetenzverschiebung vom kirchlichen Universalgericht hin zum Kirchen- und Zivilgericht des Kirchenstaates (Ende 15. – Mitte 18. Jahrhundert); 4. nahezu unveränderte Kompetenz (Mitte 18. – Mitte 19. Jahrhundert); 5. fast nur weltliche Kompetenz (Mitte 19. Jahrhundert – 1870). Die Zeit der unterbrochenen Aktivität bezeichnet er dann als „Epoche für sich" („un'epoca a parte"). LEFEBVRE, *Rote Romaine*, 743-747, nennt acht Abschnitte: 1. Ursprünge (Ende 12. – Anfang 13. Jahrhundert); 2. Stabilität (Mitte 13. Jahrhundert); 3. Kollegialität (vor 1274); 4. Konstitution *Ratio Iuris* (1331); 5. Ende 14. Jahrhundert; 6. 15. und 16. Jahrhundert; 7. 17.

Ergänzt wird die Untersuchung durch vier Anhänge zur Gerichtsgeschichte: einer Zeittafel, einem biografisch-bibliografischen Verzeichnis der Rota-Richter seit der Wiederaufnahme des Gerichtsbetriebes, einer Übersicht über die im genannten Zeitraum amtierenden Dekane und einem Abbildungsteil.

und 18. Jahrhundert; 8. 19. Jahrhundert und Untergang der alten Rota; GNAVI, *Carriere e Curia romana*, 167, unterteilt die Zeit von 1472 bis 1870 in folgende Phasen: 1. Definition des Ernennungsmodus der Richter und Festlegung der Prozedur (15. und 16. Jahrhundert); 2. Zeit der Kompetenzkonflikte und der Klärung von Prozedur und Struktur (17. und 18. Jahrhundert); 3. Niedergang der Rota und Verlust des Universalcharakters (19. Jahrhundert).

Erstes Kapitel

Die Entstehung

Die Ursprünge des päpstlichen Gerichtswesens und dessen Entwicklung bis zur offiziellen Konstituierung der Rota (1. bis 14. Jahrhundert)

Die Rota gilt in und außerhalb der Kirche als ältestes bestehendes Tribunal der abendländischen Welt[1]. Sie zählt mit zu den ältesten Dikasterien der Römischen Kurie und kann wie keine zweite Institution im päpstlichen Behördenwesen auf eine jahrhundertelange Geschichte zurückblicken[2].

Die Ursprünge dieses päpstlichen Gerichtshofs aufzudecken, erachteten die Historiker vergangener Zeiten aber meist als aussichtsloses Vorhaben[3]. Noch zu Zeiten der Wiederrichtung der Rota war deren Entstehungsgeschichte weithin unerforscht[4].

---

1 ASCHERI, *Höchste Gerichte*, 428, bezeichnet die Rota als „das einzige noch bestehende Gericht des Ancien Régime".

2 Vgl. PIUS XII., Papst, [*Allocutio ad Praelatos Auditores*], 1939, Okt 2: OR 79 (1939), Nr. 232, 02./03.10.1939, 1: „Gloriosa storia accompagna la vita della Sacra Romana Rota".

3 Vgl. zum Beispiel die Bemerkung des Rota-Dekans EMERIX, *Tractatus seu notitia*, tit. I: „Sacri Palatii Apostolici Auditorium esse antiquissimum omnibus notum est, et extra controversiam, Quando autem praecise originem duxerit, non aeque constat"; BERNINO, *Il tribunale della S. Rota Romana*, 1: „E' Tanto antico nella Chiesa di Giesù Christo il Tribunale della Sacra Rota Romana, che nè la distanza del tempo può farne ravvisar le particolarità, nè la Istituzione indicarne l'origine [...] possiamo Noi ben dirlo più tosto nato alla Giudicatura del Mondo co' Pontefici Romani, che da essi in alcun tempo ò costituito, ò fatto".

4 Vgl. CERCHIARI, *Capellani Papae*, I, 1: „Numero enim isti complures [...] scripserunt ex professo: ast in tot tamque varias abierunt sententias, ut ideo quis s. r. Rotam, ad instar

In vielfacher Hinsicht ist es seither gelungen, Näheres über die Gründung des Gerichtshofs in Erfahrung zu bringen. Ein genaues Datum für seine Errichtung anzugeben, ist freilich auch nach Auswertung aller seither aufgefundenen Quellen nicht möglich[5]. Denn nicht ein einzelner Papst war es, der die Rota ins Leben rief. Vielmehr wurden bestehende Einrichtungen nach und nach umgeformt und erweitert und allmählich den Erfordernissen der Zeit angepasst[6]. Die oberste kirchliche Rechtsprechung, die seit den Ursprüngen des Christentums dem Nachfolger Petri persönlich oblag, begann langsam, als eigenständiges Organ Gestalt anzunehmen.

1. Der Bischof von Rom und seine Gerichtstätigkeit bis zum Hochmittelalter

Bereits aus dem ersten christlichen Jahrtausend sind uns Fälle bekannt, in denen der Nachfolger Petri als oberster Richter der Christenheit Entscheidungen in Streitfragen zu treffen hatte. Vor allem dann, wenn kirchliche Amtsträger sich durch Maßnahmen ihrer Vorgesetzten beschwert fühlten, war immer wieder das Eingreifen des Bischofs von Rom geboten. Dabei waren es im Lauf der Jahrhunderte zusehends die Päpste selbst, die dieses Recht einforderten und durch die Berufung auf ihren Sendungsauftrag auch theologisch begründeten. Zwar trafen sie im einzelnen Fall ihre Entscheidung persönlich. Bei der Ausübung ihrer richterlichen Funktionen aber standen ihnen schon bald auch Mitarbeiter zur Verfügung, die sie dabei berieten und unterstützten. Obwohl deren Verantwortung vergleichsweise gering und deren Vollmacht sehr begrenzt war, können diese Mitarbeiter dennoch als erste Vorläufer der späteren Auditoren gelten. Denn wie diese trugen auch sie dazu bei, im Namen Christi dessen Statthalter auf Erden in richterlichen Funktionen zu unterstützen und den Gläubigen auf diese Weise zu Recht und Gerechtigkeit zu verhelfen.

a. Der richterliche Primatsanspruch Roms im ersten Jahrtausend

Schon in frühchristlicher Zeit wurde der Bischof von Rom als übergeordneter Richter angerufen. Presbyter aus Korinth waren Ende des ersten Jahrhun-

venerabilis Scripturarum Melchissedech, mundo apparuisse crederet sine patre, sine matre, sine genealogia".

[5] Vgl. LANVERSIN, *Rote*, 1490: „Comme pour nombre d'institutions, il est assez malaisé de trouver l'origine exacte de ce tribunal".

[6] Vgl. dazu G. DOLEZALEK, K. W. NÖRR, *Die Rechtsprechungssammlungen der mittelalterlichen Rota*: HQLPG, I (1973), 847-856, 849: „Die Rota ist keine gegründete, sondern eine gewachsene Institution"; vgl. auch NÖRR, *Über die mittelalterliche Rota*, 222: „Man kann daher kein Datum angeben, wann der Gerichtshof ins Leben getreten ist, sondern nur Stufen oder Schritte einer Entwicklung feststellen, an deren Ende, aus der Rückschau, ein Gebilde zu stehen kam, das mit Fug und Recht als Gerichtshof bezeichnet wird".

derts ihres Amtes enthoben worden und appellierten deshalb an Clemens I. (92?-99?). In seinem Antwortschreiben bezog sich der dritte Nachfolger des Apostels Petrus auf seine Vorrangstellung und forderte die Korinther auf, die Presbyter in ihrem Amt zu belassen[7].

Im 3. und 4. Jahrhundert waren es häufig verurteilte Bischöfe, die Berufung nach Rom einlegten[8]. Immer mehr gewann der Nachfolger des Apostelfürsten dabei als oberste Entscheidungsinstanz in Rechtsstreitigkeiten an Bedeutung[9]. Stephan I. (254-257) zum Beispiel, an den der spanische Bischof Basilides appellierte, erklärte dessen Exkommunikation und Absetzung für ungültig[10]. Dagegen berief sich Cyprian von Karthago als entschiedener Gegner des Appellationsrechtes an den Stuhl Petri auf die Autonomie der einzelnen Bischöfe[11].

---

[7] Vgl. CLEMENS I., Bf. von Rom, Brief *Δια τας αιφνιδίους*, [um 96], an die Korinther, 44, 3-4: G. SCHNEIDER (Hg.), *Clemens von Rom. Epistola ad Corinthios. Brief an die Korinther* (= FC, 15), Freiburg im Breisgau 1994, 65-222, 173. Allerdings bemerkt P. HERGENRÖTHER, *Die Appellationen nach dem Decretalenrechte*, Eichstätt 1875, 8: „Das war [...] noch keine Appellation im streng juristischen Sinne".

[8] Dazu zählten unter anderem Athanasius, Basilius von Cäsarea, Johannes Chrysostomus und Cyrill von Alexandrien: vgl. hierzu P. BERNARDAKIS, *Les appels au Pape dans l'Église grecque jusqu'à Photius*: EOr 6 (1903), 30-42, 118-125 und 249-257, 31-41.

[9] Vgl. hierzu G. SCHNEEMANN, *Der Papst, das Oberhaupt der Gesammtkirche. Eine geschichtliche Studie, zugleich eine Festgabe zur achtzehnten Säcularfeier des glorreichen Martyriums des ersten Papstes*, Freiburg im Breisgau 1867, 75-76; G. PHILLIPS, *Kirchenrecht*, V, Regensburg 1857 = Graz 1959, 230-261.

[10] Vgl. CYPRIAN, Bf. von Karthago, Brief, Nr. 67, [254], an den Presbyter Felix, 5: W. v. HARTEL (Hg.), *S. Thasci Caecili Cypriani opera omnia*, II (= CSEL 3/2), Vindobonae 1871, 735-743, 739: „Basilides [...] Romam pergens Stephanum collegam nostrum longe positum et gestae rei ac ueritatis ignarum fefellit, ut exambiret reponi se iniuste in episcopatum de quo fuerat iure depositus".

[11] Vgl. zum Beispiel CYPRIAN, Bf. von Karthago, Brief, Nr. 59, [252], an Cornelius, Bf. von Rom: *ebd.*, 666-691, 683-684: „[...] nam cum statutum sit ab omnibus nobis et aequum sit pariter ac iustum ut uniuscuiusque causa illic audiatur ubi est crimen admissum [...]. nisi si paucis desperatis et perditis minor uidetur esse auctoritas episcoporum in Africa constitutorum, qui de illis iam iudicauerunt et eorum conscientiam multis delictorum laqueis uinctam iudicii sui nuper grauitate damnarunt. iam causa eorum cognita est, iam de eis dicta sententia est, nec censurae congruit sacerdotum mobilis adque inconstantis animi leuitate reprehendi, cum Dominus doceat et dicat: ‚Sit sermo uester: est, est, non, non'"; zur Position Cyprians und der nordafrikanischen Bischöfe hinsichtlich des Rechtes auf Berufung nach Rom vgl. ausführlich M.-E. MOMBILI THUMAINI, *L'aspect d'autonomie et de communion dans la praxis africaine des recours à Rome (IIIe-Ve siècles). Essai d'interprétation du comportement ambivalent de l'épiscopat africain* (= TG.StE, 3), Roma 2001.

Wenngleich noch gegen Ende des ersten Jahrtausends nicht von einem einheitlich geregelten Berufungssystem in der Kirche gesprochen werden kann[12], sind uns dann aber bereits aus der Spätantike auch ausdrückliche Bestimmungen erhalten, die die Überweisung eines Streitfalles an die höchste kirchliche Autorität regelten[13]. Bestimmungen zum Instanzenzug wurden bereits auf der Synode von Ankyra (314)[14] und auf den Konzilien von Nizäa (325)[15] und Antiochien (341)[16] erlassen. Die Reichssynode von Serdika (342/343) beschloss hinsichtlich der Absetzung von Bischöfen, eine solche Maßnahme dürfe erst dann wirksam werden, wenn sie durch ein Urteil des Bischofs von Rom Bestätigung erfahren habe[17].

Bei den Rechtstreitigkeiten, die dem Bischof von Rom zur Entscheidung vorgelegt wurden, gewannen vor allem die Berufungsklagen immer mehr an

---

12 Vgl. A. MORHARD, *Die gerichtliche Berufung im kanonischen Recht. Eine Analyse des klassischen* remedium iuris (= AIC, 1), Frankfurt am Main u. a. 1995, 96.

13 Vgl. FESSLER, *Der kanonische Proceß*, 177-178: „Die Appellation geht vom Bischof an den Metropoliten, der auf der Provincial-Synode in zweiter Instanz richtet, oder von der kleinern an die größere Synode, und weiter zuletzt an den römischen Papst, der in besonders wichtigen Fällen mit einem allgemeinen Concilium das Endurtheil fällt, welches der Kaiser vollstreckt“; zu Wesen und Geschichte der Appellation vgl. auch A. AMANIEU, *Appel*: DDC 1 (1935), 764-807.

14 Vgl. *Κανόνες τῶν ἐν Ἀγκύρᾳ συνελθόντων μακαρίων πατέρων*, [314], can. 3: F. LAUCHERT (Hg.), *Die Kanones der wichtigsten altkirchlichen Concilien nebst den apostolischen Kanones* (= SQS, 12), Tübingen 1896 = Frankfurt am Main 1961, 29-34, 30.

15 Vgl. CONCILIUM NICAENUM I, *Canones*, [325], can. 5: COD^{3}, 6-16, 8: „[...] qui suo peccaverunt evidenter episcopo, rationabiliter excommunicati ab omnibus aestimentur, usquequo vel in communi vel eidem episcopo placeat humaniorem pro talibus ferre sententiam“.

16 Vgl. SYNODUS ANTIOCHIAE, *Canones Gentiano Herveto Interprete*, [341], can. 6: SConcCol, II, 1307-1320, 1311: „Si quis a proprio episcopo fuit excommunicatus, ne prius ab aliis suscipiatur, quam fuerit a proprio episcopo susceptus, vel facta synodo accedens se defenderit, & persuasa synodi aliam sententiam retulerit“ (C. 11 q. 3 c.2).

17 Vgl. CONCILIUM SARDICENSE GENERALE, *Canones Sanctorum et Beatorum Patrum, qui Sardicae convenerunt. Gentiano Herveto Interprete*, [342/43], can. 4: SConcCol, III, 5-22, 6: „Gaudentius episcopus dixit: Si videtur, necesse est adjici huic sententiae, quam sincera dilectione plenam protulisti, ut si quis episcopus fuerit depositus judicio episcoporum, qui sunt in vicinia, & dicat rursus sibi defensionis negotium competere; non prius in cathedram alius substituatur, quam Romanus episcopus causa cognita sententiam tulerit“; CONCILIUM SARDICENSE GENERALE, *Canones ex interpretatione Dionysii Exigui interpretis* [342/43]: *ebd.*, 22-30, 24: „[...] cum aliquis episcopus depositus fuerit eorum judicio [...] alter episcopus in ejus cathedra, post appellationem ejus qui videtur esse depositus, omnino non ordinetur; nisi causa fuerit in judicio episcopi Romani determinata“. Allerdings ist zu bedenken: „Die Kanones von Serdika waren anderwärts bald vergessen und wurden erst wieder im 5. Jahrhundert, im Streit mit Karthago seit 419 [...], in veränderter Textgestalt mit der Autorität von Nikäa umkleidet, hervorgeholt und zu Roms Gunsten verwandt“ (H. E. FEINE, *Kirchliche Rechtsgeschichte. Die Katholische Kirche*, Köln – Wien ^{5}1972, 110); zur Synode vgl. auch PHILIPPS, *Kirchenrecht*, V, 262-267.

Bei den Rechtstreitigkeiten, die dem Bischof von Rom zur Entscheidung vorgelegt wurden, gewannen vor allem die Berufungsklagen immer mehr an Gewicht. Bedeutsam war in diesem Zusammenhang die Forderung der Synode von Rom (378), für alle Appellationen von Metropoliten die alleinige Zuständigkeit des Apostolischen Stuhles festzuschreiben[18]. Im Einklang damit setzte Kaiser Gratian im selben Jahr in seinem Edikt *Ordinarium sententias iudicum* diesen als Gericht erster Instanz für alle Metropoliten und als letzte Instanz für alle anderen Bischöfe fest[19].

Erfolgte ein Rekurs an den Nachfolger Petri im 4. Jahrhundert noch eher selten, so nahm man die Möglichkeit, vor Ort getroffene Entscheidungen in Rom korrigieren zu lassen, seit dem 5. Jahrhundert immer mehr in Anspruch[20]. Bestrebungen, Berufungen an die oberste kirchliche Autorität zu verhindern, wurden von römischer Seite erfolgreich zurückgewiesen. Papst Innozenz I. (401-417) forderte beispielsweise, dem Apostolischen Stuhl als oberster Appellationsinstanz alle *causae maiores* zur Entscheidung vorzulegen. Er schrieb an Bischof Victricius von Rouen:

> „Si majores causae in medium fuerint devolutae, ad sedem apostolicam, sicut synodus statuit, et beata consuetudo existit, post judicium episcopale referantur“[21].

Papst Zosimus (417-418) beanspruchte nicht nur im Fall des Mönches Pelagius und dessen Schülers Caelestius die letzte richterliche Entscheidung für

---

18 Vgl. CONCILIUM ROMANUM, *Epistola sub Damaso habiti ad Gratianum et Valentinianum Imperatores*, [378], n. 9: PL, XIII, 575-584, 584: „[...] quaesumus [...] ut jubere [...] dignetur quicumque vel ejus, vel nostro judicio, qui catholici sumus, fuerit condemnatus, atque injuste voluerit ecclesiam retinere, vel vocatus a sacerdotali judicio per contumaciam non adesse, sive ab illustribus viris praefectis prætorio Italiæ vestrae, sive a vicario accitus ad urbem Romam veniat: aut si in longinquioribus partibus hujusmodi emersit quaestio, ad metropolitani per locorum judicia deducatur examen: vel si ipse metropolitanus est, Romam necessario, vel ad eos quos Romanus episcopus judices dederit, contendere sine dilatione jubeatur“.

19 Vgl. GRATIAN, Kaiser von Rom, Edikt *Ordinarium sententias iudicum*, [378]: O. GUENTHER (Hg.), *Epistulae imperatorum pontificum aliorum inde ab a. CCCLXVII usque ad a. DLIII datae Avellana quae dicitur collectio* (= CSEL, 35), Pragae – Vindobonae – Lipsia 1895, 54-58, 58.

20 Vgl. O. ROUSSEAU, *La doctrine du ministère épiscopal et ses vicissitudes dans l'Église d'Occident*: Y. CONGAR (Hg.), *L'Épiscopat et l'Église universelle*, Paris 1962, 279-308, 299.

21 INNOZENZ I., Papst, Brief *Etsi tibi*, 404, Feb 15, an Victricius, Bf. von Rouen, cap. 5: PL, XX, 468-481, 475; hierzu bemerkt K. BAUS, *Die Weiterentwicklung des römischen Primates von Miltiades bis Leo I.*: HKG, II/1 (1973), 254-278, 266: „Geschickt wird die Stellung Roms [...] unterstrichen und inhaltlich erweitert [...]. Da offengelassen wird, was jeweils als *causa maior* zu gelten habe, sichert sich der Papst die Möglichkeit beliebigen Eingriffs, anderseits gibt der in der Formel *causae maiores* enthaltene Hinweis auf die oberrichtliche Stellung des Moses (Ex 18, 22) dem römischen Anspruch biblische Weihe“.

sich[22]. Er nahm auch die Berufungsklage des exkommunizierten nordafrikanischen Presbyters Apiarius von Sicca an. Sein Versuch, diesen zu rehabilitieren[23], wurde allerdings von den afrikanischen Bischöfen auf dem Sechsten Konzil von Karthago im Jahre 419 unter Hinweis auf entsprechende Bestimmungen des Konzils von Nizäa zurückgewiesen[24]. Zugleich bekräftigten die Bischöfe auf dieser Synode ihre ablehnende Haltung gegenüber Berufungen an den Stuhl Petri[25].

Auch Bonifatius I. (418-422) aber zweifelte nicht an seinem Recht, Berufungen aus allen Teilen der Kirche entgegenzunehmen[26]. Leo der Große (440-

---

22 Vgl. ZOSIMUS, Papst, Brief *Quamvis Patrum traditio*, 418, Mrz 21, an Aurelius, Bf. von Karthago, und die Teilnehmer am Konzil von Karthago: O. GUENTHER (Hg.), *Epistulae imperatorum pontificum aliorum inde ab a. CCCLXVII usque ad a. DLIII datae Avellana quae dicitur collectio* (= CSEL, 35), Pragae – Vindobonae – Lipsia 1895, 115-117, 115-116: „[...] cum ergo tantae auctoritatis et Petrus caput sit sequentia omnium maiorum statuta firmauerint, ut iam humanis diuinisque legibus disciplinisque omnibus finietur Romanam ecclesiam, cuius locum regeret, ipsius quoque potestatem nominis optinere (non latet uos sed nostris, fratres carissimi et, quemadmodum sacerdotes, scire debetis): tamen, cum nobis tantum esset auctoritatis, ut nullus de nostra possit retractare sententia [...]".

23 Vgl. ZOSIMUS, Papst, *Commonitorium*, [419], an Faustinus, Bf. von Potenza, und die Presbyter Philippus und Asellus: C. MUNIER (Hg.), *Concilia Africanae a. 345 – a. 525* (= CChr.SL, 149), Turnholti 1974, 90-94.

24 Vgl. CONCILIUM CARTHAGINENSE VI, Brief, 419, Mai 26, an Bonifatius I., Papst: *ebd.*, 156-161, 158: „Quorum omnium de primo et tertio, id est ut Romam liceat episcopo prouocare et ut clericorum causae apud suarum prouinciarum episcopos finiantur, iam priori anno etiam litteris nostris ad eundem uenerabilis memoriae episcopum Zosimum datis insinuare curauimus, ut ea seruare sine ulla eius iniuria paulisper sineremus, usque ad inquisitionem statutorum Nicaeni concilii".

25 Vgl. CONCILIUM CARTHAGINENSE VI, *Canones in causa Apiarii*, 419, Mai 25: *ebd.*, 101-111, 109-110: „Item placuit ut presbyteri et diaconi vel ceteri inferiores clerici in causis quas habuerint, si de iudicio episcoporum suorum questi fuerint, uicini episcopi eos audiant et inter eos quidquid est causae finiant adhibiti ab eis episcopi ex consensu episcoporum suorum. Uicini episcopi eos ex consensu episcopi sui audiant et inter eos definiant adhibiti episcopi. Quod si et ab eis proucandum putauerint, non prouocent nisi ad africana concilia uel ad primatus suarum prouinciarum, ad transmarina iudicia, sed ad primates suarum prouinciarum, sicut et de episcopis saepe constitutum est. Ad transmarinam autem qui putauerit appellandum a nullo intra Africam in communionem suscipiatur"; zu den im 4. und 5. Jahrhundert bestehenden Differenzen zwischen dem Bischof von Rom und den nordafrikanischen Bischöfen in der Frage des Berufungsrechtes vgl. auch PHILLIPS, *Kirchenrecht*, V, 237 und 274-292, sowie MOMBILI THUMAINI, *L'aspect d'autonomie*, 173-327.

26 Vgl. zum Beispiel BONIFATIUS I., Papst, Brief *Valentinae nos clerici*, 419, Jun 13, an die Bischöfe Galliens: PL, LXXXIV, 677-680; BONIFATIUS I., Papst, Brief *Retro majoribus*, 422, Mrz 3, an Rufus, Bf. von Thessalonike, n. 2: PL, XX, 774-777, 776: „[...] deinde, de nostro non esse judicio retractandum. Numquam enim licuit de eo rursus, quod semel statutum est ab apostolica sede, tractari"; BONIFATIUS I., Papst, Brief *Manet beatum*, 422, Mrz 11, an Rufus, Bf. von Thessalonike, und andere Bischöfe: PL, XX, 779-784.

461), der als erster ausdrücklich sein Primatsrecht geltend machte[27], wurde von Bischof Rusticus von Narbonne angegangen, um über die Gültigkeit einer Ehe zu befinden[28]. Seit dem Pontifikat Papst Gelasius' I. (492-496), der das Appellationsrecht nach Rom erneut bestätigte, sollte es freilich jedem Gläubigen offen stehen, sich unmittelbar an den Nachfolger des Apostelfürsten zu wenden[29], und zwar auch unter Umgehung des üblichen Instanzenzuges *omisso medio*[30].

Im 9. Jahrhundert hob Papst Nikolaus I. (858-867) die Nichtigkeitserklärung der Ehe Kaiser Lothars II. wieder auf, die durch die fränkischen Bischöfe auf einer Synode in Metz trotz vorhergehender Appellation der ersten kaiserlichen Gattin Theutberga erfolgt war[31]. Die entsprechende Untersuchung wurde

---

27 LEO I., Papst, Sermo *Gaudeo, dilectissimi*, 441, Sep 29, cap. 2: PL, LIV, 148-152, 149: „[...] de toto mundo unus Petrus eligitur, qui [...] omnibus apostolis, cunctisque Ecclesiae Patribus praeponatur"; cap. 3, *ebd.*, 151: „Transivit quidem etiam in alios apostolos jus potestatis istius, et ad omnes Ecclesiae principes decreti hujus constitutio commeavit".

28 Vgl. LEO I., Papst, Brief *Epistolas fraternitatis*, [458/59], an Rusticus, Bf. von Narbonne: PL, LIV, 1199-1209. Wenngleich es sich in diesem Fall um keine Berufung handelt, wird doch deutlich, dass der Bischof von Rom als oberster Gerichtsherr angesehen wurde; ausführlich zum Ehefall: L. CORDERO-RODRÍGUEZ, *El proceso matrimonial canónico en la historia*: RTLi 29 (1995), 440-467, 442-444.

29 GELASIUS I., Papst, Brief *Ego quoque*, [493], an Faustus, Legat in Konstantinopel: EpRPont, I, 341-348, 344: „Ipsi sunt canones, qui appellationes totius Ecclesiae ad hujus sedis examen voluere deferri, ab ipsa vero nusquam prorsus appellari debere sanxerunt"; GELASIUS I., Papst, Brief *Valde mirati*, 495, Feb 1, an die Bischöfe Dardaniens: *ebd.*, 392-413, 399: „[...] cuncta per mundum novit Ecclesia, quoniam quorumlibet sententiis ligata pontificum sedes beati Petri apostoli jus habeat resolvendi, utpote quae de omni Ecclesia fas habeat judicandi, neque cuiquam de ejus liceat judicare judicio; siquidem ad illam de qualibet mundi parte canones appellari voluerint, ab illa autem nemo sit appellare permissus"; ähnlich C. 9 q. 3 c. 17 (vgl. unten, 26, Anm. 71).

30 Vgl. G. GIORDANENGO, *Appel au Pape*: DHP (1994), 129.

31 Vgl. H. SCHRÖRS, *Hinkmar Erzbischof von Reims. Sein Leben und seine Schriften*, Freiburg im Breisgau 1884 = Hildesheim 1967, 175-221; E. PERELS, *Papst Nikolaus I. und Anastasius Bibliothecarius. Ein Beitrag zur Geschichte des Papsttums im neunten Jahrhundert*, Berlin 1920, 53-99 und 142-151; F. X. SEPPELT, *Geschichte des Papsttums. Eine Geschichte des Papsttums von den Anfängen bis zur Gegenwart*, II. *Das Papsttum im Frühmittelalter. Geschichte der Päpste vom Regierungsantritt Gregor des Großen bis zur Mitte des 11. Jahrhunderts*, Leipzig 1934, 257-264; J. HALLER, *Das Papsttum. Idee und Wirklichkeit*, II, Stuttgart ^{2}1962, 77-81; E. EWIG, *Die Kirche im Abendland vom Tode Ludwigs des Frommen bis zum Ende der Karolingerzeit*: HKG, III/1 (1966), 144-178, 149-150; J. DEVISSE, *Hincmar Archevêque de Reims 845-882* (= THEP, 29), I, Paris 1972, 386-466; A. FIORI, *La prima condanna canonica del duello e il suo contesto storico: Niccolò I e il divorzio di Lotario e Teutberga*: O. CONDORELLI (Hg.), *Panta rei. Studi dedicati a Manlio Bellomo*, V, Roma 2004, 353-374.

wie auch in zwei anderen Fällen von eigens dazu ernannten Legaten vorgenommen[32].

Nikolaus I. verurteilte 865 auch das Vorgehen des Metropoliten Hinkmar von Reims, der trotz der Appellation des Bischofs Rothad von Soissons nach Rom an dessen Absetzung festhielt, und setzte diesen wieder in sein Amt ein[33]. Allerdings berief sich der Papst dabei auf die von ihm für authentisch gehaltenen Dekretalen des Pseudo-Isidor[34], der in dieser Sache fingierte Briefe als Schreiben Papst Zephyrinus' (198-217/218) ausgab. In einer dieser Fälschungen heißt es:

> „[...] ad sedem apostolicam [...] ab omnibus, maxime tamen ab oppressis, appellandum est et concurrendum quasi ad matrem [...]. Iuditia enim episcoporum maioresque ecclesie cause a sede apostolica et non ab alia, sicut apostolici et sancti successores eorum cum aliis episcopis statuerunt, sunt terminandae“[35].

---

[32] Vgl. HINSCHIUS, *Das Kirchenrecht*, I, 504-505; H. J. CONRAD, *Die iurisdictio delegata im römischen und kanonischen Recht*, Köln 1930, 47.

[33] NIKOLAUS I., Papst, Brief *Beatitudinis tuae*, [865, Jan], an Hinkmar, ErzBf. von Reims: SConcCol, XV, 294-295, 294 (vgl. C. 2 q. 6 c. 12-13): „[...] invenimus sanctissimum fratrem Rothadum apostolicam appellantem sedem, vobis judicantibus, gradu episcopatus dejectum valde doluimus [...]. Debuerat certe beatitudo tua, cum Rothadum toties examinaveras, scribens sancti Petri memoriam honorare ejusque judicium, etiamsi nunquam appellasset idem Rothadus, modis omnibus praestolari“. Hinkmar sei dabei „in contemptum beati Petri & in contumeliam sacrorum canonum, & ecclesiasticarum traditionum“ vorgegangen (NIKOLAUS I., Papst, Brief *Scriptis dilectae*, [865], an die Bischöfe der Synode von Senlis: SConc Col, XV, 300-306, 302); vgl. hierzu SCHRÖRS, *Hinkmar*, 237-292; PERELS, *Nikolaus I.*, 99-113 und 132-142; E. PERELS, *Eine Denkschrift Hinkmars von Reims im Prozeß Rothads von Soissons*: NA 44 (1922), 43-100; SEPPELT, *Geschichte des Papsttums*, II, 253-254; HALLER, *Das Papsttum*, 41-50; EWIG, *Die Kirche im Abendland*, 166-167; DEVISSE, *Hincmar*, II, 582-635; H. FUHRMANN, *Einfluß und Verbreitung der pseudoisidorianischen Fälschungen. Von ihrem Auftauchen bis in die neuere Zeit*, II (= SMGH, 24/2), Stuttgart 1973, 254-270; J.-L. GAZZANIGA, *L'appel „omisso medio“ au pape et l'autorité pontificale au Moyen Age*: RHDF 60 (1982), 395-414, 399-400.

[34] Die Dekretalen des Pseudo-Isidor wollten die unbeschränkte Berufungsmöglichkeit an den Papst anhand von Fälschungen auch auf Sixtus I. (119?-128?), Viktor I. (186/189-197/201), Sixtus II. (257-258) und Marcellus I. (306-309) zurückführen: vgl. dazu FUHRMANN, *Einfluß und Verbreitung*, I (= SMGH, 24/1) Stuttgart 1972; II; III (= SMGH, 24/3), Stuttgart 1974; A. PADOA-SCHIOPPA, *Gerarchia e giurisdizione: il modello canonistico medievale*: C. ALZATI (Hg.), *Cristianità ed Europa. Miscellanea di studi in onore di Luigi Prosdocimi*, II, Roma – Freiburg – Wien 2000, 107-121, 111-112; A. MARCHETTO, *Diritto di appello a Roma nelle Decretali Pseudo-Isidoriane*: O. MÜNSCH, T. ZOTZ (Hg.), *Scientia veritatis. Festschrift für Hubert Mordek zum 65. Geburtstag*, Ostfildern 2004, 191-206.

[35] [PSEUDO-]ZEPHYRINUS, Brief *Divinae circa*, [s. d.], an die Bischöfe Siziliens, n. VI (vgl. C. 2 q. 6 c. 8): P. HINSCHIUS (Hg.), *Decretales pseudo-isidorianae et capitula Angilramni*, Leipzig 1863 = Aalen 1963, 131-133, 132.

b. Die zunehmende Inanspruchnahme des Rechtsweges nach Rom seit dem 11. Jahrhundert

Wenngleich die Möglichkeit einer Berufung nach Rom in der Praxis zu Beginn des zweiten Jahrtausends noch äußerst gering war[36] und zum Teil auf heftigen Widerstand stieß[37], ist doch eine wachsende Zahl von Fällen bekannt, in denen der Papst solche Berufungen selbstverständlich annahm und entschied.

Vor allem die vielen Privilegien, die seit dem Pontifikat Leos IX. (1049-1054) in zunehmendem Maß am Stuhl Petri beantragt und verliehen wurden, wurden bei Verstößen beim Papst selbst eingeklagt und führten zwangsläufig zu einer verstärkten Gerichtstätigkeit Roms[38]. Gregor VII. (1073-1085) bekräftigte in seinem *Dictatus pape* vom März 1075 zudem ausdrücklich, alle *causae maiores* seien dem Papst selbst vorbehalten[39], jedes Urteil könne von ihm aufgehoben werden[40], und jedem stehe es frei, Berufung an den Apostolischen Stuhl einzulegen[41].

---

[36] Vgl. E. PITZ, *Papstreskript und Kaiserreskript im Mittelalter* (= BDHIR, 36), Tübingen 1971, 305.

[37] Als beispielsweise das Grafenpaar von Hammerstein gegen die Auflösung seiner Ehe an Papst Benedikt VIII. (1012-1024) appellierte, geschah dies ohne Erlaubnis des Erzbischofs Aribo von Mainz, der ein solches Vorgehen zu unterbinden suchte: vgl. G. TELLENBACH, *Libertas. Kirche und Weltordnung im Zeitalter des Investiturstreits* (= FKGG, 7), Stuttgart 1936, 166-167; F. KEMPF, *Kirchenverfassung, Kultus, Seelsorge und Frömmigkeit vom 8. Jahrhundert bis zur gregorianischen Reform*: HKG, III/1 (1966), 294-341, 337-338; PITZ, *Papstreskript*, 305-306; S. REICKE, *Der Hammersteinsche Ehehandel im Lichte der mittelalterlichen Herrschaftsordnung*: RhV 38 (1974), 203-224; A. GERLICH, *Hammersteiner Ehe*: LMA, IV (1989), 1892; P. STOCKMANN, *Von Heiligen und Heiratsschwindlern. Berühmte kirchliche Ehefälle*: DPM 15 (2008) [im Druck].

[38] Vgl. GAZZANIGA, *L'appel*, 402-403; H. MÜLLER, *Päpstliche Delegationsgerichtsbarkeit in der Normandie*, I (= StDGP, 4/1), Bonn 1997, 14-15. Unter den Kritikern waren auch Burchard von Worms und Ivo von Chartres.

[39] Vgl. GREGOR VII., Papst, *Dictatus pape*, [1075, Mrz], n. II, 55 a, c. 21: E. CASPAR (Hg.), *Das Register Gregors VII.*, I (= MGH.ES, 2/1), Berlin 1920 = München 1978, 202-208, 206: „Quod maiores causę cuiuscunque ecclesię ad eam referri debeant"; und hierzu K. HOFMANN, *Der „Dictatus Papae" Gregors VII. Eine rechtsgeschichtliche Erklärung* (= VGG.R, 63), Paderborn 1933, 97-100; H. FUHRMANN, *Das Reformpapsttum und die Rechtswissenschaft*: J. FLECKENSTEIN (Hg.), *Investiturstreit und Reichsverfassung* (= VuF, 17), Sigmaringen 1973, 185-192.

[40] Vgl. GREGOR VII., *Dictatus pape*, c. 18: „Quod sententia illius a nullo debeat retractari et ipse omnium solus retractare possit"; und hierzu HOFMANN, *Der „Dictatus Papae"*, 126-130.

[41] Vgl. GREGOR VII., *Dictatus pape*, c. 20: „Quod nullus audeat condemnare apostolicam sedem appellantem"; und hierzu HOFMANN, *Der „Dictatus Papae"*, 130-134.

Unter Urban II. (1088-1099) gelangten bereits wesentlich mehr Verfahren an den Richterstuhl des Papstes als noch unter dessen Vorgänger Viktor III. (1086-1087)[42]. Nicht zuletzt anlässlich der vielen Reisen, die die Päpste seit Leo IX. insbesondere in die Gebiete Westeuropas unternahmen, traten immer wieder Gläubige an den Bischof von Rom heran und erwarteten von ihm Rechtsschutz[43]. Urban II. und dessen Nachfolger Paschalis II. (1099-1118) suchten diesem Bedürfnis auch dadurch gerecht zu werden, dass sie in der Rechtsprechung in verstärktem Maß auf Bestimmungen des römischen Rechts zurückgriffen[44]. Zwar hatte bereits Gregor der Große (590-604) angeordnet, dass Verfahrensregelungen des römischen Rechts in schwierigen Fällen Anwendung finden könnten[45]. War das zunächst jedoch nur in weltlichen Prozessen aus Rom und dem Kirchenstaat geschehen, so wurde nun immer häufiger auch in geistlichen Verfahren davon Gebrauch gemacht[46].

Die Annahme, dass es sich bei den Appellationen nach Rom nur um ein „Ausnahmerecht" gehandelt hätte, ist im Übrigen unbegründet[47]. Paschalis II. beispielsweise warf König Heinrich I. von England ausdrücklich vor, den Gläubigen das Berufungsrecht an den Bischof von Rom vorzuenthalten[48]. Zusehends

---

42 Vgl. I. S. ROBINSON, *The Papacy 1073-1198. Continuity and Innovation* (= CMT), Cambridge – New York – Melbourne 1990, 183.

43 Vgl. L. FALKENSTEIN, *Appellationen an den Papst und Delegationsgerichtsbarkeit am Beispiel Alexanders III. und Heinrichs von Frankreich*: ZKG 97 (1986), 26-65, 37; ROBINSON, *The Papacy*, 183. Zur Zunahme der Berufungen kam es vor allem durch den Aufenthalt des Papstes 1095/96 in Frankreich.

44 Vgl. T. HIRSCHFELD, *Das Gerichtswesen der Stadt Rom vom 8. bis 12. Jahrhundert wesentlich nach stadtrömischen Urkunden*: AUF 4 (1912), 419-562, 508-511; C. SERVATIUS, *Paschalis II. (1099-1118). Studien zu seiner Person und seiner Politik* (= PuP, 14), Stuttgart 1979, 67 und 69; FUHRMANN, *Das Reformpapsttum*, 175-177 und 199-200.

45 Vgl. GREGOR I., Papst, *Registrum XIII*, Brief *De persona*, 603, Aug, s. d., an den Defensor Johannes: D. NORBERG (Hg.), *S. Gregorii Magni Registrum Epistularum* (= CChr.SL, 140 A), Turnholti 1982, 1058-1064; zu den Ursprüngen und der Entwicklung des kirchlichen Prozessrechts siehe vor allem A. STEINWENTER, *Der antike kirchliche Rechtsgang und seine Quellen*: ZSRG.K 23 (1934), 1-116.

46 Vgl. K. W. NÖRR, *Institutional foundations of the New Jurisprudence*: R. L. BENSON, G. CONSTABLE (Hg.), *Renaissance and Renewal in the 12th Century*, Oxford 1982, 324-338, 329.

47 Vgl. PITZ, *Papstreskript*, 306, Anm. 113, der derartige Behauptungen (bei A. BRACKMANN, *Germania Pontificia sive Repertorium privilegiorum et litterarum a Romanis pontificibus ante annum 1598 Germaniae ecclesiis monasteriis civitatibus singulisque personis concessorum*, II/2, Berolini 1927, 111, Nr. 1) als „moderne Gelehrtenfälschung" entlarvt.

48 Vgl. PASCHALIS II., Papst, Brief *Qualiter ecclesia*, 1115, Apr 1, an König Heinrich I. und die Bischöfe von England: M. RULE (Hg.), *Eadmeri Historia Novorum in Anglia et opuscula duo e vita Sancti Anselmi et quibusdam miraculis ejus* (= RBMAS, 81), London 1884 =

häuften sich die Streitigkeiten, in denen der Papst gefordert war, ein Urteil zu fällen. In der Mitte des des 12. Jahrhunderts ist in dieser Hinsicht ein besonders auffälliger Einschnitt zu verzeichnen: Hatte sich Honorius II. (1124-1130) noch gegen eine allzu häufige Beanspruchung in Rechtsangelegenheiten zur Wehr gesetzt[49], so wurden seit dem Pontifikat Papst Innozenz' II. (1130-1143) auch ganz geringfügige Gerichtssachen vor die oberste Instanz in der Kirche gebracht[50], und zwar nicht selten durch Berufung, die bereits vor Fällung des Urteils nach Rom eingelegt wurde[51].

Innozenz II. „baute [...] das Justizwesen der Kurie kräftig aus"[52] und erinnerte insbesondere die deutschen Bischöfe an die Vorzüge und die Notwendigkeit des allgemeinen Berufungsrechts an den Bischof von Rom[53]. 1135 erklärte er in einem Schreiben an sie:

Nendeln 1965, 232-233, 233: „Vos oppressis apostolicae sedis appellationem subtrahitis, cum sanctorum patrum conciliis decretisque sancitum sit ab omnibus oppressis ad Romanam ecclesiam appellandam"; und hierzu J. B. SAYERS, *Papal Judges Delegate in the Province of Canterbury 1198-1254. A Study in Ecclesiastical Jurisdiction and Administration*, Oxford 1971 = 1997, 8; M. BRETT, *The English Church under Henry I*, Oxford 1975, 34-37 und 50-57; MÜLLER, *Päpstliche Delegationsgerichtsbarkeit*, 25.

49 Vgl. GERHOH VON REICHERSBERG, *Liber de Aedificio Dei*, [1128/1129], cap. 27: PL, CXCIV, 1187-1336, 1267.

50 Vgl. HECKEL, *Die Organisation*, 214; SCHNEIDER, *Die Römische Rota*, 3-4; J. SYDOW, *Untersuchungen zur kurialen Verwaltungsgeschichte im Zeitalter des Reformpapsttums*: DA 11 (1954), 18-73, 69; H. WOLTER, *Das nachgregorianische Zeitalter*: HKG, III/2 (1968), 3-56, 42; W. ULLMANN, *Kurze Geschichte des Papsttums im Mittelalter*, Berlin – New York 1978, 224: „[...] häufig handelte es sich um ganz belanglose Angelegenheiten, in denen weltliche, religiöse und kirchliche Belange unentwirrbar ineinanderflossen"; W. MALECZEK, *Das Kardinalskollegium unter Innocenz II. und Anaklet II.*: AHP 19 (1981), 27-78, 59, der dazu bemerkt: „Im Pontifikat Innocenz' II. verändert die Kurie in einem kräftigen Entwicklungsschub ihren Charakter und nimmt [...] Züge eines geschäftigen Gerichtshofes an" (*ebd.*, 70). Allerdings ist noch unklar, wie und wann genau es dazu kam, dass dem Papst Fragen aller Art zur Entscheidung vorgelegt wurden: vgl. FALKENSTEIN, *Appellationen*, 43, Anm. 22.

51 Vgl. W. URUSZCZAK, *Les juges délégués du pape et la procédure romano-canonique à Reims dans la seconde moitié du XIIe siècle*: TRG 53 (1985), 27-41, 30.

52 MALECZEK, *Das Kardinalskollegium*, 59.

53 Vgl. INNOZENZ II., Papst, Brief *Tunc pax*, 1135, Mai 30, an die Erzbischöfe und Bischöfe im Teutonenreich: PL, XVII, 226-227, 226: „Inde etiam generali lege Ecclesiae promulgatum, ut majores causæ ad examinationem sedis apostolicæ devolvantur, et oppressi omnes intrepide ad eam appellent. Privilegium enim sibi in hoc appellandi sancta Romana reservavit Ecclesia"; der Papst begründet dies mit der *iniquitas* und *imperitia* lokaler Richter. MALECZEK, *Das Kardinalskollegium*, 60, sieht hierin einen Rückgriff auf bis dahin unbeachtete Bestimmungen aus dem *Digestum novum*: „Appellandi usus quam sit frequens quamque necessarius, nemo est qui nesciat, quippe cum iniquitatem iudicantium vel imperitiam recorrigat" (Dig. 49, 1, 1).

„Ac per hoc sedes apostolica est omnium Ecclesiarum caput et cardo, mater atque magistra, ad quam profecto libere licet omnibus appellare"[54].

c. Die unbegrenzte Gerichtstätigkeit Roms im 12. Jahrhundert

Vor allem aus Gebieten, in denen päpstliche Entscheidungen auch tatsächlich beachtet wurden, gelangten Berufungsklagen in großer Zahl an den Stuhl Petri[55]. Immer wieder machten die Gläubigen dabei den Primat des Bischofs von Rom geltend. Immer häufiger appellierten sie *omisso medio* am Metropoliten vorbei unmittelbar an den Apostolischen Stuhl[56]. Der Rechtsweg nach Rom, von dem in zunehmendem Maß von allen Schichten des gläubigen Volkes[57] Gebrauch gemacht wurde, brachte die Vorrangstellung des Papstes nun auch im täglichen Leben der Menschen spürbar zur Geltung[58]. Nicht zuletzt aber waren es die Päpste selbst, die sich bemühten, vor allem möglichst viele *causae maiores* an sich zu ziehen[59].

Insbesondere durch das Aufkommen der Reskriptsprozesse in der zweiten Hälfte des 12. Jahrhunderts[60] stieg die Zahl der vom Papst zu entscheidenden Verfahren, und das in noch zunehmendem Maß seit Alexander III. (1159-1181),

---

[54] INNOZENZ II., Papst, Brief *Statuta*, 1136, Jan 15, an Heinrich, ErzBf. von Sens: PL, CLXXIX, 264-265, 264; vgl. hierzu FALKENSTEIN, *Appellationen*, 43; L. FALKENSTEIN, *Alexander III. und die Abtei Corbie. Ein Beitrag zum Gewohnheitsrecht exemter Kirchen im 12. Jahrhundert*: AHP 27 (1989), 85-195, 117.

[55] Vgl. G. DOLEZALEK, *Reports of the „Rota" (14th - 19th centuries)*: J. H. BAKER (Hg.), *Judicial Records, Law Reports, and the Growth of Case Law* (= CSLH, 5), Berlin 1989, 69-99, 70. Allein aus England gelangten zwischen 1153 und 1161 50 Berufungen nach Rom, die meisten während des Pontifikats Papst Hadrians IV. (1154-1159): vgl. ROBINSON, *The Papacy*, 184.

[56] Vgl. dazu vor allem GAZZANIGA, *L'appel*, 402-409.

[57] Vgl. hierzu H. MÜLLER, *Streitwert und Kosten in Prozessen vor dem päpstlichen Gericht – eine Skizze*: ZSRG.K 87 (2001), 138-164, 139: „Die grundsätzliche Aufwendigkeit des Prozessierens vor dem Papst [...] hat [...] weder dazu geführt, daß sich das päpstliche Gericht zu einem exklusiven Tribual für hochwertige Streitobjekte entwickelte, noch hat es weniger begüterte Kläger davon abgehalten, ihr Recht an der fernen Kurie zu verfolgen".

[58] Vgl. PADOA-SCHIOPPA, *Gerarchia e giurisdizione*, 116-117.

[59] Vgl. PITZ, *Papstreskript*, 325; V. PFAFF, *Der Widerstand der Bischöfe gegen den päpstlichen Zentralismus um 1200*: ZSRG.K 66 (1980), 459-465, 463: „Wo er konnte, zog der Papst *causae maiores* vor seinen Richterstuhl".

[60] Nach PITZ, *Papstreskript*, 327, ist das Aufkommen solcher Verfahren „in oder kurz vor dem Pontifikat Alexanders III." anzusiedeln.

der das Richteramt für eine der wichtigsten Aufgaben des Papstes hielt[61]. Er forderte nicht nur die Zuständigkeit in Heiligsprechungsverfahren ein[62]. In seinem Pontifikat wurde ebenso die Berufung an den Heiligen Stuhl zur weit verbreiteten Praxis[63]. Hunderte von Fällen wurden nun jedes Jahr zur Entscheidung nach Rom übersandt[64]. Alexander III. war es auch, der im Appellationsverfahren die Basis des richterlichen Primats des Bischofs von Rom erkannte und in der Auseinandersetzung mit dem englischen König Heinrich II. um Erzbischof Thomas Becket das Berufungsrecht an den Papst erfolgreich einforderte[65].

Obwohl es von bischöflicher Seite weiterhin Widerstand gegen diese Praxis gab[66] und Appellationen nach Rom immer wieder verhindert[67] oder nicht beachtet wurden[68], nahm die Zahl der Streitfälle, die dem Apostolischen Stuhl zur Entscheidung vorgelegt wurden, weiter zu. Mit zur immer häufigeren Inanspruchnahme des Papstes in der Entscheidung von Gerichtssachen hatte seit Mitte des 12. Jahrhunderts die Möglichkeit beigetragen, auf dem Weg einer *ap-*

---

61 Vgl. FUHRMANN, *Das Reformpapsttum*, 197; A. PADOA-SCHIOPPA, *La delega „appellatione remota" nelle decretali di Alessandro III*: A. GOURON, A. RIGAUDIÈRE (Hg.), *Renaissance de pouvoir législatif et genèse de l'État* (= PSHD, 3), Montpellier 1988, 179-188, 187.

62 Allerdings ist es unwahrscheinlich, dass Alexander III. bereits generell diese Zuständigkeit beanspruchte. Eher handelte es sich noch um Einzelfälle. Seine Dekretale *Audivimus* erlangte aber spätestens durch die Aufnahme in die Dekretalen Gregors IX. (X 3.45.1) allgemein verbindliche Rechtskraft: vgl. S. KUTTNER, *La réserve papale du droit de canonisation*: RHDF 62 (1938), 172-228, 178 und 191-204; R. FOREVILLE, *Alexandre III et la canonisation des Saints*: F. LIOTTA (Hg.), *Miscellanea Rolando Bandinelli Papa Alessandro III*, Siena 1986, 217-236, 234-236; T. WETZSTEIN, *Heilige vor Gericht. Das Kanonisationsverfahren im europäischen Spätmittelalter* (= FKRG, 28), Köln – Weimar – Wien 2004, 106-107.

63 MÜLLER, *Päpstliche Delegationsgerichtsbarkeit*, 11, nennt die Praxis „eine geradezu ausufernde Nutzung" und kommt zum Ergebnis: „Die Appellation verlor den Charakter eines besonderen Vorrechts und etablierte sich statt dessen als universal genutztes Rechtsmittel".

64 Vgl. SAYERS, *Papal Judges*, 11; B. MEDUNA, *Studien zum Formular der päpstlichen Justizbriefe von Alexander III. bis Innozenz III. (1159-1216): die „non-obstantibus"-Formel* (= SÖAW.PH, 536), Wien 1989, 27-29.

65 Vgl. ROBINSON, *The Papacy*, 184-185; MÜLLER, *Päpstliche Delegationsgerichtsbarkeit*, 27; zum Amtsverständnis Alexanders III. vgl. auch A. PARAVICINI BAGLIANI, *Il trono di Pietro. L'universalità del papato da Alessandro III a Bonifacio VIII* (= NISStS, 299), Roma 1996, 92-93.

66 So ließ zum Beispiel Erzbischof Arnold von Mainz (1153-1160) verbieten, an den Papst zu appellieren: vgl. G. MAY, *Der Instanzenzug in der Erzdiözese Mainz*: K. BREITSCHING, W. REES (Hg.), *Tradition – Wegweisung in die Zukunft. Festschrift für Johannes Mühlsteiger SJ zum 75. Geburtstag* (= KStT, 46), Berlin 2001, 103-131, 125.

67 Vgl. PFAFF, *Der Widerstand*, 463.

68 Etwa 1170 durch den Erzbischof von Reims: vgl. URUSZCZAK, *Les juges délégués*, 30.

pellatio extraiudicialis Rechtsschutz gegenüber Maßnahmen verwaltungsrechtlicher Art zu suchen[69].

Die Möglichkeit, an den Bischof von Rom zu appellieren, war auch bei Gratian ausdrücklich vorgesehen. Für den Fall einer Berufung gegen das Urteil des Metropoliten heißt es dort:

> „Si quis putauerit se a proprio metropolitano grauari, apud patriarcham uel primatem dioceseos, aut penes uniuersalis apostolicae ecclesiae iudicetur sedem“[70].

Grundsätzlich sollte die Regel gelten:

> „Ad Romanam ecclesiam omnes episcopi, si uoluerint uel quibus necesse fuerit, quasi ad caput suffugere, eamque appellare debent, ut inde accipiant tuitionem atque consecrationem. Quod omnibus minime conuenit denegari episcopis; sed absque ulla custodia, aut excommunicatione, uel damptnatione, aut expoliatione libere ire concedatur“[71].

---

[69] Vgl. K. W. NÖRR, *Ein Baustein der mittelalterlichen Rechtskirche: die appellatio extraiudicialis:* R. J. CASTILLO LARA (Hg.), *Studia in honorem Eminentissimi Cardinalis Alphonsi M. Stickler* (= STHIC, 7), Roma 1992, 463-482, 469, der diese Art der Berufung als „Anrufung eines höheren Gerichts [...], die ohne Bezug auf einen bereits laufenden Prozeß erfolgt“, definiert; zur *appellatio extraiudicialis* vgl. auch H. SCHMITZ, *Appellatio extraiudicialis. Entwicklungslinien einer kirchlichen Gerichtsbarkeit über die Verwaltung im Zeitalter der klassischen Kanonistik (1140–1348)* (= MThS.K, 29), München 1970.

[70] C. 2 q. 6 c. 7; Gratians Quellen sind unter anderem die Dekretalen des Pseudo-Isidor; die Prozessvorschriften sind dem antiken römischen Recht entnommen: vgl. E. JACOBI, *Der Prozeß im Decretum Gratiani und bei den ältesten Dekretisten*: ZSRG.K 3 (1913), 223-343, 239-244 und 331-337; PITZ, *Papstreskript,* 330; allgemein zum Berufungsrecht bei Gratian vgl. W. LITEWSKI, *Appeal in „corpus iuris canonici“*: ASD 14-17 (1970-1973), 145-221.

[71] C. 2 q. 6 c. 6 unter Bezug auf [Pseudo-]Marcellus I.; ähnlich C. 2 q. 6 c. 4: „Si quis uestrum pulsatus fuerit in aliqua aduersitate, licenter hanc sanctam et apostolicam sedem appellet, et ad eam quasi ad caput suffugium habeat, ne innocens dampnetur, aut ecclesia sua detrimentum patiatur“; C. 2 q. 6 c. 5: „Omnes episcopi, qui in aliquibus pulsantur uel criminantur grauioribus causis, quociens necesse fuerit libere apostolicam sedem apellent, atque ad eam quasi ad matrem confugiant“; C. 2 q. 6 c. 8: „Ad Romanam ecclesiam ab omnibus, maxime tamen ab obpressis est appellandum, et concurrendum quasi ad matrem, ut eius uberibus nutriantur, auctoritate defendantur, suis obpressionibus releuentur, quia non potest nec debet mater obliuisci filium suum“; C. 2 q. 6 c. 16: „Quociens episcopi se a suis conprouincialibus uel a metropolitano putauerint pregrauari, aut eos suspectos habuerint, mox Romanam appellent sedem, atque eis libere ire liceat; et dum predictam Romanam appellauerint sedem, aut ab ea se audiri poposcerint nullus eos aut excommunicare, aut eorum sedes subripere, aut res eorum auferre, aut aliquam uim eis inferre presumat ante, quam amborum causa Romani Pontificis auctoritate finiatur. Quod si aliter, a quoquam presumptum fuerit nichil erit, sed uiribus carebit“; C. 9 q. 3 c. 17: „Cuncta per mundum novit ecclesia, quod sacrosancta Romana ecclesia fas de omnibus habet iudicandi, neque cuiquam de eius liceat iudicare iudicio. Siquidem ad illam de qualibet mundi parte appellandum est: ab illa autem nemo est appellare permis-

Immer weniger wurde seit Alexander III. auch zwischen wirklicher Appellation und bloßer Anrufung des Apostolischen Stuhls unterschieden. Die unmittelbare Klageerhebung am Gericht des Papstes wurde mit der Zeit als Ausübung des legitimen Rechts jedes Gläubigen angesehen, sich in Streitsachen an den obersten Richter der Kirche selbst zu wenden[72]. Zahlreiche Rechtsfälle wurden infolge erhoffter Vorteile und aus Angst vor der Parteilichkeit lokaler Gerichte nicht erst in höherer, sondern oft schon in erster Instanz dem Urteil des Bischofs von Rom anvertraut[73]. Mehr als die Hälfte der Fälle, die in der ersten Hälfte des 13. Jahrhunderts nach Rom gelangten, standen auf diese Weise in erster Instanz zur Entscheidung an[74]. Häufig wurde das Appellationsrecht an den Stuhl Petri aber auch absichtlich missbraucht, was nicht zuletzt die Päpste selbst immer wieder beklagten[75]. Tatsächlich wurde Rom auf diese Weise aber zusehends zum einzigen Gerichtshof der Christenheit[76].

Mehr und mehr war das mittelalterlich-germanische Gerichtsverfahren inzwischen durch den römisch-kanonischen Prozess verdrängt worden[77], und die Rezeption des römischen Rechts nahm mit dem Pontifikat Alexanders III. immer umfassenderen Charakter an[78]. Nicht zuletzt die Gründung juristischer Fa-

---

sus"; zum Appellationsrecht im *Corpus iuris canonici* siehe auch X 2. 28: *De appellationibus, recusationibus et relationibus.*

72 Vgl. SAYERS, *Papal Judges*, 7; MEDUNA, *Studien zum Formular*, 27-29; MÜLLER, *Päpstliche Delegationsgerichtsbarkeit*, 12-13.

73 Vgl. J. B. SÄGMÜLLER, *Die Tätigkeit und Stellung der Cardinäle bis Papst Bonifaz VIII.*, Freiburg 1896, 3; SCHNEIDER, *Die Römische Rota*, 3.

74 SAYERS, *Papal Judges*, 5.

75 Vgl. GERHOH VON REICHERSBERG, *De investigatione antichristi liber I*, [um 1162], c. 52: *De appellacionum abusione atque abusivis appellacionibus*: MGH.LL 3 (1897), 304-395, 358-359; V. PFAFF, *Pro posse nostro. Die Ausübung der Kirchengewalt durch Papst Coelestin III.*: ZSRG.K 43 (1957), 89-131, 98-100; S. CHODOROW, *Dishonest Litigation in the Church Courts, 1140-98*: K. PENNINGTON, R. SOMERVILLE (Hg.), *Law, Church and Society. Essays in Honor of Stephan Kuttner*, Pennsylvania 1977, 187-206, 187-188; MEDUNA, *Studien zum Formular*, 30-39; ROBINSON, *The Papacy*, 195-200; MÜLLER, *Päpstliche Delegationsgerichtsbarkeit*, 15. So konnte man zum Beispiel durch Appellationsmissbrauch Zeit gewinnen oder durch persönliches Erscheinen in Rom mit einem günstigen Ausgang des Verfahrens rechnen.

76 Vgl. SAYERS, *Papal Judges*, 5: „Rome was in fact the one Court of Christendom".

77 Vgl. PITZ, *Papstreskript*, 328.

78 Vgl. CERCHIARI, *Capellani Papae*, I, 5-8; zusammenfassend auch TRILHE, *Les chapelains*, 348-359. Zur Rezeption des römischen Rechts vgl. G. GOTTSCHALK, *Ueber den Einfluss des römischen Rechts auf das canonische Recht, resp. das canonische Rechtsbuch*, Mannheim 1866 = Aalen 1997; BETHMANN-HOLLWEG, *Der Civilprozeß*, 82-89; W. GOETZ, *Das Wiederaufleben des römischen Rechts im 12. Jahrhundert*: AKuG 10 (1912-13), 25-39; P. LEGENDRE, *La pénétration du droit romain dans le droit canonique classique de Gratien à Innocent IV (1140-1254)*, Paris 1964; MEDUNA, *Studien zum Formular*, 9-11; P. LANDAU, *Die*

kultäten und die Entstehung einer Judikatur in beiden Rechten förderten die Entfaltung und Entwicklung der kirchlichen Gerichtsbarkeit[79]. Es war dann aber der Nachfolger Alexanders, Papst Lucius III. (1181-1185), der definitiv bestimmte, das seit Gratian in der Kirche immer einflussreicher gewordene alte Recht zur Vervollständigung des *ius canonicum* zu Hilfe zu nehmen und es den Gegebenheiten der neuen Zeit anzugleichen[80]. Lucius III. war es auch, der sich um den schnelleren Ablauf von Prozessen bemühte und energisch gegen deren Verschleppung vorging[81]. Freilich bewirkte gerade die strenge Einhaltung der Prozessregeln des Römischen Rechts, dass die Durchführung von Verfahren komplizierter und die Beanspruchung des Papstes und seiner Berater in Gerichtssachen noch zusätzlich verstärkt wurde.

d. Die Mitarbeiter des Papstes und die Urteilsfällung im Konsistorium

Bereits Ende des 4. Jahrhunderts war es in Rom zur Einsetzung von sieben sogenannten Pfalzrichtern gekommen, die alle dem römischen Adel angehörten. Aufgabe dieser Richter sollte es unter anderem sein, dem Bischof von Rom bei der Ausübung seines Richteramtes beratend zur Seite zu stehen[82]. Mit großer

Durchsetzung neuen Rechts im Zeitalter des klassischen kanonischen Rechts: G. MELVILLE (Hg.), *Institutionen und Geschichte. Theoretische Aspekte und mittelalterliche Befunde* (= NSt, 1), Köln – Weimar – Wien 1992, 137-155; K. W. NÖRR, *Iudicium est actus trium personarum. Beiträge zur Geschichte des Zivilprozeßrechts in Europa* (= BEr, 4), Goldbach 1993, 53-65; W. LITEWSKI, *Der römisch-kanonische Zivilprozeß nach den älteren ordines iudiciarii*, I-II, Kraków 1999; P. G. STEIN, *Römisches Recht und Europa. Die Geschichte einer Rechtskultur* (= EG, 60102), Frankfurt am Main ^{3}1999, 68-117; J. M. VIEJO-XIMÉNEZ, *La ricezione del diritto romano nel diritto canonico*: E. DE LEÓN, N. ÁLVAREZ DE LAS ASTURIAS (Hg.), *La cultura giuridico-canonica medioevale. Premesse per un dialogo ecumenico* (= MG, 22), Milano 2003, 157-209.

[79] Vgl. BECKER, *Die Sacra Rota Romana*, 1.

[80] Vgl. LUCIUS III., Papst, Brief *Intelleximus*, 1181, Mai, an den Bischof von Padua: X 5.32.1: „Quia vero, sicut humanae leges non dedignantur sacros canones imitari, ita et sacrorum statuta canonum priorum principum constitutionibus adiuvantur, fraternitati tuae praesentibus literis mandamus, quatenus diligenter considerans, quod post denunciationem novi operis, sive iure sive iniuria aliquid construatur, de legalibus debet constitutionibus demoliri".

[81] Vgl. LUCIUS III., Papst, Brief *Suggestum est*, [1181], Nov 29, an den Abt von Sankt Benedikt *super Padum* u. a.: P. F. KEHR (Hg.), *Papsturkunden in Italien. Reiseberichte zur Italia Pontificia*, V (= ARP, 5), Città del Vaticano 1977, 541-542; LUCIUS III., Papst, Brief *Quantum monasterium*, 1184, Feb 16, an den Prior und die Mönche von Léhon: PL, CCI, 1234; LUCIUS III., Papst, Brief *Cum omnibus*, 1184, Aug 18, an Abt Hugo: PL, CCI, 1317; und hierzu V. PFAFF, *Sieben Jahre päpstlicher Politik: Die Wirksamkeit der Päpste Lucius III., Urban III., Gregor VIII.*: ZRSG.K 67 (1981), 148-212, 157-158.

[82] Zur Geschichte der Pfalzrichter vgl. PHILLIPS, *Kirchenrecht*, VI, 343-356; F. GREGOROVIUS, *Geschichte der Stadt Rom im Mittelalter. Vom V. bis zum XVI. Jahrhundert*, III, Stuttgart ^{4}1890, 428-429; S. KELLER, *Die sieben römischen Pfalzrichter im byzantinischen Zeitalter* (= KRA, 12), Stuttgart 1904 = Amsterdam 1962; J. P. KIRSCH, *Palatini*: CE, XI

Wahrscheinlichkeit wurden sie erstmals zu Beginn des Pontifikates von Siricius (384-399) berufen[83], vielleicht bereits unter dessen Vorgänger Damasus I. (366-384)[84]. Unter Kaiser Otto III. wurden sie zugleich zu Richtern des Kaisers und von diesem ebenso wie vom Papst zu Schöffendiensten herangezogen[85]. Spätestens seit dem Ende des Frühmittelalters scheint in geistlichen Sachen aber dann eine neue, mehr oder weniger einheitliche Vorgehensweise bei der Urteilsfindung angewandt worden zu sein. Danach urteilten die Päpste in der Regel nach Beratung mit dem römischen Presbyterium[86] oder – in schwierigeren Fällen – mit einer meist aus Priestern, Diakonen und Gläubigen der Stadt Rom gebildeten Synode[87]. In Zivilsachen waren es dagegen noch bis ins 11. und 12. Jahr-

---

(1911), 417; G. MAY, *Pfalzrichter*: LThK^2, VIII (1963), 396; E. PÁSZTOR, *La curia romana*: L. PROSDOCIMI, P. ZERBI (Hg.), *Le istituzioni ecclesiastiche della „societas christiana" dei secoli XI-XII. Papato, cardinalato ed episcopato. Atti della quinta settimana internazionale di studio, Mendola 26-31 agosto 1971* (= MCSM, 7), Milano 1974, 490-504, 492-495; G. MAY, *Pfalzrichter*: LThK^3, VIII (1999), 161; außerdem MORONI, *Dizionario*, LXXXII, 209; KEMPF, *Kirchenverfassung*, 321 und 324; K. JORDAN, *Die Entstehung der Römischen Kurie. Ein Versuch. Mit Nachtrag 1962* (= Lib, 91), Darmstadt 1973, 11 und 16; J. SÁNCHEZ Y SÁNCHEZ, *La Curia Romana hasta Pablo VI. Las grandes líneas de su evolución histórica*: REDC 31 (1976), 439-458, 447-448. Neben ihrer Beratungstätigkeit in Gerichtssachen und den ihnen zugewiesenen vielfältigen Verwaltungsaufgaben spielten die *iudices palatini* aber auch immer mehr eine führende Rolle in den machtpolitischen Auseinandersetzungen der Stadt Rom im Frühmittelalter: KEMPF, *Kirchenverfassung*, 321; PÁSZTOR, *La curia romana*, 493.

[83] R. SOHM, *Kirchenrecht*, I. *Die geschichtlichen Grundlagen* (= SHRW, 8/1), Berlin 1923 = 1970, 418, kommt zur Überzeugung: „Mit den Dekretalen des Siricius hat die formale päpstliche Gesetzgebungsgewalt über das Abendland eingesetzt. Um dieselbe Zeit ist auch die höchste Gerichtsgewalt, und zwar Gerichtsgewalt im Rechtssinn, vom Papsttum in Anspruch genommen worden".

[84] Vgl. KELLER, *Die sieben römischen Pfalzrichter*, 36, Anm. 2.

[85] Vgl. GREGOROVIUS, *Geschichte der Stadt Rom*, III, 328-329.

[86] Vgl. MORONI, *Dizionario*, LXXXII, 209. Die Meinung des römischen Klerus zu Streitfragen erkundete der Papst im sogenannten *concilium romanum*: vgl. FIAMINGO, *La S. Romana Rota*, 345.

[87] Vgl. P. TORQUEBIAU, *Curie Romaine*: DDC, IV (1949), 971-1008, 986-988; F. SALERNO, *Curia romana*: EncD, XI (1962), 549-561, 549; die Verhandlungen fanden dabei in der Regel unter Vorsitz des Papstes im *palatio Lateranensi* statt: vgl. HIRSCHFELD, *Das Gerichtswesen der Stadt Rom*, 450, und K. JORDAN, *Die Entstehung der Römischen Kurie. Ein Versuch. Mit Nachtrag 1962* (= Lib, 91), Darmstadt 1973, 11, der sich dabei auf Gerichtsurkunden aus dem Kirchenstaat seit Anfang des 9. Jahrhunderts beruft und feststellt: „Als Leo IV. im Jahre 853 eine Reise nach Ravenna antrat, verfügte er, dass in seiner Abwesenheit nec ecclesiasticus nec palatinus ordo deficiat, an den festgesetzten Terminen sollten sich vielmehr alle Vornehmen im Lateranpalast versammeln, um hier Recht zu sprechen" (*ebd.*).

hundert hinein die sieben Pfalzrichter, die den Bischof von Rom als obersten Hüter der Gerechtigkeit in Zivilsachen unterstützten[88].

Nachdem jedoch in der ersten Hälfte des 11. Jahrhunderts immer deutlicher die rechtliche Stellung der Kardinäle geklärt und deren Einfluss gewachsen war, wurden diese als engste Mitarbeiter des Papstes immer häufiger auch in die Entscheidung über die vor den römischen Bischof gebrachten Gerichtssachen mit einbezogen[89]. In ganz seltenen Ausnahmefällen wurde es ihnen sogar überlassen, stellvertretend auch das Urteil zu fällen[90]. Fast immer richtete der Papst selbst, teils öffentlich in einer *apostolicae sedis audientia*, teils zurückgezogen im *fratrum consilium,* und zwar nach entsprechendem Bericht durch besonders rechtskundige Kardinäle[91]; bei nichtöffentlichen Entscheidungen war es dann meist Aufgabe der Kardinäle, die getroffene Entscheidung den beteiligten Parteien mitzuteilen und ihnen gegenüber zu begründen[92]. Den Kardinälen kam im Prozess daher in der Regel „die Rolle von Beisitzern im päpstlichten Gericht" zu[93].

Wenn ein Fall vom Papst unter Beiziehung der Kardinäle im *consistorium* entschieden werden sollte, fand dieses zunächst nach Bedarf in unregelmäßigen

---

88 Vgl. hierzu vor allem R. ELZE, *Das „Sacrum Palatium Lateranense" im 10. und 11. Jahrhundert*: SGSG 4 (1952), 27-54; SERVATIUS, *Paschalis II.*, 65-66. Der Titel *iudex apostolicae sedis* war vom 11. bis zum 13. Jahrhundert auch in Pisa in Gebrauch; hierauf verweist R. HIESTAND, *Iudex sacri Lateranensis palatii*: DA 43 (1987), 62-80.

89 Vgl. SCHNEIDER, EWERS, *Rota*, 63; MEDUNA, *Studien zum Formular*, 131-136. In der Reform des päpstlichen Verwaltungswesens unter Urban II. wurde die Einrichtung der Pfalzrichter noch nicht abgeschafft, wohl aber deren Einfluss zu brechen gesucht: vgl. hierzu KELLER, *Die sieben römischen Pfalzrichter*, 6; JORDAN, *Die Entstehung der Römischen Kurie*, 16.

90 So erstmals durch Papst Paschalis II., der seinen Kanzler, den Kardinal Johannes von Gaeta (Giovanni Caetani), den späteren Papst Gelasius II. (1118-1119), in wenigstens zwei Fällen damit betraute. Bei den beiden Prozessen handelte es sich um eine Streitsache zwischen den römischen Basiliken Santi Dodici Apostolici und San Marco und um eine andere zwischen den Einwohnern von Terracina und dem Geschlecht der Frangipani: vgl. P. F. KEHR, *Regesta Pontificum Romanorum: Italia Pontificia sive repertorium privilegiorum et litterarum a Romanis Pontificibus ante annum MCLXXXXVIII Italiae ecclesiis, monasteriis, civitatibus singulisque personis concessorum*, I (= MGH, 8), Berolini 1906, I, 72, n. 2-3 und 194, n. 17; W. MALECZEK, *Papst und Kardinalskolleg von 1191 bis 1216. Die Kardinäle unter Coelestin III. und Innozenz III.* (= PHIÖR, 1/6), Wien 1984, 327, Anm. 11; ROBINSON, *The Papacy*, 190-191; SAYERS, *Papal Judges*, 15.

91 Vgl. SERVATIUS, *Paschalis II.*, 68.

92 Vgl. S. HIRSCHMANN, *Die päpstliche Kanzlei und ihre Urkundenproduktion (1141-1159)* (= EHS.G, 913), Frankfurt am Main u. a. 2001, 74-76 und 357-360.

93 Vgl. MALECZEK, *Das Kardinalskollegium*, 64; PÁSZTOR, *La curia romana*, 503, kommt zu dem Ergebnis: „Nel secolo XII la curia avrà anche l'accezione di tribunale, ma in realtà non lo diverrà mai. Essa è solo sede materiale del concistoro, ove, prima dell'istituzione dei tribunali, vengono discusse le cause".

Abständen statt[94]. Obwohl auch andere Fragen Verhandlungsgegenstand solcher Sitzungen waren, nahmen in ihnen die Rechtsangelegenheiten doch besonders breiten Raum ein. Auf Grund der vielen Fälle, die dabei entschieden werden mussten, verwundert es jedoch nicht mehr, wenn das *consistorium* unter Alexander III. täglich tagte[95]; entsprechend der von ihm ausgeübten Funktion als Gerichtsversammlung wurde es bald auch als *auditorium* oder *audientia* des Papstes bezeichnet[96].

Häufig waren es gerade die Kardinäle, die in den Augen der Parteien wesentlich zum Ausgang des Verfahrens beitragen konnten[97]. Der Einfluss der Römischen Synode auf die Rechtsprechung aber ging immer weiter zurück und spielte schon bald keine Rolle mehr[98].

---

94 Vgl. PFAFF, *Pro posse nostro*, 114: „Offensichtlich ist die audientia also keine regelmäßige Zusammenkunft, sondern ein Zusammentritt nach Erfordernis, aber doch eine Art von Gerichtsorgan".

95 Vgl. MORONI, *Dizionario*, LXXX, 127; N. HILLING, *Die römische Kurie. Ein kurzes Handbuch für die Kenntnis der gegenwärtigen Verfassung*, Paderborn 1906, 12; HECKEL, *Die Organisation*, 226; SCHNEIDER, *Die Römische Rota*, 3, Anm. 3.

96 So erwähnt Kardinal Boso in seiner 1177 verfassten Biografie Alexanders III. eine *audientia*, in die sich der Papst zur Beratung zurückgezogen habe: „Tunc pontifex, habito fratrum suorum consilio, exivit foras in consistorio, et in communi audientia, sicut a cardinalibus distinctum fuit et computatum" (BOSO, Kard., *Alexander III*, [1177]: L. DUCHESNE [Hg.], *Le Liber pontificalis*, II, Paris 1955 = 1981, 397-446, 425, n. 171). Bei dieser *audientia* dürfte es sich nach ROBINSON, *The Papacy*, 191, allerdings um ein Synonym für den Terminus *consistorium* handeln oder eher noch um einen abstrakten Begriff.

97 Vgl. HIRSCHMANN, *Die päpstliche Kanzlei*, 66-67: „Mit zunehmender Bedeutung der Kardinäle als päpstliche Ratgeber bei schwierigen Gerichtsverfahren wurde gewissermaßen eine zusätzliche Instanz zwischen Papst und Petent geschaltet. In einzelnen Phasen des Prozeßverlaufs spielten die Kardinäle eine gewichtige Rolle. Sie konnten den vorgebrachten Argumenten die nötige Unterstützung geben oder den Einfluß eventueller Gegner neutralisieren. Es verwundert daher nicht, daß sich die Parteienvertreter oftmals schon im Vorfeld einer Verhandlung um die Gunst einzelner Kardinäle maßgeblich bemühten. Nur wer selbst Vertrauter des Papstes war oder aber Personen an der Kurie kannte, die ein vertrautes Verhältnis zum Papst besaßen, verfügte über die Möglichkeit, Anliegen in wirkungsvoller Weise dem Papst nahezubringen. Je intensiver die Mittler ihr Prestige und ihr Ansehen in die Waagschale warfen, je vertrauter und wichtiger sie dem Herrscher waren, desto besser wurden die Erfolgsaussichten des Bittstellers".

98 Vgl. SERVATIUS, *Paschalis II.*, 67; W. MALECZEK, *Das Kardinalskollegium*, 62.

2. Die Neuorganisation des päpstlichen Gerichtshofes am Ende des 12. Jahrhunderts

Trotz aller Unterstützung, die der Bischof von Rom als oberster Richter der Kirche durch die Beratung im Konsistorium erfuhr, blieb er derjenige, der die Verantwortung für jede Entscheidung zu tragen hatte. In aller Regel nämlich war nicht nur die Urteilsfällung, sondern auch die Durchführung eines Verfahrens in erster Linie Sache des Papstes selbst. Nur selten und unter besonderen Umständen wurde diese Aufgabe stellvertretend von seinen engsten Mitarbeitern wahrgenommen[99]. Auf diese Weise jedoch war der Papst gezwungen, den größten Teil seiner Arbeitszeit für richterliche Tätigkeiten zu verwenden[100]; andererseits kam es dadurch zwangsläufig immer wieder zu erheblichen Verzögerungen der Gerichtsverfahren[101]. Eine Mahnung des heiligen Bernhard von Clairvaux aus dem Jahr 1149 an Papst Eugen III. (1145-1153), seinen ehemaligen Schüler, ist dafür eindrucksvoller Beweis[102]. Bernhard wandte sich nicht nur gegen den Missbrauch der Appellation[103], sondern forderte auch die Aufhebung des üblichen Instanzenzugs[104].

---

[99] So trat Papst Lucius II. (1144-1145) einmal infolge einer Erkrankung diese Aufgabe an Kardinäle und Bischöfe ab: vgl. MALECZEK, *Papst und Kardinalskolleg*, 326.

[100] Vgl. LEFEBVRE, *Rote Romaine*, 743; DEL RE, *La Curia Romana*, 226.

[101] Beispielsweise musste eine vor Papst Innozenz II. (1130-1143) und dem Zweiten Laterankonzil begonnene Vernehmung wegen dringenderer Aufgaben auf die Zeit nach dem Konzil verschoben werden: vgl. KEHR, *Regesta Pontificum*, 106, n. 8; SAYERS, *Papal Judges*, 14.

[102] Vgl. BERNHARD VON CLAIRVAUX, *De consideratione libri quinque ad Eugenium tertium,* [1148], lib. 1, cap. 3, n. 4: PL, CLXXXII, 727-742, 731: „Quaeso te, quale est istud, de mane usque ad vesperam litigare aut litigantes audire? Et utinam sufficeret diei malitia sua! non sunt liberae noctes. Vix relinquitur necessitati naturae, quod corpusculi pausationi sufficiat; et rursum ad jurgia surgitur. Dies diei eructat lites, et nox nocti indicat malitiam [...]"; *ebd.*, cap. 10, n. 13: PL, CLXXXII, 740-741: „Agitentur causae, sed sicut oportet. Nam is modus, qui freuquentatur, exsecrablis plane; et qui, non dico Ecclesiam, sed nec forum deceat. Miror namque quemadmodum religiosae aures tuae audire sustinent huijusmodi disputationes advocatorum, et pugnas verborum [...]. Ergo illas quas ad te necesse erit intrare causas (neque enim omnes necesse erit), diligenter velim, sed breviter decidere assuescas [...]. Causa viduae intret ad te, causa pauperis, et ejus qui non habet quod det. Aliis alias multas poteris committere terminandas, quam plures nec dignas audientia judicare". Zur Mahnschrift des heiligen Bernhard und deren Aufnahme durch den Papst vgl. E. T. KENNAN, *The „De consideratione" of St. Bernard of Clairvaux and the Papacy in the Midtwelth Century: a Review of Scholarship*: Tr 23 (1967), 73-115; B. JACQUELINE, *Le pape d'après le livre II du „De consideratione ad Eugenium papam" de saint Bernard de Clairvaux*: StGra 14 (1967), 219-239.

[103] Vgl. BERNHARD VON CLAIRVAUX, *De consideratione*, lib. 3, cap. 2, n. 5: PL, CLXXXII, 761-764; und hierzu H. WOLTER, *Das nachgregorianische Zeitalter*: HKG, III/2

Trotz der immer häufigeren Delegierung von Kardinälen bei der Durchführung von Gerichtsverfahren musste noch Gregor VIII. (1187) unter Verweis auf seine Krankheit und seine *minor diligentia* darum kämpfen, die Berufungen an den päpstlichen Stuhl auf die *maiores causae et obscuriores articuli* zu beschränken[105]. Auch Papst Clemens III. (1187-1191) ging in ähnlicher Weise gegen den Missbrauch vor, allzu oft den Bischof von Rom als Appellationsinstanz anzurufen[106]. Der immer größer werdenden Arbeitsüberlastung, unter der die römischen Bischöfe litten, war Abhilfe zu schaffen. In ihrer Verantwortung für das Wohl der Gesamtkirche und das Heil der Seelen mussten die Päpste nach Wegen suchen, die es ihnen möglich machten, sich wieder verstärkt der Erledigung auch anderer Aufgaben zu widmen. In der Blütezeit des Hochmittelalters war eine Neuorientierung in der Verwaltung der obersten kirchlichen Gerichtsbarkeit daher unausweichlich geworden[107]. Zu einer Zeit, in der französische und deutsche Bischöfe begannen, richterliche Gewalt an eigens damit betraute Vikare zu delegieren[108], bestand auch in Rom die Notwendigkeit einer grundlegenden Reform.

(1968), 3-56, 43-44; MALECZEK, *Das Kardinalskollegium*, 70-73; GAZZANIGA, *L'appel*, 403-404; MÜLLER, *Päpstliche Delegationsgerichtsbarkeit*, 15.

104 Vgl. BERNHARD VON CLAIRVAUX, *De consideratione*, lib. 3, cap. 4, n. 4: PL, CLXXXII, 766-769.

105 Vgl. GREGOR VIII., Papst, Brief *Vel ex dolo*, 1187, Nov, s. d., an alle Bischöfe und Erzdiakone: PL, CCI, 1552-1553, 1553: „[...] tanta negotiorum frequentia diebus singulis perurgemur, ut imbecillitate proprii corporis laborantes, minori etiam diligentia impediti, omnibus non possimus commode superesse, aut undique contradicentium clamores aut murmura sustinere". NÖRR, *Iudicium*, 54, schließt aus diesem Schreiben: „Gregor VIII greift also jeden Fall, der an ihn gelangt, persönlich auf. Anders fünfzig Jahre später, ein Grund, weshalb in die abschließende Dekretalensammlung, in den Liber Extra 1234, dieser Brief nicht aufgenommen wird, auch nicht etwa in redigierter Gestalt"; vgl. hierzu auch W. HOLTZMANN, *Die Dekretalen Gregors VIII.*: MIÖG 58 (1950), 113-123, 114.

106 Vgl. CLEMENS III., Papst, Ap. Schr. *Cum ex imposito*, 1189, Mrz 9, bei W. HOLTZMANN, *Die Dekretalen Gregors VIII.*: MIÖG 58 (1950), 113-123, 122-123: „Et quia non possumus omnium habere memoriam, cause modo commisse quibusdam iudicibus ad aliorum statim petionem aliis committuntur et ita commissio commissione frustrata Romane curie notam ingerit levitatis"; siehe hierzu insbesondere CHODOROW, *Dishonest Litigation*, 189-191.

107 Vgl. PFAFF, *Pro posse nostro*, 96: „Die verworrenen Rechtsverhältnisse des kirchlichen Bereichs riefen geradezu nach einer ordnenden Hand".

108 Vgl. hierzu P. FOURNIER, *Les officialités au moyen âge. Étude sur l'organisation, la compétence et la procédure des tribunaux ecclésiastiques ordinaires en France de 1180 a 1328*, Paris 1880 = Aalen 1984, 1-12; PFAFF, *Pro posse nostro*, 113-114; W. TRUSEN, *Die gelehrte Gerichtsbarkeit der Kirche*: HQLPG, I (1973), 467-504, 468-469; J. A. BRUNDAGE, *The Rise of Professional Canonists and Development of the Ius Commune*: ZSRG.K 81 (1995), 26-63, 52-53.

a. Die *iudices delegati*

Um sich in ihrer Gerichtstätigkeit zu entlasten, griffen die Päpste zunächst in verstärktem Maß auf die alte Praxis zurück, Streitfragen nicht persönlich in Rom zu entscheiden, sondern sich der Hilfe delegierter Richter an Ort und Stelle zu bedienen. Dass der Bischof von Rom seine richterliche Tätigkeit nicht in jeder Hinsicht persönlich ausüben musste, sondern im Einzelfall Untersuchungen auch durch Stellvertreter vornehmen konnte, war möglicherweise nämlich bereits durch Beschlüsse der Reichssynode von Serdika so legitimiert worden[109]. Sicher aber hatte sich Gregor der Große (590-604), der nach östlichem Vorbild erstmals Notare und Defensoren in Gerichtsverfahren einsetzte[110], dieses Mittels bedient. So hatte er im Jahre 603 einen dieser Defensoren beauftragt, an seiner Statt richterliche Untersuchungen in Spanien vorzunehmen[111].

Da es in vielen Fällen auf Grund der geografischen Entfernungen und der in Rom fehlenden Beweise und Zeugen nicht möglich war, an der Wirkungsstätte des Papstes zu einer gerechten Entscheidung zu gelangen[112], hatten dann auch Gregors Nachfolger vereinzelt auswärtige Bischöfe und Priester zur Durchführung von Gerichtsverfahren delegiert. Solche Delegationen sind in geringer Anzahl aus den Pontifikaten Johannes' VIII. (872-882), Johannes' XIX. (1024-1032), Nikolaus' II. (1059-1061), Gregors VII. (1073-1085), Urbans II. (1088-1099) und Paschalis' II. (1099-1118) bekannt[113]. Innozenz II. (1130-1143) gewährte erstmals auch die Möglichkeit zur Subdelegation[114].

---

109 Hierauf deutet jedenfalls die Formulierung hin: „det iudices" (CONCILIUM SARDICENSE GENERALE, *Canones ex interpretatione Dionysii Exigui interpretis*, [342/43], can. 3: SConcCol, III, 22-30, 23); vgl. hierzu C. J. HEFELE, *Histoire des conciles*, I/2, Paris 1907 = Hildesheim – New York 1973, 762-777; H. J. CONRAD, *Die iurisdictio delegata*, 46; MÜLLER, *Päpstliche Delegationsgerichtsbarkeit*, 9-21.

110 Vgl. FEINE, *Kirchliche Rechtsgeschichte*, 321.

111 Vgl. CONRAD, *Die iurisdictio delegata*, 46.

112 Vgl. MÜLLER, *Päpstliche Delegationsgerichtsbarkeit*, 17: „Eine Verhandlung an der Kurie war nur möglich, wenn sich die Streitparteien gleichzeitig und mit allen notwendigen Beweismitteln und Zeugen am Hofe des Papstes einfanden".

113 Vgl. HIRSCHFELD, *Das Gerichtswesen der Stadt Rom*, 532-543; CONRAD, *Die iurisdictio delegata*, 48-49; SYDOW, *Untersuchungen zur kurialen Verwaltungsgeschichte*, 50 und 63; R. GRÉGOIRE, *Bruno de Segni. Exégète médiéval et théologien monastique* (= CIStAM, 3), Spoleto 1965, 42; PITZ, *Papstreskript*, 325; SERVATIUS, *Paschalis II.*, 66; D. LOHRMANN, *Papstprivileg und päpstliche Delegationsgerichtsbarkeit im nördlichen Frankreich zur Zeit der Kirchenreform*: S. KUTTNER, K. PENNINGTON (Hg.), *Proceedings of the Sixth International Congress of Medieval Canon Law, Berkeley (California), 28 July – 2 August 1980* (= MIC.S, 7), Città del Vaticano 1985, 535-550, 536; MÜLLER, *Päpstliche Delegationsgerichtsbarkeit*, 17 und 33.

114 Vgl. INNOZENZ II., Papst, Brief *Quoties frater*, s. d., an den Patriarchen von Aquileia und den Bischof von Mantua: C. 2 q. 5 c. 17: „Verum quoniam nec accusatores, nec tes-

Seit der Regierungszeit Alexanders III. wurden aber dann sehr häufig bewährte Personen außerhalb Roms damit beauftragt, stellvertretend richterliche Tätigkeiten wahrzunehmen[115]. Auf diese Regelung wurde vor allem zurückgegriffen, wenn die Gegenpartei und deren Prokurator nicht am Sitz des Papstes selbst anwesend waren[116]. Die Richter entschieden dabei an Ort und Stelle im Namen und Auftrag des Pontifex, der das Urteil nach entsprechendem Bericht jedoch noch zu bestätigen hatte[117]. Berufung gegen ein durch delegierte Richter gefälltes Urteil unmittelbar an den Papst war dabei in den meisten Fällen ausdrücklich ausgeschlossen; da die Entscheidung in seinem Namen getroffen wurde, war die Delegation bereits *appellatione remota* erteilt worden[118].

Coelestin III. (1191-1198) bekräftigte erneut das Recht jedes Gläubigen, bei Bedarf stets den Bischof von Rom als Appellationsrichter anrufen zu können[119]. Es ist daher verständlich, dass er zur Bewältigung dieser Aufgabe noch mehr als seine Vorgänger auf die Unterstützung seiner Mitarbeiter angewiesen war[120]. Immer wieder beauftragte er daher rechtskundige Geistliche außerhalb Roms, sich unter dem Titel *iudex delegatus* oder *cognitor* im Namen des Papstes mit Rechtssachen und anderen juristischen Angelegenheiten zu befassen[121].

---

tes secundum formam canonum et sanctorum Patrum statuta in causa ipsa procedere potuerunt, communi fratrum nostrorum concilio iudicamus, ut tertia manu sui ordinis et quatuor abbatum et religiosorum sacerdotum de supradicta symonia in uestra presentia se debeat expurgare [...]. Nos itaque causae huius seriem committentes prudentiae uestrae, mandamus uobis, ut congruo loco in unum conuenire curetis, et ita causam ipsam iuxta presentium tenorem prestante Domino restauretis, quatenus et omnis de cetero huius questionis scrupulus auferatur, et utrique parti sua iustitia conseruetur. Si quis uero de uobis, certa prepediente causa, interesse non poterit, uos, qui adesse poteritis, idem iudicium terminate".

115 Vgl. CONRAD, *Die iurisdictio delegata*, 49-50; NÖRR, *Institutional foundations*, 332-334; PARAVICINI BAGLIANI, *Il trono di Pietro*, 102-103.

116 Vgl. URUSZCZAK, *Les juges délégues*, 30.

117 Vgl. CONRAD, *Die iurisdictio delegata*, 52; SAYERS, *Papal Judges*, 102-103; URUSZCZAK, *Les juges délégues*, 39; MÜLLER, *Päpstliche Delegationsgerichtsbarkeit*, 19.

118 Vgl. PADOA-SCHIOPPA, *La delega*, 181; ausführlich zum Thema: A. AMANIEU, *Appellatione remota*: DDC, I (1935), 827-833.

119 Vgl. COELESTIN III., Papst, Dekret *Secundo requiris*, 1193, Jul 17: X 2.28.41: „Canonica nihilominus tenent instituta, ut qui vult, vel quibus necesse fuerit ad Romanam ecclesiam quasi ad caput suum confugere, possent, et sine impedimento quolibet appellare, ad quem nimirum sine ulla calumnia, vel custodia, vel excommunicatione, vel exspoliatione ire libere concedatur, quae secundum canonum sanctorum sanctiones passim appellare permittit".

120 Vgl. V. PFAFF, *Die Kardinäle unter Papst Coelestin III. (1191 bis 1198)*: ZSRG.K 41 (1955), 58-94, 73-74; PFAFF, *Pro posse nostro*, 101.

121 Entsprechende Aufträge erhielten unter anderem Erzbischöfe, Bischöfe, Äbte, Archipresbyter und Subdiakone sowie „eine erhebliche Zahl von Kanonikern ohne Rang". Von ihnen allen verlangte man Unbestechlichkeit, Ortskenntnis und gute Urteilskraft: vgl. PFAFF, *Pro posse nostro*, 102.

Obwohl von weltlicher und bischöflicher Seite bekämpft[122], gewann die delegierte Gerichtsbarkeit des Papstes vom Ende des 12. Jahrhunderts an an Bedeutung[123] und erreichte unter Innozenz III. (1198-1216) „ihre formale Reife“[124]. Doch immer wieder zeigte sich, dass ein geeigneter Rechtsschutz auf diese Weise in vielen Fällen nicht gewährleistet werden konnte[125].

Eine wichtige Rolle bei der Delegierung auswärtiger Richter fiel spätestens seit dem Pontifikat Papst Honorius' III. (1216-1227) dem sogenannten *auditor contradictarum* zu[126], einem dem *quaestor* des kaiserlichen Palastes entspre-

---

122 Zu den Gegnern zählten Kaiser Friedrich I. und König Heinrich II. von England: vgl. FALKENSTEIN, *Appellationen*, 43-44.

123 Zur Geschichte der *iudices delegati* vgl. HINSCHIUS, *Das Kirchenrecht*, I, 171-195; CONRAD, *Die iurisdictio delegata*, 45-54; V. POLITI, *La giurisdizione ecclesiastica e la sua delegazione*, Milano 1937; FALKENSTEIN, *Appellationen*, 36-65; ROBINSON, *The Papacy*, 192-194; D. LOHRMANN, *Juges délégués*: DHP (1994), 978-979; MÜLLER, *Päpstliche Delegationsgerichtsbarkeit*, 9-21; O. HAGENEDER, *Zur Effizienz der römischen Kurie als Gerichtshof um 1200*: W. EHBRECHT, A. LAMPEN (Hg.), *Der weite Blick des Historikers. Einsichten in Kultur, Landes- und Stadtgeschichte. Festschrift für Peter Johanek*, Köln 2002, 99-112; P. HERDE, *Zur päpstlichen Delegationsgerichtsbarkeit im Mittelalter und in der frühen Neuzeit*: ZSRG.K 88 (2002), 20-43; S. HIRSCHMANN, *Der Fall von Ely (The Stretchworth case). Zur Praxis päpstlicher Delegationsgerichtsbarkeit um die Mitte des 12. Jahrhunderts:* ZSRG.K 89 (2003), 612-618; WETZSTEIN, *Heilige vor Gericht*, 140-175; zur Delegationsgerichtsbarkeit im Dekretalenrecht des *Corpus Iuris Canonici*: G. G. PAVLOFF, *Papal Judge Delegates at the Time of the Corpus Iuris Canonici* (= CLSt, 426), Washington 1963, 8-31.

124 MÜLLER, *Päpstliche Delegationsgerichtsbarkeit*, 20; zur Delegationsgerichtsbarkeit in England vgl. vor allem C. R. CHENEY, *England and the Roman Curia under Innocent III*: JEH 18 (1967), 173-186; SAYERS, *Papal Judges*; J. SAYERS, *The Records of the Courts of Judges Delegate in England*: C. DONAHUE (Hg.), *The Records of the Medieval Ecclesiastical Courts*, II: *England. Reports of the Working Group on Church Court Records* (= CSLH, 7), Berlin 1994, 27-34; in Frankreich: LOHRMANN, *Papstprivileg*; URUSZCZAK, *Les juges délégues*, 30; in Österreich und Bayern: O. HAGENEDER, *Die geistliche Gerichtsbarkeit in Ober- und Niederösterreich. Von den Anfängen bis zum Beginn des 15. Jahrhunderts* (= FGOÖ, 10), Graz 1967, 24-74; speziell in der Erzdiözese Salzburg: H. PAARHAMMER, *Päpstlich delegierte Richter im mittelalterlichen Erzbistum Salzburg. Ein Beitrag zur Geschichte der geistlichen Gerichtbarkeit des 12. und 13. Jahrhunderts*: W. AYMANS, K.-T. GERINGER (Hg.), *Iuri Canonico Promovendo. Festschrift für Heribert Schmitz zum 65. Geburtstag*, Regensburg 1994, 729-767.

125 Vgl. HAGENEDER, *Zur Effizienz der römischen Kurie*, 99: „Die Prozesse wurden endlos verschleppt, denn es half auch wenig, den Streit durch ein Urteil zu beenden: entweder konnte dieses gar nicht vollstreckt werden, oder man nahm bei der nächsten sich bietenden Gelegenheit die gerichtliche Auseinandersetzung mit neuen Argumenten wieder auf. Das dictum von der Immortalität solcher Prozesse scheint durchaus geläufig gewesen zu sein“.

126 Vgl. R. ELZE, *Die päpstliche Kapelle im 12. und 13. Jahrhundert*: ZSRG.K 36 (1950), 155-204, 177; DOLEZALEK, NÖRR, *Die Rechtsprechungssammlungen*, 849, Anm. 1; P. RABIKAUSKAS, *„Auditor litterarum contradictarum“ et commissions de juges délégués sous le pontificat d'Honorius III:* BECh 132 (1974), 213-244; ULLMANN, *Kurze Geschichte des Papsttums*, 235. Das Amt des *auditor contradictarum* gewann mit der Zeit – nicht zuletzt we-

chenden Prälaten[127], der die *audientia litterarum contradictarum* als Abteilung der Kanzlei leitete[128]. Neben der Erteilung von Delegationen sollte er vor allem auch das päpstliche Gerichtswesen koordinieren[129] und „sinnlose Streitfälle von vornherein ausschalten“[130].

b. Der Ausbau der päpstlichen Kanzlei

Schon seit langem war am päpstlichen Hof eine eigene *cancellaria* tätig gewesen, die von einem mit großen Vollmachten ausgestatteten *cancellarius* geleitet wurde und der nahezu alles zur Bearbeitung anvertraut war[131].

---

gen bedeutender Kanonisten, die es innehatten – immer mehr an Bedeutung und Einfluss und schränkte auf diese Weise die Macht des *vicecancellarius* weiter ein. Zu den Amtsinhabern zählten unter anderem Sinibaldo Fieschi (der 1241 als Innozenz IV. zum Papst gewählt wurde), Goffredus de Trano und Guido de Baisio: vgl. CERCHIARI, *Capellani Papae*, I, 20; K. W. NÖRR, *Ein Kapitel aus der Geschichte der Rechtsprechung: Die Rota Romana*: IusCom 5 (1975), 192-209, 193. SAYERS, *Papal Judges*, 13, geht von der Gründung bereits unter Innozenz III. oder früher aus; ebenso T. FRENZ, *Papsturkunden des Mittelalters und der Neuzeit* (= HGrE, 2), Stuttgart ²2000, 77.

127 Vgl. CERCHIARI, *Capellani Papae*, I, 16, 19 und 28-30.

128 Vgl. dazu G. BARRACLOUGH, *Audientia litterarum contradictarum*: DDC, I (1935), 1387-1399; P. HERDE, *Audientia litterarum contradictarum. Untersuchungen über die päpstlichen Justizbriefe und die päpstliche Delegationsgerichtsbarkeit vom 13. bis zum Beginn des 16. Jahrhunderts*, I-II (= BDHIR, 31-32), Tübingen 1970; SAYERS, *Papal Judges*, 11-14; P. HERDE, *Audientia litterarum contradictarum*: LMA, I (1980), 1192-1193; MEDUNA, *Studien zum Formular*, 138-139; HERDE, *Zur päpstlichen Delegationsgerichtsbarkeit*, 26-27.

129 Vgl. H. WOLTER, *Die Krise des Papsttums und der Kirche im Ausgang des 13. Jahrhunderts (1274-1303)*: HKG, III/2 (1968), 297-356, 338-339; ULLMANN, *Kurze Geschichte des Papsttums*, 235.

130 WOLTER, *Die Krise des Papsttums*, 339.

131 Zur Geschichte der Kanzlei siehe vor allem P. F. KEHR, *Scrinium und Palatium. Zur Geschichte des päpstlichen Kanzleiwesens im 11. Jahrhundert*: MIÖG.E 6 (1901), 70-112; CERCHIARI, *Capellani Papae*, I, 13-17, 27 und 31; F. CLAEYS BOUUAERT, *Chancellerie*: DDC, III (1942), 464-471; P. RABIKAUSKAS, *Die römische Kuriale in der päpstlichen Kanzlei*, Rom 1958; KEMPF, *Kirchenverfassung*, 323-325; PÁSZTOR, *La curia romana*, 497-501; ULLMANN, *Kurze Geschichte des Papsttums*, 234-235; B. BARBICHE, *Le personnel de la chancellerie pontificale aux XIIIᵉ et XIVᵉ siècles*: F. AUTRAND (Hg.), *Prosopographie et genèse de l'état moderne. Actes de la table rotonde organisée par le Centre National de la Recherche scientifique et l'École Normale Supérieure de jeune filles, Paris 22-23 octobre 1984* (= CENS, 30), Paris 1986, 117-130; P. RABIKAUSKAS, *Chancellerie pontificale*: DHP (1994), 331-336; HIRSCHMANN, *Die päpstliche Kanzlei*, 83-103; außerdem N. DEL RE, *Cancelleria Apostolica*: N. DEL RE (Hg.), *Mondo Vaticano. Passato e presente,* Città del Vaticano 1995, 180-182; DEL RE, *La Curia Romana*, 434-446, FRENZ, *Papsturkunden*, 72. Die Kanzlei verwendete im Übrigen bereits seit dem Pontifikat Papst Clemens' III. (1187-1191) das *Decretum Gratiani*: vgl. W. HOLTZMANN, *Die Benutzung Gratians in der päpstlichen Kanzlei im 12. Jahrhundert*: StGra 1 (1953), 323-349.

Nach einer Mitte des 12. Jahrhunderts langsam einsetzenden Spezialisierung der päpstlichen Verwaltung[132] scheint es dann möglicherweise zwischen 1180 und 1190 auch zu einer Neuorganisation und zu einem Ausbau der päpstlichen Kanzlei gekommen zu sein[133]. In Anlehnung an die *cancellaria* des kaiserlichen Hofs sollte die päpstliche Kanzlei nun die Funktion eines *auditorium* erfüllen, das den Papst bei der Ausübung seiner richterlichen Tätigkeit wirksam unterstützte[134]. Zu diesem Zweck wurde zu gegebener Zeit eine eigene Abteilung der Kanzlei errichtet, welche neben der Erteilung von Delegationsreskripten die beim Papst vorgebrachten Gerichtsklagen in dessen Auftrag zu überprüfen hatte[135]: sie kann als Ursprung der später entstandenen *audientia sacri palatii* gelten[136].

Dass es aber, wie Cerchiari nachzuweisen meint, schon unter Papst Alexander III. zu entsprechenden Reformmaßnahmen in dieser Hinsicht kam, ist unwahrscheinlich[137]. Ob es dann Alexanders Nachfolger, Lucius III., gelungen

---

[132] Vgl. B. SCHWARZ, *Die Organisation kurialer Schreiberkollegien von ihrer Entstehung bis zur Mitte des 15. Jahrhunderts* (= BDHIR, 37), Tübingen 1972, 18-19.

[133] Vgl. P. HERDE, *Beiträge zum päpstlichen Kanzlei- und Urkundenwesen im dreizehnten Jahrhundert* (= MHSt.GH, 1), Kallmünz ^{2}1967, 48; MÜLLER, *Päpstliche Delegationsgerichtsbarkeit*, 20; HIRSCHMANN, *Die päpstliche Kanzlei*, 73, der für die 1180er-Jahre Hinweise auf entsprechende Veränderungen findet.

[134] Auf den Vorbildcharakter des byzantinischen Kaiserhofes bei der Neuordnung des päpstlichen Gerichtswesens verweist vor allem MARTIN, *Les cardinaux et la Curie*, 76; auf Parallelen mit der Kanzlei der Karolinger und anderer Herrscherhäuser: H.-W. KLEWITZ, *Cancelleria. Ein Beitrag zur Geschichte des geistlichen Hofdienstes*: DA 1 (1937), 44-78.

[135] Vgl. HERDE, *Zur päpstlichen Delegationsgerichtsbarkeit*, 24: „eine Institution, die in einer Art Zwitterstellung als Gerichtsinstanz und als Instanz der päpstlichen Kanzlei [...] zuständig war".

[136] Vgl. HERDE, *Audientia litterarum contradictarum. Untersuchungen*, 20-23; NÖRR, *Institutional foundations*, 333; MÜLLER, *Päpstliche Delegationsgerichtsbarkeit*, 21. Schon CERCHIARI, *Capellani Papae*, I, 4, glaubt: „Fluit hinc, originem Rotae eo temporis esse addicendam, quo tale ius constitutum est ex quo Auditorum Rotae iuridica figura progigni potuit"; vgl. auch *ebd.*, 9: „[...] concludere fas est, iuridicam s. r. Rotae [...] figuram novo luciano iure fuisse progenitam".

[137] Vgl. CERCHIARI, *Capellani Papae*, I, 13-17, der unter Berufung auf ein Sendschreiben Alexanders III., durch das der suburbikarische Kardinalbischof von Porto zur Verhandlung mit König Ludwig VII. von Frankreich delegiert wurde (ALEXANDER III., Papst, Brief *Sicut meminisse*, 1162, Apr 30, an Hugo, Bf. von Sessa Aurunca: PL, CC, 137-138), davon ausgeht, schon dieser Papst habe im Nachfolger des Apostelfürsten selbst den *cancellarius Christi* gesehen und daher an die Stelle des bisherigen *cancellarius* einen *vicecancellarius* zur stellvertretenden Leitung der Kanzlei eingesetzt. Zu dieser Maßnahme kam es aber erst 1227 unter Papst Honorius III.: vgl. WOLTER, *Die Krise des Papsttums*, 335-336; DEL RE, *Cancelleria Apostolica*, 181; DEL RE, *La Curia Romana*, 438.

ist, die Reform mit allen rechtlichen Konsequenzen in Kraft zu setzen[138], ist ebenso fraglich[139]. Der genaue Zeitpunkt wird sich auf Grund fehlender Quellen auch nicht mehr ermitteln lassen[140]. Honorius III. spricht zwar tatsächlich von einem *auditorium* seines Vorgängers, in dem schon längere Zeit ein Streitfall untersucht worden sei[141], er dürfte sich dabei aber auf das *auditorium* der Kardinäle beziehen[142].

Vielleicht war es erst Coelestin III., der dazu die erforderlichen Initiativen ergriff und so den Weg zu einer tief greifenden Reform bereitete. Er, der als „Verwaltungsfachmann"[143] die gesamte kuriale Verwaltung einer Reform unterzog[144] und die Leitungsgewalt in der Kirche auch in Gerichtssachen zu zentralisieren suchte[145], beschränkte sich nämlich nicht darauf, Kardinäle als Rechtsberater zu seinen richterlichen Entscheidungen hinzuzuziehen, sondern delegierte als erster die Anhörung und Bearbeitung fast aller Rechtsstreitigkeiten an sie[146] und wurde auf diese Weise zum Wegbereiter einer neuen Instituti-

---

138 Dieser Auffassung sind neben CERCHIARI, *Capellani Papae*, I, 13-17, auch HERDE, *Beiträge zum päpstlichen Kanzlei- und Urkundenwesen*, 48, Anm. 210, und PITZ, *Papstreskript*, 333, die beide für diese Zeit „das erste Auftreten der technischen Bezeichnung cancellaria" feststellen.

139 Vgl. HIRSCHMANN, *Die päpstliche Kanzlei*, 60: „Obgleich bereits Alexander III. [...] und Lucius III. [...] von *cancelleria nostra* sprachen, wurde dieser Begriff erst seit dem ausgehenden 12. Jahrhundert für die päpstliche Beurkundungsstelle üblich".

140 Nach G. F. NÜSKE, *Untersuchungen über das Personal der päpstlichen Kanzlei 1254-1304*: ADipl 20 (1974), 39-240, und 21 (1975), 249-431, 394, war es Papst Honorius III., durch den 1216 die Änderung erfolgte. HERDE, *Zur päpstlichen Delegationsgerichtsbarkeit*, 24, Anm. 17, hält für die Zeit vor Innozenz III. eine *audientia* „im embryonalen Stadium" für möglich, aber nicht für belegbar.

141 Vgl. CERCHIARI, *Capellani Papae*, I, 9, der sich auf die Aussage Honorius' III. beruft: „Cumque controversia huiusmodi fuisset diu in prefati predecessoris nostri auditorio ventilata [...] sicut in regesto ipsius plenius continetur" (CERCHIARI, *Capellani Papae*, III, 15). Siehe dazu HONORIUS III., Papst, *Regestum* n. 631, [1217], Jun 24: P. PRESSUTTI (Hg.), *Regesta Honorii Papae III*, I, Romae 1888 = Hildesheim – New York 1978, 109: „Mandat eis ut partibus convocatis causam audiant, eamque, appellatione remota, terminent".

142 Vgl. PFAFF, *Die Kardinäle*, 58-94, 73; ROBINSON, *The Papacy*, 191-192; MEDUNA, *Studien zum Formular*, 132.

143 V. PFAFF, *Papst Coelestin III.*: ZSRG.K 47 (1961), 109-128, 118.

144 Vgl. *ebd.*, 115, und ausführlicher: V. PFAFF, *Die innere Verwaltung der Kirche unter Papst Coelestin III.*: ADipl 18 (1972), 342-398.

145 Vgl. PFAFF, *Pro posse nostro*, 97-98; PFAFF, *Papst Coelestin III.*, 119; PFAFF, *Der Widerstand*, 463-464; vgl. auch *ebd.*, 464: „Immer neue Behörden wurden produziert".

146 Vgl. PFAFF, *Papst Coelestin III.*, 114 und 119, der allerdings davon ausgeht, dass dies vor Coelestin III. noch überhaupt nicht geschah. – Freilich wurden nicht alle Kardinäle zu Auditoren ernannt; hierzu stellt MALECZEK, *Papst und Kardinalskolleg*, 334, fest: „Von

on[147]. Zugleich gebrauchte er in diesem Zusammenhang vermutlich als erster den Titel *auditor*, der 1192 in einer Papsturkunde bezeugt ist[148].

Spätestens der Nachfolger Coelestins III. aber war es dann, dem ein Neubeginn in der Organisation der päpstlichen Gerichtstätigkeit auch tatsächlich gelang[149]: Innozenz III., der den Jurisdiktionsprimat des Papstes erfolgreich durchsetzte[150] und die Verwaltungsstrukturen der Römischen Kurie entscheidend verbesserte, baute die päpstliche Kanzlei zunächst noch weiter aus[151], gab ihr eine feste Ordnung[152] und machte aus ihr eine „fest umrissene päpstliche Zentralbehörde"[153]. Er wies ihr erstmals auch feste Mitarbeiter zu, die den Kardinälen bei der Erledigung ihrer Aufgaben im Gerichtswesen zur Seite gestellt wurden: die *capellani Papae*.

c. Die *capellani Papae*

Wegen der zahlreichen Fälle, die eine Entscheidung unter Beteiligung des Papstes selbst verlangten[154], und des häufigen Wunsches vieler Gläubiger, trotz räumlicher Entfernung und damit verbundener erschwerter Umstände ihre Klage an der Kurie selbst entscheiden zu lassen[155], mussten auch in Rom genügend geeignete Mitarbeiter gefunden werden, die den Papst in seiner Gerichtstätigkeit

---

den 34 Kurienkardinälen, die ihre Würde von 1191 bis 1198 bekleideten, begegnen 21 als Auditoren, 13 davon mindestens dreimal".

147 Vgl. PFAFF, *Die Kardinäle*, 75; MALECZEK, *Papst und Kardinalskolleg*, 329. Allerdings bemerkt ROBINSON, *The Papacy*, 192: „This *auditorium* was evidently a judicial tribunal [...]. It is impossibile to determine, however, whether Celestine III's *auditorium* resembled the later court of auditors".

148 Vgl. MALECZEK, *Papst und Kardinalskolleg*, 325 und 329. ROBINSON, *The Papacy*, 192, sieht ihn dagegen nicht vor 1198 nachgewiesen.

149 Vgl. HERDE, *Zur päpstlichen Delegationsgerichtsbarkeit*, 24.

150 Gerade die vielen Appellationen an den Papst legen Zeugnis von der unter Innozenz III. allgemein anerkannten Autorität des Heiligen Stuhls ab: vgl. W. IMKAMP, *Das Kirchenbild Innozenz' III. (1198-1216)* (= PuP, 22), Stuttgart 1983, 80.

151 Vgl. SCHWARZ, *Die Organisation kurialer Schreiberkollegien*, 7-22; NÖRR, *Institutional foundations*, 333; DEL RE, *La Curia Romana*, 437.

152 Vgl. R. V. HECKEL, *Studien über die Kanzleiordnung Innozenz' III.*: HJ 57 (1937), 258-289.

153 HERDE, *Beiträge zum päpstlichen Kanzlei- und Urkundenwesen*, 47.

154 Dazu zählten zum Beispiel alle *causae maiores*: vgl. MÜLLER, *Päpstliche Delegationsgerichtsbarkeit*, 19.

155 Vgl. HERDE, *Zur päpstlichen Delegationsgerichtsbarkeit*, 25.

unterstützen und ergänzen konnten[156]. Vor allem wenn die Gegenpartei Einwände gegen die Delegierung eines auswärtigen Richters erhob, war ein Verfahren am päpstlichen Hof selbst in die Wege zu leiten[157].

Schon unter Urban II. hatte es einzelne rechtskundige *capellani Papae* gegeben[158], die deshalb wohl gelegentlich mit der Instruktion bestimmter Prozesse beauftragt wurden[159]. Nicht selten wurden auch Kardinäle zur Instruktion eines Verfahrens delegiert[160]. Und unter dem Pontifikat Coelestins III. wurden neben den Kardinälen aber immer häufiger auch andere Rechtsgelehrte mit der Bearbeitung von Rechtsstreitigkeiten betraut[161].

In Anbetracht der andernfalls kaum zu bewältigenden Vielzahl von vorgebrachten Verfahren[162] ging Innozenz III. dann dazu über, definitiv päpstliche Kapläne[163], die über entsprechende Kenntnisse in der Rechtswissenschaft verfügten, zu delegieren[164], „zuerst vereinzelt, seit 1203 aber in verstärktem Maß“[165]; er gab der *audientia* nun auch eine ausgestaltete Form[166]. Auf diese

---

[156] Vgl. G. DOLEZALEK, *Rechtsprechung der Sacra Romana Rota – unter besonderer Berücksichtigung der Rotamanualien des Basler Konzils*: M. BERTRAM (Hg.), *Stagnation oder Fortbildung? Aspekte des allgemeinen Kirchenrechts im 14. und 15. Jahrhundert* (= BDHIR, 108), Tübingen 2005, 133-157, 134.

[157] Vgl. NÖRR, *Institutional foundations*, 333.

[158] Vgl. ELZE, *Die päpstliche Kapelle*, 150; SYDOW, *Untersuchungen zur kurialen Verwaltungsgeschichte*, 49; HERDE, *Beiträge zum päpstlichen Kanzlei- und Urkundenwesen*, 46; NÖRR, *Institutional foundations*, 329.

[159] Vgl. DE LANVERSIN, *Rote*, 1490.

[160] Vgl. KEHR, *Regesta Pontificum*, II, 38, n. 3; SAYERS, *Papal Judges*, 15-16.

[161] Vgl. PFAFF, *Pro posse nostro*, 112: „In einem Prozeß treten noch vier magistri hinzu, in einem erscheint ein iudex [...]. Nur einmal habe ich einen Subdiakon der SRE bei einem solchen Auftrag gefunden“.

[162] Vgl. A. PARAVICINI BAGLIANI, *Il personale della Curia romana preavignonese: Bilancio e prospettive di ricerca*: S. KUTTNER, K. PENNINGTON (Hg.), *Proceedings of the Sixth International Congress of Medieval Canon Law, Berkeley (California), 28 July – 2 August 1980* (= MIC.S, 7), Città del Vaticano 1985, 391-410, 393-394; vgl. auch *ebd.*, 393: „[...] l'intero quadro istituzionale curiale dei secoli XII e XIII fu profondamente influenzato dall'enorme pressione provocata dal costante aumento degli affari processuali“.

[163] Zur Geschichte und Bedeutung der päpstlichen Kapläne siehe ELZE, *Die päpstliche Kapelle*, 145-204.

[164] Vgl. SCHNEIDER, *Die Römische Rota*, 4; CERCHIARI, *Capellani Papae*, I, 16; ELZE, *Die päpstliche Kapelle*, 178; W. ULLMANN, *The Growth of Papal Government in the Middle Ages. A Study in the Ideological Relation of Curial to Lay Power*, London ³1970, 331, Anm. 4; MALECZEK, *Papst und Kardinalskolleg*, 328 und 331; DE LANVERSIN, *Rote*, 1490; A. PARAVICINI BAGLIANI, *Curie (XIe-XIIIe siècle)*: DHP (1994), 505-511, 510.

[165] MALECZEK, *Papst und Kardinalskolleg*, 331.

Weise führte er nicht nur die unter seinen Vorgängern eingeleitete Entwicklung entscheidend weiter, sondern stärkte auch spürbar die Leistungsfähigkeit seines Gerichts[167], das sich immer mehr von der *cancellaria* löste und allmählich als eigenständige Einrichtung Gestalt anzunehmen begann[168].

Die Kapläne waren in ihrer richterlichen Funktion den als Auditoren fungierenden Beauftragten gleichgestellt[169]. Neben den anfangs noch in der Überzahl vertretenen Kardinälen und Bischöfen[170] erhielten sie von Fall zu Fall den Auftrag zur Untersuchung einer Rechtssache und hatten deren Ergebnis dann dem Papst vorzulegen[171]. Während einer *audientia* wurde es diesem im *auditorium* unterbreitet. Das auf diese Weise gebildete *auditorium* hatte somit alle die „Prozesse von nicht höchster Wichtigkeit" durchzuführen, „bei denen dennoch der Papst oder die Parteien Wert darauf legten, die Angelegenheit direkt an der Kurie entscheiden zu lassen"[172] und nicht durch delegierte Lokalrichter außerhalb Roms. Doch begleiteten sowohl die *audientia sacri palatii* als auch die *audientia litterarum contradictarum* als „die beiden konstitutiven Elemente"[173] der damaligen Römischen Kurie den Papst auf seinen zahlreichen Reisen und konnten so mitunter auch selbst an Ort und Stelle tätig werden[174].

---

166 Vgl. C. R. CHENEY, *England and the Roman Curia under Innocent III*: JEH 18 (1967), 173-186, 178; MÜLLER, *Päpstliche Delegationsgerichtsbarkeit*, 21, Anm. 39.

167 Vgl. MALECZEK, *Papst und Kardinalskolleg*, 329. Der Papst zeigte dadurch, „daß er sich nach einigen Jahren von seinen Wählern emanzipiert hatte und nun auch in der Rechtssprechung seine Vorstellungen in stärkerem Maß verwirklichen konnte" (vgl. *ebd.*, 322).

168 Vgl. HERDE, *Beiträge zum päpstlichen Kanzlei- und Urkundenwesen*, 47.

169 Vgl. MALECZEK, *Papst und Kardinalskolleg*, 331.

170 Die Zahl der zu Auditoren ernannten Kardinäle war etwa fünfmal so hoch wie die der Kapläne; vgl. PHILLIPS, *Kirchenrecht*, VI, 461: 121 Kardinäle, 25 päpstliche Kapläne. Anfangs waren es tatsächlich nicht viele, sondern nur zwei bis drei Verfahren, die den Kaplänen zur Untersuchung zugewiesen wurden: vgl. MALECZEK, *Papst und Kardinalskolleg*, 336.

171 Vgl. SCHNEIDER, *Die Römische Rota*, 4-5; R. BLAAS, *Das kaiserliche Auditoriat bei der Sacra Rota Romana*: MÖSA 11 (1958), 37-152, 43. Wie MALECZEK, *Papst und Kardinalskolleg*, 332, nachweist, wurde unter Innozenz III. „nicht eine Kommission von Kaplänen, sondern immer ein einzelner mit den Aufgaben eines Auditors betraut"; nur ein einziges Mal waren es zwei (vgl. *ebd.*, Anm. 52).

172 DOLEZALEK, *Audientia sacri palatii*, 1193.

173 HERDE, *Beiträge zum päpstlichen Kanzlei- und Urkundenwesen*, 48.

174 Vgl. *ebd.*, 48; HERDE, *Zur päpstlichen Delegationsgerichtsbarkeit*, 26-27; zur Mobilität von Papst und Kurie im 13. Jahrhundert vgl. vor allem A. PARAVICINI BAGLIANI, *La cour des papes au XIIIe siècle*, Paris 1995, 47-51; PARAVICINI BAGLIANI, *Il trono di Pietro*, 251.

Nur in den *causae maiores* leitete der Papst die Untersuchung im Rahmen eines *consistorium* weiterhin persönlich[175]; dieses wurde aber nur noch dreimal in der Woche abgehalten[176]. In allen anderen Verfahren musste in Übereinstimmung mit analogen Dispositionen des römischen Rechts wenigstens die eingereichte Klageschrift zum gültigen Zustandekommen der *litis contestatio* in jedem Fall vom Papst selbst unterschrieben werden; von ihm hing es dann ab, wann und in welchem Umfang den Kardinälen – und immer häufiger auch den Kaplänen – durch den *vicecancellarius* eine *commissio* zur Untersuchung des Falles *(audire causam)* erteilt wurde[177]. Noch war die Amtsgewalt der Kapläne nicht näher definiert[178].

Im Jahre 1204 erließ Papst Innozenz III. dann ein Dekret, in dem er auch für die mit der Anhörung der Fälle betrauten Kapläne die Bezeichnung *auditores* festlegte:

> „Unde si forsan appellaretur ab eo cui medium causae committitur, sive cognitor aut executor dicatur, vel, quod melius est, auditor“[179].

Er unterschied dabei erstmals die drei Prozessphasen *principium, medium* und *finis*. Während die Beauftragung zum *auditor* nur die Möglichkeit der Instruktion eines Falles *(medium)* beinhaltete, war mit dem Amt des *iudex* die Durchführung des gesamten Prozesses verbunden:

> „Verum quum totam causam committit alicui, vel principium aut finem ipsius, ab eo tanquam a iudice potest licite provocari. Quum autem alicui medium tantum committit, ab ipso tanquam ab auditore provocari non potest“[180].

---

175 Vgl. unter anderem PLETTENBERG, *Notitia congregationum et tribunalium*, cap. XVI, n. 3, 579; GOMES, *Commentaria in regulas cancellariae*, prooem.: *de rotae immutatione*; DE LUCA, *Theatrum veritatis*, XV/2, disc. 32, n. 3, 4; BOUIX, *Tractatus de Curia Romana*, 143-144; BANGEN, *Die römische Curie*, 295-296; PHILLIPS, *Kirchenrecht*, VI, 451-453; HINSCHIUS, *Das Kirchenrecht*, I, 394; SÄGMÜLLER, *Die Entwicklung der Rota*, 97-98; MARTIN, *Les cardinaux et la Curie*, 38 und 44-45; SCHNEIDER, *Die Römische Rota*, 3; CERCHIARI, *Capellani Papae*, I, 27-28.

176 Vgl. *Gesta Innocentii Pp. III, ab auctore anonymo, sed coetaneo, scripta*, 41: PL, CCXIV, XV-CCXXVIII, LXXX-LXXXI: „Ter in hebdomada solemne consistorium, quod in desuetudinem jam devenerat, publice celebrabat in quo, auditis querimoniis singulorum, minores causas examinabat per alios; majores autem ventilabat per se“.

177 Vgl. CERCHIARI, *Capellani Papae*, I, 31-32.

178 Vgl. *ebd.*, I, 34.

179 INNOZENZ III., Papst, Dekret *Super quaestionum*, 1204, Mrz 27: X 1.29.27, § 2. Freilich griff der Papst dabei auf einen bereits seit der Zeit Gregors des Großen bestehenden Titel zurück: siehe hierzu N. IUNG, *Auditeur*: DDC, I (1935), 1399-1411, 1403.

180 INNOZENZ III., *Super quaestionum*, § 1.

1212 erhielten dann auch die Kapläne erstmals die Vollmacht, wie die Kardinäle dank einer zweiten Kommission nach entsprechender Beratung selbst das Urteil zu fällen, mit der Einschränkung freilich, es vom Papst bestätigen zu lassen[181]. Wurden ihnen zunächst noch zwei oder mehr Kardinäle als Berater beigeordnet, so ersetzte man diese später schrittweise durch Rechtsspezialisten[182]. Denn je mehr die Kardinäle den mit der Sache befassten Kaplänen faktisch nur noch mit ihrem Rat assistieren konnten, zogen sie sich von dieser Aufgabe zurück[183]. Schon unter Gregor IX. (1227-1241) werden sie daher in dieser Funktion nicht mehr erwähnt[184]. Ihre Tätigkeit im Gerichtswesen wurde um die Mitte des 13. Jahrhunderts ganz von den Kaplänen übernommen[185].

d. Die *auditores generales causarum palatii*

Wenngleich die Rechtsprechung durch Kapläne unter Zuzug von Beratern noch unter Clemens V. (1305-1314) beibehalten wurde[186], so fehlte dem päpstlichen Gerichtswesen doch nach wie vor eine feste Organisation[187]. Eine den Bedürfnissen der Zeit entsprechende Neukonzeption hatte sich freilich schon in der ersten Hälfte des 13. Jahrhunderts als notwendig erwiesen. Nicht zuletzt waren es die vielen Pfründe, die in immer größerem Maß den Mitgliedern der Kurie übertragen wurden, und die sich daraus ergebenden Streitigkeiten, welche

---

[181] Vgl. CERCHIARI, *Capellani Papae*, I, 35. In dem dort angeführten Beleg (Arch. Vat., Regestr. vat. n. 4, Innoc. III an. II, n. XXXXVII, alias 46) heißt es unter anderem, der Papst habe gepflegt, „sententias [...] ex delegatione sua canonice promulgatas apostolice confirmationis presidio roborare".

[182] Vgl. CERCHIARI, *Capellani Papae*, I, 36, der sich dabei auf die Aussagen von G. DURAND, *Speculum iuris*, ed. Venetiis 1576, cap. *de requisitione consilii*, stützt.

[183] Vgl. ROBERTI, *Tribunali ecclesiastici*, 518.

[184] Vgl. CERCHIARI, *Capellani Papae*, I, 36.

[185] Vgl. ELZE, *Die päpstliche Kapelle*, 178.

[186] Vgl. SÄGMÜLLER, *Die Entwicklung der Rota*, 104-105, sowie die dort und bei SCHNEIDER, *Die Römische Rota*, 5, Anm. 3, aufgeführten zahllosen Belege aus den Registern der Päpste von Innozenz IV. bis Clemens V.

[187] Vgl. PHILLIPS, *Kirchenrecht*, VI, 462; HINSCHIUS, *Das Kirchenrecht*, I, 393-394; SÄGMÜLLER, *Die Entwicklung der Rota*, 101-102; GÖLLER, *Zur Geschichte der Rota Romana*, 19; SCHNEIDER, *Die Römische Rota*, 6.

eine entsprechende Zunahme an Verfahren mit sich brachten[188]. Eine Neuregelung des päpstlichen Justizwesens war also unvermeidbar geworden[189].

Es war wohl Papst Innozenz IV. (1243-1254), „ein Kanonist und Kanzleifachmann ersten Ranges“[190], der das Vorhaben in die Tat umsetzte[191]. Schon 1245 hatte das Erste Konzil von Lyon unter seiner Leitung die Zuständigkeit des Papstes in Rechtssachen neu definiert und erweitert, als es festlegte:

> „Statuimus, ut, si quis electionem, postulationem vel provisionem factam impugnat, in formam obiiciens aliquid vel personam, et propter hoc ad nos appellari contigerit, tam is, qui opponit, quam qui defendit, et generaliter omnes, quorum interest, et quos causa contingit, per se vel per procuratores ad causam instructos ad sedem apostolicam a die obiectionis iter arripiant infra mensem.
>
> § 1. Sed si pars alia non venerit, per viginti dies post adventum alterius exspectata, in electionis negotio, non obstante cuiusquam absentia, sicut de iure fuerit, procedatur. Haec autem in dignitatibus, personatibus et canoniis, observari volumus et mandamus“[192].

Diese Anordnung freilich hatte zur Folge, dass die Anzahl der Prozesse von da an ziemlich konstant war und eine Neuregelung des Gerichtswesens fast zwangsläufig vorgenommen werden musste[193]. Auffallend ist nun, dass in den Registern dieses Papstes erstmals der Titel *auditores generales causarum palatii* oder *auditores generales curiae* auftaucht[194]; „er ist zum ersten Mal für den 26. August 1245 bezeugt und wurde wohl auf dem Lyoner Konzil geschaffen“[195]. Rusch spricht in diesem Zusammenhang von der amtlichen Anerken-

---

[188] Vgl. A. PARAVICINI BAGLIANI, *Il „Registrum causarum“ di Ottaviano Ubaldini e l'amministrazione della giustizia alla Curia Romana nel secolo XIII*: E. GATZ (Hg.), *Römische Kurie. Kirchliche Finanzen. Vatikanisches Archiv. Studien zu Ehren von Hermann Hoberg*, II (= MHP, 46), Roma 1979, 635-657, 644.

[189] Vgl. CERCHIARI, *Capellani Papae*, I, 20 und 36-37.

[190] HERDE, *Beiträge zum päpstlichen Kanzlei- und Urkundenwesen*, 46.

[191] Vgl. SCHNEIDER, *Die Römische Rota*, 6.

[192] Vgl. CONCILIUM LUGDUNENSE I, Dekr. *Statuimus*, [1245]: VI 1.6.1.

[193] Vgl. CERCHIARI, *Capellani Papae*, I, 20; 36-37.

[194] Vgl. SCHNEIDER, *Die Römische Rota*, 6-7, und B. RUSCH, *Die Behörden und Hofbeamten der päpstlichen Kurie des 13. Jahrhunderts* (= SAU.G, 3), Königsberg – Berlin 1938, 47. CERCHIARI, *Capellani Papae*, I, 37, weist dagegen den Titel *generales Auditores causarum curie domini pape* erstmals für das Jahr 1253 nach.

[195] RUSCH, *Die Behörden und Hofbeamten*, 47.

nung einer schon bestehenden Gewohnheit[196]. Überhaupt scheint der Papst recht behutsam vorgegangen zu sein. Die beschlossene Neuregelung bedeutete nämlich keineswegs die Abschaffung der herkömmlichen Vorgehensweise. So stellt denn auch Schneider fest: „Ohne das bisher gebräuchliche Verfahren, die Übertragung der Untersuchung oder auch der Entscheidung eines Prozesses an einen Kardinal oder päpstlichen Kaplan aufzuheben, schuf er *neben* diesen *von Fall zu Fall* ernannten Auditoren einen eigenen *Richterstand,* indem er aus der Mitte seiner rechtskundigen Kapläne *ständige* Auditoren ernannte“[197], wodurch alle anderen römischen *capellani* allmählich aus der kirchlichen Gerichtsverwaltung verdrängt wurden[198].

Inwieweit dieser neu geschaffene Richterstand schon als fest in der Struktur der kirchlichen Gerichtsbarkeit verankerte Institution gelten kann, ist in erster Linie eine Frage nach der rechtlichen Stellung des einzelnen Auditors[199]. Verschiedentlich wurden darauf Antworten zu geben versucht[200], die jedoch keine befriedigende Erklärung bieten konnten. Schneider merkt zur Frage nach der rechtlichen Stellung der damaligen Auditoren an, dass einserseits auch diesen normalerweise nur das Recht zukam, als Untersuchungsrichter tätig zu werden[201], aus den Registern aber andererseits die große Zahl von Fällen hervorgehe, in denen ihnen auch die Entscheidung der ihnen übertragenen Sache oblag. Der Auftrag lautete dabei gewöhnlich:

---

[196] Vgl. *ebd.*, 48: „Die Schaffung des neuen Titels durch den großen Juristen Innocenz IV. bedeutete zunächst wohl weiter nichts als die amtliche Anerkennung einer Gewohnheit, die sich verständlicherweise allmählich herausgebildet hatte, daß nämlich einzelne päpstliche Kapläne häufiger als die anderen im Gerichtsverfahren verwendet wurden“.

[197] SCHNEIDER, *Die Römische Rota*, 6. Die Einsetzung von ständigen Auditoren verlegt übrigens schon HINSCHIUS, *Das Kirchenrecht*, I, 395, in die Zeit zwischen Honorius III. und Johannes XXII.; er denkt dabei allerdings an die zweite Hälfte des 13. Jahrhunderts.

[198] Vgl. PARAVICINI BAGLIANI, *Il „Registrum causarum“*, 636.

[199] Vgl. SCHNEIDER, *Die Römische Rota*, 8.

[200] Vgl. SÄGMÜLLER, *Die Entwicklung der Rota*, 109; GÖLLER, *Zur Geschichte der Rota Romana*, 23; HECKEL, *Die Organisation der kurialen Behörden*, 490; HINSCHIUS, *Das Kirchenrecht*, I, 187; LEGA, *Praefatio*, XI-XII und XXI; PHILLIPS, *Kirchenrecht*, VI, 462-463.

[201] Vgl. SCHNEIDER, *Die Römische Rota*, 8-9, der sich dabei unter anderem beruft auf G. DURAND, *Speculum iuris*, ed. Venetiis 1576, I, *de audit.*, n. 3: „In curia autem Romana auditores dicuntur, qui aliorum uice causas examinant: sed sine illorum mandato potestatem diffiniendi non habent: unde et generales auditores palatij domini papae uice et loco ipsius domini, causas examinant et audiunt, et postea eidem domino referunt: ut secundum eius imperium, et beneplacitum sententias eius auctoritate promulgent, et causas decidant [...]“. Die Aufgabe des Auditors entspricht dabei der des Untersuchungsrichters im *Corpus Iuris* Kaiser Justinians: vgl. *ebd.*, 8; PHILIPPS, *Kirchenrecht*, VI, 462; LEGA, *Praefatio*, XIV.

„[...] auditori causam audiendam commisimus et fine debito terminandam"[202].

Außerdem sei häufig von einer Sonderzuweisung zur Instruktion des Prozesses die Rede[203]. Seit Papst Urban IV. (1261-1264) werde in den Registern zudem von einer Generalvollmacht[204] gesprochen, was neben vielerlei Ausdrücken für die Ernennung eines Auditors[205] „eine große Mannigfaltigkeit"[206] in der Art der Beauftragung zeige und für die Mitte des 13. Jahrhunderts ein einheitliches System noch nicht erkennen lasse[207]. Zwischen den Aussagen des Auditors Guillaume Durand[208], denen zufolge neben der Generalvollmacht eine

---

202 So zum Beispiel in den Registern Urbans IV. (n. 980, 1006, 1107) und Gregors X. (n. 435, 1050, 1055): vgl. SCHNEIDER, *Die Römische Rota*, 8-9 und 20.

203 So vor allem bezeugt in den Registern Clemens IV. (1265-1268) und Gregors X. (1271-1276), aber auch schon bei Innozenz IV. und Urban IV.; vgl. *ebd.*, 9, 17, 18 und 20.

204 „Generalvollmacht" bedeutet dabei „die Übertragung nicht einer einzelnen bestimmten Sache, sondern eines ganzen Komplexes von Rechtsstreitigkeiten, die in irgendeiner Weise miteinander zusammenhängen": *ebd.*, 9.

205 Einerseits „dedimus" und „deputavimus", andererseits „concessimus": vgl. SCHNEIDER, *Die Römische Rota*, 10.

206 *Ebd.*

207 Vgl. *ebd.*, 10-24. Schneider weist insgesamt wenigstens sieben verschiedene Formen der Beauftragung nach: „[...] als Generalvollmacht bloß zur *Untersuchung* und zwar *mit* und *ohne* speziellen Auftrag zur Instruktion und als Generalvollmacht für die Instruktion *und* das Urteil und auch dabei wieder *mit* und *ohne* speziellen Auftrag für Untersuchung *und* Urteil oder das Urteil allein. Die commissio specialis finden wir für die *Untersuchung,* für Untersuchung *und* Urteil und im letzteren Falle noch mit *wiederholter* Erwähnung des speziellen Auftrages zur Fällung der *Sentenz*" (*ebd.*, 19).

208 Guillaume (Gulielmus) Durand, auch Durantis oder vulgo *Speculator* genannt, stammte aus Puimesson in Frankreich. Geboren um 1230, war er unter Papst Clemens IV. *auditor generalis* und starb im Jahr 1296 in Rom. Er war der Verfasser des berühmten *Speculum iuris*; zu seiner Person siehe BERNINO, *Il tribunale della S. Rota Romana*, 274; CERCHIARI, *Capellani Papae*, II, 13-15; zu Person und Werk: BETHMANN-HOLLWEG, *Der Civilprozeß*, 203-225; L. FALLETTI, *Guillaume Durand ou Durant, souvent appelé Le Speculateur*: DDC, V (1953), 1014-1075; HERDE, *Audientia litterarum contradictarum*, I, 70-74; K. W. NÖRR, *À-propos du ‚Speculum iudiciale' de Guillaume Durand*: P.-M. GY (Hg.), *Guillaume Durand: évêque de Mende (v. 1230-1296); canoniste, liturgiste et homme politique; actes de la table ronde du C.N.R.S., Mende 24-27 mai 1990*, Paris 1992, 63-71; J. A. BRUNDAGE, *Medieval Canon Law* (= MedW), London – New York 1995, 228-229; J. MÜLLER, *Durantis, Guilelmus d. Ä. (Speculator), (um 1237-1296)*: M. HOLLEIS (Hg.), *Juristen. Ein biographisches Lexikon. Von der Antike bis zum 20. Jahrhundert*, München 1995, 184; K. W. NÖRR, *Duranti berichtet aus der Praxis der Kurie*: ZSRG.K 86 (2000), 320-333; S. HAERING, *Durandus von Mende*, 1. *Wilhelm d. Ä.*: M. HEIM (Hg.), *Theologen, Ketzer, Heilige. Kleines Personenlexikon zur Kirchengeschichte*, München 2001, 111-112; S. HAERING, *Durandus von Mende, Wilhelm*: LKR (2004), 1067.

besondere Beauftragung zur Instruktion des Prozesses überflüssig war[209], und den Registern Clemens IV. (1265-1268) und Gregors X. (1271-1276), die eine zusätzliche Ernennung bezeugen[210], bestehe geradezu ein Widerspruch[211]. Schneider löst dieses Problem, indem er in der Übertragung der Generalvollmacht die Verleihung von Gerichtsbarkeit erblickt[212], in der besonderen Zuweisung aber nur einen „Akt der Geschäftsverteilung" sieht[213]. Die Generalvollmacht ließ die Richter demnach zu *auditores generales* für alle ihnen vom Papst überwiesenen Fälle werden und befähigte sie zur Instruktion des Prozesses, während die besondere Bestellung sie mit einem konkreten Fall beauftragte und eine zweite ihnen gegebenenfalls die Jurisdiktion zur Entscheidung eines Rechtsstreits übertrug, die ihnen ohne weiteres nicht zukam[214].

Wurde Berufung gegen das Urteil eingelegt, so wurde vom Papst ein anderer Auditor mit dem Fall beauftragt. Eine Appellation war dabei auch gegen Zwischendekrete aller Art möglich. Erfolgte sie mehrmals, dann konnte der Fall auch mehrmals vom einen Richter zum anderen gelangen, noch bevor ein endgültiges Urteil in der Sache gefällt wurde[215].

Durch Clemens IV. (1265-1268) erfolgte für die Auditoren im Zusammenhang mit der Urteilsfällung vorübergehend nochmals eine Änderung. Wie Cerchiari darlegt, muss Clemens es nämlich für notwendig gehalten haben, dass das

---

209 Vgl. DURAND, *Speculum iuris*, I, *de iud. delegato*, § 2, n. 9: „Nam ipsi sunt quasi ordinarii et universitas causarum audiendarum est ipsis commissa ut ex generali commissione audiant vice domini papae causas [...]".

210 Vgl. SCHNEIDER, *Die Römische Rota*, 18, der sich auf die Beauftragung des Auditors Aymericus durch Gregor X. an Stelle eines verhinderten Auditors beruft (Reg. n. 435).

211 Vgl. *ebd.*, 18, 22 und 24.

212 *Ebd.*, 24: „Durch die den Auditoren erteilte Generalvollmacht wurde, wie der Text bei Durantis zeigt, offenbar Gerichtsbarkeit verliehen".

213 Vgl. SCHNEIDER, *Die Römische Rota*, 25. Nach HECKEL, *Die Organisation der kurialen Behörden*, 491, wurden diese Zuweisungen mündlich durch einen Ostiar oder Kursor überbracht.

214 Vgl. SCHNEIDER, *Die Römische Rota* 26. Auch Cerchiari deckt den genannten Widerspruch auf. Er vertritt allerdings die Ansicht, nur die Auditoren selbst hätten zur Zeit Innozenz' IV. in bestimmten Fällen den Titel *auditores generales* für sich beansprucht. Doch müsse es sich dabei um ein generelles päpstliches *mandatorium* gehandelt haben, das möglicherweise sogar – insbesondere nach Auffassung der Kardinäle – mit dem Tod eines Papstes erlosch (vgl. CERCHIARI, *Capellani Papae*, I, 37, 42 und 45-46). Ähnlich wie Schneider kommt aber auch er zu dem Schluss, dass neben dem einmal erteilten Generalmandat die Sonderkommission ein Akt der Arbeitsverteilung war, der dem einzelnen Auditor die Ausübung der gemeinsamen päpstlichen Jurisdiktion im konkreten Fall ermöglichte (vgl. *ebd.*, 49).

215 Vgl. DOLEZALEK, *Reports of the „Rota"*, 71.

Urteil in jedem Fall vom Papst selbst gefällt werde[216]. So wurde nun wieder der Papst zum Richter, und dem *capellanus* kam nur mehr die Rolle eines *promulgator* zu[217]. Die Gewalt zur Urteilsfällung wurde, wie Cerchiari[218] aus den Aufzeichnungen Durands schließt, von nun an einem von ihnen durch eine Sonderkommission erteilt, der nach entsprechender Beratung und einem Referat an den Papst in dessen Auftrag das Urteil verkündete[219]; er war damit *ponens* dieser *causa*[220].

Nach dem Pontifikat Gregors X. scheint die persönliche Beteiligung des Papstes an der Urteilsfällung aber nicht mehr verlangt worden zu sein, und man griff wieder auf die vorher bestehende Regelung zurück[221].

Seit dem Ende des 13. Jahrhunderts bezog sich die zur Durchführung eines Verfahrens übertragene Vollmacht ebenso auf die Fällung des Urteils[222]; es genügte fortan eine einzige *commissio*, auf Grund derer die *auditores generales* den ihnen zugewiesenen Prozess zu Ende führen konnten[223]. Die Register Papst

---

216 Vgl. CERCHIARI, *Capellani Papae*, I, 37-38; den Grund hierfür sieht Lefebvre möglicherweise in der Tatsache, dass Clemens IV. einst an der *Curia regis* Ludwigs IX. von Frankreich tätig war und so die Rolle des Königs auf die des Papstes übertrug: vgl. LEFEBVRE, *La procédure du tribunal de la Rote*, 151; vgl. auch *ebd.*: „[...] il est frappant de constater l'analogie désormais existante entre le rôle du souverain dans sa curie, et celui que se réserve désormais le pape dans la sienne".

217 Vgl. CERCHIARI, *Capellani Papae*, I, 37: „Nam pronunciatio, etsi a Capellanis fieret de mandato Papae et ab hoc rata haberetur et adprobaretur, talis tamen non erat ut vere dici posset, a Papa per se factam fuisse: nam assumpta regula expresse mandat iudicem per se, non per alium, sententiam ferre debere. Hinc illi necesse visum est, ut ipse Papa sententiam ferret, cuius Capellanus, cui causa commissa erat, poterat esse tantummodo promulgator"; vgl. auch LEFEBVRE, *Rote Romaine*, 744.

218 Vgl. CERCHIARI, *Capellani Papae*, I, 38-39.

219 Vgl. DURAND, *Speculum iuris*, II, *de relationibus*, n. 7: „Quo facto collatione et deliberatione praehabita cum aliis Auditoribus ibidem praesentibus, idem dominus Papa dicet ei: Ita pronuncia. Et dat ei potestatem et licentiam pronunciandi, quam non habent alii [...] sed solum audiendi et cognoscendi".

220 Vgl. CERCHIARI, *Capellani Papae*, I, 39: „Capellanus enim, cui causa commissa erat, illius media audiebat eaque in relationibus ponebat: unde illi nomen fuit *Ponens*"; siehe auch *ebd.*, 226. Wahrscheinlich hatte der Ponens dabei aber in Anlehnung an die aus dem germanischen Recht übernommene Theorie der *requisitio consilii* kein Stimmrecht: vgl. LEFEBVRE, *La procédure du tribunal de la Rote*, 154-155.

221 Vgl. CERCHIARI, *Capellani Papae*, I, 50; LEFEBVRE, *Rote Romaine*, 744.

222 Vgl. SCHNEIDER, *Die Römische Rota*, 28. Aus den Registern Bonifatius' VIII. schließt er: „Daß die Auditoren einen Auftrag zur bloßen Instruktion erhalten, stellt sich als äußerst seltene Ausnahme dar" (*ebd.*).

223 Vgl. R. PUZA, *Res iudicata. Rechtskraft und fehlerhaftes Urteil in den Decisionen der Römischen Rota* (= GRSS, 29), Graz 1973, 19; R. PUZA, *Signatura iustitiae und commis-*

Bonifatius' VIII. (1294-1303) erwähnen zwar die besondere Beauftragung, die vorher zur Entscheidung eines Falles nötig war, nicht mehr[224]. Dennoch ist daran festzuhalten, dass die Auditoren weiterhin zur Durchführung und Entscheidung eines Prozesses delegiert wurden und nicht von Amts wegen über die entsprechende Zuständigkeit verfügten. Die entsprechende *commissio* freilich wurde immer mehr zu einer reinen „Formsache"[225].

Vom letzten Viertel des 13. Jahrhunderts an heißen die Richter deshalb nicht mehr *auditores generales*, sondern nur noch *auditores sacri palatii* oder *auditores causarum palatii*[226]. Doch dürfte es sich dabei eher um eine Verdeutlichung ihres Auftrags[227] als um eine Einschränkung ihrer Vollmacht handeln[228].

---

sio. Ein Beitrag zum Prozeßgang an der römischen Kurie der Neuzeit: ZSRG.K 64 (1978), 95-115, 97.

224 SCHNEIDER, *Die Römische Rota*, 84-86, unterscheidet auch in dieser Frage Kommissionen und Delegationen und ist der Ansicht, dass die Übertragung eines Prozesses an einen Auditor nur noch ein Akt der Geschäftsverteilung war; *ebd.*, 85: „Es fehlte ja auch seit dem Ende des 13. Jhdts. wenn auch nicht an einer Vorbedingung, so doch an einer zweckdienlichen Grundlage für die Erteilung einer besonderen Delegation zum Urteil, nämlich an der Berichterstattung an den Papst über das ganze Prozeßmaterial. An die Stelle der früher dem Papste erstatteten Relation war der Bericht an die Mitauditoren getreten. Der Papst nahm also nicht mehr Gelegenheit, über die Lage des Prozesses vor dessen Entscheidung sich zu unterrichten, er hatte somit auch keine Veranlassung mehr, mit dem Auftrag zur Fällung der Sentenz bis zum Schluß zurückzuhalten und hierfür eine besondere Delegation zu geben". Als weiteren Beweis führt er an, „daß die *Mitauditoren* überhaupt kein Kommissorium erhielten. Sie aber spielten gerade bei dem wichtigsten Akte des Prozesses, der Urteilsfällung, eine bedeutsame Rolle [...]. Sie waren zu ihrer richterlichen Tätigkeit kraft ihres *Amtes* berufen und bedurften keiner speziellen Delegation, sie besaßen also ohne Zweifel eine iurisdictio ordinaria, nicht eine delegata in sententiando" (*ebd.*, 86). Bereits HINSCHIUS, *Das Kirchenrecht*, I, 402, spricht von „Geschäftsvertheilung" und den „Bedingungen der iurisdictio ordinaria", die infolge der festen Kompetenz der Rota gegeben seien. Trotz gegenteiliger Auffassung argumentiert interessanterweise auch Cerchiari: „si [...] facti Auditores fuissent ordinarii in procedendo, pariter ordinarii effecti essent in definiendo" (CERCHIARI, *Capellani Papae*, I, 48).

225 SCHNEIDER, *Die Römische Rota*, 30; vgl. auch PUZA, *Signatura iustitiae*, 98.

226 Vgl. SCHNEIDER, *Die Römische Rota*, 27, der den Titel *auditor causarum palatii* erstmals in den Registern Honorius' IV. für den unter Nikolaus III. (1277-1280) als Auditor tätigen Kardinal Comes bezeugt findet; ebenso RUSCH, *Die Behörden und Hofbeamten*, 47, und LEFEBVRE, *Rote Romaine*, 744.

227 RUSCH, *Die Behörden und Hofbeamten*, 47, sieht in der neuen Bezeichnung lediglich eine „kürzere Form".

228 Vgl. CERCHIARI, *Capellani Papae*, I, 42, der den Titel *auditor generalis* schon nach dem Pontifikat Gregors X. nicht mehr auffindet (vgl. *ebd.*). Da die *capellani* stets nur mit delegierter Gewalt ausgestattet gewesen seien und nur selbst den Titel beansprucht hätten (vgl. oben), habe der Titel spätestens nach dem Pontifikat Gregors X. nicht mehr geführt werden können. Bereits Alexander IV. (1254-1261) habe die Auditoren nicht mehr so genannt (vgl. *ebd.*, 45-46). Gegenteiliger Auffassung ist SCHNEIDER, *Die Römische Rota*, 27, dem zufolge

Zudem wird auf Grund der Untersuchungen Ruschs davon auszugehen sein, dass das *auditorium* zur damaligen Zeit noch nicht als selbständiger und fest eingerichteter Gerichtshof gelten kann[229]. Die Auditoren nämlich wurden auch zu anderen Tätigkeiten herangezogen, sie erhielten kein eigenes Gehalt und bildeten noch keine eigene Beamtenklasse[230]. Sie waren „daher nicht eigentlich Richter, sondern eher Vertrauensmänner und Gehilfen des Papstes, die ihn unterstützen, wo er es für nötig hält“[231].

3. Die endgültige Gestaltnahme und die offizielle Errichtung des päpstlichen Gerichtshofes

Obwohl das *auditorium* am Ende des 13. Jahrhunderts noch nicht als „Tribunal im eigentlichen Sinne“[232] zu verstehen ist, hatten mehr als hundert Jahre die Entwicklung dieser Institution beeinflusst und die Voraussetzungen dafür geschaffen, dass sie als Gerichtshof des Papstes ihre endgültige Gestalt finden konnte. Die Stellung der Auditoren als einzelne sowie als Berufsgruppe hatte sich bereits zu Beginn des 14. Jahrhunderts gewandelt. „Der früher bestehende Unterschied in der Tätigkeit des iudex und der des *Auditor als Kurialbeamten* ist in Wegfall gekommen“[233]. Die Auditoren bildeten nun eine fest eingerichtete Behörde, die dem Konsistorium zugeordnet war[234].

---

die Stellung der Auditoren im letzten Viertel des 13. Jahrhunderts dieselbe geblieben ist wie vorher. In Ausnahmefällen, zum Beispiel noch im Jahre 1344, sei der Titel *auditor generalis* weiter belegt: vgl. dazu E. GÖLLER, *Zur Geschichte der Kriminaljustiz und des Gefängniswesens am päpstlichen Hofe in Avignon*: RQ 1 (1905), 191.

229 Vgl. RUSCH, *Die Behörden und Hofbeamten* 54-55; ebenso H. GÖRING, *Die Beamten der Kurie unter Bonifaz VIII.*, Königsberg 1938, 37. SCHNEIDER, *Die Römische Rota*, 34, sieht dagegen „in der Institution der Generalauditoren [...] ein *neben dem Papste* bestehendes Tribunal“. Diese Auffassung vertritt auch DEL RE, *La Curia Romana*, 227: „Reso poi stabile il loro impiego, verso la metà del XIII secolo [...], i cappellani divennero quindi dei veri giudici, [...] costituendo in pari tempo un vero e proprio tribunale [...] in cui si possono rintracciare le più lontane origine della Rota Romana“.

230 Vgl. RUSCH, *Die Behörden und Hofbeamten*, 47-48 und 54-55.

231 RUSCH, *Die Behörden und Hofbeamten*, 55.

232 *Ebd.*, 54-55.

233 SCHNEIDER, *Die Römische Rota*, 29.

234 Vgl. ROBERTI, *Tribunali ecclesiastici*, 518.

a. Das Kollegialgericht und die Entstehung unterschiedlicher Instanzen

Eine Besonderheit des päpstlichen Gerichtshofs liegt seit der zweiten Hälfte des 12. Jahrhunderts in dessen schrittweiser Ausformung zum kollegialen Entscheidungsorgan. Drei Phasen können hier unterschieden werden: die der Konsultation außenstehender Fachleute; die der Entscheidungsfindung durch das gesamte Kollegium; und die der Beratung der mit einem Fall beauftragten Auditoren untereinander. Von besonderem Interesse sind dabei die Art und Weise der Entscheidungsfindung und die allmähliche Entstehung unterschiedlicher Instanzen.

Ähnlich wie der Papst bei einer Urteilsfällung im Konsistorium den Rat der Kardinäle einholte, waren auch den Auditoren zunächst Kardinäle als Berater beigeordnet[235]. Vor allem seit dem Pontifikat Urbans IV. aber hatten sie bei der Entscheidung eines Falles dann das *consilium* so genannter *periti* zu berücksichtigen[236]; ein Urteil aus dem Jahr 1274 bezeugt, dass eine solche Verpflichtung – zumindest in bestimmten Fällen – noch unter dem Pontifikat Gregors X. bestand. Zugleich wird in diesem Urteil aber auch erstmals die Beratung der Auditoren untereinander erwähnt:

> „[...] communicatoque consilio peritorum, factaque super predictis cum aliis palatii apostolici auditoribus generalibus collatione sive relatione fideli"[237].

Da die Auditoren im Lauf der Zeit über immer mehr Erfahrung in der Jurisprudenz verfügten, waren sie immer weniger auf die Mitarbeit anderer Spezialisten angewiesen; sie konnten die notwendigen *consilia* inzwischen selbst ausarbeiten[238]. Dabei legte einer der Richter seinen Kollegen eine bestimmte

---

[235] Siehe oben, 30-31.

[236] Vgl. F. E. SCHNEIDER, *Zur Entstehungsgeschichte der Römischen Rota als Kollegialgericht*: F. X. SEPPELT (Hg.), *Kirchengeschichtliche Festgabe Anton de Waal* (= RQ.S, 20), Freiburg 1913, 20-36, 23-24; so heißt es zum Beispiel in einem Urteil des Generalauditors Navarrus vom 5. Dezember 1263 (*Regesta Urbani IV*, n. 992): „habito consilio peritorum" (zitiert bei SCHNEIDER, *ebd.*).

[237] *Regesta Gregorii X*, n. 1050 (Urteil eines Generalauditors vom 10. April 1274), zitiert bei SCHNEIDER, *Römische Rota*, 38, und SCHNEIDER, *Zur Entstehungsgeschichte der Römischen Rota*, 24; vgl. hierzu auch G. MOLLAT, *La collation des bénéfices ecclésiastiques a l'époque des papes d'Avignon (1305-1378)*, Paris [9]1949, 57.

[238] Vgl. SCHNEIDER, *Die Römische Rota*, 39; DOLEZALEK, *Audientia sacri palatii*, 1193: „Es ergab sich aus der Natur der Sache, daß sie sich zu diesem Zweck v. a. an die eigenen Kollegen wandten, denn diese waren in Kurienprozessen die Erfahrensten. So entstand eine Beratungsrunde der ständigen Auditoren, die allmählich zur Institution wurde und eigene Verfahrensgewohnheiten entwickelte"; DOLEZALEK, *Reports of the „Rota"*, 71: „the most appropriate way to obtain legal counsel".

quaestio vor und erbat entsprechende Stellungnahmen[239]; diese waren dann ausschlaggebend für den Ausgang der *decisio*, die den Parteien noch vor Verkündung des Urteils zur Stellungnahme vorgelegt wurde[240].

Die Teilnahme der zusätzlicher *periti* an den Prozessen wird erwies sich daher als nicht mehr erforderlich und wird schon 1299 unter Bonifatius VIII. nicht mehr verzeichnet:

> „[...] facta super hiis omnibus coauditoribus suis apostolici palatii relatione fideli, deliberatione prehabita diligenti“[241].

1301 wird dann nur noch von der Konsultation der Mitauditoren berichtet, wenn es heißt, einer der Auditoren habe seine Entscheidung getroffen

> „de suorum coauditorum consilio“[242].

Doch auch bei der Beratung der Auditoren untereinander war es zu einer entscheidenden Änderung gekommen. Den Bestimmungen Clemens' IV. zufolge hatte der Ponens nach Erörterung der Sache mit den Kollegen dem Papst vor dessen Entscheidung ein entsprechendes Referat zu erstatten. Nachdem diese Regelung aber wieder außer Kraft gesetzt worden war, konnten sich die Auditoren fortan gegenseitig das Ergebnis ihrer Untersuchungen vorlegen und so ohne besondere Beauftragung und in immer größerem Maß auch ohne vorherige Konsultation anderer Rechtsgelehrter gemeinsam das Urteil fällen[243].

---

239 Vgl. G. DOLEZALEK, *Quaestiones motae in Rota. Richterliche Beratungsnotizen aus dem 14. Jahrhundert*: S. KUTTNER, K. PENNINGTON (Hg.), *Proceedings of the Fifth International Congress of Medieval Canon Law (Salamanca 1976)* (= MIC.S, 6), Città del Vaticano 1980, 99-114, 99; vgl. auch *ebd.*: „*Movere quaestionem* war ein terminus technicus in der Audientia Sacri Palatii in Avignon“.

240 Vgl. A. SANTANGELO CORDANI, *La Rota Romana e la motivazione della sentenza*: G. S. PENE VIDARI (Hg.), *Le droit par-dessus les frontières. Il diritto sopra le frontiere. „Atti“ delle journées internationales. Torino 2003* (= MDSC.M, 4), Napoli 2003, 321-346, 328.

241 Originalurkunde Papst Bonifatius' VIII. vom 6. Oktober 1299: SCHNEIDER, *Die Römische Rota*, 39, Anm. 1, und SCHNEIDER, *Zur Entstehungsgeschichte der Römischen Rota*, 25. Allerdings wurde in besonders wichtigen Fragen auch später noch der Rat der *periti* eingeholt: vgl. SCHNEIDER, *Die Römische Rota*, 40.

242 *Regesta Bonifatii VIII*, n. 4182 vom 16. Juni 1301 (zitiert bei SCHNEIDER, *Die Römische Rota*, 39, und SCHNEIDER, *Zur Entstehungsgeschichte der Römischen Rota*, 26); ähnlich das *Regestum Benedicti XI*, n. 29, aus dem Jahre 1303, in dem es heißt: „Omnibus actis huiusmodi cause diligenter examinatis atque discussis de communi consilio auditorum suorum dicti palatii“ (zitiert bei SCHNEIDER, *Die Römische Rota*, 39, Anm. 3).

243 Vgl. SCHNEIDER, *Die Römische Rota*, 29; 42; CERCHIARI, *Capellani Papae*, I, 50; DOLEZALEK, *Quaestiones motae*, 100, beschreibt den Beratungsmodus: „Im förmlichen Verfahren des Rat-Einholens trug zunächst der prozessleitende Auditor, der für den betreffenden Fall als Richter eingesetzt war, seinen *in Rota* versammelten Kollegen die Rechtsfrage vor. Anschliessend durften die Parteien des betroffenen Rechtsstreits ihre Argumente vorbringen und vor den versammelten Richtern plaidieren. Danach berieten die Richter unter sich. Sie

Die Tatsache, dass die Entscheidung eines Auditors erst nach Einholung der *consilia coauditorum* getroffen wurde, wirft die Frage auf, inwieweit der Rat der Mitauditoren auch rechtlich das Urteil beeinflusste. Schneider macht in diesem Zusammenhang auf eine Entscheidung aus der Zeit Bonifatius' VIII. aufmerksam. Danach seien die Richter in jedem Fall verpflichtet gewesen, die *consilia* ihrer Kollegen zu berücksichtigen[244]. In der Entscheidung nämlich heiße es:

> „Si autem auditor habeat dubia, quae ponat in consiliis, tunc si consilia sunt concordia potest dicere in prolatione sententiae. Si autem sunt discordia consilia debet stare consilio maioris partis"[245].

Die Entscheidungen müssten daher durch Mehrheitsbeschluss getroffen worden sein[246], was auf eine kollegiale Verfassung des *auditorium* schließen lasse[247]. Lefebvre weist jedoch zu Recht darauf hin, dass eine solche Verpflichtung den Aussagen der Sentenz zufolge nur im Zweifelsfall gegolten habe; nur in einem solchen Fall sei das Majoritätsprinzip anzuwenden gewesen[248]. Wenn

---

konnten innerhalb einiger Tage schriftlich zu der Rechtsfrage Stellung nehmen. Sofern dabei Meinungsdifferenzen auftraten, wurde die Frage eventuell erneut in einer weiteren Beratung *in Rota* diskutiert"; vgl. dazu auch DOLEZALEK, *Audientia sacri palatii*, 1194. – Eine Urkunde aus dem Jahr 1323, die von mehreren Auditoren unterschrieben ist und deren Amtssiegel trägt, dürfte indes nicht geeignet sein, den neuen Rechtsprechungsmodus zu bestätigen. M. TANGL, *Die päpstlichen Kanzleiordnungen von 1200-1500*, Innsbruck 1894 = Aalen 1959, 83-91, hält diese Urkunde für die Aufzeichnung einer Verhandlung; GÖLLER, *Zur Geschichte der Rota Romana*, 24-25, bezeichnet sie als „das älteste bisher bekannte Lebenszeichen von der Tätigkeit der Rota selbst". Es handelte sich dabei aber vielmehr um ein Gutachten: Diesen Schluss, zu dem bereits SCHNEIDER, *Die Römische Rota*, 37, kommt, bestätigt G. DOLEZALEK, *Ein Rechtsgutachten aus dem vierzehnten Jahrhundert, erstattet durch vier Rotarichter*: S. KUTTNER, A. M. STICKLER (Hg.), *Mélanges G. Fransen*, I (= StGra 19/1), Romae 1976, 161-173, 164.

244 Vgl. SCHNEIDER, *Die Römische Rota*, 44.

245 *Dec. ant.* n. 22 de sent. et re iud., zitiert bei SCHNEIDER, *Die Römische Rota*, 44.

246 Vgl. SCHNEIDER, *Die Römische Rota*, 42-46.

247 Vgl. *ebd.*, 42-46; vgl. *ebd.*, 45-46: „Nach außen hin erscheint das Urteil der Rota zwar als das eines Einzelrichters [...]. Tatsächlich [...] war die Entscheidung ein *Kollegialurteil*, und zwar läßt sich diese Kollegialität wenigstens schon für das Ende des 13. Jhdts. nachweisen"; ebenso SCHNEIDER, *Zur Entstehungsgeschichte der Römischen Rota*, 33-34; dagegen meint GÖRING, *Die Beamten der Kurie*, 37: „Aus den [...] zitierten Quellenstellen [...] kann man unmöglich verallgemeinernd auf ein Kollegialurteil schließen, besonders wenn man berücksichtigt, daß es sich dabei um äußerst schwierige Fälle handelt, welche schon in mehrfacher Instanz behandelt wurden. In derartigen Prozessen ist es ganz natürlich, wenn der Auditor seine Koauditoren um Rat fragt. Von irgendeinem Mitteilungszwang oder einer Bindung an ein Majoritätsurteil ist dagegen nichts zu bemerken".

248 Vgl. LEFEBVRE, *La procédure du tribunal de la Rote*, 152: „[...] le ponent n'a pas à recourir aux coauditeurs quand l'affaire est claire; c'est seulement quand se présente une difficulté que le recours à ces derniers s'impose"; ähnlich DOLEZALEK, *Quaestiones motae*, 108:

dagegen kein Zweifel bestand, habe der *ponens* allein die entsprechende Entscheidung treffen[249] und die Formel *de consilio et assensu* ins Urteil einfügen dürfen:

> „[...] auditor [...] debet ferre sententiam diffinitivam, in qua nullum dubium habeat cum sit clara pro iustitia ministranda. Nec est necessarium, quod ponantur consilia: sed tunc in prolatione sententiae potest dicere: de consilio et assensu etc., nam in isto casu data est potestas auditori generaliter sic dicendo per dominos auditores sacri palatii. Si autem auditor habeat dubia“[250].

Andere Texte nennen diese Möglichkeit zwar nicht ausdrücklich[251]. Man wird aber davon ausgehen können, dass nach Ablauf der vorgeschriebenen Wartefrist von zwölf Tagen[252] der *auditor ponens* den Parteien allein seine Entscheidung vorlegen konnte, sofern bis dahin kein Widerspruch von Seiten der Kollegen erfolgt war.

Wie die *consilia* des Auditors Gilles Bellemère belegen[253], wurde die genannte Regelung noch am Ende des 14. Jahrhunderts befolgt, wobei allerdings

---

„Mehrheitsverhältnisse traten in der Rota nur dann hervor, wenn sich wirklich die Mehrheit der Richter an der Diskussion beteiligt hatte“. In Verfahren mit gemeinsamer Beratung erfolgte also auch eine gemeinsame Abstimmung.

249 Dieses Prinzip wurde zur Gewohnheit und fand später Eingang in die Kanzleiregeln von 1375: vgl. SANTANGELO CORDANI, *La giurisprudenza della Rota*, 145-146.

250 *Dec. ant.* n. 22 de sent. et re iud., zitiert bei SCHNEIDER, *Die Römische Rota*, 43-44.

251 So das oben (53, Anm. 242) genannte Register Bonifatius' VIII. von 1301 und weitere von Schneider angeführte Quellen (vgl. SCHNEIDER, *Die Römische Rota*, 39-40, Anm. 3, 40, Anm. 1 und 43-44, Anm. 3); vgl. insbesondere die Prozessordnung *Qualiter procedatur in causis in pallacio apostolico* [um 1350]: RDC 10/11 (1960/61), 184-191; *ebd.*, 190: „Postmodum autem idem auditor habebit consilia cum coauditoribus suis, et si uideatur sibi negocium et causa nimis fore dubia, habebit eciam consilia, si uolerit, cum aliquibus aliis sapientibus de curia, in quibus plene confidet, si eidem auditori uidebitur expedire“. LEFEBVRE, *Un texte inédit*, 183, schließt daraus, auch hier werde nicht in jedem Fall ein *consilium* verlangt: „il n'y a pas obligation pour l'auditeur de suivre le sentiment des ses coauditeurs; s'il peut demander conseil à d'autres, n'est-ce pas parce qu'il n'est pas tenu par l'avis de ses coauditeurs“. Da die Prozessnorm aber von der *zusätzlichen* Möglichkeit, *periti* herbeizuziehen, spricht, erscheinen die Aussagen über die Urteilsfällung aufschlussreicher: „Et demum habitis consiliis [...] idem notarius leget [...]: [...] habito quoque super hiis coauditorum nostrorum consilio et assensu“ (*Qualiter procedatur*, 191). Wenn der Ponens, wie die *Dec. ant.* n. 22 vorsieht, die Worte „de consilio et assensu“ in bestimmten Fällen auch ohne eine solche Beratung ins Urteil einfügen konnte, ist der hier festgelegte Urteilsspruch in jedem Fall zutreffend und kann deswegen nicht als Beleg für das Bestehen einer Verpflichtung zur Beratung dienen.

252 Vgl. DOLEZALEK, *Reports of the „Rota“*, 71.

253 Vgl. G. BELLEMÈRE, AudRR., *Consilia*, [1388], n. 74, bei GILLES, *Gilles Bellemère*: MAH 67 (1955), 297, Anm. 1: „Predicta questio fuit hactenus mota in Rota et [...] posita in

in bestimmten Fällen erneut andere Beamte der Kurie als Konsultoren zugezogen wurden[254]. Erst Papst Pius IV. (1560-1565) verlangte, sofern die Parteien nicht ausdrücklich darauf verzichteten, in jedem Fall die *consilia* der Koauditoren[255].

Obwohl einerseits also auch weiterhin die Möglichkeit einer *decisio unius iudicis* erhalten blieb, kann andererseits mit Sicherheit festgehalten werden, dass die ersten Anzeichen für den kollegialen Charakter des *auditorium* bereits in Entscheidungen zu finden sind, die um die Wende vom 13. zum 14. Jahrhundert getroffen wurden[256]. Lefebvre vermutet diese Ursprünge sogar schon im Pontifikat Clemens' IV. (1265-1268)[257]. Zwar trat das Richtergremium nicht in jedem Fall als Kollegialgericht in Erscheinung. Doch wird auch mit Blick auf die Praxis anderer geistlicher Gerichte angenommen werden können, dass sich die Auditoren in gleicher Weise nach und nach das Prinzip der Kollegialität zu eigen machten, das sich an weltlichen Tribunalen schon seit dem elften Jahrhundert bewährt hatte[258].

Dass der Entscheid durch Mehrheitsbeschluss nicht nur in seltenen Ausnahmefällen zur Anwendung kam, zeigt auch eine andere Erscheinung, die für die Entwicklung der Gerichtsstruktur von maßgeblicher Bedeutung war. Um das Verfahren zu vereinfachen, brauchte nämlich bald nicht mehr allen Mitauditoren, sondern nur mehr denen gleichen Grades *(coauditoribus sui gradus)* Bericht erstattet zu werden[259], wobei wohl „das Dienstalter für die Bildung der Grade maßgebend gewesen ist"[260].

---

publicis relationibus anno a nativitate Domini millesimo CCCLXXXVIII [...] et habita per consilia die tunc proxime sequenti in quibus fuit conclusum quasi per omnes dominos".

254 Vgl. GILLES, *Gilles Bellemère*, 296-299.

255 Vgl. PIUS IV., Papst, Ap. Konst. *In throno iustitiae*, 1561, Dez 27, n. 4: BullRom, VII, 155-158, 156: „Auditor tamen in aliqua causa [...] etiam si eius decisio clari iuris esse videatur, sententiam [...] ferre non valeat, nisi causa in Rota proposita, et habitis votis coauditorum, nisi partes in actis expresse consenserint, quod causa sine voto coauditorum expediri possit".

256 Davon kann unabhängig von den Ergebnissen Ruschs (vgl. oben, 50), nach denen die Auditoren noch kein stabiles Tribunal im eigentlichen Sinn bildeten und noch keine besondere Beamtenklasse darstellten, ausgegangen werden.

257 Vgl. LEFEBVRE, *La procédure du tribunal de la Rote*, 154: „Il y eut d'abord, contre le rétablissement du pape comme seul juge ordinaire propre, constitution des auditeurs en tant que *consiliarii* des uns par rapport aux autres en une affaire déterminée; en d'autres termes est établi le caractère collégial du Tribunal".

258 Vgl. SCHNEIDER, *Die Römische Rota*, 46-47.

259 Vgl. *ebd.*, 55.

260 *Ebd.*, 53.

Nach den Erkenntnissen Mollats kann deshalb vom Beginn des Pontifikats Johannes' XXII. (1316) an, möglicherweise sogar schon unter Clemens V. (1305-1314), von einer Einteilung der Auditoren in drei Grade gesprochen werden[261]. Da diese Grade aber Gerichtskammern gleichzusetzen sind, lässt sich bereits für den Beginn des 14. Jahrhunderts auf drei unterschiedliche Instanzen schließen[262]. Die jüngsten Richter bildeten dabei die erste, die ältesten die letzte Instanz. War ein Fall demnach von den Auditoren ersten Grades entschieden, so beauftragte der Papst nach erfolgter Appellation damit die Richter zweiten und schließlich die dritten Grades mit der Sache. Allerdings konnte es auch vorkommen, dass ein Verfahren allen Auditoren gemeinsam zur Entscheidung übertragen wurde[263].

b. Die Auditoren als delegierte Berufungsrichter des Papstes

Nachdem das Auditorium immer mehr die Züge eines fest konstituierten Gerichtshofs angenommen hatte, mussten auch in der Frage seines Aufgabenbe-

---

261 Vgl. MOLLAT, *Contribution à l'histoire*, 888-891. Als Belege führt er Ernennungsschreiben von Auditoren ersten, zweiten und dritten Grades aus den Jahren 1323 und 1324 sowie eine Sentenz des Richters Étienne Hugonet vom 23. Februar 1319 an. Doch schon für Francesco de Mogliano, der *capellanus* Clemens' V. war und 1318 Bischof von Fermo wurde, findet er den Titel *auditor primi gradus* bezeugt. SCHNEIDER, *Die Römische Rota*, 55, gab als frühestes Datum noch das Jahr 1323 an: „Urkunden aus den Jahren 1322 und 1323 kennen die Einrichtung noch nicht".

262 Vgl. SCHNEIDER, *Die Römische Rota*, 54-55: „Seitdem und solange wir das Bestehen der drei Grade für die Rota nachweisen können, wurden die Prozesse in der ersten Instanz nur von einem auditor *primi* gradus, in den Berufungsinstanzen nur von einem auditor *secundi* bezw. *tertii* gradi entschieden. Damit ist der Beweis geliefert, daß die drei Grade an der Rota die Bedeutung von drei verschiedenen Instanzen hatten". Schneider widerlegt hiermit die Auffassung von LEGA, *Praefatio*, XXXV, der zufolge die drei Grade nicht gleichbedeutend mit drei Instanzen sind. Lega hatte auf Grund des Titels *Capellanus et Poenitentiarius*, der Raimund von Penyafort (um 1240!) von Papst Clemens VIII. gegeben wird (vgl. *ebd.*, XVI), zwischen einfachen Auditoren und solchen, die zugleich Pönitentiare waren, unterschieden (vgl. *ebd.*, XXXI-XXXII) und daraus gefolgert, dass es auch später die verschiedenen Auditorenklassen der Kurie (*auditores camerae, auditores contradictarum, auditores sacri palatii*) waren, die – bestimmt durch den Prozessgegenstand – die drei verschiedenen Kammern bildeten (vgl. *ebd.*, XXXII-XXXIII). Schneider bemerkt dazu, dass Raimund zwar Kaplan, nicht aber Auditor gewesen sei (vgl. SCHNEIDER, *Die Römische Rota*, 50) und die Gerichtsurkunden und Papstbriefe des 13. Jahrhunderts nicht von den Auditoren der Behördenklassen *(coauditores)*, sondern von den *coauditores sacri palatii* sprechen (vgl. *ebd.*, 51). Bereits Gomes kam zu der Überzeugung: „Et isti gradus auditorum, ut opinor, videbantur introducti respectu primae et secundae instantiae. Itaque auditores primi gradus erant, qui cognoscebant simpliciter de negotio principali, de quo si appellari contigerat, causa appellationis committebatur auditoribus secundi gradus" (vgl. GOMES, *Commentaria in regulas cancellariae*, pro-oemium).

263 Vgl. CERCHIARI, *Capellani Papae*, I, 219: „Et revera etiam tunc temporis aliquoties causas fuisse per omnes dominos Auditores tractatas quae adhuc supersunt documenta demonstrant".

reichs und seiner Jurisdiktion Klärungen erfolgen, die zur Definierung seines rechtlichen Status in der Kirche unerlässlich waren. Erst allmählich aber ließen sich dabei nähere Umrisse erkennen.

Auf Grund der bisherigen Untersuchungen kann davon ausgegangen werden, dass das *auditorium sacri palatii* als solches über keine eigene Zuständigkeit verfügte[264]. Sie war vielmehr unbegrenzt in dem, was der Papst in freiem Ermessen den einzelnen Richtern zur Bearbeitung zuteilte[265]. Meist handelte es sich dabei – wegen des in solchen Angelegenheiten üblichen Rekurses an den Apostolischen Stuhl – um Benefizialstreitigkeiten[266]; diese waren häufig auf dem Weg der *appellatio extraiudicialis* nach Rom gelangt[267].

Erst gegen Ende des 13. Jahrhunderts dürften sich allmählich einheitliche Kriterien für die Übertragung eines Verfahrens an die *capellani* herausgebildet haben[268]. Mit Ausnahme der Prozesse von Bischöfen, Äbten und anderen hohen Würdenträgern umfassten die dem Gericht vom Papst zugewiesenen Fälle demnach „die Gesamtheit der anzuhörenden Sachen der ganzen Welt", allerdings immer nur in der Berufungsinstanz. So bezeugt jedenfalls Durand:

> „Nam ipsi (auditores) sunt quasi ordinarii et universitas causarum audiendarum totius mundi est ipsis commissa ut ex generali commissio-

---

264 Vgl. DOLEZALEK, *Litigation at the Rota Romana*, I, 340-341: „[...] the Rota was never competent *per se* for any matter. The individual *auditores* were mere [...] acting in the Pope's stead, on individual appointment *ad hoc*, case by case".

265 Vgl. SCHNEIDER, *Die Römische Rota*, 61, und CERCHIARI, *Capellani Papae*, I, 153; ähnlich LEFEBVRE, *Rote Romaine*, 753: „Avant le XVe s. il ne semble pas qu'il y ait eu de détermination bien nette à ce sujet: ceci se comprend du fait des origines mêmes du tribunal, dont la compétence semble avoir été, au moins en principe, illimitée, puisque tribunal du pape lui-même"; Beispiele bei SANTANGELO CORDANI, *La giurisprudenza della Rota*, 243-250.

266 Vgl. CERCHIARI, *Capellani Papae*, I, 153; G. BARRACLOUGH, *Praxis Beneficiorum. A Contribution to the History of Practical Legal Literature in the Later Middle Ages*: ZSRG.K 27 (1938), 127: „In the Middle Ages [...] the Rota Romana was [...] an ever-ready resource, which could be freely invoked to replace rather than to supplement or correct the local courts. But if this was true in general, it was particularly true of ‚Causae beneficiales', regarding which of the grounds for devolution were particularly comprehensive"; ausführlich hierzu: A. SANTANGELO CORDANI, *Les „Decisiones" de la Rote Romaine et le système des bénéfices ecclésiastiques au XIVe siècle*, Lille 1998; SANTANGELO CORDANI, *La giurisprudenza della Rota*, 417-650; A. SANTANGELO CORDANI, *Il primato papale e il conferimento dei benefici ecclesiastici nel diritto canonico trecentesco: uno sguardo alla prassi alla prassi giudiziaria della Rota Romana*: E. DE LÉON, N. ÁLVAREZ DE LAS ASTURIAS (Hg.), *La cultura giuridico-canonica medioevale. Premesse per un dialogo ecumenico* (= MG, 22), Milano 2003, 395-417.

267 Vgl. NÖRR, *Ein Baustein der mittelalterlichen Rechtskirche*, 476-477; DURAND, *Speculum iuris*, IV.2, *de appellat.*, § *Super-est*, n. 1, spricht hier von „appellationes beneficiales".

268 Vgl. BANGEN, *Die römische Curie*, 299; SCHNEIDER, *Die Römische Rota*, 61.

ne audiant vice domini papae causas appellationem et usque ad duas diaetas per simplicem querelam nisi in praelaturis et maioribus dignitatibus"[269].

Wenngleich es in der Hauptsache kirchliche Zivilstreitigkeiten waren, die entschieden wurden[270], sind den Richtern unter anderem auch Ehe-[271] und Strafsachen[272] zur Untersuchung vorgelegt worden.

Da für Auditoren zur Übernahme eines weltlichen Prozesses aus dem Kirchenstaat einerseits die einfache Zuweisung eines Falles nicht ausreichte[273] und die Päpste in der Regel andererseits eigene Richter für weltliche Straf- und Zivilprozesse ernannten[274], wird davon auszugehen sein, dass die *audientia sacri palatii* normalerweise zunächst als „ein rein *kirchlicher* Gerichtshof"[275] tätig wurde und es im Allgemeinen nur kirchliche Angelegenheiten waren, die den Auditoren vom Papst zugeteilt wurden, um sie dann auf Grund ihrer Generalvollmacht durchzuführen[276].

Wegen der immer noch häufigen Ernennung von Kardinälen zu Richtern in Streitfällen kann auch in kirchlichen Verfahren noch von keinem klar umrisse-

---

[269] DURAND, *Speculum iuris*, I, *de iud. deleg.*, § 2, n. 9.

[270] Vgl. SCHNEIDER, *Die Römische Rota*, 61-62, der sich dabei auf die von ihm ausgewerteten Register Bonifatius' VIII., Benedikts XI. und Clemens' V. stützt.

[271] Vgl. DURAND, *Speculum iuris*, II. *De sententia*, § 6: „Cum causam appellationis et negotii principalis, quae inter talem et talem super hoc et rebus aliis vertitur, nos magister Guilelmus Durandus domini papae subdiaconus et capellanus ac palatii ipsius domini papae generalis auditor audiendam suscepimus et fine debito terminandam: et hoc cum causa est civilis, vel: fine canonico, cum est spiritualis vel matrimonialis".

[272] Vgl. HENNER, *Zur Geschichte der Rota*, 179; SCHNEIDER, *Die Römische Rota*, 61-63; LEFEBVRE, *Rote Romaine*, 753-754; PUZA, *Res iudicata*, 33; Schneider bezieht sich dabei auf die Register Benedikts XI. und Clemens' V. und widerlegt damit SÄGMÜLLER, *Die Entwicklung der Rota*, 116, der keine Hinweise für die Behandlung von Strafsachen durch die „Rota" findet. Die Auffassung Sägmüllers wird zum Teil auch von CERCHIARI, *Capellani Papae*, I, 158-159, geteilt, nicht jedoch im Fall von Rekursen.

[273] Vgl. SCHNEIDER, *Die Römische Rota*, 66; Schneider beruft sich zum Beispiel auf die in den Registern Benedikts XII. (n. 4113) für das Jahr 1337 bezeugte Ernennung des Aymericus Gerardi zum Richter der Berufungssachen des Kirchenstaats und schreibt: „Aus der Tatsache, daß er zum Appellationsrichter in kirchenstaatlichen Prozessen eigens ernannt wird, ergibt sich daher mit voller Sicherheit, daß die Entscheidung weltlicher Zivilsachen aus dem Kirchenstaat nicht zur *ordentlichen* Kompetenz der Rota gehörte".

[274] Vgl. SCHNEIDER, *Die Römische Rota*, 64-66.

[275] *Ebd.*, 63.

[276] Vgl. *ebd.*, 63-64 und 67; ebenso DEL RE, *La Curia Romana*, 251. J. HALLER, *Quellen und Forschungen aus italienischen Archiven und Bibliotheken*, I, Rom 1905, 37, führt im Übrigen in seinem Verzeichnis der Kurialbeamten ausdrücklich die *iudices causarum civilium* auf.

nen Aufgabenbereich gesprochen werden[277]. Doch verloren die Kardinäle und die übrigen päpstlichen Kapläne in der Rechtsprechung immer mehr an Bedeutung. Sie wurden für andere Aufgaben dringender benötigt und tauchen im Laufe des 14. Jahrhunderts nur noch in seltenen Ausnahmefällen auf[278]. Um das hohe Arbeitspensum weiterhin bewältigen zu können, musste sich aber gleichzeitig die Zahl der aufgrund ihrer Ausbildung immer kompetenteren *auditores sacri palatii* erhöhen. Während sie unter Nikolaus IV. (1288-1292) noch bei fünf lag, betrug sie unter Bonifatius VIII. (1294-1303) 14[279], unter Johannes XXII. (1316-1334) sogar über 30[280]. Unter Benedikt XII. (1335-1342), in dessen Pontifikat es zu einem spürbaren Rückgang von Benefizialprozessen kam[281], gab es immerhin noch 21 Auditoren[282].

Was die Frage der Jurisdiktionsgewalt der päpstlichen Richter betrifft, so wurden von den Rechtsgelehrten verschiedene Auffassungen vertreten.

Durand unterscheidet bei den *auditores sacri palatii* zwischen einer ordentlichen Jurisdiktion für den Prozessbetrieb und einer delegierten Jurisdiktion für die Urteilsfällung:

> „Haec quaestio fuit saepe coram me disputata; et puto quod in *audiendo* ordinariam habeant potestatem, quia generalis audientia eis commissa est a Domino Papa: secus in *definiendo*“[283].

---

277 Vgl. SCHNEIDER, *Die Römische Rota*, 62.

278 Vgl. *ebd.*, 29-30; vgl. auch *ebd.*, 30: „Meistens sind es nur noch Elektionssachen, mit denen sie sich zu befassen haben; in den übrigen Rechtsstreitigkeiten mit nur wenigen Ausnahmen haben die Palast-Auditoren ihr Erbe angetreten“.

279 SCHNEIDER, *Die Römische Rota*, 32-33; Schneiders Quellen sind die Register Nikolaus' V., Bonifatius' VIII., Benedikts XI., Clemens' V. und Benedikts XII. Unter Benedikt XI. waren es demnach während dessen kurzer Regierungszeit nur vier, unter Clemens V. bereits wieder 14 Auditoren.

280 Vgl. DOLEZALEK, *Reports of the „Rota“*, 72.

281 Vgl. G. DOLEZALEK, *Legal Practice at the Rota in Avignon at the Time of Bishop Bateman*: TRINITY HALL (Hg.), *Trinity Hall 2000. Legal Education and Learning. Proceedings of the Second Conference Held in July 1997 to Commemorate 650 Years of Education and Learning at Trinity Hall 1350–2000*, Cambridge 1998, 51-57, 56: „Benedict XII [...] was a former monk. He favoured an ascetic style for clerics. He drastically reduced the number of papal prebend provisions. After a while, less Rota judges were needed, and by 1338 there were so few left that it was no longer worth while to divide them into theree ranks [...]. The ranking was thus abolished“.

282 Vgl. SCHNEIDER, *Die Römische Rota*, 33, Anm. 3: „Der Index des 3. Regestenbandes Benedikts XII. (S. 328) zählt zwar nur 20 auf, aus den Dezisionen des Thomas Fastolf (c. 5 dub. 15) ergibt sich jedoch, daß es wenigstens 21 waren“; DEL RE, *La Curia Romana*, 244.

283 DURAND, *Speculum iuris*, I, *de officio ordinarii*, § 1, n. 3. – EMERIX, *Tractatus seu notitia*, tit. 6, bemerkt hierzu: „[...] tandem praevaluit opinio utrosque concilians auctores, in

Auch De Zaulis nimmt hierauf Bezug und differenziert zwischen der Vollmacht zur Durchführung des Verfahrens und der zu dessen Entscheidung[284].

Mehrfach wurde auch von den Rechtshistorikern der Versuch gemacht, zwischen der Gerichtsbarkeit des *auditorium* und der der *auditores* zu differenzieren[285]. Schneider kommt zur Überzeugung, dass die ständigen Auditoren in allen Prozessen, die unter die ordentliche Kompetenz fielen, nicht mehr *iurisdictio delegata*, sondern bereits kraft ihres Amtes *iurisdictio ordinaria* besaßen[286].

Die Generalvollmacht, über die die Richter verfügten, dürfte diese aber nur befähigt haben, von vornherein für jeden ihrer Bearbeitung übertragenen Fall zuständig zu sein. Die Zuweisung im konkreten Fall nämlich hing immer vom

---

cognoscendo seu procedendo auditores esse ordinarios, at in sententiando seu pronunciando delegatos ".

284 Vgl. D. DE ZAULIS, *Annotationes decisivae Joannis Baptistae Coccini*, Romae 1672, 80, 202 und 233.

285 Vgl. EMERIX, *Tractatus seu notitia*, tit. 6: „Fuit ab antiquis acris inter doctores disputatio, an jurisdictio Rotae esset ordinaria, vel potius delegata [...]. Imo, quia jurisdictio est communis toti tribunali, et commissiones fiunt solum pro commodiori et faciliori causarum expeditione, potest unus prosequi, quod alter incoepit"; V. PETRA, *Commentaria ad constitutiones apostolicas seu bullas singulas Summorum Pontificum in Bullario Romano contentas secundum collectionem Cherubini incipientes a divo Leone Magno*, IV, Romae 1711, 89; DE LUCA, *Theatrum veritatis*, XV/2, disc. 32, n. 5: „Singuli auditores dicuntur iudices delegati, non autem ordinarii, utpote ex sibi directis commissionibus, delegatam iurisdictionem habentes, [...] ipsa vero Rota, seu ipsum tribunal, in universum, [...] ordinariam habet iurisdictionem [...]"; PLETTENBERG, *Notitia congregationum et tribunalium*, cap. 15, n. 20; P. A. DANIELI, *Institutiones canonicae, civiles et criminales*, IV. *Recentior Praxis Romanae Curiae*, Romae 1759, 324.

286 Vgl. SCHNEIDER, *Die Römische Rota*, 84-86; [F.] E. SCHNEIDER, *Der deutsche Rotaauditor Jakob Emerix (1668-1696) und die Jurisdiktion der Römischen Rota*: M. GRABMANN, K. HOFMANN (Hg.), *Festschrift Eduard Eichmann zum siebzigsten Geburtstag*, Paderborn 1940, 165-177, 170-171: „Der Auditor [...] mußte [...] bei der Urteilsfällung die Voten der beisitzenden Richter [...] einholen und berücksichtigen [...]. Falls er wirklich zur Urteilsfällung einer jurisdictio delegata bedurft hätte und sie besaß, so erhebt sich doch die Frage, woher die beisitzenden Richter ihre Jurisdiktion in der betreffenden Sache herleiteten, da sie [...] keine commissio specialis dafür erhalten hatten. Daraus folgt also, daß ihre Jurisdiktion einen anderen Ursprung haben mußte. Und das war die Übertragung des Amtes als Rotarichter"; *ebd.*, 174: „Mit der Übertragung des Amtes empfing der Auditor also auch die mit dem Amte des Rotarichters verbundene Jurisdiktion, ohne daß er noch eines besonderen jurisdiktionellen Auftrages durch Delegation bedurft hätte. Ein Gerichtshof als solcher kann die ihm zustehende Jurisdiktion nicht ausüben, er tut es vielmehr durch seine Richter. Daher ist es unrichtig, zwischen der Jurisdiktion des Gerichtshofes und der seiner Richter einen Unterschied zu machen [...]. Die Jurisdiktion beider ist nicht voneinander zu trennen und war, soweit die ordentliche Zuständigkeit der Rota in Betracht kommt, eine ordentliche".

Papst oder von dessen Vizekanzler ab[287], und wenn diese fehlte, hatten die Richter auch nicht die Vollmacht, Verfahren an sich zu ziehen. Obwohl die Auditoren mit der Vollmacht ausgestattet waren, jeden an sie überwiesenen Fall zu instruieren und zu entscheiden, muss deshalb davon ausgegangen werden, dass sie nur delegierte Jurisdiktionsgewalt besaßen und das *auditorium* als solches nicht als ordentlicher Gerichtshof bezeichnet werden kann, der von sich aus hätte tätig werden können[288].

c. Die Bulle *Ratio Iuris* Papst Johannes' XXII. von 1331

Noch immer fehlte dem Auditorium der Charakter einer offiziell als Gerichtshof des Papstes errichteten Institution, die dauerhaft in das Rechtssystem der Kirche eingebunden war und einen fest umrissenen Platz in ihr gefunden hatte. Erst nachdem die Päpste Rom verlassen hatten und von Avignon aus die Geschicke der Kirche leiteten, wurde dieser Missstand behoben und dem Auditorium die notwendige Anerkennung gewährt.

Am 16. November 1331 nämlich erließ Papst Johannes XXII. (1316-1334) seine berühmte Bulle *Ratio Iuris*[289]. Durch sie wurde das *auditorium sacri palatii* rund eineinhalb Jahrhunderte nach seiner Entstehung definitiv in der Ge-

---

287 Vgl. SCHNEIDER, *Die Römische Rota*, 53-54; GROSSE-WIETFELD, *Justizreformen im Kirchenstaat*, 175-176; PUZA, *Res iudicata*, 19.

288 Vgl. PHILLIPS, *Kirchenrecht*, VI, 489; J. SIMIER, *La Curie Romaine. Notes historiques et canoniques d'après la Constitution „Sapienti consilio" et les autres documents Pontificaux*, Paris 1909, 108-109: „A partir de Grégoire XVI seulement, pour les causes d'appel et de *restitutio in integrum,* à Rome et dans les États pontificaux, ils avaient juridiction *ordinaire*"; CERCHIARI, *Capellani Papae*, I, 48: „Et [...] persuasum omnibus fuit, Auditores Rotae extra causas sibi commissas nullam habere iurisdictionem, et in causis sibi commissis necessario censeri delegatos"; *ebd.*, 58: „Tantummodo anno 1834 [...] Rota facta fuit ordinarium tribunal appellationis"; DOLEZALEK, *Litigation at the Rota Romana*, 340, Anm. 6: „[...] *‚iudex ordinarius'* [...] means: the procedural rules for judges with ordinary jurisdiction applied"; BUKOWSKA-GORGONI, *Causae polonae*, 12, Anm. 34: „jurysdykcja Roty była delegowana"; SANTANGELO CORDANI, *La giurisprudenza della Rota*, 235: „La soppressione del titolo uditore generale sotto i successori di Gregorio X e il ritorno alla prassi delle ‚commissioni' speciali per singole cause avrebbero dovuto togliere ogni dubbio sulla natura delegata del potere dei giudici rotali"; für das 13. Jahrhundert geht von einer nur delegierten Jurisdiktionsgewalt auch noch SCHNEIDER, *Die Römische Rota*, 81, aus.

289 JOHANNES XXI. (genannt XXII.), Papst, Ap. Konst. *Ratio Iuris*, [1331]: BullRom, IV, 317-323. Dort wird zwar die Jahreszahl 1326 angegeben. Bereits Tangl hat aber das genaue Datum nachgewiesen (vgl. TANGL, *Die päpstlichen Kanzleiordnungen*, 83-91); zur Bulle vgl. auch B. GUILLEMAIN, *Les tribunaux de la cour pontificale d'Avignon*: J.-L. BIGET (Hg.), *L'Église et le droit dans le Midi (XIIIe-XIVe s.)* (= CFan, 29), Fanjeaux 1994, 339-360, 345; INGESMAN, *Provisioner og processer*, 92-95.

richtsstruktur der Kirche verankert[290]. Das den Auditoren bis dahin fehlende „letzte Band, das sie zu einem wirklichen Gerichtshof, zu einem kirchlichen Appellationsgericht für die causae minores der gesamten Christenheit zusammengeschlossen hätte"[291], es wurde nun um sie geknüpft. Auditoren und Auditorium standen jetzt auf einer neuen Rechtsgrundlage. Die Konstitution ist daher für die Geschichte der Rota und deren Blüte in den folgenden Jahrhunderten von grundlegender Bedeutung[292] und kann mit Recht als *„magna charta"*[293] des Gerichts bezeichnet werden.

War einerseits durch die Bulle ein neuer Ausgangspunkt für alle weiteren Entwicklungen gegeben, die für die Jurisdiktion und Kompetenz des Gerichts und dessen Partikularrecht in den folgenden Jahrhunderten von Bedeutung sein sollten, so war es andererseits nicht die Absicht des Papstes, weitere Reformen im Gerichtswesen vorzunehmen. Es wurde vielmehr von höchster Stelle und offiziell anerkannt, was faktisch bereits existierte[294], und dafür sollte eine stabile, den tatsächlichen Verhältnissen entsprechende Organisation dafür geschaffen werden[295].

So bezeugt die Bulle *Ratio Iuris* die kollegiale Beratung erstmals offiziell, allerdings mit der Feststellung, dass auf diese Weise die bisherigen Gewohnheiten beibehalten wurden:

> „Super aliis vero interlocutoriis absque publica relatione cum consilio tamen coauditorum dictorum ad earum prolationem possit procedere, prout hactenus extitit in palatio laudabiliter observatum"[296].

---

290 Ein amtlicher Name für das Gericht war dagegen im Hochmittelalter nicht üblich. Man bezeichnete es als *auditorium sacri palatii, audientia sacri palatii* oder auch als *sacrum palatium apostolicum:* vgl. DOLEZALEK, *Audientia sacri palatii*, 1194.

291 RUSCH, *Die Behörden und Hofbeamten*, 55.

292 Vgl. G. BARRACLOUGH, *„Ordo judiciarius qui in Romana Curia consuevit communiter observari" e codicibus manuscriptis dissertatione critica praemissa*: IusPont 17 (1937), 111-113 und 209-217, 114: „[...] maximi erat in S. Rotae Romanae historia momenti".

293 SANTINI, *Tribunali ecclesiastici*, 503.

294 Schon 1711 schreibt PETRA, *Commentaria ad constitutiones*, 89: „Verum reductio in formam Tribunalis, & consessum plurium, mihi videtur etiam fuisse ante hanc bullam, nam in hac nulla fit mentio talis erectionis, sed haec supponitur".

295 Vgl. BARRACLOUGH, *„Ordo judiciarius"*, 114: „Dominus vero papa, consuetudines diuturna practica approbatas auctoritate apostolica roborando ac confirmando, S. Palatii auditorio fundamentalem, quae adhuc omnino deerat, dedit legem et stabilem instituit ordinem et disciplinam"; SCHNEIDER, *Rota*, 1008: „die erste gesetzlich festgelegte Organisation".

296 JOHANNES XXII., Papst, *Ratio Iuris*, art. 9; M. TANGL, *Eine Rota-Verhandlung vom Jahre 1323*: MIÖG.E 6 (1901), 320-332, 331, nennt die Bulle daher „im wesentlichen eine Codificirung des Gewohnheitsrechtes, nichts weiteres"; ähnlich SCHNEIDER, *Die Römische*

Auch die Einteilung in drei Kammern, der zufolge die Auditoren dem Dienstalter nach[297] nur noch den *coauditoribus sui gradus* Bericht erstatten mussten, wird erwähnt:

> „Item statuimus et ordinamus, quod auditor eiusdem palatii a tempore sue receptionis antiquior primitus incipiat referre suis coauditoribus et causas quas audit, si ad hoc paratus existat, inter eos in relationibus ponere, ut est moris, sicque per consequens alii dicti palatii auditores successive secundum gradum receptionum eorum cuiuslibet similiter referant“[298].

Die Bulle *Ratio Iuris* enthält im Übrigen vielerlei Bestimmungen zur Verfassung, Disziplin und Prozedur des *auditorium.* So regelt sie Fragen der Amtstracht[299] und der Arbeitszeit[300], mahnt zu Pünktlichkeit[301], Gewissenhaftigkeit[302] und Unbestechlichkeit[303] und setzt die Form der Eidesleistung fest[304]. Von der Urteilsfällung in der Berufungsinstanz werden durch die Bulle diejenigen Auditoren ausgeschlossen, die in derselben Angelegenheit bereits ein *consilium* abgegeben haben[305]; auch in eigenen Sachen und in denen naher Verwandter bleibt den Auditoren weiterhin die Mitwirkung versagt[306]. Da die Richter sonst aber keiner weiteren Einschränkung ihrer Tätigkeit unterliegen, kann davon ausgegangen werden, dass die Bulle auch hier die bereits geltende Ordnung indirekt bestätigte, nach der das *auditorium* vom Papst mit der Durchführung aller kirchlichen Fälle aus der ganzen Welt beauftragt wurde, die als *causae minores* galten.

Rota, 36; vgl. auch *ebd.*, 41: „die gesetzliche Festlegung des bisher bestehenden Gerichtsgebrauches“.

297 Vgl. SÄGMÜLLER, *Die Entwicklung der Rota*, 118, Anm. 2, und SCHNEIDER, *Die Römische Rota*, 52-53, der diese Interpretation mit Hinweis auf die Beförderung von Guido de Sancto Germano vom Auditor zweiten zum Auditor ersten Grades untermauert (vgl. *ebd.*, 53, Anm. 1).

298 Vgl. JOHANNES XXII., *Ratio Iuris*, art. 8.

299 Vgl. JOHANNES XXII., *Ratio Iuris* art. 1.

300 Vgl. *ebd.*, art. 3-5.

301 Vgl. *ebd.*, art. 3.

302 Vgl. *ebd.*, art. 2.

303 Vgl. *ebd.*, art. 6. Die Nichtbefolgung konnte die Entlassung aus dem Richterstand zur Folge haben: „Si autem iterato in eandem culpam inciderint, priventur perpetuo officio audientiae causarum palatii prelibati“ (*ebd.*).

304 Vgl. *ebd.*, art. 7 (Anordnung) und 8 (Formel).

305 Vgl. JOHANNES XXII., *Ratio Iuris*, art. 15.

306 Vgl. *ebd.*, art. 13.

d. Die Ergänzung und Umsetzung der Bulle

Wenngleich in den letzten Artikeln der Bulle noch ausführlich Stellung und Aufgabe der Notare geregelt werden[307], dürften die Dispositionen allein noch nicht genügt haben, um einen reibungslosen Ablauf der Gerichtsprozedur zu gewährleisten. Wie Barraclough nachweist, entstanden deshalb wenig später entsprechende Ausführungsbestimmungen zu deren Ergänzung[308]: das so genannte *Formularium notariorum curie Romane sub Iohanne Papa XXII compositum* (1327?)[309], eine Art Kalender mit Eintragungen, die als Richtschnur für die Arbeit der Notare angesehen wurden[310], sowie der *Ordo iudiciarius qui in Romana curia consuevit communiter observari,* auch *De stilo Palatii Apostolici* genannt[311], der allerdings erst 1337 durch Benedikt XII. (1334-1342) vollendet und veröffentlicht werden konnte[312].

Papst Benedikt XII. fiel somit die Aufgabe zu, die Bestimmungen seines Vorgängers voll und ganz in die Tat umzusetzen. Zudem sollten die Auditoren fortan als selbständige Kategorie von Beamten gelten und von den anderen *capellani* unterschieden werden. In seiner Konstitution *Ad regimen*[313] legte er nämlich 1335 fest:

> „Ac etiam per obitum cardinalium eiusdem ecclesie romane ac offitialium dicte sedis videlicet: Camerarii, Vicecancellarii, Notariorum, Auditoris litteraris Contradictarum, et apostolici palatii causarum Auditorum [...] ac Abbreviatorum necnon commensalium et aliorum quorumlibet Capellanorum sedis eiusdem“[314].

---

[307] Vgl. *ebd.*, art. 16-36; siehe dazu HOBERG, *Register von Rotaprozessen*, 54, und LEFEBVRE, *Le tribunal de la Rote*, 202-203.

[308] Vgl. G. BARRACLOUGH, *Public Notaries and the Papal Curia. A Calendar and a Study of a Formularium notariorum Curie from the Early Years of the Fourteenth Century*, London – Rome 1934, 115-117.

[309] *Formularium notariarum curie Romane sub Iohanne Papa XXII compositum*, [um 1327]: BARRACLOUGH, *Public Notaries*, 133-250; appendix: 254-274.

[310] Vgl. BARRACLOUGH, *Public Notaries*, 1-132; BARRACLOUGH, *„Ordo judiciarius“*, 115.

[311] Vgl. BENEDIKT XII., Papst, *Ordo judiciarius qui in Romana curia consuevit communiter observari*, 1337, s. d., bei BARRACLOUGH, *„Ordo judiciarius“*, 209-217.

[312] Vgl. BARRACLOUGH, *„Ordo judiciarius“*, 116-117.

[313] Vgl. BENEDIKT XII., Papst, Ap. Konst. *Ad regimen*, 1335, Jan 10: CERCHIARI, *Capellani Papae*, III, 79-81.

[314] BENEDIKT XII., *Ad regimen*, 80.

Ähnlich verfügte er im selben Jahr durch die Konstitution *Cum, sicut accepimus*[315]:

> „Nos, ad [...] dubium tollendum, motu proprio, non ad alicuius instantiam, auctoritate Apostolica, tenore presentium declaramus, prefatos Auditores, a tempore quo ad apicem fuimus summi apostolatus assumpti, nostros familiares, domesticos commensales ac nostros et sedis predicte speciales ac veros officiarios fuisse ac etiam existere“[316].

Sie erhielten im päpstlichen Palast zu Avignon erstmals einen eigenen Amtssitz mit allem dazugehörigen Mobiliar[317], und zwar im Raum neben der Versammlungsstätte der *audientia litterarum contradictarum*[318].

Die Einteilung der Auditoren in dreierlei Kammern wurde unter Benedikt XII. wieder aufgegeben[319]. Die drei Instanzen blieben dagegen erhalten und waren einander nunmehr ebenbürtig[320]. Es kann deshalb, wenngleich erst viel später eindeutig belegt[321], bereits seit dieser Zeit von einem neuen Prinzip der richterlichen Beratung und Urteilsfällung ausgegangen werden: von der Einteilung

---

315 Vgl. BENEDIKT XII., Papst, Ap. Konst. *Cum, sicut accepimus*, 1335, Okt 1: CERCHIARI, *Capellani Papae*, III, 81-82.

316 BENEDIKT XII., *Cum, sicut accepimus*, 82.

317 Vgl. CERCHIARI, *Capellani Papae*, I, 55, und II, 27; LEFEBVRE, *Rote Romaine*, 745; DEL RE, *La Curia Romana*, 245; zum Personal der Rota in Avignon vgl. insbesondere B. GUILLEMAIN, *La cour pontificale d'Avignon (1309-1376). Étude d'une société*, Paris ^{2}1966, 345-356; C.-E. PERRIN, *La cour pontificale d'Avignon (1309-1376)*: RH 232 (1964), 361-378; B. SCHIMMELPFENNIG, *Die Organisation der päpstlichen Kapelle in Avignon*: QFIAB 50 (1971), 8-111.

318 Vgl. DOLEZALEK, *Audientia sacri palatii*, 1193. Der Raum befand sich „in der Rundung unter dem ö. Kreuzjoch der großen Audienzhalle“. Zur Beschreibung des Raums vgl. Abbildungen unten, 488-489, sowie HERDE, *Zur päpstlichen Delegationsgerichtsbarkeit*, 28-30; GUILLEMAIN, *Les tribunaux de la cour pontificale*, 346-347.

319 Nach SCHNEIDER, *Die Römische Rota*, 56, der dabei Bezug auf das Register Nr. 8958 Papst Benedikts XII. nimmt, kam es dazu zwischen 1337 und 1341; J. REETZ, *Kuriales Prozeßwesen um 1340. Nachrichten aus avignonesischen Akten in Hamburg*: ADipl 9-10 (1963-64), 395-413, 411-412, geht von der Zeit zwischen Sommer 1337 und Herbst 1338 aus; später ermittelt er dafür den Zeitraum zwischen dem 29. April und dem 26. November 1338 (vgl. J. REETZ, *Rat und Domkapitel von Hamburg um die Mitte des 14. Jahrhunderts*, II [= VStAHH, 9/2], Hamburg 1975, 128, Anm. 7). DOLEZALEK, *Quaestiones motae*, 104, vermutet als Grund für diese Verfügung die nach der Einschränkung der Benefizienzuweisung an die Rota durch Benedikt XII. (1334) geringer gewordene Zahl von Auditoren (vgl. oben, 60).

320 Vgl. CERCHIARI, *Capellani Papae*, I, 220.

321 Vgl. CLEMENS XIII., Papst, Ap. Konst. *Ex parte*, 1759, Sep 30, § 3: BullPiiVII (= BullRomCont, 3), 374-378, 374: „[...] haec immutatio antiquae methodi in eodem auditorio dudum servatae“; EMERIX, *Tractatus seu notitia*, tit. 16.

der Auditoren in *turni* zu je fünf Richtern, die insgesamt zwölf unterschiedlich zusammengesetzte Kammern ermöglichte[322].

Mit seiner Bulle *Decens et necessarium* regelte Benedikt XII. dann 1340 auch erstmals umfassend Status und Aufgaben der Advokaten und Prokuratoren des Gerichts[323].

e. Die Bedeutung des Namens *Rota*

Zu Zeiten der Bulle *Ratio Iuris* scheint der Name, unter dem das Auditorium in der Neuzeit Berühmtheit erlangen sollte, noch nicht in Gebrauch und wohl auch nicht bekannt gewesen zu sein. Umso weniger ist es wahrscheinlich, dass das Gericht bereits in Rom unter dieser Bezeichnung seine Aufgabe in der Kirche erfüllt hatte.

Erst 1336 taucht in den Kanzleiregeln des Auditors Thomas Fastolf zum ersten Mal in der Geschichte des neu gegründeten Gerichts der Name „Rota" auf; dort heißt es:

> „Anno Domini 1336 [...] die XI. mensis decembris fuit in rota propositum quoddam negotium spoliationis"[324].

Drei Jahre später wird er im Rechnungsbuch des Magisters Heinrich Bucglant, eines hamburgischen Gesandten in Avignon, zum zweiten Mal belegt. Der Eintrag lautet folgendermaßen:

> „It. 6 fl. Thiderico quando emit flasculas et quando advocati fuerunt in rota"[325].

1340 heißt es im Protokoll eines anderen Prozesses aus Hamburg[326], ein Befehl des Vizekanzlers sei einem Boten übergeben worden

---

322 Vgl. SCHNEIDER, *Die Römische Rota*, 58-59; vgl. auch *ebd.*, 59: „Wir möchten daher annehmen, daß die Einteilung der Rotarichter nach diesem Gesichtspunkte an die Stelle der früheren ‚gradus' getreten ist, und daß daher unter den seit der Mitte des 14. Jahrhunderts in den Gerichtsurkunden und Papstbriefen genannten coauditores nicht *alle* Mitauditoren, sondern nur die desselben *Turnus* zu verstehen sind".

323 BENEDIKT XII., Papst, Ap. Konst. *Decens et necessarium*, 1340, Okt 26: CERCHIARI, *Capellani Papae*, III, 82-89; vgl. hierzu SCHNEIDER, *Die Römische Rota*, 148-149, der schon für das 13. Jahrhundert eine öffentliche Prokuratur in Rom vermutet, sowie S. KILLERMANN, *La legislazione propria della Rota Romana prima delle norme vigenti*: P. A. BONNET, C. GULLO (Hg.), *Le „normae" del Tribunale della Rota Romana* (= StGiur, 42 = ADGC, 21), Città del Vaticano 1997, 23-45, 27-28; INGESMAN, *Provisioner og processer*, 94-97.

324 C. FASTOLF, Causa I, 1336 (Auszug): SCHNEIDER, *Die Römische Rota*, 87, Anm. 4.

325 Zitiert bei T. SCHRADER, *Die Rechnungsbücher der hamburgischen Gesandten in Avignon 1338 bis 1355*, Hamburg – Leipzig 1907, 10.

326 Vgl. REETZ, *Kuriales Prozeßwesen*, 398-399.

„Avinione in palatio apostolico causarum, ubi iura redduntur in causis, existenti in Rota“[327].

Häufig wird der Name dann in der zweiten Hälfte des 14. Jahrhunderts in den *decisiones* des Gerichts genannt, ohne dass jedoch eine einheitliche Terminologie erkennbar wäre[328]. Doch erst 1387, in den Kanzleiregeln Gregors XI. (1370-1378), ist der Gebrauch dieser Bezeichnung durch den Papst selbst bezeugt; so wird dort angeordnet:

„Item ordinavit prefatus dominus noster Gregorius XI. [...] et mandavit ordinationem huiusmodi in audientia contradictarum legi et eiusdem auditoribus in rota intimari“[329].

In der Bulle *Romani Pontificis providentia* Martins V. (1417-1431) aus dem Jahr 1424 findet sich die Bezeichnung dann auch erstmals[330] in einer päpstlichen Konstitution:

„[Auditor], qui [...] causam expedire contempserit, ex tunc iurisdictionem amittat [...] et ab ingressu Rotae suspendatur per mensem; et idem de iudicibus aliis extra Rotam praecipimus observari“[331].

An Erklärungsversuchen für die Entstehung dieses rätselhaften Namens hat es nicht gefehlt[332]. Das „Rad“ oder „Kreis“ bedeutende Wort weise auf zusammengerollte Akten hin, auf die Art der Abstimmung[333], auf die runde Form der Täfelung im Sitzungssaal von Avignon[334] oder auf ein als „Rota“ bezeichnetes Pultgestell in der Mitte des Raumes, das drehbar war und so den im Kreis um es herumsitzenden Richtern leicht Einblick in die auf ihm liegenden Gesetzesbüchern ermöglichte. Diese Auffassung, die vor allem Ehrle[335], Lega[336] und Cer-

---

[327] Nr. 18 g 1, zitiert bei REETZ, *Kuriales Prozeßwesen*, 399.

[328] Vgl. SCHNEIDER, *Über den Ursprung und die Bedeutung des Namens Rota*, 30-31, der für die Richter unter anderem Titel wie *auditores sacri palatii, auditores de rota sacri palatii* und *domini de rota sacri palatii* finden konnte (vgl. *ebd.*, 31).

[329] Zitiert bei E. VON OTTENTHAL, *Die päpstlichen Kanzleiregeln von Johannes XXII. bis Nikolaus V.*, Innsbruck 1888, 44; vgl. SCHNEIDER, *Die Römische Rota*, 87 und SCHNEIDER, *Über den Ursprung und die Bedeutung des Namens Rota*, 32.

[330] Vgl. SCHNEIDER, *Die Römische Rota*, 86.

[331] MARTIN V., Papst, Ap. Konst. *Romani Pontificis providentia*, [1424], § 27: Bull Rom, IV, 708-714, 713.

[332] Siehe dazu SIMIER, *La Curie Romaine*, 106, Anm. 1; SCHNEIDER, *Die Römische Rota*, 87-88; MARTIN, *Les cardinaux et la Curie*, 81-82.

[333] Vgl. BANGEN, *Die römische Curie*, 297.

[334] Vgl. PHILLIPS, *Kirchenrecht*, VI, 484, und HINSCHIUS, *Das Kirchenrecht*, I, 396.

[335] Vgl. F. EHRLE, *Historia Bibliothecae Romanorum Pontificum tum Bonifatianae tum Avenionensis*, I (= BAStG, 7), Romae 1890 = Modena 1981, 696, Anm. 652: „Eo enim nomi-

chiari[337] vertreten, wird von Colombe nicht geteilt[338]. Schneider hält sie ebenfalls für unwahrscheinlich, da solche Pulte auch anderswo Verwendung fanden[339]. Er sieht in der Bezeichnung „Rota" „eine Einrichtung örtlicher oder dinglicher Natur"[340] und stützt sich dabei auf die Wortbedeutung sowohl in einer päpstlichen Bulle[341] als auch in den *decisiones*[342]. Der Name leite sich demnach von der kreisförmigen Sitzordnung der Richter im Avignoner Palast ab und stehe somit ursprünglich für eine runde Richterbank[343]. Eine solche sei

---

ne veniebat pluteus ad libros sustinendos aptus [...], ita dispositus, ut faciliter in omnem partem circumagi posset".

336 Vgl. LEGA, *Praefatio*, XVIII.

337 Vgl. CERCHIARI, *Capellani Papae*, I, 55; ebenso auch F. DIGONNET, *Le Palais des Papes d'Avignon*, Avignon 1907, 216-217; J. B. FERRERES, *La Curia romana según la novísima disciplina decretada por Pio X. Comentario canónico e histórico sobre la const. Sapienti consilio*, Madrid ²1911, 394-395; A. MONIN, *De Curia Romana. Ejus historia ac hodierna disciplina juxta reformationem a Pio X inductam*, Lovanii 1912, 96-97; NOVAL, *Commentarium Codicis*, IV/1, 90; FUS, *Rota*, 683; C. PICHON, *Le Vatican. Hier et aujourd'hui*, Paris ³1968, 494; MONETA, *Rota Romana*, 138; MONETA, *La giustizia nella Chiesa*, 53-54; FUNGHINI, *Tribunal Rotae Romanae*, 185.

338 Vgl. COLOMBE, *Au palais des papes*, 6: „Pour remplir la destination qu'on lui prête, ce meuble devrait être monumental; et le moins qu'on en puisse dire, c'est qu'un pareil obstacle eût empêché les membres de l'aréopage de se voir et presque de s'entendre". Der Ansicht Colombes schloss sich später auch Ehrle selbst an: vgl. COLOMBE, *A propos de la ‚rota'*, 10.

339 Vgl. SCHNEIDER, *Die Römische Rota*, 89; SCHNEIDER, *Über den Ursprung und die Bedeutung des Namens Rota*, 34: „Es wäre doch ein merkwürdiger Zufall, wenn ausgerechnet die von den Richtern gebrauchte Rota dem Gerichtshof den Namen gegeben hätte"; BECK, *Rota, Roe*, 303.

340 SCHNEIDER, *Über den Ursprung und die Bedeutung des Namens Rota*, 36; ebenso REETZ, *Zur Bedeutung des Namens ‚Rota'*, 51.

341 Vgl. (oben, 68, Anm. 331) MARTIN V., *Romani Pontificis providentia*: „[...] ab ingressu rote suspendatur".

342 So heißt es 1376 im *Incipit* der *Decisiones novae*. „De mandato et voluntate et unanimi consensu omnium dominorum meorum coauditorum sacri palatii apostolici pro tunc in rota sedentium": vgl. SCHNEIDER, *Über den Ursprung und die Bedeutung des Namens Rota*, 36.

343 Vgl. SCHNEIDER, *Römische Rota*, 89, und SCHNEIDER, *Über den Ursprung und die Bedeutung des Namens Rota*, 37-39. Der Deutung Schneiders schließen sich auch an: KURTSCHEID, *De quibusdam Praelatis*, 559, Anm. 1; VERMEERSCH, CREUSEN, *Epitome Iuris Canonici*, III, 26; GEMMEL, *Zum Namen der Rota*, 418; BECK, *Rota, Roe*, 303; G. MOLLAT, *Les Papes d'Avignon (1305-1378)*, Paris ⁹1949, 467; NACHTMAN, *Trybunal Roty Rzymskiej*, 12-13. – REETZ, *Zur Bedeutung des Namens ‚Rota'*, 51, verweist auf ein von ihm im Landesarchiv Schleswig-Holsteins entdecktes „Notariatsinstrument vom 3. Juni 1366", nach dessen Aussage die Rota wirklich ein runder Raum gewesen sein musste: „in rotundo ambitu rote, in qua domini coauditores nostri ad consulendum in causis suis coadunantur et sedent".

dort im Jahr 1352 in Auftrag gegeben und angefertigt worden[344]. Doch ließe sich eine ähnliche Bank bereits auf den ältesten erhaltenen Gerichtssiegeln erkennen, was den Schluss nahelege, dass ein derartiges Möbelstück schon vorher im Gerichtsraum zu finden gewesen wäre[345].

Interessant ist in diesem Zusammenhang die Untersuchung von Jakob Gemmel, der den Ursprung dieser Richterbank bereits in der *rota porphyretica* des Petersdoms vermutet[346], einem „Bußplatz nahe der Kirchenmitte" mit „Gerichtscharakter"[347]; dort seien Urteile gefällt worden in „Angelegenheiten, deren letzte Entscheidung dem feierlichen Konsistorium auf der Rota der Peterskirche vorbehalten war"[348]. Demnach könne der Name *Rota* schon in Rom als umgangssprachliche Bezeichnung für den Gerichtsplatz des Papstes in Verwendung gewesen sein[349]. Wenn es nun auch in Avignon auf einem ähnlichen Kreis zur feierlichen Urteilsverkündung kam, liegt es nahe, mit Gemmel davon aus-

---

344 Vgl. SCHNEIDER, *Über den Ursprung und die Bedeutung des Namens Rota*, 36-37; als Beleg führt er die Rechnungen für den Bau des Papstpalastes in Avignon und die Errichtung einer „Rota" mit Sitzplätzen an. Im Jahr 1352 ist dort nämlich vermerkt: „Die XIX m. februarii soluti fuerunt magistro Iohanni de Luperiis magistro operis novi palatii domini nostri pape pro factura rote audientie nove, in qua sedent auditores sacri palatii - XXIIII flor" (zitiert bei EHRLE, *Historia Bibliothecae*, 643). COLOMBE, *Au palais des papes*, 8-9, verweist auf die Kosten des Projekts, denen zufolge es sich bei der Rota nicht bloß um ein Pultgestell handeln konnte.

345 Vgl. SCHNEIDER, *Über den Ursprung und die Bedeutung des Namens Rota*, 37-38; dort finden sich auch Abbildungen der von Bernino bezeugten Siegel, die nach dem Urteil von Kunsthistorikern aus der Zeit von 1330 bis 1350 stammen (*ebd.*, 38). Schneider vermutet daher, „daß die im Jahre 1352 von Johannes de Luperiis für den großen Gerichtssaal im neuen Papstpalast zu Avignon gebaute Rota eine Nachbildung der schon vorher beim päpstlichen Gerichtshof gebrauchten und auf den alten Siegeln abgebildeten Richterbank ist" (*ebd.*, 40). Die neue Rota wird wahrscheinlich für den neuen Amtssitz der Auditoren geschaffen worden sein. Wie Mollat vermerkt, war das alte Amtsgebäude nämlich schlecht konstruiert und verschwand wieder unter Clemens VI. (1342-1352), der den Auditoren dafür ein eigene *audientia* zur Verfügung stellte: vgl. MOLLAT, *Les Papes d'Avignon*, 467.

346 Vgl. GEMMEL, *Zum Namen der Rota*, 418-420; zur *rota porphyretica* siehe vor allem M. ANDRIEU, *La rota porphyretica de la basilique vaticane*: MAH 66 (1954), 189-218.

347 Vgl. GEMMEL, *Zum Namen der Rota*, 422.

348 *Ebd.*, 425; vgl. dazu auch FERRERES, *La curia romana*, 392-393; SCHNEIDER, EWERS, *Rota*, 62: „Von hier aus prägte sich die Vorstellung, daß wichtige Gerichtssachen ‚R.'-Angelegenheiten sind".

349 Vgl. GEMMEL, *Zum Namen der Rota*, 425, und BECK, *Rota, Roe*, 302-303. Beck verweist auf die dem deutschen „Kreis" in übertragenem Sinn entsprechende Bedeutung des Wortes „rota" (vgl. *ebd.*, 302); er folgert daraus „einen volkssprachlichen, italienischen Ausdruck [...] für Gericht" und meint, „daß die Zurückführung von ‚Rota Romana' auf den Gerichtsring aus einem viel breiteren sachlichen und sprachlichen Zusammenhang erklärt werden muß, weil eben jene kreisförmige Gerichtsschranke des päpstlichen Palastes in Avignon keine Neuerung darstellte, sondern der allgemeinen Übung entsprach" (*ebd.*, 303).

zugehen, dass man als *Rota* zunächst nicht die runde Bank mit den Sitzen bezeichnete, sondern den der *rota porphyretica* der alten Petersbasilika nachempfundenen „kreisrunden Bodenbelag“[350], auf dem die Richter dann auf einer ebenfalls runden Bank Platz nahmen.

Symbolhaft steht der Name so für die Aufgabe, die dem Auditorium übertragen war: im Auftrag des Papstes Recht zu sprechen, und zwar in ähnlicher Weise, wie es in seiner Gegenwart seit Jahrhunderten in der Kirche praktiziert worden war. Verstand man unter der Bezeichnung „Rota“ anfangs wohl nur den Gerichtsplatz, so muss der Name bald auch auf den Gerichtshof selbst übergegangen sein[351]. Spätestens im Jahr 1366 wurde aber, wie Reetz ergänzend nachweist, auch das Auditorenkollegium als „Rota“ bezeichnet[352].

Ergebnis

Die Errichtung der Rota ist das Ergebnis einer jahrhundertelangen Entwicklung. Denn die Ursprünge des Gerichtshofs liegen weit in der Vergangenheit. Erst mehr als tausend Jahre nach der Übertragung der obersten Gewalt an den Stellvertreter Christi kommt es zum Entstehen einer eigenständigen Institution, die dem Papst bei- und untergeordnet ist.

Seit frühchristlicher Zeit wurde der Bischof von Rom als Berufungsrichter in Anspruch genommen. Wenngleich er dabei von Beratern unterstützt wurde,

---

350 Vgl. GEMMEL, *Zum Namen der Rota*, 425-426, Anm. 15, im Hinblick auf die Stelle „in fulrando et fustando rotam auditorum et sedes dicte audientiae“: „Da rota und sedes unterschieden werden, wären wohl besser nur die sedes auf die Richterbank oder die Sessel der Richter zu beziehen, während rota den *kreisrunden Bodenbelag* bedeutete. [...] Übrigens zeigt auf allen Abbildungen der runde Bodenbelag kunstvolle Täfelung – vielleicht eine Erinnerung an den gerühmten Marmorbelag der Rota porphyretica von Alt-St.-Peter“. Gemmels Erklärung steht in keinem Widerspruch zur Schlussfolgerung von Colombe: „La ‚rota‘ construite par un maçon ne peut être qu'une ‚rota‘ *de pierre*“ (COLOMBE, *Au palais des papes*, 10). „La ‚rota‘ [...] n'est autre que le ‚parquet‘ où siègent des Auditeurs du Sacré Palais“ (*ebd.*, 14). Auch Schneider vermutet eine Konstruktion aus Stein (vgl. SCHNEIDER, *Über den Ursprung und die Bedeutung des Namens Rota*, 39).

351 Vgl. SCHNEIDER, *Über den Ursprung und die Bedeutung des Namens Rota*, 41-42; DOLEZALEK, *Audientia sacri palatii*, 1193.

352 Vgl. REETZ, *Zur Bedeutung des Namens ‚Rota‘*, 51; das von ihm angeführte Dokument (vgl. oben, 69, Anm. 343) bezeugt nämlich hinsichtlich der *causae*, dass ein Auditor im Auftrag des Papstes „nomine rote ipsas audiret“; ähnlich REETZ, *Kuriales Prozeßwesen*, 399, Anm. 18: „Es [kann] [...] als das Wahrscheinlichste gelten, daß der Name ursprünglich die runde Bank der Auditoren bezeichnete [...] und nur in übertragenem Sinne, der sich allerdings sehr bald eingestellt haben muß, auf den Sitzungsraum und dann auf das Richterkollegium angewandt wurde“.

war er es jedoch bis ins Hochmittelalter hinein fast ausschließlich selbst, durch den Rechtstreitigkeiten in letzter Instanz entschieden wurden.

Erst als die Zahl der Fälle, die dem Papst zur Urteilsfällung vorgelegt wurden, vor allem durch die Zunahme der Benefizialprozesse sowie durch die Entwicklung der Appellationspraxis im 12. Jahrhundert immer mehr zunahm, wurde es unausweichlich, diese Aufgabe zu delegieren. Aus diesem Grund sind seit dieser Zeit immer häufiger auswärtige Richter beauftragt worden, stellvertretend für den Papst in Streitverfahren zu entscheiden.

Da aber nicht wenige Fälle auch weiterhin in Rom selbst gelöst werden mussten, erwies es sich als notwendig, neben den Kardinälen, die den Papst zunehmend bei seiner Gerichtstätigkeit unterstützten, zusätzliche Mitarbeiter für diese Aufgabe zu finden.

Durch die Reform der päpstlichen Kanzlei gegen Ende des 12. Jahrhunderts konnte diesem Bedürfnis entsprochen werden. Der Kanzlei wurden rechtskundige Kapläne zugeordnet, die neben den Kardinälen zunächst von Fall zu Fall mit der Instruktion von Prozessen beauftragt waren und so als *auditores sacri palatii* fungierten. Je nach der Bedeutung einer Angelegenheit wurden dazu entsprechende Kommissionen erteilt, seit Beginn des 13. Jahrhunderts auch zusätzlich die Vollmacht, im Namen des Papstes das Urteil zu fällen. Mit der Zeit sind immer mehr Verfahren an die Kapläne delegiert und die Mitarbeit der Kardinäle auf die dem Apostolischen Stuhl vorgelegten *causae maiores* beschränkt worden.

Dass es bereits im Pontifikat von Alexander III. oder dessen Nachfolger Lucius III. zur erstmaligen Berufung solcher Kapläne kam, ist jedoch unwahrscheinlich. Auch der Reformpapst Coelestin III., der immer häufiger Kapläne an Stelle von Kardinälen mit Gerichtssachen betraute, dürfte wohl nur Wegbereiter einer entsprechenden Entwicklung gewesen sein.

Zwei Päpste aber waren es vor allem, die in der ersten Hälfte des 13. Jahrhunderts die Entstehung der späteren Rota maßgebend beeinflussten. Beide trafen wegweisende Entscheidungen und schufen so die Voraussetzung für ein funktionierendes kirchliches Gerichtswesen: Innozenz III. und der Papst des Ersten Konzils von Lyon, Innozenz IV.

Nach der Neuregelung des kirchlichen Rechtswesens im Verlauf dieses Konzils veränderten sich Status und Funktion der Kapläne. Während diese zur Untersuchung einer Sache bis dahin fallweise zu Auditoren ernannt worden waren, wurden sie nun mit der ständigen Ausübung des Amtes beauftragt und hatten jedes Verfahren durchzuführen, das der Papst ihnen zuwies.

Vom *auditorium* als selbständigem Tribunal kann allerdings erst seit Beginn des 14. Jahrhunderts ausgegangen werden. Durch die Verleihung einer Generalvollmacht an die Auditoren nämlich entfiel schließlich auch deren Verpflichtung, vor der Urteilsfällung in jedem einzelnen Fall die zusätzliche Beauftragung zu erbitten. Sie berieten sich nun untereinander und begründeten auf diese Weise die Entwicklung des Auditoriums als Kollegialgericht.

Als Auditoren eines als Rota bezeichneten Ortes wurden den Kapläne so nach und nach die richterlichen Aufgaben übertragen, die die römischen Bischöfe einst persönlich auf der *rota porphyretica* des Petersdoms wahrgenommen hatten. Zwar handelte es sich dabei um keine ausschließliche Beauftragung. Es lag im freien Ermessen des Papstes, welche Fälle er den Kaplänen zur Entscheidung zuwies. Doch wurden hier im Lauf der Zeit immer einheitlichere Kriterien zu Grunde gelegt, so dass das *auditorium sacri palatii* zu Beginn des 14. Jahrhunderts als päpstliche Berufungsinstanz angesehen werden kann, an die der Papst sämtliche kirchliche *causae minores* delegierte, die die Richter dann an seiner Stelle und in seinem Namen entschieden.

Zur Zeit des Verlegung des Apostolischen Stuhls nach Avignon hatte das *auditorium* daher nicht nur seine Existenzberechtigung erwiesen, sondern sich bereits als kirchliches Rechtsprechungsorgan bewährt, dessen Dienst für die Päpste in der Ausübung ihres höchsten Richteramtes unverzichtbar geworden war. Die Bulle *Ratio Iuris* Johannes' XXII. bestätigte deshalb 1331 die bisherige Entwicklung und wurde so zum Fundament und Ausgangspunkt für das Erstarken der Rota in den folgenden Jahrhunderten.

Zweites Kapitel

Die Erstarkung

Die Blütezeit der Rota im Spätmittelalter und zu Beginn der Neuzeit (14. bis 16. Jahrhundert)

Nachdem das *auditorium* durch Papst Johannes XXII. als feste Einrichtung im päpstlichen Behördenwesen und in der gesamten Kirche konstituiert war, wuchsen sehr bald auch seine Bedeutung und seine Befugnisse.

Der Aufstieg im Spätmittelalter zum berühmtesten Tribunal seiner Zeit aber stellt zweifellos einen Höhepunkt in der Entwicklung des päpstlichen Dikasteriums dar. Die führende Stellung, die dem Auditorium damals unter den Gerichtshöfen der Welt zukam, hat es so zeit seines Bestehens nicht mehr erlangt.

1. Die wachsende Bedeutung der Rota am Ende des Mittelalters

Zwei Faktoren waren es, die für das Aufstreben des Gerichts vom Ende des 14. Jahrhunderts an entscheidend sein sollten: die Ausweitung seiner Kompetenzen und die damit verbundene umfassende Entscheidungsbefugnis über Gläubige der gesamten christlichen Welt, die den Bischof von Rom in Anliegen aller Art als Richter anriefen, sowie die überragende juristische Bildung und Erfahrung derer, die im Namen des Papstes diesen Auftrag in vorbildlicher Weise erfüllten.

a. Die Rota Romana als beispielhafte Institution der Rechtspflege

Um den hohen Anforderungen, denen die Richter bei ihrer Tätigkeit zu genügen hatten, Rechnung zu tragen, erfolgte die Auswahl der Auditoren – wie Martin V. es 1418 in der Bulle *In apostolicae dignitatis specula*[1] festgelegt hatte – nach strengen Kriterien[2]. Diejenigen, die im Namen des Papstes über andere urteilen sollten, wurden daher erst nach eingehender Prüfung[3] aus dem Kreis illustrer Gelehrter in dieses Amt berufen[4].

Von entscheidender Bedeutung war dabei die Tatsache, dass sowohl italienische als auch nichtitalienische Juristen für diese Aufgabe bestimmt wurden[5] und dass das Gericht seine überregionale Ausrichtung auch durch diese internationale Zusammensetzung des Auditoriums zum Ausdruck bringen konnte.

---

[1] Vgl. MARTIN V., Papst, Ap. Konst. *In apostolicae dignitatis specula*, 1418, Sep 1: BullRom, IV, 708-710; zur Bulle vgl. auch INGESMAN, *Provisioner og processer*, 101-103.

[2] Vgl. MARTIN V., *In apostolicae dignitatis specula*, art. 14-18. Den Bestimmungen zufolge konnte nur ein *doctor iuris famosus* nach Promotion und mindestens dreijähriger Lehrerfahrung als Rechtsdozent Richter werden. Verlangt wurden außerdem einwandfreier Lebenswandel *(commendatus vite ac morum honestate aliisque virtutibus)* und Leumund sowie ein Jahreseinkommen von mindestens 200 Gulden.

[3] Siehe hierzu H. HOBERG, *Der Informativprozeß des Rotarichters Dominikus Jacobazzi (1492)*: RQ 51 (1956), 228-235, 235: In einer genauen Untersuchung in Prozessform wurde überprüft, ob die Voraussetzungen für die Bekleidung des Richteramtes erfüllt waren. Seit 1492 wurden 248 solcher Prozesse geführt, deren Protokolle im Vatikanischen Archiv erhalten sind. Vgl. auch SCHNEIDER, *Die Römische Rota*, 96-98; H. HOBERG, *Die ältesten Informativprozesse über die Qualifikation neuernannter Rotarichter (1492-1547)*: E. ISERLOHN, K. REPGEN (Hg.), *Reformata reformanda. Festgabe für Hubert Jedin zum 17. Juni 1965*, I, Münster 1965, 129-141; H. HOBERG, *Der Informativprozeß über die Qualifikation des Rotarichters Antonio Corsetti (1500)*: BIBLIOTECA APOSTOLICA VATICANA (Hg.), *Mélanges Eugène Tisserant*, IV. *Archives vaticanes. Histoire ecclésiastique*, 1 (= StT, 234), Città del Vaticano 1964, 389-406; GNAVI, *Carriere e Curia romana*, 163-166; BUKOWSKA-GORGONI, *Causae polonae*, 12-13 und 79. Zur öffentlichen Antrittsdisputation vgl. Abbildung unten, 488.

[4] Vgl. MORONI, *Dizionario*, LXXXII, 272-278; N. HILLING, *Die römische Rota und das Bistum Hildesheim am Ausgange des Mittelalters (1464-1513). Hildesheimische Prozeßakten aus dem Archiv der Rota zu Rom* (= RGST, 6), Münster 1908, 58; SCHNEIDER, *Die Römische Rota*, 99-102; CERCHIARI, *Capellani Papae*, I, 61-65; E. MEUTHEN, *Rota und Rotamanuale des Basler Konzils. Mit Notizen über den Rotanotar Johannes Wydenroyd aus Köln*: E. GATZ (Hg.), *Römische Kurie. Kirchliche Finanzen. Vatikanisches Archiv. Studien zu Ehren von Hermann Hoberg* (= MHP, 46), II, Roma 1979, 473-518, 483-484.

[5] Selbst während der Zeit des großen abendländischen Schismas (1378-1417) wurde Wert auf die menschliche und fachliche Qualifikation der Auditoren gelegt. Die internationale Zusammensetzung wirkte sich dabei vorteilhaft aus: vgl. B. SCHWARZ, *Die römische Kurie im Zeitalter des Schismas und der Reformkonzilien*: G. MELVILLE (Hg.), *Institutionen und Geschichte. Theoretische Aspekte und mittelalterliche Befunde* (= NStr, 1), Köln – Weimar – Wien 1992, 231-258, 255-256.

Ein Privileg bei der Ernennung von Richtern hatten ab dem Ende des 14. Jahrhunderts der König von Spanien, der sowohl für Kastilien als auch für Aragonien einen Auditor stellen durfte[6]; ebenso der römisch-deutsche Kaiser[7] und der König von Frankreich[8]; später auch Bologna, Mailand, Ferrara, Venedig und Perugia[9]. Die drei anderen Auditoren wurden frei vom Papst ernannt, waren aber üblicherweise meist Römer[10].

Die Auswahl der Richter und die internationale Zusammensetzung des Auditorenkollegiums stärkten zweifellos auch die Autorität der Rota als ganzer und deren Ruf als qualifiziertestes Rechtsprechungsforum Europas[11]. Es ist daher verständlich, wenn die Päpste die besten Kanonisten aus aller Welt für ihren Gerichtshof zu gewinnen suchten[12] und zu diesem Zweck nicht selten von den normalerweise verlangten Voraussetzungen dispensierten[13]. Sie sicherten sich

---

[6] Siehe hierzu M. DE ÁVILA Y LAGLERA, *Sacra Romana Rota. Elenco degli uditori spagnuoli che hanno occupato le due sedie rotali*, s. l. [Roma] s. a. [1865]; RIUS, *Auditores españoles*; J. GARCÍA SÁNCHEZ, *Juristas asturianos de la Rota romana*, I. *Juan Queipo de Llano y Flores Valdés (Fundador del Convento de las MM. Dominicas de Cangas)*, Oviedo 1998.

[7] Siehe BLAAS, *Das kaiserliche Auditoriat*; C. SCHUCHARD, *Die Deutschen an der päpstlichen Kurie im späten Mittelalter (1378-1447)*, Tübingen 1987, 114-121: *Das Personal der Rota*; C. SCHUCHARD, *Deutsche an der päpstlichen Kurie im 15. und frühen 16. Jahrhundert*: RQ 16 (1991), 78-97, 86 und 91.

[8] Siehe hierzu DUGUÉ DE LA FAUCONNERIE, *Le tribunal de la Rote*, 65-68; P. LA CROIX, *Mémoire historique sur les institutions de France à Rome, puisé dans leur archives et autres documents la plupart inédits*, Paris 1868, 18-28: *Les Auditeurs de Rote français à Rome* (chronologische Übersicht über die 53 französischen Auditoren von 1230 bis 1867).

[9] Siehe [A. MARIOTTI], *De'perugini auditori della Sacra Rota Romana. Memorie istoriche*, Perugia 1787; BLAAS, *Das kaiserliche Auditoriat*, 48.

[10] Vgl. DE LUCA, *Theatrum veritatis*, XV/2, disc. 32, n. 22.

[11] Vgl. dazu *Breve Rapporto intorno alle passate vicende ed alle attuali condizioni dell'Archivio Rotale che si presenta da Serafino Marinelli a Sua Eccellenza R.ma Monsig. Sibilia*, 1871, Dez 10: Arch. Rot., Not. 98, [4]: „A dimostrare l'importanza, basta il dire, che a questo Tribunale supremo nel medio Evo, e nei secoli susseguenti affidarono l'arbitrato d'importantissime cause la Francia, la Germania, la Spagna, la Polonia, la Republica Veneta e le più cospicue Città d'Italia. In tanto grande l'interesse destato da sì nobile istituzione che vollero queste stabilire ciascuna nel Tribunale un Uditore Prelato da rappresentare in quel Supremo Consesso le singole nazioni".

[12] Vgl. MORONI, *Dizionario*, LXXXII, 214: „Vollero i Papi, che a somiglianza del sagro collegio composto di cardinali d'ogni nazione, si costituisse il tribunale della Rota, perchè tutto il mondo ricorre ad esso per la decisione delle cause, e si formasse d'una unione di dottori estratti dalle scuole più dotte dei popoli"; HILLING, *Die römische Rota und das Bistum Hildesheim*, 58.

[13] Zulassungsbedingungen, von denen gegebenenfalls dispensiert werden musste, waren unter anderem die Promotion, die eheliche Geburt und ein bestimmtes Mindesteinkommen.

so nicht nur eine zuverlässige Justiz in Kirche und Kirchenstaat, sondern leisteten dadurch zugleich einen entscheidenden Beitrag zur Einheit der Rechtsprechung[14] und zur Weiterentwicklung des Rechts.

Umgekehrt aber war es auf Grund dieses hohen Ansehens das Amt selbst, das im Hinblick auf die künftige Laufbahn eines Kanonisten begehrt und für den Betreffenden oft nur Zwischenstation auf dem Weg zu höheren Ehren war[15]. Nicht wenige spätere Kardinäle[16] und selbst einige Päpste waren tatsächlich einmal Auditoren der Rota gewesen[17].

b. Die umfassende Gerichtstätigkeit der Rota im Hochmittelalter

Streitfälle verschiedenster Art aus allen Teilen Europas waren es, in denen Berufung an den Papst eingelegt wurde. Sehr viele von ihnen wurden bereits in den ersten Jahrzehnten nach der offiziellen Errichtung des päpstlichen Gerichtes den Auditoren zur Entscheidung übertragen[18]. Wie aus den Aufzeichnungen des

---

Einen genauen Überblick über alle Ausnahmen und Sonderfälle im Zeitraum von 1417 bis 1756 bietet H. HOBERG, *Die „Admissiones" des Archivs der Rota*: ArZs 50-51 (1955), 391-408; zum Ernennungsvorgang im 15. Jahrhundert und den diesbezüglichen Meinungsverschiedenheiten zwischen den Päpsten einerseits und dem Kollegium der Auditoren andererseits vgl. P. INGESMAN, *Appointment of Papal Auditors in the Fifteenth Century*: A. DUGGAN, J. GREATREX, B. BOLTON (Hg.), *Omnia disce. Medieval Studies in Memory of Leonard Boyle, O.P.* (= ChFCMW), Aldershot – Burlington 2005, 79-88, 82-83.

14 Vgl. G. GORLA, *Diritto comparato e diritto comune europeo* (= StDC, 21), Milano 1980, 614 und 671.

15 Vgl. GUILLEMAIN, *La cour pontifical d'Avignon*, 348 und 354-355; DOLEZALEK, *Bernardus de Bosqueto, seine Quaestiones motae in Rota (1360-1365) und ihr Anteil in den Decisiones Antiquae*: ZSRG.K 62 (1976), 106-172, 108. Demnach ist davon auszugehen: „Eine Richterstelle bei der Rota war damals Sprungbrett zu bischöflichen Würden und Kardinalspurpur" (*ebd.*).

16 Vgl. DOLEZALEK, *Bernardus de Bosqueto*: „Mehr als ein Drittel aller uns bekannten Rotarichter des 14. Jahrhunderts wurden zu Bischöfen, Erzbischöfen und Kardinälen erhoben"; GNAVI, *Carriere e Curia romana*, 173, im Bezug auf die Zeit von 1472 bis 1870: „Il cardinalato rappresenta infatti per tutta l'età moderna la comune e non irraggiungibile aspettativa dei giudici di Rota [...] se si considera che [...] ben un terzo degli uditori ottiene la porpora". So waren im genannten Zeitraum 118 Kardinäle einst Auditoren der Rota gewesen (vgl. *ebd.*, 179).

17 Die fünf Päpste, die Auditoren der Rota gewesen waren, sind: Clemens VIII., Gregor XV., Innozenz X., Alexander VIII. und Clemens XIII. (vgl. BLAAS, *Das kaiserliche Auditoriat*, 46; GNAVI, *Carriere e Curia romana*, 180).

18 Vgl. DOLEZALEK, *Quaestiones motae*, 111, mit Bezug auf die so genannte Hereforder Sammlung (1352-1355): Von den Fällen, in denen das Herkunftsland angegeben ist, „stammen 28 Prozesse aus Frankreich, 13 aus England, 5 aus Italien, 5 aus Deutschland, 4 aus Spanien, 3 aus Portugal und je einer aus Estland, Belgien und den Niederlanden".

Dietrich von Nieheim[19] hervorgeht, spielte bei der Überweisung eines Falles an die Rota der *Vicecancellarius* eine gewichtige Rolle; in den meisten Fällen nämlich konnte dieser kraft seines Amtes die Kommission ohne jede Konsultation des Papstes erteilen[20]. Auf die entsprechende Supplik hin bestimmte er einen der Richter, in der vorgebrachten Sache die Beweiserhebungen durchzuführen und den Parteien Recht zu verschaffen[21].

In der Hauptsache handelte es sich bei den an der Rota anhängigen Verfahren auch weiterhin, wie Dolezalek anhand der von einzelnen Auditoren aufgezeichneten *quaestiones motae* aus der Zeit von 1352 bis 1365 nachweist[22], um Benefizienprozesse[23]. Da die Päpste solche Verfahren ausnahmslos durch die

---

[19] Dietrich von Nieheim (Theodericus de Nyem) war zeitweise selbst an der Rota tätig, und zwar als Notar in Avignon und später in Rom. Sein *Stilus palatii abbreviatus,* eine Art Handreichung für Richter, Gerichtspersonal und Parteien, gibt Aufschluss über die Verfahrensordnung an der Römischen Kurie in der Zeit um 1385: vgl. G. ERLER, *Der Liber cancellariae apostolicae vom Jahre 1380 und der Stilus palatii abbreviatus Dietrichs von Nieheim*, Leipzig 1888, XXVII-XXX; zur Person vgl. unter anderem G. ERLER, *Dietrich von Nieheim (Theodericus de Nyem.). Sein Leben und seine Schriften*, Leipzig 1887 = Aalen 1977, 260-261; K. COLBERG, *D. v. Nieheim*: LMA, III (1986), 1037-1038; F. W. BAUTZ, *Dietrich von Niem (Nieheim)*: BBKL, I (1990), 1299-1300.

[20] Vgl. DIETRICH VON NIEHEIM, *Stilus palatii abbreviatus*, [um 1385], f. 228: ERLER, *Der Liber cancellariae*, 217-234, 217: „[...] in causis, que per appellacionem ad Romanam curiam devolvuntur aut per parcium presenciam inibi committuntur, seu ad instanciam unius partis cum citatione seu cum potestate citandi extra Romanam curiam huiusmodi similiter committuntur, et plerumque, si tales cause sunt beneficiales seu beneficia ecclesiastica concernentes. Illas causas dominus vicecancellarius sine consensu expresso domini nostri pape committit. Secus in prophanis, quia ille in partibus dumtaxat tractari debent, nisi ambe partes in curia presentes extiterint seu ibidem sufficiencia procuratoria forent, et tunc idem dominus vicecancellarius eciam causas prophanas committere potest in eadem curia. Alias semper ad dominum papam est recurrendum super tali commissione, ita quod certis racionabilibus causis et certa eius sciencia huiusmodi causas prophanas in eadem curia committat. Item sunt diverse cause prophane, in quibus commissio domini nostri pape vel eius vicecancellarij predicti non expedit".

[21] Die Formel, die zur Erteilung der Kommission oft direkt auf die Supplik geschrieben wurde, lautete zum Beispiel gegen Ende des 15. Jahrhunderts: „De mandato domini Papae: audiat magister [N. N.] et iustitiam faciat" (vgl. DOLEZALEK, *Rechtsprechung der Sacra Romana Rota*, 136).

[22] Nämlich aus der Hereforder Sammlung (vgl. DOLEZALEK, *Quaestiones motae*, 104 und 106) und den *Quaestiones motae* (1360 bis 1365) des Bernardus de Bosqueto (vgl. DOLEZALEK, *Bernardus de Bosqueto*, 145-147).

[23] Vgl. DOLEZALEK, *Quaestiones motae*, 112: „Etwa ein Sechstel der Quaestiones lässt den Prozessgegenstand erkennen. Bei Bosquet sind dies zum Beispiel 61 Quaestiones von 353. Von diesem Sechstel entfallen rund 72 Prozent auf Benefizienprozesse, 8 Prozent auf sonstige spezifisch kirchliche Streitigkeiten, 10 Prozent auf Testamentssachen, 5 Prozent auf Geldforderungen, und der Rest verteilt sich auf Verschiedenstes"; zum Objekt der Dezisionen

eigene Kurie entscheiden ließen und nicht Richter außerhalb ihres Hofes dazu delegierten, nahm die Zahl dieser Fälle an der Rota immer mehr zu[24]. So wurden die Auditoren verständlicherweise bald zu Spezialisten auf diesem Gebiet; immer häufiger wurden sie als Gutachter in Benefizienangelegenheiten herangezogen[25]. Zu Recht wandte man sich an die Richter des Papstes, wenn es päpstlich verliehene Benefizien zu verteidigen galt; die Auditoren sahen es als ihre Pflicht an, die Gültigkeit des päpstlichen Primatsprinzips auch in diesem Bereich sicherzustellen[26].

Doch auch in anderen Sachen hatte die Rota ihre Urteile zu fällen. Rechts- und Erbstreitigkeiten[27] zählten ebenso dazu wie Verfahren schuldrechtlicher und politischer Art[28] sowie Berufungen gegen Anordnungen disziplinären Charakters[29]. Große Bedeutung erlangten insbesondere die Entscheidungen der Rota auf dem Gebiet des Prozessrechts[30]; diese machten zeitweise fast die Hälfte der gesamten Gerichtstätigkeit aus. Zudem war den Richtern immer wieder die Aufgabe gestellt, Schriftstücke, Urkunden, Verträge, Statuten und Urteile zu

---

siehe auch SANTANGELO CORDANI, *Les „Decisiones" de la Rote Romaine*, 60; SANTANGELO CORDANI, *La giurisprudenza della Rota*, 220-229.

24 Vgl. DOLEZALEK, *Bernardus de Bosqueto*, 145.

25 Vgl. DOLEZALEK, *Ein Rechtsgutachten*, 163-164; zu den Entscheidungskriterien der Rota-Rechtsprechung in Benefizienprozessen vgl. A. SANTANGELO CORDANI, *Il primato papale e il conferimento dei benefici ecclesiastici nel diritto canonico trecentesco: uno sguardo alla prassi giudiziaria della Rota Romana*: E. DE LEÓN, N. ÁLVAREZ DE LAS ASTURIAS (Hg.), *La cultura giuridico-canonica medioevale. Premesse per un dialogo ecumenico* (= MG, 22), Milano 2003, 395-417, 399-417.

26 Vgl. SANTANGELO CORDANI, *Les „Decisiones" de la Rote Romaine*, 115.

27 Zum Beispiel die Prozesse um die Erbansprüche nach Aussterben des Fürstenhauses von Rügen: vgl. K. WRIEDT, *Die kanonischen Prozesse und die Ansprüche Mecklenburgs und Pommerns auf das rügische Erbe 1326-1348* (= VHKP, 5/4), Köln – Graz 1963.

28 Vgl. DOLEZALEK, *Bernardus de Bosqueto*, 145-147; DOLEZALEK, *Legal Practice at the Rota*, 57.

29 Als Beispiel sei auf die Appellation von fünf Studenten der Universität Prag verwiesen, die sich 1409 gegen die Anordnung des Prager Erzbischofs, Sbinko von Hasenburg (Zbyněk Zajíc z Hazmburka), die Bücher des verurteilten englischen Theologen John Wyclif abzuliefern, wehrten und deswegen an den päpstlichen Stuhl wandten. Mit dem Fall wurde der Auditor Heinrich Krumhart von Westerholz beauftragt; vgl. J. KEJŘ, *Die Causa Johannes Hus und das Prozessrecht der Kirche*, Regensburg 2005, 31-32 und 48; CERCHIARI, *Capellani Papae*, II, 41, verzeichnet den genannten Auditor unter dem Namen „Henricus Westerholez".

30 Vgl. dazu G. DOLEZALEK, *Scriptura non est de substantia legis. A propos d'une décision de la Rote Romaine, de l'an 1378 environ*: MAX-PLANCK-INSTITUT FÜR EUROPÄISCHE RECHTSGESCHICHTE (Hg.), *Diritto comune e diritti locali nella storia dell'Europa. Atti del convegno di Varenna 1979*, Milano 1980, 49-70.

interpretieren[31]. Darüber hinaus wurden die Auditoren als anerkannte Juristen nicht selten zu besonderen Missionen rechtlicher und diplomatischer Art delegiert[32].

Mit großer Wahrscheinlichkeit lässt sich im Übrigen auch die *declaratio* zum Dekret *Execrabilis* Papst Johannes' XXII. vom 19. November 1317[33], die in ihrer kürzeren Form zusammen mit dem Dekret als Glosse Aufnahme in die *Extravagantes communes* gefunden hat, in weiten Teilen auf die Rechtsprechung der *auditores sacri palatii* zurückführen; sie stellt somit eines der frühesten Zeugnisse für die Jurisprudenz des *auditorium sacri palatii*[34] und dessen rechtsbegründendes Wirken dar[35].

Spätestens Mitte des 14. Jahrhunderts war die Rota zu einer Institution geworden, die es trotz der immer wieder wegen Bestechlichkeit und Willkür gegen sie vorgebrachten Klagen[36] verstand, sich durch ihr selbstbewusstes Auftreten die nötige Anerkennung zu verschaffen und ihre Unabhängigkeit zu behaupten.

---

31 Vgl. DOLEZALEK, *Bernardus de Bosqueto*, 150-151. Die *quaestiones* des Bernardus von Bosqueto haben in mehr als drei Siebteln aller Fälle prozessrechtliche Fragen zum Gegenstand.

32 Vgl. GUILLEMAIN, *La cour pontificale d'Avignon*, 351-354.

33 Vgl. *Declaratio* [super Ioannis PP. XXII decreto *Execrabilis* (Extrav. Jo. XXII 9)], [1317/18?], bei J. BROWN, *The Declaratio on John XXII's Decree Execrabilis and the Early History of the Rota*: BMCL 21 (1991), 47-78, 66-78.

34 Dies vermutet jedenfalls BROWN, *The Declaratio*, 47-56, die auf Grund der Tatsache, dass zwei der in der *Declaratio* behandelten Fragen im Plural formuliert sind und es sich bei den erwähnten Benefizien nur im *beneficia minora* handelt, zu folgendem Ergebnis gelangt: „The *Declaratio* is a product of both the papacy and the Rota and as a such is a unique transitional document between two genres, *extravagantes* and *decisiones Rotae*. When the *Declaratio* was put together, in the very early years of John XXII's pontificate, the former genre had been in existence for over a century and a half. The latter genre, points of law based on cases that came before the Rota, survives only from the period after *Ratio iuris*. If my interpretation of the *Declaratio* is correct, we can see a forerunner to the *decisiones Rotae* in the document that originated as rough notes at John XXII's curia and that survived to our day by being incorporated into collections of John's decrees" (*ebd.*, 56).

35 Nach K. W. NÖRR, *Über die drei Verfahrensordnungen der mittelalterlichen Rota Romana*: ZEvKR 49 (2004), 89-97, 89, ist es nicht abwegig, „daß die Rechtsprechung der Rota bis zu einem gewissen Grad die Gesetzgebungstätigkeit auf den Konzilien und die päpstlichen Rechtsbescheide [...], an deren Stelle tretend, abgelöst hat"; vgl. auch BRUNDAGE, *Medieval Canon Law*, 56: „[...] the decisions of the papal courts, especially the Roman Rota, assumed an increasingly prominent role, not only for clarifying existing law, but also for creating new canonistic rules through judicial decisions".

36 Vgl. MOLLAT, *Les Papes d'Avignon*, 488-494; DOLEZALEK, NÖRR, *Die Rechtsprechungssammlungen*, 853.

Eine abschlägige Antwort der Auditoren auf ein Bittschreiben Kaiser Karls IV. gibt davon eindrucksvoll Zeugnis[37].

Ihrerseits leistete die Rota zudem einen sehr wichtigen Beitrag zur wirksamen Ausübung päpstlicher Regierungsgewalt: In der ihr eigenen Funktion einer zentralen richterlichen Institution nämlich war sie bestens geeignet, die gesamte damalige Kirche rechtsstaatlich zusammenzuhalten[38].

Mit der Rückkehr des Papstes nach Rom kehrte dann auch der Gerichtshof an seinen ursprünglichen Sitz zurück[39]. Während die Rota von Avignon, die sich noch während des großen abendländischen Schismas dort gehalten hatte,

---

[37] Vgl. G. DOLEZALEK, *Ein Brief des Rotarichters Geraldus de Podio Fulconis an Kaiser Karl IV.*: H.-J. BECKER u. a. (Hg.), *Rechtsgeschichte als Kulturgeschichte. Festschrift für Adalbert Erler zum 70. Geburtstag*, Aalen 1976, 197-207. In dem von Geraldus und dessen Kollegen um das Jahr 1360 unterschriebenen Antwortbrief wird die Einflussnahme des Kaisers auf die Besetzung einer Kanonikerstelle im Würzburger Stift Haug höflich, aber bestimmt zurückgewiesen.

[38] Vgl. DOLEZALEK, *Rechtsprechung der Sacra Romana Rota*, 133: „Ohne die Rechtsprechung der Rota hätte die abendländische Kirche nicht wirksam als Rechtsstaat regiert werden können. Zwar hatten die päpstlichen Konstitutionen und Dekretalen und die wissenschaftliche Literatur zum kanonischen Recht im Laufe des 12. und 13. Jahrhunderts ein dichtes System von juristischen Regeln hervorgebracht. Dadurch eröffnete sich die Möglichkeit, die Kirche im gesamten Abendland so zu organisieren, dass wir in heutiger Terminologie das Wort ‚Rechtsstaat' darauf anwenden können. Aber um diese Möglichkeit dann auch wirklich nutzen zu können und tatsächlich einen Rechtsstaat zu konstituieren, brauchte die Kirche ein straff organisiertes, zentral kontrollierbares Gerichtswesen, das große Mengen von Verfahren bewältigen konnte. Es genügte nicht, einzelne Gerichtsverfahren an den Heiligen Stuhl zu ziehen und dort durch den Papst und/oder durch Kardinäle entscheiden zu lassen; denn um ein Rechtssystem wirksam überwachen zu können, muss die Zenralgewalt große Mengen von Verfahren zentral kontrollieren".

[39] Wie C. LEFEBVRE, *Vie et activités d'un auditeur de Rote au XV siècle: Barthélemy de Belencinis*: Z. GROCHOLEWSKI, V. CÁRCEL ORTÍ (Hg.), *Dilexit iustitiam. Studia in honorem Aurelii Card. Sabattani* (= StGiur, 5), Città del Vaticano 1984, 155-165, 163, aus einem Pariser Manuskript (ms. Nouv. Acq. Lat., 2623, f. 14 v., Bibl. Nat., Paris) nachweist, befand sich der Amtssitz der Rota im 15. Jahrhundert im Apostolischen Palast, und jeder der Auditoren hatte dort ein eigenes Büro; vgl. hierzu auch M. BERTRAM, *Das Tagungsbild*: M. BERTRAM (Hg.), *Stagnation oder Fortbildung? Aspekte des allgemeinen Kirchenrechts im 14. und 15. Jahrhundert* (= BDHIR, 108), Tübingen 2005, 9-14, 12-14. Bertrams Erkenntnissen zufolge verfügte das Auditorenkollegium über mehrere eigene Räume: den großen, der Öffentlichkeit zugänglichen Verhandlungsraum, einen Raum für interne Beratungen, eine Kapelle, ein Refektorium, ein *claustrum* sowie einen Garten, wobei aber nicht mehr festzustellen sei, wo sich die genannten Anlagen befunden hätten. Das berühmte Bild, das mit der Gebetsvorlage zum Sitzungsbeginn („Adsumus peccati quidem immanitate detenti [...]") auf zwei Doppelblättern aus Pergament festgehalten ist und die Richter mit gefalteten Händen um den Heiligen Geist flehen zeigt (Abbildung oben, IV, sowie unten, 487), als Kupferstich (Abbildung unten, 488) bei BERNINO, *Il tribunale della S. Rota Romana*, nach 194), sei aber eher eine nicht ganz historische, sondern „idealisierende Verschönerung" (*ebd.*, 14) durch den Künstler.

immer mehr an Bedeutung verlor[40], gewann das ehemalige *auditorium sacri palatii* in der Ewigen Stadt unter den Päpsten des 15. Jahrhunderts weiter an Ansehen und Einfluss[41]. Nach und nach verlor zu Gunsten der Rota auch das *consistorium* seine alleinige Zuständigkeit in den *causae maiores*[42].

c. Die *decisiones* der Rota und ihre Autorität in der Rechtsprechung

Schon aus dem 13. Jahrhundert sind in den Regesten der Päpste Entscheidungen des Auditoriums überliefert: die so genannten richterlichen *decisiones* der Rota, die die Überlegungen der Richter zur Lösung eines Falles wiedergaben.

Nach der damaligen Gerichtspraxis musste der mit einem Fall beauftragte *Ponens* nämlich zunächst ein ausführliches *consilium* erstellen, das er vor dem Richterkollegium vortrug. Nach gemeinsamer Besprechung und Beratung hatte jeder Auditor dann ein schriftliches Votum einzureichen. Die Entscheidung des vorliegenden Falles erfolgte anschließend durch Mehrheitsbeschluss. Aufgabe des *Ponens*, der dabei kein Stimmrecht besaß, war es nun, die Argumente der anderen Richter in sein *consilium* einzuarbeiten und die erfolgte *decisio* auf diese Weise zu begründen.

Den Parteien wurde zunächst nur das Ergebnis der Abstimmung mitgeteilt. Erst auf Antrag der Partei, in deren Sinn entschieden worden war, wurde eine *sententia iuxta decisionem iam editam* ausgearbeitet, die allerdings die Urteilsmotive nicht darlegte; es konnte aber auf Antrag der Gegenpartei ebenso eine neue Anhörung gewährt werden[43]. Dabei konnte auch derselbe Richter, der das Urteil in erster Instanz abgefasst hatte, mit dem Berufungsverfahren betraut werden[44].

---

40 Vgl. GILLES, *Les auditeurs de Rote*, 322; LEFEBVRE, *Rote Romaine*, 745. Zur Neugründung der dortigen *Ruota* durch Pius IV. im Jahre 1566 siehe B. G. ZENOBI, *I giudici della Ruota Avignonese 1566-1791*: M. SBRICCOLI, A. BETTONI (Hg.), *Grandi tribunali e rote nell'Italia di antico regime* (= PFGUM 4), Milano 1993, 421-433.

41 So bezeichnet Papst Pius II. (1458-1464) in seinen Lebenserinnerungen die Rota als „primum in orbe tribunal iustum": vgl. PIUS II., Papst, *Liber undecimus*, [1464]: A. VAN HECK (Hg.), *Pii II. commentarii rerum memorabilium que temporibus suis contigerunt*, II (= StT, 313), Città del Vaticano 1984, 639-715, 701.

42 Vgl. CERCHIARI, *Capellani Papae*, I, 153-154: „[...] praesertim post magnum Occidentis schisma, nedum nulla amplius Auditorum commissionibus limitatio ab maiori causarum difficultate inducta est, sed, e contra, difficiliores cuiusve generis causae ipsis fuerunt commissae".

43 Vgl. LEGA, *Praefatio*, XXVI; M. ASCHERI, *Rechtsprechungs- und Konsiliensammlungen. Erster Abschnitt. Italien*: HQLPG, II/2 (1976), 1113-1194, 1135-1136; M. ASCHERI, *Tribunali, giuristi e istituzioni. Dal medioevo all'età moderna*, Bologna ^{2}1989, 102-104; MONETA, *La giustizia nella Chiesa*, 60; SANTANGELO CORDANI, *La giurisprudenza della Rota*,

Die *decisiones* selbst besaßen also noch nicht den Charakter einer *sententia*. Gleichwohl stellten sie eine umfangreiche Sammlung von Rechtssätzen und Begründungen dar, auf die der *Ponens* später in ähnlichen Fällen bei der Ausarbeitung seines *consilium* zurückgreifen konnte. Bald schon dienten die einzelnen *decisiones* aber nicht mehr nur dem Berichterstatter, sondern auch seinen Kollegen, denen sie ebenfalls zur Konsultation überlassen wurden, als wertvolles Hilfsmittel bei der Ausarbeitung ihrer *vota* und *consilia*[45].

Bereits zu Beginn des 14. Jahrhunderts hatten einzelne Richter begonnen, die von ihnen behandelten *quaestiones* zu sammeln[46]. Unter Papst Urban V. (1362-1370) stellten die Auditoren die auf Weisung Johannes' XXII. aufbewahrten Entscheidungen[47] dann auch erstmals zu offiziellen Ausgaben zusammen[48]. Innerhalb weniger Jahre entstand so im weiteren Verlauf des 14. Jahrhunderts eine bedeutende Sammlung von Rechtslagen[49].

143-144 und 146; SANTANGELO CORDANI, *La Rota Romana e la motivazione della sentenza*, 327-328.

44 Vgl. SANTANGELO CORDANI, *La Rota Romana e la motivazione della sentenza*, 329, mit Berufung auf eine *Decisio antiqua* von 1375.

45 Vgl. DOLEZALEK, NÖRR, *Die Rechtsprechungssammlungen*, 853-854; G. DOLEZALEK, *Die handschriftliche Verbreitung von Rechtsprechungssammlungen der Rota:* ZSRG.K 89 (1972), 1-106, 5-19; DOLEZALEK, *Bernardus de Bosqueto*; DOLEZALEK, *Quaestiones motae*, 102; vgl. auch *ebd.*, 107: „Im Laufe des vierzehnten Jahrhunderts änderte sich der Charakter der Sammlungen von Quaestiones motae in Rota. Aus Büchern für den ganz privaten Gebrauch *eines* Richters wurden Nachschlagewerke für *alle* Richter. Neu eintretende Auditoren liehen sich die Sammlungen älterer Auditoren aus und schrieben sie ab, und einzelne Sammlungen begannen, im Kreise der Eingeweihten umzulaufen".

46 Vgl. DOLEZALEK, *Reports of the „Rota"*, 77.

47 Vgl. JOHANNES XXII., *Ratio Iuris*, art. 24: „Item quod iidem notarii in registro illius causae, in qua scribunt, [...] omnes sententias definitivas et interlocutorias ac inhibitiones [...] ex integro de verbo ad verbum conscribant, cum per partem vel partes seu auditorium ipsius causae fuerint requisiti".

48 Vgl. hierzu A. FLINIAUX, *Les anciennes collections de „Decisiones Rotae Romanae"*: RHDF.IV 4 (1925), 61-93, 382-410; und vor allem G. ERMINI, *Guida bibliografica per lo studio del diritto comune pontificio*, Bologna 1934, mit einer Auflistung aller ihm zugänglichen Kollektionen; außerdem LEFEBVRE, *Rote Romaine*, 745 und 762-767; DOLEZALEK, *Bernardus de Bosqueto*, 135.

49 Vgl. allerdings GUILLEMAIN, *Les tribunaux de la cour pontificale*, 349: „Un corpus imposant avait été formé en quelques années. Il donnait à la Rote sa justification et sa tradition, au risque de figer la pratique et d'engendrer un chapelet de gloses".

Zu den ältesten uns bekannten Kollektionen der Rota[50] zählen: ein Fragment der von dem englischen Auditor Thomas Fastolf (Fastoli) zusammengestellten *decisiones* der *auditores primi gradus* aus den Jahren 1336 und 1337, die etwa 150 Jahre später veröffentlicht wurden[51]; die Sammlung des Simon of Sudbury (de Sudbiria), der von 1348 bis 1361 *auditor Rotae* war[52]; die *Decisiones antiquiores* oder *antiquissimi* des Bernardus du Bosquet (de Bosqueto, de Bisigneto) aus der Zeit von 1360 bis 1365[53]; die *collectio* des Auditors Guillaume Gautier (Guilielmus Galteri), die die Jahre 1372 bis 1374 umfasst[54]; die 1374 und 1375 sowie 1377 und 1378 zusammengestellte Sammlung des Gilles Bellemère (Aegidius Bellemera)[55]; die von dem deutschen Auditor Wilhelm

---

50 Vgl. hierzu LEGA, *Praefatio,* XXXVIII-LII; FLINIAUX, *Les anciennes collections,* 382-392; HOLLNSTEINER, *Die Spruchpraxis der S. Romana Rota,* 4; A. M. STICKLER, *Historia Juris Canonici Latini. Institutiones Academicae,* I. *Historia fontium* (= STHIC, 6), Roma ^{3}1985, 340-341; NACHTMAN, *Trybunal Roty Rzymskiej,* 23, Anm. 79; 111-112, Anm. 535; DOLEZALEK, *Die handschriftliche Verbreitung,* 6-11; DOLEZALEK, NÖRR, *Die Rechtsprechungssammlungen,* 847-856; MONETA, *Rota Romana,* 148; ausführlich: SANTANGELO CORDANI, *La giurisprudenza della Rota,* 33-809.

51 Vgl. LEGA, *Praefatio,* XL-XLI; STICKLER, *Historia Juris Canonici Latini,* 342; LEFEBVRE, *Rote Romaine,* 762; DOLEZALEK, *Die handschriftliche Verbreitung,* 5-6; DOLEZALEK, *Quaestiones motae,* 102-104; DOLEZALEK, *Reports of the „Rota“,* 78; SANTANGELO CORDANI, *Les „Decisiones“ de la Rote Romaine,* 13 und 43; SANTANGELO CORDANI, *La giurisprudenza della Rota,* 36-38 und 119-121; A. SANTANGELO CORDANI, *La giurisprudenza dei Grandi Tribunali*: G. BUCCELLATI, A. MARCHI (Hg.), *Bibliotheca Senatus Mediolanensis. I libri giuridici di un Grande Tribunale d'ancien régime,* Milano 2002, 165-178, 167-170.

52 Vgl. DOLEZALEK, *Quaestiones motae,* 104-106; DOLEZALEK, *Reports of the „Rota“,* 78.

53 Vgl. LEGA, *Praefatio,* XL; E. GÖLLER, *Wilhelm Horborch und die Decisiones antiquae der Rota Romana*: AkKR 91 (1911), 662-680, 662-663; STICKLER, *Historia Juris Canonici Latini,* I, 342; LEFEBVRE, *Rote Romaine,* 762; DOLEZALEK, *Die handschriftliche Verbreitung,* 7-10; DOLEZALEK, *Bernardus de Bosqueto*; DOLEZALEK, *Quaestiones motae,* 106; DOLEZALEK, *Reports of the „Rota“,* 78-79; GUILLEMAIN, *Les tribunaux de la cour pontificale,* 348-349; SANTANGELO CORDANI, *Les „Decisiones“ de la Rote Romaine,* 13 und 43; SANTANGELO CORDANI, *La giurisprudenza della Rota,* 38-41 und 121-122; SANTANGELO CORDANI, *La giurisprudenza dei Grandi Tribunali,* 167-170.

54 Vgl. DOLEZALEK, *Quaestiones motae,* 106-107; DOLEZALEK, *Reports of the „Rota“,* 79.

55 Vgl. hierzu A. COVILLE, *Recherches sur quelques écrivains du XIVe et du XVe siècle,* Paris 1935, 58-128; A. COVILLE, *La vie intellectuelle dans les domaines d'Anjou-Provence de 1380 à 1435,* Paris 1941, 189-196; STICKLER, *Historia Juris Canonici Latini,* 342; GILLES, *Gilles Bellemère,* 281-319; H. GILLES, *La vie et les œuvres de Gilles Bellemère*: BECh 124 (1966), 30-136, 382-431; LEFEBVRE, *Rote Romaine,* 764; DOLEZALEK, *Die handschriftliche Verbreitung,* 10-11; DOLEZALEK, *Quaestiones motae,* 107; DOLEZALEK, *Reports of the „Rota“,* 79; SANTANGELO CORDANI, *Les „Decisiones“ de la Rote Romaine,* 14-15; SANTANGELO CORDANI, *La giurisprudenza della Rota,* 44-48 und 138-142.

(Guilielmus) Horborch zwischen 1376 und 1381 aufgezeichnete und später zum Teil als *Decisiones novae* veröffentlichte Kollektion[56]; die von Guglielmo (Guilielmus) Gallici[57] und Bonaguida da Cremona[58] gesammelten *Decisiones antiquae* der Jahre 1376 bis 1377[59]; die *collectio* des Hermannus de Insula aus der Zeit von 1380 bis 1391[60]; sowie die Übersichten von Bertrando di Arvassano, Jacopo di Camplo und Giovanni Francesco de Pavinis[61].

Zwar wurde zunächst versucht, die Sammlungen geheim zu halten und den Zugriff auf sie nur den Auditoren der Rota selbst zu gestatten[62]. Durch die Unruhen im Zusammenhang mit dem Beginn des großen abendländischen Schismas von 1378 aber gelangten solche Aufzeichnungen auch in die Hände von Kanonisten außerhalb der Rota[63] und gewannen so immer mehr für die gesamte kirchliche Jurisprudenz an Bedeutung[64].

---

[56] Vgl. hierzu GÖLLER, *Wilhelm Horborch*, 664-665; I. PFAFF, *Zur Geschichte des Kanonisten Wilhelm Horborch und seiner Werke*: ZSRG.K 44 (1924), 513-518; STICKLER, *Historia Juris Canonici Latini*, 342; LEFEBVRE, *Rote Romaine*, 765-766; DOLEZALEK, *Die handschriftliche Verbreitung*, 11-15; DOLEZALEK, *Quaestiones motae*, 107; G. DOLEZALEK, *Horborch, Wilhelmus*: HDRG, II (1978), 237-238; DOLEZALEK, *Reports of the „Rota"*, 79; SANTANGELO CORDANI, *Les „Decisiones" de la Rote Romaine*, 15-17; SANTANGELO CORDANI, *La giurisprudenza della Rota*, 48-54 und 128-137.

[57] Vgl. SANTANGELO CORDANI, *Les „Decisiones" de la Rote Romaine*, 13-14; SANTANGELO CORDANI, *La giurisprudenza della Rota*, 41.

[58] Vgl. SANTANGELO CORDANI, *Les „Decisiones" de la Rote Romaine*, 14; SANTANGELO CORDANI, *La giurisprudenza della Rota*, 42-44.

[59] Vgl. LEGA, *Praefatio*, XL; GÖLLER, *Wilhelm Horborch*, 668-675; STICKLER, *Historia Iuris Canonici Latini*, 342; LEFEBVRE, *Rote Romaine*, 762-764; DOLEZALEK, *Die handschriftliche Verbreitung*, 6-7; DOLEZALEK, *Quaestiones motae*, 107; DOLEZALEK, *Reports of the „Rota"*, 79; SANTANGELO CORDANI, *La giurisprudenza della Rota*, 122-127.

[60] Vgl. DOLEZALEK, *Die handschriftliche Verbreitung*, 15-17; DOLEZALEK, *Reports of the „Rota"*, 79.

[61] Vgl. SANTANGELO CORDANI, *Les „Decisiones" de la Rote Romaine*, 17-18; SANTANGELO CORDANI, *La giurisprudenza della Rota*, 54-57.

[62] Vgl. DOLEZALEK, *Quaestiones motae*, 110. Demnach „hatten die Rota-Auditoren ein Interesse daran, die Sammlungen geheim zu halten. Auf diese Weise hatten sie einen Wissensvorsprung vor den Advokaten und Prokuratoren. Solange die Sammlungen geheim blieben, konnte die Rota ohne Schwierigkeiten von ihrem bisherigen *Stilus* abweichen".

[63] Vgl. DOLEZALEK, *Reports of the „Rota"*, 80.

[64] Vgl. hierzu NÖRR, *Über die drei Verfahrensordnungen*, 89: „[So] entwickelte sich mit den Entscheidungen, den *decisiones* der Rota Romana [...], ein neuer Literaturtypus [...]. Fortan wird in Schule und Praxis aus ihnen allegiert wie aus anderen Gattungen auch".

Um zu verhindern, dass Amtsgeheimnisse weiter nach außen drangen, wurden danach erneut entsprechende Vorsichtsmaßnahmen ergriffen[65]. Aus dem 15. Jahrhundert liegt uns deshalb keine einzige Dezisionensammlung vor[66].

Die meisten Entscheidungen aus späterer Zeit sind unter den Bezeichnungen *Decisiones aureae* (1514-1525), *Collectio novissima diversorum* (1551-1554), *Decisiones recentiores* (1588-1683), *Decisiones nuperrimae* (1684-1706) und *Decisiones volantes* (1707-1870) erhalten[67].

Die Dezisionen wurden von kirchlichen und weltlichen Juristen gleichermaßen zur Konsultation herangezogen[68] und waren diesen für ihr Auftreten vor Gericht ebenso nützlich wie für ihr berufliches Weiterkommen[69]. Gehörten handschriftliche Ausgaben bereits gegen Ende des 14. Jahrhunderts zum Bestand zahlreicher Kloster- und Kapitelsbibliotheken[70], so erlangten die *decisiones* der Rota durch die Erfindung des Buchdrucks bald Verbreitung in ganz Europa[71]. Mehr als 50000 richterliche Entscheidungen wurden den Berechnungen Erminis zufolge im Lauf der Jahrhunderte von der Rota herausgegeben[72].

---

[65] Vgl. DOLEZALEK, *Legal Practice at the Rota*, 53.

[66] Vgl. LEGA, *Praefatio*, XLVII; PUZA, *Res iudicata*, 28; DOLEZALEK, *Reports of the „Rota"*, 80; DOLEZALEK, *Rechtsprechung der Sacra Romana Rota*, 140. Einen Einblick in die Aktivität der Richter geben aber unter anderem die Register und Manualien des Auditors Barthélemy de Belencinis: vgl. hierzu C. LEFEBVRE, *La reconstitution de registres des causes de l'auditeur de Rote Barthélemy de Belencinis, auditeur de Rote (1470-1478)*: BIBLIOTECA APOSTOLICA VATICANA (Hg.), *Mélanges Eugène Tisserant*, V, (= StT, 235), Città del Vaticano 1964, 47-66; C. LEFEBVRE, *L'auditeur de Rote Barthélemy de Belencinis et les Manualia de ses causes*: G. VEDEL (Hg.), *Études d'histoire de droit canonique dédiées à Gabriel Le Bras*, I, Paris 1965, 203-213; LEFEBVRE, *Vie et activités d'un auditeur*; zu anderen Manualien aus dem 15. Jahrhundert vgl. DOLEZALEK, *Rechtsprechung der Sacra Romana Rota*, 136-138.

[67] Vgl. CERCHIARI, *Capellani Papae*, I, 254-256; FLINIAUX, *Les anciennes collections*, 382-392; STICKLER, *Historia Juris Canonici Latini*, 341-342; PUZA, *Res iudicata*, 29; ASCHERI, *Tribunali, giuristi e istituzioni*, 106-107; MONETA, *Rota Romana*, 148. Die ausführlichste Übersicht bietet ASCHERI, *Rechtsprechungs- und Konsiliensammlungen*, 1179-1192.

[68] Vgl. ERMINI, *Guida bibliografica*, XVII; C. LEFEBVRE, *Les pouvoirs du juge en droit canonique. Contribution historique et doctrinale à l'étude du canon 20 sur la méthode et les sources en droit positif*, Paris 1938, 250; PUZA, *Res iudicata*, 18.

[69] Vgl. DOLEZALEK, *Die handschriftliche Verbreitung*, 2; vgl. auch *ebd.*: „Rechtskenntnisse und mit ihnen auch die Kenntnis der *Decisiones Rotae* dienten häufig als Sprungbrett zur Erlangung kirchlicher Ämter und Präbenden".

[70] Vgl. *ebd.*, 3.

[71] Mit dem Druck der *decisiones* wurde ungefähr in der Mitte des 16. Jahrhunderts begonnen: vgl. BANGEN, *Die römische Curie*, 340; PUZA, *Res iudicata*, 27; zu ihrer Verbreitung vgl. ERMINI, *Guida bibliografica*, XIV: „[...] le *decisiones* della sacra Rota romana si trovano conservate numerose nelle biblioteche e negli archivi non solo di ogni regione di Italia, ma

Trotz der großen Bedeutung, die den Kollektionen allseits beigemessen wurde, erlangten die *decisiones* aber nie Gesetzeskraft[73]. Zwar wurde vereinzelt die Ansicht vertreten, die Rechtsinterpretationen der Rota wären als verbindlich zu betrachten[74]. Entscheidungen konnten offenbar auch gegen eine extravagante Dekretale getroffen werden; ebenso aber war es möglich, sie durch ein späteres Rotaurteil aufzuheben[75]. Die meisten Rechtsgelehrten der damaligen Zeit gingen daher davon aus, dass den *decisiones* nur eine lehrmäßige Autorität zuzuer-

---

altresì di Francia, di Germania, di Spagna e di altri paesi"; DOLEZALEK, *Die handschriftliche Verbreitung*, 105.

72 Vgl. ERMINI, *Guida bibliografica*, XX. Bereits 1671 schrieb P. F. PERREMUTO, *Conflictus iure consultorum inter sese discrepantium*, III/1, Panormi 1671, *Animadversiones*: „Et primum quidem complexus sum decisiones omnes in sacro et supremo Rotae Romanae auditorio emanatas, quod primatum obtinere super omnia totius orbis tribunalia nemo est qui ignoret, quarum numerus cum duplo excedat caeteras omnes ab aliis tribunalibus latas et publici iuris factas".

73 Vgl. A. HUTH, *Jus canonicum ad libros V. decretalium Gregorii IX. explicatum*, Venetiis 1843, 6: „*Decisiones Rotae Romanae* [...] vim legis universalis non habent, sed inter partes jus tantum faciunt, eamque praestant auctoritatem, quae sententia summa cum maturitate ab uno ex supremis totius orbis tribunalibus lata"; A. X. DE SOUSA MONTEIRO, *Compendium Juris Canonici Seminariorum Lusitaniae studiis adcommodatum*, I, Conimbricae 1876, 161; HOLLNSTEINER, *Die Spruchpraxis der S. Romana Rota*, 5-6. Dagegen meint SCACCIA, *Tractatus De judiciis*, cap. 26, n. 4: „Cuius sententiae appellantur decisiones, quae tantae auctoritatis sunt ut habeantur pro legibus apud omnes nationes subiectas Romano imperio" (vgl. hierzu aber BECKER, *Die Sacra Rota Romana*, 18: „eine Übertreibung, die nicht ganz ernst zu nehmen ist"); ähnlich SIMIER, *La Curie Romaine*, 107: „Plusieurs de ses décisions, insérées dans le *Corpus juris*, obtinrent force de loi".

74 Vgl. P. FAGNANUS, *Jus canonicum Sive Commentaria Absolutissima In V. Libros Decretales Cum Indice copiosißimo rerum ac verborum alphabeticâ serie digesto, et juxta materiarum varietatem distincto*, Coloniae 1704, n. X. II. I. *De Iudiciis*, c. 12. *Cum venissent.* n. 31: „Magnum tamen habent pondus auctoritatis"; n. 34: „Quamobrem Rotae interpretatio in suis decisionibus videtur auctoritativa". Dagegen schreibt um 1400 A. DE BUTRIO, *Super Decretalium commentarii, summariis et indice rerum ac verborum memorabilium locupletissimus, universas Decretalium materias complectentibus, in studiosorum gratiam exornati*, Venetiis 1578, X. 2. 28. 7, n. 8: „[...] nescio de stylo, hoc est iuris quod dixi, ubi est stylus serua stylum". Auf die Bedeutung der Rotajurisprudenz für die Rechtsprechung der *Rote provinciali* verweist G. GORLA, *I tribunali supremi degli Stati italiani, fra i secc. XVI e XIX, quali fattori della unificazione del diritto nello Stato e della sua uniformazione fra Stati:* SOCIETÀ ITALIANA DI STORIA DEL DIRITTO (Hg.), *La formazione storica del diritto moderno in Europa. Atti del Congresso internazionale della Società italiana di storia del Diritto*, I, Firenze 1977, 447-532, 507.

75 Vgl. F. ZABARELLA, *Institutionum iuris ecclesiastici publici et privati liber subsidiarius qui est isagogos*, Augustae Vindelicorum 1791, in X. II. 22. *De fide instrumentorum.* c. 8. *Pastoralis.* n. 4. Erst 1561 verpflichtete Papst Pius IV. die Auditoren, keine Urteile gegen die alten *decisiones* zu fällen (vgl. PIUS IV., *In throno iustitiae*, § 12).

kennen sei, die wegweisende Bedeutung für die Kanonistik habe[76] und gegenteilige Rechtsauffassungen verdränge[77]. Wie Lefebvre feststellt, lag die Ursache hierfür einerseits im großen Ansehen, das die Richter als Gelehrte genossen, andererseits im Vorbildcharakter der *decisiones*[78]. Was deren Verbindlichkeit betreffe, müsse allerdings gelten: Nur wenn sich ein Stil entwickelte, der durch bestimmtes Wiederholen in derselben Frage zustande gekommen war, wurden die Entscheidungen als *stylus Curiae* allgemein als rechtlich sanktioniert betrachtet[79]. Auch in diesen Fällen hatte sich das Wort, das Hinblick auf die Revidierung von Urteilen nach neuer Beweislage entstanden war[80], bewahrheitet:

---

[76] Vgl. LEFEBVRE, *Les pouvoirs du juge*, 243-246, der sich dabei unter anderem beruft auf ZABARELLA, *Institutionum liber;* A. TARTAGNUS, *Commentarium in Digestum*, Venetiis 1618, XXIV. 3. *Soluto Matrimonio.* l. 22 (23). *Si cum dotem.* § *eo autem tempore.* n. 2-3; F. DECIUS, *In Digestum vetus, & Codicem Commentaria: cum non paucis doctissimorum & illustrium virorum adnotationibus*, Augustae Taurinorum 1575, XII. 1. *De rebus creditis.* l. 1. *E re est.* Lect. 1 *a.* n. 24-25; DE LUCA, *Theatrum veritatis*, XV/2, disc. 32, n. 66-68; vgl. hierzu auch G. FRANSEN, *La valeur de la jurisprudence en droit canonique*: UNIVERSIDAD DE NAVARRA (Hg.), *La norma en el derecho canónico. Actas del III Congreso Internacional de Derecho Canónico, Pamplona, 10-15 octubre de 1976* (= CCan, 1), I, Pamplona 1979, 197-212, 207-209.

[77] Vgl. dazu DOLEZALEK, NÖRR, *Die Rechtsprechungssammlungen*, 852: „Mindermeinungen wurden deshalb zur herrschenden Lehre, sobald die Rota ihnen beitrat *(opinio Rotae facit communem opinionem)*. So konnte die Rota Romana eine Autorität gewinnen, die das Ansehen vergleichbarer anderer Gerichtshöfe in den Schatten stellte“; ähnlich DOLEZALEK, *Reports of the „Rota“*, 81.

[78] Vgl. LEFEBVRE, *Les pouvoirs du juge*, 246: „Leur autorité se fondait en définitive sur deux motifs: d'une part, sur l'importance des docteurs qui constituaient ce Tribunal, et d'autre part, sur la grande facilité avec laquelle ces décisions pouvaient devenir de style“; vgl. auch KURTSCHEID, *De quibusdam Praelatis*, 565: „Tanta erat eius auctoritas ut S. Rotae decisiones quasi pro legibus haberentur“.

[79] Vgl. LEFEBVRE, *Rote Romaine*, 767: „Toutefois, la doctrine commune ne les estime juridiquement sanctionnées que si elles finissent par constituer un style acquis par une certaine répétition sur un point donné“. Bemerkenswerterweise schreibt allerdings noch im 18. Jahrhundert A. REIFFENSTUEL, *Jus canonicum universum. Clara methodo juxta titulos quinque librorum Decretalium in quaestiones distributum, solidisque responsionibus, & objectionum solutionibus diludicatum*, I, Venetiis 1735, *Prooemium*, § 8: „Decisiones Rotae Romanae non faciunt Jus universale, sunt magistrales, & probabiles tantum, licet caeteroquin magnum habeant pondus authoritatis“.

[80] Vgl. C. CALISSE, *Il diritto comune con riguardo speciale agli Stati della Chiesa:* E. ALBERTARIO u. a. (Hg.), *Studi di storia e diritto in onore di Enrico Besta per il XL anno del suo insegnamento*, II, Milano 1939, 415-433, 426; G. ERMINI, *La giurisprudenza della Rota Romana come fattore costituivo dello „Ius commune“*: C. CYA (Hg.), *Studi in onore di Francesco Scaduto*, I, Firenze 1936, 283-298, 288 und 297; ASCHERI, *Rechtsprechungs- und Konsiliensammlungen*, 1136; BUKOWSKA-GORGONI, *Causae polonae*, 28 und 94.

Rota quandoque rotat[81], und die Jurisprudenz des päpstlichen Gerichtes bewirkte eine Weiterentwicklung des gesamten kanonischen Rechts[82].

d. Der Einfluss der Rota auf das gemeine Recht

Als oberste Entscheidungsinstanz der Kirche in Gerichtssachen war die Rota mit ihrer Jurisprudenz Maßstab und Richtschnur für die gesamte katholische Welt. Daneben war es die Verfahrensordnung des Tribunals, die zahlreichen Offizialaten als Modell diente, nicht zuletzt im Hinblick auf die zu erhebenden Prozesskosten[83].

Die vorbildhafte Rechtsprechung der Rota blieb aber auch über die Grenzen des kirchlichen Gerichtswesens hinaus nicht ohne Wirkung. Sie beeinflusste in vielfacher Weise die spätmittelalterliche Gesetzgebung und Rechtsentwicklung. Denn nicht nur kirchliche Richter waren es, die sich in ihren Entscheidungen auf die Rota beriefen. Allgemein herrschte damals die Überzeugung: *Rota facit communem opinionem*[84].

Von ähnlich großem Gewicht wie die Autorität einzelner *decisiones* war die Bedeutung der Rotajudikatur als ganzer[85]. Eine wesentliche Voraussetzung für dieses Ansehen bildete die Verbreitung zahlreicher Allegationen und Kommentare zu den Urteilen der Auditoren[86].

---

81 Freilich drehte sich das Rad der Rota bisweilen auch unbeabsichtigt, wenn Auditoren früher vom Gericht getroffene Entscheidungen übersahen oder ihnen ungewollt widersprachen: vgl. DOLEZALEK, *Reports of the „Rota"*, 81; ähnlich B. BRUGI, *Per la storia della giurisprudenza e delle università italiane. Nuovi saggi* (= NRSC, 9), Torino 1921, 162: „Anche le opinioni comuni hanno le loro vicissitudini: nascono, crescono, invecchiano, muoiono. Ma il male è che la stessa Rota romana ora dice bianco, ora nero!".

82 Vgl. hierzu vor allem: FLINIAUX, *Les anciennes collections*, 61-93 und 382-410, LEFEBVRE, *Les pouvoirs du juge*, 247-255, sowie STICKLER, *Historia Juris Canonici Latini*, 338-343. Allerdings berief sich auch die Rota selbst meist auf das bereits geltende Recht. Nach DOLEZALEK, *Quaestiones motae*, 112, gilt zum Beispiel für die Mitte des 14. Jahrhunderts: „Es kam vor, dass die Rota völlig ohne Gesetz argumentierte, allein aus Gründen der Vernunft und Sachlogik (ca. 3%). Gelegentlich bemühte sie die Aequitas, um sich vom geschriebenen Recht zu distanzieren (2% der Fälle). Im wesentlichen aber verdeckte die Rota ihre rechtsbildende Tätigkeit, indem sie hergebrachtes Recht zitierte".

83 Vgl. H. MÜLLER, *Päpste und Prozeßkosten im späten Mittelalter*: M. BERTRAM (Hg.), *Stagnation oder Fortbildung? Aspekte des allgemeinen Kirchenrechts im 14. und 15. Jahrhundert* (= BDHIR, 108), Tübingen 2005, 249-270, 265-269.

84 Vgl. A. CAVANNA, *Storia del diritto moderno in Europa*, I. *Le fonti e il pensiero giuridico*, Milano 1979, 160; GORLA, *Diritto comparato*, 665-680.

85 Vgl. LEFEBVRE, *Les pouvoirs du juge*, 249-250.

86 Vgl. NÖRR, *Ein Kapitel aus der Geschichte der Rechtsprechung*, 198, der hier unter anderem an Antonius de Butrio, Felinus Sandeus und Rolandus Lancelotti erinnert. Näheres

Vor allem sei in diesem Zusammenhang auf die bedeutende Rolle verwiesen, die das Gericht bei der Ordnung und Fortentwicklung des gemeinen Rechts spielte[87]. Als sich nämlich gegen Ende des 14. Jahrhunderts die im Heiligen Römischen Reich bis dahin einheitliche Judikatur in einzelnen Territorien jeweils unterschiedlich entfaltete, konnte gerade die Rota, die im geistlichen Recht keinerlei territorialen Beschränkung unterlag, ein übergreifendes allgemeines Recht bewahren und weiterentwickeln[88] und so zur Hauptquelle des *ius commune* werden[89]. Ausschlaggebend dafür war in erster Linie die Verflechtung von geistlichem und weltlichem Recht, die sich am Tribunal des Papstes in der Rechtsprechung gegenseitig beeinflussten[90]. So wirkte die Judikatur der Rota nicht nur auf das Gerichtswesen in Italien außerhalb des Kirchenstaates[91], sondern auch auf das in Frankreich[92] und in Deutschland ein[93]. Von überragen-

---

zu Sandeus bei N. HILLING, *Felinus Sandeus, Auditor der Rota*: AkKR 84 (1904), 94-106; M. MONTORZI, *Taccuino Feliniano. Schede per lo studio della vita e dell'opera di Felino Sandei* (= ADAP, 1), Pisa 1984; R. PUZA, *Sandei (Sandeo, Sandaeus), Felino Maria*: LThK[3], IX (2000), 5-6, und: LKR (2004), 1149.

87 Vgl. ERMINI, *Guida bibliografica*, XV: „Ritengo che lo studio del diritto comune pontificio debba trovare il suo fondamento nella giurisprudenza di quel massimo tribunale apostolico che fu la Rota Romana"; ähnlich ERMINI, *La giurisprudenza della Rota*, 285-298; LEFEBVRE, *Les pouvoirs du juge*, 251.

88 Vgl. R. SAVIANO, *Il „Corpus iuris canonici" e la giurisprudenza della Rota Romana come fonti dello „Ius commune"*, Napoli s. a. [1954], 66: „Soltanto alla Rota Romana è consentito di validamente opporsi, di resistere al particolarismo del diritto, per essere l'unico, sommo tribunale di un potere universale, portato ad una visione unitaria del diritto, ad una libera valutazione al di sopra delle preoccupazioni che agitano i singoli principati".

89 Vgl. *ebd.*, 65-66: „La Rota non [...] si limita alla semplice interpretazione ed applicazione di una norma: attua l'elaborazione e l'evoluzione del diritto comune. I singoli pronunciati, la intera giurisprudenza rotale, ispirandosi ad un regolamento giuridico unico dei rapporti umani, applica all'Orbe una unica legge, divina ed umana, legge universale a tutti comune, da tutti accolta [...]. Per questa opera costitutiva, formativa, per questo processo di continua elaborazione e di evoluzione e nel contempo di tutela la giurisprudenza della Rota Romana va riconosciuta fonte *primaria* del diritto comune".

90 Vgl. ERMINI, *La giurisprudenza della Rota*, 286-287; vgl. auch *ebd.*, 287: „La Rota romana, com'è noto, conosceva e decideva attraverso i così detti casi misti, o per connessione di cause o direttamente nello Stato della Chiesa, anche di materia temporale, sì da avere accanto alla giurisprudenza per così dire canonistica una giurisprudenza altresì civilistica"; CALISSE, *Il diritto comune*, 426; PUZA, *Res iudicata*, 30; NÖRR, *Ein Kapitel aus der Geschichte der Rechtsprechung*, 192.

91 Vgl. BRUGI, *Per la storia della giurisprudenza*, 79-80; SAVIANO, *Il „Corpus iuris canonici"*, 63-65; NÖRR, *Ein Kapitel aus der Geschichte der Rechtsprechung*, 201-202 und 207-208; CAVANNA, *Storia del diritto moderno*, 170; GORLA, *Diritto comparato*, 589-594.

92 Beispielsweise auf das Parlament von Paris und das Parlamentsgericht von Grenoble (vgl. NÖRR, *Ein Kapitel aus der Geschichte der Rechtsprechung*, 202, und NÖRR, *Über die mittelalterliche Rota*, 243).

der Bedeutung war deren Vorbildcharakter dabei vor allem auf dem Gebiet des Benefizialrechts[94], des Zivilprozessrechts[95] und des italienischen Privatrechts[96]. In Deutschland wurden im Laufe des 16. Jahrhunderts insbesondere die Verfassung und das Verfahren des Reichskammergerichtes entscheidend von der Rechtsprechung der Rota Romana geprägt[97]. Umgekehrt griffen später aber auch die Auditoren in ihren Entscheidungen Urteile auf, die durch Gerichte protestantischer Länder ergangen waren[98].

2. Die Reformen nach dem Konstanzer Konzil

Der Bedeutung, die die Rota mittlerweile im ganzen christlichen Abendland erlangt hatte, ist nicht zuletzt den Päpsten der damaligen Zeit zu verdanken, die ihren Gerichtshof weiter ausbauten und versuchten, auf diese Weise den immer neuen Anforderungen der kirchlichen Judikatur gerecht zu werden. Im 15. Jahrhundert waren es vor allem zwei Päpste, die dem einstigen Auditorium durch Reformmaßnahmen ihre Aufmerksamkeit zuwandten[99]: Martin V. (1417-1431) und Sixtus IV. (1471-1484).

---

93 Vgl. dazu SANTANGELO CORDANI, *Les „Decisiones" de la Rote Romaine*, 117: „[...] déjà au XIV siècle la jurisprudence rotale joue un rôle de premier ordre dans la vie du droit et dans les sources du droit savant. Cela nous permet par conséquent de reconnaître dans la Rote Romaine des origines une anticipation médiévale du rôle fondamental joué dans la pratique juridique par la jurisprudence moderne des Grands Tribunaux d'Ancien Régime".

94 Vgl. BARRACLOUGH, *Praxis Beneficiorum*, 128-133.

95 Vgl. J. WEISMANN, *Die Entwickelung der Principalintervention in Italien*: ZSRG.G 1 (1880), 191-244, 233.

96 Vgl. hierzu E. BUSSI, *La formazione dei dogmi di diritto privato nel diritto comune*, I. *Diritti reali e diritti di obbligazione* (= StDPISt, 27), Padova 1937 = 1971; II. *Contratti, successioni, diritti di famiglia* (= StDPISt, 27bis), Padova 1939 = 1971.

97 Vgl. J. DECKHERR, *Monumenta lectionis cameralis antiquae*, Wetzlarii 1720; BETHMANN-HOLLWEG, *Der Civilprozeß*, 266; DOLEZALEK, *Die handschriftliche Verbreitung*, 2; K. W. NÖRR, *Reihenfolgeprinzip, Terminsequenz und „Schriftlichkeit". Bemerkungen zum römisch-kanonischen Zivilprozeß*: ZZP 85 (1972), 160-170, 166-167; DOLEZALEK, NÖRR, *Die Rechtsprechungssammlungen*, 852-853; NÖRR, *Ein Kapitel aus der Geschichte der Rechtsprechung*, 201-209. Bezüge auf die Rechtsprechung der Rota finden sich dabei unter anderem in der Regensburger Terminordnung für das Reichskammergericht aus dem Jahre 1508 sowie in den Vorschlägen zur Reform von dessen Gerichtsordnung, die 1521 erfolgte (vgl. *ebd.*, 203-204).

98 Vgl. CAVANNA, *Storia del diritto moderno*, 170.

99 Das von Papst Pius II. im letzten Jahr seines Pontifikats in Angriff genommene Vorhaben, die Kurie und die Kirche als ganze durch die Reformbulle *Pastor aeternus* umfassend zu erneuern, gelangte dagegen nicht mehr zur Ausführung: vgl. R. HAUBST, *Der Reforment-*

a. Die präzisere Regelung der Jurisdiktion und der Gerichtsordnung durch Papst Martin V.

In Anbetracht der Vielzahl von Verfahren, die dem Heiligen Stuhl vor allem auf außergerichtlichem Weg zur Entscheidung vorgelegt wurden, ist im Rahmen der angestrebten Kirchenreform auf dem Konzil von Konstanz (1414-1418) beschlossen worden, der noch zu wählende Papst müsse auch die Appellationen an die Kurie in Rom neu regeln[100]. Martin V., auf den 1417 die Wahl fiel, wurde deshalb in einer von der deutschen Delegation abgefassten Denkschrift aufgefordert, die Zahl der Berufungen nach Rom, welche trotz der damit verbundenen Mehrkosten nach wie vor von den Parteien eingelegt wurden[101], drastisch einzuschränken[102]. Doch der neue Papst legte im Januar 1418 nur einen entsprechenden Entwurf vor[103], versäumte es aber, ihn in die Tat umzusetzen[104].

Martin V. erließ dann jedoch drei Konstitutionen, die für die Rota und die Erfüllung ihres gerichtlichen Auftrags von Wichtigkeit waren. In der Bulle *In apostolicae dignitatis specula* vom 1. September 1418 bestätigte er zunächst,

---

wurf Pius des Zweiten: RQ 49 (1954), 188-242 (speziell zur Rota: *ebd.*, 223-224); K. A. FINK, *Päpste der Frührenaissance*: HKG, III/2 (1968), 634-651, 646-647.

100 Vgl. CONCILIUM CONSTANTIENSE, *Sessio XL: Reformationes fiendae per papam una cum concilio antequam dissolvatur*, 1417, Okt 30: COD^3, 444-446, 444: „Sacrosancta synodus Constantiensis statuit et decernit, quod futurus summus Romanus pontifex [...] per Dei gratiam de proximo assumendus [...] debeat reformare ecclesiam in capite et curia Romana [...] super materiis articulorum [...] qui sequuntur [...]: V. [...] de causis in Romana curia tractandis, vel non. VI. [...] de appellationibus ad Romanam curiam".

101 Vgl. MÜLLER, *Päpste und Prozeßkosten*, 270.

102 Vgl. *Avisamenta Nationis Germanicae super articulis juxta Decretum Concilii reformandis exhibenda Domino nostro Sanctissimo*, 1417, art. 7: *De appellationibus ad Rom. Curiam*: SConcCol, XXVIII, 362-370, 365-366. Es wurde unter anderem gefordert, „quod causae, quae per simplicem querelam, juxta praemissa in Romana curia non sunt tractandae, per appellationem extrajudicialem ad sedem Apostolicam vel Romanam curiam devolvi non debeant, nec in ea in vim huiusmodi appellationis quomodolibet tractari. Item, quia multi gravantur ex eo, quod appellatur judicialiter ad sedem Apostolicam indifferenter, omisso medio: Et quod appellatur a gravaminibus circa definitivam, quae per appellationem possunt reparari" (*ebd.*); zu deutschen Vorbehalten gegen die gängige Berufungspraxis im 15. Jahrhundert vgl. auch B. GEBHARDT, *Die Gravamina der deutschen Nation gegen den römischen Hof*, Breslau ^{2}1895, 28-29.

103 Vgl. MARTIN V., Papst, Schema *Statuimus*, 1418, Mrz 21: SConcCol, XXVII, 1177-1184; vgl. hierzu U. TAMMLER, *Tutela iurium personarum. Grundfragen des Verwaltungsrechtsschutzes in der katholischen Kirche in Vergangenheit und Gegenwart* (= KStT, 32), Amsterdam 1981, 12-13.

104 Zur Geltung gelangte der Entwurf erst auf dem Konzil von Trient (1545-1563): vgl. TAMMLER, *Tutela iurium personarum*, 13.

dass die einem Auditor zu Beginn des Prozesses erteilte Kommission dessen Jurisdiktion für die gesamte Prozessdauer einschließlich der Urteilsfällung begründen sollte:

> „Verum si contingat inter easdem personas et super eadem re diversis auditoribus aliquam causam committi, is cui primo fuerit praesentata commissio, super causa huiusmodi, remaneat eiusdem causae iudex"[105].

Außerdem regelte er auch von neuem die Funktion der Notare[106] und Advokaten[107]. Mit der Bulle *Statuimus* vom 7. April 1421[108] unterband er die Möglichkeit der Berufung, bevor in einer Sache eine *sententia definitiva* oder eine gleichermaßen verbindliche *sententia interlocutoria* gefällt war[109].

Im Hinblick auf den Aufgabenbereich der Rota nahm er in seiner Konstitution *Romani Pontificis providentia* vom 1. März 1423[110] Präzisierungen vor. Er beseitigte darin die „*kumulative* Zuständigkeit"[111] von Kardinälen und Auditoren in Benefizialstreitigkeiten und behielt der Rota solche bis zu einem Streitobjekt von 60 Goldgulden vor:

> „Statuimus insuper et etiam ordinamus, ad parcendum laboribus et expensis quorumlibet litigantium, quod causae super quibusvis beneficiis ecclesiasticis saecularibus et regularibus, quorum fructus, redditus et proventus sexaginta florenorum auri secundum communem aestimatio-

---

105 MARTIN V., *In apostolicae dignitatis specula*, § 19; siehe dazu SCHNEIDER, *Die Römische Rota*, 84-85: „So war es Brauch schon seit der Zeit des Durantis, und eine davon abweichende Kommission bildete nur eine Ausnahme von der Regel. Es war daher keine originelle Neuschöpfung, sondern im wesentlichen die gesetzliche Festlegung der bestehenden Gewohnheit, nur die Beseitigung der zuletzt berührten Ausnahmefälle, wenn die Päpste Martin V., Innozenz VIII., Pius IV. und Paul V. verordneten, daß die Kommissorien in Zukunft nur einmal und zwar für den ganzen Prozeß einschließlich der Urteilsfällung gegeben werden sollten".

106 Vgl. MARTIN V., *In apostolicae dignitatis specula*, §§ 19-27; zu den Notaren vgl. ausführlich C. SCHUCHARD, *Zu den Rotanotaren im 5. und frühen 16. Jahrhundert*: A. JAMME, O. PONCET (Hg.), *Offices et papauté (XIVe-XVIIe siècle). Charges, hommes, destins* (= CEFR, 334), Rome 2005, 805-828.

107 Vgl. *ebd.*, §§ 28-34.

108 Vgl. MARTIN V., Papst, Ap. Konst. *Statuimus*, 1421, Apr 7: CERCHIARI, *Capellani Papae*, III, 106-107.

109 Vgl. *ebd.*, 106: „Statuimus ut in causis in Romana curia pendentibus, et que imposterum quovis modo pendebunt, nulli ante diffinitivam sententiam liceat appellare – nullaque appellatio admittatur, nisi ab interlocutoria que vim habeat diffinitive sententie".

110 Vgl. MARTIN V., Papst, Ap. Konst. *Romani Pontificis providentia*, [1423, Mrz 1]: BullRom, IV, 708-714; zur Bulle vgl. auch INGESMAN, *Provisioner og processer*, 103-105.

111 SCHNEIDER, *Die Römische Rota*, 68.

nem valorem annuum non excedunt, S. R. E. cardinalibus nullatenus committantur, et commissiones sint nullae, si fuerit contrafactum“[112].

Die Bulle schrieb außerdem neue Normen für die Prozedur vor, darunter die Festlegung der einzelnen Prozessphasen und -fristen[113] und bei deren Nichteinhaltung die Möglichkeit der Urteilsnichtigkeit[114], führte die summarische Prozedur in Benefizialsachen ein[115] und bestimmte genau die Rechte und Pflichten der Notare[116], Advokaten und Prokuratoren[117].

Grundlage für die Verfassungs- und Verfahrensordnung der spätmittelalterlichen Rota[118] war aber weiterhin die Bulle *Ratio Iuris*, die für den internen Gerichtsgebrauch durch einen unbekannten Kompilator überarbeitet und ergänzt wurde[119]. Unter dem Titel *Statuta sacri causarum apostolici palacii auditorum et notariorum*[120] wurden darin weitere Konstitutionen, Anordnungen und mittlerweile gebräuchlich gewordene Regelungen in eine aktualisierte Version der

---

[112] Vgl. MARTIN V., *Romani Pontificis providentia*, § 29.

[113] Vgl. *ebd.*, §§ 19-27.

[114] Vgl. *ebd.*, § 22: „Verum cum termini ad articulandum et dicendum contra articulos, ad producendum omnia et dicendum contra producta de substantia iudicii censeantur existere, statuimus atque decernimus, quod ipsorum alicuius omissio reddat eo ipso processus nullos“.

[115] Vgl. *ebd.*, § 19; zur summarischen Prozedur vgl. NÖRR, *Über die drei Verfahrensordnungen*, 91-94; NÖRR, *Über die mittelalterliche Rota*, 234-236.

[116] Vgl. MARTIN V., *Romani Pontificis providentia*, §§ 5-10, 17-18 und 27.

[117] Vgl. *ebd.*, §§ 11-18. Die endgültige Zulassung der Advokaten als Anwälte der Rota erfolgte durch LEO X., Papst, Ap. Konst. *Pastoralis officii*, 1513, Dez 13, § 29: BullRom, V, 571-601, 589.

[118] Einen guten Einblick in das Verfahren an der Rota des 14. Jahrhunderts gibt WRIEDT, *Die kanonischen Prozesse*, 80-97 und 175-178. Zur Prozedur der Rota im Mittelalter vgl. auch INGESMAN, *Provisioner og processer*, 151-190 und 533-535; sowie R. H. HELMHOLZ, *The Spirit of Classical canon Law*, Athens 1996, 112-115, und BECKER, *Die Sacra Rota Romana*, 5-7. NÖRR, *Über die drei Verfahrensordnungen*, 90-97, beschreibt näher die drei möglichen Vorgehensweisen: „ordentliche“, „summarische“ und „minimalische“ („ultrasummarische“) Verfahrensordnung; vgl. auch NÖRR, *Über die mittelalterliche Rota*, 222-236.

[119] Vgl. B. SCHWARZ, *Statuta sacri causarum apostolici palacii auditorum et notariorum. Eine neue Quelle zur Geschichte der Rota im späten Mittelalter*: J. HELMRATH, H. MÜLLER, H. WOLFF (Hg.), *Studien zum 15. Jahrhundert. Festschrift für Erich Meuthen*, I, München 1994, 845-867, 847-848. Der Kompilator wird wohl „ein subalterner Bediensteter, vermutlich ein Notar der Rota, gewesen sein“, der bei der Bearbeitung „ohne Verständnis für die juristischen und technischen Feinheiten“ der Bulle vorging (vgl. *ebd.*, 848).

[120] *Ebd.*, 852-867.

Bulle eingefügt[121]. Entstehungszeit und Geltungsdauer der *Statuta* lassen sich aber nicht sicher bestimmen[122].

b. Die Neuordnung des Auditoriums und die Errichtung des Notarenkollegiums durch Papst Sixtus IV.

Fast ein halbes Jahrhundert nach den Reformmaßnahmen Papst Martins V. – die „Konzilsrota“ von Basel, die parallel zur römischen Rota Rechtsstreitigkeiten löste, hatte längst ihre Tätigkeit eingestellt[123] – traf Papst Sixtus IV. (1471-1484) eine wichtige Entscheidung hinsichtlich des Auditorenkollegiums. Gemäß seiner Konstitution *Romani Pontificis* vom 14. Mai 1472[124] sollte dieses fortan nicht mehr aus 14, sondern nur noch aus zwölf Mitgliedern bestehen:

> „Nos igitur [...] auctoritate apostolica statuimus et ordinamus quod dictorum auditorum et locumtenentium eorumdem numerus, qui ad praesens quatuordecim esse perhibentur, de cetero duodenarius dumtaxat existat“[125].

---

121 Vgl. SCHWARZ, *Statuta*, 847-848. Die Sammlung enthält unter anderem Konstitutionen der Päpste Gregor XI. und Urban VI. (1378-1389), Erlasse des Vizekanzlers, *consuetudines* und auch zusätzliche neue Bestimmungen.

122 SCHWARZ, *Statuta*, 849-851, geht von der Mitte des 15. Jahrhunderts aus, hält es jedoch für möglich, dass die Gültigkeit der Bestimmungen durch die Reformkonstitutionen Papst Martins V. begrenzt wurde .

123 Vgl. dazu MEUTHEN, *Rota und Rotamanuale*, 473-518: Die fünfte Session des Baseler Konzils (1431-1437/1448) hatte am 9. August 1432 ein Gericht für Glaubenssachen und ein der römischen Rota entsprechendes Gericht konstituiert. Päpstliche Beamte, die nach Basel kamen, durften ihr Amt weiter ausüben. Gleichzeitig aber wurden im Lauf der Jahre mehr als 80 Konzils-Rotarichter ernannt. Die Richter, zu denen auch zahlreiche Bischöfe zählten, hatten ähnliche Fälle zu entscheiden wie die Auditoren in Rom. Sie folgten auch den Prozessregeln des römischen Gerichts und nahmen dieses zum Vorbild. Mit der Übernahme der Baseler Rota durch den Gegenpapst Felix V. (1439-1449) im Juli 1440 erlosch deren Aktivität dann bald. TAMMLER, *Tutela iurium personarum*, 14, verweist allerdings darauf, dass noch 1438 die hohen Kosten einer Berufung nach Rom auf dem Konzil beklagt wurden. Zur Rota von Basel vgl. auch H.-J. GILOMEN, *Die Rotamanualien des Basler Konzils. Verzeichnis der in den Handschriften der Basler Universitätsbibliothek behandelten Rechtsfälle*, Tübingen 1998; DOLEZALEK, *Rechtsprechung der Sacra Romana Rota*, 140-149.

124 Vgl. SIXTUS IV., Papst, Ap. Konst. *Romani Pontificis*, 1472, Mai 14: BullRom, V, 207-209.

125 *Ebd.*, § 2. Schon der Vorgänger Sixtus' IV., Papst Paul II. (1464-1471), hatte diese Absicht, konnte sie aber nicht mehr verwirklichen (vgl. CERCHIARI, *Capellani Papae*, I, 56, und III, 178).

Zwar überschritten Sixtus IV. selbst[126] und seine Nachfolger mitunter die festgesetzte Zahl von zwölf Auditoren; seit dem Pontifikat Julius' II. (1503-1513) wurde die Bestimmung jedoch streng befolgt[127].

Mit der Neuordnung des Auditorenkollegiums waren dann auch die entsprechenden Voraussetzungen geschaffen, dass sich anfangs des 15. Jahrhunderts für den Fall interner Appellation eine feste Regelung herausbilden konnte. Das Verfahren in der Berufungsinstanz wurde demnach jeweils dem nächsthöheren Richterturnus zugewiesen und auf diese Weise von keinem Auditor mitentschieden, der in der Sache bereits geurteilt hatte[128].

Dem Missstand, dass die Notare der Rota als persönliche Angestellte der Auditoren[129] zu sehr von diesen abhängig waren[130] und mit den Richtern auch aus dem Amt scheiden mussten[131], bereitete Papst Sixtus IV. 1477 durch die Bulle *Sicut prudens*[132] ein Ende. Er ernannte sie – gegen den Widerstand der Auditoren[133] – zu Beamten des Apostolischen Stuhls und vereinte sie in einem einzigen Kollegium, indem er anordnete:

> „Motu proprio [...] sancimus, statuimus et etiam ordinamus, quod de cetero perpetuis futuris temporibus, numerus dictorum Notariorum sit quadragintaocto [...] qui [...] Collegium constituant, ita quod, quemad-

---

[126] Als Papst Sixtus IV. Felinus Sandeus zum Auditor ernannt hatte und damit die von ihm festgesetzte Zahl überschritten hatte, befahl er, die Regelung in Zukunft streng einzuhalten: vgl. SIXTUS IV., Papst, Motu pr. *Dudum sub data*, 1484, Mrz 3, bei HILLING, *Felinus Sandeus*: AkKR 84 (1904), 102-103, 103.

[127] Vgl. CERCHIARI, *Capellani Papae*, I, 56. Dies gilt für die Zeit bis zum 20. September 1870.

[128] Vgl. SANTANGELO CORDANI, *La giurisprudenza della Rota*, 32 und 146-147; SANTANGELO CORDANI, *La Rota Romana e la motivazione della sentenza*, 329.

[129] Vgl. JOHANNES XXII., Papst, *Ratio Iuris*, art. 21: „[...] nullus eorundem notariorum, qui per aliquem dictorum auditorum in notarium receptus extiterit, alterius auditoris esse valeat, quamdiu erit primi notarius auditoris".

[130] Vgl. MEUTHEN, *Rota und Rotamanuale*, 476.

[131] Vgl. W. VON HOFMANN, *Forschungen zur Geschichte der kurialen Behörden vom Schisma bis zur Reformation*, I. *Darstellung* (= BPHIR, 12), Rom 1914 = Torino 1971, 131, Anm. 8.

[132] Vgl. SIXTUS IV., Papst, Ap. Konst. *Sicut prudens*, 1477, Nov 29: CERCHIARI, *Capellani Papae*, III, 191-195.

[133] Vgl. das auf gewissenhafte Ausführung der Bestimmungen der Bulle drängende Mahnschreiben des päpstlichen Vizekanzlers RODERICUS, Bf. von Porto, 1479, Apr 22, an alle Bischöfe und Priester: CERCHIARI, *Capellani Papae*, III, 196-199.

modum consuetum eat, coram quolibet ex Auditoribus et Locatenentibus supradictis quatuor Notarii scribant et scribere debeant"[134].

Durch diese Maßnahme wurde aber nicht nur die rechtliche Stellung der Notare entscheidend verbessert[135]. Auch der Charakter der Rota als einer über den einzelnen Richtern stehenden festen Institution des Papstes konnte noch weiter verdeutlicht werden.

3. Die Ausweitungen der Kompetenz durch die Päpste Innozenz VIII. und Pius IV.

Nach der inneren Neuordnung des Gerichts durch Martin V. und Sixtus IV. waren auch die Voraussetzungen dafür geschaffen, die Position der Rota nach außen hin zu verändern und neu zu definieren. Seit dem Ende des 15. Jahrhunderts wurden daher Kompetenzerweiterungen vorgenommen, die für den Wandel der Aufgabe des Gerichtshofs entscheidend sein sollten. Eine Verlagerung der Funktion vom rein kirchlichen Entscheidungsforum für die gesamte Christenheit hin zur Berufungsinstanz des Kirchenstaates wurde langsam in die Wege geleitet.

a. Die Rota als delegiertes Gericht für geistliche und weltliche Verfahren

Papst Innozenz VIII. (1484-1492) regelte erneut die Zuständigkeit des Gerichtshofs und übertrug ihm, ohne die bislang gültigen Kompetenzen einzuschränken, noch weitere Aufgaben. In seiner Bulle *Finem litibus* vom 10. Januar 1488[136] legte er fest, dass alle Zivilprozesse bis zu einem Streitwert von 500 Goldgulden, alle Benefizialsachen sowie alle Prozesse von Witwen und Waisen der Rota zur Entscheidung übertragen werden sollten:

---

[134] SIXTUS IV., Papst, *Sicut prudens*, 192-193; siehe hierzu vor allem N. HILLING, *Die Errichtung des Notarenkollegiums an der Römischen Rota durch Sixtus IV. im Jahre 1477*: G. BUSCHBELL (Hg.), *Festgabe enthaltend vornehmlich vorreformationsgeschichtliche Forschungen, Heinrich Finke zum 7. August 1904 gewidmet von seinen Schülern*, Münster 1904, 169-194; HOFMANN, *Forschungen zur Geschichte der kurialen Behörden*, I, 131-132; zur Entstehung des kurialen Notariatswesens vgl. BARRACLOUGH, *Public Notaries*, 13-25.

[135] Vgl. HILLING, *Die Errichtung des Notarenkollegiums*, 171: „Die Verleihung der körperschaftlichen Verfassung hatte für die Notare der römischen Rota die rechtliche Bedeutung, daß sie nunmehr eine organisierte Genossenschaft mit bestimmten Statuten und eigenen Organen bildeten".

[136] Vgl. INNOZENZ VIII., Papst, Ap. Konst. *Finem litibus*, 1488, Jan 10: BullRom, V, 339-341.

> „Et in viduarum et pupillorum, necnon ubi de summa vel re valorem quingentorum florenorum auri non excedente ageretur, eo modo, quo in beneficialibus causis, de coauditorum suorum consensu, etiam procedere“[137].

Zugleich verfügte er, dass der mit einer Sache betraute Auditor an Stelle vieler Einzelkommissionen[138] nur eine einzige nötig hatte, die ihm zu Beginn eines Verfahrens erteilt werden sollte[139]. Er legte nämlich fest:

> „[...] auditor, cui prius commissio praesentata fuit, iurisdictionem in procedendo et iudicando retineat, absque alia desuper commissione, aliorum coauuditorum ad id accedente consensu“[140].

Prozessdauer und -kosten konnten auf diese Weise erheblich reduziert wurden[141].

Von einer Beschränkung der Kompetenz auf kirchliche Verfahren wird in der Bulle nichts mehr erwähnt. Spätestens seit dieser Zeit muss die Rota daher auch als zuständiges Forum für Berufungen entsprechender weltlicher Prozesse aus dem Kirchenstaat angesehen werden[142], so dass ihre Zuständigkeit in kirchlichen wie in weltlichen Zivilstreitigkeiten nahezu unbegrenzt war[143]. Auch die weltliche Gerichtstätigkeit der Rota beschränkte sich nämlich keineswegs auf das Gebiet des Kirchenstaates allein, sondern erstreckte sich nicht selten ebenso auf andere Territorien. So hatte sie sich beispielsweise im Fall der deutschen Städte Hamburg, Hildesheim und Würzburg mit der genauen Abgrenzung der dortigen Herrschaftsverhältnisse zu befassen[144].

---

137 INNOZENZ VIII., *Finem litibus*, § 3.

138 Für jeden Prozessakt war bis dahin eine eigene *commissio* erforderlich gewesen, so dass deren Zahl oft in die Dutzende ging: vgl. BUKOWSKA-GORGONI, *Causae polonae*, 23 und 90.

139 Freilich gab es auch weiterhin Ausnahmen von dieser Regelung: vgl. BUKOWSKA-GORGONI, *Causae polonae*, 24-26 und 90-92.

140 INNOZENZ VIII., *Finem litibus*, § 1.

141 Vgl. BUKOWSKA-GORGONI, *Causae polonae*, 23 und 90.

142 Vgl. BANGEN, *Die römische Curie*, 301; SÄGMÜLLER, *Die Entwicklung der Rota*, 120; SCHNEIDER, *Die Römische Rota*, 71; SCHNEIDER, EWERS, *Rota*, 63. N. HILLING, *Rota*, KHL, II (1912), 1831-1832, 1831, geht noch von zwei anfangs getrennten Gerichtshöfen aus, die im 14. oder 15. Jh. vereinigt wurden.

143 Vgl. SCHNEIDER, *Die Römische Rota*, 72: „In den übrigen kirchlichen wie weltlichen Zivilstreitigkeiten steigerte sich die Kompetenz, die zunächst noch durch die Höhe des Wertobjektes beschränkt war, derart, daß die Rota in unbegrenzter Weise Zuständigkeit erhielt“.

144 Vgl. DOLEZALEK, NÖRR, *Die Rechtsprechungssammlungen*, 853.

Allerdings konnte die Rota auch weiterhin nicht einfach Verfahren in erster oder höherer Instanz an sich ziehen. Vielmehr wurden diese dem Gericht auch weiterhin erst nach Feststellung seiner Zuständigkeit zugewiesen. Vom Ende des 15. Jahrhunderts an war es die *Signatura iustitiae*[145], der diese Aufgabe zukam; sie übertrug durch eine *commissio* der Rota die einzelnen Fälle sowohl in erster als auch – bei entsprechender Appellation an die Römische Kurie – in höherer Instanz[146]. In Ausnahmefällen, in denen das Recht eine Berufung nicht zuließ, konnte die Zuweisung eines Falles an die Rota gnadenweise durch die *Signatura gratiae* geschehen[147]. Der *Regens Cancellariae,* der den *Vicecancellarius* in dieser Funktion abgelöst hatte, teilte einen der Rota von einer der beiden Signaturen übertragenen Fall dann einem bestimmten Auditor zu[148]. Die Auditoren verfügten somit nach wie vor von Amts wegen über eine delegierte Gerichtsbarkeit in allen Verfahren[149]. War ein Fall dagegen bereits an der Rota

---

145 Die *Signatura iustitiae* entstand (wie die *Signatura gratiae)* aus der *Signatura gratiae et commissionum*, welche die Päpste Alexander VI. (1492-1503) und Julius II. (1503-1513) in zwei selbständige Dikasterien aufteilten: vgl. SCHNEIDER, *Der deutsche Rotaauditor Jakob Emerix*, 165; PUZA, *Signatura iustitiae*, 101; V. CÁRCEL ORTÍ, *Il Supremo Tribunale della Segnatura Apostolica. Cenni storici*: Z. GROCHOLEWSKI, V. CÁRCEL ORTÍ (Hg.), *Dilexit iustitiam. Scripta in honorem Aurelii Card. Sabattani* (= StGiur, 5), Città del Vaticano 1984, 167-195, 179; zur Geschichte siehe P. SANTINI, *De referendariorum ac Signaturae historico-iuridica evolutione*, Romae 1945; R. NAZ, *Signature apostolique (Tribunal de la)*: DDC, VII (1965), 1012-1018, 1012-1014; G. PASUTTO, *Segnatura Apostolica (Signatura Apostolica)*: NDDC^2 (1996), 977-979, 977-978; N. DEL RE, *Segnatura di Giustizia*: N. DEL RE (Hg.), *Mondo Vaticano. Passato e presente*, Città del Vaticano 1995, 965-966; DEL RE, *Curia*, 213-216.

146 Vgl. PUZA, *Signatura iustitiae*, 95; dazu *ebd.*, 110: „Die *commissio* trat [...] an der Rota an die Stelle des Libells".

147 Vgl. DE LUCA, *Theatrum veritatis*, XV/2, disc. 30, n. 38; GROSSE-WIETFELD, *Justizreformen im Kirchenstaat*, 115; PUZA, *Signatura iustitiae*, 100; zur Geschichte siehe N. DEL RE, *Segnatura di Grazia*: N. DEL RE (Hg.), *Mondo Vaticano. Passato e presente*, Città del Vaticano 1995, 966-967; DEL RE, *La Curia Romana*, 216-219.

148 Vgl. PUZA, *Signatura iustitiae*, 104: Der *Regens Cancellariae* „war im Vergleich zum Präfekten der Signatur im Reskriptenverfahren ein untergeordneter Beamter und hatte die Geschäftsverteilung zu besorgen". Um das Jahr 1600 bestand allerdings eine Personalunion zwischen dem Regens und dem Dekan der beiden Signaturen (vgl. *ebd.*, 104, Anm. 51); zur Einleitung des Verfahrens vgl. SANTANGELO CORDANI, *La giurisprudenza della Rota*, 282-308.

149 Vgl. CERCHIARI, *Capellani Papae*, I, 57: „Cum nulla causa ad eius Auditores pervenerit, nisi per commissionem, totum tribunal commissarium fuit". SCHNEIDER, *Der deutsche Rotaauditor Jakob Emerix*, 174-176, ist der Überzeugung, dass durch die Kommissorien die Jurisdiktion nicht verliehen, sondern nur deren Ausübung ermöglicht wurde. Vgl. auch *ebd.*, 165: „Die Apostolische Signatur verlieh durch ihren Entscheid keine Jurisdiktion, sie delegierte nicht die Rotarichter und dadurch unmittelbar den Gerichtshof selbst [...], stellte vielmehr lediglich fest, ob nach den bestehenden Regeln die Rota zuständig sei oder nicht. Sie

entschieden, so blieb das Gericht auch in der Berufungsinstanz zuständig; es galt der Grundsatz: „*causa semel Rotalis semper Rotalis*“[150].

b. Die erneute Ausdehnung der Kompetenz in geistlichen Verfahren

Nicht nur in kirchlichen Streitsachen konnte die Rota ihren Einfluss im Lauf des 16. Jahrhunderts erweitern. Auch in anderen geistlichen Verfahren, die in höherer Instanz zu entscheiden waren, wurden die Kompetenzen des Gerichts bestätigt und weiter ausgedehnt.

Zwar wurden auf dem Konzil von Trient kirchliche Benefizial- und Ehesachen in erster Instanz ausdrücklich den Bischöfen vorbehalten[151]; im Fall einer Berufung an den Heiligen Stuhl fielen sie aber nach wie vor unter die Zuständigkeit der Rota:

> „Ad haec, causae matrimoniales et criminales, non decani, archidiaconi, aut aliorum inferiorum judicio, etiam visitando, sed episcopi tantum examini et jurisdictioni relinquantur; [...] coram quo, si pars vere paupertatem probaverit, non cogatur extra provinciam nec in secunda, nec in tertia instantia in eadem causa matrimoniali litigare“[152].

Nur in Strafverfahren war die Kompetenz anders geregelt. Hatte man solche Prozesse seit dem Ende des 14. Jahrhunderts in geringer Zahl zur Entscheidung an die Rota überwiesen[153], so werden sie in den Bestimmungen Papst Innozenz' VIII. nicht mehr erwähnt, und Papst Pius IV. (1560-1565) entzog sie durch seine Bulle *In throno iustitiae*[154] vom 27. Dezember 1561[155] ausdrücklich der Zuständigkeit der Rota, indem er anordnete:

---

konnte also nicht nach ihrem Gutdünken dieses oder jenes Gericht mit der Sache betrauen. Gehörte eine Sache zur ordentlichen Kompetenz eines bestimmten Gerichts, so mußte sie diesem auch zugewiesen werden“.

150 P. RIDOLFINI, *De Ordine Procedendi in Iudicijs in Romana Curia, praxis recentior*, I, Venetiis 1696, 13, n. 517.

151 Vgl. CONCILIUM TRIDENTINUM, *Sessio XXIV*, 1563, Nov 11, *Decretum de reformatione*, cap. 20: CDCT[8], 170-172, 170: „Causae omnes ad forum ecclesiasticum quomodolibet pertinentes, etiamsi beneficiales sint, in prima instantia coram Ordinariis locorum dumtaxat cognoscantur [...]. Ab his excipiantur causae quae juxta canonicas sanctiones apud Sedem Apostolicam sunt tractandae, vel quae ex urgenti rationabilique causa judicaverit summus Romanus Pontifex per speciale rescriptum [...] committere aut avocare“.

152 Vgl. *ebd.*

153 Vgl. HENNER, *Zur Geschichte der Rota*, 179; HILLING, *Die römische Rota und das Bistum Hildesheim*, 39; SCHNEIDER, *Die Römische Rota*, 69-70; CERCHIARI, *Capellani Papae*, I, 158-159; LEFEBVRE, *Rote Romaine*, 753-754.

154 PIUS IV., Papst, Ap. Konst. *In throno iustitiae*, 1561, Dez 27: BullRom, VII, 155-158.

„Et si auditor cognoverit in actis adesse suspicionem criminis, remittat acta huiusmodi vel illorum exemplum, prout res exegerit, ad iudicem ordinarium. Et si causa criminalis praeiudicialis fuerit causae civili, in eius cognitione supersedeat“[156].

Gleichzeitig präzisierte er aber erstmals ausdrücklich, dass die Kompetenz der Rota die ganze christliche Welt umfasse[157], und hob daher die geltende Beschränkung der Zivilsachen auf Prozesse mit einem Streitwert von bis zu 500 Gulden auf. Denn heißt in der von ihm erlassenen Bulle heißt es:

„Palatii nostri auditorium, in quo universorum christifidelium graviores causae per duodecim summae virtutis et doctrinae viros, ex omnibus mundi partibus magna cum diligentia conquisitos, mature cognoscuntur“[158].

Und an anderer Stelle wird ausdrücklich betont:

„In causis pecuniariis seu profanis [...] usque ad quamcumque summam“[159].

Auch die Zuständigkeit der Rota im Hinblick auf die Nichtigkeitserklärung von Urteilen wurde durch die Konstitution neu geregelt[160].

Zudem erkannte Papst Pius IV. die Verbindlichkeit früherer Entscheidungen der Rota für die Rechtsprechung an. Er bestimmte nämlich:

---

155 Nach P. PRODI, *Il cardinale Gabriele Paleotti (1522-1597)*, I (= UD, 7/1), Roma 1959, 103-107, kam es erst 1562 zur Promulgation der Konstitution. Der damalige Auditor Paleotti habe um das Prestige der Rota gefürchtet und daher mit Unterstützung des Rotakollegiums erfolgreich durchgesetzt, dass der 1561 fertiggestellte Entwurf modifiziert wurde und die Konstitution ein Jahr später weniger streng und radikal ausfiel. Auch auf Kritik an der Arbeitsweise der Rota sei in der endgültigen Fassung verzichtet worden.

156 PIUS IV., *In throno iustitiae*, § 16; siehe dazu auch SCHNEIDER, *Die Römische Rota*, 70 und 72.

157 Tatsächlich können aus den Archiven auch vereinzelt Prozesse nachgewiesen werden, die aus Übersee an die Rota gelangten: vgl. BUKOWSKA-GORGONI, *Causae polonae*, 4 und 70.

158 PIUS IV., *In throno iustitiae*, § 1.

159 *Ebd.*, § 18; in Benefizialsachen wurden bei einem Streitwert von über 3000 Gulden „centum aureos pro sportulis cuiuscumque sententiae definitivae“ festgesetzt (vgl. *ebd.*, § 19).

160 Näheres wird *ebd.*, § 13, festgesetzt: „Deinceps, etiam in causis pendentibus non attendantur aliquae nullitates, praeterquam ex defectu iurisdictionis, citationis vel mandati, nisi causa nullitatis specialiter ante datam praesentium commissa reperiretur“; vgl. hierzu R. PUZA, *Salus animarum suprema lex. Gültiges und richtiges Urteil in der Rechtsprechung der alten Heiligen Römischen Rota*: H. ZAPP, A. WEISS, S. KORTA (Hg.), *Ius Canonicum in Oriente et Occidente. Festschrift für Carl Gerold Fürst zum 70. Geburtstag* (= AIC, 25), Frankfurt am Main u. a. 2003, 329-359, 341-343.

„Decanus, et alii Auditores, presertim antiquiores, attendant, ne aliquid non solum contra ius, sed etiam contra stylum, et decisiones antiquas factas in Rota quae impressae habentur quoquo modo decidatur, etiam praetextu aequitatis in iure non scriptae, nisi maxima cum ratione et discussione, omnibus votis seu saltem illorum duabus tertiis partibus, aliter faciendum esse iudicaverint"[161].

Den Parteien gestattete Pius IV. erstmals, eine Ausfertigung der in ihrem Fall ergangenen *decisio* zu erbitten. In seiner Bulle legte er deshalb fest:

„Auditor partibus petentibus copiam decisionis in causae factae, cum iuribus ac rationibus tradere debeat, prout antiquitus laudabiliter fieri consuevit"[162].

Explizit bestätigte er darüber hinaus die Bestimmung Papst Innozenz' VIII., die vorsah, dass die Rota auf Grund einer einzigen *commissio* ein Verfahren durchführen und entscheiden konnte:

„[...] statuimus et ordinamus, quod [...] unica commissio in qualibet instantia sufficiat, et illius vigore Auditor causam sibi commissam cognoscere, et cum omnibus et singulis dependentibus et emergentibus, ac alias quomodolibet incidentibus, decidere valeat"[163].

Im Hinblick auf die Auditoren selbst verfügte er dabei allerdings einschränkend, dass diese nicht mehr in Prozessen zuständig sein konnten, in die sie selbst oder bis zum zweiten Grad ihre Verwandten und Verschwägerten verwickelt waren[164].

Nicht alle Verfahren freilich, die an den Apostolischen Stuhl gelangten, wurden ohne weiteres der Rota übertragen. In vielen Fällen war es dem *Auditor Camerae Apostolicae*[165] vorbehalten, sich der Sache zunächst in untergeordne-

---

161 PIUS IV., *In throno iustitiae*, § 12.

162 *Ebd.*, § 8. Ob Pius IV. sich dabei tatsächlich auf alte Gewohnheiten berufen konnte, ist fraglich; vgl. dazu ASCHERI, *Tribunali, giuristi e istituzioni*, 105: „Il richiamo al passato rimane purtroppo poco chiaro: probabilmente è solo un richiamo alle diffuse raccolte trecentesche di giurisprudenza rotale".

163 PIUS IV., *In throno iustitiae*, § 2.

164 Vgl. *ebd.*, § 9.

165 Die Einrichtung wurde bereits von Papst Nikolaus III. ins Leben gerufen. Paul IV. (1555-1559) schaffte die Stelle des *Auditor Camerae Apostolicae* 1558 ab. Pius IV. errichtete sie 1561 neu und stattete sie mit umfassenden Vollmachten aus; zur Geschichte vgl. P. MONALDINUS, *Praxis ecclesiastica Curiae Romanae Henrico Aburlys presbytero dictata*, Ulmae 1757, 40; HINSCHIUS, *Das Kirchenrecht*, I, 419; GROSSE-WIETFELD, *Justizreformen im Kirchenstaat*, 143-158; IUNG, *Auditeur*, 1399-1401; MOLLAT, *Contribution à l'histoire*, 897-904; G. FELICI, *La Reverenda Camera Apostolica. Studio storico-giuridico*, Città del Vaticano 1940, 104-110; N. DEL RE, *Uditore generale della Camera Apostolica*: N. DEL RE (Hg.),

ter Instanz anzunehmen. Eine Berufung gegen dessen Urteil an die Rota war aber stets möglich[166].

c. Die Rota auf dem Höhepunkt ihres Einflusses

In vielfacher Hinsicht waren Recht und Rechtsprechung der Rota innerhalb von zwei Jahrhunderten gereift und immer genauer umschrieben worden. Zugleich waren Einfluss und Bedeutung des Gerichts kontinuierlich gewachsen[167]. Das hohe Ansehen, das die Rota im Lauf der Zeit erlangt hatte, hatte sie zu einer Institution gemacht, in deren Entscheidungen man insbesondere in Italien große Erwartungen setzte[168].

Nicht zuletzt das Recht der Gläubigen, sich in jedem Stadium des Verfahrens an den Papst zu wenden[169], brachte es mit sich, dass die Zahl der Prozesse, die zuständigkeitshalber der Rota übertragen wurden, im Spätmittelalter und zu Beginn der Neuzeit erstaunlich groß war. Die Anzahl der Fälle, die am Vorabend der Glaubensspaltung gleichzeitig an der Rota anhängig waren, wird von Hoberg auf mehrere tausend geschätzt[170]. Wie er aus den Protokollbüchern der Notare aufzeigt, handelte es sich dabei zu über 90 % um kirchliche Verfahren, vor allem um Pfründestreitigkeiten[171]. Daneben gab es vielerlei andere Prozesse, die von überallher an die Rota gelangten[172].

Mondo Vaticano. Passato e presente, Città del Vaticano 1995, 1058-1059; BUKOWSKA-GORGONI, *Causae polonae*, 7-8 und 73-75.

166 Vgl. BUKOWSKA-GORGONI, *Causae polonae*, 8 und 74-75.

167 Vgl. dazu LEO X., *Pastoralis officii*, § 10: „Causarum sacri palatii auditorium, quo lites et controversiae undique ex christianis confluunt [...]".

168 Als Beispiel sei verwiesen auf den berühmten Erbstreitprozess des Niccolò Machiavelli, den dieser nach dem Tod seines Förderers Berto Berti von 1495 bis 1498 an der Rota führte: vgl. D. MAFFEI, *Il giovane Machiavelli banchiere con Berto Berti a Roma*, Firenze 1973, 34-43.

169 Vgl. INNOZENZ III., Papst, Brief *Ut nostrum prodeat*, 1198, Sep 23, an den ErzBf. von Mailand: X 2.28.56.

170 Vgl. HOBERG, *Die Tätigkeit der Rota*, 5: „Mithin kann die Gesamtzahl der in der zweiten Hälfte des Jahres 1517 an der Rota anhängigen Prozesse von 5000 nicht weit entfernt sein".

171 Vgl. *ebd.*, 2.

172 HOBERG, *ebd.*, 13, weist eine „große Zahl und Mannigfaltigkeit der Rechtsfälle" nach, von denen „zwei Drittel Südeuropa betreffen, ein Fünftel Mittel- und Osteuropa und ein gutes Siebtel das westeuropäische Festland" (*ebd.*, 6); zu deutschen Prozessen an der Rota siehe auch N. HILLING, *Römische Rotaprozesse aus den sächsischen Bistümern von 1464-1513*: AkKR 95 (1915), 33-77, 201-265, 389-421, 579-611; 96 (1916), 3-27, 193-202 und 384-421; H. HOBERG, *Passauer Prozesse in den ältesten im Vatikanischen Archiv erhaltenen*

Auch Eheverfahren wurden immer wieder, wenngleich in geringer Zahl, vor die Richter des Apostolischen Stuhls gebracht[173]. Auffallend ist dabei freilich, dass aus dem deutschen Sprachraum nur sehr wenige solcher Fälle am päpstlichen Gerichtshof anhängig waren[174]. Ähnliches gilt für England[175], doch wurde den Auditoren im Jahre 1530 von dort ein sehr berühmter Ehefall zugewiesen: der Prozess Heinrichs VIII. mit Katharina von Aragonien[176], der freilich nicht durch sie zur Entscheidung gelangte[177].

Protokollbüchern der Rotanotare (1464-1482): K. AMON (Hg.), *Ecclesia peregrinans. Josef Lenzenweger zum 70. Geburtstag*, Wien 1986, 153-158; zu dänischen Verfahren: P. INGESMAN, *Danske processer for den romerske Rota. Omkring et fund i Vatikanarkivet*: Arkiv 12/3 (1989), 170-182, besonders 177-180; INGESMAN, *Provisioner og processer*, 217-488 und 537-547; zu Prozessen aus Polen: BUKOWSKA-GORGONI, *Causae polonae*, 139-590; zu Fällen aus Schottland: J. J. ROBERTSON, *Scottish legal research in the Vatican Archives. A preliminary report*: RenSt 2 (1988), 339-346; zur Bedeutung der Rota als Berufungsgericht für Florenz: L. MARTINES, *Lawyers and Statecraft in Renaissance Florence*, Princeton 1968, 271-273 und 278-279.

173 Vgl. HILLING, *Die römische Rota und das Bistum Hildesheim*, 43; HILLING, *Römische Rotaprozesse*, 42; SCHNEIDER, *Die Römische Rota*, 68-69.

174 Diese Tatsache erklärt sich für SCHNEIDER, *Die Römische Rota*, 69, dadurch, „daß entweder die höchste Instanz in Ehesachen der deutschen Bistümer am Ausgange des Mittelalters überhaupt nicht angerufen worden ist, oder aber der Papst hat in Übereinstimmung mit den Verordnungen des Basler Konzils und des Tridentinums diese Art von Prozessen durch iudices in partibus entscheiden lassen". Auch HOBERG, *Die Tätigkeit der Rota*, 17, weist für den von ihm untersuchten Zeitraum (zweites Halbjahr 1517) nur einen einzigen deutschen Eheprozess an der Rota nach, einen Fall aus dem Erzbistum Bamberg. Auch aus den übrigen Ländern kamen aber meist nicht Eheprozesse, sondern Klagen anderer Art an den Papst.

175 Vgl. ROBERTSON, *Scottish legal research*, 341: „[...] the number of English cases recorded in the *Rota* archives is minuscule when compared with the volume of cases coming from other countries, including Scotland. The ratio between Scottish and English cases from 1464 to 1560 is approximately 374 to 20".

176 Vgl. *Relatio super causa*, [1530]: S. EHSES (Hg.), *Römische Dokumente zur Geschichte der Ehescheidung Heinrichs VIII. von England. 1527-1534* (= QFG, 2), Paderborn 1893, 156-158, 158, Nr. 28; L. PASTOR, *Geschichte der Päpste seit dem Ausgange des Mittelalters*, IV. *Geschichte der Päpste im Zeitalter der Renaissance und der Glaubensspaltung von der Wahl Leos X. bis zum Tode Klemens' VII. (1513-1534)*, 2. *Adrian VI. und Klemens VII.*, Freiburg im Breisgau u. a. [1-7]1925, 507.

177 Das Verfahren, das der Rota-Dekan Paolo Capisuccho leitete, wurde eingestellt. Am 23. Mai 1533 erklärte Erzbischof Thomas Cranmer von Canterbury die Ehe für nichtig. Daraufhin bestätigte Papst Clemens VII. (1523-1534) selbst am 23. Mai 1534 deren Gültigkeit (CLEMENS VII., Papst, Sentenz *In throno iustitiae*, 1534, Mrz 3: EHSES, *Römische Dokumente*, 215-216): vgl. hierzu H. JEDIN, *Das englische Schisma und die Reformation in England*: HKG, IV (1967), 341-354, 345; zum gesamten Fall vgl. unter anderem auch H. A. KELLY, *The Matrimonial Trials of Henry VIII*, Stanford 1976; G. BEDOUELLE, P. LE GAL, *Le „divorce" du roi Henry VIII. Études et documents* (= THR, 221), Genève 1987.

Nicht selten hatten die Auditoren auch auf staats- und verfassungsrechtlichem Gebiet Entscheidungen von großer Reichweite zu treffen. So mussten sie Urteile fällen im Investiturstreit des Herzogtums von Ferrara, im Vorrangstreit zwischen den römischen Basiliken Sankt Johannes im Lateran und Sankt Peter im Vatikan sowie im Hinblick auf das unterschiedliche Optionsrecht der Kardinalpriester und Kardinaldiakone[178].

Die aus der Versammlung päpstlicher Auditoren hervorgegangene Rota konnte so „zu ihrer Blütezeit im 15. und 16. Jhdt."[179] als der „würdigste und wichtigste Gerichtshof der Welt"[180] erscheinen, als ein für den Römischen Pontifex unverzichtbar gewordenes Element in der Ausübung seiner Jurisdiktionsgewalt. „Demnach kann die Rota mit Fug und Recht für jene Zeit als das stehende Tribunal bezeichnet werden, durch welches der Papst für die Regel die kontentiösen kirchlichen Sachen (– abgesehen von den Kriminalprozessen –) und die der weltlichen aus dem Kirchenstaat in höherer Instanz entscheiden liess"[181].

Ergebnis

In seiner weiteren Entwicklung war das einstige *auditorium* trotz seines schon Mitte des 14. Jahrhunderts fest umrissenen Auftrags mehrmals bemerkenswerten Wandlungen unterworfen. So wurde es auf seinem Weg durch Spätmittelalter und Neuzeit nicht selten mit neuen Aufgaben betraut und in seinen Zuständigkeiten verändert. Unterschiedlich waren daher auch die Bedeutung, die dem Gericht durch die Erfüllung seines Auftrags im Lauf der Jahrhunderte zukam, und der Ruf, den es dabei innerhalb und außerhalb der Kirche genoss.

Die rechtliche Legitimation und die im Anschluss daran erlassenen Bestimmungen zur besseren Umsetzung des Auftrags in die Praxis erlaubten es, dass das *auditorium* die ihm von den Päpsten übertragene Aufgabe immer um-

---

178 Vgl. SANTINI, *Tribunali ecclesiastici*, 504.

179 SCHNEIDER, *Die Römische Rota*, 73; vgl. auch KURTSCHEID, *De quibusdam Praelatis*, 564: „Fama S. Rotae Romanae in medio aevo praesertim saeculis XV et XVI maxima erat".

180 So SÄGMÜLLER, *Die Entwicklung der Rota*, 99; C. SAGNORI, *Relazione sul riordinamento dell'archivio notarile della Sacra Rota*, Roma 1887, 6, urteilt: „[...] l'Asilo della Giustizia, ed il più grande ed il più celebre Tribunale del mondo nella giurisprudenza canonica e civile"; ähnlich A. JULLIEN, *Il beato Papa Pio X*, 160: „per secoli il più famoso tribunale del mondo".

181 HINSCHIUS, *Das Kirchenrecht*, I, 397.

fassender wahrnehmen und erfüllen konnte. Die hohe Qualifikation seiner Richter und deren fundierte Entscheidungen ließen die Rota zudem bald zum berühmtesten Gerichtshof des christlichen Abendlandes werden. Durch Sammlung und Veröffentlichung der Urteile übte die Rota so seit dem 14. Jahrhundert eine wichtige Funktion zu Gunsten der Rechtsprechung und der Weiterentwicklung nicht nur des kanonischen Rechts, sondern auch des *ius commune* in weiten Teilen Europas aus.

Begünstigt wurde diese Entwicklung zu Beginn des 15. Jahrhunderts durch zusätzliche Bestimmungen Papst Martins V., dank derer das Gericht seine Wirksamkeit noch besser entfalten konnte und seine Funktion weiter geklärt wurde. So beseitigte der Papst die teils kumulative Zuständigkeit von Kardinälen und Auditoren und trennte klar deren Kompetenzen. Veränderungen in der Verfassung und Vorgehensweise verdeutlichten überdies immer mehr den Charakter des Tribunals als eigenständiges Organ der kirchlichen Rechtsprechung.

Am Ende des 15. Jahrhunderts dehnte Papst Innozenz VIII. den Aufgabenbereich noch weiter aus. Die Rota wurde nun auch Berufungsgericht für weltliche Prozesse aus dem Gebiet des Kirchenstaates. Durch Papst Pius IV. erlangte sie dann um 1560 den Höhepunkt ihrer Zuständigkeit und ihres Einflusses. Auftrag des Gerichts war es nun, in weltlichen Prozessen aus dem Kirchenstaat und kirchlichen Verfahren, die den Papst aus allen Teilen der Erde erreichten, gleichermaßen Recht zu sprechen. In Tausenden von laufenden Verfahren versuchte die Rota dabei, diesen Auftrag zu erfüllen.

Drittes Kapitel

Die Schwächung

Die Schwerpunktverlagerung vom geistlichen zum weltlichen Gericht und der Niedergang der Rota (16. bis 19. Jahrhundert)

Im Zeitraum von mehr als 600 Jahren, in dem das Gericht seit seiner Entstehung nahezu ununterbrochen bestand, kam es verständlicherweise immer wieder zu Veränderungen seiner Wirkweise und seines Einflusses. Dass die Rota unbeschadet aller Umstände und Umformungen in ihrer Grundstruktur erhalten blieb, ist ein in der Geschichte des Justizwesens wohl einmaliges Faktum. Dennoch erfolgte vom Beginn der Neuzeit an eine immer stärker erkennbare Wandlung der Funktion des päpstlichen Tribunals. Als oberstes geistliches Rechtsprechungsorgan der Weltkirche verlor die Rota nämlich nach und nach an Bedeutung. Immer mehr wurden die Auditoren zu Richtern des päpstlichen Staates.

1. Der schwindende Einfluss und der allmähliche Bedeutungsverlust der Rota zu Beginn der Neuzeit

Der herausragende Platz, den das Tribunal des 16. Jahrhunderts dank ihrer umfassenden Kompetenz bei der Ausübung päpstlicher Leitungsgewalt im Gerichtswesen der damaligen Zeit eingenommen hatte, blieb rechtlich gesehen noch bis in das folgende Jahrhundert hinein gewahrt. Noch zur Zeit Pauls V. (1605-1621) war die Rota der Gerichtshof, in dem die bedeutenderen Prozesse von Gläubigen aus aller Welt durchgeführt und entschieden wurden. In der Bulle *Universi agri dominici*[1] bezeichnete der Papst das Tribunal damals ausdrücklich als

> „auditorium nostri palatii, in quo universorum christifidelium graviores causae mature cognoscuntur et iuste terminantur"[2].

Gleichzeitig aber bewirkten äußere Umstände, dass Bedeutung und Einfluss der Rota bereits zu schwinden begonnen hatten, als Papst Pius IV. 1561 ihre Zuständigkeit nahezu grenzenlos ausdehnte[3].

Unterschiedliche Faktoren waren es, die die juristisch unangefochtene Stellung des Gerichts unterliefen. Zwar blieben zunächst noch die im Lauf der Jahrhunderte entstandenen und errungenen Strukturen erhalten; in der Praxis aber verloren sie immer mehr an Gewicht.

a. Die Spaltung der Kirche und die Abwendung von Rom

Noch war die Rota oberster Gerichtshof für die Kirche in aller Welt, aber die Kirche war kleiner geworden: Durch die Reformation waren ganze Länder und Völker plötzlich der Zuständigkeit Roms entzogen. Die Ausbreitung des Protestantismus schränkte dabei nicht nur die Aktivität des Gerichts ein[4], sondern auch den Einfluss der Rota auf die Weiterentwicklung des Rechts. Nicht mehr das *ius commune* sollte in Zukunft für das Zusammenleben der Menschen die Grundlage bilden, sondern das auf Vernunft und Humanität gegründete positivistische Recht der Aufklärung, dem in der Abkehr von Rom bereits der Weg geebnet worden war.

Zu der negativen Entwicklung beigetragen hat nicht weniger das Verbot mancher Regierungen, Berufung an Gerichte im Ausland einzulegen[5]. So war schon seit der Mitte des 15. Jahrhunderts in England und durch die so genannte Pragmatische Sanktion von Bourges vom Jahr 1438[6] auch in Frankreich die An-

---

[1] Vgl. PAUL V., Papst, Ap. Konst. *Universi agri dominici*, 1612, Mrz 1: BullRom, XII, 58-111.

[2] *Ebd.*, § 5: *De auditorio Rotae*, n. 1.

[3] Vgl. dazu MONETA, *La giustizia nella Chiesa*, 54: „[...] a partire del XVI secolo la Rota entra però in una fase di progressiva decadenza".

[4] Vgl. DE LUCA, *Theatrum veritatis*, XV/2, disc. 32, n. 61; BANGEN, *Die römische Curie*, 303; HINSCHIUS, *Das Kirchenrecht*, I, 397; SCHNEIDER, *Die Römische Rota*, 77.

[5] Vgl. DE LUCA, *Theatrum veritatis*, XV/2, disc. 32, n. 61; E. A. FRIEDBERG, *Lehrbuch des katholischen und evangelischen Kirchenrechts*, Leipzig [6]1909, 284; BANGEN, *Die römische Curie*, 303; HINSCHIUS, *Das Kirchenrecht*, I, 397; SCHNEIDER, *Die Römische Rota*, 77; W. M. PLÖCHL, *Geschichte des Kirchenrechts*, III. *Das katholische Kirchenrecht der Neuzeit*, 1, Wien – München [2]1970, 168.

[6] Vgl. hierzu N. VALOIS, *Histoire de la Pragmatique Sanction de Bourges sous Charles VII* (= AHReF, 4), Paris 1906; R. HEDDE, *Pragmatique Sanction*: DThC, XII (1933), 2780-

rufung päpstlicher Gerichte erschwert[7]. 1531 wurde in England jede Appellation nach Rom vom Parlament untersagt[8]. Dabei wurde zur Begründung mitunter der Vorwand geltend gemacht, die Auditoren der Rota seien nur auf geistlichem Gebiet erfahren; weltliche Prozesse dagegen könnten an weltlichen Gerichten sachkundiger entschieden werden[9].

Politische Gründe waren es demnach, die in erster Linie ausschlaggebend waren für den Rückgang an kirchlichen Verfahren beim päpstlichen Gerichtshof. Dezentralisierungsbestrebungen wurden hierbei in fast allen Teilen Europas wach. Gleichzeitig aber begünstigte diese Entwicklung die wachsende Bedeutung der Rota als oberstes Berufungsgericht des Kirchenstaates, und zwar auf geistlichem wie auch auf weltlichem Gebiet[10].

b. Die Privilegien ausländischer Gerichte

Nicht allein die Einflüsse von außerhalb der Kirche sollten an der Wende zur Neuzeit die unangefochtene Stellung der Rota schmälern. Zwar umfasste die Zuständigkeit des Bischofs von Rom nach wie vor die gesamte christliche Welt. Doch war das *auditorium* des Papstes nicht mehr die einzige Justizbehörde, die in seinem Auftrag Rechtsstreitigkeiten in letzter Instanz zu lösen vermochte. Auch einige andere Tribunale konnten nun in päpstlichem Namen die ihnen vorgelegten Fälle entscheiden, ohne dass dabei eine Berufung an den Apostolischen Stuhl verpflichtend gewesen wäre. Stellvertretend nahmen sie so die gleiche Funktion wahr, die einst dem *auditorium* übertragen worden war. Der Fortbestand der Rota als geistlicher Oberinstanz aber erschien dadurch nicht mehr unverzichtbar.

Schon seit der Mitte des 15. Jahrhunderts waren nämlich bestimmten Ländern im Gerichtswesen Sonderkompetenzen zugestanden worden. So hatte Papst

---

2786; P. DE VOOGHT, *Pragmatische Sanktion*: LThK^2, VIII (1963), 680; M. PACAUT, *Pragmatique Sanction*: Cath, XI (1988), 726-727; H. MÜLLER, *Pragmatique Sanction*: LMA, VII (1995), 166-167; H. MÜLLER, *Pragmatische Sanktion*: LThK^3, VIII (1999), 498-499.

7 Vgl. HOBERG, *Die Tätigkeit der Rota*, 7.

8 Vgl. JEDIN, *Das englische Schisma*, 345.

9 Vgl. DE LUCA, *Theatrum veritatis*, XV/2, disc. 32, n. 62: „Hinc evidenter quoque elucet, eiusdem ignari vulgi exteri, vere irrisione digna ineptia, quae stultitiae vel fatuitatis speciem redolet, opinandi scilicet, quod Rota et Curia romana solum ecclesiastica, et spiritualia negotia tractet, non autem saecularia, ideoque eius professores nullam, vel modicam habeant civilis facultatis peritiam. Dum non reflectunt ad negotia saecularia ipsius romanae civitatis, quae omnium forte civitatum Europae est ditior, ac alia quae producit adeo considerabilis principatus saecularis, qui plures habet conspicuas civitates".

10 Vgl. P. PRODI, *Il sovrano pontefice. Un corpo e due anime: la monarchia papale nella prima età moderna*, Bologna 1982, 158: „[...] da tribunale supremo per le cause ecclesiastiche della cristianità, divine, senza mutare la sua struttura formale, tribunale supremo dello Stato pontificio in parallelo con l'affermarsi degli altri tribunali supremi statali".

Nikolaus V. (1447-1455) bereits 1452 dem Erzbischof von Gran (Esztergom) und Primas von **Ungarn** das Privileg gewährt, sämtliche Prozesse aus dem ungarischen Legationsgebiet auch ohne Appellation selbst entscheiden zu können[11]; er gab ihm die Vollmacht,

> „de causis, que infra limites legationis huiusmodi, etiam per simplicem querelam, coram eo et apud dictam sedem moveri et verti contigerit, cognoscere et cognosci facere“[12].

Leo X. (1513-1521) bestätigte dann 1513 zwar die Vorrechte des Primas, verfügte jedoch gleichzeitig, dass alle Verfahren dritter Instanz an den Heiligen Stuhl zu überweisen seien:

> „Archiep[iscop]us Strigoniensis Primas et Legatus natus, ut prefertur per viam simplicis querele et appellationis ab omnibus et singulis Iudicibus vel ecclesiasticis Colloceñ et Bachieñ (Civit. et dioc.) quarum ecclesie invicem unite existunt, et aliarum partium dicti Regni adiri debeat [...] quod a quibusvis Iudicibus predictis, omissis quibuscunque mediis, ad Archiep[iscop]um Strigoniensem appellari et in causis simplicis querele et primis instantiis prefatus Archiepiscopus facere [...] tenore presentium declaramus in predictis Collocensi et Bachiensi, ac illorum Suffraganeorum civitatibus et diocesibus iurisdictionem concurrentem habeat, et preventioni locus existat, et in tertiis instantiis cause, in quibus coram eodem Archiepiscopo in secunda instantia processum fuerit, ad Romanam curiam devolvantur, decernere, declarare, statuere et ordinare [...] dignaremur“[13].

---

[11] Zur Geschichte der kirchlichen Gerichte von Ungarn, insbesondere von Gran, siehe vor allem P. ERDŐ, *Il potere giudiziario del Primate d'Ungheria. I. Rilievi storici*: Apol 53 (1980), 272-292; P. ERDŐ, *Il potere giudiziario del Primate d'Ungheria. Osservazioni canonistiche*: Apol 54 (1981), 213-231; Z. M. BIEG, *Struttura e competenza dei tribunali territoriali e personali della Chiesa*, Roma 1989, 33; J. L. MÉNDEZ RAYÓN, *La tercera instancia judicial local en la actual legislación latina*, Diss. masch., Romae 1993, 140-155.

[12] NIKOLAUS V., Papst, Ap. Konst. *Excellens apostolice sedis*, 1452, Apr 4: VetMH, 601; vgl. hierzu auch die vorausgehende Bulle: NIKOLAUS V., Ap. Konst. *Sacrosancte Romane Ecclesie*, 1451, Mrz 3: VetMH, 600-601, in der der Papst die bereits seit langer Zeit bestehenden Vorrechte anerkennt: „[...] antistites eiusdem ecclesie [...] iurisdictione et legatione [...] a tempore cuius memoria hominum non existit, in utroque foro [...] continuo usi fuerunt“.

[13] LEO X., Papst, Ap. Konst. *Decet Romanum Pontificem*, 1513, Aug 8: VetMH, 597; vgl. auch LEO X., Papst, Ap. Konst. *Regimini*, 1513, Mai 6: VetMH, 593-594. ERDŐ, *Il potere giudiziario. Rilievi*, 278, der den Text allerdings ohne den das drittinstanzliche Forum betreffenden Teil wiedergibt (vgl. *ebd.*, 277), kommt zum Schluss: „Come [...] privilegio speciale, spettava al Primate di giudicare, in qualsiasi istanza, su qualunque causa delle province di Esztergom e Kalocsa“.

Tatsächlich wurde diese Bestimmung in der Folgezeit meist nicht befolgt[14]. Die Möglichkeit einer Berufung an den Papst blieb allerdings auch weiterhin erhalten[15].

Dagegen wurden die Prozesse aus **Spanien** in der zweiten Hälfte des 16. Jahrhunderts ganz dem Einflussbereich der Rota entzogen.

Wohl schon Papst Clemens VII. (1523-1534) hatte 1529 auf Bitten Kaiser Karls V. die entsprechenden Privilegien gewährt und in Madrid ein eigenes Nuntiaturgericht errichtet[16], dem die Zuständigkeit in allen spanischen Berufungsverfahren übertragen wurde[17]. In Anbetracht der exzessiven Zahl von Prozessen, die von Spanien nach Rom gelangt waren, sollten auf diese Weise aber auch die Auditoren der Rota entlastet werden[18].

Papst Julius III. (1550-1555) bestätigte 1555 dann ausdrücklich die geltende Regelung und verlieh dem Gericht noch weiter reichende Vollmachten. In einem Brief an den Nuntius teilte er diesem mit:

> „[...] tibi de quo in his et alijs specialem in domino fidutia obtinemus, beneficiales et alias ecclesiasticas nec non spirituales et prophanas,

---

14 So jedenfalls ERDŐ, *Il potere giudiziario. Rilievi*, 280, unter Berufung auf ein Schreiben der ungarischen Bischöfe von 1856; vgl. auch *ebd.*, 278: „Tuttavia, nella pratica tutta questa giurisdizione del Primate non ebbe altro significato che quest'ultimo poteva riesaminare personalmente, come foro di ulteriore appello, le sentenze del suo proprio tribunale metropolitano".

15 Vgl. ERDŐ, *Il potere giudiziario. Osservazioni*, 219-221.

16 Dies ist die vorherrschende Ansicht unter den Historikern. A. GIOBBIO, *Lezioni di Diplomazia Ecclesiastica dettate nella Pontificia Accademia dei Nobili Ecclesiastici*, I, Roma 1899, 290, Anm. 1, beruft sich dabei auf eine entsprechende Bulle Clemens' VII., in der es heißt: „Appellationes a delegatis et ordinariis [...] ac appellationum quarumcumque interpositarum, et interponendarum ab Ordinariis et delegatis etiam Apostolicis, seu aliis tam in iudicio quam extra, et alias quascumque causas ad forum ecclesiasticum pertinentes, et per viam simplicis quaerelae per te vel alium seu alios summarie simpliciter, et de plano, sine strepitu, et figura iudicii, sola facti veritate inspecta, audiendi, cognoscendi et fine debito terminandi, subdelegandi [...]" (CLEMENS VII., Papst, Ap. Breve *Appellationes a delegatis*, 1529, Apr 16; GIOBBIO, *Lezioni di Diplomazia*, *ebd.*). Anderer Auffassung ist L. PICANYOL, *De origine et evolutione historica tribunalis Rotae Hispanicae*: Apol 5 (1932), 220-222. Er verweist darauf, dass ein entsprechender Erlass Clemens' VII. nirgendwo aufzufinden sei: „[...] frustra in archivo Vaticano quaesivimus; [...] Utrum cl. Giobbio supradictum Breve propriis oculis conspexerit [...], nescimus" (*ebd.*, 222); eher müsse daher Gregor XIII. (1573-1584) der Gründer der Spanischen Rota gewesen sein (vgl. *ebd.*, 222-226). Die Einwände Picanyols werden aber entkräftet durch die Nachforschungen von P. CANTERO, *La Rota Española*, Madrid 1946, 40-41 und 43; zur Geschichte des Gerichtes vgl. auch ausführlich C. GARCÍA MARTÍN, *El Tribunal de la Rota de la Nunciatura de España. Su origen, constitución y estructura*, Roma 1961.

17 Vgl. CANTERO, *La Rota Española*, 42.

18 Vgl. C. GARCÍA MARTÍN, *Rota española*: DHEE, III (1973), 2111-2114, 2111; MÉNDEZ RAYÓN, *La tercera instancia*, 104.

> ac criminales causas quaslibet ad forum ecclesiasticum quomodo libet pertinentes, tam prime quam secunde & vlterioris instantie, nec non appellationum, quarumcunq; etiam a quibuscumq; ecclesiasticis iudicibus, ordinarijs et delegatis a diffinitiuis sententijs [...] etiam sumarie simpliciter et de plano cum potestate citandi et inhibêdi etiã sub cêsuris ecclesiasticis [...] et cognoscendi[19].

1737 wurde die Existenz des Tribunals feierlich in einem Konkordat bekräftigt[20]. Dabei umfasste die Jurisdiktionsgewalt des Gerichts sämtliche Instanzen[21], so dass eine Berufung nach Rom nur noch auf außerordentlichem Weg durch päpstliches Kommissionsreskript möglich war. Papst Clemens XIV. (1769-1774) errichtete 1771 durch das Apostolische Breve *Administrandas iustitiae zelus*[22] an Stelle des bisherigen Nuntiaturgerichts das „Tribunal der Rota der Nuntiatur von Madrid" und gab diesem eine neue Verfassung[23]. In Anlehnung an die Vorgehensweise der Rota Romana sollte nunmehr auch am spanischen Gerichtshof in *turni* von je drei Auditoren entschieden werden[24].

Im Lauf der nachfolgenden Jahrhunderte gewann die Rota von Madrid dann immer mehr an Bedeutung; mehrere Male wurden die seinerzeit gewährten Sonderrechte bestätigt und erweitert[25].

Nach einer 1808 durch die napoleonische Okkupation bedingten Unterbrechung des Gerichtsbetriebes konnte dieser im Sommer 1814 wieder aufgenom-

---

19 JULIUS III., Papst, Ap. Schr. *Eximia fides*, 1550, Apr 5: CANTERO, *La Rota Española*, nach 160, *Apendice* n. 3; vgl. hierzu auch CANTERO, *La Rota Española*, 47-48.

20 Vgl. CANTERO, *Rota Española*, 92-96; L. DE ECHEVERRIA, *Rote Espagnole*: DDC, VII (1965), 735.

21 Vgl. MÉNDEZ RAYÓN, *La tercera instancia*, 107.

22 Vgl. CLEMENS XIV., Papst, Ap. Breve *Administrandae iustitiae zelus*, 1771, Mrz 26, bei L. PICANYOL, *De origine et evolutione historica tribunalis Rotae Hispanicae*: Apol 5 (1932), 218-237, 233-237. Zur Vorgeschichte des Apostolischen Breve vgl. auch GARCÍA MARTÍN, *El tribunal de la Rota de la Nunciatura de España*, 47-56.

23 So wurde das neue Gericht nun mit spanischen Richtern besetzt. Dies war einer der Hauptforderungen der Spanier gewesen, denn „los nuncios en materias tocantes a la jurisdicción contenciosa, provisión de beneficios y percepción de derechos provocaron una protesta general en el episcopado y pueblo español" (GARCÍA MARTÍN, *Rota española*, 2111).

24 Vgl. CLEMENS XIV., *Administrandae iustitiae zelus*, VII: „Numerus autem eorum quibus Rotae Tribunal Nuntiaturae huiusmodi constituetur, senarius pro nunc erit, ac in duos, ut vocant, turnos dividendus"; „[...] eadem facultate et iurisdictione, qua Ponentes Auditorii Rotae Romanae [...] utuntur et fruuntur"; VIII: „[...] iuxta Romanae Rotae leges ac praxim [...]".

25 Vgl. hierzu und zur geschichtlichen Entwicklung der spanischen Rota im Allgemeinen vor allem GARCÍA MARTÍN, *El tribunal de la Rota de la Nunciatura de España*, 19-120; GARCÍA MARTÍN, *Rota española*, 2111-2114.

men werden[26]. Zwar wurde die Tätigkeit des Tribunals im Lauf des 19. Jahrhunderts noch vier weitere Male unterbrochen, letztmals ab 1868[27]; seit 1877 aber konnte die Rota von Madrid ihre Jurisdiktion wieder frei und ungehindert ausüben. Zudem hatte Papst Pius VIII. (1829-1830) die Stellung des Tribunals noch weiter gestärkt, indem er es – innerhalb der territorialen Zuständigkeitsgrenzen – auch zur Entscheidung in Glaubens- und Sittenverfahren ermächtigte[28].

Eine Sonderregelung war knapp zwei Jahrzehnte nach der Errichtung der Spanischen Rota auch für die meisten Kolonialgebiete in **Amerika** erlassen worden: Papst Gregor XIII. gewährte den unter spanischer Oberhoheit stehenden Territorien Westindiens, zur Entscheidung von Prozessen in dritter Instanz den dem Metropoliten nächsten Nachbarbischof derselben Kirchenprovinz anzurufen[29].

c. Der Rückgang an Benefizialsachen und die Umgehung der Rota in geistlichen Verfahren

Neben politischen und kirchenpolitischen Gründen waren es auch gerichtsinterne Ursachen, die die umfassende Kompetenz der Rota aushöhlten und so den langsamen Niedergang des Tribunals einleiteten. Durch die weitgehende Klärung des Benefizialrechts beispielsweise mussten in solchen Fällen wesentlich seltener als in den vorhergehenden Jahrhunderten Prozesse geführt werden. Folge dieser Entwicklung war, dass auch die Tätigkeit der Rota auf diesem Gebiet starken Einschränkungen unterworfen war[30].

Eine Entscheidung von weit reichender Konsequenz traf dann Papst Sixtus V. (1585-1590): Er nahm durch seine Bulle *Immensa aeterni Dei* vom 22. Januar 1587[31] eine grundlegende Neuordnung der römischen Kurie vor und rief in diesem Zusammenhang neue Kardinalskongregationen ins Leben[32]. Sechs von

---

26 Vgl. GARCÍA MARTÍN, *El tribunal de la Rota de la Nunciatura de España*, 102-105.

27 Die Zeiten unterbrochener Gerichtstätigkeit waren: 1813-1814, 1823, 1840-1844, 1854-1856, 1868-1877: vgl. CANTERO, *Rota Española*, 118-122.

28 Vgl. PIUS VIII., Papst, Ap. Breve *Cogitationes Nostras*, 1829, Okt 5, § 2: BullRom Cont, XVIII, 67-68, 67.

29 Vgl. GREGOR XIII., Papst, Ap. Konst. *Exposcit debitum*, 1572, Mai 15: BullRom, VIII, 1-3; HINSCHIUS, *Das Kirchenrecht*, VI, 6, Anm. 14.

30 Vgl. DE LUCA, *Theatrum veritatis*, XV/2, disc. 32, n. 61.

31 Vgl. SIXTUS V., Papst, Ap. Konst. *Immensa aeterna Dei*, 1587, Jan 22: BullRom, VIII, 985-999.

32 Vgl. SIXTUS V., *Immensa aeterna Dei*, § 2: „[...] motu proprio [...] congregationes quindecim constituimus, singulisque certa negocia assignavimus“; zur Kurienreform Papst Sixtus' V. vgl. unter anderem: N. HILLING, *Die Neuorganisation der römischen Kurie auf*

15 Kongregationen waren fortan für Fragen der Verwaltung und Justiz zuständig. Sie verfügten zwar über keine Gerichtsbarkeit im herkömmlichen Sinn[33]; in der Praxis aber wurden sie sehr oft an Stelle der Rota mit der Entscheidung von Rechtsstreitigkeiten beauftragt, die auf dem Weg der Berufung an den Heiligen Stuhl gelangt waren[34]. Es war Aufgabe der *Signatura iustitiae,* die einzelnen Fälle unter Berücksichtigung entsprechender Wünsche der Parteien zur Durchführung entweder einem bestimmten *auditor ponens* der Rota oder aber der betreffenden Kongregation zu überweisen; eine Berufung gegen diese Entscheidung war möglich. Der päpstlichen Kanzlei dagegen fiel dabei die Aufgabe zu, den Fall gemäß dem Dekret der Signatur der zuständigen Stelle zuzuleiten[35]. Eine nicht weniger wichtige Rolle spielte die *Signatura gratiae*; die Bedeutung, die ihr durch die Reform Sixtus' V. als zweiter der 15 Kongregationen zukam, hatte in der Folgezeit einen immer größeren Einfluss der Verwaltung gegenüber der Rechtsprechung zur Folge[36].

Noch klarer als durch die Bulle wurden Judikative und Exekutive am 11. Mai 1587 durch die Ausführungsbestimmung *Sanctissimus*[37] voneinander getrennt. Durch sie wurde einer der Parteien ausdrücklich das Recht zugestanden, eine Sache, die vor einer Kongregation vorgebracht wurde, vor Beginn des Verfahrens auf den Gerichtsweg überweisen zu lassen; beiden Parteien zusammen

---

Grund der Konstitution Pius' X. „Sapienti consilio" vom 29. Juni 1908: ThGl 1 (1909), 32-50, 33-34; H. WÜNNENBERG, *Die Kardinals-Kongregationen, die Rota Romana und die Signatura Apostolica. Eine rechtsgeschichtlich vergleichende Darstellung*, Hamburg 1924, 8-15; P. TORQUEBIAU, *Curie Romaine*, 985-986; W. VARSÁNYI, *De competentia et procedura Sacrae Congregationis Concilii ab origine usque ad nostra tempora*: P. PALAZZINI (Hg.), *La Sacra Congregazione del Concilio. Quarto centenario della fondazione (1564-1964). Studi e ricerche*, Città del Vaticano 1964, 51-161, 81-88; H. JEDIN, *Das Papsttum und die Durchführung des Tridentinums (1565 bis 1605)*: HKG, IV (1967), 521-560, 528-529; DEL RE, *La Curia Romana*, 20-25; FEINE, *Kirchliche Rechtsgeschichte*, 521-524; SÁNCHEZ Y SÁNCHEZ, *La Curia Romana*, 452-453; PASZTOR, *La Curia Romana*, 36-41; P. PALAZZINI, *Prefazione*: CONGREGAZIONE PER LE CAUSE DEI SANTI (Hg.), *Miscellanea in occasione del IV centenario della Congregazione per le Cause dei Santi (1588-1988)*, Città del Vaticano 1988, 3-12; E. GATZ, *Kurie, Römische*, II. *Von der Reformationszeit bis zur Gegenwart*: TRE, XX (1990), 347-352, 348-350; A. M. STICKLER, *Le riforme della Curia nella storia della Chiesa*: P. A. BONNET, C. GULLO (Hg.), *La Curia Romana nella Cost. Ap. „Pastor Bonus"* (= StGiur, 21 = ADGC, 13), Città del Vaticano 1990, 1-15, 7-9.

33 Vielmehr waren die Kongregationen die Organe der römischen Kurie, in deren Zuständigkeit die *recursus hierarchici* fielen und von denen daher die kirchliche Verwaltungsgerichtsbarkeit ihren Anfang nahm.

34 Vgl. SCHNEIDER, *Die Römische Rota*, 77.

35 Vgl. DOLEZALEK, *Litigation at the Rota*, 347-348.

36 Vgl. TAMMLER, *Tutela iurium personarum*, 24-25.

37 Vgl. SIXTUS V., Papst, Dekl. *Sanctissimus*, 1587, Mai 11: BullRom, VIII, 999.

aber wurde zugebilligt, eine Gerichtssache jederzeit der zuständigen Kongregation zuzuleiten. Es wurde nämlich festgelegt:

> „[...] si ante inchoatum iudicium coram aliquo iudice, pars coram congregatione conventa, renuerit in illam consentirem et noluerit causam a congregatione terminari, tunc ad iudicem competentem remittatur.
>
> [...] si coram aliquo iudice inchoatum fuerit iudicium, et deinde partes concordes congregationem adiverint, tunc congregatio causam decidat, et acta ad se transportari faciat“ [38].

Die Position der Kongregationen gegenüber der Rota war auf diese Weise entscheidend gestärkt worden[39].

Anfängliche Kompetenzschwierigkeiten zwischen der von Pius IV. 1564 ins Leben gerufenen Konzilskongregation[40] und der Rota konnten zwar mit der Zeit ausgeräumt werden[41]. Doch auch entsprechende päpstliche Verbote[42] vermochten nicht zu verhindern, dass in kirchlichen Streitfällen der Gerichtsweg nach Möglichkeit vermieden wurde und diese von den Kongregationen „in summarischer und außergerichtlicher Form“ entschieden wurden[43].

---

38 *Ebd.*, §§ 2-3.

39 Vgl. M. PACAUT, *Les organes du gouvernement pontifical*: C. LEFEBVRE, M. PACAUT, L. CHEVAILLER (Hg.), *L'époque moderne 1563-1789. Les sources du droit et la seconde centralisation romaine* (= HDIEO, 15/1), Paris 1976, 153-190, 173: „Elle [la Rote; Anm. des Verfassers] est en effet la première victime de la montée des Congrégations qui prennent en main le contentieux administratif et s'attribuent une compétence judiciaire de plus en plus large“; TAMMLER, *Tutela iurium personarum*, 26.

40 Vgl. PIUS IV., Papst, Ap. Konst. *Alias Nos*, 1564, Aug 2: BullRom, VII, 300-301.

41 Ein Verbot Papst Gregors XIII., durch die Rota Konzilsdekrete auszulegen, wurde von dieser in bestimmten Fällen missachtet: vgl. hierzu C. LEFEBVRE, *La S. Congrégation du Concile et le tribunal de la S. Rote Romaine a la fin du XVIe siècle:* P. PALAZZINI (Hg.), *La Sacra Congregazione del Concilio. Quarto centenario della fondazione (1564-1964). Studi e ricerche*, Città del Vaticano 1964, 163-177, 168-177. Durch die Praxis kam es aber bald zu einer Einigung: „La pratique a fini par reconnaître le droit de la Rote à intervenir même en des matières traitées par le concile. C'est seulement au cas de doute grave que le recours s'impose à la Congrégation, à qui seule est réservée sous le contrôl même du Pape l'interprétation authentique des décisions conciliaires. C'est ce qu'exprimera fréquemment la Rote dans ses décisions en assurant qu'elle suit fidèlement les indications données par la Congrégation. L'accord est au surplus parfait sur ce point entre la Rote e la Congrégation: non seulement celle-ci, mais le Pape lui-même recourent fréquemment à elle, on l'a vu, pour préciser certaines interprétations particulièrement délicates des décrets tridentins“ (*ebd.*, 177).

42 So durch die Päpste Innozenz XII. (1691-1700), Clemens XII. (1730-1740), Benedikt XIV. (1740-1758) und Pius VI. (1775-1799): vgl. MORONI, *Dizionario*, LXXX, 142; SCHNEIDER, *Die Römische Rota*, 77.

43 Vgl. DE LUCA, *Theatrum veritatis*, XV/2, disc. 47, n. 7: „in forma summaria et extraiudiciali“.

Die Gründe für die Bevorzugung der Kongregationen lagen aber nicht nur in Vorbehalten gegenüber der Justiz als geeignetem Entscheidungsorgan, sondern zum großen Teil auch in der Abscheu vor den Missständen und Missbräuchen am Gerichtshof[44]. Schneider hält in diesem Zusammenhang fest: „Drei *Mißstände* waren es vor allem, die, wie in allen kurialen Behörden, so auch bei der Rota sich breit machten: die Käuflichkeit der Ämter, die Ausübung des Amtes durch Stellvertreter und die Ämterhäufung“[45]. Der Spruch „Roma urbs est aeterna“[46] war bezeichnenderweise im Hinblick auf die Arbeitsweise der Rota entstanden[47], denn deren Prozedur „war oft schwerfällig und kompliziert, mit nutzlosen Förmlichkeiten überladen“[48] und erforderte nicht selten hohe finanzielle Aufwendungen[49]. Wenngleich die Richter ihr Amt im Allgemeinen gewissenhaft und unbestechlich ausübten[50], verlangten die nahezu unbegrenzten

---

[44] Vgl. HILLING, *Die römische Rota und das Bistum Hildesheim*, 60-63; HOFMANN, *Forschungen zur Geschichte der kurialen Behörden*, I, 242, Anm. 1, und 327; SCHNEIDER, *Die Römische Rota*, 77-78, 135-139 und 151-152.

[45] SCHNEIDER, *Die Römische Rota*, 135.

[46] Siehe B. OJETTI, *De Romana Curia. Commentarium in Constitutionem Apostolicam „Sapienti Consilio“ seu de Curiae piana reformatione*, Romae 1910, 17.

[47] Vgl. SCHNEIDER, *Die Römische Rota*, 77, Anm. 5.

[48] SCHNEIDER, *Die Römische Rota*, 77. Freilich ist dabei zu bedenken: „Wenn die Prozesse sich oft lange hinzogen, lag das nicht zuletzt daran, daß innerhalb der Rota [...] appelliert werden konnte und zur Ergänzung des Beweismaterials nicht selten zeitraubende Rückverweisungen an Richter in der Heimatdiözese notwendig waren. Auch konnten die hochangesehenen, oft richtungsweisenden Entscheidungen der Rota nicht die Frucht eilfertiger Verfahren sein“ (HOBERG, *Die Tätigkeit der Rota*, 13); zur Prozedur der Rota in der zweiten Hälfte des 16. Jahrhunderts und den damit verbundenen Vollmachten der Auditoren vgl. das von Lefebvre herausgegebene Manuskript des spanischen Rota-Auditors Antonio Agostín: AGOSTÍN, *Praxis Rotae*.

[49] Vgl. HILLING, *Die römische Rota und das Bistum Hildesheim*, 62: „Ließen sich dieselben [...] auch nicht ganz vermeiden, so mußten sie doch von den einzelnen um so schwerer empfunden werden, als nach der Praxis der kurialen Gerichte der unterliegende Teil alle Prozeßkosten allein zu tragen hatte“; C. L. STINGER, *The Renaissance in Rome*, Bloomington 1985, 136: „Like other early modern monarchies, the papacy used the processes of justice as a source of revenues, but an appeal to Rome, from the point of view of affected laity, entailed an expensive, time-consuming, and often mystifying process“. Stinger führt in diesem Zusammenhang den Fall des Lübecker Kanonikus Albert Krummediek an, der sich 1461/62 zur Beschleunigung des Verfahrens selbst nach Rom begeben und dafür rund 1000 Dukaten aufzuwenden gehabt habe, davon etwa 135 für Taxen und Gebühren sowie 350 für Trinkgelder und Geschenke: vgl. *ebd.*, 136-137, sowie hierzu: D. BROSIUS, *Eine Reise an die Kurie im Jahre 1462. Ein Rechenschaftsbericht des Lübecker Domherrn Albert Krummediek*: QFIAB 58 (1978), 411-440.

[50] Kleinere Geschenke wurden gewöhnlich zwar nicht abgelehnt, die Bestechlichkeit der Richter war aber geringer als an den meisten anderen Gerichten: vgl. DOLEZALEK, *Litigation at the Rota*, 344-345.

Berufungsmöglichkeiten vielfach die jahrelange, am Ende möglicherweise umsonst aufgebrachte Geduld der Parteien[51], die ohne Eingreifen des Papstes selbst oft nie mehr zu ihrem Recht gekommen wären[52].

Immer wieder wurden deshalb auch kritische Stimmen laut. Bereits im Jahre 1510 beklagte der Heidelberger Professor Jakob Wimpheling[53] in einer im Auftrag Kaiser Maximilians I. erstellten Neuausgabe der *gravamina* von 1455/57[54] die als zu großzügig empfundene Berufungspraxis nach Rom[55]. Noch ablehnender äußerte sich zehn Jahre später der Wittenberger Exeget Martin Luther[56], wenngleich dieser 1536 die Rota selbst von seiner Kritik an den Verhält-

---

51 Vgl. DOLEZALEK, *Audientia sacri palatii*, 1194: „Das Verfahren [...] verlief oft sehr schleppend, v. a. deshalb, weil die Parteien sowohl gegen das Endurteil wie auch schon vorher gegen jede beliebige Zwischenentscheidung durch drei Instanzen appellieren konnten [...]. Ein geschickter Advokat konnte durch häufiges Appellieren den Streit vor immer neue Auditoren bringen und das Endurteil lange verzögern".

52 Vgl. SCHNEIDER, *Die Römische Rota*, 77-78. Das Eingreifen der Päpste ist bezeugt zum Beispiel durch BENEDIKT XIV., Ap. Konst. *Apostolicae servitutis*, 1743, Mrz 14, § 1: BullBenXIV, I = OpOBenXIV, XV, 273-279, 274: „Cum itaque ad nostri Apostolatus auditum [...] delatum sit, [...] sententiam [...] in Causarum Palatii nostri Apostolici Auditorio, magno ipsorum litigantium incommodo, ac dispendio, diutissime exagitatam, et per varias ambages ad hanc diem protractam, et adhuc in eodem Auditorio pendentem, majori utriusque partis detrimento in diem magis magisque protrahi posse: Idcirco ut celerius et expeditius, quo fieri posset, eidem tandem finis imponeretur, [...] Nos [...] ad parcendum litigantium expensis, et temporis diuturnitati consulendum, [...] causam hujusmodi fere interminabilem, et perpetuam, ad Nos avocavimus". Auch Papst Innozenz X. hatte 1654 die Rota zur Entscheidung der Ehenichtigkeitssache des Herzogs von Lothringen gemahnt, die schon 14 Jahre an der Rota anhängig war: vgl. *Diarium Celsi*, 1654, Feb 6: CERCHIARI, *Capellani Papae*, III, 384.

53 Zu Wimpheling (Wimpfeling) vgl. G. KALLER, *Wimpfeling (Wimpheling), Jakob*: BBKL, XIII (1998), 1358-1361.

54 Die Neuausgabe blieb im Vergleich zur Urfassung „mehr oder weniger unverändert" (K. A. FINK, *Vom Mittelalter zur Reformation*: HKG, III/2 [1968], 625-740, 734).

55 Vgl. J. WIMPHELING, *Gravamina Germanicae Nationis cum remedijs & avisamentis ad Caesaream Maiestatem*, Selestadii s. a. [1510], n. X: „Causae quae in Germania (in qua docti & iusti iudices sunt) terminari poterant, ad tribunalia romana indistincte trahuntur. Quod Sanctus Bernhardus ad Eugenium papam scribens, valde reprobare videtur"; *ebd.*, *Avisamenta*, in Bezug auf die Rota: „[...] imperium Romanum habet concordata principium, utque ea illeasa conferuentur, interest Caesareae maiestatis. Raro tamen hactenus per summos pontifices violata fuit. Et auditoribus rotae iuxta illa hucusque fertur iudicasse"; vgl. hierzu STINGER, *The Renaissance in Rome*, 136: „Typical is the reaction of [...] Wimpheling, who charged [...] that cases were transferred to Rome on trivial pretexts and that this infringed upon the rights of imperial and episcopal jurisdiction".

56 Vgl. M. LUTHER, *An den Christlichen Adel teutscher Nation: von des Christlichen standes besserung*, Vuittenberg 1520 = (= QGHRF, 2) München 1961, s. p., der die Forderung erhob: „Zum vierdenn, das vorordnet werd, das keinn weltlich sach gen Rom tzogen werd, sondern die selben alle der weltlichen gewalt lassenn, wie sie selbs setzen in yhren geystlichen rechten, vnd doch nit halten. Denn des Bapst ampt sol sein, das er der allergeler-

nissen in Rom ausnahm[57]. Auch der Reichstag zu Worms bekräftigte durch die Ausdehnung der *gravamina* die Forderung nach einer Einschränkung der Appellationsmöglichkeiten an den Apostolischen Stuhl[58]. Nachdem dann Papst Hadrian VI. (1522-1523) den Stuhl Petri bestiegen hatte, wurden erneut dringend Reformen gefordert. So prangerte der an der Universität Ingolstadt lehrende Eichstätter Domherr Johannes Eck[59] in einer Denkschrift an den Papst energisch die in Rom herrschenden Missstände in der Gerichtsverwaltung an[60]. Zu den von ihm getroffenen Feststellungen waren aber bereits vor ihm die von den

---

tist in der schrifft, vnnd warhafftig nit mit namen der allerheyligist, regiere die sachen die den glauben vnd heyliges leben der Christen betreffen [...]. Dan es bringt vntreglichen schaden allen landen, das zu Rom solch sachen werden gehandelt, da grosze kost auff gaht, datzu die selben richter nit wissen die sytten, recht vnd gewonheit der lande, das mehr mal, die sachen zwingen vnd zihen noch yhren rechten vnd opinionen, damit den parteyen musz vnrecht geschehen [...]. Doch mocht man gonnen, das sach, die do lehen oder pfreund betreffen, fur bischoffen, ertzbischoffen, Primaten gehandelt wurden. Drumb wo es sein mocht, zuscheyden die hedder vnn krieg, das der primat in Germanien ein gemeyn Consistorium hielte, mit auditoribus, Cantzelern, der, wie zu Rom, signaturas gratiae vnnd iustitiae regiret, zu wilchem durch Appellation die sachen in deutschen landen wurden ordenlich bracht vnd trieben. wilch man nit, wie zu Rom, mit zufelligen geschencken vnnd gaben besolten must, dadurch sie gewonten, recht vnnd vnrecht vorkeuffenn, wie sie itzt zu Rom mussen thun, darumb das yhn der Bapst kein solt gibt, lessit sie sich mit geschencken selbs mesten, den es ligt yhe zu Rom niemandt etwas dran, was recht odder vnrecht, sondern was gelt odder nit gelt ist"; speziell zum Kampf Luthers gegen die kirchliche Ehegerichtsbarkeit vgl. S. KILLERMANN, *Die Auseinandersetzung Martin Luthers mit der kirchlichen Ehedispens- und Annullierungspraxis*: C. MIRABELLI u. a. (Hg.), *Winfried Schulz in memoriam. Schriften aus Kanonistik und Staatskirchenrecht*, II (= AIC, 8), Frankfurt am Main u. a. 1999, 417-434, 422-423.

[57] Vgl. M. LUTHER, *Tischrede von der gräulichen Bosheit und dem Regiment zu Rom*, 1536, s. d. [Okt 27 – Dez 4]: WA.TR, III, 345-348, 347: „Nichts ist da zu loben, denn das Consistorium und Curia Rotä, da die Händel und Gerichtssachen fein rechtmäßig gehört, verrichtet und geörtert werden".

[58] Vgl. REICHSTAG ZU WORMS, *Articul damit bäpstlich Heiligkeit Teutsche land beschwärt* (Entwurf), 1522, Mrz s. d.: A. WREDE (Hg.), *Deutsche Reichstagsakten unter Kaiser Karl V.*, II, Gotha 1896 = Göttingen 1962, 670-704, 675: „Item unser allerheiligster vater, der papst, lasset citiren und laden auf der gaistlichen begern etlich personen gein Rome umb erbschaft, pfantschaft und ander dergleichen weltlich sachen, das auch nit zu clainer schmelerung und verletzung weltlicher obrigkaiten dienet und raichet: hierumb bitten E. kai. Mt. churfursten und fursten und stende des reichs genadiglich zu verhelfen und zu erlangen, das kainer, er sei gaistlich oder weltlich, umb kain gaistlich oder weltlich sachen in erster rechtvertigung gein Rom citiert werd".

[59] Zu Eck (eigentlich Johann Maier aus Egg an der Günz) vgl. F. W. BAUTZ, *Eck (eigentlich Maier), Johann*: BBKL, I (1990), 1452-1454.

[60] Vgl. J. ECK, *Indulgentiae moderandae*, hg. v. W. FRIEDENSBURG: BBKG 2 (1896), 159-196 und 222-253, 224: „[...] qui sunt in urbe litigantes, conjungunt se notariis et aliis familiaribus et promittunt eis medietatem quicquid obtinuerint. Sic quando unus est notarius et continuus familiaris judicis coram quo vertitur lis, omnia facit quo suus collusor impetret vota sua, et mille fraudes intervenire possunt".

Päpsten Alexander VI. (1492-1503) und Leo X. eingesetzten Reformkommissionen gekommen[61]. In seiner berühmten Denkschrift *De depravato statu ecclesiae* forderte 1522 dann Kardinal Lorenzo Campeggio[62] geeignete Maßnahmen, damit die Rota, die er als „fere totius orbis universale iudicium pontificisque manus dextera"[63] charakterisierte, mit fähigen Richtern an Stelle bischöflicher Statthalter besetzt sowie von jeder Art von Willkür befreit werden könne[64].

Obwohl die Entscheidungen der Konzilskongregation den Rekurs an die Rota nicht ausschlossen und von dieser Möglichkeit auch tatsächlich Gebrauch gemacht wurde[65], ging die große Mehrzahl der geistlichen Prozesse deshalb auf Grund der unbefriedigenden Umstände nach und nach an die Kongregationen über[66], und an der Rota überwog immer stärker die Zahl der weltlichen Verfahren[67] unterschiedlicher Art[68].

---

61 Vgl. HOFMANN, *Forschungen zur Geschichte der kurialen Behörden*, I, 242, Anm. 1.

62 Irrtümlich hält C. HÖFLER, *Analecten zur Geschichte Deutschlands und Italiens. Nach handschriftlichen, bisher unbenützten Berichten des päpstlichen Archives, der Bibl. Riccardiana zu Florenz, der Vallicelliana, Angelica, und der k. Universitäts-Bibliothek zu München*, II. *Italienische Zustände gegen Ende des fünfzehnten und im Anfange des sechzehnten Jahrhunderts*: ABAW.H 4/1 (1844), 29-49, Kardinal Aegidius [Canisio] von Viterbo für den Verfasser. Dass die Schrift aber von Kardinal Campeggio stammt, wird nachgewiesen durch W. FRIEDENSBURG, *Ueber den Verfasser des „Promemoria ad Hadrianum papam VI de depravatione status Romanae ecclesiae"*: DZGW 1 (1896/97), 71-74; zu Campeggio (Campegio), der in den Jahren 1511/12 selbst Auditor der Rota gewesen war, vgl. CERCHIARI, *Capellani Papae*, II, 85; F. W. BAUTZ, *Campegio (Campeggi), Lorenzo*: BBKL, I (1990), 901-902.

63 L. CAMPEGGIO [CAMPEGIUS], Kard., Brief *De depravato statu ecclesiae*, 1522, Mrz 23, an Papst Hadrian VI., IV: CT, XII/1, 5-17, 13.

64 Vgl. CAMPEGGIO, *De depravato statu ecclesiae*, IV, und hierzu HÖFLER, *Analecten zur Geschichte Deutschlands und Italiens*, 43: „Die Aufschlüsse, welche der Cardinal bei dieser Gelegenheit über die Erpressungen der Unterbeamten giebt, machen den Hass begreiflich, der sich damals von so vielen Seiten über Rom zusammenzog"; sowie PASTOR, *Geschichte der Päpste*, IV/2, 64.

65 Dies wird anhand polnischer Prozesse aus dem 17. Jahrhundert aufgezeigt durch BUKOWSKA-GORGONI, *Causae polonae*, 6-7 und 72-73.

66 SCHNEIDER, *Die Römische Rota*, 78, meint hierzu: „[...] es kann in der Tat nicht geleugnet werden, daß für eine große Zahl streitiger Rechtsfälle auf dem kirchlichen Gebiete, insbesondere auch für die Benefizialsachen, sofern nicht vorwiegend die vermögensrechtliche Seite dabei in Frage steht, die nicht streng juristische, sondern mehr verwaltungsgerichtliche Entscheidung eine angemessenere ist" (*ebd.*).

67 Vgl. DE LUCA, *Theatrum veritatis*, XV/2, disc. 32, n. 61: „[...] longe maior est numerus causarum profanarum seu temporalium, quae a Sacra Romana Rota pertractantur quam spiritualium"; R. R. VON SCHERER, *Handbuch des Kirchenrechtes*, I, Graz 1886, 493, Anm. 10; SCHNEIDER, *Die Römische Rota*, 78; NÖRR, *Ein Kapitel aus der Geschichte der Recht-*

Auf dem Gerichtsweg aber blieb die Rota auch weiterhin oberste Instanz. Zwar konnte sie nach Berufung gegen ein von ihr gefälltes Urteil erst auf Grund eines Kommissionsreskripts der *Signatura iustitiae* erneut tätig werden[69]; es galt aber das Prinzip, dass ein von den Auditoren der Rota entschiedener Fall keinen Richtern außerhalb dieses Gerichtes mehr vorgelegt wurde[70]. Dies traf nach entsprechender Kommission auch für Nichtigkeitsbeschwerden gegen die von der Rota gefällten Urteile zu[71].

Ende des 16. Jahrhunderts wurde am päpstlichen Gerichtshof die Einteilung der Auditoren in drei Kammern aufgegeben. Jeder Fall wurde nun einem *turnus* von Richtern übertragen, der sich aus dem *ponens* und vier *auditores corresponsales* zusammensetzte. Nahm die Signatur den Rekurs gegen ein Urteil an, so wurde in höherer Instanz ein neuer *turnus* mit dem Fall beauftragt[72]. Damit eine Sache als rechtskräftig entschieden galt, waren mindestens zwei, meist aber drei übereinstimmende *decisiones* Voraussetzung[73]; maßgebend für die erforderliche Anzahl war das jeweilige *ius loci*[74].

---

sprechung, 195: „Aus dem Gerichtshof für die Weltkirche wird, überspitzt ausgedrückt, ein italienisches Territorialgericht".

68 Zur damaligen Tätigkeit und Rechtsprechung der Rota in Verfahren zur Anerkennung der Vaterschaft beispielsweise vgl. A. SANTANGELO CORDANI, *L'accertamento della paternità tra dottrina e prassi all'indomani del Concilio di Trento: uno sguardo alle Decisiones della Rota Romana*: A. PADOA SCHIOPPA, G. DI RENZO VILLATA, G. P. MASSETTO (Hg.), *Amicitiae pignus. Studi in ricordo di Adriano Cavanna*, III, Milano 2003, 1949-1987; in Verfahren zur Unterhaltsleistung für leibliche Kinder vgl. A. SANTANGELO CORDANI, *Figli naturali e diritto agli alimenti nella giurisprudenza della Rota Romana tra Cinque e Seicento*: O. CONDARELLI (Hg.), *Panta rei. Studi dedicati a Manlio Bellomo*, V, Roma 2004, 57-88.

69 Vgl. DE LUCA, *Theatrum veritatis*, XV/2, disc. 32, n. 58; zur Vorgehensweise bei der Kommissionserteilung vgl. ausführlich BUKOWSKA-GORGONI, *Causae polonae*, 19-26 und 87-92.

70 Vgl. DE LUCA, *Theatrum veritatis*, XV/2, disc. 32, n. 58: „[...] causae numquam exeunt, sed ibi finem habere debent".

71 Vgl. *ebd.*, XV/1, disc. 38, n. 5.

72 Vgl. LEFEBVRE, *Rote Romaine*, 759-760; LEFEBVRE, *Le tribunal de la Rote*, 203 und 208.

73 Vgl. GROSSE-WIETFELD, *Justizreformen im Kirchenstaat*, 103-104; PUZA, *Res iudicata*, 57-58; ASCHERI, *Rechtsprechungs- und Konsiliensammlungen*, 1136; DEL RE, *La Curia Romana*, 235; BUKOWSKA-GORGONI, *Causae polonae*, 43 und 110.

74 Lokalstatuten sahen nämlich mancherorts vor, dass an Stelle des allgemeinen Prinzips einer dreifachen Urteilskonformität eine doppelte ausreichend war: vgl. L. MUSSELLI, *Il concetto di giudicato nelle fonti storiche del diritto canonico (Dalle origini al XVII° secolo)* (= StSGS.NS, 7), Padova 1972, 126-127.

2. Die Rota im 17. und 18. Jahrhundert

Die sich seit der Reformation abzeichnende negative Entwicklung für die Rota setzte sich auch im 17. und 18. Jahrhundert fort. Äußere Umstände waren es in erster Linie gewesen, die den Niedergang der Rota zur Folge gehabt hatten. Doch mussten die Päpste den veränderten Bedingungen Rechnung tragen. Da die Zahl der kirchlichen Verfahren, die den Auditoren zur Entscheidung vorgelegt wurde, immer mehr abnahm, wurde mit der Zeit auch die Zuständigkeit des Gerichts auf diesem Gebiet eingeschränkt.

a. Die Einschränkung des Zuständigkeitsbereichs im 17. Jahrhundert

Papst Paul V. (1605-1621) legte am 1. März 1612 in seiner Bulle *Universi agri dominici*[75] neben Prozedurfragen[76] auch die Kompetenz der Rota gegenüber den Kongregationen erneut fest. Er bestimmte, dass nach Maßgabe der Beschlüsse des Trienter Konzils die Gerichtshöfe, nicht die Kongregationen, für Benefizial- und Ehesachen zuständig sein sollten, und bestätigte im Übrigen die weitere Verbindlichkeit der 1561 erlassenen Konstitution *In throno iustitiae* sowie anderer Bestimmungen, die der Rota umfassende Kompetenz verliehen hatten. So entschied er:

> „Causae matrimoniales [...] committantur iis tantum, quibus dispositum est per Concilium Tridentinum committendas esse“[77].

Ebenso verfügte er:

> „Et tam dictam quam omnes alias facultates, sibi vigore vel Innocentianae vel constitutionis Pii IV aut aliorum summorum Pontificum praedecessorum nostrorum competentes, extendimus, et habere locum

---

[75] Vgl. PAUL V., Papst, Ap. Konst. *Universi agri dominici*, 1612, Mrz 1: BullRom, XII, 58-111; zur Entstehungsgeschichte vgl. S. FECI, *Riformare in antico regime. La costituzione di Paolo V e i lavori preparatori (1608-1612)*: RmMC 1 (1997), 117-140.

[76] So verfügte er zum Beispiel erneut, dass eine einzige Kommission in jeder Instanz genüge (vgl. PAUL V., *Universi agri dominici*, § 5, 1), die Einholung der *consilia coauditorum*, von Ausnahmen abgesehen, verpflichtend sei (vgl. § 5, 7) und keine Entscheidungen gegen die *decisiones antiquae* getroffen werden dürften (vgl. § 5, 18).

[77] *Ebd.*, § 1, 21. Für die Behauptung, Papst Paul V. habe der Rota durch die Bulle auch auch die Kompetenz für Kanonisierungsverfahren bis zur Feststellung des Martyriums und des heroischen Tugendgrades übertragen (vgl. LEFEBVRE, *Rote Romaine*, 754; DEL RE, *La Curia Romana*, 232; PACAUT, *Rote*, 131; GNAVI, *Carriere e Curia romana*, 170; R. FUNGHINI, *La competenza della Rota Romana*: P. A. BONNET, C. GULLO [Hg.], *Le „Normae“ del Tribunale della Rota Romana* [= StGiur, 42 = ADGC, 21], Città del Vaticano 1997, 151-164, 152; FUNGHINI, *Tribunal Rotae Romanae*, 184), bietet die Bulle selbst keinerlei Anhaltspunkt.

decernimus etiam in causis cuilibet Rotae auditori extra Rotam commissam“[78].

Wohl erst Papst Urban VIII. (1623-1644) ist es gewesen, der die Zuständigkeit der Rota tatsächlich beschnitt. In seinem Pontifikat nämlich wurden dem Gericht, das einst nur Fälle mit einem Streitwert von bis zu 500 Gulden hatte entscheiden können, nunmehr sämtliche Verfahren entzogen, die unter diese Grenze fielen[79].

Unter Berufung auf ein Motu proprio Papst Clemens' VIII. (1592-1605), das allerdings keine Rechtskraft erlangt hatte[80], schränkte dann auch Papst Innozenz X. (1644-1655) die Zuständigkeit der Rota weiter ein. In der Berufungsinstanz konnte seinen Anweisungen zufolge das Gericht Benefizialsachen nur noch bis zu einem jährlichen Benefizialbetrag von mehr als 24 Golddukaten entscheiden[81], in allen anderen kirchlichen und weltlichen Prozessen belief sich der Mindestbetrag des Streitobjekts auf 500 Golddukaten für Gebiete diesseits und 1000 Golddukaten für Gebiete jenseits der Alpen; in erster Instanz war eine

---

[78] PAUL V., Papst, *Universi agri dominici*, § 5, 5; vgl. dazu SCHNEIDER, *Die Römische Rota,* 73-74: „Zu dieser Zeit war, wie die Feststellung der Höhe der Sporteln in Übereinstimmung mit der von Pius IV. getroffenen Regelung zeigt, die Rota noch das ordentliche Gericht für die kirchlichen Zivilsachen aus der ganzen Christenheit und für die weltlichen Rechtsstreitigkeiten aus dem Kirchenstaat in den höheren Instanzen“.

[79] Vgl. *Extractum Diarii Otthoboni*, 1644, Mai 6, n. 106: CERCHIARI, *Capellani Papae*, III, 367: „Diebus praeteritis R.mus D. Datarius de ordine S. D. N. dixit R.mo Sacchetto, Signaturae Iustitiae dignissimo Praefecto, velle S. Suam, quod omnes Causae quae attingunt summam scutorum quingentorum monetae, committantur in Rotam, et hoc etiam fuerat resolutum in quadam Congregatione in qua intervenerunt Praelati Curiae principaliores“. Freilich gab es, wie aus den Aufzeichnungen hervorgeht, dabei auch Ausnahmen.

[80] Vgl. BENEDIKT XIV., Papst, Ap. Konst. *Iustitiae et pacis*, 1746, Okt 7: BullBenXIV, I = OpOBenXIV, XVI, 137-144, 138: „[...] piae memoriae Clemens Papa VIII. Noster etiam Praedecessor hujusmodi definitionem, et separationem aggressus, Schedulam quandam sui Motus proprii [...] propria manu signaverit; [...] Haec tamen Schedula nunquam Legis vim, auctoritatem, et efficaciam habuisse dignoscitur“.

[81] Auf ein solches ungedrucktes (vgl. BANGEN, *Die römische Curie*, 302, Anm. 2; HINSCHIUS, *Das Kirchenrecht*, I, 398, Anm. 2; SCHNEIDER, *Die Römische Rota*, 74, Anm. 2) Motu proprio dieses Papstes beruft sich RIDOLFINI, *De Ordine Procedendi*, 13, n. 375: „Causa verò Beneficialis Rotalis iudicatur, & in Rota committitur, si Beneficium, de quo agitur, reddat fructus annui valoris ducat. vigintiquatuor auri de Camera exceden. prout quotidie exprimi solet in Commissionibus, & Praxis obsuerat, & adest Motu Proprius *Sanctae Mem. Clem. VIII. Anno* 10 *sui Pontificatus*, omnesquè propterea causas Beneficiales dictum valorum annuum excede~tes esse in Rota committendas, declarauit *Sanctiß. D. V. Innocentius X,* in Signaturae Gratiae, 4. *Apr.* 1645. *in una Cusentina Parocchialis,* proponente *R. P. D. à Valle*“.

Entscheidung in solchen Fällen dagegen nur durch päpstliche Sonderkommission möglich[82].

Freilich scheinen die Bestimmungen Papst Clemens' VIII. nach der Entscheidung Innozenz' X. bis in die Mitte des 18. Jahrhunderts hinein nicht mehr angewandt worden zu sein[83]. Denn trotz der erfolgten Beschränkung der Kompetenzen blieb die Rota auch im 17. Jahrhundert, wie Kardinal Giovanni Battista De Luca[84] 1673[85] bezeugt[86] und Hunold Plettenberg[87] 1693 bestätigt[88], uni-

---

[82] Vgl. RIDOLFINI, *De Ordine Procedendi*, I, 13, n. 367: „Causae valoris quingentorum Florenorum auri sunt Rotales, & in gradu Appellationis, aut alias in casu Commissionis, sunt in Rota committendae"; *ebd.*, n. 371: „Sed hoc procedit in causis prophanis circa Montes, secus est in causis prophanis vltra Montes, quae non sunt committendae in Rota, nisi ascendant ad valorum scutorum mille auri"; EMERIX, *Tractatus seu notitia*, tit. IX: „Porro, in Rota committendae sunt omnes causae beneficiales, quarum fructus valorem annuum ducatorum 24 excedunt, item profanae valorem scutor. 500 si fuerint citra montes, et si ultra, valorem scutor. 1000 attingentes, aliaeque graviores, de quibus fit mentio in motu-proprio Clementis VIII [...] et s. m. Innocentii X in Signatura Gratiae ita ordinasse sub die 4 Apr. 1645".

[83] Vgl. BENEDIKT XIV., *Iustitiae et pacis* (oben, 124, Anm. 80); und hierzu C. LEFEBVRE, *Antonii Augustini Praxis Rotae et Jacobi Emerix Tractatus seu notitia S. Rotae Romanae. Deux traités inédits sur la procédure de la S. Rote Romaine* (= MCS, 8), Tournai 1961, 71, Anm. 1.

[84] Giovanni Battista De Luca, 1614 in Venosa geboren und am 1651 von Papst Innozenz XI. zum Kardinal erhoben, war einer der bedeutendsten Kanonisten des 17. Jahrhunderts. Er starb am 5. Februar 1683 in Rom; vgl. hierzu D. RAPOLLA, *Del cardinale Giovanni Battista di Luca giureconsulto venosino, del suo tempo e della sua patria*, Portici 1899; A. ROTA, *De Luca*: EC, IV (1950), 1388-1389; A. MAZZACANE, *De Luca, Giovanni Battista*: DBI, XXXVIII (1990), 340-347.

[85] Aus diesem Jahr stammt die Erstausgabe der Bände XV/1 (*De iudiciis et de praxi Curiae Romanae*) und XV/2 (*Relatio Romanae curiae forensis, ejusque Tribunalium, & Congregationum)* des *Theatrum veritatis & justitiae* (Romae 1673).

[86] Vgl. DE LUCA, *Theatrum veritatis*, XV/2, disc. 32, 59-60: „Cognoscit itaque istud tribunal causas utriusque fori ecclesiastici scilicet per universum orbem catholicum tanquam tribunal papae uti papae et episcopi ecclesiae universalis, et fori temporalis, tanquam tribunal principis temporalis status ecclesiastici immediati, quae ex notabili Italiae parte constituitur; ac etiam ex statu Avenionensi et ex comitatu Venaisino in Gallia, quorum causas graves quoque ex commissione eorum legati et quandoque etiam papa cognoscere solet; civiles tamen, non autem criminales, in quibus se non ingerit".

[87] Hunold Plettenberg war Jesuit. Vermutlich in Westfalen geboren, wirkte er bis 1685 als Professor für Kanonisches Recht in Trier. Danach lebte er im Jesuitenkolleg zu Hildesheim. Genauere Lebensdaten sind nicht überliefert; vgl. J. F. v. SCHULTE, *Plettenberg: Hunold P.*: ADB, XXVI (1888), 282; R. S. GERLICH, *Plettenberg, Hunold*: DHCJ, IV (2001), 3154-3155.

[88] Vgl. PLETTENBERG, *Notitia congregationum et tribunalium*, cap. 15: „Rota Romana est judicium Summi Pontificis, quod cognoscit causas utriusque fori, Ecclesiastici quidem per universum Orbem catholicum tamquam tribunal Vicarii Christi generalis, et Episcopi Ecclesiae universalis. Fori vero temporalis et profani causas tantum civiles, non criminales, idque ut

versalkirchliches Berufungsgericht und zugleich weltliches Forum in Appellationssachen mit Ausnahme von Kriminalprozessen.

Gleich drei Wege bestanden, über die das Tribunal von den Parteien angerufen werden konnte: die Berufung gegen das Urteil eines anderen Gerichtes, die Einleitung eines Prozesses in erster Instanz, oft in Form der einer Anzeige zuvorkommenden Selbstanklage[89], sowie der Antrag auf einen maßgeblichen Urteilsspruch in Verfahren, die an untergeordneten Tribunalen oder auch an Kongregationen anhängig waren[90].

Wie sehr aber die Zahl der an der Rota anhängigen Prozesse innerhalb weniger Jahre zurückgegangen war[91], wird daraus ersichtlich, dass „Clemens X. (1670-1676) das Kollegium der Rotanotare, welches in der ersten Hälfte des 16. Jahrhunderts noch aus 48 Mitgliedern bestand, auf vier reduzieren konnte“[92].

Nicht nur die Kongregationen waren es, die an Stelle der Rota in Berufungssachen urteilen konnten und auf diese Weise zu einem Rückgang geistlicher Verfahren[93] am Gerichtshof des Papstes führten. Die Parteien, die an den

---

plurimum via appellationis ad se devolutas dijudicat tamquam dicasterium Principis temporalis Urbis Romanae, et illius Italiae ditionis, quae Status Ecclesiasticus nominatur, nec non civitatis Avenionensis, et comitatus Venuxini in Gallia“.

[89] Vgl. DE LUCA, *Theatrum veritatis*, XV/2, disc. 32, 59.

[90] Vgl. *ebd.*, disc. 32, 34. Allerdings wurde in diesen Fällen eine etwas abgewandelte Prozedur angewandt (vgl. G. B. DE LUCA, *Il dottor volgare, ouero Il compendio di tutta la legge ciuile, canonica, feudale, e municipale, nelle cose piu riceuute in pratica; moralizato in lingua italiana per istruzione, e comodita maggiore di questa prouincia*, XV/3. *Della relazione della stessa Curia romana, per quel che spetta alli tribunali, & anche alle sacre congregazioni, per i negozij forensi; ma non della corte*, Roma 1673, cap. 19).

[91] Noch 1648 wird von vielen Urteilsfällungen berichtet: vgl. *Diarium Celsi*, 1648, Jun 26: CERCHIARI, *Capellani Papae*, III, 376-377: „Fuit Rota in qua fuerunt propositae et resolutae quamplures causae, unde propter earum numerum, dictum fuit quod deberet fieri decretum, quod in posterum, quocumque tempore, non proponerentur nisi duae causae tantum; sed idem discursus tentus fuit pluries et nihilominus nihil conclusum fuit“; *ebd.*, Jul 1: „Die Mercurii 1 iul. 1648 fuit ultima Rota et fuerunt propositae 52 causae, quarum 38 circiter fuerunt resolutae, reliquae vero vel propter dominorum discordiam, vel aliis de causis, dilatae“.

[92] GROSSE-WIETFELD, *Justizreformen im Kirchenstaat*, 163, Anm. 6; vgl. CLEMENS X., Papst, Ap. Konst. *Romanus Pontifex*, 1671, Okt 23, § 3: BullRom, XVIII, 263-268, 265-266: „Nos igitur [...] motu simili [...] numerum quadraginta octo officiorum notariatuum huiusmodi ad quatuor officia vacabilia notariorum huiusmodi dumtaxat [...] perpetuo reducimus [...]“. Allerdings waren die Notare von da ab in ihrem Amt unabhängiger von den einzelnen Auditoren. Hierauf verweist DOLEZALEK, *Litigation at the Rota*, 345.

[93] Vgl. DE LUCA, *Il dottor volgare*, XV/1. *Delli giudizii ciuili, e della loro pratica nella Curia romana*, Roma 1673, cap. 8: „[...] tanti e tanti volumi delle decisioni della Ruota mostrano che cotidianamente, o con grande frequenza in questo tribunale si trattano le materie delle ultime volontà e de' contratti, ed anche le feudali, e quelle de' regali e simili; sicché la parte più piccola è quella delle ecclesiastiche e delle canoniche“.

Papst appellieren wollten, hatten auch die Möglichkeit, sich zu diesem Zweck an delegierte Richter zu wenden. Zu diesen zählten seit dem Konzil von Trient vor allem die Gesandten des Papstes, weshalb nicht wenige Streitfälle an den Nuntiaturen entschieden wurden[94]. Häufig wurden Verfahren teils an der Rota und teils an lokalen Gerichten durchgeführt; insbesondere bei der Instruktion der Prozesse erwies sich die Mitarbeit auswärtiger Richter als hilfreich[95].

b. Die Gerichtstätigkeit der Rota im 17. Jahrhundert

Zwar hatte die Rota seit der Mitte des 16. Jahrhunderts an Einfluss verloren. Ihr hohes Ansehen und ihre Berühmtheit aber hatte sie keineswegs eingebüßt. Sie war nach wie vor oberstes Gericht des christlichen Erdkreises und war als solches nicht zuletzt auf Grund ihrer noch immer hervorragenden personellen Ausstattung[96] wie auch der Unbescholtenheit der einzelnen Auditoren[97] allgemein anerkannt[98]. Nicht umsonst bezeichnete Papst Alexander VIII. (1689-1691) das Tribunal als den „kostbarsten Edelstein" seiner Tiara[99].

---

[94] Vgl. L. FERRARIS, *Prompta bibliotheca canonica juridica moralis theologica nec non ascetica polemica rubricistica historica editio novissima*, I, Romae 1844, 303, art. 3, n. 11; HERGENRÖTHER, *Die Appellationen nach dem Decretalenrechte*, 18; MAY, *Der Instanzenzug in der Erzdiözese Mainz*, 126-127.

[95] Vgl. BUKOWSKA-GORGONI, *Causae polonae*, 11 und 77.

[96] Eine Ausnahme stellte wohl der aus Lüttich stammende Auditor Cornelius Heinrich Motmann dar, der bereits bei der Aufnahmeprüfung durchfiel (angeblich wegen plötzlichen Gedächtnisschwundes infolge sommerlicher Hitze) und vom Rotakollegium als unfähig abgelehnt wurde. Auf Grund zahlreicher Interventionen und der Drohung des Kardinals Francesco Barberini, den Auditoren andernfalls die Einkünfte zu beschneiden, kam er am 1. Dezember 1628 trotzdem ins Amt, wurde aber wegen seines anmaßenden Auftretens von Papst Urban VIII. nicht mehr empfangen und starb am 24. April 1638 (vgl. L. PASTOR, *Geschichte der Päpste seit dem Ausgange des Mittelalters*, XIII. *Geschichte der Päpste im Zeitalter der katholischen Restauration und des Dreißigjährigen Krieges: Gregor XV. und Urban VIII. (1621-1644)*, 1. *Gregor XV. (1621-1623), Urban VIII. (1623-1644), erster Teil*, Freiburg im Breisgau u. a. [1-7]1928, 487; BLAAS, *Das kaiserliche Auditoriat*, 64-68; zur Person vgl. auch CERCHIARI, *Capellani Papae*, II, 151-152).

[97] Nur vom Auditor Francesco Maria Ghislieri ist überliefert, dass er der Annahme von Bestechungsgeld angeklagt war, und zwar in vier Eheverfahren; im August 1648 verlor er deshalb sein Amt. Um das Ansehen der Rota nicht zu gefährden, wurde aber von einer strengen Bestrafung abgesehen; Ghislieri wurde stattdessen zum Bischof von Terracina ernannt und auf diese Weise von Rom wegversetzt: vgl. CERCHIARI, *Capellani Papae*, II, 146-151 und 330; J. T. NOONAN, *Power to Dissolve. Lawyers and Marriages in the Courts of the Roman Curia*, Cambridge, Massachusetts 1972, 52-53.

[98] So schreibt BERNINO, *Il tribunale della S. Rota Romana*, in seinem 1717 veröffentlichten Werk einleitend in seiner Widmung an Papst Clemens XI. (1700-1721) über die Auditoren, sie seien Diener „Totius Christiani Orbis supremi Tribunalis", „Quorum assidui labores quotidie probantur, & incorrupta Justitia Orbi Christiano elucet". Zur familiären, geografi-

In der zweiten Hälfte des 17. Jahrhunderts wurden denn auch Vorkehrungen getroffen, die sich nicht nur als hilfreich für die Abwicklung eines geordneten Gerichtsbetriebs erwiesen; vielmehr geben sie noch heute Aufschluss über die Aktivität der Rota zur damaligen Zeit.

1628 war der Rota ein fester Amtssitz im Vatikan zugewiesen worden[100]. 60 Jahre später wurde unter dem Dekanat des flämischen Richters Jacob Emerix de Matthiis[101] mit der Abfassung der so genannten *diaria cameralia* begonnen. In ihnen hatte der *camerarius* der Rota alle in den *rotae dubiorum* und *rotae memorialium* gefassten Beschlüsse festzuhalten. Am Ende eines jeden Jahres musste er seine Aufzeichnungen dem Archiv des Gerichts übergeben. Die Rota verfügte so über eine umfangreiche und wohlgeordnete Sammlung von Rechtssätzen, die Auditoren und Parteien gleichermaßen half, sich über getroffene Entscheidungen in ähnlichen Fällen zu informieren[102].

Einblick in die Prozedur und Gerichtstätigkeit der Rota im letzten Viertel des 17. Jahrhunderts[103] geben aber insbesondere auch der *tractatus* des Jakob

---

schen und beruflichen Provenienz der Richter vgl. R. AGO, *Carriere e clientele nella Roma barocca* (= QL, 35), Bari 1990, 13-44; zu Domenico Stefano Bernino [Bernini], dem Sohn des berühmten Barockbaumeisters Gian Lorenzo Bernini, vgl. A. ROTONDÒ, *Bernini, Domenico Stefano*: DBI, IX (1967), 364-365.

99 Vgl. BERNINO, *Il tribunale della S. Rota Romana*, 152: „[...] cum summa aestimatione loquebatur de hoc Tribunali, & in specie dicebat, se illud valde aestimare, & tenere pro nobiliori gemma suae Thiarae [...]"; vgl. auch *ebd.*, 329.

100 Vorher verfügte die Rota nur über einen Raum zur Urteilsfällung und über ein Archiv. Der Amtssitz, der ihr 1628 zur Verfügung gestellt wurde, war für die Wintermonate gedacht. 1692 erhielt das Gericht dann für die Sommermonate entsprechende Räumlichkeiten auf dem Quirinal: vgl. BERNINO, *Il tribunale della S. Rota Romana*, 190; DE LUCA, *Theatrum veritatis*, XV/2, disc. 32, n. 32; DOLEZALEK, *Litigation at the Rota*, 344.

101 Jakob Emerix de Matthiis (Matthys), 1626 in Bilsen geboren, wurde 1658 *adiutor studii* seines Onkels, des Rota-Auditors Johannes Emerix (zu diesem vgl. CERCHIARI, *Capellani Papae*, II, 178-179), dem er am 10. Dezember 1668 im Amt nachfolgte. Seit 14. Juli 1686 war er Dekan der Rota; er blieb dies bis zu seinem Tod am 2. September 1696 in Rom. Näheres zu seiner Person bei CERCHIARI, *Capellani Papae*, II, 183-184; SCHNEIDER, *Der deutsche Rotaauditor Jakob Emerix*, 160-162; BLAAS, *Das kaiserliche Auditoriat*, 82-83; M. TOCCI, *Il diario di Jacob Emerix de Matthiis, decano della Sacra Romana Rota* (= IusN, 2/2), Napoli 1982, 10-13; B. INDEKEU, *Matthijs (Emerix de Matthijs) Jacobus de*: BBKL, XXIV (2005), 1064-1071.

102 Vgl. HOBERG, *Die Diarien der Rotarichter*, 49; TOCCI, *Il diario di Jacob Emerix*, 7. Die *rotae dubiorum* fanden täglich statt, die *rotae memorialium* nur zum Beginn und zum Ende der *tertiariae,* die die vier Perioden des Gerichtsjahres anzeigten: vgl. DE LUCA, *Theatrum veritatis*, XV/2, disc. 32, n. 48.

103 Vgl. hierzu PACAUT, *Les organes du gouvernement pontifical*, 172-177; zu Einzelfragen: ASCHERI, *Rechtsprechungs- und Konsiliensammlungen*, 1135-1137; DOLEZALEK, *Litigation at the Rota*, 349-360; BUKOWSKA-GORGONI, *Causae polonae*, 26-44 und 93-111. Aufschluss über die Zusammensetzung des Auditorenkollegiums im 17. Jahrhundert geben die

Emerix[104] sowie dessen *diarium decanale*[105], das viele Einzelheiten über die Aktivität der Richter im Kontext der damaligen politischen Verhältnisse enthält[106].

Hatte sich auch die Tätigkeit der Rota immer mehr auf weltliche Verfahren aus dem Kirchenstaat verlagert[107], so blieb ihre Arbeitsleistung doch nach wie vor beachtlich[108]. Wie aus den gesammelten[109] und gedruckten *decisiones*[110] ersichtlich wird, überstieg die Anzahl der von den Auditoren im Laufe des 17. Jahrhunderts entschiedenen Fälle nicht weniger als 38 000, im 18. Jahrhundert immerhin noch 12 000[111]. Breiten Raum nahmen dabei in geistlichen Verfahren neben Ehesachen[112] nach wie vor die Benefizial- und Patronatsrechtsfälle ein,

---

von Zeit zu Zeit erschienenen Personalverzeichnisse der Römischen Kurie. Sie sind abgedruckt bei C. WEBER, *Die ältesten päpstlichen Staatshandbücher: Elenchus Congregationum, Tribunalium et Collegiorum Urbis 1629-1714* (= RQ.S, 45), Rom 1991, passim.

104 Siehe oben, Einleitung, 3, Anm. 10.

105 Vgl. *Extractum ex diariis R. P. D. Iacobi Emerix*, [1668-1696]: TOCCI, *Il diario di Jacob Emerix*, 21-285.

106 Vgl. hierzu TOCCI, *Il diario di Jacob Emerix*, 14-19; zur Rota im 17. Jahrhundert vgl. auch NOONAN, *Power to Dissolve*, 47-55, zur Prozedur vgl. S. FECI, *Pesci fuor d'acqua. Donne a Roma in età moderna: diritti e patrimoni* (= LiVi, 40), Roma 2004, 230-233.

107 Der Anteil der Verfahren aus Rom selbst an der Gesamtzahl der Prozesse betrug 1650 aber nur ein Viertel (vgl. FECI, *Pesci fuor d'acqua*, 229).

108 Den einzelnen Auditoren wurden auch zusätzliche Aufgaben zugewiesen wie zum Beispiel die Voruntersuchung in Selig- und Heiligsprechungsverfahren an der Ritenkongregation: vgl. DE LUCA, *Theatrum veritatis*, XV/2, disc. 18, n. 14; C. LEFEBVRE, *Relationes inter Sacram Rituum Congregationem et Sacram Romanam Rotam*: CONGREGAZIONE PER LE CAUSE DEI SANTI (Hg.), *Miscellanea in occasione del IV centenario della Congregazione per le Cause dei Santi (1588-1988)*, Città del Vaticano 1988, 53-59, 54-55.

109 Erst 1688 wurde nach einigen seit 1652 vorgenommenen erfolglosen Versuchen (vgl. hierzu EMERIX, *Tractatus*, tit. X) erreicht, dass die Originaldezisionen vom *Ponens* unterzeichnet und aufbewahrt wurden, um am Ende jeden Jahres gebunden zu werden: vgl. CERCHIARI, *Capellani Papae*, I, 239-240; LEFEBVRE, *Antonii Augustini Praxis Rotae*, 29; ASCHERI, *Tribunali, giuristi e istituzioni*, 107.

110 Einen alphabetischen Überblick über die einzelnen Sammlungen, die entweder unter einem bestimmten Titel oder dem Namen einer Person bekannt sind, gibt DOLEZALEK, *Litigation at the Rota*, 367-370.

111 Vgl. DOLEZALEK, *Litigation at the Rota*, 366, der für das 16. Jahrhundert auf wenigstens 11 000, für das 19. Jahrhundert auf etwa 3 000 Dezisionen kommt. Eine ausführliche Übersicht über die zahlreichen Verfahren aus Polen vom 15. bis zum 17. Jahrhundert findet sich bei BUKOWSKA-GORGONI, *Causae polonae*, 139-590.

112 Vgl. hierzu ausführlich S. FECI, *Cause matrimoniali nella documentazione del tribunale della Sacra Romana Rota (secolo XVII)*: AISIG 31 (2005), 189-226.

in weltlichen Prozessen unter anderem Testaments- und Sukzessionsfragen[113]. Daneben trat die Rota nicht selten als Kontrollinstanz über untergeordnete Gerichte in Erscheinung, deren Urteile sie auf Rechtmäßigkeit hin überprüfte und ihnen gegebenenfalls die Exekution untersagte[114].

Unbestritten waren auch weiterhin die Lehrautorität der Richter und der Einfluss der rotalen Rechtsprechung[115]. Untergeordnete Gerichte im Kirchenstaat machten sich die *decisiones* der Rota fast blindlings zu Eigen[116]. Der *stylus Curiae,* der in Gerichtssachen durch die kontinuierliche Judikatur der Rota festgelegt wurde, konnte nur mit Zweidrittelmehrheit aller Auditoren eine Änderung erfahren[117].

Doch wurden auch Klagen über die Uneinheitlichkeit und Widersprüchlichkeit der rotalen Rechtsprechung laut: So äußerte der italienische Schriftsteller Traiano Boccalini[118], die Rota, die eigentlich „Stadt auf dem Berge" und „Sonne der Erde" sein müsste, habe auf Grund ihres Gesetzeswirrwarrs mehrmals in derselben Sache unterschiedlich entschieden[119]. Anderthalb Jahrhunderte später kam der Gelehrte Lodovico Antonio Muratori[120] zu demselben Schluss[121].

---

[113] Vgl. PACAUT, *Les organes du gouvernement pontifical*, 175.

[114] Vgl. MUSSELLI, *Il concetto di giudicato*, 134-135.

[115] Dies gilt in unveränderter Weise auch für das 18. Jahrhundert. So schreibt G. M. CHIERICATO, *Decisiones Sacramentales, Theologicae, Canonicae, & Legales*, II/6. *Decisiones de Matrimonio*, Augustae Vindelicorum 1730, 110, dec. 17, n. 42: „[...] propter eminentiam Auditorum Rotae, eorum opinio praevalere debet dictis cujuscunque privati Doctoris".

[116] Vgl. ASCHERI, *Rechtsprechungs- und Konsiliensammlungen*, 1126-1127 und 1138; DOLEZALEK, *Litigation at the Rota*, 373.

[117] Vgl. DE LUCA, *Theatrum veritatis*, XV/2, disc. 32, n. 102; DOLEZALEK, *Litigation at the Rota*, 373.

[118] Zu Boccalini, der viele Jahre als Richter und Verwaltungsbeamter im päpstlichen Dienst stand, vgl. unter anderem L. FIRPO, *Boccalini, Traiano*: DBI, XI (1969), 10-19.

[119] Vgl. T. BOCCALINI, *Comentari di Traiano Boccalini Romano sopra Cornelio Tacito*, Cosmopolis 1677, 189: „[...] dove regnano huomini letterati, regna ancora la confusione delle leggi e i garbugli de' giudici in tanto che la stessa Romana Rota, la quale, essendo città posta sopra il Monte, e sole della terra, con la quale condiscono diverse vivande, e decidono tutte le differenze, ha alcuna volta, in una medema differenza giudicato diversamente".

[120] Zu Muratori, dem „Vater der italienischen Geschichtsschreibung", vgl. unter anderem C. DRÖGE, *Muratori, Lodovico Antonio*: BBKL, VI (1993), 364-366.

[121] Vgl. L. A. MURATORI, *Dei difetti della giurisprudenza*, Venezia 1742, 64: „[...] non tutte le decisioni della Ruota romana sono il conchiuso veramente in quelle cause: noi non di rado leggiamo ciò che ha deciso un turno o sia una parte di essa Ruota, ma non sappiamo, qual sentenza abbia profferito un altro turno [...]. E d'esse ve ne son molte o rivocate dalla

c. Der Entzug kirchlicher Exklusivkompetenzen durch Papst Benedikt XIV.

Die inzwischen gültigen Regelungen im Hinblick auf die der Rota Romana übertragenen Zuständigkeiten blieben im Wesentlichen auch in den folgenden Jahrzehnten bestehen[122]. Das Gericht fungierte im 18. Jahrhundert weiterhin als oberstes Justizorgan für weltliche Verfahren aus dem Kirchenstaat und gleichzeitig auf dem ordentlichen Prozessweg als päpstliche Ober- und Letztinstanz für geistliche Verfahren aus der ganzen Welt[123]. Tatsächlich gelangten allerdings nur wenige Prozesse aus anderen Ländern an den Gerichtshof des Papstes, und noch weniger wurden am Ende entschieden[124].

Papst Benedikt XIV. (1740-1758)[125] legte in seiner Bulle *Iustitiae et pacis* vom 2. Oktober 1746 erstmals umfassend die Kompetenzen der Rota fest. Er bestätigte darin nicht nur die Anordnungen seiner Vorgänger, sondern gleichermaßen auch das Recht der Parteien, schon in zweiter Instanz eine *causa maior* der Rota zur Entscheidung zu übergeben:

> „Porro Causae graviores, et consequenter Rotales, et non Praelatitiae, ut supra, censeantur, et censeri debeant Causae omnes, in quibus agitur de Jurisdictionibus, exemptionibus, adoptionibus, sponsalibus, filiationibus, legitamitatibus, praeeminentiis, et praecedentiis, Juribus

---

stessa Ruota, e contro le quali la Ruota stessa decise, e non ne mancano delle deboli, fondate sopra motivi insussistenti [...], oltre al trovarsi anche la discordia nei decreti di quel per altro sì accreditato tribunale".

122 Vgl. SCHNEIDER, *Die Römische Rota*, 75; nur Papst Clemens XII. erließ 1734 einige unwesentliche Änderungen in der Kompetenzregelung für Prozesse von Verwandten der Rotarichter und -bediensteten: vgl. CLEMENS XII., Papst, Ap. Konst. *In summi pontificatus specula*, 1734, Nov 17, § 6: BullRom, XXIV, 11-14, 13; und hierzu SCHNEIDER, *Die Römische Rota*, 75, Anm. 2.

123 Zur Rota im 18. Jahrhundert vgl. A. DE ANSALDIS, *Sacrae Romanae Rotae Decisiones coram Reverendiss. P. D. Ansaldo de Ansaldis Patricio Florentino*, Roma 1739, *Praefatio*; in Auszügen abgedruckt bei: CERCHIARI, *Capellani Papae*, I, 95-98.

124 Vgl G. MAY, *Das Mainzer Metropolitangericht als Berufungsinstanz der Mainzer Kirchenprovinz im 17. und 18. Jahrhundert*: M. ASCHERI u. a. (Hg.), *„Ins Wasser geworfen und Ozeane durchquert". Festschrift für Knut Wolfgang Nörr*, Köln – Weimar – Wien 2003, 523-560, 558: „Erst recht war die Prozeßführung in Rom teuer. Zahllose Berufungen, die an den Heiligen Stuhl eingelegt worden waren, wurden daher nicht verfolgt [...]. Man gewinnt nicht selten den Eindruck, daß die Ankündigung der Berufung an den Apostolischen Stuhl lediglich den Zweck hatte, die Unzufriedenheit der unterlegenen Partei mit dem Richterspruch zum Ausdruck zu bringen, ohne daß eine feste Absicht vorlag, die Berufung zu verfolgen. Aber selbst dann, wenn sie in Rom eingeführt worden war, wurde sie häufig nicht weiterbetrieben".

125 Papst Benedikt XIV., 1675 als Prospero Lambertini in Bologna geboren, war selbst ein hervorragender Kanonist: vgl. hierzu M. GRAULICH, *Lambertini, Prospero*: LKStKR, II (2002), 681.

quoque Patronatus, aliisque honorificis, nominandi, eligendi, conferendi, et similibus, aut de Juribus decimandi, quotizandi, aliisque similibus: causae quoque servitutis personalis, et generaliter omnes, et singulae Causae pecuniariae et profanae, tum Citramontanae, tum de Partibus ultra Montes positis [...].

Item [...] Causas illas Beneficiales, in quibus agitur de Titulo Beneficii, ac de Jure in re, vel ad rem [...] sicut etiam Causas super Pensionibus Ecclestiasticis"[126].

Daher bestimmte er:

„Motu proprio [...] statuimus, et declaramus, Causas omnes graviores, quae in Romana Curia, tam in Tribunali [...] Cardinalis Nostri [...] Vicarii [...] quam in Tribunali Causarum Curiae Camerae Apostolicae Generalis Auditoris, in prima instantia judicatae, et definitae fuerint, in secunda, seu alia ulterius instantia [...] tam in petitorio, quam in possessorio Judicio [...] Rotae Auditorio omnino esse, et fore committendas"[127].

Anliegen Papst Benedikts XIV. war es freilich auch, die Dauer eines an der Rota anhängigen Verfahrens zu verkürzen und so die Funktionstüchtigkeit des Gerichts wieder zu stärken. Er ordnete daher eine wichtige Änderung der geltenden Berufungsdisziplin an. Um zu vermeiden, dass es nach einer von vier Auditoren getroffenenen Entscheidung erneut zu Stimmengleichheit beim Votum kommen könnte, setzte er fest, dass im Berufungsfall die Sache sogleich an einen aus nur drei Richtern bestehenden Turnus weitergeleitet werden sollte, der dann in jedem Fall eine Mehrheitsentscheidung treffen konnte:

„Ad haec celiori Causarum in praefato Auditorio Rotae vertentium expeditioni, quae, propter facile contingentem in pari judicantium numero suffragiorum aequalitatem, aliquando nimis diu protrahi et retardari dignoscitur, [...] statuimus, et mandamus, ut, firmo remanente stilo, seu consuetudine, proponendi pro prima vice omnes Causas in Turno ordinario, in quo quatuor Causarum hujusmodi Auditores suffragium ferant; si tamen in posterum, in prima seu ulteriori alicujus Causae propositione, propter praedictam suffragiorum aequalitatem, decisiva resolutio prodire nequeat, non amplius hujusmodi Causa cum iisdem quatuor suffragiis reproponatur; itaut, coaequatis forsan iterum suffragiis, rescribi deinde oporteat, ut hactenus rescriptum fuit: *Videant quintus et sextus*; sed statim ab ipsa prima vice rescribi volumus: *Iterum proponatur, et videant quintus, sextus, et septimus,* ad hoc nimirum, ut in altera Causae propositione omnino prodeat illius resolutio: Decernentes ipsam hujusmodi

---

126 BENEDIKT XIV., *Iustitiae et pacis*, 139.

127 *Ebd.*, 138-139.

Causam semper deinceps cum quinto, sexto, et septimo, usque ad extremam illius definitionem, remanere“[128].

Auf Bitten der Auditoren, denen zufolge sich diese Reform nicht bewährt hatte, führte aber bereits Papst Clemens XIII. (1758-1769) 13 Jahre später mit der Bulle *Ex parte*[129] wieder den traditionellen Modus der Entscheidungsfindung ein[130].

Zwar hatte Benedikt XIV. durch die Bestimmungen von 1746 die Jurisdiktionsgewalt der Rota wieder stärken wollen[131]. Doch war durch die von Innozenz X. verfügte Beschränkung der Zuständigkeit auf die *causae maiores* die Zahl der Prozesse schon erheblich gesunken[132], und ein weiterer Eingriff, den Papst Benedikt XIV. durch dieselbe Bulle vornahm, verminderte die Bedeutung der Rota noch weiter. In Anbetracht der ineffizienten Prozedur des Gerichts nämlich ließ der Papst dessen geistliche Jurisdiktion und Kompetenz zwar weiter bestehen, erlaubte aber gleichzeitig, auch die *causae graviores* vor andere Richter zu bringen:

„Volumus tamen, atque concedimus, ut, salvis et exceptis, ut supra, Causis Matrimonialibus, et super nullitate Professionis, in quibus ne consensus quidem Partium erit attendendus, in caeteris omnibus Causis praedictis, liceat et integrum sit Partibus collitigantibus inter se concordare, et consentire, quod Causa etiam minus gravis, et de sui natura, et qualitate, ut praediximus, Praelatitia, Auditorio Rotae committatur; et e converso, quod Causa etiam gravior, et de sui natura, ut praescripsimus, Rotalis, committatur alicui Praelato extra Rotam: utque ad hujusmodi effectum consensus Partium attendatur“[133].

Er erklärte in diesen Sachen die entsprechenden Kongregationen für in gleicher Weise zuständig wie die Rota. Dabei sollte es den Parteien selbst über-

---

128 BENEDIKT XIV., *Iustitiae et pacis*, 142.

129 Vgl. CLEMENS XIII., Papst, Ap. Konst. *Ex parte*, 1759, Sep 30: BullRomCont, III/1, 374-378.

130 Vgl. *ebd.*, § 3: „Quia tamen [...] haec immutatio antiquae methodi in eodem Auditorio dudum servatae, quae ad celiorem Causarum decisionem procurandum tunc potissimum excogitata fuit, summopere opportuna iudicabatur; duodecim annorum cursu, quibus iam obtinuit, hoc maxime detrimentum collitigantibus afferre visa est [...]; Idcirco pro parte dicti Collegii Nobis fuit humiliter supplicatum, ut circa praemissa antiquam iudicandi methodum, praefatam Benedicti Praedecessoris Constitutionem in hac parte, moderando. Restituere dignaremur“. Diese Bestimmungen wurden drei Jahre später vom selben Papst nochmals bestätigt (vgl. CLEMENS XIII., Papst, Ap. Konst. *Etsi iustitia*, 1762, Jul 27: CERCHIARI, *Capellani Papae*, III, 572-584).

131 Vgl. GROSSE-WIETFELD, *Justizreformen im Kirchenstaat*, 164.

132 Vgl. SCHNEIDER, *Die Römische Rota*, 76.

133 BENEDIKT XIV., *Iustitiae et pacis*, 140.

lassen bleiben, welchem Forum sie die Entscheidung ihres Falles anvertrauen wollten:

> „Graviores itidem Causas esse declaramus, et censeri debere statuimus omnes Causas Matrimoniales, tam super foedere Matrimonii, quam super divortio; nec non Causas omnes super nullitate Professionis Regularis emissas; et has quidem nunquam Praelatis, neque Rotae Auditoribus, uti Praelatis, quantumvis accedente consensu Partium, committi volumus; sed aut ipsi Rotae Auditorio committi, aut a Congregatione Venerabilium Fratrum Nostrorum Sanctae Romanae Ecclesiae Cardinalium interpretationi, et executioni Decretorum Concilii Tridentini praeposita, vel etiam, quoad causas nullitatis Professionis praedictae, a Congregatione ejusdem S. R. E. Cardinalium, negotiis et consultationibus Episcoporum, et Regularium praeposita, pro arbitrio, et ad electionem Partis appellantis, seu recurrentis, cognosci et definiri mandamus; non obstante, quod Causae hujusmodi de sui natura et qualitate, Processum judiciarium, atque etiam formale Testium examen, exigant vel requirant“[134].

Bereits fünf Jahre früher hatte er durch die Bulle *Dei miseratione* ähnliche Sonderregelungen für Ehe- und Professverfahren erlassen:

> „Tum etiam in aliis causis, quae in prima instantia, ex consensu Partium, vel in secunda, per appellationem ad Sedem Apostolicam, omisso medio, interpositam, vel in tertia, Romam deferuntur; quas omnes judicari volumus, vel in Congregatione S. R. E. Cardinalium super interpretatione, & executione Concilii Tridentini, vel in causarum Palatii nostri Auditorio“[135].

Beachtenswert ist dabei die Anordnung Benedikts XIV., die den *defensor matrimonii* in Ehenichtigkeitsverfahren verpflichtete, gegen ein durch keine höhere Instanz bestätigtes affirmatives Urteil Berufung einzulegen, und ihm darüber hinaus die Möglichkeit gab, aus Gewissensgründen auch nach zwei gleichlautenden Sentenzen weiter zu appellieren:

> „Itaque si a Judice pro Matrimonii validitate judicabitur, & nullus sit, qui appellet, ipse etiam ab appellatione se abstineat; idque etiam servetur, si a Judice secundae instantiae pro validitate Matrimonii fuerit judicatum, postquam Judex primae instantiae de illius nullitate Sententiam pronunciaverat; sin autem contra Matrimonii validitatem Sententia feratur, Defensor inter legitima tempora appellabit adhaerens Parti, quae pro

---

[134] BENEDIKT XIV., *Iustitiae et pacis*, 139-140. Auch diese Bulle verlieh der Rota keine Gerichtsbarkeit in Selig- und Heiligsprechungsverfahren, wie fälschlicherweise behauptet wurde (vgl. LEFEBVRE, *Rote Romaine*, 754; DEL RE, *La Curia Romana*, 232-233; PACAUT, *Rote*, 132; GNAVI, *Carriere e Curia romana*, 170-171).

[135] BENEDIKT XIV., Papst, Ap. Konst. *Dei miseratione*, 1741, Nov 3, § 13: BullBen XIV, I, 49-53, 51-52.

validitate agebat; cum autem in judicio nemo unus sit, qui pro Matrimonii validitate negotium insistat, vel si adsit, lata contra eum Sententia, judicium deseruerit, ipse ex officio ad superiorem Judicem provocabit“[136].

Weiter heißt es in der Bulle:

„[...] quod si a secunda Sententia super nullitate, vel altera Pars appellaverit, vel hujusmodi sit, ut ei, salva conscientia, Defensor Matrimonii acquiescendum non putet, [...] volumus, ut, firma remanente utriusque Conjugis prohibitione ad alias transeundi nuptias [...], causa in tertia, vel quarta instantia cognoscatur“[137].

Nach dem Willen des Papstes sollte auf diese Weise der immer häufiger auftretende Missstand beseitigt werden, Ehen zu leichtfertig und schnell für nichtig zu erklären[138].

Umso öfter aber musste nun auch der Apostolische Stuhl, der gemeinrechtlich Berufungsinstanz für die Metropolitangerichte war[139], in solchen Verfahren tätig werden. De iure wurde dadurch der Einflussbereich der Rota ausgedehnt. Praktisch jedoch schmälerten die Reformen Papst Benedikts XIV. die Bedeutung des Gerichts noch weiter. Die kumulative Kompetenz der Rota zusammen

---

136 BENEDIKT XIV., *Dei miseratione*, § 8; zur Einführung des Prinzips des zweifach konformen Urteils im Ehenichtigkeitsverfahren vgl. P. LE-XUAN-THUONG, *La double sentence conforme. Une étude historico-juridique*, Roma 1975, 59-61; P. MONETA, *Il riesame obbligatorio delle sentenze di nullità di matrimonio. Una regola da abolire*: DEc 111/1 (2000), 1068-1083, 1069-1071; C. FANTAPPIÈ, *La duplice sentenza conforme: biografia di una norma nel quadro della legislazione matrimoniale*: ASSOCIAZIONE CANONISTICA ITALIANA (Hg.), *La doppia conforme nel processo matrimoniale. Problemi e prospettive* (= StGiur, 60), Città del Vaticano 2003, 20-33; A. STANKIEWICZ, *La conformità delle sentenze nella giurisprudenza*: *ebd.*, 147-152.

137 BENEDIKT XIV., *Dei miseratione*, § 11.

138 Vgl. BENEDIKT XIV., Papst, Admonitio *Matrimonii perpetuum*, 1741, Apr 11, an die Erzbischöfe und Bischöfe Polens: BullBenXIV, I, 27-28, 27: „Matrimonii perpetuum indissolubilemque nexum [...] tanta facilitate [...] in aliquot Catholici Orbis partibus [...] in dies dissolvi audientes; neque lacrymis, neque verbis explicare possumus allatam inde Nobis incredibilem solicitudinem, conceptamque in Pontificio animo Nostro ingentem molestiam“; BENEDIKT XIV., *Dei miseratione*, § 2: „[...] indicata sunt exempla nonnullorum Virorum, qui post primam, & secundam, ac tertiam, quam duxerant, uxorem, ob nimiam Judicum praecipitantiam in nullitate Matrimoniorum declaranda, adhuc illis primis uxoribus superstitibus, ad quartas contrahendas nuptias devenerant; & similiter foeminarum“; zu den Missständen und den von Papst Benedikt XIV. getroffenen Gegenmaßnahmen vgl. auch K. LÜDICKE, *Zum Berufungssystem im kirchlichen Ehenichtigkeitsprozeß*: K. LÜDICKE, H. MUSSINGHOFF, H. SCHWENDENWEIN (Hg.), *Iustus Iudex. Festgabe für Paul Wesemann zum 75. Geburtstag von seinen Freunden und Schülern* (= BzMK, 5), Essen 1990, 507-509, 512-516 und 528-529; FANTAPPIÉ, *La duplice sentenza conforme*, 20-33.

139 Vgl. WERNZ, VIDAL, *Ius canonicum*, VI, 108.

mit den Kongregationen nämlich hatte zur Folge, dass die Rota de facto bereits um die Mitte des 18. Jahrhunderts aufgehört hatte, in kirchlichen Verfahren tätig zu werden; statt dessen fungierte sie nur noch als Berufungsgericht für weltliche Rechtsstreitigkeiten aus dem Kirchenstaat[140].

d. Die Einschränkung des Einflusses der Rota durch die Politik des Absolutismus

Immer mehr war die Rota gegen Endes des 18. Jahrhunderts in ihrer geistlichen Gerichtstätigkeit auch durch äußere Umstände Einschränkungen unterworfen. So wurden durch bestimmte Bischöfe hohe Mindestbeträge für Berufungen nach Rom festgelegt und die Appellationen an den Heiligen Stuhl auf diese Weise weiter eingeschränkt[141].

Nicht zuletzt durch den Einfluss von Febronianismus[142], Gallikanismus, Richerismus und Josephinismus[143] und das daraus resultierende Bestreben absolutistischer Fürsten, auch kirchliche Verfahren an sich zu ziehen, gelangten im-

---

140 Vgl. SCHNEIDER, *Die Römische Rota*, 79: „So wurde es also, wenn auch die Jurisdiktion der ersteren für die rein kirchlichen Prozesse nicht aufgehoben, sondern grundsätzlich festgehalten wurde, im Laufe des 18. Jhdts. zur Tatsache, daß in der Praxis die Kongregationen das Arbeitsfeld der Rota als *kirchlichen* Gerichtshofes mitübernahmen, und diese nur noch als Appellationsgericht für die weltlichen Zivilprozesse aus dem Kirchenstaate in Betracht kam"; zur Rota im 18. Jahrhundert vgl. auch MONALDINUS, *Praxis ecclesiastica Curiae Romanae*, 11-24.

141 So beispielsweise 1767 und 1770 durch das Erzbistum Mainz: vgl. MAY, *Der Instanzenzug in der Erzdiözese Mainz*, 125-126.

142 Der unter dem Pseudonym Febronius agitierende Trierer Weihbischof Johann Nikolaus von Hontheim äußerte sich auch kritisch zur Rota und deren Rechtsprechung: vgl. [J. N. VON HONTHEIM], *Justini Febronii Jcti de statu Ecclesiae et legitima potestate Romani Pontificis liber singularis, ad reuniendos dissidentes in religione christiana compositus*, I, Bullioni ^{2}1765, 215-218, 296, 327, 789-790 und *appendix secunda*, 13-14; Febronius vertrat die Auffassung: „Decisiones Rotae per se majorem vim & authoritatem non habent quàm arresta & judicata aliorum Tribunalium" (*ebd.*, 296) und war im Übrigen der Meinung: „Romano Pontifici ex natura & jure Primatûs non compertit jus Appellationum ex omnibus totius Ecclesiae partibus" (*ebd.*, 327); hierzu bemerkte F. ZACCARIA, *Anti-Febbronio o sia apologia storico-polemica del primato del Papa*, I, Cesena ^{2}1770, 44-45 und 45-46, Anm. 32, in seiner „breve apologia della sacra Ruota Romana" unter anderem: „E certo accader può che dallo stenditore della decisione pongansi a riempitura, ed ornamento, alcune cose meno esatte; le quali però esser non debbono poste a carico del Tribunale" (*ebd.*, 45, Anm. 32); zur Erwiderung des Febronius vgl. [J. N. VON HONTHEIM], *Justini Febronii Jcti de statu Ecclesiae et legitima potestate Romani Pontificis liber singularis, ad reuniendos dissidentes in religione christiana compositus*, II, Francofurti – Lipsiae ^{2}1770, 397; zur Kritik des Febronius an der Rota vgl. auch MORONI, *Dizionario*, LXXXII, 207-208; allgemein zum Berufungsrecht bei Febronius: F. STÜMPER, *Die kirchenrechtlichen Ideen des Febronius*, Aschaffenburg 1908, 76-82.

143 Vgl. KURTSCHEID, *De quibusdam Praelatis*, 565; PACAUT, *Les organes du gouvernement pontifical*, 173.

mer weniger Berufungsklagen aus anderen Ländern an den Apostolischen Stuhl. So verminderte sich der Einfluss der Rota mit dem Erstarken des Absolutismus auch in Italien, Frankreich, Spanien und in Portugal, und zwar durch die Einführung eines als *appellatio ab abusu* oder *recursus ab abusu* bezeichneten Instrumentes[144], der „Anrufung der Staatsgewalt gegen einen angeblichen Mißbrauch der Kirchengewalt, insbesondere in der Rechtsprechung und Verwaltung"[145]. Obwohl bereits Papst Gregor XIII. (1572-1585) diesen Versuch, die Berufung an den päpstlichen Stuhl zu verhindern, im Jahre 1583 durch entsprechende Erweiterungen der Banndrohungen aus der so genannten Abendmahlsbulle[146] zu unterbinden versucht hatte[147], sahen immer mehr katholische Staaten – insbe-

---

144 Vgl. H. RAAB, *Grundlagen und Formen des Staatskirchentums besonders in den Bourbonenstaaten des 17. und 18. Jahrhunderts*: HKG, V (1970), 353-368, 358-359; BECKER, *Die Sacra Rota Romana*, 11; zur *appellatio a recursu* vgl. auch E. EICHMANN, *Der Recursus ab abusu nach deutschem Recht. Mit besonderer Berücksichtigung des bayerischen, preußischen und reichsländischen Kirchenrechts, historisch-dogmatisch dargestellt* (= UDStRG.AF, 66), Breslau 1903 = Aalen 1971; R. GÉNESTAL, *Les origines de l'appel comme d'abus* (= BEHE.R, 63), Paris 1951; P. G. CARON, *L'appello per abusu* (= RSRDEc, 3), Milano 1954; FEINE, *Kirchliche Rechtsgeschichte*, 491 und 496; A. ERLER, *Recursus ab abusu*: HRG, IV (1990), 445-446.

145 RAAB, *Grundlagen und Formen*, 358.

146 Die berühmte Abendmahlsbulle („Nachtmahlsbulle", „Bulla In Coena Domini") ist eine Sammlung von Exkommunikationsurteilen, die zunächst aus nur wenigen Sätzen bestand. Die ältesten überlieferten Sentenzen stammen aus dem Pontifkat Papst Gregors IX., doch die Ursprünge liegen weiter zurück. Unter Bonifatius VIII. erfolgte erstmals die Zusammenfassung zu einer Bulle. Die jedes Jahr feierlich am Gründonnerstag verkündeten Exkommunikationsdrohungen wurden im Laufe der Jahrhunderte immer wieder von den Päpsten erweitert. 1627 fand die Bulle (bis 1583 mit dem Incipit *Consueverunt Romani pontifices*, seit Sixtus V. mit *Pastoralis Romani pontificis vigilantia* beginnend) unter Papst Urban VIII. ihre endgültige Fassung (vgl. URBAN VIII., Papst, Ap. Konst. *Pastoralis Romani Pontifici vigilantia*, 1627, Apr 1: BullRom, XIII, 530-537). Papst Clemens XIV. ordnete schließlich 1770 auf Grund zahlreicher Proteste an, sie in Hinkunft nicht mehr zu verlesen. Zur Geschichte der Bulle vgl. K. PFAFF, *Beiträge zur Geschichte der Abendmahlsbulle vom 16. bis 18. Jahrhundert*: RQ 38 (1930), 23-76; F. CLAEYS BOUUAERT, *Bulle In Coena Domini*: DDC, II (1937), 1132-1136; Q. ALDEA, *Bula in Coena Domini*: DHEE, I (1972), 289-290; M. C. GIANNINI, *Tra politica, fiscalità e religione: Filippo II di Spagna e la publicazione della bolla „In Coena Domini" (1567-1570)*: AISIG 23 (1997), 83-152; P. KRÄMER, *Abendmahlsbulle*: RGG^4, I (1998), 54.

147 Vgl. GREGOR XIII., Papst, Ap. Konst. *Consueverunt Romani Pontifices*, 1583, Apr 4, § 13: BullRom, VIII, 413-419, 415: „Ac etiam omnes, tam ecclesiasticos quam saeculares, cuiuscumque dignitatis, qui, praetexentes frivolam quamdam appellationem a gravamine vel futura executione litterarum apostolicarum et in forma brevis, tam gratiam quam iustitiam concernentium, necnon citationum, inhibitionum, sequestrorum, monitoriorum, processuum, executorialium et aliorum decretorum, a nobis et a Sede praedicta seu legatis, nunciis, praesidentibus, Camerae Apostolicae auditoribus, commissariis aliisque iudicibus et delegatis apostolicis emanatorum, et quae pro tempore emanaverint, aut alias ad curias saeculares et laicam potestatem recurrunt, et ab ea, instante etiam fisci procuratore, appellationes huiusmodi

sondere auch das Königreich beider Sizilien[148] – darin ein „Kampfmittel des Territorialismus gegen das hierokratische System"[149].

Kaiser und Reichstag protestierten teils sehr heftig gegen die Ladung ihrer Untertanen an die Rota[150]. Umgekehrt erhob der päpstliche Nuntius Ciriaco Rossi Beschwerde beim Kaiser, als eine schon von der Rota entschiedene Benefizialsache auch noch vor den Reichshofrat gebracht wurde[151]. Immer wieder kam es auf Grund ungeklärter Zuständigkeiten zu Kompetenzkonflikten zwischen geistlichen und weltlichen Gerichtshöfen[152]. 1654 verfasste der Reichstag zu Regensburg in seinem *Recessus Imperii Novissimus* eine Resolution, in der erneut die Anrufung des Apostolischen Stuhles in Rechtsstreitigkeiten verurteilt wurde[153], und verpflichtete den neugewählten König Ferdinand IV. in der

---

admitti, ac litteras, citationes, inhibitiones, sequestra, monitoria et alia praedicta capi et retineri faciunt".

148 Vgl. F. J. SENTIS, *Die „Monarchia Sicula". Eine historisch-canonistische Untersuchung*, Freiburg im Breisgau 1869, 130-140; RAAB, *Grundlagen und Formen*, 363-367.

149 EICHMANN, *Der Recurus ab abusu*, 59.

150 Vgl. DOLEZALEK, *Litigation at the Rota*, 342. So war bereits um 1685 die Tatsache auf energischen Widerstand gestoßen, dass in einem Streitfall zwischen dem Synodalgericht und dem Schöffengericht in Aachen ersteres an die Rota appelliert und dort eine Entscheidung in seinem Sinn erlangt hatte (vgl. *ebd.*, 343, Anm. 14).

151 Vgl. BECKER, *Die Sacra Rota Romana*, 16.

152 Beispielsweise 1608 in Köln, als der Kurfürst durch eine Klage des Abtes von St. Truiden vor die Rota geladen wurde; ein Jahr später führte in Lüttich (Liège) die Berufung des Kapitels von Saint-Denis zum Konflikt, die dieses gegen ein Urteil der Rota an den *Conseil privé* einlegte; vgl. A. FRANZEN, *Eine Krise der deutschen Kirche im 17. Jahrhundert?*: RQ 49 (1954), 56-111, 59-67; BECKER, *Die Sacra Rota Romana*, 15-17; zur Thematik vgl. auch H. C. HAFKE, *Zuständigkeit in geistlichen Streitigkeiten und konfessionelle Besetzung der höchsten Reichsgerichte nach dem Westfälischen Friedensschluß*, Frankfurt am Main 1972, 51-77.

153 Vgl. *Abschied des Reichstages zu Regensburg* (Auszug), 1654, Mai 17, § 164: K. ZEUMER (Hg.), *Quellensammlung zur Geschichte der Deutschen Reichsverfassung in Mittelalter und Neuzeit*, Tübingen ^{2}1913, 446-465, 457: „Als sich dann auch die Stände zum höchsten beschwert, daß in den Ertz- und Stifftern Cölln, Lüttich und Münster, wie auch an anderen Orten des Reichs, allerhand Mißbrauch wegen Vornehmung der Appellationen und Recursen von den *Officialibus ad Pontificem* und die *Nuntios* entstehen, indeme man sich derselben fast von allen Urtheilen ohne Unterschied, es betreffe gleich Civil- oder Profan-Sachen, bedient, die *Jurisdictiones* wider die Ordnung confudirt, die Civil-Sachen ausserhalb des Reichs zu fremden Gerichten gezogen, und die Parteyen mit Verspielung vieler Zeit und Unkosten umgetrieben werden [...] und Uns dann Churfürsten und Stände und der Abwesenden Räthe und Gesandten um Abstellung dergleichen zu Abbruch und Schmälerung Unserer und des Heiligen Reichs Hoheit, auch Confusion der Jurisdictionen gereichender, unordentlichen, durch bequeme thunliche Mittel der Gebühr ersuchet: so wollen Wir [...] an den Päbstlichen Stul zu Rom hierinn die Nothdurfft dahin beweglich gelangen lassen, damit den *Nuntiis* dergleichen ohnzuläßiges Verfahren im Reich und über dessen Glieder und Unterthanen mit Ernst verboten und fürters nicht mehr gestattet, und da dargegen ichtwas attentirt oder gehandelt würde,

Wahlkapitulation, Appellationen nach außerhalb des Reiches zu verbieten[154]. Nach dessen Tod wurde diese Bestimmung, die 1717 bei der Wahl Karls VI. ihre endgültige Fassung erhielt, auch nachfolgenden Amtsinhabern auferlegt[155]. Noch 1792 verpflichtete sich Kaiser Franz II., alle Berufungen an die Römische Kurie zu untersagen[156].

Trotz aller staatlichen Maßnahmen, die Wirkmacht der Rota in ihren Herrschaftsgebieten zu beschränken, waren weltlichen Mächten die politische Bedeutung des päpstlichen Gerichtshofs und damit verbundene Rechte aber nach wie vor bewusst[157].

3. Die Rota als kirchenstaatliches Berufungsgericht und dessen Ende

Nach und nach hatte die Rota ihren Charakter als Universalgericht der Kirche fast völlig eingebüßt. Immer mehr wurde sie dafür zur Appellationsinstanz für die Tribunale des Kirchenstaates, die ihr nahezu ausschließlich weltliche Prozesse zur Entscheidung überwiesen. Auch die Rechtslage wurde daraufhin

---

solches keine Krafft haben, sondern wiederum caßirt, auffgehaben, auch insgemein die *Evocationes* vor fremde Gericht und ausserhalb des Reichs, wie sie dann ohne das bey Unserm Reichs-Hoffrath und Cammer-Gericht nicht geachtet, keineswegs zugelassen, auch im übrigen dasjenige, was die Stände wegen der *Nunciorum absolutionem a iuramentis*, und daß dergleichen *Relaxationes* in den Gerichten, sie geschehen dann von dem ordentlichen Richter *ad effectum agendi*, nicht zu attendiren seyn sollen, hierbey erinnert, beobachten".

154 Vgl. D. E. NIES, *Vindiciae secundum libertatem ecclesiarum Germanicarum postulatae a pontifice Romano contra appellationes ad eius legatos supremumque tribunal Romanum, quod rotam vocant*, Ienae 1741, 64.

155 Vgl. FRANZEN, *Eine Krise der deutschen Kirche*, 66.

156 Vgl. *Wahlkapitulation des römischen Kaisers Franz des Zweiten*, Mainz 1792, art. 14, § 4: „Gleichergestalt wollen Wir, wenn es sich etwa begäbe, daß die *causae civiles* von ihrem ordentlichen weltlichen Gerichte oder einem Offizialen, als *judice delegato principis* im heiligen Reiche ab und ausser dasselbe *ad Nuntios apostolicos* oder wohl gar *ad Curiam romanam* gezogen würden, solches abschaffen, vernichten und ernstlich verbieten, auch dem kaiserlichen Fiskale sowohl am kaiserlichen Hofrath als am Kammergericht anempfehlen, wider diejenigen sowohl Partheien als Advokaten, Prokuratoren und Notarien, die sich hinführo dergleichen anmaßen und darinn einiger Gestalt gebrauchen lassen würden, mit gehöriger Anklage von Amts wegen zu verfahren, damit die Uibertreter demnächst gebührend angesehen und bestraft werden mögten".

157 Aus diesem Grund versuchte Kaiser Karl VII. Albrecht vergeblich, den von Kaiserin Maria Theresia ernannten Auditor Graf Joseph von Thun aus dem Amt zu drängen: vgl. BLAAS, *Das kaiserliche Auditoriat*, 93-96; vgl. auch *ebd.*, 104: „Je mehr sich die Waagschale des Ansehens der Rota auf der einen Seite senkte, um so stärker hob sich auf der anderen Seite das Ansehen und die politische Stellung der nationalen Auditoren".

durch entsprechende Gesetze allmählich den tatsächlichen Gegebenheiten angepasst.

a. Die Stärkung der weltlichen Gerichtsbarkeit durch Papst Pius VII.

Infolge politischer Wirren musste die Rota ihre Tätigkeit gegen Ende des 18. Jahrhunderts vorübergehend ganz einstellen. Rom war von napoleonischen Truppen besetzt, Papst Pius VI. nach der am 15. Februar 1798 erfolgten Ausrufung der Römischen Republik aus der Stadt vertrieben worden[158].

Erst im Sommer 1800 konnte Papst Pius VII. (1800-1823) nach seinem Einzug in Rom die päpstlichen Gerichte neu konstituieren[159], und im darauf folgenden Jahr wurde die Rota feierlich wieder eröffnet[160].

Papst Pius VII. beschritt den von seinem Vorgänger Benedikt XIV. eingeschlagenen Weg weiter. Durch die Bulle *Post diuturnas* vom 30. Oktober 1800[161] räumte er den Parteien das Recht ein, auch Streitsachen, die bis dahin der Apostolischen Kammer oder der *Congregazione del Buon Governo*[162] vorbehalten waren, bei entsprechendem Streitwert der Rota zu übertragen:

> „Sia permesso per l'avvenire ai litiganti, le cause de'quali in seconda istanza sarebbero di privativa ispezione della reverenda camera, e del-

---

[158] Vgl. *Diarium Camerale*, 1798, Feb 15: CERCHIARI, *Capellani Papae*, III, 622: „Publice eodem die exposita sunt programmata quibus nunciatum est, Pontificem e suo imperio extrusum, vetera proinde cessasse Tribunalia, et novum omnino ordinem recludi"; Serafino Marinelli verweist auf die Plünderung des Archivs: „Vennero allora sottratte le posizioni più interessanti per inviarle a Parigi, molte distrutte o poste in disordine nella vaste soffitte del Museo Vaticano e nelle stanze del Palazzo Salviati" *(Breve Rapporto intorno alle passate vicende ed alle attuali condizioni dell'Archivio Rotale che si presenta da Serafino Marinelli a Sua Eccellenza R.ma Monsig. Sibilia*, 1871, Dez 10: Arch. Rot., Not. 98, [5]); zur „Destruktion des Heiligen Stuhls" vgl. vor allem R. AUBERT, *Die Französische Revolution und Pius VI.*: HKG, VI/1 (1971), 13-59, 55-59; vgl. auch *ebd.*, 59: „In diesem Augenblick war vom einstigen Räderwerk des Heiligen Stuhls praktisch nichts mehr übriggeblieben: die Arbeit der Kurie war völlig desorganisiert, das Heilige Kollegium zerstreut, und mehrere Kardinäle waren eingekerkert".

[159] Vgl. *Diarium Camerale*, 1800, s. d.: CERCHIARI, *Capellani Papae*, III, 623: „Ergo feliciter tandem Romam advento [...] Pontifice, ineunte mense iulio (1800) statim de veteri restituendo regimine et restituenda Tribunalium forma actum est, et post editam Constitutionem tota potissimum Curia exultante, die tandem 17 novembris in Aedibus Vaticanis reddita est Sacrae Rotae iurisdictio".

[160] Vgl. *Diarium Camerale*, 1801, Okt 2: CERCHIARI, *Capellani Papae*, III, 624: „Hoc mane solemni ritu in Aedibus Vaticanis aperta est Rota, [...] deinde lectae sunt Bullae et Constitutiones Rotales".

[161] Vgl. PIUS VII., Papst, Ap. Konst. *Post diuturnas*, 1800, Okt 30: BullPiiVII = BullRomCont, VII/1, 49-67.

[162] Vgl. hierzu DEL RE, *La Curia Romana*, 353-356.

la congregazione del Buon Governo, di proporle a loro piacere avanti il tribunale della Rota, purchè si avi il consenso di ambe le parti, e trattasi di somma rotale"[163].

Der Gerichtsbetrieb freilich wurde insbesondere durch die erneute Verbannung des Papstes ab 1809[164] immer wieder unterbrochen und konnte selbst nach dessen Rückkehr im Mai 1814 nicht gleich aufgenommen werden, da die meisten Richter noch außerhalb Roms weilten[165].

Vom Frühjahr 1815 an versuchte man, durch gelegentliche *notificationes* die in Vergessenheit geratenen Disziplinarbestimmungen wieder in Kraft zu setzen[166] und auf diese Weise einen mehr oder weniger reibungslosen Ablauf der päpstlichen Rechtsprechung zu ermöglichen[167].

Doch erst das Motu proprio *Quando per ammirabile* vom 6. Juli 1816[168], das die Verwaltungs- und Gerichtsordnung des Kirchenstaates neu regelte, setz-

---

163 PIUS VII., *Post diuturnas*, § 48.

164 Vgl. hierzu J. SCHMIDLIN, *Papstgeschichte der neuesten Zeit*, I. *Papsttum und Päpste im Zeitalter der Restauration (1800-1846)*, München ^{2}1933, 100-101; R. AUBERT, *Napoleon und Pius VII.*: HKG, VI/1 (1971), 59-104, 88-89; M. M. O'DWYER, *The Papacy in the Age of Napoleon and the Restoration. Pius VII, 1800-1823*, Lanham u. a. 1985, 101-124; I. SPADA, *La Rivoluzione francese e il Papa*, Bologna 1989.

165 Vgl. GROSSE-WIETFELD, *Justizreformen im Kirchenstaat*, 30-31. In einem Bittschreiben des Dekans vom Frühjahr 1815 an Papst Pius VII. heißt es „che gl'Individui del Tribunale non sono attualmente a Roma, che in numero di Sei" (F. CESAREI LEONI, DekRR., Brief, [1815], an Papst Pius VII.: Arch. Vat., S. R. Rota, Misc. 31).

166 Vgl. F. CESAREI LEONI, DekRR., *Notificazione*, 1815, Mrz 6: Arch. Vat., S. R. Rota, Misc. 154: „La forzosa inazione, nella quale, a cagione delle passate luttuose vicende, è stata la Sagra Rota per il lasso di oltre i cinque anni, siccome ha potuto farne dimenticare i savj regolamenti, e le pratiche alla Curia, stata per si lungo tempo parte inoperosa, e parte in altro occupata, ed intenta: Così questo sagro Tribunale crede adesso espediente di richiamare alla memoria molte delle providenze già prese all'opportunità in altri tempi, all'oggetto di togliere gli abusi, che si erano introdotti nell'andamento de giudizj, o di prevenire quelli, che si temevano: Onde per siffatto modo istruita la Curia, veggendo in un colpo d'occhio raccolta in una le disposizioni di molti Decreti staccatamente emanati in diversi tempi, non abbia scusa, se manca, e si dia perciò tutto il carico, che i giudizj pendenti in Sagra Rota procedano con qualche regolarità, che tende essenzialmente alla retta amministrazione della giustizia"; zu den Partikularnormen der Rota im 19. Jahrhundert vgl. KILLERMANN, *La legislazione propria della Rota*, 35-37.

167 Dabei respekierten die Richter der Rota in ihren Entscheidungen durchaus, dass das von Papst Pius VII. 1815 wieder außer Kraft gesetzte napoleonische Recht bis dahin verbindlich war: vgl. DE LANVERSIN, *Rote*, 1491-1492.

168 Vgl. PIUS VII., Papst, Motu pr. *Quando per ammirabile*, 1816, Jul 6: BullPiiVII = BullRomCont, VII/2, 1268-1297.

te die Tätigkeit der Rota wieder voll in Gang[169]. Darin verschaffte der Papst dem Tribunal neue Geltung „als allgemeines oberstes Appellationsgericht des Kirchenstaates“[170] in *causis maioribus* sowie als Gericht dritter Instanz in *causis minoribus*:

> „Vi saranno in tutto lo Stato quattro tribunali di appellazione: uno in Bologna: [...] uno in Macerata [...]: due in Roma per tutto il resto dello stato, che saranno il tribunale dell'A. C. e quello della Rota. Sarà permesso a tutti i litiganti di deferire le cause di appellazione ai suddetti due tribunali di Roma, purchè ciò siegua di comune consenso“[171].

Er legte auch fest:

> „La Rota sarà il tribunale di appellazione in tutte le cause di un valore maggiore di scudi 825, giudicate dai tribunali di appellazione di prima istanza delle delegazioni non soggette ai tribunali di Bologna e Macerata [...].
>
> Lo sarà pure in tutte le cause maggiori di scudi 300, e minori di scudi 825, in caso di difformità dei precedenti giudicati. Lo sarà in tutte le cause, in cui i giudicati degli altri tribunali d'appellazione, compreso quello dell'A. C., siano difformi dai giudicati in prima istanza“[172].

Ausgenommen von der Zuständigkeit der Rota wurden Nichtigkeitsbeschwerden gegen die von ihr erlassenen Urteile; solche Klagen fielen in den

---

169 Vgl. R. AUBERT, *Die katholische Kirche nach dem Wiener Kongreß*: HKG, VI/1 (1971), 105-127, 124. Einen Überblick über die damalige Gerichtstätigkeit der Rota geben G. B. NUVOLI, *Index generalis conclusionum rerumque notabilium quae continentur in decisionibus A S. romana Rota editis ab anno 1814 ad annum 1819*, Romae 1840; G. B. NUVOLI, *Index generalis conclusionum rerumque notabilium quae continentur in decisionibus a S. Romana Rota editis ab anno 1819 ad annum 1824*, Romae 1853.

170 GROSSE-WIETFELD, *Justizreformen im Kirchenstaat*, 166. Im Allgemeinen war die Rota damit bereits Berufungsgericht zweiter Instanz, für einige Regionen (zum Beispiel Bologna) dagegen erst dritter und höherer Instanz (vgl. *ebd.*, 165-166). Zur Frage der Jurisdiktionsgewalt der Auditoren vgl. *ebd.*, 170-178, sowie den dort angeführten Briefwechsel zwischen dem Dekan der Rota und dem Staatssekretariat vom Jahre 1816. Grosse-Wietfeld ist überzeugt: „Es liegt [...] kein Grund vor, der Rota auf Grund der Kommissarien, weder des Mittelalters noch der folgenden Jahrhunderte, nur eine delegierte Gerichtsbarkeit zuzuschreiben. Die Ergebnisse von Egon Schneider finden daher auch in den nachmittelalterlichen Jahrhunderten ihre Bestätigung“ (*ebd.*, 177).

171 PIUS VII., *Quando per ammirabile*, art. 35.

172 *Ebd.*, art. 46; Papst Leo XII. hob acht Jahre später Macerata als Berufungsgericht auf: vgl. LEO XII., Papst, Motu pr. *Dopo le orribili calamità*, 1824, Okt 5, n. 37: BullRom Cont, XVI, 128-255, 133.

Kompetenzbereich des obersten Gerichtshofs der Signatur[173]. Dagegen wurde nun festgelegt, dass zur Erlangung der Rechtskraft eines Urteils in allen Verfahren zwei konforme Entscheidungen vorliegen müssten und im Zweifelsfall das Gericht in Rom das klärende drittinstanzliche Urteil zu fällen habe:

> „In tutti i giudizi le due sentenze conformi di prima istanza, e di appellazione formeranno sempre la cosa giudicata. Quando le due sentenze saranno difformi, avrà luogo la terza istanza ai tribunali di Roma“[174].

Die für das geistliche Forum geltenden Bestimmungen blieben durch das Motu proprio unberührt:

> „Con quanto fin qui si è disposto nulla s'innova e rimangono ferme le attuali disposizioni rispetto alle giurisdizioni degli Ordinarii e dei tribunali ecclesiastici nelle materie di loro competenza“[175].

Bemerkenswert sind aber die nunmehr klare Unterscheidung von geistlicher und weltlicher Macht einerseits[176] und die Trennung von Justiz und Verwaltung andererseits[177].

1821 erhob Papst Pius VII. das Gericht zudem noch zum obersten Handelstribunal des Kirchenstaates[178]. Trotz der auf diese Weise erneut bestätigten

---

173 Vgl. PIUS VII., *Quando per ammirabile*, art. 51: „Apparterrà a questo tribunale privativamente il diritto di circoscrivere, ossia di annullare gli atti giudiziali, e decreti, e le sentenze di tutti i tribunali dello stato senza eccezione“.

174 *Ebd.*, art. 48.

175 PIUS VII., *Quando per ammirabile*, art. 55.

176 Vgl. E. ESPOSITO, *Contenzioso amministrativo nello Stato Pontificio*: AMMINISTRAZIONE PROVINCIALE DI ROMA (Hg.), *Studi in occasione del centenario*, I, Milano 1970, 215-248, 220-221, und J. TRASERRA, *La tutela de los derechos subjectivos frente a la administración eclesiastica* (= CSPac, 18), Barcelona 1972, 32-33, der zudem auf die durch das Motu proprio erfolgte Zentralisierung und Vereinheitlichung des päpstlichen Rechtswesens nach französischem Vorbild verweist.

177 Vgl. PIUS VII., Papst, *Quando per ammirabile*, art. 24; siehe hierzu vor allem TRASERRA, *La tutela de los derechos subjectivos*, 33; zu entsprechenden Kompetenzfragen und der Unterscheidung von Verwaltungs- und Gerichtsverfahren in den Urteilen der Rota von 1814 bis 1870 vgl. *ebd.*, 65-83.

178 Vgl. *Diarium Gamberini*, 1821, Okt 1: CERCHIARI, *Capellani Papae*, III, 630: „Edictali Lege a Secretaria Status edita die 1 iunii 1821 provisorium commercii regimen fuit sancitum, ipsaque lege *art. 30 et ssq.* omnes commerciales causae in ultimo appellationis gradu diiudicandae S.cro Tribunali commissae fuerunt. Praxis quoque iudiciaria in huiusmodi causarum definitione servata fuit praescripta quae et Rotales methodos quantum fieri posset non perturbaret, et iudiciorum celeritati, quam omnes praecipiunt Leges et commercii favor summopere postulat, consuleret“.

Funktion der Rota als Tribunal des Staates aber kam die Rechtsprechung aus Mangel an Prozessen zehn Jahre später ein weiteres Mal zum Erliegen[179].

b. Das *Regolamento* Papst Gregors XVI.

Die unter Papst Pius VII. vorgenommene Kompetenzerweiterung im weltlichen Bereich wurde von seinem Nachfolger im Wesentlichen beibehalten. So regelte Papst Leo XII. (1823-1829) zwar durch sein Motu proprio *Dopo le orribili calamità* vom 5. Oktober 1824 das gesamte Verwaltungs- und Gerichtswesen des Staates neu, bestätigte aber zugleich die Rota als höchstes Berufungsgericht in Zivilsachen und oberstes Handelstribunal des Kirchenstaates[180].

Erst Papst Gregor XVI. (1831-1846) revidierte umfassend und der veränderten Realität entsprechend[181] die noch geltende Gesetzgebung. Am 10. November 1834 promulgierte er durch sein Motu proprio *Elevati appena*[182] das *Regolamento legislativo e giudiziario per gli affari civili*[183]. In ihm wurde zwar festgelegt, dass die Rota nunmehr ordentliches päpstliches Gericht sei und innerhalb ihrer Zuständigkeiten keiner speziellen Kommission mehr bedürfe, auch nicht bei erneuter Anrufung im selben Fall. Gleichzeitig aber wurde die ordentliche Zuständigkeit der Rota ausdrücklich auf das Gebiet des Kirchenstaats begrenzt. Gläubige aller anderen Länder konnten auch weiterhin[184] nur auf außer-

---

179 Vgl. *Liber Sacrae Rotae*, 1831, Mrz 13: CERCHIARI, *Capellani Papae*, III, 639, n. 4: „[...] nostrumque Auditorium vix siluit ob defectum Causarum".

180 Vgl. LEO XII., Papst, *Dopo le orribili calamità*, vor allem n. 32-52 (Berufungsgericht in Zivilsachen), n. 71-72 (oberstes Handelstribunal) und n. 425-426 (Bestimmungen zur Prozedur); vgl. dazu P. CASTELLANO, *Nuovo specchio geografico-storico-politico di tutte le nazioni del globo susseguito dal dizionario geografico universale*, I, Roma 1829, 1611: „[...] le gravi cause subiscono nel famoso Tribunale della Sagra Rota residente presso il Sovrano gli ulteriori gradi di giurisdizione"; [P.-C.-C.-M.] COMTE DE TOURNON, *Études statistiques sur Rome et la partie occidentale des États Romains*, II, Paris 1831, 86: „L'étendue de la juridiction de ces douze amphictyons était fort grande dans les temps anciens [...] Maintenant, la Rote n'est plus qu'un tribunal d'appel pour les seuls États pontificaux dans les causes civiles"; V. LA MANTIA, *Storia della legislazione italiana*, I. *Roma e Stato Romano* (= NCOG, 35), Roma – Torino – Firenze 1884, 587.

181 Vgl. BLAAS, *Das kaiserliche Auditoriat*, 42-43: „Es war [...] beinahe nur mehr die Kodifizierung einer bereits bestehenden Tatsache".

182 GREGOR XVI., Papst, Motu pr. *Elevati appena*, 1834, Nov 10: BullRomCont, XIX, 390-391.

183 Vgl. *Regolamento legislativo e giudiziario per gli affari civili emanato dalla Santità di Nostro Signore Gregorio Papa XVI con Motu proprio del 10 novembre 1834 esibito il 17 dello stesso mese agli atti dell'Apolloni Segretario e Cancelliere della R. C. A.*, 1834, Nov 10, Roma 1834.

184 SCHNEIDER, *Die Römische Rota*, 80, der von der ordentlichen Zuständigkeit der Rota in kirchlichen Verfahren überzeugt ist und diese Regelung für eine Neuerung hält, kommt

ordentlichem Weg, das heißt durch besondere päpstliche Delegation, an die Rota gelangen. Es wurde nämlich bestimmt:

> „La sacra Rota eserzita la giurisdizione ordinaria e la giurisdizione straordinaria.
>
> Procede come tribunale ordinario, e senza commissione, nelle cause di appello, o di restituzione in intiero di Roma e dello Stato: procede come tribunale straordinario, in virtù di Sovrana delegazione, nelle cause sul valore dei rescritti Pontificii, e nelle cause de' paesi esteri, quando siano portate al di lei giudizio"[185].

In kirchlichen Prozessen war diese Regelung analog anzuwenden[186]; einzige Ausnahme dabei bildeten Ehe- und Professverfahren, in denen dem Gericht auch weiterhin – und zwar ohne Rücksicht auf die geographische Herkunft der Parteien – eine mit den Kongregationen konkurrierende Kompetenz zugestanden wurde:

> „Nelle cause concernenti la nullità dei matrimoni e delle professioni religiose si osserva il disposto dalle Costituzioni di Benedetto XIV, che incominciano ‚*Si datam,* e *Dei miseratione,* e dal § *Graviores itidem causas* dell'altra Costituzione che incomincia‘ *Justitiae et pacis*"[187].

Praktisch war diese Bestimmung freilich ohne jede Bedeutung, da auch weiterhin nahezu alle Berufungssachen den Kongregationen zur Entscheidung vorgelegt wurden[188].

In allen kirchlichen Prozessen, in denen es nicht um Ehe- und Professverfahren ging, erstreckte sich die ordentliche beziehungsweise außerordentli-

---

folgerichtig zum Schluss: „Dadurch war also der Rota die ihr früher zustehende ordentliche Kompetenz in den kirchlichen causae graviores aus der *Christenheit* entzogen".

185 *Regolamento legislativo*, § 327. Bereits 1831 waren ein *Regolamento organico per l'amministrazione della giustizia civile*: AGrXVI, IV, 42-52, wie auch ein *Regolamento di procedura nei giudizi civili*: *ebd.*, 53-73, erschienen, deren Bestimmungen dann im *Regolamento legislativo* Aufnahme fanden: vgl. hierzu TRASERRA, *La tutela de los derechos subjectivos*, 34.

186 Vgl. *Regolamento legislativo*, § 380; vgl. auch S. AICHNER, *Compendium Juris Ecclesiastici ad usum cleri, ac praesertim per Imperium Austriacum, in cura animarum laborantis*, Brixinae ^{3}1870, 354: „[...] res vero universae ecclesiae in vim specialis commissionis tantum ab ipsa terminantur".

187 *Regolamento legislativo*, § 381.

188 So bemerkt 1850 denn auch F. KUNSTMANN, *Rota sacra*: J. ASCHBACH (Hg.), *Allgemeines Kirchen-Lexikon oder alphabetisch geordnete Darstellung des Wissenswürdigsten aus der gesammelten Theologie und ihren Hülfswissenschaften*, IV, Mainz 1850, 787, über die Rota: „Ihre Thätigkeit für auswärtige katholische Länder ist gegenwärtig äußerst unbedeutend und beschränkt sich auf die Entscheidung einiger Prozesse aus den kleineren italienischen Staaten".

che Zuständigkeit der Rota sowohl in zweiter als auch in dritter Instanz auf Sachen mit einem Streitwert von mehr als 500 Scudi, in zweiter Instanz außerdem auf schwerwiegendere kirchliche Sachen und daneben auf die *restitutio in integrum*, sofern diese nicht gegen eigene Urteile beantragt worden war[189]. Papst Gregor XVI. bestimmte nämlich:

> „Il tribunale della sacra Rota conosce e giudica, in secondo grado di giurisdizione, le cause maggiori di cinquecento scudi romani, o di valore indeterminato, e quelle che sono qualificate come cause più gravi in materia ecclesiastica, decise in prima istanza dagli Ordinarii diocesani, dal tribunale del Vicariato di Roma e dal prelato uditore della Camera.
>
> Conosce e giudica, in terza ed ultima istanza:
>
> 1.° le cause maggiori di cinquecento scudi giudicate con sentenze difformi, in primo grado dai Vescovi suffraganei, ed in secondo grado dai Metropolitani;
>
> 2.° le cause egualmente maggiori di cinquecento scudi, decise con sentenze difformi, in primo grado dagli Ordinarii, dal tribunale del Vicariato di Roma e dal prelato uditore della Camera, ed in secondo grado da un altro turno Rotale.
>
> Conosce e giudica, in grado di restituzione in intiero, le cause nelle quali questa potrà aver luogo, come negli altri affari civili“[190].

Freilich wurde das Gericht auch hierin immer mehr zu Lasten der Kongregationen[191] oder lokaler Gerichte, die auf Grund päpstlicher Delegation in dritter Instanz entscheiden konnten[192], umgangen, und die Rota verlor trotz beach-

---

[189] Für alle Nichtigkeitsbeschwerden und Klagen auf Wiedereinsetzung in den vorherigen Stand, die gegen rechtskräftig gewordene Urteile der Rota vorgebracht wurden, war die Signatur zuständig: vgl. *ebd.*, § 338; § 790; § 1057; und hierzu A. STANKIEWICZ, *Le impugnazioni delle decisioni rotali*: P. BONNET, C. GULLO (Hg.), *Le „normae“ del Tribunale della Rota Romana* (= StGiur, 42 = ADGC, 21), Città del Vaticano 1997, 249-269, 255-256; T. KROGNER-KORNALIK, *Die Rechtskraft des Urteils im kanonischen Prozeß. Eine rechtshistorische, rechtsvergleichende und rechtsdogmatische Untersuchung* (= LKB, 10), Linz 1998, 46-47.

[190] *Regolamento legislativo*, §§ 377-379. Es ist dabei allerdings „bemerkenswert [...], daß die Benefizialsachen von Gregor XVI. überhaupt nicht mehr erwähnt werden“ (SCHNEIDER, *Die Römische Rota*, 80).

[191] Vgl. SCHNEIDER, *Die Römische Rota*, 80.

[192] So war Prag (Praha) zur Durchführung drittinstanzlicher Verfahren aus der Erzdiözese Lemberg (Lviv) der Lateiner sowie aus der Diözese Olmütz (Olomouc) delegiert worden: vgl. J. F. V. SCHULTE, *Status dioecesium catholicarum in Austria Germanica, Borussia, Bavaria, reliquis Germaniae terris sitarum*, Gissae 1866, 27; Wien war dritte Instanz für Prag (vgl. *ebd.*, 27 und 42), München und Freising fakultativ für die Kirchenprovinz Bamberg; in vom Generalvikar entschiedenen Fällen konnte der Apostolische Nuntius einen bayerischen Bischof in dritter Instanz delegieren: vgl. *ebd.*, 101 und 112; A. L. RICHTER, R. W. DOVE,

tenswerter Aktivität in weltlichen Verfahren[193] und provisorischer Tätigkeit als Verwaltungsgericht[194] noch weiter an Bedeutung.

c. Das Ende der Gerichtstätigkeit

De iure war die Rota damit um die Mitte des 19. Jahrhunderts zwar noch ordentliche Berufungsinstanz für weltliche und geistliche Prozesse aus dem Bereich des Kirchenstaats[195]. De facto aber war sie nur noch höchster Gerichtshof für weltliche Streitigkeiten und hatte aufgehört, richterliche Entscheidungsinstanz der höchsten geistlichen Autorität zu sein[196].

Lehrbuch des katholischen und evangelischen Kirchenrechts, Leipzig ^{7}1874, 641. Drittinstanzliches Gericht für Salzburg und Wien sowie für die griechisch-katholische Erzdiözese Lemberg der Ruthenen war Olmütz, für Erlau (Eger) Kollotschau (Kalocsa) und umgekehrt, für Görz (Gorizia) Trient (Trento), für Lemberg der Armenier Lemberg der Ruthenen, für Agram (Zagreb) Fünfkirchen (Pécs), für Zadar (Zara) Venedig (Venezia), für die Abtei Martinsberg (Pannonhalma) Gran (Esztergom), für das Apostolische Feldvikariat Österreich-Ungarn Salzburg; für Fogaras (Făgăraş) und Gran stand die Benennung einer dritten Instanz noch aus: vgl. K. K. MINISTERIUM DES AEUSSERN, *Note*, 1858, Okt 6, n. Z. 11/858 E., mit *Nachweis*: AkKR 10 (1863), 462-463. Zwischen dem Großherzogtum Baden und dem Heiligen Stuhl wurde 1859 die Vereinbarung getroffen, dass für das Erzbistum Freiburg im Breisgau das Kirchengericht der Erzdiözese Köln dritte Instanz sein sollte: vgl. K. A. V. REISACH, Kard., *Vom Palast Santa-Croce*, 1859, Jun 28: AkKR 5 (1860), 97-98.

193 Vgl. TRASERRA, *La tutela de los derechos subjectivos*, 66, der auf 454 Urteile im Jahr 1819 sowie 263 im Jahr 1830 verweist und noch für die Zeit nach der Neuordnung des Gerichtswesens durch Papst Gregor XVI. 406 Sentenzen zählt, die allein im Jahr 1839 von den Auditoren gefällt wurden. Allerdings sind darunter fast keine kirchlichen Prozesse mehr zu verzeichnen: „Sin embargo, en la práctica, las causas eclesiásticas van raramente a la Rota y cuando se encuentran algunas causas provienen de las diócesis de los Estados Pontificios. Ni siquiera las causas de nulidad de matrimonio – típicas de la Rota en siglos anteriores y en la actualidad – son juzgadas en este Tribunal“ (*ebd.*).

194 Vgl. SECRST., *Ordine Circolare*, 1846, Nov 24: CERCHIARI, *Capellani Papae*, III, 654-655: „Ad evitare l'inconveniente, che le cause introdotte o da introdursi innanzi al Consiglio Supremo istituito pel contenzioso amministrativo con l'editto 25 luglio 1835 rimangano sospese per l'attuale mancanza, assenza o impedimento di alcuni tra i giudici che ne facevano parte, la Santità di Nostro Signore si è degnata di precrivere quanto segue: I. Sino a nuova disposizione le cause di competenza del Consiglio Supremo saranno conosciute e giudicate dal tribunale della sacra Rota [...]“.

195 Vgl. R. MARCHETTI, *Notizia delle giurisdizioni che sono in vigore nello Stato Pontificio*, Romae 1850, 49: „La Sacra Rota è tribunale privilegiato di mista giurisdizione, e non fa differenza alcuna tra le cause ecclesiastiche e laicali, tenendo lo stesso metodo e rito nel giudizio delle une e della altre“; M. PERMANEDER, *Rota Romana*: WWKL, IX (1852), 404-405, 404: „Geraume Zeit behauptete die römische Rota als der höchste Gerichtshof der gesammten Christenheit ihr weltgefeiertes Ansehen; jetzt beschränkt sich deren Wirksamkeit größtentheils auf den Kirchenstaat“.

196 Vgl. SCHNEIDER, *Die Römische Rota*, 80-81; zur Bedeutung der Rota um die Mitte des 19. Jahrhunderts vgl. auch FERRARIS, *Prompta bibliotheca*, I, 460-463; MARCHETTI, *Noti-*

Trotz des hohen gesellschaftlichen Ansehens auch in nichtkirchlichen Kreisen[197] und der viel versprechenden Ausgangsposition der Auditoren[198],

---

zia delle giurisdizioni, 25-32, 44, 49-50 und 129; M. PERMANEDER, *Handbuch des gemeingiltigen Kirchenrechtes mit steter Berücksichtigung auf das katholisch-kirchliche Partikularrecht in Oesterreich, Preussen, Bayern, Sachsen, Hannover und den übrigen deutschen Staaten*, Landshut ³1856, 291-292; C. F. ROSSHIRT, *Canonisches Recht*, Schaffhausen 1857, 112-114; L. PALLARD, *Les ministères ecclésiastiques du Saint-Siège dans la douzième année du pontificat de Pie IX*, Lyon – Paris 1858, 141-145. A. MÜLLER, *Lexikon des Kirchenrechts und der römisch-katholischen Liturgie*, IV, Würzburg ²1842, 652, schreibt: „*Rota romana* ist das höchste päbstliche Gericht zu Rom, welches über Rechtsstreite der Geistlichen, vorzüglich hinsichtlich der Präbenden im römischen Gebiete, und in auswärtigen katholischen Ländern über jene Prozesse dieser Art als Appellations-Gericht entscheidet, welche nicht die Summe von 500 Scudi überschreiten. Heutiges Tages ist jedoch dieß außerhalb des römischen Gebietes außer Uebung gekommen". F. WALTER, *Lehrbuch des Kirchenrechts aller christlichen Confessionen*, Bonn ⁴1829, 256, erwähnt die Rota als „das höchste Gericht in der katholischen Kirche", nimmt aber keinen Bezug auf die konkreten Aufgaben des Gerichts sowie auf dessen Funktion in weltlichen Verfahren. Ähnlich J. PAPP-SZILÁGHY, *Enchiridion iuris Ecclesiae Catholicae Orientalis. Pro usu auditorum Theologiae, et eruditione cleri graeco-catholici*, I, M.-Varadini 1862. Er nennt unter den päpstlichen Gerichtshöfen die „Rota Romana, quae est supremum Tribunal judiciarium, ad causas litigiosas tractandas institutum" (*ebd.*, 167).

197 Vgl. mit Bezug auf den französischen Botschafter Alphonse Gérard de Rayneval und den italienischen Publizisten Leopoldo Galeotti G. MARGOTTI, *Die Siege der Kirche in den ersten Jahrzehenten des Pontifikates Pius IX.* (= BBGK, 13), Innsbruck ²1860, 323; D. RATTINGER, *Der Papst und der Kirchenstaat*, Freiburg im Breisgau 1866, 50: „Der römischen Rota haben auch die Feinde Rom's Gerechtigkeit widerfahren lassen". Tatsächlich schreibt L. GALEOTTI, *Della sovranità e del governo temporale dei Papi*, Parigi 1846, 212-213: „Non tutto è cattivo nel governo pontificio. In esso vi sono invece molte parti buone, sonovi molte instituzioni antiche sempre ottime, ve ne sono altre tra le moderne, che posson formar soggetto d'invidia per le altre provincie italiane. Per modo d'esempio ottima ed impareggiabile è fra le antiche instituzioni la Sacra Ruota, che lievi cambiamenti indicati dallo stesso cambiare dei di lei uffizii, lo renderebbero il primo tribunale d'Europa"; vgl. auch *ebd.*, 310, Anm. 4: „Oggi quel tribunale porrebbe esser secolarizzato, senza inconveniente mantenendone le forme, o dovrebbe destinarsi esclusivamente agli affari meramente canonici ed ecclesiastici [...]. Potrebbe anche esser destinato a far l'uffizio di terza instanza, o di corte suprema [...]. La procedura poi della Ruota è ottima, e può servir di modello, ove l'amministrar giustizia ai popoli non voglia ridursi ad una mera arte di finire le liti".

198 Zu den Karriereaussichten der Auditoren im 19. Jahrhundert vgl. C. WEBER, *Kardinäle und Prälaten in den letzten Jahrzehnten des Kirchenstaates. Elite-Rekrutierung, Karriere-Muster und soziale Zusammensetzung der kurialen Führungsschicht zur Zeit Pius' IX. (1846-1878)*, I (= PuP, 13/1), Stuttgart 1978, 243-244. Demnach wurden von 1815 bis 1870 41 % der Auditoren zu Kardinälen kreiert. Einer der berühmtesten Kardinäle des 19. Jahrhunderts war vorher ebenfalls Auditor der Rota gewesen und ist schon 1800 zu höheren Ehren berufen worden: In diesem Jahr nämlich wurde Ercole Consalvi, der seit 1792 dem Richterkollegium angehört hatte, von Papst Pius VII. zum Kardinalstaatssekretär ernannt (vgl. CERCHIARI, *Capellani Papae*, II, 271-271; F. W. BAUTZ, *Consalvi, Ercole*: BBKL, I [1990], 1117-1119, 1117).

insbesondere des Dekans[199], vermochte die Rota auch in juristischer Hinsicht kaum mehr etwas zu bewegen[200]; so hoch die Anforderungen an die familiäre Herkunft der einzelnen Richter waren[201], so wenig spielte deren wissenschaftliche Qualifikation noch eine entscheidende Rolle[202].

Als oberstes weltliches Gericht des päpstlichen Staates wurde die Rota aber politisch immer mehr in Frage gestellt. Bezeichnend für die Identitätskrise des Tribunals im 19. Jahrhundert ist die Tatsache, dass selbst deren Dekan, der Bologneser Msgr. Emmanuele Muzzarelli, 1849 sein hohes Amt aufgab und zu Gunsten angreifender Landsleute der nationalen Bewegung vom Papst abfiel[203].

---

199 Dem Dekan der Rota wurde nach durchschnittlich sechs Jahren der Purpur verliehen (vgl. BLAAS, *Das kaiserliche Auditoriat*, 46, Anm. 26). Diesen Umstand besingt auch der „Dichter Roms", Giuseppe Gioacchino Belli, in seinem Sonett *Er zucchetto der Decán de Rota* vom 6. April 1835 (vgl. G. G. BELLI, *Sonetti*, hg. v. G. VIGOLO, P. GIBELLINI, Milano [3]1984, 371).

200 Vgl. WEBER, *Kardinäle und Prälaten*, 237: „Jedenfalls kann im 19. Jahrhundert keineswegs die Rede davon sein, daß die Rota ein Versammlungsplatz hervorragender Juristen internationalen Rufes gewesen sei [...]. Wir suchen vergeblich nach einem Hauch der Rezeption der historisch-romantischen Rechtsschule oder des neueren Rechtspositivismus: alles das, was das 19. Jahrhundert in Deutschland an erschütternden Umwälzungen im Rechtsdenken mit sich brachte, wurde einfach und absolut ignoriert".

201 Vgl. WEBER, *Kardinäle und Prälaten*, 238-239.

202 Ein sehr negatives Urteil trifft in dieser Hinsicht [L. PIANCIANI], *La Rome des papes. Son origine, ses phases successives, ses mœurs intimes, son gouvernement, son système administratif. Traduction de l'ouvrage italien inédit*, III, Bâle – London 1859, 249-259; vgl. *ebd.*, 249-250: „Le tribunal d'appel à Rome est la Rota, une des milles choses que le gouvernement a déclaré sacrées [...]. Ce tribunal est composé de 12 juges, prélats, on dit que c'est en mémoire des douze apôtres, les mauvaises langues disent qu'ils devraient être treize [...]. Il arrive là des prêtres français, allemands, espagnols, qui bien souvent ne comprennent ni le latin, ni l'italien, aussi ignorants de notre législation que de nos mœurs, et qui, en vertu de l'investiture de ces majestés étrangères, jugent de nos intérêts [...]. L'ignorance des juges est tellement reconnue par le gouvernement lui même, que les constitutions apostoliques prescrivent à chaque juge d'être assisté de trois hommes de loi, un *aide d'étude*, et deux *secrets*, chargés d'étudier les affairs pour lui. Quelqu'un de ces juges, en avouant au tribunal son incapacité absolue, obtient quelquefois d'avoir un troisième secret"; vgl. auch WEBER, *Kardinäle und Prälaten*, 241: „[So war es] Tatsache, daß viele, und zwar wohl die meisten Rota-Auditoren trotz ihres juristischen Doktorgrades gar keine wirklichen Fachleute waren, sondern vollständig von ihren drei Privat-Juristen abhängig waren, welche ihnen ihre Voten schrieben". [L.] BOSSELINI, *Ueber die Entwickelung der Gesetzgebung der Rechtswissenschaft in Italien:* KZfRG 27 (1855), 113-149, 144, bemerkt: „Der Kirchenstaat hat viele treffliche Rechtsgelehrte, aber sie haben nur selten [...] wissenschaftliche Schriften herausgegeben. Die gewinnreiche Gerichtsthätigkeit scheint ihnen keine Zeit dazu zu lassen".

203 Vgl. CERCHIARI, *Capellani Papae*, II, 274 und 289; NOONAN, *Power to Dissolve*, 182-183.

Als dann am 20. September 1870 italienische Truppen in Rom eindrangen[204] und wenige Tage später die Stadt annektierten[205], verlor das Gericht faktisch auch die noch ausgeübte ordentliche Kompetenz in weltlichen Verfahren aus dem Kirchenstaat. Der Untergang des Kirchenstaats bedeutete somit den *Finis Rotae*[206], die Aufhebung des ältesten und berühmtesten bestehenden Tribunals Italiens und der gesamten christlichen Welt durch König Viktor Emanuel II. und dessen Regierung[207] sowie das Erlöschen jeder ordentlichen richterlichen Aktivität an ihm[208].

---

[204] Vgl. *Diarium Pellegrini-Amadori*, 1870, Sep 20: CERCHIARI, *Capellani Papae*, III, 697: „Hodie iniuria novo scelere patrata adversus sacrum imperium. Roma armis petita et occupata [...]. Auctoritatem Summi Pontificis et libertatem oppressam et Principatum civile disiectum Cives Romani et omnes honesti deplorant".

[205] Vgl. R. AUBERT, *Die Römische Frage*: HKG, VI/1 (1971), 696-705, 704.

[206] Vgl. CERCHIARI, *Capellani Papae*, II, 326: „Et die 20 sept. 1870 vidit finem Rotae", nämlich Antonio Sibilia, „Novissimus Auditor ab Pontefice nominatus ante diem 20 sept. 1870, quo Rota siluit"; ähnlich vermerkt bei allen anderen Auditoren, die in Amt und Würden das Ende der Rota erlebten; am 20. September 1870 zählte das Gericht demnach zehn aktive Auditoren: Giovanni Alessandro Del Magno aus der Diözese Volterra, Auditor seit 1844 und seit 1861 letzter Dekan (vgl. *ebd.*, 308-309); Enea Sbaretti aus Spoleto seit 1853; Antonio Pellegrini Amadori aus Sovana seit 1856; Antonio Caiani aus Nocera Umbra seit 1858; Francesco Nardi aus Ceneda seit 1858; Marcial de Ávila y Laglera aus Sevilla seit 1861; Luigi Giordani aus Ferrara seit 1865; Aloys Isoard aus Soissons seit 1866; Achille Apolloni aus Anagni seit 1867; Antonio Sibilia aus Anagni seit 1868, der nach dem Verzeichnis Cerchiaris 684. Auditor in der Geschichte des Gerichts (vgl. *ebd.*, 319-326).

[207] Nach der faktischen Aufhebung erließ der König am 27. Oktober 1870 folgendes Dekret: „Vittorio Emanuele, per grazia di Dio e per volontà della Nazione Re d'Italia, Visto l'art. 82 dello Statuto; Sulla proposta del Nostro Guardasigilli, Ministro Segretario di Stato per gli Affari di Grazia e Giustizia e dei Culti; Abbiamo decretato e decretiamo: Art. 1 Le attuali Cancellerie dei soppressi Tribunali della Rota, della Segnatura e della Consulta vengono riunite in una sola, che formerà provvisoriamente la Cancelleria del Tribunale di Appello di Roma, in conformità delle disposizioni contenute nel capo 1°, sezione 4ª dell'Editto disciplinare 17 dicembre 1834. Art. 2 Il Capo della Cancelleria Rotale è dichiarato Capo della nuova Cancelleria, e ne avrà la direzione. Il Capo della Segnatura, sotto la speciale sorveglianza del primo, assume la direzione della Sezione civile, ed il Capo della Cancelleria della Consulta quella della Sezione criminale. Art. 3 Agli Ufficiali ed Impiegati tutti delle dette Cancellerie è provvisoriamente mantenuto l'attuale grado e stipendio. Ordiniamo che il presente Decreto, munito del sigillo ecc... Dato a Torino addì 27 ottobre 1870 Vitt. Em." (VIKTOR EMANUEL II., König von Italien, Regio Decreto n. 5975, 1870, Okt 27: RLDRI 29 [1870], 2862-2863).

[208] Im Ende Juli 1870 begonnenen Gerichtsjahr wurden noch zwei Urteile gefällt. Die letzte im Archiv der Rota vorliegende Entscheidung stammt vom letzternannten Richter: n. 2, c. SIBILIA, Romana, *Emendationis computi in re commerciali*, 1870, Jul 29; vgl. Band 47 der gedruckten und gebundenen, aber nicht veröffentlichten *Decisioni Rotali*.

Ergebnis

Obwohl die rechtlichen Grundlagen zunächst unverändert blieben, beeinträchtigten äußere Umstände seit der Mitte des 16. Jahrhunderts die Rota in der Ausübung ihrer Funktion. Vor allem die Auswirkungen der Reformation und die Errichtung von Kurienkongregationen durch Papst Sixtus V., die bald an Stelle der Rota kirchliche Fälle an sich ziehen konnten, trugen zu dieser Entwicklung bei. Privilegien, durch die, wenn auch territorial begrenzt, anderen kirchlichen Tribunalen Jurisdiktionsgrade zugestanden wurden, die bis dahin allein dem *auditorium* vorbehalten waren, konnten erstmals die Frage nach dem Sinn eines zentralen päpstlichen Gerichtshofs in geistlichen Angelegenheiten aufkommen lassen.

Mitte des 17. Jahrhunderts waren Kompetenz und Aktivität des Gerichts bereits stark eingeschränkt. Papst Benedikt XIV. stärkte trotz der von ihm verfügten Pflichtberufung des Bandverteidigers an höhere Instanzen erneut die Zuständigkeit der Kongregationen, und die Rota entwickelte sich immer mehr zum Appellationsforum für weltliche Prozesse aus dem Kirchenstaat.

Infolge der praktischen Bedeutungslosigkeit, der das einstige *auditorium* inzwischen als kirchliches Berufungsgericht anheim gefallen war, entzog Papst Gregor XVI. dem Tribunal schließlich fast alle ordentlichen Kompetenzen in geistlichen Verfahren.

Tatsächlich übte die Rota, die einst als Gerichtshof des obersten Hirten der Kirche ins Leben gerufen worden war, ihren Auftrag nur noch in weltlichen Prozessen aus. Mit dem Ende des Kirchenstaates verlor sie 1870 aber auch diesen Zuständigkeitsbereich.

Viertes Kapitel

Die Unterbrechung

Die erloschene Gerichtstätigkeit und der Ruf nach einer Neubelebung der Rota (1870 bis 1908)

Fast vierzig Jahre sollte es der Rota verwehrt bleiben, ihre Funktion als Gerichtshof des Papstes auszuüben und die Arbeit fortzuführen, die sie im Lauf der Jahrhunderte berühmt gemacht hatte. Alle Maßnahmen, die die Päpste dieser letzten Epoche in der Geschichte der alten Rota zu Gunsten ihres Tribunals ergriffen, können nicht darüber hinwegtäuschen, dass der einst bekannteste und einflussreichste Gerichtshof des Erdkreises für Kirche und Welt bedeutungslos geworden war. Zu sehr hatte sich die Kompetenz der Rota in einen Bereich verlagert, der der päpstlichen Gewalt durch fremde Mächte entzogen werden konnte. Zu sehr war auch das Papsttum in seinem damaligen Selbstverständnis erschüttert, um umgehend tiefgreifende Reformen vornehmen zu können. Die Hoffnung auf Wiederherstellung der alten Zustände verhinderte ein solches Vorhaben zunächst. Erst nach der Jahrhundertwende gelang es, sich langsam von derartigen Vorstellungen zu lösen und in der geistlichen Macht der Kirche wieder die allein ausreichende Begründung jeder päpstlichen Amtsausübung zu erkennen.

1. Der Fortbestand der Rota nach der Einstellung der Gerichtstätigkeit

Die Rota als päpstliches Tribunal mit jahrhundertealter Tradition aufzuheben, konnte nicht in der Macht des Königs von Italien liegen. So sehr die Regierung, durch die die Stadt Rom besetzt worden war, den Gerichtsbetrieb zu verhindern vermocht hätte, so wenig war es ihr möglich, rechtswirksam Entscheidungen zu treffen, die nach wie vor in die Zuständigkeit des Papstes fielen. Von kirchlicher Seite konnte das Vorgehen des neuen Staates im Hinblick auf die Rota schon deshalb keine Billigung finden. Die Stellung der Rota war damit aber keineswegs geklärt. Hatten sich geistliche und weltliche Funktion in der Vergangenheit zu sehr miteinander vermengt, so musste nun wieder klar zwischen beiden Bereichen unterschieden werden.

a. Das Erscheinungsbild der Rota nach 1870

Die Besetzung Roms und die Aufhebung der päpstlichen Gerichte durch den italienischen Staat schienen die Rota anfangs wenig zu berühren. So wird in einem Tagebuch des Auditors Antonio Sibilia der 20. September 1870 überhaupt nicht erwähnt[1]. Auch der Papst selbst ignorierte die neue Situation und ließ die Rota als Sinekure unverändert bestehen[2]. Pius IX. (1846-1878) bestätigte bereits am 30. November 1870 die Ernennung von Msgr. Ignazio Massotti zum Auditor und wies die Rota an, die nötigen Schritte für dessen Besitzergreifung in die Wege zu leiten. Im Auftrag des Papstes teilte das Staatssekretariat dem Dekan der Rota, Msgr. Giovanni Alessandro Del Magno, mit:

> „In vista delle presenti eccezionali circostanze la Santità di Nostro Signore si è degnata disporre che il Tribunale della S. R. Rota conduca a termine tutti gli atti necessarii, affinchè con quelle forme sommarie e private che si stimeranno più opportune Monsigr. Massotti nominato Uditore nel Tribunale medesimo vi occupi il seggio competente, derogando a tal uopo e per questo caso a qualunque Costituzione in contrario“[3].

Nach der Einsetzung des Titularbischofs von Filadelfia, Msgr. Luigi Giordani, als *Luogotenente*[4] erfolgte dann am 23. Oktober 1875 die Berufung von Msgr. Lorenzo Gizzi zum Richter[5], und bis zum Jahre 1907 wurden noch weitere 24 Ernennungen vorgenommen[6]: zwei durch Pius IX.[7], 21 durch Leo XIII.

---

[1] Auf den Vermerk einer *Congregatio Rotalis* am 16. September 1870 und der *Finis anni juridici Rotalis* folgt ein Eintrag vom 27. Februar 1871: vgl. *Diarium R. P. D. Sibilia*: Arch. Vat., S. R. Rota, Diaria 155, 43-44.

[2] Vgl. SCHNEIDER, *Die Römische Rota*, 91.

[3] G. ANTONELLI, KardStSekr., Brief, Nr. 426, 1870, Nov 30, an G. A. Del Magno, DekRR.: Arch. Vat., S. R. Rota, Misc. 84.

[4] Vgl. GCFP 1875, 458. Der *Luogotenente* war Statthalter ohne Berechtigung zur Ausübung des Amtes.

[5] Vgl. GCFP 1876, 483 (dort versehentlich mit dem Vornamen „Niccola“), und GCFP 1877, 489.

[6] Einschließlich einer weiteren Berufung zum *Luogotenente*.

(1878-1903)[8] und eine durch Pius X. (1903-1914)[9]. Bestand das Auditorenkollegium in den Jahren 1878, 1880 und 1881 noch aus elf Mitgliedern[10] und erreichte es 1884 mit zwölf Richtern sogar den Höchststand[11], so sank deren Zahl in den folgenden Jahren beständig. 1895 und 1896 wurden nur noch fünf Auditoren verzeichnet[12], und auch in den folgenden Jahren waren es nie mehr als neun[13].

b. Der Rechtsstatus des Gerichts

Mit dem Auditorenkollegium existierte nach 1870 zweifellos auch das Tribunal als solches weiter[14]. Die Frage aber, inwieweit die Rota de iure als

---

7 Nicola di Marzo am 15. März 1877 und Johann Montel Edler von Treuenfest am 23. Juli 1877 (vgl. GCFP ^{1}1878, 495); zu Johann Montel Edler von Treuenfest, der 1889 zum Dekan der Rota ernannt wurde, vgl. BLAAS, *Das kaiserliche Auditoriat*, 140-151.

8 Am 11. Mai 1878 ernannte Papst Leo XIII. Vincenzo Vannutelli (vgl. GCFP ^{2}1878, 459); am 30. Juni 1879 Charles Mourey sowie am 29. März 1880 Carlo Cristofori und Eugenio Falconi (vgl. GCFP 1880, 445); am 8. Mai 1882 Luigi Macioti Toruzzi (vgl. GCFP 1883, 584); am 20. Februar 1884 Benoît Ysbert und am 19. Januar 1885 Francesco Santi (vgl. GCFP 1885, 607); am 19. Januar 1885 den Titularbischof von Elenopoli, Flaviano Simoneschi, zum *Luogotenente,* und am 18. Mai 1885 Emilio Taliani (vgl. GCFP 1886, 620); am 2. Februar 1887 Luigi Baccelli und Giovanni Befani (vgl. GCFP 1888, 641); am 13. Februar 1888 Francesco Segna (vgl. GCFP 1889, 653); am 3. Juli 1889 Nicola Averardi (vgl. GCFP 1890, 660); am 6. Mai 1892 Augusto Barbiellini (vgl. GCFP 1893, 666); am 6. Dezember 1895 Alessandro Carcani (vgl. GCFP 1896, 692); am 13. März 1896 Salvatore Pallottini und Gustavo Persiani (vgl. GCFP 1897, 708); am 1. März 1897 Filippo Giustini und Costantino Contini Riccardi (vgl. GCFP 1898, 734); am 25. August 1899 Giuseppe Magno (vgl. GCFP 1900, 744); und am 17. Juli 1902 Guglielmo Sebastianelli (vgl. GCFP 1903, 787).

9 Basilio Pompili am 13. August 1904 (vgl. GCFP 1905, 536).

10 Vgl. GCFP ^{2}1878, 458-459; GCFP 1880, 444-445; GCFP 1881, 571-572.

11 Vgl. GCFP 1884, 583-584.

12 Vgl. GCFP 1895, 665; GCFP 1896, 692.

13 Vgl. GCFP 1897, 708; GCFP 1898, 734; GCFP 1899, 740; GCFP 1900, 744; GCFP 1901, 752; GCFP 1902, 777; GCFP 1903, 787; GCFP 1904, 485-486; GCFP 1905, 536; GCFP 1906, 466; GCFP 1907, 511; GCFP 1908, 514. Vor der Wiedererrichtung 1908 gab es demnach sieben amtierende Auditoren.

14 Vgl. P. A. BAART, *The Roman Court, or A Treatise on the Cardinals, Roman Congregations and Tribunals, Legates, Apostolic Vicars, Protonotaries and Other Prelates of the Holy Roman Church*, New York – Cincinatti ^{2}1895, 238: „Still the college of auditors even now preserves its existence as a tribunal [...]“; M. PERMANEDER, *Rota Romana*: WWKL^{2} 10 (1897), 1317-1318, 1318: „Doch besteht sie noch immer factisch und rechtlich“; SIMIER, *La Curie romaine*, 112: „L'auditorat toutefois demeurait, et les auditeurs [...] ne perdaient aucune de leurs charges et dignités“; LEFEBVRE, *Rote Romaine*, 747: „Toutefois, le tribunal continuait d'exister“; HOBERG, *Inventario dell'Archivio*, 17-18: „[...] la *Rota* dovette interrompere l'attività giudiziaria; continuò però ad esistere“.

kirchliches Gericht einerseits und als weltliches andererseits Fortbestand hatte, muss differenziert beantwortet werden. Die Identität von staatlicher Appellationsinstanz und geistlichem Berufungstribunal war durch die neuen politischen Verhältnisse auch rechtlich gesehen zweifelhaft geworden.

Als kirchliches Forum hatte die Rota die seit dem Motu proprio Gregors XVI. eingebüßte ordentliche Kompetenz für die meisten Prozesse von außerhalb des Kirchenstaates zwar nicht mehr wiedererlangt, so dass sie nach dessen Untergang geistliche Sachen – von Ehe- und Professverfahren abgesehen – nur noch durch besondere päpstliche Kommission zugewiesen bekommen konnte[15]. Als außerordentliches wie auch – im genannten Ausnahmefall – als ordentliches Rechtsprechungsorgan für kirchliche Verfahren blieb das einstige Auditorium somit aber de jure erhalten[16]. Als solches wurde ihm auch von italienischer Seite nie die Existenzberechtigung abgesprochen; interessanterweise wurde nämlich die Rechtspersönlichkeit des Tribunals zu keiner Zeit für erloschen erklärt und indirekt sogar mehrfach bestätigt[17]. Tatsächlich aber wurden die noch verbliebenen Kompetenzen nicht mehr wahrgenommen[18]. Nachdem

---

[15] Vgl. BOUIX, *Tractatus de Curia Romana*, 291-292: „Porro [...] id institutioni Rotae proprium et distinctivum est, 1° ut nulla causa *per se,* et seclusa speciali commissione Summi Pontificis, hujus tribunalis jurisdictioni subjaceat: 2° ut eas solas causas judicet, quae ex toto mundo ad Sedem Apostolicam perlatae, per specialem Summi Pontificis commissionem ei cognoscendae et terminandae committuntur"; A. BONAL, *Institutiones canonicae ad usum seminariorum juxta novissima S. sedis decreta*, I, Tolosae 1884, 354-355: „[...] hodie nulla causa *per se* huic tribunali subjacet".

[16] Dies bestätigt noch ein Jahr vor der Wiedergründung der Rota M. BARGILLIAT, *Praelectiones Juris Canonici*, I, Parisiis ^{24}1907, 434: „Rota Romana [...] hodie eas tantum causas judicat quae, ad Sedem Apostolicam delatae, *per specialem S. Pontificis commissionem* ipsi cognoscendae et terminandae committuntur"; ähnlich P. HERGENRÖTHER, J. HOLLWECK, *Lehrbuch des katholischen Kirchenrechts*, Freiburg im Breisgau ^{2}1905, 298: „Allgemeine Bedeutung hat sie jetzt nur noch insofern, als ihr durch spezielle Kommission eine Sache zugewiesen werden kann".

[17] Den Nachweis erbrachten die Professoren Pio Ciprotti und Domenico D'Amico in Erwiderung auf ein Gerichtsurteil vom 25. Februar 1950, in dem der Rota keine Prozessfähigkeit in Zivilverfahren zugestanden wurde (TRIBUNALE ROMA *[Ordinanza]* 25 febbraio 1950 – *Pres.* Surdo – Sacra Romana Rota e Santa Sede in persona di Mons. Staffa c. Coen.: DEc 61 [1950], 906). Sie verwiesen unter anderem darauf, dass der Rota 1873 ein Schuldschein vom italienischen Staat übermittelt worden wäre, was nach damaligem Recht aber nur physischen oder juristischen Personen gegenüber geschehen hätte können, und dass im Konkordat von 1929 eine erneute Anerkennung von Institutionen des Heiligen Stuhls als Rechtspersönlichkeiten für nicht erforderlich (da noch immer gültig) gehalten worden wäre: vgl. P. CIPROTTI, D. D'AMICO, *Sulla capacità della S. R. Rota di costituirsi parte civile*: DEc 61 (1950), 911-912.

[18] Aus der Zeit zwischen 1870 und 1908 liegen keine Sentenzen der Rota vor. Keinerlei Beleg gibt es daher auch für die Richtigkeit der Behauptungen von F. H. VERING, *Lehrbuch des katholischen und protestantischen Kirchenrechts mit besonderer Rücksicht auf das Vati-*

die gerichtliche Organisation infolge des Ausbleibens der Berufungen aus dem weltlichen Bereich nahezu vollständig zusammengebrochen war[19], musste die Appellation an die Kongregationen umso mehr als einzige reale Möglichkeit einer Berufung an den Heiligen Stuhl erscheinen[20].

Die Frage nach dem rechtlichen Status der Rota als weltliches Gericht dagegen lässt sich nur im Zusammenhang mit der Frage nach dem völkerrechtlich gültigen Fortbestand des Kirchenstaates beantworten: Einerseits hatten die neuen Machthaber dem Tribunal jede Zuständigkeit auf diesem Gebiet entzogen und das Gericht für aufgehoben erklärt. Andererseits aber konnte mit einem Nichtverzicht des Papstes auf seine weltliche Macht auch keine Preisgabe weltlicher Gerichtsbarkeit verbunden sein[21]. Durch die kontinuierliche Ernennung von Auditoren zu ordentlichen Richtern unterstrich der Heilige Stuhl daher seinen Anspruch auf die ihm rechtmäßig weiterhin unterstehenden Territorien[22]. Selbst ausländische Regierungen konnten es sich aus diesem Grund nicht erlauben, von ihrem Privileg bei der Berufung von Richtern keinen Gebrauch mehr zu machen, da ein solches Vorgehen von der Römischen Kurie als Aner-

---

canische Concil sowie auf Deutschland, Oesterreich und die Schweiz, Freiburg im Breisgau 1876, 526: „Bisweilen werden der Rota Romana auch weiterhin kirchliche Rechtssachen delegirt"; und F. HEINER, *Katholisches Kirchenrecht*, I. *Die Verfassung der Kirche* (= WH.T, 5), Paderborn ^{5}1909, 273: „Seit dem Aufhören des Kirchenstaates war die Rota fast ganz bedeutungslos geworden und besaß auch auf kirchlichem Gebiete nur noch eine außerordentliche Jurisdiktion, welche ihr für einzelne spezielle Fälle besonders übertragen wurde".

[19] So blieben zum Beispiel bereits seit 1870 sämtliche Notarsposten der Rota vakant: vgl. SAGNORI, *Relazione sul riordinamemto*, 4.

[20] Daher trifft die Feststellung von G. SEBASTIANELLI, *Praelectiones Juris Canonici. De rebus*, Romae – Neo-Eboraci – Cincinnati ^{2}1905, 177-178, auch tatsächlich zu, der schreibt: „Iudices ecclesiastici competentes in causis coniugiorum in specie sunt: *a)* Romanus Pontifex [...] qui has causas cognoscit per organum S. C. Concilii".

[21] Vgl. BOUIX, *Tractatus de Curia Romana*, 291: „[...] ad Rotam hodie *de jure* perferri debent appellationes a tribunalibus inferioribus status Pontificii; neque alias jam praeter ejusmodi status Pontificii in gradu appellationis causas civiles Rota cognoscit".

[22] Vgl. SCHNEIDER, *Die Römische Rota*, 91-92, im Blick auf Papst Pius IX.: „Vielleicht fürchtete er, daß man in der Aufhebung der Rota, des weltlichen Gerichtes des Kirchenstaates, oder in einer anderweitigen Beschäftigung ihrer Mitglieder ein indirektes Aufgeben der Ansprüche auf das weltliche Gebiet des Papstes und eine Anerkennung der neuen politischen Lage sehen könnte"; zum politischen Kontext vgl. AUBERT, *Die Römische Frage*, 701: „Die Position des Heiligen Stuhls war [...] für lange Zeit festgelegt: man versteifte sich auf eine totale Ablehnung. Antonelli [...] hoffte noch immer, durch [...] den Appell an die katholischen Mächte im Namen des Grundsatzes der Legitimität und der unveränderlichen Rechte des Papstes auf seine Staaten, noch einmal die weltliche Macht retten zu können. Dazu mußte man jedoch auf jeden Fall auf der Ebene der Grundsätze des internationalen Völkerrechts bleiben, ohne auch nur den Anschein zu erwecken, man würde auch nur die Möglichkeit eines Kompromisses in Erwägung ziehen".

kennung der faktischen Zustände empfunden worden wäre[23]. Es darf allerdings vor diesem Hintergrund die Frage aufgeworfen werden, inwieweit die Wiedererrichtung der Rota im Jahre 1908 als rein kirchliches Tribunal bereits einen indirekten Verzicht des Papstes auf den Kirchenstaat bedeutete[24]. Die Rückbesinnung auf die ursprüngliche, rein geistliche Zielsetzung des *auditorium* dürfte bei der Neuorientierung des Gerichtshofes jedenfalls nicht ausschlaggebend gewesen sein.

c. Die tatsächliche Position der Rota in der Verfassungsstruktur des Heiligen Stuhls

Das Festhalten Pius' IX. und Leos XIII. (1878-1903) am Fortbestand der Rota kann nicht darüber hinwegtäuschen, dass man am päpstlichen Hof sehr wohl um die tatsächliche Bedeutung des Gerichtshofes[25] wusste und ihn als nur noch dem Namen nach existent einschätzte[26]. So schrieb Papst Leo XIII. 1894

---

[23] Zwecks Berufung eines Nachfolgers für Msgr. Francesco Nardi auf den österreichischen Auditorenposten „wurde der Antrag dem Kaiser unterbreitet, wobei für die Beibehaltung des Postens trotz Erlöschens der Funktion der Rota folgendes beachtenswerte Argument herausgestellt wurde: *daß Se. Heiligkeit in der Nichtbesetzung jenes Postens Anerkennung des von Ihm schmerzlich empfundenen faktischen Zustandes erblicken und sich dadurch tief gekränkt fühlen würde*" (BLAAS, *Das kaiserliche Auditoriat*, 139). MARTIN, *Les cardinaux et la Curie*, 73, sieht dagegen das Eigeninteresse der ausländischen Regierungen im Vordergrund: „[...] l'auditorat est un titre et, s'il s'agit des auditeurs étrangers, leur rôle est politique: nommés par le chef de l'État, ils soutiennent, en curie, les intérêts de leur pays respectif".

[24] Zweifellos konnte der Wiedererrichtung als interner kirchlicher Maßnahme kein völkerrechtlicher Effekt zugeschrieben werden. Dass die veränderten politischen Verhältnisse aber spätestens nach der Neukonstitution des Gerichts auch von kirchlicher Seite akzeptiert wurden, beweist unter anderem ein Rota-Urteil, das noch lange vor Abschluss der Lateranverträge dem *Regolamento legislativo* Papst Gregors XVI. die Gültigkeit absprach. In dem Urteil heißt es: „[...] imo, cum a longo iam tempore de facto desierit Status Pontificius, cessavit etiam de facto dictus codex, et ideo, quoad nullitatis, non remanet nisi praefatum ius generale, relativusque Sacrae Rotae usus" (SRR., Urteil c. MANY, Treviren., *Diffamationis*, 1913, Feb 7: SRRDec 5 [1913], 116-126, 118).

[25] Vgl. hierzu die Einschätzung von I. SILBERNAGL, *Lehrbuch des katholischen Kirchenrechts zugleich mit Rücksicht auf das im jetzigen deutschen Reiche geltende Staatskirchenrecht*, Regensburg 1880, 253: „Die päpstlichen Justizbehörden [...], wie die Rota romana, die Signatura justitiae, haben ihre allgemeine Bedeutung schon lange verloren".

[26] Folgerichtig sagte der Dekan der Rota, Msgr. Giovanni Alessandro Del Magno, in seiner Grußbotschaft während der ersten Audienz Papst Leos XIII. für das Gericht: „[...] facciamo parimenti voti perché la di Lei Bontà e Sovrana Clemenza non solo accolga le nostre intenzioni, ma si degni di riguardare con occhio mite e paterno questo Sacro Tribunale oggi mai ridotto per sociale infortunio a Collegio quasi *Titolare*" ([G. A. DEL MAGNO, DekRR.], *Prima udienza di Papa Leone XIII intimata quest'oggi 30 Marzo 1878*, 1878, Mrz 30: Arch. Vat., S. R. Rota, Misc. 92).

im Zusammenhang mit der geplanten Neuernennung eines österreichisch-ungarischen Auditors an Kaiser Franz Joseph I.:

> „Non possiamo però non richiamare l'attenzione della Maestà Vostra sulle condizioni attuali della Sacra Rota Romana, assai diverse da quelle dei tempi andati. Dacchè infatti si lasciò invadere da armi usurpatrici questa Nostra Città ed il Romano Pontefice fu posto nella sorte, che Noi tuttodì lamentiamo, tanto la Rota come altri tribunali e particolari incarichi di questa Curia, per innanzi assai rilevanti, hanno molto perduto della loro antica importanza e son ridotti a poco più che meri titoli di onore"[27].

Diese realistische Beurteilung konnte verwundern[28], doch noch mehr überrascht, dass die Rota in den ersten päpstlichen Jahrbüchern nach 1870 gar nicht mehr unter den Dikasterien der Kurie aufgeführt wurde[29]. Zwar nennt das Jahrbuch *La Gerarchia cattolica* von 1881 unter den Gerichten des Heiligen Stuhls auch wieder die „Sacra Romana Rota"[30]. Doch wird dabei jeder Hinweis auf den Zuständigkeitsbereich des Tribunals vermieden. Zeitgenössische Kanonisten messen dem Dikasterium daher auch nur mehr historische Bedeutung bei[31] oder zählen es gar nicht unter den Behörden des Apostolischen Stuhls auf[32].

---

[27] LEO XIII., Papst, Chir., 1894, Jun 3, an Kaiser Franz Joseph I., bei BLAAS, *Das kaiseriche Auditoriat*: MÖSA 11 (1958) 142.

[28] Vgl. BLAAS, *Das kaiserliche Auditoriat*, 142-143, der über die Reaktion auf den Brief Papst Leos XIII. an den Kaiser berichtet: „Daß der Vatikan in diesem Schreiben selbst so betont auf die Bedeutungslosigkeit der Rota hinwies, bemerkte man in Wien mit Überraschung, da doch die 1877 erfolgte Ernennung Montels einer direkten Intervention des Hl. Stuhles entsprang".

[29] Während das *Annuario Pontificio* für das Jahr 1870 die *Sacra Rota Romana* noch unter den *Tribunali della S. Sede* verzeichnet (vgl. *ebd.*, 353) und das Jahrbuch *La Gerarchia cattolica* für das Jahr 1872 keine Aufstellung der Kurialbehörden enthält (für das Jahr 1871 war kein päpstliches Jahrbuch erschienen), werden von 1873 an die Auditoren der Rota lediglich unter der Rubrik *Prelati domestici* aufgelistet: vgl. GCFP 1873, 442; GCFP 1874, 449; GCFP 1875, 458; GCFP 1876, 482-483; GCFP 1877, 488-489; GCFP ^{1}1878, 495; GCFP ^{2}1878, 458-459; GCFP 1879, 459-460; GCFP 1880, 444-445.

[30] Vgl. GCFP 1881, 571-572.

[31] Vgl. zum Beispiel HILLING, *Die römische Kurie*, 129: „Die Justizbehörden der römischen Kurie [...] sind seit dem Jahre 1870 fast ganz bedeutungslos geworden. Daher hat es beinahe nur noch ein historisches Interesse, wenn wir uns mit den nachfolgenden [...] Organen beschäftigen"; F. X. WERNZ, *Ius Decretalium ad usum praelectionum in scholis textus canonici sive Iuris Decretalium*, II. *Ius constitutionis Ecclesiae Catholicae*, 2, Romae ^{2}1906, 423: „[...] universa disputatio de Rota Romana potius ad historiam et archaeologiam canonicam spectat quam ad disciplinam nunc vigentem". Nur teilweise zutreffend ist dagegen die Einschätzung von H. MARKGRAF, *Die Roemische Curie in ihrer Ausbildung und Verfassung bis auf die heutige Zeit*, Breslau 1875, 14: „Indess [...] ist die Bedeutung der Rota für auswär-

d. Die Ersatzfunktionen der Auditoren

Während Papst Pius IX. nach der Besetzung Roms noch immer eine Restauration des Kirchenstaates in naher Zukunft für möglich hielt[33] und aus diesem Grund jegliche Maßnahme vermied, die den veränderten Umständen auch nur in geringer Weise Rechnung getragen hätte[34], versuchte sein Nachfolger Leo XIII., durch ein Provisorium, das freilich die geltende Rechtslage nicht beeinträchtigen konnte, die ungelöste Frage nach der weiteren Funktion der Rota zu überdecken.

Um den Auditoren ein Betätigungsfeld zu geben, das sie wenigstens auf ähnlichem Gebiet wie bisher beschäftigte[35], wies er sie durch ein Schreiben des Kardinalstaatssekretärs Lorenzo Nina vom 23. Oktober 1878[36] und ein entsprechendes Ausführungsdekret[37] zur Mitarbeit in der Ritenkongregation an[38] und bestimmte dabei den Dekan und die beiden dienstältesten Auditoren zu Rich-

---

tige kirchliche Sachen sehr geschwunden, und durch die politischen Ereignisse der letzten Jahre sind ihr auch die Civilsachen des Kirchenstaates genommen". Faktisch war die Rota für kirchliche Verfahren ebenso bedeutungslos geworden.

[32] So wird die Rota im Handbuch von F. RUSSO, *La Curia Romana nella organizzazione e nel suo funzionamento secondo il diritto canonico vigente. Manuale pratico per le Curie Vescovili, le Parrocchie, gli Ecclesiastici*, Palermo 1903, unter den päpstlichen Gerichtshöfen überhaupt nicht mehr erwähnt. Auch G. SEBASTIANELLI, *Praelectiones Juris Canonici. De personis*, Romae u. a. ^{2}1905, übergeht das Gericht bei seiner Beschreibung der Ämter und Tribunale des Heiligen Stuhls (vgl. *ebd.*, 76-98). Die Auditoren werden von ihm nur noch als Mitglieder der päpstlichen Familie aufgeführt.

[33] Vgl. AUBERT, *Die Römische Frage*, 704-705: „[...] der greise Papst wurde immer wieder durch die illusionären Vorstellungen seiner Umgebung und die begeisterten Kundgebungen der immer zahlreicher werdenden Pilger [...] in der Hoffnung auf ein ‚Wunder' bestärkt"; zur Papst Pius' IX. vgl. zum Beispiel: F. HAYWARD, *Pie IX et son temps*, Paris 1948; D. MASSÈ, *Pio IX papa e principe italiano*, Modena 1957; R. DE MATTEI, *Pio IX*, Casale Monferrato 2000.

[34] Vgl. SCHNEIDER, *Die Römische Rota*, 91-92.

[35] Vgl. *ebd.*, 92.

[36] SECRST., *Dispaccio all'E.mo e R.mo Sig. Cardinale Prefetto della S. Congregazione dei Riti,* 1878, Okt 23: *Attribuzioni concesse fino a nuova disposizione dalla Santità di Nostro Signore Papa Leone XIII ai Prelati Uditori della Sacra Rota presso la Sacra Congregazione dei Riti*, Roma 1896, 3-5.

[37] SECRST., *Organico per la discussione delle cause appartenenti alla S. Congregazione dei Riti rimesse al giudizio della S. Rota,* 1878, Nov 20: *Attribuzioni concesse fino a nuova disposizione dalla Santità di Nostro Signore Papa Leone XIII ai Prelati Uditori della Sacra Rota presso la Sacra Congregazione dei Riti*, Roma 1896, 7-13.

[38] Vgl. LEFEBVRE, *Relationes inter Sacram Rituum Congregationem*, 55: „Anno 1878 Leo XIII determinat veterem consuetudinem de praevio processu committendo auditoribus Rotae denuo admittendam esse".

tern über die Gültigkeit von Selig- und Heiligsprechungsprozessen. In dem genannten Schreiben heißt es:

> „Il S. Padre [...] ha disposto fra le altre cose, che gli Uditori di Rota, finchè non potranno tornare alle proprie funzioni, debbano prestare la loro opera nella S. Congregazione dei Riti, cui i primi tre di quei Prelati assistono già come Consultori ed Officiali. Ha quindi affidato ai medesimi l'onorevole cômpito, appartenuto fin qui alle Congregazioni ordinarie dei Riti, di esaminare sotto la presidenza dell'E.mo Signor Cardinal Ponente, e coll'intervento di Monsig. segretario e del Ministero fiscale, la legalità dei processi Ordinarî ed Apostolici sulle virtù e miracoli dei Servi di Dio, e decidere in pari tempo sulla loro validità"[39].

Im Ausführungsdekret wird dazu festgestellt:

> „Finchè perdureranno le tristi circostanze attuali di ostile occupazione, non potendo i R.mi Prelati Uditori della S. Rota esercitare i giudizî nel supremo loro Tribunale, secondo il disposto della Commissione Cardinalizia, stabilita da Sua Santità per la provvisoria sistemazione dei Prelati, giudicheranno tutte le Cause di validità dei Processi Ordinarî ed Apostolici sulle Virtù e Miracoli dei Servi di Dio"[40].

Papst Leo XIII. verfügte außerdem, die Rotaprälaten mit dem Studium von Streitsachen zu beauftragen, die in die Zuständigkeit dieser Kongregation fielen, und davon jene Fälle durch sie entscheiden zu lassen, die ihnen vom Kardinalpräfekten übertragen werden sollten. Auch davon setzte das Staatssekretariat die Rota im selben Schreiben in Kenntnis:

> „Avendo inoltre Sua Santità giudicato opportuno di occupare i detti Prelati nello studio eziando delle cause contenziose di pertinenza della prelodata Sacra Congregazione, ha disposto che debbano essi giudicare quelle fra le cause mentovate, che verrano loro commesse dal Sig. Cardinale Prefetto del S. Consesso"[41].

Wie aus den näheren Anweisungen hervorgeht, erfüllten die Auditoren dabei vorübergehend auch Aufgaben, die bis dahin von Kardinälen wahrgenommen worden waren:

> „Le relazioni delle Cause che si propongono, e che nei Comizî Ordinarî Cardinalizî erano fatte dai rispettivi Cardinali Ponenti, negli attuali Consessi dei Prelati Uditori della S. Rota saranno fatte da quei Prelati, i quali dall'E.mo Cardinal Ponente respettivo della Causa saranno

---

[39] SECRST., *Dispaccio 1878*, 4.

[40] SECRST., *Organico*, 8, 1.°.

[41] SECRST., *Dispaccio 1878*, 4-5; vgl. ähnlich auch SECRST., *Organico*, 9: „2.° Giudicheranno ancora i R.mi Prelati Uditori della S. Rota quelle Cause contenziose, che verranno ad essi rimesse dall'E.mo e R.mo Cardinal Prefetto della lodata S. Congregazione de' Riti".

destinati a fare ciò in sua vece. Il Cardinal Ponente darà il suo voto dopo tutti i Prelati Uditori [...]"[42].

Um die Möglichkeit der Berufung aufrechtzuerhalten, sollten die Richter in zwei Turnusse eingeteilt werden[43]. Diese Bestimmung lässt einerseits zwar Ähnlichkeiten mit der Regelung erkennen, nach der die Rota ihren Auftrag als Kollegialgericht ausführte. Die Tatsache, dass eine solche Anordnung ausdrücklich gegeben werden musste, beweist aber andererseits, dass nicht das bestehende Gericht als solches mit diesen Aufgaben betraut worden ist, sondern dessen einzelne Richter. Der Rota selbst war de jure keinerlei Kompetenz in *causis sanctorum* übertragen worden[44]. Gleichwohl wurden deren Auditoren immer mehr zu außerordentlichen Richtern des Papstes in Kanonisationsverfahren[45].

---

[42] SECRST., *Organico*, 10-11, 5.°.

[43] Vgl. SECRST., *Dispaccio 1878*, 5: „Le risposte poi saranno dai medesimi formulate secondo lo stile della S. Congregazione, ed affinchè possa farsi luogo all'appello, i giudici si divideranno in due turni"; SECRST., *Organico*, 11: „6.° Nelle Cause contenziose [...] i Prelati Uditori della S. Rota formeranno due turni secondo la mente esternata dalla Commissione Cardinalizia. Il primo turno sarà composto dall'E.mo Cardinal Ponente e da quattro o sei Uditori della S. Rota, che seguiranno quel Prelato che sarà nominato Relatore dall'E.mo Card. Ponente, in grado poi di appello giudicheranno l'E.mo Card. Ponente, e gli altri Prelati Uditori mantenendo la forma Rotale".

[44] Im Hinblick auf das Richterkollegium, nicht auf die Rota als Dikasterium, schreibt allerdings LEGA, *Praelectiones*, 21: „[...] hoc tribunal, consideratum sub aspectu collegii iudicialis, adiectum est S. Rituum Congregationi"; ähnlich BAART, *The Roman Court*, 238: „Still the college of auditors even now preserves its existence as a tribunal for the special assistance of the Sacred Congregation of Rites"; F. SANTI, *Praelectiones Juris Canonici*, I, hg. v. M. LEITNER, Ratisbonae – Neo-Eboraci – Cincinnati ^{3}1889, 339: „Collegium Auditorum sub respectu veri tribunalis conservatum est, ita ut operam suam penes S. Rituum Congregationem exhibeat [...]". Andere Autoren sprechen sogar von neuen Kompetenzen *der Rota*, so C. LOMBARDI, *Iuris canonici privati institutiones*, I, Romae 1901, 258-259: „[...] nunc ob mutatas temporum conditiones, Rotae proprium est adiuvare Sacram C. Rituum"; D. MUNERATI, *Elementi iuris ecclesiastici publici et privati*, Augustae Taurinorum 1903, 200: „Hodie propter temporum iniuriam aliasque ob causas, eius competentia coarctatur ad adiuvandam S. C. R. in causis beatificationis et canonizationis"; FUNGHINI, *Tribunal Rotae Romanae*, 184. Dass aber die Kompetenzen der Rota durch die Bestimmungen Leos XIII. unverändert blieben und die Zuordnung der Auditoren zur Mitarbeit an der Ritenkongregation bloß vorübergehenden Charakter hatte, ist auch für DEL RE, *La Curia Romana*, 35, klar; er spricht in diesem Zusammenhang lediglich von einem „impiego degli uditori rotali nella S. Congregazione dei Riti".

[45] Da die Rota de facto über keine ordentliche Kompetenz mehr verfügte und de facto daher außerordentlicher Gerichtshof des Papstes war, wurde der Rechtsstatus der Auditoren durch deren neue Tätigkeit in Heiligsprechungsprozessen nicht verändert, sondern im Gegenteil bestätigt. Als *außerordentlichem* Gerichtshof muss aber auch der Rota selbst eine begrenzte Zuständigkeit in solchen Prozessen zuerkannt werden. Letztes Relikt dieses Umstandes dürfte die Bestimmung gewesen sein, nach der noch bis zum Ende des 20. Jahrhunderts die *causae sanctorum* eine der Prüfungsdisziplinen des *Studium Rotale* blieben.

Durch ein Schreiben des Kardinalstaatssekretärs Mariano Rampolla vom 19. Dezember 1895 dehnte Papst Leo XIII. den Einsatzbereich der Auditoren noch weiter aus. Demnach sollten sie neben den bereits ausgeübten Tätigkeiten nun auch über die „Nichtverehrung" und den Ruf der Diener Gottes entscheiden. Wörtlich heißt es in dem Schreiben:

> „La Santità di Nostro Signore si è degnato di disporre che i R.mi Prelati Uditori della S. Rota Romana, oltre le attribuzioni, che hanno avuto finora presso la S. Congregazione dei Riti [...], abbiano nella stessa forma, anche quella di esaminare e decidere i dubbi sopra il *non culto* e la *fama in genere* dei Servi di Dio"[46].

Doch handelte es sich auch hierbei um eine Funktion, die den Auditoren unabhängig von ihrem – wenngleich nur noch de jure bestehenden – Dienst an der Rota ersatzweise übertragen war[47].

Neben ihrer Tätigkeit an der Ritenkongregation wurden den Auditoren vereinzelt auch noch andere Aufgaben zugewiesen[48]: So ernannte der Papst sie

---

46 SECRST., *Dispaccio all'E.mo e R.mo Sig. Cardinale Prefetto della S. Congregazione dei Riti*, 1895, Dez 19: *Attribuzioni concesse fino a nuova disposizione dalla Santità di Nostro Signore Papa Leone XIII ai Prelati Uditori della Sacra Rota presso la Sacra Congregazione dei Riti*, Roma 1896, 6.

47 So heißt es in einem Schreiben der Ritenkongregation vom 10. Dezember 1908 an den Dekan der Rota: „[...] per specialissima e graziosa concessione del S. Padre del tutto personale e non da invocarsi in futuro [...] il Decano emerito della S. Rota Mons. Giovanni de Montel e gli Uditori emeriti Mons. Carlo Mourey e Mons. Giovanni Befani continueranno ad intervenire nelle diverse Congregazioni dei S. Riti col titolo di Consultori, dove prima intervenivano a titolo di Uditori di Rota, e prenderanno posto per ordine di decananza e di ansianità subito dopo il Decano effettivo della S. Rota" (D. PANICI, TitErzBf. von Laodicea di Frigia, SekrSCRit., Brief, 1908, Dez 10, an M. Lega, DekRR.: Arch. Rot., Not. 3). Bemerkenswert ist dabei einerseits, dass die genannten *uditori emeriti* ihre Aufgabe an der Ritenkongregation lediglich *fortführen* und nicht von neuem dazu ernannt werden und dass auch dem amtierenden Dekan dieses Amt (zusätzlich zu seiner Tätigkeit an der Rota) übertragen war. Dass es sich bei der Mitarbeit in dieser Kongregation nur um ein Betätigungsfeld handelte, das den Auditoren vorübergehend zugewiesen war, geht auch aus einem Schreiben des Sekretärs der Konsistorialkongregation vom 28. November 1908 an den Dekan der Rota hervor, in dem auf Anfrage der Ritenkongregation, ob die Bestimmungen Leos XIII. noch Gültigkeit hätten, mitgeteilt wird: „[...] considerato che questo compito fu commesso agli Uditori della S. R. Rota ‚*finchè non potranno tornare alle proprie funzioni*' [...] la S. Congregazione Concistoriale ha reputato dover rispondere *negativamente* al dubbio e quesito proposto. Riferita la cosa al S. Padre dall'infrascritto Cardinale nell'udienza del 27 corrente, S. Santità ha pienamente approvata la data risoluzione. Con ciò però non si detrae punto all'antica regola, che cioè i primi tre Prelati della S. R. Rota assistano alla S. Congregazione dei Riti come Consultori ed Officiali" (G. DE LAI, Kard., SekrSCCons., Brief, 1908, Nov 28, an M. Lega, DekRR.: Arch. Rot., Not. 113).

48 Vgl. BAART, *The Roman Court*, 238: „Most of them are appointed to the various Congregations of Cardinals as consultors".

im Jahre 1882 zu Mitgliedern[49] der von ihm im selben Jahr ins Leben gerufenen Schiedskommission zur Entscheidung von Rechtsstreitigkeiten zwischen den Beamten und der Verwaltung des päpstlichen Palastes. *Motu proprio* hatte er angeordnet:

> „Adunque, nella pienezza della nostra autorità, Noi istitutiamo, col nostro presente *motu proprio,* due Commissioni, composte ognuna di tre prelati da nominarsi, alle quali potrà ricorrere in prima e in seconda istanza chiunque crederà di avere azioni e diritti a far valere contro le suddette amministrazioni“[50].

Auch diese Aufgaben kamen den Auditoren aber nur ersatzweise zu und hatten ebenso vorübergehenden Charakter wie deren Mitarbeit in den Kanonisationsverfahren.

2. Die gestörte Funktionsfähigkeit des kirchlichen Gerichtswesens

Politische Gründe waren es, derentwegen die Aktivität der Rota letztlich erloschen war, und politische Überlegungen waren es auch, die eine Wiederaufnahme der Gerichtstätigkeit zunächst zu verhindern schienen. Dennoch konnte aus historischen, rechtlichen und pastoralen Erwägungen nicht auf Dauer auf ein funktionierendes päpstliches Rechtsprechungsorgan verzichtet werden. Eine Neubelebung der Rota erwies sich somit als unaufgebbare Notwendigkeit für die Kirche.

a. Die negativen Folgen der eingestellten Gerichtstätigkeit

Unabhängig von den jeweiligen politischen Verhältnissen hatte die Rota durch die verschiedenen Abschnitte ihrer Geschichte hindurch ihre Daseinsberechtigung als kirchliches Gericht erwiesen und bewahrt. Mehr als sieben Jahrhunderte lang hatte das Auditorium seine Stellung behauptet, es war zum Inbegriff jeglicher kirchlichen Gerichtsbarkeit geworden und zählte dadurch zu den großen juristischen Institutionen des Abendlandes, ja der ganzen Welt[51].

---

[49] Vgl. SCHNEIDER, *Die Römische Rota*, 92.

[50] LEO XIII., Papst, Motu pr. *Nella penosa e difficile situazione*, 1882, Mai 25: ALXIII, III, 75-76, 76 = ASS 15 (1898), 193-194, 194; vgl. dazu TRIBUNALIA PONTIFICIA IN VATICANO, *Statuta praeliminaria pro dirimendis controversiis, contractuum causâ enatis, cum administratione Aedium Vaticani*, [1883], n. 1-2: ASS 16 (1906), 296-301, 296-297.

[51] Vgl. DEL RE, *La Curia Romana*, 254: „La notevole considerazione in cui il tribunale della Sacra Romana Rota fu universalmente tenuto e la grande autorità riconosciuta alle sue decisioni [...] gli derivarono dal fatto che esso seppe conservare ognora al diritto canonico il carattere di diritto comune a tutti“.

Wenngleich sein Einfluss im Lauf der Zeit zurückgegangen war, hatte das päpstliche Tribunal zeit seines Bestehens einen nicht unwesentlichen Beitrag zur Weiterentwicklung der Rechtsprechung und des Prozesswesens geleistet und konnte im kirchlichen Bereich wie keine andere Einrichtung der Interpretation und Neufassung rechtlicher Normen dienlich sein.

Die Voraussetzungen dafür waren nun aber nicht mehr gegeben[52]. Die Judikatur der Rota, die zu Beginn der Neuzeit so großen Einfluss auf die Ausformung des kanonischen und des gemeinen Rechts gehabt hatte, war seit langem auf weltliche Angelegenheiten beschränkt und hatte nun auch diesbezüglich ihr Wirkungsfeld eingebüßt. So war auf diese Weise auch die jahrhundertelange Kontinuität in der Ausbildung von Juristen wie insbesondere von Kanonisten verlorengegangen.

Zwar hatte die Rota durch den Untergang des Kirchenstaates als weltliches Berufungsgericht keine Existenzgrundlage mehr. Die geistlichen Diözesan- und Metropolitangerichte bestanden jedoch auf der ganzen Welt weiter und entbehrten einer adäquaten Berufungsinstanz. Statt ein Verfahren ordnungsgemäß auf dem Prozessweg weiterleiten zu können, musste es bei Appellation an den Heiligen Stuhl vom juristischen auf den administrativen Weg umgeleitet oder doch wenigstens von Verwaltungsbehörden – und nicht von Gerichten – nach den Regeln des Prozessrechts entschieden werden. Die hierarchische Struktur der kirchlichen Judikatur hatte den ihr eigenen Schlusspunkt eingebüßt und blieb damit unvollständig. Auf diese Weise aber fehlte gerade den geistlichen Gerichten ersten und zweiten Grades in aller Welt ein Organ übergeordneten Ranges, das vorbildhaft und verbindlich kirchliches Recht im konkreten Fall anwenden und weiterentwickeln konnte. Wegweisung und Hilfe, die die geistlichen Tribunale zu einer auf einheitlichen Kriterien beruhenden Rechtsprechung benötigt hätten, konnten die auf ganz andere Art gewonnenen Urteile der römischen Kongregationen nur in sehr geringem Maß bieten[53]. Somit aber hatte die einst maßgebende kirchliche Judikatur aufgehört, Richtschnur für die Kano-

---

52 Vgl. JULLIEN, *Il beato Papa Pio X*, 160: „[...] quello che era stato per secoli il più famoso tribunale del mondo, universalmente stimato per l'eminente perizia dei giudici che per la sapienza e la mole delle sue decisioni, non fece più sentire la sua voce e di esso non rimase che un rudere nei pochi uditori superstiti o di nuova nomina addetti alla S. Congregazione dei Riti per le cause dei Santi".

53 Die Veröffentlichung dieser Sentenzen erfolgte seit 1718 im *Thesaurus Resolutionum Sacrae Congregationis Concilii.* Die Urteile enthielten im Allgemeinen zwar eine Beschreibung des Tatbestands, legten aber nicht die Entscheidungsgründe offen; vgl. dazu HILLING, *Die Neuorganisation der Römischen Kurie*, 37, der angesichts dieses Vorgehens folgert: „Daher waren die Resolutionen der Kongregationen für die Feststellung des geltendes Rechts nur schwer und mit großer Vorsicht zu gebrauchen"; vgl. auch F. ROMITA, *La continuazione del „Thesaurus resolutionum Sacrae Congregationis Concilii"*: P. PALAZZINI (Hg.), *La Sacra Congregazione del Concilio. Quarto Centenario della Fondazione (1564-1964). Studi e ricerche*, Città del Vaticano 1964, 477-480.

nisten der ganzen katholischen Welt zu sein. Der eingeschränkte Instanzenzug war daher wieder so zu vervollständigen, dass er den Erfordernissen eines funktionierenden Gerichtswesens entsprach.

Zweifellos konnte der Bischof von Rom sein Amt als oberster Richter der Gesamtkirche weiterhin ausüben, und auch die außerordentliche Kompetenz der Rota in kirchlichen Verfahren war rechtlich gesehen erhalten geblieben. Dennoch hatte er juristisch wie faktisch die ihm eigene Gerichtsinstanz verloren. Dass dies zu einem Zeitpunkt geschah, als die Stellung des Papstes in der Kirche im Jahre 1870 durch das Erste Vatikanische Konzil eben erst gestärkt worden war, konnte daher nur paradox anmuten.

Im Interesse der Gläubigen in aller Welt mussten Justiz und Verwaltung auch in der Berufungsinstanz wieder klar voneinander getrennt werden. Nur ein Gerichtswesen, das bis zum letzten und entscheidenden Urteil in der Lage war, auf Grund seines Verfahrens gleiche Rechte für alle, insbesondere bei der Verteidigung der eigenen Interessen, zu gewährleisten, konnte die Voraussetzung dafür schaffen, dass der Papst das ihm übertragene Richteramt optimal auszuüben vermochte. Nach Jahrzehnten, in denen dieses Ideal durch die oft wenig objektive Urteilsfindung bei den Römischen Kongregationen verdunkelt worden war[54], erwies sich deshalb auch aus pastoralen Gründen eine Wiederbelebung der Rota als notwendig. Dass dabei jedoch das erneute Auftreten von Missständen, die einst zur Umgehung des Tribunals geführt hatten, verhindert werden musste, lag auf der Hand. Nur ein effizientes, von jeder äußeren Einflussnahme unabhängiges Gerichtswesen konnte in der Lage sein, den im Namen des Papstes wahrzunehmenden Auftrag in rechter Weise zu erfüllen.

b. Der Lösungsvorschlag des Auditorenkollegiums

Wie wenig die Erlasse Papst Leos XIII. zu Gunsten der Rotarichter eine dauerhafte Lösung darstellen konnten, war auch den Auditoren selbst sehr wohl bewusst. Zwar war es ihnen auf Grund der Bestimmungen des Papstes möglich, sich mehr als bisher richterlichen Aufgaben zuzuwenden. Die Aktivität der Rota als solcher aber war erloschen und konnte durch Ersatzfunktionen dieser Art nicht wieder belebt werden. Jede provisorische Regelung musste für die Auditoren unbefriedigend sein. Nach Jahren vergeblichen Wartens auf eine umfassende Reform des päpstlichen Gerichtswesens ergriff das Richterkollegium da-

---

54 Vgl. HILLING, *Die Neuorganisation der Römischen Kurie*, 37: „Die Judikatur der Kongregationen hatte aber mehrere Unzuträglichkeiten hervorgebracht, da sie vielfach nicht nach dem geltenden Rechte, sondern nach Opportunitätsrücksichten die Entscheidung fällten".

her im November 1889 selbst die Initiative und unterbreitete dem Papst einen Vorschlag zur Wiederbelebung der Rota[55].

In dem von allen Auditoren unterzeichneten Bittschreiben an Papst Leo XIII., das am 19. Dezember des gleichen Jahres dem Kardinalstaatssekretär überreicht wurde[56], verweisen die Richter zunächst auf die ruhmreiche Tradition des Auditoriums, dessen Charakter als Gerichtshof für kirchliche Prozesse zu allen Zeiten unabhängig von den politischen Verhältnissen gewahrt geblieben sei und infolge noch immer gültiger päpstlicher Bestimmungen auch weiter bestehe. Insoweit die Rota in kirchlichen Prozessen Entscheidungen zu treffen habe, könnten die Amtsgeschäfte deshalb auch nach den Ereignissen von 1870 ungehindert fortgeführt werden. Wörtlich heißt es in dem Schreiben:

> „B[eatissime] P[ater] – I sottoscritti Prelati componenti il S. Tribunale della Rota Romana, prostrati ai piedi di V[ostra] S[antità], hanno l'onore di sottoporre all'alta attenzione della Santità Vostra alcune considerazioni, che a loro avviso potrebbero indurre a dei provvedimenti per dare al detto s. Tribunale quella vita di attività, che gli ha procacciato nel mondo la più bella riputazione e che potrebbe riescire ancora di non piccolo vantaggio per gli affari della Chiesa e pel decoro della S. Sede. Ed innanzi tutto i sottoscritti non possono ammettere che l'inattività della Rota siala necessaria conseguenza dei tristi eventi compiutisi nel 1870, giacchè il ripetuto Tribunale fin dalla sua origine si è occupato di cause meramente ecclesiastiche; ed anche quando giudicava affari civili, le controversie ecclesiastiche portate innanzi alla Rota erano in larga copia. Egli è d'altronde notorio ed incontestato, che essa ha sempre avuto, per la competenza, la così detta *cumulativa* colle diverse Congregazioni ecclesiastiche. Nulla quindi avrebbe dovuto impedire, che dopo il 1870, questo Tribunale continuasse a funzionare, come ne aveva e ne ha il diritto in virtù di Costituzioni Pontificie in pieno vigore [...]“[57].

Die Auditoren verkennen keineswegs, dass die Kurialkongregationen die Wiedererrichtung eines mit umfangreichen Kompetenzen ausgestatteten Gerichts als gewissen Machtverlust empfinden könnten. Gleichzeitig erinnern sie aber an die sogenannte kumulative Kompetenz, die den Kongregationen in jedem Fall erhalten bliebe:

---

[55] Vgl. *Diario dell'Uditore di Rota Giovanni De Montel*, 1888, Dez, s. d.: Arch. Vat., S. R. Rota, Misc. 28, f. 41: „Die 28a Novembris. Re. Re. P. P. Auditores hodie meis in aedibus convenerunt et unanimi suffragio statuerunt exhibendum esse SS. Dño N.ro Papae supplicem libellum sequentis tenoris“.

[56] Vgl. *ebd.*, f. 43: „Hujusmodi supplicem libellum omnes et singuli Patres Auditores subscripserunt eumque die 19a Decembris universum s. Tribunal porrexit E.mo Dño Cardinali Cardinali a Status secretis“.

[57] *Ebd.*, f. 42.

„I sottoscritti non possono egualmente riconoscere che ridandosi alla Rota certe categorie di affari, si commetterebbe uno spaglio a danno delle Congregazioni, perchè a queste rimarrebbe sempre la *cumulativa*, e le parti sarebbero libere di scegliere fra le stesse Congregazioni e la Rota“[58].

Die Kardinäle, die als Richter an Kongregationen fungierten, wären andererseits durch die Rota entscheidend entlastet, und die an den Gerichten übliche Urteilsbegründung würde viel besser dem Zeitgeist entsprechen als die von den Kongregationen geübte Praxis, den Parteien das Ergebnis der richterlichen Entscheidung lediglich durch die Worte „affirmativ“ oder „negativ“ mitzuteilen. Nicht zuletzt hierin liegt für die Richter die Tatsache begründet, dass deutsche[59] und österreichische Offizialate nach Möglichkeit Rom als Gerichtsstand dritter Instanz umgehen wollten:

„Ammessa dunque la legittimità delle proposizioni che i sottoscritti si permettono di umiliare al Trono di Vostra Santità, essi aggiungono alcune considerazioni intorno alla reale utilità e convenienza di veder ridata la vita a questo storico e celebratissimo Tribunale. Premesso che la riattivazione della Rota scemerebbe a molti E.mi Cardinali, occupati in molteplici Congregazioni e Commissioni, un peso gravissimo, è a notarsi come il metodo Rotale di rendere i suoi giudicati, oltrechè più spedito, risponderebbe meglio all'indole dei nostri tempi, preferendosi oggi generalmente una decisione motivata ad un semplice *Affirmative* o *Negative* apposto sotto un Dubbio. E deve si forse anche a questo il fatto che in Germania ed in Austria (non parliamo della Spagna, perchè questa ha ancora il suo tribunale Rotale) si chiede spessissimo alla S. Sede che certe cause vengano giudicate anche *in terza istanza* nei rispettivi paesi, con discapito manifesto del prestigio della S. Sede e della Curia Romana“[60].

In ihrem Plädoyer für eine Reaktivierung der Rota verweisen die Auditoren auch auf die Funktion, die das Gericht als Ausbildungsstätte zukünftiger Kanonisten wahrnehmen könnte:

„Inoltre coll'attività della Rota si ripristinerebbe una scuola prattica utilissima pei giovani ecclesiastici che amano di dedicarsi allo studio della giurisprudenza, potendosi occupare in buon numero presso i singoli Uditori di Rota come ajutanti di studio, o come segreti. E con ciò

---

[58] *Diario dell'Uditore di Rota Giovanni De Montel*, f. 42.

[59] Vgl. hierzu zum Beispiel H. KITTEL, *Das Erzbischöfliche Metropolitangericht Bamberg als päpstlich delegiertes Gericht dritter Instanz in Ehesachen*: K. LÜDICKE, H. MUSSINGHOFF, H. SCHWENDENWEIN (Hg.), *Iustus Iudex. Festgabe für Paul Wesemann zum 75. Geburtstag von seinen Freunden und Schülern* (= BzMK, 5), Essen 1990, 93-105, 85-98.

[60] *Diario dell'Uditore di Rota Giovanni De Montel*, f. 42-43.

sarebbe risoluta la difficoltà di formare buoni Canonisti, la cui penuria si fa sentire ogni giorno più“[61].

Da unter den gegebenen Umständen möglicherweise ausländische Regierungen auf ihr Nominierungsrecht verzichten könnten, würden das traditionsreiche Tribunal und mit ihm der Heilige Stuhl an internationalem Charakter verlieren:

> „A tutto questo si aggiunga un altro vantaggio nè di minor peso, nè meno evidente di quelli sopra enunziati. La Francia ha già soppresso di fatto il posto di Uditore di Rota, cancellando dal Bilancio i fondi relativi; la Spagna in questi ultimi anni non ne ha mantenuto alcuno, ed estinto questo pochi mesi addietro, non si mostra sollecita a nominare il successore. L'Austria potrebbe essere indotta alla medesima risoluzione, quando la Rota dovesse continuare nella sua inattività. Per tal modo il s. Tribunale andrebbe a perdere quel carattere d'internazionalità, che è pur molto vantaggioso di conservargli anche per il decoro della S. Sede. Egli è d'altronde evidente che tornando la Rota a funzionare, tutti questi governi sarebbero necessariamente interessati a mantenervi dei giudici delle rispettive nazionalità. Ne deve tralasciarsi di considerare che riattivandosi la S. Rota a tempo, si eviterebbe la completa dimenticanza di quella traduzione, di quella economia e di quella procedura che è pur tanto vantaggiosa ad ogni corporazione ben costituita e che interessa di mantener viva, anche in vista di un miglior avvenire, che la Provvidenza riserva certo alla S. Sede“[62].

Die Richter verleihen ihrer Petition schließlich durch den Hinweis Nachdruck, dass es für eine umfassende Kurienreform, bei der die Kompetenzen der einzelnen Dikasterien neu festgelegt und abgegrenzt werden sollen, bereits Planungen gebe und sich deshalb für eine Wiederbelebung der Rota keine günstigere Gelegenheit bieten könnte:

> „Si è parlato recentemente del bisogno che si fa sentire di una più razionale ripartizione delle materie fra le diverse Congregazioni e si è aggiunto che una Commissione sarà incaricata di questo importante ed urgente lavoro. L'occasione per ridare vita alla Rota non potrebbe presentarsi migliore; ed è per questo che i sottoscritti nel segnalare a Vostra Santità i vantaggi e la convenienza di far rivivere questo Tribunale, sperano che Vostra Beatitudine così sollecitata per tutto quello che concerne il buon andamento dei servizî della S. Sede, si degnerà accogliere il

---

61 *Ebd.*, f. 43.

62 *Ebd.*

presente umile esposto con quella benignità che è tutta propria di Vostra Santità, dalla quale implorano l'Apostolica Benedizione"[63].

3. Die Vorbereitungen zu einer Wiederbelebung des Gerichts

Das Auditorenkollegium konnte mit seiner Bittschrift zunächst nichts bewirken. Papst Leo XIII. schien unbeeindruckt, vielleicht aus politischen Erwägungen heraus[64], am Status quo des Gerichtes festzuhalten[65]. Zweifellos aber hatte der Papst erkannt, dass mit einer Revitalisierung der Rota allein noch keine Lösung für eine zeitgerechte Neustrukturierung des gesamten päpstlichen Ämterwesens gefunden war. Was die Auditoren lediglich als günstige Gelegenheit zur Wiedererrichtung ihres Gerichtshofs ansahen, konnte indes die Umsetzung dieses Vorhabens erst ermöglichen: Die angestrebte Reform der Rota war nämlich nur im Zusammenhang mit einer Reform der ganzen Kurie sinnvoll durchzuführen.

a. Die Notwendigkeit einer umfassenden Kurienreform

Zu sehr entsprach die Organisation der kirchlichen Zentralregierung am Ende des 19. Jahrhunderts nicht mehr der Anforderungen der Zeit. „Das großartige Behördensystem, das Sixtus V. im Jahre 1588 [...] ins Leben gerufen hatte, konnte, wie genial es erdacht war und wie glänzend es sich in der ersten Zeit bewährte, den durch die folgenden Jahrhunderte geschaffenen neuen Verhältnissen und Bedürfnissen nicht mehr genügen"[66]. Zwar hatten die Päpste immer wieder versucht, den veränderten Umständen Rechnung zu tragen[67]. Statt aber eine umfassende Neugliederung der Kurie vorzunehmen, vermehrten sie nur

---

[63] *Diario dell'Uditore di Rota Giovanni De Montel*, f. 43.

[64] Einer der Gründe war möglicherweise, dass der italienische Staat durch das Garantiegesetz *(Legge delle Guarentigie)* von 1871 kirchlichen Gerichtsurteilen jeder Art die Anerkennung verweigerte. Dagegen konnten, wenn auch *iuris ordine servato*, von den Kongregationen Entscheidungen getroffen werden, die der Staat dann als Verwaltungsdekrete tolerierte: vgl. hierzu F. ROBERTI, *De Curia Romana ante pianam reformationem*: Apol 25 (1952), 15-34, 31-32.

[65] Der Eingang der Petition ist im Übrigen in den *Rubricelle* des Staatssekretariats nicht verzeichnet. Für ein eventuelles Antwortschreiben des Papstes lassen sich im Päpstlichen Geheimarchiv keine Hinweise finden.

[66] SCHNEIDER, *Die Römische Rota*, 90.

[67] Vgl. G. J. EBERS, *Die römische Kurie gemäß der Konstitution „Sapienti consilio" vom 29. Juni 1908*: Germ.WB 14 (1908), Nr. 45-46, 353-363 354: „Gerade die Päpste des 19. Jahrhunderts wandten der Kurie ihr besonderes Augenmerk zu. Aber ihre Maßnahmen waren wohl einzelne Verbesserungen, die auch gute Früchte zeitigten, indes eine durchgreifende Reform [...] war es nicht".

weiter die Zahl der Kongregationen und Ämter, was zu Kompetenzüberschneidungen führte und ein effizientes Arbeiten in zunehmendem Maße behinderte[68]. So waren durch päpstliche Bestimmungen und darüber hinaus durch ein gewisses Gewohnheitsrecht[69] „die ursprünglich geraden Linien des Grundrisses vielfach verschoben worden, und die Übersichtlichkeit und Proportionalität des Ganzen hatte eine erhebliche Einbuße erlitten"[70]. Zudem hatten sich im Lauf der Jahrhunderte in manchen päpstlichen Behörden Verfahrensweisen herausgebildet, die den Erfordernissen der Zeit nicht mehr gerecht wurden und eine zügige Erledigung der Aufgaben nur erschweren konnten[71].

In einer eingehenden Analyse hat Kardinal Roberti elf Gründe[72] ausfindig machen können, derentwegen das bis dahin bestehende Behördensystem der römischen Kurie keinen Bestand mehr haben konnte. Er verweist zunächst auf die unterschiedliche Beschaffenheit der einzelnen Dikasterien, in der sich vielfach die Umstände ihrer Entstehung widerspiegelten. Weltliche und geistliche Gewalt seien oft in jeweils unterschiedlichem Maß von ein und derselben Behörde ausgeübt worden, Angelegenheiten im Bereich des *forum externum* und in jenem des *forum internum* nicht immer voneinander getrennt gewesen. Neben Unklarheiten bei der Zuordnung der einzelnen Riten zu den entsprechenden Stellen sieht Roberti vor allem in der fehlenden Unterscheidung der Gewalten

---

68 Vgl. FERRERES, *La Curia romana*, 87; SCHNEIDER, *Die Römische Rota*, 90; R. AUBERT, *Das Reformwerk Pius' X.*: HKG, VI/2 (1973), 408.

69 Vgl. M. HOFMANN, *Die Neuregelung der Römischen Kurie durch Pius X. in seiner Konstitution „Sapienti consilio"*: ZKTh 33 (1909), 197-231, 201.

70 HILLING, *Die Neuorganisation der Römischen Kurie*, 34; vgl. auch E. RUCK, *Die Organisation der Römischen Kurie*, Tübingen 1913, 2-3: „Unklarheit und Durcheinander steigerten sich noch zur Verwirrung. Im Lauf der Zeit wurden jene unsicheren Grenzen zwischen den Behörden willkürlich hin und her gerückt, durch Eingriffe mancher Päpste, und besonders durch die Kongregationen selbst [...]. Der Lauf der Kompetenzenlinie erschien juristisch oft als unlösbares Rätsel, aus dem nur willkürliche Mittel halfen. Und die Geschäftsverteilung war schließlich Unvernunft geworden. Zusammenhangloses war willkürlich verknüpft, und hier standen Behörden, die überbürdet waren, dort solche wie die Gerichte, die nur ein Scheindasein zu fristen vermochten"; G. CAMP, *Die organisatorische Trennung der Gewalten in der römischen Kurie*, Zürich 1926, 69: „Zwischen den Gerichten und den römischen Kongregationen bestand eine ‚confusion des pouvoirs' im eigentlichsten Sinne des Wortes. [...] Daneben gab es andauernd Kompetenzkonflikte zwischen den Kongregationen selbst, da auch deren Zuständigkeit grösstenteils höchst unklar bestimmt war. Der Zustand konnte so nicht länger dauern".

71 Vgl. P. M. BAUMGARTEN, *Die Geschäftsführung an der Kurie*: C. WEBER (Hg.), *Die römische Kurie um 1900. Ausgewählte Aufsätze von P. M. Baumgarten* (= KVRG, 10), Köln – Wien 1986, 90-98, 92, der feststellt, „daß die Geschäftsführung an der Kurie noch mit sehr vielen Zöpfen behaftet ist".

72 Vgl. ROBERTI, *De Curia Romana*, 29: „[...] ratione *constitutionis, potestatis, fori, ritus, iurisdictionis, competentiae sive quoad obiectum, sive quoad territorium, ambitus* seu *laboris, ordinis, taxarum* seu *expensarum* et *disciplinae"*.

einen entscheidenden Missstand. Mehrere Kongregationen und Ämter hätten zudem die gleiche Materie unter gleichen oder verschiedenen Aspekten bearbeitet, und auch geografisch gesehen seien Kompetenzüberschneidungen keine Seltenheit gewesen. Schließlich habe auch eine nach einheitlichen Kriterien vorgenommene Unterteilung und Ordnung der Behörden gefehlt, die Arbeitslasten seien ungleich verteilt und selbst Amtsgebühren und Amtsdisziplin unterschiedlich geregelt gewesen[73].

b. Die Reformvorhaben vor dem Untergang des Kirchenstaates

Ebenso wie die Forderung nach einer Neuerrichtung des päpstlichen Gerichtshofs der Rota war auch der Ruf nach einer umfassenden Reform der Kurie unüberhörbar geworden. Die Kirche brauchte wieder einen effizienten und von Missständen gereinigten Regierungsapparat, der von weltlichen Verwaltungsaufgaben befreit die Ausübung des päpstlichen Hirtenamtes in gebotener Weise gewährleisten konnte.

Dass eine Neuordnung der Kurie nicht bloß in Teilbereichen vorgenommen werden konnte, sondern systematisch und von Grund auf erfolgen musste, hatte schon Papst Benedikt XIV. erkannt[74]. Zur Durchführung gelangten aber auch seine Reformpläne nur teilweise[75]. Mehr als ein halbes Jahrhundert später wurde während des Pontifikats Pius' VII. ein weiterer Versuch zur Umgestaltung der Römischen Kurie unternommen. Der spätere Kardinal Giuseppe Antonio Sala legte nach dem Sturz Napoleons 1814 einen umfassenden Reformplan zur Neugliederung des päpstlichen Behördenwesens vor[76], in dem bereits die Forderung nach einer rein kirchlichen Kompetenz der päpstlichen Gerichtshöfe erhoben worden ist. Als Begründung wurde angeführt, der Papst würde durch sie nicht als Haupt eines Staates, sondern der Kirche urteilen:

> „Quantunque i Tribunali Ecclesiastici nulla abbiano che fare colla sovranità temporale del Papa, il quale agisce in essi come capo della Chiesa“[77].

---

[73] Vgl. ROBERTI, *De Curia Romana*, 29-34.

[74] Vgl. BENEDIKT XIV., Papst, Ap. Konst. *Romanae Curiae*, 1744, Dez 21: BullBen XIV, I = OpOBenXIV, XV, 479-490; BENEDIKT XIV., Papst, Ap. Konst. *Gravissimum Ecclesiae*, 1745, Nov 26: *ebd.*, 601-606; BENEDIKT XIV., *Iustitiae et pacis*.

[75] So ordnete er zum Beispiel die Zuständigkeiten der *Dateria Apostolica* neu.

[76] Der Reformplan wurde erst zu Beginn des 20. Jahrhunderts veröffentlicht, und zwar mit dem Titel: G. A. SALA, *Piano di Riforma umiliato a Pio VII ora per la prima volta integralmente pubblicato dal pro-nipote di lui Giuseppe Cugnoni*, Tolentino 1907.

[77] *Ebd.*, 273.

Der Plan stieß allerdings auf den heftigen Widerstand von Kardinalstaatssekretär Ercole Consalvi, der die Fortsetzung der bereits begonnenen Drucklegung verbot, und war deshalb zum Scheitern verurteilt[78].

c. Die Initiativen am Ende des 19. Jahrhunderts

Auf dem Ersten Vatikanischen Konzil wurden erneut Vorschläge zur Neugliederung der Römischen Kurie unterbreitet, und zwar hauptsächlich von Seiten des deutschen, französischen und belgischen Episkopats[79]. Dabei wurde auch die Forderung erhoben, in Gerichtsverfahren das Berufungsrecht an den Heiligen Stuhl zu Gunsten der Metropolitangerichte einzuschränken und dem Tribunal des Papstes ordentliche Kompetenz erst in dritter Instanz zuzugestehen:

> „Appellationes ad S. Sedem, omisso medio secundae instantiae, metropolitani scilicet, non deberent admitti nec, etiam post ipsam secundam instantiam, locum habere in causis levioribus, sed tantum in gravioribus et maioribus a iure determinandos“[80].

Derartige Überlegungen wurden jedoch durch die politischen Ereignisse der Zeit unterbrochen. Papst Leo XIII. griff das Anliegen aber wieder auf und setzte zu diesem Zweck eine eigene Kommission zur Erarbeitung eines entsprechenden Entwurfs ein. Zwar scheiterte die Ausführung auch dieses Planes am Widerstand der Kurienkardinäle[81]. Gleichwohl hatte Leo XIII. damit bereits

[78] Vgl. G. VON HERTLING, *Römische Reformgedanken*: Hochl 3/1 (1905/1906), 553-567, 565; HILLING, *Die Neuorganisation der Römischen Kurie*, 35; N. HILLING, *Die Reformen des Papstes Pius' X. auf dem Gebiete der kirchenrechtlichen Gesetzgebung*, Bonn 1909, 56, Anm. 1; SCHNEIDER, *Die Römische Rota*, 91; SCHMIDLIN, *Papstgeschichte der neuesten Zeit*, I, 343-346. Grund für die Ablehnung des Planes durch Consalvi waren aber ausschließlich politische Überlegungen; vgl. dazu DEL RE, *La Curia Romana*, 32-33: „Consalvi, il quale, pur condividendo nella maggior parte la sostanza del piano, non poteva assolutamente permetterne la diffusione proprio mentre si stava svolgendo il Congresso di Vienna per non compromettere la posizione dello Stato pontificio con una aperta denuncia di passati errori ed abusi“.

[79] Vgl. HILLING, *Die Neuorganisation der Römischen Kurie*, 35; HILLING, *Die Reformen des Papstes Pius' X.*, 56; HOFMANN, *Die Neuregelung der Römischen Kurie*, 200; SCHNEIDER, *Die Römische Rota*, 91.

[80] *Postulata a pluribus Galliarum Episcopis Sanctissimo DD. NN. Pio Papae IX. et Sacrosancto Concilio Vaticano reverenter proposita*, [1869]: ColLac, VII, 833-849, 838.

[81] Vgl. SCHNEIDER, *Die Römische Rota*, 92; AUBERT, *Das Reformwerk Pius' X.*, 408; vgl. auch *ebd.*: „Diese Reformidee stieß jedoch zugleich auf den bei allen Verwaltungen der Welt in Ehren gehaltenen Grundsatz ‚Quieta non movere‘ und den heimlichen oder offenen Widerstand all derer, die ihre Interessen bedroht fühlten“.

die theoretischen Grundlagen für eine spätere Kurienreform geschaffen und deren Zielsetzung angedeutet[82].

d. Die ersten konkreten Schritte

Als der Ruf nach einer Neuorganisation der Kurie unter Papst Pius X. immer lauter wurde, erschienen 1905 in Rom kurz hintereinander fünf anonyme Schriften mit Reformvorschlägen[83], die am päpstlichen Hof großes Aufsehen erregten[84]. Während die erste dieser Broschüren die Missstände in der kirchlichen Verwaltung anprangerte und klar aufzeigte, wo Abhilfe nötig war[85], äußerten sich die Verfasser der nachfolgenden Hefte zur erhofften Aussöhnung des Papstes mit dem italienischen Staat[86] und zur politisch-religiösen Erneuerung im Allgemeinen[87]. Zwar blieben entsprechende Entgegnungen[88] nicht aus, doch deuteten auch diese auf eine unmittelbar bevorstehende Umgestaltung der Römischen Kurie hin. Dass solche Reformschriften überhaupt frei und ungehindert erscheinen und verbreitet werden konnten, kann wohl nicht anders ge-

---

[82] Vgl. HILLING, *Die Gesetzgebung Leos XIII. auf dem Gebiete des Kirchenrechts*: AkKR 93 (1913), 8-31, 254-276, 460-483, 623-637; 94 (1914), 75-95 und 252-264, 93 (1913), 10; vgl. auch *ebd.*, 254: „Wir können seine [...] gesetzgeberische Tätigkeit unter folgenden drei Punkten zusammenfassen: 1) suchte er die herrschenden Missbräuche zu beseitigen, 2) den Organismus der Kurie durch neue Glieder zu erweitern und 3) die Organisation und Verwaltung der Behörden zu vervollkommnen".

[83] Vgl. dazu vor allem HERTLING, *Römische Reformgedanken*, 553-567. Hertling bezeichnet diese Schriften entsprechend der Farbe ihres Umschlags als grüne, rote, gelbe und blaue Broschüre (vgl. *ebd.*, 556-557).

[84] Vgl. *ebd.*, 558: „Für das klerikale Rom, zumal für die ältere Generation, war es ein unerhörter Vorgang, der sich da abspielte. Unter den Augen des Papstes erschienen Schriften und Gegenschriften über eingerissene Mißstände auf kirchlichem Gebiete und Mittel der Abhilfe. Männer, die sich römische Priester und Prälaten nennen, beklagen den Mangel an Initiative und noch mehr den der Konsequenz in der Durchführung beschlossener Maßregeln auf seiten der kirchlichen Behörden".

[85] Der Titel der von Hertling als „grün" bezeichneten Schrift war: *Pio X. Suoi atti e suoi intendimenti. Pensieri e note di un osservatore*: vgl. HERTLING, *Römische Reformgedanken*, 556.

[86] Unter dem Titel *Fiat Pax!* („rote" Schrift): vgl. HERTLING, *Römische Reformgedanken*, 556-557.

[87] Der Verfasser war nach eigenen Angaben ein römischer Prälat. Seine („gelbe") Schrift war betitelt: *Questioni Politico-Religiose. Dopo gli ‚Atti ed Intendimenti di Pio X'. Observazioni di un Prelato Romano*: vgl. HERTLING, *Römische Reformgedanken*, 557.

[88] Zunächst durch die „blaue" Schrift *Riforme !! .. Note critico-polemiche di un Sacerdote Romano* und zum Abschluss die nochmals vom Verfasser der „grünen" Schrift veröffentlichte Broschüre *Storia di un opuscolo. Brevi repliche ai censori*: vgl. HERTLING, *Römische Reformgedanken*, 557-558.

deutet werden, als dass der Papst selbst eine Erneuerung befürwortete und erste Planungen dazu bereits im Gang waren[89].

Ergebnis

Wenngleich die Aktivität der Rota in der Zeit zwischen 1870 und 1908 fast völlig zum Erliegen gekommen war, so steht doch ohne Zweifel fest, dass das Dikasterium rechtlich gesehen erhalten blieb. Dies gilt uneingeschränkt freilich nur für dessen Funktion als Gerichtshof für kirchliche Verfahren; in ihnen verfügte das Tribunal de jure auch fernerhin über die noch verbliebenen Kompetenzen. Als weltliches Justizorgan bestand die Rota dagegen nur weiter, solange und insoweit der faktische Untergang des Kirchenstaates rechtlich noch nicht anerkannt war.

In Wirklichkeit aber konnte das Gericht seiner Aufgabe fast vierzig Jahre lang nicht mehr nachkommen und hatte so jede Bedeutung in der Kirche eingebüßt. Zwar wurden die einzelnen Auditoren ersatzweise mit anderen Aufgaben betraut, nicht jedoch die Rota als solche. Richterliche Gewalt im Namen des Papstes konnte nicht mehr in angemessener Weise ausgeübt werden, und der hierarchischen Struktur des Gerichtswesens fehlte in der Praxis der alles verbindende und mit höchster Autorität entscheidende Schlusspunkt. Da dem Papsttum so de facto auf dem Prozessweg die Möglichkeit einer Urteilsfällung entzogen war, war in Rom in letzter Instanz der Schutz von Rechten unabhängig von der Verwaltung nicht mehr gewährleistet. Zudem fehlte der Kirche ein bevollmächtigtes Organ, das die Ausbildung von Kanonisten und die Weiterentwicklung der Jurisprudenz in ähnlich wegweisender Art und Weise garantieren konnte, wie es die Rota zeit ihres Bestehens trotz aller Kompetenzverschiebungen getan hatte.

Sowohl die Päpste als auch das Auditorenkollegium selbst schienen diesen Missstand erkannt zu haben. Eine Wiederbelebung und Neuausrichtung der Rota konnte aber nur im Rahmen einer umfassenden Kurienreform erfolgen, für die nach mehreren vergeblichen Versuchen dann von der Jahrhundertwende an erste konkrete Vorbereitungen getroffen wurden.

Nach einer wechselvollen Geschichte, in der die Aufgaben des Tribunals nicht selten neu definiert worden waren, mussten diese nun wiederum erneuert

---

89 Vgl. HERTLING, *Römische Reformgedanken*, 558: „Wäre das möglich gewesen unter Pius IX., unter Leo XIII.? Jetzt aber geschah es, und der Vatikan schwieg dazu. Hielt man den plötzlich ausgebrochenen, aber auch rasch wieder zu Ende gegangenen Federkrieg nicht für wichtig genug, um eine autoritative Kundgebung zu erlassen? Oder entsprach es den Absichten der höchsten Stelle, daß diese Dinge einmal öffenlich diskutiert wurden?“; siehe dazu auch HILLING, *Die Neuorganisation der Römischen Kurie*, 35; HILLING, *Die Reformen des Papstes Pius' X.*, 56; SCHNEIDER, *Die Römische Rota*, 93.

festgelegt werden. Was sich durch alle Jahrhunderte hindurch unverändert erhalten hatte, war in zeitgemäßer Ausrichtung zu reaktivieren: ein Kollegialgericht, das im Namen und Auftrag des Papstes zum Heil der Seelen Entscheidungen traf.

Fünftes Kapitel

Die Erneuerung

Die Restitution der Rota durch Pius X. und der Wiederaufbau der geistlichen Gerichtsbarkeit des Papstes (1908 bis 1917 und 1929)

Zweifellos konnte durch die Neuerrichtung der Rota eine jahrhundertealte Tradition aufgegriffen und fortgeführt werden. Dass es sich dabei aber nicht um eine bloße Wiederbelebung des alten Gerichts bei etwas verändertem Aufgabenbereich handeln durfte, zeigten deutlicher als alle theoretischen Überlegungen der Kanonistik die praktischen Erfahrungen, die die Rota vor allem in den letzten Jahrzehnten vor ihrem Untergang gemacht hatte. Der *finis Rotae* war keineswegs nur politisch bedingt gewesen. Viele Bestimmungen, durch die Kompetenz und Prozedur des Gerichts in den vergangenen Jahrhunderten geregelt worden waren, hatten sich nicht bewährt und waren für den Niedergang mitverantwortlich; sie durften daher bei der Neugründung keinen Eingang mehr in die Gesetzgebung finden. Regelungen, die geeignet waren, den vom Papst erteilten Auftrag zu unterlaufen, mussten von vornherein ausgeschlossen werden.

1. Der neue Auftrag der Rota

Eine Wiederbelebung der Rota konnte auf Grund der bisherigen Erfahrungen nur möglich und sinnvoll sein, wenn auch die Funktion des Gerichts in der Organisationsstruktur der Kirche neu definiert wurde. Dazu war dem Tribunal ein fester Platz im kirchlichen Rechtssystem zuzuweisen, der es in rechter Weise zwischen über- und untergeordneten Gewalten einfügte und mit ihnen verband. Die Rota musste im Universalrecht der Kirche wieder so verankert sein, dass ihr

Weiterbestehen nicht nur zu rechtfertigen, sondern auch für den Papst und die Gläubigen von Nutzen war.

Die bevorstehende Kurienreform hatte diese Postulate zu erfüllen. Durch eine solche Reform konnten die Pläne für die Neubelebung der Rota aber auch endlich Gestalt annehmen. Zwar waren die offenen politischen Fragen noch nicht gelöst, doch erachtete man es mittlerweile für möglich, diese zunächst auszuklammern, um die dringend gebotene Umgestaltung des obersten kirchlichen Behördenwesens nicht noch weiter hinauszuzögern. Papst Pius X. (1903-1914) hatte bereits konkrete Vorstellungen und wollte diese so bald wie möglich in die Tat umsetzen.

a. Die Intention Papst Pius' X.

Mit dem Patriarchen von Venedig, Kardinal Giuseppe Sarto[1], war ein Seelsorger zum Nachfolger des Apostelfürsten gewählt worden, dem die römische Kurie mit ihrer Ämtervielfalt während seines langjährigen Wirkens in Venedig nahezu unbekannt geblieben war[2]. Umso freier von irgendwelchen Rücksichtnahmen und „mit ungetrübtem Auge"[3] konnte er daher in Verwirklichung seines Wahlspruchs *Instaurare omnia in Christo*[4] als eines seiner ersten Vorhaben[5] die dringend erforderliche Reform der Kurie in Angriff nehmen.

Auch hier waren es pastorale Überlegungen, von denen er sich leiten ließ[6]. Um sein Hirtenamt in bestmöglicher Weise ausüben zu können, wollte er vor allem die Leistungsfähigkeit und den Einfluss der Kurie stärken und gleichzeitig

---

1 Zu Papst Pius X. siehe unter anderem L. FORBES, *Life of Pius X*, London 1917; E. VERCESI, *Il pontificato di Pio X*, Milano 1935; R. MERRY DEL VAL, *Pio X. Impressioni e Ricordi*, Padova 1949; G. ROMANATO, *Pio X. La vita di Papa Sarto*, Milano 1992; R. AUBERT, *Pius X.*: LThK[3] 8 (1999), 333-335; Y. CHIRON, *Saint Pie X*, Versailles 1999.

2 Vgl. ROBERTI, *De Curia Romana*, 16.

3 SCHNEIDER, *Die Römische Rota*, 93.

4 Vgl. die erste Enzyklika von PIUS X., Papst, *E supremi apostolatus cathedra*, 1903, Okt 4: ASS 36 (1904), 129-139, 131: „Attamen, quoniam numini divino placuit humilitatem Nostram ad hanc amplitudinem potestatis provehere; erigimus animum *in eo qui* Nos *confortat*, Deique virtute freti manum operi admoventes, in gerendo pontificatu hoc unum declaramus propositum esse Nobis *instaurare omnia in Christo*, ut videlicet sit *omnia et omnibus Christus*. [...] Rationes Dei rationes Nostrae sunt; pro quibus vires omnes vitamque ipsam devovere decretum est. Unde si qui symbolum a Nobis expetant, quod voluntatem animi patefaciat; hoc unum dabimus semper: *Instaurare omnia in Christo*!".

5 Vgl. ROBERTI, *De Curia Romana*, 16: „Autumans vero a capite esse incipiendum, inter primas ac praecipuas innovationes censuit *Curiae Romanae reformationem* esse collocandam".

6 Vgl. HILLING, *Die Reformen des Papstes Pius' X.*, 16: „Man kann die rechtlichen Erlasse Pius' X. am kürzesten und treffendsten als Gesetze des Seelsorgepapstes bezeichnen".

deren Ansehen erhöhen[7]. Das aber war nur zu erreichen, wenn Organisation und Verfahren der päpstlichen Behörden geklärt, vereinfacht und möglichst zweckmäßig konzipiert wurden[8]. Dabei war es eine der Hauptbestrebungen des Papstes, Justiz und Verwaltung besser voneinander zu trennen und bei neu definierten Kompetenzen der einzelnen Dikasterien die Geschäfte gleichmäßiger zu verteilen[9].

Nachdem er schon in den Anfangsjahren seines Pontifikats erste Veränderungen vorgenommen hatte[10], rief der Papst deshalb im Sommer 1907 eine Kardinalskommission ins Leben, die nach seinen handschriftlichen Anweisungen[11] einen umfassenden Reformplan ausarbeiten sollte[12]. Papst Pius X. beklagt in diesen seinen Überlegungen die bestehenden Missstände und macht bereits erste Vorschläge zur besseren Trennung von Gewalten und Zuständigkeitsbereichen an der Kurie[13]. Absicht des Papstes war es demnach, die Kongregationen so

---

[7] Vgl. RUCK, *Die Organisation der Römischen Kurie*, 40.

[8] Vgl. L. GAUGUSCH, *Die Konstitution „Sapienti consilio" vom 29. Juni 1908*: AkKR 89 (1909), 612-630, 613; HILLING, *Die Neuorganisation der römischen Kurie*, 38; HILLING, *Die Reformen des Papstes Pius' X.*, 62; RUCK, *Die Organisation der Römischen Kurie*, 40.

[9] Vgl. GAUGUSCH, *Die Konstitution „Sapienti consilio"*, 613; TAMMLER, *Tutela iurium personarum*, 32.

[10] So zum Beispiel die Aufhebung der Kongregationen *De eligendis episcopis* (1903), *Super disciplina regulari* (1906) und *De statu regularium* (1906): vgl. A. G. PIAZZA, *Commemorazione della Costituzione Apostolica „Sapienti consilio"*: DEc 63 (1952), 635-639, 635; AUBERT, *Das Reformwerk Pius' X.*, 408.

[11] Vgl. PIUS X., Papst, Chir. *Progetto di riordinamento delle Sacre Congregazioni Romane*, 1907, Nov s. d., bei G. FERRETTO, *La riforma del B. Pio X*: Apol 25 (1952), 35-84, 38-52. Das Autograph wurde dort erstmals veröffentlicht.

[12] Vgl. G. FERRETTO, *La riforma del B. Pio X*: Apol 25 (1952), 35-84, 37.

[13] Vgl. PIUS X., *Progetto di riordinamento*, 38: „Non è da fare le meraviglie, che come tutte le cose umane anche le Romane Congregazioni abbiano qualche cosa, che non risponda alle necessità attuali, e sieno da qualche abuso deteriorate. Ognuno infatti s'accorge di primo tratto 1° Che alcune Cong.ni non hanno più ragione di esistere, mentre altre sono sopracariche di lavoro; 2° Che alcuni uffici hanno un personale esuberante, altri invece deficiente; 3° Che le retribuzioni per alcuni uffici sono troppo pingui, per altri nulle o irrisorie; 4° Che le tasse sono varie, spesso arbitrarie e non sempre e in tutto ragionevoli. Questo pel materiale, ma non sono minori i difetti pel formale. 1° Mentre le SS. Cong.ni sono tribunali supremi non dovrebbero, come tali, trattare quelle cause, in cui è necessario un processo giudiziario.– Invece le S. Cong.ni (sia pure per la necessità degli affari e per le condizioni di tempi) agiscono bene spesso come Tribunali inquirenti e di prima istanza: il che importa degli inconvenienti non piccoli, senza dire snatura questi Tribunali supremi [...]"; vgl. auch *ebd.*, 41: „Ora pel buon andamento degli affari è assolutamente necessaria una riforma, per la quale si provveda alla pronta e regolare trattazione, e s'avvantaggi anche la disciplina ecclesiastica trovando in un piano semplice e razionale un modo più facile di esplicarsi".

bald wie möglich von ihren gerichtlichen Funktionen zu befreien[14] und zu diesem Zweck die Rota Romana wieder ins Leben zu rufen und ihr per Kommission sämtliche Prozesse zu übertragen:

> „Converrà perciò richiamare in vita il Tribunale della S. Rota Romana, e a questo rimettere per commissione tutte le cause. Così oltreché all'esonero delle S. Congr.ni si provvederà anche ad amministrare la giustizia in modo più spedito e consentaneo ai tempi, dovendo un Tribunale di dignità inferiore emettere le sentenze motivate a differenza delle Sacre Congregazioni, che giudicano more principis"[15].

Zwar hatte Msgr. Gaetano De Lai, der maßgeblich an der Vorbereitung und Durchführung der Reform beteiligt war[16], hierbei zunächst noch an einen den Kongregationen untergeordneten Gerichtshof gedacht. Ziel der Neugliederung des päpstlichen Behördenwesens wäre demnach unter anderem gewesen:

> „Riportare le Congregazioni alla loro vera natura di tribunali supremi ed istituire quindi per le cause sia criminali sia disciplinari (o civili come taluno voglia chiamarle) che si trattano dalla S. Sede, un tribunale inferiore che potrebbe bene dirsi della Rota"[17].

In einem von ihm vorgelegten ersten Entwurf vom Sommer 1907 wird die Rota dann gar nicht mehr genannt[18]. Der Papst selbst aber nahm sie ausdrücklich in die Liste der zukünftigen Dikasterien auf und legte fest, welche Funktionen und Kompetenzen dem Gericht fortan zugeteilt werden sollten. Er bestimmte:

---

[14] Vgl. PIUS X., *Progetto di riordinamento*, 41-42: „E questa riforma deve farsi subito per essere messa in esecuzione al più presto in via di esperimento, onde colle eventuali mutuazioni, che saranno suggerite dalla pratica, venga definitivamente pubblicata nel nuovo Codice. Dovendosi riordinare le Cong.ni e migliorarne l'organismo è necessario riportarle alla loro primitiva natura di collegi amministrativi, e quindi spogliarle della parte giudiziale contenziosa, per la quale assunsero anche le funzioni di Tribunali. Con ciò saranno liberate da un grave lavoro, che impedisce e ritarda la trattazione di affari più importanti, e poste al di sopra delle recriminazioni dei privati litiganti ottengono quel prestigio e quella venerazione, che ad esse compete".

[15] *Ebd.*, 42.

[16] Vgl. FERRETTO, *La riforma del B. Pio X*, 37-38; PIAZZA, *Commemorazione della Costituzione Apostolica „Sapienti consilio"*, 638; R. AUBERT, *Pius X., ein konservativer Reformpapst*: HKG, VI/2 (1973), 391-405, 402; AUBERT, *Das Reformwerk Pius' X.*, 409. Der spätere Kardinal war „der große Schöpfer der Kurienreform, ein energischer und unermüdlicher Organisator, dem es gelungen war, in seinen Händen eine in der Kuriengeschichte fast beispiellose Macht zu konzentrieren" (AUBERT, *Pius X., ein konservativer Reformpapst*, 402). Im Sommer 1907 war De Lai noch Sekretär der Konzilskongregation.

[17] G. DE LAI, SekrSCConc., Reformplan, [1907], n. 3, bei FERRETTO, *La riforma del B. Pio X*: Apol 25 (1952), 41.

[18] Vgl. FERRETTO, *La riforma del B. Pio X*, 42-43.

„Si deve dare vita alla S. Rota riformandone il vecchio sistema di procedura, secondo che stabilirà la speciale Commissione, che prepara la parte *de Judiciis*.

I giudizi si ripartiranno in civili, criminali e matrimoniali. La S. Rota avrà ordinaria giurisdizione su tutte le Cause d'appello dalle Curie Metropolitane o Vescovili, e sulle altre, che le saranno commesse da ciascuna Congregazione nei limiti delle rispettive competenze.

Gli Uditori di Rota avranno seduta due volte per settimana e le loro sentenze saranno definitive. Soltanto ad istanza delle parti, in taluni casi gravi ed eccezionali, previa la concessione Pontificia le loro sentenze potranno essere portate in ultimo appello al giudizio degli E.mi Cardinali componenti la S. Cong.ne che si occupa della materia delle rispettive cause.

Il Collegio potrà comporsi di dieci Prelati, Dottori in Diritto e avrà i necessari impiegati.

A questo Tribunale soltanto sono ammessi gli Avvocati, e mai per nessun titolo nelle Congregazioni“[19].

Papst Pius X. plante demnach einerseits, die Rota – möglicherweise mit verschiedenen Sektionen – als ordentliches Appellationsgericht zweiter und höherer Instanz für kirchliche Verfahren aus der ganzen Welt zu konstituieren, wobei er noch nicht festlegte, inwieweit und für welche Jurisdiktionsgrade die Berufung an sie als obligatorisch zu gelten habe. Auf außerordentlichem Weg über die Kongregationen sollte die Kompetenz des Tribunals zudem auch Prozesse ersten Grades einschließen. Andererseits wollte der Papst der Rota in dieser Vorlage nur die Funktion des höchsten ordentlichen Berufungsgerichts einräumen und sich dadurch die Möglichkeit vorbehalten, einen Fall unter bestimmten Bedingungen von der zuständigen Kardinalskommission entscheiden zu lassen, der er als letzter Instanz über der Rota die Aufgabe eines außerordentlichen Obergerichts zuzuweisen gedachte.

Von November 1907 bis Juni 1908 wurden daraufhin nacheinander fünf verschiedene Vorlagen zur Kurienreform ausgearbeitet, die die einzelnen Dikasterien der Kurie in unterschiedlicher Reihenfolge und in jeweils veränderter Gestalt aufführten[20]. Als dann am 24. und 27. Juni 1908 die Kardinalskommis-

---

19 PIUS X., *Progetto di riordinamento*, 52.

20 Vgl. FERRETTO, *La riforma del B. Pio X*, 53-80. Im Hinblick auf die Rota wurde auch deren Funktion weiter präzisiert. So ist der Gerichtshof schon im ersten Entwurf als Berufungsforum und Tribunal in Verfahrensangelegenheiten bezeichnet worden (vgl. *ebd.*, 72). Der zweite Vorschlag titulierte die Rota erstmals als ordentliches Gericht in Berufungssachen an den Heiligen Stuhl (vgl. *ebd.*, 73).

sion einem letzten Entwurf zugestimmt hatte[21], konnte die Reform der Kurie[22] endlich in die Tat umgesetzt werden.

b. Die Apostolische Konstitution *Sapienti consilio* von 1908

Papst Pius X. approbierte die letzte von der Kardinalskommission gebilligte Vorlage am 29. Juni 1908 und ließ sie eine Woche später, am 6. Juli 1908, in feierlicher Form einer Bulle als Apostolische Konstitution *Sapienti consilio*[23]

---

21 Vgl. FERRETTO, *La riforma del B. Pio X*, 56-57.

22 Zur Terminologie vgl. allerdings die Ansicht von PIAZZA, *Commemorazione della Costituzione Apostolica „Sapienti consilio*, 636: „Riorganizzazione o riforma? L'una cosa e l'altra. [...] Forse il termine che meglio dimostra l'inserimento di tale atto pontificio nel programma e nel piano generale del Pontificato di Pio X. è questo: *restaurazione della Curia Romana*".

23 Vgl. PIUS X., Papst, Ap. Konst. *Sapienti consilio*, 1908, Jun 29: AAS 1 (1909), 7-19; zur Kurienreform als ganzer vgl. vor allem: L. CHOUPIN, *La constitution „Sapienti consilio" de Pie X et la réorganisation de la Curie romaine*: Ét 117 (1908), 308-320; EBERS, *Die römische Kurie*; P. FOURNERET, *La réforme de la Curie Romaine*: CanC 31 (1908), 577-586; 32 (1909), 16-26, 65-72, 193-202 und 321-328; J. HARING, *Die Neuordnung der päpstlichen Behörden aufgrund der Konstitution „Sapienti consilio" vom 29. Juni 1908*: LitAnz 22 (1908), 11-12; F. LONGONI, *De Curia Romana*: ScC 36 (1908), 169-187; M. MARTIN, *The New Apostolic Constitution on the Roman Curia*: AEcR 39 (1908), 627-641; 40 (1909), 270-285; R. PARAYRE, *La nouvelle Organisation du Gouvernement central de l'Église*, Lyon 1908; F. RUSSO, *Curia romana nella sua organizzazione e nel suo completo funzionamento a datare del 3 novembre 1908. Diritto e psicologia*, Palermo ^{2}1908; G. SIMENON, *La Curie Romaine depuis sa réorganisation*: REcL 4 (1908-1909), 215-220; J. BESSON, *La réorganisation de la Curie romaine*: NRTh 41 (1909), 80-92; GAUGUSCH, *Die Konstitution „Sapienti consilio"*; HILLING, *Die Neuorganisation der römischen Kurie*; HOFMANN, *Die Neuregelung der Römischen Kurie*; M. LEITNER, *De Curia Romana. Textum documentorum quibus Curia Romana noviter ordinatur*, Ratisbonae 1909; J. SCHMIDT, *Die Neuordnung der Römischen Kurie*: PastB 21 (1909), 240-244; SIMIER, *La Curie Romaine*; F. M. CAPPELLO, *La Curia romana secondo la sapiente riforma di Pio X*, Torino 1910; K. HOLL, *Die Reform der Kurie durch Pius X.*: ChW 24 (1910), 199-207; F. M. CAPPELLO, *De Curia Romana iuxta reformationem a Pio X sapientissime inductam*, I, Romae u. a. 1911; OJETTI, *De Romana Curia*; FERRERES, *La Curia romana*; A. MONIN, *De Curia Romana*; RUCK, *Die Organisation der Römischen Kurie*; R. MARITSCHNIG, *Die wichtigsten Reformen Pius X. Mit historischem Rückblick speziell für Studierende des Kirchenrechts*, Innsbruck ^{2}1917, 18-38; E. F. REGATILLO, *Curia Romana*: SalTer 9 (1920), 296-304 und 379-386; WÜNNENBERG, *Die Kardinals-Kongregationen*; MARTIN, *Les cardinaux et la Curie*; FERRETTO, *La riforma del B. Pio X*; SALERNO, *Curia romana*, 551-553; FEINE, *Kirchliche Rechtsgeschichte*, 711-713; PASZTOR, *La Curia Romana*, 121-123; GATZ, *Kurie, Römische*, 350-351; G. ROMANATO, *Pio X e la riforma della Rota Romana. L'asse di equilibrio della Chiesa novecentesca*: OR 148 (2008), Nr. 259, 06.11.2008, 4; vgl. daneben speziell zur Konstitution auch: M. MARTIN, *The Roman Curia. The Epilogue of the Constitution „Sapienti consilio"*: AEcR 43 (1910), 412-429; PIAZZA, *Commemorazione della Costituzione Apostolica „Sapienti consilio"*, 635-639.

publizieren[24]. Mit Ablauf der kurialen Herbstferien sollten die Bestimmungen dann in Kraft treten[25].

Bereits die Art und Weise der Veröffentlichung wies auf die große Bedeutung hin, die der Konstitution im Rahmen der vorgesehenen Kodifikation des kirchlichen Rechts zukam[26]. Erstmals seit der Reform Papst Sixtus' V.[27] war damit das gesamte päpstliche Behördenwesen von Grund auf und den Erfordernissen der Zeit entsprechend neu gegliedert worden. Dabei wurde vor allem darauf Wert gelegt, Justiz und Verwaltung klarer voneinander zu trennen[28] und bei

---

24 Vgl. EBERS, *Die römische Kurie,* 354; HOFMANN, *Die Neuregelung der Römischen Kurie*, 204-205; SCHNEIDER, *Die Römische Rota*, 93.

25 Vgl. PIUS X., Papst, *Sapienti consilio*, 8: „[...] post ferias autumnales decurrentis anni, hoc est a die III mensis Novembris MDCCCCVIII".

26 Vgl. EBERS, *Die römische Kurie*, 354; HOFMANN, *Die Neuregelung der Römischen Kurie*, 204: „Die *Constitutio* trägt nach ihrer Überschrift, den Bestätigungsklauseln des Schlußwortes, der altrömischen Datierung und der Zählung der Jahre *ab incarnatione* den ausgeprägten Charakter der Bulle an sich"; PIAZZA, *Commemorazione della Costituzione Apostolica „Sapienti consilio"*, 636.

27 Auf sie nimmt die Bulle ausdrücklich Bezug: „Sapienti consilio sa. me. Pontifex Xystus V [...] Romanas Congregationes [...] augere numero voluit " (PIUS X., *Sapienti consilio*, 7).

28 Vgl. dazu vor allem CAMP, *Die organisatorische Trennung*; außerdem EBERS, *Die römische Kurie*, 355; GAUGUSCH, *Die Konstitution „Sapienti consilio"*, 613; HILLING, *Die Neuorganisation der römischen Kurie*, 36; HILLING, *Die Reformen des Papstes Pius' X.*, 59; HOFMANN, *Die Neuregelung der Römischen Kurie*, 219; OJETTI, *De Romana Curia*, 10; PIAZZA, *Commemorazione della Costituzione Apostolica „Sapienti consilio"*, 637; MÖRSDORF, *Die Autorität der rotalen Rechtsprechung*, 420; D. LAZZARATO, *L'iter del diritto canonico fin oltre il Vaticano II*, Roma 1978, 70-75. – RUCK, *Die Organisation der Römischen Kurie*, 41, sieht die beabsichtigte Gewaltentrennung allerdings nicht verwirklicht. Er ist der Ansicht: „Diese Trennung ist für die Kurie gar nicht erreichbar, denn sie steht in unversöhnlichem Gegensatze zum Primat [...]. Alle Gewalt konzentriert sich nach wie vor im Papste, und wir werden sehen, daß die Reform der Kurie nicht eine Schwächung, sondern eine Stärkung des päpstlichen Absolutismus bedeutet [...]. Kurz: Keine Gewaltentrennung, sondern durch praktische Bedürfnisse bedingte Arbeitsteilung". SCHNEIDER, *Die Römische Rota*, 171, bemerkt jedoch: „Durch diese Verfügung [...] ist die seit der Gründung der Kongregationen in den früheren Jahrhunderten bestehende *Trennung von Justiz und Verwaltung* an der römischen Kurie wieder ausgebildet und einem Grundsatze zum Siege verholfen, der in den modernen Staaten schon längst zur Durchführung gelangt ist. Zwar dürfen wir diese Trennung von Justiz und Verwaltung in der Kurialverfassung nicht so verstehen, wie sie im öffentlichen Rechte des Staates aufgefaßt wird [...]. Der Papst und der Bischof können jedoch ihre Gewalten anderen Organen mitteilen, ohne sich selbst der ihnen zustehenden Jurisdiktion zu entäußern". Theoretisch sei Ruck zuzustimmen, „wenn man die Gewaltentrennung unter Berücksichtigung ihres Ursprungs im Kampfe gegen den absoluten Staat betrachtet", da es sich zugegebenermaßen nur um eine „Arbeitsteilung" handle; diese laufe aber in der Praxis „tatsächlich auf die Trennung von Justiz und Verwaltung hinaus" (vgl. *ebd.*, 172). Ähnlich BESSON, *La réorganisation de la Curie romaine*, 715: „Mais la séparation des pouvoirs que le Pape est inhabile à introdu-

vereinfachten Strukturen Kompetenzüberschneidungen nach Möglichkeit zu vermeiden[29]. Die Zahl der zu Beginn des Jahrhunderts noch 37 Dikasterien wurde fast auf die Hälfte reduziert und umfasste danach nur noch elf Kongregationen, drei Gerichtshöfe und fünf Ämter[30].

Unter den Gerichtshöfen nennt die Apostolische Konstitution an zweiter Stelle die *Sacra Romana Rota.* Nach einem kurzen Verweis auf den Missstand, zu dem es durch die Überweisung von Justizverfahren an die Kongregationen gekommen ist, legt Papst Pius X. nun definitiv fest:

> „Huic incommodo ut occurratur [...] non solum iubemus ‚per sacras Congregationes non amplius recipi nec agnosci causas contentiosas, tam civiles quam criminales, ordinem iudiciarium cum processu et probationibus requirentes‘ (Litt. Secretariae Status, XVII Aprilis MDCCXXVIII); sed praeterea decernimus, ut causae omnes contentiosae non maiores, quae in Romana Curia aguntur, in posterum devolvantur ad sacrae Romanae Rotae tribunal, quod hisce litteris rursus in exercitium revocamus iuxta *Legem propriam* [...], salvo tamen iure sacrarum Congregationum, prout superius praescriptum est“[31].

---

ire dans sa propre autorité, il peut l'établir dans la communication qu'il fait de cette autorité à d'autres personnes. C'est effectivement ce qui se réalise dans la réorganisation de la Curie“.

29 Vgl. PIUS X., *Sapienti consilio*, 8: „[...] hodie singularum iurisdictio, seu *competentia*, non omnibus perspicua nec bene divisa evaserit; plures ex sacris Congregationibus eâdem de re ius dicere valeant, et nonnullae ad pauca tantum negotia expedienda redactae sint, dum aliae negotiis obruuntur. Quapropter haud pauci Episcopi ac sapientes viri [...] saepe instituerunt ut opportuna remedia hisce incommodis afferrentur. [...] Quamobrem [...] statuimus ac decernimus, ut Congregationes, Tribunalia et Officia, quae Romanam Curiam componunt et quibus Ecclesiae universae negotia pertractanda reservantur [...] non alia sint [...] quam quae praesenti Constitutione decernuntur, eaque numero, ordine, competentia, divisa et constituta maneant in his legibus, quae sequuntur“; vgl. hierzu EBERS, *Die Römische Kurie*, 355; GAUGUSCH, *Die Konstitution „Sapienti consilio“*, 613; HILLING, *Die Neuorganisation der römischen Kurie*, 36 und 38; HILLING, *Die Reformen des Papstes Pius' X.*, 59; OJETTI, *De Romana Curia*, 10; SCHNEIDER, *Die Römische Rota*, 169.

30 Kongregationen: *Congregatio Sancti Officii; Congregatio Consistorialis; Congregatio de disciplina Sacramentorum; Congregatio Concilii; Congregatio Negotiis religiosorum sodalium praeposita; Congregatio de Propaganda Fide; Congregatio Indicis; Congregatio sacrorum Rituum; Congregatio Caeremonialis; Congregatio pro Negotiis ecclesiasticis extraordinariis; Congregatio Studiorum;* Gerichtshöfe: *Sacra Poenitentiaria; Sacra Romana Rota; Signatura Apostolica*; Ämter: *Cancelleria Apostolica; Dataria Apostolica; Camera Apostolica; Secretaria Status; Secretaria Brevium ad Principes et Epistolarum latinarum.* Zur Würdigung des Reformwerks vgl. HOFMANN, *Die Neuregelung der Römischen Kurie*, 231: „Was am lebenskräftigen Baum, den Sixtus V 1588 gepflanzt hatte, im Laufe von 320 Jahren morsch geworden war, was an Auswüchsen sich angesetzt hatte – das wurde von Pius X in zeitgemäßer Reform entfernt. In neuer Lebensfrische und Kraft kann nun der Baum seine Früchte einer segensreichen Verwaltung des Reiches Gottes auf Erden hervorbringen“.

31 PIUS X., Papst, *Sapienti consilio*, II. 2°.

Nach 38 Jahren unterbrochener Aktivität war die Rota damit „wiederum in den lebendigen Organismus der Kurialbehörden eingefügt“[32] und hatte eine spezifische Rolle in ihm übertragen bekommen. Die Bulle bestätigt auch, dass es sich hierbei trotz aller vorgenommenen Änderungen keinesfalls um eine „Neuschöpfung“, sondern nur um die „Fortsetzung“ und „Wiederbelebung“ des alten Gerichtshofs handele[33].

Der Gesetzestext selbst beschränkt sich darauf, der Rota alle *causae contentiosae non maiores* zuzuweisen[34], und überlässt die genauere Bestimmung der Kompetenzen der im Anschluss an die Apostolische Konstitution erlassenen *Lex propria*[35]. Doch wird der Rota durch die Konstitution erstmals auch ordentliche Gerichtsbarkeit in Strafverfahren zuerkannt. Zudem wird festgelegt, dass Ehe- und Weihenichtigkeitsfragen, die auf dem Gerichtsweg zu lösen sind, gegebenenfalls von der Sakramentenkongregation an die Rota überwiesen werden müssen:

> „Quaestiones quoque de validitate matrimonii vel sacrae Ordinationis, aliasque ad Sacramentorum disciplinam spectantes, eadem Congregatio dirimit, incolumi iure Sancti Officii. Si tamen eadem Congregatio iudicaverit huiusmodi quaestiones iudiciario ordine servato esse tractandas, tunc eas ad sacrae Romanae Rotae tribunal remittat“[36].

---

32 HILLING, *Die Neuorganisation der römischen Kurie*, 37; NOONAN, *Power to Dissolve*, 183, nennt die Restitution der Rota daher „a heroic re-creation“.

33 Vgl. SCHNEIDER, *Die Römische Rota*, 114-115, im Hinblick auf die Aussage „Romanae Rotae tribunal, quod hisce litteris rursus in exercitium revocamus“. Dieselbe Ansicht vertritt Msgr. Massimi in seinem Grußwort an Papst Pius XI. anlässlich der Eröffnung des Gerichtsjahrs 1928/29: „Era un ritorno all'antico, tanto più naturale in quanto il Tribunale della Rota non era stato mai soppresso, ma aveva cessato di funzionare per ragioni indipendenti dalla volontà della Chiesa“ (M. MASSIMI, DekRR., *Indirizzo d'omaggio*, 1928, Okt 2: OR 68 [1928], Nr. 230, 03.10.1928). Dagegen meint E. M. PEZZANI, *In decisiones Sacrae Romanae Rotae commentarium*, I, Romae 1910, 1: „S. Romana Rota [...] restituta fuit pro ecclesiasticis tantum causis iudicandis et, sub nova forma, ita ut dici possit noviter instituta“.

34 Nur die *causae maiores* behielt sich der Papst persönlich zur Entscheidung oder besonderen Delegation vor (vgl. *Lex propria*, can. 15, und hierzu GAUGUSCH, *Die Konstitution „Sapienti consilio“*, 622; MONIN, *De Curia Romana*, 342-343). In allen anderen Prozessen war den Kongregationen damit jede Kompetenz entzogen. Begeistert bemerkt RUSSO, *La Curia romana nella sua organizzazione e nel suo completo funzionamento*, 230, Anm. 1: „La riserva di tutte le cause contenziose alla S. Rota esclusivamente è un'ardita innovazione degna di ogni maggiore encomio, perchè apre la via ad un indirizzo veramente razionale nell'ordinamento giuridico ecclesiastico, che trovasi tuttavia addietro di parecchi secoli alla marcia trionfale del progresso umano“.

35 Daher urteilt MONIN, *De Curia Romana*, 336: „De hoc Sacro Tribunali [...] nil habetur in const. *Sapienti consilio,* nisi decretum restitutionis aut institutionis“.

36 PIUS X., *Sapienti consilio,* I, 3.°, 3. – RUCK, *Die Organisation der Römischen Kurie*, 17, Anm. 51, geht freilich zu weit, wenn er die Sakramentenkongregation deshalb als die „zur

Dasselbe gilt im Übrigen für alle nicht auf dem Disziplinarweg zu entscheidenden Sachen, die an der mit Klerusfragen betrauten Konzils- oder an der Religiosenkongregation eingegangen sind. Im Fall der Konzilskongregation gilt demnach:

> „Est autem haec Congregatio tribunal competens seu legitimum in omnibus causis negotia eidem commissa spectantibus, quas ratione disciplinae, seu, ut vulgo dicitur, *in linea disciplinari* pertractandas iudicaverit: cetera ad sacram Romanam Rotam erunt deferenda“[37].

Die die Religiosenkongregation betreffende Bestimmung lautet ähnlich:

> „Est autem tribunal competens in omnibus causis, quae ratione disciplinae, seu, ut dici solet, *in linea disciplinari* aguntur, religioso sodali sive conventu sive actore; ceterae ad sacram Romanam Rotam erunt deferendae, incolumi semper iure Sancti Officii circa causas ad hanc Congregationem spectantes“[38].

Nur in Glaubensangelegenheiten bleiben sämtliche Prozesse dem Heiligen Offizium vorbehalten[39], in dessen Zuständigkeit daneben auch die Dispensverfahren in Fällen des *Privilegium Paulinum* und einer konfessions- oder religionsverschiedenen Ehe fallen[40]. Mit wenigen Ausnahmen hatte die Apostolische Konstitution so der Rota umfassende Kompetenz in allen geistlichen Gerichtsverfahren verliehen[41] und darüber hinaus auf jegliche territoriale Beschränkung

---

Entscheidung von Prozessen über die Gültigkeit der Ehe ordentliche Instanz“ bezeichnet; vgl. hierzu SCHNEIDER, *Die Römische Rota*, 189.

[37] PIUS X., *Sapienti consilio*, I, 4.°, 4.

[38] *Ebd.*, I, 5.°, 2.

[39] Vgl. PIUS X., *Sapienti consilio*, I, 1.°: „1. Haec sacra Congregatio, cui Summus Pontifex praeest, doctrinam fidei et morum tutatur. 2. Eidem proinde soli manet iudicium de haeresi aliisque criminibus, quae suspicionem haeresis inducunt“.

[40] Vgl. *ebd.*, I, 1.°: „5. Etsi peculiaris Congregatio sit constituta de disciplina Sacramentorum, nihilominus integra manet Sancti Officii facultas ea cognoscendi quae circa privilegium, uti aiunt, Paulinum, et impedimenta disparitatis cultus et mixtae religionis versantur [...]“. SCHNEIDER, *Römische Rota*, 189-194, vertritt die Ansicht, dass die Kompetenzabgrenzung nur gegenüber der Sakramentenkongregation gelte; für entsprechende Verfahren auf dem Gerichtsweg sei deshalb trotzdem die Rota zuständig. Da die Rota tatsächlich bereits in Fällen entschieden habe, die die genannten Ehehindernisse berührt hätten, könne diese Regelung analog auch im Hinblick auf das paulinische Privileg zutreffen; ähnlich W. KORR, *Die Appellation an die S. Rota Romana nach geltendem kanonischen Recht*, Bonn – Köln 1927, 45.

[41] Vgl. dazu MONIN, *De Curia Romana*, 341: „Attenta *natura causarum,* S. Rotae competentia sese extendit ad causas spirituales contentiosas, sive sint civiles, sive sint cri-minales [...]. [...] *causa spiritualis* intelligitur causa in qua disceptatur de re spirituali, v. g. de vinculo matrimoniali, vel de jure spirituali, v. g. de jurisdictione parochiali. Porro, spirituali-bus aequiparantur ea quae in se quidem sunt mere temporalia, spiritualibus tamen adnectun-tur, ut sunt v. g. jura legitimitatis, beneficia ecclesiastica, ecclesiarum bona temporalia, etc.“.

der Zuständigkeit des Tribunals verzichtet[42]. Auch die der *Propaganda Fide* unterstellten Gebiete fallen unter diese Bestimmung; die Rota ist für diese Territorien gleichermaßen zuständig wie für die übrige christliche Welt[43].

Aus der Tatsache jedoch, dass es einerseits die oberste *kirchliche* Organisation war, die von Papst Pius X. neu geordnet wurde, andererseits aber Behörden, die vor allem die Verwaltung des Kirchenstaats gesteuert hatten, durch die Bulle abgeschafft wurden, kann zweifellos gefolgert werden, dass trotz des Fehlens konkreterer Kompetenzangaben die Apostolische Konstitution selbst bereits die Rota als rein *kirchlichen* Gerichtshof reaktivierte.

c. Die *Lex propria* von 1908

Trotz ihres grundlegenden Charakters für die Neugliederung der Römischen Kurie und die Wiedererrichtung der Rota als geistlichem Gerichtshof blieben durch die Bulle selbst doch alle Detailfragen zur Regelung von Aufgabe und Vorgehensweise des Tribunals ausgespart. Da im Rahmen der Reform aber auch die Geschäftsordnung der Kurie neu festgelegt werden musste, wurden gleichzeitig zwei Verordnungen „untergeordneten Charakters“[44] vom Staatssekretariat erlassen[45], in denen Einzelheiten geklärt werden konnten: die so genannte *Lex propria Sacrae Romanae Rotae et Signaturae Apostolicae*[46], die im Winter 1907/08 von einer eigens vom Papst eingesetzten Sonderkommission ausge-

---

42 Ausdrücklich bestätigt dies im Übrigen der *Ordo servandus in Sacris Congregationibus Tribunalibus Officiis Romanae Curiae*, II. *Normae peculiares*, cap. 1, 1.°, g: AAS 1 (1909), 59-108, 60: „Congregationibus Indicis, Rituum, pro Negotiis ecclesiasticis extraordinariis, Caeremoniali, itemque Tribunalibus tum interni tum externi fori, pro suae competentiae negotiis, nulli sunt constituti territorii limites“; vgl. dazu SCHNEIDER, *Römische Rota*, 170.

43 Vgl. dazu MONIN, *De Romana Curia*, 341: „Ad ipsam [...] deferri possunt negotia ecclesiastica contentiosa ex quacumque parte Orbis christiani, etiam ex regionibus S. Congregationi de Propaganda subjectis, sive sint ritus Latini, sive sint ritus Orientalis“; T. GRENTRUP, *Die rechtliche Beziehung der Missionsländer zur römischen Kurie in der Gegenwart*: AkKR 93 (1913), 271-288, 287; SCHNEIDER, *Die Römische Rota*, 170, CAMP, *Die organisatorische Trennung*, 71.

44 Vgl. HOFMANN, *Die Neuregelung der Römischen Kurie*, 205: „Der im Vergleich zur Konstitution selbst untergeordnete Charakter der zwei genannten Aktenstücke, die mit einer ministeriellen Ausführungsverordnung [...] Ähnlichkeit haben, zeigt sich auch darin, daß sie keine Überschrift tragen, der Einleitung und einer Schlußformel entbehren, wodurch andererseits freilich auch ihr engster Zusammenhang mit der Konstitution recht sichtlich zu Tage tritt“. HILLING, *Die Neuorganisation der römischen Kurie*, 33, bezeichnet die Verordnungen als „Nebengesetze“.

45 Und zwar im Auftrag des Papstes von Kardinalstaatssekretär Rafael Merry del Val.

46 *Lex propria Sacrae Romanae Rotae et Signaturae Apostolicae*, 1908, Jun 29: AAS 1 (1909), 20-35.

arbeitet wurde[47], und der *Ordo servandus in Sacris Congregationibus Tribunalibus Officiis Romanae Curiae*[48]. Für die nähere Umschreibung der Aufgabe, die die Rota im neu gegliederten Behördensystem zu erfüllen hatte, war der erste Teil der *Lex propria* maßgebend[49].

Schon die einleitenden Kanones der Verordnung präzisieren eindeutig den Charakter des Tribunals. Sie weisen die Rota als päpstlichen Gerichtshof aus, der kollegial konstituiert ist:

> „Sacra Rota Collegium constituit, cui praesidet Decanus, qui primus est inter pares"[50].

Zehn Auditoren wird die Aufgabe anvertraut, den Auftrag des wieder errichteten Dikasteriums in die Tat umzusetzen:

> „Sacra Romana Rota decem Praelatis constat a Romano Pontifice electis, qui Auditores vocantur"[51].

Diese sollen dabei von Mitarbeitern unterstützt werden[52] und nach einer eigens festgelegten Gerichts- und Verfahrensordnung vorgehen[53].

---

47 Vgl. J. LLOBELL, E. DE LEÓN, J. NAVARRETE, *Il libro „De processibus" nella codificazione del 1917. Studi e documenti*, I. *Cenni storici sulla codificazione „De iudiciis in genere". Il processo contenzioso ordinario e sommario. Il processo di nullità del matrimonio* (= MG, 15), Milano 1999, 138-142, sowie *ebd.*, 1233-1239 (entsprechende Entwürfe durch Advokat Filippo Pacelli und Pater Benedetto Ojetti SJ).

48 Das Gesetz besteht aus zwei Teilen: a) *Ordo servandus in Sacris Congregationibus Tribunalibus Officiis Romanae Curiae*, I. *Normae communes*, 1908, Jun 29: AAS 1 (1909), 36-58; b) *Ordo servandus in Sacris Congregationibus Tribunalibus Officiis Romanae Curiae*, II. *Normae peculiares*, 1908, Sep 29: AAS 1 (1909), 59-108; vgl. hierzu CAMP, *Die organisatorische Trennung*, 19-20.

49 Nämlich *Titulus I: Sacra Romana Rota*. Der zweite Titel enthält Bestimmungen für die Apostolische Signatur, der dritte für die Advokaten beider Gerichte. MONIN, *De Curia Romana*, 336, bezeichnet die *Lex propria* daher als „Tribunalis S. Rotae necnon etiam Signaturae Apostolicae lex fundamentalis", CAMP, *Die organisatorische Trennung*, 19, als „das eigentliche Gerichtsverfassungsgesetz der ordentlichen Gerichtshöfe der römischen Kurie".

50 *Lex propria*, tit. I, cap. I, can. 2, § 1.

51 *Lex propria*, tit. I, cap. I, can. 1, § 1.

52 Nämlich von *Adiutores studii* (vgl. can. 3), einem *Promotor Iustitiae* und einem *Defensor Vinculi* (vgl. can. 4), Notaren (vgl. can. 5) und Gerichtsdienern (vgl. can. 6).

53 So enthält die *Lex propria* (tit. I, cap. I) unter anderem verschiedene disziplinarische Bestimmungen (vgl. can. 8-10 und 13); was die Verfahrensordnung betrifft, entscheidet das Gericht in Fortführung der überlieferten Regelung durch *Turni* von drei oder allen Auditoren (vgl. can. 11-12); den Prozessablauf im Einzelnen legt dann das dritte Kapitel (tit. I, cap. III) des Gesetzes fest (vgl. can. 18-34), das auch die Art und Weise der gerichtsinternen Berufungen festlegt (vgl. can. 33).

Auf vier verschiedenen Ebenen wird der Rota dann die Vollmacht übertragen, die ihr zugeleiteten Fälle im Namen des Papstes zu untersuchen und zu entscheiden.

Im Einzelnen wird zunächst festgelegt, dass das Gericht bereits in erster Instanz tätig werden kann; dies gilt jedoch nur dann, wenn der Papst als oberster Richter der Gesamtkirche sein Recht wahrgenommen hat, eine Sache aus eigener Initiative oder auf Antrag der Parteien an sich zu ziehen und der Rota zur Bearbeitung zu übertragen:

> „Sacra Rota iudicat in prima instantia causas, quas sive motu proprio, sive ad instantiam partium Romanus Pontifex ad suum tribunal avocaverit, et sacrae Rotae commiserit: easque, si opus sit, ac nisi aliter cautum sit in commissionis rescripto, iudicat quoque in secunda et in tertia instantia, ope turnorum subsequentium iuxta praescripta *can. 12*“[54].

Diese Regelung entspricht teilweise den noch geltenden Bestimmungen Gregors XVI., nach denen die Rota in kirchlichen Verfahren aus Gebieten, die nicht der weltlichen Herrschaft des Papstes unterworfen waren, als außerordentlicher Gerichtsstand vorgesehen war. Allerdings ist mit dem neuen Gesetz eine wesentliche Änderung verbunden: Eine Sonderdelegation durch den Papst erfolgt nun ausschließlich in erster Instanz und erübrigt sich in Berufungssachen. Dies gilt aber nach der einmal erteilten Spezialkommission auch für interne Appellationen, sofern im Reskript nicht ausdrücklich etwas Gegenteiliges vorgesehen war.

Ordentliche Zuständigkeit wird der Rota dagegen in zweiter Instanz zuerkannt. Im Gesetzestext nämlich heißt es:

> „Iudicat in secunda instantia causas quae a tribunali Em~i Urbis Vicarii et ab aliis Ordinariorum tribunalibus in primo gradu diiudicatae fuerint, et ad Sanctam Sedem per appellationem legitimam deferuntur. Itemque eas iudicat, si opus sit, etiam in tertia instantia iuxta modum in *can. 12* praescriptum“[55].

Nach über 70 Jahren Unterbrechung hatte die Rota mit dieser Bestimmung den ihr eigenen Charakter eines ordentlichen päpstlichen Berufungsgerichts in geistlichen Angelegenheiten zurückerhalten. Die Zuständigkeit gilt dabei für sämtliche Fälle, die in rechtmäßiger Appellation an den Heiligen Stuhl gelangen. Über eine ausschließliche Kompetenz verfügt die Rota daher in zweiter Instanz

---

54 *Lex propria*, tit. I, cap. II, can. 14, § 1; vgl. hierzu T. MAURO, *L'avocatio causae*: P. BONNET, C. GULLO (Hg.), *Le „normae“ del Tribunale della Rota Romana* (= StGiur, 42 = ADGC, 21), Città del Vaticano 1997, 213-222, 214: „Norma, questa, di indubbio rilievo, non soltanto per la chiarezza del dettato, che non sembra consentire dubbi interpretativi, bensì anche per la felice scelta della sua collocazione nella normativa concernente i compiti e i poteri della Rota“.

55 *Lex propria*, tit. I, cap. II, can.14, § 2.

nicht[56]. Wenn die römischen Prozesse eigens erwähnt werden, so dürfte dies einerseits die Personalunion zwischen Papst und Bischof von Rom unterstreichen und andererseits in der einzigen faktisch bestehenden Berufungsmöglichkeit begründet sein[57]. In der Tatsache freilich, dass die Rota unter Umgehung eines Metropolitangerichts *iure proprio* bereits in zweiter Instanz entscheiden kann, sieht Schneider „eine Änderung des ordentlichen kirchlichen Instanzenzuges“[58], die im Widerspruch zu den Forderungen der französischen Bischöfe auf dem Ersten Vatikanischen Konzil stehe[59]. Gleichwohl konnte aber gerade durch eine solche Bestimmung die Bedeutung des wieder in der Kirche präsenten Gerichtshofs verdeutlicht werden.

Auffallend ist zudem, dass die *Lex propria* der Rota auch in dritter und höherer Instanz keine ausschließliche Kompetenz zugesteht[60]. Zwar musste sich diese Bestimmung in der Praxis oft als gegenstandslos erweisen, da rechtmäßig konstituierte Tribunale dritter Instanz nur selten existierten. Trotzdem ist auch hier dem Prinzip Rechnung getragen worden, nach dem es jedem Gläubigen freisteht, sich mit seinem Anliegen an den Papst zu wenden oder nicht. Eine Aufhebung des Appellationsrechts an den Heiligen Stuhl, wie sie auf dem Ersten Vaticanum für Angelegenheiten geringerer Tragweite[61] und später für dringend zu entscheidende Verfahren[62] gefordert worden war, ist aus diesem Grund nicht erfolgt. In der entsprechenden Norm nämlich wird in Bezug auf die Rota festgesetzt:

---

56 Nach SCHNEIDER, *Die Römische Rota*, 174, kommt in der Bestimmung zum Ausdruck, dass die Rota schon in zweiter Instanz angegangen werden *soll.* Der Text selbst enthält einen solchen Appell nicht. Ebenso kann aus den Anordnungen schwerlich gefolgert werden, dass die Rota für die Tribunale des Kardinalvikars sowie der Erzbischöfe und exemten Bischöfe *das* ordentliche Berufungsgericht (vgl. *ebd.*) bildet. Die Gesetzesnorm spricht ganz allgemein von Ordinarien und erwähnt in keiner Weise Erzbischöfe und exemte Bischöfe.

57 Vgl. hierzu unten, 205-206 (Abschnitt 2. d).

58 SCHNEIDER, *Die Römische Rota*, 175.

59 Vgl. *ebd.*: „Wenn also die Appellation gegen das Urteil eines erstinstanzlichen bischöflichen Gerichts „omisso medio“ an die Rota gebracht wird, so ist darin keine Berufung ‚per saltum‘, keine Unterbrechung des ordentlichen kirchlichen Instanzenzuges zu erblicken. Die Rota kann demnach iure proprio, ohne päpstliches Kommissionsreskript die Sache entscheiden. Damit sind territorial-kirchliche Bestrebungen, wie sie besonders seit dem 15. Jhdt. sich geltend gemacht haben, abgelehnt“.

60 Vgl., *ebd.*, 174: „Die [...] Bestimmung, daß in einzelnen Staaten die dritte Instanz innerhalb des Landes gebildet werden soll, bleibt nach wie vor bestehen“.

61 Vgl. oben, 173 (4. Kapitel, Abschnitt 3. c).

62 Vgl. SCHNEIDER, *Die Römische Rota*, 173: „Ebenso ist in den Vorschlägen für die Kodifikation des kanonischen Rechts von einer Reihe von Bischöfen der Wunsch ausgesprochen worden, daß für Prozesse, deren baldige Entscheidung geraten sei, das ius appellandi an den päpstlichen Stuhl in Wegfall komme“.

> „Iudicat denique in ultima instantia causas ab Ordinariis et ab aliis quibusvis tribunalibus in secundo vel ulteriori gradu iam cognitas, quae in rem iudicatam non transierint, et per legitimam appellationem ad Sanctam Sedem deferuntur“[63].

Unter zwei Bedingungen galt die Rota demnach als das in dritter und höherer Instanz zuständige Forum: wenn Urteile noch keine Rechtskraft erlangt hatten und wenn eine Appellation an den Heiligen Stuhl vorlag.

Bei Rekursen gegen rechtskräftig gewordene Urteile unterscheidet die *Lex propria* dann deutlich zwischen Entscheidungen untergeordneter Gerichte und denen der Rota. Im ersten Fall weist sie der Rota ordentliche Kompetenz zu, falls beim Richter zweiter Instanz keine Lösung des Problems möglich ist:

> „Videt quoque de recursibus pro restitutione in integrum a sententiis quibusvis, quae transierunt in rem iudicatam et remedium invenire non possunt apud iudicem secundae instantiae iuxta titulum *De rest. in integr.* [...]: et in his iudicat tum de forma, tum de merito“[64].

Hat die Rota dagegen eine eigene Entscheidung oder die eines untergeordneten Gerichtes bestätigt, so liegt dem Gesetz zufolge in jedem Fall ein rechtskräftiges Urteil vor. Ein Antrag auf *restitutio in integrum* oder *querela nullitatis* kann dann nur bei der Apostolischen Signatur eingereicht werden:

> „Si sententia rotalis confirmatoria sit alterius sententiae sive rotalis sive alius tribunalis, habetur res iudicata, contra quam nullum datur remedium nisi per querelam nullitatis, vel per petitionem restitutionis in integrum coram supremo Apostolicae Signaturae tribunali“[65].

---

63 *Lex propria*, tit. I, cap. II, can.14, § 3.

64 *Lex propria*, tit. I, cap. II, can. 14, § 4. – MONIN, *De Curia Romana*, 343 und 345, bezeichnet die Rota deshalb auch als „tribunal cassationis“.

65 *Lex propria*, tit. I, cap. III, can. 33, § 1; vgl. auch tit. I, cap. II, can. 14, § 4: „[...] dummodo tamen non agatur de re iudicata ex sententia sacrae Romanae Rotae“. Die Ansicht von PARAYRE, *Une institutuion judiciaire*, 88, in ein und derselben Sache könnten der *Lex propria* zufolge fünf Sentenzen gefällt werden („la première, devant le tribunal diocésain, la seconde, devant le tribunal de l'archevêque, et les trois suivantes devant les trois chambres de la Rote“) widerlegt bereits SCHNEIDER, *Die Römische Rota*, 176. Die Inkompetenz der Rota, über die Nichtigkeit der eigenen Urteile entscheiden zu können, ist im Übrigen nicht in jedem Fall als absolut zu betrachten: vgl. SRR., Urteil c. MANY, *Refectionis damnorum*, 1913, Mai 16, n. 14: SRRDec 5 (1913), 313-320, 319: „[...] incompetentia S. Rotae non est absoluta; [...] derogatio enim iuri communi non praesumitur, sed clare exprimi debet“; F. ROBERTI, *De processibus*, II, Romae 1926, 231, hält die Rota dann für zuständig, wenn die Nichtigkeitsbeschwerde zusammen mit der Berufung vorgebracht wird; STANKIEWICZ, *Le impugnazioni delle decisioni rotali*, 256, verweist auf § 790 des *Regolamento legislativo e giudiziario* Papst Gregors XVI., dem zufolge die Rota nur dann keine Zuständigkeit hat, wenn Nichtigkeitsbeschwerde gegen eine „sentenza rotale inappellabile“ eingelegt wurde. Eine Klarstellung zu Gunsten der Signatur erfolgte im Übrigen noch 1915 durch BENEDIKT XV., Papst, Chir. *Attentis expositis*, 1915, Jun 28: AAS 7 (1915), 320-325.

Die Signatur ihrerseits aber muss bei Gewährung der Wiedereinsetzung in den vorigen Stand die Sache der Rota zur Entscheidung *videntibus omnibus* zurückgeben[66]. Die Rota selbst jedoch kann in Nichtigkeitsklagen gegen Urteile untergeordneter Gerichte entscheiden, muss die Verfahren aber, sofern nicht ersatzweise auch Berufung eingelegt worden ist, an die ordentlichen Richter zurückleiten[67].

Dass der Rota so trotz der durch die Reform Papst Pius' X. erfolgten Aufwertung ihrer Position ein etwas untergeordneter Rang an der Kurie zugewiesen worden war, wird auch auf Grund der Tatsache deutlich, dass die *Lex propria* erneut die *causae maiores* ausdrücklich von der Kompetenz des Tribunals ausschließt[68] und gegen bischöfliche Anordnungen, die nicht auf dem Gerichtsweg getroffen worden sind, weder Berufung noch Rekurs an die Rota zulässt. Es wird nämlich festgelegt:

> „Contra dispositiones Ordinariorum, quae non sint sententiae forma iudiciali latae, non datur appellatio seu recursus ad sacram Rotam; sed earum cognitio sacris Congregationibus reservatur"[69].

Zudem können die Auditoren auf Antrag einer Partei von der Signatur zurückgewiesen werden[70].

---

[66] Vgl. *Lex propria*, tit. II, cap. II, can. 41, § 3.

[67] Vgl. MONIN, *De Curia Romana*, 346-347; *ebd.*, 346: „*Querela nullitatis* contra judiciales Ordinariorum sententias apud S. Rotam proponi posse videtur. Hac de re sane silet *Lex propria,* quando S. Rotae competentiam enuntiat. Negandum tamen non est oportere ut aliquis existat judex superior, qui hujusmodi querelas excipiat. Atqui nemo eas Summo Pontifici reservabit; ex altera parte *Lex propria*, can. 37, Signaturae Apostolicae reservat solas querelas adversus sententias rotales. Remanet ergo ut S. Rotae tribuamus potestatem judicandi de querelis nullitatis adversus judiciales Ordinariorum sententias".

[68] Vgl. *Lex propria*, tit. I, cap. II, can. 15, und die damit verbundene absolute Urteilsnichtigkeit (vgl. can. 17). Konkret ist die Unterscheidung zwischen *causa maior* und *causa minor* nicht immer leicht; vgl. dazu MONIN, *De Curia Romana*, 342: „Jam autem, quaenam sint causae majores, nullibi in fontibus juris canonici expresse et taxative indicatum reperies. Eae generatim causae majores dicuntur, et Sanctae Sedis judicio reservantur, quae magnum momentum sibi vindicant, vel *ratione objecti* [...] vel *ratione dignitatis personae* [...]. Ita causae majores [...] sunt causae fidei, causae Sanctorum, [...] causae (saltem criminales) episcoporum, causae matrimoniales principum, etc.".

[69] *Lex propria*, tit. I, cap. II, can. 16; auch hierfür gilt die Nichtigkeitsbestimmung des can. 17. Voraussetzung für die Zuständigkeit der Rota ist also immer, dass bereits eine *sententia forma iudiciali* vorliegt: vgl. CAMP, *Trennung*, 72. TAMMLER, *Tutela iurium*, 33, nennt die Bestimmung des can. 16 „die letzte Konsequenz aus einer jahrhundertelangen Entwicklung, die mehr und mehr zu einem Abbau des gerichtlichen Rechtsschutzes und des Gerichtswesens überhaupt geführt [...] hatte".

[70] Vgl. *Lex propria*, tit. II, cap. II, can. 41, § 3.

d. Die *Normae peculiares* von 1908 und die Entscheidungen der Konsistorialkongregation von 1909

Durch die *Normae peculiares* des *Ordo servandus* wurde 1908 ausdrücklich die Vollmacht der Kongregationen bestätigt, eine Streitsache, zu deren Durchführung ein ordentliches Gerichtsverfahren angebracht schien, in jedem Prozessstadium an die zuständigen Richter überweisen zu können. Die Bestimmung, die die von Papst Pius X. gewünschte Unterscheidung der Rechtswege erneut bekräftigte und zu deren tatsächlicher Anwendung beitragen sollte, lautete wörtlich:

> „Est nihilominus Congregationi sacrae facultas, quovis in stadio quaestionis, ad iudices ordinarios deferre“[71].

Ausgeschlossen wurde dagegen die Möglichkeit, dass die Parteien selber eine Sache nach Annahme durch eine Kongregation und erst recht nach einer durch diese getroffenen Entscheidung noch auf den Gerichtsweg bringen könnten:

> „Quaestione semel instituta penes Congregationem aliquam administrationis ac disciplinae tramite, et a partibus admisso aut saltem non recusato hoc agendi modo; his iam non licet eadem de causa actionem stricte iudicialem instituere. Eoque minus, deliberata re atque sententia deducta, fas erit hoc agere“[72].

Probleme ergaben sich bei der Umsetzung dieser Anordnungen. Denn obwohl das Prinzip der Gewaltentrennung als einer der größten Fortschritte gelten muss, die durch die Reform Papst Pius' X. erzielt worden sind, kam es in der Praxis zu erhebliche Schwierigkeiten. Den Normen der *Lex propria* zufolge[73] war es nämlich beispielsweise möglich, dass Bischöfe durch Umgehung des gebotenen Gerichtswegs der Rota die ihr der Natur der Sache nach gebührende Zuständigkeit entziehen konnten. In diesem Fall aber waren alle materiellen Gesichtspunkte bei der Wahl des Verfahrensweges ausgeschlossen, und die durch die Kurienreform beabsichtigte Gewaltenunterscheidung hatte sich als leere Theorie erwiesen[74].

Da aus diesem Grund nicht den Parteien die Wahl überlassen werden konnte, wo und auf welchem Weg ihre Sache nach der Berufung an den Heiligen

---

[71] *Ordo servandus*, II. *Normae peculiares*, cap. III, art. II, 10°.

[72] *Ebd.*

[73] Vgl. *Lex propria*, tit. I, cap. II, can. 16 (siehe oben, 192).

[74] Vgl. BESSON, *La réorganisation de la Curie romaine*, 717-718; SCHNEIDER, *Die Römische Rota*, 177-178; *ebd.*, 177: „Die Entscheidung des Bischofs ohne Anwendung prozessualer Formen würde genügen, die Kompetenz der Rota auszuschalten“.

Stuhl weiterverfolgt werden sollte[75], wurde in den *Normae peculiares* des *Ordo servandus* festgelegt, dass das Dikasterium, bei dem der zu entscheidende Fall eingereicht worden war, zunächst selbst die eigene Zuständigkeit überprüfen musste. Das sollte an der Rota durch den Dekan und die ersten beiden Auditoren geschehen, an den Kongregationen dagegen durch deren ordentlichen Kongress:

> „In expostulationibus ad Sanctam Sedem, si libellus ad S. Rotam delatus est, Decanus cum duobus Auditoribus primis; si ad aliquam Congregationem, ordinarius eiusdem Congressus, de quaestionis natura videbunt, utrum res administrationis ac disciplinae tramite tractanda sit, an summo iure agendum. Horum primum si accidat, iudicium quaestionis reservatur sacrae Congregationi cui competit, ad normam Const. *Sapienti consilio.* Alterum si fiat, quaestio ad proprios iudices ac sua tribunalia deferatur ad normam iuris communis definienda, salvo semper proprio Signaturae Apostolicae procedendi modo“[76].

Die Schwierigkeit dieser Bestimmung bestand darin, dass die Angelegenheit, falls sie von der Kongregation auf den Gerichtsweg überwiesen wurde, an die *iudices proprii* zurückzugeben war. Da ein richterliches Urteil erster Instanz aber noch nicht vorlag, konnte sich die Rota als Appellationsforum der Sache ohne besondere päpstliche Kommission nicht annehmen. Die Kongregation selbst hatte keine Vollmacht zur Kompetenzverleihung[77]. Ein Kommissionsreskript dagegen, das in solchen Fällen vom Dekan der Rota erbeten wurde[78], war in den Bestimmungen von *Sapienti consilio* nicht vorgesehen[79].

Zur Klärung dieses Widerspruchs war eine autoritative Entscheidung unumgänglich[80]. In ihrer Entschließung vom 28. Januar 1909 präzisierte die Konsistorialkongregation daher auf die Anfrage des Dekans der Rota hin,

---

[75] Vgl. SCHNEIDER, *Die Römische Rota*, 179-181; gegenteiliger Ansicht sind OJETTI, *De Curia Romana*, 40-41; CHOUPIN, *La constitution „Sapienti consilio“*, 314; BESSON, *La réorganisation de la Curie romaine*, 721.

[76] *Ordo servandus*, II. *Normae peculiares*, cap. I, 3.

[77] Vgl. SCHNEIDER, *Die Römische Rota*, 182-183.

[78] Vgl. SCCONS., Romana, *De remissione causarum a sacris Congregationibus ad S. Romanam Rotam*, 1909, Jan 28: AAS 1 (1909), 211-214; vgl. *ebd.*, 212: „S. Rotae Decanus postulabat ut non simplici remissione hae causae ad S. Rotam traderentur, sed cum rescripto commissionis a SS.mo proveniente: ‚Per il che *(aiebat)* sembra che il rescritto di commissione debba, anche se venga per tramite delle Congregazioni competenti, essere munito del beneplacito e dell'espressa approvazione del Sommo Pontefice'“.

[79] Vgl. PIUS X., Papst, *Sapienti consilio*, I, 3.°, 3. Für die Sakramentenkongregation wird dort zum Beispiel festgelegt: „Si tamen eadem Congregatio iudicaverit huiusmodi quaestiones iudiciario ordine servato esse tractandas, tunc eas ad sacrae Romanae Rotae tribunal remittat“.

[80] Vgl. SCHNEIDER, *Die Römische Rota*, 184.

> *„[...] utrum causae, quae formali sententia saltem primi gradus carent et ad sacras Congregationes delatae sunt, remitti possint iure proprio ab ipsis sacris Congregationibus ad S. Rotam, an potius id ipsis liceat per rescriptum commissionis de mandato SS.mi [...]*“[81],

dass die Überweisung solcher Fälle an die Rota nur durch päpstliches Kommissionsreskript erfolgen könnte. Ausdrücklich davon ausgenommen wurden die *causae dispensationis super matrimonio rato*, die die Sakramentenkongregation *iure proprio* an sie weiterleiten konnten:

> „Hisce aliisque consideratis E.mi Patres in Congregatione generali diei 28 Ianuarii 1909 proposito dubio [...] respondendum censuerunt: *Exceptis causis dispensationis super matrimonio rato, quas S. Congregatio de Sacramentis potest iure proprio remittere ad S. Rotam, ut de facto inconsummationis videat, negative ad primam partem; affirmative ad secundam, cauto ut in commissionis rescripto normae praefiniantur, quibus processus, si deficiat, instruatur*“[82].

Handelte es sich bei den der Rota übertragenen Verfahren aber nur um *quaestiones incidentales* zur Entscheidung von bestimmten Vorfragen, so musste die Angelegenheiten nach ihrer Erledigung wieder an die entsprechenden Kongregationen zurückgegeben werden[83].

---

81 SCCONS., *De remissione causarum*, 213.

82 *Ebd.*, 213-214. Das Kommissionsreskript verlieh dabei die vorher nicht gegebene Jurisdiktion in erster Instanz; vgl. dazu C. BERNARDINI, *Problemi di contenzioso amministrativo canonico specialmente secondo la giurisprudenza della Sacra Romana Rota*: PONTIFICIUM INSTITUTUM UTRIUSQUE IURIS (Hg.), *Acta Congressus Iuridici internationalis VII saeculo a Decretalibus Gregorii IX et XIV a Codice Iustiniano promulgatis Romae 12-17 novembris 1934*, IV, Romae 1937, 376: „Si noti che la Commissione Pontificia occorre unicamente agli effetti di alterare le regole della competenza *ratione gradus* devolvendo alla Rota, tribunale di appello, una determinata causa fin dalla prima istanza. Ma la Commissione Pontificia non occorre per rimettere la causa ai giudici ordinari, fra i quali in determinati casi può essere anche la S. Rota. Il restituire quindi alla via giudiziaria cause che *natura sua* ad essa appartengono è una facoltà ordinaria e propria delle Congregazioni, al cui esercizio non necessita una specifica sanzione pontificia. Il Tribunale cui la causa *natura sua iudicialis* è restituita non ne conosce *potestate delegata* ma *potestate ordinaria;* la remissione non è delega, ma è rimozione dell'impedimento che rendeva incompetente l'autorità giudiziaria a causa della prevenzione amministrativa. Se il Tribunale cui la causa è rimessa è la S. Rota essa è talora *giudice delegato* ma *ratione gradus,* in quanto conosce così in prima istanza di una causa che non potrebbe esaminare come giudice di appello; ed è comunque un giudice delegato del Sommo Pontefice e non della Congregazione“.

83 Vgl. CAMP, *Die organisatorische Trennung*, 78-79: „Tritt dieser Fall ein, so bleibt die Hauptfragenentscheidung bei der Kongregation, die Rota übt nur die Funktion einer Rechtshülfeinstanz aus. Das um Rechtshülfe ersuchte Gericht darf somit in das Verfahren einer Kongregation nicht eingreifen, es hat sich auf die Vornahme der ersuchten Handlung zu beschränken“.

Mit diesem Urteil war der Rota definitiv das Recht zugestanden worden, auch in Streitigkeiten tätig zu werden, in denen bereits auf administrativem Weg eine Entscheidung getroffen worden war. Das Prinzip der Gewaltenunterscheidung jedoch, das nun wesentlich schwerer unterlaufen werden konnte, hatte dadurch eine nicht unbedeutende Stärkung erfahren[84]. Gleichwohl konnte eine gewisse Vermischung nicht beseitigt werden[85].

Freilich war es nach der erfolgten Klärung noch immer möglich, dass die über die Kompetenzfrage urteilende Behörde in ihrer Entscheidung selbst zu keinem eindeutigen Ergebnis kam. Zudem mussten auch die betroffenen Parteien Gelegenheit haben, gegen die getroffene Entscheidung zu klagen[86]. Die Konsistorialkongregation bestätigte deshalb am 3. Juni 1909[87], dass sich ihre Zuständigkeit als Gerichtshof für Kompetenzkonflikte, welche ihr die Konstitution *Sapienti consilio* nur für Streitigkeiten zwischen einzelnen Kongregationen zugewiesen hatte[88], im Einklang mit den Bestimmungen der *Normae peculiares* mit Ausnahme des Heiligen Offiziums[89] auf alle päpstlichen Behörden ausdehnen würde[90] und damit auch auf die Rota:

> „Firmo quod S. Rota, quum sit appellationis tribunal, videre nequit de instantiis in primo gradu, nisi ex commissione SS.mi, in casu quo recursus penes S. Rotam interpositus fuerit contra aliquem Episcopi seu

---

[84] Vgl. SCHNEIDER, *Die Römische Rota*, 185, der daraus schließt, dass „das in der Bulle „Sapienti consilio" ausgesprochene Prinzip der Trennung von Justiz und Verwaltung nicht zu einer bedeutungslosen juristischen Idee herabgedrückt wird".

[85] Vgl. TAMMLER, *Tutela iurium personarum*, 32: „Dieses Ziel der Kurienreform ließ sich letztlich deshalb nicht erreichen, weil zwischen der Verwaltung und den Gerichten kein ‚Gleichgewicht' bestand".

[86] Vgl. *ebd.*

[87] Vgl. SCCONS., Romana, *Dubia de competentia iudicandi et de iure advocandi*, 1909, Jun 11: AAS 1 (1909), 515-516.

[88] Vgl. PIUS X., Papst, *Sapienti consilio*, I, 2.°, 4: „Huius Congregationis erit, in conflictatione iurium, dubia solvere circa competentiam sacrarum Congregationum". Die Bestimmung gilt gleichermaßen für positive wie für (wesentlich seltener vorkommende) negativen Kompetenzkonflikte: vgl. CAMP, *Die organisatorische Trennung*, 76-77.

[89] Vgl. *Ordo servandus*, II. *Normae peculiares*, cap. VII, art. II, 6°: „Plenae Congregationi ius competit [...] denique in conflictatione iurium dubia solvere circa competentiam omnium Officiorum, excepta Congregatione Sancti Officii, quae ipsa per se de sua competentia iudicabit [...]".

[90] Vgl. SCCONS., *Dubia de competentia*, 516, ad III: „[...] Quod si Congressus dubitet de sua competentia, rem deferat ad S. Congregationem Consistorialem pro dubii definitione, iuxta *num. 2, cap. I* earundem *Normarum.* Si vero Congressus decernat, causae cognitionem ad se competere, et una ex partibus recursum ad SS.mum Dominum contra Congressus resolutionem interponat, de commissione ipsius Ss.mi quaestio de competentia pariter a S. Congregatione Consistoriali dirimatur".

> Ordinarii actum, de quo disceptetur vera ne sit sententia, an potius decretum seu dispositio disciplinaris; dubium de competentia dirimatur iisdem, cum proportione, servatis regulis ac in praecedenti responsione“[91].

Einen weiteren Kompetenzkonflikt löste die Konsistorialkongregation 1911[92]. Sie erklärte, dass die Rota nur im Hinblick auf die Prozessparteien für die Interpretation von Dekreten des Trienter Konzils und anderer Gesetze zuständig sei[93], und bestätigte so erneut die Funktion des päpstlichen Gerichts, gesetzliche Bestimmungen im konkreten Einzelfall zur Anwendung zu bringen.

e. Die Lateranverträge von 1929 und das Ende der weltlichen Jurisdiktion der Rota

Papst Pius X. hatte die Rota als rein kirchlichen Gerichtshof wiederrichtet; die Zuständigkeit in weltlichen Verfahren war dem Tribunal aber weder durch die Konstitution *Sapienti consilio* noch durch irgendeine andere Bestimmung ausdrücklich entzogen worden. Im Gegensatz zu dessen geistlicher Funktion war über die Kompetenz des Tribunals in weltlichen Sachen infolge ungelöster politischer Fragen noch keine verbindliche Entscheidung getroffen worden; zudem hätte das seit dem Inkrafttreten des Gesetzbuchs von 1917 geltende kanonische Recht eine zusätzliche Wiedererrichtung der Rota als Appellationsgericht für Zivilprozesse aus dem Kirchenstaat in keiner Weise behindert.

Erst als es unter Pius XI. (1922-1939) zur Aussöhnung zwischen dem Heiligen Stuhl und Italien kam, wurden solche Gedanken endgültig fallengelassen und der noch offene Rechtsstatus des weltlichen Gerichtswesens des Papstes eindeutig geklärt. In den Lateranverträgen vom 11. Februar 1929[94] nämlich verzichtete der Papst ausdrücklich auf die zeitliche Herrschaft über die Gebiete des früheren Kirchenstaates, indem er erklärte:

> „La Santa Sede [...] dichiara definitivamente ed irrevocabilmente composta e quindi eliminata la ‚questione romana‘ e riconosce il Regno

---

[91] *Ebd.*, ad IV.

[92] Vgl. SCCons., Romana, *De competentia in ecclesiasticis legibus interpretandis*, 1911, Feb 11: AAS 3 (1911), 99-100.

[93] Vgl. *ebd.*: „[...] an facultas authentice interpretandi Concilii Tridentini decreta aliaque leges ecclesiasticas [...] competat sacris tribunalibus Romanae Rotae et Signaturae Apostolicae [...]: [...] *negative*“; „[...] an iisdem sacris tribunalibus competat saltem facultas decreta Concilii Tridentini aliasque leges ecclesiasticas interpretandi iuridice in casibus particularibus, ita nempe ut ius faciant inter partes in causa: *affirmative*“.

[94] *Inter Sanctam Sedem et Italiae Regnum conventiones – Trattato fra la Santa Sede e l'Italia*, 1929, Feb 11: AAS 21 (1929), 209-221 und 223-274 *(allegati)*.

d'Italia sotto la dinastia di Casa Savoia con Roma capitale dello Stato italiano"[95].

Den weltlichen Behörden des Heiligen Stuhls war damit auch aus kirchlicher Sicht jede Existenzgrundlage entzogen. Die Rota war durch den Verzicht nun auch de jure ausschließlich kirchlicher Gerichtshof des Papstes geworden. Gleichzeitig wurde jedoch im Konkordat zwischen dem Heiligen Stuhl und Italien vereinbart, dass die Gerichte der Kirche und somit auch die Rota über Ehenichtigkeitsverfahren italienischer Staatsbürger entscheiden und hierin an Stelle staatlicher Gerichte tätig sein sollten:

> „Le cause concernenti la nullità del matrimonio e la dispensa dal matrimonio rato e non consumato sono riservate alla competenza dei tribunali e dei dicasteri ecclesiastici [...]. I detti provvedimenti e sentenze definitive [...] saranno trasmessi alla Corte di Appello dello Stato competente per territorio, la quale [...] li renderà esecutivi agli effetti civili"[96].

Paradoxerweise blieb die Kompetenz der Rota aber – juristisch gesehen – nur einen einzigen Tag lang allein auf kirchliche Verfahren beschränkt. Nachdem die Lateranverträge am 7. Juni 1929 in Kraft getreten waren[97], erlangte bereits darauf folgenden Tag danach die *Legge fondamentale della Città del Vaticano*[98] Gültigkeit[99], in der auch das Gerichtswesen des neuen Staates geregelt wurde[100]. Durch sie konstituierte Papst Pius XI. die Rota zusätzlich zu ihren bisherigen Kompetenzen als Berufungsgericht für die Vatikanstadt in weltlichen Verfahren, die nicht in die Zuständigkeit eines Einzelrichters fallen, und in Strafprozessen wegen Delikten:

> „Il potere giudiziario in materia civile, nelle cause in cui non sia stabilita la competenza del giudice unico, e in materia penale, quando si

---

95 *Trattato*, Art. 26.

96 *Concordato fra la Santa Sede e l'Italia*, 1929, Feb 11, Art. 34: AAS 21 (1929), 275-294, 290-291.

97 Nach Art. 27 der Verträge traten diese durch Austausch der Ratifikationsurkunden in Kraft. Dies geschah vier Monate später durch KardStSekr. Pietro Gasparri und den Präsidenten des italienischen Ministerrates, Benito Mussolini: vgl. *Processo verbale dello scambio delle Ratifiche*, 1929, Jun 7: AAS 21 (1929), 295.

98 PIUS XI., Papst, *Legge fondamentale della Città del Vaticano*, 1929, Jun 7: AAS.S 1 (1929), 1-4; zum Gesetz vgl. G. PASQUAZI, *Constitutio Status Civitatis Vaticanae*: Apol 3 (1930), 97-109; F. CAMMEO, *Ordinamento giuridico dello Stato della Città del Vaticano*, Firenze 1932.

99 Vgl. PIUS XI., *Legge fondamentale*, 4, n. 21: „La presente legge entrerà in vigore nello stesso giorno della sua pubblicazione". Die Veröffentlichung erfolgte in der ersten Ausgabe des neuen Amtsblattes des Staates der Vatikanstadt am 8. Juni 1929.

100 Vgl. *ebd.*, 3-4, n. 9-15.

tratti di giudicare dei delitti, è esercitato ordinariamente da un Tribunale di prima istanza e dalla Sacra Romana Rota in sede di appello"[101].

Nach fast sechzig Jahren Unterbrechung konnte die Rota damit – wenngleich praktisch in stark reduziertem Umfang – auch ihre Funktion als weltliches Gericht wieder aufnehmen[102]. Insofern der neue Kirchenstaat die Souveränität des Papstes garantierte und ihm ermöglichte, sein oberstes Hirtenamt in der Welt frei auszuüben, nahm er seine spezifische Aufgabe in der Kirche wahr, und das für ihn zuständige Gericht erfüllte indirekt auch hier einen kirchlichen Auftrag: Es urteilte im Namen des Papstes[103] in jenem Bereich, durch den ein von fremden Mächten unabhängiges geistliches Justizwesen in letzter Konsequenz garantiert werden konnte: den souveränen weltlichen Staat[104].

Erst 17 Jahre später entzog Papst Pius XII. (1939-1958) der Rota endgültig jede Zuständigkeit in weltlichen Verfahren. Im Motu proprio *Con la legge* vom 1. Mai 1946[105] promulgierte er eine neue Gerichtsordnung für den Staat der Vatikanstadt[106], die am 1. November des gleichen Jahres Gesetzeskraft erlangte[107].

---

[101] *Ebd.*, 3, n. 10; n. 14 bezeichnet die Rota und die Signatur ausdrücklich als „organi giudiziari della Città del Vaticano"; vgl. dazu CAMMEO, *Ordinamento giuridico dello Stato della Città del Vaticano*, 149-150.

[102] Vgl. PASQUAZI, *Constitutio Status Civitatis Vaticanae*, 106: „Est igitur tribunal ecclesiasticum pro universo orbe catholico et tribunal civile pro Statu Civitatis Vaticanae". Die Richter hatten im Übrigen auch in weltlichen Verfahren nach den Normen des CIC/1917 und des Partikularrechts der Rota vorzugehen: vgl. PIUS XI., Papst, *Legge sulle fonti del diritto*, 1929, Jun 7, art. 15: AAS.S 1 (1929), 5-13, 10. Allerdings bemerkt L. P. CAIROLI, *La Città del Vaticano. Spunto di diritto internazionale*, Monza ²1931, 47: „L'ordinamento giudiziario della Città del Vaticano nulla deve avere a che fare coi tribunali della Santa Sede in quanto tale. Questi tribunali fanno parte della Curia Romana e sono emanazione della sovranità spirituale. Se il Sommo Pontefice affida non solo un giudizio civile, ma anche un giudizio penale ad un prelato o ad un corpo di prelati che appartiene o costituisce un tribunale ecclesiastico, il prelato od il corpo di prelati operano come giudici del sovrano politico, e con tutti i requisiti di legge".

[103] Vgl. PIUS XI., *Legge fondamentale*, art. 9: „Il potere giudiziario è delegato agli organi indicati nei seguenti articoli, che lo esercitano in nome del Sommo Pontefice"; und hierzu P. CIPROTTI, *Qualche particolare aspetto dell'attività giudiziaria nello Stato della Città del Vaticano*: Z. GROCHOLEWSKI, V. CÁRCEL ORTÍ (Hg.), *Dilexit iustitiam. Studia in honorem Aurelii Card. Sabattani* (= StGiur, 5), Città del Vaticano 1984, 591-603, 594.

[104] Vgl. PIUS XI., *Legge fondamentale*, art. 1: „Il Sommo Pontefice, Sovrano dello Stato della Città del Vaticano, ha la pienezza dei poteri legislativo, esecutivo e giudiziario".

[105] Vgl. PIUS XII., Papst, Motu pr. *Con la legge*, 1946, Mai 1: AAS 38 (1946), 170-172; zum Motu proprio vgl. C. BERNARDINI, *Motu proprio de ordine iudiciali et de ratione procedendi in causis civilibus in Statu Civitatis Vaticanae servandis. Annotationes*: Apol 19 (1946), 214-219.

[106] Vgl. *Ordinamento Giudiziario*, 1946, Mai 1: *Ordinamento Giudiziario e Codice di Procedura Civile dello Stato della Città del Vaticano*, Città del Vaticano 1946, XIII-XXV.

In ihr wurde an Stelle der Rota ein eigenes vatikanisches Berufungsgericht für nichtkirchliche Prozesse konstituiert[108]. Dadurch war die Rota endgültig zum rein geistlichen Tribunal des Papstes geworden.

2. Die partikularrechtlichen Sonderbestimmungen

Durch die Neuerrichtung des Gerichts und die im Anschluss daran erlassenen Gesetze war die Aufgabe der Rota in der Weltkirche wieder hinreichend präzisiert. Dennoch galten die allgemein verbindlichen Regelungen nicht ausnahmslos für den ganzen Erdkreis. Privilegien nämlich, die einzelnen Gebieten schon vor der Wiedergründung des Gerichts gewährt worden waren, wurden durch die Bestimmungen der Apostolischen Konstitution *Sapienti consilio* und der *Lex propria* nicht berührt. Sie blieben weiter gültig und begrenzten somit in Einzelfällen die umfassende Kompetenz der Rota.

Zu den Ländern, denen statt der sonst üblichen Gerichtshierarchie ein eigenes vollständiges Instanzensystem zugestanden worden war, zählte noch immer Spanien. Sonderrechte besaß darüber hinaus auch weiterhin der Primas von Ungarn. Zeitlich begrenzte Partikularnormen, durch die im Einklang mit den Bestimmungen der *Lex propria* parallel zur Rota bestehende Tribunale dritten Grades errichtet wurden, waren überdies für die Länder Lateinamerikas und einige Gebiete Deutschlands und Österreichs gültig. Einen Sonderfall stellten auch Rom selbst und die ihm zugeordneten Suffraganbistümer dar: Für sie war die Rota einziges Berufungsgericht bereits in zweiter Instanz.

a. Die Privilegien Spaniens

Zur Zeit der Wiedergründung der römischen Rota galt noch immer die Kompetenzregelung, die der Nuntiatur von Madrid die ordentliche Zuständigkeit in allen spanischen Verfahren gleich welcher Art und welchen Grades übertragen hatte; ausgenommen waren lediglich die *causae maiores* und all die Prozesse, die der Papst als oberster Richter der Kirche an sich gezogen hatte.

Die Rota Romana war damit nur noch auf Grund expliziter päpstlicher Autorisation zur Annahme von Prozessen aus Spanien befugt, wie Papst Benedikt XV. 1915 nochmals ausdrücklich in einer dem Dekan der Rota Romana gewährten Audienz anordnete. Msgr. Guglielmo Sebastianelli, Dekan von 1914 bis 1920, gibt davon Zeugnis:

---

[107] Vgl. PIUS XII., *Con la legge*, I.

[108] Und zwar die *corte di appello*, die jedoch vom Dekan und von zwei Auditoren der Rota konstituiert wird: vgl. *Ordinamento Giudiziario*, Art. 16-21; und hierzu W. SCHULZ, *Die neuen vatikanischen Gerichtsordnungen*: W. AYMANS, A. EGLER, J. LISTL (Hg.), *Fides et ius. Festschrift für Georg May zum 65. Geburtstag*, Regensburg 1991, 237-248, 239-240.

„Il S. Padre Benedetto XV nell'udienza accordata al sottoscritto li 26 Giugno 1915 ordinò che dal Tribunale della S. R. Rota non si trattassero nè in prima istanza nè in grado di appello cause riguardanti la Spagna senza una speciale ed esplicita autorizzazione della S. Sede"[109].

b. Die Privilegien des Primas von Ungarn

Die weit reichenden Kompetenzen des Erzbischofs von Gran (Esztergom) und Primas' von Ungarn blieben trotz mancher politischen Wirren und kurzzeitiger Unterbrechungen des Gerichtsbetriebes bis in die Mitte des 19. Jahrhunderts hinein erhalten[110]. Politische Überlegungen waren es unter anderem, die den Heiligen Stuhl dazu bewogen, die Privilegien von 1856 an ausdrücklich durch päpstliche Delegation zu bestätigen, die zunächst jeweils für zehn Jahre gegeben wurde[111]; ab 1877 blieben die gewährten Vollmachten dann bis zur endgültigen Regelung auf Dauer in Kraft[112]. Die Erzdiözese Gran verfügte so über vier aktive Gerichtshöfe, an deren Spitze das Primatialgericht als Tribunal zweiten und dritten Grades fungierte[113]; dieses war aber auch letzte Instanz für die Kirchenprovinz Erlau (Eger) und die Abtei Martinsberg (Pannonhalma)[114], so dass für die genannten Gebiete die Notwendigkeit einer Appellation an den Heiligen Stuhl erst ab der vierten Instanz bestand[115]. Daher gelangten ungari-

---

109 G. SEBASTIANELLI, DekRR., Aktennotiz, [1915]: Arch. Rot., Not. 81.

110 Vgl. ERDŐ, *Il potere giudiziario. Rilievi*, 278-284.

111 Vgl. ERDŐ, *Il potere giudiziario. Rilievi*, 285-286. Solche Delegationen wurden dem Tribunal von Gran 1856 und 1866 übertragen. 1876 wollten die ungarischen Bischöfe wieder zur überlieferten Ordnung zurückkehren. Dennoch erfolgte vorläufig eine Verlängerung der Delegationen (vgl. G. SIMEONI, KardStSekr., Brief Nr. 20633, 1877, Jan 13, an L. Jacobini, TitErzBf. von Tessalonica, Apostolischer Nuntius in Österreich-Ungarn, bei ERDŐ, *Il potere giudiziario. Osservazioni*: Apol 54 [1981], 213-231, 228-229). Tatsächlich wurde eine endgültige Regelung erst mit dem CIC/1917 vorgenommen.

112 Vgl. SIMEONI, Brief, *ebd.*: „Il Santo Padre [...] concernente le facoltà decennali concesse ai Vescovi di Austria-Ungheria per giudicare le cause in seconda e terza istanza, espirate col decembre dell'ora decorso anno, ha accolto benignamente la misura provvisoria da Lei proposta [...] fino a che dalla S. Sede non sia provvisto altrimenti". Die Entscheidung darüber, ob das Privileg des Primas von Ungarn weiterhin Gültigkeit habe, wurde auch in den Vorbereitungssitzungen zur Kodifizierung des kanonischen Rechts aufgeschoben: vgl. *Verbale della Commissione dei Consultori sul libro „De processibus"*, 1907, Jun 20, cap. 3, can. 12: LLOBELL, LEÓN, NAVARRETE, *De processibus*, 1018.

113 Die anderen drei Tribunale waren das des Vikariats Tyrnau (Nagyszombat / Trnava), das des Vikariats Budapest (beide erster Instanz) und das Metropolitangericht Gran (erster Instanz, für die Vikariate zweiter): vgl. hierzu ERDŐ, *Il potere giudiziario. Rilievi*, 286-287.

114 Vgl. ERDŐ, *Il potere giudiziario. Rilievi*, 278.

115 Das bezeugt zum Beispiel eine Rota-Sentenz aus dem Jahr 1911: „At ex adverso Curiae Veszprimiensis sententia [...] Natalia appellationem instituit, et prodiit secunda senten-

sche Verfahren auch nach der Wiedererrichtung der Rota nur in Ausnahmefällen an den Heiligen Stuhl. Dies galt allerdings nicht für die die Kirchenprovinz Kolotschau (Kalocsa): Nachdem deren Diözesen im 17. Jahrhundert von den Türken besetzt worden waren, waren die Vollmachten des Primas für diese Gebiete erloschen. Sie wurden nicht wieder erneuert und galten ebensowenig für die 1852 errichtete Kirchenprovinz Agram (Zagreb)[116].

c. Die päpstlichen Delegationen in dritter Instanz

Die übrigen Sonderregelungen, die zur Zeit der Wiedererrichtung der Rota Gültigkeit besaßen, unterschieden sich von den seit Jahrhunderten bestehenden Privilegien Spaniens und Ungarns dadurch, dass sie nur für einen genau begrenzten Zeitraum gewährt worden waren; nach Ablauf der festgesetzten Frist konnten sie demnach verlängert oder außer Kraft gesetzt werden. Zudem verfügten die Richter in solchen Fällen nur über eine *iurisdictio delegata.*

Regelungen dieser Art galten um 1900 in **Deutschland** und **Österreich**. Ein ordentliches Gericht dritter Instanz war dort trotz entsprechender Forderungen deutscher Kanonisten[117] nie errichtet worden. Gleichwohl bestand in diesen Ländern auf Grund päpstlicher Delegation die Möglichkeit, kirchliche Verfahren auch in letzter Instanz innerhalb der Landesgrenzen zu entscheiden. Teilweise waren eigene Gerichtshöfe für Berufungssachen von Erzbistümern und exemten Diözesen gebildet worden[118], wie beispielsweise durch eine Breve Papst Pius' IX.[119] 1855 für das Fürstbistum Breslau in Wien[120] oder auch für die Erzdiözese

---

tia in Curia Metropolitana Strigonien. [...]. Vinculi matrimonialis Assertor [...] provocavit ad tertiam instantiam, quae absoluta est penes Curiam Primatialem Strigonien. [...]. Nihilominus [...] non acquievit Vinculi Defensor, sed ratus est sui muneris esse ad S. Sedem appellare; et revera appellavit" (SRR., Urteil c. LEGA, Veszprimien., *Nullitatis matrimonii*, 1911, Jun 2, n. 1-3: SRRDec 3 [1911], 224-236, 225). Nach ERDŐ, *Il potere giudiziario. Rilievi*, 286, wurde die Sache „post quatuor sedulo et integerrime expletas instantias iudiciales" an die Rota überwiesen. Auch MÉNDEZ RAYÓN, *La tercera instancia*, 147, Anm. 278, schließt sich der Auffassung Erdős an. Lega selbst (*ebd.*, 227) bezieht sich jedoch auf das Urteil, das nach Abschluss des an der Rota durchgeführten viertinstanzlichen Verfahrens dort gefällt wurde.

116 Vgl. ERDŐ, *Il potere giudiziario. Rilievi*, 278.

117 Vgl. zum Beispiel L. KAAS, *Die geistliche Gerichtsbarkeit der katholischen Kirche in Preussen in Vergangenheit und Gegenwart mit besonderer Berücksichtigung des Wesens der Monarchie* (= KRA, 86-87), Stuttgart 1916 = Amsterdam 1965, 239, der dafür plädiert, „dass man sich römischerseits damit begnügt, diejenigen Sachen abzuurteilen, die der freie Wille der Parteien vor die römischen Tribunale zu bringen wünscht".

118 Vgl. SCHNEIDER, *Die Römische Rota*, 173.

119 Vgl. PIUS IX., Papst, Ap. Schr. *Paterna ducti charitate*, 1855, Jan 12: H. LAEMMER, *Institutionen des Katholischen Kirchenrechts*, Freiburg [1]1886, 234-235, Anm. 7.

120 Vgl. PIUS IX., *Paterna ducti charitate*, *ebd.*: „Ad iudicium vero quod attinet tertiae instantiae [...] quod dioecesim istam concedimus, ut si quis a sententia Tribunalis secundi

Gnesen - Posen[121]. Verschiedentlich wurden die Ordinarien gegenseitig zur Annahme der Appellationen ermächtigt[122] oder die Metropolitangerichte selbst mit der Vollmacht ausgestattet, die eigenen Prozesse auch in höherer Instanz führen zu können[123]. Eine Delegation auf unbeschränkte Zeit erfolgte im April 1910 durch ein Reskript Papst Pius' X.[124], als der Erzbischof von Freiburg im Breisgau zum Richter dritter Instanz für das Erzbistum Köln ernannt wurde[125]. Die

---

gradus contra opinionem suam prolata appellare voluerit, is ad Nuntium Apostolicum Vindobonae residentem provocationem deferat, qui inter personas in memorando catalogo recensitas tres eligat eisque causam in tertio iurisdictionis gradu Sanctae huius Sedis nomine cognoscendam committat cum omnibus facultatibus, privilegiis, emolumentis consuetis, idque valere etiam volumus ad decennii spatium [...]. Iamvero qualibet in controversia bis tantum appellare fas erit, ita ut sententia tribunalis tertiae instantiae finem imponat quaestioni, exceptis tamen causis matrimonialibus, in quibus sententia contra matrimonii vinculum prolata nunquam transibit in rem iudicatam". LAEMMER, *Institutionen des Katholischen Kirchenrechts*, 235, Anm. 7, verweist aber darauf, dass die Ernennungen hier von Fall zu Fall erfolgten: „In Folge dieses Breve und eines späteren vom 22. Juli 1864 bestellt der apostolische Nuntius stets *ad biennium* drei Appellationsrichter zweiter Instanz [...], während die Richter dritter Instanz *pro casu* ernannt werden". Das Gericht dritter Instanz, zu dem Wien bestimmt wurde, war bis 1855 in Breslau selbst angesiedelt: vgl. J. NEGWER, *Geschichte des Breslauer Domkapitels im Rahmen der Diözesangeschichte vom Beginn des 19. Jahrhunderts bis zum Ende des Zweiten Weltkrieges*, hg. v. K. ENGELBERT, Hildesheim 1964, 207.

121 Vgl. KAAS, *Die geistliche Gerichtsbarkeit*, 239.

122 So wurde Bamberg zur dritten Instanz für München und Freising bestimmt, München und Freising für Bamberg, Augsburg für Rottenburg (vgl. J. B. SÄGMÜLLER, *Lehrbuch des katholischen Kirchenrechts*, II, Freiburg im Breisgau 1914, 324, Anm. 1), Freiburg im Breisgau für Köln, Prag für Olmütz und Lemberg der Lateiner (vgl. HINSCHIUS, *Das Kirchenrecht*, VI, 7, Anm. 14), Wien für Prag (vgl. LAEMMER, *Institutionen des Katholischen Kirchenrechts*, 233). Die Fakultäten wurden meist für je zehn Jahre gegeben, in Bayern aber konnte der Apostolische Nuntius in München die Erzbischöfe von München und Freising und von Bamberg im Auftrag des Papstes jeweils für drei Jahre zu Richtern dritter Instanz delegieren. 1886 wurde davon noch in einer Regensburger Sache Gebrauch gemacht (vgl. HINSCHIUS, *ebd.*). Papst Pius X. erteilte 1904 der Kurie von Köln auf sieben Jahre die Delegation, in dritter Instanz die zunächst in Freiburg im Breisgau und dann in zweiter Instanz in Rottenburg behandelten Fälle zu entscheiden: vgl. PIUS X., Papst, Ap. Schr. *Romani Pontifices*, 1904, Apr 16: AkKR 84 (1904), 585-586. Zur Regelung für Rottenburg vgl. ausführlich auch S. IHLI, *Das Bischöfliche Offizialat Rottenburg. Ein Blick in die Geschichte kirchlicher Gerichtsbarkeit in Württemberg*: A. WEISS, S. IHLI (Hg.), *Flexibilitas Iuris Canonici. Festschrift für Richard Puza zum 60. Geburtstag* (= AIC, 28), Frankfurt am Main u. a. 2003, 103-134, 125-126. Delegiertes Gericht dritter Instanz war Augsburg demnach spätestens seit 1860 und blieb es bis 1915.

123 Vgl. SCHNEIDER, *Die Römische Rota*, 173.

124 Vgl. PIUS X., Papst, Reskript, 1910, Apr 23: Arch. Sign., P. N. 1508/61 CP.

125 Vgl. J. VOGT, *Das kirchliche Eherecht*, Cöln ^{3}1910, 207, Anm. 2, und 208, Anm. 1; Z. GROCHOLEWSKI, *De ordinatione ac munere tribunalium in Ecclesia ratione quoque habita iustitiae administrativae*: EphIC 48 (1992), 47-84, 55. Die Delegation des Bischofs von Mainz zum drittinstanzlichen Richter für Köln 1875 hatte wegen des preußischen Kultur-

Möglichkeit einer Berufung an den Heiligen Stuhl wurde dabei, wie schon Papst Pius IX. angeordnet hatte[126], in allen Fällen ausdrücklich aufrechterhalten.

Sonderregelungen galten darüber hinaus seit dem Ende des 19. Jahrhunderts auch für **Mittel- und Südamerika**. In Anbetracht der geografischen und strukturellen Gegebenheiten dieser Gebiete hatte Papst Leo XIII. in seinem Breve *Trans Oceanum Atlanticum* vom 18. April 1897 die seit Gregor XIII. für Spanisch-Westindien geltenden Vorrechte[127] für zunächst 30 Jahre auf alle Länder Lateinamerikas ausgedehnt und verfügt, dass im Fall einer erforderlichen dritten Instanz an einen Metropoliten außerhalb oder einen Nachbarbischof innerhalb der eigenen Kirchenprovinz appelliert werden könnte:

> „Nos igitur re mature perpensa [...] sententiam tenuimus et quae infra recensentur privilegia pro omnibus Americae Latinae singulisque dioecesibus et ditionibus de Apostolicae potestatis plenitudine ad proximum triginta annorum spatium hisce ipsis litteris concedimus. Quare, quod bonum, felix, faustumque sit et universae Americae Latinae Ecclesiae benevertat, mandamus, edicimus: [...]
>
> XIV. Ut quandocumque in causis tam criminalibus quam aliis quibuscumque forum ecclesiasticum concernentibus a sententiis pro tempore latis appellari contigerit, si prima sententia ab Episcopo lata fuerit, ad Metropolitanum; si vero prima sententia lata sit ab ipso Metropolitano, ad Ordinarium viciniorem absque alio Sedis Apostolicae rescripto appelletur [...]; si vero illae duae sive ab Ordinario et Metropolitano, sive a Metropolitano et Ordinario viciniore latae, conformes non fuerint, tunc ad alterum Metropolitanum vel Episcopum ei, a quo primo fuit lata sententia, viciniorem eiusdem provinciae appelletur“[128].

Eindeutig wurde auch hier als Bedingung für die Gewährung des Privilegs die fakultative Berufung an den Apostolischen Stuhl beibehalten, und zwar bereits in zweiter Instanz; zudem musste in den Prozessakten auf das Delegationsreskript verwiesen werden:

---

kampfs nicht in die Tat umgesetzt werden können. So blieb einstweilen die Rota dritte Instanz (vgl. H. MUSSINGHOFF, *Das Bischöfliche Offizialat Münster. Anmerkungen zu seiner Geschichte*: K. LÜDICKE, H. MUSSINGHOFF, H. SCHWENDENWEIN [Hg.], *Iustus Iudex. Festgabe für Paul Wesemann zum 75. Geburtstag von seinen Freunden und Schülern* [= BzMK, 5], 143-182, Essen 1990, 165-166).

[126] Vgl. PIUS IX., *Paterna ducti charitate*, 235, Anm. 7: „Quodsi pars aliqua a sententia Curiae Episcopalis seu iudicis ab illa deputati, vel a sententia tribunalis secundi gradus directe ad Apostolicam Sedem interponere voluerit appellationem, id plane integre liberumque eidem relinquimus [...]“.

[127] Vgl. oben, 115 (3. Kapitel, Abschnitt 1. b).

[128] LEO XIII., Papst, Ap. Schr. *Trans Oceanum Atlanticum*, 1897, Apr 18: ASS 29 (1896-1897), 660-662; vgl. hierzu auch LE-XUAN-THUONG, *La double sentence conforme*, 63.

> „Cum autem recursus ad Apostolicam Sedem etiam omisso medio [...] semper integer manere debeat, ad normam iuris, in usu huius privilegii omnino servandae erunt sequentes conditiones: 1° Ut in singulis causis salva maneat cuique litiganti facultas ad hanc Apostolicam Sedem etiam post primam sententiam recurrendi; 2° Ut in singulis actibus expressa fiat Apostolicae delegationis mentio“[129].

Dass diese Sonderregelungen nicht als Widerspruch zu den Bestimmungen der *Lex propria* aufgefasst wurden, beweist die Tatsache, dass sie nach Inkrafttreten dieses Gesetzes nicht nur rechtsgültig blieben, sondern noch auf weitere Territorien ausgedehnt wurden. Durch Indult vom 1. Januar 1910 nämlich wurden die den Ländern Lateinamerikas gewährten Privilegien für die Dauer von 30 Jahren auch der Kirchenprovinz Manila und dem gesamten Gebiet der **Philippinen** zugestanden:

> „SS.mus D. N. Pius Div. Prov. Papa X [...] de speciali benevolentia, ad Provinciam Ecclesiasticam Manilensem seu ad universam regionem Insularum Philippinarum extendere dignatus est privilegia Americae Latinae, per Litt. Apost. *Trans Oceanum,* die 17a Aprilis 1897, a sa. me. Leonis Papae XIII ad triginta annos concessa; ita tamen ut, quousque dicta privilegia pro America Latina perdurent, eodem tempore pro Insulis Philippinis vigeant, ut tum in America Latina tum in praefatis Insulis eadem sit privilegiorum duratio“[130].

d. Die Rota als einziges Berufungsgericht der Kirchenprovinz Rom

Obwohl den Bestimmungen der *Lex propria* zufolge auch vom Tribunal des Vikariats Rom Prozesse nur dann an die Rota überwiesen werden konnten, wenn rechtmäßig an sie appelliert wurde[131], war die Berufung an den päpstlichen Gerichtshof hier faktisch die einzig bestehende Möglichkeit. Zwar enthält die Konstitution *Etsi Nos* vom 1. Januar 1912[132], in der die Verwaltung des Vikariats Rom neu geordnet wurde, keine Angaben zur Appellationsinstanz für das

---

129 LEO XIII., *Trans Oceanum Atlanticum*, 663. Die dritte Bedingung, nach der die *causae maiores* dem Apostolischen Stuhl reserviert blieben, betraf das Verhältnis der Gerichte zur Rota dagegen nicht. Die vierte Bedingung besagte, dass in Ehefällen weiter die Anordnungen der Bulle *Dei miseratione* zu beachten seien; die mögliche Berufung an die Kongregationen bestand jedoch seit der Neuordnung der Kurie im Jahr 1908 nicht mehr, wodurch die Bestimmung hinfällig wurde (vgl. *ebd.*).

130 SECRST., *Indultum extensionis litterarum Apostolicarum „Trans Oceanum“ et Constitutionis „Romanos Pontifices“ ad Insulas Philippinas*, 1910, Jan 1: AAS 2 (1910), 220.

131 Vgl. *Lex propria*, tit. I, cap. II, can. 14, § 2.

132 PIUS X., Papst, Ap. Konst. *Etsi Nos*, 1912, Jan 1: AAS 4 (1919), 5-22.

Tribunal erster Instanz[133]. Ein anderes kompetentes Berufungsforum als die Rota gab es zu jener Zeit aber weder für die Diözese Rom noch für deren Suffraganbistümer[134]. Deshalb muss auch in diesem Fall von einer Sonderregelung gesprochen werden. Die Rota verfügte hier – wie sonst für keine andere Diözese auf der Welt – über die ausschließliche Jurisdiktion in allen Verfahren zweiter und höherer Instanz.

3. Die Wiederaufnahme des Gerichtsbetriebes

Papst Pius X. hatte der Rota einen klaren Auftrag gegeben. Durch die gesetzlichen Grundlagen, auf denen der Gerichtshof neu errichtet war, und mehrere konkretisierende Zusatzbestimmungen waren Funktion und Kompetenz des Tribunals in der Weltkirche eindeutig festgelegt. Dennoch konnte dessen Auftrag durch seine Umsetzung in die Praxis noch weitere Modifikationen erfahren. Die Aufmerksamkeit, die der Rota nach ihrer Restitution tatsächlich zuteil wurde, die Resonanz, die sie als den Gläubigen in aller Welt wieder verfügbares Berufungsgericht fand, und das Selbstverständnis des Tribunals prägten dessen Eigenart ebenso wie alle Partikularnormen, die zur Reaktivierung des Dikasteriums und zur Ausübung der richterlichen Aktivität zusätzlich von der Rota selbst erlassen wurden.

a. Die Eröffnung des ersten Gerichtsjahres

Rechtzeitig zum 3. November 1908, an dem die Bestimmungen der Konstitution *Sapienti consilio* und der *Lex propria* Gesetzeskraft erlangten, hatte Papst Pius X. auch die entsprechenden Personalentscheidungen getroffen, die nötig waren, um den Gerichtsbetrieb endgültig aufnehmen zu können. In Abweichung vom weiterhin vorgesehenen traditionellen Modus der Amtsübertragung, nach der dem dienstältesten Richter die Stelle des Vorsitzenden des Auditorenkollegiums zukommt, nominierte der Papst am 20. Oktober 1908[135] den verdienstvollen und angesehenen Kanonisten Msgr. Michele Lega[136] zum ersten Dekan des

---

[133] Vgl. *ebd.*, 19 (cap. III, n. 58), wo nur bestimmt wird, dass die erste Instanz allein beim Kardinalvikar liegt.

[134] Vgl. J. LLOBELL, *Il tribunale di appello del Vicariato di Roma*: IusEc 1 (1989), 257-277, 258; J. LLOBELL, *El M. P. ‚Sollicita cura': Aspectos históricos, eclesiásticos y procesales. Texto y comentario*: REDC 46 (1989), 263-278, 266-267.

[135] Vgl. *Biografie degli Ill.mi e Reverendiss.mi Uditori della S. R. Rota dalla sua restituzione*, I, Arch. Rot.

[136] Michele Lega stammte aus Brisighella in der Diözese Faenza. Er blieb Dekan bis zu seiner Kardinalserhebung am 25. Mai 1914. Am 15. Dezember des gleichen Jahres wurde er zum Präfekten der Apostolischen Signatur ernannt, am 20. März 1920 zum Präfekten der Sakramentenkongregation. Er starb am 16. Dezember 1935 in Rom; JULLIEN, *Il beato Papa Pio X*, 160, schreibt: „Mons. Michele Lega, prelato di acuto ingegno e di vasta cultura giuri-

neu errichteten Tribunals. Mit gleichem Datum wurden sechs weitere kirchliche Rechtsgelehrte zu Auditoren ernannt[137] und drei bereits während der Zeit der unterbrochenen Gerichtstätigkeit zu Richtern der Rota bestimmte Prälaten in ihrem Amt bestätigt[138]. Durch einen besonderen Gunsterweis des Papstes bekamen zudem Msgr. Johann Montel Edler von Treuenfest den Titel eines *Decanus emeritus* und zwei weitere Prälaten den eines *Auditor emeritus* verliehen[139]. Den Richtern beigeordnet waren den Bestimmungen der *Lex propria* gemäß ein *Promotor Iustitiae*, ein *Defensor Vinculi*, zwei Notare, zehn *Adiutores* und sechs sonstige Bedienstete[140].

Am 12. November 1908 konnte das erste Gerichtsjahr der neuen Rota dann feierlich mit einer Votivmesse zum Heiligen Geist eröffnet werden[141]. An-

---

dica, il quale, per la sua profonda conoscenza sia della storia e giurisprudenza dell'antica Rota, sia della prassi della Curia Romana, seppe fin dall'inizio, senza tentennamenti, ordinare il ricostituito Tribunale"; vgl. hierzu auch JULLIEN, *Cinquant'anni di attività giudiziaria*, 6; Literatur zu Person und Werk vgl. unten, Anhang II, 420.

137 Dies waren die Italiener Carlo Lombardi († 18. Dezember 1908), Achille Martini (bis 1909) und Luigi Sincero (bis 1923), der Franzose Séraphin Many (bis 1921, Dekan ab 26. Januar 1920), der Deutsche Franz Heiner (bis 1919) und der Brite John Prior (bis 1926, Dekan ab 31. Dezember 1921); vgl. hierzu JULLIEN, *Cinquant'anni di attività giudiziaria*, 6: „Giudici peritissimi furono i primi Uditori nominati da San Pio X nel 1908: anime eminentemente sacerdotali, uomini ricchi di prudenza".

138 Nämlich die Italiener Gustavo Persiani (Auditor seit 1896; im Amt bis zum Tod 1911), Costantino Contini Riccardi (1897-1909) und Guglielmo Sebastianelli (1902-1920, Dekan ab 25. Mai 1914). SCHNEIDER, *Die Römische Rota*, 115, sieht hierin einen Beweis dafür, „daß nach der kurialen Auffassung die heutige Rota als Fortsetzung der früheren zu gelten hat".

139 Die Auditoren waren Msgr. Charles Mourey und Msgr. Giovanni Befani; vgl. R. MERRY DEL VAL, KardStSekr., Brief, Nr. 33745, 1908, Nov 27, an Msgr. M. Lega, DekRR.: Arch. Rot., Not. 1: „La Santità di Nostro Signore volendo dare un attestato di benevola considerazione ai Monsignori Giovanni de Montel, Carlo Mourey e Giovanni Befani, i quali per la recente costituzione ‚Sapienti consilio' cessano di far parte del Collegio di Uditori della Sacra Romana Rota, si è benignata di concedere al primo il titolo di ‚Decano emerito' e agli altri due sunnominati Prelati il titolo di ‚Uditori emeriti' del suddetto Tribunale".

140 Vgl. deren Vereidigungsprotokolle vom 16., 21. und 26. November 1908: Arch. Rot., Not. 76. GCFP 1909, 437, nennt hingegen vier Notare und nur zwei sonstige Bedienstete.

141 Vgl. Vereidigungsprotokoll vom 12. November 1908: Arch. Rot., Not. 76: „In Nomine Domini Amen. Coram me Ioanne Ladelci Equite, Sacrae Romanae Rotae Notario, hodie die XII Novembris anni Domini MDCCCCVIII feliciter regnante Domino Nostro Pio Papa X, quem Deus diu sospitet, in Cappella Paulina in Palatio Vaticano celebrata est Missa de Spiritu Sancto ab Excellentissimo Patre Domino Augusto Sili a sacris largitionibus domus Pontificiae, ad auspicandum initium functionum Tribunalis Sacrae Romanae Rotae denuo constituti a Constitutione *Sapienti Consilio* Domini Nostri Pii Papae X die 29 Iunii 1908. Adstiterunt Domini Patres Auditores causarum S. Palatii et omnes officiales Sacro Tribunali Rotae addicti".

schließend wurden die neu ernannten Auditoren vereidigt[142] und danach von Papst Pius X. in Audienz empfangen. Der Papst verlieh dabei in seiner Ansprache der Überzeugung Ausdruck, dass die gerade erst in ihr Amt eingesetzten Richter die alten Traditionen der Rota in bestmöglicher Weise lebendig erhalten würden[143].

Bereits am 19. November überwies die Konzilskongregation fünf Streitfälle an die Rota[144]. Zwei Tage später konnten die ersten drei *Turni* konstituiert werden[145], und bis zum Ende des Jahres konnten noch weitere 19 Verfahren aufgenommen werden[146]. Am 15. März 1909 fällte die Rota dann nach fast 39 Jahren erstmals wieder ein Urteil[147]. Die Entscheidung, die die Auditoren trafen, steht symbolhaft für die Unabhängigkeit der Rota: Das Richtergremium erklärte nämlich einen Bescheid für rechtlich unwirksam, den ein Bischof sich unter Verschweigung eines bestehenden Rechtes mündlich von Papst Pius X. hatte geben lassen[148].

---

142 Vgl. *ebd.*: „Deinde iidem Domini Patres Auditores nuper in Collegium cooptati juramentum praestiterunt juxta nuperrimas praescriptiones sequenti ordine: Rev.mus Dom. Michael Lega Decanus, Rev. Dom. Carolus Lombardi, Rev. Dom. Serafinus Many, Rev. Dom. Ioannes Prior, Rev. Dom. Achilles Martini, Rev. Dom. Aloysius Sincero"; Msgr. Heiner hatte nicht nach Rom kommen können, weil er noch in Freiburg im Breisgau lehrte (vgl. *Il solenne giuramento dei nuovi uditori di Rota*: CdI 3 [1908], 13.11.1908).

143 Vgl. *Il giuramento degli Uditori di Rota*: OR 48 (1908), Nr. 263, 13.11.1908, 2-3: „Terminata la cerimonia, tutti i presenti sono saliti all'Appartamento Pontificio per essere ammessi in udienza dal Santo Padre. Sua Santità riceveva prima in particolare udienza l'E.mo Vannutelli e quindi passata nella Sala del Trono, ove erano ad attenderlo i Prelati Uditori di Rota, li ammetteva al bacio della mano, come pure ammetteva alla sua augusta presenza, nelle adiacenti sale, gli aiutanti di studio e gli altri Ufficiali componenti il Tribunale della Rota. Agli Uditori di Rota Sua Santità rivolgeva brevi parole nelle quali esprimeva il suo convincimento che l'Ufficio al quale ha destinato i nuovi eletti, sarà da loro adempiuto con ogni diligenza e scienza così da mantenere alte le antiche tradizioni per le quali andò sempre apprezzato il Tribunale della Sacra Rota Romana a coi si rivolse e si rivolgerà il mondo intero. Sua Santità poscia impartiva la Benedizione Apostolica e ritiravasi nei suoi appartamenti".

144 Vgl. SRR., *Registro di protocollo*, 1 (1908-1917), P. N. 1/08; 2/08; 3/08; 4/08; 5/08: Arch. Rot.

145 Nämlich P. N. 1/08: SRR c. PRIOR, Adiacen., *Nominationis ad Paroeciam*; P. N. 2/08: SRR c. SEBASTIANELLI, Alexandrina, *Iuris Patronatus*; P. N. 3/08: SRR c. LEGA, Mediolanen., *Curae animarum*: vgl. *Registro di protocollo*, 1 (1908-1917).

146 Vgl. *Registro di protocollo*, 1 (1908-1917), P. N. 4/08 - 22/08.

147 Und zwar SRR., Urteil c. SEBASTIANELLI, Alexandrina, *Iuris Patronatus*, 1909, Mrz 15: SRRDec 1 (1909), 5-9; kommentiert bei PEZZANI, *In decisiones Sacrae Romanae Rotae*, I, 22-30.

148 Vgl. *ebd.*, 9, n. 10; und hierzu JULLIEN, *Il beato Papa Pio X*, 159, sowie JULLIEN, *Cinquant'anni di attività giudiziaria*, 5. Demnach habe der Papst bei der Audienz zur Eröff-

b. Die *Regulae servandae* von 1909/10

Schon bald nach der Wiederaufnahme der Gerichtstätigkeit der Rota hatte sich gezeigt, dass die geltenden Normen nicht in jeder Hinsicht einen reibungslos funktionierenden Prozessablauf gewährleisten konnten[149]. Die Bestimmungen der *Lex propria* enthielten meistens „nur die allgemeinen Richtlinien [...], innerhalb deren das päpstliche Gerichtswesen sich bewegen soll“[150]. Da durch sie außerdem viele alte Verfahrensnormen der Rota hinfällig geworden waren, musste sich das Gericht selbst eine detaillierte Prozessordnung schaffen[151].

Nach eingehenden Beratungen des Auditorenkollegiums[152] konnte die ausgearbeitete Vorlage im Sommer 1909 dem Papst vorgelegt werden. Pius X. approbierte sie am 7. September[153] unter dem Titel *Regulae servandae in praecipuis actis iudiciariis apud S. Romanae Rotae Tribunal*[154] zunächst versuchsweise, um den Auditoren die Möglichkeit nachträglicher Modifikationen offenzu-

---

nung des zweiten Gerichtsjahrs die Auditoren mit folgenden Worten empfangen: „Mi avete dato torto: avete fatto bene!“ (JULLIEN, *Cinquant'anni di attività giudiziaria*, 5).

149 Vgl. M. LEGA, [*Prooemium*], 1909, Sep 7: *Regulae servandae in praecipuis actis iudiciariis apud Sacrae Romanae Rotae Tribunal approbatae et confirmatae ad experimentum a Pio Papa X*, Romae 1909, 5: „Constitutione ‚*Sapienti consilio*‘ S. R. Rotae tribunal in exercitium revocatum fuit iuxta *Legem Propriam.* Haec Sacro Tribunali certam dedit ordinationem et auctoritatem, nec non iudiciales statuit procedendi normas, sed tantum supremas et generales“.

150 SCHNEIDER, *Die Römische Rota*, 94.

151 Vgl. LEGA, [*Prooemium*]: „[*Lex propria*] [...] dedit [...] normas [...] quae aliqua ex parte mutant veterem stylum seu normas processus S. R. Rotae iampridem consuetas. – Ceterum iste stylus in usum plene revocari non potest, quippe qui non amplius respondet H. S. O. constitutioni. – Quamobrem RR. PP. DD. Auditores iam ab incoepto suae potestatis exercitio necessitate adstricti sunt statuendi uniformes et constantes regulas, quae singula acta iudicialia moderarentur“.

152 Vgl. *ebd.*: „Ad hoc frequentes iidem RR. PP. habuerunt coetus, et collatis consiliis, has regulas condiderunt in iudiciis apud S. Rotam servandas“.

153 Vgl. *ebd.*: „Quibus cum accesserit approbatio et confirmatio SS.mi D. N. Pii Papae X, easdem vim legis habere nemo est qui ambigere possit. Re quidem vera in Audientia quam habuit die 7 Septembris 1909 infrascriptus Decanus ‚*SS.mus dignatus est has regulas, etiam quatenus Legem Propriam interpretantur, eiusque continent applicationem in singulis actis iudiciariis, approbare et confirmare, ad effectum ut observentur in iudiciis penes S. Rotam; idque ad experimentum*‘“.

154 *Regulae servandae in praecipuis actis iudiciariis apud S. Romanae Rotae Tribunal*, Romae 1909; zugleich erschien auch die italienische Version *Regole da osservarsi nei principali atti giudiziari presso il Tribunale della Sacra Romana Rota*, Roma 1909.

halten, die nach einer ersten Anwendung in der Praxis vielleicht wünschenswert erscheinen könnten[155].

Am 2. August 1910 wurde die Verfahrensordnung dann mit nur geringfügigen Änderungen als *Regulae servandae in iudiciis apud Sacrae Romanae Rotae Tribunal*[156] endgültig vom Papst bestätigt[157]. Nach Erlangung der Gesetzeskraft durch die Veröffentlichung in den *Acta Apostolicae Sedis* vom 25. Oktober 1910[158] verfügte die Rota so über präzise Verfahrensregeln in neun Titeln[159], die auf dem Hintergrund der alten Gerichtsordnung in Einklang mit den Bestimmungen der *Lex propria* sowie den allgemein gültigen kirchlichen Rechtsnormen der damaligen Zeit standen[160] und ihrerseits Grundlage waren für die

---

155 Vgl. LEGA, [*Prooemium*]: „Siquidem Sanctitas Sua voluit ut hae usui iudiciorum quotidiano redderentur aptiores, iis inductis correctionibus et additamentis, quae forte experientia suggesserit".

156 *Regulae servandae in iudiciis apud Sacrae Romanae Rotae Tribunal approbatae et confirmatae a Pio Papa X*: AAS 2 (1910), 783-850.

157 Vgl. M. LEGA, [*Introductio*]: AAS 2 (1910), 783: „Nunc iterum a SS. DD. in Audientia *diei 2 Augusti 1910,* probatis nonnullis additamentis, confirmatae sunt, Eademque Sanctitas Sua iussit eas in tribunali S. R. Rotae vim legis habituras; quapropter mandavit, has publicari et promulgari in *Commentario Officiali S. Sedis*". SCHNEIDER, *Die Römische Rota*, 95, spricht von „wenigen und unwesentlichen Veränderungen".

158 Allerdings können die Regeln formalrechtlich nicht als *Lex propria* betrachtet werden, weshalb sich nach der Promulgation des CIC von 1917 die Frage stellte, ob sie weiter Gültigkeit hätten: vgl. J. LLOBELL, *Le norme della Rota Romana in rapporto alla vigente legislazione canonica: la „matrimonializzazione" del processo; la tutela dell'"ecosistema processuale"; il principio di legalità nell'esercizio della potestà legislativa*: P. A. BONNET, C. GULLO (Hg.), *Le „normae" del tribunale della Rota Romana* (=StGiur, 42 = ADGC, 21), 87.

159 Titulus I (§§ 1-42): *De introductione causae apud Ponentem, de citatione et dubiorum concordatione*; Titulus II (§§ 43-80): *De documentorum et defensionum exhibitione et de orali discusione*; Titulus III (§§ 81-100): *De incidentibus*; Titulus IV (§§ 101-172: *De processus instructione*; Titulus V (§§ 173-192): *De sententiis*; Titulus VI (§§ 193-206): *De expensis iudicialibus fructibus et damnis aestimandis et de redditione rationum*; Titulus VII (§§ 207-218): *De exemptione ab expensis iudicialibus, de earumdem reductione, et de gratuito patrocinio*; Titulus VIII (§§ 219-223): *De renuntiatione instantiae, actionis iudicialis, aliorumque causae actuum*; Titulus IX (§§ 224-238): *De appellatione a sententiis aut a decretibus rotalibus*; vgl. dazu auch KORR, *Die Appellation an die S. Rota Romana*, 69-72. In den *Regulae servandae in actis iudiciariis* von 1909 waren Titel VII und IX vertauscht. Die Gebührenordnung wurde in der Folgezeit mit päpstlicher Erlaubnis immer wieder auf den neuesten Stand gebracht, so zum Beispiel bereits im Mai 1914 (vgl. SRR., *Prescrizioni rigurdanti i diritti ed onorari degli Avvocati e Procuratori rotali*, 1914, Jun 18, Arch. Rot.: Not. 143).

160 Vgl. F. CATTANI AMADORI, PrDekRR., *Anni iuridici auspicatio*, 1923, Okt 16: AAS 15 (1923), 567-569, 567: „[...] si fecero rivivere in parte gli antichi ordinamenti Rotali, e nuove norme si introdussero, secondo le nuove esigenze dei tempi cotanto mutati". Allerdings wurden auch prozessrechtliche Bestimmungen der *Lex propria* selbst modifiziert. So entschied Papst Benedikt XV. am 23. Oktober 1915 auf Bitten des Auditorenkollegiums der Rota, das durch can. 22 § 2 verfügte Verbot, in ein und derselben Sache zugleich *Ponens* und

Neufassung und Kodifizierung des Prozessrechts im *Codex Iuris Canonici* von 1917[161]; so gehen etwa 40 Kanones des Gesetzbuches auf die am päpstlichen Gerichtshof in der Praxis erprobte und bereits bewährte Verfahrensordnung zurück[162]. Auf diese Weise war es der Rota wieder gelungen, wie in früheren Jahrhunderten zur Ausformung und Weiterentwicklung des kirchlichen Rechts beizutragen.

Die Prozedurregeln der Gerichtsordnung sind unterschiedslos in allen Instanzen anzuwenden[163]. Dies gilt ebenso für *quaestiones incidentales,* die in Verbindung mit den beim Gericht anhängigen Hauptverfahren stehen; für diese wird die Zuständigkeit der Rota ausdrücklich bekräftigt[164].

c. Die ersten Prozesse

In den letzten Monaten des Jahres 1908 wurden noch zwölf Fälle von der Konzils-[165] und neun von der Sakramentenkongregation[166] an die Rota überwiesen; vier von ihnen waren auf Grund päpstlichen Kommissionsreskripts an sie

---

Vernehmungsrichter zu sein, aufzuheben; vgl. BENEDIKT XV., Papst, Indult, 1915, Okt 23: Arch. Rot., Not. 89: „Libenti animo annuimus petitioni DD. Auditorum SR. Rotae".

161 Vgl. GOYENECHE, *De SS. Congregationum, tribunalium et officiorum constitutione*, 131: „Hae Regulae, firma *Lege propria,* singulos actus processuales tribunalis Rotae moderatur ipsis, maxima ex parte accomodando iuris communis praescripta tunc temporis vigentia. Plurimae ex iis Regulis sunt postea in Codice receptae; unde iure meritoque considerari possunt veluti futurae disciplinae processualis Codicis prodromi. [...] prae aliis, institutum *peritiae,* satis iam hic perfecte enucleatum (Tit. IV., cap. III) quod, postea, melius adhuc perpolitum, in ius commune Codicis transiit (cc. 1792-1805)". Tatsächlich war die *Lex propria* schon vor dem Erscheinen des Codex die Verfahrensordnung, an der sich auch untergeordnete Gerichte orientieren mussten; vgl. dazu F. HEINER, *Die geltenden Prozessregeln der römischen Rota*: AkKR 92 (1912), 645: „Ohne Kenntnis des Prozessverfahrens der Rota werden heute kaum noch Prozesse gültig von den Bischöflichen Kurien geführt werden können".

162 Vgl. PALESTRO, *Rassegna di giurisprudenza rotale*, 14-15.

163 Vgl. *Regulae servandae in iudiciis*, § 228 (= *Regulae servandae in praecipuis actis iudiciariis*, § 225): „Hisce appellationis iudiciis communes sunt normae processuales statutae pro instantiis in primo gradu apud tribunal S. Rotae pertractandis".

164 Vgl. *ebd.*, § 99 (= *Regulae servandae in praecipuis actis iudiciariis*, § 99): „Quaestiones incidentes in gradu appellationis apud S. Rotam promotae, seu in primo gradu non definitae, definiri possunt ab H. S. Ordine, si connexionem cum causa principali habeant, quae in prima instantia definita sit"; siehe hierzu auch SRR, Urteil c. MANY, *Crediti*, 1909, Nov 19: SRRDec 1 (1909), 144-145, die sich auf diese Kompetenzregelung beruft.

165 Vgl. SRR., *Registro di protocollo*, 1 (1908-1917), P. N. 1/08-8/08; 11/08; 12/08; 14/08; 18/08.

166 Vgl. *ebd.*, P. N. 10/08; 13/08; 15/08-17/08; 19/08-22/08.

gelangt[167]. Nur eine einzige Ehesache kam durch direkte Berufung an das Gericht an[168].

Bereits 1909 aber nahm die Rota zunehmend die ihr eigene Funktion eines Appellationsforums wahr: In 21 Fällen appellierte eine Prozesspartei unmittelbar an den päpstlichen Gerichtshof[169]. Dennoch wurden die Verfahren noch in der Mehrzahl von der Sakramenten- und Konzilskongregation übersandt[170]; 22-mal erfüllte die zuständige Stelle diese Pflicht *ex commissione Sanctissimi*[171]; sechsmal wurde die Rota vom Papst selbst mit der Durchführung eines Prozesses beauftragt[172]. Obwohl zunächst hauptsächlich zweitinstanzliche Fälle an das Gericht kamen[173], sind bereits in den ersten Jahren nicht wenige Verfahren zu

---

167 Vgl SRR., *Registro di protocollo*, 1 (1908-1917), P. N. 3/08-5/08; 12/08.

168 Vgl. *ebd.*, P. N. 9/08.

169 Vgl. *ebd.*, P. N. 24/09; 29/09; 34/09; 38/09; 47/09; 50/09; 51/09; 54/09; 58/09; 59/09; 69/09; 75/09; 76/09; 88/09; 89/09; 92/09; 93/09; 97/09; 99/09 (Rekurs, dem ein Verfahren in vierter Instanz folgte); 101/09; 103/09.

170 Nämlich 29 Fälle von der Sakramentenkongregation (vgl. *ebd.*, P. N. 23/09; 25/09; 26/09; 28/09; 31/09-33/09; 35/09-37/09; 46/09; 53/09; 55/09-57/09; 60/09; 61/09; 63/09-65/09; 70/09; 73/09; 74/09; 77/09; 78/09; 84/09; 85/09; 87/09; 95/09; und 13 Fälle von der Konzilskongregation (P. N. 30/09; 39/09; 41/09; 43/09; 45/09; 52/09; 66/09-68/09; 72/09; 80/09; 81/09; 94/09); weitere Fälle wurden der Rota übertragen von der Religiosenkongregation (P. N. 27/09; 40/09; 44/09; 48/09; 71/09); vom Staatssekretariat (P. N. 49/09; 98/09); von der *Propaganda Fide* (P. N. 42/09; 79/09); von der Konsistorialkongregation (P. N. 96/09); von der Kongregation für die außerordentlichen kirchlichen Angelegenheiten (P. N. 90/09).

171 Vgl. SRR., *Registro di protocollo*, 1 (1908-1917), P. N. 27/09; 39/09-46/09; 48/09; 49/09; 66/09-68/09; 70/09-72/09; 79/09; 81/09-83/09; 90/09; 94/09-96/09. Die Rota übte hier außerordentliche Jurisdiktion aus, da sie normalerweise nicht kompetentes Gericht erster Instanz gewesen wäre. Es handelte sich deshalb nicht um päpstliche Spezialkommissionen, das heißt an die Rota delegierte Verfahren, die – wie etwa die *causae maiores* – rechtlich allein dem Papst vorbehalten gewesen wären. Wie bei der Überweisung *ex commissione Sanctissimi* durch ein anderes Dikasterium genügte auch in diesem Fall ein einfacher Bescheid des Papstes: vgl. hierzu SRR, Urteil c. SEBASTIANELLI, Pharen., *Iurium et poenarum*, 1910, Okt 10, n. 2: SRRDec 2 (1910), 191-199, 193: „Neque requiritur ut commissio fiat forma aliqua solemni, v. g. per Breve, aut per Bullam; sufficit enim simplex rescriptum, ex quo constet de rescribentis voluntate. Nec in eo Pontifex indicare tenetur rationes, quibus motus fuit, ad quaestiones transmittendas Sacrae Rotae pro definitivo iudicio. Parum etiam refert, an uno rescripto unam, duas, aut numero plures causas nostro Tribunali Sedes Apostolica commiserit". Papst Benedikt XV. bestätigte im Übrigen zwei Monate nach seiner Wahl zum Nachfolger Pius' X. 15 päpstliche Kommissionen; vgl. P. GASPARRI, KardStSekr., Brief, Nr. 1071, 1914, Nov 5, an G. Sebastianelli, DekRR.: Arch. Rot., Not. 103.

172 Vgl. SRR., *Registro di protocollo*, 1 (1908-1917), P. N. 62/09; 82/09; 83/09; 86/09; 91/09; 100/09.

173 Von den im Jahr 1909 erlassenen Urteilen waren 18 (94,7 %) in zweiter Instanz gefällt und nur eines in dritter, 1911 waren es von 34 Sentenzen bereits elf (32,4 %) in dritter und fünf (14,7 %) in erster Instanz: vgl. SRRDec 1 (1909); 2 (1910).

verzeichnen, die in dritter oder höherer Instanz, teilweise auf Grund interner Berufung, zu entscheiden waren[174].

Bei den angenommenen Prozessen handelte es sich zwar meist um Ehenichtigkeitsfälle[175]. Doch übte die wiedererrichtete Rota ihre Gerichtsbarkeit auf sehr mannigfaltigem Gebiet aus; vor allem in den ersten Jahren wurden Rechtsstreitigkeiten verschiedenster Art vor die Auditoren gebracht und von ihnen entschieden[176], darunter nicht wenige Strafverfahren[177]. Berufungen trafen aus der ganzen katholischen Welt ein[178], mitunter auch aus Gegenden, in denen dazu keine Verpflichtung bestand[179]. Auffallend ist, dass trotz des für die Kirchenprovinz Rom geltenden Sonderstatus des Gerichts zunächst verhältnismäßig we-

---

174 Vgl. SRRDec 1 (1909); 2 (1910); in den Jahren 1911 und 1912 entschied die Rota je einmal in vierter Instanz (vgl. SRR., Urteil c. MORI, Cameracen., *Nullitatis matrimonii*, 1911, Jun 23: SRRDec 3 [1911], 292-311; SRR., Urteil c. LEGA, [Romana], *Nullitatis matrimonii*, 1912, Jan 17: SRRDec 4 [1912], 33-56), 1911 auch einmal in fünfter Instanz (vgl. SRR., Urteil c. LEGA, Veszprimien., *Nullitatis matrimonii*, 1911, Jun 2: SRRDec 3 [1911], 224-236). Interne Berufungsverfahren, die im Jahr 1909 aufgenommen wurden, waren P. N. 2A/08; 4A/08; 10A/08; 18A/08; 23A/09; 102/09: vgl. SRR., *Registro di protocollo*, 1 (1908-1917).

175 Von den 1908 angenommenen 22 Fällen waren elf (50,0 %) Ehenichtigkeitsprozesse, von den 89 des Jahres 1909 waren es 43 (48,3 %), 1910 von 77 bereits 42 (54,6 %): vgl. *ebd.*

176 So 1908 zwei Verfahren *Remotionis a paroecia* (vgl. *ebd.*, P. N. 6/08; 7/08) und je eines *Crediti* (P. N. 8/08); *Crediti et executionis* (P. N. 11/08); *Curae animarum* (P. N. 3/08); *Diffamationis* (P. N. 12/08); *Iuris canendi missas adventicias* (P. N. 18/08); *Iurispatronatus* (P. N. 2/08); *Iurium et poenarum* (P. N. 4/08); *Nominationis ad paroeciam* (P. N. 1/08); *Unionis et administrationis* (P. N. 5/08); 1909 beispielsweise vier Prozesse *Diffamationis* (P. N. 52/09; 66/09; 71/09; 86/09); drei *Suspensionis* (P. N. 47/09; 59/09; 67/09); zwei *Crediti* (P. N. 38/09; 48/09); zwei *Refectionis damnorum* (P. N. 89/09; 96/09); 1910 sechs *Iurium* (P. N. 148/10-151/10; 156/10; 157/10); vier *Pensionis* (P. N. 108/10; 110/10; 118/10; 179/10); drei *Proprietatis* (P. N. 116/10; 140/10; 168/10): vgl. *ebd.*

177 Zur Rechtsprechung der Rota in Strafverfahren vgl. V. PALESTRO, *Le sentenze penali della Rota Romana (1909-1996)*: Z. SUCHECKI (Hg.), *Il processo penale canonico* (= QdA), Roma 2003, 325-364. Von der Wiederaufnahme des Gerichtsbetriebs bis zum Inkrafttreten des CIC/1917 sind insgesamt 31 Entscheidungen in *causis poenalibus* getroffen worden: vgl. *ebd.*, 332.

178 So kamen 1908 insgesamt neun Fälle aus Italien an, sechs aus Frankreich, drei aus Polen und je einer aus Deutschland, Malta, Mexiko und Österreich-Ungarn; 1909 waren es 39 aus Italien, 16 aus Frankreich, fünf aus Deutschland, vier aus Österreich-Ungarn, je drei aus Polen und den Vereinigten Staaten von Amerika, je zwei aus Malta, Russland und Tanganjika sowie je einer aus Ägypten, Algerien, Belgien, China, Griechenland, Kenia, Kuba, Mexiko, Nicaragua, der Schweiz und Spanien: vgl. SRR., *Registro di protocollo*, 1 (1908-1917).

179 Zum Beispiel durch rechtmäßige Berufung gegen Urteile erster oder zweiter Instanz aus Erlau (Eger) (P. N. 99/09), Havanna (San Cristóbal de La Habana) (P. N. 70/09), Madrid (P. N. 78/09), Managua (P. N. 37/09), München und Freising (P. N. 13/08), Panamá (P. N. 133/10), Vic (P. N. 115/10). Aus den genannten Gebieten erreichten die Rota auf Grund päpstlicher Kommission jedoch meist Sachen erster Instanz: vgl. *ebd.*

nige Fälle aus diesen Diözesen an die Rota gelangten[180]. Insgesamt gesehen musste zudem während des Ersten Weltkriegs ein durch die äußeren Umstände bedingter leichter Rückgang an Verfahren verzeichnet werden[181].

d. Die Weiterführung der Rechtsprechung

Mit der Aufnahme des Gerichtsbetriebs waren die Voraussetzungen dafür geschaffen, dass die Rota erneut richterliche Entscheidungen im Namen des Papstes treffen konnte. Lag 1909 die Zahl der in diesem Jahr gefällten Urteile noch bei 19, so waren es 1910 bereits 34 Sentenzen, durch die das Tribunal Recht sprach. Der Höchststand vor Inkrafttreten des *Codex Iuris Canonici* wurde 1913 mit 54 Urteilen erreicht[182].

Auf Beschluss des Auditorenkollegiums sollten die *decisiones* in Fortführung der Praxis früherer Jahrhunderte von Anfang an gesammelt und dann unter dem Titel veröffentlicht werden[183], und zwar unter dem Titel *S. Romanae Rotae decisiones seu sententiae*[184], was erstmals 1912 durch die Publikation der Sentenzen des ersten Gerichtsjahres erfolgte[185]. Durch dieses Vorhaben konnte ein

---

180 Vgl. *ebd.*; so kam 1908 kein einziges römisches Verfahren an die Rota; auf Grund von Berufung waren es 1909 fünf (P. N. 63/09; 68/09; 69/09; 96/09; 102/09), 1910 drei (P. N. 121/10; 137/10; 180/10), 1911 keines, 1912 eines (P. N. 288/12). Dazu kamen noch einige Prozesse erster Instanz *ex commissione Sanctissimi* (nämlich P. N. 49/09; 108/10; 217/11; 229/11; 306/12).

181 Vgl. MASSIMI, *Indirizzo d'omaggio 1928*: „[...] l'opera del Tribunale si è svolta regolarmente, pur in mezzo a molte difficoltà. La sua attività fu notevole fin dai primi anni, ebbe una brusca ma ben spiegabile diminuizione nel tempo di guerra e nel biennio immediatamente successivo, per poi riprendere e crescere di anno in anno". Tatsächlich wurden 1914 noch 93 Verfahren angenommen, 1915 nur mehr 61; 1916: 37; 1917: 32 (davon bis zum Inkrafttreten des *Codex Iuris Canonici* 13); 1918: 36; 1919: 30 (vgl. SRR., *Registro di protocollo*, 2 (1912-1920).

182 1911 waren es 45 Sentenzen; 1912: 42; 1914: 33; 1915: 42; 1916: 32; 1917: 30 (vgl. SRRDec 1 [1909] - 9 [1917].

183 Vgl. LEGA, *Praefatio*, V: „Deinceps RR. Patres animum adiecerunt, ut in unum colligerentur *decisiones*, pro definitione singularum causarum datae, ad normam *can. 31 Legis propriae*, quae utpote *rotales decisiones* natae erant prosequi seriem, nostra aetate certo tempore interruptam, illarum *decisionum* h. s. Tribunalis, tantam famam et laudem civili quoque in foro adeptarum".

184 Zur Wahl des Doppelnamens vgl. *ebd.*, LIII: „[...] nostras *decisiones* appellamus *sententias* et sententiae simpliciter appellandae essent, etiam ut sequeremur rationem loquendi *Legis Propriae*; tamen placuit Dominis Auditoribus huic nostrae collectioni inscribere titulum: ‚*Decisiones* seu *Sententiae*', eo consilio ut ex ipso titulo significaretur, hanc collectionem continuare seriem, parvo tempore interruptam, illarum decisionum quae Nostro Tribunali tantam laudem ubique gentium compararunt".

185 Der vollständige Titel lautete: *S. Romanae Rotae decisiones seu sententiae quae iuxta Legem Propriam et Const. „Sapienti Consilio" Pii PP. X. prodierunt anno 1909 cura*

wesentlicher Beitrag zur Weiterentwicklung und Vereinheitlichung der Judikatur und des kirchlichen Rechts geleistet werden[186]. Zudem standen die auf diese Weise allgemein zugänglichen Urteile, wenngleich teilweise erst nach Ablauf mehrerer Jahre[187], jetzt auch Richtern untergeordneter Instanzen als wertvolles Hilfsmittel bei der Entscheidungsfindung zur Verfügung[188].

Im Gegensatz zum traditionellen Vorgehen sollten nun erst die endgültig abgefassten Sentenzen veröffentlicht werden[189]; ebenso wurde beschlossen, die Publikation nicht mehr durch einzelne Gelehrte vornehmen zu lassen, sondern in chronologischer Abfolge durch das Auditorenkollegium selbst[190]. Bis zum Jahr 1947 wurden so sämtliche Urteile ohne Ausnahme der Reihe nach veröffentlicht[191]. In den ersten Jahren nach der Reform Papst Pius' X. wurden die Dezisi-

---

eiusdem S. Tribunalis editae cum praefatione a reverendissimo Lega Decano exarata de veterum decisionum natura et origine earumque collectionibus, I, Romae 1912. Zu den Modifizierungen des Titels in späteren Jahren vgl. G. ERLEBACH, *Le fonti di cognizione della giurisprudenza rotale (1909-1998)*: QStR 10 (1999), 47-80, 50-52; zu Gestalt und Aufbau der *decisiones* vgl. *ebd.*, 52-59.

186 Vgl. LEGA, *Praefatio*, LIV: „[...] religiose servanda erat haec continuatio, etiam nomine tenus, in decisionibus Nostri Trib. quae iurisprudentiam rotalem constituunt et prosequuntur in nostram aetatem [...]". Auf die Tatsache, dass dies durch eine Weiterentwicklung der Judikatur der Rota selbst geschehen muss, verweist MÖRSDORF, *Die Autorität der rotalen Rechtsprechung*, 423: „Es liegt gerade im Wesen des richterlichen Tuns, daß sich alle Gerichte, insbesondere aber das letztinstanzliche Gericht, offen halten für neue Erkenntnisse [...]. Die Selbstkritik an der eigenen Rechtsprechung ist daher zu den vornehmsten Aufgaben eines höchsten Gerichtes zu zählen; nur so wird das Recht vor Erstarrung bewahrt. Der spöttisch gemeinte Satz ‚*Rota quandoque rotat*' kann daher sehr wohl auch in einem auszeichnenden Sinne verstanden werden".

187 Zwar erfolgte die Veröffentlichung der ersten beiden Bände der *Decisiones seu sententiae* noch nach nur drei Jahren (1909: 1912; 1910: 1913). Bereits für 1911 und 1912 erschien die Publikation aber nach vier, 1913 nach sechs, 1914, 1916 und 1917 nach acht, 1915 sogar erst nach neun Jahren (1924).

188 So wurde zur vollständigeren Informierung der Kanonisten nun auch eingeführt, „adnotare, ad singulam decisionem, an haec in rem iudicatam effecerit vel potius suspensa decisio seu sententia fuerit in suo effectu per legitimam appellationem" (LEGA, *Praefatio*, LIII).

189 Vgl. *ebd.*: „[...] hodie sententiae definitivae non praemittimus, prouti antea in more fuit, decisionis publicationem [...]; sed dum editur decisio, haec est, suapte vi, sententia instantiae definitiva sive incidentalis sive principalis instantiae".

190 Vgl. *ebd.*, V: „Magnopere vero opportunum visum est, ut hae in vulgum prodirent non industria privati cuiusdam doctoris, sed auctoritate eiusdem s. Tribunalis: et hoc praesertim quia ex nova eiusdem ordinatione, *decisiones rotales* diversam sortitae sunt formam, seu rationem, pro diverso processu iudiciali in earumdem prolatione servando".

191 Seit 1948 werden nur noch die als wichtiger erachteten Urteile in den SRRDec publiziert; seit 1954 werden im Inhaltsverzeichnis der SRRDec auch die nicht abgedruckten Entscheidungen wieder aufgelistet. Daneben wurden jedoch zahlreiche rotale Sentenzen und

onen zusätzlich in den *Acta Apostolicae Sedis* abgedruckt[192], wodurch ihr offizieller Charakter, im Namen des Papstes getroffene Entscheidungen zu sein, noch stärker zum Ausdruck kam. Insofern bedeutete der Neubeginn der Gerichtstätigkeit auch „für die kirchliche Rechtsprechung einen neuen Anfang"[193]. Trotzdem konnten die einzelnen Urteile nur im jeweiligen konkreten Fall gesetzliche Verbindlichkeit erlangen. Es darf deshalb mit Mörsdorf davon ausgegangen werden, „daß eine ständige und feste Rechtsprechung der Rota aus sich kein objektives Recht erzeugt und somit für die untergeordneten Gerichte rechtlich nicht verbindlich ist, sofern sie nicht auf dem Wege der Gewohnheit zur gesetzlichen Norm geworden ist"[194].

e. Die Heranbildung von Kanonisten im *Studium S. Rotae*

Dem Auftrag der Rota, durch ihre Judikatur und Gerichtspraxis zur Weiterentwicklung des kirchlichen Rechts und dessen fachgerechter Anwendung bei-

---

Dekrete in Zeitschriften und privaten Sammelbänden veröffentlicht; eine gute Übersicht bietet G. ERLEBACH, *Decisioni „extravagantes" della Rota Romana*: QStR 11 (2001), 129-168.

192 Dies geschah dort schon seit 1909 (vgl. die erste Sentenz: SRR., Urteil c. SEBASTIANELLI, Alexandrina, *Iuris Patronatus*, 1909, Mrz 15: AAS 1 [1909], 294-298). Von 1921 bis 1956 publizierte man – mit zwei Ausnahmen – nur mehr ein Verzeichnis der gefällten Urteile, danach auch dieses nicht mehr. Die zwei Ausnahmen erfolgten in den Ehenichtigkeitsverfahren Vanderbilt – De Marlborough (SRR., Urteil c. QUATTROCOLO, Southwarcen., *Nullitatis matrimonii*, 1926, Jul 29: AAS 18 [1926], 501-506 [vgl. hierzu STOCKMANN, *Von Heiligen und Heiratsschwindlern*]) und Marconi – O'Brien (SRR., Urteil c. GRAZIOLI, Westmonasterien., *Nullitatis matrimonii*, 1927, Apr 4: AAS 19 [1927], 217-227). Zum Hintergrund des zweiten Falles vgl. M. WEGAN, *Ehescheidung möglich? Auswege mit der Kirche. Mit praktischen Hinweisen*, Graz – Wien – Köln 1993, 235-236: „[...] um der Öffentlichkeit zu beweisen, dass bei der Annullierung der Ehe Marconi/O'Brien alles mit rechten Dingen zugegangen war, wurde bei der Veröffentlichung des Ehenichtigkeitsurteils vom Prinzip der Geheimhaltung der Namen der Parteien eine Ausnahme gemacht. Das Urteil ist zur Gänze in den Acta Apostolicae Sedis mit genauer Angabe der Diözese, der Parteien und Zeugen, der Richter, des Anwalts und des Ehebandverteidigers abgedruckt". Bereits 1913 hatte das Staatssekretariat die Rota angewiesen, in den AAS keine Sentenzen in Ehe- oder anderen Angelegenheiten mehr zu veröffentlichen, „che contengano relazioni od attestazioni narranti circostanze di fatti, specialmente se redatte in italiano od in francese, che la decenza o la prudenza non consigliano di pubblicare nel Bollettino ufficiale della S. Sede" (R. MERRY DEL VAL, KardStSekr., Brief Nr. 67326, 1913, Okt 29, an M. Lega, DekRR.: Arch. Rot., Not. 90). Obwohl die Urteile weiterhin vollständig in den SRRDec veröffentlicht wurden, ist HOLLNSTEINER, *Die Spruchpraxis der S. Romana Rota*, 6, der Ansicht: „Damit ist der Kanonistik ein wertvolles Hilfsmittel entzogen worden".

193 MÖRSDORF, *Die Autorität der rotalen Rechtsprechung*, 417. Zu den ersten drei Bänden erschienen daher auch ausführliche Kommentare: vgl. PEZZANI, *In decisones Sacrae Romanae Rotae*, I, für 1909; E. M. PEZZANI, *In decisiones Sacrae Romanae Rotae et S. T. Signaturae Apostolicae*, II, Romae 1912, für 1909/10; E. M. PEZZANI, *In decisiones Sacrae Romanae Rotae et S. T. Signaturae Apostolicae*, III, Romae 1913, für 1910/11.

194 MÖRSDORF, *Die Autorität der rotalen Rechtsprechung*, 432.

zutragen, wurden die Auditoren auch dadurch gerecht, dass sie nach der Wiederaufnahme ihrer Tätigkeit erneut die Ausbildung von Kanonisten ermöglichten[195] und die zu diesem Zweck erforderlichen Richtlinien festlegten. Das Kollegium erließ eine eigene Studienordnung, die unter dem Titel *Regulae servandae ab iis qui apud S. R. Rotae Tribunal tirocinio dant operam ut Advocati et Procuratoris Rotalis diploma consequantur*[196] am 21. Dezember 1911 von Papst Pius X. bestätigt und approbiert wurde[197]. Darin wird festgelegt, dass Geistliche und Laien gleichermaßen zu einer dreijährigen Lehrzeit zugelassen werden können, letztere auch bei den Advokaten der Rota[198]. Wenngleich keine gemeinsamen Kurse für die Bewerber vorgesehen waren, so erfolgte die Ausbildung im „*Studium* S. Rotae“[199] doch bei gleichen Anforderungen[200] zweimal pro Woche[201] unter Aufsicht des Dekans[202]. Die Möglichkeit, eine gründliche Einführung in die Gerichtspraxis zu geben[203] und eine im Großen und Ganzen auf homogenen Kriterien beruhende Judikatur weiterzuvermitteln, war auf diese Weise gewährleistet.

---

195 Zur Vorgeschichte der Kanonistenausbildung an der Rota vgl. BONDINI, *Del Tribunale della Sagra Romana Rota*, 26-37.

196 *Regulae servandae ab iis qui apud S. R. Rotae Tribunal tirocinio dant operam ut Advocati et Procuratoris Rotalis diploma consequantur*, Romae 1913; zugleich erschien die Ordnung auch in italienischer Sprache, und zwar mit dem Titel *Regolamento per il tirocinio da premettersi presso la S. R. Rota al conseguimento del titolo di Procuratore e Avvocato Rotale*; vgl. hierzu J. M. SERRANO RUIZ, *Riflessioni sullo Studio Rotale nel Decreto* Nihil antiquius *ed altri documenti ad esso collegati*: QStR 12 (2002), 33-54, 34-39.

197 Vgl. M. LEGA, DekRR., [*Nota*], 1911, Dez 21: *Regulae servandae ab iis*, 3: „SS.mus, in audientia diei 21 Decembris 1911, quam habuit Infrascriptus, dignatus est hanc ordinationem ratam habere et approbare, atque servari mandavit“. SERRANO RUIZ, *Riflessioni sullo Studio Rotale*, 34, wirft die Frage auf, warum die Ordnung nicht in den *Acta Pii X* veröffentlicht und erst zwei Jahre nach der Approbation gedruckt wurde.

198 Vgl. *Regulae servandae ab iis*, I: „Tirocinium fieri potest: *a)* apud Rev.mos Dominos Auditores; *b)* apud S. R. Rotae Studium; *c)* apud iustitiae Promotorem et Defensorem Vinculi; *d)* apud Dominos Advocatos Rotales“; V: „Clericos DD. Advocatorum Rotalium *Studio* adscribi, non permittitur“; VI. *a*: „Tironibus, pro Advocati vel Procuratoris Diplomate consequendo, periculum facere non concedetur, nisi tres annos, ab admissionis die computandos, tirocinio vacaverint“.

199 *Regulae servandae ab iis*, XI. *c*.

200 Dazu zählten zum Beispiel die Bestimmungen, schriftliche Voten und Rechtsgutachten zu bestimmten Fällen auszuarbeiten (vgl. *ebd.*, VII.). In einer ergänzenden Studienordnung wurde unter anderem deren Zahl auf wenigstens eines pro Monat festgelegt (vgl. *Ordinamento suppletivo per lo Studio presso la S. R. Rota*, 1923, Nov 24: Arch. Rot., Not. 82).

201 Vgl. *Regulae servandae ab iis*, XII: „[...] feria III et VI tantummodo [...]“.

202 Vgl. *ebd.*, XI. *c.*: „In idem *Studium* Rev.mus D. Decanus vigilantiam exercebit“.

203 Auf die praktische Ausrichtung der damaligen Ausbildung verweist SERRANO RUIZ, *Riflessioni sullo Studio Rotale*, 34-35.

Ergebnis

Die Absicht von Papst Pius X. war es gewesen, das gesamte päpstliche Behördensystem zu vereinfachen und es durch eine bessere Verteilung der Kompetenzen, vor allem durch die konsequentere Trennung von administrativer und richterlicher Gewalt, zeitgerecht zu erneuern und zu stärken. Zu diesem Zweck reformierte er 1908 durch die Apostolische Konstitution *Sapienti consilio* die Römische Kurie und erweckte so auch die Rota zu neuem Leben. Der Papst wies dem einstigen Auditorium erneut die ursprüngliche Funktion eines kirchlichen Berufungsgerichts zu und fügte es dadurch wieder aktiv in das Organisationssystem der Kurie und der gesamten kanonischen Rechtsprechung ein. Indirekt bedeutete eine Wiedererrichtung dieser Art bereits das Ende der weltlichen Jurisdiktion der Rota, das 1929 durch die Lateranverträge bestätigt und 17 Jahre später durch die Gründung eines eigenen vatikanischen Berufungsgerichts besiegelt wurde.

Während in der Gründungsbulle vor allem die Beziehungen der Rota zu den übrigen Kurienbehörden geklärt wurden und zu diesem Zweck bereits eine weit reichende Gewaltenunterscheidung erfolgte, legte die ergänzende *Lex propria* in erster Linie das Verhältnis des Tribunals zu über-, unter- und nebengeordneten Instanzen fest. Der Rota wurde durch das Gesetz der Auftrag gegeben, ihre Funktion in verschiedenen Instanzen wahrzunehmen. In erster Instanz wurde ihr allerdings nur außerordentliche Zuständigkeit zuerkannt, die ihr durch päpstliches Kommissionsreskript übertragen werden konnte. In fast allen anderen Instanzen übte sie nach den neuen Bestimmungen ordentliche Jurisdiktionsgewalt aus. Dazu zählten, sofern der Rekurs gegen Entscheidungen untergeordneter Gerichte erfolgte, Nichtigkeitsbeschwerden und Anträge auf Wiedereinsetzung in den vorigen Stand. Insbesondere aber verfügte die Rota nun über ordentliche Gerichtsbarkeit in allen Prozessen zweiter und höherer Instanz. Freilich handelte es sich hierbei rechtlich gesehen um keine ausschließliche Kompetenz. Bedingung für die Zuständigkeit der Rota war in jedem Fall die rechtmäßig an sie gerichtete Appellation. Praktisch allerdings war das päpstliche Appellationsforum einziges Berufungstribunal für die gesamte Region Latium, da ein anderes Gericht zweiter Instanz dort nicht existierte. In den meisten Fällen dritter Instanz dagegen war die Rota einziges verfügbares Entscheidungsforum. Ausnahmen bildeten nur die Prozesse aus Lateinamerika, den Philippinen, Ungarn und Teilen Deutschlands und Österreichs, die von den Parteien auch dort an päpstlich delegierten Gerichten geführt werden konnten, und die spanischen Verfahren, deren Überweisung an die Rota Romana nur auf außerordentlichem Weg durch päpstliche Kommission möglich war.

Nach der Wiederaufnahme des Gerichtsbetriebs im November 1908 erlangte die Rota daher bald wieder die ihr zustehende Bedeutung in der Kirche. Immer mehr Prozesse unterschiedlicher Art wurden dem Tribunal in den folgenden Jahren zur Entscheidung vorgelegt, zunächst hauptsächlich in zweiter, dann auch zunehmend in erster, dritter und höherer Instanz. Nachdem sich die Rota zudem die erforderliche Gerichtsordnung geschaffen hatte, konnte sie auf neue Weise auch wieder ihrem Auftrag nachkommen, durch die eigenen Sentenzen und die Ausbildung von Kanonisten wesentlich zur Weiterentwicklung der kirchlichen Rechtsprechung beizutragen.

Sechstes Kapitel

Die Bestätigung

Die Verankerung der Rota im neu gefassten Recht der Kirche und die Präzisierung des Auftrages (1917 bis 1962)

Wenngleich die Rota seit dem Mittelalter auf gesetzlichen Grundlagen errichtet war, die universalkirchliche Gültigkeit besaßen, so war ihre Aufgabe doch immer nur durch Rechtsnormen definiert worden, die entweder das Gericht selbst zum Gegenstand hatten oder aber im Zusammenhang mit einer Neugliederung der Römischen Kurie erlassen worden waren. Allgemein verbindliche Normen zur Regelung des Verhältnisses zwischen unter- und übergeordneten Instanzen fehlten daher ebenso wie ein einheitlich aufgebautes und durchdachtes Rechtssystem, in das sich die einzelnen Teilbereiche sichtbar als Glieder eines Ganzen einfügten.

Je enger aber die Rota mit dem Organisationsgefüge der Gesamtkirche verflochten war und je mehr sie auf Rechtsgrundlagen beruhte, die über die Kurie hinausreichten, desto präziser war die Funktion des Tribunals allen unter- und nebengeordneten Instanzen gegenüber abzugrenzen. Privilegien anderer Gerichte konnten nun nur noch als klar festgelegte Ausnahmeregelungen bestehen. Auf dieser Grundlage konnte die Rota auch selbst entscheidend zur Präzisierung ihres Aufgabenbereichs in der Kirche beitragen.

1. Die Rota und ihre kuriale Stellung im kodifizierten Recht

Wie sehr der päpstliche Gerichtshof nicht nur ein bewährtes Element des päpstlichen Behördenwesens, sondern auch der Gesamtkirche war, musste sowohl durch die feste Verankerung dieser Institution im kodifizierten Universalrecht der lateinischen Kirche wie auch durch eine entsprechende Einbindung in das prozessrechtliche Normengefüge der katholischen Ostkirchen deutlich werden. Dennoch gab es daneben auch weiterhin zusätzliche Einzelnormen auf gesamtrechtlicher Grundlage, die zur Standortbestimmung der Rota beitrugen.

Große Bedeutung für die Klärung des Auftrags der Rota sollte vor allem einer näheren Bestimmung der Funktion zukommen, die das Gericht in einem Hauptbereich seiner Tätigkeit, den Verfahren zur Nichtigerklärung einer Ehe, wahrnahm. Denn die Frage, in welchem Umfang solche Prozesse der Zuständigkeit des Tribunals unterlägen, hatte entscheidende Auswirkungen nicht nur auf die Stellung der Rota in der Römischen Kurie, sondern auch in der gesamten kirchlichen Gerichtshierarchie.

a. Der *Codex Iuris Canonici* von 1917

Die Vielzahl und Verschiedenartigkeit von Gesetzen, die in der Kirche in Kraft waren und beachtet werden mussten, hatte schon seit dem Spätmittelalter das kanonische Recht unübersichtlich und für den Laien meist undurchschaubar werden lassen[1]. Bereits im 16. Jahrhundert wurde daher der Ruf laut, das geltende Recht der Kirche in einem einzigen Codex zusammenzufassen[2]. Zwar erhob man auf dem Ersten Vatikanischen Konzil erneut diese Forderung[3], doch erst Pius X. war es, der auch dieses Reformvorhaben in die Tat umsetzte. In seinem Motu proprio *Arduum sane munus* vom 19. März 1904[4] machte der Papst sich diesen Plan zu eigen[5], und nach langen Redaktionsarbeiten, in deren Verlauf nacheinander sechs Schemata erstellt worden waren[6], konnte der *Codex Iu-*

---

[1] Vgl. D. STAFFA, *Codex Iuris Canonici*: EC, III (1949), 1911-1919, 1912; K. MÖRSDORF, *Codex Iuris Canonici (CIC)*: LThK^2, II (1958), 1244-1250, 1246.

[2] Vgl. K. GUGGENBERGER, *Codex juris canonici*: LThK^1, II (1931), 1000-1003, 1000; STAFFA, *Codex Iuris Canonici*, 1912; FEINE, *Kirchliche Rechtsgeschichte*, 703; zur Geschichte der Kodifikation vgl. vor allem C. FANTAPPIÈ, *Chiesa romana e modernità giuridica*, I. *L'edificazione del sistema canonistico (1563-1903)*, Milano 2008.

[3] Vgl. STAFFA, *Codex Iuris Canonici*, 1913; P. CIPROTTI, *Codex iuris canonici*: EncD, VII (1960), 236-240, 236; FEINE, *Kirchliche Rechtsgeschichte*, 703-704.

[4] Vgl. PIUS X., Papst, Motu pr. *Arduum sane munus*, 1904, Mrz 19: ASS 36 (1904), 549-551.

[5] Vgl. *ebd.*, 550: „[...] ut universae Ecclesiae leges ad haec usque tempora editae, lucido ordine digestae in unum colligerentur, amotis inde quae abrogatae essent aut obsoletae, aliis, ubi opus fuisset, ad nostrorum temporum conditionem propius aptatis".

[6] Vgl. A. VETULANI, R. NAZ, *Codex Juris Canonici*: DDC, III (1942), 909-935, 927-934; STAFFA, *Codex Iuris Canonici*, 1915-1916, und zum Prozessrecht vor allem F. ROBERTI (Hg.), *Codicis Iuris Canonici schemata*, lib. IV. *De processibus*, I. *De iudiciis in genere*, In Civitate Vaticana 1940, 74-79; LLOBELL, DE LEÓN, NAVARRETE, *Il libro „De processibus"*, 17-192.

ris Canonici[7] an Pfingsten 1917 von seinem Nachfolger Benedikt XV. (1914-1922) promulgiert werden[8] und am 19. Mai 1918 in Kraft treten.

Erstmals verfügte damit die lateinische Kirche über ein klares, nach einheitlichen Kriterien aufgebautes Rechtssystem[9], dessen Gesetze allen Gläubigen gleichermaßen zugänglich waren und so die Einheit zwischen Haupt und Gliedern stärkten[10].

Einen bedeutenden Platz im Codex nimmt die Römische Kurie ein, die in einem eigenen Kapitel behandelt wird[11]. Ihre zentrale Position im Gesetzbuch lässt sie als machtvolle Institution erscheinen, die für den Papst in der Ausübung seines Hirtenamtes unverzichtbar ist[12].

Nur geringfügige Änderungen sind dabei gegenüber den Bestimmungen Papst Pius' X. in der Organisationsstruktur vorgenommen worden[13]. Allgemein

---

[7] *Codex Iuris Canonici*: AAS 9 (1917), II, 11-521; zum Codex, seiner Entstehung und Bedeutung vgl. auch: GUGGENBERGER, *Codex juris canonici*; VETULANI, NAZ, *Codex Juris Canonici*; STAFFA, *Codex Iuris Canonici*; MÖRSDORF, *Codex Iuris Canonici*; CIPROTTI, *Codex iuris canonici*; FEINE, *Kirchliche Rechtsgeschichte*, 703-710; F. JANKOWIAK, *Code de droit canonique de 1917*: DHP (1994), 398-402; P. ERDŐ, *Die Quellen des Kirchenrechts. Eine geschichtliche Einführung* (= AIC, 23), Frankfurt am Main u. a. 2002, 151-152; C. FANTAPPIÈ, *Chiesa romana e modernità giuridica*, II. *Il Codex iuris canonici (1917)*, Milano 2008.

[8] Vgl. BENEDIKT XV., Papst, Ap. Konst. *Providentissima Mater Ecclesia*, 1917, [Mai 27]: AAS 9 (1917), II, 5-8; *ebd.*, 8: „Itaque, invocato divinae gratiae auxilio, Beatorum Petri et Pauli Apostolorum auctoritate confisi, motu proprio, certa scientia atque Apostolicae, qua aucti sumus, potestatis plenitudine, Constitutione hac Nostra, quam volumus perpetuo valituram, praesentem Codicem, sic ut digestus est, *promulgamus, vim legis posthac habere pro universa Ecclesia decernimus, iubemus,* vestraeque tradimus custodiae ac vigilantiae servandum".

[9] Vgl. GUGGENBERGER, *Codex juris canonici*, 1002; N. RUGAMBWA, *The Reform of the Roman Curia since the Second Vatican Council (An Expression of the Principle: „Ecclesia semper reformanda")*, Diss. masch. (Pontificia Universitas Urbaniana), Romae 1991, 69.

[10] Vgl. G. MAY, *Der CIC und die Entwicklung des Kirchenrechts bis 1974*: HKG, VII (1979), 152-179, 155.

[11] Nämlich im Liber secundus – *De personis*, Pars prima – *De clericis*, Sectio II – *De clericis in specie*, Titulus VII – *De suprema potestate deque iis qui eiusdem sunt ecclesiastico iure participes*, Caput IV: *De Curia Romana* (cann. 242 – 264).

[12] Vgl. RUGAMBWA, *The Reform of the Roman Curia*, 69-70; vgl. auch *ebd.*, 70: „The CIC presents [...] the Curia as a very powerful institution in the Church".

[13] Die von Papst Pius X. vorgesehenen Dikasterien blieben im Großen und Ganzen erhalten. Allerdings hatte Papst Benedikt XV. schon vor Erscheinen des Codex die Indexkongregation aufgelöst (und zwar durch das Motu proprio *Alloquentes* vom 25. März 1917) und die orientalische Sektion der Propaganda Fide zur selbständigen Kongregation erhoben (durch das Motu proprio *Dei Providentis* vom 1. Mai des gleichen Jahres). Bereits 1915 war (durch das Motu proprio *Seminario clericorum* vom 4. November) die *Congregatio de Seminariis et Universitatibus studiorum* geschaffen worden, die die bis dahin in die Zuständigkeit

wird zunächst bestimmt, dass die Kurie aus Kongregationen, Gerichtshöfen und Ämtern besteht[14]. Im dritten Artikel des entsprechenden Kapitels nennt can. 259 dann ausdrücklich auch die *Sacra Romana Rota*[15] und bezeichnet sie neben der Apostolischen Signatur als die in der Regel für Gerichtsverfahren zuständige Stelle:

> „Causae ordinem iudiciarium requirentes aguntur apud Sacram Romanam Rotam et apud Supremum Tribunal Signaturae Apostolicae intra fines et secundum normas traditas in can. 1598-1605, salvo iure Congregationis S. Officii et Congregationis Sacrorum Rituum in causas sibi proprias".

Zwar werden demnach Prozesse, die in den Kompetenzbereich des Heiligen Offiziums[16] oder der Ritenkongregation fallen, erneut von der Zuständigkeit der Rota ausgenommen. Andererseits jedoch steht es neben der Sakramenten- und der Religiosenkongregation nun auch dem Heiligen Offizium frei, gegebe-

---

der Konsistorialkongregation fallende Tätigkeit für die Seminare und die Kompetenzen der ehemaligen Studienkongregation in sich vereinigte; vgl. hierzu auch CAMP, *Die organisatorische Trennung*, 27-28.

[14] Vgl. can. 242: „Curia Romana constat Sacris Congregationibus, Tribunalibus et Officiis, prout inferius enumerantur et describuntur". Im Gegensatz zur Konstitution *Sapienti consilio* schickt der Codex der Beschreibung der einzelnen Dikasterien einige allgemeine Bestimmungen voraus (vgl. cann. 242 – 245 sowie für die Kongregationen can. 246).

[15] Schon früher (vgl. cann. 244 § 2; 247 § 1; 249 § 3) wird das Gericht in anderem Zusammenhang erwähnt. Dem Gesetzbuch liegt allerdings keine einheitliche Terminologie zugrunde, wie sich auch hier deutlich zeigt; vgl. dazu K. MÖRSDORF, *Die Rechtssprache des Codex Juris Canonici. Eine kritische Untersuchung* (= VGG.R, 74), Paderborn 1937 = 1967, 149: „Die römische Rota heißt Tribunal Sacrae Romanae Rotae (c. 247 § 3) oder Sacra Romana Rota (cc. 259, *1598) und umgestellt Sacra Rota Romana (c. 1598 § 1) sowie einfach Sacra Rota (cc. 1598 § 4, 1599, 1601, 1603 § 1 n. 5, § 2, 1604 §§ 2,3)".

[16] Also Häresie, Häresieverdacht, Privilegium Paulinum, konfessions- und religionsverschiedene Ehe, Weihenichtigkeit auf Grund fehlenden Ritus; vgl. dazu CAMP, *Die organisatorische Trennung*, 48-50 und 73; KORR, *Die Appellation an die S. Rota Romana*, 44-45. Das Heilige Offizium erklärte sich so 1928 für allein zuständig in allen Ehenichtigkeitsverfahren, in denen eine Partei nicht katholisch war (vgl. SCSOFF., *De competentia in causis matrimonialibus dubia*, 1928, Jan 27: AAS 20 [1928], 75). Diese Regelung galt aber nicht mehr für Verfahren solcher Art, die zum genannten Zeitpunkt bereits bei der Rota anhängig waren: vgl. P. GASPARRI, KardStSekr., Brief, s. n., 1928, Mai 14, an M. Massimi, DekRR.: Arch. Rot., Not. 81: „A proposito delle risposte date dalla S. Congr. del S. Uffizio il giorno 18 Gennaro 1928, ho domandato al S. Padre se queste risposte si riferivano anche alle cause attualmente pendenti presso le Sacre Congregazioni ed i tribunali della Santa Sede. Sua Santità si è degnata rispondermi: *negative*". Durch ein Indult vom 5. März 1932 wurde zudem der Ostkirchenkongregation gestattet, Eheverfahren, in denen die nichtklagende Partei nach der Heirat und dem Beginn des Prozesses zu einem nichtkatholischen Bekenntnis übergetreten war, direkt (statt wie bis dahin über das Heilige Offizium) an die Rota zu überweisen: vgl. PIUS XI., Papst, Indult, 1932, Mrz 5: LE, I, 1380, Nr. 1079, und hierzu G. M. PINNA, *Praxis iudicialis canonica*, Romae ^{2}1965, 321.

nenfalls einen Fall an die Rota zu überweisen[17]; verpflichtet sind diese Dikasterien im Allgemeinen aber nicht mehr[18]. Nur die Konzils- und die Ostkirchenkongregation sind noch dazu angehalten, sofern der Gerichtsweg eingeschlagen werden muss und die Rota in der entsprechenden Angelegenheit kompetent ist[19], wohingegen es der Ostkirchenkongregation in diesem Fall freisteht, ein Tribunal ihrer Wahl mit dem Prozess zu beauftragen[20]. Doch liegt die Entscheidung über die Zuständigkeit in jedem Fall bei der Kongregation, die aus diesem Grund weiterhin auch selbst die richterlichen Funktionen ausüben kann[21]. Im Gegen-

---

[17] Vgl. can. 247 § 3: „[...] potest, si ita censeat et casus ferat, quaestionem remittere ad aliam Congregationem vel ad Tribunal Sacrae Romanae Rotae"; ähnlich can. 249 § 3. In can. 251 § 2 ist dagegen nur allgemein von „tribunal" die Rede; in *Sapienti consilio* (5.°-2) hieß es noch: „ad sacram Romanam Rotam". Mit der neuen Diktion wurde dem Umstand Rechnung getragen, dass die Rota noch keine Kompetenz besaß und einer Spezialkommission bedurfte, wenn im betreffenden Fall noch kein Gerichtsurteil vorlag: vgl. A. LARRAONA, *De Ss. Congregationum, tribunalium et officiorum constitutione et internae ordinatione post constitutionem „Sapienti Consilio". I. De Sacrarum Congegationum constitutione, interna ordinatione, iuridica et practica actuositate a Const. „Sapienti Consilio" usque ad Codicem Iuris Canonici*: Apol 25 (1952), 87-121, 112-113 und 113, Anm. 189. – Das Heilige Offizium konnte in den Urteilen, die die Rota nach erfolgter Zuweisung fällte, weder die Erwähnung des entsprechenden Mandats noch die Mitteilung der Sentenz beanspruchen: vgl. M. MASSIMI, DekRR., Aktennotiz *ex audientia Sanctissimi*, 1929, Mrz 22: Arch. Rot., Not. 81: „Ho esposto al S. Padre che la S. Congregazione del S. Offizio [...] ha stabilito che il Tribunale della Rota ‚in actis expresse declaret se agere de mandato S. Officii ad praescriptum can. 247 § 3' e ha mostrato il desiderio che la sentenza venisse a suo tempo comunicata alla Congregazione stessa. [...] Il S. Padre ha dichiarato che la remissione delle cause dal S. Officio alla Rota deve essere intesa, a norma del Codice, pura e semplice, senza condizioni o limitazioni".

[18] Die Sakramentenkongregation muss es nach can. 249 § 3 noch in Ehe- und Weihenichtigkeitsverfahren tun, „si accuratiorem disquisitionem aut investigationem exigant"; vgl. dazu WÜNNENBERG, *Die Kardinals-Kongregationen*, 50: „Die Sakramenten-Kongregation kann daher jetzt auch Angelegenheiten, die eigentlich vor die Gerichte gehören, im Verwaltungswege entscheiden".

[19] Vgl. „[...] cetera ad tribunal competens sunt deferenda" in can. 250 § 5 gegenüber „ad sacram Romanam Rotam" in *Sapienti consilio* (4.°-4); eine Berufung an die Rota darf im Übrigen nicht für erloschen erklärt werden, weil sie irrtümlich bei einer der beiden Kongregationen eingelegt worden ist und inzwischen die Nutzfrist verstrichen ist: vgl. SRR., Urteil c. PARRILLO, Hieracen., *Iurium: incidentis de appellationis desertione*, 1926, Jan 9, Nr. 3: SRRDec 18 (1926), 1-3, 2.

[20] Vgl. can. 257 § 3: „[...] ad tribunal remittet quod ipsa Congregatio designaverit". In orientalischen Verfahren wird die Rota daher erst nach Überweisung des Falles durch die Ostkirchenkongregation kompetent: vgl. A. COUSSA, *Epitome praelectionum de iure ecclesiastico orientali*, I, Cryptaferratae 1948, 220: „*S. R. Rota* [...] negotia Orientalium non agit nisi ad eam a S. C. pro E. Or. mittantur".

[21] Vgl. BERNARDINI, *Problemi di contenzioso*, 371: „Le Congregazioni possono [...] ammettere alla trattazione amministrativa la controversia e assoggettare così alla attività amministrativa materie e oggetti che *per loro natura* sarebbero assoggettati alla attività giurisdizionale". Konkret üben fast alle Kongregationen Gerichtsbarkeit in bestimmten Verwaltungsverfahren aus: vgl. hierzu K. MÖRSDORF, *Die kirchliche Verwaltungsgerichtsbarkeit*: M.

satz zur Rota sind die Kongregationen auch nicht verpflichtet, bei der Prüfung ihrer Zuständigkeit nach rein juristischen Kriterien vorzugehen[22]. Wie Bernardini nachweist, konnten sie auf Grund ihrer besonderen Stellung zudem nur dann gehindert werden, einen Streitfall an sich zu ziehen, wenn sie die Sache bereits von sich aus einem Gericht übergeben[23] oder wenn die Parteien von vornherein dagegen opponiert hatten[24].

Die von Papst Pius X. beabsichtigte Unterscheidung der Gewalten in der Römischen Kurie ist somit durch die Modifikationen des neuen Gesetzbuches teilweise wieder eingeschränkt worden[25]. Dennoch muss die Bestimmung des

---

GRABMANN, K. HOFMANN (Hg.), *Festschrift Eduard Eichmann zum 70. Geburtstag*, Paderborn 1940, 559-568.

[22] Vgl. BERNARDINI, *Problemi di contenzioso*, 381: „Mentre le Congregazioni nel decidere se una causa, stante il consenso delle parti, debba essere risoluta in via amministrativa o in via giudiziaria affrontono una questione di opportunità, il Tribunale della Rota per dichiararsi competente o incompetente deve risolvere una questione di puro diritto. Si tratta di una controversia amministrativa? Ed allora la S. Rota deve dichiararsi incompetente. Si tratta di una controversia giudiziale? Ed allora la S. Rota è obbligata a considerarsi competente".

[23] Wenn dagegen die Rota von einer Kongregation dazu delegiert wurde, stellvertretend eine Sache zu entscheiden, habe die Kongregation den Fall wieder an sich ziehen können: vgl. *ebd.*, 386-387: „[...] infatti quando la giurisdizione conosce di una causa *natura sua administrativa*, ciò fa in virtù di un'autorità delegatale dalla amministrazione [...]. Se si tratta invece di questioni *natura sua iudiciales* già acquisite alla Congregazione e da questa rimesse ai giudici ordinari, la revoca invece non può ammettersi appunto poiché quella remissione non è delega".

[24] Vgl. *ebd.*, 374: „In realtà, se si eccettuano quelle controversie penali, che esigono assolutamente una trattazione giudiziaria, per tutte le altre controversie *natura sua iudiciales* le Congregazioni non sono mai incompetenti, ma hanno anzi radicalmente il potere di assoggettarle tutte al proprio esame. Questo potere deriva dalla posizione preminente delle Congregazioni *tamquam vicariae Papae* su ogni altro organo dell'ordinamento ecclesiastico, potere che è però limitato [...] dal diritto delle parti di esigere la trattazione giudiziaria di cause *natura sua iudiciales*. Questo diritto [...] si considera rinunciato se non è fatto valere prima di ogni istanza e difesa [...]. Acquisita una causa alla Congregazione è vietato alle parti, senza il consenso della Congregazione stessa, dedurre la questione ai giudici ordinari".

[25] Vgl. dazu CAMP, *Die organisatorische Trennung*, 28: „Der Grundsatz der Trennung von Justiz und Verwaltung wurde deshalb teilweise wieder aufgegeben, weil er sich bei der Eigenart des kanonischen Rechtes schwer durchführen lässt. Speziell die Kongregationen kommen oft ohne Gerichtsverfahren nicht aus"; KORR, *Die Appellation an die S. Rota Romana*, 39: „Dabei ist aber zu beachten, daß eine scharfe Trennung von Gesetzgebung, Rechtsprechung und Verwaltung nach Kirchenrecht einfach unmöglich ist, schon weil der Papst alle drei Funktionen in letzter Instanz in sich vereinigt"; MÖRSDORF, *Die kirchliche Verwaltungsgerichtsbarkeit*, 558: „Im einzelnen erweist sich diese Zuständigkeitsabgrenzung als unbefriedigend"; K. MÖRSDORF, *De relationibus inter potestatem administrativam et iudicialem in Iure Canonico*: R. BIDAGOR (Hg.), *Questioni attuali di Diritto Canonico. Relazioni lette nella Sezione di Diritto Canonico del Congresso Internazionale per il IV Centenario della Pontificia Università Gregoriana 13-17 ottobre 1953* (= AnGr, 69), Romae 1955, 399-418, 407-415; vgl. auch *ebd.*, 410: *„Sub respectu formali* Codex omnia criteria essentialia

can. 245, der zufolge Kompetenzkonflikte nicht mehr durch die Konsistorialkongregation zu lösen sind, sondern durch eine unabhängige Kardinalskommission, die vom Papst von Fall zu Fall dazu beauftragt wird[26], als Errungenschaft gegenüber der bisher geltenden Regelung betrachtet werden: Das Prinzip der Gewaltentrennung wurde in diesem Punkt weitergeführt[27] und zugleich sichtbar im Universalrecht der Kirche verankert.

Im Einzelnen legt der Codex die Aufgabe der Rota in der Kirche erst in seinem vierten Buch *De processibus* fest[28]. Unter den verschiedenen Arten und Stufungen von Tribunalen gilt dabei der erste Abschnitt des dritten Kapitels, das den Gerichtshöfen des Apostolischen Stuhls gewidmet ist, der *Sacra Romana Rota*[29]. Schon der erste der vier Canones gibt an, welcher Platz dem Tribunal im kanonischen Verfahrensrecht zugewiesen ist: Das Gericht ist die einzige ordentliche Berufungsinstanz des Papstes und wurde zu diesem Zweck errichtet; es ist kollegial verfasst ist und besteht unter dem Vorsitz des Dekans aus einer bestimmten Anzahl von Auditoren. Wörtlich heißt es in can. 1598 § 1:

> „Tribunal ordinarium a Sancta Sede constitutum pro appellationibus recipiendis est Sacra Rota Romana, quae est tribunal collegiale constans certo Auditorum numero cui praesidet Decanus, qui primus est inter pares".

---

distinctionis exhibet"; 412: „*Sub respectu materiali* distinctio conceptuum iudicationis et administrationis etiam in Iure Canonico difficultates speciales habet, non autem difficultatibus in Iure Civili maiores"; LAZZARATO, *L'iter del diritto canonico*, 210-211; *ebd.*, 211: „[...] nessuna disposizione pontificia e nessuna argomentazione canonica precisa la netta differenza tra procedura amministrativa e giudiziale".

26 Vgl. can. 245: „Controversiam, si qua exoriatur, de competentia inter Sacras Congregationes, Tribunalia vel Officia Romanae Curiae, dirimit coetus S. R. E. Cardinalium, quos Romanus Pontifex singulis vicibus designaverit". Nur für Kompetenzstreitigkeiten zwischen Gerichtshöfen ist die Kommission nicht zuständig. Sie werden nach can. 1603 § 1, 6° von der Apostolischen Signatur entschieden; zum Kompetenzkonfliktgericht vgl. auch K. MÖRSDORF, *Rechtsprechung und Verwaltung im kanonischen Recht*, Freiburg im Breisgau 1941, 185.

27 Vgl. dazu WÜNNENBERG, *Die Kardinals-Kongregationen*, Anhang zu 54: „Dadurch dass der Codex die Entscheidung über die Kompetenzkonflikte [...] einem coetus cardinalium zuweist, während die Congregatio Consistorialis ausgeschaltet worden ist, besteht eine Instanz, die, über die Constitution Pius' X. hinausgehend, eine sichere Gewähr dafür bietet, dass der Grundsatz der Trennung der Gewalten und des abgegrenzten Umfanges der Befugnisse jeder Kongregation verwirklicht werden kann"; TRASERRA, *Tutela iurium personarum*, 94-96.

28 Während die Konstitution *Sapienti consilio* (in überarbeiteter Form) Aufnahme in das zweite Buch gefunden hat, werden hier entsprechende Bestimmungen der *Lex propria* aufgegriffen und eingefügt.

29 Der Artikel umfasst die cann. 1598 bis 1601. Ausführliche Erläuterungen dazu bei G. NOVAL, *Commentarium Codicis Iuris Canonici*, IV. *De processibus*, 1. *De iudiciis*, Augustae Taurinorum – Romae 1920, 96-101.

Was die Zuständigkeit des Gerichts betrifft, werden im Codex zwar weitgehend die Bestimmungen der *Lex propria* übernommen[30]. Dass die Rota aber vor allem als päpstliches Appellationsgericht konstituiert ist, wird auch durch die Tatsache unterstrichen, dass der Gesetzestext nun – im Gegensatz zu den bisher geltenden Normen – die Kompetenzen höherer Instanz zuerst nennt. Ausgenommen von der Zuständigkeit der Rota bleiben allerdings weiterhin die *causae maiores*:

> „Causae maiores penitus excluduntur ab ambitu competentiae huius tribunalis“[31].

Gleiches gilt auch für die Rekurse gegen Dekrete von Ordinarien:

> „Contra Ordinariorum decreta non datur appellatio seu recursus ad Sacram Rotam; sed de eiusmodi recursibus exclusive cognoscunt Sacrae Congregationes“[32].

In Verwaltungsstreitigkeiten sind Berufungsklagen jedoch nicht in jedem Fall dem Aufgabenbereich des Gerichts entzogen[33]. Allerdings kann die Rota

---

[30] Vgl. GOYENECHE, *De SS. Congregationum, tribunalium et officiorum constitutione*, 130: „[...] principia *Legis propriae* [...], Sacrae Rotae Romanae internam compositionem eiusdem competentiam regulantia, fere intacta in Codice Iuris Canonici fuerunt recepta [...] et intacta hucusque remanent“.

[31] Can. 1600; vgl. dazu can. 220: „Gravioris momenti negotia quae uni Romano Pontifici reservantur sive natura sua, sive positiva lege, causae maiores appellantur“; KORR, *Die Appellation an die S. Rota Romana*, 36, verweist in diesem Zusammenhang auf die Schwierigkeit, im Einzelfall zu bestimmen, was als *causa maior* zu gelten habe, und kommt zu dem Ergebnis: „Entscheidend ist auch hier wie immer in Zweifelsfragen, wer zu entscheiden hat, ob ein solcher Fall vorliegt. Und dies ist der Papst selbst. Er kann schließlich jede ihm wichtig erscheinende Sache als causa maior selbst entscheiden“.

[32] Can. 1601; allerdings heißt es nicht mehr ausdrücklich wie im vierten und fünften Schema: „quae non sint forma iudiciali latae“ (vgl. ROBERTI, *Codicis Iuris Canonici schemata*, lib. IV, I, 78-79) Die Inkompetenz der Rota in solchen Fällen wurde auch von den Auditoren selbst bestätigt (vgl. die Entscheidung SRR. c. PARRILLO, Dioecesis X, *Damnorum: Quaestio incidentalis super competentia S. Romanae Rotae*, 1923, Apr 30: AAS 15 [1923], 296-302). Unter die Bestimmung von can. 1601 fallen im Übrigen auch bischöfliche Dekrete, die die Leitung und Verwaltung der Diözese betreffen, wobei Schadensersatzklagen nicht ausgeschlossen sind: vgl. PCCCI., *Dubia soluta ab E.mo Praeside commissionis: de iudiciis (cann. 1552-1601)*, 1923, Mai 22: AAS 16 (1924), 251: „Mens est: exclusive competere Sacris Congregationibus cognitionem tum huiusmodi decretorum, actuum, dispositionum, tum damnorum, quae quis praetendat ex iis sibi illata esse“, und hierzu: MÖRSDORF, *Rechtsprechung und Verwaltung*, 189-190; TRASERRA, *Tutela iurium personarum*, 96-97.

[33] Zu diesem Ergebnis kam die Rota selbst in mehreren Urteilen: vgl. hierzu MÖRSDORF, *Rechtsprechung und Verwaltung*, 191-197; J.-F. NOUBEL, *Jurisprudence de la S. Rote romaine en matières administratives de droit canonique*: RDC 13 (1963), 304-326; J.-F. NOUBEL, *La responsabilité administrative devant la S. R. Rote*: RDC 18 (1968), 241-270; 19 (1969), 18-31, 339-355. Nach MÖRSDORF, *Rechtsprechung und Verwaltung*, 197, „darf [...] festgestellt werden, daß die Rota [...] die Nachprüfung bei Verwaltungsakten im allgemeinen

dann nicht mehr tätig werden, wenn in einem Fall bereits die Entscheidung einer Kongregation vorliegt[34].

Zwar bezeichnet der Codex in Bezug auf die Gerichtshierarchie ausdrücklich das Metropolitangericht als ordentliche Berufungsinstanz für die Suffraganbistümer und umgekehrt[35]. Dennoch wird daneben auch die Rota bereits in zweiter Instanz als ordentliches Gericht angesehen, falls der Prozess in rechtmäßiger Berufung an sie überwiesen wurde[36]. Das Tribunal des Vikariats Rom wird im neuen Gesetzestext nicht mehr eigens erwähnt. Der Einfachheit halber heißt es jetzt nur noch:

---

bejaht und lediglich bei Maßnahmen der Kirchenzucht, die dem Ermessen des Ordinarius anheimgestellt sind, verneint".

[34] Vgl. SRR., Urteil c. WYNEN, Romana, *Iurium et damnorum*, 1942, Jan 5, Nr. 3: SRRDec 34 (1942), 1-19, 4: „[...] absque speciali Commissione Pontificia, omnia Tribunalia, etiam ordinaria S. Sedis, carent competentia iterum tractandi et definiendi tales quaestiones, quoniam non sunt superiorea S. Congregationibus. Si e contra aliqua quaestio ad S. Congregationem delata nondum est decisa, tunc utique S. Congregatio, si censeat opportunum ut res decidatur via iudiciali, quaestionem, in quolibet stadio, propria auctoritate deferre potest ad Tribunal competens, plerumque, ad S. Rotam".

[35] Vgl. unter der Überschrift *De tribunali ordinario secundae instantiae* can. 1594: „§ 1. A tribunali Episcopi Suffraganei appellatur ad Metropolitam. § 2. A causis in prima instantia pertractatis coram Metropolita fit appellatio ad loci Ordinarium, quem ipse Metropolita, probante Sede Apostolica, semel pro semper designaverit. § 3. Pro causis primum agitatis coram Archiepiscopo qui caret Suffraganeis vel coram loci Ordinario immediate Sedi Apostolicae subiecto fit appellatio ad Metropolitam, de quo in can. 285". KORR, *Die Appellation an die S. Rota Romana*, 12-13, vertritt hierbei die Ansicht: „Es läge ja nahe, als zweite Instanz unmittelbar die Rota zu erklären. Daß dies nicht geschehen ist, erklärt sich hauptsächlich aus den Schwierigkeiten, die seitens der Regierungen der einzelnen Staaten dem Apostolischen Stuhle aus nationalen Gründen gemacht wurden. Der moderne nationale Staat sieht in der Möglichkeit, von einem einheimischen Gericht an ein ausländisches zu appellieren, einen Eingriff in seine unbedingte Souveränität". Auch der spätere Auditor und Dekan der Rota, Msgr. Séraphin Many, hatte in seinem Votum von 1907 vorgeschlagen: „Causas quas Metropolitanus in sua propria dioecesi, vel episcopus immediate Sanctae Sedi subiectus, in prima instantia iudicarunt, per appellationem, pro secunda instantia, ad Sanctam Sedem deferendae sunt" (S. MANY, Konsultor, *Votum*, 1907, tit. III, can. 39 § 2: LLOBELL, LEÓN, NAVARRETE, *Il libro „De processibus"*, I, 419). Dagegen heißt es im Schema 2 bereits: „Pro causis coram Metropolita aut Ordinario S. Sedi immediate subiecto primum pertractatis, tribunal secundae instantiae erit penes alium Archiepiscopum vel Episcopum a S. Sede determinatum" (*Schema 2*, 1907, tit. I, cap. IX, can. 44 [57] § 2: *ebd.*, 459).

[36] Many hatte sich allerdings gegen die Möglichkeit einer appellatio *per saltum* an die Rota ausgesprochen: vgl. *Consulta della Commissione dei Consultori sul libro „De iudiciis"*, 1908, Jan 26: LLOBELL, LEÓN, NAVARRETE, *Il libro „De processibus"*, I, 1092.

> „Sacra Rota iudicat:
>
> 1° In secunda instantia causas quae a quorumvis Ordinariorum tribunalibus in primo gradu diiudicatae fuerint et ad Sanctam Sedem per appellationem legitimam deferantur“[37].

Für die Verfahren, die in dritter oder höherer Instanz zu entscheiden sind, sieht der Codex – im Gegensatz zu den Normen der *Lex propria* – nun eine ausschließliche Zuständigkeit für die Rota vor[38]. Die Bestimmung, nach der auch in diesem Fall deren Kompetenz von der rechtmäßigen Berufung abhängt, ist weggefallen. Demnach urteilt die Rota:

> „2° In ultima instantia causas ab ipsa Sacra Rota et ab aliis quibusvis tribunalibus in secunda vel ulteriora instantia iam cognitas, quae in rem iudicatam non transierint“[39].

Anders als die *Lex propria* teilt der Codex dem Gerichtshof ordentliche Kompetenzen auch in erster Instanz zu[40]. Der Gesetzestext verweist dabei auf die in can. 1557 § 2 genannten Fälle:

> „Hoc tribunal iudicat etiam in prima instantia causas de quibus in can. 1557, § 2 [...]“[41].

Wenn dort „die Tribunale“ des Apostolischen Stuhls für zuständig erklärt werden, so wohl deshalb, weil neben der Rota auch das Heilige Offizium zu den päpstlichen Gerichtshöfen gerechnet werden muss[42]; für alle Prozesse, die nicht

---

[37] Can. 1599 § 1. Wenn die Appellation an den Heiligen Stuhl erfolgt, muss die Rota im Berufungsakt nicht eigens erwähnt werden. Zu diesem Ergebnis kommt SRR., Urteil c. PARRILLO, Corduben., *Restitutionis ecclesiae*, 1929, Jul 29, Nr. 9: SRRDec 21 (1929), 269-180, 276.

[38] Dagegen hatte der Bischof von Würzburg [Ferdinand Ritter von Schlör] im Hinblick auf die geplante Kodifizierung gefordert, die dritte Instanz nicht in Rom, sondern „in collegio quodam metropolitico“ einzurichten: vgl. *Postulata Episcoporum*, 1905, tit. XXXV, Nr. 79: LLOBELL, LEÓN, NAVARRETE, *Il libro „De processibus“*, I, 366.

[39] Can. 1599 § 1. Durch die besondere Erwähnung der von der Rota schon entschiedenen Fälle erübrigt sich in den Bestimmungen von § 1, 1° ein Hinweis, wie er in der *Lex propria* (can. 14 § 2) enthalten ist, in der es heißt: „Itemque eas iudicat, si opus sit, etiam in tertia instantia“. Das herkömmliche Turnusprinzip bei internen Berufungen wird dabei unverändert beibehalten.

[40] In der *Lex propria* (can. 14 § 1) waren Urteile ersten Grades nur durch päpstliche Kommission möglich. Auch die Schemata erwähnen die ordentliche Kompetenz noch nicht (vgl. ROBERTI, *Codicis Iuris Canonici schemata*, lib. IV, I, 76-77); in ihnen waren die in can. 1557 § 2 genannten Fälle noch dem Papst selbst vorbehalten (vgl. *ebd.*, 12-15).

[41] Can. 1599 § 2.

[42] Vgl. P. TORQUEBIAU, *Compétence*: DDC, III (1942), 1189-1238, 1220. Can. 1599 § 2 spricht deshalb lediglich von „causas“, nicht von „eas causas“ oder „omnes causas“; CAMP,

in dessen Zuständigkeit fallen, steht dem Papst aber kein anderes Tribunal zur Verfügung als die Rota[43]. Somit umfasst deren ordentliche Kompetenz in erster Instanz alle Streitverfahren von Bischöfen[44] mit Ausnahme derer, die die Bischöfe nach can. 1573 § 2 selbst führen[45], sowie die Prozesse derjenigen Diözesen und moralischen Personen, die keinen Oberen unter dem Papst haben, sofern es sich nicht um Fälle handelt, die dem Heiligen Offizium vorbehalten sind[46]. Während es bei Bischöfen unerheblich sein dürfte, ob diese klagende oder nicht klagende Partei im Verfahren sind[47], ist bei allen anderen Rechtssubjekten davon auszugehen, dass diese nur dann ihren Gerichtsstand an der Rota haben, wenn dort Klage gegen sie erhoben wird[48].

Da sich aber nach can. 1569 § 1 jeder Gläubige in allen Instanzen und Prozessstadien an den Papst wenden kann[49], erkennt der Codex der Rota neben diesen ordentlichen Kompetenzen auch weiterhin außerordentliche in erster Instanz zu und bestätigt damit die Bestimmungen der *Lex propria.* So gilt nun:

> „Hoc tribunal iudicat etiam in prima instantia causas [...] quas Romanus Pontifex sive motu proprio, sive ad instantiam partium ad suum tribunal advocaverit et Sacrae Rotae commiserit"[50].

Die organisatorische Trennung, 47-48, zählt insgesamt fünf Kongregationen auf, die rechtsprechende Funktionen ausüben.

43 Auf das Problem der Rota, im Einzelfall zu untersuchen, ob es sich auch tatsächlich um eine Gerichtssache handelt, verweist MÖRSDORF, *Rechtsprechung und Verwaltung*, 180: „Diese Prüfung gestaltet sich oft sehr schwierig, weil [...] vielfach irgend welche Verwaltungsakte vorhergegangen sind".

44 Vgl. can. 1557 § 2: „Tribunalibus vero Sedis Apostolicae reservatur iudicare: 1° Episcopos residentiales in contentiosis, salvo praescripto can. 1572, § 2".

45 Vgl. can. 1573 § 2: „Officialis [...] nequit iudicare causas quas Episcopus sibi reservat".

46 Vgl. can. 1557 § 2: „Tribunalibus vero Sedis Apostolicae reservatur iudicare: [...] 2° Dioeceses aliasve personas morales ecclesiasticas quae Superiorem infra Romanum Pontificem non habent, uti religiones exemptas, Congregationes monasticas, etc.".

47 Vgl. M. LEGA, V. BARTOCCETTI, *Commentarius in iudicia ecclesiastica iuxta codicem iuris canonici*, I, Romae 1950, 36; ROBERTI, *Codicis Iuris Canonici schemata*, I, 177, vertritt demgegenüber die Ansicht: „Reservatio causarum ob personarum dignitatem valet tantum cum persona agit partes rei conventi, quia actor sequitur forum rei".

48 Vgl. LEGA, BARTOCCETTI, *Commentarius in iudicia ecclesiastica*, I, 38.

49 Vgl. can. 1569 § 1: „Ob primatum Romani Pontificis integrum est cuilibet fideli in toto orbe catholico causam suam sive contentiosam sive criminalem, in quovis iudicii gradu et in quovis litis statu, cognoscendam ad Sanctam Sedem deferre vel apud eandem introducere".

50 Can. 1599 § 2.

Nach der Überweisung durch den Papst, der ein Verfahren *motu proprio* oder auf Antrag der Parteien an sich gezogen hat[51], ist die Rota demnach auch hier zuständiger *iudex*[52].

Eine zusätzliche Bestimmung besagt, dass die Rota für alle von ihr erstinstanzlich gefällten Urteile auch Berufungsgericht bleibt:

> „[...] easque, nisi aliud cautum sit in commissionis rescripto, Sacra Rota iudicat quoque in secunda et tertia instantia ope turnorum qui sibi invicem succedunt“[53].

Auf diese Weise verfügt das Tribunal sowohl über ordentliche als auch über außerordentliche Exklusivkompetenzen in der Kirche[54]; daher erklärt can. 1558 alle anderen Gerichte für absolut unzuständig[55].

Neben dem Papst selbst ist es auch nach den Bestimmungen des Codex die Apostolische Signatur, die befugt ist, Prozesse direkt an die Rota zu leiten. Es handelt sich dabei – entsprechend den im Gesetzbuch vorgesehenen Kompetenzen des obersten Gerichtshofs gegenüber der Rota[56] – allerdings stets nur um

---

[51] Jedoch präzisiert can. 1603 § 2, dass zu diesem Zweck die Signatur eingeschaltet wird, für die gilt: „Videt ex potestate delegata de petitionibus per supplices libellos ad Sanctissimum porrectis ad obtinendam causae commissionem apud Sacram Rotam“.

[52] Vgl. can. 1557 § 3: „Alias causas, quas Romanus Pontifex ad suum advocaverit iudicium, videt iudex quem ipsemet Romanus Pontifex designaverit“. Kritisch bemerkt hierzu MAURO, *L'avocatio causae*, 215: „Il che certamente rispondeva alla piena ed assoluta discrezionalità dello stesso Pontefice, ma allo stesso tempo non valeva a chiarire esattamente i compiti e i poteri spettanti alla Rota in materia di cause avocate“.

[53] Can. 1599 § 2; diese Anordnung gilt nicht, wenn nach can. 1880, 2° keine Berufung möglich ist. Dort wird nämlich festgelegt: „Non est locus appellationi: [...] 2° A sententia iudicis qui a Sancta Sede delegatus est ad videndam causam cum clausula *‚appellatione remota‘*“.

[54] Vgl. dazu KORR, *Die Appellation an die S. Rota Romana*, 48: „Praktisch wird diese Unterscheidung bei Vakanz des päpstlichen Stuhles [...]. Soll die Rota kraft delegierter Gewalt urteilen, so erlischt ihre Jurisdiktion, wenn die Streitsache noch nicht durch die Ladung anhängig geworden ist (can. 61), weil hier eine Delegatio ab homine vorliegt; soll die Rota aber in einer bereits anhängig gewordenen Sache in zweiter oder dritter Instanz entscheiden, so bleibt ihre Jurisdiktion als eine jurisdictio delegata a iure vom Tode des Papstes unberührt“.

[55] Vgl. can. 1558: „In causis de quibus in can. 1556, 1557, aliorum iudicum incompetentia est *absoluta*“.

[56] Im Einzelnen sind dies Verletzungen der Amtspflichten durch die Auditoren, Befangenheitseinreden, Nichtigkeitsklagen, Anträge auf Wiedereinsetzung in den früheren Stand, Rekurse gegen Rota-Urteile in Ehesachen, in denen die Rota die Klage auf Wiederaufnahme des Verfahrens abgewiesen hat: vgl. can. 1603 § 1, 1°- 5°; zur Nichtigkeitsklage gegen Sentenzen der Rota siehe auch SRR., Urteil c. LEFEBVRE, Sipontina, *Nullitatis matrimonii: Querelae nullitatis; Novae causae propositionis*, 1960, Jun 18: SRRDec 52 (1960), 330-333.

eine Rücküberweisung. Dies ist dann der Fall, wenn durch den obersten Gerichtshof Befangenheitseinreden gegen Rota-Auditoren geklärt worden sind[57]. Soweit der Papst nichts anderes verfügt hat, trifft dies ebenso zu, wenn gegen die Urteile der Rota einer *querela nullitatis,* einer *restitutio in integrum* oder, was die *Lex propria* noch nicht vorsah, einem Rekurs gegen die Abweisung einer *nova causae propositio* in Ehesachen stattgegeben worden ist[58].

Über Rekurse zur Erlangung einer *restitutio in integrum* nach rechtskräftig gewordenen Urteilen anderer Gerichte, für die beim Richter zweiter Instanz kein Rechtsmittel gefunden werden kann, entscheidet den Bestimmungen des Codex zufolge jedoch nicht mehr die Rota. Da nach cann. 1905 und 1906 der Richter, der das Urteil gefällt hat, oder das Appellationstribunal über die Wiedereinsetzung in den früheren Stand entscheidet, ist dem Apostolischen Gerichtshof die entsprechende Kompetenz entzogen worden[59]. Dagegen fallen in dessen Zuständigkeitsbereich auch weiter die Berufungen gegen eine Abweisung oder

---

[57] Vgl. can. 1604 § 2: „In casu suspicionis, Apostolica Signatura definit utrum sit locus recusationi Auditoris, necne; quo facto, iudicium ad Sacram Rotam remittit, ut, secundum suas regulas ordinarias, procedat, Auditore, contra quem exceptio mota fuit, in suo turno manente vel excluso“. Allerdings spricht der Canon nicht mehr wie die *Lex propria* (can. 41 § 3) von einer durch „inappellabili sententia“ getroffenen Entscheidung.

[58] Vgl. can. 1604 § 3: „In casu querelae nullitatis aut restitutionis in integrum aut recursus de quibus in can. 1603, § 1, nn. 3, 4, 5 [...] iudicat [...]; et nullitate declarata aut restitutione concessa vel admisso recursu, causam remittit ad Sacram Rotam, nisi Sanctissimus aliter providerit“. Auch im Fall der *restitutio in integrum* heißt es nicht mehr: „inappellabili sententia“. Die Maßgabe sieht für Rota-Urteile demnach nicht vor, was can. 1906 für andere Gerichte festlegt: „Ad restitutionem in integrum concedendam competens est iudex qui sententiam tulit [...]“. Die Bestimmung, gemäß der die Signatur nach getroffener Entscheidung einen Fall an die Rota zurückgeben muss, gilt auch für andere Rekurse: vgl. dazu das Urteil der SIGNAP., Romana, *Sententiae incidentalis in causa nullitatis matrimonii (Garçia – Sylos),* 1922, Nov 25: AAS 15 (1923), 180-185. Darin erklärte sich die Signatur in einer Plenarsitzung für kompetent, über den Rekurs gegen eine *Sententia interlocutoria* der Rota zu entscheiden, und wies damit eine entsprechende Kompetenzklage des *Defensor vinculi* der Rota zurück. – Eine Besonderheit ist auch in den Rekursen zur Wiederaufnahme von Personenstandssachen zu beachten: Hier kann die Signatur dem Antrag stattgeben, ohne dass dieser vorher der Rota vorgelegt wurde; vgl. F. CATTANI AMADORI, SekrSignAp., Brief, 1931, Feb 19, an M. Massimi, DekRR.: Arch. Rot., Not. 109: „Io tengo che la presentazione del ricorso alla S. Rota in tal caso non sia necessaria, poiché, non potendo questa, pel can. 1903, concedere un nuovo giudizio, il suddetto ricorso diverrebbe evidentemente inutile“; im Antwortschreiben von Msgr. Massimi heißt es dazu: „In riscontro alla pregiata lettera di V. E. [...], ho il piacere di partecipare che il Collegio Rotale, cui ho proposto il quesito nell'adunanza del 26 febbraio, conviene nel ritenere inutile la previa presentazione alla Rota dei ricorsi contro le sentenze rotali [...], se gli argomenti o documenti nuovi e gravi [...] non vengano neppure invocati dalla parte ricorrente“ (M. MASSIMI, DekRR., Brief, 1931, Mrz 2, an F. Cattani Amadori, SekrSignAp.: Arch. Rot., Not. 109).

[59] Diese war ihr durch can. 14 § 4 der *Lex propria* zugeteilt worden. Noch im letzten Schema war sie enthalten (vgl. ROBERTI, *Codicis Iuris Canonici schemata,* lib. IV, I, 77).

mangelnde Überprüfung von Klageschriften[60] und die mit der Appellation verbundenen Nichtigkeitsklagen[61].

Der Auftrag der Auditoren, im Namen des Papstes Recht zu sprechen[62], beinhaltet im Übrigen wie bisher die Vollmacht, im Prozess auch das Urteil zu fällen. Eine päpstliche Approbation ist dazu nicht erforderlich[63]. Dies gilt in der gleichen Weise auch für die Fälle, die durch besondere Delegation an die Rota überwiesen worden sind.

Daneben erkennt das Gesetzbuch ausdrücklich das Recht des Gerichtshofs an, sich wie alle anderen Dikasterien der Kurie eine eigene Verfassung und Verfahrensordnung zu geben:

> „In singulis Congregationibus, Tribunalibus, Officiis servanda est disciplina et tractanda sunt negotia secundum normas tum generales tum particulares, quas ipsis Romanus Pontifex praestituerit“[64].

Die Ordnung muss zwar im Einklang mit den allgemein gültigen Rechtsnormen der Kirche stehen, sie kann diese jedoch, um den besonderen Erfordernissen des Tribunals gerecht zu werden, in geeigneter Weise konkretisieren und ergänzen.

Umgekehrt hatte sich gerade in den Bestimmungen des Codex der Einfluss der Rota auf die Ausformung des kirchlichen Rechts bemerkbar gemacht[65]; viele der Verfahrensnormen der *Regulae servandae* fanden Eingang in das Buch *De processibus*, und über zweihundert Canones des gesamten CIC lassen sich auf die Prozedur und Rechtsprechung der Rota zurückführen[66], die auf diese Weise für das gesamte Gerichtswesen der Kirche eine prägende und dienende Funktion ausübte[67]. Wenn daher nun in den *Normae generales* festgelegt wird, im Fall

---

[60] Vgl. can. 1709 § 3; can. 1710.

[61] Vgl. can. 1895.

[62] Vgl. can. 1597: „Romanus Pontifex pro toto orbe catholico [...] iudex est supremus, qui vel ipse per se ius dicit, vel per tribunalia ab eo constituta, vel per iudices a se delegatos“.

[63] Vgl. can. 244 § 2: „Gratiae quaevis ac resolutiones indigent pontificia approbatione, exceptis [...] sententiis Tribunalis Sacrae Romanae Rotae et Signaturae Apostolicae“. Der Papst entscheidet nämlich durch die von ihm ernannten Richter.

[64] Can. 243 § 1; damit waren nicht nur die *Regulae servandae* erneut legitimiert, sondern es konnte im Einklang mit dem Codex auch eine neue Gerichtsordnung erstellt werden. Die Normen von 1934 waren das Ergebnis.

[65] Vgl. MASSIMI, *Prooemium ad novissimas Normas S. R. Rotae*, 449: „Codex autem iuris canonici [...] de iudiciis vero amplissime cavit et ita quidem ut plurimae ex Rotae regulis factae sint universales, ut videre est in notis, quibus canonum fontes indicantur“.

[66] Vgl. PALESTRO, *Rassegna di giurisprudenza rotale*, 14-15.

[67] Vgl. CATTANI AMADORI, *Auspicatio 1923*, 567: „Così, mentre le nostre Regole hanno somministrato al quarto libro del Codice una messe copiosa, questo alla sua volta ha estesa la

von Gesetzeslücken unter anderem *stylus et praxis* der Kurie zu konsultieren[68], so kann mit Mörsdorf davon ausgegangen werden, dass diese Bestimmung auch „der rotalen Rechtsprechung den Charakter einer subsidiären Rechtsquelle zuerkennt“[69].

Aufgabe und Kompetenz der Rota waren so durch den *Codex Iuris Canonici* nicht nur bestätigt und erweitert, sondern auch fest und für jedermann bis ins Einzelne nachprüfbar im kirchlichen Rechtssystem verflochten worden. Zweifellos bedeutete das für die Rota kaum zehn Jahre nach ihrer Wiedererrichtung eine weitere Stärkung ihrer Position und ihres Einflusses.

b. Die Instruktion *Provida Mater Ecclesia* von 1936

Zu den Prozessen, die im kanonischen Recht besondere Aufmerksamkeit erfahren, zählen seit jeher die Verfahren zur Auflösung oder Nichtigkeitserklärung des Ehebandes. Hatte deshalb die Sakramentenkongregation schon 1923 in Ergänzung zum *Codex Iuris Canonici* den Verlauf des Inkonsummationsverfahrens präzisiert[70], so gab sie 13 Jahre später unter Anwendung dieser Bestimmungen[71] zusätzlich spezielle Anweisungen für die Durchführung von Ehenichtigkeitsprozessen heraus: Am 15. August 1936 veröffentlichte sie unter dem Titel *Provida Mater Ecclesiae*[72] eine entsprechende Instruktion, in der in 240 Ar-

---

nostra procedura a tutto l'orbe cattolico, recando al diritto tre grandi vantaggi, chè, dove prima questa parte era generalmente poco nota, vaga ed incerta, ha ora acquistato unità, fermezza e notorietà“.

68 Vgl. can. 20: „Si certa de re desit expressum praescriptum legis sive generalis sive particularis, norma sumenda est, nisi agatur de poenis applicandis, a legibus latis in similibus, a generalibus iuris principiis cum aequitate canonica servatis; a stylo et praxi Curiae Romanae; a communi constantique sententia doctorum“.

69 MÖRSDORF, *Die Autorität der rotalen Rechtsprechung*, 424; ähnlicher Ansicht ist M. LÓPEZ ALARCÓN, *La posición de la jurisprudencia en el sistema de fuentes de derecho canónico*: INSTITUTO MARTÍN DE AZPILCUETA (Hg.), *La norma en el derecho canónico. Actas del III Congreso Internacional de Derecho Canónico, Pamplona, 10-15 octubre de 1976* (= CCan, 1), I, Pamplona 1979, 1105-1112, 1109.

70 Vgl. SCDSACR., *Regulae servandae in processibus super matrimonio rato et non consummato*, 1923, Mai 7: AAS 15 (1923), 392-413.

71 Vgl. C. LEFEBVRE, *Evoluzione del processo matrimoniale canonico*: C. GULLO (Hg.), *Il processo matrimoniale canonico* (= StGiur, 17 = ADGC, 11), Città del Vaticano 1988, 25-38, 35.

72 SCDSACR., *Instructio servanda a tribunalibus dioecesanis et pertractandis causis de nullitate matrimoniorum „Provida Mater Ecclesia“*, 1936, Aug 15: AAS 28 (1936), 313-372; im Deutschen oft als „Eheprozessordnung“ oder kurz „EPO“ bezeichnet; deutsche Ausgaben mit Kommentar: A. M. KOENIGER (Hg.), *Die Eheprozessordnung für die Diözesangerichte. Text mit Übersetzung und Erläuterungen* (= KStT, 11), Bonn 1937 = Amsterdam 1964; J. WENNER (Hg.), *Kirchliche Eheprozeßordnung. Instruktionen nebst einschlägigen Vorschrif-*

tikeln eine genaue Verfahrensordnung festgelegt wurde[73]. Zwar handelt es sich dabei in erster Linie um Ausführungsbestimmungen für die Abwicklung eines Prozesses an Diözesangerichten[74] und im Großen und Ganzen um eine Zusammenfassung aller einschlägigen Normen[75]. Trotzdem ist die Instruktion auch für die weitere Präzisierung der Aufgabe von Interesse, die der Rota in der Kirche übertragen ist.

Erstmals in einem offiziellen Dokument des Heiligen Stuhls wird ausdrücklich die Bedeutung der Rota als Rechtsquelle anerkannt. In dem Dekret, das den Normen vorausgeht und diese in Kraft setzt, werden die Richter indirekt angewiesen, bei ihrer Tätigkeit die Ergebnisse der Judikatur und die Prozessregeln der Rota zu berücksichtigen; diese nämlich sind nach den Worten der Instruktion zum besseren Verständnis des allgemeinen Rechts in die Verfahrensordnung aufgenommen worden:

> „In hisce regulis iudices ipsi et tribunalium administri praecipuos canones de processibus agentes accurate apteque dispositos reperient, necnon brevem facilemque eorundem explanationem, ex iurisprudentia praesertim erutam atque ex Normis S. R. Rotae, quo plenius ipsis iidem Codices canones, quibus derogatum non est, sint perspecti, eosque expeditius singulis aptare possint matrimonialibus causis“[76].

ten über das Verfahren in Ehenichtigkeits- und Inkonsummationssachen sowie bei Todesnachweis, Ehetrennung und Ehezulassung, Paderborn ³1956; zur Instruktion vgl. unter anderem: C. BERNARDINI, *[Annotatio ad instructionem servandam a tribunalibus dioecesanis in pertractandis causis de nullitate matrimoniorum]*: Apol 9 (1936), 521-585; J. HARING, *Vis ac momentum instructionis S. C. de Sacramentis diei 15 augusti 1936*: Apol 9 (1936), 593-594; K. MÖRSDORF, *Zur Eheprozeßordnung für die Diözesangerichte vom 15. 8. 1936*: ThQ 120 (1939), 206-219 und 338-370; G. MONETA, *Dalla Istruzione „Provida Mater“ all'Istruzione „Dignitas connubii“*: P. A. BONNET, C. GULLO (Hg.), *Il giudizio di nullità matrimoniale dopo l'istruzione „Dignitas connubii“*, I. *I principi* (= StGiur, 75), Città del Vaticano 2007, 17-45, 19-24.

[73] Vgl. HARING, *Vis ac momentum instructionis S. C. de Sacramentis*, 593: „Quae Instructio valde necessaria erat. Nam canones 1960-1992 C.I.C. non suffecerunt. Multa dubia exorta sunt“; MÖRSDORF, *Rechtsprechung und Verwaltung*, 99, Anm. 31: „Mit dieser Vereinheitlichung hat die EPO im allgemeinen eine gute Arbeit geleistet“.

[74] Vgl. SCDSACR., *Provida Mater Ecclesia*, Decretum: „Verumtamen rerum usus docuit curiales iudices singulis casibus aptaturos processuales leges, praesertim generales, pluribus in difficultatibus aliquando versari. [...] Eapropter [...] huic S. Congregationi nedum opportunum sed necessarium visum est quasdam exarare regulas quibus dioecesani iudices veluti manducantur ad huiusmodi magni momenti expedienda negotia“.

[75] Vgl. LEFEBVRE, *Evoluzione del processo matrimoniale canonico*, 35: „Così questa istruzione può essere considerata come un compendio dei documenti anteriori della Santa Sede in materia“.

[76] SCDSACR., *Provida Mater Ecclesia*, Decretum.

In vielen Fällen greift die Instruktion dann Entscheidungen und Normen des päpstlichen Gerichts auf und macht sie sich zu Eigen[77]. Der Rota selbst aber wird dadurch implizit die Funktion zuerkannt, als Lehrmeisterin der Rechtsprechung geltendes Recht vorbildhaft zur Anwendung zu bringen und zu fortzuentwickeln. Es ist daher auch verständlich, wenn die Bischöfe aufgerufen werden, junge Kanonisten zur Ausbildung an die Rota zu schicken:

> „Hinc S. Sedis mens est, et hoc R.mi locorum Ordinarii probe noscant, ut electi iuvenes, doctorali saltem in iure canonico in hac Alma Urbe laurea decorati, praesertim apud Studium S. R. Rotae, ad processus rite conficiendos atque ad recte iudicandum erudiantur, iustitia ac veritate ducibus“[78].

In Kompetenzfragen gibt die Instruktion im Allgemeinen die Regelungen des Codex wieder[79]. So wird dem Bandverteidiger wie den Parteien das Recht zugestanden, unter Umgehung einer Zwischeninstanz direkt an die Rota zu appellieren:

> „Tum defensor vinculi tum partes possunt, omisso medio, si id expedire iudicent in causis praesertim magni momenti, ad S. R. Rotam [...] appellare“[80].

Alle anderen möglichen Berufungsanträge aber werden dadurch wirkungslos:

> „Si appellantium alteruter ad praefata tribunalia Sanctae Sedis provocet, coram tribunalibus istis appellatio exclusive prosequenda est“[81].

Eine für die Rota indirekt ganz wesentliche Neuerung besteht in der Möglichkeit des Berufungsgerichts, der ursprünglichen Streitformel weitere Klagegründe hinzufügen zu können, so dass die Appellationsinstanz in diesem Punkt als Gericht erster Instanz entscheidet. Es wird nämlich festgelegt:

> „Si vero novum [...] nullitatis caput afferatur in gradu appellationis, illudque, nemine contradicente, a collegio admittatur, de eo iudicandum est tamquam in prima instantia“[82].

---

77 Vgl. LEFEBVRE, *Evoluzione del processo matrimoniale canonico*, 35.

78 SCDSACR., *Provida Mater Ecclesia*, Decretum.

79 Vgl. im Zusammenhang mit der Rota unter anderem *Provida Mater Ecclesiae*, Art. 2 (dem Papst nach cann. 1557 und 1962 CICX/1917 vorbehaltene Prozesse); Art. 12 (Zuständigkeit in Mischehen gemäß can. 247 § 3 CIC/1917 nur nach Überweisung durch das Heilige Offizium); Art. 207-211 („*De querela nullitatis*“); Art. 212-223 („*De appellationibus*“).

80 *Ebd.*, Art. 216 § 1.

81 *Ebd.*, Art. 216 § 2. Einschränkend wird in § 3 festgelegt: „Parti, quae ad tribunal appellationis dioecesanum tempore utili provocavit, ius est petendi ut de sua appellatione videat S.R. Rota, [...] nisi tamen a tribunali appellationis dioecesano citationes iam legitime factae fuerint [...]. Itidem dicendum de vinculi defensore“.

Bei erneuter Berufung ist dann aber das Tribunal dritter Instanz allein zur Annahme zuständig, da die Gerichte erster und zweiter Instanz nicht mehr zur Verfügung stehen. Auf diese Weise fungiert hier als einzig kompetentes Gericht zweiter Instanz – von den wenigen Ausnahmen, in denen andere Tribunale dritter Instanz rechtmäßig konstituiert sind, abgesehen – die Rota.

Neu ist auch die zusätzliche Bestimmung[83], nach der eine Berufung an die Rota auch nach Eröffnung des Berufungsverfahrens statthaft ist, solange die Parteien noch nicht rechtmäßig zur Streitfestlegung geladen sind[84].

c. Die Beilegung des Kompetenzstreites mit der Sakramentenkongregation im Jahre 1940

Durch den Auftrag, eine umfassende Eheprozessordnung für die kirchlichen Gerichte zu erlassen, hatte die Kongregation für die Sakramentendisziplin 1936 eine legislative Funktion wahrgenommen, die geeignet war, ihre Position in der Gerichtshierarchie der Kirche neu festzulegen und zu stärken. Nachdem dieses Dikasterium aber seit 1938 immer wieder in schwebende Verfahren bei Tribunalen erster und zweiter Instanz eingegriffen und diese suspendiert hatte[85] und im Jahre 1939 eine Beschwerde gegen die Einstellung eines Verfahrens durch die Kongregation in Frankreich an die Rota gerichtet worden war, bat deren Dekan den Papst, in diesem Fall durch ein Kompetenzkonfliktgericht das Problem zu klären[86]. Der Papst beauftragte durch die Kongregation für die au-

---

82 Art. 219 § 2. Obwohl eine solche Bestimmung im Codex noch nicht enthalten ist, trifft sie auch auf die Rota zu; das wurde ausdrücklich bestätigt durch die *sententia interlocutoria* SRR., Urteil c. De Jorio, Romana, *Nullitatis matrimonii; Incidentis: De nullitate sententiae*, 1961, Dez 11, Nr. 15: SRRDec 53 (1961), 652-661, 658-659.

83 Vgl. Bernardini, *Annotatio ad instructionem*, 578, Anm.: „Est innovatio et quidem valde probanda".

84 Vgl. SCDSacr., *Provida Ecclesia Mater*, Art. 216 § 3: „Ita pariter parti, quae ad tribunal appellationis dioecesanum tempore utili provocavit, ius est petendi ut de sua appellatione videat S. R. Rota [...], nisi tamen a tribunali appellationis dioecesano citationes iam legitime factae fuerint [...]. Itidem dicendum de vinculi defensore".

85 Die Kongregation stellte dabei alle Eheverfahren ein, die aus den Klagegründen des Vorbehalts (can. 1086 § 2 CIC/1917) oder der nicht erfüllten Bedingung (can. 1092 CIC/1917) geführt wurden und entschied nach eingehender Prüfung, ob der betreffende Fall weitergeführt werden dürfe: vgl. Mörsdorf, *Die Autorität der rotalen Rechtsprechung*, 421; *ebd.*: „Durch diese Eingriffe in schwebende Gerichtsverfahren war das mühsam aufgebaute kirchliche Gerichtswesen in seiner Wurzel getroffen; seine weitere Existenz hing gleichsam an einem seidenen Faden"; ähnlich Mörsdorf, *Rechtsprechung und Verwaltung*, 206: „Damit wäre das völlige Erliegen der Diözesangerichte, die fast ausschließlich mit Ehenichtigkeitssachen [...] beschäftigt sind, nur eine Frage der Zeit gewesen".

86 Vgl. D. Lazzarato, *„Versalien.": importante decisione sul conflitto di attribuzione tra una S. Congregazione e la S. R. Rota:* ME 51 (1939), 310. Es handelte sich um den Fall P.

ßerordentlichen kirchlichen Angelegenheiten die Kardinalskommission zur Interpretation des CIC mit der Untersuchung der Sache, die den Eingriff für unrechtmäßig erklärte[87]. Als die Kongregation daraufhin ihrerseits um eine Grundsatzentscheidung in dieser Frage nachsuchte, rief Papst Pius XII. (1939-1958) am 12. August 1939 gemäß can. 245 CIC/1917 erneut eine Sonderkommission von Kardinälen ins Leben, die die Grenzen zwischen den Funktionen des genannten Dikasteriums und denen der Gerichtshöfe in Ehenichtigkeitsverfahren aufzeigen sollte[88].

Nachdem sowohl das Auditorenkollegium[89] als auch die Apostolische Signatur[90] Stellung bezogen hatten, legte die Sakramentenkongregation am 10. Januar 1940 in einem umfangreichen *Memoriale*[91] ihren Standpunkt dar, dem zufolge den Gerichtshöfen der Römischen Kurie in geistlichen Prozessen nur untergeordnete und ergänzende Kompetenz zukomme[92] und deshalb niemals ausschließliche Jurisdiktion[93]. Der Kongregation allein sei der Schutz der Sakramente anvertraut[94], sie könne daher jederzeit entsprechende Prozesse an sich

---

N. 2781, c. QUATTROCOLO, Versalien., *Nullitatis matrimonii* (vgl. SRR., *Registro di protocollo*, 9 [1938-1940]).

87 Auf die Frage „An [...] Sacrae Congregationi de Sacramentis competat ius interveniendi [...]“ antwortete die Kommission am 24. Juli 1939 : „Negative“ (PCCCI., *Dubium de interventu S. C. de Sacramentis in processum nullitatis matrimonii per Promotorem iustitiae accusati*, 1939, Jul 24: LE, I, 1931, Nr. 1489); vgl. hierzu LAZZARATO, *Versalien.*, 310, und K. MÖRSDORF, *Eine höchstrichterliche Kompetenzentscheidung zum Klagerecht in Ehenichtigkeitssachen*: ThGl 32 (1940), 164-166.

88 Vgl. L. MAGLIONE, KardStSekr., Brief, Nr. 7086/39, 1939, Okt 10, an G. Grazioli, DekRR.: Arch. Rot., Not. 81: „In seguito alla risposta data dalla Commissione Pontificia per l'interpretazione autentica del Codice di Diritto Canonico al dubbio riguardante la competenza della Sacra Congregazione dei Sacramenti nella causa matrimoniale *Versalien.* [...], risposta approvata dal Santo Padre e comunicata a cotesto Tribunale, il Medesimo Santo Padre ha affidato a detta Commissione l'incarico di segnare i limiti tra la funzione della Sacra Congregazione e quella dei Tribunali nelle cause di nullità di matrimonio“.

89 Vgl. *Risposta dell'Ecc.mo Collegio Rotale*, 1939, Dez 30: Arch. Rot., Not. 81.

90 Vgl. *Memoriale della Segnatura Apostolica*, 1939, Dez 30: Arch. Rot., Not. 81.

91 Vgl. SCDSACR., *Memoriale*, 1940, Jan 10: Arch. Rot., Not. 81.

92 Vgl. *ebd.*, 7, § 2, 8: „Il Codice [...] non muta lo stato delle cose. Anzi [...] si deve concludere che esso abbia voluto, *nelle cause spirituali*, attribuire ai *tribunali* della Curia Romana solo una *competenza subordinata e complementare* di quella delle Sacre Congregazioni“.

93 Vgl. *ebd.*, 8, § 2, 9: [...] si può trarre una *sicura conclusione:* nelle cause di nullità di matrimonio non è esistita mai una giurisdizione esclusiva dei tribunali“.

94 Vgl. *ebd.*, 13, § 3, 10: „[...] la S. C. dei Sacramenti, *ed essa sola,* impersona *l'interesse pubblico della* difesa del Sacramento del matrimonio e della difesa del diritto divino che lo disciplina“.

ziehen[95]; nur in schwierigen Fällen sei nach can. 249 § 3 eine Überweisung an den päpstlichen Gerichtshof geboten[96].

In ihrer Entgegnung vom 1. März 1940[97] machte die Rota unter anderem geltend, dass im Gegensatz zu Weiheverfahren nahezu alle Ehenichtigkeitsprozesse einer genaueren Untersuchung bedürften und deswegen der Zuständigkeit der Tribunale unterlägen[98]. Im Übrigen vermöge die Kongregation, die in der Vergangenheit nur infolge besonderer Umstände in Eheverfahren angegangen werden konnte[99], lediglich administrative Gewalt über die Diözesangerichte auszuüben und habe keinerlei Autorität über die Apostolischen Tribunale[100].

Die Kardinalskommission entschied den Kompetenzstreit in ihrer Plenarversammlung vom 4. Juli 1940[101]. Die ihr vorgelegten Fragen wurden dabei überwiegend zu Gunsten der Rota beantwortet. Die Kommission sprach der Sakramentenkongregation die generelle und übergeordnete Jurisdiktion in Ehe-

---

95 Vgl. SCDSACR., *Memoriale*, 16, § 3, 12: „[...] prima che la causa sia pendente davanti ad un giudice ecclesiastico, la S. C. dei Sacramenti può avocarla a sè [...]"; 24-25, § 5: „[...] la S. C. dei Sacramenti ritiene che essa possa usare delle seguenti attività: 1) Esercitare eminentemente tutte le facoltà e diritti spettanti all'Ordinario, al promotore di giustizia e al difensore del vincolo. [...] 3) Avocare a sè, *ex audientia Sanctissimi,* la definizione di una determinata causa, anche se pendente davanti ad un giudice ecclesiastico competente, in virtù della sua generale competenza in queste cause spirituali [...]".

96 Vgl. *ebd.*, 10, § 2, 9: „I tribunali sono ivi considerati quasi degli organi tecnici sussidiari".

97 *Risposta della S. R. Rota al memoriale della S. Congregazione dei Sacramenti*, [1940, Mrz 1]: Arch. Rot., Not. 81.

98 Vgl. *ebd.*, 17-18, Nr. 10: „Il codice [...] ha stabilito un processo speciale per le cause matrimoniali [...]. Nè ha ammesso, al contrario di quanto ha disposto per le cause di sacra ordinazione [...] che possano in certi casi trattarsi anche *tramite disciplinae.* Ci si obietta il can. 249 par. 3; ma è evidente che esso conferma la nostra tesi, giacchè obbliga la S. Congregazione a rimettere ai tribunali le cause contenziose, che *accuratiorem disquisitionem aut investigationem exigant*; e cioè in pratica quasi tutte le cause di nullità di matrimonio".

99 Vgl. *ebd.*, 18, Nr. 11: „La competenza esclusiva delle Congregazioni durò meno di 40 anni e fu dovuta a cause del tutto estranee e dolorose".

100 Vgl. *ebd.*, 31: „Concludendo la S. R. ritiene che la S. Congregazione dei Sacramenti, in quanto alle cause di nullità di matrimonio, possa esercitare sui tribunali diocesani tutte le facoltà di natura amministrativa, ma non quelle di natura giurisdizionale; e che la medesima non abbia alcuna autorità sui tribunali apostolici".

101 PCCCI., Romana et aliarum, *Responsa de competentia*, 1940, Jul 8: AAS 32 (1940), 317-318; vgl. hierzu F. ROBERTI, *Romana et aliarum. Responsa de competentia*: Apol 13 (1940), 195-204; K. MÖRSDORF, *Die Zuständigkeitsgrenzen der Sakramentenkongregation in Ehenichtigkeitssachen*: PastB 51 (1940), 138-145; MÖRSDORF, *Rechtsprechung und Verwaltung*, 202-205.

nichtigkeitsverfahren ab[102] und beschränkte deren Rechte in solchen Prozessen auf diejenigen Fälle, die an sie überwiesen werden und keine genauere Untersuchung erfordern[103]. Sie stellte ebenso klar, dass *Promotor iustitiae* und *Defensor vinculi* ihr jeweiliges Amt nicht im Namen der Kongregation ausüben und diese der Klage auf Ehenichtigkeit nicht durch eigenes Eingreifen zuvorkommen dürfe[104]. Lediglich einige verwaltungs- und kompetenzrechtliche Entscheidungsbefugnisse wurden der Kongregation zugestanden[105].

Die Position der Rota war durch dieses Urteil der Kardinalskommission erneut präzisiert und gestärkt worden. Das Gericht war in seiner Unabhängigkeit bestätigt[106] und konnte damit definitiv das Recht beanspruchen, auch in Ehenichtigkeitsverfahren alleiniges ordentliches Berufungstribunal des Apostolischen Stuhls zu sein.

---

[102] Auf die Frage „I. – An Sacrae Congregationi de disciplina Sacramentorum competat generalis et praeeminens iurisdictio in causis nullitatis matrimonii, ita ut eas ad se avocare, vel earum cursum aut sententiarum in iisdem latarum exsecutionem suspendere valeat" (PCCCI., *Responsa de competentia*, 317) antwortete die Kommission: „Negative" (*ebd.*, 318); vgl. dazu ROBERTI, *Romana et aliarum*, 197, der darauf verweist, dass can. 249 § 3 der Sakramentenkongreagtion nur „universa legislatio", nicht aber richterliche Gewalt über die sieben Sakramente zuerkennt.

[103] Vgl. PCCCI., *Responsa de competentia*, 317: „Et quatenus negative: II. – Quaenam iura eidem Sacrae Congregationi competant in causis nullitatis matrimonii". Die Antwort lautete: „Sacrae Congregationi de disciplina Sacramentorum in causis nullitatis matrimonii competere: a) ius dirimendi quaestiones de validitate matrimonii, quae ad eam deferantur, dummodo eaedem accuratiorem disquisitionem aut investigationem non exigant, ad normam can. 249 § 3" (*ebd.*, 318).

[104] Vgl. PCCCI., *Responsa de competentia*, 317: „III. – An in causis nullitatis matrimonii promotor iustitiae et defensor vinculi habendi sint ut delegati vulgo *rappresentanti* Sacrae Congregationis de disciplina Sacramentorum, ita ut haec eorum partes moderari valeat. Et quatenus negative: IV. – An et quomodo eadem Sacra Congregatio in casu denuntiationis nullitatis matrimonii, de qua in canone 1971 § 2, sese ingerere possit in iis quae praecedunt accusationem nullitatis matrimonii". Antwort: „Ad III. Negative. Ad IV. Negative, salvo, re adhuc integra, recursu adversus Ordinarii iudicium" (*ebd.*, 318).

[105] Nämlich in der Antwort IV.b-c: *ebd.*, 318.

[106] Vgl. G. GRAZIOLI, DekRR., *Indirizzo d'omaggio*, 1940, Okt 1: OR 80 (1940), Nr. 228, 02.10.1940, 1: „Si è così tutelata per quanto riguarda il giudizio di merito delle cause di annullamento l'indipendenza che è un supremo interesse pubblico, e si è in pari tempo provveduto ad eliminare numerose cause incidentali che l'incertezza delle rispettive giurisdizioni continuamente provocava con danno gravissimo delle parti per il ritardo della decisione finale"; MÖRSDORF, *Die Autorität der rotalen Rechtsprechung*, 422: „Es gehört nicht zu den geringsten Verdiensten Papst Pius XII., daß die dem kirchlichen Gerichtswesen von rigoristischen Heißspornen drohende Gefahr so bald und so entschieden abgewendet worden ist".

d. Die Sondervollmachten des Dekans seit 1942

Durch das klärende Urteil der Kardinalskommission war es der Rota möglich geworden, in weitest möglichem Umfang von ihren im Codex vorgesehenen Kompetenzen Gebrauch zu machen. Gleichwohl wurden wenige Jahre später Bestimmungen in Kraft gesetzt, die die Zuständigkeit des Gerichts noch über die bis dahin festgelegten Grenzen hinaus ausdehnten und so dessen Einfluss in der Kirche weiter vergrößerten. Obwohl es sich dabei um Gesetze handelte, die allein für die Rota erlassen worden waren, veränderte sich durch sie doch von neuem die Art der Einbindung des Apostolischen Gerichtshofs in das Gesamtrecht.

Bereits 1942 erteilte Papst Pius XII. dem Dekan der Rota die Vollmacht, auch ohne spezielle päpstliche Erlaubnis Nichtvollzugsverfahren durchzuführen und gegebenenfalls die Dispens vom Hindernis des Ehebandes zu beantragen[107], und zwar dann, wenn die Frage von der Rota nach rechtmäßiger Behandlung negativ entschieden worden war und inzwischen neue und schwerwiegende Dokumente und Gründe eine nochmalige Untersuchung des Falles rechtfertigten. Unter rechtmäßiger Behandlung ist dabei zu verstehen, dass die Rota für das zuerst durchgeführte Verfahren die nötige apostolische Vollmacht besessen hatte und endgültig keine Gewissheit über die Nichtigkeit der Ehe zu erlangen war. Sofern auch der Bandverteidiger keine Einwände erhoben hatte, stand es der Rota unter den genannten Bedingungen damit frei, die normalerweise der Sakramentenkongregation vorbehaltene Kompetenz im betreffenden Fall an sich zu ziehen[108].

Weit umfassendere Vollmachten verlieh Papst Pius XII. dem Dekan der Rota jedoch anlässlich des Heiligen Jahres 1950[109]. Er gestattete, zu den bereits in den vorhergenden Instanzen diskutierten Streitpunkten neue hinzuzufügen, wodurch die Rota in bestimmten Fällen auch ordentliches Gericht erster Instanz

---

107 PIUS XII., Papst, Reskript, 1942, Feb 13: LE, VI, 7507, Nr. 4604.

108 Vgl. *ebd.*: „Instantibus sive Vinculi Defensore, sive actricis Patrono, proposito Sanctissimo quaesito: ‚An, denegata definitive matrimonii nullitate, obtenta forte prius Apostolica facultas videndi etiam super inconsummatione ad dispensationem obtinendam adhuc perduret, ut vel si subordinato quoque huic dubio respondum semel fuerit negative, eadem quaestio proponi iterum possit'. Sanctitas Sua, audita infrascripti relatione, respondere dignata est: ‚Affirmative, audito tamen Vinculi Defensore et dummodo nova eaque gravia habeantur documenta et argumenta'".

109 *Facoltà concesse dal Sommo Pontefice Pio XII al Decano della S. R. Rota per la durata dell'Anno Santo 1950*, 1949, Dez 9: Arch. Rot., Not. 74. Die Vollmachten wurden dem Dekan gewährt oder „in caso di impedimento del medesimo, al Prelato Uditore più anziano, udito il parere favorevole del Turno giudicante" (*ebd.*).

wurde[110]. Von einer Beschränkung auf bestimmte Arten von Prozessen wird dabei nichts erwähnt, so dass davon ausgegangen werden kann, dass die gewährte Vollmacht nicht nur auf Ehenichtigkeitsverfahren anzuwenden ist. Das gleiche gilt auch von der Bevollmächtigung, einen Prozess an die Rota zu ziehen, wenn diese im betreffenden Fall bereits in irgendeinem Zwischenverfahren tätig geworden ist und die Art und Weise, in der der Prozess vom eigentlich zuständigen Tribunal geführt wurde, ein unrechtes Haupturteil befürchten lässt[111]. In solch einem Fall ist die Rota dann auch rechtmäßiges Gericht erster Instanz, ohne dass von der Signatur die entsprechende Kommission erteilt werden müsste[112]. Durch die dem Dekan zusätzlich gewährte Befugnis, von kanonischen Prozessnormen zu dispensieren und auf diese Weise die Akten zu sanieren, in denen die genannten Gesetze von untergeordneten Gerichten verletzt worden sind[113], bestätigte Papst Pius XII. nicht nur die herausgehobene Stellung der Rota in der Gerichtshierarchie, sondern bekräftigte auch die Aufgabe des Apostolischen Tribunals, im Namen und Auftrag des Papstes zu agieren, der als oberster Gesetzgeber über die volle Jurisdiktionsgewalt in der ganzen Kirche verfügt[114]. In Nichtvollzugsverfahren wurde durch den päpstlichen Bescheid nun generell die Erlaubnis gegeben, ohne Einholung einer Sondervollmacht die notwendige Untersuchung durchzuführen und die entsprechende Dispens zu beantragen, und zwar immer dann, wenn die Nichtigkeit der betreffenden Ehe nicht erwiesen werden konnte[115].

Die vier Vollmachten waren für die Dauer des Heiligen Jahres erteilt worden, wurden jedoch im Oktober 1952 erneut gewährt und in ihrer Gültigkeit bis

---

[110] Vgl. *Facoltà concesse per il 1950*: „1) Aggiungere nuovi dubbi a quelli già discussi nelle precedenti istanze, dimodoché la S. Romana Rota, Tribunale di Appello, sia competente a giudicare anche in Prima Istanza".

[111] Vgl. *ebd.*: „4) Avocare al giudizio della S. Romana Rota una causa già pendente presso i Tribunali Ordinari, quando, avendo la medesima S. Rota apposto le mani in questioni incidentali riguardanti la causa stessa, fossero emerse irregolarità così gravi da fare ritenere pregiudicato il successivo giudizio di merito se pronunciato dai Tribunali inferiori".

[112] Vgl. J. LLOBELL, *Centralizzazione normativa processuale e modifica dei titoli di competenza nelle cause di nullità matrimoniale*: IusEc 3 (1991), 437-477, 467, Anm. 122.

[113] Vgl. *Facoltà concesse per il 1950*: „3) Dispensare dalle leggi Canoniche di procedura e sanare gli atti nei quali le predette leggi fossero state violate dai Tribunali inferiori: omettere la citazione della Parte convenuta, la quale già a conoscenza del processo, non può essere canonicamente citata, perchè residente in un territorio difficilmente accessibile per ragioni politiche; = sanare atti di procedura nulli perchè assente il Difensore del Vincolo o il Notaro per ragione della distanza, per mancanza di clero o per altre cause".

[114] Vgl. can. 218 § 1 CIC/1917.

[115] Vgl. *Facoltà concesse per il 1950*: „2) Vedere subordinatamente *super matrimonio rato et non consummato,* nel senso cioè che se non constasse della nullità del matrimonio ma della inconsumazione, il Turno possa dare il consiglio al Santo Padre di concedere la dispensa; la quale dispensa evidentemente è riservata alla Santità Sua".

auf weiteres nicht zeitlich begrenzt[116]. In einer Audienz vom 21. Juli 1955 bestätigte Papst Pius XII. zudem ausdrücklich, dass die Rota auch dann ein Nichtvollzugsverfahren durchführen könne, wenn der in Betracht kommende Fall von der Sakramentenkongregation bereits negativ entschieden worden sein sollte[117].

Eine fünfte Vollmacht wurde dem Dekan in einer Audienz vom 11. April 1957 erteilt. Demnach konnten auch in erster Instanz all jene Prozesse an die Rota gezogen werden, die dort nach Einschätzung des Dekans auf Grund besonderer Umstände leichter und in angemessenerer Weise durchführbar erschienen als an einem anderen Gericht:

> „Sanctissimus Dominus Noster PIUS PAPA XII, facultatibus iam die 11 octobris 1952 ad Eius beneplacitum concessis Decano S. R. Rotae [...], addidit facultatem advocandi ad S. R. Rotam, etiam in prima instantia, causas quae, iudicio Decani, ob peculiaria adiuncta facilius atque aequius apud S. R. Rotam agenda videntur, potius quam apud Tribunal vi iuris communis competens“[118].

---

116 Vgl. *Facultates extraordinariae Decano Sacrae Romanae Rotae concessae*, 1952, Okt 15: LE, II, 3092, Nr. 2309: „Con lettera dell'11 ottobre 1952, Prot. 7657-52, Sua Eccellenza Mons. Tardini, segretario della S. C. per gli Affari EE. SS., comunica che il Santo Padre concede al decano della Sacra Romana Rota, ‚fino a nuovo avviso', ‚le medesime facoltà che furono accordate in occasione dell',Anno Santo', secondo le norme stabilite nella circolare n. 7020-49 della Segretaria di Stato di S. S.". MAURO, *L'avocatio causae*, 217, nennt statt des 11. Oktober 1952 fälschlicherweise den 11. Oktober 1925. Sondervollmachten gab es aber erst seit 1940 (Tardini ist 1925 auch noch nicht Sekretär der SCNEXTR. gewesen: Er war es von 1937 bis 1952). Auf das falsch angegebene Datum bezieht sich aber S. HAERING, *Die Neuordnung der Römischen Rota (1994) im wissenschaftlichen Schrifttum. Ein Literaturbericht*: DPM 6 (1999), 181-192, 190-191. Dessen Verwunderung, warum Mauro in diesem Zusammenhang die Normen von 1934 nicht erwähnt, und die Frage, ob diese Normen möglicherweise als der genannte „nuovo avviso" gelten könnten, erweisen sich somit als gegenstandslos.

117 Vgl. A. JULLIEN, DekRR., Aktennotiz *ex audientia Sanctissimi*, 1955, Jul 21: Arch. Rot., Not. 120: „Nell'Udienza del 21 luglio 1955 ho esposto al S. Padre la difficoltà sorta tra la S. C. dei Sacramenti e la S. R. Rota circa le cause matrimoniali trattate in Rota in via subordinata per rato e non consumato previa facoltà concessa dal Decano giusta le diposizioni Pontificie dell'ottobre 1952. Tuttavia la S. C. dei Sacramenti non riteneva la S. Rota competente a trattare subordinatamente la inconsumazione in quelle cause già trattate dalla S. C. dei Sacramenti con esito negativo. Di modo che [...] la S. Rota dovrebbe rimettere la causa alla S. C. dei Sacr. per un nuovo esame con evidente maggior dispendio di denaro e di tempo. Sua Santità si è degnata rispondermi che, al disopra di tutte le considerazioni contingenti dei Dicasteri Pontifici, bisogna guardare *al bene delle anime* e che nelle circostanze esposte, essendosi raggiunta la certezza morale [....] si deve [...] chiedere la dispensa al Santo Padre, per tranquillizzare le anime il più presto possibile, salva la giustizia. Pertanto la S. Rota è competente a trattare subordinatamente della inconsumazione anche nel caso in cui la S. C. dei Sacr. si sia già pronunziata negativamente".

118 A. JULLIEN, DekRR., Aktennotiz *ex audientia Sanctissimi*, 1957, Apr 11: Arch. Rot., Not. 128.

Nur die ersten vier Vollmachten aber blieben dem Dekan nach dem Tod Papst Pius' XII. erhalten. Papst Johannes XXIII. (1958-1963) bestätigte sie am 16. November 1958[119], Papst Paul VI. (1963-1978) am 5. Juli 1963[120], Papst Johannes Paul II. am 26. Juli 1981[121]. Mit den Normen von 1994 fanden die erste und vierte Vollmacht Aufnahme in das Eigenrecht der Rota und hörten so auf, als außergewöhnliche Befugnisse fortzubestehen[122].

e. Das Motu proprio *Sollicitudinem Nostram* von 1950

Die Rechtsnormen, die den Auftrag der Rota seit deren Wiedererrichtung regelten, beschränken sich im Allgemeinen keineswegs nur auf die lateinische Kirche[123]. Trotzdem fehlte aber bis zur Mitte des Jahrhunderts eine Regelung, die in erster Linie die Besonderheiten der orientalischen Kirchen berücksichtigt hätte. Grund dafür war die immer noch ausstehende Kodifikation des ostkirchlichen Rechts.

Schon Papst Pius IX. hatte 1862 den Auftrag gegeben, neben den Gesetzen der lateinischen Kirche auch das Recht der orientalischen Katholiken zusammenzustellen[124]. Auf dem Ersten Vatikanischen Konzil wurde diesem Vorhaben

---

119 Vgl. A. JULLIEN, DekRR., Aktennotiz *ex audientia Sanctissimi*, [1958]: Arch. Rot., Not. 128.

120 Vgl. *Nuove Norme del Tribunale della Sacra Romana Rota*, 1969, Mai 25, Appendice II: LE, V, 5550-5558, 5558, Nr. 3752.

121 Vgl. *Normae Sacrae Romanae Rotae Tribunalis*, 1982, Jan 11, Allegato: AAS 74 (1982), 490-517, 517. Die zweite Vollmacht wurde gegenüber der 1950 gegebenen folgendermaßen verändert: „Vedere subordinatamente ‚super matrimonio rato et non consummato', a meno che sulla questione la S. Congregazione per i Sacramenti ‚manus iam apposuerit'".

122 Vgl. (mit Beschränkung auf Ehenichtigkeitsverfahren): RR., *Normae*, 1994, Feb 7, Art. 55 § 2: AAS 86 (1994), 508-540, 524: „Quoties in causis matrimonialibus iuxta can. 1683 novum caput adducatur, item Turni erit decernere de eodem admittendo vel reiciendo"; vgl. auch Art. 52: *ebd.*, 523: „Salvo praescripto can. 1444, § 2, Decani erit, auditis duobus antiquioribus Auditoribus, iam a prima instantia avocare causas de quibus in eiusdem canonis § 1, quoties peculiaria adiuncta sive locorum sive personarum propter bonum animarum idipsum urgeant". Bereits 1985 baten die Auditoren in einer Stellungnahme zur Kurienreform darum, diese Vollmacht den ordentlichen Kompetenzen der Rota hinzuzufügen (vgl. *Annotazioni del Collegio dei Prelati Uditori circa lo „Schema legis particularis de Curia Romana"*, 1985, Okt 23 = Anlage zu E. M. FIORE, DekRR., Brief, 1985, Okt 24, an A. Casaroli, KardStSekr.: Arch. Rot., Not. 694).

123 Eine Ausnahme bildet freilich der *Codex Iuris Canonici*, der „unam respicit Latinam Ecclesiam" (can. 1/CIC 1917).

124 Vgl. PIUS IX., Papst, Ap. Schr. *Romani Pontifices*, 1862, Jan 6: APiiIX, I/3, 410: „Volumus tamen, ut in eadem Congregatione hisce Nostris litteris constituta existat Cardinalis *Ponens* a Nobis, et a Nostris Successoribus stabili modo semper eligendus, qui munere fungatur sedulo dirigendi studia, quae necessaria sunt ad colligendos Ecclesiae orientalis canones et ad examinandos, ubi opus fuerit, omnes orientales libros cuiusque generis sint [...]".

Nachdruck verliehen[125], doch erst Papst Pius XI. konstituierte 1929 eine entsprechende Kommission[126]. In kurzen Abständen konnten daraufhin von 1949 bis 1957 vier Teilbereiche des ostkirchlichen Rechts durch päpstliches Motu

---

Bereits am 1. August 1858 hatte der Papst zu diesem Zweck den späteren Kardinal Jean-Baptiste Pitra beauftragt, die einschlägigen Gesetzesquellen zusammenzustellen: vgl. A. G. CICOGNANI, *De codificatione canonica orientali*: Apol 5 (1932), 86-95, 88; A. GIANNINI, *Sulla codificazione del diritto canonico orientale*: DEc 58 (1947), 193-201, 195; P. CIPROTTI, *Codice del diritto canonico orientale*: EC, III (1949), 1925-1926, 1925; D. FALTIN, *La Codificazione del Diritto Canonico Orientale*: SACRA CONGREGATIO PRO ECCLESIA ORIENTALI (Hg.), *La Sacra Congregazione per le Chiese Orientali nel Cinquantesimo della Fondazione*, Roma 1967, 121-137, 123; O. BUCCI, *Il Codice di Diritto Canonico Orientale nella storia della Chiesa*: Apol 55 (1982), 370-448, 385-386; D. FALTIN, *Il consenso matrimoniale: incapacità, errore e dolo*: O. BUCCI (Hg.), *Il matrimonio nel Codice dei canoni delle Chiese orientali* (= StGiur, 32 = ADGC, 19), Città del Vaticano 1994, 207-231, 209.

125 Vgl. zum Beispiel den Antrag des griechisch-melkitischen Patriarchen von Antiochien, Gregorius II Yûsef: „La Chiesa Orientale ha bisogno di essere riformata in molti campi [...] (per la mancanza di un ius canonico e conforme agli usi di ciascunrito [...]" (GREGORIUS II YÛSEF, Griechisch-melkitischer Patriarch von Antiochien, *Responsum*, 1866, Apr 12: SConcCol, IL, 1200). Der chaldäische Patriarch von Babylon erklärte auf dem Konzil: „Ad hoc deprecandus est sanctissimus dominus noster Pius papa IX feliciter regnans, atque iste venerandus ecclesiae catholicae senatus, ut data venia nobis assignentur locus et tempus, ut ex huius concilii Vaticani schematibus disciplinaribus, quae nobis applicabilia sunt, et ex nostris antiquis canonibus et constitutionibus novum ius canonicum componamus, quod patrum reverendissimorum examini, et deinde approbationi praebeamus" (J. AUDU, Chaldäischer Patriarch von Babylon, *Oratio*, 1870, Jan 25: SConcCol, L, 513-518, 515); zu den Anträgen vgl. auch CIPROTTI, *Codice del diritto canonico orientale*, 1925; FALTIN, *La Codificazione del Diritto Canonico Orientale*, 122-123; FALTIN, *Il consenso matrimoniale*, 208-209.

126 Vgl. *Notificatio: Instituitur Commissio Pontificia ad codificationem iuris ecclesiastici orientalis parandam*, 1929, Jul 13: AAS 21 (1929), 669: „Cum quamplurimi Orientalis Ecclesiae R.mi Praelati ad Apostolicam Sedem supplices preces instanter porrexerint, ut suis quoque Ecclesiis provideretur per Orientalem Codificationem [...] Sanctitas Sua constituere dignata est *Commissionem Cardinalitiam pro studiis,* ut aiunt, *praeparatoriis Codificationis Orientalis"*; zur Kodifikation vgl. CICOGNANI, *De codificatione canonica orientali*, 86-95; GIANNINI, *Sulla codificazione del diritto canonico orientale*, 195-196 und 199-200; CIPROTTI, *Codice del diritto canonico orientale*, 1925; FALTIN, *La Codificazione del Diritto Canonico Orientale*, 124-133; I. ŽUŽEK, *Les textes non publiés du Code de Droit Canon Oriental*: Nuntia 1 (1975), 23-31, 25-26; R. METZ, *La première tentative de codifier le droit des Églises Orientales catholiques au XXe siècle (1927-58)*: P. OURLIAC (Hg.), *Mélanges offerts à Jean Dauvillier*, Toulouse 1979, 531-546; BUCCI, *Codice Orientale*, 388-401; J. D. FARIS, *The Eastern Catholic Churches. Constitution and Governance According to the Code of Canons of the Eastern Churches*, New York 1992, 73-75; R. METZ, *Le nouveau Code des canons des Eglises orientales*: RDC 42 (1992), 99-117, 101-103; J. D. FARIS, *La storia della codificazione orientale*: K. BHARANIKULANGARA (Hg.), *Il Diritto Canonico Orientale nell'ordinamento ecclesiale* (= StGiur, 34), Città del Vaticano 1995, 255-268; L. ROHBAN, *Codification du droit canonique oriental*: Apol 65 (1992), 237-298, 241-242; J. MADEY, *Quellen und Grundzüge des Codex Canonum Ecclesiarum Orientalium. Ausgewählte Themen* (= BzMK, 22), Essen 1999, 1-5.

proprio promulgiert werden[127], darunter am 6. Januar 1950 unter dem Namen *Sollicitudinem Nostram*[128] auch das orientalische Verfahrensrechts. Das Motu proprio umfasst in seinen drei Teilen insgesamt 576 Canones[129] und legt im dritten Teil des ersten Kapitels[130] die Rangordnung der kirchlichen Gerichte und den damit verbundenen Instanzenzug fest. Bei der Zuteilung der Kompetenzen wurden weitgehend die überkommenen und noch immer gültigen Regelungen bestätigt[131], eine Neuregelung erwies sich aber wegen teilweise bestehender Unklarheiten als notwendig[132].

Hinsichtlich der Tribunale des Apostolischen Stuhls wird nun aber auch für die orientalischen Kirchen ausdrücklich darauf verwiesen, dass die *Sacra Romana Rota* der ordentliche Gerichtshof des Papstes zur Entgegennahme von Berufungen sei und als solcher konstituiert worden sei:

---

[127] Nämlich *Crebrae allatae* (Eherecht) am 2. Februar 1949; *Sollicitudinem Nostram* am 6. Januar 1950; *Postquam Apostolicis Litteris* (Ordens- und Vermögensrecht) am 9. Februar 1952, *Cleri Sanctitati* (Verfassungs- und Personenrecht) am 2. Juni 1957. Für T. MAURO, *Scritti di diritto ecclesiastico e canonico*, I, Padova 1991, 23, sind die Erlasse in zweierlei Hinsicht bedeutsam: „[...] da un lato, provvedono ad unificare [...] le varie e molteplici norme contenute nelle fonti di diritto canonico orientale, d'altro lato riconfermano l'autonomia delle comunità cattoliche d'Oriente nel contesto unitario della Chiesa Cattolica".

[128] PIUS XII., Papst, Motu pr. *Sollicitudinem Nostram*, 1950, Jan 6: AAS 42 (1950), 5-120; vgl. dazu F. ARNOLD, *Der Codex für die orientalische Kirche*: ÖAKR 1 (1950), 161-172; A. DELCHARD, *Motu proprio „Sollicitudinem Nostram" du 6 janvier 1950 promulguant les canons sur la procédure judiciaire pour l'Église Orientale*: NRTh 82 (1950), 418-419; A. HERMAN, *Adnotationes ad litteras apostolicas motu proprio datas: de iudiciis pro Ecclesia Orientali*: REDC 5 (1950), 1045-1064; A. HERMAN, *De novissima lege processuali Ecclesiae Orientalis edita motu proprio „De iudiciis"*: ME 75 (1950), 599-620; V. BARTOCCETTI *Annotationes in „De Iudiciis" pro Ecclesia Orientale*: Apol 24 (1951), 99-101; F. GALTIER, *Code Oriental de procédure ecclésiastique*, Beyrouth 1951; I. PRIETO LOPEZ, *Los cánones del Derecho procesal de la Iglesia latina comparados con los de la Iglesia oriental*: REDC 7 (1952), 743-797.

[129] Pars I: *De iudiciis in genere* (cann. 1 – 225; pars II: *De iudicio contentioso* (cann. 226 – 506); pars III: *De iudicio criminali* (cann. 507 – 576).

[130] Pars I, caput III: *De variis tribunalium gradibus et specibus* (cann. 32 – 93); vgl. hierzu P. PALLATH, *The Synod of Bishops of Catholic Oriental Churches*, Rome 1994, 151-158.

[131] Zwar galt in früherer Zeit der Instanzenzug Bischof – Metropolit – Patriarch; die Metropolitaninstanz wurde jedoch später übersprungen: vgl. dazu HERMAN, *De novissima lege*, 611.

[132] Vgl. GALTIER, *Code Oriental*, XVI: „[...] le degré de métropolitain n'existe pas partout et l'autorité du tribunal patriarcal est limitée au patriarcat [...]. Une organisation particulière doit donc être fixée pour elles".

> „Tribunal ordinarium a Romano Pontifice constitutum pro appellationibus recipiendis est Sacra Rota Romana [...]“[133].

Rechtmäßige Berufung an den Heiligen Stuhl bereits in zweiter Instanz ist nach den Bestimmungen der ostkirchlichen Prozessordnung auf ordentlichem Weg jedoch nur für am Tribunal eines Patriarchen oder Erzbischofs[134] anhängige Verfahren möglich; wahlweise kann sie allerdings auch bei anderen von ihnen ernannten Richtern erfolgen:

> „A tribunali Patriarchae vel Archiepiscopi iudicante in prima vel secunda instantia appellatio fieri potest ad Sedem Apostolicam vel ad alios iudices a Patriarcha vel Archiepiscopo nominatos, firma § 2“[135].

Für alle übrigen Gerichte orientalischer Riten schreiben die Prozessnormen andere Berufungsinstanzen vor[136]; das gilt ebenso für Klöster, Mönche[137], Orden und Kongregationen[138].

In dritter Instanz dagegen sind zur Annahme von Berufungen sowohl der Apostolische Stuhl als auch die vom Patriarchen oder Erzbischof ernannten Richter zuständig, in Verfahren vierter und höherer Instanz ist es allein der Apostolische Stuhl[139].

---

133 Can. 78 § 1; can. 78 entspricht fast wörtlich can. 1598 CIC/1917.

134 Unter einem Erzbischof ist nach can. 20 § 3 des Motu proprio immer ein vom Papst oder von der Ökumenischen Synode eingesetzter oder als solcher anerkannter Metropolit außerhalb des Patriarchats zu verstehen.

135 Can. 73 § 1; can. 73 § 2 legt dazu einschränkend fest: „Quoties ipse Patriarcha vel Archiepiscopus partes iudicis per se egit, appellatio interponi debet ad Sedem Apostolicam“.

136 Vgl. can. 72 § 1: „1° A tribunali [...] Episcopi comprovincialis appellari debet ad Metropolitam; 2° A tribunali eparchiae Patriarchae vel Archiepiscopi propriae et a tribunali locorum patriarchatus vel archiepiscopatus ubi eparchiae erectae non sunt [...] ad Patriarcham vel Archiepiscopum [...]; 3° A tribunali Metropolitae Patriarchae vel Archiepiscopo subiecti [...] ad Patriarcham vel Archiepiscopum; 4° A causis in prima instantia pertractatis coram Metropolita aliove Hierarcha loci qui Superiorem infra Romanum Pontificem non habet, fieri debet appellatio ad tribunal ab ipso stabili modo cum approbatione sedis Apostolicae electum; 5° A tribunali regionali [...] ad Patriarcham, ad Archiepiscopum, vel ad Metropolitam; 6° A tribunali unico plurium rituum [...] ad tribunal designatum a Patriarchis partium diversi ritus in causa“; siehe hierzu GALTIER, *Code Oriental*, 87-89; E. EID, *La figure juridique du Patriarche. Étude historico-juridique*, Rome ^{2}1962, 110-113.

137 Vgl. can 72 § 2. Als Gerichte zweiter Instanz gelten in diesem Fall je nach Voraussetzung die Tribunale „penes loci Hierarcham“, „penes Patriarcham“, „penes praesidem [...] confoederationis monasticae“, „eparchiale“ und „patriarchale“; siehe hierzu GALTIER, *Code Oriental*, 88; EID, *La figure juridique du Patriarche*, 113.

138 Vgl. can. 72 § 3; Berufungsgericht ist hier „penes supremum Moderatorem religionis“.

139 Das ergibt sich aus der Festlegung, dass von dem Tribunal, das in *erster* oder *zweiter* Instanz entschieden hat, zwar sowohl an den Apostolischen Stuhl als auch an die vom Pat-

Die Appellation ist dabei von zweiter Instanz an bei der Kongregation für die Orientalische Kirche einzulegen. Diese kann dann den Fall entweder selbst entscheiden oder aber zur Untersuchung und Urteilsfällung der Rota übertragen, die als päpstliches Gericht in zweiter, dritter und höherer Instanz über die noch nicht rechtskräftig entschiedenen Prozesse befindet:

> „Causas quas ad fideles rituum orientalium spectant et per appellationem ad Sedem Apostolicam deferuntur, Sacra Rota iudicat in secunda et ulteriore instantia, si a Sacra Congregatione pro Ecclesia Orientali ad eam remittantur“[140].

Wie im Recht der lateinischen Kirche verfügt die Rota aber auch in ostkirchlichen Prozessen über Kompetenzen erster Instanz[141]. Das gilt in Streitfällen dann für alle residierenden Bischöfe sowie in Streit- und Strafverfahren für alle Ortshierarchen, wenn diese keinem Patriarchen oder Erzbischof unterstellt sind oder sich außerhalb des Patriarchats oder Erzbistums aufhalten[142]. Gleiches trifft auch für alle „physischen oder moralischen“ Personen[143] der Kirche zu, die keinen Oberen mehr unter dem Papst haben:

---

riarchen oder Erzbischof ernannten Richter appelliert werden kann (can. 73), die Rota aber in Verfahren urteilt, in denen bereits eine Entscheidung *zweiter* oder *höherer* Instanz vorliegt (can. 79 § 1, 2°).

140 Can. 79 § 2. Die Bestimmung des can. 257 § 3 CIC/1917, die die Aufgaben der „Kongregation für die Orientalische Kirche“ festlegt, muss dabei weiter als gültig betrachtet werden: Die Kongregation ist, wenn es sich um ein Gerichtsverfahren handelt, zwar zur Überweisung des Falles auf den Gerichtsweg angehalten, zur Weiterleitung an die Rota dagegen nicht ausdrücklich verpflichtet; sie könnte daher im Namen des Papstes auch ein anderes Gericht beauftragen.

141 Sowie, „[...] nisi aliud cautum sit in commissionis rescripto, [...] quoque in secunda et tertia instantia [...]“ (can. 79 § 3).

142 Vgl. can. 79 § 3: „Hoc tribunal iudicat etiam in prima instantia causas de quibus in can. 16 § 1“; can. 16 § 1: „Firmo praescripto can. 15 [Fälle, die dem Papst vorbehalten sind], coram tribunalibus sedis Apostolicae conveniri debent: 1° Episcopi residentiales in contentiosis, et, Syncellis exceptis, ceteri locorum Hierarchae sive in contentiosis sive in criminalibus, dummodo Patriarchae vel Archiepiscopo non subiiciantur aut, si subiiciantur, domicilium vel quasi-domicilium extra patriarchatus vel archiepiscopatus habeant“. Konsequenterweise entschied die Rota noch 1986 in Bezug auf diese Bestimmung, als ein dem Patriarchen unterstellter und im Patriarchatsbereich residierender Bischof vor der Rota verklagt wurde: „Negative, seu Rotam Romanam incompetentem esse ad causam in primo iudicii gradu definiendam“: RR., Dekret c. PALESTRO, Antiochena Graecorum Melchitarum Catholicorum, *Iurium; Competentiae*, 1982, Jun 18: RRDecr 4 (1986), 102. In Strafverfahren über alle anderen Bischöfe entscheidet nach can. 15, 3° der Papst selbst.

143 In can. 1557 § 2, 2° CIC/1917 fallen dagegen nur „moralische Personen“ unter diese Bestimmung; vgl. dazu HERMAN, *Adnotationes ad litteras apostolicas*, 1050; HERMAN, *De novissima lege*, 609.

> „[...] coram tribunalibus Sedis Apostolicae conveniri debent: [...] 2° Personae ecclesiasticae, sive physicae sive morales, quae Superiorem infra Romanum Pontificem non habent“[144].

Über alle Bischöfe, die einem Patriarchen oder Erzbischof untergeordnet sind und in dessen Territorium wohnen, hat die Rota keine Kompetenz. Sie liegt in Streit- und Strafverfahren bei einem aus dem Patriarchen zusammen mit der ständigen Synode bestehenden Gericht[145], wobei in leichteren Strafprozessen eine päpstliche Delegation[146], in schwerwiegenderen die Überweisung des instruierten Falles an den Papst erforderlich ist[147]. Nur in der Berufungsinstanz ist der Apostolische Stuhl zuständig[148].

Auch für die orientalischen Kirchen gilt, dass die Rota in außerordentlicher Kompetenz über alle Prozesse zu entscheiden hat, die der Papst von sich aus oder auf Bitten der Parteien an sich gezogen und ihr zur Bearbeitung überwiesen hat. Es wird nämlich festgesetzt:

> „Hoc tribunal iudicat etiam in prima instantia causas [...] quas Romanus Pontifex sive motu proprio, sive ad instantiam partium ad suum tribunal advocaverit et Sacrae Rotae commiserit; easque, nisi aliud cautum sit in commissionis rescripto, Sacra Rota iudicat quoque in secunda et tertia instantia“[149].

---

144 Can. 16 § 1; diese Bestimmung gilt zwar gleichermaßen überall in den orientalischen Kirchen, ihre Anwendung differiert aber, da dieselben Personen je nach Wohnort Obere unter dem Papst (etwa den Patriarchen) haben können oder nicht: vgl. HERMAN, *De novissima lege*, 609-610.

145 Vgl. can. 17 § 1, 1°: „Patriarchae cum Synodo permanenti competit iudicare Episcoporum sibi subiectorum, qui domicilium vel quasi-domicilium in patriarchatu habent, causas criminales minores [...]“; can. 18 § 1: „Patriarchae cum Synodo permanenti est iudicare: 1° Causas contentiosas Episcoporum [...]“. Die Patriarchen selbst dagegen werden wie die Kardinäle vom Papst gerichtet (vgl. can. 15, 2°).

146 Vgl. can. 17 § 2: „[...] sententia autem ferri non potest nisi praevia Romani Pontificis delegatione“.

147 Vgl. can. 17 § 1, 2°: „In causis vero maioribus, Patriarcha cum Synodo permanenti processum instruere debet Romano Pontifici, ferendae sententiae causa, transmittendum“.

148 Vgl. can. 74: „Appellatio a sententiis de quibus in can. 17, § 1, n. 1, et § 2, et in can. 18, §§ 1, 3, fieri debet ad sedem Apostolicam“. Für *causae maiores* gelten auch in Berufungsverfahren Sonderregelungen.

149 Vgl. can. 79 § 3: „Hoc tribunal iudicat etiam in prima instantia causas [...] quas Romanus Pontifex sive motu proprio, sive ad instantiam partium ad suum tribunal advocaverit et Sacrae Rotae commiserit; easque, nisi aliud cautum sit in commissionis recripto, Sacra Rota iudicat quoque in secunda et tertia instantia [...]“.

Im Einklang mit den Bestimmungen des CIC/1917 wird auch im Motu proprio die Zuständigkeit des Gerichtshofs durch den Entzug der *causae maiores*[150] und der der Apostolischen Signatur vorbehaltenen Verfahren begrenzt[151].

Nur in wenigen Fällen, die der Gültigkeit der Prozessordnung für die orientalischen Kirchen unterliegen, ist die Rota also einzig zuständiges Gericht. Soweit nicht der Papst selbst eine Sache an sich gezogen hat, bleibt es in der Regel der Entscheidung der Parteien überlassen, ein Verfahren auf ordentlichem oder außerordentlichem Weg[152] an den päpstlichen Gerichtshof zu bringen oder nicht.

2. Die Modifikation des Auftrages durch partikularrechtliche Sonderbestimmungen

Politische Hintergründe waren es in erster Linie, auf Grund derer die gesamtkirchlich gültigen Kompetenzregelungen ebenso wie die daneben noch weiter bestehenden partikularen Ausnahmebestimmungen vom Beginn der Dreißigerjahre an modifiziert werden mussten. Vor allem drei Umstände erforderten damals eine Abänderung der geltenden Regelungen: die Neuorganisation des kirchlichen Verwaltungswesens in Italien nach der Lösung der Römischen Frage; die zeitweise mehr oder weniger starke Einschränkung der Religionsfreiheit durch die Regierungen Spaniens und der Länder Osteuropas; und die Schrecken des Zweiten Weltkriegs, durch die zum Teil auch kirchliche Organisationsstrukturen beeinträchtigt oder gänzlich aufgelöst wurden.

a. Die Rolle der Rota als Berufungsgericht für Rom und Italien

Eine Sonderstellung gegenüber dem päpstlichen Gerichtshof nahm auf Grund besonderer Umstände immer wieder die Diözese des Bischofs von Rom selbst ein. Mehrmals kam es dabei zu Veränderungen der geltenden Disziplin.

Stand für Berufungsverfahren aus der Kirchenprovinz Rom zunächst kein anderes Tribunal als die Rota zur Verfügung, so bestimmte Papst Benedikt XV. 1919 auf Bitten der Bischöfe von Latium hin das Vikariat der Stadt Rom zur zweiten Instanz für die Diözesen der römischen Kirchenprovinz[153]; ausgenom-

---

[150] Vgl. can. 80 in Übereinstimmung mit can. 1600 CIC/1917.

[151] Vgl. can. 82 § 1, 1°-5° und can. 83 §§ 1-3 in Übereinstimmung mit can. 1603 § 1, 1°-5° und can. 1604 §§ 1-3 CIC/1917.

[152] Etwa unter Umgehung von can. 72 durch Appellation an den Papst schon in zweiter Instanz.

[153] Vgl. SCCons., *Decretum pro celebratione conciliorum et appellationibus in regionibus Italiae*, 1919, Feb 15: AAS 11 (1919), 73-74: „[...] cum a plerisque Romanae provinciae Episcopis expetitum fuerit ut speciale tribunal II instantiae Romae pro suis dioecesibus

men davon blieben nur die Prozesse aus Rom selbst und aus den suburbikarischen Bistümern, für die diese Zuständigkeit weiterhin der Rota vorbehalten war[154].

Nach der Aussöhnung des Heiligen Stuhls mit Italien durch die Lateranverträge und das Konkordat von 1929, infolgedessen kirchliche Eheschließungen und Ehenichtigkeitserklärungen zivilrechtlich anerkannt wurden, nahm die Zahl der an den verschiedenen kirchlichen Tribunalen anhängigen Verfahren aber derart zu, dass eine Neugliederung des katholischen Gerichtswesens in Italien dringend geboten schien[155]. Papst Pius XI. erließ daher am 8. Dezember 1938 das Motu proprio *Qua cura*[156], durch das für Ehenichtigkeitsverfahren Regionalgerichte erster Instanz an Stelle der bis dahin für alle Prozesse zuständigen Diözesangerichte konstituiert wurden. Auf diese Weise ist auch den Offizialaten der Kirchenprovinz Rom die Zuständigkeit in Ehesachen entzogen und dem neu errichteten Regionalgericht des Vikariates der Stadt Rom übertragen worden[157]. Einzig kompetenter Gerichtshof zweiter Instanz für das gesamte Gebiet von Latium aber war von diesem Zeipunkt an wieder die Rota. Für alle übrigen Regionen Italiens wurden andere Berufungsinstanzen bestimmt; eine Appellation an die Rota war jedoch ebenso möglich. Im Motu proprio wird nämlich Folgendes verfügt:

---

constitueretur, Sanctissimus Pater, ob adductas rationes, petitioni annuendum duxit, ac praesenti decreto destinat ad hunc finem tribunal Vicariatus Urbis, salvo semper recursu III instantiae, si et quando haberi quiverit, ad sacram Romanam Rotam".

154 Vgl. LLOBELL, *Il Tribunale di appello*, 259.

155 Vgl. L. CAPALTI, *Nuovo ordinamento dei tribunali ecclesiastici per le cause matrimoniali*: DEc 49 (1938), 501-505, 501; E. BERGH, *[Motu proprio de S. S. Pie XI sur l'organisation des tribunaux ecclésiastiques en Italie pour les causes en nullité de marriage]*: NRTh 66 (1939), 336-338, 336-337.

156 Vgl. PIUS XI., Papst, Motu pr. *Qua cura*, 1938, Dez 8: AAS 30 (1938), 410-413; zum Motu proprio vgl. unter anderem: CAPALTI, *Nuovo ordinamento*; BERGH, *Motu proprio*; P. FEDELE, *Note illustrative al „motu proprio": „De ordinandis tribunalibus ecclesiasticis Italiae pro causis nullitatis matrimonii decidendis"*: ADE 1 (1939), 315-319; F. ROBERTI, *Annotationes ad Motu proprio d. 8 dec. 1938*: Apol 12 (1939), 19-25; LLOBELL, *Il Tribunale di appello*, 260-262; LLOBELL, *El M. P. ‚Sollicita cura'*, 267-268.

157 Vgl. PIUS XI., Papst, *Qua cura*, I: „Singula quaeque Regio Conciliaris seu Ecclesiastica Italiae constituet circumscriptionem unicam unumque habebit regionale tribunal quoad tractationem et decisionem causarum de nullitate matrimoniorum. Ideoque in prima instantia tractabuntur causae Regionis Conciliaris [...] Latii, apud Tribunal *Vicariatus Urbis* [...]".

„Pro tractatione praedictarum causarum in gradu appellationis, incolumi semper facultate directe provocandi ad Sacram Romanam Rotam iuxta can. 1599, § 1, n. 1 Codicis I. C., ad quam Vicariatus Urbis semper appellabit, ita procedetur:

Ad tribunal [...] deferentur causae in prima instantia tractatae apud tribunal [...]"[158].

Als in der Folgezeit von diesem Angebot immer häufiger Gebrauch gemacht wurde[159], wuchs die Gefahr, dass der universale Auftrag der Rota, Berufungstribunal der ganzen katholischen Welt zu sein, in Vergessenheit geraten könnte. Um das Gericht von der Unzahl der auf diese Weise an sie gelangten Prozesse zu befreien, wurden deshalb bereits 1943 Pläne geschmiedet, die entsprechenden Bestimmungen des Motu proprio zu modifizieren[160]. Trotz grundsätzlicher Bedenken, die gegen ein eigenes Appellationsforum unter der Jurisdiktion ein und desselben Vikariates erhoben wurden[161], konnte dann Mitte der Fünfzigerjahre eine zufriedenstellende Lösung gefunden werden. Papst Pius XII. suspendierte durch ein Reskript vom 16. Oktober 1954[162] die geltende Kompe-

---

158 PIUS XI., Papst, *Qua cura*, II.

159 Vgl. D. STAFFA, *Adnotationes [ad Rescriptum Pontificium de causis nullitatis matrimonii, quae a tribunalibus ecclesiasticis regionalibus Italiae in primo gradu tractatae fuerunt, ac de institutione Tribunalis Appellationis in Vicariatu Urbi]*: ME 80 (1955), 38-39.

160 Vgl. D. JORIO, Kard., PräfSCDSacr., Brief, Nr. 541/43 Vg., 1943, Mai 28, an A. Jullien, DekRR.: Arch. Rot., Not. 302: „Nell'adunanza tenuta il 4 marzo u. s. dalla Commissione di Vigilanza sui Tribunali ecclesiastici relativamente ai processi matrimoniali, la S. V. [...] come l'intera Commissione espressero voto unanime perché venga costituito nel Vicariato di Roma, al di fuori della S. Rota, un tribunale di appello che tratti in seconda istanza le cause suddette. [...] Lo scrivente ha accennato la cosa al Santo Padre; ma ritiene che il trattare *ex professo* l'importante negozio presso Sua Santità, e procurarne la desiderata soluzione, spetti alla Sacra Rota (Collegio degli Uditori e Decano) poiché la cosa interessa direttamente lo stesso Tribunale".

161 Und zwar im Hinblick auf die Bestimmung des can. 1571: „Qui causam vidit in uno iudicii gradu, nequit eandem causam in alio iudicare"; vgl. dazu STAFFA, *Adnotationes*, 41: „Vicariatus Urbis est Curia dioecesis Romae, Em.mus autem Urbis Vicarius est Vicarius Summi Pontificis tamquam Episcopi dioecesis Romae, non autem Sanctitatis Suae tamquam Metropolitae Provinciae Romanae, quod plures secumferret gradus jurisdictionis". Als weitere Lösungsmöglichkeiten galten ein Berufungsgericht in der Vatikanstadt oder bei der Rota selbst; gegen diese Überlegungen sprachen aber vor allem praktische Schwierigkeiten (vgl. *ebd.*, 40-41).

162 Vgl. SECRST., *Rescriptum Pontificium de causis nullitatis matrimonii, quae a Tribunalibus ecclesiasticis regionalibus Italiae in primo gradu tractatae fuerunt ac de institutione Tribunalis appellationis in Vicariatu Urbis*, 1954, Okt 16: AAS 46 (1954), 614-615; zum Reskript vgl. unter anderem: P. CIPROTTI, *Annotationes ad Rescriptum Pont. et ad Normas Tribunalium Vic. Urbis*: Apol 27 (1954), 321-322; E. GRAZIANI, *Considerazioni sui recenti provvedimenti pontifici circa le cause matrimoniali italiane*: DEc 65/2 (1954), 361-373; J.-F. ARRIGHI, *Le rescrit pontifical du 16 octobre 1954 et la création d'un tribunal d'appel pour le*

tenzregelung in Ehenichtigkeitsverfahren. Er errichtete ein eigenes Berufungsgericht zweiter Instanz für die Region Latium und ordnete an, dass eine Berufung gegen ein erstinstanzliches Urteil an die Rota von keinem italienischen Regionalgericht aus mehr zulässig sei:

> „Sanctissimus Dominus Noster Pius Papa XII, votis eiusdem Decani concedens, in Audientia die 16 mensis Octobris anno 1954 infra scripto Prosecretario Status concessa, decernere dignatus est: *a)* Ut suspendatur *ad tempus* canon 1599, § 1, 1.° Codicis iuris canonici pro causis nullitatis matrimonii, quae a Tribunalibus Ecclesiasticis regionalibus Italiae in primo gradu iudicatae fuerunt. Quapropter causae nullitatis matrimonii in prima instantia tractatae apud Tribunalia regionalia Italiae, in gradu appellationis deferendae sunt, non ad Sacram Romanam Rotam, sed tantum ad Tribunal designatum in Apostolicis Litteris *Qua cura*, I. [...] *b)* Ut in Vicariatu Urbis constituatur, a Tribunali primae instantiae distinctum, Tribunal appellationis, ad quod in secundo gradu semper deferendae sunt tum causae, quae in prima instantia diiudicatae fuerunt apud Tribunal primae instantiae Vicariatus Urbis, tum causae Neapolitanae et Calaritanae delatae in gradu appellationis ad Vicariatum Urbis vi Apostolicarum Litterarum *Qua cura*, II“[163].

Damit aber waren die Ehenichtigkeitsprozesse aus Italien weltweit die einzigen Verfahren, für welche die Rota die ihr vom Universalrecht zugeteilten Kompetenzen nicht wahrnehmen konnte.

b. Die Rota als geistliches Gericht der Vatikanstadt

Anders als für Verfahren weltlicher Art war für geistliche Gerichtssachen innerhalb der Vatikanstadt zunächst keine Regelung getroffen worden. Als einziges ordentliches Tribunal stand daher in solchen Fällen die Rota zur Verfügung, die aus diesem Grund als zuständiges Tribunal sowohl erster als auch höherer Instanz angesehen werden muss[164]. Erst durch das Motu proprio *Al fine* vom 21. September 1932[165] erließ Papst Pius XI. dann auch in diesem Bereich eigene Rechtsnormen. Demnach war die Rota nur noch für alle diejenigen geistlichen Verfahren zuständig, die nicht wirtschafts- und vermögensrechtlicher Natur waren[166], freilich wie bisher in allen Instanzen. Durch die Gerichtsordnung

---

Vicariat de Rome: ACan 3 (1954-1955), 294-297; LLOBELL, *El M. P. ‚Sollicita cura'*, 268-270.

163 SECRST., *Rescriptum 1954*.

164 Vgl. BERNARDINI, *Motu proprio de ordine iudiciali*, 215.

165 Vgl. PIUS XI., Papst, Motu pr. *Al fine*, 1932, Sep 21: AAS 24 (1932), 332-334.

166 Vgl. *ebd.*, Nr. 2. Wirtschafts- und vermögensrechtliche kirchliche Verfahren im Bereich der Vatikanstadt fielen nämlich in die Kompetenz einer neu gegründeten gemischten

Papst Pius' XII. von 1946 wurde die Kompetenz der Rota in solchen Fällen dagegen ausdrücklich auf Verfahren zweiter und höherer Instanz begrenzt. Es galt nun:

> „Le cause contemplate nell'articolo 12 della presente legge saranno giudicate in seconda ed ulteriore istanza dalla Sacra Romana Rota"[167].

c. Die Aufhebung und Wiedererrichtung der Spanischen Rota

Auch die Kompetenzen der Rota gegenüber Spanien mussten auf Grund politischer Umstände wenige Jahre nach dem Inkrafttreten des kirchlichen Gesetzbuchs einer Revision unterworfen werden. Mit der Ausrufung der Republik in Spanien am 14. April 1931 und der Aufkündigung des Konkordates durch die neue, kirchenfeindliche Regierung im November des gleichen Jahres wurden nämlich den geistlichen Gerichten im Land alle zivilrechtlichen Kompetenzen in Eheangelegenheiten entzogen[168]. Da die Spanische Rota auf diese Weise ihre Tätigkeit nur mehr in stark reduziertem Ausmaß fortführen konnte, sah sich Papst Pius XI. veranlasst, in Anbetracht der gegebenen Umstände den Gerichtsbetrieb ab 1. August 1933 einzustellen. Dadurch aber erlangten auch in Spanien die in den Normen des kirchlichen Universalrechts vorgesehenen Regelungen zur Kompetenz der Rota Romana Gültigkeit[169].

Nach der Wiederanerkennung der religiösen Rechte durch die im Bürgerkrieg siegreiche Nationalregierung und entsprechenden Verhandlungen erschien

---

Kommission, die aus dem Dekan der Rota, dem Präsidenten des Tribunals erster Instanz und einem dritten Richter bestand und bis 1987 existierte.

[167] Vgl. *Ordinamento Giudiziario*, art. 18. – *Ebd.*, art. 12 bezieht sich auf „cause di competenza del foro ecclesiastico", die nicht wirtschafts- oder vermögensrechtlicher Natur sind.

[168] Vgl. L. DE ECHEVERRIA, *Consideraciones sobre el Tribunal de la Rota española*: EphIC 11 (1955), 78-95, 80; V. M. ARBELOA Y MURU, *La supresión de la Rota en España (1932-1933)*: REDC 30 (1974), 363-382.

[169] Vgl. SECRST., Brief, 1933, Aug 1, an die Ordinarien Spaniens: LE, I, 1510-1511, Nr. 1185: „La difícil situación creada en España a la Iglesia Católica, la ruptura del régimen concordatario, y la laicización total del matrimonio, han traído como consecuencia el desconocimiento que el Estado ha hecho del Supremo Tribunal de la Rota Española [...]. Por la fuerza de estas circunstancias, que además han hecho escasas y casi nulas la materia y la obra del Supremo Tribunal, la Santa Sede, bien a su pesar y no obstante el sincero y bien probado amor que profesa a la católica España, se ha visto obligado a disponer que el régimen de apelación en las causas eclesiásticas se reintegre en España a los cauces del derecho común, cesando por consecuencia en sus funciones, el mencionado Tribunal de la Rota Española, el cual, a partir de esta fecha, no admite nuevas apelaciones y debe sustanciar y terminar las pendientes en el plazo de un año y en forma que por esta Nunciatura oportunamente se determine".

auch die Restitution der Spanischen Rota wieder möglich[170]. Wenngleich auf mancher Seite Vorbehalte gegen eine erneut vom allgemeinen Recht der Kirche abweichende Regelung bestanden[171], so errichtete Papst Pius XII. doch am 7. April 1947 durch das Motu proprio *Apostolico Hispaniarum Nuntio*[172] das „Tribunal der Rota der Apostolischen Nuntiatur" in Madrid in zeitgerechter Ausrichtung neu als oberstes päpstliches Berufungsgericht Spaniens[173]. Er bestimmte es zum ordentlichen Appellationsforum zweiter Instanz für alle Metropolitansitze und exemten Diözesen[174]; die Weiterverfolgung eines Falles durch die Rota

---

[170] Vgl. ECHEVERRIA, *Rote Espagnole*, 736.

[171] Vgl. ECHEVERRIA, *Consideraciones sobre el Tribunal*, 82-83.

[172] Vgl. PIUS XII., Papst, Motu pr. *Apostolicum Hispaniarum Nuntio*, 1947, Apr 7: AAS 39 (1947), 155-163.

[173] Vgl. *ebd.*, 156: „Nunc vero, cum [...] incommoda remota sint atque sacramentalis matrimonii natura iterum agnita, complurium Hispaniae Antistitum nec non publicae rei Moderatorum votis obsecundare cupientes, denuo constituendam censuimus Rotam Nuntiaturae Apostolicae, tribunal mere ecclesiasticum pro causis ecclesiasticis ad tramitem iuris canonici agendis, eamque praesentibus litteris constituimus atque sequentes normas vim legis habituras eidem tribuimus, nostri temporis condicionibus opportune accomodatas"; vgl. auch *ebd.*, art. 1: „Rota Nuntiaturae Apostolicae, Matriti constituta, est tribunal collegiale, ordinarium, praesertim ad recipiendas appellationes contra sententias ecclesiasticas in Hispaniae dicione latas". Allerdings kann der Nuntius auf Bitten von Bischöfen hin der Rota von Madrid auch Prozesse in erster Instanz anvertrauen (vgl. *ebd.*, art. 38, 2.°); zum Motu proprio und den Normen vgl. unter anderem M. BONET, *El restablecimiento del Tribunal de la Rota de la Nunciatura Apóstolica*, Madrid s. a.; M. CABREROS DE ANTA, *Naturaleza y competencia de la Rota de la Nunciatura Apostólica en España*: REDC 2 (1947), 863-895; C. BERNARDINI, *Annotationes ad Motu Proprio de Rotae Nuntiaturae Apostolicae in Hispania denuo constituenda*: Apol 21 (1948), 15-30; L. MIGUÉLEZ, *La Rota española; su establecimiento y su obra*: FACULTAD DE DERECHO DE LA UNIVERSIDAD DE MADRID (Hg.), *El Concordato de 1953. Conferencias pronunciadas en la Facultad de Derecho de la Universidad de Madrid durante el curso 1953-54* (= ColEstS), Madrid 1956, 327-365; ECHEVERRIA, *Rote Espagnole*, 736-741; L. DEL AMO PACHON, *Nueva tramitación de las causas matrimoniales. Comentário a las recientes normas de la Signatura Apostolica sobre tribunales y al „Motu proprio" „Causas matrimoniales" de Pablo VI* (= MCP, 14) Salamanca 1971, 35-36 und 80-82; MÉNDEZ RAYÓN, *La tercera instancia*, 111-139; N. SCHÖCH, *Die kirchenrechtliche Interpretation der Grundprinzipien der christlichen Anthropologie als Voraussetzung für die eheprozessrechtliche Beurteilung der psychischen Ehekonsensunfähigkeit. Eine kanonistische Studie unter besonderer Berücksichtigung der päpstlichen Allokutionen und der Judikatur der Römischen Rota* (= AIC, 15), Frankfurt am Main 1999 u. a., 116-126.

[174] Vgl. PIUS XII., *Apostolico Hispaniarum Nuntio*, art. 38, 1.°: „Rota Nuntiaturae Apostolicae iudicat: *a)* in secunda instantia causas quae iudicatae fuerint in prima instantia a quibusvis Hispaniae tribunalibus metropolitanis vel immediate Apostolicae Sedi subiectis [...]". In schwerwiegenden und begründeten Fällen kann der Nuntius, falls der zuständige Metropolit zustimmt, auch Ehenichtigkeitsverfahren, die von anderen Gerichten in erster Instanz entschieden wurden, zum Prozess zweiter Instanz der Rota von Madrid übertragen (vgl. *ebd.*, art. 38, 3.°).

Romana sollte in diesem Rechtszug aber ebenso möglich sein, sofern beide Parteien dazu ihr Einverständnis gegeben hatten:

> „Semper integrum erit partibus in hoc mutuo convenientibus causas directe ad Sacram Romanam Rotam per legitimam appellationem deferre, quae a quorumvis Ordinariorum tribunalibus in primo gradu diiudicatae fuerint (can. 1599 § 1, 1.°)“[175].

In dritter Instanz dagegen verfügte der Apostolische Gerichtshof in Rom demnach nur dann über ordentliche Jurisdiktion in spanischen Verfahren, wenn die Parteien von einem Metropolitangericht aus dorthin appelliert hatten[176], nicht jedoch vom Tribunal der Nuntiatur aus. Im Motu proprio wird nämlich festgelegt:

> „Rota Nuntiaturae Apostolicae iudicat: [...] *b)* in tertia instantia, quatenus necessaria sit, causas quae a tribunalibus metropolitanis dicionis Hispaniae vel ab ipsa Rota iudicatae fuerint in secunda instantia“[177].

---

175 *Ebd.*, art. 39. Im gegenteiligen Fall kann die Rota in Rom den Fall nicht annehmen. Das Einverständnis des Bandverteidigers ist dagegen nicht erforderlich; vgl. D. TARDINI, PräfSCNExtr., Brief, Nr. 8122/55, 1955, Dez 22, an A. Jullien, DekRR.: Arch. Rot., Not. 81: „a) [...] si esige il [...] mutuo accordo delle parti. Ove pertanto risulti che tale accordo non c'è stato, non potrà aver luogo la trattazione della causa in appello presso la S. Romana Rota. b) Nessuna menzione è contenuta nel Motu Proprio per quanto concerne la necessità del conforme parere del Difensore del Vincolo [...]“. 1958 entschied die Kongregation ergänzend, dass das einmal gegebene Einverständnis nicht mehr rückgängig gemacht werden könnte: vgl. D. TARDINI, PräfSCNExtr., Brief, Nr. 5242/58, 1958, Jun 26, an P. Mattioli, AudRR.: Arch. Rot., Not. 81: „Dopo di avere attentamente esaminato la questione, ed avere debitamente riferito al Santo Padre, sono ora a significarLe che, una volta verificatasi la condizione del mutuo consenso richiesta dal suddetto art. 39, ed avvenuta in seguito a ciò, l'interposizione dell'appello alla Sacra Romana Rota, questa deve intendersi già in diritto di procedere anche se, nel frattempo, una delle parti abbia mutato e ritrattato l'assenso precedentemente espresso“; zur Appellation an die Rota Romana vor Ladung der Parteien an die Rota von Madrid vgl. auch D. STAFFA, Kard., PräfSignAp., Dekret, 1972, Jun 17: LE, IV, 6282, Nr. 4062.

176 Vgl. M. CABREROS DE ANTA, *Estudios Canónicos*, Madrid 1956, 497: „Que la tercera instancia contra la sentencia dada en segunda por los metropolitanos pueda elevarse directamente a la Rota Romana nos parece innegable, pues los derechos de la Rota Española no derogan los que a la Rota Romana le competen por derecho común mientras ambos sean compatibles [...]. Pero es controvertibile si la apelación, en este caso a la Rota Romana, puede hacerse únicamente a voluntad del apelante o se requiere el mutuo acuerdo de los contendientes, por analogía con el artículo 39. Juzgamos que basta la volontad del apelante conforme al principio general canónico“.

177 PIUS XII., *Apostolico Hispaniarum Nuntio*, art. 38, 1.°. Jeder Gläubige auf der Welt hat nach den Normen des Universalrechts und aller Partikularbestimmungen das Recht, seinen Fall in dritter Instanz vor die Rota Romana zu bringen; einzig und allein in Spanien steht den Diözesanen, für die die Rota in Madrid ordentliches Berufungsgericht ist, diese Möglichkeit nur offen, wenn sie im Einverständnis mit der Gegenpartei rechtzeitig, das heißt schon nach dem Urteil erster Instanz, zu diesem Weg entschlossen waren. Dass die eingeschränkte Wahlmöglichkeit als Privileg für die Parteien anzusehen ist, ist daher schwer einzusehen.

Die Rota Romana kann den Bestimmungen des Erlasses nach auch dann tätig werden, wenn dem spanischen Gericht für höhere Instanzen keine Richter mehr zur Verfügung stehen:

> „Si ob ulteriorem causae propositionem, vel querelam nullitatis, vel restitutionem in integrum, nova instantia requiratur et Rotae Nuntiaturae Apostolicae, quavis ex causa, desint iudices necessarii ad turnum efformandum, causa devolvitur ad Sanctam Sedem“[178].

Dies gilt allerdings nur nach Zuweisung des betreffenden Falles durch päpstliches Reskript, wie Pius XII. zu Beginn des Jahres 1954 auf Anfrage klärend entschied[179]. Da es sich bei der Rota von Madrid zwar um einen Gerichts-

---

Freilich gilt aber auch hier die Bestimmung, dass sich jeder Gläubige in jedem Prozessstadium direkt an den Papst wenden kann (vgl. *ebd.*, art. 35), der in begründeten Fällen die Rota Romana mit der Sache beauftragen wird; vgl. hierzu auch R. RODRIGO, *Cur optata a M. P. „Causas matrimoniales“ celeritas haud semper obtinetur?*: Per 62 (1973), 503-550, 546-547: „Nonnulli constitutionem Rotae Nuntiaturae Matritensis privilegium considerant, ast quaeri potest quinam hoc privilegium retineant [...], nam hispani privantur iure quod omnibus christifideles competit appellandi directe ad S. Romanam Rotam. [...] Optandum ergo est, firma stante constitutione Rotae Matritensis, uti tribunalis tertiae instantiae, plena restituatur libertas christifidelibus hispanis ad appellationem sive ad Rotam Matritensem, sive ad S. R. Rotam interponendam“.

178 PIUS XII., *Apostolico Hispaniarum Nuntio*, art. 41.

179 Vorausgegangen war eine Entscheidung der Rota Romana, in der sich diese zur Annahme eines Rekurses gegen die Abweisung eines Verfahrens in fünfter Instanz (durch die Rota in Madrid) für zuständig erklärte: vgl. SRR., Dekret c. BONET, Barcinonen., *Nullitatis matrimonii*, 1953, Mrz 7 (B. Bis 23/54); in dem Urteil heißt es: „Attamen quum ius speciale Rotae Nuntiaturae Hispanicae statuit causam devolvendam esse ad Sanctam Sedem in adiunctis de quibus in art. 41 [...], minime agitur de reservatione aliqua extra ius commune statutam et multo minus de recursu ad Sanctam Sedem ob primatum Romani Pontificis [...], sed simpliciter asseritur in repetito art. 41 deficientibus auditoribus Rotae Nuntiaturae Hispanicae ad turnum efformendum, redintegratur ius commune seu causa, quae ex se iuxta praescripta Codicis a Sacra Rota Romana diiudicanda esset, ad tribunal Sanctae Sedis devolvitur [...]“ (*ebd.*, 5-6). Da die Rota in Madrid diese Ansicht nicht teilte, beauftragte der Papst die Kongregation für die außerordentlichen kirchlichen Angelegenheiten mit der Klärung dieser Frage. Nach Erörterung des Problems durch die Kongregation entschied Papst Pius XII. zu Gunsten der Spanischen Rota; vgl. D. TARDINI, PräfSCNExtr., Brief, Nr. 418/54, 1954, Jan 22, an A. Jullien, DekRR.: Arch. Rot., Not. 81, auszugsweise zitiert in der darauf folgenden Entscheidung SRR., Urteil c. BONET, Barcinonen., *Nullitatis matrimonii*, 1957, Apr 12, Nr. 1: SRR Dec 49 (1957), 333-346, 335: „Attesi i precedenti sopra accennati, considerata la necessità di tenere nel debito conto le ragioni che indussero alla sostituzione di cui sopra, e nell'intento di evitare lamenti e proteste anche da parte del governo spagnuolo, il Santo Padre si è degnato di disporre quanto segue: *a)* verificandosi il caso previsto dall'art. 41 delle Norme, che ha dato motivo alla presente pratica, si dovrà, per il tramite della S. Congregazione degli AA. EE. SS., indirizzare un'istanza al Santo Padre, il quale prenderà poi le decisioni che Gli sembreranno opportune; *b)* uguale prassi dovrà seguirsi anche nei casi di cui agli articoli 28, 29 e 34 delle Norme [...]“. Die genannten Artikel regeln die Kompetenz bei Ablehnung, Befangenheitseinreden und Amtspflichtsverletzungen der Nuntiaturauditoren; zuständig ist hier aber der Heilige Stuhl, nicht eo ipso die Rota Romana.

hof der Apostolischen Nuntiatur, nicht jedoch des Apostolischen Stuhls als solchem handelt, bleiben zudem die in can. 1557 CIC/1917 genannten Verfahren den Gerichten des Heiligen Stuhls vorbehalten:

> „Causae reservatae Romano Pontifici aut tribunalibus Sedis Apostolicae et causae maiores a competentia Rotae Nuntiaturae Apostolicae excluduntur [...]"[180].

d. Die Privilegien Polens nach 1945

Besondere Umstände waren es, durch die nach dem Zweiten Weltkrieg fast alle polnischen Verfahren der Zuständigkeit der Rota entzogen werden mussten. Nach ihrer Machtergreifung nämlich untersagte die kommunistische Regierung des Landes den dortigen Bischöfen, schriftlich mit dem Apostolischen Stuhl in Verbindung zu treten, wodurch diesen auch die Möglichkeit genommen war, Prozessakten jeglicher Art an eine höhere Instanz in Rom weiterzuleiten. Papst Pius XII. entsprach deshalb 1946 einer Bitte des Primas von Polen sowie des Erzbischofs von Krakau (Kraków) und gewährte beiden Oberhirten umfangreiche Sondervollmachten für das ganze Land, die bis zur erhofften Änderung der politischen Lage in Kraft bleiben sollten[181]. Hinsichtlich der sonst in der Kompetenz der Apostolischen Signatur liegenden Fakultäten wurde ihnen dabei ausdrücklich gestattet, die Kirchengerichte von Gnesen (Gniezno) oder Krakau mit der Entscheidung der Verfahren in dritter Instanz zu beauftragen. Bedingung freilich war, dass das gewählte Tribunal nicht schon in erster oder zweiter Instanz denselben Fall entschieden hatte und dass das Recht auf Rekurs an die Signatur dabei gewahrt blieb. Zudem sollte die Genehmigung des Heiligen Stuhls jedes Mal ausdrücklich erwähnt werden. Die Vollmacht beinhaltete somit:

> „Deferendi tribunali ecclesiastico Gnesnensi vel Cracoviensi judicium tertiae instantiae in causis judicatis in prima et altera instantia a tribunalibus ecclesiasticis Reipublicae Polonicae, idque per designationem peragendam juxta normas ab ipsis Eminentissimis Cardinalibus constituendas, ita tamen ut causae judicatae in prima vel altera instantia ab uno tribunali nequeant in tertia instantia ab eodem judicari ac firmo jure re-

---

180 Vgl. PIUS XII., *Apostolico Hispaniarum Nuntio*, art. 36.

181 Vgl. SECRST., Indult, Nr. 7800/46, 1946, Okt 25, an Kard. A. Hlond, ErzBf. von Gnesen und Warschau, und Kard. A. S. Sapieha, ErzBf. von Krakau: Arch. Rot., Not. 337: „Ob rerum temporumque discrimina ac praesertim gravissimas propter rei vehicularis difficultates, quibus Exc.mi Poloniae Ordinarii cum Apostolica Sede per litteras communicare prohibentur, SS.mus Dominus Noster PIUS Divina Providentia Papa XII E.mis ac Rev.mis Dominis Augusto Cardinali Hlond, Archiepiscopo Gnesnensi et Varsaviensi, et Adamo Stephano Cardinali Sapieha, Archiepiscopo Cracoviensi, has quae sequuntur facultates, tantum praesentibus rerum adiunctis perdurantibus valituras, precibus ab iisdem porrectis libenter annuens, pro territorio polonico concedere dignatus est".

currendi ad Signaturam Apostolicam contra decisiones tribunalis tertiae instantiae ad normam can. 1603 § 1. In singulis autem casibus expressa fiat mentio Apostolicae concessiones"[182].

Die beiden Erzbischöfe errichteten die Appellationsgerichte dritter Instanz daraufhin durch Dekret vom 29. März 1947 und ordneten gleichzeitig den Tribunalen zweiter Instanz das jeweilige Obergericht zu[183]. 1954 wurde an Stelle von Gnesen das Offizialat von Warschau (Warszawa) mit den Entscheidungen dritter Instanz betraut[184], 1956 Tarnau (Tarnów) an Stelle von Krakau[185]. 1960 wurde Tarnau durch Gnesen ersetzt[186], so dass seither die Tribunale von Warschau und Gnesen als oberste kirchliche Berufungsgerichte in Polen fungierten. Obwohl die Tribunale zu keiner Zeit als Apostolische Gerichtshöfe angesehen werden konnten, verfügten sie als bereits bestehende Institutionen dennoch über ordentliche Jurisdiktionsgewalt, die ihnen – wenngleich auf Zeit – auch in dritter Instanz gewährt worden war[187]. In vierter und höherer Instanz war den genannten Gerichten dagegen keine Zuständigkeit übertragen worden. Zwar konnten auch solche Verfahren auf Grund der gegebenen Umstände nicht an die Rota gelangen. Der Primas behielt sich hier aber selbst vor, nach Prüfung der Argumente gegebenenfalls ein beliebiges polnisches Diözesangericht mit der Sache zu beauftragen, das in Zweifelsfällen zuvor noch endgültig über die Gewährung einer *nova causae propositio* zu entscheiden hatte[188].

e. Die bestehenden und neuen Sonderregelungen in anderen Ländern

Zu den Gebieten, über die die Rota nicht die umfassende Jurisdiktion ausübte, welche ihr nach Maßgabe des Universalrechts zukam, zählten nach der Promulgation des Gesetzbuchs von 1917 noch immer die Kirchenprovinzen Gran (Esztergom) und Erlau (Eger) in **Ungarn**; für sie war neben der Rota das

---

[182] SECRST., Indult, Nr. 31. Wie die Rekurse an die Signatur praktisch durchzuführen waren, wird in dem Schreiben nicht näher erläutert.

[183] Vgl. A. HLOND, Kard., ErzBf. von Gnesen und Warschau, A. S. SAPIEHA, Kard., ErzBf. von Krakau, Dekret, 1947, Mrz 29, bei J. GLEMP, *Polskie Sądownictwo Kościelne w Latach 1945-1970*: PraKan 14 (1971), 169-225, 200-201; und hierzu *ebd.*, 172-174.

[184] Vgl. M. KLEPACZ, Bf. von Lodsch [Łódź], Vorsitzender der KEP., Dekr., N. 2840/54/P.E., 1954, Jun 24, bei GLEMP, *Polskie Sądownictwo*, 216-217; und hierzu *ebd.*, 181-182.

[185] Vgl. M. KLEPACZ, Bf. von Lodsch, Vorsitzender der KEP., Dekr., N. 1610/56/E.P., 1956, Mai 22, bei GLEMP, *Polskie Sądownictwo*, 218-219; und hierzu *ebd.*, 182-184.

[186] Vgl. S. WYSZYŃSKI, Kard., ErzBf. von Gnesen und Warschau, Primas von Polen, Dekr., N. 5724/60/P., 1960, Okt 22, bei GLEMP, *Polskie Sądownictwo*, 220-221; und hierzu *ebd.*, 184-186.

[187] Vgl. GLEMP, *Polskie Sądownictwo*, 172-173.

[188] Vgl. GLEMP, *Polskie Sądownictwo*, 186-187, sowie Z. GROCHOLEWSKI, *L'esperienza canonistica in Polonia*: DEc 89/1 (1978), 125-170, 153.

Primatialgericht auch weiter in dritter Instanz in allen Streit- und Strafverfahren ihrer Suffraganbistümer zuständig [189]. Für Prozesse der Erzdiözesen Gran und Erlau, die das Primatialgericht in zweiter Instanz entschieden hatte, verlangte der Erzbischof von Gran dagegen 1918, dem Diözesangericht Raab (Győr) die Zuständigkeit in dritter Instanz zuzuerkennen, was vom Heiligen Stuhl nach einigen Unklarheiten schließlich stillschweigend geduldet worden zu sein scheint[190]. Seit 1944 bezog die Apostolische Signatur zudem die Kirchenprovinz Kollotschau (Kalocsa) in diese Spezialregelung ein; die Tribunale Erlau, Gran und Kollotschau fungierten dabei gegenseitig als Berufungsgericht dritter Instanz[191]. Nach der Machtergreifung der Kommunisten und der Gefangennahme des Primas von Ungarn aber übertrug der Heilige Stuhl 1949 bis auf weiteres dessen richterliche Vollmachten dem Metropolitangericht Gran[192]. Diese provisorische Regelung, die jeweils für einen Zeitraum von meist fünf Jahren verlängert wurde, blieb gültig bis zur Wiederernennung eines Primas und der damit verbundenen Rückkehr zur alten Gerichtsordnung im Februar 1976[193]; durch sie trat erneut dessen ordentliche Zuständigkeit in Berufungssachen in Kraft, in denen bereits Urteile des jeweiligen Offizialates und des Metropolitangerichts Erlau oder Gran vorlagen und keine Appellation an die Rota erfolgt war[194].

In **Deutschland** wurden auch nach 1917 den Erzdiözesen Breslau und Köln die dritten Instanzen innerhalb des Landes bestätigt[195]. Ab 1953 wurden dann

---

[189] Vgl. ROBERTI, *De processibus*, I, 222-223; P. ERDŐ, *Das Primatialgericht von Esztergom-Budapest*: DPM 6 (1999), 39-53, 41.

[190] Vgl. ERDŐ, *Das Primatialgericht*, 40, sowie Á. POÓS, *Primate e potere primaziale in Polonia e Ungheria*, Roma 1992, 181.

[191] Vgl. Z. GROCHOLEWSKI, *Linee generali della giurisprudenza della Segnatura Apostolica relativamente alla procedura nelle cause matrimoniali*: ME 107 (1982), 233-267, 251. Schon früher waren Verfahren aus Kollotschau in dritter Instanz in Ungarn entschieden worden, freilich auf Grund päpstlicher Kommission. Die Signatur beauftragte damit in vier der elf Fälle, für die der Titularbischof von Martyropolis und Weihbischof von Kollotschau, Gyozo Horváth, darum nachgesucht hatte, das Offizialat von Raab, in vier weiteren das Metropolitangericht Gran und übertrug die restlichen der Rota (vgl. E. GASPARRI, Kard., PräfSignAp., Brief, C. P. 866/943, 1943, Jun 6, an G. Grazioli, DekRR.: Arch. Rot., Not. 103).

[192] Vgl. SIGNAP., Brief Nr. C.P. 1034/1949, 1949, Jun 15, an den Generalvikar von Gran, bei ERDŐ, *Il potere giudiziario. Osservazioni*, 231: „[...] quoad causas judicatas in prima vel in altera instantia apud Tribunal Metropolitanum Agriense, adeatur pro tertia instantia Tribunal Strigoniense Metropolitanum loco Primatialis".

[193] Vgl. ERDŐ, *Il potere giudiziario. Osservazioni*, 215; ERDŐ, *Das Primatialgericht*, 43-44. Dritte Instanz für Kollotschau war seit 13. November 1954 allerdings Fünfkirchen (Pécs): vgl. ROBERTI, *De processibus*, I, 416, Anm. 5.

[194] Vgl. ERDŐ, *Il potere giudiziario. Osservazioni*, 219: „Così – senza autorizzazione da parte della Santa Sede – egli sembra essere relativamente incompetente nelle cause di Kalocsa".

[195] Vgl. KORR, *Die Appellation an die S. Rota Romana*, 15.

fast allen deutschen Diözesen neben der Rota Berufungsgerichte dritter Instanz innerhalb der Bundesrepublik zugewiesen, und zwar in der Regel für den Zeitraum von jeweils drei Jahren[196].

Nach der Angliederung an das Deutsche Reich bat Kardinal Innitzer von Wien für die Bistümer in **Österreich** ebenfalls um Zuweisung eines inländischen Gerichts dritter Instanz in Ehesachen[197]. Die Apostolische Signatur bestimmte daraufhin mit Reskript vom 4. Januar 1939 unter Einhaltung der üblichen Bedingungen *ad triennium* das Metropolitangericht Bamberg zur dritten Instanz für die Kirchenprovinzen Salzburg und Wien und teilte mit:

> „Ss.mus D. N. PIUS div. prov. Papa XI [...] petitam facultatem benigne concessit atque iudicium tertiae instantiae commisit Curiae Metropolitanae Bambergensi, ita quidem ut in singulis actis fiat peculiaris mentio apostolicae delegationis [...] utque si cui placeat, impediri non possit quominus ad Sacram Rotam pro tertia instantia appellet [...]. *Praesentibus valituris ad triennium* [...]"[198].

Die Delegation wurde nach Ablauf ihrer Gültigkeit noch zweimal verlängert. Von 1946 bis 1953 waren die beiden erzbischöflichen Offizialate Salzburg und Wien gegenseitig als Appellationsgericht dritter Instanz beauftragt; bis 1956 übte dann nochmals Bamberg diese Funktion aus[199], danach das Erzbischöfliche Konsistorium München und Freising[200].

Für **Lateinamerika** blieben die von Papst Leo XIII. zunächst auf 30 Jahre gewährten Sondervollmachten bis Ende April 1949 erhalten. Pius XI. hatte sie

---

[196] Vgl. ROBERTI, *De processibus*, I, 415-416, Anm. 5: So wurde Bamberg zur dritten Instanz für Augsburg, München und Freising, Passau, Regensburg und Rottenburg bestimmt; Köln für Freiburg im Breisgau; München und Freising für Bamberg, Eichstätt, Speyer und Würzburg; Paderborn für Limburg und Osnabrück; Trier für Aachen und Münster. Zur Geschichte der Tribunale dritter Instanz in Deutschland nach dem Zweiten Weltkrieg vgl. auch MÉNDEZ RAYÓN, *La tercera instancia*, 168-176, und speziell zu Bamberg: KITTEL, *Das Erzbischöfliche Metropolitangericht Bamberg*. Auf Bitten der Signatur wurde zudem ab 1959 Münster als dritte Instanz für Trier delegiert (vgl. MUSSINGHOFF, *Das Bischöfliche Offizialat Münster*, 171).

[197] Vgl. T. INNITZER, Kard., ErzBf. von Wien, *Preces*, [1938]: LE, I, 1908, Nr. 1459: „[...] Accedit quod processus matrimoniales [...] valde protrahuntur et tum partes tum parochos quorum interest ad impatientiam excitant [...]. Quae Episcopi enixe petunt ut in causis matrimonialibus pro Austria aliud tribunal metropolitanum pro tertia instantia constituatur ad quod partes vel defensor vinculi appellare possint".

[198] SIGNAP., Indult, 1938, Dez 20: LE, I, 1908, Nr. 1459.

[199] Vgl. KITTEL, *Das Erzbischöfliche Metropolitangericht Bamberg*, 100.

[200] Vgl. F. ROBERTI, Kard., PräfSignAp., Brief, 1962, Mai 26, an F. J. Brennan, DekRR.: Arch. Rot., Not. 139. Durch dieses Schreiben wurden die geltenden Fakultäten bis auf weiteres prorogiert.

nach Ablauf ihrer Gültigkeit nochmals um zehn Jahre verlängert[201], Pius XII. danach ebenso[202]. Seither ist die Rota wieder einziges kompetentes Tribunal dritter Instanz für die betroffenen Länder.

Angesichts der während des Zweiten Weltkriegs aufgetretenen Kommunikationsschwierigkeiten hatte auch der Apostolische Delegat in Washington 1942 um die Einrichtung eines drittinstanzlichen Gerichts für Ehesachen in den **Vereinigten Staaten von Amerika** nachgesucht[203]. Papst Pius XII. übertrug dem Delegaten daraufhin für drei Jahre die Vollmacht, in jedem einzelnen Fall ein erzbischöfliches Regionalgericht zur Annahme des betreffenden Verfahrens zu bestimmen, wobei die Möglichkeit einer Berufung an die Rota ausdrücklich bestehen blieb. Im Indult der Apostolischen Signatur hieß es dazu:

> „Ss.mus D. N. Pius, divina providentia Papa XII [...] petitam facultatem benigne concessit ita ut causae matrimoniales, quae in primo et in secundo gradu apud tribunalia regionis iudicatae sint, in tertio gradu a Tribunali regionali Metropolitano in singulis causis ab ipso Delegato Apostolico designando cognosci ac definiri possint, facta tamen in singulis causis expressa mentione apostolicae delegationis, ac servato iure defensoris vinculi et partium appellandi pro tertia instantia, si maluerint, ad S. Rotam necnon recurrendi ad Signaturam Apostolicam [...]. Praesentibus valituris ad triennium [...]“[204].

Nach Ende des Krieges wurde diese Sonderregelung aber nicht mehr erneuert.

Ähnliche Kommunikationsprobleme wurden dann 1950 in der damaligen **Tschechoslowakei** durch den Kapitularvikar von Rosenau (Rožňava) geltend gemacht[205], worauf die Apostolische Signatur wunschgemäß das Kirchengericht in Neutra (Nitra) *ad triennium* zur dritten Instanz für sämtliche kanonischen Prozesse delegierte:

---

201 Vgl. PIUS XI., Papst, Ap. Breve *Litteris Apostolicis*, 1929, Apr 30: AAS 21 (1929), 554-557.

202 Vgl. SCCONS., Dekret, 1939, Apr 28: AAS 31 (1939), 224: „Cum vero praefatae facultates proxima die 30 Aprilis expiraturae sint, Ss.mus Dominus Noster Pius div. prov. Pp. XII, eas [...] benigne prorogare dignatus est“.

203 Vgl. A. G. CICOGNANI, TitErzBf. von Laodicea in Phrygia, ApDel. in den Vereinigten Staaten von Amerika, *Preces*, [1942]: LE, II, 2136, Nr. 1705: „Delegatus Apostolicus [...] petit ut in eadem regione Tribunal instituatur quod in tertio gradu causas matrimoniales cognoscere et definire possit. Rationes huius gratiae implorandae sunt communicationum postalium difficultates ac pericula ob ingravescens bellum“.

204 SIGNAP., Indult, P. N. 832/942, 1942, Jul 30: LE, II, 2136-2137, Nr. 1705.

205 Vgl. Z. GROCHOLEWSKI, *Documenti della Segnatura Apostolica riguardanti i Tribunali Ecclesiastici nella odierna Repubblica Federativa Ceca e Slovacca*: Apol 65 (1992), 539-561, 543-544.

„Supremum Tribunal Signaturae Apostolicae, perpensis superioribus precibus ac consideratis expositis circumstantiis, vigore peculiarium facultatum sibi a Ss.mo Pio Papa XII concessarum, gratiam benigne concessit ad triennium“[206].

Eine Ausnahmeregelung galt im Übrigen seit 1952 in **Schweden**: Für das Offizialat von Stockholm stand als zweite Instanz Kopenhagen (København) zur Verfügung; nächsthöheres Appellationstribunal war das Kirchengericht von Oslo[207].

Trotz zahlreicher Verfügungen, die die Zuständigkeit der Rota de facto einschränkten, wurden Generaldelegationen dieser Art nur in begründeten Fällen gewährt. Man war sich in Rom sehr wohl der Gefahr bewusst, dass eine einheitliche Rechtsprechung bei zu häufiger Abweichung vom Gesamtrecht nicht mehr gewährleistet werden könnte[208]. So wurde ein entsprechender Antrag der Bischöfe Jugoslawiens schon 1932 auf Anraten des Dekans der Rota zurückgewiesen[209]. Zehn Jahre später lehnte der Papst eine ähnliche Bitte der Ordinarien von Paderborn, Fulda und Hildesheim ab, nachdem die Rota sich gegen die Delegierung Münsters als Tribunal dritter Instanz in Ehesachen ausgesprochen hatte[210].

---

[206] SIGNAP., Reskript, P. N. 1058/50, 1950, Mrz 7, bei GROCHOLEWSKI, *Documenti della Segnatura Apostolica*: Apol 65 (1992), 539-561, 544. Von einer Prorogation der Fakultäten ist nichts bekannt: vgl. GROCHOLEWSKI, *Documenti della Segnatura Apostolica*, 543.

[207] Vgl. ROBERTI, *De processibus*, I, 416, Anm. 5.

[208] Vgl. KORR, *Die Appellation an die S. Rota Romana*, 14.

[209] Vgl. R. C. ROSSI, Kard., SekrSCCons., Brief Nr. 298/26, an M. Massimi, DekRR., 1932, Apr 1: Arch. Rot., Not. 113: „Non di raro pervengono a questa S. Congregazione, specialmente dalla Jugoslavia, domande perché sia concessa in cause matrimoniali la terza istanza *extra Urbem*, presso tribunali diocesani“. In seinem Antwortschreiben führte Msgr. Massimi hierzu unter anderem an: „In riscontro alla venerata lettera dell'E. V. Rev.ma [...] desidero anzi tutto esprimere chiaramente la mia convinzione, che la concessione di una terza istanza, in deroga all'Ordinamento giudiziario stabilito dal Codice, è pericolosa, specialmente in materia matrimoniale, e sconsigliato da alte ragioni di retta amministrazione della giustizia“ (M. MASSIMI, DekRR., Brief, 1932, Apr 7, an R. C. Rossi, Kard., SekrSCCons.: Arch. Rot., Not. 113).

[210] Vgl. D. JORIO, Kard., PräfSCDSacr., Brief, Nr. 631/42 Vg., 1943, Feb 26, an L. Jaeger, ErzBf. von Paderborn: Arch. Rot., Not. 139: „Excellentissime Domine, Postulatio quam Excellentia Tua Rev.ma una cum Episcopis Fuldensi et Hildeshiensi Sacrae huic Congregationi per litteras diei 21 Novembris e. anni direxit, ut causae matrimoniales istic agitatae, in tertia quoque instantia tractari valerent apud tribunal Monasteriense, diligenti subiecta est examini. Super eadem, cum agatur de subtrahendis causis eidem S. Romanae Rotae, iure spectantibus, quaesitum est votum S. Rotae. Plenarius vero Collegium S. Rotae votum suum prorsus negativum unanimiter emisit, id etiam animadvertens facultates eiusdem generis antea quibusdam dioecesibus concessae evidentia incommoda afferre. Congressus autem Sacrae huius Congregationis diei 15 currentis mensis ad postulationem de qua agitur respondendum censuit: ‚*Non expedire*'. Quam responsionem SS.mus D. N. Pius d. p. Papa XII in audientia infrascripto Cardinali Praefecto die 22 februarii concessa benigne adprobare dignatus est.

Dem Metropoliten von Prag (Praha) wurde 1943 zugestanden, sich in dritter Instanz an das Erzbischöfliche Offizialat Wien zu wenden, allerdings nur in begründeten Einzelfällen deutscher Sprache[211]. 1961 wurden dann an der Apostolischen Signatur ernsthafte Überlegungen angestellt, die Fakultätsverlängerungen für bundesdeutsche Gerichte nicht weiter zu gewähren, da mittlerweile genügend Rotarichter zur Verfügung stünden, die der deutschen Sprache mächtig wären[212].

3. Die Umsetzung des Auftrages in die Praxis

Fast ein halbes Jahrhundert stand der Rota zur Verfügung, um auf der Grundlage des kirchlichen Gesetzbuches von 1917 ihren Auftrag unverändert zu verwirklichen und klärend zu konkretisieren. Nachfolgend erlassene Bestimmungen gaben dabei die Richtung an und halfen dem Gericht, seine verfassungsmäßige Funktion in der Kirche auch tatsächlich wie vorgesehen wahrnehmen zu können. Eine Herausforderung besonderer Art stellte zweifellos die stetige Zunahme an Verfahren dar, die dem Tribunal zur Entscheidung überantwortet wurden; vor allem die immer zahlreicheren Ehesachen und die vielen Prozesse aus Rom und dem übrigen Italien boten Gelegenheit, die Aufgabe der Rota in der Kirche nochmals zu hinterfragen und ergänzend zu präzisieren.

a. Die Jahre nach der Promulgation des *Codex Iuris Canonici* von 1917

Mit dem Ende des Ersten Weltkrieges und dem Inkrafttreten des kirchlichen Gesetzbuches begann 1918 auch für den päpstlichen Gerichtshof ein neuer Zeitabschnitt. Wenngleich die Richter bei ihren Entscheidungen weiterhin die

---

Quod si hoc tempore adsint pericula violationis secreti ex difficultatibus communicationum postalium, eisdem obveniri poterit Romam transmittendo acta causarum matrimonialium mediante ‚valigia diplomatica' vel etiam ope alicuius personae quae fiduciam Nunciaturae Berolinensis gaudeat [...]".

211 Vgl. F. MORANO, SekrSignAp., Brief, P. N. 851/43 C. P., 1943, Apr 14, an den Kapitularvikar von Prag [Praha], bei GROCHOLEWSKI, *Documenti della Segnatura Apostolica*: Apol 65 (1992), 539-561, 542-543: „In Congressu habito [...] die 1 currentis mensis aprilis, propositis Tuis precibus [...], decretum est: recurratur in singulis casibus".

212 Vgl. V. BARTOCCETTI, SekrSignAp., Brief Nr. 1501/61 C.P., Limburgen., 1961, Mrz 17, an F. J. Brennan, DekRR.: Arch. Rot., Not. 477: „A causa però del recente aumento del numero dei Giudici Rotali che conoscono la lingua tedesca [...], sembra sia venuta a mancare la necessità della traduzione e quindi la causa motiva della precedente esenzione dalla legge comune, alla quale pertanto sono stati restituiti i tribunali ecclesiastici della Germania Occidentale. Per il territorio oltre Cortina invece sono state confermate le facoltà preesistenti". Tatsächlich wurden die erbetenen Delegationen für Deutschland im Frühjahr 1961 nicht mehr gewährt; erst nach einer persönlichen Eingabe von Kardinal Frings erneuerte sie die Signatur am 13. März 1962: vgl. MUSSINGHOFF, *Das Bischöfliche Offizialat Münster*, 170-171.

Ergebnisse der Judikatur vergangener Jahre und Jahrhunderte berücksichtigten, so war es nun doch in erster Linie der *Codex Iuris Canonici*, der ihnen als Grundlage bei der Urteilsfindung diente[213]. Die Umstellung vom alten auf das neue Recht erfolgte dabei reibungslos und ohne jede Verzögerung. Die Rechtsprechung der Rota, die neben den Prozessregeln des Gerichts für die Setzung vieler Normen des Codex maßgebend gewesen war, konnte jetzt mit der ihr eigenen Autorität die betreffenden Canones deuten und im jeweiligen Fall konkretisieren[214].

Nach dem zahlenmäßigen Rückgang der Prozesse während des Ersten Weltkrieges gelangten bald wieder wesentlich mehr Verfahren aus allen Teilen der Welt[215] an die Rota. Während von 1919 bis 1923 noch insgesamt 440 Fälle zur Bearbeitung angenommen worden waren und in den fünf darauf folgenden Jahren 586, waren es von 1929 bis 1933 bereits 865 *Turni*, die konstituiert werden mussten[216]. Auch die Zahl der Sentenzen nahm zu: 1918 waren es 18, 1928 schon 58, 1933 dann 78[217]. Unterschiedlichste Fragen waren es, mit denen sich die Richter auseinanderzusetzen hatten: Außer in Eheprozessen mussten oft auch Entscheidungen in Fällen getroffen werden, in denen es um straf- und zivilrechtliche Sachverhalte ging[218]; häufig waren die Klagegründe Schadenersatz- und Besitzansprüche, Nutzungsrechte, Verträge, Streitigkeiten um Benefizien und fromme Stiftungen sowie pastorale Vollmachten und Privilegien, ver-

---

213 Vgl. JULLIEN, *Il beato Papa Pio X*, 161.

214 Vgl. JULLIEN, *Cinquant'anni di attività giudiziaria*, 11-12.

215 Vgl. M. MASSIMI, PrDekRR., *Indirizzo d'omaggio*, 1924, Okt 16: OR 64 (1924), Nr. 245, 18.10.1924, 3: „Difficoltà tecniche, maggiori di quelle che s'incontrano negli altri tribunali, sorgono dalla singolare natura della Rota, Tribunale di appello della S. Sede per le cause di tutto il mondo, e per ogni genere di cause. Giudici nel regno, che non ha confini, vediamo alternarsi, alle cause più frequenti d'Italia e di Francia, quelle di tutte le altri parti di Europa e del mondo, con la varietà più grande. Ogni anno ci offrono materia di giudizio anche le terre delle Missioni, delle regioni di Africa all'estremo Oriente".

216 Vgl. *Numero complessivo delle cause pervenute alla Sacra Romana Rota dall'Ottobre 1908 all'inizio 1938*: Arch. Rot., Not. 234. Zur Zunahme an der Anzahl Verfahren vgl. auch PIUS XI., Papst, [*Allocutio ad Praelatos Auditores*] (Auszug), 1926, Okt 16: AAS 18 (1926), 459: „Il lavoro, già cresciuto, crescerà di nuovo nel suo fatale andare, e Noi riguardiamo, con paterna compiacenza e con sincera fierezza, che insieme al lavoro cresce, se possibile, lo zelo e la generosità colla quale lo affrontate".

217 Vgl. *Attività della Sacra Romana Rota: Sentenze emesse dal 1909 al 1938*: Arch. Rot., Not. 234.

218 Vgl. MASSIMI, *Indirizzo d'omaggio 1924*, 3: „Ora si discute di diritto civile e ora di diritto criminale; ora si tratta di cose spirituali, o annesse alle spirituali. Le stesse cause matrimoniali presentano questioni di diritto quanto mai diverse tra loro".

einzelt auch Weihenichtigkeiten[219]. Auffallend war zudem, dass immer mehr Verfahren von der Ostkirchenkongregation an das Gericht überwiesen wurden und im Allgemeinen reger Gebrauch von der Möglichkeit gemacht wurde, bereits in zweiter Instanz an die Rota zu appellieren[220]. Die präzise Einordnung des Tribunals und seines Auftrags in das Ganze des kanonischen Rechts scheint sich auch klärend auf die tatsächlich ausgeübte Funktion ausgewirkt zu haben: Immer häufiger wurde der Gerichtshof auf Grund der ihm vom Recht zugewiesenen ordentlichen Kompetenzen angegangen, nur noch vereinzelt erfolgte die Zuweisung von Prozessen auf Grund besonderer Delegation[221].

Dass das Tribunal dabei war, den alten Ruhm und die weltweite Bekanntheit wiederzuerlangen, die es jahrhundertelang ausgezeichnet hatten, beweist auch das große Interesse, das die Rota seit Mitte der Zwanzigerjahre in der Öffentlichkeit fand. Obwohl die Presse der Rechtsprechung der Auditoren meist kritisch gegenüberstand[222], wurde das Gericht als solches als bewährte und bedeutende Institution des Justizwesens anerkannt und bewundert[223]. Italienische Advokaten rechneten es sich zur Ehre an, als sie nach dem Konkordat von 1929

---

219 Vgl. im Einzelnen (mit Fundstellenangabe der jeweiligen Sentenzen in den AAS) E. R. VON KIENITZ, *Klageinhalt und Klageänderung im Zivilprozeßrecht des Codex Iuris Canonici*, München 1932, 56-59.

220 Vgl. M. MASSIMI, DekRR., *Indirizzo d'omaggio*, 1932, Okt 1: OR 72 (1932), Nr. 230, 01.10.1932, 1: „L'aumento del lavoro – di recente accumolatosi – non si deve al moltiplicarsi oggettivo delle cause, ma al fatto che vennero volontariamente deferite alla Rota cause che prima erano giudicate altrove. Potendo infatti così le parti, come i pubblici ufficiali, appellare dalle sentenze degli Ordinari, o al Tribunale di seconda istanza o direttamente alla Rota, si sono ora resi più frequenti i casi di appello immediato al Nostro Tribunale. Anche le Sacre Congregazioni ci hanno trasmesso un numero di cause maggiore del consueto e tra esse si è distinta la Congregazione per la Chiesa Orientale, che ce ne ha inviate una lunga serie".

221 So waren 1920 von 59 Verfahren, die aufgenommen wurden, noch 17 (28,8 %) durch Sonderdelegation an die Rota gelangt, davon 9 (15,3 %) auf Grund päpstlicher Kommission. 1930 waren es nur mehr 17 beziehungsweise 15 von 124 (13,8 % beziehungsweise 12,1 %), ein Jahr später *ex commissione Sanctissimi* noch 10 (8,4 %) von 119: vgl. SRR., *Registro di protocollo*, 2 (1913-1920); 3 (1920-1923); 5 (1928-1931); 6 (1931-1938).

222 Vgl. M. MASSIMI, DekRR., *Indirizzo d'omaggio*, 1927, Okt 1: AAS 19 (1927), 354: „L'anno giuridico, che chiudemmo alla metà di agosto, fu per il nostro Tribunale un anno di singolare celebrità: la stampa di tutto il mondo parlò diffusamente della Rota. [...] Così da più parti ci giunsero critiche e proteste. Ci si rimproverò di aver giudicato cause matrimoniali di acattolici, intromettendoci in ciò che non ci riguardava, e di averle giudicate in favore della nullità del matrimonio, quasi avessimo con ciò rinnegata l'indissolubilità del sacro vincolo".

223 Vgl. M. MASSIMI, DekRR., *Indirizzo d'omaggio*, 1930, Okt 1: OR 70 (1930), Nr. 230, 02.10.1930, 1: „[...] ci aveva dato prova la Germania, che nella geniale pubblicazione dal titolo: ‚I Tribunali supremi', destinata a commemorare il cinquantenario del Tribunale dell'Impero, collocava la Rota in posto d'onore". Aller Wahrscheinlichkeit nach bezog sich Massimi dabei auf A. WYNEN, *Die Rota Romana*: J. MAGNUS (Hg.), *Die Höchsten Gerichte der Welt*, Leipzig 1929, 613-622.

zunächst für fünf Jahre die Genehmigung erhielten, Mandanten in kirchlichen Prozessen vor der Rota zu verteidigen[224]. Auch der Papst selbst versagte dem neu erstarkten Gericht nicht seine Anerkennung. Zwar verlief der 25. Jahrestag der Wiedererrichtung ohne alle Feierlichkeiten[225]. Schon 1930 jedoch hatte Pius XI. den Dekan des Tribunals und dessen emeritierte Vorgänger mit dem Titel „Exzellenz" ausgezeichnet[226], und 1934 bestätigte er in seiner Bulle *Ad incrementum decoris*[227] die weit reichenden Privilegien der Auditoren[228].

b. Die Normen von 1934

Nicht alle Prozessnormen der *Lex propria* und der *Regulae Servandae* hatten Aufnahme in den *Codex Iuris Canonici* gefunden; manche von ihnen standen überdies im Widerspruch zueinander. Schon bald stellte sich daher die Frage, ob die rotalen Partikulargesetze weiterhin als rechtsgültig und maßgebend für die Verfassung wie auch die Verfahrensordnung des apostolischen Gerichtshofes anzusehen seien. Zwei Ansichten wurden dabei vertreten: Die eine stützte sich auf can. 1555 CIC/1917, wonach sich mit Ausnahme des Heiligen Offiziums alle kirchlichen Tribunale an das Prozessrecht des Codex zu halten hätten, die andere auf die Anordnung von can. 243 § 2 CIC/1917, der zufolge sich die päpstlichen Behörden sowohl nach den universalrechtlichen als auch nach den eigenen Normen richten müssten. In der Tat wandte die Rota auch nach der

---

224 Vgl. MASSIMI, *Indirizzo d'omaggio 1930*, 1: „Valendoci di tale facoltà, abbiamo già ammesso a patrocinare in Rota alcuni illustri professori delle R. Università italiane, la cui competenza, specializzata nei vari rami del diritto, non sarà inutile al Nostro Tribunale. In quest'occasione abbiamo avuto modo di vedere quanto sia apprezzata la Rota nell'ambiente forense e universitario italiano. Di cui uno dei più noti rappresentanti ci scriveva, esprimendo la sua alta soddisfazione ‚per l'onore di essere ammesso a patrocinare dinanzi al primo Tribunale del mondo'".

225 Vgl. M. MASSIMI, DekRR., *Indirizzo d'omaggio*, 1933, Okt 2: OR 73 (1933), Nr. 231, 02.-03.10.1933, 1: „Per il nostro venticinquennio non ci sono state commemorazioni, nè dimostrazioni di sorta. L'indole del Tribunale non le richiedeva e l'intenso lavoro giudiziario, con le sue naturali preoccupazioni, non ne dava il tempo, nè la voglia".

226 Vgl. SCCAER., *Decretum de titulo „Excellentiae Reverendissimae"*, 1930, Dez 31: AAS 23 (1931), 22: „D. N. Pius Papa XI [...] die 11 mensis Decembris huius anni [...] decrevit: *Excellentiae Reverendissimae* titulum [...] tribuendum esse quoque [...] Praelato Decano Sacrae Romanae Rotae".

227 PIUS XI., Papst, Ap. Konst. *Ad incrementum decoris*, 1934, Aug 15: AAS 26 (1934), 497-521.

228 Vgl. *ebd.*, vor allem I. 2 und LX-LXXXIV; bezüglich der Beamten und Advokaten der Rota vgl. *ebd.*, LXXXIV-LXXXV. PIUS XII., Papst, [*Allocutio ad Praelatos Auditores*], 1939, Okt 2: OR 79 (1939), Nr. 232, 02./ 03.10.1939, 1, erwähnt im Hinblick auf das Verhältnis Papst Pius' XI. zur Rota „l'amore che egli nutriva per voi".

Promulgation des CIC Partikularregelungen an, bei denen keine Übereinstimmung mit dem Universalrecht gegeben war[229].

So hielten es die Auditoren für erforderlich, auf Grund der gesamtkirchlich gültigen Verfahrensordnung und der erworbenen Praxis neue Gerichtsnormen zu erstellen[230]. Zu ersten Ansätzen war es dabei schon wenige Jahre nach dem Inkrafttreten des Gesetzbuches von 1917 gekommen[231]. Im Sommer 1927 konnte unter dem Namen *Regulae S. Romanae Rotae Tribunalis*[232] ein vorläufiger Entwurf fertig gestellt und gedruckt werden. Vier Kriterien waren bei der Redigierung ausschlaggebend gewesen: Die bereits im Codex enthaltenen Normen sollten nicht nochmals aufgeführt werden; alle Bestimmungen der *Lex propria*, die durch das Gesamtrecht nicht aufgehoben oder modifiziert worden waren, sollten in der alten oder in einer veränderter Form beibehalten werden; Gleiches müsste für die *Regulae servandae* gelten; alle Partikulargesetze sollten dann unter dem neuen Titel zusammengefasst werden[233].

Fast sieben Jahre später wurde dem Papst nach geringfügigen Änderungen der endgültige Entwurf vorgelegt. Pius XI. approbierte ihn in einer dem Dekan

---

229 Vgl. C. BERNARDINI, *Normae S. Romanae Rotae Tribunalis. Adnotationes*: Apol 7 (1934), 429-478, 430, Anm.; BERNARDINI, *Leges processuales*, 6, Anm.; GOYENECHE, *De SS. Congregationum, tribunalium et officiorum constitutione*, 131.

230 Vgl. MASSIMI, *Prooemium ad novissimas Normas S. R. Rotae*, 450: „Codice promulgato et observato rerum usu, visum est Auditoribus novas conscribere normas, quibus plura definirentur spectantia ad constitutionem Tribunalis et ad officium Auditorum aliorumque Tribunali addictorum, de iudiciis vero generales Codicis leges indoli atque stylo Rotae aptarentur".

231 Vgl. *Inaugurazione dell'anno giuridico della Rota*, 1923, Okt 16: CdI 18 (1923), 16.10.1923, xx: „Mons. Cattani-Amadori [...] lesse un indirizzo al Santo Padre [...]. Riferito poi come quest'anno si siano riformate le Regule procedurali presso il Tribunale, perchè le vecchie, che erano state compilate sulla antica prassi e che avevano servito per moltissimi canoni del Codice, avevano esse stesse bisogno di essere uniformate ad alcune norme del Codice stesso".

232 *Regulae S. Romanae Rotae Tribunalis*, Romae 1927.

233 Vgl. M. MASSIMI, DekRR., *Prefazione*, 1927, Aug s. d.: *Regulae S. Romanae Rotae Tribunalis*, Romae 1927, 3: „Avendo la promulgazione del Codice di Diritto canonico resa necessaria la redazione di un nuovo Regolamento del Tribunale della S. Rota, il Collegio degli Uditori ne ha compilato un *progetto,* su la base dei seguenti criterî: I. Tutto ciò che è nel Codice deve essere omesso, salvo che sia opportuno richiamare le norme generali del Codice, per l'intimo nesso con la norma particolare della Rota. II. Tutto ciò che è nella *Lex propria,* non ripetuto, soppresso o modificato dal Codice, deve essere incluso, suggerendo eventualmente opportune modificazioni. III. Tutto ciò che è nelle *Regulae* non ripetuto, soppresso o modificato dal Codice, viene incluso, con aggiunte e libere modificazioni, secondo il consiglio dell'esperienza. IV. Un testo unico raccoglie ciò che è derivato dalla *Lex propria* e dalle *Regulae,* sotto il titolo di *Regulae S. R. Rotae Tribunalis*".

gewährten Audienz am 22. Juni 1934[234], und im Dezember des gleichen Jahres traten die *Normae S. Romanae Rotae Tribunalis*[235] dann in Kraft[236].

Die neue Gerichtsordnung bestand aus 185 Einzelartikeln in drei Titeln[237]. Was den Auftrag und die Zuständigkeit des Gerichts betrifft, wurden die bisherigen Regelungen beibehalten. Im Großen und Ganzen trifft das auch für die Verfassung zu; eine Präzisierung erfuhr jedoch die Defintion der Aufgaben von Auditoren und anderen Beamten sowie der Voraussetzungen für deren Ernennung. Die Prozedurnormen wurden meist an die entsprechenden Vorschriften des Codex angeglichen, dabei aber den Erfordernissen der Rota angepasst[238]. Auf diese Weise gaben sie dann ihrerseits wieder Anstoß zur späteren Revidierung des kirchlichen Gesetzbuches[239]. Da die gesamte Gerichtsordnung nun neu festgelegt und die Materie dabei als ganze geregelt wurde, verloren nach can. 22 CIC/1917 alle früheren Bestimmungen ihre Gültigkeit, in diesem Fall also die *Lex propria* und die *Regulae servandae*[240]. Durch die neuen Normen stand das Eigenrecht der Rota jetzt auf der Grundlage des allgemein gültigen Rechts in der Kirche; es ergänzte und ersetzte[241] dieses in jenem Maß, in dem das Spezifikum

---

[234] Vgl. MASSIMI, *Prooemium ad novissimas Normas S. R. Rotae*, 450: „Quas normas cum Auditores humiliter obtulissent Sanctissimo Domino Pio XI, quem Deus diutissime sospitet, idem, praevio maturo examine, in audientia infrascripto concessa die 22 Iunii 1934, approbavit, in Rota vim legis habituras contrariis quibusvis non obstantibus“.

[235] Vgl. *Normae S. Romanae Rotae Tribunalis*, 1934, Jun 29: AAS 26 (1934), 449-491; zu den Normen vgl. BERNARDINI, *Normae S. Romanae Rotae Tribunalis. Adnotationes*; BERNARDINI, *Leges processuales*; vgl. außerdem: C. BERNARDINI, *Le nuove norme processuali della S. Romana Rota*: DEc 45 (1934), 531-538; C. BERNARDINI, *Normae S. Romanae Rotae tribunalis*: IusPont 14 (1934), 304-313; A. ODAR, *Novi pravilnik Rimske Rote iz leta 1934*: BogV 15 (1935), 77-80.

[236] Und zwar durch die Veröffentlichung in den AAS am 1. September 1934.

[237] Nämlich Titulus I (Art. 1 – Art. 11): *De constitutione S. R. Rotae*; Titulus II (Art. 12 – Art. 58): *De officio Auditorum aliorumque S. R. Rotae addictorum*; Titulus III (Art. 59 – Art. 185): *De ordine iudiciario S. R. Rotae.* Titel III ist in acht Kapitel untergliedert.

[238] Vgl. GOYENECHE, *De SS. Congregationum, tribunalium et officiorum constitutione*, 132. Zu den Abweichungen zählt BERNARDINI, *Leges processuales*, 63, Anm. zu Art. 157, beispielsweise die über can. 1881 hinausgehende Verpflichtung, die eingelegte Berufung zu motivieren. Massimi bezeichnet die Normen als „frutto dell'esperienza della nuova Rota“ (vgl. M. MASSIMI, DekRR., *Indirizzo d'omaggio*, 1934, Okt 1: OR 74 [1934], Nr. 228, 01.-02.10.1934, 1).

[239] Vgl. M. F. POMPEDDA, *Il tribunale della Rota Romana*: P. A. BONNET, C. GULLO (Hg.), *Le „normae“ del Tribunale della Rota Romana* (= StGiur, 42 = ADGC, 21), Città del Vaticano 1997, 7-22, 12.

[240] Vgl. BERNARDINI, *Normae S. Romanae Rotae Tribunalis. Adnotationes*, 430, Anm.; BERNARDINI, *Leges processuales*, 6, Anm.

[241] Vgl. ROBERTI, *De processibus*, I, 354, im Hinblick auf die Normen: „Cum sint lex particularis posterior, eaedem possunt quoque Codici praevalere“.

des apostolischen Gerichtshofes zum Ausdruck kommen musste, eines Gerichtshofes, der auf Grund seiner umfassenden, weltweiten Zuständigkeiten anders organisiert sein musste als die ihm untergeordneten Lokalinstanzen in den einzelnen Ländern.

c. Die wachsende Bedeutung und Arbeitsbelastung des Gerichtes

Mit der Neufassung der Partikularnormen war in gesetzgeberischer Hinsicht für die Rota ein gewisser Abschluss erreicht. Das Gericht verfügte wieder über jene gesetzlichen Grundlagen, derer es zur zeitgegemäßen Umsetzung seines Auftrags in die Praxis bedurfte. Msgr. Massimo Massimi, der als Dekan maßgeblich an diesem Vorhaben beteiligt gewesen war, wurde nach seiner Erhebung in den Kardinalsstand mit anderen Aufgaben betraut und konnte seinen Nachfolgern die Verantwortung für ein Tribunal überlassen, das bestens zur Bewältigung des täglichen Arbeitspensums gerüstet war[242]. Nicht umsonst fand Papst Pius XII. in seiner ersten Audienz für die Rota Worte hohen Lobes, als er sagte:

> „L'universalità che l'affluire di cause da tutte le nazioni della terra dà al Tribunale della Rota Romana, come è gloria della sua sapienza e prudenza, è a un tempo sigillo dell'unità della Chiesa fondata su Pietro, nel cui nome esso amministra la giustizia con quella giurisprudenza autorevole, che tanta lode si acquistò già nel mondo [...]. Per tal modo in questo tribunale ordinario il mondo riconosce i responsi dei giureconsulti e le costituzioni dei Cesari uniti coi canoni dei Successori di Pietro; e Roma, madre del diritto, dalle sponde del Tevere ai confini della terra, continua ad esserne madre“[243].

1940 wurde der Rota dann ein neuer Dienstsitz[244] im *Palazzo della Cancelleria* zugewiesen, der der Würde und den Erfordernissen einer wieder fest im Verfassungsgefüge der Kirche verankerten, einflussreichen Institution angemes-

---

[242] Der Römer Msgr. Massimo Massimi war bereits am 29. November 1915 zum Auditor ernannt worden und übernahm am 28. April 1926 von Msgr. John Prior das Amt des Dekans. Am 16. Dezember 1935 kreierte ihn Papst Pius XI. zum Kardinal; seit 29. Mai 1946 war er Präfekt der Apostolischen Signatur († 6. März 1954); Sein Nachfolger als Dekan der Rota (1935-1944) war Msgr. Giulio Grazioli. Zu Massimi vgl. R. FABRIS, *Card. Massimo Massimi*: PIOLANTI, *Università Lateranense*, 234-235; zu Grazioli vgl. A. COLETTI, *Mons. Giulio Grazioli, Decano della S. Romana Rota*: *ebd.*, 476; C. LEFEBVRE, *1. Grazioli*: DHGE, XXI (1986), 1329.

[243] PIUS XII., *Allocutio 1939*, 1; vgl. auch *ebd.*: „Le vostre decisioni sono un inno alla giustizia“; sowie PIUS XII., Papst, [*Allocutio ad Praelatos Auditores*], 1940, Okt 1: OR 80 (1940), Nr. 228, 02.10.1940, 1: „Vanto e decoro della Sede Apostolica è il vostro Tribunale, a cui da tutte le regioni del mondo cattolico si ricorre e si appella“.

[244] Dienstsitz bis 1940 war der *Palazzo della Dataria Apostolica*.

sen war[245]. Vor allem aber der im gleichen Jahr zu Gunsten des Gerichts entschiedene Kompetenzstreit mit der Sakramentenkongregation hatte die Rota in ihrem Selbstbewusstsein bestätigt und gestärkt. Umso mehr waren die Auditoren bestrebt, dem ihnen übertragenen Auftrag gewissenhaft im Namen des Papstes nachzukommen[246]. Pius XII. selbst hatte dazu wiederholt ermahnt. In der Erfüllung seiner Aufgaben sollte der apostolische Gerichtshof das geltende Recht beispielhaft zur Anwendung bringen und den untergeordneten Tribunalen auf diese Weise Vorbild und Hilfe sein. An die Auditoren, Beamten und Advokaten der Rota gerichtet äußerte der Papst wörtlich:

> „[...] quanto maggiore è l'autorità di cui gode, tanto più la S. R. Rota è tenuta a santamente osservare e fedelmente interpretare le norme del diritto, secondo la mente del Romano Pontefice, sotto i cui occhi, come strumento e organo della stessa Santa Sede, esercita il proprio ufficio"[247].

Weiter erklärte er:

> „Ci riesce di particolare soddisfazione il sapere che cotesto S. Tribunale è inconcussamente fedele a così eccelsa norma e può essere quindi additato come esempio ai Tribunali diocesani, che ad esso guardano come a modello a norma"[248].

Das vorgegebene Ideal war auf Grund der immer größer werdenden Arbeitsbelastung nur unter Aufbietung aller Kräfte zu verwirklichen. Besonders nach der Neuordnung des kirchlichen Gerichtswesens in Italien stieg die Zahl

---

245 Vgl. GRAZIOLI, *Indirizzo d'omaggio 1940*, 1: „[...] motivo di soddisfazione è per noi che ultimati ormai i lavori di restauro dei locali assegnati al nostro Tribunale nel Palazzo della Cancelleria, fra breve potremo prendere possesso della nuova sede. A prescindere dallo sviluppo preso dal Nostro Tribunale e dalla sua dignità e fama, il decoro stesso della Santa Sede esigeva che sistemate decorosamente le S. Congregazioni, anche i Tribunali della stessa Santa Sede avessero una sede degna"; JULLIEN, *Cinquant'anni di attività giudiziaria*, 14: „A Pio XII dobbiamo già riconoscenza perchè egli, attuando un progetto di Pio XI suo predecessore, volle che nulla fosse risparmiato pur di dare degna sede a questo Tribunale storico e universale, proprio nell'altrettanto storico Palazzo della Cancelleria [...]. Le perfette ed armoniose linee architettoniche di questo [...] rammentano ai giudici ed agli avvocati che anche la giustizia è una *aequa proportio*"; vgl. Abbildung unten, 497.

246 Vgl. A. JULLIEN, DekRR., *Indirizzo d'omaggio*, 1945, Okt 2: OR 85 (1945), Nr. 228, 03.10.1945, 1: „Ci sia permesso il dirlo: la parola del nostro Tribunale non può essere se non la eco degli augusti insegnamenti di Vostra Santità".

247 PIUS XII., Papst, *Allocutio ad Praelatos Auditores ceterosque officiales et administros Tribunalis S. Romanae Rotae necnon eiusdem Tribunalis Advocatos et Procuratores*, 1941, Okt 3: AAS 33 (1941), 421-426, 422.

248 PIUS XII., Papst, *Allocutio ad Praelatos Auditores ceterosque officiales et administros Tribunalis S. Romanae Rotae necnon eiusdem Tribunalis Advocatos et Procuratores*, 1944, Okt 2: AAS 36 (1944), 281-290, 290.

der vor die Auditoren gebrachten Verfahren von Jahr zu Jahr[249]; auch Verwaltungssachen gingen nicht selten auf dem Prozessweg an der Rota ein[250]. Selbst während des Zweiten Weltkriegs war nur ein geringer Rückgang an Verfahren zu verzeichnen[251]. Dann aber nahm die Arbeitsbelastung des Gerichts innerhalb weniger Jahre rapide zu. Die Zahl der Sentenzen war bereits vorher von 59 im Jahr 1939 auf 91 zwei Jahre später angestiegen. 1951 waren es jedoch 121, 1954 gar 251 Urteile, die gefällt wurden[252]. Dass die spanischen Prozesse der Zuständigkeit der Rota wieder entzogen wurden, fiel dabei kaum ins Gewicht[253]. Die Zahl der laufenden Verfahren erreichte 1952 mit 910 Fällen einen ersten Höchststand[254] und wurde 1954 mit 1260 zur Entscheidung anstehenden Prozes-

---

249 1934 wurden insgesamt 157 *Turni* konstituiert, 1935: 168; 1936: 129; 1937: 154; 1938: 177; 1939: 183 (vgl. SRR., *Registro di protocollo*, 6 [1931-1934]; 7 [1934-1936]; 8 [1936-1938]; 9 [1938-1940]).

250 Vgl. MÖRSDORF, *Rechtsprechung und Verwaltung*, 195-197.

251 1940 waren es noch 171 Prozesse, die aufgenommen wurden, 1941: 131; 1942: 122; 1943: 130; 1944: 102; 1945: 112 (vgl. SRR, *Registro di protocollo*, 9 [1938-1940]; 10 [1940-1943]; 11 [1943-1946]). Msgr. Grazioli berichtet im Oktober 1941: „[...] nel decorso anno giuridico, è degno di nota che la guerra non ha in modo molto notevole impedito o intralciato il nostro lavoro“ (G. GRAZIOLI, DekRR., *Indirizzo d'omaggio*, 1941, Okt 3: OR 81 [1941], Nr. 232, 04.10.1941, 1). Freilich musste er ein Jahr später feststellen: „In una tale condizione di cose, quale forse più catastrofica la storia non ricorda, non è adunque da meravigliare se nello scorso anno giuridico chiusosi il 13 del p. p. mese di agosto le cause deferite al giudizio del Nostro Tribunale siano state minori di numero e internazionalmente meno estese che nei precedenti anni“ (G. GRAZIOLI, DekRR., *Indirizzo d'omaggio*, 1942, Okt 1: OR 82 [1942], Nr. 229, 02.10.1942, 1). – Nur kurzzeitig wurde die Gerichtstätigkeit beim Kriegseintritt Italiens im Juni 1940 gestört: Der Brite Msgr. Heard und der Franzose Msgr. Jullien nahmen sicherheitshalber innerhalb der Vatikanstadt Zuflucht; in dieser Zeit fanden ihre *Turni* im dortigen Tribunal oder in Santa Marta statt. Nach zwei Monaten konnten sie die Vatikanstadt aber wieder verlassen (vgl. [A. JULLIEN], Aktennotiz *Guerra 1939-1940-1944*: Arch. Rot., Not. 99). 1943 dagegen musste die Eröffnung des Gerichtsjahres infolge der Kriegswirren in Rom ohne den Papst erfolgen (vgl. G. GRAZIOLI, DekRR., *Indirizzo d'omaggio*, 1944, Okt 2: OR 84 [1944], Nr. 232, 02.-03.10.1944, 2).

252 Vgl. SRRDec 32 (1940) – 56 (1954). Allerdings war die Entwicklung nicht kontinuierlich (1940: 80 Sentenzen; 1942: 81; 1943: 93; 1944: 69; 1945: 81; 1946: 63; 1947: 75; 1948: 79; 1949: 93; 1950: 104; 1952: 105; 1953: 126).

253 Auch in der Zeit der unterbrochenen Gerichtstätigkeit der Madrider Rota (1933-1947) waren nicht viele neue Fälle aus Spanien an die Rota gekommen: 1947 waren es noch insgesamt sechs gewesen: vgl. SRR., *Registro di protocollo*, 12 (1946-1948). Im Jahr nach der Wiedererrichtung des Nuntiaturgerichts kamen nur zwei neue Verfahren von dort an, davon eines auf Grund päpstlicher Delegation. Im anderen Fall war Berufung erfolgt; als aber die Gegenpartei an die Nuntiatur appellierte, wurden die Akten auf Anordnung des Papstes im Februar 1949 nach Madrid zurückgeschickt, und der Prozess an der Rota erlosch (vgl. *ebd.*, P. N. 4165).

254 Vgl. *Attività e personale nel Tribunale della Sacra Romana Rota*, [1953]: Arch. Rot., Not. 1.

sen noch weit überboten[255]. Die meisten von ihnen waren nämlich in zweiter Instanz vor die Rota gebracht worden, darunter bis zu 60 % vom Vikariat Rom[256]. Grund dafür war unter anderem, dass römische Advokaten Missbrauch mit dem Privileg des *forum peregrinorum* trieben und verstärkt Interessenten aus dem Ausland in Rom ein Verfahren beginnen ließen[257]. Immer häufiger übersandte auch das Heilige Offizium Fälle zur Bearbeitung[258].

Da trotz mancher Neuernennungen[259] die Personalnot des Tribunals nicht behoben werden konnte und die rechtzeitige Bewältigung der Arbeit nicht mehr gewährleistet war[260], bemühte sich Msgr. André Jullien, seit 1944 Dekan des Gerichtshofes[261], intensiv um eine Entschärfung der unerträglich gewordenen Lage. Die ursprüngliche Idee, die *Turni* fortan aus je einem Auditor und zwei so genannten Kommissaren zu bilden[262], erwies sich als problematisch und wurde

---

255 Vgl. AttSS 1954, 232.

256 Vgl. R. SZENWIC, *L'attività del Tribunale della S. R. Rota nel 1950*: DEc 62/2 (1951), 965-968; R. SZENWIC, *L'attività del Tribunale della S. R. Rota nel 1951*: DEc 63/2 (1952), 639-642, 642; R. SZENWIC, *L'attività del Tribunale della S. R. Rota nel 1952*: DEc 64/2 (1953), 582-585, 585. Die durchschnittliche Dauer eines Prozesses zweiter Instanz an der Rota betrug nach Szenwics Berechnungen 1951/52 rund 23 Monate (vgl. *ebd.*); zur Aktivität der Rota in den Jahren 1953 und 1954 vgl. auch J. J. DENIS, *L'activité de la S. Rote Romaine au cours de l'année 1953*: ACan 3 (1954-1955), 289-293; J. DENIS, *L'activité de la S. Rote Romaine au cours de l'année 1954*: ACan 4 (1956), 281-285; zur Gerichtstätigkeit im Jahr 1955 vgl. J. DENIS, *L'activité de la S. Rote Romaine au cours de l'année 1955*: ACan 4 (1956), 286-291; F. ARNOLD, *Tätigkeitsbericht der Sacra Romana Rota über das Jahr 1955*: ÖAKR 8 (1957), 209-213.

257 Vgl. SRR., *Il problema del numero sempre crescente delle cause – rimedi proposti*, 1953, Dez 27: Arch. Rot., Not. 1, 7.

258 Vgl. *ebd.*: „La S. Congregazione del S. Uffizio commette alla S. Rota un numero non indifferente di cause: 17 nel 1952, 22 nel 1953".

259 Darunter mehrere Auditoren (1947 der Italiener Pericle Felici und der Pole Bolesław Filipiak; 1948 der Italiener Pietro Mattioli und der Amerikaner William Joseph Doheny, 1950 der Spanier Manuel Bonet i Muixí, 1952 der Italiener Giovanni Maria Pinna, 1954 der Spanier Pedro Ramón Lamas Lourido).

260 Vgl. G. B. MONTINI, PrStSekr., Brief, Nr. 324153, 1954, Mai 26, an A. Jullien, DekRR.: Arch. Rot., Not. 1.

261 André Jullien war Sulpizianer und stammte aus Pélussin (Erzdiözese Lyon); am 15. September 1922 wurde er zum Auditor ernannt, seit 30. November 1944 war er Dekan; Papst Pius XII. erhob ihn am 15. Dezember 1958 zum Kardinal, Papst Johannes XXIII. am 5. April 1961 zum Titularerzbischof und zum Titularbischof von Corone. Er starb am 11. Januar 1964.

262 Vgl. SRR., *Il problema del numero crescente*, 4: „Invece del turno giudicante composto da tre Uditori [...], il turno sarebbe composto da Uditori di Rota e da due Commissari, scelti, d'ordine del Santo Padre, fra i membri delle Sacre Congregazioni [...]. I Commissari presterebbero servizio alla S. Rota finchè sia smaltito il gran numero di cause iscritte a ruolo. Il lavoro dei singoli Uditori ne verrebbe molto alleggerito [...]. Il numero delle decisioni aumenterebbe".

auf Anraten von Kardinal Massimi wieder fallen gelassen[263]. Msgr. Jullien führte daraufhin einen regen Briefwechsel mit dem Staatssekretariat[264] und unterbreitete diesem im Dezember 1953 einen umfassenden Lösungsvorschlag. Demnach sollten neben der Abweisung von italienischen Verfahren in zweiter Instanz noch andere Maßnahmen dazu dienen, die Zahl der an die Rota gelangenden Prozesse einzuschränken: Dem Heiligen Offizium sollte nur noch gestattet werden, Fälle dritter Instanz an die Rota zu überweisen, und das immer häufiger durch Anwälte missbrauchte Privileg des *forum peregrinorum* sollte bis auf weiteres ausgesetzt werden. Außerdem sollten der Rota mehr *Defensores vinculi deputati* und mehr Kanzleibeamte zugestanden werden. Um freilich die Zahl der Prozesse langfristig zu senken, hielt Msgr. Jullien insbesondere wesentliche Verbesserungen bei der Ehevorbereitung von Heiratswilligen und bei der Ausbildung der Diözesanrichter für erforderlich[265].

Nachdem Papst Pius XII. dann durch sein Reskript vom Oktober 1954 den ungebremsten Zustrom von Verfahren an die Rota eingedämmt hatte und neben neuen Auditoren und Beamten auch einen eigenen Promotor Iustitiae für die orientalischen Prozesse ernannt hatte[266], schien sich Mitte der Fünfzigerjahre eine gewisse Entspannung abzuzeichnen. Zwar überwies die Apostolische Signatur dem Tribunal nun vermehrt durch Sonderkommissionen Fälle, die der ordentlichen Kompetenz der Rota entzogen worden waren, was den Dekan zu entspre-

---

263 Vgl. *ebd.*: „Si avrebbe nel caso una trasformazione *costituzionale* della S. Rota, che non sarebbe più la Rota degli Uditori responsabili della loro giurisprudenza, sebbene un nuovo tribunale in cui la maggioranza apparterrebbe ad estranei. Vera deminutio capitis. [...] Occorrerebbe trovare [...] 30 Commissari competentissimi e col tempo disponibile [...]. Il 21 dicembre 1953 discussi a lungo tale progetto con S. E. il Cardinale Massimi, di venerata memoria. L'insigne Porporato si mostrò decisamente contrario a detta soluzione e qualche giorno prima di passare a miglior vita disse a Mons. Staffa che una soluzione del genere sarebbe la morte della Rota".

264 Vgl. Arch. Rot., Not. 1.

265 SRR., *Note riassuntive relative alla soluzione del problema della S. R. Rota sul numero sempre crescente delle cause*, [1954]: Arch. Rot., Not. 1: „I rimedi proposti sono [...]: [...] ridurre l'afflusso delle cause ad tempus [...], cioè sospendere ad tempus e almeno per l'Italia e Roma, il *can. 1599 par. 1, 1°* [...]. Per il Vicariato di Roma [...] costituire un tribunale immediatamente superiore, al quale si appellerà obbligatoriamente per la 2-a istanza. [...] Disporre che la Suprema S. Congregazione del S. Offizio commetta in seconda istanza ai tribunali competenti locali, invece che alla S. Rota, le cause di sua competenza. [...] Troncare l'abuso della competenza del tribunale del Vicariato respectu peregrinorum [...]. Aumentare il numero dei Difensori del Vincolo deputati [...]. Aumentare di tre il numero degli impiegati della Cancelleria [...]. Intensificare l'insegnamento ai fedeli dell'istituto matrimoniale [...]. Esigere preparazione e garanzia della scienza canonica da parte di tutti i membri dei tribunali".

266 Und zwar am 21. Februar 1955 in der Person von Pater Hanna Chedid: vgl. A. DELL'ACQUA, SubstStSekr., Brief, Nr. 324153, 1955, Feb 21, an A. Jullien, DekRR.: Arch. Rot., Not. 344.

chendem Protest veranlasste[267]. Insgesamt gesehen aber kam es zu einem leichten Rückgang der Anzahl laufender Prozesse[268].

Auf Grund der weltweit wachsenden Zahl von Ehenichtigkeitsverfahren stieg jedoch die Arbeitsbelastung auch an der Rota bald wieder von neuem an[269]. Der hohe Prozentsatz von Fällen, in denen einer Partei das *gratuitum patrocinium* zugebilligt worden war, brachte daneben eine zunehmende finanzielle Belastung für den Heiligen Stuhl mit sich[270]. Andererseits konnte gerade hier die Aufgabe des Gerichts deutlich werden, allen Menschen ohne Rücksicht auf ihre Herkunft und Position im Namen des Papstes zum Recht zu verhelfen[271].

---

267 Vgl. A. JULLIEN, DekRR., *Pro Memoria*, 1955, Jul 22: Arch. Rot., Not. 110: „Contro le disposizioni del Rescritto ‚Per Apostolicas Litteras' del 16 ottobre 1954, il Supremo Tribunale della Segnatura Apostolica ha mandato ‚Vi Commissionis' al Tribunale della S. R. Rota, cause da trattare in seconda istanza aggiungendo per di più il dubbio super rato. Così le parti – e gli avvocati – evitano il Tribunale Regionale di Appello e vanno direttamente in seconda istanza alla Rota, contro la disposizione formale del Rescritto [...]. Il 22 luglio 1955 ho protestato energicamente presso S. E. Mons. Morano, perché queste commissioni sono in pieno contrasto col Rescritto. Il Rescritto non ha tolto al Supremo Tribunale della Segnatura la facoltà datale dal Codice (c. 1603 § 3), ma è intuitivo che il Tribunale della Segnatura nell'usare di questa facoltà del can. 1603 § 2, deve tener conto del Rescritto e non concedere Commissioni senza gravissime ed eccezionali ragioni, che non tocchino il principio posto nel Rescritto, altrimenti il Tribunale della Segnatura annulla in pratica il Rescritto del Papa".

268 Im Gegensatz zu den 338 und 314 Fällen, die 1952 und 1953 an die Rota gebracht wurden, waren es 1954 nur mehr 293, 1955: 230; 1956: 253, 1957: 217 neu aufgenommene Verfahren (vgl. SRR., *Registro di protocollo*, 15 (1951-1952); 16 (1952-1953); 17 (1953-1955); 18 (1955-1956); 19 (1956-1958); zur Gerichtstätigkeit in dieser Zeit vgl. auch NOIROT, *Activité.*

269 Vgl. AttSS 1956, 188: „Andato in vigore il ricordato Documento Pontificio, un lieve rallentamento si è potuto registrare nell'afflusso di cause al Tribunale della Sacra Rota: ma esso può considerarsi ormai superato da quel generale fenomeno, che da anni ormai si va accentuando, della trattazione, cioè, innanzi al foro ecclesiastico di cause concernenti il matrimonio ed in particolare la nullità del vincolo".

270 Vgl. A. JULLIEN, DekRR., Brief, 1947, Jan 7, an R. C. Rossi, Kard., Präsident der Päpstlichen Kommission für die Güterverwaltung des Heiligen Stuhls: Arch. Rot., Not. 85: „Su una media di cento cause trattate ogni anno, quelle gratuite sono circa la metà, ed è da prevedere che tale proporzione subisca un ulteriore aumento"; für die Jahre 1950-1952 vgl. dazu SZENWIC, *L'attività nel 1950*, 966; SZENWIC, *L'attività nel 1951*, 640; SZENWIC, *L'attività nel 1952*, 582. Aber schon 1922 war etwa ein Drittel der Ehesachen unter Gewährung des *gratuitum patrocinium* entschieden worden.

271 Vgl. dazu AttSS 1956, 190: „Bastino le cifre: contro le 70 sentenze affermative in cause di fiducia, stanno le 83 negative: mentre contro le 45 sentenze negative in cause di gratuito patrocinio, stanno le 58 affermative. Ogni commento e qualunque deduzione sono superflui". Bereits 1922 aber hatte der Dekan der Rota, Msgr. John Prior, in seiner Grußadresse zur Eröffnung des Gerichtsjahres berichten können: „[...] la classe più agiata ebbe 23 soccombenze contro 46 vittorie, nelle 39 [cause] di gratuito patrocinio ben 32 furono le vittorie e

Von besonderen Feierlichkeiten aus Anlass des Gerichtsjubiläums wurde auch am 50. Jahrestag der Wiedergründung abgesehen[272]. Am 11. Januar 1961 aber ehrte Papst Johannes XXIII. (1958-1963) die Rota mit seinem Besuch[273] und sprach dem Tribunal die gleiche Anerkennung und Hochachtung aus, die er ihm schon zwei Jahre zuvor bei der feierlichen Eröffnung des neuen Gerichtsjahres erwiesen hatte, als er ausdrücklich die Bedeutung der rotalen Judikatur für die untergeordneten Instanzen würdigte und sagte:

> „Quando pensiamo ai diletti figli, che, nel complesso organismo della Curia Romana, si dedicano al servizio della Sede Apostolica, un senso di soddisfazione, e, vi diciamo anche, di calma e di sicurezza Ci pervade, perchè sappiamo che essi sono validi collaboratori del nostro quotidiano lavoro. Amiamo trasmettere questo Nostro sentimento a voi, che costituite uno dei Tribunali di più alto prestigio e di più vasta competenza, a cui ricorre il mondo cattolico. L'importanza della Sacra Romana Rota, oltre che dalla sua storia, si rivela altresì dalla mole di lavoro svolto ogni anno; dalle monumentali collezioni delle sue decisioni, che offrono materia di studio ai dotti, e una sicura norma sapienziale e procedurale agli altri Tribunali; dalla fioritura dello Studio Rotale"[274].

---

solo 7 le soccombenze, e delle 9 cause a oblazione fissa una sola naufragò" (J. PRIOR, DekRR., *Anni iuridici auspicatio*, 1922, Okt 16: AAS 14 [1922], 560-562, 561). 17 Jahre später erklärte Papst Pius XII. deshalb: „Ricchi e poveri sono contemplati con un medesimo sguardo in faccia alla giustizia e alle passioni o agli artificii che la insidiano; e, se nella trattazione della causa trionfa un privilegio, non è dei ricchi e dei potenti, ma dei poveri e degli umili che ottengono il gratuito patrocinio o la gratuita assistenza" (PIUS XII., *Allocutio 1939*, 1).

272 Vgl. JOHANNES XXIII., Papst, *Allocutio ad Praelatos Auditores ceterosque Officiales, Advocatos et Procuratores Tribunalis Sacrae Romanae Rotae*, 1959, Okt 19: AAS 51 (1959), 822-825, 822: „Il fatto stesso di non avere ricercato una speciale celebrazione del primo Cinquantesimo dell'attività del Tribunale [...] – cosa che peraltro sarebbe stata ampiamente giustificata – è indice di uno spirito di riserbo, che fa onore alla Istituzione ed ai suoi membri". Lediglich Msgr. Jullien bot in seiner Ansprache zur Eröffnung des neuen Studienjahres der Rota einen Rückblick: vgl. JULLIEN, *Cinquant'anni*; vgl. auch *ebd.*, 3: „Cinquant'anni di lavoro giudiziario ci invitano però a riflettere sull'opera compiuta dal Tribunale".

273 Vgl. [F. J. BRENNAN, DekRR.], Aktennotiz, [1961]: Arch. Rot., Not. 400: „Sua Santità Giovanni XXIII, il giorno 11 gennaio (mercoledì) 1961, si degnò visitare il Tribunale della Sacra Romana Rota, conversando affabilmente con i membri del Tribunale e rivolgendo alla fine una paterna esortazione a tutti nell'Aula delle Adunanze" (Abbildung unten, 496).

274 JOHANNES XXIII., *Allocutio 1959*, 823-824. Anerkennende Worte fand der Papst auch zwei Jahre später: „Non possiamo infatti non rallegrarCi al pensiero di accogliere in voi i successori di quegli *auditores causarum curiae domini Papae*, di quei *doctores iuris famosi*, di cui parlano con tocchi di alto rispetto i documenti della vostra antica storia. Maestri rinomati del diritto, ma più ancora ecclesiastici distinti per prudenza e rettitudine di vita: questo è il singolare titolo di onore del Collegio dei Prelati Uditori, che si riverbera altresì sulla perizia e sulla specchiata virtù degli Officiali e degli Avvocati del Tribunale" (JOHANNES XXIII.,

d. Die Rota auf dem Weg zum reinen Ehegericht

Die Tatsache, dass die Zahl von Prozessen, die an die Rota gelangten, weiter anwuchs, und die damit verbundene Arbeitsüberlastung des Tribunals waren wesentlich durch eine Entwicklung verursacht, die als symptomatisch für das gesamte kirchliche Justizwesen des 20. Jahrhunderts bezeichnet werden kann. Immer mehr nämlich verlagerte sich die grundsätzlich für alle Bereiche des Zusammenlebens zuständige Gerichtstätigkeit in erster Linie auf die Judikatur in Personenstandssachen und dabei fast ausschließlich auf Ehenichtigkeitsverfahren[275].

Schon 1910 hatte Papst Pius X. angesichts der stetig zunehmenden Anzahl von Prozessen dieser Art dem Bandverteidiger der Rota einen Substituten zur Seite stellen müssen[276]. Waren es 1909 noch etwas mehr als 47 % der Fälle gewesen, in denen ein Urteil über die Nichtigkeit der Ehe zu fällen war[277], so erhöhte sich deren Anteil vor allem nach dem Inkrafttreten des *Codex Iuris Canonici* noch weiter: 1918 entschieden die Auditoren 16- von 18-mal in Ehenichtigkeitsprozessen[278]. 1921 beklagte Msgr. John Prior anlässlich der Eröffnung des neuen Gerichtsjahrs in seinem Grußwort an Papst Benedikt XV., dass fünf Sechstel aller an der Rota durchgeführten Verfahren Ehefragen beträfen[279].

Papst, *Allocutio ad Praelatos Auditores ceterosque Officiales, Advocatos et Procuratores Tribunalis Sacrae Romanae Rotae*, 1961, Dez 13: AAS 53 [1961], 817-820, 817).

275 Vgl. C. LEFEBVRE, *Pouvoir judiciaire et pouvoir exécutif dans l'Église postconciliaire*: Apol 43 (1970), 345-358, 347: „[...] la hiérarchie administrative se trouvait surchargée de multiples causes de droits, alors que la hiérarchie judiciaire était pratiquement limitée aux causes matrimoniales: il y avait sans doute en séparation pour les organes, mais non pour les fonctions, ni pour les matières". Eine genaue Übersicht über alle Urteile, die nicht Ehesachen betreffen, gibt PALESTRO, *Rassegna di giurisprudenza rotale*.

276 Vgl. [M. LEGA, DekRR.], *Biglietto di nomina del Rev.do Roberto Vicentini a Sostituto del Difensore del Vincolo*, [1910]: Arch. Rot., Not. 231: „Il S. Padre nell'Udienza del 2 agosto 1910 avuta relazione dall'Infrascritto del numero sempre crescente delle cause matrimoniali in Q. S. Tribunale si degnò di ordinare che si deputasse un *Sostituto del Difensore del Vincolo* cogli obblighi che nella presente si specificano, ed insieme approvò che la nuova carica si affidasse al Rev.do Roberto Vicentini".

277 Nämlich 9 von 19: vgl. SRRDec 1 (1909).

278 Vgl. SRRDec 10 (1918).

279 Vgl. *Nel Tribunale della S. R. Rota*: CdI 16 (1921), 19.10.1921, 4: „Il Pro Decano, Mons. Prior, in assenza del Decano, Mons. Many, perché infermo, rivolse al Santo Padre un indirizzo nel quale, prendendo lo spunto dalla dissoluzione portata nella stessa famiglia dalla guerra e dal numero eccessivo di divorzi negli Stati che accolgono quel funesto istituto [...], osservava come anche la Rota sia spesso chiamata a discutere in materia di nullità di matrimonio, dimodochè i cinque sesti delle sue cause sono di natura matrimoniale".

Nach Abschluss der Konkordate mit Italien und anderen Ländern[280], die die kirchliche Ehe auch standesamtlich anerkannten, setzte sich diese Entwicklung noch fort[281]. 1951 waren dann über 98 % der gefällten Urteile Sentenzen in Eheangelegenheiten[282], ein Jahr später wurde keine einzige richterliche Entscheidung mehr in anderen Verfahren getroffen[283]. Auch in den folgenden Jahren waren es nahezu ausnahmslos Ehesachen, die es zu verhandeln galt[284]. Die Rota war trotz ihrer weit reichenden Kompetenzen „fast ausschließlich zu einem Ehegericht geworden"[285] oder, wie Papst Pius XII. es in seiner Ansprache zur Eröffnung des Gerichtsjahres 1940/41 ausdrückte, zum „Tribunale della famiglia cristiana"[286]. Denn während ihre Position gegenüber der Sakramentenkongregation durch die Beilegung des Kompetenzstreites in Nichtigkeitsverfahren dieser Art gestärkt worden war, machten andere Dikasterien wie insbesondere die Konzilskongregation regen Gebrauch von der Möglichkeit, nach Maßgabe des geltenden Rechts bestimmte Fälle selbst zu entscheiden; tatsächlich aber wurden so immer mehr Streitverfahren verschiedenster Art der Jurisdiktion der Rota entzogen[287]. Mörsdorf erblickt hier zu Recht einen Beweis dafür, dass die

---

280 Länder, in denen ebenfalls kirchliche Ehen nach staatlichem Recht Gültigkeit hatten, waren Österreich, Portugal und die Dominikanische Republik: vgl. LEFEBVRE, *Rote Romaine*, 748.

281 Vgl. hierzu E. HOYER, *Die Ehekrise und die Judikatur der Sacra Romana Rota*: F. LAUFKE (Hg.), *Festschrift für Otto Peterka zum 60. Geburtstag*, Prag 1936 = Frankfurt am Main 1969, 13-37, 25, der mit Blick auf Art. 34 des Konkordates zwischen dem Heiligen Stuhl und Italien (vgl. oben, 5. Kapitel, 198) vermutet, „daß tatsächlich das italienische Gesetz von 1929 dieses außerordentlich starke Anwachsen der Ehenichtigkeitsprozesse bei der Sacra Romana Rota zur Folge hatte". *Ebd.*, 30-31, findet sich eine nach Klagegründen aufgegliederte Übersicht über die Ehenichtigkeitsurteile der Rota in den Jahren von 1931 bis 1934.

282 Nämlich 119 von 121: vgl. SRRDec 43 (1951).

283 Von den 105 im Jahr 1952 gefällten Urteilen waren 104 (99,0 %) *nullitatis matrimonii* und eines *separationis*: vgl. SRRDec 44 (1952).

284 1953 waren 122 (96,8 %) von 126 entschiedenen Prozessen Eheverfahren; 1954: 249 (99,2 %) von 251; 1955: 242 (99,6 %) von 243; 1956: 257 (98,5 %) von 261; 1957: 235 (99,6 %) von 236; 1958: 223 (99,1 %) von 225; 1959: 187 (98,9 %) von 189; 1960: 145 (98,0 %) von 148; 1961: 129 (99,2 %) von 130; vgl. SRRDec 45 (1953) – 53 (1961).

285 MÖRSDORF, *Die Autorität der rotalen Rechtsprechung*, 420; vgl. auch BERNARDINI, *Problemi di contenzioso*, 364-365, Anm. 3: „Ma per verità negli ultimi anni le cause non matrimoniali [...] sono enormemente diminuite e hanno raggiunto nel complessivo lavoro del tribunale percentuali insignificanti [...]. Se questa tendenza continuerà, la S. Rota finirà per diventare un foro quasi esclusivamente matrimoniale". Bernardini trifft diese Feststellung bereits im Jahr 1934!

286 PIUS XII., *Allocutio 1940*, 1.

287 Vgl. BERNARDINI, *Problemi di contenzioso*, 371: „Le Congregazioni oggi sono assai larghe nell'ammettere queste istanze, onde il constatato accentramento di cause *natura sua* giudiziali innanzi al Concilio e la diminuzione di cause (non matrimoniali) innanzi alla S.

von Papst Pius X. angestrebte umfassende Gewaltentrennung in der Praxis nur sehr unzureichend verwirklicht worden ist und die judikative Gewalt auf diese Weise Gefahr laufen muss, als Dimension der kirchlichen Leitungsgewalt übersehen zu werden[288].

e. Die Reform des *Studium Rotale* im Jahre 1945

Als die Sakramentenkongregation 1936 in ihrer Instruktion *Provida Mater Ecclesia* die Ordinarien aufforderte, Priester und Laien zur Ausbildung an die Rota zu entsenden, hatte sich das *Studium Rotale* bereits als feste Einrichtung des apostolischen Gerichtshofs bewährt[289]. Waren es aber bis dahin fast immer nur künftige Advokaten gewesen, die in zunehmender Zahl diese Möglichkeit genutzt hatten[290], so schrieben sich nach dem Aufruf der Kongregation vermehrt auch solche Priester dazu ein, die auf eine Tätigkeit an kirchlichen Gerichten in aller Welt vorbereitet werden sollten. Die Rota konnte dadurch ihre Aufgabe einer kanonistischen Ausbildungsstätte noch umfassender als bisher wahrneh-

---

Rota"; MÖRSDORF, *Rechtsprechung und Verwaltung*, 116-117: „Das der Verwaltung [...] eigene Beharrungsvermögen zeigt sich u. a. auch darin, daß die SC Conc. die Verfahrensart ihrer Vorgängerin, die vor allem bei dem Vorgehen ‚in folio' streng gerichtlichen Charakter hatte, beibehalten hat. [...] Entscheide aus neuerer Zeit [...] lassen keinen Zweifel daran bestehen, daß die SC Conc. in den zu ihrem Geschäftsbereich gehörenden Streitsachen wirkliche Rechtsprechung ausübt und in dieser Zuständigkeit den Charakter eines päpstlichen Verwaltungsgerichtes hat".

288 Vgl. MÖRSDORF, *Rechtsprechung und Verwaltung*, 46: „Wenn man bedenkt, daß das Verhältnis zwischen Ehesachen und Nicht-Ehesachen bei den Diözesangerichten im allgemeinen noch auffallender ist, kann nicht geleugnet werden, daß sich nach den wohlgemeinten Ansätzen der Kurialreform und des CIC bezüglich der Scheidung der beiden Bereiche wieder eine rückläufige Entwicklung angebahnt hat, die über kurz oder lang zu einer Beschränkung der gemeingerichtlichen Zuständigkeit auf die Ehenichtigkeitssachen führen kann"; ähnlich MÖRSDORF, *De relationibus inter potestatem administrativam et iudicialem*, 414; MONETA, *La giustizia nella Chiesa*, 59, bemerkt in diesem Zusammenhang: „Ciò non corrisponde alla tradizione storica di questo tribunale che ha sempre vantato un'esperienza giudiziaria molto ricca ed estesa ai più diversi settori dell'ordinamento giuridico della Chiesa".

289 Vgl. CATTANI AMADORI, *Auspicatio 1923*, 568: „Esercizio è questo utilissimo, per cui i giovani, che già hanno la conoscenza del diritto, vengono perfezionandola e accoppiando ad essa la scienza pratica, a mo' di colui che prima studia nella geografia una vasta regione, poi la visita di persona. Senonchè questo tirocinio, quantunque sì utile, finora poco era frequentato; ma nell'anno testè decorso ha cominciato a fiorire. Difatti oltre quaranta nuove iscrizioni si ebbero di giovani"

290 1937 waren dabei die Priester (darunter auch Professoren für Kirchenrecht) erstmals in der Überzahl (56 von 110 Studenten): vgl. G. GRAZIOLI, DekRR., *Indirizzo d'omaggio*, 1937, Okt 1: OR 77 (1937), Nr. 229, 02.10.1937, 1.

men: 137 Bewerber wurden 1937 zum Studium zugelassen[291], 1941 waren es schon 216[292].

Um jedoch dem verantwortungsvollen Auftrag noch besser gerecht zu werden, wurden in den folgenden Jahren Überlegungen angestellt, wie der Unterricht zeitgemäß und der Intention der Sakramentenkongregation entsprechend reformiert werden könne[293]. Kurz nach seinem Amtsantritt als Dekan der Rota bat Msgr. Jullien daher Ende November 1944 das Richterkollegium um Stellungnahme zu einem von einer Kommission ausgearbeiteten Entwurf und um entsprechende Vorschläge[294]. Bereits ein halbes Jahr später konnte Papst Pius XII. am 8. Juni 1945 die von den Auditoren vorgelegte Neuordnung des *Studium Rotale* approbieren. Grundlegendes Dokument war dabei das Dekret *Nihil antiquius*[295], das sowohl Zweck und Dauer des Kurses als auch dessen Leitung und Studienregeln festlegte[296] und durch zusätzliche Ausführungsnormen[297] ergänzt

---

291 Vgl. G. GRAZIOLI, DekRR., *Indirizzo d'omaggio*, 1938, Okt 1: OR 78 (1938), Nr. 230, 03.-04.10.1938, 1.

292 Vgl. G. GRAZIOLI, DekRR., *Indirizzo d'omaggio,* 1942, Okt 1: OR 82 (1942), Nr. 229, 02.10.1942, 1.

293 Vgl. A. JULLIEN, DekRR., *Indirizzo d'omaggio*, 1945, Okt 2: OR 85 (1945), Nr. 228, 03.10.1945, 1: „Nella coscienza di questa sua missione, il Collegio degli Uditori ha voluto in questo anno riordinare lo Studio Rotale portandolo ad adattarsi più nettamente alle esigenze del tempo. Già da parecchi anni questi corsi non si orientavano più alla semplice istruzione pratica di avvocati Rotali, ma, come già aveva auspicato la S. Congregazione dei Sacramenti, cominciavano pure ad accogliere sacerdoti del clero secolare e regolare, mandati dai loro Ordinari e Superiori per addestrarsi nell'incarico degli affari giudiziari, e così rendere apprezzati servizi nelle Curie, comprese i luoghi di Missione. Così ci auguriamo che questa nostra Istituzione dia alla Chiesa oltre la scuola degli Avvocati, un seminario di magistrati".

294 Vgl. [A. JULLIEN, DekRR.], *Pro memoria*, 1944, Nov 25: Arch. Rot., Not. 82: „Si chiede al Collegio se in via di massima approvi un rimaneggiamento più ampio dell'annesso ‚Regolamento' dello Studio Rotale in modo che la Commissione possa stenderne gli articoli da sottoporsi poi alla discussione ed approvazione dei RR. SS. Uditori. I punti fondamentali di rinnovamento sarebbero i seguenti: 1) Se si vogliano costituire due categorie di Avvocati: una per i tribunali inferiori; l'altra per la S. R. Rota e Dicasteri romani. 2) Se si voglia stabilire un gruppo di insegnanti nello Studio al luogo del solo Promotore di Giustizia. 3) Se si vogliano ampliare le materie [...]. 4) Se si voglia stabilire oltre la prova esistente qualche altro esame [...]. 5) Se si vogliano porre principi più rigorosi per l'ammissione [...]. 6) Se si vogliano costituire nuove norme per le tasse [...]".

295 Vgl. SRR., Dekr. *Nihil antiquius*, 1945, Jun 8: AAS 37 (1945), 193-196; vgl. auch *ebd.*, 196: „Sanctissimus Dominus, in audientia diei 8 Iunii 1945 quam habuit infrascriptus, dignatus est hoc decretum ratum habere et approbare, atque servari mandavit".

296 Das Dekret umfasst 14 Artikel; vgl. zum Beispiel *ebd.*, 193: „I. [...] Studium, quod per triennium frequentare tenentur omnes qui titulum Procuratoris et Advocati Rotalis assequendum adspirant. II. Studium regitur sub auctoritate et vigilantia Decani Sacrae Romanae Rotae. [...] V. Traduntur in Studio sequentes disciplinae: 1. Deontologia iudicialis, seu Theologia moralis officiis tribunalis applicata; 2. Iurisprudentia de variis iuris canonici partibus, praesertim vero de iure matrimoniali, poenali, processuali; 3. Praxis officiorum tribunalis".

wurde. Ein detaillierter Lehrplan[298] ist dann fünf Jahre später aufgestellt worden. Im Gegensatz zu den bis 1945 geltenden Bestimmungen wurde nun auch die Teilnahme an Vorlesungen und die Ablegung mehrerer Prüfungen zur Pflicht gemacht[299], was eine wirksame Steigerung des Ausbildungsniveaus zur Folge hatte[300].

Nachdem erneut Aufforderungen zur Teilnahme am Kurs ergangen waren[301], erhöhte sich die Zahl der Eingeschriebenen noch weiter. Von 1909 bis 1951 hatten insgesamt schon fast 2000 Studenten von dem Angebot Gebrauch gemacht[302]. 250 der bis 1945 Immatrikulierten konnten am Ende das Diplom eines *Avvocato Rotale* erworben[303]. Die Heranbildung von qualifizierten Kanonisten war damit neben der eigentlichen Gerichtstätigkeit zu einer der Hauptaufgaben der Rota geworden[304] und ermöglichte es dieser, die eigenen Erkenntnisse und Erfahrungen in angemessener Weise weiterzuvermitteln.

Später kamen als ergänzende Disziplinen noch Orientalisches Recht, Statistik, Anthropologie, Psychiatrie und Psychologie hinzu; zum *Studium Rotale* vgl. auch ROBERTI, *De processibus*, I, 352-353; S. GHERRO, *Sull'insegnamento del diritto canonico nello „Studium A. R. Rotae Tribunalis"*: QStR 7 (1994), 5-10; RAMOS, *I tribunali ecclesiastici*, 213-215; SERRANO RUIZ, *Riflessioni sullo Studio Rotale*, 39-45.

297 Vgl. SRR., *Normae ad exsequendum decretum „Nihil antiquius" de ordinando studio S. Romanae Rotae*: LE, II, 2273-2274, Nr. 1821; vgl. hierzu SERRANO RUIZ, *Riflessioni sullo Studio Rotale*, 45-48.

298 Vgl. *Studium Sacrae Romanae Rotae*, Civitas Vaticana 1950.

299 Vgl. *ebd.*, 7, V: „Non habetur validus annus quo alumnus non saltem duas tertias exercitationum partes frequentaverit"; *ebd.*, 8, VIII: „Examina fiunt singulis annis et in fine curriculi".

300 Vgl. P. CIPROTTI, *I „Quaderni" dello Studio Rotale*: OR 127 (1987), Nr. 268, 09.-10.11.1987, 5: „Un mezzo di studio veramente prezioso veniva così offerto agli aspiranti avvocati e ai sacerdoti che intendevano prepararsi adeguatamente per l'attività di magistrati".

301 So hieß es zum Beispiel 1946 in einem auf Bitten von Msgr. Jullien an die Bischöfe der Vereinigten Staaten von Amerika gerichteten Brief des Apostolischen Delegaten: „It will help a great deal toward the formation of future officials of the diocesan tribunals, if the Most Reverend Ordinaries, especially those of the courts of appeal, will please to send some priests who have at least the licentiate in canon law, to the *Studium Rotale*" ([A. G. CICOGNANI, TitErzBf. von Laodicea in Phrygia], ApDel. in den Vereinigten Staaten von Amerika, Brief, 1946, Dez 3, an alle Bischöfe des Landes: LE, II, 2385-2386, 2386, Nr. 1893, 3).

302 Vgl. JULLIEN, *Il beato Papa Pio X*, 162.

303 Vgl. J. M. SERRANO RUIZ, *Attività e progetti*: QStR 15 (2005), 15-18, 17.

304 Vgl. dazu GHERRO, *Sull'insegnamento del diritto canonico*, 5-6.

Ergebnis

Dank des *Codex Iuris Canonici* von 1917, in dem das universale Recht der Katholischen Kirche zusammengefasst wurde, ließ sich neben der Stellung aller anderen Behörden des Heiligen Stuhls erstmals auch die Position und Aufgabe der Rota in der Gesamtverfassung der Kirche sichtbar aufzeigen. Obwohl das von Papst Pius X. angestrebte Prinzip der Gewaltentrennung im neuen Gesetzbuch zum Teil wieder eingeschränkt wurde, war es als solches nun fest in der Verwaltungsstruktur der Weltkirche verankert.

Die Kompetenzen, die der Rota durch ihre Wiedererrichtung zugeteilt worden waren, bestätigte der Codex im Großen und Ganzen; dazu kamen aber noch einige Fälle, in denen das Tribunal über ordentliche Zuständigkeiten schon in erster Instanz verfügte. In Ehenichtigkeitsprozessen wurde dies durch die dem Dekan gewährten Sondervollmachten ermöglicht, sofern die Rota den Fall schon aus anderem Grund angenommen hatte. Dass das Gericht überhaupt seine Tätigkeit vornehmlich in Eheverfahren weiterführen und entfalten konnte, liegt in der Entscheidung der Schiedskommission von Kardinälen im Jahr 1940 begründet. Ein vorausgegangener Versuch der Sakramentenkongregation, Ehesachen nahezu vollständig der Zuständigkeit des Tribunals zu entziehen, war damit gescheitert. Andererseits wurde die Rota aber auf diese Weise, wenngleich im Einklang mit der Entwicklung des kirchlichen Gerichtswesens im Allgemeinen, immer mehr und letzten Endes fast ausschließlich zu einer Art Ehegericht, was kaum im Sinn der von Pius X. vorgenommenen Reform gewesen sein dürfte. Die übrigen Sondervollmachten des Dekans waren ebenfalls vor allem auf diesem Gebiet gegeben worden.

Die universale territoriale Zuständigkeit der Rota als oberstem Berufungsgericht umfasste ab 1950 auch ausdrücklich die orientalischen Kirchen, war hier im Einzelnen aber nicht so weit reichend wie im Recht der lateinischen Kirche gefasst und konnte in Berufungsverfahren nur nach Überweisung durch die Ostkirchenkongregation wahrgenommen werden.

Allerdings war das Prinzip weltweit unbegrenzter Kompetenzen auch im Bereich der lateinischen Kirche nicht überall gleichermaßen verwirklicht. Vielfach wurden bestimmte Gebiete ganz oder fallweise der Zuständigkeit der Rota entzogen, am umfassendsten ab 1947 erneut Spanien, auf Grund der besonderen politischen Verhältnisse nach dem Zweiten Weltkrieg zeitlich begrenzt auch Polen. In der Praxis berührten diese abweichenden Bestimmungen die Rota jedoch weit weniger als die allgemein gültige Norm, nach der das Tribunal auch über ordentliche Kompetenzen in zweiter Instanz verfügte. Um einen geordneten Gerichtsbetrieb zu gewährleisten und die universalkirchliche Mission der Rota nicht zu gefährden, sah Papst Pius XII. sich 1954 gezwungen, Rom und ganz Italien vorübergehend von dieser allgemein gültigen Regelung auszunehmen. So konnte die Rota – freilich hauptsächlich in Ehesachen – als weltweit fungierendes Gericht weiterbestehen. Dieses Spezifikum aber war es, das auch nach der Promulgation des *Codex Iuris Canonici* ein eigenes Verfahrensrecht des Dikasteriums erforderlich gemacht hatte, welches dann 1934 in den *Normae S. Romanae Rotae Tribunalis* vorgelegt wurde.

Neben ihrer Funktion als ergänzender Rechtsquelle, die ihr vom Codex und ausdrücklich von der Instruktion *Provida Mater Ecclesia* zuerkannt wurde, nahm die Rota ihre übergeordnete Funktion auch wahr, indem sie nicht nur in ihrer Gerichts-, sondern auch in ihrer Lehrtätigkeit bewusster ihren Auftrag gegenüber untergeordneten Instanzen erfüllte.

Siebtes Kapitel

Die Anpassung

Die Rota und die Neuerungen im Anschluss an das Zweite Vatikanische Konzil (1962 bis 1983)

Mit der allgemeinen Erneuerung der Kirche in der zweiten Hälfte des 20. Jahrhunderts begann auch für die Rota ein neuer Abschnitt ihrer Geschichte. Zwar waren für das Gericht selbst keine einschneidenden Veränderungen erforderlich. Seine Aufgabe war weithin geklärt und brauchte nicht ein weiteres Mal durch umfassende Kompetenzverschiebungen neu festgelegt zu werden. Der Geist des *aggiornamento*, der die Kirche erfasst hatte, konnte aber auch an der Rota nicht spurlos vorübergehen, einer Institution, die mittlerweile so sehr in der Verfassung der Gesamtkirche verankert war, dass übergreifende Modifikationen sich auch auf dieses Gericht selbst auswirken mussten und dessen Aufgabe wieder neu präzisierten. Eine Anpassung der rechtlichen Grundlagen der Rota an die Erfordernisse sich wandelnder Zeitumstände konnte daher nicht ausbleiben.

1. Die erneute Reform von Kurie und Prozessnormen

Mehr als ein halbes Jahrhundert nach der Reform Papst Pius' X. waren in der Organisation der Römischen Kurie erneut Mängel sichtbar geworden, die wegen der veränderten zeitlichen Rahmenbedingungen und vor dem Hintergrund der bisherigen Erfahrungen eine weitere Umgestaltung des päpstlichen Behördenwesens wünschenswert erscheinen ließen. Klarer als je zuvor war nach den politischen Umwälzungen des Jahrhunderts die Aufgabe der Kurie in Kirche und Welt als geistliche Funktion erkannt worden[1]. Eine Neukonzeption der kirchlichen Zentralregierung schien daher gleichermaßen geboten zu sein wie die Neukodifikation des gesamten kanonischen Rechts und die seit langem erhoffte Reform der Kirche als ganzer.

a. Die Vorgaben des Zweiten Vatikanischen Konzils

Schon Papst Pius XII. hatte in den ersten Nachkriegsjahren – einer Idee seines Vorgängers Pius' XI. folgend[2] – geplant, ein Konzil einzuberufen und daneben auch das päpstliche Behördenwesen neu zu ordnen[3]. Doch erst Papst Johannes XXIII. setzte das Vorhaben mit der Einberufung des Zweiten Vatikanischen Konzils in die Tat um[4].

Den eigentlichen Anstoß zur Neuordnung der Römischen Kurie gab dann aber dessen Nachfolger Paul VI. in einer Ansprache vom 21. September 1963, in der er erklärte:

> „La tranquillità poi che Noi vorremmo infondere [...] alla Nostra Curia riguarda le possibili riforme che dovranno essere a suo riguardo adottate. Che debbano essere introdotte nella Curia Romana alcune riforme non è solo facile prevedere, ma è bene desiderare. [...] Occorreranno [...] varie riforme“[5].

Das Konzil griff die Initiative des Papstes auf[6] und forderte in seinem Dekret über die Hirtenaufgabe der Bischöfe eine zeitgemäße Reform der Behörden

---

[1] Vgl. RUGAMBWA, *The Reform of the Roman Curia*, 74-75: „The difficulties of this period especially in Europe – the process for the solution of the *Roman Question,* communism, national socialism, fascism and the two world wars – helped the curia to mature and to dedicate its energy on peace issues and spiritual matters all of which required a strong organ of the Church's central government“.

[2] Vgl. G. CAPRILE, *Il Concilio Vaticano II*, I/1. *L'annunzio e la preparazione 1959-1960*, Roma 1966, 3-14; und I/2. *L'annunzio e la preparazione 1961-1962*, Roma 1966, 688; M. PETRONCELLI, *Il Concilio Vaticano II e la codificazione del diritto canonico*, Napoli 1968, 17-18.

[3] Vgl. CAPRILE, *Il Concilio Vaticano II*, I/1, 15-35, und I/2, 688; PETRONCELLI, *Il Concilio Vaticano II*, 18-19; E. INNOCENTI, *Presenza di Pio XII nel Vaticano*, Roma [3]1968, 10; E. INNOCENTI, *La Santa Sede nella ecclesiologia del Concilio Ecumenico Vaticano II*, Rovigo [2]1977, 20-21.

[4] Vgl. JOHANNES XXIII., *Allocutio 1959*, 68; und hierzu unter anderem PETRONCELLI, *Il Concilio Vaticano II*, 9-10 und 19-21.

[5] PAUL VI., Papst, *Allocutio ad E.mos Patres Cardinales, Exc.mos Praesules, Rev.mos Praelatos ceterosque Romanae Curiae Officiales*, 1963, Sep 21: AAS 55 (1963), 793-800, 798.

[6] Vgl. dazu L. GORDÓN, *De Curia romana renovata. Renovatio „desiderata“ e renovatio „facta“ conferuntur*: Per 58 (1969), 59-116, 63-64.

des Apostolischen Stuhls, die in besonderer Weise auch die unterschiedlichen Gegebenheiten der einzelnen Teilkirchen und Riten zu berücksichtigen und die Koordination zwischen den einzelnen Dikasterien zu fördern hätte[7]. Leitlinie sollte dabei sein, im Einklang mit den Weisungen der Dogmatischen Konstitution *Lumen Gentium*[8] vor allem den pastoralen Auftrag der Kurie zur Geltung zu bringen. In ihrem Dekret *Christus Dominus* vom 28. Oktober 1965 erklärten daher die Konzilsväter:

> „In exercenda suprema, plena et immediata potestate in universam Ecclesiam, Romanus Pontifex utitur Romanae Curiae Dicasteriis, quae proinde nomine et auctoritate illius munus suum explent in bonum Ecclesiarum et in servitium Sacrorum Pastorum.
>
> Exoptant autem Sacrosancti Concilii Patres ut haec Dicasteria, quae quidem Romano Pontifici atque Ecclesiae Pastoribus eximium praebuerunt auxilium, novae ordinationi, necessitatibus temporum, regionum ac Rituum magis aptatae, subiciantur, praesertim quod spectat eorundem, atque inter se laborum coordinationem“[9].

Papst Paul VI., der bereits in den ersten Jahren seines Pontifikats einzelne Änderungen in der Organisation der Kurie vorgenommen hatte[10], konnte so eine umfassende Neugestaltung der obersten kirchlichen Ämterstruktur durchführen.

b. Die Apostolische Konstitution *Regimini Ecclesiae Universae* von 1967

Unmittelbar nach Ankündigung der geplanten Reform rief Papst Paul VI. eine Kardinalskommission ins Leben, die sich eingehend mit dieser Frage be-

---

[7] Der Erzbischof von Köln, Joseph Kardinal Frings, hatte zudem in der 63. Generalkongregation am 8. November 1963 eine noch klarere Gewaltentrennung angemahnt. Er war der Ansicht: „Magni momenti mihi videtur, ut hae regulae, praesertim de clara distinctione inter viam administrativam et viam iudiciariam, ad omnes Congregationes extendantur, etiam ad Supremam Congregationem S. Officii“ (J. FRINGS, Kard., ErzBf. von Köln, *Oratio circa cap. I schematis de episcopis ac dioecesium regimine*, 1963, Nov 8: ASCOV, II/4, 616).

[8] Vgl. VATICANUM II, Dogmatische Konstitution über die Kirche *Lumen Gentium*, 1964, Nov 21, Nr. 18: AAS 57 (1965), 5-71, 21-22.

[9] VATICANUM II, Dekr. über die Hirtenaufgabe der Bischöfe in der Kirche *Christus Dominus*, 1965, Okt 28, Nr. 9: AAS 58 (1966), 673-701, 676-677. Zu den konkreten Vorschlägen siehe INNOCENTI, *La Santa Sede nella ecclesiologia*, 71-81.

[10] So zum Beispiel durch die Errichtung der Bischofssynode 1965 (vgl. PAUL VI., Papst, Motu pr. *Apostolica Sollicitudo*, 1965, Sep 15: AAS 57 [1965], 775-780) sowie des Päpstlichen Laienrates und der Kommission *Iustitia et Pax* 1967 (vgl. PAUL VI., Papst, Motu pr. *Catholicam Christi Ecclesiam*, 1967, Jan 6: AAS 59 [1967], 25-28); siehe dazu J. SÁNCHEZ Y SÁNCHEZ, *Pablo VI y la reforma de la Curia romana*: REDC 21 (1966), 461-478; 22 (1967), 85-107 und 333-371.

fasste und unter Berücksichtigung der bisher gemachten Vorschläge sowie nach Konsultation der einzelnen Kongregationen und des Episkopats nacheinander drei Entwürfe zur besseren Organisation der Kurie ausarbeitete[11]. Der Papst, der stets auf dem Laufenden gehalten wurde, leitete die Arbeiten in der Schlussphase persönlich[12]. Ziel des Vorhabens sollte sein, dem Geist des Konzils entsprechend die in erster Linie pastorale Funktion der Kurie in den Vordergrund zu stellen sowie die Kollegialität zwischen dem Nachfolger Petri und den Bischöfen der Weltkirche zu vertiefen[13].

Am 15. August 1967 konnte die entsprechende Konstitution dann unter dem Namen *Regimini Ecclesiae Universae*[14] promulgiert werden. Neben der Neuordnung der päpstlichen Behörden[15], deren Zahl auf 25 anwuchs[16], und den

---

[11] Vgl. G. M. PINNA, *Const. Ap. „Regimini Ecclesiae Universae"*: Apol 43 (1970), 45-57, 45-46.

[12] Vgl. *ebd.*, 47.

[13] Vgl. dazu J. L. GUTIÉRREZ, *La Curia Romana ante la nueva codificación*: IusCan 23 (1983), 527-546, 528-543; F. ROMITA, *Adnotationes [in Const. apost. de Romana Curia Regimini Ecclesiae Universae]*: ME 93 (1968), 55-95, 60-61 und 85-86; PINNA, *Const. Ap. „Regimini Ecclesiae Universae"*, 47-48; RUGAMBWA, *The Reform of the Roman Curia*, 145-146.

[14] Vgl. PAUL VI., Papst, Ap. Konst. *Regimini Ecclesiae Universae*, 1967, Aug 15: AAS 59 (1967), 885-928; zur Konstitution vgl. unter anderem: G. M. PINNA, *Contenuto e valore della Costituzione Apostolica „Regimini Ecclesiae Universae"*: OR 107 (1967), Nr. 190, 19. 08.1967, 4; R. ROUQUETTE, *La réforme de la Curie romaine*: Ét 327 (1967), 540-547; P. HUIZING, *La juridiction ecclésiastique*: Conc(F) 38 (1968), 123-131; ROMITA, *Adnotationes*; J. A. SOUTO, *La reforma de la Curia Romana*: IusCan 8 (1968), 547-568; H. SCHMITZ, *Kommentar zur Apostolischen Konstitution „Regimini Ecclesiae" und zum Motuproprio „Pro comperto"*: NKD, X (1968), 17-61; GORDÓN, *De Curia romana renovata*, 59-116; PINNA, *Const. Ap. „Regimini Ecclesiae Universae"*; PASZTOR, *La Curia Romana*, 123-124; B. LÖBMANN, *Die Reform der Römischen Kurie*: ThJb (1974), 426-446; I. PÉREZ DE HEREDIA Y VALLE, *Die Römische Kurie*: HKKR (1983), 281-294; F.-C. UGINET, *La constitution „Regimini ecclesiae universae"*: G. VALLET, C. PIETRI (Hg.), *Actes du colloque organisé par l'École française de Rome (Rome 2-4 juin 1983)* (= CEFR, 72), Rome 1984, 603-645; J.-B. D'ONORIO, *Paul VI et le gouvernement central de l'Église*: *ebd.*, 615-645; E. BERGH, *Nouvelle organisation de la Curie romaine*: NRTh 100 (1968), 298-306; GATZ, *Kurie, Römische*, 351-352; STICKLER, *Le riforme della Curia*, 12-15; RUGAMBWA, *The Reform of the Roman Curia*, 141-158.

[15] Die wichtigsten Punkte der Reform waren die übergeordnete Spitzenstellung, in die das Staatssekretariat aufrückte, die Gründung von drei neuen Sekretariaten und die Errichtung der *sectio altera* der Apostolischen Signatur; dem obersten Gericht wurde auch die Aufgabe zugewiesen, Kompetenzkonflikte zu lösen. Verschiedene Dikasterien wie die *Dataria Apostolica* wurden abgeschafft: vgl. hierzu PINNA, *Const. Ap. „Regimini Ecclesiae Universae"*, 49-50; INNOCENTI, *La Santa Sede nella ecclesiologia*, 258-281; STICKLER, *Le riforme della Curia*, 12-15; RUGAMBWA, *The Reform of the Roman Curia*, 147-148.

[16] Nämlich *Secretaria Status seu Papalis; Sacrum Consilium pro Publicis Ecclesiae negotiis*; Kongregationen: *Sacra Congregatio pro Doctrina Fidei; Sacra Congregatio pro*

vom Konzil gewünschten Personalreformen[17] sollten nun vor allem die Prinzipien der Koordination, der Dezentralisation und der klaren Unterscheidung der Gewalten stärker zur Geltung kommen[18].

Das Bemühen, die Aufgabenbereiche der einzelnen Dikasterien noch klarer zu definieren und konsequenter als bisher voneinander abzugrenzen, stärkte erneut die Stellung der Rota in der Kurie. Ausdrücklich erweitert die Konstitution denn auch die Vollmachten und Kompetenzen des Gerichts, indem sie ihm die ausschließliche Zuständigkeit in allen Ehenichtigkeitsverfahren überträgt, die durch rechtmäßige Berufung an den Heiligen Stuhl gelangt sind:

> „Administrandae autem iustitiae ministerio opportunis legibus prospicere statuimus, sive quod pertinet Sacram Romanam Rotam, cuius potestatem seu competentiam extendimus in omnes causas ad Sanctam Sedem rite delatas seu deferendas de nullitate matrimonii"[19].

Damit war die Entscheidung der Kardinalskommission von 1940 noch einmal klar bestätigt. Die Sakramentenkongregation hatte jede Zuständigkeit in derartigen Prozessen verloren, die Vollmacht eingeschlossen, über Kompetenzfragen in solchen Verfahren zu bestimmen. So heißt es nun ausdrücklich:

Ecclesiis Orientalibus; Sacra Congregatio pro Episcopis; Sacra Congregatio de disciplina Sacramentorum; Sacra Congregatio Rituum; Sacra Congregatio pro Clericis; Sacra Congregatio pro Religiosis et Institutis saecularibus; *Sacra Congregatio pro Institutione catholica; Sacra Congregatio pro Gentium Evangelizatione seu de Propaganda Fide*; Sekretariate: *Secretariatus ad Christianorum unitatem fovendam; Secretariatus pro non christianis; Secretariatus pro non credentibus*; Räte und Kommissionen: *Consilium de Laicis; Pontificia Commissio Studiosorum a „Iustitia et Pace"*; Gerichtshöfe: *Supremum Tribunal Signaturae Apostolicae; Sacra Romana Rota; Sacra Paenitentiaria Apostolica;* Ämter: *Cancelleria Apostolica; Praefectura rerum oeconomicarum S. Sedis; Camera Apostolica; Administratio Patrimonii Apostolicae Sedis; Apostolici Palatii Praefectura; Generale Ecclesiae Rationarium.*

17 Dazu zählten die Internationalisierung der Kurie, die Abschaffung des Karriererechts und die verstärkte Mitarbeit von Laien: vgl. PAUL VI., *Regimini Ecclesiae Universae*, I, cap. I, 3-5, und hierzu ROMITA, *Adnotationes*, 76; PINNA, *Const. Ap. „Regimini Ecclesiae Universae"*, 49; GORDÓN, *De Curia romana renovata*, 78-90 und 95; RUGAMBWA, *The Reform of the Roman Curia*, 155-157. Als Ergänzung zur Konstitution wurde 1968 auch ein neues *Regolamento generale della Curia Romana* erlassen (1968, Feb 22: AAS 60 [1968], 129-176), das an die Stelle des *Regolamento per il personale della Curia Romana* (1951, Mrz 2: AAS 43 [1951], appendix fascicolo n. 8, [1]-[21]) trat und die Personalreformen weiter konkretisierte.

18 Vgl. RUGAMBWA, *The Reform of the Roman Curia*, 153-154.

19 PAUL VI., *Regimini Ecclesiae Universae*, [Einleitung]; und hierzu PETRONCELLI, *Il Concilio Vaticano II*, 218; M. PETRONCELLI, *Il diritto canonico dopo il Concilio Vaticano II*, Napoli 1969, 230.

> „Congregatio de disciplina Sacramentorum [...] videt omnia quae respiciunt disciplinam septem Sacramentorum, incolumi competentia [...] S. Romanae Rotae circa causas nullitatis matrimonii“[20].

Die Nichtigkeitsverfahren, die dem Urteil der Rota unterliegen, sollten nun auch alle Prozesse zwischen katholischen und nichtkatholischen sowie zwischen nichtkatholischen Christen untereinander umfassen, und zwar unabhängig von der Rituszugehörigkeit einer der oder beider Parteien:

> „Firmis manentibus praescriptis Codicis iuris canonici, competentia Sacrae Romanae Rotae in causis nullitatis matrimonii ad Sedem Apostolicam rite delatis, extenditur etiam ad causas inter partem catholicam et acatholicam, vel inter partes acatholicas, sive ad latinum, sive ad orientales ritus alterutra, vel utraque pars baptizata pertineat“[21].

Papst Paul VI. wollte auf diese Weise der hohen Qualifikation und der großen Erfahrung, über die das Tribunal in solchen Fragen verfügte, Anerkennung zollen und gleichzeitig dessen Arbeit erleichtern, wie er selbst im Jahr darauf in seiner Ansprache an die Rota bezeugte:

> „Riconoscimento solenne di questa vostra qualificata idoneità, e insieme desiderio di agevolare il vostro lavoro, ha voluto essere quella estensione della competenza del vostro Tribunale, che abbiamo disposto nella Nostra Costituzione Apostolica ‚Regimini Ecclesiae Universae‘; abbiamo inteso cioè affidare al vostro Tribunale tutte le cause di nullità di matrimonio che giungono a questa Sede Apostolica, anche se entrambe le parti siano acattoliche o appartengono a diversi riti orientali“[22].

Da somit auch die Ostkirchenkongregation angehalten war, alle Geschäfte, welche in den Kompetenzbereich anderer Dikasterien fallen, an diese Behörden weiterzuleiten, wurde die Zuständigkeit der Rota durch die Konstitution implizit auf alle gerichtlichen Klagen aus dem Bereich der orientalischen Kirchen ausge-

---

[20] PAUL VI., *Regimini Ecclesiae Universae*, III, cap. IV, 54.

[21] *Ebd.*, VI, cap. II, 109. Allerdings bestätigt die Konstitution hier nur die bereits durch PAUL VI., Papst, Motu pr. *Integrae servandae*, 1965, Dez 7: AAS 57 (1965), 952-955, festgelegte Neuregelung; vgl. hierzu DEL RE, *La Curia Romana*, 98; GROCHOLEWSKI, *I tribunali apostolici*, 462.

[22] PAUL VI., Papst, *Allocutio ad Praelatos Auditores, Officiales et Advocatos Tribunalis Sacrae Romanae Rotae, novo litibus iudicandis ineunte anno coram admissos*, 1968, Feb 12: AAS 60 (1968), 202-207, 205.

dehnt[23]; damit aber war die vom Motu proprio *Sollicitudinem nostram* verfügte konkurrierende Kompetenz mit der genannten Kongregation beendet[24].

Auch die Propaganda Fide ist den neuen Bestimmungen nach grundsätzlich verpflichtet, Ehenichtigkeitsverfahren sowie alle anderen Angelegenheiten, die gerichtlicher Untersuchung bedürfen, an die Rota zu überweisen:

> „[...] causas matrimoniales insuper aliave negotia ordinem iudicialem requirentia transmittit Sacrae Romanae Rotae"[25].

Dazu sind im Einklang mit den Bestimmungen des Gesetzbuches von 1917[26] und den allgemeinen Normen der Konstitution[27] ebenso die Riten-[28] und die Religiosenkongregation angehalten[29]; die Festlegung des Codex, wonach die Weiterleitung im Ermessen der jeweiligen Kongregation lag, ist weggefallen[30]. Da freilich die Kongregationen nach wie vor durch keine Nichtigkeitsklausel verpflichtet werden, bei ihnen eingehende Gerichtssachen der Rota zu übertragen, erweist sich die konsequente Trennung der Gewalten auch nach Inkrafttreten der neuen Bestimmungen mitunter als problematisch. Im Gegensatz zur eindeutigen Regelung in Ehesachen verzichtet die Konstitution auf gleichermaßen klare Anweisungen in Rechtsstreitigkeiten[31]. Urteile in doktrinären Fragen zu

---

23 Vgl. PAUL VI., *Regimini Ecclesiae Universae*, III, cap. II, 45 § 1: „Congregatio omnibus facultatibus gaudet, quae aliae Congregationes pro Ecclesiis ritus latini obtinent, remissis tamen ad cetera Dicasteria negotiis ad ipsa spectantibus".

24 Vgl. I. GORDÓN, *De iudiciis in genere*, Romae 1976, 279, Nr. 403; Z. GROCHOLEWSKI, *Documenta recentiora circa rem matrimonialem et processualem cum notis bibliographicis et indicibus*, II, Romae 1980, 225, Nr. 6120; GROCHOLEWSKI, *I tribunali apostolici*, 462-463.

25 PAUL VI., *Regimini Ecclesiae Universae*, III, cap. IX, 87.

26 Im Hinblick auf die Kompetenz der verschiedenen Gerichtsinstanzen: vgl. cann. 1557-1572, 1594 und 1598-1601 CIC/1917.

27 Vgl. PAUL VI., *Regimini Ecclesiae Universae*, I, cap. I, 7: „Quaestiones quae iudicialiter sunt cognoscendae, remitti debent ad competentia tribunalia". Wohl deshalb wird die Kleruskongregation nicht mehr eigens dazu ermahnt (vgl. *ebd.*, III, cap. VI, 68 § 5) wie ehedem die Konzilskongregation (vgl. can. 250 § 5 CIC/1917).

28 Vgl. *ebd.*, III, cap. V, 58: „[...] firma competentia aliorum Dicasteriorum quoad ea quae vel doctrinam vel disciplinam attingunt, vel ordinem iudicialem requirunt".

29 Vgl. *ebd.*, III, cap. VII, 73 § 1: „[...] salva competentia [...] Tribunalium, quando iudicialiter procedendum sit".

30 Dies galt nur für die Religiosenkongregation: vgl. can. 251 § 2 CIC/1917: „[...] potest quoque, si aequum iudicaverit, eandem quaestionem ad [...] tribunal remittere". Im Fall der Ritenkongregation traf die Bestimmung von can. 253 § 1 zu.

31 Vgl. F. ZANCHINI DI CASTIGLIONCHIO, *Problemi di decentramento della giurisdizione ecclesiastico dopo il Concilio*: S. ALVAREZ-MENENDEZ (Hg.), *Studi di diritto canonico in onore di Marcello Magliocchetti*, III (= SDIC, 5/3), Roma 1979, 1175-1187, 1180-1181: „[...] le Congregazioni devono stare solo un po' più attente a rispettare la forma canonica dei pro-

fällen, bleibt im Übrigen der Rota weiter vorenthalten; solche Entscheidungen stehen wie bisher ausschließlich der Glaubenskongregation zu[32].

Zwar wurden durch die Konstitution demnach nicht auf allen Gebieten die angestrebten Fortschritte erzielt; größtenteils aber konnten die Wünsche des Papstes und der Konzilsväter verwirklicht werden[33].Trotz aller Unvollkommenheiten war durch die Reform Papst Pauls VI. die Trennung zwischen administrativer und judikativer Gewalt klarer als bisher vollzogen sowie der Einflussbereich der Rota gegenüber den in ihrer Gültigkeit bestätigten Bestimmungen des Codex[34] erweitert und vereinheitlicht. Erstmals seit der Wiedergründung des Gerichts wurde schließlich durch die Konstitution ausdrücklich auch das Eigenrecht der Rota als solches anerkannt und bestätigt:

„Sacra Romana Rota suis regitur normis“[35].

c. Das Motu proprio *Causas matrimoniales* von 1971

Bereits in seiner Ansprache an die Rota vom 25. Januar 1966 hatte Papst Paul VI. die immer größer werdende Zahl von Ehenichtigkeitsprozessen beklagt

---

cedimenti e la competenza di altri uffici della S. Sede, ma *nel merito* le loro decisioni sono rimaste insindacabili come prima: [...] non è prevista alcuna sanzione efficace accanto all'obbligo dell'autorità amministrativa di rimettere al tribunale competente le questioni ‚iudicialiter cognoscendae'; obbligo, il cui assolvimento finirà per dipendere piuttosto dall'arbitrio delle Congregazioni, che dalla decisione degli interessati“. Auch LEFEBVRE, *Pouvoir judiciaire*, 354, bedauert die seiner Meinung nach nicht weit genug gehende Trennung der Gewalten und kommt zu der Überzeugung: „S'il en est ainsi, ne faut-il pas conclure que la const. *Regimini* a sagement agi en n'insistant pas absolument sur la distinction des fonctions, et en laissant l'accès ouvert aux SS. Congrégations même pour les causes de droits“.

32 Vgl. PAUL VI., *Regimini Ecclesiae Universae*, III, cap. I, 31: „Ad eam spectant quaestiones omnes, quae fidei morumque doctrinam attingunt, vel cum ipsa fide conectuntur“; III, cap. I, 35: „Eidem competit iudicare de erroribus circa fidem, iuxta processus ordinarii normas“; VI, cap. II, 109 (im Zusammenhang mit den der Rota übertragenen Mischeheverfahren): „[...] remissis tamen quaestionibus doctrinalibus, Fidem attingentibus, Congregationi pro Doctrina Fidei“.

33 Vgl. hierzu PINNA, *Const. Ap. „Regimini Ecclesiae Universae“*; C. CORRAL SALVADOR, *Qué es y qué no es la reforma de la Curia*: RF 177 (1968), 411-416; J. SÁNCHEZ Y SÁNCHEZ, *La Constitución Apostólica „Regimini Ecclesiae Universae“ seis años más tarde*: EE 50 (1975), 455-507 (487-504: „Soluciones reales“; 504-505: „Soluciones a media“; 505-507: „Soluciones controvertidas“); LAZZARATO, *L'iter del diritto canonico*, 82-87; ZANCHINI DI CASTIGLIONCHIO, *Problemi di decentramento*, 1180-1185.

34 Vgl. PAUL VI., *Regimini Ecclesiae Universae*, VI, cap. II, 109: „Firmis manentibus praescriptis Codicis iuris canonici, competentia Sacrae Romanae Rotae [...]“. Im Übrigen bestätigt die Konstitution (vgl. *ebd.*, Appendix, III, 136) auch die Bestimmung von can. 244 § 2 CIC/1917, der zufolge die Urteile der Rota keiner päpstlichen Approbation bedürfen.

35 PAUL VI., *Regimini Ecclesiae Universae*, VI, cap. II, 110.

und angesichts dieser Entwicklung seinem Wunsch nach Einführung eines rascheren Entscheidungsmodus in diesen Verfahren Ausdruck verliehen[36]. Ein Jahr später kündigte er in diesem Zusammenhang erste konkrete Schritte an, als er bekanntgab:

> „[...] siamo disposti ad assecondare con la Nostra autorità quei provvedimenti che sembrassero opportuni per sollecitare la definizione delle cause, per diminuire il numero di quelle pendenti, per frenare la artificiosa ripresa delle cause che dovrebbero essere passate in giudicato“[37].

Am 28. März 1971 erließ er schließlich ein Motu proprio mit dem Incipit *Causas matrimoniales*[38], dessen Ziel es war, die Prozedur in Ehesachen zu ver-

---

[36] Vgl. PAUL VI., Papst, *Allocutio ad Praelatos Auditores, Officiales et Advocatos Tribunalis Sacrae Romanae Rotae, novo litibus ineunte anno coram admissos*, 1966, Jan 25: AAS 58 (1966), 152-155, 154-155: „Oh! Noi facciamo Nostro il grido d'allarme, ch'Ella, Signor Decano, levava nel suo illuminato discorso, circa l'impressionante aumento delle cause di nullità di matrimonio. Noi pure vediamo in tale fenomeno un segno caratteristico dell'indebolito senso della sacralità della legge, su cui è fondata la famiglia cristiana, dell'inquietudine della vita moderna [...]. E mentre l'attesa di tali procedimenti obbliga tutti ad avvertire i bisogni relativi a più saggia e più moderna amministrazione della giustizia, sia a Noi consentito esprimere il voto che l'efficienza morale, scientifica e numerica di cotesto Tribunale valga a risolvere l'affanosa questione della quantità delle cause pendenti, e riesca con ogni possibile celerità condurle a conclusione, e che il senso della legge divina e dell'onestà umana, da cui la vita dei fedeli cristiani dev'essere governata, confortato dal rinnovamento spirituale del celebrato Concilio, temperi, anzi prevenga la molteplicità delle controversie giudiziarie“.

[37] PAUL VI., Papst, *Allocutio ad Praelatos Auditores, Officiales et Advocatos Tribunalis Sacrae Romanae Rotae, novo litibus ineunte anno coram admissos*, 1967, Jan 23: AAS 59 (1967), 142-145, 143.

[38] Vgl. PAUL VI., Papst, Motu pr. *Causas matrimoniales*, 1971, Mrz 28: AAS 63 (1971), 441-446; zum Motu proprio vgl. auch PAUL VI., Papst, *Allocutio ad Praelatos Auditores et Officiales Tribunalis Sacrae Romanae Rotae, a Beatissimo Patre novo litibus iudicandis ineunte anno coram admissos*, 1975, Jan 30: AAS 67 (1975), 179-183, 182-183; außerdem AMO PACHON, *Nueva tramitación*, 87-140; R. BIDAGOR, *La Lettera Apostolica del Papa*: OR 111 (1971), Nr. 133, 11./12.06.1971, 3; R. BIDAGOR, *Praesentatio diurnariis Litt. Apost. Causas matrimoniales*: Comm 3 (1971), 95-101; O. DI JORIO, *De motu proprio Pauli Pp. VI „Causas matrimoniales“ quibusdam adnotationibus instructo*, Roma 1971; E. FRANCA, *O „Motu Proprio“ sôbre Procesos de Nulidade de Casamento*: REB 31 (1971), 667-693; O. DI JORIO, *De prooemio in M. P. „Causas matrimoniales“*: Per 61 (1972), 395-422; G. B. FERRATA, I. NAPOLEONI, *Notationes quaedam super Litteris Apostolicis „Causas matrimoniales“*, Città del Vaticano 1972; C. LEFEBVRE, *De motu proprio „Causas matrimoniales“ animadversiones quaedam*: Per 61 (1972), 395-422; E. COLAGIOVANNI, *De innovatione processus matrimonialis in jure et in jurisprudentia S. R. Rotae* (= BME, 40), Neapoli 1973; J. M. MOLES CAUBET, *Reforma en el proceso conyugal. Comentarios al Motu Proprio Causas matrimoniales*, Barcelona 1973; C. LEFEBVRE, *Le Motu proprio „Causas matrimoniales“*: ACan 18 (1974), 143-155; H. EISENHOFER, *Zur Rota-Rechtsprechung über das Motu proprio „Causas Matrimoniales“*: A. SCHEUERMANN, R. WEILER, G. WINKLER (Hg.), *Convivium*

einfachen. Die Bestimmungen, die am 1. Oktober des gleichen Jahres Rechtskraft erlangten, sollten, wie der Papst ausdrücklich anordnete, auch für die Apostolischen Gerichtshöfe Gültigkeit haben:

> „[...] motu proprio et auctoritate Nostra Apostolica has [...] normas decernimus ac statuimus, a die I mensis Octobris MCMLXXI in omnibus Tribunalibus, etiam Apostolicis, fideliter servandas, donec novus Codex Iuris canonici promulgetur“[39].

Ehebandverteidiger und Parteien konnten aus diesem Grund auch weiterhin sowohl an das lokale als auch an das päpstliche Berufungsgericht appellieren[40]. Während sich in Kompetenzfragen durch das neue Gesetz somit keine Änderungen für die Rota ergaben[41], wurde dem Tribunal eine bis dahin noch nie ausgeübte Funktion zugewiesen. Denn eine entscheidende Neuerung des Motu proprio war es, dass ein Gericht zweiter Instanz das erste und einzige Urteil, das in einem Fall die Nichtigkeit der Ehe festgestellt hatte, durch Dekret ratifizieren konnte. Die entsprechende Norm lautete:

> „Visa sententia et perpensis animadversionibus defensoris vinculi necnon, si exquisitae et datae fuerint, partium earumve patronorum, col-

utriusque iuris. Alexander Dordett zum 60. Geburtstag, Wien 1976, 255-260; C. LEFEBVRE, *Le Motu proprio „Causas matrimoniales“*: RDC 27 (1977), 103-117; A. DI FELICE, *Principi ispiratori del Motu Proprio „Causas Matrimoniales“*: A. DI FELICE (Hg.), *Il Motu Proprio „Causas Matrimoniales“ nella dottrina e nell'attuale giurisprudenza* (= SDIC, 8 = ADGC, 5), Roma 1979, 1-5; C. GNAZI, *Giurisprudenza rotale sul M. P. „Causas Matrimoniales“*: A. DI FELICE (Hg.), *Il Motu Proprio „Causas Matrimoniales“ nella dottrina e nell'attuale giurisprudenza* (= SDIC, 8 = ADGC, 5), Roma 1979, 107-172; LEFEBVRE, *Evoluzione del processo*, 35-37; A. BANTILLO MAGBANUA, *The M. P. „Causas Matrimoniales“: Towards a Reformed Matrimonial Procedural Law in the Code (A Study on the Development of the Principal Reform Sources of Annulment Proceedings in the New Code of Canon Law)*, Romae 1984; B. UGGÉ, *La fase preliminare/abbreviata del processo di nullità del matrimonio in secondo grado di giudizio a norma del can. 1682 § 2* (= TG.DC, 60), Roma 2003, 61-65.

39 PAUL VI., *Causas matrimoniales*, 443; zur näheren Bestimmung des Begriffs „Apostolischen Gerichtshöfe“ vgl. DI JORIO, *De prooemio in M. P.*, 395-396. Nicht vorgesehen für die päpstlichen Tribunale war die Möglichkeit, Laien als beisitzende Richter zu ernennen: Die entsprechende Norm (V, § 1) betrifft nur das Richterkollegium „in Tribunali dioecesano“ oder „in Tribunali regionali“.

40 Dagegen vertreten FERRATA, NAPOLEONI, *Notationes quaedam*, 10-15 und 19, die Ansicht, eine Berufung sei nur an das „*Tribunal ordinarium* secundae instantiae, non autem ad diversum tribunal, scilicet ad S. R. Rotam“ (*ebd.*, 10) möglich. Es ist jedoch nicht einzusehen, warum die Rota nach can. 1599 § 1, 1° CIC/1917 in diesem Fall nicht *Tribunal ordinarium* sein sollte. Im Übrigen spricht das Motu proprio von einer Appellation „ad superius Tribunal“ und nicht „ad ordinarium Tribunal“.

41 Die großzügigere Kompetenzregelung (vgl. PAUL VI., *Causas matrimoniales*, IV) betraf nur die Gerichte erster Instanz.

legium suo decreto vel decisionem primi gradus ratum habet, vel ad ordinarium examen secundi gradus causam admittit"[42].

Die Rota war auf diese Weise zu einem Berufungsgericht geworden, das nicht nur durch eigenes Urteil die Entscheidungen untergeordneter Gerichte bekräftigte oder revidierte, sondern in dem vom Motu proprio vorgesehenen Fall deren Urteil zunächst einmal bestätigen oder aber der vorliegenden Sentenz diese Bestätigung versagen musste. Wenngleich es sich hierbei nach der neuen Regelung um kein Spezifikum der Rota handelte, so bedeutete die Bestimmung doch eine bemerkenswerte Änderung in der Art und Weise, in der die Rota ihrer Aufgabe nachkommen sollte, zum Schutz der Rechte beizutragen.

Da das Gericht zu jener Zeit über keine Exklusivkompetenzen zweiter Instanz in Ehenichtigkeitsverfahren verfügte, übte es diese Funktion allerdings in der Regel nur dann aus, wenn sich eine der Parteien selbst an das Tribunal des Apostolischen Stuhls gewandt hatte. Falls Bandverteidiger und Partei an zwei verschiedene Gerichte appelliert hatten, hatte dagegen auch weiterhin die Berufung an die Rota Vorrang[43]. Eine Ausnahme von der freien Kompetenzregelung galt ebenso, wenn das Tribunal zweiter Instanz eine Ehe auf Grund eines neu eingeführten Klagegrundes *tamquam in prima instantia* für nichtig erklärt hatte; in diesem Fall kam die bestätigende Funktion nach allgemeinem Recht allein der Rota als höherem Gericht zu. Die Rota blieb das einzige kompetente Gericht auch in der Frage der Gewährung einer *nova causae propositio*[44], da das Ratifikationsdekret einer zweiten Sentenz gleichkam und die Wiedervorlage eines Verfahrens in dritter Instanz nur unter Geltendmachung neuer und schwerwiegender Argumente[45] möglich war.

Zweifellos ermöglichte die neue Regelung auch der Rota, schneller als bisher zu einer definitiven Entscheidung in einem Ehefall zu gelangen. Dass durch diese Reform aber Prozesse der Zuständigkeit des Apostolischen Stuhls entzogen werden konnten, war durch die unveränderte Kompetenzregelung von vornherein ausgeschlossen[46].

---

[42] PAUL VI., *Causas matrimoniales*, VIII, § 3.

[43] Vgl. GNAZI, *Giurisprudenza rotale sul M. P.*, 136-137.

[44] Zur Rekursregelung im Einzelnen vgl. PAUL VI., *Causas matrimoniales*, IX. Demnach konnte der Rekurs innerhalb von zehn Tagen nach Veröffentlichung des Dekrets vom Bandverteidiger oder von der Partei eingelegt werden; die Argumente waren binnen eines Monats vorzubringen (vgl. *ebd.*, § 1); der Defensor vinculi konnte seinen Rekurs zurückziehen; das Gericht hatte innerhalb eines Monats über die Annahme des Rekurses zu entscheiden (vgl. *ebd.*, § 2).

[45] Vgl. hierzu COLAGIOVANNI, *De innovatione processus matrimonialis*, 52-53.

[46] Die Ansicht von FRANCA, *O „Motu Proprio"*, 689, wonach die Rota auf Grund der neuen Bestimmungen seltener in Berufungsverfahren, jedoch umso häufiger in Rekursen an-

d. Das Motu proprio *Cum matrimonialium* von 1973

Die neue Prozessordnung sollte nach dem Willen des Papstes auch im Recht der katholischen Ostkirchen Anwendung finden. Paul VI. erließ daher am 8. September 1973 unter dem Namen *Cum matrimonialium*[47] ein weiteres Motu proprio, das in gewissen Punkten die seit 1950 geltenden Normen ablösen und in Übereinstimmung mit den Bestimmungen des lateinischen Rechts ebenso für die orientalischen Katholiken eine Vereinfachung des Prozesslaufs gewährleisten sollte[48].

So ist die ostkirchliche Vorgehensweise in zweitinstanzlichen Verfahren nach einem affirmativen Urteil erster Instanz der Regelung für die Lateinische Kirche angepasst worden; die entsprechende Norm wurde unverändert übernommen[49]. Da aber eine Berufung nach einem Urteil erster Instanz an die Rota nach geltendem orientalischen Recht auf ordentlichem Weg nur für die Tribunale eines Patriarchen und eines Erzbischofs möglich war, konnte von allen anderen Gerichten eine Appellation durch den Ehebandverteidiger oder eine Partei auch weiterhin nur über päpstliche Sonderkommission an die Rota gelangen.

2. Die Dezentralisierungstendenzen

Während es seit der Wiedererrichtung der Rota in erster Linie äußere Ursachen gewesen waren, die bewirkt hatten, dass der apostolische Gerichtshof den ihm eigenen Auftrag nicht überall in gleich umfassender Weise wahrnehmen konnte, waren im Zug der allgemeinen Erneuerungsbestrebungen des Konzils hauptsächlich innerkirchliche Gründe maßgebend für eine Modifikation der universalkirchlichen verbindlichen Normen. Sinn und Zweck der territorial unbe-

---

gerufen werde, ist daher wenig überzeugend. Allenfalls eine Zunahme an Rekursen wäre möglich, allerdings nur, wenn infolge der Neuregelung das Verteidigungsrecht in der Berufungsinstanz öfter missachtet würde.

[47] PAUL VI., Papst, Motu pr. *Cum matrimonialium*, 1973, Sep 8: AAS 65 (1973), 577-581.

[48] Vgl. PAUL VI., *Cum matrimonialium*, 577: „Cum matrimonialium causarum numerus nostris temporibus magis in dies augeatur, Nos [...] iam consuluimus causis matrimonialibus in Ecclesia Latina expeditius solvendis. Nunc autem, cum Nobis sollicitudo omnium Ecclesiarum divinitus concredita sit, ut pastoralis caritas Ecclesiae pari modo in Ecclesiis Orientalibus eniteat, [...] de ecclesiasticis Tribunalibus apud Ecclesias Orientales componendis deque processu iudiciario matrimoniali simpliciore forma ordinando normas quasdam statuendas esse decrevimus“.

[49] Vgl. *ebd.*, 579, VII, § 3: „Visa sententia et perpensis animadversionibus defensoris vinculi necnon, si exquisitae et datae fuerint, partium earumve patronorum, collegium suo decreto vel decisionem primi gradus ratum habet, vel ad ordinarium examen secundi gradus causam admittit“.

grenzten Vollmachten des Tribunals wurden nun auf Grund ekklesiologischer Überlegungen kritisch hinterfragt.

Mit dem Bestreben, die Eigenverantwortung der Ortsbischöfe aufzuwerten und die Kollegialität der Oberhirten untereinander und mit dem Nachfolger Petri mehr als bisher in den Vordergrund zu rücken, ging daher ebenso der Wunsch einher, die Lokalgerichte gegenüber dem Zentralgericht zu stärken. Auf diese Weise sollte auch die Eigenschaft der Rota, Berufungsforum des Bischofs von Rom und Metropoliten der gleichnamigen Kirchenprovinz zu sein, wieder deutlicher zur Geltung gebracht werden.

a. Die Forderung nach nationalen Obergerichten dritter Instanz

Am 18. Juni 1959 hatte Kardinalstaatssekretär Domenico Tardini im Auftrag des Papstes die Bischöfe, die Ordensoberen sowie die Katholischen Universitäten und Fakultäten um Themenvorschläge für das geplante Konzil gebeten[50]. Von mehreren Seiten war daraufhin der Wunsch ausgesprochen worden, neben der Rota auch andere ordentliche Tribunale dritter Instanz zu errichten und auf diese Weise die Entscheidung eines Falles ohne Zutun des päpstlichen Gerichtshofs möglich zu machen[51].

So forderte Erzbischof Edwin Vincent Byrne von Santa Fe angesichts der seiner Meinung nach ausreichenden Zahl von amerikanischen Kanonisten ein nationales Ehegericht dritter Instanz für das Gebiet der Vereinigten Staaten von Amerika:

> „Pergratum foret si in locis, exempli gratia Statibus Foederatis Americae Septemtrionalis, ubi viri ecclesiastici in iure canonico periti sufficienti numero exstant, tribunalia tertiae instantiae pro causis matrimonialibus constituerentur“[52].

Bischof Ernest John Primeau von Manchester dachte dabei sogar an eine „Amerikanische Rota“, die seinem Verständnis nach aber vor allem für Auflösungsverfahren zuständig sein sollte:

---

[50] Vgl. H. JEDIN, *Das Zweite Vatikanische Konzil*: HKG, VII (1979), 97-151, 104.

[51] Vgl. dazu C. ZAGGIA, *I Tribunali interdiocesani o regionali nella vita della Chiesa*: Z. GROCHOLEWSKI, V. CÁRCEL ORTÍ (Hg.), *Dilexit iustitiam. Scripta in honorem Aurelii Card. Sabattani* (= StGiur, 5), Città del Vaticano 1984, 119-153, 124-126; MÉNDEZ RAYÓN, *La tercera instancia*, 194-200.

[52] E. V. BYRNE, ErzBf. von Santa Fe, *Consilium*, 1959, Aug 21: ADCOV, I/2/6, 442, Nr. 96.

„Constitutio Rotae Sacrae Americanae ad instar Rotae Hispanae ad iudicandas causas Privilegii Fidei etiam cum causis super rato, appellationibus tamen reservatis Sanctae Sedi"[53].

Der Apostolische Administrator von Kandy, Bischof Bernardo Regno, hielt regionale drittinstanzliche Kirchengerichte für hilfreich. Er war der Ansicht:

„It might help to have Regional Courts of third (and further) Instance for the different areas in the Church"[54].

Ähnlich äußerte sich der Apostolische Delegat in Großbritannien, Erzbischof Gerald Patrick O'Hara, der der Hoffnung Ausdruck verlieh,

„[...] ut in omni continente constituerentur tribunalia ad instar Sacrae Rotae Romanae quae invigilarent expeditioni veloci omnis generis rerum litigatarum"[55].

Weihbischof Paul Francis Leibold von Cincinatti wünschte ausdrücklich einen Gerichtshof, der im jeweiligen Gebiet über dieselbe Jurisdiktion in Ehesachen verfügen sollte wie die Rota Romana:

„Ut agenda tribunalium ecclesiasticorum in casibus matrimonialibus expeditiora reddantur, urgentur ut: [...] *c)* tribunal tertiae instantiae singulis civitatibus constituatur et eandem quae Sacrae Romanae Rotae competit iurisdictionem exerceat"[56].

Gleicher Ansicht war auch die Kanonistische Fakultät des Institut Catholique de Toulouse, die zu bedenken gab:

„Bona iustitiae administratio requirit simul et iudices competentes et citam causarum tractationem. Ad hunc duplicem finem obtinendum, Facultas haec proponit: *a)* aliquam Tribunalium supremorum ‚decentralizationem', per institutionem Tribunalium in ultima instantia iudicantium, ad instar Rotae Hispanicae, sive pro nationibus, sive pro universitate seu ethnica seu linguistica nationum (v. g. pro America meridionali, pro Gallia et Belgio ...)"[57].

---

[53] E. J. Primeau, Bf. von Manchester, *Consilium*, 1959, Mai 10: ADCOV, I/2/6, 370-373, 373, Nr. 3c.

[54] B. Regno, TitBf. von Bagai, ApAdm. von Kandy, *Consilium*, 1958, Aug 15: ADCOV, I/2/4, 54-56, 55, Nr. 7.

[55] G. P. O'Hara, TitErzBf. von Pessinonte, ApDel. in Großbritannien, *Consilium*, 1960, Apr 26: ADCOV, I/2/6, 51, Nr. 20.

[56] P. F. Leibold, TitBf. von Trebenna, WeihBf. von Cincinnati, *Consilium*, 1959, Aug 25: ADCOV, I/2/6, 515, Nr. 148.

[57] Universitas Catholica Tolosana, Facultas Iuris Canonici, *Votum*, 1960, Apr 18: ADCOV, I/4/2, 592-593, I, 5. Die Fakultät war sich aber auch bewusst, dass die Einheit der Rechtsprechung auf diese Weise gefährdet werden würde, und schlug deshalb ergänzend

Die Sakramentenkongregation griff die eingegangenen Postulate in ihrer Stellungnahme auf[58]; nach Befragung verschiedener Konsultoren, unter anderem auch des inzwischen zum Kardinal erhobenen ehemaligen Rota-Dekans Msgr. André Jullien und des Auditors Msgr. Charles Lefebvre[59], hielt sie eine Weiterleitung dieser Forderungen an die zuständigen Kurienbehörden aber für nicht angebracht und entschied daher:

> „Non videtur expedire“[60].

Dennoch warf der Erzbischof von Bordeaux, Paul-Marie-André Kardinal Richaud, in der sechsten Konzilssitzung ein weiteres Mal die Frage auf:

> „Possitne adiungere aliquod votum ut in omnibus nationibus, saltem praestantibus, quoddam tribunal supremum, simili Sacrae Rotae Romanae, instituendum sit, cum iam, ni fallor, in Hispania, in America existit?“[61].

Auch Kardinal Jullien unterstützte mittlerweile dieses Vorhaben. In derselben Sitzung erklärte er:

> „Optima est propositio Em.mi Cardinalis Burdigalensis de Tribunali appellationis pro unaquaque regione“[62].

Während Erzbischof Hermann Schäufele von Freiburg im Breisgau noch auf dem Konzil den Wunsch nach einem drittinstanzlichen Gericht in Deutschland äußerte[63], brachte der Metropolit von München und Freising, Julius Kardinal Döpfner, diese Idee 1967 auf der ersten Bischofssynode erneut vor. Auch er

---

vor: „Providendae quidem essent cautiones ad unitatem iurisprudentialem obtinendam in universa Ecclesia, v. g. per modum recursus in determinatis casibus ad Supremum Tribunal Signaturae Apostolicae“ (*ebd.*, 593).

[58] Vgl. SCDSacr., *Argumenta, consilia et vota, quae Concilio Oecumenico proxime celebrando, proponuntur ut opportunibus consulatur disciplinae Sacramentorum*, 1960, Mrz 28: ADCOV, I/3, 101, 9: „Tribunal tertiae instantiae constituatur in singulis civitatibus seu nationibus“.

[59] Vgl. *ebd.*, 102.

[60] *Ebd.*, ad 9.

[61] P.-M.-A. Richaud, Kard., ErzBf. von Bordeaux, *Suffragium*, 1965, Mai 11: ADCOV, II/2/3, 1275.

[62] A.-D.-F. Jullien, Kard., *Suffragium*, 1965, Mai 11: ADCOV, II/2/3, 1277.

[63] Vgl. H. Schäufele, ErzBf. von Freiburg im Breisgau, *Animadversio scripto exhibita circa schema decreti de matrimonii servando*, [1963]: ASCOV, III/8, 1103, Nr. 57: „[...] instantissime desideratur quod Tribunalia dioecesana etiam ut Tribunalia appellationis tertiae instantiae fungi possint, id quod hucusque ut gratia concedebatur“.

verlangte in Übereinstimmung mit Bischöfen aus Australien[64], Indien[65] und Mali[66] die Konstituierung solcher Tribunale, und zwar unter Wahrung des Rechts der Parteien, wahlweise auch an den Heiligen Stuhl appellieren zu können[67].

Von Seiten verschiedener Kanonisten wurde diese Forderung mit Hinweis auf die damit verbundene Entlastung der Rota und die praktischen Schwierigkeiten nach einer Berufung an den päpstlichen Gerichtshof untermauert[68].

Eine Änderung der geltenden Disziplin auf breiter Basis erschien jedoch zum damaligen Zeitpunkt als verfrüht. Derartige Überlegungen konnten allenfalls im Rahmen der geplanten Neukodifizierung des kanonischen Rechts wieder aufgenommen werden, wozu konkrete Schritte aber noch nicht erfolgt waren. Einstweilen wurde deshalb der Apostolischen Signatur auf ihre Bitte hin[69] zugestanden, im Einzelfall anderen Gerichten als der Rota drittinstanzliche Ehenichtigkeitsverfahren zu übertragen[70].

---

[64] Vgl. G. CAPRILE, *Il Sinodo dei Vescovi. Prima assemblea generale (29 settembre – 29 ottobre 1967)*, Roma 1968, 94. Bei dem australischen Bischof handelte es sich um den Erzbischof von Sydney, Norman Thomas Kardinal Gilroy.

[65] Vgl. *ebd.*, 103. Der Antrag kam vom Weihbischof von Bangalore und späteren Kurienkardinal Duraisamy Simon Lourdusamy.

[66] Vgl. I. GORDÓN, *De nimia processuum matrimonialium duratione: factum, causae, remedia*: Per 58 (1969), 491-594 und 641-735, 729.

[67] Vgl. CAPRILE, *Il Sinodo dei Vescovi*, 106.

[68] Vgl. zum Beispiel A. SCHEUERMANN, *Vorschläge zum kirchlichen Eheprozeßrecht*: AkKR 136 (1967), 3-45, 36: „Im Interesse der auch in der Kirche erwünschten Dezentralisation, zur Vermeidung der schwierigen und teueren Aktenübersetzung und verschiedener anderer Nachteile, die den Parteien drohen, sollte die S. R. Rota für große Länder nicht Gericht 3. Instanz sein [...]"; Z. VARALTA, *De principio subsidiarietatis relate ad ordinandum administrationem iustitiae in Ecclesia*: PCR. (Hg.), *Acta conventus internationalis canonistarum. Romae diebus 20-25 maii 1968 celebrati*, Città del Vaticano 1970, 334-355, 346-347, nennt folgende Gründe für eine Dezentralisierung der dritten Instanz: „ratio subsidarietatis", „ratio breviandi tempus", „ratio alleviandi onus Tribunalis S. R. Rotae", „ratio oeconomica", „principium territorialitatis iurisdictionis et principium sedis". Einziges Gegenargument sei die „deminuta facultas S. R. Rotae moderandi et constabiliendi communem iurisprudentiam".

[69] Vgl. D. STAFFA, Kard., PräfSignAp., Brief, Nr. 5374/74 VAR, 1974, Feb 14, an J. Villot, KardStSekr.: LE, V, 6785-6786, Nr. 4279: „[...] casi meno rilevanti, ma più numerosi, quali le proroghe di competenza per cause singole in prima, seconda e terza istanza, richiesta da una delle parti con il consenso dell'altera parte, e basate su una seria motivazione [...]. Per questa [...] categoria sarebbe opportuna una semplificazione dell'attuale prassi, nel senso che la Segnatura Apostolica possa concedere le relative proroghe senza sottoporre i singoli casi all'approvazione del Santo Padre".

[70] Die erbetene Vollmacht wurde zunächst für zwei Jahre gewährt: vgl. J. VILLOT, KardStSekr., Reskript, Nr. 248137, 1974, Mrz 26, an D. Staffa, Kard., PräfSignAp.: LE, V, 6786, Nr. 4279; dann erfolgte eine Verlängerung für vier Jahre: vgl. D. STAFFA, Kard.,

b. Die erneute Beauftragung der Rota zum kirchlichen Berufungsgericht von Latium und ganz Italien ab 1969

Das Reskript Papst Pius' XII. vom 16. Oktober 1954, mit dem die Möglichkeit einer Berufung an die Rota von den Regionalgerichten Italiens aus bis auf Weiteres suspendiert worden war[71], blieb über 14 Jahre lang gültig. Am 10. Februar 1969 erließ Papst Paul VI. nach Beratung mit dem damaligen Dekan, Msgr. Bolesław Filipiak[72], dann ein neues Reskript[73], das die alte Ordnung wieder herstellte und die Kompetenzen der Rota auch für den Bereich der italienischen Bischofskonferenz den gesamtkirchlich geltenden Normen anglich. Die Bestimmung des can. 1599 § 1, 1° CIC/1917, der zufolge an Stelle der lokalen Berufungstribunale wahlweise auch die Rota in zweiter Instanz angerufen werden konnte, sollte nun auch wieder für alle Ehenichtigkeitsverfahren maßgebend sein, die in erster Instanz von italienischen Regionalgerichten entschieden worden waren:

> „Praescriptum canonis 1599, § 1, 1 pro causis nullitatis matrimonii, quae a Tribunalibus regionalibus Italiae in primo gradu iudicatae fuerint, integre servetur ac fideliter custodiatur, dempta temporanea exclusione usque adhuc vigente.
>
> Quapropter causae nullitatis matrimonii in prima instantia tractatae apud Tribunalia regionalia Italiae, in gradu appellationis deferri possunt aut ad Sacram Romanam Rotam aut ad Tribunalia designata per Aposto-

---

PräfSignAp., Reskript *ex audientia Sanctissimi*, 1976, Feb 20: LE, V, 7153, Nr. 4431; vgl. hierzu auch J. LLOBELL, *Commissione e proroga della competenza dei tribunali ecclesiastici nelle cause di nullità matrimoniale. Sulla natura dell'incompetenza in questi processi*: IusEc 2 (1990), 721-727.

[71] Vgl. oben, 6. Kapitel, 253-254.

[72] Msgr. Bolesław Filipiak stammte aus Ośniszczewko bei Bromberg [Bydgoszcz] und wurde am 24. September 1947 zum Auditor ernannt. Er war Dekan vom 26. Juni 1967 bis zu seiner Ernennung zum Titularbischof von Plestia am 1. Mai 1976. Am 24. Mai 1976 zum Kardinal kreiert, starb er in Posen [Poznań] am 12. Oktober 1978; zu Person und Werk vgl. WWCW (1967-1968), 222; G. MACEOIN, *The Inner Elite. Dossiers of Papal Candidates*, Kansas City 1978, 198-203; Z. GROCHOLEWSKI, *Kardynał Bolesław Filipiak (1901-1978), długoletni audytor i dziekan Roty Rzymskiej*: PraKan 24 (1981), 265-285; M. BANASZAK, *Filipiak, Bolesław*: LThCPol, V (1983), 383-386; Z. GROCHOLEWSKI, *Filipiak Bolesław kardynał, ur. 1 IX 1901 w Ośniszczewku k. Inowrocławia, zm. 12 X 1978 w Poznaniu, prawnik, kanonista*: EncKat, V (1989), 208-209; P. NITECKI, *Kardynałowie Kościoła w Polsce* (= BNie, 76), Częstochowa 1999, 85-86; K. R. PROKOP, *Polscy kardynałowie*, Kraków 2001, 313-323.

[73] SECRST., *Rescriptum Pontificium*, 1969, Feb 10: LE, IV, 5475-5476, Nr. 3716; *ebd.*, 5476: „Nunc autem, re mature perpensa attentisque iis quae Sacrae Romanae Rotae Decanus nuperrime rettulit, Sanctissimus Dominus Noster Paulus Papa VI in Audientia huius diei 10 mensis Februarii 1969 infrascripto Secretario Status concessa, haec decernere dignatus est".

licas Litteras *Qua cura,* die 8 mensis Decembris anno 1938 Motu proprio datas“[74].

Auch für die Region Latium sollte keine abweichende Regelung gelten. Ehenichtigkeitsprozesse, die dort in erster Instanz vom Vikariat Rom entschieden worden waren, konnten von nun an entweder an das Berufungsgericht des Vikariats oder aber an die Rota überwiesen werden:

> „Causae nullitatis matrimonii, in prima instantia tractatae apud Tribunal primi gradus Vicariatus Urbis, in gradu appellationis deferri possunt aut ad Sacram Romanam Rotam aut ad Tribunal secundi gradus eiusdem Vicariatus“[75].

Gleiches war für alle Verfahren vorgesehen, in denen in erster Instanz von den Regionalgerichten Kampaniens und Sardiniens ein Urteil gefällt worden war:

> „Causae nullitatis matrimonii, in prima instantia tractatae apud Tribunal Regionale Neapolitanum et Calaritanum, in gradu appellationis deferri possunt aut ad Sacram Romanam Rotam aut ad Tribunal secundae instantiae Vicariatus Urbis“[76].

Für Fälle, in denen ein Gericht dritten Grades erforderlich ist, verweist das Reskript ausdrücklich auf das nach dem *Codex Iuris Canonici* geltende Recht:

> „Pro iudicandis omnibus praedictis causis in tertia et ulteriore instantia servetur can. 1599, § 1, 2“[77].

Nach Inkrafttreten der neuen Regelung stellte sich jedoch erneut die Frage, inwieweit der Papst als Bischof von Rom für seine Diözese sinnvollerweise über zwei verschiedene Gerichte gleichen Grades verfügen könne[78]. Als Paul VI.

---

[74] SECRST., *Rescriptum 1969*, 5476.

[75] *Ebd.* Schwieriger war die Frage zu entscheiden, welchem Gericht der betreffende Fall zu übertragen war, wenn an beide appelliert worden war. So legte Ende 1969 der Bandverteidiger innerhalb der Nutzfrist Berufung an das Berufungsgericht von Latium ein, nach Verstreichen der Nutzfrist dagegen die nichtklagende Partei – trotz Widerstands des Klägers – an die Rota. Der mit dem Fall betraute Turnus urteilte am 15. Juli 1971: „Conventae appellationem ad N. S. T. acceptandam esse, ideoque appellationem exclusive coram eodem Apostolico Tribunali prosequendam“ (SRR., Dekret c. PARISELLA, Romana, *Nullitatis matrimonii*, 1971, Jul 15, B. Bis 28/71). Ein halbes Jahr später entschied die Apostolische Signatur aber anders; der Prozess wurde daraufhin dem Berufungsgericht von Latium zurückgegeben: vgl. SRR., *Registro di protocollo*, 28 (1969-1970).

[76] SECRST., *Rescriptum 1969*, 5476.

[77] *Ebd.*

[78] Vgl. G. USAI, *Adnotationes [ad Const. Ap. Vicariae Potestatis in Urbe d. 6 ian. 1977, qua Vicariatus Urbis nova ratione ordinatur]*: ME 102 (1977), 3-19, 19: „Etenim [...] Episcopus sedis Tribunalis Regionalis est eiusdem Tribunalis Moderator. At Episcopus sedis Tribunalis Regionalis Latii est Episcopus Romanus, qui simul est Summus Pontifex, Iudex

dann aber am 28. Januar 1977 durch seine Konstitution *Vicariae potestatis*[79] dem Vikariat Rom eine den Richtlinien des Zweiten Vatikanischen Konzils entsprechende Ordnung gab, wurde auch in diesem Punkt eine Lösung gefunden. Neben dem Diözesangericht Rom, dem mit Ausnahme der Ehenichtigkeitsverfahren die Kompetenz ersten Grades für alle Prozesse aus dem eigenen Bistum und die zweiten Grades für alle aus den übrigen Diözesen Latiums zugewiesen wurde[80], und dem für Ehesachen zuständigen Regionalgericht der römischen Kirchenprovinz[81] sollte die Rota nun wieder einen festen Platz in der lokalen Gerichtshierarchie einnehmen: Das Tribunal des Papstes war jetzt abermals einziges Berufungsforum zweiter Instanz für Eheverfahren aus der Region Latium. Für Appellationen dieser Art aus Kampanien und Sardinien sollte außer der Rota auch das römische Regionalgericht in zweiter Instanz angerufen werden können. Das Berufungstribunal des Vikariats wurde aufgelöst[82]. Es galt somit:

> „A Tribunali Dioecesano appellatur ad Sacram Romanam Rotam“[83].
>
> „Secundum normas Litterarum Apostolicarum *Qua cura* motu proprio editarum, Tribunalis Regionalis Latii est tractare et definire causas nullitatis matrimonii pro Regione Latii. Illud praeterea est appellationis Tribunal pro causis nullitatis matrimonii iam decisis in primo gradu a Tribunalibus Regionalibus Neapolitano et Calaritano“[84].

---

supremus, plenam, directam et universalem potestatem habens. Qua re, a sententiis editis a Tribunali Regionali Latii, cuius supremus Moderator est Summus Pontifex, Episcopus Romanus, appellari nequit nisi ad S. R. Rotam, quae est Tribunal Apostolicum, iudiciali potestate ordinaria et vicaria Papae fruens“.

79 Vgl. PAUL VI., Papst, Ap. Konst. *Vicariae potestatis*, 1977, Jan 6: AAS 69 (1977), 5-18; zur Konstitution vgl. J. M. PIÑERO CARRIÓN, *La constitución apostólica „Vicariae potestatis“ sobre el Vicariato de Roma*: REDC 33 (1977), 428-444; USAI, *Adnotationes*, 5-19; LLOBELL, *Il Tribunale di appello*, 265-266; LLOBELL, *El M. P. ‚Sollicita cura‘*, 270-271.

80 Vgl. PAUL VI., *Vicariae potestatis*, III/1. 19. § 1: „Hoc Tribunal iurisdictionem habet in universis causis, quae in foro canonico dirimi possunt, exceptis causis nullitatis matrimonii“; *ebd.*, III/1. 19. § 2: „In eiusdem illius generis causis ipsum putari debet tribunal secundae instantiae pro dioecesibus suburbicariis ceterisque dioecesibus Latii“.

81 Vgl. *ebd.*, III/2. 21.: „Secundum normas Litterarum Apostolicarum *Qua cura* motu proprio editarum, Tribunalis Regionalis Latii est tractare et definire causas nullitatis matrimonii pro Regione Latii [...]“.

82 Vgl. *ebd.*, Norma transitoria: *„Quod ad causas attinet, quae adhuc aguntur apud Tribunal Appellationis Vicariatus Urbis, quod supprimitur, iurisdictio per vices (seu per „turnos“) iudicantium prorogatur usque ad earum conclusionem“.*

83 *Ebd.*, III/1. 20.

84 *Ebd.*, 17, III/2. 21.

„Ab hoc Tribunali appellatur ad Sacram Romanam Rotam“[85].

Mit der verfügten Neuordnung trat daher wieder die von 1938 bis 1954 geltende Regelung in Kraft. Erneut hatte das Gesamtrecht der Kirche auf diese Weise für die Region Latium eine bemerkenswerte Modifizierung erfahren. Klarer präsentierte sich dabei die Rota wieder als Berufungsgericht des Bischofs der Diözese Rom.

c. Die Sonderregelungen für Nordamerika und Australien

Um in Anbetracht der immer größer werdenden Zahl von Ehenichtigkeitsklagen eine schnellere Bearbeitung solcher Prozesse zu erreichen, hatten die Bischöfe der Vereinigten Staaten von Amerika bereits in den Jahren nach dem Konzil eine Reihe von Normen[86] ausarbeiten lassen, die eine gewisse Vereinfachung der Verfahrensweise vorsahen, und sie dem Papst zur Approbation unterbreitet. Paul VI. entsprach dieser Bitte am 28. April 1970 und ließ die Normen zunächst versuchsweise für einen Zeitraum von drei Jahren zu. Bedingung war, dass die übrigen Prozessregeln beachtet würden und der Apostolischen Signatur jährlich ein entsprechender Rechenschaftsbericht vorzulegen wäre[87].

---

[85] PAUL VI., *Vicariae potestatis*, 17, III/2. 22.

[86] NCCB., *Procedural Norms*, [1970]: LE, IV, 5810-5812, Nr. 3848; zu den Normen vgl. unter anderem J. M. CASTAÑO, *Simplificacion de los procesos matrimoniales*: TyV 11 (1970), 251-265; C. LEFEBVRE, *De procedura in causis matrimonialibus concessa Conferentiae episcopali U. S. A.*: Per 59 (1970), 563-592; L. G. WRENN, *The American Procedural Norms*: AEcR 165 (1971), 175-186; F. HARMAN, *Certitudo moralis praesupposita in normis processualibus Tribunalibus Statuum Foederatorum Americae necnon Australiae concessis*: Per 61 (1972), 379-393; T. PIERONEK, *Normy postepowania w sprawach malzeńskichwydane przez Stolice Apostolska dla diecezji Stanów Zjednoczonych*: PraKan 16 (1971), 177-204; T. J. GREEN, *The American Procedural Norms – An Assessment*: StCan 8 (1974), 317-343; F. POTOTSCHNIG, *Entwicklungstendenzen im kanonischen Ehe- und Eheprozeßrecht*: ÖAKR 29 (1978), 62-70; Z. GROCHOLEWSKI, *Declaration of the Apostolic Signatura on the Competence of Ecclesiastical Tribunals in the United States of America*: ME 104 (1979), 142-161; E. M. EGAN, *Appeal in Marriage Nullity Cases: Two Centuries of Experiment and Reform*: ME 107 (1982), 79-94, 92-94; R. PUZA, *Katholisches Kirchenrecht* (= UTB, 1395), Heidelberg 1986, 291-293; H.-J. GUTH, *Ehescheidung oder Ehenichtigkeit? Das Eheprozeßrecht der römisch-katholischen Kirche in den USA nach dem Zweiten Vatikanischen Konzil* (= FVKS, 38), Freiburg/Schweiz 1993; R. H. VASOLI, *What God Has Joined Together. The Annullment Crisis in American Catholicism*, New York – Oxford 1998, 27-28; UGGÉ, *La fase preliminare*, 40-52; MONETA, *Dalla Istruzione „Provida Mater“*, 28-31.

[87] Vgl. J. VILLOT, Kard., PräfConsPEN., Dekret, 1970, Apr 28: LE, IV, 5810, Nr. 3848: „Attentis precibus Conferentiae Episcopalis Statuum Foederatorum Americae Septemtrionalis, quibus petitur, ut consideratis peculiaribus sui territorii necessitatibus, normis quibusdam, quae precibus adnectuntur, ad expeditiorem reddendum causarum de nullitate cursum, in eodem territorio, tribunalia utuntur, Ss.mus Dominus Noster Paulus Papa VI supradictis precibus annuere dignatus est, ad triennium et experimenti causa, concedendo facultates omnes necessarias et opportunas et derogando, quatenus opus est, iuri vigenti; cauto tamen ut de ce-

Die letzte der 23 Normen beeinflusste in besonderer Weise auch das Verhältnis der amerikanischen Gerichtshöfe zur Rota. Die Bestimmung sieht vor, dass in der Berufungsinstanz, wenn eine neue Beweiserhebung nicht nötig erscheint, das Urteil ersten Grades innerhalb von zwei Monaten zu bestätigen ist. Es wird nämlich festgelegt:

> „Once an appeal has been made to a higher Tribunal and the Tribunal itself has been constituted [...], the citation of the parties and the joining of issues shall take place within one month.
>
> At the time of the joining of the issues, if further investigations are requested [...], the case shall be heard in the ordinary manner of second instance [...].
>
> If further investigations are not required, the judge will immediately decree the case concluded. Within a month from the date of this decree, the Tribunal, taking into account the briefs and animadversions of the advocate and defender of the bond, shall issue a new sentence according to the norm of law“[88].

In der Tat entzog bereits diese Sondernorm der Rota sämtliche amerikanischen Prozesse zweiter Instanz, da mit der Neuregelung als Ganzer auch die Einzelbestimmung zum Appellationsmodus in allen Prozessen anzuwenden war und für ein Berufungsverfahren dieser Art die Rota nicht zur Verfügung stand. Im Übrigen aber konnten gewisse Fälle auch ganz der Zuständigkeit des Apostolischen Gerichtshofs vorenthalten werden. Der zweite Teil derselben Norm nämlich sah vor, dass in Ausnahmefällen und bei entsprechendem Einverständnis des Bandverteidigers sowie des Ortsbischofs auf eine Berufung gegen ein affirmatives Urteil erster Instanz verzichtet werden könne; der Ordinarius dürfe in diesem Fall die Bischofskonferenz um Dispens von der Berufungspflicht des *Defensor vinculi* ersuchen. Wörtlich heißt es in der Anordnung:

> „In those exceptional cases where in the judgment of the defender of the bond and his Ordinary an appeal against an affirmative decision would clearly be superfluous, the Ordinary may himself request of the Episcopal Conference that in these individual cases the defender of the bond be dispensed from the obligation to appeal so that the sentence of the first instance may be executed immediately“[89].

---

tero, cum praedictis normis totus processus non exhauriatur, serventur iuris canonici praescripta. Idem Summus Pontifex statuit ut supradictae normae a die 1 iulii 1970 valere incipiant. Velit autem Praeses Conferentiae expostulantis mittere quotannis Supremo Tribunali Signaturae apostolicae relationem de causis in unoquoque Tribunali propositis, vel desertis, vel appellatis“.

[88] NCCB., *Procedural Norms*, 5812, Norm 23-I.

[89] NCCB., *Procedural Norms*, 5812, Norm 23-II; vgl. dazu GUTH, *Ehescheidung oder Ehenichtigkeit*, 50-52.

Die neue Verfahrensordnung für die Vereinigten Staaten von Amerika trat am 1. Juli 1970 in Kraft[90]. Durch Reskript vom 31. August des gleichen Jahres erlangte sie auf Bitten der Oberhirten von Australien ab 1. November 1970 zudem Gültigkeit für das Gebiet des dortigen Teilkirchenverbandes. Auch hier wurden die Sondervollmachten versuchsweise für zunächst drei Jahre gewährt[91].

Ende 1972 suchte der Vorsitzende der Amerikanischen Bischofskonferenz dann termingerecht um baldige Verlängerung von drei dieser Fakultäten nach, darunter auch der Dispens von der Berufungspflicht[92]. Kardinalstaatssekretär Jean Villot verwies jedoch in einem Schreiben vom 20. Juni 1973 auf die Notwendigkeit, in Ehesachen nach einer in der ganzen Lateinischen Kirche einheitlichen Ordnung vorzugehen, welche der Papst inzwischen durch das Motu proprio *Causas matrimoniales* auch tatsächlich in einer die örtlichen Gegebenheiten respektierenden Form gegeben habe:

> „In re matrimoniali, quae vel ex gravissimis est Ecclesiae curae concreditis, opus est ut ordo iuridicus habeatur generalis et communis, utique admittens, pro variis locorum adiunctis, et pro principio subsidiarietatis, localis auctoritatis discretionem, iuxta regulas apte exaratas. Hanc porro localis competentis auctoritatis facultatem praevidit pro tota Ecclesia ritus latini Summus Pontifex, litteris datis in forma ‚Motus proprii' quibus initium *Causas matrimoniales*"[93].

Da man einer Nation kaum vorenthalten könne, was einer anderen gewährt werde, müsse auch die Amerikanische Bischofskonferenz ihre Prozessregeln wieder der allgemein gültigen Gerichtsordnung der Kirche angleichen:

---

[90] Vgl. oben, 305, Anm. 87.

[91] Vgl. J. VILLOT, Kard., PräfConsPEN., Dekret, 1970, Aug 31: LE, IV, 5877, Nr. 3895: „Attentis precibus Conferentiae Episcopalis Australiae, quibus petitur ut, consideratis peculiaribus sui territorii necessitatibus, normis quibusdam, quae precibus adnectuntur, ad expeditiorem reddendum causarum de nullitate matrimonii cursum, in eodem territorio, tribunalia utantur, Ss.mus Dominus Noster Paulus Papa VI supradictis precibus annuere dignatus est, ad triennium et experimenti causa [...]".

[92] Vgl. J. VILLOT, Kard., PräfConsPEN., Brief, 1973, Jun 20, an [J. J. Krol, Kard., ErzBf. von Philadelphia,] den Vorsitzenden der NCCB.: LE, V, 6609, Nr. 4209: „Qua par est diligentia hoc Consilium pro Publicis Ecclesiae negotiis perpendit instantiam istius Conferentiae Episcopalis, ab Eminentia Tua Reverendissima transmissa die 15 decembris anni elapsi, de prorogatione trium ex illis facultatibus peculiaribus quas idem Consilium Rescripto diei 28 aprilis 1980 indulserat, ad tempus et ad experimentum".

[93] *Ebd.*; für PUZA, *Katholisches Kirchenrecht*, 292, war das Motu proprio der „Versuch, die amerikanische Entwicklung aufzuhalten". Auch nach dem Inkrafttreten von *Causas matrimoniales* blieben die amerikanischen Sondernormen in Kraft, wie dem Vorsitzenden der Bischofskonferenz ausdrücklich bestätigt wurde: vgl. J. VILLOT, Kard., PräfConsPEN., Brief, 1971, Jul 19, an [J. J. Krol, Kard., ErzBf. von Philadelphia,] den Vorsitzenden der NCCB.: DocR, I, 252, Nr. 1429-1430.

„Quae cum ita sint, opus est ut Conferentia Episcopalis Foederatorum Americae Statuum modum procedendi, sive praxim, suorum Tribunalium, ad generalem regulam recenter statutam memorato Motu proprio, accomodet; peculiaria vero illa, de quibus est instantia, haud facile componuntur cum ipsa regula. Eoque magis exigitur congruentia Tribunalium istius dicionis cum communi ordine iuridico, quod si exceptio uni Nationi conceditur, vix negari potest alii illam requirenti: hoc praecise factum est ex quo temporaneae et experimentales normae isti Nationi et Australiae permissae sunt. At patet quantum detrimenti inde proveniat sive generali oeconomiae legislationis, sive ipsi pastorali curae“[94].

Durch die übermäßige Beanspruchung der Vollmacht, von der Berufung an die zweite Instanz zu dispensieren[95], sei den vorgelegten Statistiken nach die Ausnahme zur Regel geworden, weshalb die Geltungsdauer des Reskripts nur noch um ein Jahr zu verlängern sei, und zwar – unter Ermahnung zu großer Vorsicht bei der Dispenserteilung – bis zum 1. Juli 1974[96].

Ein ähnliches Schreiben erging am 20. Juli 1973 auch an die Australische Bischofskonferenz, der die Vollmachten noch bis 1. November 1974 prolongiert werden sollten[97].

Der Vorsitzende der Amerikanischen Bischofskonferenz machte allerdings erneut „schwerwiegende und dringende pastorale Gründe“ geltend und bat deshalb abermals um Approbation der Partikularnormen zum Verfahrensrecht[98].

---

94 VILLOT, Brief 1973, 6609-6610.

95 Vgl. hierzu VASOLI, *What God Has Joined Together*, 28: „Given an inch, American tribunals took miles“.

96 Vgl. VILLOT, Brief 1973, 6610: „[...] ne gravia pariantur incommoda, quae orientur ex abrupta suppressione illarum exceptionum, terminum, nunc imminentem, Rescripti dati die 28 aprilis anni 1970, Sancta Sedes differt usque ad diem primam julii anni 1974 [...]. Expedit [...] ut hic adnotetur hactenus usum facultatis dispensandi ab appellatione post primam sententiam favorabilem tam amplum fuisse, ut id quod per modum exceptionis concessum erat regula factum sit: testantur tabulae statisticae. Ideo insequenti anno, donec facultas expiret, magna adhibeatur cautio in eius applicatione“; vgl. dazu auch EGAN, *Appeal*, 92: „[...] from what one hears from tribunal officials in the United States, these conditions are almost always thought to be fulfilled. Thus, as a rule, there is no appeal and, therefore, neither a second sentence nor a ratification of the first“.

97 Vgl. J. VILLOT, Kard., PräfConsPEN., Brief, N. 3935/73, 1973, Jun 20, an J. D. Freeman, Kard., ErzBf. von Sydney, Vorsitzender der ACBC.: Arch. Rot., Not. 612.

98 Vgl. J. VILLOT, Kard., PräfConsPEN., Brief, 1974, Mai 22, an [J. J. Krol, Kard., ErzBf. von Philadelphia,] den Vorsitzenden der NCCB.: LE, V, 6800, Nr. 4289: „In Audientia die 23 elapsi mensis Februarii a Beatissimo Patre Eminentiae Tuae Reverendissimae aliisque [...] concessa, ab eodem Vos petistis, nomine quidem Conferentiae Episcopalis USA, ut facultates tributae die 28 aprilis 1970 [...] iterum, ob graves urgentesque rationes pastorales prorogarentur“.

Daraufhin gewährte Papst Paul VI. am 22. Mai 1974 bis zum Inkrafttreten des neuen gesamtkirchlichen Rechts noch einmal die erbetene Sonderregelung, freilich mit der Einschränkung, dass ein Antrag auf Dispens von der Appellationspflicht einem eigens dazu konstituierten Gremium der Bischofskonferenz zur Entscheidung vorgelegt werden müsse und die entsprechenden Durchführungsbestimmungen von der Apostolischen Signatur zu genehmigen seien. Die Dispens dürfe zudem nur aus wirklich schwerwiegendem Grund erteilt werden:

> „Summus Pontifex, maturius re considerata, atque omnibus iis quae Conferentia Episcopalis mandavit Eidem patefieri perspectis, sive de bono animarum quod ex rite applicatis facultatibus procuratum est, sive de cautelis ulterioris adhibendis ut pericula in superioribus meis litteris diei 20 iunii 1973 denuntiata vitarentur, censuit precibus istius Conferentiae indulgere, adeo ut praedictae facultates [...] in vigore maneant usque dum novus Ordo procedurae in causis matrimonialibus pro Ecclesia latina promulgetur. Statit tamen idem Summus Pontifex ut ad cognoscendas instantias sibi porrectas, prout habetur in articulis 3° et 23°, n. II, facultatum supra memoratarum, Conferentia Episcopalis designet et constituat parvum coetum Sodalium, cuius examini et iudicio eaedem instantiae subiciendae erunt, antequam responsio petentibus detur. Quod ut praeparet et post approbationem Signaturae Apostolicae edat normas, quibus eaedem instantiae, aptis documentis communitae, Conferentiae porrigendae sint.
>
> Confidit autem Summus Pontifex fore ut, quem ad modum promisistis, Tribunalia quae personis opibusque abundant iis subveniant Tribunalibus quae eisdem deficiunt, adeo ut quarumdam facultatum usum, praesertim ad dispensationem a prescripta Defensoris Vinculi appellatione, nonnisi ubi gravis vere necessitas postulet recurratur“[99].

Ähnliche Anweisungen ergingen durch Reskript vom 1. November 1974 an die Australische Bischofskonferenz sowie an die Bischöfe von Kanada, die ebenfalls um die Gewährung der amerikanischen Sondervollmachten gebeten hatten[100]. In der Mitteilung hieß es:

> „Sanctissimus Dominus Paulus VI [...] has quae sequuntur facultates, usque ad novarum processus legum promulgationem, concessit, si id

---

99 *Ebd.*, 6800-6801. Vgl. dazu JOHANNES PAUL I., Papst, *Allocutio ad Archiepiscopos et Episcopos XII Regionis Pastoralis Foederatorum Civitatum Americae Septentrionalis, occasione oblata ipsorum visitationis „Ad limina“*, 1978, Sep 21: AAS 70 (1978), 765-767, 767, der anerkennende Worte für die kirchlichen Richter fand, wenn sie ihre Aufgabe erfüllten „in fidelity of the doctrine of the Church, to safeguard the marriage bond, to give witness to its indissolubility in accordance with the teaching of Jesus“.

100 Vgl. J. VILLOT, Kard., PräfConsPEN., *Rescriptum Pontificium quo Conferentiae Episcoporum Canadiensi et Australianae facultates quaedam tribuuntur circa processus instruendos in causis matrimonialibus*, 1974, Nov 1: DocR, I, 259, Nr. 1456-1462.

vere requirant causarum matrimonialium numerus imparque copia iudicum aliave, iudicio ipsius Conferentiae, gravia temporis et loci adiuncta: [...]"[101]

„[...] in casibus exceptionalibus, si gravia adiuncta id revera requirant, facultatem concedendi ut, si de iudicio defensoris vinculi necnon Ordinarii loci appellatio a priore sententia superflua appareat, defensor vinculi non teneatur ad appellandum contra sententiam Tribunalis prioris instantiae, dummodo haec sententia a Collegio trium iudicum prolata sit, ita ut hisce in adiunctis eadem sententia statim, ad normas iuris, exsecutioni mandari valeat"[102].

Alle drei Teilkirchenverbände legten dann die erforderlichen Anwendungsbestimmungen vor, die die Apostolische Signatur am 21. April 1975 für Australien[103], am 1. August desselben Jahres für die Vereinigten Staaten von Amerika[104] und am 20. Mai 1977 für Kanada bestätigte[105]. In ihnen war jedes Mal ausdrücklich die Verpflichtung enthalten, den Antrag auf Dispens von der Berufungspflicht einem besonderen Entscheidungsgremium zu unterbreiten[106]. Die Zahl der erteilten Dispensen war im Übrigen der Apostolischen Signatur zu melden, wie diese in einem Memorandum vom 14. Dezember 1977 noch einmal nachdrücklich forderte[107].

---

[101] *Ebd.*, 259, Nr. 1457.

[102] *Ebd.*, 260, Nr. 1460.

[103] Vgl. SIGNAP., *Normae exsecutivae Rescripti Pontificii diei 1 novembris 1974 circa tractationem causarum nullitatis matrimonii in Australia*, 1975, Apr 21: DocR, II, 131-132, Nr. 5489-5498.

[104] Vgl. NCCB., *Normae a Signatura Apostolica adprobatae quibus ad usum deducitur Pontificium indultum diei 22 maii 1974, Conferentiae Episcopali Statuum Foederatorum Americae Septemtrionalis concessum*, 1975, Aug 2: DocR, II, 122-123, Nr. 5448-5454.

[105] Vgl. CONFERENTIA EPISCOPALIS CANADIENSIS, *Normae exsecutionis a Conferentia Episcopali Canadiensi latae quibus in usum deducitur Rescriptum Pontificium diei 1 novembris 1974, de causis nullitatis matrimonii, a Signatura Apostolica die 20 maii 1977 recognitae*: DocR, II, 127-129, Nr. 5465-5483.

[106] Vgl. zum Beispiel in den Normen Kanadas (*ebd.*, 127, Nr. 5468, 4): „Insuper Conferentia Episcopalis suum Praesidem, vice-Praesidem et unum e Secretariis Generalibus, constituit in Consilium speciale ad sententias perpendendas, in prima instantia latas, quando petitur dispensatio ab obligatione appellandi".

[107] Vgl. P. FELICI, Kard., PräfSignAp., Brief, P. N. 9597/77 VT, 1977, Dez 14, an [J. R. Quinn, ErzBf. von San Francisco,] den Vorsitzenden der NCCB.: LE, V, 7385-7386, Nr. 4546. Das Monitum nimmt Bezug auf das Reskript vom 22. Mai 1974.

d. Die weiteren Partikularbestimmungen

Sowohl den Bischöfen von England und Wales[108] als auch denen der damaligen Tschechoslowakei war die Übernahme der amerikanischen Sondernormen, um die sie den Apostolischen Stuhl gebeten hatten, versagt worden[109]. Während den Oberhirten von England und Wales aber lediglich eine Kompetenzfragen nicht berührende Regelung zugestanden wurde[110], die 1970 bereits den belgischen Bischöfen gewährt worden war[111], kam es in den Jahren 1975

---

[108] Nicht den Bischöfen von England und Schottland, wie LÜDICKE, *Zum Berufungssystem*, 521, irrtümlich behauptet.

[109] Vgl. zu *England und Wales*: D. STAFFA, Kard., PräfSignAp., Reskript, P. N. 945/70 VT, 1971, Jan 2: LE, IV, 5962-5963, Nr. 3943: „Precibus diei 15 octobris 1970 E.mus Cardinalis Archiepiscopus Vestmonasteriensis, nomine Ordinariorum Angliae et Valliae [...], petiit ad experimentum et ad triennium facultates quae sequuntur in causis matrimonialibus [...]: [...] 3) Si Defensor vinculi, post accuratam considerationem alicuius sententiae in prima instantia pro nullitate matrimonii latae, scripto declaret se pro sua conscientia ratione non habere ad appellationem interponendam contra eandem sententiam, dispensentur praescripta can. 1986 C. I. C., ita ut fas sit partibus statim ad novas nuptias transire. Supremum Signaturae Apostolicae Tribunal, mature perpensis praefatis precibus, decrevit: Consulendum SS.mo pro concessione facultatae primae et secundae [...]", also nicht für die erbetene dritte Vollmacht; zur *Tschechoslowakei* vgl. STAFFA, Dino, Kard., PräfSignAp., Brief, P. N. 2336/71, 1975, Dez 9, an [F. Tomášek, TitBf. von Butus,] den ApAdm. von Prag, bei GROCHOLEWSKI, *Documenti della Segnatura Apostolica*: Apol 65 (1992), 553-554: „[...] petis ut regionibus Bohemiae et Moraviae extendantur facultates concessae Tribunalibus Statuum Foederatorum Americae Septemtrionalis quoad processus matrimoniales [...]. Huiusmodi indultum datum est ‚consideratis peculiaribus territorii necessitatibus'. Quaedam enim dioeceses in illa natione pendentes habent plus quam mille causas, unde difficulter iudicium secundi gradi peragi potest, et ideo Conferentia Episcopalis potest dispensare ab appellatione Defensoris Vinculi. In ista natione [...] causae matrimoniales sunt omnino paucae, et fere nullibi dantur plus quam decem sententiae per annum. Insuper, post indultum a Te relatum, prodierunt Litterae Apostolicae, m. p. datae, ‚Causas matrimoniales' [...]. Proinde petita extensio concedi nequit, sicuti numquam concessa fuit aliis nationibus [...]".

[110] Vgl. SIGNAP., Reskript 945/70: „Quoad tertiam, consulendum SS.mo pro eadem concessione ac pro Tribunalibus Belgicis nuper facta, nempe: ‚Appellatione a defensore vinculi prioris instantiae interposita, iudices secundae, post debitum examen, interveniente defensore vinculi secundae instantiae, *intra brevissimum terminum, collegialiter sententiam ferunt, allatis, saltem summario modo, motivis decidendi*'. Insuper decretum fuit: Consulendum SS.mo pro concedendis Tribunalibus Angliae et Valliae facultatibus nn. 1) 2) et 3) Tribunalibus belgicis concessis [...]". Die Regelung ähnelt bereits stark den Bestimmungen des Motu proprio *Causas matrimoniales* (vgl. LÜDICKE, *Zum Berufungssystem*, 521, der sie in diesem Zusammenhang als „einen gewissen Vorgriff" bezeichnet), sieht aber weder die Möglichkeit einer Bestätigung des erstinstanzlichen Urteils durch Dekret noch die Durchführung eines ordentlichen Berufungsverfahrens vor; zu den englischen Sondernormen siehe W. GÓRALSKI, *Uprawnienia udzielone trybunalom koscielnym Belgii oraz Anglii i Walii w zakresie prawa malzenskiego*: PraKan 17 (1974), 107-115.

[111] Vgl. SIGNAP., Reskript, P. N. 805/70 VT, 1970, Nov 10: LE, IV, 5918, Nr. 3920; vgl. dazu GÓRALSKI, *Uprawnienia udzielone.*

und 1976 für einzelne Tribunale in der **Tschechoslowakei** auf entsprechende Gesuche hin zu einer Neufestlegung der Zuständigkeiten. So erteilte die Apostolische Signatur dem Kirchengericht des Bistums Olmütz (Olomouc) am 10. Juni 1975 die auf fünf Jahre begrenzte Vollmacht, als Appellationsforum dritter Instanz für die Diözese Budweis (České Budějovice) zu fungieren. Im Reskript hieß es dazu:

> „Litteris diei 10 iunii 1975, Rev.mus Officialis Tribunalis Budovicensis, consentiente Vicario Capitulari, petiit Commissionem Pontificiam ut causae eiusdem dioecesis, definitae in secundo gradu apud Tribunal Metropolitanum Pragense, iudicari possent in tertia instantia apud Tribunal Olomucense potius quam apud Sacram Romanam Rotam.
>
> Precibus mature perpensis ac consideratis rationibus adductis, Supremum Signaturae Apostolicae Tribunal decrevit: ‚*Consulendum SS.mo pro gratia ad quinquennium*'.
>
> SS.mus autem D. N. Paulus, divina providentia PP. VI, die 28 iulii 1975, benigne annuit pro gratia iuxta votum Signaturae Apostolicae“[112].

Die Vollmacht wurde dann am 8. März 1976 auf Bitten des Apostolischen Administrators der Erzdiözese Prag (Praha) hin auf alle anderen Suffraganbistümer der Kirchenprovinz Prag ausgedehnt:

> „Litteris diei 19 februarii 1976, Exc.mus Administrator Apostolicus Archidioecesis Pragensis petiit Commissionem Pontificiam ut causae nullitatis matrimonii, definitae in primo gradu a Tribunali Metropolitano Pragensi, iudicari possent in tertia instantia apud Tribunal Metropolitanum Olomucense potius quam apud Sacram Romanam Rotam.
>
> Precibus mature perpensis, consideratis rationibus adductis, et attenta eadem concessione iam facta pro dioecesi Budovicensi, Supremum Signaturae Apostolicae Tribunal decrevit: ‚*Consulendum SS.mo pro gratia ad quinquennium*'.
>
> SS.mus autem D. N. Paulus, divina providentia PP. VI, in audientia Em.mo Cardinali Praefecto Consilii pro Publicis Ecclesiae Negotiis die 5 martii 1976 impertita, benigne annuit pro gratia iuxta votum Signaturae Apostolicae“[113].

Dieses umfassendere Reskript trat damit an die Stelle des 1975 gewährten, das nur eines einziges Bistum betroffen hatte; von einer Verlängerung nach 1981 ist nichts bekannt[114], weshalb von da an wieder die Rota als einzig kompe-

---

112 SIGNAP., Reskript, P. N. 38/75 SAT, 1975, Aug 12, bei GROCHOLEWSKI, *Documenti della Segnatura Apostolica*: Apol 65 (1992), 544.

113 SIGNAP., Reskript, P. N. 7602/76 CP, 1976, Mrz 8, bei GROCHOLEWSKI, *Documenti della Segnatura Apostolica*: Apol 65 (1992), 545.

114 Vgl. GROCHOLEWSKI, *Documenti della Segnatura Apostolica*, 545.

tentes Tribunal dritter Instanz für die genannten Diözesen betrachtet werden muss.

Auch in **Deutschland** sind die bereits vor dem Konzil erteilten Delegationen fortlaufend erneuert worden. Meist für jeweils drei Jahre wurden neun verschiedene Gerichte mit der Befugnis ausgestattet, wahlweise an Stelle der Rota in dritter Instanz zu entscheiden; für jedes Tribunal waren dabei die betreffenden Bistümer in den einzelnen Reskripten festgelegt[115].

Für **Österreich** wurde wieder das Erzbischöfliche Konsistorium von München und Freising zum drittinstanzlichen Gericht bestimmt[116].

Darüber hinaus stimmte die Apostolische Signatur in keinem anderen Fall der Errichtung eines fest konstituierten Berufungstribunals dritten Grades zu. Entsprechende Gesuche, die die Bischöfe der Schweiz, Jugoslawiens und Nigerias an den Heiligen Stuhl gerichtet hatten, wurden abschlägig beschieden[117]. Eine Ausnahme bildete auf Grund der besonderen politischen Umstände lediglich **Litauen**: 1980 wurden für die Diözesen dieses Landes zwei Offizialate zu Gerichten dritter Instanz delegiert[118].

3. Die internen Reformen der Rota

In zweifacher Weise hatte der Auftrag der Rota durch die nachkonziliaren Reformmaßnahmen eine Modifizierung erfahren: Einerseits waren die Kompetenzen des Gerichts durch die Konstitution *Regimini Ecclesiae Universae* und verschiedene partikularrechtliche Regelungen nochmals neu abgegrenzt worden, andererseits wirkten sich vor allem verfahrensrechtliche Reformen in Ehesachen

---

115 Vgl. GROCHOLEWSKI, *Linee generali della giurisprudenza*, 251 (mit Angabe der entsprechenden Protokollnummer): Demnach entschied in dritter Instanz Aachen für Paderborn; Bamberg bis 1984 für Augsburg, Mainz (seit 1973), München und Freising, Passau, Regensburg und Rottenburg-Stuttgart (vgl. auch KITTEL, *Das Erzbischöfliche Metropolitangericht Bamberg*, 101-102); Berlin für Fulda; Fulda für Berlin und Hildesheim; Köln für Freiburg im Breisgau; München und Freising für Bamberg, Eichstätt, Speyer und Würzburg; Münster für Essen (bis 1987) und Trier (bis 1984); Paderborn für Aachen, Limburg, Münster (bis 1972 und erneut von 1974 bis 1985) und Osnabrück; Trier für Münster (von 1972 bis 1974, vgl. MUSSINGHOFF, *Das Bischöfliche Offizialat Münster*, 171).

116 Vgl. GROCHOLEWSKI, *Linee generali della giurisprudenza*, 251, insbesondere Anm. 66.

117 Vgl. *ebd.*, 252, insbesondere Anm. 68. – Auch einem Antrag des ungarischen Primas auf ein alle Diözesen Ungarns umfassendes Nationalgericht dritter Instanz wurde 1978 nicht stattgegeben. Unbeschadet davon blieben dessen bisherige Vollmachten über die Kirchenprovinzen Erlau und Gran aber erhalten: vgl. oben, 5. Kapitel, 201.

118 Vgl. GROCHOLEWSKI, *Linee generali della giurisprudenza*, 251.

auf die Art und Weise aus, in der das Tribunal nun die ihm zugewiesene Aufgabe wahrzunehmen hatte.

Arbeitsweise und -ergebnis des Gerichts waren also gleichermaßen von der allgemeinen Erneuerung der Kirche betroffen. Es galt, sowohl das Eigenrecht des Tribunals als auch dessen Rechtsprechung im Geist des Zweiten Vatikanischen Konzils zu überprüfen und zu beleben.

a. Der Erneuerungsauftrag Papst Pauls VI.

Bereits die Tatsache, dass Papst Paul VI. durch die Reformkonstitution von 1967 Aufgabe und Funktion der Rota nicht nur bestätigt, sondern zugleich erweitert hatte, macht deutlich, welch wichtige Rolle er dem jahrhundertealten Gericht auch für die Gegenwart und Zukunft der Kirche beimaß[119].

Mehrfach bezeugte der Papst dem Auditorenkollegium seine Anerkennung und Hochschätzung. Schon 1965 hatte er den Wunsch geäußert:

> „[...] la storia secolare della vostra istituzione vi animi a sempre più nobile e fruttuoso impiego delle vostre elette doti di ingegno e di volontà, affinché lo splendore della Sacra Romana Rota sia sempre gloria luminosa della Sede di Pietro, e testimonianza di Cristo al mondo, nella difesa della giustizia e nell'applicazione della carità"[120].

Wenige Monate vor der von ihm vorgenommenen Kurienreform gab er dann in seiner Ansprache an die Rota der Überzeugung Ausdruck:

> „Che la Santa Sede possa essere conosciuta e venerata nella sapienza, nell'integrità, nella bontà di una corona come cotesta di magistrati e di addetti al suo Tribunale ordinario, è fatto di grande rilievo, di cui ringraziamo la Provvidenza, e diamo meriti a quanti è dovuto"[121].

Vor allem innerhalb der Römischen Kurie kam dem Tribunal nach den Worten Pauls VI. eine entscheidende Stellung zu. So sagte er anlässlich der Eröffnung des Gerichtsjahrs 1972:

> „È per noi sempre motivo di alti pensieri l'incontro personale con il nostro Tribunale della Sacra Romana Rota, in occasione dell'inaugurazione ufficiale del nuovo anno giudiziario; [...] Questo stesso modo di presentazione dimostra l'importanza attribuita nella Curia Romana a

---

[119] Allgemein zum kanonistischen Verständnis Papst Pauls VI. vgl. C. HUBER, *Papst Paul VI. und das Kirchenrecht* (= BzMK, 21), Essen 1999.

[120] PAUL VI., Papst, *Allocutio ad Praelatos Auditores, Officiales et Advocatos Tribunalis Sacrae Romanae Rotae, novo litibus ineunte anno*, 1965, Jan 11: AAS 57 (1965), 233-236, 236.

[121] PAUL VI., Papst, *Allocutio 1967*, 143.

questo organo per il quale la Sede Apostolica esercita la sua potestà giudiziaria [...]"[122].

Es konnte daher nur konsequent sein, wenn der Papst gerade der Rota auftrug, ganz wesentlich bei der praktischen Umsetzung der Konzilsbeschlüsse mitzuwirken und dabei zuallererst sich selbst entsprechend zu erneuern. Zwar hatte er schon wenige Monate nach Abschluss des Zweiten Vatikanischen Konzils mit Genugtuung festgestellt, dass das Gericht die ihm übertragene Aufgabe immer mehr im Geist der konziliaren Erneuerung erfüllte; damals bekannte er:

> „Noi siamo lieti di notare che lo spirito di fedeltà e di rinnovamento, che emana dal Concilio Ecumenico e dall'insieme dei documenti, ch'esso consegna come operante eredità alla Chiesa, già ha penetrato cotesto Tribunale e, già lo muove a considerare i fenomeni della vita sociale, i quali portano alle sue soglie nuovi appelli alle sue ordinatrici sentenze"[123].

Im Januar 1969 aber mahnte er ein weiteres Mal mit Nachdruck Auditoren, Beamte und Advokaten des Gerichts, im Sinne des Konzils Schritte zur eigenen Vervollkommnung zu unternehmen und auf diese Weise mit noch größerem Eifer dem ihnen anvertrauten Auftrag gerecht zu werden:

> „In quest'ora, sotto molti aspetti grave e decisiva, di rinnovamento della vita della Chiesa, di inquietudine di alcuni suoi figli, di mutamento della mentalità contemporanea, di rilassamento del costume sociale, di accelerazione d'ogni operazione umana, di progresso delle discipline giuridiche e scientifiche, di bisogno di testimonianze di integrità, di fermezza, di bontà e di attesa che la Chiesa cattolica sia in ogni sua manifestazione più cosciente della sua missione, più libera dagli interessi temporali, più irradiante il Vangelo di salvezza che porta con sé, è ovvio che Noi attendiamo anche da Voi, Figli, Fratelli e Signori del Nostro rinomato Tribunale della Sacra Romana Rota, un nuovo impegno di perfezionamento in ogni sua componente, personale, forense, funzionale, pronti Noi stessi a sostenerlo e a favorirlo, affinché esso meriti sempre più la pubblica fiducia, ed abbia per sé, con la Nostra Benedizione Apostolica, quella di Dio"[124].

Der Papst vertraute darauf, dass der Gerichtshof selbst am besten einschätzen und im Einzelnen festlegen könne, welche Änderungen zu diesem Zweck

---

[122] PAUL VI., Papst, *Allocutio ad Praelatos Auditores, Officiales et Advocatos Tribunalis Sacrae Romanae Rotae, novo litibus ineunte anno coram admissos*, 1972, Jan 28: AAS 64 (1972), 202-205, 202.

[123] PAUL VI., Papst, *Allocutio 1966*, 154.

[124] PAUL VI., Papst, *Allocutio ad Praelatos Auditores, Officiales et Advocatos Tribunalis Sacrae Romanae Rotae, novo litibus ineunte anno coram admissos*, 1969, Jan 27: AAS 61 (1969), 174-178, 177-178.

vorzunehmen seien. In seiner Ansprache anlässlich der dem Tribunal gewährten Audienz am 28. Januar 1972 nämlich sagte er unter anderem:

> „[...] voi certamente avrete già individuato i punti che, in virtù del Concilio, possono riguardare la prassi del vostro Tribunale“[125].

Die Rota hatte sich den Erneuerungsaufruf von Papst und Konzil bereits zu eigen gemacht. Schon 1969 war ein erster Beweis für ihre Reformbereitschaft vorgelegt worden, die neuen Normen des Gerichts.

b. Die Normen von 1969

Bald nach dem Inkrafttreten der Apostolischen Konstitution *Regimini Ecclesiae Universae*, durch die ausdrücklich das Recht des päpstlichen Tribunals auf Sondernormen bestätigt worden war, hatte es das Auditorenkollegium für angebracht gehalten, die bisherige Gerichtsordnung zu überarbeiten und mit den Bestimmungen dieser Reformkonstitution und des *Regolamento generale della Curia Romana*[126] in Einklang zu bringen[127].

Die in italienischer Sprache verfassten *Nuove Norme del Tribunale della Sacra Romana Rota*[128], die im Frühjahr 1969 dem Papst zur Approbation vorgelegt werden konnten, geben so auch die neue Kompetenzregelung in Ehesachen wieder, der zufolge sich die Zuständigkeit der Rota in Nichtigkeitsverfahren nicht nur auf die katholischen, sondern ebenso auf alle nichtkatholischen Christen erstreckt, und zwar auf die Gläubigen des lateinischen ebenso wie auf die eines orientalischen Ritus. Es gilt daher:

> „Fermi restando i cann. 1598, 1599 e 1557 § 2, la competenza della Sacra Romana Rota per tutte le cause di nullità di matrimonio, legittimamente deferite alla Sede Apostolica, si estende anche alle cause in cui una parte è cattolica e l'altra acattolica, oppure tutte e due acattoliche sia che ambedue od una sola appartenga al rito latino od orientale, rimettendo però alla Sacra Congregazione per la Dottrina della Fede tutte le

---

125 PAUL VI., Papst, *Allocutio 1972*, 205.

126 *Regolamento generale della Curia Romana*, 1968, Feb 22: AAS 60 (1968), 129-176.

127 Vgl. H. EWERS, DekRR., *Prooemium [ad Normas S. Romanae Rotae Tribunalis]*, 1982, Jan 16: AAS 74 (1982), 490: „Curiae Romanae postquam ordinationem novam constituit PAULUS PP. VI, f. m., Litteris Apostolicis *Regimini Ecclesiae Universae* diei 15 Augusti 1967, sicuti ceterorum Dicasteriorum ita et S. Romanae Rotae primum speciales normae reformationi illi accomodatae ‚ad experimentum' prodierunt [...]“. Geringfügige Modifikationen in Verfassung und Ämterverteilung der Kanzlei waren im übrigen bereits 1965 vorgenommen worden, so zum Beispiel durch die Errichtung des Amtes eines „Leiters der Kanzlei“: vgl. B. FILIPIAK, DekRR., Brief, s. d. [1967?], an KardStSekr. A. G. Cicognani: Arch. Rot. Not. 682.

128 *Nuove Norme del Tribunale della Sacra Romana Rota*, 1969, Mai 25: LE, IV, 5551-5558, Nr. 3752.

questioni dottrinali che toccano la Fede, a tenore dei nn. 29 e 31 della Costituzione Apostolica *Regimini Ecclesiae Universae*"[129].

Die Gerichtsordnung trägt im Übrigen auch den Änderungen Rechnung, die im Lauf der Jahre ergänzend erlassen worden sind; so sieht sie ausdrücklich das Amt eines Substituten des Promotor iustitiae vor[130] und bezeichnet den Dekan in Übereinstimmung mit dem *Regolamento generale* als *Prelato Superiore* und damit als Leiter eines Dikasteriums der Kurie[131].

Insgesamt bestehen die neuen Normen aus drei Titeln, die in 40 Artikel untergliedert sind, und dem im Anhang aufgeführten Planstellenverzeichnis sowie den Sondervollmachten des Dekans[132]. Gegenüber den Normen von 1934 sind insgesamt gesehen nur geringfügige Änderungen vorgenommen worden[133]. Breiten Raum nehmen nun allerdings die Personalangelegenheiten ein[134]. In verfahrensrechtlicher Hinsicht verweist die Gerichtsordnung dagegen wegen der noch ausstehenden Neufassung des gesamten kanonischen Rechts auf die entsprechenden Bestimmungen des Jahres 1934, die vorerst weiter anzuwenden seien[135].

In einer dem Kardinalstaatssekretär gewährten Audienz vom 25. Mai 1969 approbierte Papst Paul VI. die neuen Normen *ad experimentum et ad triennium*[136]. Sie sind aber weder ins Lateinische übersetzt noch in den *Acta Apostoli-*

---

129 *Nuove Norme del Tribunale della Sacra Romana Rota*, Tit. I, capo I, Art. 4.

130 Vgl. *ebd.*, Tit. I, capo II, Art. 5 und Art. 6, § 4; Tit. II, capo I, Art. 17.

131 Vgl. *ebd.*, Tit. I, capo I, Art. 1 § 2.

132 Titolo I (Art. 1 – Art. 13): *Struttura ed organico della Sacra Romana Rota*; Titolo II (Art. 14 – Art. 39): *Attribuzioni e doveri*; Titolo III (Art. 40): *Procedura*; Appendice I: *Tabella Organica del Personale del Tribunale della Sacra Romana Rota*; Appendice II: *Facoltà straordinarie di S. E. il Decano della Sacra Romana Rota.* – Titel I ist zudem in drei, Titel II in sechs Kapitel untergliedert.

133 So findet sich auch in den neuen Normen die Bestimmung, nach der die Jurisdiktion der Auditoren durch die Vakanz des Apostolischen Stuhls nicht erlischt (vgl. Tit. II, capo I, Art. 16 § 1) und dies auch für Sonderkommissionen gilt, die der Rota bereits durch Unterschrift der zuständigen Autorität übertragen sind (vgl. *ebd.*, § 2). Im Hinblick auf die Advokaten und Prokuratoren (vgl. *ebd.*, Tit. II, capo VI, Art. 39) wird sogar lediglich auf die entsprechenden Regelungen aus dem Jahr 1934 und das *Regolamento generale della Curia Romana* verwiesen.

134 Vgl. Tit. I, capo II *(Organico e distribuzione del personale)* und capo III *(Assunzioni e nomine)*.

135 Vgl. Tit. III, Art. 40: „Fino a che non saranno rivedute ed armonizzate al futuro nuovo Codice di Diritto Canonico, si applicano le *Normae S. R. Rotae Tribunalis*, Tit. III *De ordine iudiciario*, articoli 59-185".

136 Vgl. B. FILIPIAK, DekRR., [*Prefazione alle Nuove Norme del Tribunale della Sacra Romana Rota*], 1969, Mai 27: LE, IV, 5550, Nr. 3752: „Nell'Udienza concessa all'E.mo

cae Sedis veröffentlicht worden, und nach Ablauf der drei Jahre wurde ihre Geltungsdauer nicht mehr verlängert.

c. Die Normen von 1982

Statt eine Prorogation der *Nuove Norme* zu gewähren, zog Paul VI. es vor, in Absprache und nach Beratung mit dem Auditorenkollegium eine gründliche Überarbeitung der versuchsweise approbierten Gerichtsordnung anzuordnen. Erst Johannes Paul II. aber konnte die fertige Neufassung zur Promulgation vorgelegt werden. Der Papst bestätigte die Bestimmungen in der von den Auditoren ausgearbeiteten Form; abermals sollten demnach alle Prozedurfragen bis zum Erscheinen des neuen kirchlichen Gesetzbuchs ausgespart bleiben[137]. Unter der Bezeichnung *Normae Sacrae Romanae Rotae Tribunalis*[138] konnten die Partikulargesetze dann am 11. Januar 1982 approbiert werden, und bereits am 28. Januar 1982 erlangten sie Rechtskraft[139].

Die neue Gerichtsordnung besteht wie ihre Vorgängerin aus drei Titeln, die nunmehr 65 Artikel umfassen, dem Dekret *Nihil antiquius*[140] und den Sondervollmachten des Dekans[141]. Verfassung und personelle Zusammensetzung des Gerichts sind in ihnen ebenso präzise festgelegt wie die Rechte und Pflichten der

---

Card. Segretario di Stato il 25 maggio 1969, il Santo Padre ha approvato ‚Ad experimentum et ad triennium' le *‚Nuove Norme del Tribunale della Sacra Romana Rota'*".

137 Vgl. EWERS, *Prooemium*, 490: „Cum dein praefatae normae funditus, iussu Summi Pontificis, collatis etiam consiliis cum Collegio Praelatorum auditorum, essent iterum revisae, placuit tandem Sanctissimo Domino Nostro IOANNI PAULO PP. II, feliciter regnanti, ut eaedem prouti sequuntur probentur atque promulgarentur, pariterque ut, usque ad editionem novi Codicis Iuris Canonici, quod spectat ad legem processualem propriam in Rota servandam, Articuli a 59 usque ad 185 inclusive Normarum anno 1934 statutarum vim habere pergerent".

138 *Normae Sacrae Romanae Rotae Tribunalis*, 1982, Jan 11: AAS 74 (1982), 490-517; vgl. dazu im Einzelnen S. PANIZO ORALLO, *Las nuevas normas del Tribunal de la Rota Romana*: REDC 38 (1982), 287-311.

139 Vgl. *Normae Sacrae Romanae Rotae Tribunalis*: „Quae omnia, contrariis quibusvis haud obstantibus, Sanctitas Sua, in Audientia die 11 ianuarii 1982 concessa Em.mo Cardinali a Secretis Status approbavit et promulgari iussit ita ut vigere incipiant a die 28 ianuarii 1982".

140 Es scheint RAMOS, *I tribunali ecclesiastici*, 214, Anm. 414, nicht bewusst geworden zu sein, dass das Dekret nicht als Anhang zu den Normen erlassen worden ist, sondern ihnen das bestehende von 1945 als Anhang hinzugefügt wurde.

141 Titulus I (Art. 1 – Art. 14): *„De constitutione Sacrae Romanae Rotae"*; Titulus II (Art. 15 – Art. 64): *„De officio Auditorum aliorumque S. R. Rotae addictorum"*; Titulus III (Art. 65): *„De ordine iudiciario in S. R. Rota servando"*; Appendix: *„Decretum de ordinario Studio Sacrae Romanae Rotae"*; Allegato I: *„Facoltà straordinarie di S. E. il Decano della Sacra Romana Rota"*; Titel I ist in drei, Titel II in sechs Kapitel untergliedert.

verschiedenen Bediensteten[142]. Dagegen werden Jurisdiktion und Kompetenzen des Tribunals nicht einzeln definiert; diesbezüglich wird auf andere Gesetze verwiesen, die solche Fragen klären:

> „Sacrae Romanae Rotae iurisdictionem et competentiam moderantur Codex Iuris Canonici, Const. Apost. *Regimini Ecclesiae universae* necnon Normae eiusdem propriae“[143].

Bemerkenswert ist allerdings, dass im Einklang mit den Bestimmungen des Motu proprio *Causas matrimoniales* und den Regelungen, die auf partikularrechtlicher Grundlage für die Vereinigten Staaten von Amerika und andere Länder getroffen worden waren, nun auch die Normen der Rota die Sorge um rasche Entscheidung der anhängigen Verfahren teilen[144]. Eine schnelle Abwicklung der Prozesse wird dabei keineswegs nur für Eheverfahren gefordert. Allgemein nämlich gilt:

> „Decanus, pro sua prudentia atque salvis partium iuribus, curabit ut Auditores pro viribus quam citius causas ad definitionem perducant et, quoad fieri possit, intra annum ab accepta appellatione“[145].

d. Die Gerichtstätigkeit in den Jahren nach dem Konzil

Hatte die Zahl der laufenden Verfahren im Herbst 1965 mit 878 Prozessen einen neuen Höchststand erreicht[146], so kam es von da an zu einem fast stetigen Rückgang. 1974 waren es nur noch 549 Fälle, die bei der Rota anhängig waren[147]. Ähnliches gilt für die Anzahl der neu aufgenommenen Klagen: Während

---

[142] Vgl. daher Panizo Orallo, *Las nuevas normas*, 311, der die Normen als „modelo ejemplar para todos los tribunales eclesiásticos“ bezeichnet und auf diesem Hintergrund kommentiert.

[143] *Normae Sacrae Romanae Rotae Tribunalis*, Tit. I, cap. I, Art. 5. Auch die Zuständigkeit in Ehenichtigkeitsverfahren mit einem oder zwischen zwei nichtkatholischen Christen wird daher nicht mehr eigens genannt. Der Hinweis auf die „Normae eiusdem propriae“ bezieht sich in erster Linie auf die Prozessordnung von 1934.

[144] Vgl. Panizo Orallo, *Las nuevas normas*, 302: „Ha de notarse que esta preocupación por la celeridad en la tramitación de las causas no aparece ni en las Normas de 1934 ni en las provisionales de 1969 [...]. Más aún, en este momento de la vida de la Iglesia y de la sociedad, uno de los principales testimonios que pueden dar al pueblo fiel los Tribunales de la Iglesia es éste de la celeridad en la tramitación de las causas“.

[145] *Normae Sacrae Romanae Rotae Tribunalis*, Tit. II, cap. I, Art. 15 § 2.

[146] Und zwar am 30. September 1965; vgl. AttSS 1965, 734.

[147] Nämlich am 30. September 1965; vgl. AttSS 1974, 609. Zum gleichen Stichtag waren es 1966 noch 706 Verfahren gewesen, 1967: 772 (vgl. AttSS 1967, 1308), 1970: 719 vgl. AttSS 1971, 707), 1971: 717 (vgl. *ebd.*), 1972: 660 (vgl. AttSS 1972, 653), 1973: 579 (vgl. AttSS 1973, 660). Von 1968 und 1969 liegen keine Angaben vor.

im Gerichtsjahr 1968/69 noch 373 *Turni* konstituiert werden konnten[148], waren es vier Jahre später nur mehr 232[149]. Bei den Sentenzen kam es naturgemäß zu einer entsprechenden zeitlichen Verschiebung: Von 301 im Zeitraum vom 1. Oktober 1971 bis zum 30. September 1972[150] sank deren Zahl auf 155 im Gerichtsjahr 1975/76[151].

Deutlich werden somit die Auswirkungen der Reformmaßnahmen im Anschluss an das Zweite Vatikanische Konzil sichtbar. Neben der Delegierung drittinstanzlicher Gerichte in Ländern wie Deutschland und Österreich dürfte es vor allem die auf gesamtkirchlicher Grundlage erstellte Neufassung der Eheprozessordnung gewesen sein, die für diese Entwicklung ausschlaggebend war. Weit weniger beeinflussten die amerikanischen Sonderregelungen die Tätigkeit der Rota: Schon 1969, im Jahr vor dem Erlass des entsprechenden Reskripts, wurden nur 14 Verfahren in dritter und vier in zweiter Instanz vor den päpstlichen Gerichtshof gebracht[152], 1970 noch 21 in dritter und zwei in zweiter[153], 1971 dagegen 13 in dritter und wiederum zwei in zweiter Instanz[154]. Verglichen mit den im selben Zeitraum in den Vereinigten Staaten von Amerika in erster und zweiter Instanz durchgeführten Prozessen handelt es sich hier um einen verschwindend kleinen Prozentsatz[155].

Der Rückgang an der Anzahl der Verfahren konnte auch durch die seit 1969 wieder freistehende Möglichkeit, von italienischen Regionalgerichten bereits in zweiter Instanz an die Rota zu appellieren, nicht ausgeglichen werden.

---

148 Vgl. AttSS 1969, 760.

149 Vgl. AttSS 1973, 660.

150 Vgl. AttSS 1972, 653.

151 Vgl. AttSS 1976, 546.

152 Und zwar im Zeitraum vom 1. Januar bis zum 31. Dezember: vgl. SRR., *Registro di protocollo*, 27 (1968-1969) – 28 (1969-1970).

153 Vgl. *ebd.*, 28 (1969-1970).

154 Vgl. *ebd.*, 29 (1971-1972).

155 1970 wurden dort 5738 neue Verfahren in erster und zweiter Instanz aufgenommen (vgl. SECRST. – RATIONARIUM GENERALE ECCLESIAE, *Annuarium statisticum Ecclesiae MCMLXX*, [Città del Vaticano] 1973, 271), 1971 waren es 11150 (vgl. SECRST. – RATIONARIUM GENERALE ECCLESIAE, *Annuarium statisticum Ecclesiae 1971*, [Città del Vaticano] 1973, 273). 1971 wurden demnach in den Vereinigten Staaten von Amerika 743-mal so viele *Turni* konstituiert wie in Fällen aus dem Bereich dieser Bischofskonferenz an der Rota. In den Jahren von 1958 bis 1966 war dies noch anders gewesen: An den dortigen kirchlichen Lokalgerichten waren nicht wesentlich mehr Urteile ergangen als in Fällen aus den Vereinigten Staaten von Amerika an der Rota, und auch im Hinblick auf den Prozentsatz affirmativer Entscheidungen hatten sich die Ergebnisse beider Seiten in etwa die Waage gehalten; vgl. L. G. SCOTT, *A Comparative Study of the Ecclesiastical Tribunals of the United States and the Sacred Roman Rota in Recent Years (Matrimonial Cases)*, Rome 1968, 63-66.

Zwar waren schon in den letzten Wochen vor dem Inkrafttreten des Reskripts vom 10. Februar 1969 mehrere Fälle auf außerordentlichem Weg durch die Apostolische Signatur der Rota übertragen worden, und im Lauf des Jahres 1969 erreichten dann durch ordentliche Berufung noch neun Prozesse aus der Region Latium und 51 aus dem restlichen Italien in zweiter Instanz den päpstlichen Gerichtshof[156]; 1970 waren es aber auch nur neun Fälle, die vom Vikariat Rom an die Rota gingen, und 49 von den übrigen Regionalgerichten Italiens[157], 1971 lediglich sieben römische Verfahren und 52 aus anderen Gebieten des Landes[158].

Eine entscheidende Änderung trat erst mit der Auflösung des Appellationsgerichts von Latium im Jahr 1977 ein: Im Gegensatz zu den 266 Verfahren, die von der Rota im Gerichtsjahr 1975/76 eingeleitet werden konnten[159], wurden in den folgenden zwölf Monaten schon 381 Prozesse an der Rota aufgenommen[160], die meisten davon italienischer Herkunft[161]. Die Zahl der laufenden Verfahren überstieg am 30. September 1978 dann erstmals wieder die 800[162] und erreichte ein Jahr später mit 853 Fällen abermals einen Höchststand[163].

Bereits 1977 äußerte daher der neue Dekan der Rota, Msgr. Charles Lefebvre[164], die Sorge, durch die nach Auflösung des römischen Berufungsgerichts stetig steigende Anzahl von Prozessen an der Rota könnte die Aktivität des Tribunals behindert und eine zügige Erledigung der laufenden Verfahren erschwert werden[165]. Hintergrund dieser Befürchtung war unter anderem, dass

---

156 Vgl. SRR., *Registro di protocollo*, 27 (1968-1969) – 28 (1969-1970).

157 Vgl. *ebd.*, 28 (1969-1970).

158 Vgl. *ebd.*, 29 (1971-1972).

159 Vgl. AttSS 1976, 545.

160 Vgl. AttSS 1977, 575.

161 Von den 347 Petitionen, die das Gericht erreichten, stammten 255 aus Italien und 92 aus anderen Nationen: vgl. *ebd.*

162 Vgl. AttSS 1978, 628 (803 Verfahren). Am 30. September 1975 waren es 599 anhängige Prozesse gewesen (vgl. AttSS 1975, 626), zum gleichen Zeitpunkt 1976: 622 (vgl. AttSS 1976, 545) und 1977: 721 (vgl. AttSS 1977, 575).

163 Vgl. AttSS 1979, 1118. 1980 waren es nur noch 775 laufende Verfahren (vgl. AttSS 1980, 1031), 1981: 757 (AttSS 1981, 954), 1982: 752 (vgl. AttSS 1982, 1143).

164 Msgr. Charles Lefebvre stammte aus Lille; am 13. Juli 1955 wurde er zum Auditor ernannt, vom 24. Mai 1976 bis zu seiner Emeritierung am 30. August 1978 war er Dekan. Er starb am 13. November 1989 in Rom; zu Person und Werk vgl. unter anderem J. DENIS, *Monseigneur Charles Lefebvre, doyen de la S. Rote Romaine*: AnCan 22 (1978), XIX-XXXII; B. DE LANVERSIN, P. FEDELE, *Ricordo di Charles Lefebvre*: EphIC 46 (1990), 155-165; Y. CHIRON, *Lefebvre (Charles)*: DBF, CXVII (2007), 704.

165 Vgl. C. LEFEBVRE, DekRR., Brief, 1977, Mrz 18, an KardStSekr. J. Villot: Arch. Rot., Not. 682: „Mi preme [...] osservare che, se si manterrà rigorosamente il numero chiuso

das Richterkollegium, welches in den Jahren 1970/71 und 1973/74 mit 25 Mitgliedern so groß wie nie zuvor in der Geschichte geworden war[166], ab 1977 auf 20 Auditoren beschränkt bleiben sollte und auch im Hinblick auf das übrige Personal eine Reduzierung der Planstellen angestrebt wurde[167].

Trotzdem gelang es der Rota, ihre laufenden Prozesse beschleunigt zum Abschluss zu bringen. Schon im Gerichtsjahr 1972/73 wurden 53 Fälle nach Maßgabe des Motu proprio *Causas matrimoniales* per Dekret bestätigt[168]. Bemerkenswert ist im Übrigen die Tatsache, dass in immer mehr Prozessen die Rota selbst für die Verfahrens- und Anwaltskosten aufkommen musste: So war in 110 von 205 im Gerichtsjahr 1973/74 entschiedenen Verfahren das *gratuitum patrocinium* gewährt worden[169].

Im Gegensatz zu den vielen Ehenichtigkeitssachen blieb die Zahl der übrigen vor die Rota gebrachten Prozesse auch weiterhin äußerst gering[170]. Nur selten überwiesen die Kongregationen einen Fall an das Gericht[171]. Die Hoffnungen, die durch die Kurienreform Papst Pauls VI. vorgenommenen Verbesserungen bei der Gewaltentrennung innerhalb der Kurie würden in der Praxis konkre-

---

così come è stato annunziato, dato il previsto sovraccarico di processi, la nostra giustizia, in contrasto con la sollecitudine più volte raccomandata ed inerente alla natura stessa delle questioni controverse, rischia di diventare sempre più lenta e meno apprezzata, nonostante gli sforzi dei Giudici".

166 Vgl. AnPont 1970, 1001-1002; AnPont 1971, 1005-1006; AnPont 1973, 1005-1006; AnPont 1974, 1019-1020.

167 Vgl. J. VILLOT, KardStSekr., Brief, Nr. 305826, 1977, Mrz 12, an C. Lefebvre, DekRR.: Arch. Rot., Not. 682. Für die Kanzlei waren dabei insgesamt 20 Bedienstete vorgesehen.

168 Vgl. AttSS 1972, 672; in weiteren 33 Verfahren wurde das Urteil erster Instanz dagegen nicht bestätigt. Die Langsamkeit der Rota bei der Entscheidung eines Falles trotz der neuen Verfahrensordnung des Motu proprio beklagt allerdings RODRIGO, *Cur optata a M. P. „Causas matrimoniales" celeritas*, 514-515.

169 Vgl. AttSS 1974, 607. Dies entspricht einem Prozentsatz von 53,7 %.

170 So waren beispielsweise von den im Jahr 1970 insgesamt 343 aufgenommenen Verfahren 333 (97,1 %) Fälle *nullitatis matrimonii*, 4 (1,2 %) *iurium*, 2 (0,6 %) *separationis*, je 1 (je 0,3 %) *existentiae matrimonii, dimissionis religiosi, custodiae filiae* und *piae voluntatis*; 1975 waren von 276 eingeleiteten Prozessen 262 (94,9 %) *nullitatis matrimonii*, 5 (1,8 %) *separationis*, 4 (1,5 %) *iurium* und je 1 (je 0,4 %) *damnorum, pensionis alimentaris, separationis et pensionis, separationis – pensionis – custodiae filiorum et aliorum iurium* und *condictionis indebiti et damnorum*; 1980 waren von 280 neu aufgenommenen Verfahren 270 (96,4 %) *nullitatis matrimonii*, 4 (1,5 %) *iurium*, 3 (1,1 %) *separationis*, je 1 (je 0,4 %) *nullitatis matrimonii et custodiae prolis, dispensationis super rato* und *modi procedendi et declarationis innocentiae et damnorum*: vgl. SRR., *Registro di protocollo*, 28 (1969-1970); 31 (1973-1975); 32 (1975-1976); 35 (1978-1980); 36 (1980-1981).

171 Vgl. LEFEBVRE, *Pouvoir judiciaire*, 349, der die Hauptursachen dafür in der Langsamkeit des gerichtlichen Verfahrens und in der Höhe der zu tragenden Unkosten sieht.

te Gestalt annehmen und die Rota wieder zum Entscheidungsforum in Gerichtsverfahren aller Art werden lassen, erwiesen sich bald als Illusion[172]. So blieb die Jurisprudenz des Tribunals im Großen und Ganzen auf Ehesachen und damit zusammenhängende Prozessfragen beschränkt.

e. Die Bedeutung der nachkonziliaren Rota und ihrer Rechtsprechung

Mit der zweimaligen Überarbeitung der alten Normen war es der Rota gelungen, den von ihr geforderten Beitrag zur strukturellen Erneuerung ihrer selbst eigenständig zu leisten. Die Aufgaben des Gerichts waren durch eine ganze Reihe von Reformen geklärt und erweitert, das Tribunal selbst auf diese Weise ein weiteres Mal in seiner Stellung bestätigt und gestärkt worden. Bewusster als früher übten daher nun auch die Richter ihr Amt aus pastoraler Verantwortung und seelsorglicher Motivation heraus aus[173]. Insbesondere in Ehesachen nahm die Rota auf Grund der immer häufigeren Nichtigkeitsklagen und der vereinfachten Prozedur eine Funktion wahr, die auf der liebenden Sorge um das Heil der Seelen gründete. Gerade deshalb aber, weil sie im Namen des Papstes über die Gültigkeit von Ehen entschied, stieß sie oft innerhalb und außerhalb der Kirche auf ungewöhnlich großes Interesse[174]. Vor allem in Italien sah sich das Ge-

---

[172] Vgl. ZANCHINI DI CASTIGLIONCHIO, *Problemi di decentramento*, 1181: „[...] l'auspicio [...], diretto a trasferire le cause *iurium* dalle Congregazioni alla Rota, è rimasta praticamente lettera morta".

[173] Vgl. F. BRENNAN, DekRR., *Indirizzo d'omaggio*, 1965, Jan 11: OR 85 (1965), Nr. 8, 11./12.01.1965, 2ªedizione, 1: „Ad esso Collegio spetta doverosamente la coscienza di rappresentare – nel suo ambito specifico – la' cittadella posta sul monte a luce e guida dei Tribunali ecclesiastici di tutta la cattolicità"; sowie B. FILIPIAK, DekRR., *Indirizzo d'omaggio*, 1971, Jan 29: OR 91 (1971), Nr. 23, 29.01.1971, 2: „Ora è innegabile che il nostro Tribunale ha vibrazioni di respiro aperto su tutta la terra. I Giudici, più numerosi che in passato, provengono da diverse nazioni e contribuiscono, con la varietà della cultura della sensibilità della lingua e dell'informazione, all'efficienza unitaria di questo singolare organismo. Le cause, regolarmente deferite al centro della Cattolicità da tutte le parti del mondo, s'intendono deferite in Rota senza neppure la vecchia eccezione degli acattolici [...]. Ben consapevoli dunque della veneranda tradizione Rotale, di cui, per il nostro Ufficio, ci sentiamo continuatori [...]; aperti a cogliere tutte le variazioni del divenire sociale e spirituale dei fedeli; nel clima rinnovato della cattolicità, e cioè di più fiduciosa comprensione per quanti ricorrono alla giustizia materna della Chiesa [...]".

[174] Siehe zum Beispiel A. SCHÜLER, *Reflex der „Gerechtigkeit Gottes": Die Ehe-Annullierungen durch die Sacra Rota*: WeltW 36 (1968), Nr. 1783, 12.01.1968, 9; G. KLEEMANN, *Die Sacra Rota ignoriert die Kinder*: Stuttgarter Zeitung 27 (1971), Nr. 185, 14.08. 1971, 24; A. R. GRIPPIOLO, *Sacra Rota: i nuovi casi di nullità*: Anna bella 40 (1972), Nr. 23, 06.06.1972, 56-61; H. STEHLE, *Sie glaubten an den Storch: Der Vatikan macht Scheidungen nach wie vor leicht*: Zeit 27 (1972), Nr. 46, 17.11.1972, 70; A. WUCHER, *Langsam dreht sich das Heilige Rad: Das päpstliche Gericht hat im vergangenen Jahr 180 Ehen annulliert*: SZ 30 (1974), Nr. 3, 04.01.1974; vgl. dazu AttSS 1974, 609: „L'interesse inoltre a conoscere l'organizzazione, il funzionamento e le finalità del Tribunale della Rota, una volta ristretto ad una cerchia di iniziati, è passato in questi ultimi anni, e soprattutto quest'anno in Italia, dalle

richt im Zusammenhang mit der umstrittenen Einführung der zivilen Ehescheidung immer wieder heftigen Angriffen ausgesetzt[175].

Umso mehr musste es Anliegen der Richter sein, im Geist des Konzils den Anspruch der Liebe und den der Gerechtigkeit miteinander zu verbinden[176] und eine Jurisprudenz zu entwickeln, die dem modernen Menschen gerecht wird, ohne dabei leichtfertig die Gebote Gottes und die Wahrheiten des Glaubens und aufs Spiel zu setzen. Ein *novus stilus Rotae*, den die Auditoren so im Lauf der Jahre herausbildeten, konnte daher der ganzen Kirche bei ihrer Sorge um Frieden und Gerechtigkeit hilfreich sein[177]. Nicht ohne Grund würdigte Papst Paul VI. deshalb die Dezisionen der Rota als Denkmal christlicher Rechtsprechung, als er 1973 sagte:

> „Opera pastorale sarà ancora questa dottrina ponderata, costantemente rinnovata e adattata in virtù della stessa *aequitas canonica* che voi

---

riviste e monografie scientifiche, alla stampa quotidiana, alle comuni riviste nonché alla radio e alla televisione".

175 So zum Beispiel S. VISCARDI, *Alla Sacra Rota come a Las Vegas*: mia 1 (1968), Nr. 9, 27.11.1968, 12-14; M. MELLINI, *Così annulla la Sacra Rota. Divorzio di classe nell'Italia clericale*, Roma 1968; V. NANNI, *Tribunale della Sacra Rota: impotenza sessuale e Spirito Santo: Il divorzio sadico*: ABC 12 (1971), Nr. 51, 17.12.1971, 8-11; S. DE ANDREIS, *Sempre più Rota*: Panorama 10 (1972), Nr. 338, 12.10.1972, 59-65; V. NANNI, *Sacra Rota: un tribunale speciale simile a quello dell'inquisizione*: ABC 13 (1972), Nr. 52, 22.12.1972, 26-27; E. RAVA, *La Rota facile*: Paese Sera 24 (1973), 19.06.1973, 3; S. DE ANDREIS, *Vittime della Rota*: Panorama 12 (1974), Nr. 419, 02.05.1974, 83-95; M. MELLINI, *Le sante nullità: la vera alternativa: divorzio o Sacra Rota*, Roma 1974; F. PEREGO, *Divorziare in nome di Dio*, Venezia – Padova 1974; zu den Angriffen vgl. C. LEFEBVRE, PrDekRR., *Indirizzo d'omaggio*, 1975, Jan 30: OR 115 (1975), Nr. 25, 31.01.1975, 2: „Nessuno ignora, infatti, quali e quanti strali, specie negli ultimi tempi, sono stati lanciati contro questa veneranda Istituzione. Siamo stati accusati di favorire i ricchi, mentre non vediamo altro che anime e, semmai, è sulle piaghe dei poveri che, ad esempio del buon Samaritano, ci curviamo con più amore e comprensione. Siamo stati tacciati di mala fede, mentre noi, formati al culto della verità e non solo in base a valori umani, crediamo di dover rendere conto di tutto al Giudice Supremo. Siamo stati descritti come assetati di potere in concorrenza col potere civile, mentre noi esercitiamo una funzione, a servizio altrui e non per nostra soddisfazione, e la stragrande maggioranza delle nostre decisioni non rileva che nel foro interno ed esterno della Chiesa".

176 Vgl. AttSS 1973, 674: „[...] è al Concilio Vaticano II che bisogna rifarsi se la giurisprudenza Rotale si è mostrata sempre più intenta a far coincidere il diritto con la carità".

177 Vgl. AttSS 1977, 589: „La giurisprudenza Rotale essendo una viva forma interpretativa delle norme del Diritto Canonico, insieme con esso diventa *il segno e lo strumento* di salvezza delle anime [...]. In questo modo si forma [...] il *‚novus stilus Rotae'*, che rispettando i segni dei tempi, si adatta ai tempi moderni, ispirandosi al Concilio Vaticano II, agli insegnamenti del Santo Padre, sicché tutta la vita giuridica, compresa anzitutto la giurisprudenza, (desumibile sempre dalla Rota, non dai tribunali territoriali), diventa un valido sussidio pastorale della Chiesa per la conservazione della pace, frutto della giustizia [...]. E questo sacro dovere pastorale-giuridico compie la S. R. Rota riaffermando solennemente le verità rivelate concernenti il matrimonio".

applicate. Le decisioni rotali sono un monumento di scienza giuridica e di saggezza cristiana“[178].

Dabei durfte allerdings auch nicht der Einfluss vergessen werden, den die Rota von neuem auf die Weiterentwicklung des kanonischen Rechts ausübte. Gerade im Hinblick auf die geplante Neukodifizierung des Gesetzbuchs war dies von entscheidender Bedeutung. So hatte Papst Paul VI. bereits 1968 festgestellt:

> „Desideriamo [...] ripetervi quale assegnamento faccia la Santa Sede sul vostro prezioso e insostituibile contributo [...]. Ci riferiamo innanzitutto alla revisione del Codice di Diritto Canonico. La vasta e uniforme esperienza accumulata dal vostro Tribunale in questi ultimi anni, vi mette in grado, oggi come in passato, di fornire un materiale copioso e qualificato per la nuova legislazione. Non soltanto, come è evidente, la parte dedicata alla struttura e dinamica del processo canonico e alla dommatica del matrimonio, ma anche gli stessi principi e gli istituti fondamentali del Diritto Canonico potranno essere individuati in maniera più genuina e definiti in termini più sicuri con l'apporto della dottrina contenuta nelle vostre Decisioni [...]. Il senso profondamente umano che ispira le vostre Sentenze contribuirà a illuminare il mistero dell'uomo e del cristiano di oggi [...]“[179].

Dem päpstlichen Gerichtshof kam deswegen in besonderer Weise die Aufgabe zu, die Weisungen des Konzils im konkreten Fall gewissenhaft anzuwenden und ihnen auf diesem Weg Gesetzeskraft für die betroffenen Parteien zu verleihen. Papst Johannes Paul II. (1978-2005) betonte daher mit Blick auf die Rechtsprechung des Tribunals ausdrücklich in einer seiner ersten Ansprachen an die Mitglieder der Rota:

> „Specialmente nella fase di transazione tra il vecchio e il nuovo diritto canonico, essa ha svolto un ruolo decisivo nell'accogliere e nel tradurre in sentenze, ovviamente costituenti legge solo per le parti e per le persone per le quali furono pronunciate, le istanze più significative del

---

[178] PAUL VI., Papst, *Allocutio ad Praelatos Auditores, Officiales et Advocatos Tribunalis Sacrae Romanae Rotae, novo litibus ineunte anno coram admissos*, 1973, Feb 8: AAS 65 (1973), 95-103, 101; zur Rechtsprechung der Rota im Geist des Zweiten Vatikanischen Konzils vgl. auch das Urteil von MOSIEK, *Bemerkenswertes aus der neuesten Judikatur*, 207-208: „Wenn man diese Ausführungen der S. R. Rota auf sich wirken läßt, dann wird deutlich, mit welchem Ernst und mit welcher Akribie die verschiedensten Probleme auf den weiten Gebieten des Eherechts und Eheprozesses von den jeweiligen Auditoren behandelt werden“.

[179] PAUL VI., Papst, *Allocutio 1968*, 205-206; vgl. hierzu insbesondere C. LEFEBVRE, *Pauli VI verba de rotali iurisprudentia*: Per 58 (1969), 117-142.

Concilio Vaticano II, soprattutto per quanto attiene ai contenuti del matrimonio cristiano“[180].

Bereits zwei Jahre zuvor hatte er auf die wegweisende Bedeutung der Gerichtshöfe und Behörden des Heiligen Stuhls bei der Weiterentwicklung gesetzlicher Normen verwiesen, als er klarstellte:

> „È infatti temeraria ogni innovazione di diritto, sia sostantivo sia processuale, che non trovi alcun riscontro nella giurisprudenza o prassi dei tribunali e dicasteri della Santa Sede“[181].

Dass auch Papst Johannes Paul II. die Mitarbeit des Rotakollegiums bei der Verwirklichung seines Hirtenamtes zu schätzen wusste, zeigte sich im Übrigen bereits im ersten Jahr seines Pontifikats: Am 15. Mai 1979 nämlich besuchte er persönlich die Rota[182] und bezeugte dadurch seine Verbundenheit mit deren Dekan, Msgr. Heinrich Ewers[183], den Auditoren und dem übrigen Gerichtspersonal.

---

[180] JOHANNES PAUL II., Papst, *Allocutio ad Sacrae Romanae Rotae Tribunalis Praelatos Auditores, Officiales et Advocatos coram admissos*, 1983, Feb 26: AAS 75 (1983), 554-559, 558; zur Thematik vgl. auch POMPEDDA, *La giurisprudenza rotale*.

[181] JOHANNES PAUL II., Papst, *Allocutio ad Praelatos Auditores ceterosque Officiales et Administros Tribunalis Sacrae Romanae Rotae*, 1981, Jan 24: AAS 73 (1981), 228-234, 232.

[182] Vgl. AttSS 1979, 323-324: „15 maggio [...:] Giovanni Paolo II compie una visita al Palazzo della Cancelleria, ove si trovano gli uffici di alcuni dicasteri vaticani [...]. Al secondo piano dell'edificio lo ricevono il cardinale Pericle Felici, Prefetto del Supremo Tribunale della Segnatura Apostolica, e il Segretario [...]. Dopo essersi intrattenuto con i giudici e gli altri officiali del Tribunale, il Santo Padre si congeda da loro e si reca negli uffici della Sacra Romana Rota. Il Decano della Sacra Rota mons. Ewers accompagna Giovanni Paolo II tra i vari uffici del Dicastero [...]. Quindi, nell'Aula dei cento Giorni [...] il cardinale Pericle Felici, a nome di tutti i dipendenti dei dicasteri vaticani visitati in mattinata dal Santo Padre radunati nella Sala, rivolge al Papa un deferente indirizzo d'omaggio presentandogli l'attività dei vari dicasteri rappresentati nella Sala. Rispondendo all'indirizzo d'omaggio, il Santo Padre sottolinea l'importanza che nel governo della Chiea riveste l'opera di ogni dicastero e ringrazia i presenti per il qualificato lavoro che svolgono, ‚lavoro – dice il Papa – che è una parte del mio stesso lavoro e che voi fate per me'“ (Abbildungen unten, 494).

[183] Msgr. Heinrich Ewers wurde am 18. Februar 1906 in Beuthen/Oberschlesien geboren. Er war Priester der Erzdiözese Paderborn und wurde am 3. August 1956 zum Auditor ernannt. Vom 30. August 1978 bis zu seiner Emeritierung am 28. Januar 1982 war er Dekan der Rota Romana. Er starb am 12. August 1992 in Paderborn; zu Person und Werk vgl. WWCW (1967-1968), 206; S. KILLERMANN, *Der deutsche Rota-Dekan Heinrich Ewers (1906-1992)*: U. KAISER, R. RAITH, P. STOCKMANN (Hg.), *Salus animarum suprema lex. Festschrift für Offizial Max Hopfner zum 70. Geburtstag* (= AIC, 38), Frankfurt am Main u. a. 2006, 249-266; S. KILLERMANN, *Ewers, Heinrich*: BBKL, XXVI (2006), 289-298.

Ergebnis

Die Forderung der Konzilsväter, neben der Kirche als ganzer in besonderer Weise auch die Römische Kurie im Geist des Evangeliums zu erneuern und die pastorale Zielsetzung des Dienstes der Kurie noch mehr als bisher zu betonen, hatte Papst Paul VI. dazu bewogen, ein weiteres Mal Veränderungen in der Organisation des kurialen Behördenwesens vorzunehmen und dabei das Prinzip der Gewaltentrennung klarer zu verwirklichen. So bestätigte er die seit Papst Pius X. im Großen und Ganzen gleich gebliebenen Kompetenzen der Rota, erhob das Tribunal aber innerhalb der Kurie zum allein zuständigen Dikasterium bei der Entscheidung über Ehenichtigkeitsverfahren von Gläubigen des lateinischen wie eines orientalischen Ritus; den Kongregationen war damit endgültig jede Jurisdiktion in solchen Verfahren entzogen.

Im Hinblick auf die immer weiter ansteigende Zahl von Eheprozessen an den Gerichten der Kirche erließ Papst Paul VI. 1971 und 1973 zwei Motuproprios, die zur schnelleren Erledigung solcher Sachen führen sollten. Obwohl dadurch die Zuständigkeiten der Rota keiner Änderung unterworfen wurden, war es auf diese Weise nun auch dem päpstlichen Gerichtshof möglich, einen beträchtlichen Teil seiner laufenden Verfahren in kurzer Zeit zu beenden.

Versuche, die Rota durch Errichtung nationaler Obergerichte dritter Instanz zu umgehen, waren dagegen in fast allen Fällen nicht erfolgreich. Auch Sondernormen, welche für die Vereinigten Staaten von Amerika sowie für Australien und Kanada gewährt wurden, hatten für die Rota praktisch wenig Bedeutung. Dafür wirkten sich Modifikationen des italienischen Partikularrechts stärker auf die Tätigkeit des päpstlichen Gerichtshofs aus, spürbar allerdings erst seit der Aufhebung des Berufungstribunals zweiter Instanz für die Region Latium im Jahr 1977. Von diesem Zeitpunkt an stieg nicht nur die Zahl der bei der Rota laufenden Verfahren erneut an; der weitaus größte Teil der vor den Apostolischen Stuhl gebrachten Prozesse kam nun aus den verschiedenen Gegenden Italiens und dabei in erster Linie aus Rom und dem übrigen Latium.

Auch der Rota selbst galt der Erneuerungsaufruf des Konzils. Zeugnis von der erfolgreichen Verwirklichung dieses Auftrags geben die Reformen der eigenen Gerichtsordnung durch die Normen von 1969 und 1982 sowie die auf der Grundlage der Konzilsbeschlüsse weiterentwickelte Rechtsprechung, welche ihrerseits wiederum wegbereitend sein konnte für entsprechende Reformen des gesamten kirchlichen Ehe- und Prozessrechts.

Achtes Kapitel

Die Vervollkommnung

Die umfassende Revision der Gesetzesgrundlagen unter Papst Johannes Paul II. (1983 bis 2005)

Den Reformbestimmungen, die im Anschluss an das Zweite Vatikanische Konzil Veränderungen für die Rota und deren Auftrag in der Kirche mit sich gebracht hatten, sollte nur eine kurze Geltungsdauer beschieden sein. Waren einige von ihnen von vornherein nur als Übergangslösungen gedacht, so erwiesen sich bald auch die übrigen als vorläufige Regelungen, die bei der geplanten Revision des gesamten kirchlichen Rechts entweder sanktioniert oder aber einer erneuten Modifizierung unterworfen werden mussten. Auf der Grundlage des neuen *ius commune Ecclesiae* erwuchs dann die Möglichkeit, auch partikularrechtliche und gerichtsinterne Normen mit Bezug auf die allgemein gültige Ordnung neu festzulegen. Gleichzeitig aber bestand auf diese Weise die Aussicht, erstmals sämtliche für das Gericht relevanten Gesetze innerhalb weniger Jahre durch Reformierung und Vervollständigung zu einem einheitlichen Ganzen werden zu lassen.

Im Folgenden wird daher genauer zu untersuchen sein, inwieweit dadurch Auftrag und Funktion des Gerichts an der Wende zum dritten Jahrtausend noch eindeutiger bestimmt wurden, acht Jahrhunderte nach Entstehung und mehr als neun Jahrzehnte nach Wiedererrichtung der Rota.

1. Die Rota im neuen *Corpus Iuris Canonici*

Drei Dokumente sind es gegenwärtig vor allem, die Stellung und Zuständigkeit der Rota universalrechtlich regeln: der *Codex Iuris Canonici* von 1983, die Apostolische Konstitution *Pastor Bonus* von 1988 und der *Codex Canonum Ecclesiarum Orientalium* von 1990[1]. Sie sind nicht nur zeitlich, sondern auch inhaltlich untereinander verbunden und aufeinander abgestimmt. Papst Johannes Paul II., in dessen Pontifikat sie alle drei promulgiert wurden[2], sprach daher anlässlich der Vorstellung des neuen Gesetzbuchs für die Ostkirchen im Oktober 1990 von der Vollendung des kirchenrechtlichen Reformprogramms des Konzils[3] und bezeichnete die drei Werke zusammen als neues *Corpus Iuris Canonici*[4] und damit als umfassende Sammlung der wichtigsten Gesetze der ganzen

---

[1] Zur Rota im gegenwärtig geltenden Recht siehe unter anderem GROCHOLEWSKI, *Tribunali apostolici*, 461-469; GROCHOLEWSKI, *De ordinatione*, 62-63; J.-B. D'ONORIO, *Le Pape et le gouvernement de l'Église*, Paris 1992, 391-394; DIEGO-LORA, *Los tribunales*; M. J. ARROBA CONDE, *Diritto processuale canonico*, Roma 1993, 139-144; P. V. PINTO, *I processi nel Codice di diritto canonico. Commento sistematico al Lib. VII*, Città del Vaticano 1993, 135-142; P. A. BONNET, *I Tribunali nella loro diversità di grado e di specie*: C. GULLO (Hg.), *Il processo matrimoniale canonico* (= StGiur, 29), Città del Vaticano ²1994, 218-225; C. DE DIEGO-LORA, *I Tribunali della Sede Apostolica*: *ebd.*, 227-297; K. LÜDICKE, Kommentar zu: *can. 1444*: MK, 1441/1-1444/4, 23. Erg.-Lfg., Okt. 1994; P. A. BONNET, *La competenza del Tribunale della Rota romana e del Supremo Tribunale della Segnatura Apostolica*: IusEc 7 (1995), 3-37; F. D'OSTILIO, *Il diritto amministrativo della Chiesa*, Città del Vaticano 1995, 213-214; F. D'OSTILIO, *Prontuario del Codice di Diritto Canonico*, Città del Vaticano 1995, 541; J. L. MÉNDEZ RAYÓN, *Normativa procesal y tercera instancia*: REDC 52 (1995), 593-655, 618-638; J. L. MÉNDEZ RAYÓN, *La tercera instancia judicial local en la actual legislación latina*, Roma 1996, 61-75; R. PERGHEM, *I Tribunali Ecclesiastici*: REDC 54 (1997), 596-602; M. F. POMPEDDA, *La Rota Romana tra storia e realtà giudiziaria*: R. COPPOLA (Hg.), *Giornate canonistiche baresi*, I, Bari 1998, 11-16; C. DE DIEGO-LORA, R. RODRÍGUEZ-OCAÑA, *Lecciones de derecho procesal canónico. Parte general*, Pamplona 2003, 293-296; G. MAY, *Rota*: RGG⁴, VII (2004), 642-643; A. Stankiewicz, Il Tribunale Apostolico della

[2] Vgl. hierzu Z. GROCHOLEWSKI, *Giovanni Paolo II, Legislatore*: IusEc 17 (2005), 335-344.

[3] Vgl. JOHANNES PAUL II., Papst, *Allocutio in aula Synodi episcoporum habita: de novo Codice Canonum Ecclesiarum Orientalium*, 1990, Okt 25: AAS 83 (1990), 486-493, 488, n. 4: „Cum Ecclesiae Latinae Codicem Iuris Canonici promulgavi, conscius eram non omnia facta esse ad talem ordinem in Ecclesia universali instaurandum. Deerat enim nova dispositio Curiae Romanae deeratque, ex multis saeculis – licet dicere – Codex continens ius omnibus Ecclesiis Catholicis Orientalibus commune [...]. Nunc tantum enim totius disciplinae Ecclesiae Catholicae accomodatio, a Concilio Vaticano II inita, perfecta est, Deoque hinc grates agantur".

[4] Vgl. *ebd.*, 490, n. 8: „Dum [...] Codicem exhibeo qui regit communem omnibus Ecclesiis Orientalibus Catholicis disciplinam, hunc ego puto partem unici ‚Corporis Iuris Canonici', constantis ex tribus supra commemoratis documentis intra septem annos promulgatis"; vgl. auch JOHANNES PAUL II., Papst, *Allocutio ad eos qui conventui internationali iuris canonici interfuerunt*, 1993, Apr [23]: Comm 25 (1993), 12-16, 13-14; Vorbehalte gegen die Bezeichnung *Corpus Iuris Canonici* äußert allerdings H. SCHMITZ, *Der Codex Iuris Canonici von 1983*: HKKR² (1999), 49-76, 76. Für ihn wäre dieser Terminus nur sinnvoll, wenn das *Corpus* auch eine *Lex Ecclesiae Fundamentalis* umfasst hätte. Zum Verhältnis beider Gesetzbücher zueinander vgl. P. GEFAELL, *Relations entre les deux „codes" de l'unique „Corpus Iuris Canonici"*: ACan 41 (1999), 165-179.

Kirche. Ein Vorhaben, das schon Papst Johannes XXIII. im Sinn gehabt hatte[5], war damit 25 Jahre nach Abschluss des Zweiten Vatikanischen Konzils Wirklichkeit geworden.

a. Der *Codex Iuris Canonici* von 1983

Anliegen Papst Johannes' XXIII. und des Konzils war es gewesen, nicht nur das päpstliche Behördenwesen als solches zu reformieren, sondern auch das gesamte kirchliche Rechtssystem zu erneuern, in das die Kurie als unverzichtbares Element eingebunden war. Bereits im Januar 1959 hatte der Papst dieses Vorhaben bekannt gegeben[6]. Vier Jahre später wurde dann eine Kommission für die Revision des kanonischen Rechts ins Leben gerufen[7]. Die eigentlichen Reformarbeiten begannen freilich erst nach Abschluss des Konzils[8]. Neun Monate nach der Fertigstellung des letzten Schemas[9] konnte Papst Johannes Paul II.

---

[5] Die Revision der lateinischen und der orientalischen Gesetzesnormen war auch eines der ersten Anliegen Papst Johannes Pauls I. (1978) gewesen. Bereits in der Ansprache zum Beginn seines Pontifikates hatte er eine entsprechende Initiative angekündigt: vgl. JOHANNES PAUL I., Papst, *Allocutio ad S. R. E. Cardinales et ad totius orbis catholici Christifideles, postridie ipsius electionem*, 1978, Aug 27: AAS 70 (1978), 695: „[...] promovebimus recognitionem Codicis Iuris Canonici, traditionis sive orientalis sive latinae".

[6] Und zwar gleichzeitig mit der Ankündigung der Einberufung eines Ökumenischen Konzils und einer römischen Diözesansynode: vgl. JOHANNES XXIII., Papst, *Allocutio ad E.mos Patres Cardinales in Urbe praesentes habita*, 1959, Jan 25: AAS 51 (1959), 65-69, 68-69: „Pronunciamo [...] la proposta della duplice celebrazione: di un Sinodo Diocesano per l'Urbe, e di un Concilio Ecumenico per la Chiesa universale. Per voi [...] non occorrono illustrazioni copiose circa la significazione storica e giuridica di queste due proposte. Esse condurranno felicemente all'auspicato e atteso aggiornamento del Codice di Diritto Canonico, che dovrebbe accompagnare e coronare questi due saggi di pratica applicazione dei provvedimenti di ecclesiastica disciplina [...]".

[7] Vgl. *Diarium Romanae Curiae*: AAS 55 (1963), 363-364; zu den Leitlinien der Reform siehe H. SCHMITZ, *Reform des kirchlichen Gesetzbuches Codex Iuris Canonici 1963-1978. 15 Jahre Päpstliche Reformkommission* (= Can, 1), Trier 1979, 14-23; F. D'OSTILIO, *L'opera di revisione del Codex Iuris Canonici della Chiesa Latina*: Apol 55 (1982), 308-369; H. SCHWENDENWEIN, *Der geschichtliche Weg der Neukodifizierung des kanonischen Rechtes*: GsGg 2 (1983), 190-192; J. A. ALESANDRO, *The Revision of the* Code of Canon Law. *A Background Study*: StCan 24 (1990), 91-146.

[8] Nämlich durch die feierliche Sitzung der Kommissionsmitglieder unter Vorsitz Papst Pauls VI. am 20. November 1965; vgl. dazu JOHANNES PAUL II., Papst, Ap. Konst. *Sacrae disciplinae leges,* 1983, Jan 25: AAS 75 [1983], II, VII-XIV, VIII „[...] novus Codex [...] praeviam Concilii operam necessario postulavit; et quamquam una cum oecumenico illo coetu est praenuntiatus, tamen tempore eundem sequitur, quia labores, ad illum apparandum suscepti, cum in Concilio niti deberent, nonnisi post idem absolutum incipere potuerunt"; zu den Arbeiten vgl. auch PETRONCELLI, *Il Concilio Vaticano II*, 65-67.

[9] Dabei handelt es sich um das so genannte *Schema novissimum*; es war dem Papst am 22. April 1982 übergeben worden. Bereits im Zeitraum von 1972 bis 1977 waren Einzelschemata ausgearbeitet worden, die am 29. Juni 1980 zum *Schema CIC 1980* zusammenge-

endlich am 25. Januar 1983 den neuen *Codex Iuris Canonici*[10] promulgieren[11]. In Konkretisierung der Vorgaben des Konzils war damit eine umfassende Reform der gesamten Disziplin der Lateinischen Kirche erfolgt[12]. So atmet das neue Gesetzbuch denn auch den Geist des Zweiten Vatikanischen Konzils[13] und

---

fügt worden waren; zur Entstehungsgeschichte des CIC/1983 vgl. vor allem: *Praefatio* zum *Codex Iuris Canonici*: AAS 75 (1983), II, XV-XXX; außerdem: C. CORRAL, *Codice di diritto canonico (Codex iuris canonici)*: NDDC² (1986), 190-200, 192-193; G. LE BRAS, *La nouvelle codification de l'Église (1959-1983)*: RDC 33 (1983), 155-168; R. METZ, *La nouvelle codification du droit de l'Église (1959-1983)*: RDC 33 (1983), 123-131; H. SCHMITZ, *Der Codex Iuris Canonici von 1983*: HKKR (1983), 35-45; SCHWENDENWEIN, *Der geschichtliche Weg*, 120-125, 127, 184-195 und 198-206; K.-T. GERINGER, *Codex Iuris Canonici*: LThK³, II (1994), 1243-1245, 1243-1244; F. JANKOWIAK, *Code de droit canonique de 1983*: DHP (1994), 402-405; SCHMITZ, *Der Codex* (1999), 54-56; J. L. GUTIÉRREZ, *La formazione dei principi per la riforma del „Codex Iuris Canonici"*: J. CANOSA (Hg.), *I principi per la revisione del Codice di Diritto Canonico. La ricezione giuridica del Concilio Vaticano II* (= MG, 16), Milano 2000, 6-23; ERDŐ, *Die Quellen*, 153-157.

10 Vgl. *Codex Iuris Canonici*: AAS 75/2 (1983), 1-317.

11 Nämlich durch die Apostolische Konstitution *Sacrae disciplinae leges*.

12 Vgl. JOHANNES PAUL II., Papst, *Allocutio ad eos qui cursui secundo praesentationis novi codicis iuris canonici apud Pontificiam Universitatem Gregorianam interfuere*, 1983, Dez 9: LE, VI, 8731-8732, Nr. 5019; *ebd.*, 8732: „Il Codice porta a coronamento l'opera del Concilio Vaticano II. Mai un Concilio ecumenico ha dato l'avvio ad un tale rinnovamento; mai un Codice si è prefissato con tanta cura di cercare di inserire un Concilio nella vita"; G. FELICIANI, *Il nuovo Codice fra fedeltà e novità*: E. CAPPELLINI (Hg.), *La normativa del nuovo Codice*, Brescia ²1983, 22.

13 Vgl. JOHANNES PAUL II., *Sacrae disciplinae leges*, IX: „[...] Codex non modo ob ea quae continent, sed etiam iam in suo ortu prae se fert afflatum huius Concilii, in cuius documentis Ecclesia, universale sacramentum salutis [...], tamquam Populus Dei ostenditur [...]"; *ebd.*, XI: „Instrumentum, quod Codex est, plane congruit cum natura Ecclesiae, qualis praesertim proponitur per magisterium Concilii Vaticani II in universum spectatum, peculiarique ratione per eius ecclesiologicam doctrinam. Immo, certo quodam modo, novus hic Codex concipi potest veluti magnus nisus transferendi in sermonem *canonisticam* hanc ipsam doctrinam, ecclesiologicam scilicet conciliarem"; *ebd.*, XII: „[...] Codex habetur veluti complementum magisterii a Concilio Vaticano II propositi [...]"; siehe dazu vor allem R. J. CASTILLO LARA, *Criteri ispiratori della revisione del Codice di diritto canonico*: PONTIFICIA UNIVERSITAS URBANIANA (Hg.), *La nuova legislazione canonica. Introduzione al Diritto del Popolo di Dio* (= StUrb, 13), Roma 1983, 15-33; vgl. außerdem R. BERTOLINO, *La tutela dei diritti nella Chiesa*, Torino 1983, 24-37; FELICIANI, *Il nuovo Codice*, 20-24; SCHMITZ, *Codex* (1983), 35-37 und 40-41; CORRAL, *Codice*, 196-199; J. BEYER, *Le nouveau Code de Droit canonique. Esprit et structures*: NRTh 106 (1984), 360-382; V. FAGIOLO, *Vaticano II e diritto canonico*: P. LEVILLAIN (Hg.), *Le deuxième Concile du Vatican (1959-1965). Actes du colloque organisé par l'École française de Rome en collaboration avec l'Université de Lille III, l'Istituto per le scienze religiose de Bologne et le Dipartimento di studi storici del Medioevo e dell'età contemporanea de l'Università di Roma – La Sapienza (Rome 28-30 mai 1986)* (= CEFR, 113), Rome 1989, 627-650, 636-649; SCHMITZ, *Der Codex* (1999), 62-63.

betont in besonderer Weise die kollegiale Verbundenheit des Papstes mit den Bischöfen der Weltkirche[14].

Zwar verzichtet der Codex selbst auf eine neuerliche Reform der Römischen Kurie und beschränkt sich darauf, hinsichtlich der „Ordnung und Zuständigkeit" der einzelnen Dikasterien auf ein „besonderes Gesetz" zu verweisen[15]. Einzige Ausnahmen bilden dabei die Apostolische Signatur und die Rota Romana, deren Aufgaben und Kompetenzen im Rahmen des neu gefassten Prozessrechts einzeln erläutert werden[16]. Wie bereits das Gesetzbuch von 1917, so behandelt auch der Codex von 1983 unter den verschiedenen Instanzen und Arten der Gerichte[17] im dritten Kapitel die Tribunale des Apostolischen Stuhles[18].

Einem Vorschlag der Redaktionskommission zufolge wird dort das ordentliche päpstliche Berufungsgericht nur mehr als „Rota Romana" bezeichnet[19]; das Attribut „sacra" sollte im neu formulierten Recht keinem Dikasterium des Heiligen Stuhls mehr zugewiesen werden[20].

---

[14] Vgl. cann. 330; 331; 333; 334; 336; 360 CIC.

[15] Vgl. can. 360 CIC: „Curia Romana, qua negotia Ecclesiae universae Summus Pontifex expedire solet et quae nomine et auctoritate ipsius munus explet in bonum et in servitium Ecclesiarum, constat Secretaria Status seu Papali, Consilio pro publicis Ecclesiae negotiis, Congregationibus, Tribunalibus, aliisque Institutis, quorum omnium constitutio et competentia lege peculiari definiuntur". Hierzu bemerkt allerdings I. ŽUŽEK, *Omissione di alcune sezioni di canoni dal Codex Canonum Ecclesiarum Orientalium*: Apol 66 (1993), 439-449, 441, Anm. 13: „Che nei cann. 360 e 361 del CIC si nominino vari Dicasteri secondo la ‚Regimini Ecclesiae universae', non sembra del tutto ‚perdonabile'. In previsione di una nuova costituzione apostolica sulla Curia Romana, si sarebbero potuti trovare termini più generici che si adattassero a qualunque nuovo regolamento sulla Curia Romana"; zu can. 360 und can. 361 vgl. GUTIÉRREZ, *La Curia Romana*, 543-546.

[16] Vgl. cann. 1405 § 3; 1443-1445 CIC.

[17] Vgl. *Codex Iuris Canonici* (1983), liber VII, pars I, titulus II (can. 1417 - can. 1445).

[18] Vgl. *ebd.*, can. 1442 (allgemeine Norm); cann. 1443-1444 (Rota); can. 1445 (Apostolische Signatur); und hierzu unter anderem P. WIRTH, *Gerichtsverfassung und Gerichtsordnung*: HKKR (1983), 968-969; GROCHOLEWSKI, *Tribunali apostolici*, 457-479; L. CHIAPPETTA, *Il Codice di diritto canonico. Commento giuridico-pastorale*, II, Napoli 1988, 575-576; ONORIO, *Le Pape*, 391-394; ARROBA CONDE, *Diritto processuale*, 138-151; PINTO, *I processi nel Codice*, 133-154; Z. GROCHOLEWSKI, *cc. 1443-1444. Comentario*: CECDC[3], IV/1 (1996), 894-899.

[19] In ihrer Zusammenkunft vom 16. Mai 1978 beschloss die Kommission, das Wort „sacra" zu streichen; vgl. PCRC., *Acta Commissionis*, 1978, Mai 15-16: Comm 10 (1978), 242-248, 245, can. 43: „Suggestum est ut deleatur verbum ‚sacra'. Propositio placet Consultoribus ita ut in toto Codice hoc tribunal apostolicum semper vocetur ‚Rota Romana'".

[20] Vgl. J. OCHOA, *Il „De processibus" secondo il nuovo Codice:* PONTIFICIA UNIVERSITAS URBANIANA (Hg.), *La nuova legislazione canonica* (= StUrb, 13), Roma 1983, 383: „un criterio seguito ed applicato sistematicamente nella redazione del nuovo Codice". Im Päpstli-

Deutlicher als bisher aber wird nun von einem „ordentlichen Berufungsgericht des Papstes“ gesprochen:

> „Tribunal ordinarium a Romano Pontefice constitutum appellationibus recipiendis est Rota Romana“[21].

Da das spezifische Charakteristikum dieser Institution gerade in ihrer Eigenschaft als Berufungsgericht des Papstes liegt, erscheint es verständlich, wenn in diesem Zusammenhang interne Bestimmungen zur Verfassung und Vorgehensweise der Rota ausgeklammert werden[22].

Was die Zuständigkeit des Gerichts betrifft, behält das Gesetzbuch von 1983 die bisher geltende Regelung bei[23]. Als Appellationsforum urteilt das Dikasterium demnach:

> „1° in secunda instantia, causas quae ab ordinariis tribunalibus primae instantiae diiudicatae fuerint et ad Sanctam Sedem per appellationem legitimam deferantur;
>
> 2° in tertia vel ulteriore instantia, causas ab ipsa Rota Romana et ab aliis quibusvis tribunalibus iam cognitas, nisi res iudicata habeatur“[24].

Die Bedeutung der Rota als Berufungsinstanz in der kirchlichen Gerichtshierarchie wird nun auch dadurch unterstrichen, dass die Metropolitangerichte nicht mehr als „ordentliche Tribunale zweiter Instanz“ bezeichnet werden und dass in der Bestimmung, in der die entsprechenden Kompetenzen festgelegt werden, eigens auf die Möglichkeit verwiesen wird, wahlweise statt des Metropolitangerichtes die Zuständigkeit der Rota in Anspruch nehmen zu können[25]. Ausdrücklich heißt es nämlich in der entsprechenden Norm:

---

chen Jahrbuch tauchte die neue Bezeichnung erst im Jahre 1985 auf: vgl. AnPont 1985, 1073-1075 und 1550.

[21] Can. 1443 CIC. In can. 1598 § 1 CIC/1917 hieß es dagegen: „Tribunal ordinarium a Sancta Sede constitutum“; zum Attribut *ordinarium* vgl. auch MÉNDEZ RAYÓN, *Normativa procesal*, 620-624.

[22] Im Gegensatz zum CIC/1917, der hier (can. 1598) den kollegialen Charakter des Gerichts (§§ 1 und 4) und die Ernennungsweise der Auditoren (§§ 2 und 3) erwähnte.

[23] Das gilt in Anbetracht von can. 360 CIC auch für die ausschließliche Kompetenz der Rota in Ehenichtigkeitsverfahren, die im Gegensatz zur Konstitution *Regimini Ecclesiae Universae* nicht eigens im Codex erwähnt wird: vgl. WIRTH, *Gerichtsverfassung*, 969, Anm. 15.

[24] Can. 1444 § 1 CIC.

[25] Zu Recht bemerkt daher BONNET, *La competenza del Tribunale*, 9, die Berufung an die Rota schon in zweiter Instanz sei kein „appello ‚per saltum‘, dato che la giurisdizione del Romano Pontefice è suprema, piena, immediata ed universale“.

„Firmo praescripto can. 1444, § 1, n. 1: 1° a tribunali Episcopi suffraganei appellatur ad tribunal Metropolitae [...]“[26].

Die kumulative Kompetenz beider Tribunale wird damit deutlicher als bisher auf die zweite Instanz ausgedehnt[27]. Voraussetzung dafür, dass die Rota eine Sache in zweiter Instanz an Stelle des Metropolitangerichtes annehmen kann, ist allerdings, dass eine ausdrückliche Berufung an das Gericht des Papstes vorliegt; eine einfache Überweisung von Amts wegen ist nicht möglich.

Neu wird nun festgelegt, dass die mit der Instruktion von 1936 für Eheprozesse eingeführte Regelung, der zufolge bei Berufung beider Parteien an zwei verschiedene Tribunale die Gerichtshöfe des Apostolischen Stuhls zuständig sind, zu Gunsten des höher gestellten Gerichts auf alle Verfahren ausgedehnt wird. Falls das untergeordnete Gericht den Streitgegenstand noch nicht festgesetzt hat[28] und die Berufungsfrist von fünfzehn Tagen gemäß can. 1630 § 1 CIC noch nicht abgelaufen ist, gilt nun:

> „Si alia pars ad aliud tribunal appellationis provocaverit, de causa videt quod superioris est gradus, salvo can. 1415“[29].

---

[26] Can. 1438 CIC.

[27] J. LLOBELL, *Il sistema giudiziario canonico di tutela dei diritti. Riflessioni sull'attuazione dei principi 6° e 7° approvati dal Sinodo del 1967*: J. CANOSA (Hg.), *I principi per la revisione del Codice di Diritto Canonico. La ricezione giuridica del Concilio Vaticano II* (= MG, 16), Milano 2000, 501-546, 512-513, sieht in der Stärkung der Rota als Gericht zweiter Instanz richtigerweise „la manifestazione pratica dell'immediatezza del rapporto giuridico fra ogni fedele ed il Papa“; vgl. ähnlich J. LLOBELL, *La necessità della doppia sentenza conforme e l',appello automatico' ex can. 1682 costituiscono un gravame? Sul diritto di appello presso la Rota*: IusEc 5 (1993), 602-609, 607-609.

[28] Damit der Rota das Recht, in zweiter Instanz zu urteilen, im konkreten Fall nicht verloren geht, ist vor der Streitfestlegung am untergeordneten Gericht das Ende der Berufungsfrist korrekt abzuwarten; dazu mahnt zu Recht G. ERLEBACH, *Gli aspetti procedurali del* processus brevior *nella giurisprudenza rotale*: Per 88 (1999), 725-753, 734-735. LLOBELL, *La necessità*, 605, vermutet im Hinblick auf die in can. 1682 § 1 CIC genannten „zwanzig Tage“: „Il termine sembra voler proteggere l'esercizio dell'appello, da proporsi entro 15 giorni“.

[29] Can. 1632 § 2 CIC. Can. 1415 CIC bestimmt: „Ratione praeventionis, si duo vel plura tribunalia aeque competentia sunt, ei ius est causam cognoscendi, quod prius partem conventam legitime citaverit“. Die genannte Klausel fehlt noch im Schema von 1976; dort heißt es: „Si alia pars ad aliud tribunal appellationis provocaverit, de omnibus appellationibus illud videt, quod superius est gradus“ (PCR., *Schema canonum*, can. 289 § 2). Im Hinblick auf die Rota hält FUNGHINI, *La competenza*, 156, deren Zuständigkeit für gegeben, sobald der päpstliche Gerichtshof „per acquisitionem ad protocollum manus apposuit“. MORHARD, *Die gerichtliche Berufung*, 150, bezeichnet „eine Ablehnung der Berufung seitens der Romana Rota als Voraussetzung für die gültige Annahme durch das Metropolitangericht“. Zur Anwendung der Bestimmungen von can. 1515 CIC und can. 1632 § 2 CIC durch die Rota vgl. RR., Dekret c. POMPEDDA, Cerretana, *Nullitatis Matrimonii; competentiae Romanae Rotae et confirmationis*, 1992, Dez 14: RRDecr 10 (1992), 206-209, und: IusEc 5 (1993), 597-602, 600-601, dem zufolge die Rota zuständig ist „praeeminentiae et dignitatis causa [...]. Quin immo, etiamsi

Während nach einem erstinstanzlichen affirmativen Urteil in einem Ehenichtigkeitsverfahren dem fristgerechten Antrag der klagenden Partei, den Fall zur Bestätigung nicht an das lokale Berufungsgericht, sondern an die Rota Romana zu überweisen, stattzugeben ist[30], wird die Frage, ob dies auch bei Appellation der nichtklagenden Partei an das örtliche Obergericht gilt, unterschiedlich bewertet[31]. Die Rechtsprechung der Rota aber geht auch hier übereinstimmend von der eigenen Zuständigkeit aus[32].

Da nach can. 1419 § 2 CIC über Rechte oder Vermögenswerte einer juristischen Person, die vom Bischof vertreten wird, bereits in erster Instanz das Berufungsgericht entscheidet, muss die Rota in diesen Fällen als einziges ordentliches Gericht zweiten Grades gelten[33]. Sie tritt mangels anders lautender Bestimmungen auch immer dann in zweiter Instanz in Erscheinung, wenn nach can. 1427 § 2 CIC der oberste Leiter eines Ordensinstituts päpstlichen Rechts oder der Abtpräses schon in erster Instanz mit einer Sache befasst waren[34].

Der Charakter als Gerichtsstand in Verfahren dritten und höheren Grades bleibt der Rota im bisherigen Umfang erhalten[35]. Der im Rahmen der Neukodi-

---

appellatio ad Tribunal Sanctae Sedis posterior esset quam appellatio ad Tribunal appellationis ordinarium, competentia prioris jugiter servaretur, nisi locum interim obtinuerit praeventio juxta can. 1415", und hierzu LLOBELL, *La necessità*; sowie P. URSO, *L'impugnazione della sentenza (Cann. 1619-1640)*: GRUPPO ITALIANO DOCENTI DI DIRITTO CANONICO (Hg.), *I giudizi nella Chiesa. Il processo contenzioso e il processo matrimoniale. XXIV Incontro di Studio Villa Luzzago – Ponte di Legno (BS), 30 giugno – 4 luglio 1997* (= QdM, 6), Milano 1998, 189-218, 202-203.

30 Vgl. ERLEBACH, *Gli aspetti procedurali*, 737-739; zu den Gründen, aus denen die Rota erstinstanzliche affirmative Urteile nicht per Dekret bestätigt, sondern zur Durchführung eines ordentlichen zweitinstanzlichen Verfahrens angenommen hat, vgl. G. ERLEBACH, *I motivi di rinvio ad esame ordinario nella giurisprudenza della Rota Romana*: P. A. BONNET, C. GULLO (Hg.), *La procedura matrimoniale abbreviata (can. 1682 § 2 e art. 58 § 2 delle norme rotali)* (= StGiur, 51 = GCanC, 6), Città del Vaticano 1998, 31-58.

31 Für die Zuständigkeit der Rota plädiert LLOBELL, *La necessità*, 605-606; dagegen sprechen sich aus: Z. GROCHOLEWSKI, *L'appello nelle cause di nullità matrimoniale*: For 4/2 (1993), 19-64; P. MONETA, *Le parti in causa: diritti e limiti*: P. A. BONNET, C. GULLO (Hg.), *La procedura matrimoniale abbreviata (can. 1682 § 2 e art. 58 § 2 delle norme rotali)* (= StGiur, 51 = GCanC, 6), Città del Vaticano 1998, 7-21, 15-16.

32 Vgl. ERLEBACH, *Gli aspetti procedurali*, 741.

33 Kritisch bemerkt hierzu LÜDICKE, Kommentar zu: *can. 1419 CIC*: MK, 1419/1-1419/3, 1419/3, 7. Erg.-Lfg., Mrz 1988, Nr. 10: „So einsichtig dieser Grund unter dem Blickwinkel der *dignitas personae* ist, so wenig ist er von der Struktur der Rechtsprechung gefordert. Das Gericht steht nicht höher als die Partei, sondern wendet nur das ihnen gemeinsame vorgegebene Recht an mit Sachkunde und bindender Autorität".

34 Vgl. *ebd.*, 1438/4; MORHARD, *Die gerichtliche Berufung*, 141.

35 Allerdings heißt es nun: „in tertia vel ulteriore instantia, causas [...] iam cognitas", nicht mehr wie in can. 1599 § 1, 2°/CIC 1917: „In ultima instantia causas [...] in secunda vel

fizierung abermals aufgegriffene Vorschlag, neben dem apostolischen Appellationstribunal in aller Welt Regionalgerichte dritter Instanz zu konstituieren, wurde von der Codex-Kommission mit dem Hinweis auf die in diesem Fall nicht mehr gewährleistete Einheit der Rechtsprechung abgelehnt[36]. Alleiniges Entscheidungsforum für Prozesse, in denen bereits zwei Urteile ergangen sind, bleibt damit für das Gesetzbuch von 1983 die Rota Romana[37].

Dies gilt weiterhin auch dann, wenn in Personenstandssachen unter Vorlage neuer und schwerwiegender Beweise eine Wiederaufnahme des Verfahrens beantragt wird[38]; einziges zuständiges Gericht ist hier das Tribunal dritter oder hö-

---

ulteriore instantia iam cognitas". DIEGO-LORA, *Los tribunales*, 441, plädiert im Übrigen dafür, den Terminus „in tertia vel ulteriore instantia" durch die in jedem Fall zutreffende allgemeinere Ausdrucksweise „in ulterioribus instantiis" zu ersetzen (vgl. auch DIEGO LORA, *I Tribunali*, 247).

[36] Vgl. PCRC., *Acta Commissionis*, 243, can. 40: „Nonnulli proposuerunt ut admittatur constitutio tribunalis 3ae instantiae in singulis regionibus, salvo iure adeundi tribunal S. R. Rotae. Consultoribus propositio non placet, quia hoc modo evacuaretur tribunal Apostolicum, per quod assequitur bonum non parvi momenti scilicet uniformitas iurisprudentiae pro tota Ecclesia. Ceterum huiusmodi propositio superat facultates Coetus aliquid in hac materia decernendi".

[37] Vgl. PINTO, *I processi nel Codice*, 130: „Il Codice ha uniformato anche in questo punto". – Wenngleich der Codex hier zum einzigen Mal von einem Tribunal dritter Instanz spricht, weist can. 1444 § 1, 2° CIC der Rota nicht ausdrücklich exklusive und absolute Kompetenz zu. Der Grund, weswegen hier von keiner Exklusivkompetenz der Rota in dritter Instanz gesprochen wird, ist daher in den Privilegien und päpstlichen Kommissionen zu suchen, nach denen neben dem Apostolischen Gerichtshof noch weiteren Tribunale entsprechende ordentliche beziehungsweise außerordentliche Zuständigkeit zukommen kann. In allen anderen Fällen ist die ausdrückliche Berufung an den „Apostolischen Stuhl" überflüssig, da konkurrierende Gerichte nicht zur Verfügung stehen. Dagegen schließt MÉNDEZ RAYÓN, *La tercera instancia*, 82, aus dieser Formulierung: „[...] vige en el caso el ‚principio de prevención' entre dos tribunales igualmente competentes: una causa apelada, por una parte a la Rota Romana, por la otra al tribunal local de apelación, será juzgada por aquel que citará primero a la parte demandada [...]. Es decir, la Rota Romana no tiene ninguna preferencia ni supremacía sobre los otros Tribunales [...]".

[38] Vgl. can. 1644 § 1 CIC: „Si duplex sententia conformis in causa de statu personarum prolata sit, potest quovis tempore ad tribunal appellationis provocari, novis iisque gravibus probationibus vel argumentis intra peremptorium terminum triginta dierum a proposita impugnatione allatis"; zur *nova causae propositio* vgl. C. GULLO, *La „nova causae propositio"*: P. A. BONNET, C. GULLO (Hg.), *Il processo matrimoniale canonico* (= StGiur, 17), Città del Vaticano ²1994; K. LÜDICKE, Kommentar zu: *can. 1644 CIC*: MK, 1644/1-1644/6, 14. Erg.-Lfg., Apr 1991; P. MONETA, *La nuova trattazione della causa matrimoniale*: IusEc 3 (1991), 479-497; ARROBA CONDE, *Diritto processuale*, 460; GROCHOLEWSKI, *L'appello*, 64; L. NELI, *The Role of the Judge in the Introduction of Cases Declaring Nullity of Marriage*, Romae 1994, 33-41; MORHARD, *Die gerichtliche Berufung*, 193-202; P. D. DALIO, *La nueva proposición de la causa en la legislación, en la doctrina y en la jurisprudencia*, Romae 1996, 62-73; KROGNER-KORNALIK, *Die Rechtskraft*, 182-193; N. SCHÖCH, *Die Wiederaufnahme des Personenstandsverfahrens gemäß der Rotajudikatur*: DPM 8/2 (2001), 63-110; P. MALECHA, *La nuova proposizione della causa alla luce della recente giurisprudenza della Segnatura Apostolica*.

herer Instanz, das sowohl über die Zulassung des Antrags urteilt als auch bei Gewährung der *nova causae propositio* den Prozess in den nächsthöheren Rechtszügen durchführt. Wenn eine solche Wiederaufnahme des Verfahrens durch die Rota gewährt wurde, wird dagegen – anders als im Fall der Verweigerung[39] – nach can. 1629, 4° und can. 1618 CIC keine Berufung zugelassen[40]. Die Tatsache, dass der Gesetzgeber ausdrücklich eine Entscheidung „in tertia vel *ulteriore* instantia" vorsieht, beweist im Übrigen hinreichend, dass es sich bei einer nach Gewährung der Wiederaufnahme ergangenen Sentenz um kein erstinstanzliches Urteil mehr handeln kann, da eine Entscheidung in einer höheren als der dritten Instanz sonst überhaupt nicht zustande kommen könnte[41]. Zudem ist nach Gewährung einer *nova causae propositio* in Ehenichtigkeitsverfahren ein affirmatives Urteil bereits rechtskräftig, wenn wenigstens in einer der vorausgegangenen Instanzen die Nichtigkeit der Ehe festgestellt wurde, das

Alcune considerazioni pratiche: QStR 15 (2005), 151-164; L. NELI, *Catholic Marriage Nullity Process. The Introduction of the Case. A Study of Latin and Oriental Codes with Reference to Rotal Jurisprudence* (= DhCSt, 4), Bangalore 2007, 138-146 und 177-186.

39 Zur Zuständigkeit in diesem Fall vgl. unten, 343, Anm. 65.

40 Vgl. RR., Urteil c. SERRANO RUIZ, Philadelphien., *Nullitatis matrimonii*, 1987, Jul 3: RRDec 79 (1987), 473-481, und hierzu GULLO, *La „Nova Causae Propositio"*, 822; DALIO, *La nueva proposición*, 111-115; KROGNER-KORNALIK, *Die Rechtskraft*, 192; SCHÖCH, *Die Wiederaufnahme*, 82.

41 Für DIEGO-LORA, *Los tribunales,* 443, ist der päpstliche Gerichtshof in diesem Fall dagegen Tribunal erster Instanz, denn „la alegación de las nuevas y graves pruebas o razones plantea la cuestión, que ya fue resuelta, en una dimensión distinta del mérito, que requiere de una nueva cognición del Tribunal, de un nuevo juicio y una nueva sentencia"; ähnlich DIEGO-LORA, *I Tribunali*, 248-249; BONNET, *La competenza del Tribunale*, 16; DALIO, *La nueva proposición*, 122: „La nueva proposición de la causa abre un nuevo proceso"; MARIGLIANO, *Le „Normae"*, 97. Träfe diese Ansicht zu, dann könnte auch nach einem Urteil ersten Grades bei Vorlage neuer gewichtiger Beweise im Berufungsverfahren nicht mehr von „zweiter Instanz" gesprochen werden. Im Sprachgebrauch der Rota wird daher völlig zu Recht, sofern die Klagegründe gleich geblieben sind, das Verfahren, das nach einem Urteil zweiten Grades auf Grund der Gewährung einer *nova causae propositio* aufgenommen worden ist, als „tertia instantia" und entsprechend das nach einer Sentenz dritten Grades begonnene als „quarta instantia" bezeichnet: vgl. zum Beispiel SRR., Urteil c. FIORE, Theatina, *Nullitatis Matrimonii*, 1983, Apr 30, Nr. 7: SRRDec 75 (1983), 252-269, 254, und dazu nachfolgend „in quinto jurisdictionis gradu" RR., Urteil c. POMPEDDA, Aprutina, *Nullitatis Matrimonii*, 1987, Mai 18 (Sent. 83/87), sowie „in sexto iurisdictionis gradu" RR., Urteil c. STANKIEWICZ, Theatina, *Nullitatis Matrimonii*, 1988, Okt 27 (Sent. 144/88); außerdem RR., Urteil c. PALESTRO, Romana, *Nullitatis matrimonii*, 1990, Mai 16, Nr. 4: RRDec 82 (1990), 364-381, 366. Zutreffend daher SCHÖCH, *Die Wiederaufnahme*, 68-71; *ebd.*, 70: „Die Wiederaufnahme ist kein neuer Prozess, sondern bloß ein Anhangprozess [...] und damit eine außerordentliche Fortsetzung des Verfahrens".

heißt zwei auf neuen Argumenten beruhende konforme Sentenzen sind nicht erforderlich[42].

Eine gewisse Begrenzung des rotalen Betätigungsfeldes bringt nun allerdings der Wegfall der Bestimmung des can. 1987 CIC/1917 mit sich, nach der in Ehesachen der Bandverteidiger aus Gewissensgründen auch nach zwei affirmativen Urteilen an eine höhere Instanz appellieren konnte[43]. Es wurde in diesem Zusammenhang von verschiedener Seite vor und nach der Promulgation des Gesetzbuches von 1983 die Frage aufgeworfen, ob unter den gegenwärtigen Umständen das Prinzip der *duplex sententia conformis* in Ehesachen noch sinnvoll und notwendig sei[44]; der Gesetzgeber freilich bekräftigte nach entsprechender

---

[42] Vgl. dazu die erwähnte Entscheidung c. PALESTRO, *ebd.*, 381: „Decisio facta est exsecutiva". Die Richter bestätigten hiermit das affirmative Urteil zweiter Instanz. Vgl. auch J. HUBER, *Die Wirksamkeit von Entscheidungen nach einer Wiederaufnahme des Verfahrens*: R. PUZA, A. WEISS (Hg.), *Iustitia in caritate. Festgabe für Ernst Rößler zum 25jährigen Dienstjubiläum als Offizial der Diözese Rottenburg-Stuttgart* (= AIC, 3), Frankfurt am Main u. a. 1997, 347-352.

[43] Hierauf verweist BONNET, *I tribunali*, 225. Im Codex von 1983 gilt nun die Anordnung des can. 1684, die den Parteien, sofern ihnen kein entsprechendes Verbot auferlegt worden ist, das Recht einräumt, in jedem Fall nach zwei affirmativen Entscheidungen eine neue Ehe einzugehen. G. P. MONTINI, *L'unità della giurisprudenza: Segnatura Apostolica e Rota Romana*: GRUPPO ITALIANO DOCENTI DI DIRITTO CANONICO (Hg.), *I giudizi nella Chiesa. Il processo contenzioso e il processo matrimoniale. XXIV Incontro di Studio Villa Luzzago – Ponte di Legno (BS), 30 giugno – 4 luglio 1997* (= QdM, 6), Milano 1998, 219-244, 233, bedauert die Neuregelung im Hinblick auf die Einheit der Rechtsprechung: „L'appello pro conscientia del Difensore del Vincolo [...] probabilmente apparirebbe oggi una buona forma di tutela dell'unità della giurisprudenza, impedendo tra l'altro il formarsi di una giurisprudenza ‚nazionale'".

[44] Vgl. zum Beispiel P. SANTINI, *È ancora giustificata la doppia sentenza conforme nelle cause di nullità di matrimonio?*: S. ALVAREZ-MENENDEZ (Hg.), *Studi di diritto canonico in onore di Marcello Magliocchetti*, III (= SDIC, 5/3), Roma 1979, 995-1000; *ebd.*, 999-1000: „[...] divenendo esecutive quasi tutte le decisioni affermative del Tribunale di prima istanza, e quelle affermative del Tribunale di appello, qualora fosse stata negativa la precedente decisione, quanto lavoro si risparmierebbe ai Tribunali ! quanta maggiore economia per i processi matrimoniali ! quanto maggior beneficio per coloro che ricorrono alla giustizia della Santa Chiesa !"; LÜDICKE, *Zum Berufungssystem*, 526-551; *ebd.*, 531: „Unter heutigen Verhältnissen [...] erscheint die Insich-Kontrolle der Gerichtsbarkeit inakzeptabel. Denn längst wird durch die Berufungsinstanz nicht mehr rechtswidriges Handeln, Dummheit, Laxheit, Kollusion der Richter der Unterinstanz aufgedeckt, sondern eine collegialiter gefundene certitudo moralis gegen die andere gesetzt"; *ebd.*, 534-535: „Das kanonische Ehenichtigkeitsverfahren kennt keine Berufung mehr, sondern verlangt die doppelte Durchführung des Prozesses durch zwei Gerichte. [...] So sehr das Anliegen, dem Ehesakrament jeden nötigen Schutz zu geben, unbestreitbar richtig ist, so sehr muß doch betont werden, daß die moralische Gewißheit eines Gerichtes nicht dadurch ‚sicherer' wird, daß ein zweites, gleichgeartetes Gericht seine höchstpersönliche Überzeugung an deren Stelle setzt [...]. Das System der ‚duplex sententia conformis' wendet keine Not mehr, es ist nicht mehr notwendig. Es schafft vielmehr Nöte, und zwar eine Aufblähung der Appellationsgerichte [...], führt zu unsinnigen Aufgabenstellungen des Berufungsgerichtes, nämlich Gerichtsurteile zu kontrollieren und nicht Streitfragen zu ent-

Beratung durch das Konsultorengremium[45], dass den Parteien erst dann das Recht zur Wiederheirat zusteht, wenn ein affirmatives Urteil durch Dekret oder ein zweites Urteil ratifiziert worden ist[46]. Für die Rota bedeutet diese Entscheidung zweifellos eine Bestätigung ihrer Funktion als Appellationsinstanz. Gleichzeitig jedoch hatte diese Entscheidung nicht nur Auswirkungen auf die Anzahl der Verfahren, die deshalb weiterhin in entsprechend hohem Ausmaß vom päpstlichen Gericht zu bewältigen sind. Sie trug ebenso dazu bei, dass die primäre Ausrichtung der Rota auf Eheverfahren unverändert bestehen bleibt.

Neben der ordentlichen Kompetenz in Berufungssachen bekräftigt im Übrigen auch der Codex von 1983 die Zuständigkeiten des apostolischen Gerichtshofs in erster und, falls im Zuweisungsauftrag nichts anderes bestimmt ist, jeder weiteren Instanz. Dies betrifft zunächst wie bisher Ehenichtigkeitsfälle, in denen im Appellationsverfahren neue Nichtigkeitsgründe eingeführt werden[47], und

---

scheiden [...]"; MONETA, *Il riesame obbligatorio*, 1071. – MORHARD, *Die gerichtliche Berufung*, 211, „hält [...] eine Rückkehr zur Pflichtberufung des Bandverteidigers und zum *ordinarium examen* in der Berufungsinstanz [...] für opportun, da hierdurch der Erstinstanz Gleichwertigkeit mit der Zweitinstanz und somit auch höhere Verantwortlichkeit zuerkannt wird"; für die Beibehaltung des Prinzips der Konformität plädieren dagegen P. A. BONNET, *Il principio della duplice decisione giudiziaria conforme ed il suo fondamento*: ASSOCIAZIONE CANONISTICA ITALIANA (Hg.), *La doppia conforme nel processo matrimoniale. Problemi e prospettive* (= StGiur, 60), Città del Vaticano 2003, 71-104, 97-104; P. BIANCHI, *Quale futuro per la doppia sentenza conforme?*: *ebd.*, 167-182, 168-179; R. COPPOLA, *La conservazione del principio della doppia sentenza conforme nel processo matrimoniale: una prospettiva da non sottovalutare*: *ebd.*, 193-203. J. LLOBELL, *La doppia sentenza conforme e la definitività della sentenza alla luce della „teologia del diritto"*: *ebd.*, 105-146, 144, der die geltende Ordnung ebenfalls verteidigt, hält es allerdings für überlegenswert, der ersten affirmativen Sentenz, die von der Rota erlassen worden ist, Rechtskraft zu verleihen, falls dagegen keine Berufung eingelegt wurde. Er hält eine solche Sonderregelung aus drei Gründen für denkbar: 1. Ein an der Rota eingeleitetes Verfahren wird nicht einseitig zu Gunsten der Nichtigkeit der Ehe geführt; 2. Die Fälle, die an die Rota gelangen, sind in der Regel schon lange Zeit anhängig; 3. Die Autorität und Seriosität der Richter und Bandverteidiger der Rota rechtfertigen eine derartige Ausnahmebestimmung.

[45] Vgl. PCICI., *Relatio complectens synthesim animadversionum ab Em.mis et Exc.mis Patribus Commissionis ad novissimum schema Codicis Iuris Canonici exhibitarum, cum responsionibus a Secretaria et Consultoribus datis. Liber VII – De processibus*, s. d.: Comm 16 (1984), 73-75.

[46] Vgl. can. 1684 § 1 CIC: „Postquam sententia, quae matrimonii nullitatem primum declaravit, in gradu appellationis confirmata est vel decreto vel altera sententia, ii, quorum matrimonium declaratum est nullum, possunt novas nuptias contrahere [...]".

[47] Vgl. can. 1683 CIC: „Si in gradu appellationis novum nullitatis matrimonii caput afferatur, tribunal potest, tamquam in prima instantia, illud admittere et de eo iudicare". Dass diese Bestimmung nicht nur für die Rota zutrifft, versteht sich von selbst; vgl. hierzu auch DIEGO-LORA, *Los tribunales*, 444; DIEGO-LORA, *I Tribunali*, 249-250; GROCHOLEWSKI, *L'appello*, 62-64; J. LLOBELL, *Il tribunale competente per l'appello della sentenza di nullità del matrimonio giudicata „tamquam in prima instantia ex can. 1683"*: IusEc 8 (1996), 689-712. Nach K. LÜDICKE, *Zuständigkeit aufgrund des Instanzenzuges. Bemerkungen zu einem Dekret*

zwar auch dann, wenn bereits zwei gegensätzliche Urteile in einem Prozess ergangen sind[48]. Immer aber, wenn ein neuer Klagegrund erst nach Abschluss des Verfahrens ersten Grades eingeführt worden ist, bleibt in der nachfolgenden Instanz auch weiterhin die Rota einziges ordentliches Berufungsgericht[49].

Erstinstanzlich wird das päpstliche Tribunal wie bisher auch dann tätig, wenn in einem Fall vorausgehende Entscheidungen nach entsprechender Berufungsklage gemäß can. 1625 CIC für nichtig erklärt wurden und der zuständige Turnus die Sache nicht an das zuständige Ursprungsgericht zurückverweist[50].

Vor allem aber sind in erster Instanz auch im Codex von 1983 jene Prozesse von Interesse, in denen die Rota über die alleinige Zuständigkeit verfügt. Der

---

der Rota Romana: W. AYMANS, S. HAERING, H. SCHMITZ (Hg.), *Iudicare Inter Fideles. Festschrift für Karl-Theodor Geringer zum 65. Geburtstag*, Sankt Ottilien 2002, 265-271, 269-270, wird die Rota im Fall des can. 1683 CIC nicht *als* Gericht *in* erster Instanz tätig, sondern *wie in* erster Instanz. Als Gericht sei hier nämlich „der konkrete Spruchkörper" zu verstehen, nicht „die Institution". Ähnlicher Auffassung ist F. PAPPADIA, *Circa la competenza del tribunale d'appello nelle cause di nullità del matrimonio ex cann. 1683, 1524 § 1 e 1637 § 3*: IusEc 16 (2004), 693-708, 705: „Giudicherà [...] i nuovi capi ‚*tamquam in prima instantia*', ma sempre come tribunale di secondo grado".

48 Vgl. N. SCHÖCH, *Das Bestätigungsdekret in zweiter Instanz bei mehreren Klagegründen*: W. AYMANS, S. HAERING, H. SCHMITZ (Hg.), *Iudicare Inter Fideles. Festschrift für Karl-Theodor Geringer zum 65. Geburtstag*, Sankt Ottilien 2002, 461-503, 481.

49 Eine entsprechende Mitteilung erging am 19. September 1992 von der Apostolischen Signatur an den Offizial des Erzbistums München und Freising: vgl. LÜDICKE, Kommentar zu: *can. 1683 CIC*: MK, 1683/1, 23. Erg.-Lfg., Okt 1994, Nr. 4, der daraus folgert, „daß die Behandlung der Sache ‚*tamquam in prima instantia*' keinen eigenständigen Instanzenzug begründet". Eine ähnliche Mitteilung machte die Signatur am 12. Juli 1993 auf Anfrage auch an den Judizialvikar von São Sebastião do Rio de Janeiro. Allerdings vertritt F. J. GUIMARÃES, *A hierarquia dos Tribunalis e o julgamento de novo capítulo introduzido em segunda instância nas causas matrimoniais. Comentário ao cân. 1683*: DirP 8 (1994), 53-66, 65-66, die Ansicht, das Gericht zweiter Instanz sei, falls es über den von ihm neu eingeführten Klagegrund an Stelle der Rota auch in zweiter Instanz entscheide, nur relativ, nicht absolut unzuständig, „enquanto é competente como apelação para as causas de primeira instância daquele tribunal concreto, mas não o é somente para aquela causa em pauta" (*ebd.*, 66).

50 Vgl. dazu J. M. SERRANO RUIZ, *La querela di nullità contro la sentenza (Commento ai cc. 1619-1627)*: C. GULLO (Hg.), *Il processo matrimoniale canonico* (= StGiur, 29), Città del Vaticano ^{2}1994, 751-769, 759, wonach es Praxis der Rota sei, dass diese, „dichiarata la nullità, pronuncia anche sul merito in primo od in ulteriore grado" (vgl. auch *ebd.*, 756). Dass die Praxis der Rota in der Regel aber gerade umgekehrt ist, wird durch zahlreiche Beispiele belegt, so etwa durch RR., Dekret c. BRUNO, Parisien., *Nullitatis matrimonii; Nullitatis sententiae*, 1992, Mrz 27: RRDecr 10 (1992), 50-53, 53: „Attenta [...] incompetentia Nostri Apostolici Tribunalis (cf. can. 1444, § 1, n. 1) causa ad Tribunal Parisiense primae instantiae remittenda est, ut ad normam iuris se gerat" oder RR., Dekret c. STANKIEWICZ, Denverien., *Nullitatis matrimonii; Nullitatis decisionum et novae causae propositionis*, 1994, Mai 27: RRDecr 12 (1994), 116-128, 128: „Nemine appellante, actor utatur iure suo iterum proponendi actionem nullitatis matrimonii coram Tribunali competenti ad normam iuris".

Gesetzestext verweist dabei ähnlich den Bestimmungen des CIC von 1917 auf die schon im Titel *De foro competenti* genannten Zuständigkeiten:

> „Hoc tribunal iudicat etiam in prima instantia causas de quibus in can. 1405, § 3 [...] easque, nisi aliud cautum sit in commissi muneris rescripto, ipsa Rota iudicat etiam in secunda et ulteriore instantia"[51].

Dort freilich wird nun nicht mehr allgemein von „Gerichten des Apostolischen Stuhls" gesprochen, sondern explizit von der „Römischen Rota"[52]. Deren Kompetenz wird im Vergleich zu den Normen von 1917 insofern ausgedehnt, als ihr nun in Streitsachen die Rechtsprechung über alle Bischöfe ohne Ausnahme vorbehalten ist[53], in Streit- und Strafsachen dagegen „über den Abtprimas oder den Abtpräses einer monastischen Kongregation sowie den obersten Leiter von Ordensinstituten päpstlichen Rechtes"[54] und über alle diejenigen physischen und juristischen Personen, die keinen Oberen unter dem Papst haben[55]. So lautet die entsprechende Norm, die wie die entsprechende Bestimmung des früheren Gesetzbuches sowohl im Hinblick auf die klagende als auch die nichtklagende Partei Gültigkeit hat[56], nun folgendermaßen:

> „Rotae Romanae reservatur iudicare:
>
> 1° Episcopos in contentiosis, firmo praescripto can. 1419, § 2;

---

[51] Can. 1444 § 2 CIC. Das interne Berufungssystem der Rota („ope turnorum qui sibi invicem succedunt": vgl. can. 1599 § 2 CIC/1917) findet dabei keine Erwähnung mehr.

[52] Vgl. can. 1405 § 3 CIC: „Rotae Romanae reservatur iudicare: [...]" im Gegensatz zu can. 1557 § 2 CIC/1917: „Tribunalibus vero Sedis Apostolicae reservatur iudicare: [...]". Verglichen mit dem Codex von 1917 „il Codice del 1983 [...] ha precisato meglio le cause riservate a detto tribunale apostolico" (GROCHOLEWSKI, *I tribunali apostolici*, 463).

[53] FUNGHINI, *La competenza*, 157-158, zählt dazu auch die Apostolischen Vikare und Präfekten, die Apostolischen Administratoren und alle Mitglieder der Bischofskonferenz, nicht dagegen die Generalvikare und Diözesanadministratoren. – In can. 1557 § 2, 1° CIC/1917 war die Zuständigkeit dagegen auf die „Episcopos residentiales" beschränkt.

[54] Diese Bestimmung ist neu und durch die veränderte Rechtsstellung der genannten Personen im Ordensrecht bedingt: vgl. LÜDICKE, Kommentar zu: *can. 1405 CIC*: MK, 1405/1-1405/4, 1405/3, 7. Erg.-Lfg., Mrz 1988, Nr. 11; zu den obersten Leitern von Ordensinstituten im Gesetzbuch von 1983 siehe D. J. ANDRÉS, *Los Superiores religiosos según el Codigo*, Madrid 1985, 204-221.

[55] Die von can. 1557 § 2, 2° CIC/1917 unter den „personae morales ecclesiasticae" aufgezählten Beispiele werden im Codex von 1983 nicht mehr erwähnt. FUNGHINI, *La competenza*, 158-159, nennt hier die Diözesen und die ihnen gleichgestellten Teilkirchen sowie die päpstlichen Behörden und Studieneinrichtungen. Zu den in Frage kommenden physischen Personen rechnet er alle, denen auf Grund päpstlicher Ernennung ein festes Amt in der Römischen Kurie oder in direkt von dieser abhängigen Institutionen übertragen wurde. Da viele der angeführten Amtsträger zwar vom Papst ernannt, innerhalb des entsprechenden Dikasteriums aber dessen Leiter untergeordnet sind, erscheint dieses Kriterium jedoch zumindest fraglich.

[56] Dieser Auffassung ist auch FUNGHINI, *La competenza*, 159-160.

2° Abbatem primatem, vel Abbatem superiorem congregationis monasticae, et supremum Moderatorem institutorum religiosorum iuris pontificii;

3° dioeceses aliasve personas ecclesiasticas, sive physicas sive iuridicas, quae Superiorem infra Romanum Pontificem non habent“[57].

Im Übrigen bleibt auch weiterhin die Bestimmung in Kraft, nach der es „jedem Gläubigen freisteht, seine Streit- oder Strafsache in jeder Gerichtsinstanz und in jedem Prozessabschnitt dem Heiligen Stuhl zur Entscheidung zu übergeben oder bei ihm einzubringen“[58]. Grocholewski stellt hierzu freilich einschränkend fest, dass damit nicht die Pflicht des Papstes verbunden sein kann, den Fall dann tatsächlich zur Urteilsfällung anzunehmen[59]. Ebenso wenig suspendiert der bereits eingelegte, aber noch nicht angenommene Rekurs die in der Sache ergangenen Entscheidungen[60]. Der Codex bestätigt deshalb auch nur die außerordentlichen Kompetenzen des Tribunals in allen jenen Fällen, „die der Papst von sich aus oder auf Bitten der Parteien an sein Gericht gezogen und der Römischen Rota überwiesen hat“:

„Hoc tribunal iudicat etiam in prima instantia causas [...] quas Romanus Pontifex sive motu proprio, sive ad instantiam partium ad suum tribunal advocaverit et Rotae Romanae comiserit; easque, nisi aliud cau-

[57] Can. 1405 § 3 CIC; vgl. hierzu BONNET, *La competenza del Tribunale*, 11; J. LLOBELL, *c. 1405. Comentario*: CECDC, IV/1 (1996), 700-709, 708-709.

[58] Can. 1417 § 1 CIC, der damit die Norm von can. 1569 § 1 CIC/1917 aufgreift. Diese Bestimmung ist nach Einschätzung von MAURO, *L'avocatio*, 219, auch im Hinblick auf die Einheitlichkeit der Rechtsprechung bedeutsam; es handle sich um „una funzione di centralizzazione giurisprudenziale a carico della stessa Rota“.

[59] Vgl. Z. GROCHOLEWSKI, *Diritto dei fedeli di deferire e di introdurre le cause presso la Santa Sede*: E. CORECCO, N. HERZOG, A. SCOLA (Hg.), *Les Droits Fondamentaux du Chrétien dans l'Église et dans la Société. Die Grundrechte des Christen in Kirche und Gesellschaft. I Diritti Fondamentali del Cristiano nella Chiesa e nella Società. Actes du IVe Congrès International de Droit Canonique. Akten des IV. Internationalen Kongresses für Kirchenrecht. Atti del IV Congresso Internazionale di Diritto Canonico. Fribourg (Suisse) 6.-11. X. 1980*, Fribourg Suisse – Freiburg im Breisgau – Milano 1981, 559-569, 563: „Per le conseguenze pratiche [...] e per una certa economia dettata dal principio di sussidiarietà, mi sembra che la Chiesa non possa riconoscere ai fedeli il diritto di introdurre qualsiasi causa presso la Santa Sede [...]. Al summenzionata *diritto dei fedeli* dovrebbe ovviamente corrispondere l'*obbligo* da parte del Santo Padre di giudicare le cause deferite od introdotte [...]. Davvero non si vede per quale principio o per quale utilità [...] il Santo Padre, se non per gravi ed eccezionali motivi, debba assumere l'obbligo di giudicare in qualsiasi stato qualunque causa qualora un fedele la deferisse o la introducesse presso di lui“; ähnlich P. BIANCHI, *Il potere giudiziario del Romano Pontefice*: QDE 13 (2000), 64-82, 78-80. Auf die hier auch durch den CIC/1983 nicht behobene Rechtsunsicherheit verweist MAURO, *L'avocatio*, 217-218; URSO, *L'impugnazione*, 204, spricht im Hinblick auf die Argumentation Grocholewskis kritisch von einem „passaggio continuo tra Romano Pontefice e Rota“, der als exzessiv anzusehen sei.

[60] Vgl. BONNET, *La competenza del Tribunale*, 4.

tum sit in commissi muneris rescripto, ipsa Rota iudicat etiam in secunda et ulteriore instantia"[61]

Gleichwohl gewährleistet gerade diese Bestimmung, dass es der Rota unabhängig von den jeweils geltenden Kompetenzregelungen auch weiterhin möglich ist, ihre Aufgabe als universalkirchliches Rechtsprechungsorgan ohne irgendwelche Einschränkungen wahrzunehmen[62].

Während sich das Gesetzbuch von 1983 somit im Allgemeinen darauf beschränkt, die Zuständigkeiten der Rota positiv zu definieren[63], werden die Grenzen der Rotakompetenzen gegenüber der Apostolischen Signatur erneut bekräftigt[64]. Der oberste Gerichtshof entscheidet nach wie vor über „Nichtigkeitsbeschwerden, Anträge auf Wiedereinsetzung in den vorigen Stand und andere Beschwerden gegen Urteile der Rota", über „Beschwerden in Personenstandssa-

---

[61] Can. 1444, § 2 CIC. Die allgemeine Bestimmung von can. 1557 § 3 CIC/1917, der zufolge der Papst einen Richter seiner Wahl beauftragt, ist weggefallen. Deshalb bedeutet die Aussage von can. 1444 § 2 CIC „ein gewisses Präjudiz dafür, wem der Papst die ihm nach 1405 § 1 zukommenden Sachen anvertraut" (vgl. LÜDICKE, Kommentar zu: *can. 1444 CIC*, 1444/4, Nr. 7). Ebenfalls weggefallen ist – vielleicht aus Rücksicht auf die persönliche Vollmacht des Papstes (can. 1444 § 2 CIC) oder die bereits bestehende Norm zur Kompetenzverlängerung (can. 1445 § 3, 2° CIC) – die noch durch die Konstitution *Regimini Ecclesiae Universae* (*ebd.*, Art. 105) bestätigte Norm von can. 1603 § 2 CIC/1917, gemäß der die Apostolische Signatur über die Gewährung der erbetenen Kommission entschied: vgl. hierzu Z. GROCHOLEWSKI, *La Segnatura Apostolica nell'attuale fase di evoluzione*: Z. GROCHOLEWSKI, V. CÁRCEL ORTÍ (Hg.), *Dilexit iustitiam. Studia in honorem Aurelii Card. Sabattani* (= StGiur, 5), Città del Vaticano 1984, 211-228, 220-221; GROCHOLEWSKI, *I tribunali*, 412. Ausdrücklich bestätigt hatten die entsprechenden Vollmachten der Signatur dagegen noch deren Normen von 1968: vgl. SECRST., *Normae speciales in Supremo Tribunali Signaturae Apostolicae ad experimentum servandae post Ap. Konst. Pauli VI „Regimini Ecclesiae Universae"*, 1968, Mrz 23, Art. 18: LE, III, 5321-5332, n. 3636: „Vi potestatis administrativae, [...] ad hanc primam Sectionem etiam pertinet: [...] 2) Videre de petitionibus per supplices libellos ad Ss.mum porrectis ad obtinendam causae commissionem apud Sacram Rotam".

[62] Vgl. MAURO, *L'avocatio*, 219: „[...] in virtù del can. 1417 [...] è rimasta ancora in piedi una funzione di centralizzazione giurisprudenziale a carico della stessa Rota".

[63] Vgl. PINTO, *I processi nel Codice*, 142; *ebd.*: „[...] non si dice più delle cause escluse dal suo giudizio, perchè è deducibile da altra positiva norma del Codice". Die der Kompetenz der Rota entzogenen Prozesse sind demnach weiterhin die dem Papst persönlich, der Glaubenskongregation und der Pönitentiarie vorbehaltenen Fälle sowie Verwaltungsverfahren.

[64] Zu den Zuständigkeiten der Apostolischen Signatur gegenüber der Rota vgl. im Einzelnen: Z. GROCHOLEWSKI, *Il Supremo Tribunale della Segnatura Apostolica nella struttura giudiziaria della Chiesa*: For 6/2 (1995), 33-52, 37-41; 47; Z. GROCHOLEWSKI, *c. 1445. Comentario*: CECDC^3, IV/1 (1996), 901-911, 904 und 909; Z. GROCHOLEWSKI, *Il ministero del Supremo Tribunale della Segnatura Apostolica nell'amministrazione della giustizia della Chiesa*: FolCan 3 (2000), 193-213, 197-200; 207; Z. GROCHOLEWSKI, *Das Höchste Gericht der Apostolischen Signatur*: DPM 8/2 (2001), 175-197, 179-183; M. F. POMPEDDA, *L'amministrazione della giustizia nella Chiesa*: IusEc 13 (2001), 675-691, 677-678; außerdem MONTINI, *L'unità*, 236-237.

chen, deren neuerliche Behandlung die Rota abgelehnt hat"[65] und über „Befangenheitseinreden und andere Einwendungen gegen Auditoren der Römischen Rota wegen ihrer Amtsausübung"[66]. Hinsichtlich der zusammen mit einer Berufung vorgebrachten Nichtigkeitsklage gilt weiter die bereits seit Inkrafttreten der Normen der Signatur von 1968 bestehende Bestimmung, der zufolge über eine *querela nullitatis* zwar vom Obersten Gerichtshof zu entscheiden ist, der Fall dann aber zur Durchführung des Berufungsverfahrens an die Rota zurückzuverweisen ist[67]. Entsprechendes gilt auch, wenn andere Rechtsmittel gegen ein definitives Rotaurteil eingelegt werden[68].

---

[65] Vgl. GROCHOLEWSKI, *Das Höchste Gericht*, 181: „Die Frage, ob nach Verweigerung der Wiederaufnahme durch die Rota zunächst beim höheren Turnus Berufung einzulegen wäre und erst nach zwei ablehnenden Entscheidungen der Rota die Signatur angerufen werden könne, oder ob es möglich wäre, bereits nach der ersten negativen Rotaentscheidung über die Wiederaufnahme an die Apostolische Signatur zu rekurrieren, wird unter den Autoren diskutiert. In der Praxis nimmt jedoch die Apostolische Signatur alle Rekurse zur Entscheidung an, ungeachtet ob sie nach einer einzigen oder nach zwei ablehnenden Rotaentscheidungen eingebracht werden"; ebenso GROCHOLEWSKI, *c. 1445*, 904; GROCHOLEWSKI, *Il ministero*, 198-199. Für POMPEDDA, *L'amministrazione*, 678, „non pare prolungabile questa situazione". Für eine doppelte Ablehnung der Wiederaufnahme durch die Rota als Voraussetzung für einen Rekurs an die Signatur vgl. RR., Dekret c. BRUNO, Sedinen.-Caminen., *Nullitatis Matrimonii; iuris appellandi*, 1987, Jan 30, Nr. 2: RRDecr 5 (1987), 15-16, 16; RR., Dekret c. CORSO, Curitiben., *Nullitatis matrimonii; Novae causae propositionis*, 1989, Apr 5, Nr. 5: RRDecr 7 (1989), 67-72, 68; und RR., Dekret c. ALWAN, Inter-Dioecesana Britanniae seu Nanneten., *Nullitatis Matrimonii; Novae causae propositionis*, 1997, Jul 4 (B.Bis 57/97), Nr. 8: Arch. Rot., sowie A. STANKIEWICZ, *An exceptio nullitatis decreti rotalis proponi potest apud Rotam Romanam*: QStR 12 (2002), 73-81, 77; DALIO, *La nueva proposición*, 73; KROGNER-KORNALIK, *Die Rechtskraft*, 192; gegen die Zuständigkeit der Apostolischen Signatur in dieser Frage ist DIEGO-LORA, *I tribunali*, 286, weil der Oberste Gerichtshof so entgegen seiner spezifischen Aufgabe die Funktion eines „tribunale di merito" wahrnehme.

[66] Vgl. can. 1445 CIC: „§ 1. Supremum Signaturae Apostolicae Tribunal cognoscit: 1° querelas nullitatis et petitiones restitutionis in integrum et alios recursus contra sententia rotales; 2° recursus in causis de statu personarum, quas ad novum examen Rota Romana admittere renuit; 3° exceptiones suspicionis aliasque causas contra Auditores Rotae Romanae propter acta in exercitio ipsorum muneris [...]". Diese Bestimmungen unterscheiden sich wie bisher von den für andere Gerichte geltenden Normen bei Anfechtung eines Verfahrens (vgl. cann. 1621; 1623; 1645-1648 CIC), die das Einbringen eines solchen Antrages bei dem Richter, der das Urteil gefällt hat, vorschreiben. Gegenüber can. 1603 CIC/1917 weist can. 1445 CIC nur Veränderungen in Formulierung und Untergliederung auf. Die Erwähnung der Rota bei der Gewährung von Kompetenzverlängerungen, wie sie die Vorbereitungskommission geplant hatte (vgl. PCRC., *Acta Commissionis*, 247, can. 45 § 2, 2°: „tribunalium, non excepta Sacra Romana Rota, competentiam prorogare"), ist in der endgültigen Fassung weggefallen.

[67] Vgl. SECRST., *Normae Signaturae*, Art. 19 § 5: „Si contra eamdem sententiam rotalem querela nullitatis cum appellatione cumuletur, illa coram Signatura, haec coram turno superiori Sacrae Rotae proponenda est. Sed definitio querelae, ut par est, definitionem appellationis praecedere debet"; und hierzu URSO, *L'impugnazione*, 199-200.

[68] Die Signatur muss den Fall also auch an die Rota zurückverweisen, wenn sie eine *nova causae propositio* oder eine *restitutio in integrum* gewährt hat: vgl. STANKIEWICZ, *Im-*

Wenn nach can. 1402 CIC den Tribunalen des Apostolischen Stuhls eigene Normen zugestanden werden[69], wird damit jedoch andererseits der besondere Charakter der Rota als übergeordnetes Gericht bestätigt. Mit dieser hervorgehobenen Stellung weist der Codex von 1983 dem Tribunal aber nun auch eine spezifische Funktion in der kirchlichen Rechtsprechung zu: Falls in einer bestimmten Sache noch kein entsprechendes Gesetz erlassen worden ist und sich auch keine Gewohnheit herausgebildet hat, sind außer in Straffällen neben ähnlichen Gesetzen, „der kanonischen Billigkeit" und „der gemeinsamen und ständigen Ansicht der Fachgelehrten" auch die „Rechtsauffassung und Rechtspraxis der Römischen Kurie" in Erwägung zu ziehen. Can. 19 CIC legt nämlich fest:

> „Si certa de re desit expressum legis sive universalis sive particularis praescriptum aut consuetudo, causa, nisi sit poenalis, dirimenda est attentis legibus latis in similibus, generalibus iuris principiis cum aequitate canonica servatis, iurisprudentia et praxi Curiae Romanae, communi constantique doctorum sententia"[70].

Innerhalb ihrer Zuständigkeitsgrenzen hat in diesem Fall daher auch die Rota einen solchen Auftrag wahrzunehmen[71], was umgekehrt bedeutet, dass sich alle anderen neben- und untergeordneten Organe der kirchlichen Rechtsprechung und Verwaltung dabei am Urteil des päpstlichen Gerichtshofs orientieren müssen. Die Rota aber, der unter den Dikasterien der Römischen Kurie in substantieller Rechtsprechung alleinige Kompetenz zukommt[72], wird auf diese

---

pugnazioni, 259; URSO, *L'impugnazione*, 199-200; die Auffassung, dass sich die Zuständigkeit der Signatur bei Art. 19 § 5 der Normen nur auf Nichtigkeitsklagen gegen Urteile bezieht, vertritt dagegen SERRANO RUIZ, *La querela di nullità*, 756: „Per quanto alla querela di nullità contro le decisioni Rotali [...] penso però che il can. 1445, § 1, 1° vada interpretato senz'altro in senso stretto. E cioè debba trattarsi di Sentenze: e per tanto non Decreti o altre decisioni".

[69] Vgl. can. 1402 CIC: „Omnia Ecclesiae tribunalia reguntur canonibus qui sequuntur, salvis normis tribunalium Apostolicae Sedis".

[70] Can. 20 CIC/1917 sprach nur von „stylo et praxi Curiae Romanae"; zu can. 19 vgl. H. SOCHA, Kommentar zu: *can. 19 CIC*: MK, 19/1-19/15, 13. Erg.-Lfg., Nov 1990; J. I. ARRIETA, *Il valore giuridico della prassi della Curia Romana*: IusEc 8 (1996), 97-117; im Hinblick auf die Rota: DZIERŻON, *Troska Roty*, 200-201; SCHÖCH, *Die kirchenrechtliche Interpretation*, 113-116; DE PAOLIS, *La giurisprudenza*, 152-154; FUMAGALLI CARULLI, *Verità*, 465-467; F. COCCOPALMERIO, *La Rota Romana e la sua funzione nell'interpretazione della legge canonica*: QStR 18 (2008), 115-130.

[71] Vgl. COMOTTI, *Le allocuzioni*, 184: „[...] i giudici rotali [...] sono partecipi in modo vicario del ministero stesso di Pietro e contribuiscono a formare la *iurisprudentia Curiae Romanae* cui rimanda il can. 19 in caso di mancanza di espressa disposizione di legge".

[72] Vgl. M. F. POMPEDDA, *La giurisprudenza come fonte di diritto nell'ordinamento canonico matrimoniale*: QStR 1 (1987), 47-72, 54: „[...] il riferimento è esclusivamente alla giurisprudenza della Curia Romana; e poiché in essa il Tribunale di merito unicamente competente è la Rota [...], ne consegue che [...], per giurisprudenza dobbiamo intendere quella emanante dalla attività giurisdizionale della Rota Romana"; ebenso PALESTRO, *Rassegna di giurisprudenza*, 6 und 8. Anderer Auffassung ist C. GULLO, *Giurisprudenza e politica giudi-*

Weise zum Wegbereiter einer neuen, allgemein verbindlichen Gesetzesnorm werden[73] und kann dabei in Einzelfällen sogar die Glaubenslehre der gesamten Kirche bereichern[74].

Tatsächlich finden sich auch im Gesetzbuch der Kirche von 1983 nicht wenige Normen, die auf die Rechtsprechung der Rota zurückgeführt werden können: Dies gilt im Bereich prozessrechtlicher Bestimmungen ebenso wie in dem des Eherechts[75], für das die Ergebnisse der rotalen Judikatur zweifellos als bahnbrechend gelten können.

b. Die Apostolische Konstitution *Pastor Bonus* von 1988

Da nähere Bestimmungen zu der Verfassung und dem Aufgaben der Römischen Kurie im Codex von 1983 ausgeklammert worden waren, blieben für das

---

ziaria ecclesiastica: DEc 94/2 (1983), 436-451, 446, der in der Rechtsprechung untergeordneter Gerichte bei Bedarf eine zusätzliche Rechtsquelle sieht.

73 Vgl. dazu J. LLOBELL, *Perfettibilità e sicurezza della norma canonica. Cenni sul valore normativo della giurisprudenza della Rota Romana nelle cause matrimoniali*: PCLTI. (Hg.), *Ius in vita et in missione Ecclesiae. Acta Symposii Internationalis Iuris Canonici occurrente X Anniversario promulgationis Codicis Iuris Canonici diebus 19-24 aprilis 1993 in Civitate Vaticana celebrati*, Città del Vaticano 1994, 1231-1258, 1257, der die Verbindlichkeit der rotalen Judikatur an drei Bedingungen knüpft: „La giurisprudenza rotale potrà avere valore vincolante per i casi simili, regolati dalla legge in modo lacunoso [...], quando riunirà i seguenti requisiti: a) *Autenticità* derivante dall'inequivocabile autorevole dichiarazione di essere pronunciata in un preciso senso per riempire una puntuale lacuna di legge [...]. b) *Attualità* di questa giurisprudenza, poiché è noto che, nello straordinario sforzo della Rota per sviscerare le esigenze di validità e capacità consensuale, sono stati adottati alcuni criteri successivamente modificati dallo stesso Tribunale apostolico. c) *Provvisorietà del carattere normativo* della giurisprudenza rotale. La natura nomopoietica cesserebbe nel momento in cui sia dato un intervento specificamente legislativo circa l'oggetto concreto [...]"; ähnlich SCHÖCH, *Die kirchenrechtliche Interpretation*, 111 und 114.

74 So beeinflusste die Judikatur der Rota auch die Ehelehre des *Katechismus der Katholischen Kirche*: vgl. (in Bezug auf dessen Nummern 1605 und 1646) E. M. FIORE, ErzBf., TitBf. von Novi, DekRR., *Indirizzo d'omaggio*, 1993, Jan 29: Arch. Rot., Not. 4: „[...] il Catechismo della Chiesa Cattolica [...] consacra, per quanto riguarda il tema della giustizia e del matrimonio, principii, che la Giurisprudenza della Rota aveva, nel loro nucleo essenziale, fatti propri ancor prima che divenissero norme positive del nuovo Codice, come per esempio, la natura essenzialmente duale-paritaria della relazione interpersonale matrimoniale [...]".

75 Nach PALESTRO, *Rassegna di giurisprudenza*, 15, „[...] oltre 86 nuovi canoni hanno come fonte diretta la giurisprudenza rotale desunta da 43 decisioni". Tatsächlich nennt der *Codex iuris canonici fontium annotatione et indice analytico-alphabetico auctus*, Città del Vaticano 1989, 301-302, nicht weniger als 32 Urteile der Rota als Quelle für can. 1095, sieben für can. 1099 und zwei für can. 1101 § 2; zum Einfluss der rotalen Rechtsprechung auf die Gesetzgebung vgl. auch G. SCIACCA, *Pericle Felici Uditore di Rota*: A. CHIARELLI, U. MEUCCI (Hg.), *Il Cardinale Pericle Felici (1911-1982). Convegno di studio nel ventennale della sua morte: Roma 22-23 marzo, Segni 24 marzo 2002*, Città del Vaticano 2003, 33-51, 33-49.

Behördenwesen des Heiligen Stuhls zunächst die Regelungen der Reform von 1967 verbindlich. Dem Wunsch Papst Pauls VI. folgend hatten sich jedoch bereits fünf Jahre nach dem Inkrafttreten der Apostolischen Konstitution *Regimini Ecclesiae Universae* die Leiter der päpstlichen Dikasterien versammelt, um die Ergebnisse der Kurienreform einer kritischen Würdigung zu unterziehen[76]. 1974 errichtete der Papst dann eine Kommission, die die Möglichkeit einer neuerlichen Umgestaltung der Kurie eingehend studieren sollte[77].

Papst Johannes Paul II. legte die Überlegungen der Kommission zunächst dem Kardinalskollegium zur Stellungnahme vor[78]; im November 1983 konstituierte er dann eine zweite Kommission und beauftragte diese, auf der Grundlage der bisher gemachten Vorschläge das vom Codex vorgesehene „besondere Gesetz“[79] vorzubereiten[80]. Anliegen des Papstes war es, durch die geplanten Reformen einerseits erneut den Anforderungen der Zeit gerecht zu werden, andererseits aber auch das nachkonziliare Gesetzeswerk abzurunden sowie eine noch effektivere und fruchtbarere Tätigkeit der Kurie zu gewährleisten[81].

---

[76] Vgl. O. ROSSI, *Le tappe della preparazione della Costituzione Apostolica „Pastor Bonus“*: F. ARINZE (Hg.), *La Curia Romana. Aspetti ecclesiologici, pastorali, istituzionali per una lettura della „Pastor Bonus“. Testo e commento* (= QOR, 10), Città del Vaticano 1989, 103-107, 103; R. J. CASTILLO LARA, *Presentazione*: P. A. BONNET, C. GULLO (Hg.), *La Curia Romana nella Cost. Ap. „Pastor Bonus“* (= StGiur, 21), Città del Vaticano 1990, V-IX, VIII; zur Opportunität einer erneuten Reform siehe SÁNCHEZ Y SÁNCHEZ, *La Constitución Apostolica*; J. SÁNCHEZ Y SÁNCHEZ, *Ante una nueva reforma de la Curia Romana*: J. SÁNCHEZ Y SÁNCHEZ, F. R. AZNAR GIL (Hg.), *Estudios canónicos en homenaje al profesor D. Lamberto de Echeverría* (= BSal.E, 103), Salamanca 1988, 245-264.

[77] Vgl. JOHANNES PAUL II., Papst, Ap. Konst. *Pastor Bonus*, 1988, Jun 28, Nr. 5: AAS 80 (1988), 841-934, 848; ROSSI, *Le tappe*, 104; CASTILLO LARA, *Presentazione*, VIII; zur Notwendigkeit einer erneuten Kurienreform vgl. GUTIÉRREZ, *La Curia Romana*, 543-546; RUGAMBWA, *The Reform*, 172-185. Mit Schreiben vom 24. September 1974 hatte auf eine entsprechende Anfrage hin im Übrigen auch der Dekan der Rota Verbesserungsvorschläge unterbreitet. Er schrieb darin: „[...] i ritocchi da apportare alla „Regimini Ecclesiae Universae“ dovrebbero mirare anzitutto a chiarire i rapporti *giuridici* intercorrenti tra Rota e Segnatura [...]. [...] si dovrebbe anche chiaramente prevedere l'organo giudiziario chiamato a dirimere i [...] conflitti insorgenti tra Rota e Segnatura, tra Rota e Congregazioni ed altri uffici“ (vgl. B. FILIPIAK, DekRR., Brief, 1974, Sep 24, an Kard. L. Traglia, Präsident der Studiengruppe zur Revision der Ap. Konst. „Regimini Ecclesiae Universae“: Arch. Rot., Not. 694).

[78] Vgl. JOHANNES PAUL II., *Pastor Bonus*, Nr. 6; ROSSI, *Le tappe*, 104-105; CASTILLO LARA, *Presentazione*, VIII.

[79] Vgl. can. 360 CIC.

[80] Vgl. JOHANNES PAUL II., *Pastor Bonus*, Nr. 5; ROSSI, *Le tappe*, 106; CASTILLO LARA, *Presentazione*, VIII.

[81] Vgl. JOHANNES PAUL II., *Pastor Bonus*, Nr. 13: „Voluimus in primis ut eiusdem Curiae imago et facies novis responderet nostri temporis postulatis [...]. Deinde Nostrum fuit ut Ecclesia legum renovatio, quae per evulgatum novum Codicem Iuris Canonici inducta est, vel quae in eo est posita ut ad effectum deducatur in recognoscendo Codice Iuris Canonici

1985 wurde erstmals ein Gesamtschema ausgearbeitet, das teilweise umfassende Veränderungen im Behördenapparat des Heiligen Stuhls vorsah[82]. Nachdem aber von verschiedenen Seiten Einwände gegen bestimmte Neuerungen erhoben worden waren[83], wurde die Apostolische Konstitution unter dem Namen *Pastor Bonus* von Papst Johannes Paul II. am 28. Juni 1988 in einer etwas abgeschwächten Fassung[84] promulgiert[85]. Auf Grund der neuerlichen Reform[86] be-

---

Orientalis, aliquo modo expleretur atque conficeretur. [...] Tum in animo habuimus ut antiquitus recepta Romanae Curiae Dicasteria et Instituta magis idonea redderentur ad ipsorum fines consequendos, ad quos instituta sunt [...]. Quod eo consilio fecimus, ut magis magisque utile fructuosumque ipsorum institutorum munus redderetur, scilicet in Ecclesia promovendi peculiaria pastoralia opera atque rerum studium, quae augescente in dies celeritate Pastorum sollicitudinem occupant eademque tempestivas securasque responsiones postulant. [...] Quae ut uno comprehendamus verbo, curae Nobis fuit continenter procedere ut Romanae Curiae constitutio atque agendi ratio tum ecclesiologicae illi ratione, a Concilio Vaticano II pertractatae, magis magisque responderent, tum ad ipsius constitutionis pastorales propositos fines obtinendos clariore usque modo idoneo evaderent, tum ecclesialis civilisque societatis necessitatibus aptius in dies obviam irent".

[82] Vgl. *Schema legis peculiaris de Curia Romana*, Città del Vaticano 1985. Darin war zum Beispiel die Gründung einer *Congregatio de Rationibus cum Civitatibus* und einer *Congregatio de Laicorum Apostolatu* vorgesehen gewesen; das Staatssekretariat sollte den Namen *Secretaria Apostolica* erhalten: vgl. *ebd.*, Artt. 25-31; 63-64; 79-81.

[83] Bedenken hatte auch das Auditorenkollegium der Rota: vgl. *Annotazioni del Collegio dei Prelati Uditori circa lo „Schema legis particularis de Curia Romana"*, 1985, Okt 23 = Anlage zu: E. M. FIORE, DekRR., Brief, 1985, Okt 24, an A. Casaroli, KardStSekr.: Arch. Rot., Not. 694. Zu den nicht berücksichtigten Vorschlägen zählte unter anderem die folgende Forderung (*ebd.*): „[...] per quanto riguarda la *nullità della s. Ordinazione,* in parallelo con le cause di nullità di matrimonio, si è espresso il parere che tale competenza *venga attribuita al Tribunale della Rota Romana, come già statuito dal Santo Padre nelle ‚Norme S. R. Rotae'* dell'anno *1934* all'art. 34, p. 1 e pienamente riconfermato dall'attuale Pontefice nelle ‚Normae S. R. Rotae Tribunalis' dell'*11 gen. 1982* [...]".

[84] So blieb das Dikasterium für die Familie Päpstlicher Rat. Das Staatssekretariat inkorporierte als zweite Abteilung den Rat für die auswärtigen Angelegenheiten der Kirche.

[85] Zu den Grundgedanken der Apostolischen Konstitution vgl. G. P. MONTINI, *La riforma della Curia Romana*: QDEc 2 (1989), 195-202; W. SCHULZ, *Die Zuständigkeitsordnung des Motu proprio „Pastor bonus" vom 28. Juni 1988. Anmerkungen zur Kurienreform von Johannes Paul II.*: ÖAKR 38 (1989), 62-72; J. I. ARRIETA, *Principios informadores de la Constitución „Pastor bonus"*: IusCan 30 (1990), 59-81; J. BEYER, *Le linee fondamentali della Costituzione Apostolica „Pastor Bonus"*: P. A. BONNET, C. GULLO (Hg.), *La Curia Romana nella Cost. Ap. „Pastor Bonus"* (= StGiur, 21), Città del Vaticano 1990, 17-43; A. CATTANEO, *La fundamentación ecclesiológica de la Curia Romana en la „Pastor Bonus"*: IusCan 30 (1990), 39-57; L.-M. MUÑOZ CÁRDABA, *Principios eclesiológicos de la „Pastor Bonus"* (= TG.T, 56), Roma 1999; H. SCHWENDENWEIN, *Die römische Kurie*: ÖAKR 41 (1992), 208-226; H. SCHMITZ, *Die Römische Kurie*: HKKR[2] (1999), 364-385; FUNGHINI, *Tribunal Rotae Romanae*, 183-192; H. HALLERMANN, *Pastor Bonus*: LKStKR 3 (2004), 157-160; vgl. ferner K. N. KYRIAZOPOULOS [ΚΥΡΙΑΖΟΠΟΥΛΟΣ], *Η κεντρική οργάνωση της ρωμαιωκαθολικής Εκκλησίας (Ρωμαική Κουρία) σύμφωνα με την Αποστολική Διάταξη „Pastor Bonus" του 1988 και το Γενικό Κανονισμό του 1992* (= ΔΘ, 2), Thessaloniki 1996.

steht die Römische Kurie fortan nur noch aus dem Staatssekretariat, neun Kongregationen, drei Tribunalen, zwölf Räten, drei Ämtern und zwei anderen Einrichtungen[87].

In der Reihenfolge der Gerichtshöfe rückt die Rota nach über 20 Jahren zwar wieder an die letzte Stelle[88], ausdrücklich wird sie aber jetzt erstmals als „höhere Berufungsinstanz beim Apostolischen Stuhl" bezeichnet:

---

[86] Nach Ansicht von RUGAMBWA, *The Reform*, 231-232, kann Papst Johannes Paul II. aber nicht als Reformer im strengen Sinn betrachtet werden: „John Paul II cannot be considered as a reformer in the radical sense of word because the Roman Curia remains practically as before except for a few structural changes. But it is clear that he carries forward the Church discipline according to the reflection and study which have taken place after the closing of the Vatican II Council. John Paul II's reform should be put in *the context of the crisis in the Church in the post-conciliar period.* [...] *He* is a reformer not because of the promulgations he has made but because he is, in the post-conciliar epoch, *a guarantor of the new conciliar spirit,* of translation of the new theological and ecclesiological principles of God in the post-conciliar period, towards the third Millenium of Christianity". Auch MONTINI, *La riforma*, 195, bezeichnet die Neuordnung als „completamento e perfezionamento della riforma iniziata da Paolo VI".

[87] Staatssekretariat mit zwei Abteilungen; Kongregationen: *Congregatio de Doctrina Fidei; Congregatio pro Ecclesiis Orientalibus; Congregatio de cultu divino et disciplina sacramentorum; Congregatio de causis Sanctorum; Congregatio pro Episcopis; Congregatio pro Gentium evangelizatione; Congregatio pro Clericis; Congregatio pro Institutis vitae consacratae et Societatibus vitae apostolicae; Congregatio de Seminariis atque studiorum Institutis*; Tribunale: *Paenitentiaria Apostolica; Supremum Tribunal Signaturae Apostolicae; Tribunal Rotae Romanae*; Räte: *Pontificium Consilium pro Laicis; Pontificium Consilium ad unitatem Christianorum fovendam; Pontificium Consilium pro Familia; Pontificium Consilium de iustitia et pace; Pontificium Consilium „Cor Unum"; Pontificium Consilium de spirituali Migrantium atque Itinerantium cura; Pontificium Consilium de apostolatu pro valetudinis administris; Pontificium Consilium de legum textibus interpretandis; Pontificium Consilium pro dialogo inter religiones; Pontificium Consilium pro dialogo cum non credentibus; Pontificium Consilium de cultura; Pontificium Consilium de communicationibus socialibus*; Ämter: *Camera Apostolica; Administratio patrimonii Sedis Apostolicae; Praefectura rerum oeconomicarum Sanctae Sedis*; weitere Einrichtungen: *Praefectura Pontificalis Domus; Officium de liturgicis celebrationibus Summi Pontificis.*

[88] Vgl. JOHANNES PAUL II., *Pastor Bonus*, Art. 126-130. Im Gegensatz zur Apostolischen Konstitution *Sapienti consilio*, dem *Ordo servandus* und dem *Codex Iuris Canonici* von 1917 hatte die Apostolische Konstitution *Regimini Ecclesiae Universae* die Apostolische Pönitentiarie unter den Gerichtshöfen der Römischen Kurie an die letzte Stelle gesetzt: vgl. hierzu GROCHOLEWSKI, *I Tribunali*, 396-399; zur Rota in der Gesetzgebung von *Pastor Bonus* vgl. unter anderem GROCHOLEWSKI, *ebd.*, 414-416; DIEGO-LORA, *Los tribunales*, 419-449; BONNET, *I tribunali*, 218-225; DIEGO-LORA, *I Tribunali*, 232-264; LÜDICKE, Kommentar zu: *can. 1444 CIC*; D'OSTILIO, *Il diritto amministrativo*, 213-214; D'OSTILIO, *Prontuario*, 541; GROCHOLEWSKI, *c. 1443 / c. 1444,* 894-899; J. I. ARRIETA, Kommentar zu: Ap. Konst. *Pastor Bonus*: J. I. ARRIETA, J. CANOSA, J. MIÑAMBRES (Hg.), *Legislazione sull'organizzazione centrale della Chiesa* (= TLeg, 3), Milano 1997, 167-373, 293-297.

„Hoc tribunal instantiae superioris partes apud Apostolicam Sedem pro more in gradu appellationis agit [...]“[89].

Die Zuständigkeiten bleiben dem Tribunal unverändert erhalten. So wird nun in neuer Formulierung wiedergegeben, was im Codex von 1983 unter can. 1405 § 3 und can. 1444 CIC festgelegt ist. Zusammenfassend heißt es in der Konstitution zunächst:

„Hoc Tribunal iudicat:

1° in secunda instantia, causas ab ordinariis tribunalibus primae instantiae diiudicatas, quae ad Sanctam Sedem per appellationem legitimam deferuntur;

2° in tertia vel ulteriore instantia, causas ab eodem Tribunali Apostolico et ab aliis quibusvis tribunalibus iam cognitas, nisi in rem iudicatam transierint“[90].

Im Hinblick auf die Verfahren in erster Instanz wird festgelegt:

„Idem vero in prima instantia iudicat:

1° Episcopos in contentiosis, modo ne agatur de iuribus aut bonis temporalibus personae iuridicae ab Episcopo repraesentatae;

2° Abbates primates, vel Abbates superiores congregationis monasticae et supremos Moderatores Institutorum religiosorum iuris pontificii;

3° dioeceses ceterasve personas ecclesiasticas, sive physicas sive iuridicas, quae superiorem infra Romanum Pontificem non habent;

4° causas quas Romanus Pontifex eidem Tribunali commiserit“[91]..

---

89 JOHANNES PAUL II., *Pastor Bonus*, Art. 126; vgl. dazu DIEGO-LORA, *Los tribunales*, 438: „*Pastor Bonus* introduce un elemento nuevo que no está en la literalidad de los textos de los anteriores preceptos codiciales, aunque sí en su espíritu y de este modo ha sido interpretado por la doctrina y la jurisprudencia [...]“.

90 JOHANNES PAUL II., *Pastor Bonus*, Art. 128. Zur Formulierung „nisi in rem iudicatam transierint“ gegenüber „nisi res iudicata habeatur“ (can. 1444 § 1, 1° CIC) vgl. DIEGO-LORA, *Los tribunales*, 441-442: „El criterio seguido por la Constitución Apostólica es, a nuestro parecer, más acertado que el codicial, puesto que el término ‚cosa juzgada‘ en Derecho Canónico está sometido a la afirmación inexacta, que se viene arrastrando históricamente en este ordenamiento y en la propria doctrina canónica, que declara que nunca pasan a cosa juzgada las causas sobre el estado de las personas. De haber sido cierto lo que indica el canon podrían haber sido susceptibles de interminables apelaciones todas las sentencias dictadas en causas matrimoniales por muchas dobles conformidades que pudieran existir. La *Pastor Bonus,* con acierto, ha terminado, al menos para las terceras y ulteriores apelaciones, con esta confusión, sobre la que hoy no existe razón para que se mantenga tras la distinción que la doctrina procesal moderna ha hecho entre cosa juzgada formal y cosa juzgada material. Esta segunda es la que no se daría en las causas matrimoniales, pero sí la cosa juzgada formal que es lo que hace una sentencia inapelable“; entsprechend DIEGO LORA, *I tribunali*, 247.

In allen genannten Fällen gilt für die Rota zudem:

> „Easdem causas, nisi aliter cautum sit, etiam in secunda et ulteriore instantia agit“[92].

Im Gegensatz zu den bisher geltenden Kompetenzregelungen wird demnach nicht mehr unterschieden zwischen Fällen, die der Papst von sich aus, und solchen, die er auf Bitten der Parteien an sich gezogen hat; von einer der Überweisung an die Rota vorausgehenden *avocatio* wird überhaupt nichts mehr erwähnt[93]. Der Apostolischen Signatur wird zwar wieder expressis verbis die im CIC/1983 nicht mehr enthaltene Zuständigkeit[94] zuerkannt, über entsprechende Anträge der Parteien an den Apostolischen Stuhl zu befinden und gegebenenfalls Verfahren zur Durchführung und Entscheidung an die Rota zu überweisen[95]. Die Freiheit des Papstes, auch auf anderem Weg über solche Gesuche zu entscheiden, wird durch diese Regelung allerdings nicht beeinträchtigt[96].

Wenngleich durch die Verfügung, dass nicht nur jeder Richter[97], sondern auch der Dekan der Rota vom Papst frei ernannt wird[98], die Abhängigkeit des

---

[91] JOHANNES PAUL II., *Pastor Bonus*, Art. 129 § 1. Zu den Bestimmungen dieses Artikels im Hinblick auf die katholischen Ostkirchen vgl. J. ABBASS, *‚Pastor Bonus‘ and the Eastern Catholic Churches*: OCP 60 (1994), 597-599.

[92] JOHANNES PAUL II., *Pastor Bonus*, Art. 129 § 2; vgl. hierzu auch FUNGHINI, *Tribunal Rotae Romanae*, 189-190.

[93] Vgl. hierzu MAURO, *L'avocatio*, 219-220. Zu Recht bemerkt aber auch im Hinblick auf diese Fassung LÜDICKE, Kommentar zu: *can. 1444 CIC*, 1444/4, Nr. 7: „Was Art. 129 § 1, 4° – sprachlich vereinfacht gegenüber 1444 § 2 – über die erstinstanzliche Zuständigkeit der Rota aussagt, ist an sich überflüssig. Wenn der Papst eine seiner eigenen Rechtsprechung unterliegende Sache einem Gericht zuweist und dafür die Romana Rota wählt, braucht das nicht zuvor als Möglichkeit im Gesetz zu stehen noch muß (tautologisch) dort geregelt sein, daß sie dann das berufene Gericht ist“.

[94] Vgl. oben, 343, Anm. 66.

[95] Vgl. JOHANNES PAUL II., *Pastor Bonus*, Art. 124: „Ipsius quoque est: [...] 2° videre de petitionibus Sedi Apostolicae porrectis ad obtinendum causae commissionem apud Rotam Romanam, vel aliam gratiam relative ad iustitiam administrandam“; und hierzu M. F. POMPEDDA, *Supremum Tribunal Signaturae Apostolicae*: P. V. PINTO (Hg.), *Commento alla* Pastor Bonus *e alle norme sussidiarie della Curia Romana* (= CorpIC, 3), Città del Vaticano 2003, 173-182, 181.

[96] Vgl. DIEGO-LORA, *Los tribunales*, 449: „Basta la confianza del Romano Pontífice para entregar *ad casum* la competencia al Tribunal de la Rota, independientemente del procedimiento seguido para conferir dicho encargo, para que la Rota Romana incorpore a sus propias competencias lo que se le confía“; entsprechend DIEGO-LORA, *I tribunali*, 253.

[97] Vgl. JOHANNES PAUL II., *Pastor Bonus*, Art. 127: „Huius Tribunalis Iudices, probata doctrina et experientia pollentes atque e variis terrarum orbis partibus a Summo Pontifice selecti, collegium constituunt [...]“. Die Auditoren werden jetzt nur mehr „iudices“ genannt: vgl. dazu GROCHOLEWSKI, *I Tribunali*, 415; FUNGHINI, *Tribunal Rotae Romanae*, 186.

Tribunals vom obersten Gesetzgeber noch deutlicher als bisher unterstrichen wird, bleibt die notwendige Autonomie des Gerichtshofes doch unangetastet bestehen. Nicht umsonst erwähnt die Konstitution darum erneut dessen Recht auf eigene Gesetze, wenn sie festhält:

> „Tribunal Rotae Romanae lege propria regitur“[99].

Ebenso wie bisher werden zudem auch die Urteile des Tribunals weiter von der Pflicht zur Approbation durch den Papst ausgenommen. In den allgemeinen Normen der Apostolischen Konstitution nämlich heißt es deutlich:

> „Summi Pontificis approbationi subiciendae sunt decisiones maioris momenti, exceptis [...] sententiis Tribunalis Rotae Romanae [...]“[100].

Abgesehen von der Bestimmung, nach der die Apostolische Signatur wieder für die Gewährung von Kommissionen an die Rota zuständig ist, bleibt der Status der Rota gegenüber dem obersten Gerichtshof ebenfalls nahezu unverändert. Die Signatur urteilt wie bisher über alle Rekurse, Klagen und Einwände gegen die Urteile der Rota[101].

Absolut unzuständig ist die Rota auch weiterhin in allen Lehr- und Glaubenssachen[102], in Weihenichtigkeits- und Weihepflichtendispensverfahren[103] sowie in Heilig- und Seligsprechungsprozessen[104].

---

98 Vgl. JOHANNES PAUL II., *Pastor Bonus*, Art. 127: „[...] eidem Tribunali praeest Decanus ad certum tempus a Summo Pontifice ex ipsis Iudicibus pariter nominatus“. BONNET, *La competenza del Tribunale*, 7, hält die Neuregelung für einen Gewinn, „dando così agio al Romano Pontefice di compiere la scelta migliore in rapporto al compito di grandissima delicatezza ed importanza che al Decano stesso compete“. Im praktischen Vollzug jedoch kann die Bestimmung auch zu Irritationen führen: vgl. O. PETROSILLO, *Funghini decano. Sacra Rota: Dopo sei secoli l'anzianità non conta più*: Il Messaggero 122 (1999), 11.12.1999, 13.

99 JOHANNES PAUL II., *Pastor Bonus*, Art. 130.

100 *Ebd.*, Art. 18.

101 *Ebd.*, Vgl. Art. 122: „Ipsum cognoscit: 1° querelas nullitatis et petitiones restitutionis in integrum contra sententias Rotae Romanae; 2° recursus, in causis de statu personarum, adversus denegatum a Rota Romana novum causae examen; 3° exceptiones suspicionis aliasque causas contra Iudices Rotae Romanae propter acta in exercitio ipsorum muneris; [...]“. Die unklar definierte Kompetenz, auch *„alios recursus contra sententias rotales“* (can. 1445 § 1, 1° CIC) zu entscheiden, ist wieder weggefallen; dagegen wurde die Formulierung hinsichtlich der Rekurse gegen die von der Rota verweigerte Neuaufnahme des Verfahrens verbessert: vgl. GROCHOLEWSKI, *I Tribunali*, 404-405; zur Zuständigkeit der Apostolischen Signatur bei der Gewährung einer *nova causae propositio* vgl. oben, 343, Anm. 65.

102 Vgl. JOHANNES PAUL II., *Pastor Bonus*, Art. 52.

103 Vgl. *ebd.*, Art. 68.

104 Vgl. *ebd.*, Art. 71.

Keine Änderung wurde auch in der Denomination des Gerichts vorgenommen. Der Vorschlag, das einstige *auditorium* in *Tribunal Apostolicum Appellationis* umzubenennen[105], wurde aus Rücksicht auf die lange Tradition des Namens *Rota*[106] und die Kompetenzen erster Instanz wieder fallen gelassen[107].

Im Vergleich zu früheren gesetzlichen Bestimmungen ist die Konstitution *Pastor Bonus* jedoch insofern von großer Bedeutung, als in ihr zum ersten Mal die drei Aufgaben genannt werden, die dem päpstlichen Gericht in der Kirche anvertraut sind. Neben dem Schutz von Rechten, den das Tribunal im Rahmen seiner Kompetenzen[108] durch die Entscheidung der ihm übertragenen Fälle gewährt, werden dazu nun auch die Förderung einer einheitlichen Rechtsprechung und die durch die eigenen Urteile geleistete Hilfestellung für die Gerichte niedrigeren Ranges gezählt:

> „Hoc tribunal instantiae superioris partes apud Apostolicam Sedem pro more in gradu appellationis agit ad iura in Ecclesia tutanda, unitati

---

[105] Vgl. *Schema legis peculiaris*, 16 und 56. Dort heißt es zwar: „Tribunal Apostolicum Appellationis seu Rota Romana"; in Art. 113 (*ebd.*, 57) steht aber nur noch: „Tribunal Apostolicum Appellationis". GROCHOLEWSKI, *I tribunali apostolici*, 478, unterstützt diesen Vorschlag und meint mit Blick auf den Wunsch der Konzilsväter, die Bezeichnungen der kurialen Behörden sollten den Erfordernissen der Zeit besser entsprechen (vgl. VATICANUM II, *Christus Dominus*, 9), Namen wie „Rota" und „Signatur" seien heute „poco comprensibili".

[106] So bemerkt GROCHOLEWSKI, *I Tribunali*, 401, einschränkend: „La denominazione *Rota Romana* è molto nota ed è antica, però anche essa non rivela la realtà sottostante".

[107] Das Auditorenkollegium der Rota schrieb diesbezüglich an den Kardinalstaatssekretär: „La dizione nel titolo *‚Tribunal Apostolicum Appellationis'* è stata ritenuta alla luce del can. 1443 del nuovo CIC se non inesatta quanto meno ‚incompleta', essendo stato tralasciato il termine *‚ordinarium'*, cioè: ‚Tribunal ordinarium a Romano Pontifice constitutum appellationibus recipiendis' in relazione alla competenza dettagliatamente specificata del can. 1444 del Codice stesso. Vengono perciò suggerite modifiche come ‚Apostolicum Romanae Rotae Tribunal', oppure ‚Ordinarium Tribunal Apostolicum' od ancora giudicato migliore il titolo *‚Rota Romana, seu Ordinarium Tribunal Apostolicum'* in rapporto alla Segnatura ‚Supremum Tribunal Apostolicum'" (*Annotazioni del Collegio dei Prelati Uditori).* Nach einem Rundschreiben des Staatssekretariats vom 20. Februar 1989, in dem aus Gründen der Einheitlichkeit die offiziellen Namen der päpstlichen Dikasterien in den wichtigsten Sprachen festgelegt wurden, heißt die Rota französisch: „Tribunal de la Rote romaine"; englisch: „Tribunal of the Roman Rota"; deutsch: „Gericht der Römischen Rota" (im Gegensatz zum „Gerichtshof" der Apostolischen Signatur!); spanisch: „Tribunal de la Rota Romana"; portugiesisch: „Tribunal da Rota Romana" (vgl. E. I. CASSIDY, ErzBf., TitBf. von Amanzia, SubstStSekr., Brief, Nr. 224.137, 1989, Feb 20, an die Verantwortlichen der Dikasterien und Organe der Römischen Kurie: Arch. Rot., Not. 694).

[108] Und zwar einschließlich der außerordentlichen Kompetenz auf Grund päpstlicher Kommission oder der Vollmacht des Dekans, einen Fall an die Rota zu ziehen; vgl. dazu GROCHOLEWSKI, *I tribunali apostolici*, 464.

iurisprudentiae consulit et, per proprias sententias, tribunalibus inferioris auxilio est"[109].

Dieser Hinweis auf die von der Rota seit jeher ausgeübten Funktionen bestätigt in aller Deutlichkeit die von manchen Seiten in Frage gestellte Notwendigkeit eines für die Gesamtkirche zuständigen Obergerichtes[110] und unterstreicht dabei vor allem dessen Bedeutung für eine qualifizierte und gerechte Anwendung der geltenden Gesetzesnormen[111] und den damit verbundenen Bei-

---

[109] JOHANNES PAUL II., *Pastor Bonus*, Art. 126. Hinsichtlich dieser Aussage, die bereits im *Schema legis peculiaris de Curia Romana* (vgl. Art. 109) enthalten war, machte das Auditorenkollegium in seinen *Annotazioni* von 1985 jedoch geltend: „L'Art. 109 si desidera modificato a maggior precisione [...] con l'espressione: ‚tribunalibus inferioribus *norma est*'. – Altra annotazione riguarda le parole ‚unitati iurisprudentiae consulit' in quanto che anche la Segnatura Ap.ca [...] è presentata come ‚organo diretto a che la giustizia sia *recte administrata*' [...]". Zu den Funktionen im Einzelnen siehe auch Z. GROCHOLEWSKI, *Die Funktion der Sacra Romana Rota und des Obersten Gerichts der Apostolischen Signatur*: Conc(D) 15 (1979), 451-453; desgleichen in Französisch: Z. GROCHOLEWSKI, *Fonction de la Rote Romaine et du Tribunal suprême de la Signature apostolique*: Conc(F) 15 (1979), 63-67; sowie in Italienisch: Z. GROCHOLEWSKI, *Funzione della Sacra Romana Rota e del Supremo Tribunale della Segnatura Apostolica*: Conc(I) 7 (1979), 82-88; vgl. ferner COMOTTI, *Le allocuzioni*, 184; RODRÍGUEZ-OCAÑA, *El Tribunal*, 426-431 (Hilfe für die untergeordneten Gerichte) und 437-448 (Einheit der Rechtsprechung); BONNET, *La competenza del Tribunale*, 17-22; Z. GROCHOLEWSKI, *Il Romano Pontefice come giudice supremo della Chiesa*: IusEc 7 (1995), 39-64, 55-56; G. P. MONTINI, *La giurisprudenza dei Tribunali Apostolici e dei Tribunali delle Chiese particolari*: M. GIORDANO u. a., *Il diritto della Chiesa. Interpretazione e prassi* (= StGiur, 41), Città del Vaticano 1996, 111-134; MONTINI, *L'unità*, 221-235; RAMOS, *I tribunali*, 208-210; DZIERŻON, *Troska Roty*, 194-196; SCHÖCH, *Die kirchenrechtliche Interpretation*, 106-113; C. BEGUS, *Il ruolo della giurisprudenza nell'art. 126 della Costituzione Apostolica* Pastor Bonus *e nelle Allocuzioni di Giovanni Paolo II al Tribunale della Rota Romana*: Apol 76 (2003), 515-527; FUMAGALLI CARULLI, *Verità*, 467-470; COCCOPALMERIO, *La Rota Romana*; DE PAOLIS, *La giurisprudenza*; kritisch: MÉNDEZ RAYÓN, *Normativa procesal*, 624-632; MÉNDEZ RAYÓN, *La tercera instancia*, 69-81.

[110] Vgl. GROCHOLEWSKI, *I tribunali apostolici*, 466: „Non raramente ci è dato riscontrare una certa riluttanza verso la Rota romana, ed in genere verso i tribunali della Santa Sede, come se l'intervento di questi costituisca offesa ai tribunali locali [...]".

[111] Dass die ausdrückliche Nennung der Funktionen der Rota Gebot der Stunde war, zeigen die Entwicklungen im kirchlichen Rechtsschutz seit Mitte der Sechzigerjahre; vgl. dazu die Erfahrungen von GROCHOLEWSKI, *ebd.*, 465: „Da una parte infatti la responsabilità del giudice ecclesiastico [...] è altissima [...]. Dall'altra parte invece sappiamo che nella maggioranza delle Chiese locali mancano le persone debitamente preparate a svolgere tale delicata mansione giudiziaria [...]. Perciò le sentenze – redatte da veri esperti scelti fra i più preparati dei diversi paesi [...] – costituiscono certamente un validissimo aiuto per tutti gli altri che operano nell'amministrazione della giustizia nella Chiesa [...]. È davvero scandalosa la diversità nel modo di trattare e di definire le cause matrimoniali [...] così che lo stesso matrimonio in una nazione può essere facilmente dichiarato nullo, in un'altra assolutamente no. Dette diversità hanno provocato negli ultimi anni perfino la fuga delle cause [...]. Tali manovre, ovviamente pensabili solo per i ricchi, sono risultate connesse con grave frodi, inganni e scandali"; zur Problematik speziell in Ehesachen vgl. auch ausführlich Z. GROCHOLEWSKI, *Problemi*

trag der Rota zur Einheit der Kirche und des Glaubens[112]. Die Konstitution erkennt auf diese Weise den untergeordneten Tribunalen eindeutig das Recht zu, zur Absicherung und Vervollkommnung der eigenen Entscheidungen die Dienste des päpstlichen Gerichtshofes in Anspruch zu nehmen[113]. Das bedeutet umgekehrt für die Rota, dass deren Verpflichtung zu einer vorbildlichen Judikatur[114] nun auf der Grundlage universalrechtlicher Bestimmungen sanktioniert wird und daher noch gewissenhafter als bisher zu befolgen ist[115]. Dabei soll die

---

attuali dell'attività giudiziaria della Chiesa nelle cause matrimoniali: Apol 56 (1983), 159-165, 153-159.

112 Vgl. GROCHOLEWSKI, *I tribunali apostolici*, 461: „[...] vorremmo anche notare che i tribunali apostolici, al servizio del supremo pastore, contribuiscono in modo considerevole alla comunione [...]. Siamo convinti inoltre che l'operato dei tribunali in parola giova, in qualche misura, anche all'unità della fede, specialmente là dove nell'attività di qualche tribunale serpeggiano tendenze dottrinali un pò eccentriche". Dieser Auftrag der Apostolischen Gerichtshöfe steht im Einklang mit dem, der der gesamten Kurie zugewiesen ist; vgl. diesbezüglich JOHANNES PAUL II., *Pastor Bonus*, Nr. 11: „Cum igitur Romanae Curiae navitas cum munere Petriano iuncta in eoque fundata, in bonum simul universae Ecclesiae sive Ecclesiarum particularium cedat, ea praeprimis ad explendum *unitatis ministerium* vocatur, quod Romano Pontifici singulariter commissum est [...]. Igitur cooperatio, quam Romana Curia Summo Pontifici praestat, hoc unitatis ministerio fulcitur: haec autem in primis *unitas* est *Fidei* [...]. Est pariter *unitas disciplinae* [...]".

113 Vgl. dazu BONNET, *I tribunali*, 223: „Specialmente rimane rafforzato [...] il peculiare ufficio della giurisprudenza rotale romana di coagulare unitariamente attorno alla propria interpretazione le tante giurisprudenze locali vive nella Chiesa, e questo senza pregiudizio di ogni legittima diversità e con beneficio invece per tutto il Popolo di Dio. In questa prospettiva poi si può ancor più apprezzare questo ruolo di appoggio della giurisprudenza rotale romana alla prassi degli altri tribunali se si considera il *valore persuasivo* delle stesse sentenze rotali nelle quali gli altri giudici possono trovare un non piccolo sostegno per le proprie decisioni"; *ebd.*, 224: „[...] la giurisprudenza ecclesiale non ha [...] soltanto la funzione di determinare la concreta misura del diritto vivo in una determinata comunità, in quanto applicato, ma anche quella di assicurare un'interpretazione il più sicura e unitaria [...]. Una tale funzione unitaria appartiene in modo del tutto particolare alla giurisprudenza rotale romana, le cui decisioni debbono considerarsi esemplari [...]".

114 Eine vorbildhafte, einheitsstiftende Rechtsprechung kann durchaus mittels der herkömmlichen Entscheidungsweise der Rota in Kollegien dreier Richter gewährleistet werden. Dagegen ist RODRÍGUEZ-OCAÑA, *El Tribunal*, 446, der Ansicht: „En cuanto a la *ratio iudicandi* [...] parece que la dirección a seguir, para que pueda velarse desde el seno de la Rota Romana por la unidad de la jurisprudencia, es una mayor amplitud de los suspuestos que deban resolverse *videntibus omnibus*, según las Normas de la Rota. Ese modo de proceder ayudaría grandemente a que la propria jurisprudencia rotal se unificara en buena medida, y se presentara como doctrina del colegio judicial, en lugar de aparecer como jurisprudencia identificada según el ponente de turno"; ähnlich MONTINI, *L'unità*, 229-230.

115 Dass der Gesetzgeber deshalb der Rota nicht auch die Aufgabe zuweist, eine korrekte und einheitliche Rechtsprechung zu gewährleisten, bemängelt MONTINI, *La giurisprudenza*, 133.

Rota durch ihre Vorbildfunktion auch pädagogisch wirken[116] und durch die Förderung einer einheitlichen Rechtsprechung im Rahmen ihrer Zuständigkeiten[117] der Rechtssicherheit ebenso dienen wie der Gerechtigkeit[118]. Freilich darf dadurch nicht die Weiterentwicklung der Interpretation und Anwendung des Rechts[119] behindert werden, die der Rota gleichermaßen zum Ziel gesetzt ist[120].

---

[116] Vgl. E. M. FIORE, ErzBf., TitBf. von Novi, DekRR., *Indirizzo di omaggio*, 1992, Jan 23: EphIC 48 (1992), 245-246, 246: „[...] la Rota Romana, per il suo stretto legame con la Cattedra di Pietro, sente di doversi mettere in situazione di pedagogia giuridica e di studio dei singoli casi, in un'ottica di prevenzione e missione pastorale, in collegamento con gli altri Tribunali della Chiesa, attraverso un impegno di comunicazione e di dialogo". Für MONTINI, *L'unità*, 234, ist daher nicht die Kraft des Gesetzes, sondern die Überzeugungskraft („persuasione") der Rotajudikatur der beste Weg zu einer einheitlichen Rechtsprechung. MÉNDEZ RAYÓN, *Normativa procesal*, 628, spricht der Rota dagegen diese ihr vom Gesetzgeber in umfassender Weise übertragene Funktion ganz ab. Seiner Ansicht nach gilt: „[Esta función] *se refiere y tiene como destinatario único el mismo Tribunal de la Rota*. Ésta no puede, obviamente, salvaguardar la unidad de la jurisprudencia de los demás, sino solamente la propria. En otras palabras, esta función encomendada al Tribunal de la Rota Romana no va más allá de su propria competencia [...]. Porque la Rota Romana no puede ni debe entrometerse en la competencia y el juicio de ningún otro órgano judicial".

[117] Zu Recht weist MONTINI, *L'unità*, 226-228, darauf hin, dass die Aufgabe, die Einheit der Rechtsprechung zu fördern, nicht allein der Rota zukommt. Diese Aufgabe erfüllen in den ihnen eigenen Bereichen auch die Apostolische Signatur, der Rat für die Interpretation von Gesetzestexten, die Glaubenskongregation und die Sakramentenkongregation.

[118] Vgl. hierzu LLOBELL, *El M. P. ‚Sollicita cura'*, 276: „Pienso que tal deseo de unificación ha llevado al Supremo legislador a conferir a la jurisprudencia rotal una nueva dimensión normativa [...] al atribuirle un valor prioritario entre las diversas fuentes supletorias de las lagunas legales, previstas en el canon 19 [...]".

[119] Hilfreich für die vorbildliche Anwendung des Rechts und die rechtzeitige Vermeidung zivilrechtlichen Bedeutungsverlustes rotaler Entscheidungen können auch Anstöße von außen sein. So verurteilte der Europäische Gerichtshof für Menschenrechte in Straßburg [Strasbourg] im Sommer 2001 Italien in einem fragwürdigen Urteil, weil die *Corte d'appello* in Florenz sowie die *Corte di Cassazione* in Rom den Rekurs der Nichtklägerin in einem Eheverfahren wegen angeblicher Beeinträchtigung des Verteidigungsrechtes (fehlender Hinweis auf die Möglichkeit der Zuziehung eines Anwalts bei der Vernehmung) abgelehnt hatten, den diese gegen die Exekution der Sentenz der Rota (vgl. RR., Urteil c. CORSO, Romana, *Nullitatis matrimonii*, 1988, Apr 13: RRDec 80 [1988], 227-230) durch die *Corte d'appello* eingelegt hatte (vgl. CORTE EUROPEA DEI DIRITTI DELL'UOMO, *Caso Pellegrini contro Italia*, Ricorso n° 30882/96, 2001, Jul 20: DG 2 [2001], Nr. 32, 22.09.2001, 19-24, und hierzu: N. BARTONE, *Una sanzione che colpisce l'intera procedura canonica e concordataria. Predisposta però per applicarsi a tutto l'universo cattolico*: *ebd.*, 25-27, 27: „La condanna [...] è una bomba esplosiva a lungo raggio; può diventare un'infinita sanzione per l'Italia").

[120] Für B. LAUKEMPER-ISERMANN, *Ausgewählte Beispiele aus der jüngeren Rota-Judikatur: Total- und Partialsimulation*: DPM 5 (1998), 45-135, 49-50, „kann die Vorbildfunktion der Rota nur darin bestehen, daß es eine bestimmte Art und Weise der Argumentation und der Beweisketten gibt, die als richtungsweisend (im Sinn herrschender Meinung) zu verstehen ist".

Voraussetzung für eine solche Weiterentwicklung ist allerdings, dass die Einheit der rotalen Rechtsprechung selbst gewährleistet ist[121].

c. Der *Codex Canonum Ecclesiarum Orientalium* von 1990

Mit der Neufassung des *Codex Iuris Canonici* und der auf dessen Grundlage erfolgten Kurienreform war die vom Konzil angestrebte umfangreiche Überarbeitung des kanonischen Rechts nahezu vollendet. Noch immer aber fehlte den katholischen Ostkirchen ein Gesetzbuch, das dem der lateinischen Kirche entsprach. 1958 war ein solches Werk schon fast abgeschlossen gewesen[122]; doch Papst Johannes XXIII. wollte es mit Blick auf das geplante Konzil nicht mehr promulgieren und stellte die Fertigstellung erst für die Zeit danach in Aussicht[123].

Papst Paul VI., der einstweilen die Gültigkeit der bisherigen Bestimmungen bestätigt hatte[124], errichtete dann Mitte 1972 eine mit der Kodifizierung beauftragte Kommission[125]. 1982 wurde erstmals ein Entwurf zum Prozessrecht vor-

---

121 Vgl. MONTINI, *L'unità*, 228-229; *ebd.*, 229: „La problematica si pone per il fatto che il Tribunale della Rota procede [...] attraverso i giudizi emessi da una pluralità di persone. Ciò deve spingere anzitutto la Rota stessa a trovare mezzi giuridici per uniformare la sua stessa giurisprudenza sia in senso sincronico sia in senso diacronico"; RAMOS, *I tribunali*, 209: „[...] alla Rota Romana occorrerebbe un criterio più omogeneo nell'interpretazione dei capi di nullità"; zu konkreten Divergenzen in der rotalen Rechtsprechung vgl. BEGUS, *Il ruolo della giurisprudenza*, 523-525.

122 Damals lag bereits der Entwurf eines *Codex Iuris Canonici Orientalis* mit 2666 Canones vor; vgl. CCEO, *Praefatio*, XXIX: „Ex 2666 canonibus, qui schemate condendi Codicis anni 1945 continebantur, tres quintae partes promulgatae sunt. Ceteri vero canones, numero 1095, in archivo Commissionis permanserunt". Vgl. hierzu auch FALTIN, *La Codificazione*, 121-137; ŽUŽEK, *Textes*, 23-31; BUCCI, *Il Codice*, 401-402; J. D. FARIS, *The Eastern Catholic Churches. Constitution and Governance. According to the Code of the Canons of the Eastern Churches*, New York 1992, 75; FALTIN, *Il consenso*, 211.

123 Vgl. FALTIN, *Il consenso*, 211: „[...] in data 12 dicembre 1958 il Card. Agagianian [...] lo presentò al Papa Giovanni XXIII per la promulgazione. Il Sommo Pontefice disse esattamente queste parole: ‚Il Codice Orientale si farà dopo il Concilio Vaticano II'. Al che il Card. Agagianian rimase molto meravigliato".

124 Vgl. PAUL VI., Papst, Motu pr. *Episcopalis potestatis*, 1967, Mai 11: AAS 59 (1967), 385-390; *ebd.*, 386: „Quas leges providentissima Mater Ecclesia Litteris Apostolicis [...] *Sollicitudinem Nostram* [...] pro Ecclesiis Orientalibus sanxit atque aliis deinceps editis documentis statuit nec revocavit, integras et sanctas declaramus, nisi eas Concilium Oecumenicum Vaticanum II aperte abrogaverit aut iis in quibusdam obrogaverit vel derogaverit".

125 Vgl. SECRST., Brief, 1972, Jun 10, an G. Parecattil, Kard., ernannter Präsident der PCRCO: Nuntia 1 (1975), 11; zu den Arbeiten der Kommission vgl. G. ORIOLI, *I lavori della Commissione dalla sua istituzione al 21 giugno 1975*: Nuntia 1 (1975), 20-22; I. ŽUŽEK, *Informatio de statu laborum Pontificiae Commissionis Codici Iuris Canonici recognoscendo*: Per 67 (1978), 765-772; BUCCI, *Il Codice*, 411-415; METZ, *La nouvelle codification*, 155-167; R. POTZ, *Die Kodifikation des katholischen Ostkirchenrechts*: HKKR (1983), 57-65; FARIS,

gelegt[126], vier Jahre später das gesamte *Schema Codicis Iuris Canonici Orientalis*[127]. Am 18. Oktober 1990 konnte Papst Johannes Paul II. endlich durch die Apostolische Konstitution *Sacri Canones*[128] das Gesetzbuch unter dem Titel *Codex Canonum Ecclesiarum Orientalium*[129] promulgieren und so die letzte große Lücke im Rechtssystem der nachkonziliaren Kirche schließen[130].

Die Römische Kurie erwähnt der CCEO aus Rücksicht auf die ihm vorausgehende Konstitution *Pastor Bonus* nur am Rande[131]. Wie die Normen im lateinischen Gesetzbuch enthalten aber auch die Canones des orientalischen Codex detaillierte Bestimmungen zur Gerichtshierarchie und somit unter anderem zu den Aufgaben, die die Tribunale des Papstes gegenüber den katholischen Kirchen des Ostens erfüllen[132].

Die Rota Romana wird dabei nicht namentlich aufgeführt. Der CCEO spricht nur allgemein von den Gerichtshöfen des Apostolischen Stuhles[133], über-

---

The Eastern Catholic Churches, 87-92; METZ, *Le nouveau Code*, 103-104; FARIS, *La storia*, 263-267; V. J. POSPISHIL, *Eastern Catholic Church Law. According to the Code of Canons of the Eastern Churches*, New York 1993, 53-56; D. LE TOURNEAU, *Code des canons des Églises orientales*: DHP (1994), 406-407; J. MADEY, *Quellen und Grundlagen des Codex Canonum Ecclesiarum Orientalium. Ausgewählte Themen* (= BzMK, 22), Münster 1999, 5-9; R. POTZ, *Der Codex Canonum Ecclesiarum Orientalium*: HKKR^2 (1999), 81-83; ERDŐ, *Die Quellen*, 159-160.

126 Und zwar unter dem Namen *Schema canonum de tutela iurium seu de processibus*: vgl. *Codex Canonum Ecclesiarum Orientalium. Praefatio*, XXXIII.

127 Vgl. PCOR., *Schema Codicis Iuris Canonici Orientalis*, Romae 1986.

128 Vgl. JOHANNES PAUL II., Papst, Ap. Konst. *Sacri Canones*, 1990, Okt 18: AAS 82 (1990), 1034-1044.

129 Vgl. *Codex Canonum Ecclesiarum Orientalium*, AAS 82 (1990), 1061-1363; zum CCEO vgl. unter anderem auch R. POTZ, *Codex Canonum Ecclesiarum Orientalium*: LThK^3, II (1994), 1241-1243; R. METZ, *Le nouveau droit des Églises orientales catholiques*, Paris 1997; MADEY, *Quellen*; R. POTZ, *Codex Canonum Ecclesiarum Orientalium*: LKStKR, I (2000), 342-345.

130 Vgl. JOHANNES PAUL II., *Sacri Canones*, 1038: „Codex Canonum Ecclesiarum Orientalium, qui nunc in lucem proditur, veluti novum complementum magisterii a Concilio Vaticano II propositi habendus est, quo universae Ecclesiae ordinatio canonica tandem expletur, praeeuntibus Codice Iuris Canonici latinae Ecclesiae [...] atque ‚Constitutione apostolica de Romana Curia'".

131 Vgl. can. 46 § 1 CCEO: „In eius munere exercendo Romano Pontifici [...] auxilio praeterea [...] sunt Patres Cardinales, Curia Romana [...]"; can. 48 CCEO: „Nomine Sedis Apostolicae vel Sanctae Sedis in hoc Codice veniunt [...] etiam [...] aliaque Curiae Romanae instituta".

132 Vgl. Titulus XXIV: *De iudiciis in genere*, caput I (can. 1058 - can. 1085): *De foro competenti;* vgl. hierzu PALLATH, *The Synod*, 158-162.

133 Vgl. cann. 1061 und 1065 CCEO sowie hierzu POSPISHIL, *Eastern Catholic Church Law*, 598; zum Terminus „Apostolischer Stuhl" vgl. J. ABBASS, *Apostolic See in the New Ori-*

lässt deren Kompetenzaufteilung untereinander aber der Konstitution über die Römische Kurie[134]. Im Regelfall ist freilich davon auszugehen, dass auch hier die Rota als zuständiges Gericht des Papstes fungiert.

Im Gegensatz zu der bisher geltenden Regelung[135] wird nun aber die Kompetenz der Apostolischen Tribunale als Instanzen ersten Grades stark eingeschränkt. Sie umfasst mit Ausnahme von Ordensinstituten päpstlichen Rechts und deren Leitern nur noch juristische sowie jene natürlichen Personen, die keinen Oberen unter dem Heiligen Vater haben und die keine Bischöfe sind:

> „Coram tribunalibus Sedis Apostolicae conveniri debent personae, quae auctoritatem superiorem infra Romanum Pontificem non habent, sive sunt personae physicae in ordine episcopatus non constitutae sive sunt personae iuridicae salvo can. 1063, § 4, nn. 3 et 4“[136].

Alle Bischöfe haben ihren Gerichtsstand in Strafsachen nun wie die Patriarchen unmittelbar beim Papst[137]. In Streitverfahren entscheidet über alle Bischöfe innerhalb des Patriarchates ein eigens bestelltes Gremium und in Berufungssachen die jeweilige Bischofssynode[138], über jene außerhalb dagegen ein vom Papst speziell beauftragtes Gericht[139]. Wollte also die Rota über Streitfragen orientalischer Bischöfe entscheiden, so wäre dies nur im letztgenannten Fall auf Grund besonderer päpstlicher Kommission möglich.

---

ental Legislation: StCan 27 (1993), 173-215; J. ABBASS, *Apostolic See in the New Eastern Code of Canon Law,* Lewiston – Queenston – Lampeter 1994.

134 Die Apostolische Konstitution *Pastor Bonus* ist auch deshalb in der Buchausgabe des *Codex Canonum Ecclesiarum Orientalium* (Vatican City 1990) mit abgedruckt: vgl. *ebd.*, 297-370 und 381.

135 Vgl. PIUS XII., *Sollicitudinem Nostram*, can. 16 § 1.

136 Can. 1061 CCEO. Die Formulierung des *Schema Codicis Iuris Canonici Orientalis* von 1986 (can. 1076) lautete: „Coram tribunalibus Sedis Apostolicae conveniri debent personae physicae charactere episcopali non auctae vel iuridicae, quae superiorem auctoritatem infra Romanum Pontificem non habent, salvo [...]“.

137 Vgl. can. 1060 § 1 CCEO: „Soli Romano Pontifici est iudicandi: 1° Patriarchas; 2° Episcopos in causis poenalibus; [...]“; hierzu bemerkt PALLATH, *The Synod*, 157: „This is a regression from SN which stipulated that the patriarch with the permanent synod can judge the minor criminal cases of bishops and begin the process of the major criminal cases“.

138 Vgl. can. 1062 § 2 CCEO: „Synodus Episcoporum Ecclesiae patriarchalis [...] eligere debet ad quinquennium ex suo gremio Moderatorem generalem administrationis iustitiae necnon duos Episcopos, qui cum eo praeside constituunt tribunal [...]; *ebd.*, § 3: „Huius tribunalis est iudicare causas contentiosas sive eparchiarum sive Episcoporum, etiam Episcoporum titularium“; *ebd.*, § 4: „Appellatio in his causis fit ad Synodum Episcoporum Ecclesiae patriarchalis [...]“.

139 Vgl. can. 1060 § 2 CCEO: „Exceptis Episcopis intra fines territorii Ecclesiae patriarchalis potestatem suam exercentibus ceteri Episcopi in causis contentiosis iudicantur a tribunali a Romano Pontifice designato [...]“.

In zweiter Instanz weist das Gesetzbuch der orientalischen Kirchen der Rota mit Ausnahme derjenigen Sachen, die schon erstinstanzlich dort entschieden worden sind, keine ordentliche Zuständigkeit zu. Der Codex bestimmt hier andere Gerichte und unterscheidet dabei vier Fälle. Demnach appellieren innerhalb eines Patriarchates die Tribunale der keinem eigenen Metropoliten unterstehenden Eparchien wie auch die der Eparchie des Patriarchen selbst und gegebenenfalls deren Regionalgerichte in zweiter Instanz an das Patriarchalgericht[140]; ebenfalls innerhalb eines Patriarchates legen die Tribunale des Metropoliten und die seiner suffraganen Eparchien Berufung beim Metropolitangericht ein[141]; haben sie aber keinen Oberen unter dem Papst, so wenden sich die Tribunale von Metropoliten und Eparchien sowie gegebenenfalls deren Regionalgerichte in zweiter Instanz an ein Gericht, das mit Approbation des Heiligen Stuhls dauerhaft dazu bestimmt wurde[142]; ein solches Berufungsgericht ist als zweite Instanz auch vorgesehen, wenn in bestimmten Gegenden interrituelle Tribunale ersten Grades errichtet worden sind[143].

Zwar hat nach der für die gesamte katholische Kirche geltenden Konstitution *Pastor Bonus* die Rota auch schon in allen Verfahren zweiter Instanz ordentliche Zuständigkeit. Voraussetzung ist dabei jedoch, dass eine rechtmäßige Berufung vorliegt[144]; eine solche freilich kann innerhalb der orientalischen Kirchen nur erfolgen, wenn sie an die im Codex hierfür vorgesehenen Tribunale gerichtet ist. Can. 1063 § 3 und can. 1064 § 1 CCEO sprechen zwar nicht ausdrücklich von einer ausschließlichen Kompetenz dieser Gerichte. Da die angeführten Normen aber auch den Appellationsweg von unten nach oben nicht nennen, wird gemäß can. 1499 CCEO analog („secundum locos parallelos") auf cann. 1064 §

---

140 Für das Patriarchalgericht, das nach can. 1063 § 1 CCEO vom „tribunal eparchiae Patriarchae" unterschieden werden muss, wird nämlich in can. 1063 § 3 CCEO festgelegt: „Hoc tribunal est tribunal appellationis in secundo et ulterioribus gradibus [...] pro causis in tribunalibus inferioribus iam definitis; huic tribunali competunt etiam iura tribunalis metropolitanis eis in locis territorii Ecclesiae patriarchalis, ubi provinciae erectae non sunt". Für ein Regionalgericht gilt can. 1067 § 5 CCEO: „Appellatio ab hoc tribunal fit intra fines territorii Ecclesiae patriarchalis ad tribunal ordinarium Ecclesiae patriarchalis [...]".

141 Vgl. can. 1064 § 1 CCEO: „Tribunal metropolitanum, quod non est distinctum a tribunali eparchiae Metropolitae, est tribunal appellationis a sententiis tribunalium eparchialium".

142 Vgl. can. 1064 § 2 CCEO: „A causis in primo gradu iudicii pertractatis coram Metropolita aliove Episcopo eparchiali, qui auctoritatem superiorem infra Romanum Pontificem non habet, fieri debet appellatio ad tribunal ab ipso stabili modo cum approbatione Sedis Apostolicae designatum [...]; für Regionalgerichte außerhalb des Patriarchatsgebiets gilt can. 1067 § 5: „Appellatio [...] fit [...] ad tribunal stabili modo a coetu Episcoporum [...] cum approbatione Sedis Apostolicae vel ab ipsa Sede Apostolica designatum".

143 Vgl. can. 1068 § 4 CCEO: „A sententiis tribunalis communis primi gradus appellatio fit ad tribunal stabili modo a Sede Apostolica designatum".

144 Vgl. JOHANNES PAUL II., *Pastor Bonus*, Art. 128, 1°.

2, 1067 § 5 und 1068 § 4 CCEO zurückzugreifen sein, in denen außer der Berufung an das im betreffenden Fall vorgesehene Gericht keine andere Möglichkeit der Appellation eröffnet wird[145]. Es wird daher trotz gegenteiliger Praxis[146] sowie damit einhergehender Verteidigungsversuche von Rechtsprechung[147] und Kanonistik[148] nicht statthaft sein, ohne entsprechende Gesetzesänderung von einer ordentlichen zweitinstanzlichen Zuständigkeit der Rota in orientalischen Verfahren auszugehen[149]. Eine authentische Interpretation der Norm, die bereits 1995 erbeten wurde[150], ist bislang nicht erfolgt, was im Einzelfall eine ausdrückliche Entscheidung der Apostolischen Signatur erforderlich machen kann[151]. Nach der bestehenden Regelung jedenfalls setzt der CCEO in seinem

---

145 Dort heißt es nämlich: „fieri debet appellatio", „Appellatio [...] fit" und „appellatio fit", nicht etwa „fiat" oder „fieri potest".

146 Vgl. LLOBELL, *Le norme*, 69: „[...] la Rota Romana continua ad accettare l'impugnazione contro le sentenze dei tribunali orientali, in attesa di un chiarimento legislativo".

147 Vgl. RR., Dekret c. SABLE, Inter-Eparchialis Maronitarum seu Iunien. Maronitarum, *Nullitatis Matrimonii; Praeiudicialis: de competentia*, 1996, Jan 19 (B. Bis 1/96); *ebd.*, Nr. 4: „Canones Codicis Ecclesiarum Orientalium, competentiam Tribunalium Orientalium tantummodo statuunt, sed haud competentiam Rotae Romanae expresse restringunt vel circumscribunt"; RR., Dekret c. DE LANVERSIN, Inter-Eparchialis Graecorum Melkitarum seu Beryten. et Gibailen., *Nullitatis Matrimonii; Praeliminaris: Querelae Nullitatis et Novae causae Propositionis*, 1996, Jun 5: DEc 108/2 (1997), 27-35, 27: „Come si evince chiaramente sia dai lavori preparatori che dalla Pastor Bonus, che è legge anche per gli orientali, la Rota non è stata affatto privata della sua ordinaria competenza in questa materia, che anzi è prevalente rispetto a quella goduta dal tribunale d'appello inferiore".

148 Vgl. zum Beispiel LLOBELL, *Centralizzazione*, 436-437; LLOBELL, *Perfettibilità*, 1249-1251; FUNGHINI, *La competenza*, 162-164; MONTINI, *L'unità*, 231, Anm. 35; J. I. SARRAF, Kommentar zu: *cann. 1058-1085 CCEO*: P. V. PINTO (Hg.), *Commento al Codice dei Canoni delle Chiese Orientali* (= CorpIC, 2), Città del Vaticano 2001, 877-1003, 887; H. ALWAN, *Rapporto fra il Codice dei Canoni per le Chiese Orientali e il Codice di Diritto Canonico per la Chiesa Latina*: IurOr 1 (2005), 103-121, 118 = QStR 15 (2005), 69-92, 88-89; LLOBELL, *Le norme*, 69; *ebd.*, 71: „[...] i criteri di competenza sanciti dal CCEO potrebbero comportare un'importante limitazione all'universalità della giurisprudenza rotale e quindi alla sua partecipazione al *munus petrinum*". Diese Befürchtung mag gerechtfertigt erscheinen, sie ändert aber nichts an der geltenden Rechtslage.

149 Daher ist auch verständlich, warum die Bestimmung des can. 408 des Motu pr. *Sollicitudinem Nostram*, der zufolge im Zweifelsfall die Berufung an den Apostolischen Stuhl Vorrang hat, keine Aufnahme in den CCEO fand; vgl. dagegen FUNGHINI, *La competenza*, 156: „[...] detta norma [...] inspiegabilmente è stata tolta".

150 Vgl. PCLI., *Quaestiones quaedam studio Pontificii Consilii submissae*, s. d.: Comm 27 (1995), 30-31, 31.

151 Vgl. SIGNAP., *Decreto sulla competenza della Rota Romana nelle cause in cui è competente un Tribunale Patriarcale, o equiparato, Orientale*, P. N. 24173/93 C. G., 1995, Jul 7, bei N. SCHÖCH, *Die absolute Inkompetenz kirchlicher Gerichte zweiter Instanz aufgrund der Berufung an die Römische Rota als Ausnahme vom Prinzip der örtlichen Zustän-*

Geltungsbereich diesbezügliche Bestimmungen der Kurienkonstitution außer Kraft[152].

Ungeachtet dessen steht es jedoch auch jedem orientalischen Gläubigen frei, sich direkt an den Papst zu wenden[153]. Überträgt der Pontifex den Fall dann persönlich oder durch die Apostolische Signatur der Rota, so entscheidet diese allein auf Grund päpstlicher Delegation[154], nicht aber auf Grund ordentlicher Kompetenz[155]. Es ist daher nur konsequent, wenn vor Annahme eines orientalischen Verfahrens in zweiter Instanz durch die Rota tatsächlich eine entspre-

---

digkeit: P. ERDŐ, P. SZABÓ (Hg.), *Territorialità e personalità nel Diritto Canonico ed Ecclesiastico. Il Diritto canonico di fronte al terzo millennio. Atti dell'XI Congresso Internazionale di Diritto Canonico e del XV Congresso Internazionale della Società per il Diritto delle Chiese Orientali. Budapest, 2–7 Settembre 2001*, Budapest 2002, 797-812, 808-809; vgl. *ebd.*, 809: „[…] pertractatio committitur Rotae Romanae".

152 Vgl. dazu C. G. FÜRST, *Lex prior derogat posteriori? Die Ap. Konst.* Pastor Bonus, *die Römische Rota als konkurrierendes Gericht II. Instanz bzw. als III. (und ggf. weitere) Instanz zu Gerichten einer Orientalischen Kirche eigenen Rechts und der CCEO*: C. MIRABELLI u. a. (Hg.), *Winfried Schulz in memoriam. Schriften aus Kanonistik und Staatskirchenrecht*, I (= AIC, 8/1), Frankfurt am Main u. a. 1999, 269-283, 275-276: „CIC, Pastor Bonus und CCEO, vom selben Obersten Gesetzgeber erlassen, stehen auf ‚gleicher Ebene', aber zueinander in einem Verhältnis von *prior* und *posterior*"; J. ABBASS, *The Roman Rota and Appeals from Tribunals of the Eastern Patriarchal Churches*: Per 89 (2000), 439-490. Von der mangelnden ordentlichen Zuständigkeit der Rota in zweiter Instanz geht mittlerweile auch Llobell aus: vgl. J. LLOBELL, *Il giudizio contenzioso ordinario nel CCEO*: H. ZAPP, A. WEISS, S. KORTA (Hg.), *Ius Canonicum in Oriente et Occidente. Festschrift für Carl Gerold Fürst zum 70. Geburtstag* (= AIC, 25), Frankfurt am Main u. a. 2003, 915-937, 934-935, und J. LLOBELL, *La competenza della Rota Romana nelle cause delle Chiese cattoliche orientali*: QStR 18 (2008), 15-57, insbesondere 28-41 und 4-47; Unsicherheit besteht für M. WEGAN, *Kosten und Dauer der Ehenichtigkeitsverfahren an der Rota Romana*: DPM 10 (2003), 77-98, 96-97; vgl. *ebd.*, 96: „Ein großes noch nicht gelöstes Problem [...], weil der Gesetzestext nicht klar ist". Auch SCHÖCH, *Die absolute Inkompetenz*, 812, kommt zu dem Ergebnis, „daß es sowohl begründete Argumente für als auch gegen die Zuständigkeit der Römischen Rota ohne für den Einzelfall gewährte Kompetenzerweiterung gibt".

153 Vgl. can. 1059 § 1 CCEO: „Ob primatum Romani Pontificis integrum est cuiuslibet christifideli causam suam in quovis statu et gradu iudicii cognoscendam ad ipsum Romanum Pontificem deferre, qui pro toto orbe catholico iudex est supremus et qui vel per se ius dicit vel per tribunalia Sedis Apostolicae vel per iudices a se delegatos" und hierzu RR., Dekret c. FALTIN, Sanctissimi Salvatoris Marianopolitani Graecorum Melkitarum, *Nullitatis matrimonii; competentiae*, 1994, Mai 18, Nr. 11: RRDecr 12 (1994), 106-111, 108; BONNET, *La competenza del Tribunale*, 4, sieht hier die cann. 1417 § 1 und 1442 CIC „felicemente integrati in una sola norma". Nach P. GEFAELL, *Tribunali delle Chiese sui iuris non patriarcali*: IusEc 16 (2004), 11-132, 129, handelt es sich bei einem solchen Antrag nicht um „un appello nel senso tecnico del termine, bensì una ‚provocatio', che non dà diritto ad essere accolta".

154 Dieser Auffassung ist auch FÜRST, *Lex prior*, 283.

155 Dagegen sieht FUNGHINI, *La competenza*, 163, in der Bestimmung ein Beweiselement für eine ordentliche Zuständigkeit zweiter Instanz.

chende Kommission durch die Apostolische Signatur erteilt und dabei auf die noch ausstehende Klärung dieses Rechtszweifels verwiesen wird[156].

Was hingegen den Gerichtshof dritter Instanz betrifft, so legt der Codex der Ostkirchen fest:

> „Tribunal tertii gradus est Sedes Apostolica, nisi aliter iure communi expresse cavetur"[157].

Da kein anderes Dikasterium des Apostolischen Stuhls als kompetentes Forum in Frage kommt, ist die Rota hier als einziges zuständiges Entscheidungsorgan anzusehen.

Allerdings bezieht sich die Norm des can. 1065 CCEO nicht auf die Gerichte innerhalb eines Patriarchats; für sie ist auf Grund der durch can. 1063 § 3 CCEO getroffenen Ausnahmeregelung ordentliches Gericht dritten und nun auch höheren Grades nicht der Heilige Stuhl, sondern das Patriarchalgericht[158].

Im Hinblick auf die *nova causae propositio* in Personenstandssachen gelten im Prozessrecht für die Orientalischen Kirchen die gleichen Bestimmungen wie im lateinischen Recht[159].

2. Die Angleichung territorialer Sonderregelungen an das Universalrecht

Mit dem neuen *Corpus Iuris Canonici* waren Auftrag und Funktion des päpstlichen Gerichtshofs der Rota Romana nicht nur auf umfassenderer Grundlage als je zuvor festgelegt, sondern auch klarer und überzeugender als bisher

---

[156] Vgl. SIGNAP., *Decreto sulla competenza*, und hierzu: LLOBELL, *Il giudizio*, 935: „Questo provvedimento interlocutorio potrebbe essere interpretato come il riconoscimento dell'eventuale incompetenza assoluta della Rota in via ordinaria".

[157] Can. 1065 CCEO. Die Formulierung des *Schema Codicis Iuris Canonici Orientalis* von 1986 (can. 1080) lautete: „Tribunal tertiae instantiae est Sedes Apostolica, nisi aliter expresse cavetur".

[158] Vgl. can. 1063 § 3 CCEO: „Hoc tribunal est tribunal appellationis in secundo et ulterioribus gradibus [...] pro causis in tribunalibus inferioribus iam definitis [...]"; siehe hierzu FÜRST, *Lex prior*, 282: „[...] dieses ‚aliter in iure communi expresse cavetur' ist durch c. 1063 § 3 [...] für die patriarchalen/großerzbischöflichen Kirchen eindeutig gegeben"; gleicher Auffassung ist WEGAN, *Kosten und Dauer*, 97. ABBASS, *‚Pastor Bonus'*, 596, hält diese Bestimmung für „unfortunate since *Pastor bonus* is addressed to the universal Church"; SARRAF, Kommentar zu: *can. 1058-1085 CCEO*, 889, geht auch innerhalb eines Patriarchats von einer „competenza cumulativa" des Patriarchalgerichtes und der Rota aus; ebenso ALWAN, *Rapporto*, 118.

[159] Vgl. cann. 1324 und 1325 CCEO (mit einigen Korrekturen in der sprachlichen Formulierung) parallel zu cann. 1643 und 1654 CIC und hierzu MORHARD, *Die gerichtliche Berufung*, 190-202.

bestimmt worden. Die Folge davon konnte nur sein, dass auch bestehende Sonderregelungen einer kritischen Prüfung zu unterziehen waren und ein eventuelles Weiterbestehen abweichender Partikulargesetze mit Bezug auf die Gesamtdisziplin der Gegenwart neu begründet und gerechtfertigt werden musste. Die Aufgaben nämlich, die der Rota als Gerichtshof des obersten Hirten der Weltkirche übertragen waren, musste diese prinzipiell – unabhängig von den durch die Apostolische Signatur in begründeten Einzelfällen recht häufig gewährten Zuweisungen drittinstanzlicher Verfahren an lokale Gerichte[160] – ohne jede territoriale Einschränkung wahrnehmen und so gleichermaßen für alle Gläubigen erfüllen können. Privilegierungen durften daher nur in wirklichen Ausnahmesituationen fortbestehen[161]. Andererseits aber widersprach es gerade dem vorgegebenen Ideal, wenn einzelne Gebiete mehr als alle anderen den Dienst des Gerichts in Anspruch nahmen und die Rota so ihre Tätigkeit stärker auf bestimmte Landstriche konzentrieren musste als auf die ganze Welt. In erster Linie war deshalb die Sonderregelung zu hinterfragen, die für die Ortskirche des Bischofs von Rom und dessen Kirchenprovinz galt: Das kanonische Berufungssystem der Region Latium war so an das Gesamtrecht anzupassen, dass die Rota auch für dieses Territorium die gleiche Funktion wahrnahm wie für alle anderen.

a. Die Angleichung der Regelung für die Region Latium seit 1987/88

Nachdem im Anschluss an die Promulgation des Gesetzbuches von 1983 von verschiedenen Seiten der Ruf nach Wiedererrichtung eines Appellationsgerichts für die Region Latium laut geworden war[162], richtete das Staatssekretariat zu Beginn des Jahres 1986 eine Anfrage an die Rota und bat diese um entsprechende Stellungnahme[163]. Der Dekan unterrichtete daraufhin das Auditorenkollegium, das sich mit Blick auf die Aufgabe der Rota, als übergeordneter Gerichtshof der Weltkirche Lehrmeisterin der kirchlichen Rechtsprechung zu sein, für eine Reduzierung des eigenen Arbeitspensums und infolgedessen – im Einklang mit der Disziplin des Codex – für die Neugründung einer eigenen Berufungsinstanz des römischen Vikariats aussprach. Die Rota gab deshalb dem Staatssekretariat am 20. März 1986 zur Antwort:

---

160 Vgl. dazu ausführlicher LLOBELL, *Commissione*. Im Hinblick auf die diesbezüglichen Vollmachten vgl. *ebd.*, 727: „Sarebbe utile che queste facoltà siano riportate in qualche modo nelle future *Normae speciales* della Segnatura".

161 GULLO, *Giurisprudenza*, 439, beklagt auf Grund der zahlreichen Sonderregelungen einen Prestigeverlust der Rota in vielen Ländern.

162 So bedauert GULLO, *ebd.*: „[...] la Rota negli ultimi quindici anni è sempre di più diventata il tribunale ordinario d'appello per le cause italiane, in particolar modo, per quelle provenienti dal Tribunale Regionale del Lazio".

163 Vgl. E. MARTÍNEZ SOMALO, ErzBf., TitBf. von Tagora, SubstStSekr., Brief Nr. 166.691, 1986, Feb 24, an E. M. Fiore, DekRR.: Arch. Rot., Not. 302.

„Anche se non richiesto espressamente, il Collegio dei Prelati Uditori è favorevole all'ipotesi prospettata, lasciando però intatto il canone 1444, par. 1, n. 1.

Alleggerendo la mole delle cause presso la Rota i Giudici Rotali avranno la possibilità di dedicarsi allo studio e alla soluzione di particolari questioni, in particolare dopo la nuova codificazione, che oltre ad essere di aiuto ai Tribunali inferiori saranno punti fermi per l'unità giurisprudenziale nella Chiesa [...].

Tutto ciò inoltre risponderebbe meglio a quanto riaffermato dal nuovo Codice di Diritto Canonico che prevede espressamente la costituzione di Tribunali di appello, mentre la Rota continuerà a giudicare le cause che decise dai Tribunali ordinari di prima istanza ‚ad Sanctam Sedem per appellationem legitimam deferantur', a norma del citato canone 1444, par. 1, n. 1"[164].

Wenige Tage später erhielt die Apostolische Signatur vom Papst den Auftrag, alle nötigen Vorbereitungen für die geplante Errichtung des Appellationsforums in die Wege zu leiten[165].

Am 26. Dezember 1987 errichtete Papst Johannes Paul II. dann durch das Motu proprio *Sollicita cura*[166] das neue Berufungsgericht des Vikariats Rom. Dieses sollte sich von dem zwischen 1954 und 1977 bestehenden Tribunal vor allem dadurch unterscheiden, dass es nicht nur für alle Ehesachen, die ihm in zweiter Instanz aus den Regionen Latium, Kampanien und Sardinien vorgelegt wurden, zuständig war, sondern ebenso für alle anderen Berufungssachen, die in erster Instanz vom Diözesangericht des Bistums Rom entschieden worden waren. Ausschlaggebend für die Entscheidung des Papstes war insbesondere die Tatsache, dass auf diese Weise die Funktion der Rota als Gericht der Universalkirche besser und wirksamer zur Geltung gebracht werden konnte. Im Errichtungsschreiben heißt es daher wörtlich:

„[...] exoptantes ut Tribunal Apostolicum Rotae Romanae magis magisque in luce ponatur in exercitio sui muneris erga universam Ecclesiam idemque munus efficacius explere valeat, ac proinde eximatur de munere agendi in gradu appellationis omnes causas in quibus appellatur

---

164 E. M. FIORE, DekRR., Brief, 1986, Mrz 20, an E. Martínez Somalo, ErzBf., TitBf. von Tagora, SubstStSekr.: Arch. Rot., Not. 302.

165 Vgl. A. SABATTANI, Kard., PräfSignAp., Brief, P. N. 18171/86 V. T., 1986, Apr 28, an E. M. Fiore, DekRR.: Arch. Rot., Not. 302.

166 JOHANNES PAUL II., Papst, Motu pr. *Sollicita cura*, 1987, Dez 26: AAS 80 (1988), 121-124; zum Motu proprio vgl. auch LLOBELL, *Il Tribunale di appello*, 266-277; LLOBELL, *El M. P. ‚Sollicita cura'*, 271-278; M. CARDINALE, *Adnotationes [ad Litteras Apostolicas motu proprio datae quibus tribunal Appellationis apud Vicariatum Urbis constituitur]*: Apol 61 (1988), 9-18.

a sententia in prima instantia a Tribunali Regionali Latii lata [...], Suprema et Apostolica Auctoritate Nostra decrevimus haec quae sequuntur:

a) In Vicariatu Urbis constituitur Tribunal Appellationis – distinctum ab aliis tribunalibus apud eundem Vicariatum exstantibus – ad quod deferentur in secundo gradu causae, quae in prima instantia dirempta sunt

– a Tribunali Regionali Latii, pro causis nullitatis matrimonii;

– a Tribunalibus Regionalibus Neapolitano et Calaritano, pro causis nullitatis matrimonii;

– a Tribunali sive dioecesis Romanae, sive aliarum dioecesium Regionis Latii, pro ceteris causis,

incolumi semper manente facultate provocandi in secunda instantia ad Rotam Romanam, iuxta can. 1444, par. 1, 1°“[167].

Ausdrücklich wurde dabei also die Möglichkeit aufrechterhalten, in zweiter Instanz wahlweise an die Rota zu appellieren. So war auch in diesem Punkt die gewünschte Konkordanz mit den universalrechtlichen Normen der lateinischen Kirche garantiert.

Die Bestimmungen erlangten zum 1. September 1988 Rechtskraft[168]. In zusätzlichen Übergangsnormen wurde geregelt, unter welchen Bedingungen nach diesem Zeitpunkt Verfahren, die bereits in zweiter Instanz an der Rota anhängig waren, an das neue Berufungsgericht übertragen werden konnten: Sofern die Streitfestlegung noch nicht erfolgt war, sollte dies auf Antrag einer Partei und bei Zustimmung der anderen sowie des Dekans der Rota möglich sein:

„Causae diiudicatae in primo gradu a Tribunali Regionali Latii pro causis nullitatis matrimonii, quarum acta die 1 m. Septembris anno MCMLXXXVIII transmissa iam sint Rotae Romanae ad normam can. 1682, par. 1, deferantur ad novum Tribunal solummodo si dubium nondum compositum sit, et una saltem pars id petat, atque altera pars et Exc.mus Decanus Rotae Romanae conveniant.

---

[167] JOHANNES PAUL II., *Sollicita cura*, 123. Im Originaltext heißt es irrtümlich: „can. 14444“. Im Gesetzestext wird die Rota übrigens erstmals offiziell und ausdrücklich als „Tribunal Apostolicum Rotae Romanae“ bezeichnet; zum Terminus vgl. unten, 385, Anm. 297, und LLOBELL, *Il Tribunale di appello*, 270. LLOBELL, *ebd.*, 268, hält auch für das neue Berufungsgericht des Vikariats das Attribut „apostolisch“ für angebracht.

[168] Vgl. JOHANNES PAUL II., *Sollicita cura*, 123.

> [...] Eadem norma, congrua congruis referendo, valet pro causis non matrimonialibus iudicatis a Tribunali Ordinario Dioecesis Romanae quae agitantur apud Rotam Romanam in gradu appellationis“[169].

b. Die Rota als vatikanisches Berufungsgericht seit 1987

Auch nach Inkrafttreten des *Codex Iuris Canonici* von 1983 galt für das Gebiet der Vatikanstadt noch die Gerichtsordnung von 1946[170]. Papst Johannes Paul II. aber errichtete auf diesem Territorium dann durch das Motu proprio *Quo civium* vom 21. November 1987[171] ein einziges kirchliches Gericht erster Instanz[172], für das die Rota Romana – wie für die bisher in erster Instanz entschiedenen vatikanischen Prozesse – als alleiniges Berufungstribunal fungiert. Unter anderem wird in dem Motu proprio festgelegt:

> „A Tribunali ecclesiastico appellatio fit ad unum Tribunal Rotae Romanae“[173].

Mit dieser Regelung freilich weicht die Gesetzgebung für die Vatikanstadt auch weiterhin erheblich von der für die restliche katholische Welt geltenden ab. Nirgendwo sonst muss gegen das Urteil erster Instanz zwangsläufig an die Rota Romana appelliert werden. Allerdings scheint diese Bestimmung weniger im besonderen Verhältnis der Vatikanstadt zum Papst begründet zu sein als vielmehr in Überlegungen praktischer Art: Im Gegensatz zu den zahlreichen Verfahren des Vikariats Rom, die in zweiter Instanz zu entscheiden sind, besteht angesichts der selten um Urteilsfällung angegangenen Gerichtsbarkeit der Vatikanstadt nämlich keine Notwendigkeit zur Errichtung eines eigenen Tribunals zweiter Instanz; aus demselben Grund erscheint auch die Zuweisung eines Falles an das Berufungsgericht des Vikariats Rom als nicht erforderlich.

c. Die Vereinbarungen mit den Vereinigten Staaten von Amerika und anderen Ländern nach Auslaufen der Partikularnormen

Die Sonderregelungen, die Papst Paul VI. 1974 für das Gebiet der Vereinigten Staaten von Amerika, Kanadas und Australiens bestätigt hatte, waren in ihrer Geltungsdauer ausdrücklich auf die Zeit bis zur Neufassung des Universal-

---

169 *Ebd.*, 123-124, Normae transitoriae, 2-3.

170 Vgl. oben, 6. Kapitel, 255.

171 JOHANNES PAUL II., Papst, Motu pr. *Quo civium*, 1987, Nov 21: AAS 79 (1987), 1353-1355.

172 Vgl. *ebd.*, 1353: „Nobis statuendum visum est ut etiam in Civitate Vaticana de omnibus rebus in can. 1401 recensitis unum videat ecclesiasticum tribunal [...]“; siehe hierzu SCHULZ, *Gerichtsordnungen*, 242.

173 Vgl. JOHANNES PAUL II., *Quo civium*, Art. 7.

rechts begrenzt worden[174]. Mit dem Inkrafttreten des Gesetzbuchs von 1983 erlangte deshalb auch dort dessen Verfahrensordnung Verbindlichkeit.

Um aber zu verhindern, dass die zahlreichen Fälle, die nun wieder auf ordentlichem Weg an die Rota gelangen sollten, einer allzu langen und umständlichen Prozedur unterzogen würden, wurden bereits nach zwei Jahren erste Versuche unternommen, zu einer für alle Seiten befriedigenden Lösung zu gelangen. Der neue Dekan der Rota, Msgr. Ernesto Maria Fiore[175], wandte sich zu diesem Zweck am 23. Oktober 1985 schriftlich an den Vorsitzenden der Amerikanischen Bischofskonferenz, Bischof James William Malone, woraufhin es am 31. Januar 1986 zu einem Meinungsaustausch in Rom kam[176]. Als Ergebnis wurde dabei folgende Übereinkunft erzielt, die bei allen Appellationen an die Rota eingehalten werden sollte:

> „1. Six good photocopies of the Acts are to be sent to the Rota.
>
> 2. The Rota will assign cases to judges who are knowledgeable in English.
>
> 3. The Rota will assign advocates on an ex-officio basis.
>
> 4. The U.S. Tribunal will send a stipend of $ 400-500 to the Rota. This will take the place of any advocate fees or additional expenses“[177].

Am 15. März 1988 schlug Msgr. Fiore in einem neuerlichen Schreiben an die amerikanischen Bischöfe vor, die Konvention zunächst versuchsweise in Kraft zu setzen[178]. Daraufhin promulgierte der neue Vorsitzende der Amerikanischen Bischofskonferenz, Erzbischof John Lawrence May, am 8. April 1988 die erarbeiteten Normen nach geringfügigen Modifikationen *ad experimentum*[179].

---

[174] Vgl. oben, 7. Kapitel, 308.

[175] Msgr. Ernesto Maria Fiore wurde am 6. Juni 1985 Dekan der Rota Romana. Er war geboren am 2. Juli 1918 in Troina, Diözese Nicosia (Sizilien). Nach seinem Dienst in der Kanzlei der Rota ist er am 30. Januar 1957 zum Defensor Vinculi und am 23. Juni 1960 zum Auditor ernannt worden. Am 16. Dezember 1991 erhob der Papst ihn zum ErzBf. und TitBf. von Novi. Seit 13. September 1993 emeritiert, verstarb er am 30. Oktober 2001 in Rom.

[176] Vgl. E. M. FIORE, DekRR., Brief, 1988, Mrz 15, an J. May, ErzBf. von Saint Louis, Vorsitzender der NCCB.: Arch. Rot., Not. 612.

[177] *Ebd.*

[178] Vgl. *ebd.*: „At a cordial meeting [...] we all agreed that the steps earlier agreed upon should be put into effect without further delay, at least *ad experimentum*“.

[179] Vgl. J. L. MAY, ErzBf. von Saint Louis, Vorsitzender der NCCB., Brief, 1988, Apr 8, an alle Mitglieder der NCCB.: Arch. Rot., Not. 612: „[...] the agreed upon norms which are hereby promulgated *ad experimentum*“. Die Modifikationen waren zu 1: „Six good photocopies of the Acts are to be sent to the Rota. Given international postal rates today, and the difficult of mailing parcels, the Tribunals may prefer to furnish *one* clearly legible copy of the acts (with its index and certificate of authenticity) ready for photocopying. The Rota would then see to the duplication of the acts in the necessary quantity“; zu 3: „The Rota will assign advo-

Fünf Jahre später unterbreitete Msgr. Fiore dann noch einmal einige Änderungswünsche[180]. Erzbischof William Henry Keeler erklärte sich im Namen aller amerikanischen Bischöfe damit einverstanden und bestätigte am 22. Juni 1993 die Normen in leicht überarbeiteter Fassung[181].

Obwohl die Abmachung keinen Einfluss auf Kompetenzfragen hatte, ermöglichte sie der Rota doch, ihren Auftrag gegenüber einem bedeutenden Teilkirchenverband in angemessener Weise wahrzunehmen. Daher konnte eine Vereinbarung solcher Art auch auf den Zuständigkeitsbereich der Bischofskonferenz von **Irland**[182] ausgedehnt werden. Nach einer Besprechung zwischen dem Dekan der Rota und einer Delegation von irischen Judizialvikaren am 27. Oktober 1989 hatte der Erzbischof von Armagh, Tomás Kardinal Ó Fiaich, nämlich um eine von der amerikanischen Regelung nur unwesentlich abweichende Übereinkunft gebeten[183]. Msgr. Fiore approbierte die Vorlage des irischen Episkopats dann durch ein entsprechendes Antwortschreiben vom 16. Januar 1990[184].

Im Herbst 1998 wurde auch für das Gebiet der Bischofskonferenz von **Frankreich** eine ganz ähnliche Vereinbarung erzielt, die durch die Unterschriften des Vorsitzenden dieser Bischofskonferenz, Erzbischof Louis-Marie Billé, und des Dekans der Rota Romana, Msgr. Mario Francesco Pompedda, am 30. September 1998 in Kraft trat[185].

---

cates on an *ex-officio* basis. This provision is without prejudice to the right of the parties to select advocates themselves and to remunerate them according to a schedule of fees they agree upon"; zu 4: „The U. S. Tribunal will send a stipend of $ 400 – $ 500 to the Rota. This will take the place of any advocate fees or additional expenses. If, in a given case, the parties are unable to sustain the stipend of $ 400 – $ 500, they may apply for gratuitous patronage according to the usual norms".

180 Vgl. E. M. FIORE, DekRR., Brief, 1993, Mai 28, an W. H. Keeler, ErzBf. von Baltimore, Vorsitzender der NCCB.: Arch. Rot., Not. 612. Es ging dabei um eine Erhöhung des zu leistenden finanziellen Beitrags auf 750 bis 850 US $ sowie um die Bitte, handgeschriebene Akten vor Übersendung an die Rota maschinenschriftlich zu kopieren.

181 Vgl. W. H. KEELER, ErzBf. von Baltimore, Vorsitzender der NCCB., *Memorandum*, 1993, Jun 22: Arch. Rot., Not. 612.

182 Die Irische Bischofskonferenz besteht aus den Bischöfen der Republik Irland sowie denen Nordirlands: vgl. zum Beispiel AnPont 2007, 1157.

183 Vgl. T. Ó FIAICH, Kard., ErzBf. von Armagh, Vorsitzender der IEC., Brief, 1989, Nov 28, an E. M. Fiore, DekRR.: Arch. Rot., Not. 872. Als Unkostenbeitrag wurden angesichts der damaligen sozialen und wirtschaftlichen Verhältnisse in Irland pro Fall IR £ 180 oder ST £ 165 vorgeschlagen.

184 Vgl. E. M. FIORE, DekRR., Brief, 1990, Jan 16, an Kard. T. Ó Fiaich, ErzBf. von Armagh, Vorsitzender der IEC.: Arch. Rot., Not. 872.

185 Vgl. M. F. POMPEDDA, ErzBf., TitBf. von Bisarcio, DekRR., L.-M. BILLÉ, ErzBf. von Aix, Vorsitzender der CEF., *Protocole d'accord entre le Tribunal de la Rote Romaine et*

d. Die Rücknahme der Privilegien Polens

Spätestens nach dem Fall des kommunistischen Regimes im Jahr 1989 waren die besonderen politischen Umstände, die Mitte des 20. Jahrhunderts für die Errichtung von Tribunalen dritter Instanz in Polen maßgebend gewesen waren, nicht mehr gegeben. Wenngleich noch Papst Johannes Paul II. in den ersten Tagen seines Pontifikates die entsprechenden Sondervollmachten des dortigen Primas bestätigt hatte[186], musste nun eine Lösung gefunden werden, die im Einklang mit den Bestimmungen des Universalrechts der veränderten Situation im Land Rechnung trug.

Zwar richtete im Sommer 1992 der Vorsitzende der Polnischen Bischofskonferenz, Józef Kardinal Glemp, im Namen aller Mitglieder des Episkopats die Bitte an das Staatssekretariat, das provisorisch eingerichtete Tribunal dritter Instanz in einen Apostolischen Gerichtshof dritter Instanz umzuwandeln[187]. Die Apostolische Signatur, der das Gesuch zuständigkeitshalber zugeleitet wurde, kam aber in ihrer Vollversammlung vom 6. März 1993 zu dem Ergebnis:

> „Non esse consulendum SS.MO pro gratia“[188].

Papst Johannes Paul II., dem die Angelegenheit dann zur Überprüfung vorgelegt wurde, bestätigte die Entscheidung der Signatur. Ausschlaggebend für die Ablehnung des Antrags war dabei die Tatsache, dass einerseits die Umstände, die die Gewährung der außerordentlichen Vollmachten veranlasst hatten, nicht mehr gegeben waren, andererseits aber die Eigenschaft der Rota als Universalgericht dritten Grades auf diese Weise deutlicher zur Geltung gebracht werden konnte; die Möglichkeit, im Einzelfall Sonderdelegationen zur drittinstanzlichen Urteilsfällung an einem polnischen Gericht zu erhalten, sollte davon freilich unberührt bleiben[189]. Die Apostolische Signatur schrieb deshalb am 23. Juli 1993 an den Vorsitzenden der Polnischen Bischofskonferenz:

> „[...] essendo già scaduta la facoltà generale concessa alla Chiesa in Polonia di poter giudicare le cause in terza istanza, le diocesi polacche devono uniformarsi alle norme del Codice di Diritto Canonico per quan-

---

la Conférence des Evêques de France, 1998, Sep 2/30: Arch. Rot., Not. 218 (Der Dekan unterschrieb das Protokoll am 30. September, der Vorsitzende der Französischen Bischofskonferenz hatte es bereits am 2. September getan). Mit der Zusendung des Falles an die Rota sollten 2500 bis 3000 FF überwiesen werden.

186 Vgl. JOHANNES PAUL II., Papst, Indult, Nr. 5756/78, 1978, Okt 26: Arch. Rot., Not. 337.

187 Vgl. G. AGUSTONI, ErzBf., TitBf. von Caorle, PrPräfSignAp., Brief P. N. 23711/92 V. T., 1993, Jul 23, an J. Glemp, Kard., ErzBf. von Warschau, Vorsitzender der KEP.: Arch. Sign.

188 *Ebd.*

189 Vgl. *Ebd.*

to concerne il terzo ed ulteriore grado di giudizio. A tale proposito va ricordato il can. 1440, secondo il quale l'incompetenza ‚ratione gradus ... est absoluta', tale da rendere la sentenza insanabilmente nulla [...]"[190].

e. Die noch bestehenden Sonderregelungen für Spanien, Ungarn, Litauen und Deutschland

Einziger Gerichtshof der lateinischen Kirche, der nach Inkrafttreten des Codex Iuris Canonici von 1983 neben der Rota Romana in dritter und höherer Instanz über volle ordentliche Jurisdiktionsgewalt verfügte, war die Rota der Apostolischen Nuntiatur in Madrid, deren Zuständigkeiten unter den 1947 festgelegten Bedingungen[191] für ganz **Spanien** unverändert in Kraft blieben. Durch das Motu proprio *Nuntiaturae Apostolicae in Hispania* vom 2. Oktober 1999[192] erließ Papst Johannes Paul II. allerdings eine neue Gerichtsordnung[193], welche die bestehenden Bestimmungen mit den inzwischen veränderten staatsrechtlichen Vereinbarungen sowie den universalkirchlichen Normen des Gesetzbuches von 1983 und der Apostolischen Konstitution *Pastor Bonus* in Einklang bringen sollte. Die Kompetenzen des Nuntiaturgerichtes sind dabei im Großen und Ganzen bestätigt worden. Zugleich aber wurden durch die neue Ordnung die Stellung der Rota Romana gegenüber spanischen Verfahren gestärkt und unzeitgemäße Beschränkungen in deren Zuständigkeit aufgehoben. Zur Begründung heißt es in dem Motu proprio:

> „Peculiarem in modum congruum quasdam inferre mutationes videtur, quae Hispanicis fidelibus liberius praebeant exercitium iuris adeundi Romanam Rotam in appellationis gradi, quemadmodum ceteris orbis terrarum fidelibus usu venit"[194].

---

190 AGUSTONI, Brief an Kard. Glemp.

191 Vgl. oben, 6. Kapitel, 256-259.

192 Vgl. JOHANNES PAUL II., Papst, Motu pr. *Nuntiaturae Apostolicae in Hispania*, 1999, Okt 10: AAS 92 (2000), 5-6.

193 Vgl. JOHANNES PAUL II., Papst, *Normas orgánicas y procesales del Tribunal de la Rota de la Nunciatura Apostólica en España*, 1999, Nov 1: AAS 92 (2000), 6-17; zu den Normen vgl. L. KADA, *El Tribunal de la Rota de la Nunciatura Española*: F. R. AZNAR GIL (Hg.), *Curso de derecho matrimonial y procesal canónico para profesionales (XV)* (= BSal.E, 200), Salamanca 2000, 389-394; J. LLOBELL, *Le norme del 1999 della Rota della Nunziatura Apo-stolica in Spagna*: DEc 111/3 (2000), 779-808; M. C. MUSOLES CUBEDO, *La Rota de la Nunciatura Apostólica en España: nuevas normas orgánicas y procesales*: REDC 57 (2000), 763-794, 767-768; S. HAERING, *Die Spanische Rota. Anmerkungen anläßlich der Neuordnung eines einzigartigen kirchlichen Gerichts*: W. AYMANS, S. HAERING, H. SCHMITZ (Hg.), *Iudicare Inter Fideles. Festschrift für Karl-Theodor Geringer zum 65. Geburtstag*, Sankt Ottilien 2002, 129-144.

194 JOHANNES PAUL II., *Nuntiaturae Apostolicae in Hispania.*

Die Appellation an die Rota Romana ist konsequenterweise nun auch nach dem Urteil eines Kirchengerichtes in Spanien möglich, das in höherer als in erster Instanz gefällt worden ist. Es wird nämlich festgelegt:

> „Podrá siempre cualquiera de las partes, por legítima apelación, llevar directamente a la Rota Romana las causas que hayan sido juzgadas en primera o ulterior instancia por un tribunal de la Iglesia en España. Cuando se trate de primera sentencia de nulidad, dictada por tribunal metropolitano o interdiocesano de segunda instancia, salvo apelación expresa a la Rota Romana por alguna de las partes, el tribunal de apelación a los efectos del can. 1682 § 1 serà la Rota Española“[195].

Zudem ist der Konsens der Parteien nicht mehr Voraussetzung für die Zuständigkeit der Rota Romana in einem Berufungsverfahren. Entscheidend ist nur noch, dass die Appellation nach Rom vor der nach Madrid erfolgt ist und die erforderlichen Fristen für die Aufnahme des Verfahrens beachtet wurden. So lautet die entsprechende Bestimmung:

> „Cuando una parte apele a la Rota Romana y la otra a la Rota Española, corresponde a la primera tratar la causa, a menos que la Rota Española hubiere ya comenzado legítimamente a tratar la apelación. Sin embargo, la Rota Española no podrá legítimamente comenzar a tratar la apelación cuando los plazos para interponer la apelación no hayan aun transcurrido o cuando, transcurridos dichos plazos, tenga noticia de la apelación interpuesta ante la Rota Romana“[196].

Auch in **Ungarn** bleibt es dem Primas nach wie vor unbenommen, in dritter Instanz über alle diejenigen Fälle zu urteilen, die in erster Instanz innerhalb der Kirchenprovinzen Gran und Erlau entschieden worden sind[197]. Strittig ist dabei freilich, ob mit diesem Privileg ein Kompetenzentzug der Rota Romana verbunden ist oder in diesem Fall im Gegensatz zu den vom Gesetz vorgesehenen Sonderregelungen für Spanien von einer konkurrierenden Zuständigkeit der Rota und des Primatialgerichts ausgegangen werden muss[198].

Neue Sonderdelegationen wurden dagegen seit der Promulgation des Gesetzbuchs von 1983 nur noch in einem einzigen Fall gewährt: Für das gesamte

---

[195] JOHANNES PAUL II., *Normas orgánicas*, Art. 38 § 1.

[196] *Ebd.*, § 2.

[197] Vgl. oben, 6. Kapitel, 260-261.

[198] ERDŐ, *Das Primatialgericht*, 52-53, plädiert angesichts der zweifelhaften Rechtslage für die relative Inkompetenz der Rota. Für ihn ist „die am meisten wahrscheinliche Lösung“, im Primatialgericht „ein obligatorisches Forum“ zu sehen. Er gibt freilich zu, dass dies zwar bisher in der Praxis so verfolgt wurde, zum CIC jedoch im Gegensatz steht. Daher plädiert LLOBELL, *Il sistema giudiziario*, 514, zu Recht für „opportune modifiche legislative affinché qualsiasi fedele, al di là [...] dell'esistenza nel proprio Paese di un tribunale competente in terza od ulteriore istanza, potesse aderire liberamente la Rota Romana in seconda istanza“.

Staatsgebiet von **Litauen** wurde als Gericht dritter Instanz für alle Ehenichtigkeitsverfahren das Offizialat von Wilna (Vilnius) bestätigt[199].

Ein Antrag der österreichischen Bischöfe, das Erzbischöfliche Konsistorium München und Freising für weitere fünf Jahre als drittinstanzliches Gericht für die Kirchenprovinzen Salzburg und Wien zu delegieren, wurde am 1. Februar 1984 von der Apostolischen Signatur an das Staatssekretariat überwiesen, das daraufhin die Rota um entsprechende Stellungnahme anging[200]. Der Dekan des Gerichts äußerte allerdings in seinem Antwortschreiben Bedenken gegen eine solche Ausnahmeregelung[201]. Die Delegation wurde dann auch tatsächlich nicht mehr verlängert.

Weiterhin gültig ist aber in **Deutschland** die durch Reskript Papst Pius' X.[202] gewährte Delegation des Erzbischöflichen Offizialates Freiburg im Breisgau als dritte Instanz für das Erzbistum Köln[203]. Dagegen wurde einem Antrag der Bischofskonferenz, in Deutschland ein ordentliches Berufungsgericht dritter Instanz zu errichten, von der Apostolischen Signatur nicht stattgegeben[204].

3. Die Konkretisierung und zeitgemäße Verwirklichung des Auftrages

Mit der umfassenden Novellierung aller Gesetzesnormen, die Stellung und Aufgabe der Rota auf gesamtrechtlicher Grundlage bestimmten, und der Anglei-

---

199 Vgl. GROCHOLEWSKI, *Linee generali*, 251.

200 Vgl. E. MARTÍNEZ SOMALO, ErzBf., TitBf. von Tagora, SubstStSekr., Brief, Nr. 127.141, 1984, Mrz 6, an A. De Jorio, DekRR.: Arch. Rot., Not. 477.

201 Vgl. A. DE JORIO, DekRR., Brief, 1984, Apr 6, an E. Martínez Somalo, ErzBf., TitBf. von Tagora, SubstStSekr.: Arch. Rot., Not. 477.

202 Vgl. oben, 5. Kapitel, 203.

203 Vgl. (mit Bezug auf SIGNAP., P. N. 19908/88 CP) GROCHOLEWSKI, *De ordinatione*, 55; G. ASSENMACHER, *Die Eheverfahren*: HKKR^2 (1999), 1187-1208, 1189; MALECHA, *Nuova proposizione*, 153.

204 Vgl. M. F. POMPEDDA, ErzBf., TitBf. von Bisarcio, PräfSignAp., Brief, P. N. 31349/00 Var, 2000, Jul 12, an K. Lehmann, Bf. von Mainz, Vorsitzender der DBK., bei HAERING, *Die Spanische Rota*, 142-143, Anm. 66. Enttäuscht äußert HAERING, *Die Spanische Rota*, 141: „Bei allem Respekt vor der langen Tradition und der guten Rechtsprechung der Spanischen Rota [...] berührt es doch eigenartig, daß etwa zur selben Zeit, da mit der Rota bei der Apostolischen Nuntiatur in Madrid ein ordentliches Berufungsgericht auch der dritten und einer höheren Instanz für Spanien bestätigt wird, der Apostolische Stuhl andernorts den Grundsatz einschärft, daß die Römische Rota ordentliches Berufungsgericht ist". Zu bedenken ist freilich, dass die deutschen Bischöfe für Deutschland kein eigenes päpstliches Gericht, sondern die Errichtung eines von der Nuntiatur unabhängigen Nationalgerichts dritter Instanz beantragten.

chung fast aller Ausnahmeregelungen an die allgemein geltende Disziplin waren auch die nötigen Voraussetzungen dafür geschaffen, dass der Auftrag der Rota noch konsequenter, homogener und überschaubarer als bisher in die Praxis umgesetzt werden konnte. Mehr als je zuvor bestand nun für das Tribunal die Aussicht, oberstes ordentliches Berufungsgericht in gleicher Weise für alle Nationen der katholischen Welt zu sein. Die Rechtsprechung musste dadurch nicht nur ein noch breiteres Spektrum von unterschiedlichen kulturellen Gegebenheiten berücksichtigen, sie konnte auf diese Weise auch erneut weiterentwickelt und in ihrer Autorität gestärkt werden. Freilich bedeutete gerade die Neufassung des kanonischen Rechts durch den Codex von 1983 eine Herausforderung für die rotale Judikatur. Ebenso aber waren es die internen Verfassungs- und Prozedurnormen, die in Übereinstimmung mit den gesetzlichen Bestimmungen des Gesamtrechts einer Revision zu unterziehen waren. Fast acht Jahrzehnte nach der Wiedererrichtung des Gerichts bestand daher für die Rota ein weiteres Mal die Chance, in äußerer und innerer Beziehung einen neuen Abschnitt ihrer Geschichte zu beginnen.

a. Die Zunahme an Verfahren

Die sich bereits seit Ende der Siebzigerjahre abzeichnende Entwicklung, nach der die Zahl der vor die Rota gebrachten und dort anhängigen Prozesse stetig abnahm, setzte sich zunächst auch nach Inkrafttreten des *Codex Iuris Canonici* fort. So konnten 1984 insgesamt 281[205] und drei Jahre später 284[206] *Turni* konstituiert werden, 1988 waren es aber nur mehr 256[207] und 1989 mit 195[208] noch wesentlich weniger. Auch die Zahl der laufenden Verfahren sank kontinuierlich: von 723 am 1. Januar 1984[209] und 702 drei Jahre später[210] auf 673 zu Beginn und auf 580 am Ende des Jahres 1990[211].

Ausschlaggebend für den starken Rückgang war seit 1988 insbesondere die Wiederrichtung eines Berufungstribunals für Rom und die Region Latium: Während von den 281 im Jahr 1984 aufgenommenen Prozessen 128 vom Vikariats-

---

205 Vgl. SRR., *Registro di protocollo*, 38 (1982-1984); 39 (1984-1985).

206 Vgl. RR., *Statistica anno 1987*: Arch. Rot., Not. 234.

207 Vgl. RR., *Statistica anno 1988*: Arch. Rot., Not. 234.

208 Vgl. RR., *Statistica anno 1989*: Arch. Rot., Not. 234.

209 Vgl. RR., *Statistica mese dicembre 1983*: Arch. Rot., Not. 234. Die in den Monatsstatistiken angegebene Zahl der laufenden Verfahren bezieht sich jeweils auf den Stand am letzten Tag des Monats. Die Zahl für den 31. Dezember ist daher identisch mit der des folgenden Tages.

210 Vgl. RR., *Statistica anno 1987*: Arch. Rot., Not. 234.

211 Vgl. RR., *Statistica anno 1990*: Arch. Rot., Not. 234.

gericht an die Rota überwiesen wurden[212], trafen 1988 nur noch 99 Fälle von dort zur Weiterführung ein[213]; schon 1990 und 1991 waren es nur mehr jeweils 20[214], 1991 und 1993 je 17[215], 1994 bloß noch 13 Verfahren[216] und damit genauso viele wie im Jahre 2001[217], während es sich 2004 dabei lediglich um acht Fälle handelte[218]. Entsprechend ging auch die Zahl der Prozesse zurück, die aus der Region Latium an der Rota anhängig waren: von 216 am 1. Januar 1989 auf 151 ein Jahr später[219], von 74 am 1. Januar 1991[220] auf 36 zu Beginn des Jahres 1994[221]; am 31. Dezember 1997 betrug deren Anzahl nur noch 23[222]. Wenngleich es in den folgenden Jahren wieder zu einer leichten Zunahme kam – Ende 2001 waren es 45 und Ende 2006 sogar 79 anhängige Fälle dieser Herkunft[223] –, so war die Rota hier dennoch im Vergleich zu den Jahren vor 1989 spürbar entlastet.

Immer mehr Fälle gelangten dagegen aus anderen Teilen der Welt an den Heiligen Stuhl. So wurden schon 1984, im ersten Jahr nach dem Wegfall der Sondernormen für Nordamerika und Australien, 26 Berufungsverfahren aus den Vereinigten Staaten von Amerika an der Rota aufgenommen, davon fünf in zweiter und zwölf in dritter Instanz[224]. Die Zahl der laufenden Prozesse aus den USA stieg von 71 zu Beginn des Jahres 1989[225] auf 97 am 1. Januar 1992[226],

---

212 Vgl. SRR., *Registro di protocollo*, 38 (1982-1984); 39 (1984-1985).

213 Vgl. *Statistica 1988*.

214 Vgl. *Statistica 1990*.

215 Vgl. RR., *Statistica anno 1991*: Arch. Rot., Not. 234, und RR., *Statistica anno 1993*: Arch. Rot., Not. 234. 1992 waren es 24 (vgl. RR., *Statistica anno 1992*: Arch. Rot., Not. 234).

216 Vgl. RR., *Statistica anno 1994*: Arch. Rot., Not. 234.

217 Vgl. *Relazione sull'attività della Rota Romana nell'anno giudiziario 2001*: QStR 12 (2002), 173-201, 199.

218 Vgl. *Relazione sull'attività della Rota Romana nell'anno giudiziario 2004*: QStR 15 (2005), 29-65, 62.

219 Vgl. *Statistica 1989*.

220 Vgl. *Statistica 1991*.

221 Vgl. *Statistica 1994*.

222 Vgl. *Relazione 2004*, 65.

223 Vgl. *Relazione sull'attività della Rota Romana nell'anno giudiziario 2005*: QStR 16 (2006), 47-85, 85.

224 Vgl. SRR., *Registro di protocollo*, 38 (1982-1984); 39 (1984-1985).

225 Vgl. *Statistica 1989*.

226 Vgl. *Statistica 1992*.

auf 112 am gleichen Tag des Jahres 1995[227], auf 172 Anfang 2003[228] und auf 250 zu Beginn des Jahres 2007[229]. Während 1984 nur ein einziger Fall aus Irland die Rota erreichte[230], waren von dort am 1. Januar 1989 bereits 23 Verfahren anhängig[231], zwei Jahre später – nach Inkrafttreten des Sonderabkommens – 51[232] und am Ende des Jahres 1995 sogar 93[233]. Auch für laufende Prozesse aus anderen Ländern ist eine ähnliche Tendenz zu verzeichnen: für Kolumbien ein Anwachsen von 20 am 1. Januar 1989[234] auf 36 sechs Jahre später[235] und auf 53 zu Beginn der Jahre 2001 und 2006[236]; für Großbritannien (ohne Nordirland) von fünf Anfang 1989[237] auf 40 ein Jahrzehnt später[238]; für Puerto Rico im selben Zeitraum von null[239] auf 36[240]; für Tschechien von drei am 1. Januar 1992[241] auf 15 am Ende des Jahres 1994[242]; für Brasilien von elf am 1. Januar 1993[243] auf 61 zehn Jahre danach[244]; und für den Libanon von zehn Anfang 1989[245] auf 58 zu Beginn des Jahres 2008[246]. Vor allem jedoch machte sich die

---

227 Vgl. *Statistica 1994.*

228 Vgl. *Relazione sull'attività della Rota Romana nell'anno giudiziario 2003*: QStR 14 (2004), 135-156, 156.

229 Vgl. *Relazione sull'attività della Rota Romana nell'anno giudiziario 2006*: QStR 17 (2007), 71-121, 120.

230 Vgl. SRR., *Registro di protocollo*, 38 (1982-1984); 39 (1984-1985). Der Prozess kam aus der Diözese Galway and Kilmacduagh.

231 Vgl. *Statistica 1989.*

232 Vgl. *Statistica 1991.*

233 Vgl. *Statistica 1994.* Allerdings erfolgte danach wieder ein Rückgang. So waren zum Beispiel am 1. Januar 1999 noch 90, am 1. Januar 2003 dann 50, am 1. Januar 2008 nur mehr 27 Prozesse aus Irland anhängig (vgl. *Relazione sull'attività della Rota Romana nell'anno giudiziario 2007*: QStR 18 (2008), 59-95, 94).

234 Vgl. *Statistica 1989.*

235 Vgl. *Statistica 1994.*

236 Vgl. *Relazione 2005*, 84.

237 Vgl. *Statistica 1989.*

238 Vgl. *Relazione 2005*, 84.

239 Vgl. *Statistica 1989.*

240 Vgl. *Relazione 2004*, 64.

241 Vgl. *Statistica 1992.*

242 Vgl. *Statistica 1994.*

243 Vgl. *Statistica 1993.*

244 Vgl. *Relazione 2005*, 84.

245 Vgl. *Statistica 1989.*

Tatsache bemerkbar, dass die nach dem Zweiten Weltkrieg für Polen gewährte Möglichkeit, alle Verfahren in dritter und höherer Instanz innerhalb des Landes zu entscheiden, seit 1993 nicht mehr galt: Die Zahl der polnischen Prozesse an der Rota stieg von acht zu Beginn des Jahres 1989[247] auf 20 fünf Jahre später[248] und 57 am 1. Januar 1995[249]. Anfang 1999 betrug deren Zahl 120, und weitere fünf Jahre später gar 137[250]. Allein in den ersten vier Monaten des Jahres 1995 waren von 104 neu konstituierten *Turni*, die konstituiert wurden, 37 in Verfahren aus Polen[251].

Entsprechende Veränderungen ergaben sich auch hinsichtlich der Sprache, in der die an die Rota übersandten Akten abgefasst waren: Während bis zur Wiedererrichtung des Berufungsgerichts von Latium die meisten Fälle auf Italienisch bearbeitet worden waren, überwog bei einer Zählung am 31. Januar 1995 Englisch mit 240 Prozessen, gefolgt von Italienisch mit 178, Spanisch (145), Polnisch (56), Französisch (47), Arabisch, Portugiesisch, Tschechisch (je 15), Deutsch (13), Slowakisch (6), Niederländisch (4) und Kroatisch (1)[252]. Rund zwölf Jahre später, am 1. Januar 2007, lag wieder Italienisch mit 345 Fällen an erster Stelle; danach kamen Englisch (334), Spanisch (156), Polnisch (112), Portugiesisch (65), Arabisch (55), Französisch (46), Slowakisch (27), Tschechisch (14), Deutsch (10) und Niederländisch (4)[253]. Trotz aller mit der

---

246 Vgl. *Relazione 2007*, 43.

247 Vgl. *Statistica 1989.*

248 Vgl. *Statistica 1994.*

249 Vgl. *Statistica 1995.*

250 Vgl. *Relazione 2005*, 84.

251 Vgl. SRR., *Registro di protocollo*, 45 (1993-1995); 46 (1995-1996).

252 Vgl. RR., *Statistica mese gennaio 1995*: Arch. Rot., Not. 234. Die Sprachräume gliederten sich in folgende Herkunftsländer auf: *Englisch*: Vereinigte Staaten von Amerika 113, Irland (mit Nordirland) 70, Großbritannien (ohne Nordirland) 19, Kanada 8, Malta 7, Nigeria 7, Australien 5, Singapur 4, Indien 2, Neuseeland 1, Nördliche Marianen 1, Sri Lanka 1, Sudan 1, Südafrika 1; *Italienisch*: Italien 173, Vatikanstadt 3, Schweiz 2; *Spanisch*: Kolumbien 37, Argentinien 32, Puerto Rico 31, Chile 13, Mexiko 13, Uruguay 8, Spanien 4, Costa Rica 2, Ecuador 2, Guatemala 1, Panama 1, Venezuela 1; *Polnisch:* Polen 56; *Französisch*: Frankreich 34, Belgien 5, Ägypten 2, Elfenbeinküste 1, Kanada 1, Mauritius 1, Ruanda 1, Schweiz 1, Zaire 1; *Arabisch*: Libanon 12, Israel 1, Syrien 1, Zypern 1; *Tschechisch*: Tschechien 15; *Portugiesisch*: Brasilien 12, Portugal 3; *Deutsch*: Deutschland 10, Schweiz 2, Österreich 1; *Slowakisch:* Slowakei 6; *Niederländisch*: Niederlande 4; *Kroatisch*: Kroatien 1.

253 Vgl. *Relazione 2007*, 44. Über die einzelnen Herkunftsländer liegen keine Erhebungen vor.

Vielzahl der Sprachen verbundenen Probleme war die Rota auf diese Weise mehr denn je zu einer wahrhaft international tätigen Institution geworden[254].

Obwohl außer für die Verfahren aus Italien auch für einige andere Länder ein Rückgang an Prozessen zu verzeichnen war, die an die Rota gelangten[255], stieg insgesamt gesehen sowohl die Zahl der laufenden wie auch der neu aufgenommenen Verfahren am päpstlichen Gerichtshof seit 1990 kontinuierlich an: Waren am Ende jenes Jahres 1990 nur 580 Prozesse anhängig[256], so wurden am 31. Dezember 1994 wieder 747 verzeichnet[257]; 1997 waren es am selben Tag bereits 890, drei Jahre später 1022[258], am 31. Dezember 2006 dann 1164[259] und am 1. November 2007 sogar 1189 laufende Fälle[260]. Die Zahl der während des Jahres neu aufgenommenen Verfahren stieg von 195 im Jahre 1989[261] auf 333 im Jahre 2005[262]. Die starke Zunahme an laufenden Prozessen lässt sich freilich vor allem aus der Tatsache erklären, dass nach dem Wegfall der obligatorischen Berufung vom Vikariat Rom an die Rota die Anzahl der nach can. 1682 § 2 CIC per Dekret innerhalb kurzer Zeit abgeschlossenen Fälle erheblich zurückgegangen ist und seither wesentlich häufiger als früher reguläre Prozesse durchzufüh-

---

254 Vgl. dazu E. F. FIORE, DekRR., *Indirizzo di omaggio*, 1991, [Jan 28]: ME 116 (1991), 265-267, 265: „[...] la giurisdizione della Rota Romana non trova confini nella universalità della Chiesa, e quindi ad essa giungono appelli e ricorsi dai fedeli del mondo intero. Possiamo ben dire che oggi non vi è Continente, non vi è parte della terra da cui non provengono cause a questo Tribunale. Si viene così direttamente a contatto con le più disparate culture, si instaura un rapporto con tutti i popoli, anche i più lontani, sia geograficamente che idealmente, dalla nostra Europa e dalla sua influenza di civiltà e pensiero".

255 Die Prozesse aus Italien gingen von 379 am 1. Januar 1989 auf 185 am 31. Dezember 1994 zurück; im gleichen Zeitraum die aus Deutschland von 23 auf 10, aus Venezuela von 20 auf 1 und aus Indien von 11 auf 2: vgl. *Statistica 1989* beziehungsweise *Statistica 1994*.

256 Vgl. *Statistica 1990*.

257 Vgl. *Statistica 1989*; die Zahl der laufenden Verfahren betrug (jeweils am Ende des Jahres) 1991: 593; 1992: 635; 1993: 640 (vgl. *Statistica 1991; 1992; 1993*).

258 Vgl. *Relazione 2005*, 85; jeweils am 31. Dezember betrug die Zahl der laufenden Verfahren 1995: 814; 1996: 854; 1998: 960; 1999: 963; 2001: 1055; 2002: 1052 (vgl. *Relazione sull'attività della Rota Romana nell'anno giudiziario 2002*: QStR 13 (2003), 151-182, 179); 2003: 1063; 2004: 1082; 2005: 1151 (vgl. *Relazione 2005*, 81).

259 Vgl. *Relazione annuale 2006*, 116.

260 Vgl. *Relazione annuale 2007*, 37.

261 Vgl. RR., *Statistica anno 1997*, VII: Arch. Rot., Not. 234.

262 Vgl. *Relazione 2005*, 81; 1990 waren es 203 neue Prozesse gewesen, 1991: 214 (vgl. RR., *Statistica 1997*, VII); 1992 und 1993 je 231; 1994: 244; 1995: 253; 1996: 242; 1997: 245; 1998: 283; 1999: 240; 2000: 322; 2001: 292; 2002: 225 (vgl. *Relazione 2002*, 179); 2003: 275; 2004: 278 (vgl. *Relazione 2005*, 81).

ren sind[263], die sich oft über Jahre hinziehen. So waren von den Ende 1993 laufenden 640 Verfahren 18 in erster Instanz anhängig (2,8 %), einer in erster und zweiter (0,2 %), 209 in zweiter (32,7 %), drei in zweiter und dritter (0,5 %), 341 in dritter (53,3%) und elf in vierter (1,7 %); dazu kamen noch 57 Inzidentalverfahren (8,9 %)[264]. Die Zahl der Ehenichtigkeitsprozesse betrug dabei 628 (98,1 %)[265]. Von den während des Jahres 1993 insgesamt 231 aufgenommenen Fällen waren im Übrigen nur zwei (0,9 %) auf Grund von Exklusivkompetenzen in erster Instanz[266] an den Gerichtshof des Apostolischen Stuhles gelangt; 42 *Turni* (18,2 %) wurden nach interner Berufung beziehungsweise Weiterleitung an die nächsthöhere Instanz konstituiert, und 187 (80,9 %) erreichten die Rota nach Entscheidungen, die untergeordnete Tribunale getroffen hatten[267].

Vom Beginn des Jahres 2000 bis zum Ende des Jahres 2007 gelangten insgesamt 2428 Fälle an die Rota; von ihnen wurden 2123 an die Richter zur Aufnahme des Verfahrens verwiesen, davon 17 in erster Instanz, 807 in zweiter, 1152 in dritter, 38 in vierter, 15 in fünfter und 96 zur Entscheidung über die Wiedervorlage des Verfahrens[268]. Allein im Jahre 2005 konnten von 333 Fällen 290 zur Verhandlung angenommen werden[269]. In 2085 Prozessen wurden in diesem Zeitraum Entscheidungen des jeweiligen Richterturnus' getroffen. Darunter waren 1107 *sententiae definitivae.* Von den 547 Urteilen, über deren Bestätigung die Rota zwischen dem 1. Januar 2000 und dem 31. Dezember 2007

---

263 Im Vergleich zu fast allen untergeordneten Gerichten bestätigt die Rota nämlich wesentlich seltener erstinstanzliche Urteile per Dekret: vgl. SCHÖCH, *Das Bestätigungsdekret*, 462.

264 Vgl. *Statistica 1993.* Die Inzidentalverfahren waren: 32 *novae causae propositionis*, dazu 5 Rekurse; 13 *querelae nullitatis*, dazu 2 Rekurse; 3 *de vetito auferendo*; 1 *de conformitate sententiarum*; 1 *novae causae propositionis et querelae nullitatis.*

265 Vgl. *ebd.*; die übrigen Fälle waren 4 Rechtsstreitigkeiten, 2 Entlassungen aus dem Klerikerstand, 1 Strafprozess.

266 In einem erstinstanzlichen Verfahren, das in der Öffentlichkeit besondere Aufmerksamkeit erfahren sollte, verfügte die Rota als solche dagegen über keinerlei Zuständigkeit. Für den Ehenichtigkeitsprozess *Grimaldi – Junot* aus dem Fürstentum Monaco wurde vielmehr aus Mitgliedern des Auditorenkollegiums und des Gerichtspersonals der Rota eine päpstliche Sonderkommission gemäß can. 1557 § 1, 1° und can. 1559 § 2 CIC/1917 konstituiert: vgl. hierzu WEGAN, *Ehescheidung*, 237-239.

267 Vgl. *Statistica 1993.*

268 Vgl. *Attività del Tribunale della Rota Romana. Anno 2000. Relazione annuale*, 37; *Relazione 2001*, 197; *Relazione 2002*, 178; *Relazione 2003*, 152; *Relazione 2004*, 59; *Relazione 2005*, 78; *Relazione annuale 2006*, 114; *Relazione Annuale 2007*, 34.

269 Vgl. *Relazione 2005*, 78.

gemäß can. 1682 § 2 CIC per Dekret zu befinden hatte, wurden im Übrigen nur 150 ratifiziert, das sind 27,4 %[270].

Die Vielzahl der zu entscheidenden Klagen bringt jedoch zwangsläufig erhebliche Verzögerungen im Einzelfall mit sich[271] und erschwert es dem päpstlichen Gericht immer mehr, seiner Aufgabe gerecht zu werden, zur Einheit der Rechtsprechung beizutragen und durch die eigenen Urteile den untergeordneten Instanzen Hilfe zu bieten. Denn bei fast gleich gebliebener Zahl der Richter[272] und mit dem zahlenmäßig nahezu unveränderten übrigen Gerichtspersonal musste 2007 rund das Doppelte an Arbeit bewältigt werden wie 17 Jahre zuvor[273].

b. Die Modernisierung des Gerichtsbetriebes

Die auf Grund der Zunahme an nichtitalienischen Prozessen veränderte Ausgangslage stellte für die Rota zweifellos eine Herausforderung dar. Doch hatten mehrere durch den von 1985 bis 1993 amtierenden Dekan, Msgr. Ernesto Maria Fiore, eingeleitete Reformmaßnahmen erste Voraussetzungen dafür geschaffen, dass die Rota den immer höheren Ansprüchen, die an sie gerichtet wurden, gerecht werden konnte.

Die mit den Bischofskonferenzen der Vereinigten Staaten von Amerika und Irlands getroffenen Übereinkünfte bewirkten zunächst, dass die mühevolle und zeitaufwändige Übersetzung der aus diesen Ländern an die Rota gesandten Akten wegfiel. Freilich profitierten von diesen Vereinbarungen auch alle anderen englischsprachigen Gebiete. Hatten die der Rota übergebenen Dokumente bisher nur dann nicht übersetzt werden müssen, wenn sie auf Lateinisch, Italienisch oder Französisch abgefasst waren, so wurde dieses Privileg nun außer auf die in englischer Sprache eingereichten Fälle auch noch auf alle Prozesse ausgedehnt, die auf Spanisch niedergeschrieben waren; falls alle am Verfahren Beteiligten zustimmen, kann seither zudem auch bei portugiesischen und deutschen Akten

---

270 Vgl. *Attività 2000*, 148; *Relazione 2001*, 192-193; *Relazione 2002*, 170-171; *Relazione 2003*, 148; *Relazione 2004*, 46 und 60; *Relazione 2005*, 79; *Relazione 2006*, 48; *Relazione 2007*, 34.

271 Nach Meinung von S. VILLEGGIANTE, *Il discorso di S.S. Benedetto XVI del 28 gennaio 2006 alla Rota apre le porte al nuovo processo matrimoniale canonico?*: Ang 83 (2006), 685-704, 693, werden zu wenige Fälle von vornherein abgewiesen: „[...] oggi la Rota mi pare che accetti tutto, ed i decreti di rigetto del libello siano rari o inesistenti [...]. *Bene an male rotat Rota?* I fatti parlano da soli ed ognuno giudichi come meglio crede".

272 Das Päpstliche Jahrbuch listet zu Beginn des Jahres 1990 neben sechs emeritierten Richtern 20 aktive auf (vgl. AnPont 1990, 1154-1156). Anfang 2007 werden ebenfalls 19 Auditoren verzeichnet, dazu neun *Auditores emeriti* (vgl. AnPont 2007, 1242-1244). Ein weiterer *emeritus* wird seit 2006 aus Opportunitätsgründen nicht mehr namentlich aufgeführt.

273 Vgl. oben, 377.

von der Übersetzung abgesehen werden. Nur die Gerichtssprache der Rota selbst bleibt nach wie vor das Lateinische[274].

Auch die übrigen mit den Vereinigten Staaten von Amerika und Irland getroffenen Vereinbarungen bewährten sich gut. Die in Ehenichtigkeitsfällen aus diesen Ländern sofort erfolgende Ernennung eines Anwalts von Amts wegen trägt gleichermaßen zu einer Verkürzung der Prozessdauer[275] bei: Die betreffende Partei nämlich kann einen Advokaten ihres Vertrauens gegebenenfalls auch im Nachhinein konstituieren[276].

Vor allem aber war es die Anfang 1987 vorgenommene Installierung einer zentralen Computeranlage[277], die zur ordnungsgemäßen und zeitgerechten Bewältigung der Arbeit beitrug. Ein eigens für das Gericht entwickeltes und in der Folgezeit noch wesentlich verbessertes Datenverarbeitungsprogramm ist nicht nur für die Kanzlei des Tribunals unentbehrlich geworden, sondern ermöglicht es auch den Auditoren selbst, die wichtigsten Daten eines Prozesses auf einfache und schnelle Art abzurufen[278].

Unter dem von 1993 bis 1999 der Rota vorstehenden Dekan, Msgr. Mario Francesco Pompedda[279], konnten die begonnenen Modernisierungsmaßnahmen

---

[274] Vgl. dazu SERRANO RUIZ, *Praxis procesal*, 479: „[...] me manifiesto decidido de la conservación del latín como idioma oficial de la Rota Romana [...]. En primer lugar para que se conserve fácil, vivo y dinamico el contacto con la Jurisprudencia en el doble sentido de continuidad y universalidad“.

[275] Vgl. hierzu WEGAN, *Kosten und Dauer*, 77-98.

[276] Mit dem entsprechenden Brief an die Diözesankurien in den Vereinigten Staaten von Amerika oder in Irland, in dem die Zuweisung eines *Patronus ex officio* für die betreffende Partei mitgeteilt wird, wird deshalb auch ein Verzeichnis der bei der Rota tätigen Anwälte zugesandt; nach Bekanntgabe des ernannten Anwalts heißt es im Schreiben ausdrücklich: „Si autem pars patronum fiduciae constituere malit ex heic adnexo Albo illum seligere potest: quaestionem tamen de expensis, in casu, cum electo Patrono agat“.

[277] Die Anlage war ein Geschenk des damaligen Erzbischofs von Detroit, Edmund Casimir Szoka, und wurde am 10. Februar 1987 in dessen Beisein eingeweiht.

[278] Zu den einzelnen Optionen vgl. AttSS 1987, 1313-1314; AttSS 1988, 1426-1427; AttSS 1989, 1229; DORAN, *The Apostolic Tribunal*, 29-30.

[279] Mario Francesco Pompedda, geboren am 18. April 1929 in Ozieri (Sardinien), war Priester der Diözese Rom. Nach seinem Dienst als Kanzleibeamter und seit 15. Mai 1967 als Defensor Vinculi an der Rota war er am 8. Mai 1969 zum Auditor und als solcher am 13. September 1993 zum Dekan dieses Apostolischen Gerichtshofes ernannt worden. Am 29. November 1997 wurde er zum ErzBf. und zum TitBf. von Bisarcio erhoben. Von Papst Johannes Paul II. am 21. Februar 2001 in das Kardinalskollegium berufen, war er vom 16. November 1999 bis zum 27. Mai 2004 Präfekt der Apostolischen Signatur. Er starb am 18. Oktober 2006 in Rom; zu Person und Werk Pompeddas vgl. BENEDIKT XVI., Papst, Homilie *A distanza di qualche giorno*, 2006, Okt 21: OR 146 (2006), Nr. 245, 22.10.2006, 5; außerdem: [N. N.], *Pompedda, Mario Francesco*: WWI (1981), II, 1433-1434; L. DE LUCA, *La considerazione della persona umana ed il consenso matrimoniale nell'insegnamento di Sua Eminenza M. F.*

fortgeführt und ergänzt werden. So wurden die Amtsräume funktioneller gestaltet und die Aufgaben des Gerichtspersonals neu aufeinander abgestimmt. Pompeddas Nachfolger, Msgr. Raffaello Funghini[280], ließ die Bibliothek des Gerichts zeitgemäß erneuern und organisieren. Durch den gegenwärtig amtierenden Dekan, Msgr. Antoni Stankiewicz[281], erfolgte schließlich eine den Erfordernissen der Zeit und der immer größer gewordenen Arbeitsbelastung des Gerichts entsprechende Neukonzipierung des Archivs der laufenden Fälle.

c. Die *Normae Romanae Rotae Tribunalis* von 1994

Bereits vor Inkrafttreten des neuen Gesetzbuches für die lateinische Kirche hatte der damalige Dekan des päpstlichen Gerichtshofes, Msgr. Arturo De Jorio, am 8. April 1983 eine Kommission von Auditoren konstituiert, die die interne Ordnung der Rota mit den neuen gesamtkirchlichen Gesetzesbestimmungen in Einklang bringen sollte[282]. Vier Jahre nach der Promulgation des *Codex Iuris Canonici* war vom nachfolgenden Dekan, Msgr. Ernesto Maria Fiore, erneut eine Kommission errichtet worden, die dem Richterkollegium innerhalb weniger Tage Vorschläge zur Reform der Verfahrensnormen in Ehesachen unterbreiten sollte; beabsichtigt war, den Text bis zur feierlichen Eröffnung des Gerichtsjahrs 1988 fertig zu stellen und bei dieser Gelegenheit dem Papst zu übergeben[283].

Pompedda: DEc 114/2 (2003), 463-475; G. CARDINALE, *Der erste sardische Kardinal nach 123 Jahren*: 30Tg 22 (2004), Nr. 2, 20.

280 Msgr. Raffaello Funghini war geboren am 1. Januar 1929 in Castiglion Fiorentino (Toskana) und inkardiniert in die Diözese Arezzo – Cortona – Sansepolcro. Vor seiner am 25. Oktober 1984 erfolgten Ernennung zum Auditor der Rota Romana war er in der Kanzlei des Apostolischen Gerichtshofes tätig gewesen, zuletzt (seit 27. November 1979) als deren Leiter. Am 11. Dezember 1999 wurde er zum Dekan berufen, am 31. Januar 2004 zum ErzBf. und zum TitBf. von Novapietra (Nova Petra) sowie zum Präsidenten des Appellationsgerichtes des Staates der Vatikanstadt erhoben. Er verstarb am 17. Mai 2006 in Rom; zu Person und Werk Funghinis vgl. F. BRUNO, *Sua Eccellenza Mons. Raffaello Funghini Decano del Tribunale Apostolico della Rota Romana*: P. A. BONNET, C. GULLO (Hg.), *Diritto matrimoniale canonico*, III. *La forma, gli effetti, la separazione, la convalida* (= StGiur, 63 = ADGC, 31), Città del Vaticano 2005, 9-22.

281 Msgr. Antoni Stankiewicz, geboren am 1. Oktober 1935 in Oleszczenice bei Wilna, ist Priester der Diözese Grünberg – Landsberg an der Warthe (Zielona Gora – Gorzów). Zunächst Kanzleibeamter im Dienst der Rota Romana, ist er seit 14. Februar 1978 Auditor und seit 31. Februar 2004 deren Dekan. Papst Benedikt XVI. ernannte ihn am 15. November 2006 zum TitBf. von Novapietra (Nova Petra).

282 Vgl. A. DE JORIO, DekRR., Dekret, 1983, Apr 3: Arch. Rot., Not. 241.

283 Vgl. [E. M. FIORE, DekRR.], Dekret, 1987, Nov 26: Arch. Rot., Not. 3: „Constituitur Commissio constans Senioribus Auditoribus [...], qui collatis consiliis cum Decano ac Moderatore Cancellariae eiusdemque praedecessoribus, normas pro praxi Cancellariae redigant in causis matrimonialibus, ad coarctanda tempora processus. Velint Patres Commissarii novas redactas normas intra quindecim dies, pro posse, praebere Collegio Rotali ita ut redac-

Im Gegensatz zu den beiden Fassungen von 1969 und 1982 konnte nach der Neukodifizierung des kanonischen Prozessrechts nun auch die Verfahrensordnung der Rota einer gründlichen Revision unterzogen werden[284]; da aber in der Zwischenzeit für die Gesamtkurie ein neues *Regolamento Generale della Curia Romana*[285] Gültigkeit erlangt hatte, erwies sich eine bloße Ergänzung der Verfassungsnormen von 1982 als wenig opportun; vielmehr waren diese auf die Maßgaben des *Regolamento* abzustimmen und zu erneuern.

Die Arbeiten der Kommission gestalteten sich langwieriger als ursprünglich vorgesehen. Zudem war dem Kollegium von höherer Autorität nahe gelegt worden, vor der geplanten Revision der Normen die vom Papst angekündigte Reform der Römischen Kurie abzuwarten, welche 1988 durch die Apostolische Konstitution *Pastor Bonus* erfolgen sollte. Das Auditorium setzte daraufhin eine neue Kommission ein, die aus drei Richtern bestand und ein vom ersten mehr oder weniger unabhängiges Konzept erstellte[286]. Das erste Schema, das dann ausgearbeitet werden konnte[287], wurde sowohl dem Auditorenkollegium als auch anderen erfahrenen Kanonisten zur Begutachtung vorgelegt. Nach langwierigen Diskussionen[288] und Berücksichtigung aller Änderungsvorschläge präsen-

---

tio finalis tradi possit Summo Pontifici die Audientiae pro solemni initio anni iudiciarii Tribunalis Apostolici Rotae Romanae".

284 Vgl. M. F. POMPEDDA, DekRR., *Prooemium [ad Normas Romane Rotae Tribunalis]*, 1994, Apr 18: AAS 86 (1994), 508-509, 508: „Pro temporum necessitatibus autem oportuit, potissimum post Concilium Vaticanum II et renovatum Codicem iuris canonici [...] necnon post editum *Codicem Canonum Ecclesiarum Orientalium* [...], ut eaedem Normae iuxta novam accomodatae disciplinam recognitioni subicieruntur, ne praetermissa quidem instauratione novi ordinis Curiae Romanae".

285 Vgl. *Regolamento Generale della Curia Romana*, Città del Vaticano, 1992, Feb 4: AAS 84 (1992), 202-267.

286 Vgl. *Attività del Tribunale della Rota Romana. Anno 1994. Relazione annuale* (Manuskript), [1995], 6: „Quando [...] la cosa sembrava essere giunta al suo termine, prudentemente la Superiore autorità suggerì e decise che occorreva attendere la riforma della Curia Romana [...]. A questo punto iniziò, su espresso incarico del collegio Rotale, il lavoro di una Commissione ristretta, composta da tre Uditori, la quale preparò un suo progetto, distaccandosi dal precedente, pur senza ignorarlo"; M. F. POMPEDDA, *Nuove Norme: tradizione e rinnovamento*: QStR 8 (1996), 7-11, 8-10; J. M. SERRANO RUIZ, *Attuazione dei principi ispiratori del Codice di Diritto Canonico nelle nuove Norme Rotali: ebd.*, 13-30, 15.

287 Vgl. hierzu im Einzelnen SERRANO RUIZ, *Praxis procesal*, 477-488.

288 POMPEDDA, *Nuove norme*, 8, verweist diesbezüglich auf Differenzen mit seinem Vorgänger [Msgr. Ernesto Maria Fiore]: „Se gli ultimi adempimenti [...] non avessero richiesto tanto tempo, quanto ne è occorso, e se altre circostanze personali non si fossero frapposte, l'odierna presentazione già molto prima sarebbe avvenuta, e affidata al mio immediato predecessore [...]. Del resto la Provvidenza [...] ha fatto sì che a quel Decano non venisse riservato l'ingrato compito di pubblicare norme che singolarmente e personalmente non fossero da lui condivise".

tierte die Kommission etwa zwei Jahre später einen zweiten Entwurf, der in einer dazu einberufenen Vollversammlung vom Kollegium angenommen und bestätigt wurde[289].

Papst Johannes Paul II. approbierte die ihm vorgelegte Fassung in einer Audienz, die er am 7. Februar 1994 dem Kardinalstaatssekretär gewährte[290]. Er ordnete an, dass die neuen *Normae Romanae Rotae Tribunalis*[291] nach ihrer Veröffentlichung in den *Acta Apostolicae Sedis* am 1. Oktober des gleichen Jahres Rechtskraft erlangen sollten.

Im Rahmen eines Festaktes wurden die Normen aber bereits am 4. Mai der Öffentlichkeit vorgestellt[292]. Der Dekan, Msgr. Mario Francesco Pompedda, verlieh dabei dem Wunsch Ausdruck, das neue Gesetzeskorpus möge als unver-

---

289 Vgl. *ebd.*, 10.

290 Vgl. *Attività del Tribunale della Rota Romana. Anno 1994. Relazione annuale*, 6, und POMPEDDA, *Prooemium*, 508-509.

291 Vgl. RR., *Normae*, 1994, Feb 7: AAS 86 (1994), 508-540; zu den neuen Normen vgl. J. L. ACEBAL LUJÁN, *Normas del tribunal de la Rota Romana. Texto y comentario*: REDC 52 (1995), 231-279; M. CANONICO, *Le nuove norme del Tribunale della Rota Romana a confronto con la disciplina anteriore*: DFP 24 (1995), 800-842; S. HAERING, *Die neue Ordnung der Römischen Rota aus dem Jahr 1994. Anmerkungen zu ausgewählten Aspekten*: DPM 2 (1995), 89-116; MARIGLIANO, *Le „Normae"*; P. A. BONNET, C. GULLO (Hg.), *Le „normae" del Tribunale della Rota Romana* (= StGiur, 42), Città del Vaticano 1997, und darin unter anderem folgende Beiträge: V. FAGIOLO, *La figura e i poteri del Decano della Rota Romana*, 93-102; L. DE LUCA, *La figura del Collegio dei Prelati Uditori ed i rapporti con il Decano*, 103-112; J. M. SERRANO RUIZ, *Persone e uffici maggiori nel Tribunale: i Prelati uditori, il Promotore di Giustizia, il Difensore del vincolo*, 113-138; C. GULLO, R. PALOMBI, *La procedura presso il Tribunale della Rota Romana*, 165-212; S. BERLINGÒ, *La perenzione, deserzione e rinuncia delle cause in Rota e la loro riassunzione. Un'applicazione al processo dell'„economia" canonica?*, 223-240; S. VILLEGGIANTE, *Le questioni incidentali presso il Tribunale della Rota Romana*, 241-247; außerdem P. V. PINTO, Einführung und Kommentar zu: *Normae Romanae Rotae Tribunalis*, Artt. 1-23: P. V. PINTO, *Commento alla* Pastor *Bonus e alle norme sussidiarie della Curia Romana* (= CorpIC, 3), 477-496: G. VACCAROTTO, Kommentar zu: *Normae Romanae Rotae Tribunalis*, Artt. 24-41: *ebd.*, 497-512; A. STANKIEWICZ, Kommentar zu: *Normae Romanae Rotae Tribunalis*, Artt. 42-120: *ebd.*, 513-552; MATTEI, *Portata ed effetti*, 178-188; zusammenfassend mit kritischer Literaturübersicht: HAERING, *Die Neuordnung.*

292 Vgl. [N. N.], *Le nuove Norme Rotali: Una pietra miliare nel cammino plurisecolare del Tribunale della Sede Apostolica*: OR 134 (1994), Nr. 105, 07.05.1994, 4; *Attività del Tribunale della Rota Romana. Anno 1994. Relazione annuale*, 7-9. Die Festversammlung fand im Beisein vieler Gäste in der Aula Magna des Palazzo della Cancelleria statt. Festreden hielten der Dekan, Msgr. Mario Francesco Pompedda (veröffentlicht als POMPEDDA, *Nuove Norme*), die Auditoren Msgr. José María Serrano Ruiz (SERRANO RUIZ, *Attuazione dei principi*) und Msgr. Antoni Stankiewicz (A. STANKIEWICZ, *Rilievi procedurali nel nuovo „Ordo iudiciarius" della Rota Romana*: IusEc 6 [1995], 65-87 = QStR 8 [1996], 31-49) sowie der Sekretär der Apostolischen Signatur, Erzbischof Zenon Grocholewski (Z. GROCHOLEWSKI, *Il ruolo specifico della Rota Romana nel Corpo Mistico della Chiesa*: QStR 8 [1996], 51-53).

zichtbares Arbeitsmittel eine geordnete Gerichtstätigkeit gewährleisten und so dem Heil der Seelen dienlich sein[293].

Ein wenige Monate später aufgeworfener Zweifel, ob und inwieweit durch die Art und Weise der päpstlichen Approbation Gesetze universalkirchlichen Charakters weiterhin Verbindlichkeit für die Rota besäßen[294], wurde durch ein Reskript vom 23. Februar 1995 behoben, in dem ausdrücklich erklärt wurde:

> „Nell'Udienza concessa oggi [...] al sottoscritto Cardinale Segretario di Stato, il Sommo Pontefice Giovanni Paolo PP. II si è degnato manifestare la propria mente circa l'approvazione da Lui fatta il 7 febbraio 1994 delle ‚Normae' del Tribunale della Rota Romana [...], e ha disposto che tale atto debba intendersi come approvazione di legge particolare data *in forma specifica*, anche in deroga alla legge universale, *contrariis quibusvis non obstantibus*, ordinando in pari tempo che di ciò sia data pubblica notizia, nelle forme consuete"[295].

Es war somit sichergestellt, dass die neue Ordnung für die Rota innerhalb des dem Gericht vom Gesamtrecht zugewiesenen Kompetenzbereichs in allen von ihr geregelten Fragen als maßgeblich zu betrachten ist. Dies betrifft gleichermaßen die Verfassungs-, Personal- und Prozessbestimmungen. Da durch sie alle ihr entgegenstehenden rechtlichen Regelungen außer Kraft gesetzt wurden, sind die Normen auf Grund ihrer *approbatio in forma specifica* nicht mehr als Ausführungsverordnung oder Instruktion zu betrachten, sondern als päpstliches

---

293 Vgl. POMPEDDA, *Nuove Norme*, 7: „[...] strumento indispensabile di lavoro, per un lavoro di ordinata amministrazione della giustizia ecclesiale, nella osservanza scrupulosa del dettato legislativo pur sempre ‚servata aequitate canonica' [...] ‚et prae oculis habita salute animarum'". BONNET, *Rota*, 5, bemerkt in diesem Zusammenhang: „[...] il Tribunale rotale si è adeguato al volto giuridico, che la Chiesa è venuta faticosamente costruendosi dopo il rinnovamento ecclesiale operato dal Concilio Vaticano II, con le ‚Normae' promulgate il 18 aprile 1994".

294 Den Zweifel artikulierte J. Llobell in seinem Vortrag vor dem *Arcisodalizio della Curia Romana* (vgl. BONNET, *La competenza del Tribunale*, 6). Die gedruckte Fassung von 1997 (LLOBELL, *Le norme*) berücksichtigt allerdings bereits die durch das Reskript erfolgte Präzisierung (vgl. *ebd.*, 91). HAERING, *Die neue Ordnung*, 94, vermutet, „daß Bestimmungen wie Art. 52 [...] den Stein des Anstoßes bildeten". Nach Ansicht von MARIGLIANO, *Normae*, 84-92, hätte die Verbindlichkeit der Normen auch ohne *approbatio in forma specifica* nicht in Frage gestellt werden dürfen. Das zeige die Tatsache, dass die Normen von Anfang an im Gegensatz zum CIC stehen konnten. Es sei nicht einzusehen, „come delle semplici disposizioni di natura regolamentare, una sorta di ‚Ordinationes', potrebbero derogare a norme comuni" (*ebd.*, 90); kritisch zur Auffassung von Llobell auch CANONICO, *Nuove norme*, 800.

295 A. SODANO, KardStSekr., *Rescriptum ex audientia Sanctissimi quo Normae Rotales in forma specifica approbantur*, 1995, Feb 23: AAS 87 (1995), 366; siehe hierzu J. CANOSA, *Sulle facoltà straordinarie del Decano della Rota Romana*: IusEc 9 (1997), 377-381. Nach HAERING, *Die neue Ordnung*, 116, lasse sich an der Tatsache, dass die Normen ein zweites Mal approbiert werden mussten, erkennen, dass bei deren Erlass „nicht mit größter Sorgfalt gearbeitet wurde".

Gesetz[296]. Nur in Zweifelsfällen ist auf den Codex und die Normen von 1934 zurückzugreifen:

> „Si quaestio oriatur de interpretatione harum Normarum, recursus fiat ad Normas anno 1934 promulgatas, iis exceptis, quae vigenti Iuris Canonici Codici refragantur“[297].

In Fragen der Jurisdiktion und Zuständigkeit verweist die Gerichtsordnung im Übrigen nicht nur auf die universalrechtlichen Gesetzesquellen, sondern auch auf sich selbst. So heißt es hierzu:

> „Apostolici Rotae Romanae Tribunalis iurisdictionem et competentiam moderantur *Codex Iuris Canonici*, *Codex Canonum Ecclesiarum Orientalium*, Const. Apost. *Pastor bonus* necnon Normae eiusdem propriae“[298].

Die Normen nehmen keinen Bezug auf die Funktionen der Rota. Es bleibt daher weiter unklar, auf welche Weise das Gericht seinen spezifischen Auftrag,

---

296 Vgl. HAERING, *Die neue Ordnung*, 95, der zu Recht feststellt: „Die rechtliche Eigenart der Ordnung käme auch sprachlich etwas deutlicher zum Ausdruck, wenn sie nicht einfach [...] als *normae* bezeichnet würde, sondern als *lex propria*, wie es in Art. 130 PastBon geschehen ist“; MARIGLIANO, *Le „Normae“*, 161, plädiert für die Bezeichnung „disposizioni normative“.

297 *Normae Rotae Romanae Tribunalis*, Art. 120. HAERING, *Die neue Ordnung*, 114-115, bezeichnet es als „ungewöhnlich und sonderbar“ (*ebd.*, 115), dass hier ausdrücklich auf die Ordnung verwiesen wird, die durch die gegenwärtigen Normen außer Kraft gesetzt wurde; GULLO, PALOMBI, *La procedura*, 165-166, vermissen die Bezugnahme auf widersprüchlich erscheinende Bestimmungen des CCEO und der Apostolischen Konstitution *Pastor Bonus* sowie auf die Normen von 1969 und 1982 als zusätzlicher Interpretationsquellen.

298 *Normae Rotae Romanae Tribunalis*, Art. 5. Im Gegensatz zum Titel der Normen, in dem bei der Nennung des Tribunals auf das Attribut „Apostolisch“ verzichtet werden musste, ist hier die in den letzten Jahren immer häufiger gebrauchte Bezeichnung beibehalten worden; vgl. dazu *Attività del Tribunale della Rota Romana. Anno 1994. Relazione annuale*, 3-4: „Innanzi tutto, per il fatto stesso che il Tribunale della Rota appare nel Codice sotto la rubrica ‚De Apostolicae Sedis Tribunalibus‘, affermare che la Rota non sia Tribunale Apostolico significa ragionare in modo del tutto bizantino. Se infatti un Tribunale è annoverato fra quelli della Sede Apostolica, se ne deve per conseguenza dedurre che la Rota può assumere a pieno titolo la qualifica di ‚Apostolicum‘ [...]. Non si può dunque negare che il Tribunale della Rota Romana sia a giusto titolo e possa, anzi debba fregiarsi dell'appellativo di ‚Apostolico‘: sostenere il contrario significherebbe offendere in primo luogo l'Autorità del Sommo Pontefice [...]“; ähnlich POMPEDDA, *Il tribunale*, 8-12; zum Attribut „Apostolisch“ vgl. auch STANKIEWICZ, *Il Tribunale Apostolico*, sowie MATTEI, *Portata ed effetti*, 167-171; zu den Zuständigkeiten der Rota gemäß Art. 5 vgl. im Einzelnen MARIGLIANO, *Le „Normae“*, 93-99; SARRAF, Kommentar zu: *can. 1058-1085 CCEO*, 887, leitet aus diesem Artikel ab, dass auf Grund des Verweises auf die Apostolische Konstitution *Pastor Bonus* für kein orientalisches Verfahren zweiter Instanz die kumulative Zuständigkeit der Rota ausgeschlossen werden kann.

zur Einheit der Rechtsprechung und zur Hilfe für die untergeordneten Tribunale beizutragen, am besten verwirklichen kann[299].

Klarer als bisher wird dagegen festgehalten, dass die Jurisdiktion des Gerichts auch während der Sedisvakanz nicht erlischt:

> „Apostolica Sede vacante, Rotae Tribunal negotia sua exsequi pergit“[300].

Insgesamt gesehen zeichnet sich die neue Gerichtsordnung vor allem durch die Straffung der einzelnen Dispositionen und deren prägnantere Formulierung[301] sowie durch den pastoralen Geist aus, von dem sie nach dem Vorbild des Zweiten Vatikanischen Konzils und des *Codex Iuris Canonici* von 1983 getragen ist[302]. Ausdrücklich wird nun Bezug darauf genommen, dass der universalkirchliche Charakter der Rota, die jetzt als ordentliches Berufungsgericht des Apostolischen Stuhles definiert wird, auch in der personellen Zusammensetzung des Tribunals zum Ausdruck kommen soll:

> „Rota Romana est Tribunal, Apostolicae Sedis ordinarium appellationis, constans certo Iudicum seu Praelatorum Auditorum numero qui, e variis terrarum orbis partibus a Summo Pontifice selecti, collegium constituunt“[303].

Im Gegensatz zu den Normen von 1934, die aus 185 Artikeln bestehen, zählt der neue *Ordo iudiciarius* nur noch 120; die Anzahl konnte auf Grund der umfassenderen Angleichung verfahrensrechtlicher Bestimmungen an das Pro-

---

299 Zu Recht bemerkt daher MONTINI, *L'unità*, 230, im Hinblick auf die in Art. 18 § 3 eröffnete Möglichkeit, ein Verfahren *videntibus omnibus* zu entscheiden: „Non si comprende come uno strumento tanto rilevante nella formazione dell'unità interna della giurisprudenza rotale non sia stato fatto oggetto di normativa più precisa nelle nuove *Normae* [...] né sia stato messo in opera quando si è verificata la necessità abbastanza evidente“. Als Beispiel hierfür führt er die Frage nach der Rückwirkungskraft von can. 1098 CIC an (vgl. *ebd.*, Anm. 32).

300 *Normae Rotae Romanae Tribunalis*, Art. 23.

301 Vgl. *Relazione annuale 1994*, 6, bereits im Hinblick auf das erste Schema: „[...] al di là dei contenuti, già subito si distingueva dalle precedenti Norme per lo snellimento nella formulazione degli articoli e per il numero inferiore di essi di fronte alla normativa anteriore“.

302 Vgl. SERRANO RUIZ, *Attuazione dei principi*, 15: „Oltre alla maggiore precisione della tecnica di redazione legislativa, le nuove Norme metteranno più chiaramente a fuoco tanto la natura collegiale dell'istituto, quanto il suo carattere universale e vicario della Sede Apostolica: aspetti tutti specialmente cari al Concilio“; *ebd.*, 26: „La Chiesa della Rota e nella Rota, quella Chiesa che lo stesso Vaticano II [...] vede partecipare di tutte le sofferenze e di tutte le aspirazioni degli uomini, ha nel Tribunale Apostolico un appuntamento che quasi sempre sarà con l'umanità dolente“.

303 *Normae Rotae Romanae Tribunalis*, Art. 1; vgl. hierzu SERRANO RUIZ, *Attuazione dei principi*, 16-17 und 25-26; PINTO, Einführung und Kommentar zu: *Normae*, 481-483.

zessrecht[304] des Codex[305] erheblich reduziert werden[306]. Beibehalten wurde die Untergliederung in drei Titel[307].

Im Einzelnen von Interesse sind unter anderem[308] die Modifikationen, die Ernennung[309], Amtsdauer[310] und Vollmachten[311] des Dekans betreffen, vor allem dessen nun in den Normen verankerte Möglichkeit, einen Prozess schon in erster Instanz an die Rota zu ziehen, wenn besondere Umstände dies mit Rücksicht auf das Heil der Seelen erfordern. So wird festgelegt:

> „Salvo praescripto can. 1444, § 2, Decani erit, auditis duobus antiquioribus Auditoribus, iam a prima instantia avocare causas de quibus in eiusdem canonis § 1, quoties peculiaria adiuncta sive locorum sive personarum propter bonum animarum idipsum urgeant“[312].

---

304 Zu den Modifikationen, die auf dem Hintergrund des CIC von 1983 gegenüber den Normen von 1934 vorgenommen wurden, vgl. MARIGLIANO, *Le „Normae“*, 143-160.

305 Zu Recht vermissen allerdings MARIGLIANO, *Le „Normae“*, 141-142, und FÜRST, *Lex prior*, 281, in den Normen Verweise auf die entsprechenden Canones des CCEO.

306 Vgl. STANKIEWICZ, *Rilievi*, 65 beziehungsweise 31.

307 Nämlich Titulus I (Art. 1 – Art. 14): *De Romanae Rotae Tribunalis constitutione*; Titulus II (Art. 15 – Art. 49): *De officio Iudicum aliorumque Romanae Rotae addictorum*; Titulus III (Art. 50 – Art. 120): *De ordine iudiciario Rotae Romanae.* Titel I ist in zwei Kapitel untergliedert, Titel II in sechs, Titel III in neun; zu Titel II vgl. vor allem SERRANO RUIZ, *Persone e uffici.*

308 Zu Einzelfragen der Verfassung und Disziplin wie etwa den Zulassungsbedingungen für bestimmte Gerichtsämter vgl. CANONICO, *Le nuove norme*, 805-820; MARIGLIANO, *Le „Normae“*, 99-113 und 144-151; PINTO, Einführung und Kommentar zu: *Normae*, 491-496; VACCAROTTO, Kommentar zu: *Normae.*

309 Vgl. *Normae Rotae Romanae Tribunalis*, Art. 4 § 2, dem zufolge in Übereinstimmung mit Art. 127 der Konstitution *Pastor Bonus* der Dekan nun vom Papst ernannt wird.

310 So zum Beispiel *Normae Rotae Romanae Tribunalis*, Art. 3 § 3: „Decanus a munere cessat expleto septuagesimo quinto aetatis anno“ (Bis dahin war es wie bei den übrigen Auditoren das 74. Lebensjahr; mit Reskript vom 8. April 2003 wurde auch für die anderen Auditoren der Tag der Vollendung des 75. Lebensjahres als Altersgrenze für das Ausscheiden aus dem aktiven Dienst festgesetzt: vgl. PINTO, Einführung und Kommentar zu: *Normae*, 483).

311 Zur Rechtsstellung des Dekans vgl. FAGIOLO, *La figura e i poteri del Decano*, sowie T. BERTONE, KardStSekr., *Rescriptum ex audientia Sanctissimi*, 2008, Okt 2: QStR 18 (2008), 97, durch das der Dekan befugt wird, über die rechte Judikatur und Amtsführung an der Rota zu wachen..

312 *Normae Rotae Romanae Tribunalis*, Art. 52; vgl. hierzu MAURO, *L'avocatio*, 220-222; SERRANO RUIZ, *Attuazione die principi*, 19-20; kritisch HAERING, *Die neue Ordnung*, 98: „Diese Kriterien sind so allgemein gehalten, daß sie im Grunde kaum eine Einschränkung des Rechts der *avocatio* mit sich bringen“; *ebd.*, 101: „Ob der Gesetzgeber dies beabsichtigt hat oder nicht – die Rota ist im Einzelfall zuständig, wenn ihr Dekan es will. Die neue Ordnung gesteht ihm gewissermaßen die Kompetenz der Kompetenz zu“. P. A. BONNET, *La competenza. Brevi annotazioni ai cc. 1404-1416 CIC*: Per 85 (1996), 303-330 und 515-530, 325, hält es

Diese Vollmacht wurde auf Bitte des Dekans vom 12. Mai 1997 durch päpstliches Reskript vom 20. Mai 1997 dahingehend ausgeweitet, dass dieser nicht nur nach Anhörung der zwei dienstältesten Auditoren, sondern auch auf Antrag des jeweiligen Richterturnus einen Fall in erster Instanz an die Rota ziehen kann[313]. Zu einer möglichen *avocatio* orientalischer Verfahren durch den Dekan der Rota äußern sich die Normen dagegen nicht[314].

Bemerkenswert sind aber ebenso Reformen und Präzisierungen in verfahrensrechtlichen Fragen[315], die unter anderem eine zügigere Vorgehensweise als

---

für nötig, in dieser Frage die jeweilige Funktion der Rota und der Signatur präzise und verbindlich festzulegen. Für die *avocatio* an die Rota fordert er „la certezza morale di un reale ed effettivo pericolo per il ‚bonum animarum'", „peculiari circostanze locali e personali che [...] debbono essere singolarmente probanti" (*ebd.*, 325) sowie ein „decreto decanale [...] motivato e [...] suscettibile di ricorso, oltre che al Romano Pontefice, alla [...] Segnatura Apostolica" (*ebd.*, 326); ähnlich BONNET, *La competenza del Tribunale*, 15-16. Auch MONTINI, *La giurisprudenza*, 132, fragt, „quali strumenti abbia a disposzione il Decano della Rota Romana per venire a conoscenza di ‚circostanze di luogo e di persone' che richiedano l'avocazione ‚per il bene delle anime'". Wie hilfreich die Norm aber sein kann, belegt durch zwei Beispiele POMPEDDA, *Il tribunale*, 14-15. Im Übrigen wird von der *avocatio* faktisch nur ganz selten Gebrauch gemacht: So wurde in den Jahren 2001 bis 2006 einschließlich nur achtmal über diese Frage entschieden; lediglich in zwei der sieben Fälle ist das Verfahren dann tatsächlich an die Rota gezogen worden: vgl. die Dekrete des Dekans (FUNGHINI): Hierosolymitana Latinorum, *Iurium: possessionis; Prael.: De admissione libelli*, 2001, Jul 17, Rep. 53/2001: QStR 12 (2002), 170 (abgelehnt); Bratislavien.-Tyrnavien., *Nullitatis matrimonii; Prael.: Avocationis causae*, 2002, Jun 15, Rep. 192/2001: QStR 13 (2003), 147 (abgelehnt); Inter-Eparchialis Maronitarum seu Beryten. Maronitarum, *Nullitatis matrimonii; Inc.: Pensionis alimentaris, custodiae et comitatus filiorum*, 2003, Feb 4, Rep. N. 207/2001: QStR 14 (2004), 127 (angenommen); Bratislavien.-Tyrnavien., *Nullitatis matrimonii*, 2003, Feb 25, Rep. N. 30/2001: *ebd.*, 128 (angenommen); (STANKIEWICZ:) Reg. Latii, *Nullitatis matrimonii; Prael.: Avocationis causae*, 2004, Mai 8, Rep. N. 69/2004: QStR 15 (2005), 201 (abgelehnt); Messanen.-Liparen.-S. Luciae, *Nulllitatis matrimonii; Prael.: Avocationis causae*, 2004, Mai 8, Rep. N. 58/2004: *ebd.*, 202 (abgelehnt); Paulopolitana et Minneapolitana, *Prael.: Avocationis causae*, 2005, Apr 25, Rep. 87/2005: QStR 16 (2006), 215-216 (abgelehnt); Romana, *Nullitatis matrimonii; Prael: Recursus et Avocationis causae*, 2006, Nov 13, Rep. 230/06: QStR 17 (2007), 222-223 (abgelehnt).

313 Vgl. A. SODANO, KardStSekr., Brief, Nr. 414.266, 1997, Mai 21, an M. F. POMPEDDA, DekRR.: Arch. Rot., Not. 190.

314 So ist wohl FÜRST, *Lex prior*, 281, zuzustimmen, wenn er feststellt: „Für die hier zur Diskussion stehende Frage [...] geht [...] aus dem Text von Art. 52 der Normae hervor, daß es sich dabei nur um den Bereich der Lateinischen Kirche handelt, da ausdrücklich (und nur) auf diejenigen Fälle verwiesen wird, von denen in c. 1444 § 1 (CIC/1983) die Rede ist, einem Kanon, der seinerseits im CCEO gar kein Gegenstück hat".

315 Vgl. dazu im Einzelnen GULLO, PALOMBI, *La procedura*; STANKIEWICZ, *Rilievi*; CANONICO, *Le nuove norme*, 820-840; MARIGLIANO, *Le „Normae"*, 113-142 und 151-160; STANKIEWICZ, Kommentar zu: *Normae*, 518-552.

bisher ermöglichen sollen[316]. So wird nun klargestellt, dass Berufung gegen Inzidentaldekrete, die nicht einer endgültigen Entscheidung gleichkommen, erst in Verbindung mit einer Appellation im Hauptverfahren eingelegt werden kann[317] und die Wiederaufnahme eines an der Rota erloschenen Prozesses im Gegensatz zu den Bestimmungen des allgemeinen Rechts[318] einzig und allein am päpstlichen Gerichtshof selbst erfolgen kann:

> „Si peremptio aut renuntiatio aut desertio obtinuerit, apud unam Rotam reassumi potest causa sive Tribunali Apostolico commissa sive ad idipsum per appellationem deducta“ [319].

Andere Neuerungen etwa wurden im Zusammenhang mit den Regeln zur Annahme oder Ablehnung der Klageschrift und zur Festsetzung des Streitgegenstands vorgenommen[320]. Einen neuen Klagepunkt in Ehesachen hinzuzufügen, ist nun Sache des mit dem Fall beauftragten *Turnus*[321]. Dagegen wurde die

---

316 Vgl. M. F. POMPEDDA, DekRR., *Indirizzo d'omaggio*, 1995, Feb 10: OR 135 (1995), Nr. 35, 11.02.1995, 5: „Vero è che la saggia regolamentazione della procedura canonica [...], quasi tracciando la via spinge e conduce verso l'acquisizione della verità giudiziaria, che sarà poi espressa nella sentenza definitiva. In questo contesto poniamo e consideriamo anche le nuove Norme, da voi recentemente approvate per il Tribunale della Rota: *non fine* ma soltanto *mezzo e strumento* per una ragionevolmente celere ed ordinata definizione dei processi ad esso devoluti“.

317 Vgl. *Normae Rotae Romanae Tribunalis*, Art. 77: „Firmis praescriptis cann. 1629, 4° et 1618, contra Turni decisionem appellatio non datur; quaestio autem incidens iterum proponi poterit coram Turno una cum causa principali“; ausführlich zu dieser Frage vgl. VILLEGGIANTE, *Le questioni incidentali*; zu Berufung und Beschwerde gegen Urteile: STANKIEWICZ, *Rilievi*, 38-43; STANKIEWICZ, *Impugnazioni.*

318 Vgl. PCICI., *Responsio ad propositum dubium in plenario coetu*, 1986, Mai 17: AAS 78 (1986), 1323-1324, 1324, II.

319 *Normae Rotae Romanae Tribunalis*, Art. 70; vgl. dazu BERLINGÒ, *La perenzione*; zur Begründung dieser Norm vgl. SERRANO RUIZ, *Praxis procesal*, 485-487; die Sorge von HAERING, *Die neue Ordnung*, 114, andere Gerichte könnten auch bei Vorbringen eines neuen Klagegrundes als nicht mehr zuständig betrachtet werden, ist aber unbegründet. Der Gesetzestext spricht nur von einer Wiederaufnahme des Verfahrens. Im Übrigen verweist die Rota mitunter nach Nichtigkeitserklärung von Entscheidungen untergeordneter Gerichte die entsprechenden Fälle zum Zweck eines ordnungsgemäßen neuen Prozesses an diese Gerichte zurück, und das mit denselben Klagegründen wie vorher.

320 So heißt die Streitformel in Ehenichtigkeitsprozessen nun: „*An constet de matrimonii nullitate in casu,* additis capite vel capitibus“ (*Normae Rotae Romanae Tribunalis*, Art. 62 § 1); „In causis, ubi agitur de sententia rotali appellata, adhibebitur dubii formula: *Utrum confirmanda an infirmanda sit sententia rotalis diei ... mensis ... anni ... in casu*, nisi claritatis gratia in dubiorum formula renovandi sint singuli controversiae articuli“ (*ebd.*, Art. 62 § 2).

321 Vgl. *ebd.*, Art. 55 § 2: „Quoties in causis matrimonialibus iuxta can. 1683 novum caput adducatur, item Turni erit decernere de eodem admittendo vel reiciendo“. Dazu bemerkt zu Recht SERRANO RUIZ, *Persone e uffici*, 128: „L'odierna disposizione [...] toglie ogni incer-

Überlegung, die Rota könnte auf ein affirmatives Urteil erster Instanz hin an Stelle eines Bestätigungs- oder Nichtbestätigungsdekrets als dritte Möglichkeit sofort ein negatives Urteil fällen, wieder fallen gelassen[322].

d. Die Judikatur der Rota als Interpretationsgrundlage des neu gefassten Kirchenrechtes

In den ersten 100 Jahren seit der Wiederbelebung der Rota durch Papst Pius X. – von 1908 bis 2007 also – sind von deren Richtern insgesamt 12872 End- oder Zwischenurteile abgefasst worden[323], die in ihrer Gesamtheit und Kontinuität eine schier unermessliche Quelle kirchlicher Judikatur darstellen.

Mit der Neukodifikation des *ius canonicum* begann für die Rechtsprechung der Rota jedoch noch einmal ein neuer Abschnitt. Durch die ihr vom Gesetzbuch der lateinischen Kirche ausdrücklich zuerkannte Funktion, als Teil der Römischen Kurie wesentlich zur Behebung von Gesetzeslücken beizutragen, konnte der Apostolische Gerichtshof insbesondere bei der Interpretation und Anwendung modifizierter ehe- und prozessrechtlicher Normen erneut Richtschnur für die ihm untergeordneten Gerichte in aller Welt sein[324]. Nicht umsonst bezeichnete deshalb Papst Johannes Paul II. selbst in seiner Audienz für die Richter und Mitarbeiter der Rota am 30. Januar 1986 die Entscheidungen seines Tribunals mit Nachdruck als die des Petrusamtes und damit als „sicheren Bezugspunkt" von wegweisender Bedeutung. Er sagte nämlich:

> „Le vostre sentenze [...] acquistano una grande importanza, partecipando – in modo vicario – del ministero di Pietro. Infatti, in nome suo voi interrogate, giudicate e sentenziate. Non si tratta di una semplice delega, ma di una partecipazione più profonda alla sua missione [...].

---

tezza in quanto alla possibilità di seguire in Rota la stessa procedura del resto dei tribunali ordinari".

322 Vgl. POMPEDDA, *Il tribunale*, 18-19. Trotzdem hält Pompedda diese Möglichkeit für wünschenswert und hofft, spätere Normen könnten sie zunächst zumindest der Rota selbst zugestehen: vgl. M. F. POMPEDDA, *Dopo novanta anni dalla sua ricostituzione, la Rota Romana sulla soglia del terzo millennio: retrospettive e problematiche attuali*: IusEc 11 (1999), 667-681, 674; und hierzu L. DE LUCA, *Giurisprudenza della Rota Romana. Sguardo verso il futuro*: DEc 110/1 (1999), 9-28, 9-10.

323 Vgl. A. STANKIEWICZ, DekRR., *Indirizzo d'omaggio*, 2008, Jan 26: OR 148 (2008), Nr. 23, 27.01.2008, 8.

324 Vgl. hierzu G. ERLEBACH, *Wokół pojęcia jurysprudencji rotalnej*: A. DĘBIŃSKI, E. SZCZOT (Hg.), *Plenitudo legis dilectio. Księga pamiątkowa dedykowana prof. dr. hab. Bronisła-wowi W. Zubertowi OFM z okazji 65. rocznicy urodzin*, Lublin 2000, 251-272, für den die Rechtsprechung der Rota sich aus vier Elementen zusammensetzt: der Ermittlung und Interpretation der Rechtslage, den Rechtsprechungsprinzipien und -kriterien bei deren Anwendung, den Vermutungen und den Kriterien der Beweiswürdigung (vgl. *ebd.*, 264).

Va inoltre valutato l'influsso della Rota Romana sull'attività dei Tribunali ecclesiastici regionali e diocesani. La giurisprudenza rotale, in particolare, è sempre stata e deve continuare ad essere per essi un sicuro punto di riferimento"[325].

Namentlich hatte sich der Heilige Vater bereits einen Monat nach der Promulgation des Gesetzbuches von 1983 auf die einheitsstiftende Aufgabe der Rota bezogen, als er erklärte:

> „Funzione della giurisprudenza rotale, infatti, è quella di portare – pur nel rispetto di un sano pluralismo che rifletta l'universalità della Chiesa – ad una più convergente unità e ad una sostanziale uniformità nella tutela dei contenuti essenziali del matrimonio canonico"[326].

Papst Johannes Paul II. bestätigte so einige Jahre später auch ausdrücklich den Anspruch der Rota, in Ehenichtigkeitsverfahren einziges maßgebendes Organ kirchlicher Rechtsprechung zu sein. Anlässlich der Eröffnung des Gerichtsjahres 1992 führte er aus:

> „L'applicazione della legge canonica comporta [...], anzi presuppone, la sua corretta interpretazione: e qui si innesta e si colloca la funzione precipua del Dicastero Rotale [...].
>
> Ancora e proprio nell'ambito della interpretazione della legge canonica, particolarmente ove si presentano o sembrano esservi ‚lacunae legis', il nuovo Codice [...] pone con chiarezza il principio per cui, fra le altre fonti suppletorie, sta la giurisprudenza e prassi della Curia Romana. Se poi restringiamo il significato di tale espressione alle cause di nullità di matrimonio, appare evidente che, sul piano del diritto sostantivo, e cioè di merito, per giurisprudenza deve intendersi, nel caso, esclusivamente quella emanante dal Tribunale della Rota Romana"[327].

---

325 JOHANNES PAUL II., *Allocutio ad Rotae Romanae praelatos auditores coram admissos*, 1986, Jan 30, Nr. 7: AAS 78 (1986), 921-925, 925. Ähnlich äußerte sich der Papst bei der Eröffnung des Gerichtsjahres 1998: „Conosco bene la competente collaborazione che il vostro Tribunale offre al Successore di Pietro nel disimpegno dei Suoi compiti in ambito giu diziario. È un'opera preziosa, svolta non senza sacrificio da persone altamente qualificate in campo giuridico, le quali si muovono nella costante preoccupazione di adeguare l'attività del Tribunale alle necessità pastorali dei nostri tempi" (JOHANNES PAUL II., Papst, *Allocutio ad Romanae Rotae praelatos auditores*, 1998, Jan 17, Nr. 1: AAS 90 [1998], 781-785, 781).

326 JOHANNES PAUL II., *Allocutio 1983*, 559, Nr. 5; vgl. auch E. M. FIORE, DekRR., *Indirizzo di omaggio*, 1986, Jan 30: ME 111 (1986), 137-140, 139: „Ancora una volta e con maggiore impegno dinanzi alla nuova codificazione il nostro tribunale Apostolico è chiamato in questo servizio all'unità nell'applicazione fedele della nuova legge modellata nei documenti del Concilio Vaticano II".

327 JOHANNES PAUL II., Papst, *Allocutio ad Romanae Rotae Iudices coram admissos*, 1992, Jan 23: AAS 84 (1992), 140-142; zur Ansprache siehe F. DELLA ROCCA, *Giovanni Paolo II e la Giustizia della Rota Romana*: EphIC 48 (1992), 250-254; BEGUS, *Il ruolo della giu-*

Wiederholt wurden deshalb auch nach dem Inkrafttreten der neuen Gesetzesnormen untergeordnete Gerichte aufgefordert, sich in ihrer Urteilsfindung nach den Ergebnissen der rotalen Judikatur zu richten[328]. Dass dies, wie Msgr. Fiore noch in seiner Ansprache zur Eröffnung des Gerichtsjahrs 1989 beklagte[329], nicht immer geschah, liegt unter anderem in der Tatsache begründet, dass die wegweisenden Urteile der römischen Auditoren lange Zeit erst rund ein Jahrzehnt nach der Abfassung öffentlich zugänglich gemacht wurden. Dem Wunsch vieler Kanonisten, zeitiger über die neueste Rechtsprechung der Rota Kenntnis zu erlangen[330], kam der päpstliche Gerichtshof daher gern entgegen. So wurde 1987 begonnen[331], bereits nach fünf Jahren die wichtigsten Sentenzen des Tribunals zu publizieren; von 1994 an konnten der zeitliche Abstand dann auf nur noch drei Jahre reduziert[332] und dadurch die erstrebenswerte Einheit der

---

risprudenza, 518-519. In seiner Eröffnungsrede von 1998 bekräftigte der Papst: „Le sentenze Rotali, al di là del valore dei giudicati singoli nei confronti delle parti interessate, contribuiscono ad intendere correttamente ed ad approfondire il diritto matrimoniale" (JOHANNES PAUL II., Papst, *Allocutio ad Romanae Rotae praelatos auditores*, 1998, Jan 17, Nr. 4: AAS 90 [1998], 781-785, 784); vgl. hierzu BEGUS, *Il ruolo della giurisprudenza*, 520-521.

328 Vgl. entsprechende Schreiben der Apostolischen Signatur und der Rota an bestimmte Bischöfe und Bischofskonferenzen wie etwa: A. SABATTANI, Kard., PräfSignAp., Brief P. N. 1077/85 SAT und 1078/85 SAT, 1985, Mrz 8, an Msgr. T. O'Meara, ErzBf. von Indianapolis: Arch. Rot., Not. 644; E. M. FIORE, DekRR., Brief, 1989, Jul 28, an L. P. Mendes de Almeida, ErzBf. von Mariana, Vorsitzender der CNBB.: Arch. Rot., Not. 474.

329 Vgl. E. M. FIORE, DekRR., *Indirizzo d'omaggio*, 1989, Jan 26: OR 129 (1989), Nr. 22, 27.01.1989, 4, im Blick auf Ehenichtigkeitserklärungen: „Tuttavia non possiamo non rilevare l'insidiosa tendenza giurisprudenziale di taluni Tribunali ecclesiastici i quali, in materia, sembrano non fare più distinzione tra errore puramente intellettivo e volontà positiva di esclusione della indissolubilità del vincolo".

330 Vgl. zum Beispiel P. WESEMANN, *Das erstinstanzliche Gericht und seine pastorale Aufgabe*: Z. GROCHOLEWSKI, V. CÁRCEL ORTÍ (Hg.), *Dilexit iustitiam. Scripta in honorem Aurelii Card. Sabattani* (= StGiur, 5), Città del Vaticano 1984, 91-118, 113: „Ein so großer Zeitabschnitt zwischen Urteil und Veröffentlichung erschwert es für die Gerichte der ersten Instanz außerordentlich, der Entwicklung in der Rechtsprechung der Rota zu folgen. Ohnedies liegt in den meisten Fällen zwischen der Eheschließung, um deren Nichtigkeit es geht, und dem letztinstanzlichen Urteil der S. R. Rota ein langer Zeitraum; fünfzehn bis zwanzig Jahre sind keine Seltenheit. [...] Jeder Richter weiß, wie sich in 25 Jahren religiöse und gesellschaftliche Faktoren ändern [...]. Es wäre wünschenswert und notwendig, daß die Entscheidungen eines jeden Jahres im Jahre darauf oder spätestens im übernächsten Jahr veröffentlicht würden". Gegen eine zu frühe Publikation der Sentenzen spricht allerdings der Umstand, dass bei nachfolgender Berufung auf den Ausgang des Appellationsverfahrens nur mehr in den wenigsten Fällen am Ende des betreffenden Urteils verwiesen werden könnte.

331 Der Entschluss hierzu wurde jedoch bereits Anfang des Jahres 1982 gefasst: vgl. A. DE JORIO, DekRR., Brief, 1982, Mrz 1, an E. Martínez Somalo, ErzBf., TitBf. von Tagora, SubstStSekr.: Arch. Rot., Not. 440.

332 Die *Decisiones seu sententiae selectae* des Jahres 1978 waren noch zehn Jahre später erschienen. 1987 aber waren neben den Urteilen der Jahre 1976 und 1977 bereits auch die

Rechtsprechung weiter gefördert werden[333]. Wohl auf Grund von Arbeitsüberlastung verzögerte sich die Veröffentlichung der Bände allerdings ab 1997 erneut auf fünf, 1999 auf sechs Jahre und 2000 sogar auf sieben Jahre[334].

Ab 1996 konnte auch das seit langem geplante Vorhaben, neben den Urteilen ebenso die Inzidentaldekrete in Sammelbänden zu veröffentlichen[335], realisiert werden[336]. In Anlehnung an die *Decisiones seu sententiae selectae* werden sie seitdem als *Decreta selecta* herausgegeben, und zwar beginnend mit den Entscheidungen aus dem Jahr 1983[337]. Grund für diese Maßnahme war das Bestreben, der Wichtigkeit prozessrechtlicher Judikatur gerecht zu werden[338] und auch im Hinblick auf Verfahrensfragen den untergeordneten Gerichten die von der Apostolischen Konstitution *Pastor Bonus* geforderte einheitsstiftende Unterstützung zukommen zu lassen[339].

---

der Jahre 1980 und 1981 veröffentlicht worden, 1988 zusätzlich zu denen von 1988 die von 1979 und 1983. 1989 wurden die Sentenzen des Jahres 1984 herausgegeben und danach im Abstand von jeweils fünf Jahren auch die der Jahre 1985 bis 1989. Die Urteile von 1990 erschienen nach vier und im selben Jahr die von 1991 nach nur mehr drei Jahren; vgl. dazu auch P. CIPROTTI, *Otto anni di giurisprudenza rotale*: OR 129 (1989), Nr. 23, 28.01.1989, 5.

333 Vgl. POMPEDDA, *Dopo novanta anni*, 678. MONTINI, *L'unità*, 235, sieht darin ein geeignetes Mittel, die Arbeitsbelastung der Rota zu mindern: „Quanto più la giurisprudenza rotale è conosciuta e assimilata, tanto più l'appello diviene per gran parte superfluo". Hinderlich sei dabei aber vielfach die lateinische Sprache, weshalb er dafür plädiert, die wichtigsten Leitsätze in die verbreitetsten modernen Sprachen zu übersetzen. Auch RAMOS, *I tribunali*, 210, erwähnt „la barriera dell'uso della lingua latina".

334 RRDec 88 (1996) war noch 1999 erschienen, RRDec 89 (1997) dagegen 2002, RRDec 90 (1998) im Jahre 2003, RRDec 91 (1999) dann 2005.

335 Die Publikation dieser Dekrete war schon 1947 geplant gewesen, und zwar in zwei Bänden (1909-1918 und 1919-1939). Von 1940 an sollten sie als Anhang im jeweiligen Band der *Decisiones* veröffentlicht werden: vgl. A. JULLIEN, DekRR., Brief, 1947, Apr 15, an G. Guidetti, Sekretär der Güterverwaltung des Heiligen Stuhls: Arch. Rot., Not. 159. Das Vorhaben konnte damals aus finanziellen Gründen nicht in die Tat umgesetzt werden.

336 Nämlich durch das Periodikum *Decreta selecta inter ea quae anno [...] prodierunt cura eiusdem Apostolici Tribunalis edita*, Città del Vaticano seit 1996.

337 Vgl. hierzu ERLEBACH, *Le fonti di cognizione*, 59-63; J. LLOBELL, *I decreti „per memorialia" e altre questioni. Brevi cenni in occasione della pubblicazione dei „decreta circa rem processualem" del Tribunale Apostolico della Rota Romana*: QStR 10 (1999), 41-46.

338 Vgl. M. F. POMPEDDA, DekRR., *Praefatio [ad RRDecr]*, 1996, Apr 25: RRDecr 1 (1983), III-IV, III: „Attento decretorum rotalium pondere ac momento, plane elucet nedum magna utilitas, verum immo necessitas eorum divulgationis, cura et auctoritate ipsius Tribunalis Apostolici, de qua iam dudum in votis erat post huius Fori faustam restitutionem".

339 Vgl. *ebd.*, IV: „[...] magnopere opportunum exoptandumque est, ut haec nova Collectio decretorum stylum ac praxim Romanae Rotae in re processuali Tribunalibus inferioribus comminus admoveat, eisque in servando ordine iudiciali canonico auxilio sit, atque ideo unitati iurisprudentiae etiam de ritu efficaciter caveat".

Zu Beginn des Jahres 1995 wurde im Auftrag der Rota unter dem Titel *Ius Canonicum et Iurisprudentia Rotalis*[340] erstmals eine CD-ROM herausgegeben, die neben den wichtigsten geltenden Gesetzesgrundlagen auch sämtliche Sentenzen der Jahre 1966 bis 1992 und alle Turnus-Dekrete der Jahre 1966 bis 1990 enthält[341]; sie ist 2004 ergänzt worden und enthält in der neuen Fassung zusätzlich die *iurisprudentia de meritu* und eine Übersicht über die *iurisprudentia de ritu*, jeweils bis zum Jahre 1998 einschließlich[342]. Dadurch können Kanonisten in der ganzen Welt nicht nur auf einfache Weise Zugang zu den Urteilen des Gerichts erhalten, sondern auch in formalen Rechtsfragen ihre Entscheidungen leichter an den Leitlinien der päpstlichen Judikatur ausrichten[343].

Wie sehr gerade nach der Promulgation des *Codex Iuris Canonici* das Interesse an der Rechtsprechung der Rota gewachsen ist, beweisen im Übrigen die zahlreichen wissenschaftlichen Untersuchungen, die seitdem hierzu unter den verschiedensten Aspekten, vor allem aber unter ehe- und prozessrechtlichen Gesichtspunkten, durchgeführt worden sind[344]. Solche Publikationen tragen ihrer-

---

[340] Vgl. *Ius Canonicum et Iurisprudentia Rotalis. Edizione 1995*, CD-ROM, opera coordinata da G. SCANU, Software di ricerca by CEDIS Srl, Milano – Città del Vaticano [1995], mit Benutzerhandbuch *Ius Canonicum et Iurisprudentia Rotalis. Manuale d'uso*, Città del Vaticano 1995.

[341] Im Einzelnen enthält die CD-ROM die Gesetzbücher der lateinischen Kirche von 1917 und 1983, den *Codex Canonum Ecclesiarum Orientalium*, die Instruktion *Provida Mater*, die Normen der Rota von 1934 und 1994, das Motu proprio *Causas matrimoniales* sowie die *iurisprudentia rotalis de merito* (Stichwortverzeichnisse, Übersichten und Zitate aus den Sentenzen) und die *iurisprudentia rotalis de ritu* (Stichwortverzeichnis und vollständiger Text der Dekrete); zur CD-ROM vgl. auch ERLEBACH, *Le fonti di cognizione*, 74-75.

[342] Vgl. *Ius Canonicum et Iurisprudentia Rotalis. Edizione 2004*, CD-ROM, opera coordinata da G. SCANU, Software di ricerca by CEDIS Srl, Milano – Città del Vaticano [2004].

[343] Vgl. M. F. POMPEDDA, DekRR., *Prefazione [al CD-ROM „Ius Canonicum et Iurisprudentia Rotalis"]*, 1995, Feb 15: *Ius Canonicum et Iurisprudentia Rotalis. Manuale d'uso*, Città del Vaticano 1995, IX: „Unico è lo scopo: un contributo per l'unità della giurisprudenza ecclesiastica ed un aiuto, attraverso le decisioni Rotali, ai Tribunali dell'Orbe cattolico".

[344] Als Beispiele zu bestimmten Fragen des Eherechtes seien genannt: J. WEBER, *„Erfüllungsunvermögen" in der Rechtsprechung der Sacra Romana Rota. Ursprung und Entwicklung eines neuen Ehenichtigkeitsgrundes in der katholischen Kirche* (= ESt.NF, 17), Regensburg 1983; R. L. BURKE, *Defectus discretionis iudicii propter schizophreniam. Doctrina et recens iurisprudentia rotalis*: Per 73 (1984), 555-570; R. L. BURKE, *Lack of Discretion of Judgement because of Schizophrenia. Doctrine and Recent Rotal Jurisprudence* (= AnGr, 238), Roma 1986; M. WEGAN, *L'esclusione del „bonum fidei" nella più recente giurisprudenza della Rota Romana*: Apol 61 (1988), 89-108; G. BIER, *Psychosexuelle Abweichungen und Ehenichtigkeit. Eine kirchenrechtliche Untersuchung zur Rechtsprechung der Rota Romana und zur Rechtslage nach dem Codex Iuris Canonici von 1983 im Horizont der zeitgenössischen Sexualwissenschaft* (= FKRW, 9), Würzburg 1990; J. G. CAIUBY CRESCENTI, *Falta de liberdade interna e nulidade de consentimento matrimonial. Reflexões sobre o principio „ubi intellectus, ibi voluntas" nas decisões da Rota Romana (1977-1988)*, Roma 1990; J. J. BAÑARES, *Breve síntesis sobre criterios de distinción entre falta de discreción de juicio e*

seits wieder zur Verbreitung der rotalen Judikatur bei und unterstützen auf diese Weise die Hilfs- und Vorbildfunktion des Apostolischen Gerichtshofes. Nicht zuletzt aber sind es die Auditoren selbst, die außer in den von ihnen publizierten Sentenzen auch in Spezialabhandlungen versuchen, Grundlagen für eine *iurisprudentia sana et iusta* aller kirchlichen Richter zu legen: Seit 1987 gibt die Rota zu diesem Zweck eine eigene Zeitschrift heraus[345], die *Quaderni Studio Rotale*[346], und in den Jahren 2001 bis 2003 wurde darüber hinaus sogar das gesamte *Corpus iuris canonici* der Gegenwart aus der Sicht der Rota erläutert: Unter der Herausgeberschaft des Auditors Msgr. Pio Vito Pinto publizierte das *Stu-*

---

incapacidad de asumir, en las sentencias recientes de la Rota Romana: IusCan 31 (1991), 253-263; J. G. JOHNSON, *Fraud and Deceipt in the Roman Rota. The First ten Years*: Jur 56 (1991), 557-585; S. CARMIGNANI CARIDI, *The Error Personae vel Qualitatis Personae in Rotal Jurisprudence (1983-1990)*: For 3 (1992), 67-96; E.-G. ROKAHR, *Die Wesenseigenschaft der ehelichen Einheit in der Rechtsprechung der Römischen Rota*: AkKR 162 (1993), 396-426; M. WEBER, *Die Totalsimulation. Eine Untersuchung aufgrund der Rechtsprechung der Römischen Rota* (= MThS.K, 45), Sankt Ottilien 1994; G. ZANNONI, *Matrimonio e antropologia nella giurisprudenza rotale. Presupposti e orizzonte dell'approccio personalista*, Roma 1995; P. MARTINEZ SASTRE, *Doctrina reciente del Tribunal de la Rota sobre incapacidades matrimoniales y bienes del matrimonio*: Carth 12 (1996), 293-311; E. FRHR. V. CASTELL, *Alkoholismus in der Rechtsprechung der Rota Romana* (= AIC, 4), Frankfurt am Main 1997 u. a.; A. STANKIEWICZ, *De iurisprudentia rotali recentiori circa simulationem totalem et partialem*: ME 122 (1997), 189-234 und 425-512; F. SAUCHELLI, *La Rota Romana e la procreazione artificiale*: DEc 108/2 (1997), 573-580; S. RAMBACHER, *Psycho-affektive Unreife als Ehenichtigkeitsgrund. Eine Untersuchung aufgrund der Rechtsprechung der Römischen Rota*: AkKR 167 (1998), 49-75 und 389-430; F. R. AZNAR GIL, *El error doloso (c. 1098) en la jurisprudencia del Tribunal Apostólico de la Rota Romana*: J. M. CASTÁN VÁZQUEZ u. a. (Hg.), *Hominum causa omne ius constitutum est. Escritos sobre el matrimonio en homenaje al Prof. Dr. José María Díaz Moreno, S. J.*, Madrid 2000, 427-456; E. OLIVARES, *Evolución de la jurisprudencia de la Rota Romana sobre la discreción de juicio*: *ebd.*, 555-580; G. CALDERONE, *La condizione nella recente giurisprudenza della Rota Romana*: DEc 112/2 (2001), 637-656; R. SZTYCHMILER, *Der Ausschluss von Nachkommenschaft nach dem CIC und der neuesten Rota-Rechtsprechung*: DPM 8/1 (2001), 501-522; A. STANKIEWICZ, *Jurisprudencia de la Rota Romana sobre inmadurez afectiva*: IusCan 45 (2005), 35-53; zu einzelnen Fragen des Prozessrechts: G. ERLEBACH, *La nullità della sentenza giudiziale „ob ius defensionis denegatum" nella giurisprudenza rotale* (= StGiur, 25), Città del Vaticano 1991; A. STANKIEWICZ, *La conformità delle sentenze nella giurisprudenza*: ASSOCIAZIONE CANONISTICA ITALIANA (Hg.), *La doppia conforme nel processo matrimoniale. Problemi e prospettive* (= StGiur, 60), Città del Vaticano 2003, 147-166.

345 Zur Initiative siehe E. M. FIORE, DekRR., *Presentazione*, 1987, [Jun 7]: QStR 1 (1987), 5, von dem das Vorhaben bezeichnet wird als „una espressione ‚esterna' dell'attività dello Studio Rotale e, in definitiva, della giurisprudenza della Rota Romana; [...] un contributo che si vuole dare a coloro che, nel quotidiano lavoro presso i tribunali della Chiesa, sanno di portare il proprio impegno [...] a vantaggio del supremo bene delle anime"; vgl. auch CIPROTTI, *Quaderni*, 5.

346 Die ersten zehn Bände erschienen unter diesem Titel. Die neue Serie, beginnend mit Jahrgang 11 (2001), nennt sich *Quaderni dello Studio Rotale*. Zur Reihe insgesamt siehe N. SCHÖCH, Rezension zu: *Quaderni Studio rotale*: AkKR 171 (2002), 649-652.

dium Rotale einen dreibändigen Kommentar zum CIC, zum CCEO und zu der Apostolischen Konstitution *Pastor Bonus* sowie zusätzlichen für die Römische Kurie bedeutsamen Rechtsquellen[347].

e. Die Bedeutung des *Studium Rotale*

Schon 1968 hatte Papst Paul VI. in seiner Ansprache an die Auditoren gemahnt, mit der Revision des kirchlichen Gesetzbuches müsse auch die Ausbildung einer höheren Anzahl von Kanonisten einhergehen, und dem Wunsch Ausdruck verliehen, das Richterkollegium möge durch die Weiterführung des *Studium Rotale* wirksam dazu beitragen[348]. Tatsächlich stieg mit dem wachsenden Interesse, das nach Inkrafttreten des Codex von 1983 dem Recht der Kirche in allen Teilen der katholischen Welt entgegengebracht wurde, auch spürbar die Zahl der am Rota-Studium eingeschriebenen *alumni*. Waren es 1988 lediglich 27 Anfänger gewesen[349], so begannen 1996 60 Kanonisten den dreijährigen Kurs[350]. Insgesamt waren im Jahr 1990 nur 78 Hörerinnen und Hörer registriert[351], zehn Jahre später dagegen 139 aus unterschiedlichen Nationen[352]. Zu Beginn des Studienjahres 2004/05 betrug die Zahl der ordentlichen Immatrikulierten 154; davon waren 89 weiblichen Geschlechts (57,8 %), 53 männliche

[347] Vgl. P. V. PINTO (Hg.), *Commento al Codice di Diritto Canonico* (= CorpIC, 1), Città del Vaticano [2]2001; *Commento al Codice dei Canoni delle Chiese Orientali* (= CorpIC, 2), Città del Vaticano 2001; *Commento alla* Pastor Bonus *e alle norme sussidiare della Curia Romana* (= CorpIC, 3), Città del Vaticano 2003; zum Gesamtwerk vgl. R. FUNGHINI, *Commento al „Corpus Iuris Canonici"*: QStR 14 (2004), 15-21.

[348] Vgl. PAUL VI., *Allocutio 1968*, 206: „Ma tutto questo ingente sforzo di revisione del Codice risulterebbe in buona parte sterile se contemporaneamente non si provvedesse anche a rinnovare lo studio dello stesso diritto e ad accrescere il numero di coloro che si dedicano agli studi giuridici specializzati, e che contribuiranno domani, in diversi modi e a vari livelli, ad attuare le rinnovate leggi della Chiesa [...]. Noi ci auguriamo che il vostro Collegio presti anche ad esso un efficace contributo [...] continuando a svolgere un autentico lavoro di formazione canonistica mediante il vostro ‚Studio Rotale', che, pur essendo di recente erezione, ha già acquistato indubbi meriti dinanzi alla scienza". Bezug nehmend auf diese Aussagen griff die Apostolische Signatur im Dezember 1970 mit einem Rundschreiben an die Vorsitzenden der Bischofskonferenzen das Anliegen des Papstes von neuem auf (vgl. D. STAFFA, Präf SignAp., *Litterae Circulares ad Praesides Conferentiarum Episcopalium de Tribunalium Ecclesiasticorum statu et activitate*, 1970, Dez 28, Nr. 15: AAS 63 [1971], 480-486, 485-486).

[349] Vgl. AttSS 1989, 1227.

[350] Vgl. AttSS 1996, 838.

[351] Vgl. AttSS 1990, 1212.

[352] Vgl. *Relazione sull'attività della Rota Romana nell'anno giudiziario 2000*: QStR 11 (2001), 169-190, 172.

Laien (34,4 %) und zwölf Kleriker (7,8 %)[353]. Alles in allem konnten von 1945 bis 2003 nicht weniger als 550 Personen als *Avvocati Rotali* vereidigt werden[354].

Auf Grund der Einbeziehung zusätzlicher Disziplinen, namentlich der Anthropologie, der Psychologie und der Psychiatrie[355], sowie einer umfassenden Ausbildung in der Judikatur, die sowohl das Recht der Ostkirchen als auch vermögens- und strafrechtliche Fragen berücksichtigt, hat das *Studium Rotale* an Bedeutung gewonnen und seine Stellung als eine in der Kirche einmalige Institution behauptet[356].

Da die Auditoren meist selbst als Dozenten an dieser Einrichtung tätig sind, können deren Erkenntnisse und Erfahrungen auf diese Weise unmittelbar an die auszubildenden Kanonisten weitervermittelt werden[357]. Das *Studium Rotale* leistet somit einen wichtigen Beitrag zu einer einheitlichen Rechtsprechung und zu deren kontinuierlicher Weiterentwicklung durch die Rota selbst[358]. Durch die Weitergabe von Wissen und Erfahrung an künftige Richter, Kirchenanwälte, Bandverteidiger und Advokaten wird der päpstliche Gerichtshof auch dadurch seinem Auftrag gerecht, untergeordneten Instanzen hilfreich zur Seite zu stehen[359].

Eine neue Ordnung für das *Studium Rotale*, welche die für die Rota bedeutsamen nachkonziliaren Gesetzesreformen ergänzen würde, ist seit längerem ge-

---

353 Vgl. *Relazione 2004*, 29.

354 Vgl. SERRANO RUIZ, *Attività e progetti*, 17.

355 Unter den Lehrenden des *Studium Rotale* wird im *Annuario Pontificio* seit dem Jahre 1986 auch ein Dozent für Psychiatrie aufgeführt (vgl. AnPont 1986, 1095), seit 1987 einer für Psychologie (vgl. AnPont 1987, 1091) und seit 1988 einer für Anthropologie (vgl. AnPont 1988, 1097).

356 POMPEDDA, *Dopo novanta anni*, 668, nennt das Studium Rotale „benefico fiume di scienza giuridica" und ist der Überzeugung: „Soprattutto negli ultimissimi anni [...] la fisionomia dello Studio ha raggiunto una condizione che potremmo chiamare [...] veramente ottimale".

357 Vgl. JOHANNES PAUL II., *Allocutio 1986*, 925: „Lo ‚*Studio Rotale*' vi dà la possibilità di mettere la vostra esperienza giudiziaria a disposizione di coloro che si preparano a diventare Giudici o Avvocati e di coloro che vogliono approfondire la conoscenza del diritto della Chiesa. Grazie ad esso voi contribuite al rifiorire dell'interesse per lo studio del Codice di Diritto canonico e fornite occasione di un sempre maggior approfondimento di questa materia nelle Facoltà di Diritto Canonico".

358 POMPEDDA, *Dopo novanta anni*, 669, spricht vom „grande filone della giurisprudenza della Rota – per la quale veicolo privilegiato e principale è stato sempre in primo luogo l'insegnamento impartito allo Studio Rotale".

359 Vgl. SERRANO RUIZ, *Riflessioni sullo Studio Rotale*, 49; FUMAGALLI CARULLI, *Verità*, 470, schlägt zu diesem Zweck die Erweiterung und Umwandlung des *Studium Rotale* in eine „sorta di Scuola o Accademia vaticana (a somiglianza della Accademia diplomatica [...])" vor.

plant. Eine zu diesem Zweck eingesetzte Kommission hat die erforderlichen Vorarbeiten bereits abgeschlossen. Die endgültige Fassung steht aber noch aus[360].

f. Das Motu proprio *Sacramentorum sanctitatis tutela* von 2001

Durch die Apostolische Konstitution *Pastor Bonus* vom 28. Juni 1988 hatte Papst Johannes Paul II. in Fortführung jahrhundertealter Bestimmungen die gerichtliche Kompetenz der Kongregation für die Glaubenslehre als eines Apostolischen Gerichtshofes in Glaubens- und Sittenfragen bestätigt[361]. Nicht zuletzt wohl auf Grund massiver Beschwerden im Zusammenhang mit Verstößen von Klerikern gegen das sechste Gebot des Dekalogs sah sich der Papst aber mehrere Jahre später veranlasst, die schweren Straftaten, über die zu entscheiden ausschließlich der Glaubenskongregation vorbehalten war, näher zu definieren. So erließ er am 30. April 2001 das Motu proprio *Sacramentorum sanctitatis tutela*[362] und verband damit die Approbation entsprechender Normen[363], die durch ein Schreiben der Kongregation für die Glaubenslehre vom 18. Mai 2001 an die Bischöfe der ganzen Katholischen Kirche und andere betroffene Ordinarien und Hierarchen[364] Gesetzeskraft erlangten[365].

---

360 Vgl. SERRANO RUIZ, *Riflessioni sullo Studio Rotale*, 33 und 51-52.

361 Vgl. JOHANNES PAUL II., *Pastor Bonus*, Art. 52.

362 Vgl. JOHANNES PAUL II., Papst, Motu pr. *Sacramentorum sanctitatis tutela*, 2001, Apr 30: AAS 93 (2001), 737-739; zum Motu proprio vgl. D. CITO, *Nota al M. P.* Sacramentorum sanctitatis tutela*:* IusEc 14 (2002), 322-328; C. SCICLUNA, *The Procedure and Praxis of the Congregation for the Doctrine of the Faith Regarding Graviora Delicta*: For 13-14 (2002-2003), 116-125; B. E. FERME, *Graviora Delicta: the Apostolic Letter M.P.* Sacramentorum Sanctitatis Tutela: Z. SUCHECKI (Hg.), *Il processo penale canonico*, Roma 2003, 365-382; K. LÜDICKE, *Der Glaubenskongregation vorbehalten. Zu den neuen strafrechtlichen Reservationen des Apostolischen Stuhls*: A. WEISS, S. IHLI (Hg.), *Flexibilitas Iuris Canonici. Festschrift für Richard Puza zum 60. Geburtstag* (= AIC, 28), Frankfurt am Main u. a. 2003, 441-455; P. M. MILITE, *Utrum „Pedofilia" irregularitas „ex delicto" est? Et, quatenus affirmative, indolem poenae habet an non?*: Apol 76 (2003), 575-585; G. NÚÑEZ, *La competencia penal de la Congregación para la Doctrina de la Fe. Comentario al m.p. „Sacramentorum Sanctitatis Tutela"*: IusCan 43 (2003), 351-388; F. R. AZNAR GIL, *Delitos más graves reservados a la Congregación para la Doctrina de la Fe. Texto del M.Pr. Sacramentorum sanctitatis tutela y comentario*: REDC 61 (2004), 433-472; K. LÜDICKE, *Sexueller Missbrauch und kirchliches Strafrecht – eine neue Herausforderung für die kirchlichen Gerichte*: DPM 11 (2004), 71-92; P. M. MILITE, *La discrezionalità dell'Ordinario riguardo ai presupposti dell'azione penale in ordine al delitto di „pedofilia"*: QStR 16 (2006), 131-145.

363 Vgl. CONGREGATIO PRO DOCTRINA FIDEI, *Normae*, [2001]: AkKR 171 (2002), 458-465.

364 Vgl. J. RATZINGER, Kard., PräfCDF., Brief, 2001, Mai 18, an die Bischöfe der ganzen katholischen Kirche und an andere betroffene Ordinarien und Hierarchen: AAS 93 (2001), 785-788.

Waren bis zu diesem Zeitpunkt immer wieder Fälle, in denen es an Diözesangerichten zur Feststellung sittlicher Delikte und zur Verurteilung des Beschuldigten gekommen war, durch Berufung an die Rota gelangt[366], so wurden solche Verfahren nun definitiv deren Zuständigkeit entzogen; bis dahin fielen derartige Vergehen trotz der Bestimmung des Art. 52 der Apostolischen Konstitution *Pastor Bonus*, die dies für schwerere Straftaten gegen die Sitten vorsieht, nicht in die Zuständigkeit der Glaubenskongregation[367]. Noch 1994 war das durch ein Reskript Papst Johannes Pauls II. an die Bischofskonferenz der Vereinigten Staaten von Amerika ausdrücklich bestätigt worden[368]. Alleiniges Berufungsgericht bei Pädophilie-Vergehen ist seit Inkrafttreten des Motu proprio nun aber die Kongregation für die Glaubenslehre[369]. Die Normen führen nämlich nicht nur die einzelnen Straftaten gegen die Heiligkeit des Altar- und des Bußsakramentes an, sondern legen gleichermaßen fest:

> „Reservatio Congregationi pro Doctrina Fidei extenditur quoque ad delictum contra sextum Decalogi praeceptum cum minore infra aetatem duodeviginti annorum a clerico commissum"[370]

Da für alle in Betracht gezogenen Fälle nun explizit verfügt wurde, dass bereits bei Verdacht auf Vorliegen eines entsprechenden Deliktes die Glaubenskongregation davon in Kenntnis zu setzen sei[371] und alle entschiedenen Prozesse in zweiter Instanz von dieser zu judizieren seien, war eine Appellation an die Rota nunmehr von vornherein ausgeschlossen.

---

365 Vgl. JOHANNES PAUL II., *Sacramentorum sanctitatis tutela.*

366 Einige davon wurden auch angenommen und von der Rota entschieden: vgl. zum Beispiel RR., Urteil c. CIVILI, Calaritana, *Poenalis*, 1994, Mrz 29, A. 26/94: Arch. Rot.; RR., Urteil c. COLAGIOVANNI, *Poenalis; Dimissionis e statu clericali*, 1994, Jun 14, A. 42/94: Arch. Rot.; RR., Urteil c. PINTO, Calaritana, *Poenalis*, 1999, Nov 26: RRDec 91 (1999), 723-740.

367 Vgl. J. LLOBELL, *I delitti riservati alla Congregazione per la Dottrina della Fede*: GRUPPO ITALIANO DOCENTI DI DIRITTO CANONICO (Hg.), *Le sanzioni nella Chiesa. XXIII Incontro di Studio Abbazia di Maguzzano – Lonato (Brescia) 1 luglio – 5 luglio 1996* (= QdM, 5), Milano 1997, 237-278, 275-277; MILITE, *La discrezionalità*, 141.

368 Vgl. A. SODANO, KardStSekr., *Rescript from Audience of His Holiness*, 1994, Apr 24: IusEc 8 (1996), 193: „The Holy Father has not granted any derogation with regard to can. 1444 § 1, 1°".

369 Vgl. CONGREGATIO PRO DOCTRINA FIDEI, *Normae*, Art. 16: „Supremum Tribunal Congregationis pro Doctrina Fidei iudicat in secunda instantia: 1° causas a Tribunalibus inferioribus in prima instantia iudicatas".

370 *Ebd.*, Art. 4, § 1.

371 Vgl. *ebd.*, Art. 13: „Quoties Ordinarius vel Hierarcha notitiam saltem verisimilem habeat de delicto reservato, investigatione praevia peracta, eam significet Congregationi pro Doctrina Fidei [...]".

g. Die Instruktion *Dignitas connubii* von 2005

Mit Inkrafttreten des Gesetzbuches von 1983 hatte auch die Instruktion *Provida Mater* von 1936 aufgehört, geltendes Recht der Kirche zu sein. Den Gerichten fehlte seitdem eine gültige Ordnung mit näheren Bestimmungen zur Anwendung und Konkretisierung der Normen des kirchlichen Eheprozessrechtes. Erst durch die Instruktion *Dignitas connubii* vom 25. Januar 2005[372] konnte diesem Bedürfnis Genüge getan werden.

Zwar war bereits bei der Promulgation des lateinischen Codex die Notwendigkeit gesehen worden, den Richtern und übrigen Mitarbeitern der Gerichte auf der Grundlage der neuen Kodifikation eine entsprechende Hilfe für die Interpretation und die praktische Umsetzung der gesetzlichen Vorgaben zur Verfügung zu stellen[373]. Wie beim Gesetzbuch von 1917 wollte man aber zunächst einige Zeit abwarten, um auf diese Weise Erfahrungen bei der Applikation des neuen Eherechts zu sammeln und sowohl die authentischen Erklärungen des Päpstlichen Rates für die Gesetzestexte als auch die Entwicklung der Rechtsprechung und den Fortschritt in den Humanwissenschaften berücksichtigen zu können[374].

---

[372] Vgl. PCLT., Dignitas connubii. *Instructio servanda a tribunalibus dioecesanis et interdioecesanis in pertractandis causis nullitatis matrimonii*, 2005, Jan 25, Città del Vaticano 2005; zur Instruktion vgl. K. LÜDICKE, *„Dignitas connubii". Die Eheprozeßordnung der katholischen Kirche. Text und Kommentar* (= BzMK, 42), Essen 2005; G. P. MONTINI, *L'istruzione „Dignitas connubii" sui processi di nullità matrimoniale. Una introduzione*: QDEc 18 (2005), 342-363; G. P. MONTINI, *L'istruzione „Dignitas connubii" nella gerarchia delle fonti*: Per 94 (2005), 417-476; G. MARAGNOLI, Dignitas connubii: *Una nuova „Istruzione" della Santa Sede sui processi canonici di nullità del matrimonio*: Iust 58 (2005), 229-249; J. I. ARRIETA (Hg.), *L'istruzione Dignitas connubii nella dinamica delle cause matrimoniali* (= IPX.St, 4), Venezia 2006; R. RODRÍGUEZ-OCAÑA, J. SEDANO (Hg.), *Procesos de nulidad matrimonial. La Instrucción Dignitas connubii. Actas del XXIV Curso de Actualización en Derecho Canónico de la Facultad de Derecho Canónico (Pamplona, 24-26 octubre de 2005)* (= CCan), Pamplona 2006; F. DANEELS, *Una introducción general a la Instrucción* Dignitas connubii: *ebd.*, 21-44, und: IusCan 46 (2006), 33-58; VILLEGGIANTE, *Il discorso*, 693-694; P. A. BONNET, C. GULLO (Hg.), *Il giudizio di nullità matrimoniale dopo l'istruzione „Dignitas connubii"*, I. *I principi* (= StGiur, 75), Città del Vaticano 2007.

[373] Vgl. PCLT., *Dignitas connubii*, [Einleitung]: „Post Codicem anno 1983 promulgatum, necessitas videbatur urgere apparandi instructionem, quae, vestigia *Provida Mater* sequens, iudicibus aliisque tribunalium administris subsidio esset in renovato iure matrimoniali recte interpretando et applicando [...]".

[374] Vgl. *ebd.*: „Progressui doctrinali in cognitione instituti matrimonii et familiae accedit hoc nostro tempore progressus in scientiis humanis, praesertim psychologicis et psychiatricis [...]. Attamen simul visum est opportere ut aliquis temporis lapsus intercederet, antequam instructio illa pararetur, uti factum est post Codicem anni 1917 promulgatum, ita ut in instructione exaranda ratio haberi posset tum de novi iuris matrimonialis applicatione experientia comprobata, tum de declarationibus authenticis a Pontificio Consilio de Legum Textibus forte datis, tum denique de progressu doctrinali deque evolutione iurisprudentiae, praesertim Supremi Tribunalis Signaturae Apostolicae et Tribunalis Rotae Romanae".

Nach Verstreichen einer angemessenen Zeit setzte Papst Johannes Paul II. dann am 24. Februar 1996 eine interdikasterielle Kommission ein, die gemäß den Kriterien und der Methode, welche bei der Erstellung der Instruktion von 1936 zum Einsatz gekommen waren, eine neue Eheprozessordnung erarbeiten sollte. Diese Kommission präsentierte daraufhin nacheinander zwei Schemata, die auf Anordnung des Papstes am 4. Februar 2003 dem Rat für die Gesetzestexte zur Überprüfung und Ausarbeitung einer endgültigen Fassung übergeben wurden. Eine neue interdikasterielle Kommission brachte den Auftrag dann in enger Zusammenarbeit mit der Kongregation für die Glaubenslehre und der Kongregation für den Gottesdienst und die Sakramentendisziplin sowie den Gerichtshöfen der Apostolischen Signatur und der Rota Romana zur Ausführung[375].

Der Papst billigte die Vorlage am 8. November 2004 und ordnete an, dass die am 25. Januar 2005 zu erlassende Ordnung mit dem Tag ihrer Veröffentlichung zu beachten sei[376]. So erlangten die Normen, die allerdings allein die Gerichte der lateinischen Kirche betreffen[377], am 8. Februar 2005[378] Gesetzeskraft[379].

Was die Rechtsstellung der Rota Romana betrifft, bestätigt die neue Ordnung die bestehenden Bestimmungen, und zwar einschließlich der eigenen Normen der Gerichtshöfe des Apostolischen Stuhls[380]. Sie weist die untergeord-

---

375 Vgl. *ebd.*; zu den Redaktionsarbeiten vgl. S. HAERING, *Eine neue Eheprozeßordnung? Streiflichter zu einem Gesetzentwurf*: K.-T. GERINGER, H. SCHMITZ (Hg.), *Communio In Ecclesiae Mysterio. Festschrift für Winfried Aymans zum 65. Geburtstag*, Sankt Ottilien 2001, 157-174; L. G. WRENN, *A New Procedural Law for the Marriage Cases?*: Jur 62 (2002), 195-210.

376 Vgl. PCLT., *Dignitas connubii*, [Schlussbestimmung]. Zu den verschiedenen Daten, die in der Instruktion genannt werden, vgl. VILLEGGIANTE, *Il discorso*, 693: „[...] troppe approvazioni e nessuna in forma specifica e [...] la sua mancanza ci sembra una prova dell'assenza del Papa alla stesura finale del documento. Se una sua approvazione già c'era stata, a che cosa serviva una seconda approvazione?".

377 Vgl. *ebd.*, Art. 1, § 1 mit Bezug auf can. 1 CIC.

378 An diesem Tag erfolgte die Bekanntgabe der Instruktion durch eine Pressekonferenz des Apostolischen Stuhles (vgl. LÜDICKE, *„Dignitas Connubii"*, 395).

379 Zu den Grundzügen der Instruktion vgl. DANEELS, *Una introducción general*; J. OTADUY, *El princípio de jerarquía normativa y la Instrucción* Dignitas connubii: *ebd.*, 45-80; zum Rechtswert der Ordnung vgl. J. GONZÁLEZ AYESTA, *La Instrucción „Dignitas Connubii" y las categorías normativas del derecho vigente*: IusCan 45 (2005), 757-770; J. LLOBELL, *El valor jurídico de la Instr.* Dignitas connubii, *su recepción eclesial, el objeto y la conformidad de la sentencia, y la certeza moral*: RODRÍGUEZ-OCAÑA, SEDANO, *Procesos*, 235-301; E. BAURA, *Il valore normativo dell'Istruzione „Dignitas connubii"*: BONNET, GULLO, *Il giudizio di nullità matrimoniale*, I, 185-211.

380 Vgl. PCLT., *Dignitas connubii*, Art. 1, § 2 mit Bezug auf can. 1402 CIC sowie Art. 125 und Art. 130 der Apostolischen Konstitution *Pastor Bonus*.

neten Gerichte aber deutlicher als je zuvor an, sich in ihrer Rechtsprechung in Ehesachen an der Rota und der Apostolischen Signatur zu orientieren:

> „Ad obtinendam praeterea in tota Ecclesia illam unitatem fundamentalem iurisprudentiae, quam exigunt causae matrimoniales, necesse est ut omnia tribunalia inferioris gradus ad Tribunalia Apostolica prospiciant, scilicet ad Tribunal Rotae Romanae, cuius est ‚unitati iurisprudentiae' consulere ‚et, per proprias sententias tribunalibus inferioribus auxilio esse' (*Pastor bonus*, art. 126), atque ad Supremum Tribunal Signaturae Apostolicae, ad quod spectat ‚praeter munus, quod exercet, Supremi Tribunalis', consulere ‚ut iustitia in Ecclesia recte administretur' (*Pastor bonus*, art. 121)"[381].

Hinsichtlich der Zuständigkeit der Rota Romana bekräftigt die Instruktion die Maßgaben des can. 1444 § 1, 1° CIC sowie des Art. 128, 1° der Apostolischen Konstitution *Pastor Bonus*, erwähnt aber erstmals ausdrücklich sowohl die „konkurrierende Kompetenz" des als Berufungsinstanz fungierenden Apostolischen Gerichtshofes mit untergeordneten Tribunalen als auch dessen auf Grund besonderer Gesetze oder gewährter Indulte eingeschränkte Zuständigkeit in dritter Instanz:

> „§ 1. Rota Romana est tribunal appellationis secundae instantiae concurrens cum tribunalibus de quibus in art. 25; ideo omnes causae a quolibet tribunali in prima instantia iudicatae possunt ad Rotam Romanam per legitimam appellationem deferri [...].
>
> § 2. Salvis legibus particularibus a Sede Apostolica latis vel indultis ab eadem concessis, Rota Romana est unicum appellationis tribunal tertiae et ulterioris instantiae [...]"[382].

Durch eine neue Bestimmung werden Fälle, in denen die Nichtigkeit der Ehe offenkundig erscheint, nun der Zuständigkeit der ordentlichen Gerichte und somit auch der Rota dann entzogen, wenn die Apostolische Signatur davon Kenntnis erlangt und ein entsprechendes Dekret erlassen hat[383].

Die Instruktion bestätigt darüber hinaus, dass die Anrufung des Apostolischen Stuhles außer im Falle der Berufung an die Rota nicht die Ausübung der Jurisdiktion des Richters, der die Sache schon zu verhandeln begonnen hat, suspendiert[384], bei konkurrierender Anrufung der Rota und eines anderen Gerichtes durch die Parteien aber stets erstere zuständig ist und sich deshalb ein anderes

---

381 Vgl. PCLT., *Dignitas connubii*, [Einleitung].

382 *Ebd.*, Art. 27.

383 Vgl. *ebd.*, Art. 5, § 2: „Signatura autem Apostolica facultate gaudet definiendi per decretum casus nullitatis matrimonii, in quibus nullitas evidens appareat [...]".

384 Vgl. *ebd.*, Art. 28 mit Bezug auf can. 1417 § 2 CIC.

Gericht erst nach Ablauf der Berufungsfrist eine Sache rechtmäßig zu eigen machen kann[385]. Dabei wird die Rota im Gegensatz zu can. 1632 § 2 CIC nun explizit beim Namen genannt:

> „Si altera pars ad Rotam Romanam, altera vero pars ad aliud tribunal appellationis provocaverit, de causa videt Rota Romana, salvo art. 18 [...]“[386].

Das Gericht, von dem das Urteil, gegen das die Appellation erfolgt, gefällt wurde, ist daher verpflichtet, die Akten an die Rota zu übersenden und dazu gegebenenfalls das Berufungsgericht anzuhalten, an das sie möglicherweise bereits geschickt worden sind[387].

Ausdrücklich wird nun auch die Bestimmung der *Normae Romanae Rotae Tribunalis* bekräftigt, der zufolge eine von der Rota eingestellte Sache, die ihr zugewiesen worden oder durch Berufung an sie gelangt war, nur an ihr und an keinem anderen Gericht wieder aufgenommen werden kann[388].

Bezüglich der Rechtsbeistände in Prozessen bringt die Instruktion erstmals allgemein zur Kenntnis, dass diejenigen, welche das Diplom eines *Advocatus Rotalis* besitzen, an jedem kirchlichen Tribunal ohne Approbation des jeweiligen Gerichtsherrn anwaltlich tätig werden können. Nur aus schwerwiegenden Gründen könne der *Episcopus Moderator* die Ausübung dieser Beistandschaft vor Gericht untersagen[389].

Bemerkenswert ist vor allem, dass mit Ausnahme der allein für die Rota erlassenen *Normae* kein geltendes päpstliches Gesetz so ausführlich Wesen und Aufgabe dieses päpstlichen Gerichtshofes definiert wie die speziell für Eheverfahren erlassene Instruktion. Wenngleich die Rota Romana, die im CCEO keine namentliche Erwähnung findet und im CIC in nur vier Canones genannt wird[390], in der Apostolischen Konstitution *Pastor Bonus* in neun Artikeln vorkommt[391], in der Instruktion aber nur in acht[392], wird doch nirgendwo anders genauer und vollständiger als in *Dignitas connubii* dargelegt, welche Rolle der Rota im Gesamtgefüge der kirchlichen Gerichtsbarkeit zukommt.

---

385 Vgl. *ebd.*, Art. 283, § 4.

386 *Ebd.*, Art. 283, § 2. Art. 18 erteilt jenem Gericht das Recht, die Sache zu entscheiden, das zuerst die nichtklagende Partei rechtmäßig geladen hat.

387 Vgl. *ebd.*, Art. 283, § 3.

388 Vgl. *ebd.*, Art. 19, § 2 mit Bezug auf *Normae Rotae Romanae Tribunalis*, Art. 70.

389 Vgl. PCLT., *Dignitas connubii*, Art. 105, § 2 mit Bezug auf § 1.

390 Vgl. cann. 1405, 1443, 1444 und 1445 CIC.

391 Vgl. JOHANNES PAUL II., *Pastor Bonus*, Artt. 5, 18, 122, 124, 126, 127, 128, 129 und 130.

392 Vgl. PCLT., *Dignitas connubii*, Artt. 19, 27, 28, 35, 105, 216, 257 und 283.

Ergebnis

Auftrag und Funktion der Rota Romana sind auf die Reformen in den ersten Jahren nach dem Zweiten Vatikanischen Konzil hin noch einmal umfassend präzisiert worden durch die seit 1983 erlassenen Gesetzeswerke der Gesamtkirche, nämlich den *Codex Iuris Canonici,* den *Codex Canonum Ecclesiarum Orientalium* und die Apostolische Konstitution *Pastor Bonus.* Die Konstitution nennt erstmals ausdrücklich die drei Aufgaben, die die Rota als Gerichtshof des Papstes wahrzunehmen hat: den Schutz der Rechte in der Kirche zu gewährleisten, die Einheit der Rechtsprechung zu fördern und durch die eigenen Urteile den untergeordneten Tribunalen hilfreich zur Seite zu stehen. Diese Aufgaben sind der Rota unabhängig von ihren Kompetenzen übertragen; doch sind es die Kompetenzen, durch die und innerhalb derer das Gericht seinen Auftrag verwirklichen kann.

Es ist deshalb nahe liegend, dass die Zuständigkeiten des Tribunals für Verfahren aus dem Bereich der lateinischen Kirche anders geregelt sind als für solche aus den Kirchen des Ostens. Während der *Codex Iuris Canonici* von 1983 hier im Wesentlichen die Bestimmungen des Gesetzbuches von 1917 wiedergibt, setzt der *Codex Canonum Ecclesiarum Orientalium* die der Rota durch die neue Kurienverfassung zugewiesene Funktion nur teilweise um und unterscheidet sich darin deutlich von der bis dahin geltenden Regelung: Für die orientalischen Kirchen nämlich ist der Apostolische Stuhl, abgesehen von einigen Exklusivkompetenzen in erster Instanz, ordentlicher Gerichtsstand nur in dritter Instanz und auch da lediglich für Gebiete außerhalb des jeweiligen Patriarchates.

Im Gegensatz zu anderen Kurienbehörden werden die Zuständigkeiten der Rota Romana vom *Codex Iuris Canonici* näher festgelegt; zugleich aber wird ihr dadurch für die lateinische Kirche stärker als bisher der Charakter eines Berufungsgerichts zuerkannt, da die Zuständigkeit der Rota in zweiter Instanz nun gleichwertig in Relation zu allen anderen Berufungsforen zweiten Grades ist.

Besonderer Wert wurde nach dem Inkrafttreten des Gesetzbuches von 1983 darauf gelegt, vom Universalrecht abweichende Sonderregelungen für bestimmte Gebiete nach Möglichkeit zu vermeiden. Daher wurden sowohl die Ausnahmebestimmungen für die Region Latium und für Polen aufgehoben als auch die Berufungspraxis für die Vereinigten Staaten von Amerika sowie Kanada und Australien der des Codex angeglichen. Nur die Privilegien Spaniens und Ungarns sind auf Grund jahrhundertealter Tradition aufrechterhalten worden. Weitere Sonderdelegationen in dritter Instanz wurden nach der Promulgation des Gesetzbuches von 1983 so gut wie nicht mehr erteilt. Einziges Gebiet der Welt, für das die Rota schon in zweiter Instanz alleinig kompetentes Appellationsforum ist, bleibt im Übrigen die Vatikanstadt.

Vor allem der Wegfall der Sonderregelungen wirkte sich bald spürbar auf die Gerichtstätigkeit der Rota aus. Nach einem gewissen Rückgang an Verfahren stieg die Anzahl der Prozesse seit Ende der Achtzigerjahre erneut an und erreichte zu Beginn des neuen Jahrtausends mit über 1000 laufenden Verfahren ihren Höchststand. Mehr als je zuvor nimmt die Rota Romana auf diese Weise die Funktion einer internationalen kirchlichen Berufungsinstanz wahr, wenngleich in wachsendem Ausmaß fast ausschließlich in Ehenichtigkeitsverfahren. Immer häufiger wird das Tribunal dabei als Obergericht dritten Grades angerufen.

Die zunehmende Zahl von Prozessen, die der Rota aus aller Welt zur Entscheidung übertragen werden, stellt für das einstige Auditorium eine neue Herausforderung dar. Dieser Herausforderung wurde zu begegnen versucht durch die Modernisierung des Gerichtsbetriebs, die Reform der eigenen Verfassung und Prozessordnung in den Normen von 1994 sowie die Weiterentwicklung der Rechtsprechung auf der Grundlage der neuen Gesetzbücher. So ist die Rota auch zu Beginn des 21. Jahrhunderts sicherer Bezugspunkt für kirchliche Richter und Rechtsgelehrte auf der ganzen Welt geblieben.

Die Vielzahl der Verfahren erlaubt es der Rota jedoch immer weniger, ihrem Auftrag in der Kirche und ihrer Verpflichtung dem Heil der Seelen gegenüber in bestmöglicher Weise gerecht zu werden. Die Gefahr besteht, dass die Arbeit des päpstlichen Gerichtshofes dadurch zusehends erschwert, wenn nicht gar gelähmt wird. Es wird deshalb nötig sein, entweder die Zuständigkeit der Rota Romana in Ehesachen zweiter und dritter Instanz ein weiteres Mal neu zu definieren oder aber das Tribunal auf Dauer mit dem Personal auszustatten, das nötig ist, um den erforderlichen Schutz der Rechte in angemessener Form zu gewährleisten.

Gesamtergebnis

Wesen und Wirken der Rota Romana im Wandel der Zeit zu untersuchen, war Sinn und Zweck der vorliegenden Arbeit. Nach eingehender Darstellung der verschiedenen Epochen der Gerichtsgeschichte, der unterschiedlichen Funktionen, die der Rota im Lauf der Jahrhunderte zugeteilt waren, und der Art und Weise, wie dieses Tribunal seinen Auftrag zu verwirklichen suchte, ist nun zu fragen, ob und wie trotz aller tief greifenden Veränderungen und unterschiedlichster Umstände aus der Zusammenschau des Ganzen ein gemeinsamer Nenner für die Gestalt des päpstlichen Gerichtshofes sichtbar wird. Erweist sich angesichts der vielen und oft sehr folgenschweren Reformen, denen die Rota seit ihrer Entstehung immer wieder unterworfen war, die Existenz dieser Institution unabhängig von ihrer konkreten Ausformung in der Zeit als sinnvoll und notwendig? Folgendes dürfte sich dabei festhalten lassen:

1. Es ist das Verdienst Papst Pius' X., durch die Apostolische Konstitution *Sapienti consilio* vom 29. Juni 1908 die *Sacra Romana Rota* zu neuem Leben erweckt zu haben. Wenn dieses Gericht heutzutage weit über die Grenzen der Kirche hinaus bekannt ist, so ist das vor allem auf sein Wirken in der Gegenwart zurückzuführen, das durch die Konstitution Pius' X. erst wieder ermöglicht wurde. Die Wiedererrichtung muss daher zweifellos auch als konstitutives Fundament der heutigen Rota gelten, als Basis, die für sich allein bereits ihre Existenz begründet und zusammen mit den nachfolgend erlassenen Gesetzesnormen den ihr erteilten Auftrag in der Gegenwart bestimmt.

2. Gleichwohl hat Pius X. aber ein Organ der kirchlichen Rechtsprechung wieder errichtet, nicht neu geschaffen. Er hat damit – den Erfordernissen der Zeit entsprechend und unter Berücksichtigung der veränderten Gegebenheiten – nichts anderes getan als eine altbewährte Tradition aufzugreifen und fortzuführen.

3. Zwar ist die Rota unserer Tage so konzipiert, dass sie in ihrer Zielsetzung den Bedürfnissen der Kirche von heute gerecht werden kann. Ebenso aber baut sie in ihrer Verfassung und Arbeitsweise auf zahllosen Elementen auf, die sich seit dem Mittelalter entwickelt und bewährt hatten und die bei der Wieder-

errichtung des Tribunals ihren Niederschlag fanden. Die Rota in ihrer jetzigen Gestalt kann also nicht jenes Fundament leugnen und entbehren, das jahrhundertelang unangefochten die Grundlage kirchlicher Rechtsprechung gebildet hat. Wenngleich „alte“ und „neue“ Rota aus einer Vielzahl von Gründen ihre Verschiedenheit manifestieren, so sind sie doch nicht voneinander zu trennen.

4. Die Auditoren der Rota übten ihre Tätigkeit von Anfang an im Namen des Papstes aus. Neben der Instruktion der Prozesse wurde ihnen bald auch die Vollmacht übertragen, an Stelle des Papstes richterliche Entscheidungen zu treffen. Die Urteilsfällung auf einem der *rota porphyretica* des Petersdoms nachempfundenen Kreis konnte dabei symbolisch den hohen Auftrag zum Ausdruck bringen, den sie zu erfüllen hatten.

5. Auftrag und Stellung der Auditoren sind in diesem Sinn bis in unsere Zeit hinein gleich geblieben. Immer wieder bestätigten die Päpste im Laufe der Jahrhunderte die Auditoren der Rota als stellvertretende oberste Richter der Gesamtkirche. Trotz zahlreicher Veränderungen blieb so auch die Identität des Tribunals während aller Epochen seiner Geschichte gewahrt[1]. Selbst während der Zeit der unterbrochenen Aktivität von 1870 bis 1908 bestand das Dikasterium de iure unverändert weiter: als kollegial verfasster Gerichtshof des Papstes und als oberste Berufungsinstanz der Weltkirche.

6. Auf Grund ihrer hervorgehobenen Stellung in der Gerichtshierarchie der Kirche nahm die Rota zeit ihres Bestehens die Funktion wahr, maßgebend Recht zu sprechen und durch die getroffenen Entscheidungen die Jurisprudenz nach einheitlichen Kriterien weiterzuentwickeln. Auf diese Weise konnte sie nicht nur bei ihren eigenen Urteilen einen noch gerechteren Maßstab zur Anwendung bringen, sondern auch anderen Gerichten in und außerhalb der Kirche Wegweiser und Hilfe sein. Der große Einfluss der Rota auf die Kanonistik sowie die weltliche Rechtsprechung im Spätmittelalter und danach sind hierfür ein eindrucksvoller Beweis. Nach der Wiedergründung durch die Bulle *Sapienti consilio* wurde die Bedeutung dieses Dienstes neu erkannt. Was 1988 in der Apostolischen Konstitution *Pastor Bonus* als Funktion der Rota definiert wurde, ist deshalb nur die feierliche Bestätigung einer seit Jahrhunderten geübten Praxis.

7. Es versteht sich von selbst, dass das Gericht diesen Auftrag nur innerhalb seiner Zuständigkeiten wahrnehmen konnte. Hauptaufgabe der Rota ist nämlich seit jeher der Schutz von Rechten, der in der Regel in der Berufungsinstanz gewährleistet wird. Das Tribunal wäre nicht im Stande und auf Grund der Leitungsvollmacht der Bischöfe und einer jahrhundertealten gegenteiligen Tradition auch nicht befugt, alle kanonischen Verfahren seinem Urteil zu unterwerfen. Das schließt allerdings nicht aus, dass Entscheidungen untergeordneter Gerichte

---

[1] Vgl. GNAVI, *Carriere*, 166: „[...] la Rota conosce modifiche ed assestamenti che vanno di pari passo con l'affermarsi di nuove prassi giudiziarie [...], mentre restano stabili la sua struttura e composizione“.

revidiert oder für nichtig erklärt werden können, wenn dort Recht verweigert oder falsch erkannt worden ist. So wurde mit der Kurienreform Papst Pius' X. ausdrücklich festgelegt, dass die Rota auch kompetentes Gericht bei Anträgen auf Wiederaufnahme des Verfahrens ist und bereits in zweiter Instanz zu Hilfe gerufen werden kann. Die Sondervollmachten, die dem Dekan des Auditorenkollegiums seit 1942 übertragen worden sind, verfolgen den gleichen Zweck. Und dass tatsächlich allen der erbetene Rechtsschutz der Rota gewährt werden kann, wird durch die Bestimmung sichergestellt, auf Grund derer es jedem freisteht, sich mit seinem Anliegen unmittelbar an den Papst zu wenden. Davon sind auch die Gläubigen in den Gebieten, für die Sonderregelungen gelten, nicht ausgenommen.

8. Als oberstem richterlichen Entscheidungsforum kommt der Rota bei der Ausübung kirchlicher Leitungsgewalt eine spezifische Rolle zu: Das Tribunal schließt in Gerichtsverfahren den Instanzenzug nach oben hin ab und ist so letztmöglicher Schlusspunkt des regulären kanonischen Prozesses. Diese Position freilich wurde ihm im Laufe der Geschichte immer wieder streitig gemacht. Besonders durch die Gründung der Kongregationen und deren Vollmachten, an Stelle der Rota auf außergerichtlichem Wege Urteile letzten Grades zu fällen, ist das Tribunal des Papstes in der Vergangenheit daran gehindert worden, den ihm eigenen Auftrag in gebührender Weise wahrzunehmen. Die Erkenntnis, dass der Schutz der Rechte des Einzelnen durch die Verwaltungsorgane der Kirche nicht gewährleistet werden kann, bewog Papst Pius X. zu einer Neuordnung der Kurie auf der Grundlage einer weit reichenden Gewaltentrennung und der Wiedererrichtung eines obersten Berufungsgerichts. Durch die Reformen seiner Nachfolger konnte dieses Vorhaben in noch größerem Umfang verwirklicht werden. Der Idealzustand, dem zufolge alle Rechtsstreitigkeiten auf dem Gerichtsweg zu entscheiden seien, lässt sich indessen auf Grund der Besonderheiten der kirchlichen Verfassung kaum erreichen. Als zu problematisch erweist es sich in der Praxis, klare Kriterien aufzustellen, die die Trennlinien zwischen den einzelnen Gewalten bestimmen. Auf diese Weise bleibt es weiter den Parteien überlassen, im Rahmen des geltenden Rechts selbst zwischen Verwaltungs- und Gerichtsweg zu entscheiden.

9. Einziger Bereich, in dem in neuerer Zeit eine klare Trennung von exekutiver und judikativer Gewalt in der Kirche gelungen ist, sind die Eheverfahren, die bei Klage auf Nichtigkeit des ehelichen Bandes seit der Entscheidung einer Schiedskommission im Jahre 1940 in der Regel auf dem Gerichtsweg durchzuführen sind. So ist auch die Rota im Laufe des letzten Jahrhunderts nahezu ausschließlich zum Ehegericht geworden, während in früheren Zeiten und noch unmittelbar nach der Wiedergründung Prozesse aller Art von den Auditoren entschieden wurden. Eine Regelung, die die Kompetenzen des Gerichts in Ehefällen enger und in anderen Verfahren weiter als bisher fasst, könnte sicherlich auch auf letztgenannten Gebieten die Rechtsprechung fortentwickeln. Insofern sich gegenwärtig jedoch beinahe die gesamte Judikatur der Kirche auf Ehenich-

tigkeitsverfahren beschränkt, muss auch die Rota den tatsächlichen Bedürfnissen der untergeordneten Gerichte entgegenkommen und ihnen gerade in diesem Punkt, wie sie es in den letzten Jahrzehnten getan hat, Vorbild und Richtschnur sein.

10. So sehr die Zuteilung von Kompetenzen zur Ausführung des Auftrags der Rota wesentlich ist, so sehr bleibt deren konkrete Festlegung den Erfordernissen der jeweiligen Zeit und der Entscheidung des obersten kirchlichen Gesetzgebers überlassen. Tatsächlich haben sich die Zuständigkeiten des Tribunals im Laufe der Jahrhunderte häufig und grundlegend geändert; zeitweise war die Rota vor allem geistliches, zeitweise in erster Linie weltliches Gericht; die Höhe des Streitwerts, die in der Vergangenheit oft die Kompetenz der Rota bestimmte, wurde nicht selten neu festgesetzt; Strafverfahren zum Beispiel konnten keineswegs zu allen Zeiten vor die Richter der Rota gebracht werden; einige Nationen und Gebiete waren mitunter der Gerichtsbarkeit des Tribunals entzogen. Deutlicher noch als früher ist die Rota heute internationale Berufungsinstanz für die Gesamtkirche; dabei ist die Zuständigkeit im Bereich der lateinischen Kirche aber weiter gefasst als die gemäß geltendem Recht für die orientalischen Katholiken. Dem besonderen Charakter der Rota als überregionalem Entscheidungsforum entspricht es auch, dass das Gericht seit der *Lex propria* von 1908 über eigene Verfassungs- und Verfahrensnormen verfügt, die mehrmals den Anforderungen der Zeit angepasst wurden.

11. Die gegenwärtige Bestimmung, nach der die Rota im Allgemeinen das allein zuständige Tribunal dritter Instanz ist, erweist sich auf Grund der geschichtlichen Erfahrung nur insoweit als notwendig, als dem Gericht dadurch ein Betätigungsfeld reserviert ist, auf dem es seine wegbereitende Funktion für eine authentische Rechtsprechung erfüllen kann. Auf diesem Hintergrund wird verständlich, warum die Apostolische Signatur bei den zahllosen Sonderkommissionen, mit denen sie im Einzelfall andere Gerichte zur Entscheidung einer Sache in dritter oder höherer Instanz beauftragt, an der geltenden Norm festhält. Die Überzeugung, dass durch die geltende Norm auch Missbräuchen in der Rechtsprechung von kirchlichen Lokalgerichten begegnet werden kann, ist auf Grund von Erfahrungen der älteren wie auch der neuesten Geschichte begründet. Privilegien bestimmter Nationen und Gebiete lassen sich dabei allenfalls angesichts jahrhundertealter Traditionen, nicht aber auf Grund der Prinzipien der Gleichheit und Gerechtigkeit aufrechterhalten.

12. Die Zuständigkeiten der Rota sind auf die Erfordernisse der jeweiligen Zeit angemessen und deshalb wandelbar. Bleibende Aufgabe des Apostolischen Gerichtshofes jedoch ist es, im Namen des obersten Hirten der ganzen Kirche zu urteilen. Insofern die Päpste in früheren Jahrhunderten auch weltliches Oberhaupt ihres Staates waren, mag die weltliche Jurisdiktion der Rota ebenso gerechtfertigt gewesen sein wie die geistliche. Trotzdem aber bleibt festzuhalten, dass dieses Gericht weder als weltliches Tribunal gegründet worden ist noch als solches einen unmittelbaren Auftrag am Volk Gottes erfüllt. Die Geschichte

zeigt, dass sich die immer häufigere Zuweisung von weltlichen Verfahren an den einst kirchlichen Gerichtshof nachteilhaft auswirkte und mit für den Niedergang der Rota im 19. Jahrhundert verantwortlich zeichnete. Es war deshalb eine weise Entscheidung Papst Pius' X., dass er schon zwei Jahrzehnte vor der Regelung der Römischen Frage die Rota als rein geistliches Forum wiedererrichtete. Die Gesetzbücher von 1917 und 1983 haben diese Entscheidung des Papstes bestätigt und die Rota im universalen Recht der Kirche als solches verankert; die Reformen im Anschluss an das Zweite Vatikanische Konzil waren geeignet, die geistlich-pastorale Dimension des gerichtlichen Auftrags noch stärker als bisher zu betonen. In diesem Sinn ist es zu begrüßen, dass dem Tribunal die ihm später wieder zugeteilten Kompetenzen in weltlichen Verfahren der Vatikanstadt nun endgültig entzogen sind.

13. Durch alle Zeiten ihrer langen Geschichte hindurch hat die Rota somit den Auftrag erfüllt, Menschen direkt oder indirekt zu ihren Rechten zu verhelfen. Das Tribunal ist so zu einem beispielhaften Hort kirchlicher Kontinuität und Tradition geworden. Ihre vorbildhafte Judikatur zeichnet die Rota schon seit dem Spätmittelalter aus und hat damals wie heute die Weiterentwicklung des Rechts mitbestimmt. Sie ist deshalb „als beispielhaftes Werk juridischer Weisheit anzusehen, das mit der Autorität des Gerichtes vollbracht wird, das der Nachfolger Petri dauernd zum Wohl der Gesamtkirche errichtet hat“[2].

14. Immer wieder musste sich das Tribunal dabei auch den Anforderungen der Zeit stellen, mit denen sich die gesamte Kirche konfrontiert sah. Reformation und politische Auseinandersetzungen wirkten sich ebenso auf die Rota aus wie die gesellschaftlichen Veränderungen neuester Zeit und die immer noch größere Internationalität der Kirche unserer Tage. Das Gericht aber hat wie die Kirche als Ganze die Schwierigkeiten und Probleme gemeistert und ist daran gereift.

15. Die in der vorliegenden Untersuchung dargestellte Gerichtshistorie spiegelt so in eindrucksvoller Weise die Geschichte der Kirche in ihrem Auf und Ab wider: Im Hochmittelalter hatten die Päpste ihre Macht weiter ausgebaut und deshalb auch neue Strukturen zur Bewältigung der Arbeitslast schaffen müssen. Bis zum Beginn der Neuzeit konnten sie dann nach der Rückkehr aus Avignon ihre Position trotz aller Veränderungen bewahren und festigen. Die Spaltung der Christenheit und der Einfluss aufklärerischen Denkens schwächten trotz nach außen gezeigter Stärke die Stellung der Kirche im Abendland. In der Folge erforderte die Identitätskrise des Papsttums nach dem Verlust des Kirchenstaates eine Neubesinnung auf die eigentlichen Aufgaben des Apostolischen Stuhls. Und was danach bis über die Mitte des 20. Jahrhunderts hinaus im Recht der

---

[2] Vgl. BENEDIKT XVI., Papst, *Allocutio ad Rotam Romanam*, 2008, Jan 26: OR 148 (2008), Nr. 23, 27.01.2008, 8: „La giurisprudenza rotale va vista come esemplare opera di saggezza giuridica, compiuta con l'autorità del Tribunale stabilmente costituito dal Successore di Pietro per il bene di tutta la Chiesa“.

Kirche wie der Rota bestätigt und bekräftigt wurde, erfuhr auf Grund des Zweiten Vatikanischen Konzils auch am päpstlichen Gerichtshof eine pastoral begründete Umformung und auf dieser Grundlage schließlich in der gegenwärtigen Zeit seine vorläufig letzte Klärung.

16. Mehr als tausend Jahre lang hat es gedauert, bis sich in der Kirche die Notwendigkeit eines Gerichtes wie dem der Rota stellte. Mehr als hundert Jahre lang übte das Gericht seinen Auftrag als geistliches Entscheidungsforum so gut wie nicht mehr aus. Die Kirche der Gegenwart und der Zukunft könnte zweifellos auch ohne die Rota überleben. Es stünde dem Papst als oberstem Richter frei, sowohl von der bisherigen Berufungspraxis abzugehen und die Pflichtberufung aufzuheben als auch in jedem Fall untergeordnete Gerichte zur Annahme der Appellationen zu delegieren. Dennoch aber sollten, wie die Erfahrungen der Geschichte es uns zeigen, Papst und Kirche nicht auf ein weltweit tätiges oberstes Berufungsgericht verzichten, das die Einheit der Rechtsprechung fördert sowie gleichermaßen für alle Glieder des Volkes Gottes übergeordneter und sicherer Bezugspunkt ist. Es war und ist die Rota, die diesem Bedürfnis zeit ihres Bestehens entgegenkommt.

17. Indem der Apostolische Gerichtshof der Rota Romana dem ihm seit seiner Gründung übertragenen Auftrag treu bleibt, im Namen des Papstes Recht zu sprechen und zu entwickeln, nimmt er deshalb als „wirksamer und angesehener Ausdruck der Rechtsweisheit der Kirche“[3] eine spezifische Funktion wahr, die in dieser Weise kein anderes Gericht erfüllen kann. Er leistet so den gerade von ihm geforderten Beitrag zum Heil der Seelen, das oberstes Gesetz in der Kirche bleiben muss[4], und hilft dank des Wirkens des Heiligen Geistes stellvertretend für den höchsten Richter des gesamten katholischen Erdkreises[5] mit, dass alle Menschen für Gott leben können in CHRISTUS JESUS[6].

---

[3] Vgl. BENEDIKT XVI., Papst, *Allocutio ad Rotam Romanam*, 2007, Jan 27, OR 147 (2007), Nr. 22, 28.01.2007, 5: „Esprimo a tutti e a ciascuno in particolare il mio compiacimento, nella piena fiducia che il Tribunale Apostolico della Rota Romana, efficace e autorevole manifestazione della sapienza giuridica della Chiesa, continuerà a svolgere con coerenza il proprio non facile *munus* a servizio del disegno divino perseguito dal Creatore e dal Redentore mediante l’istituzione matrimoniale“.

[4] Vgl. can. 1752 CIC.

[5] Vgl. can. 1442 CIC.

[6] Vgl. Röm 6,11.

Anhang I

Zeittafel

JAHR	PONTIFIKAT	GESCHEHEN	DEKANAT
1203	Innozenz III.	Starke Zunahme der Delegation rechtskundiger Kapläne zur Bearbeitung von Gerichtssachen	
1204		Kapläne werden *auditores* genannt	
1212		Bevollmächtigung der *auditores* zur Fällung des Urteils	
1245	Innozenz IV.	Aufkommen der Bezeichnung *auditores generales causarum palatii*	
1309	Clemens V.	Umzug der *auditores* mit dem Papst nach Avignon	
1331	Johannes XXII.	*Ratio iuris*: offizielle Konstituierung des Gerichtshofes	
1335		Auditoren werden eigene Beamtenkategorie	
1336		Erste überlieferte Nennung des Namens *Rota* und erste erhaltene *decisiones*	
1378	Urban VI.	Rückkehr von Papst und Rota nach Rom	
1418	Martin V.	*In apostolicae dignitatis specula*: strenge Kriterien für die Berufung der *auditores*	
1423		*Romani Pontificis providentia*: Beseitigung der kumulativen Kompetenz von Kardinälen und Rota in Benefizialsachen	
1472	Sixtus IV.	*Romani Pontificis*: Festsetzung der Zahl der *auditores* auf zwölf	Gaspar[1]
1488	Innozenz VIII.	*Finem litibus*: Kompetenzerweiterung der Rota	de Ceretanis[2]

[1] Gaspar von Teramo (vgl. CERCHIARI, *Capellani Papae*, II, 292, und I, 59).

JAHR	PONTIFIKAT	GESCHEHEN	DEKANAT
1561	Pius IV.	*In throno iustitiae*: Strafverfahren werden der Rota entzogen, Zivilverfahren uneingeschränkt zugewiesen	Oradinus[3]
1587	Sixtus V.	*Immensa aeterni Dei*: Beginn der konkurrierenden Kompetenz von Rota und Konzilskongregation	de Rubeis[4]
1612	Paul V.	*Universi agri dominici*: Bestätigung der Kompetenzen der Rota	Peña[5]
1746	Benedikt XIV.	*Iustitiae et pacis*: Reformbestimmungen für die Rota und Entzug von Exklusivkompetenzen der Rota in geistlichen Verfahren	Millinus[6]
1800	Pius VII.	*Post diuturnas*: Stärkung der weltlichen Gerichtsbarkeit der Rota	de Lattier de Bayane[7]
1801		Wiedereröffnung der Rota nach der 1798 erfolgten Ausrufung der Römischen Republik	
1816		*Quando per ammirabile*: Rota wird allgemeines oberstes Appellationsgericht des Kirchenstaates	Cesarei de Leoni[8]
1821		Zusätzliche Erhebung der Rota zum obersten Handelsgericht des Kirchenstaates	Serlupi[9]

---

[2] Giovanni de Ceretanis (vgl. CERCHIARI, *Capellani Papae*, I, 292, und II, 57).

[3] Giulio Oradinus (vgl. *ebd.*, I, 294, und II, 100).

[4] Giovanni Battista de Rubeis (vgl. *ebd.*, I, 294, und II, 102).

[5] Francisco Peña (Poenia) (vgl. *ebd.*, I, 294, und II, 117-118).

[6] Mario Millinus (vgl. *ebd.*, I, 295, und II, 225-226).

[7] Alphonse Hubert de Lattier de Bayane (vgl. *ebd.*, I, 296, und II, 261).

[8] Francesco Cesarei Leoni (vgl. *ebd.*, I, 296, und II, 267).

JAHR	PONTIFIKAT	GESCHEHEN	DEKANAT
1834	Gregor XVI.	*Regolamento legislativo e giudiziario per gli affari civili*: Rota ordentliches päpstliches Gericht für den Kirchenstaat	Spada[10]
1870	Pius IX.	Besetzung Roms durch italienische Truppen: Unterbrechung der Gerichtstätigkeit („Finis Rotae")	Del Magno[11]
1878	Leo XIII.	Beauftragung der Auditoren zur Mitarbeit in der Ritenkongregation	
1908	Pius X.	*Sapienti consilio*: Restitution der Rota	Lega
		Lex propria Sacrae Romanae Rotae et Signaturae Apostolicae	
1910		*Regulae servandae in iudiciis apud Sacrae Romanae Rotae Tribunal*	
1911		*Regulae servandae ab iis qui apud S. R. Rotae Tribunal tirocinio dant operam ut Advocati et Procuratoris Rotalis diploma consequantur*	
1917	Benedikt XV.	CIC/1917: Rota einziges ordentliches Berufungsgericht des Papstes	Sebastianelli
1934	Pius XI.	*Normae S. Romanae Rotae Tribunalis*	Massimi
1940	Pius XII.	Beilegung des Kompetenzstreits mit der Sakramentenkongregation zu Gunsten der Rota	Grazioli
1945		*Nihil antiquius*: Reform des *Studium Rotale*	Jullien
1950		Erste umfassende Sondervollmachten für den Dekan	
1954		Entzug der Zuständigkeit in zweit-	

9 Francesco Serlupi (vgl. *ebd.*, I, 296, und II, 278-279).

10 Alessandro Spada (vgl. CERCHIARI, *Capellani Papae*, II, 296, und I, 284).

11 Giovanni Alessandro Del Magno (vgl. *ebd.*, I, 296 und II, 308-309).

JAHR	PONTIFIKAT	GESCHEHEN	DEKANAT
		instanzlichen Verfahren aus Italien	
1967	Paul VI.	*Regimini Ecclesiae Universae*: Erweiterung der Zuständigkeiten der Rota	Filipiak
1969		Aufhebung der Zuständigkeitbeschränkung für italienische Verfahren	
		Nuove Norme del Tribunale della Sacra Romana Rota	
1982	Johannes Paul II.	*Normae Sacrae Romanae Rotae Tribunalis*	Ewers
1983		CIC/1983: Bestätigung der meisten bis dahin für die Rota geltenden Bestimmungen	De Jorio
1988		*Pastor Bonus*: Definition der Funktionen der Rota	Fiore
1990		CCEO: Präzisierung der Zuständigkeiten der Rota in ostkirchlichen Verfahren	
1994		*Normae Romanae Rotae Tribunalis*	Pompedda
2005		*Dignitas connubii*: umfassende Definition von Wesen und Aufgabe der Rota	Stankiewicz

Anhang II

Die Auditoren der Rota seit dem Jahre 1908

Die folgende Übersicht über die Auditoren der Rota Romana, die auch bibliografische Angaben zu den betreffenden Personen umfasst, beginnt mit den 1908 ernannten oder damals noch amtierenden Auditoren.

Zum Zeitpunkt der Wiederaufnahme des Gerichtsbetriebes noch lebende, aber schon emeritierte Richter (vgl. hierzu oben, 5. Kapitel, 207, Anm. 139) sind dagegen nicht mehr genannt.

Zu den von den Ursprüngen des Gerichtes bis zum Jahre 1870 tätigen Auditoren sei auf die Aufstellung Cerchiaris verwiesen (CERCHIARI, *Capellani Papae*, II, 7-326), die nach wie vor einzige Auditorenliste der „alten Rota". Allerdings sind die von Cerchiari genannten Daten nicht selten unvollständig oder unzuverlässig, wie neue – bisher allerdings nur in wenigen Einzelfällen vorliegende – Forschungsergebnisse zeigen.

Zu den zwischen 1870 und 1908 ernannten Richtern vgl. oben, 4. Kapitel, 154-155.

Bei Weiterführung der Zählung Cerchiaris wäre der von Papst Pius X. neu ernannte Dekan, Msgr. Michele Lega, der 710. Auditor in der Geschichte der Rota. Unter Berücksichtigung der drei bereits früher ernannten Richter müsste diese Zählung dann mit Msgr. Carlo Lombardi als 711. Auditor fortgesetzt werden.

Die zu den Auditoren angeführten persönlichen Daten sind wie folgt zu verstehen:

Nr.	FAMILIENNAME	Geburtstag	Amtszeit	Art der Beendigung des aktiven Amtes
	Vorname	Todestag		
		Inkardinationsverband		
		Herkunftsland		

Der Familienname von Auditoren, die Dekan des Gerichtshofes wurden, ist fett gedruckt.

Bei der Art des Beendigung des aktiven Amtes gelten folgende Symbole:

. für Ausscheiden durch Emeritierung
> für Ausscheiden durch Übertragung höherer Würden oder Ämter
\- für Ausscheiden durch Amtsverzicht
† für Ausscheiden durch Tod

Die Angaben zum Inkardinationsverband und zum Herkunftsland gelten jeweils für den Zeitpunkt des Ausscheidens aus dem aktiven Dienst. Der Inkardinationsverband wird bei Diözesen in der zum genannten Zeitpunkt geltenden Originalsprache angegeben, der Name des Herkunftslandes bezieht sich auf den zu diesem Datum existierenden unabhängigen Staat.

1.	**LEGA** Michele	* 01.01.1860 † 16.12.1935 *Faenza* Italien	20.10.1908 – 25.05.1914	>
2.	PERSIANI Gustavo	* 31.01.1841 † 17.03.1911 *Roma* (?) Italien	11.02.1897 – 17.03.1911	†
3.	CONTINI RICCARDI Costantino	* 28.03.1853 † 26.06.1916 *Albano* Italien	11.02.1897 – 28.08.1909	.
4.	**SEBASTIANELLI** Guglielmo	* 04.12.1855 † 29.01.1920 *Veroli* Italien	02.07.1902 – 29.01.1920	†

20.10.1908 Dekan; 25.05.1914 Kardinal; 15.12.1914 Präfekt der Apostolischen Signatur; 20.03.1920 Präfekt der Sakramentenkongregation; 21.06.1926 Kardinalbischof von Frascati.

Lit.: M. LEGA (Hg.), *Coram Lega habitae S. R. Rotae decisiones sive sententiae quas nempe E.mus Cardinalis Michaël Lega annis 1909-1914 eiusdem Sacri auditorii Decanus exaravit*, Romae 1926; [F. ROBERTI], *In memoriam [Cardinalis Michaël Lega]*: Apol 9 (1936), 353-354; B. LEGA, *Lega, Michele*: EC, VII (1951), 1019-1020; R. NAZ, *Lega*: DDC, VI (1957), 371; U. MOSIEK, *Die probati auctores in den Ehenichtigkeitsprozessen der S. R. Rota seit Inkrafttreten des Codex Iuris Canonici* (= FThSt, 74), Freiburg im Breisgau 1959, 65-66; B. LEGA, *Card. Michele Lega*: A. PIOLANTI (Hg.), *La Pontificia Università Lateranense. Profilo della sua storia, dei suoi maestri e dei suoi discepoli*, Roma 1963, 215-217; J. T. NOONAN, *Power to Dissolve. Lawyers and Marriages in the Courts of the Roman Curia*, Cambridge/Massachusetts 1972, 188-189; C. LEFEBVRE, *Lega*: Cath, VII (1975), 202; H. KALB, *Lega, Michael*: LKStKR, II (2002), 702.

Lit.: R. FABRIS, *Mons. Costantino Contini Riccardi*: PIOLANTI, *La Pontificia Università Lateranense*, 210.

25.05.1914 Dekan.

Lit.: C. VONA, *Mons. Guglielmo Sebastianelli Decano della S. R. Rota*: PIOLANTI, *La Pontificia Università Lateranense*, 213-215.

5.	LOMBARDI Carlo	* 29.12.1858 † 18.12.1908 *Saluzzo* Italien	20.10.1908 – 18.12.1908	†
6.	**MANY** Séraphin	* 30.12.1847 † 15.08.1922 *P.S.S.* Frankreich	20.10.1908 – 30.12.1921	•
7.	HEINER Franz	* 28.08.1849 † 13.07.1919 *Paderborn* Deutschland	20.10.1908 – 13.07.1919	†
8.	**PRIOR** John	* 21.02.1861 † 28.04.1926 *Hexham and Newcastle* Großbritannien und Nordirland	11.02.1897 – 17.03.1911	†

Lit.: G. LOMBARDI, *Mons. Carlo Lombardi:* PIOLANTI, *La Pontificia Università Lateranense*, 217.

26.01.1920 Dekan.

Lit.: [N. N.], *Lutto nella S. R. Rota*: OR 62 (1922), Nr. 192, 16.-17.08.1922, 2.

Lit.: N. HILLING, *Franz Heiner †*: AkKR 100 (1920), 104-116; N. HILLING, *Prälat Dr. Franz Heiner, Auditor der Römischen Rota. Kurzes Lebensbild eines deutschen Kanonisten*, Mainz 1921; N. HILLING, *Heiner, Franz*: LThK, IV (1932), 906-907; W. KOSCH, *Das katholische Deutschland. Biographisch-bibliographisches Lexikon*, Augsburg 1933, 1461-1462; W. LIESE, *Necrologium Paderbornense. Totenbuch Paderborner Priester (1822-1930)*, Paderborn 1934, 251-252; N. HILLING, *Heiner, Franz*: LThK^2, V (1960), 174; K. A. FINK, *Heiner, Johann Franz Anton*: NDB, VIII (1969), 301-302; F. W. BAUTZ, *Heiner, Franz*: BBKL, II (1990), 666-667; G. FRANSEN, *Heiner, Franz*: DHGE, XXIII (1990), 831; H. ZAPP, *Heiner, Franz*: LThK^3, IV (1995), 1370, und: LKR (2004), 1088-1089; K. HAUSBERGER, *Franz Heiner als Denunziant seines Kollegen Franz Xaver Kraus. Drei Briefe des Freiburger Kanonisten an den Präfekten der Indexkongregation aus den Jahren 1898/99*: E. MÖDE, T. SCHIEDER (Hg.), *Den Glauben verantworten. Bleibende und neue Herausforderungen für die Theologie zur Jahrtausendwende. Festschrift für Heinrich Petri*, Paderborn u. a. 2000, 43-57; A. HOLLERBACH, *Heiner, Franz*: RGG^4, III (2000), 1597; [N. N.], *Heiner, Franz Xaver*: DBETh, I (2005), 607.

31.12.1921 Dekan.

Lit.: [N. N.], *Lutto nella S. R. Rota*: OR 62 (1922), Nr. 192, 16.-17.08.1922, 2; M. MASSIMI, DekRR., *Anni iuridici auspicatio*, 1926, Okt 16: AAS 18 (1926), 458-459, 458.

9.	MARTINI Achille	* 1867 † 31.01.1909 *Roma* (?) Italien	20.10.1908 – 31.01.1909	†
10.	SINCERO Luigi	* 26.03.1870 † 07.02.1936 *Vercelli* Italien	20.10.1908 – 23.03.1923	>
11.	MORI Giuseppe	* 24.01.1850 † 30.09.1934 *Fermo* Italien	09.02.1909 – 08.12.1916	>
12.	CATTANI AMADORI Federico	* 17.04.1856 † 11.04.1943 *Modigliana* Italien	09.02.1909 – 13.02.1924	>
13.	PERATHONER Anton	* 23.10.1864 † 04.02.1930 *Trient (Trento)* Österreich-Ungarn	16.06.1909 – 24.05.1915	-

Lit.: [N. N.], *La salute di Mons. Martini*: OR 48 (1909), Nr. 30, 01.02.1909, 2; [N. N.], *Mons. Achille Martini*: OR 48 (1909), Nr. 31, 02.02.1909, 3.

18.10.1917 Sekretär der Kommission für die authentische Interpretation des Codex Iuris Canonici; 23.03.1923 Kardinal; 06.02.1926 Pro-Sekretär und 02.02. 1927 Sekretär der Kongregation für die Ostkirche; 11.01.1929 Titularerzbischof von Petra di Palestina (Petra in Palaestina), 13.03.1933 Kardinalbischof von Palestrina, 12.12.1935 Präsident der Kommission für die authentische Interpretation des Codex Iuris Canonici.

Lit.: G. Mojol, *Sincero, Luigi*: EC, XI (1953), 661-662.

08.12.1916 Sekretär der Konzilskongregation; 11.12.1922 Kardinal.

Lit.: [N. N.], *La notizia della morte del Cardinale Mori*: OR 74 (1934), Nr. 228, 01.-02.10.1934, 2; [N. N.], *Dopo la morte del Card. Mori. Il compianto del paese natale*: OR 74 (1934), Nr. 229, 03.10.1934, 2; [N. N.], *Popolo e autorità di Loro Piceno presso la salma del Card. Mori*: OR 74 (1934), Nr. 230, 04.10.1934, 4.

13.02.1924 Sekretär der Apostolischen Signatur; 16.12.1935 Kardinal.

Lit.: V. Boublik, *Card. Federico Cattani*: Piolanti, *La Pontificia Università Lateranense*, 425.

24.05.1915 Ausweisung aus Rom und Rückkehr nach Österreich-Ungarn beim Kriegseintritt Italiens; 10.09.1919 Pensionierung durch das Außenministerium in Wien.

Lit.: R. Blaas, *Das kaiserliche Auditoriat bei der Sacra Rota Romana*: MÖSA 11 (1958), 37-152, 149-152; A. Gruber, *Perathoner, Anton*: ÖBL, VII (1978), 411; J. Innerhofer, *Die Kirche in Südtirol gestern und heute*, Bozen 1982, 177; E. Widmoser, *Südtirol A-Z*, IV, Innsbruck – München 1995, 78.

14.	ALBERTI Giuseppe	* 20.08.1863 † 04.09.1915 *Acquapendente* Italien	05.04.1910 – 04.09.1915	†
15.	ROSSETTI Pietro	* 27.11.1841 † 07.04.1929 *Sabina* Italien	04.05.1911 – 02.02.1923	.
16.	CHIMENTI Raffaele	* 31.03.1855 † 25.02.1927 *Norcia* Italien	26.06.1914 – 24.10.1924	.
17.	**MASSIMI** Massimo	* 19.04.1877 † 06.03.1954 *Roma* Italien	29.11.1915 – 16.12.1935	>
18.	**GRAZIOLI** Giulio	* 24.05.1862 † 30.10.1944 *Roma* Italien	10.12.1916 – 30.10.1944	†

Lit.: [N. N.], *I funerali di Mons. Alberti*: OR 55 (1915), Nr. 248, 08.09.1915, 3; J. SCHMELTER, *Alberti, Giuseppe*: LThK^3, I (1993), 335-336, und: LKR (2004), 1037.

28.04.1926 Dekan; 16.12.1935 Kardinal; 17.02.1936 Präsident der Kommission für die Kodifizierung des Orientalischen Kirchenrechts; 14.03.1939 Präsident der Kommission für die authentische Interpretation des Codex Iuris Canonici; 29.05.1946 Präfekt der Apostolischen Signatur.

Lit.: R. FABRIS, *Card. Massimo Massimi*: PIOLANTI, *La Pontificia Università Lateranense*, 234-235; [N. N.], [† *Massimi*]: OR 94 (1955), Nr. 55, 07.03.1954, 2; [N. N.], *Il cordoglio per la morte del Card. Massimi*: OR 94 (1955), Nr. 56, 09.03.1954, 2; [N. N.], *La solenne „Cappella" funebre in suffragio del Cardinale Massimi*: OR 94 (1955), Nr. 57, 10.03. 1954, 1.

16.12.1935 Dekan.

Lit.: [N. N.], *La morte di Mons. Grazioli*: OR 84 (1944), Nr. 257, 01.11.1944, 2; A. COLETTI, *Mons. Giulio Grazioli, Decano della S. Romana Rota*: PIOLANTI, *La Pontificia Università Lateranense*, 476; C. LEFEBVRE, *I. Grazioli*: DHGE, XXI (1986), 1329.

19.	MONREAL Y OLIVER Santiago	* 25.07.1879 † 27.08.1963 *Tarazona* Spanien	28.02.1919	-
20.	PARRILLO Francesco	* 24.04.1873 † 04.05.1935 *Isernia* Italien	31.03.1919 – 04.05.1935	†
21.	SOLIERI Francesco	* 12.09.1859 † 07.01.1928 *Faenza* Italien	30.01.1920 – 07.01.1928	†
22.	FLORCZAK Józef	* 25.09.1885 † 20.04.1943 *Włocławek* Polen	16.02.1920 – 15.10.1929	-

---

Kein Amtsantritt; 02.1920 Auditor und 06.04.1948 Dekan der Rota der Apostolischen Nuntiatur in Madrid.

Lit.: [N. N.], *Monreal y Oliver (Santiago)*: EEAm, XXXVI (1918=1978), 278; AAS 11 (1919), 166; P. DE CHURRUCA, Brief, 1938, Apr 23, an F. Conde de Gómez-Jordana Sousa: A. MARQUINA BARRIO, *La diplomacia vaticana y la España de Franco* (= MHEc, 12), Madrid 1983, 380-383, 381; [N. N.], *Monreal Oliver (Santiago)*: FigHoy, I (1950), 394; [N. N.], *Jubilación del Decano*: REDC 6 (1951), 441; V. M. ARBELOA Y MURU, *La supresión de la Rota en España (1932-1933)*: REDC 30 (1974), 363-382, 375-376; V. CÁRCEL ORTÍ, *Diccionario de sacerdotes diocesanos españoles del siglo XX* (= BAC.M, 81), Madrid 2006, 798-799.

Lit. G. BR., *La morte di Mons. Francesco Parrillo*: OR 75 (1935), Nr. 107, 06.-07.05.1935, 5.

Lit.: G. LUCCHESI, *Mons. Francesco Solieri*: PIOLANTI, *La Pontificia Università Lateranense*, 229.

1929 Rückkehr nach Polen; nach Deportation in das Konzentrationslager Auschwitz vom 05.06.1942 bis zum Tod Häftling des Konzentrationslagers Dachau.

Lit.: E. THOMA, E. WEISER (Hg.), *Die Geistlichen in Dachau sowie in anderen Konzentrationslagern und Gefängnissen*, I, Mödling 1971, 232; W. JACEWICZ, *Martyrologium polskiego duchowieństwa rzymskokatolickiego pod okupacją hitlerowską w latach 1929-1945*, IV (= KoKat, 6), Warszawa 1978, 449-450; K. RULKA, *Florczak Józef*: EncKat, V (1989), 329; K. ORZESZYNA, *Józef Florczak (1887-1943)*: A. DĘBIŃSKI, W. S. STASZEWSKI, M. WÓJCIK (Hg.), *Dziekani Wydziału Prawa Kanonicznego i Administracji KUL*, Lublin 2008, 55-59.

23.	SCHNEIDER Franz Egon	* 16.09.1880 † 03.11.1943 *Paderborn* Deutschland	25.10.1920 – 22.12.1922	-
24.	SOLE Giacomo	* 07.07.1869 † 12.12.1921 *Caltanissetta* Italien	25.10.1920 – 12.12.1921	†
25.	MANUCCI Ubaldo	* 08.11.1883 † 20.05.1935 *Roma* Italien	02.03.1922 – 20.05.1935	†
26.	**JULLIEN** André	* 25.10.1882 † 11.01.1964 *P.S.S.* Frankreich	15.09.1922 – 15.12.1958	>

Lit.: [N. N.], *Schneider, Egon*: KDGK (1925), 917; KDGK[2] (1926), 1734; KDGK[3] (1928-1929), 2132; KDGK[4] (1931), 2626; KDGK[5] (1935), 1229; KDGK[6] (1940-1941), 651; K. MÖRSDORF, *Kanonistischer Totenkranz*: ThRv 45 (1949), 42-45, 43-44; E. HEGEL, *Geschichte der katholisch-theologischen Fakultät Münster 1773-1964*, I (= MBTh, 30/1), Münster 1966, 456-457 und 479; A. HOLLERBACH, *Zur Geschichte der Vertretung des Kirchenrechts an der Universität Freiburg im Breisgau im 19. Jahrhundert*: ZSRG.K 59 (1973), 343-382, 378, Anm. 139.

Lit.: R. FABRIS, *Mons. Giacomo Sole*: PIOLANTI, *La Pontificia Università Lateranense*, 217.

Lit.: A. PIOLANTI, *Mons. Ubaldo Manucci*: PIOLANTI, *La Pontificia Università Lateranense*, 524

30.10.1944 Dekan; 15.12.1958 Kardinal; 05.04.1961 Titularbischof von Corone und Erzbischof.

Lit.: [N. N.], *S. Em. le cardinal Jullien*: DC 56 (1959), 25-26; J. BERNHARD, *Quelques aspects de l'œuvre judiciaire de S. E. le cardinal Jullien*: RDC 10-11 (1960-1961), 295-318; E. FIORE, *Card. Andrea Jullien*: PIOLANTI, *Università Lateranense*, 453-455; C. LEFEBVRE, *Jullien de Pommerol*: Cath, VI (1967), 1251-1252; A. CHAPEAU, *Jullien (André-Damien-Ferdinand)*: DBF, XVIII (1994), 1006-1007; R. AUBERT, *1. Jullien*: DHGE, XXVIII (2003), 565-566; A. CHIARELLI, *La Rota ai tempi dell'Uditore Pericle Felici*: A. CHIARELLI, U. MEUCCI (Hg.), *Coram Felici*, Città del Vaticano 2005, 251-262, 256-260.

27.	HINDRINGER Rudolf	* 04.07.1880 † 01.09.1932 *München und Freising* Deutschland	05.02.1923 – 01.12.1926	-
28.	GUGLIELMI Francesco	* 04.02.1875 † 15.05.1936 *Conversano* Italien	16.03.1923 – 15.05.1936	†
29.	QUATTROCOLO Enrico	* 21.04.1872 † 27.05.1944 *C.O.* Italien	23.05.1924 – 27.05.1944	†
30.	MORANO Francesco	* 08.06.1872 † 12.07.1968 *Aversa* Italien	18.01.1925 – 17.12.1935	>
31.	WYNEN Arthur	* 07.07.1880 † 14.06.1962 *S.A.C.* Deutschland	23.02.1926 – 16.11.1958	.

01.07.1931 Generalvikar des Erzbischofs von München und Freising.

Lit.: [N. N.], *Hindringer, Rudolf*: KDGK[3] (1928-1929), 944; KDGK[4] (1931), 1183; G. SCHIERGHOFER, *Rudolf Hindringer †*: ZBLG 5 (1932), 501; K. HOFMANN, *Hindringer, Rudolf*: LThK, V (1933), 59; KOSCH, *Das katholische Deutschland*, 1601; E. GATZ, *Hindringer, Rudolf*: E. GATZ (Hg.), *Die Bischöfe der deutschsprachigen Länder 1785/1803 bis 1945. Ein biographisches Lexikon*, Berlin 1983, 309-310; H.-J. NESNER, *Das Metropolitankapitel zu München (seit 1821)*: G. SCHWAIGER (Hg.), *Monachium sacrum. Festschrift zur 500-Jahrfeier der Metropolitankirche Zu Unserer Lieben Frau in München*, I, München 1994, 475-608, 555-556.

Lit.: [N. N.], *La morte di Mons. Quattrocolo*: OR 84 (1944), Nr. 127, 30.05.1944, 2.

17.12.1935 Sekretär der Apostolischen Signatur; 14.12.1959 Kardinal; 05.04. 1962 Titularbischof von Fallaba und Erzbischof.

Lit.: [N. N.], *S. Em. le cardinal Morano*: DC 57 (1960), 29; L. DE MAGISTRIS, *Card. Francesco Morano*: PIOLANTI, *La Pontificia Università Lateranense*, 455-456; [N. N.], *Morano Francesco*: WWCW (1967-1968), 446; [N. N.], *La morte del Cardinale Francesco Morano*: OR 108 (1968), Nr. 160, 14.07.1968, 2.

Lit.: [N. N.], *Wynen, Arthur*: KDGK (1925), 1168-1169; KDGK[2] (1926), 2211-2212; KDGK[3] (1928-1929), 2732; KDGK[4] (1931), 3358; KDGK[5] (1935), 1574; V. BOUBLIK, *Mons. Arturo Wynen*: PIOLANTI, *La Pontificia Università Lateranense*, 532-533; H. EWERS, *Arthur Wynen †*: AkKR 132 (1963), 142-144.

32.	**HEARD** William Theodore	* 24.02.1884 † 16.09.1973 *Saint Andrews and Edinburgh* Großbritannien und Nordirland	01.10.1927 – 14.12.1959	>
33.	JANASIK Stanisław	* 27.04.1882 † 06.12.1942 *Poznań* Polen	04.03.1930 – 06.12.1942	†
34.	BRACCI Francesco	* 15.11.1879 † 24.03.1967 *Civita Castellana* Italien	29.12.1934 – 15.12.1958	>
35.	CANESTRI Alberto	* 15.12.1882 † 11.03.1971 *Forlì* Italien	20.05.1935 – 15.12.1956	.
36.	TEODORI Giovanni	* 03.10.1884 † 22.07.1958 *Amelia* Italien	28.06.1935 – 22.07.1958	†

15.12.1958 Dekan; 14.12.1959 Kardinal; 05.04.1962 Titularbischof von Feradi maggiore (Feradi maius) und Erzbischof.

Lit.: [N. N.], *S. Em. le cardinal Heard*: DC 57 (1960), 27; [N. N.], *Heard William Theodore*: WWCW (1967-1968), 289; [N. N.], *Cardinal William Theodore Heard*: F. R. ROBERTS (Hg.), *Obituaries from the Times 1971-1975 including an Index to all Obituaries and Tributes appearing in the Times during the years 1971-1975*, Reading 1978, 234; A. KENNY, *A Path From Rome. An Autobiography*, Oxford – New York 1986, 94-95; R. AUBERT, *Heard*: DHGE, XXIII (1990), 685-686; T. CURTIS-HAYWARD, *Heard, William Theodore (1884-1973)*: ODNB, XXVI (2004), 151-152.

Lit.: M. BANASZAK, *Janasik, Stanisław*: LThCPol, V (1983), 573-574; J. BAZYDŁO, *Janasik Stanisław*: EncKat, VII (1997), 956.

30.12.1935 Sekretär der Kongregation für die Sakramentendisziplin; 15.12. 1958 Kardinal; 05.04.1962 Titularbischof von Idassa und Erzbischof.

Lit.: [N. N.], *S. Em. le cardinal Bracci*: DC 56 (1959), 11; G. MARIANI, *Card. Francesco Bracci*: PIOLANTI, *La Pontificia Università Lateranense*, 452-453; [N. N.], *Bracci Francesco*: WWCW (1967-1968), 94 und 820.

Lit.: O. ALBERTI, *Mons. Alberto Canestri*: PIOLANTI, *La Pontificia Università Lateranense*, 221-222; [N. N.], *Canestri Alberto*: WWCW (1967-1968), 115-116.

Lit.: F. LAMBRUSCHINI, *Mons. Giovanni Teodori*: PIOLANTI, *La Pontificia Università Lateranense*, 128.

37.	PECORARI Cesare	* 06.11.1873 † 22.02.1949 *Roma* Italien	16.12.1935 – 06.11.1947	.
38.	CAIAZZO Enrico	* 17.05.1875 † 14.08.1959 *Salerno* Italien	17.12.1935 – 17.05.1949	.
39.	ROBERTI Francesco	* 07.07.1889 † 16.07.1977 *Pergola* Italien	05.06.1936 – 09.03.1946	>
40.	TRAGLIA Luigi	* 03.04.1895 † 22.11.1977 *Albano* Italien	17.09.1936 – 31.12.1936	>

09.03.1946 Sekretär der Konzilskongregation; 15.12.1958 Kardinal; 14.11. 1959 bis 26.03.1969 Präfekt der Apostolischen Signatur.

Lit.: [N. N.], *S. Em. le cardinal Roberti*: DC 56 (1959), 31; P. PALAZZINI, *Card. Francesco Roberti*: PIOLANTI, *La Pontificia Università Lateranense*, 222-224; [N. N.], *Roberti Francesco*: WWCW (1967-1968), 541; P. TOCANEL, *In memoriam Cardinale Francesco Roberti*: Apol 50 (1977), 329-334; P. PALAZZINI, *Commemorazione del Cardinale Francesco Roberti*: Apol 51 (1978), 5-15; G. M. CLAUDI, L. CATRI, *Roberti Francesco*: DStBM, II (1993), 160; U. M. MIOZZI, *Il Cardinale Francesco Saverio Roberti (1889-1977)*, Roma 1997; Z. GROCHOLEWSKI, *Ciò che sfugge ai Canonisti. A proposito di una recente biografia sul Card. Roberti*: Apol 70 (1997), 367-370; E. GÜTHOFF, *Roberti, Francesco Saverio*: LKR (2004), 1144.

31.12.1936 *Vicegerente* von Rom und Titularerzbischof von Cesarea di Palestina (Caesarea in Palaestina); 28.03.1960 Kardinal und Pro-Generalvikar, 30.03.1965 Generalvikar der Diözese Rom; 13.01.1968 Kanzler der Heiligen Römischen Kirche; 24.03.1972 Vize-Dekan des Kardinalskollegiums; 07.01. 1974 Dekan des Kardinalskollegiums und Titularbischof von Albano.

Lit.: [N. N.], *S. Em. le cardinal Traglia*: DC 57 (1960), 474; L. DE MAGISTRIS, *Card. Luigi Traglia*: PIOLANTI, *La Pontificia Università Lateranense*, 448-449; [N. N.], *Traglia Luigi*: WWCW (1967-1968), 641.

41.	FIDECICCHI Augusto	* 03.05.1881 † 31.03.1961 *Osimo* Italien	15.02.1937 – 03.05.1955	.
42.	**BRENNAN** Francis James	* 07.05.1894 † 02.07.1968 *Philadelphia* Vereinigte Staaten von Amerika	01.08.1940 – 26.06.1967	>
43.	STAFFA Dino	* 14.08.1906 † 07.08.1977 *Imola* Italien	15.11.1944 – 26.06.1967	>
44.	PASQUAZI Giuseppe	* 18.09.1889 † 28.07.1983 *Palestrina* Italien	02.08.1946 – 18.09.1963	.

Lit.: G. VACCARO, *Panorama biografico degli italiani d'oggi*, II, Roma 1956, 625.

15.12.1959 Dekan; 10.06.1967 Titularbischof von Tubune di Mauretania (Tubunae in Mauretania) und Erzbischof; 26.06.1967 Kardinal und Präfekt der Sakramentenkongregation.

Lit.: R. MALONE, *Mons. Francesco Brennan, Decano della S. Romana Rota*: PIOLANTI, *La Pontificia Università Lateranense*, 489; [N. N.], *S. Em. le cardinal Brennan*: DC 64 (1967), 1310; [N. N.], *Brennan Francis James*: WWCW (1967-1968), 98; J. F. DELANEY, *Dictionary of American Catholic Biography*, Garden City, New York 1984, 61.

03.09. 1960 Titularerzbischof von Cesarea di Palestina (Caesarea in Palaestina); 07. 04.1967 Pro-Präfekt der Apostolischen Signatur; 27.06.1967 Kardinal; 26.03. 1969 Präfekt der Apostolischen Signatur.

Lit.: L. DE MAGISTRIS, *Mons. Dino Staffa, Arcivescovo Tit. di Cesarea di Palestina, Segretario della S. Congregazione dei Seminari e della Università degli Studi*: PIOLANTI, *La Pontificia Università Lateranense*, 226-227; [N. N.], *S. Em. le cardinal Staffa*: DC 64 (1967), 1314; [N. N.], *Staffa Dino*: WWCW (1967-1968), 612-613; P. TOCANEL, *In memoriam Cardinale Dino Staffa*: Apol 50 (1977), 335-337; Z. GROCHOLEWSKI, *Vita ed attività del Card. Dino Staffa*: Apol 51 (1978), 203-242; D. GUALANDI, A. STAFFA, I. TAMPIERI (Hg.), *Il Cardinale Dino Staffa. Memorie e scritti*, Fusignano 1979.

Lit.: L. BORETTINI, *Mons. Giuseppe Pasquazi*: PIOLANTI, *La Pontificia Università Lateranense*, 244; [N. N.], *Pasquazi Giuseppe*: WWCW (1967-1968), 484.

45.	FELICI Pericle	* 01.08.1911 † 22.03.1982 *Segni* Italien	20.09.1947 – 03.09.1960	>
46.	**FILIPIAK** Bolesław	* 01.09.1901 † 14.10.1978 *Poznań* Polen	24.09.1947 – 01.05.1976	>

07.06.1960 Generalsekretär der Vorbereitungskommission für das Zweite Vatikanische Konzil; 03.09.1960 Titularerzbischof von Samosata; 06.09.1962 Generalsekretär des Zweiten Vatikanischen Konzils; 21.02.1967 Pro-Präsident der Kommission für die Interpretation der Konzilsdokumente; 26.06.1967 Kardinal und Präsident der Kommission für die Interpretation der Konzilsdokumente; 14.09.1977 Präfekt der Apostolischen Signatur.

Lit.: VACCARO, *Panorama biografico*, I, 604; L. DE MAGISTRIS, *Mons. Pericle Felici, Arcivescovo Tit. di Samosata, Segretario Generale del Concilio Ecumenico Vaticano*: PIOLANTI, *La Pontificia Università Lateranense*, 130-131; [N. N.], *S. Em. le cardinal Felici*: DC 64 (1967), 1311; [N. N.], *Felici Pericle*: WWCW (1967-1968), 216 und 821; G. MACEOIN, *The Inner Elite. Dossiers of Papal Candidates*, Kansas City 1978, 198-203; [N. N.], *Felici, Pericle*: WWCW^2 (1981), 139; P. TOCANEL, *Cardinale Pericle Felici*: Apol 55 (1982), 241-244; V. FAGIOLO, *Il Cardinale Amleto Cicognani e mons. Pericle Felici*: P. LEVILLAIN (Hg.), *Le deuxième Concile du Vatican (1959-1965). Actes du colloque organisé par l'École française de Rome en collaboration avec l'Université de Lille III, l'Istituto per le scienze religiose de Bologne et le Dipartimento di studi storici del Medioevo e dell'età contemporanea de l'Università di Roma - La Sapienza (Rome 28-30 mai 1986)* (= CEFR, 113), Rome 1989, 229-242; V. FAGIOLO, *Il Cardinale Pericle Felici a 10 anni dalla morte*: EphIC 48 (1992), 189-200; P. FEDELE, *Pericle Felici canonista*: EphIC 48 (1992), 201-206; F. KALDE, *Felici, Pericle*: LThK^3, III (1995), 1215, und : LKR (2004), 1072; R. BURIGANA, *Felici*: DBI, XLVI (1996), 69-74; J. GROOTAERS, *Actes et acteurs à Vatican II* (= BEThL, 139), Leuven 1998, 301-313; A. STANKIEWICZ, *L'incapacità psichica nelle sentenze rotali coram Felici*: QStR 13 (2003), 47-54; weitere Würdigungen unterschiedlicher Aspekte von Leben und Werk in den Gedenkschriften A. CHIARELLI, U. MEUCCI (Hg.), *Il Cardinale Pericle Felici (1911-1982). Convegno di studio nel ventennale della sua morte: Roma 22-23 marzo, Segni 24 marzo 2002*, Città del Vaticano 2003 (speziell zu Felici als Auditor der Rota: G. SCIACCA, *Pericle Felici Uditore di Rota*: *ebd.*, 33-51) und A. CHIARELLI, U. MEUCCI (Hg.), *Coram Felici*, Città del Vaticano 2005 (vgl. besonders G. D'ANNA, *Themis et Thalia di Pericle Felici*: *ebd.*, 237-240); R. FUNGHINI, *Indagine ed analisi delle sentenze rotali coram R. P. D. Pericle Felici nelle cause di nullità di matrimonio*: QStR 16 (2006), 33-46.

26.06.1967 Dekan; 01.05.1976 Titularbischof von Plestia; 24.05.1976 Kardinal.

Lit.: [N. N.], *Filipiak Bolesław*: WWCW (1967-1968), 222; MACEOIN, *The Inner Elite*, 162; [N. N.], *La scomparsa del Cardinale Boleslaw Filipiak*: OR 118 (1978), Nr. 237, 14.10.1978, 2; Z. GROCHOLEWSKI, *Kardynał Bolesław Filipiak (1901-1978), długoletni audytor i dziekan Roty Rzymskiej*: PraKan 24 (1981), 265-285; M. BANASZAK, *Filipiak, Bolesław*: LThCPol, V (1983), 383-386; Z. GROCHOLEWSKI, *Filipiak Bolesław*: EncKat, V (1989), 208-209; P. NITECKI, *Kardynałowie Kościoła w Polsce* (= BNie, 76), Częstochowa 1999, 85-86; K. R. PROKOP, *Polscy kardynałowie*, Kraków 2001, 313-323; M. PRZYKUCKI, *Ostanie miesiące życia ś. p. Ks. Kard. Bolesława Filipiaka spędzone w Poznaniu*, Szczecin 2001.

47.	MATTIOLI Pietro	* 31.05.1902 † 28.02.1967 *Roma* Italien	04.12.1948 – 28.02.1967	†
48.	DOHENY William Joseph	* 30.05.1898 † 30.04.1982 *C.S.C.* Vereinigte Staaten von Amerika	16.11.1948 – 30.05.1972	.
49.	BONET I MUIXÍ Manuel	* 01.11.1913 † 07.08.1969 *Barcelona* Spanien	13.05.1950 – 07.08.1969	†
50.	PINNA Giovanni Maria	* 07.12.1916 † 20.06.1971 *Bosa* Italien	04.01.1952 – 09.04.1969	>

Lit.: [N. N.], *Doheny Guglielmo Giuseppe*: WWCW (1967-1968), 182-183.

Lit.: [N. N.], *Bonet y Muixi Manuel*: WWCW (1967-1968), 85; L. DE ECHEVERRIA, *Manuel Bonet y Muixí*: REDC 25 (1969), 737-739; [N. N.], *Bonet Muixi, Manuel (1913-1969), Jurista*: DBEC^2, I (1970), 310-311; C. MARTÍ, *Manuel Bonet i Muixí, precere de Barcelona. Lluitador enèrgic, sempre disposat a acceptar el risc* (= HomN, 31), Barcelona 1974; O. SALTOR I SOLER, *Un barceloní a la Sagrada Rota Romana: Mons. Manuel Bonet i Muixí*: RJC 78 (1979), 213-240; J. M. TOTOSAUS I MARTORELL, *Bonet i Muixí, Manuel*: DHEC, I (1998), 332-333; J. BELLAVISTA, *Manuel Bonet i Muixí e l'aportació catalana a la reforma litúrgica conciliar (1962-1969)*: RCatT 27 (2001), 123-184; J. SUBIRÀ (Hg.), *Miscel.lània Manuel Bonet i Muixí* (= BAOl, 231), Barcelona 2001 (vgl. besonders X. BASTIDA I CANAL, *La dimensió jurídica del doctor Bonet*: *ebd.*, 45-96); V. CÁRCEL ORTÍ, *Diccionario de sacerdotes diocesanos españoles del siglo XX* (= BAC.M, 81), Madrid 2006, 251-253.

09.04.1969 Sekretär der Apostolischen Signatur.

Lit.: [N. N.], *Pinna Giovanni Maria*: WWCW (1967-1968), 501-502.

51.	LAMAS LOURIDO Pedro Ramón	* 09.01.1901 † 24.12.1974 *Mondoñedo – Ferrol* Spanien	23.02.1954 – 27.10.1960	-
52.	SABATTANI Aurelio	* 18.10.1912 † 19.04.2003 *Imola* Italien	31.01.1955 – 24.06.1965	>
53.	**LEFEBVRE** Charles	* 24.08.1904 † 13.11.1989 *Lille* Frankreich	13.07.1955 – 29.08.1978	.
54.	**EWERS** Heinrich	* 18.02.1906 † 12.08.1992 *Paderborn* Deutschland	03.08.1956 – 28.01.1982	.

27.10.1960 – 09.01.1972 Auditor der Rota der Apostolischen Nuntiatur in Madrid.

Lit.: [N. N.], *Lamas Lourido, Pedro Ramón (1901), Catedrático de Derecho Canónico*: DBEC², III (1970), 898; F. LODOS, *Mons. Pedro Ramón Lamas Lourido*: REDC 31 (1975), 260-266; V. CÁRCEL ORTÍ, *Diccionario de sacerdotes diocesanos españoles del siglo XX* (= BAC.M, 81), Madrid 2006, 664-665; E. ZARAGOZA I PASCUAL, *Lamas Lourido (Ramón)*: DHGE, XXIX (2007), 1511-1512.

24.05.1965 Titularerzbischof von Giustiniana prima (Iustiniana prima), Prälat der Prälatur *nullius* Loreto und Apostolischer Delegat des dortigen päpstlichen Heiligtums; 13.07.1971 Sekretär der Apostolischen Signatur; 17.05.1982 Pro-Präfekt der Apostolischen Signatur; 02.02.1983 Kardinal; 03.02. 1983 – 01.07. 1988 Präfekt der Apostolischen Signatur.

Lit.: [N. N.], *Sabattani Aurelio*: WWCW (1967-1968), 559; V. CÁRCEL ORTÍ, *Aurelius Cardinalis Sabattani. Nota biographica*: Z. GROCHOLEWSKI, V. CÁRCEL ORTÍ (Hg.), *Dilexit iustitiam. Studia in honorem Aurelii Card. Sabattani* (= StGiur 5), Città del Vaticano 1984, XIII-XX; Z. GROCHOLEWSKI, *Scripta iuridica Cardinalis Aurelii Sabattani. Nota bibliographica*: *ebd.*, XXI-XXXVII; L. SABBARESE (Hg.), *Coram Sabattani. Decisiones ineditae (1955-1965)*, Città del Vaticano 2006.

25.05.1976 Dekan.

Lit.: [N. N.], *Lefebvre Charles*: WWCW (1967-1968), 382; J. DENIS, *Monseigneur Charles Lefebvre, doyen de la S. Rote Romaine*: ACan 22 (1978), XIX-XXXII; B. DE LANVERSIN, P. FEDELE, *Ricordo di Charles Lefebvre*: EphIC 46 (1990), 155-165; Y. CHIRON, *Lefebvre (Charles)*: DBF, CXVII (2007), 704.

20.09.1978 Dekan.

Lit.: [N. N.], *Ewers Heinrich*: WWCW (1967-1968), 206; S. KILLERMANN, *Der deutsche Rota-Dekan Heinrich Ewers (1906-1992)*: U. KAISER, R. RAITH, P. STOCKMANN (Hg.), *Salus animarum suprema lex. Festschrift für Offizial Max Hopfner zum 70. Geburtstag* (= AIC, 38), Frankfurt am Main u. a. 2006, 249-266; S. KILLERMANN, *Ewers, Heinrich*: BBKL, XXVI (2006), 289-298.

55.	BEJAN Ovidio	* 13.08.1914 † 21.10.1976 *Lugoj* Rumänien	15.12.1956 – 21.10.1976	†
56.	**DE JORIO** Arturo	* 06.06.1911 † 18.12.1987 *Teano – Calvi* Italien	23.01.1959 – 06.06.1985	.
57.	ANNÉ Lucien	* 20.12.1906 † 15.09.1993 *Gent, Gand* Belgien	06.06.1959 – 01.01.1977	-
58.	ROGERS Gerard Marie	* 24.10.1908 † 10.08.1975 *Motherwell* Großbritannien und Nordirland	01.02.1960 – 10.08.1975	†
59.	**FIORE** Ernesto Maria	* 02.07.1918 † 30.10.2001 *Nicosia* Italien	23.06.1960 – 13.09.1993	.

28.01.1982 Dekan.

Lit.: [N. N.], *De Jorio Arturo*: WWCW (1967-1968), 165; S. VILLEGGIANTE (Hg.), *Sacra Romana Rota. Coram De Iorio Decano sententiae selectae*, Romae 1985.

Lit.: [N. N.], *Anné Lucien*: WWCW (1967-1968), 30.

Lit.: [N. N.], *Rogers Gerald Marie*: WWCW (1967-1968), 546.

06.06.1985 Dekan; 16.12.1991 Titularbischof von Novi und Erzbischof.

Lit.: [N. N.], *Fiore Ernesto*: WWCW (1967-1968), 224; [N. N.], *Fiore, Ernesto Maria, (S. E. R. Mons.)*: WWI (1994), I, 513; [N. N.], *La morte dell'Arcivescovo Ernesto Maria Fiore*: OR 141 (2001), Nr. 251, 01.11.2001, 2.

60.	CANALS Salvador	* 03.12.1920 † 24.05.1975 *Valencia* Spanien	17.10.1960 – 24.05.1975	†
61.	PUCCI Adamo	* 21.03.1903 † 18.08.1996 *Fano* Italien	12.10.1961 – 27.01.1972	-
62.	PALAZZINI Giuseppe	* 25.07.1910 † 14.11.1981 *Cagli* Italien	12.10.1961 – 14.11.1981	†
63.	ABBO Giovanni Angelo	* 27.12.1911 † 12.08.1994 *Albenga* Italien	15.01.1965 – 16.12.1971	>
64.	FELICE Ugo Nicola	* 13.05.1911 † 02.08.1984 *Sulmona – Valva* Italien	13.07.1965 – 01.10.1969	-

Lit.: [N. N.], *Canals Salvador*: WWCW (1967-1968), 115; F. LÓPEZ-ILLANA, *Mons. Salvador Canals*: REDC 31 (1975), 259-260.

Lit.: [N. N.], *Pucci Adamo*: WWCW (1967-1968), 515.

Lit.: [N. N.], *Palazzini Giuseppe*: WWCW (1967-1968), 479; F. LÓPEZ-ILLANA, *Mons. Giuseppe Palazzini. Prelato Uditore della S. R. Rota (1910-1981)*, Piobbico 1983.

16.12.1971 Sekretär der Präfektur für die wirtschaftlichen Angelegenheiten des Heiligen Stuhles.

Lit.: [N. N.], *Felice Ugo*: WWCW (1967-1968), 214.

65.	FERRARO Nicola	* 06.07.1911 † 03.03.1988 *Gaeta* Italien	30.05.1966 – 06.07.1985	.
66.	CZAPLA Antoni	* 07.06.1918 † 29.08.1971 *C.M.* Polen	17.03.1967 – 29.08.1971	†
67.	GOVERNATORI Lauro	* 12.01.1914 † 18.01.2000 *Montefiascone* Italien	19.06.1967 – 01.04.1970	-
68.	FAGIOLO Vincenzo	* 05.02.1918 † 22.09.2000 *Segni* Italien	16.01.1968 – 20.11.1971	>

Lit.: VACCARO, *Panorama biografico*, I, 615; [N. N.], *Ferraro Nicola*: WWCW (1967-1968), 219.

Lit.: [N. N.], *Czapla Antoni*: WWCW (1967-1968), 152; S. JANACZEK, *Czapla, Antoni*: LThCPol, V (1983), 248.

Lit.: [N. N.], *Governatori Lauro*: WWCW (1967-1968), 266.

20.11.1971 Erzbischof von Chieti; 15.07.1984 emeritierter Erzbischof von Chieti und Präsident des Päpstlichen Rates für die Interpretation der Gesetzestexte; 26.11.1994 Kardinal.

Lit.: VACCARO, *Panorama biografico*, I, 583; [N. N.], *Fagiolo Vincenzo*: WWCW (1967-1968), 209; [N. N.], *Note biografiche dei nuovi Cardinali creati dal Papa nel Concistoro odierno*: OR 134 (1994), Nr. 273, 27.11.1994, 5-10, 5; V. FAGIOLO, *Miscellanea. Diritto canonico e pastoralità* (= StGiur, 54), Città del Vaticano 2001; [N. N.], *La morte del Cardinale Vincenzo Fagiolo*: OR 140 (2000), Nr. 222, 24.09.2000, 7; J. M. SERRANO RUIZ, *Ricordo di S. Em. Rev.ma Vincenzo Fagiolo*: P. A. BONNET, C. GULLO (Hg.), *Diritto matrimoniale canonico*, I (= StGiur, 56 = ADGC, 27), Città del Vaticano 2002, 7-8.

69.	PARISELLA Innocenzo	* 16.07.1910 † 10.05.1991 *Gaeta* Italien	13.02.1969 – 16.07.1984	.
70.	MUNDY Thomas M.	* 12.10.1914 † 03.08.1972 *Allentown* Vereinigte Staaten von Amerika	15.07.1968 – 03.08.1972	†
71.	PINTO GÓMEZ José Miguel	* 01.04.1913 † 14.09.1992 *Socorro y San Gil* Kolumbien	17.11.1968 – 01.04.1987	.
72.	MASALA Sebastiano	* 31.07.1915 † 04.12.1994 *Sassari* Italien	09.12.1968 – 31.07.1989	.
73.	DI FELICE Angelo	* 01.01.1913 † 10.10.1987 *Cerreto Sannita – Telese – Sant'Agata de' Goti* Italien	05.02.1969 – 01.01.1987	.

Lit.: [N. N.], *Parisella Innocenzo*: WWCW (1967-1968), 482-483; P. FEDELE, *Ricordo di Innocenzo Parisella*: EphIC 49 (1993), 211-212.

Lit.: P. A. BONNET, C. GULLO (Hg.), *L'incapacitas (can. 1095) nelle „sententiae selectae coram Pinto"* (= StGiur, 15 = GiurCC, 1), Città del Vaticano 1988; P. FEDELE, *Ricordo di Mons. José Pinto Gómez*: EphIC 49 (1993), 213; C. GULLO, *Ricordo di Mons. José Miguel Pinto Gomez*: P. A. BONNET, C. GULLO (Hg.), *Sacramentalità e validità del matrimonio nella giurisprudenza del Tribunale della Rota Romana* (= StGiur, 36 = GiurCC, 4), Città del Vaticano 1995, 7-8.

Lit.: R. COLANTONIO, C. GULLO, *Il contributo di Mons. Di Felice alla giurisprudenza canonica*: R. J. CASTILLO LARA (Hg.), *Teologia e Diritto canonico* (= StGiur, 12 =ADGC, 9), Città del Vaticano 1987, 209-229; E. COLAGIOVANNI, *Contributi giurisprudenziali innovativi nelle Sentenze „selectae" coram Angelo Di Felice*: ME 113 (1988), 197-209; C. GULLO, *Ricordo di Mons. Angelo Di Felice*: P. A. BONNET, C. GULLO (Hg.), *Diritto matrimoniale canonico*, II. *Il consenso* (= StGiur, 61 = ADGC, 29), Città del Vaticano 2003, 9-12.

74.	POZZI Renato	* 08.04.1920 † 12.07.1973 *Piacenza* Italien	05.02.1969 – 12.07.1973	†
75.	**POMPEDDA** Mario Francesco	* 18.04.1929 † 18.10.2006 *Roma* Italien	08.05.1969 – 16.11.1999	>
76.	MERCIECA Joseph (Ġużeppi)	* 11.11.1928 *Malta* Malta	14.11.1969 – 20.07.1974	>
77.	SERRANO RUIZ José María	* 12.10.1931 *Valladolid* Spanien	25.03.1970 – 12.10.2006	.

13.09.1993 Dekan; 14.11.1993 – 16.11.1999 Präsident des Appellationsgerichtes des Staates der Vatikanstadt; 29.11.1997 Titularbischof von Bisarcio und Erzbischof; 16.11.1999 – 27.05.2004 Präfekt der Apostolischen Signatur; 21.02.2001 Kardinal.

Lit.: BENEDIKT XVI., Papst, Homilie *A distanza di qualche giorno*, 2006, Okt 21: OR 146 (2006), Nr. 245, 22.10.2006, 5; außerdem: [N. N.], *Pompedda, Mario Francesco*: WWI (1981), II, 1433-1434; C. KRAMER VON REISSWITZ, *Die Papstmacher. Die Kardinäle und das Konklave*, München 2001, 154; L. DE LUCA, *La considerazione della persona umana ed il consenso matrimoniale nell'insegnamento di Sua Eminenza M. F. Pompedda*: DEc 114/2 (2003), 463-475; G. CARDINALE, *Der erste sardische Kardinal nach 123 Jahren*: 30Tg 22 (2004), Nr. 2, 20; [N. N.], *La morte del Cardinale Mario Francesco Pompedda*: OR 146 (2006), Nr. 242, 19.10.2006, 9.

20.07.1974 Titularbischof von Gemelle di Numidia (Gemellae in Numidia) und Weihbischof von Malta; 29.11.1976 Erzbischof von Malta; 02.12.2006 emeritierter Erzbischof von Malta.

Lit.: [N. N.], *Mercieca Joseph*: $WWCW^2$ (1981), 324; $WWCW^3$ (1983), 376; [N. N.], *Mercieca, Mgr. Joseph*: WWIntAff 3 (2003), 369; [N. N.], *Mercieca, Mgr Joseph*: WWInt 67 (2004), 1126.

18.01.2007 Präsident des Appellationsgerichtes des Staates der Vatikanstadt.

Lit.: J. M. SERRANO RUIZ, *Nulidad de matrimonio coram Serrano* (= BSal.E, 43), Salamanca 1981; G. CANDELIER, *Les apports originaux de Mgr José María Serrano Ruiz dans la jurisprudence rotale*: StCan 30 (1996), 437-486; J. M. SERRANO RUIZ (Hg.), *Trazos de vida y esperanza. Valladolid, 1955 – 10 julio – Roma, 2005. 50 Aniversario de Ordenación*, Valladolid 2005; J. M. SERRANO RUIZ (Hg.), *Traccie di vita e di speranza. Valladolid, 1955 – 10 luglio – Roma, 2005. 50° Anniversario di ordinazione sacerdotale*, Napoli 2005; darin insbesondere: R. FUNGHINI, *Monsignore José María Serrano Ruiz. Prelato Uditore*: *ebd.*, 69-72; S. VILLEGGIANTE, *Umanità e coerenza nel pensiero e nell'opera giurisprudenziale di Mons. José M. Serrano Ruiz*: *ebd.*, 73-84; P. MONETA, *Le sentenze coram Serrano e il rinnovamento del diritto matrimoniale canonico*: *ebd.*, 85-90.

78.	AGUSTONI Gilberto	* 26.07.1922 *Lugano* Schweiz	05.05.1970 – 18.12.1986	>
79.	DAVINO Eduardo	* 06.08.1929 † 20.01.2011 *Napoli* Italien	07.01.1972 – 15.07.1993	>
80.	BRUNO Francesco	* 04.12.1922 *Ivrea* Italien	07.01.1972 – 04.12.1996	.
81.	HUOT Dorio-Marie	* 14.01.1914 *S.M.M.* Kanada	27.03.1972 – 14.01.1988	.
82.	RAAD Ignace	* 20.12.1923 † 19.07.1999 *Saïdā, Saida, Sidone dei Greco-Melkiti* Libanon	18.10.1972 – 09.09.1981	>

18.12.1986 Sekretär der Kleruskongregation, Titularbischof von Caorle und Erzbischof; 02.04.1992 Pro-Präfekt der Apostolischen Signatur; 26.11.1994 Kardinal und Präfekt der Apostolischen Signatur; 05.10.1998 emeritierter Präfekt der Apostolischen Signatur.

Lit.: [N. N.], *Note biografiche dei nuovi Cardinali creati dal Papa nel Concistoro odierno*: OR 134 (1994), Nr. 273, 27.11.1994, 5-10, 7.

15.07.1993 Bischof von Ariano Irpino – Lacedonia; 10.11.1997 Bischof von Palestrina; 14.03.2005 emeritierter Bischof von Palestrina.

11.03.2000 – 31.01.2004 Präsident des Appellationsgerichtes des Staates der Vatikanstadt.

09.09.1981 Erzbischof von Saida der Griechischen Melkiten; 18.09.1985 emeritierter Erzbischof von Saida der Griechischen Melkiten.

---

83. EGAN * 02.04.1932 20.11.1972 – 01.04.1985 >
Edward Michael

Chicago
Vereinigte Staaten von Amerika

---

84. CLEMENTI * 20.12.1921 05.10.1973 – 26.04.1978 -
Mariano † 01.02.1993

Fermo
Italien

---

85. **STANKIEWICZ** * 01.10.1935 14.02.1978 –
Antoni

Zielona Góra – Gorzów
Polen

---

86. GIANNECCHINI * 21.06.1924 24.02.1978 – 21.06.1998 .
Mario

Lucca
Italien

---

87. COLAGIOVANNI * 08.03.1920 11.01.1979 – 31.07.1994 .
Emilio

Campobasso – Boiano
Italien

01.04.1985 Titularbischof von Allegheny und Weihbischof von New York; 05.11.1988 Bischof von Bridgeport; 11.05.2000 Erzbischof von New York; 21.02.2001 Kardinal; 23.02.2009 emeritierter Erzbischof von New York.

Lit.: [N. N.], *Egan, Edward Michael*: WWA 58 (2004), I, 1437; [N. N.], *Egan, HE Cardinal Edward Michael*: WWInt 67 (2004), 480; KRAMER VON REISSWITZ, *Die Papstmacher*, 162 und 188.

31.01.2004 Dekan; 15.11.2006 Titularbischof von Novapietra (Nova Petra).

Letzter Eintrag im Päpstlichen Jahrbuch: AnPont 2005, 1211 (vgl. hierzu oben, 8. Kapitel, 379, Anm. 272).

88.	RAGNI Igino	* 18.03.1922 *Fabriano – Matelica* Italien	11.01.1979 – 31.05.1996	.
89.	LANVERSIN Bernard de	* 26.08.1923 † 21.10.2004 *Marseille* Frankreich	01.05.1980 – 26.08.1997	.
90.	JARAWAN Elias	* 05.08.1922 *Saïdā, Saida, Sidone dei Greco-Melkiti* Libanon	10.11.1981 – 05.08.1996	.
91.	**FUNGHINI** Raffaello	* 01.01.1929 † 17.05.2006 *Arezzo – Cortona – Sansepolcro* Italien	25.10.1984 – 31.01.2004	>
92.	PALESTRO Vittorio	* 14.04.1929 *Tempio – Ampurias* Italien	06.08.1985 – 01.12.1993	-

= Bernard DE TROULLIOUD DE LANVERSIN.

Lit.: [N. N.], *Lanversin (Mgr Bernard de Troullioud de)*: WWF 35 (2003-2004), 1111; [N. N.], *France. Messe à la mémoire de Mgr Bernard de Lanversin présidée par le Cardinal Etchegaray: Avec Mgr de Lanversin, le ministère de la justice est tempéré par le baume de la miséricorde*: OR (F) 56 (2004), Nr. 44, 02.11.2004, 10 und 12; [N. N.], *Décès*: ÉglMars 36 (2004), 15.11.2004, 279.

11.12.1999 Dekan; 31.01.2004 Titularbischof von Novapietra (Nova Petra), Erzbischof und Präsident des Appellationsgerichts des Staates der Vatikanstadt.

Lit.: F. BRUNO, *Sua Eccellenza Mons. Raffaello Funghini Decano del Tribunale Apostolico della Rota Romana*: P. A. BONNET, C. GULLO (Hg.), *Diritto matrimoniale canonico*, III. *La forma, gli effetti, la separazione, la convalida* (= StGiur, 63 = ADGC, 31), Città del Vaticano 2005, 9-22.

93.	CORSO João	* 30.03.1928 *S.D.B.* Brasilien	07.09.1985 – 12.10.1990	>
94.	BILSEN Theodorus van	* 31.03.1913 † 15.04.1991 *O.F.M.* Niederlande	07.09.1985 – 31.03.1987	•
95.	BURKE Cormac	* 21.03.1927 *Opus Dei* Irland	03.04.1986 – 30.11.1999	-
96.	DORAN Thomas George	* 20.02.1936 *Rockford* Vereinigte Staaten von Amerika	03.04.1986 – 19.04.1994	>
97.	BOCCAFOLA Kenneth E.	* 09.10.1938 *Rockville Centre* Vereinigte Staaten von Amerika	03.04.1986 –	

12.10.1990 Bischof von Campos; 22.11.1995 emeritierter Bischof von Campos.

Seit 1999 Professor an der Strathmore University in Nairobi (Kenia).

19.04.1994 Bischof von Rockford.

Lit.: [N. N.], *Doran, Thomas George*: WWA 58 (2004), I, 1331.

98.	NEUHAUS Sigwart	* 04.01.1939 † 23.04.2008 *Osnabrück* Deutschland	03.04.1986 – 31.12.1991	-
99.	FALTIN Daniel	* 21.04.1927 † 12.02.2008 *O.F.M.Conv.* Slowakei	03.04.1986 – 30.11.1999	.
100.	CIVILI Renzo	* 09.06.1926 *Terni – Narni – Amelia* Italien	26.09.1988 – 09.06.2000	>
101.	HUBER Josef	* 23.06.1935 *Mainz* Deutschland	05.12.1992 – 23.06.2010	.
102.	LÓPEZ-ILLANA Francisco	* 18.11.1929 *Madrid* Spanien	20.12.1993 – 18.11.2004	.

Lit.: [N. N.], *Zwei Priester verstorben*: KiBOs (2008), Nr. 18, 04.05.2008, 15; [N. N.], *Prälat Sigwart Neuhaus gestorben*: OR (D) 38 (2008), Nr. 19, 09.05.2008, 3.

Lit.: [N. N.], *Faltin Daniel*: WWCW (1967-1968), 211; A. MOLINARO, *P. Daniele Faltin, O. F. M. Conv.*: PIOLANTI, *La Pontificia Università Lateranense*, 253-254; F. DLUGOŠ, *Jubilant Mons. Daniel Faltin OFM. 75 rokov života a 50 rokov kňazstva*: KatNov 117 (2002), Nr. 16, 21.04.2002, 19; M. GAVENDA, *Zomrel cirkevný právnik Mons. Faltin*: KatNov 123 (2008), Nr. 8, 24.02.2008, 4.

Lit.: H. OSCHWALD, *Die Deutschen im Vatikan. Ein Report* (= HSp, 5309), Freiburg – Basel – Wien 2003, 85-91.

103.	DEFILIPPI Giovanni Battista	* 08.07.1940 *Ivrea* Italien	20.12.1993 –
104.	SABLE Robert Michael	* 21.09.1947 *Detroit* Vereinigte Staaten von Amerika	06.06.1994 –
105.	TURNATURI Egidio	* 08.04.1936 *Acireale* Italien	09.06.1994 – 08.04.2010 .
106.	MONIER Maurice	* 21.12.1952 *Le Puy-en-Velay* Frankreich	09.01.1995 –
107.	PINTO Pio Vito	* 29.03.1941 *Avellino* Italien	25.03.1995 –

Lit.: [N. N.], *Sable, Robert Michael*: $WWCW^2$ (1981), 433; $WWCW^3$ (1983), 511.

108.	ALWAN Hanna	* 20.09.1954 *M.L.M.* Libanon	04.03.1996 – 13.08.2011	>
109.	CABERLETTI Giordano	* 29.08.1947 *Adria – Rovigo* Italien	12.11.1996 –	
110.	BOTTONE Angelo Bruno	* 18.11.1942 *Frascati* Italien	04.11.1997 –	
111.	ERLEBACH Grzegorz	* 31.12.1954 *Opole* Polen	04.11.1997 –	
112.	CIANI Americo	* 15.11.1935 *Concordia – Pordenone* Italien	08.02.1999 – 15.11.2009	-

13.08.2011 Titularbischof von Sarepta der Maroniten und Bischof der maronitischen Patriarchalkurie.

113.	FERREIRA PENA Jair	* 05.02.1956 *São João da Boa Vista* Brasilien	08.02.1999 –	
114.	SCIACCA Giuseppe	* 23.02.1955 *Acireale* Italien	25.03.1999 – 03.09.2011	>
115.	VERGINELLI Giovanni	* 28.03.1936 *Palestrina* Italien	30.03.2000 –	
116.	DE ANGELIS Agostino	* 18.08.1943 *Roma* Italien	23.04.2001 –	
117.	MCKAY Gerard	* 21.10.1949 *Argyll and The Isles* Großbritannien und Nordirland	08.06.2004 –	

03.09.2011 Titularbischof von Vittoriana und Generalsekretär des Gouvernatorates der Vatikanstadt.

118.	YAACOUB Abdou	* 13.04.1947 *Jbeil, Byblos dei Maroniti* Libanon	15.11.2004 –
119.	AROKIARAJ Michael Xavier Leo	* 08.09.1958 *Tiruchirapalli* Indien	25.04.2007 –
120.	ARELLANO CEDILLO Alejandro	* 08.06.1962 *O.R.C.* Spanien	25.04.2007 –
121.	MARONCELLI Settimio	* 21.03.1943 *O.F.M.* Italien	11.08.2010 – 06.-07.2011 -
122.	VACCAROTTO Giovanni	* 11.07.1940 *Padova* Italien	11.08.2010 –
123.	JAEGER David Maria Arié	* 13.01.1955 *O.F.M.* Israel	09.05.2011 –

Lit.: M. A. JOE, *The Pope knows India well*: NLeader 120 (2007), Nr. 13, 01.-15.07.2007, 29-30; A. SHOURI, *New Honour to India*: IndT 20 (2008), Nr. 6, 11.-17.09.2008, 8.

Anhang III

Die Dekane der Rota seit dem Jahre 1908

1.

Michele LEGA

20.10.1908 – 25.05.1914

2.

Guglielmo SEBASTIANELLI

25.05.1914 – 26.01.1920

3.

Séraphin MANY

26.01.1920 – 15.08.1922

4.

John Prior

15.08.1922 – 28.04.1926

5.

Massimo Massimi

28.04.1926 – 16.12.1935

6.

Giulio Grazioli

16.12.1935 – 30.10.1944

7.

André JULLIEN

30.10.1944 – 15.12.1958

8.

William Theodore HEARD

15.12.1958 – 15.12.1959

9.

Francis James BRENNAN

15.12.1959 – 20.06.1967

10.

Bolesław FILIPIAK

26.06.1967 – 01.05.1976

11.

Charles LEFEBVRE

01.05.1976 – 20.09.1978

12.

Heinrich EWERS

20.09.1978 – 28.01.1982

13.

Arturo DE JORIO

28.01.1982 – 06.06.1985

14.

Ernesto Maria FIORE

06.06.1985 – 11.09.1993

15.

Mario Francesco POMPEDDA

11.09.1993 – 16.11.1999

16.

Raffaello FUNGHINI

16.11.1999 – 31.01.2004

17.

Antoni STANKIEWICZ

31.01.2004 –

Anhang IV

Abbildungen

Siegel des *auditorium* aus der Avignoner Zeit,
Kupferstich von Hubert Vincent (aus: BERNINO, *Il tribunale della S. Rota Romana*, nach 10).

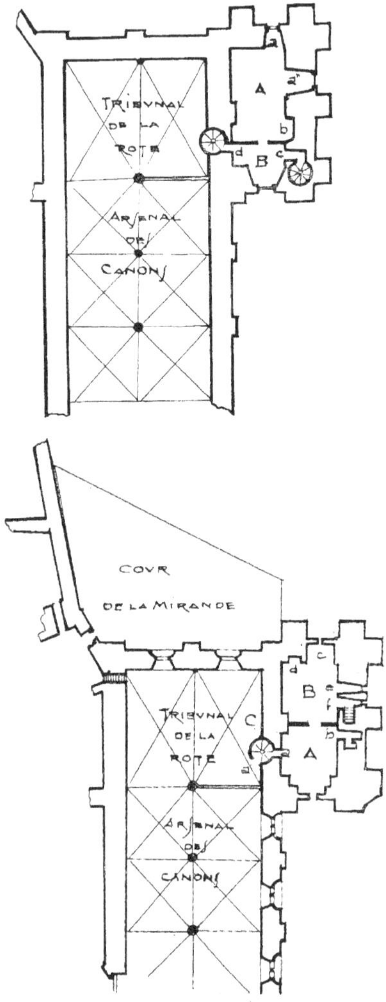

Grundriss des Laurentiusturmes im Papstpalast von Avignon mit dem Gerichtssaal der Rota (aus: G. COLOMBE, *Au palais des papes d'Avignon. Nouvelles recherches critiques et archéologiques*, XXIII. *Le quartier de l'auditeur général*, Paris 1941, nach 6)

Zwischengeschoß (*oben*): A. Auditorenküche. B. Vestibül; a. Küchenfenster; b. Rauchfang; c. Alter Wendeltreppenaufgang des Laurentiusturmes; d. Neuer Wendeltreppenabgang zum Gericht (17. Jahrhundert)

Geschoß auf Höhe des Gerichtssaales (*unten*): A. Garderobenvestibül; B. Beratungsraum; C. Sitz des Gerichtshofes; a. Wendeltreppe zwischen Gardeobenvestibül und Gerichtssaal; b. Toilette; c. Großes Ostfenster; d. Rauchfang; e. Kleines Südfenster; f. Treppenabgang zur Kupferschmiede

Der Gerichtssaal der Auditoren im Papstpalast von Avignon

Die *Madonna della Rota* mit den Apostelfürsten und den betenden Auditoren, Tempera auf Holz von Antoniazzo Romano, um 1500, Vatikanstadt, Appartamento Nobile Pontificio

Die Auditoren im Gebet um den Heiligen Geist, Buchmalerei, 1468,
Arch. Vat., S. R. Rota Misc. 7, fol. 2 v (copyright © Archivio Segreto Vaticano)

Die Auditoren im Gebet um den Heiligen Geist, Buchmalerei, 1508,
Arch. Vat., S. R. Rota Misc. 8, fol. 1 v (copyright © Archivio Segreto Vaticano)

Die Auditoren im Gebet um den Heiligen Geist, Kupferstich von Hubert Vincent (aus: BERNINO, *Il tribunale della S. Rota Romana*, nach 194)

Öffentliche Disputation eines neuen Auditors (um 1715), Kupferstich von Hubert Vincent (aus: BERNINO, *Il tribunale della S. Rota Romana*, nach 176).

Festzug zur feierlichen Eröffnung eines neuen Gerichtsjahres (um 1715), Kupferstich von Hubert Vincent (aus: BERNINO, *Il tribunale della S. Rota Romana*, nach 186).

Feierliche Eröffnung eines neuen Gerichtsjahres (um 1715), Kupferstich von Hubert Vincent (aus: BERNINO, *Il tribunale della S. Rota Romana*, nach 186).

DECISIONES
SACRÆ ROTÆ ROMANÆ
CORAM
R. P. D. PETRO OTTHOBONO
VENETO
NVNC
S. R. E. PRESBYTERO CARDINALI
EPISCOPO BRIXIENSI.

ROMÆ, Typis Reuerendæ Cameræ Apostolicæ. M. DC. LVII.

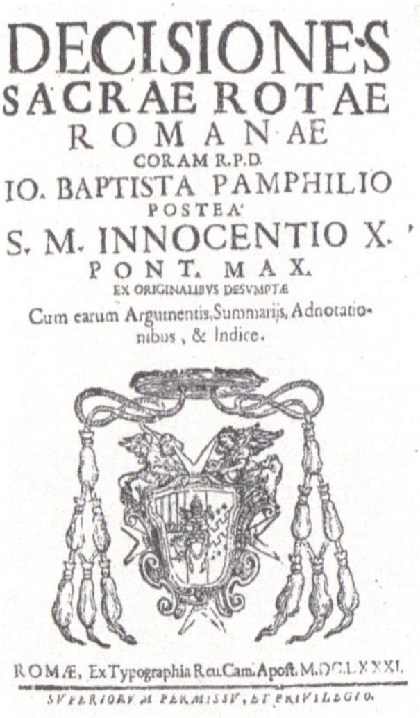

DECISIONES
SACRAE ROTAE
ROMANAE
CORAM R.P.D.
IO. BAPTISTA PAMPHILIO
POSTEA'
S. M. INNOCENTIO X.
PONT. MAX.
EX ORIGINALIBVS DESVMPTÆ
Cum earum Argumentis, Summarijs, Adnotationibus, & Indice.

ROMÆ, Ex Typographia Reu. Cam. Apost. M.DC.LXXXI.
SVPERIORVM PERMISSV, ET PRIVILEGIO.

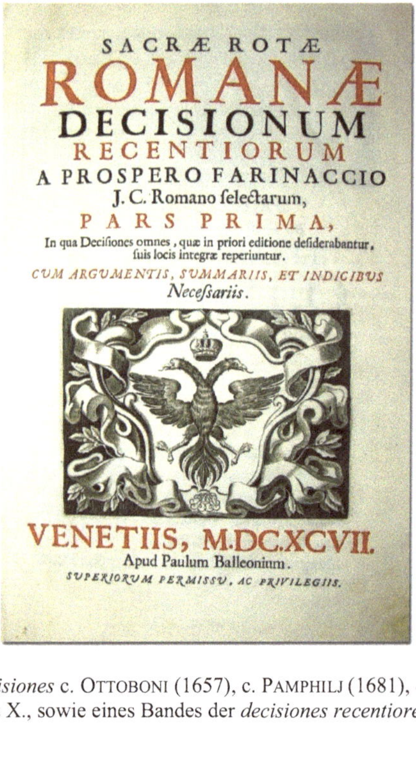

SACRÆ ROTÆ
ROMANÆ
DECISIONUM
RECENTIORUM
A PROSPERO FARINACCIO
J. C. Romano selectarum,
PARS PRIMA,
In qua Decisiones omnes, quæ in priori editione desiderabantur, suis locis integræ reperiuntur.
CUM ARGUMENTIS, SUMMARIIS, ET INDICIBUS
Necessariis.

VENETIIS, M.DC.XCVII.
Apud Paulum Balleonium.
SUPERIORUM PERMISSU, AC PRIVILEGIIS.

Titelblätter der *decisiones* c. OTTOBONI (1657), c. PAMPHILJ (1681), dem späteren Papst Innozenz X., sowie eines Bandes der *decisiones recentiores* (1697)

Sitzung des Auditorenkollegiums (um 1715), Kupferstich von Hubert Vincent
(aus: BERNINO, *Il tribunale della S. Rota Romana*, nach 194)

Rechtsprechung im Geist der Evangelien. Allegorie auf die Sacra Romana Rota,
Kupferstich von Hubert Vincent (aus: BERNINO, *Il tribunale della S. Rota Romana*, 1)

Die Auditoren der Rota beglückwünschen am 22. November 1935 ihren Dekan, Msgr. Massimo Massimi, zur bevorstehenden Kardinalserhebung (© L'Osservatore Romano)

Papst Johannes XXIII. bei seinem Besuch an der Sacra Romana Rota am 11. Januar 1961 (© Fotografia Felici)

Der *Palazzo della Cancelleria* (Piazza della Cancelleria, 1), seit 1940 Amtssitz der Rota Romana

Siegel und Wappen der Rota Romana aus der zweiten Hälfte des 20. Jahrhunderts

Papst Johannes Paul II. im Gespräch mit Dekan Msgr. Heinrich Ewers, Auditoren und Beamten des päpstlichen Gerichtshofes bei seinem Besuch an der Sacra Romana Rota am 15. Mai 1979 (© L'Osservatore Romano)

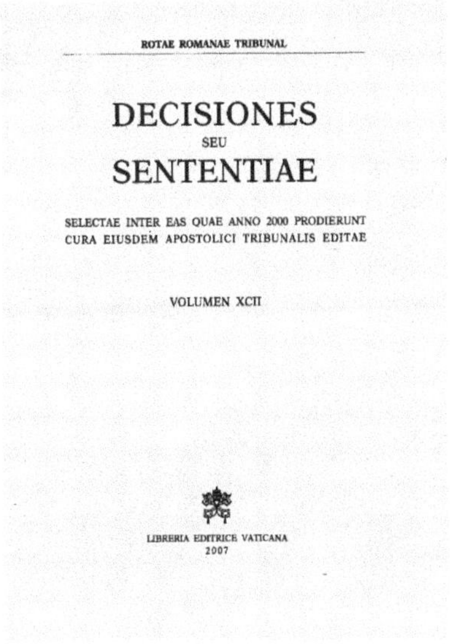

ROTAE ROMANAE TRIBUNAL

DECISIONES
SEU
SENTENTIAE

SELECTAE INTER EAS QUAE ANNO 2000 PRODIERUNT
CURA EIUSDEM APOSTOLICI TRIBUNALIS EDITAE

VOLUMEN XCII

LIBRERIA EDITRICE VATICANA
2007

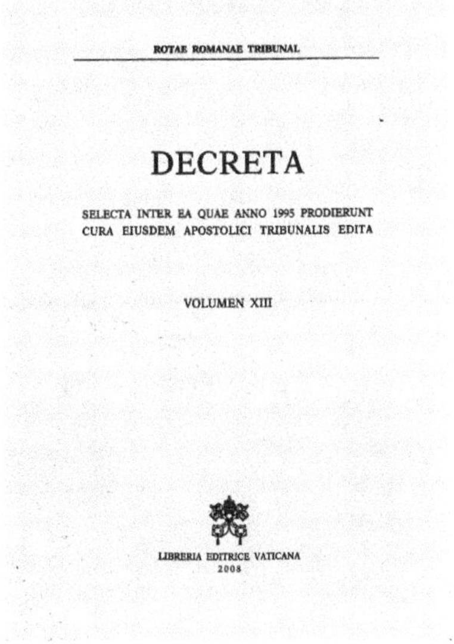

ROTAE ROMANAE TRIBUNAL

DECRETA

SELECTA INTER EA QUAE ANNO 1995 PRODIERUNT
CURA EIUSDEM APOSTOLICI TRIBUNALIS EDITA

VOLUMEN XIII

LIBRERIA EDITRICE VATICANA
2008

QUADERNI
DELLO
STUDIO ROTALE

17 (2007)

LIBRERIA EDITRICE VATICANA

Titelblätter der regelmäßigen Veröffentlichungen der Rota in der Gegenwart:
Decisiones seu sententiae selecta, *Decreta selecta* und *Quaderni dello Studio Rotale.*

Papst Benedikt XVI. empfängt die Auditoren der Rota Romana am 26. Januar 2008 anlässlich der feierlichen Eröffnung des neuen Gerichtsjahres (© Fotografia Felici)

Dekan Msgr. Antoni Stankiewicz bei seiner Huldigungsadresse an Papst Benedikt XVI. anlässlich der Eröffnung des neuen Gerichtsjahres am 26. Januar 2008 (© Fotografia Felici)

Seine Heiligkeit Papst Benedikt XVI.
mit dem Titularbischof von Novapietra und Dekan der Rota Romana,
Seiner Exzellenz Mons. Antoni Stankiewicz, 26. Januar 2008
(© Fotografia Felici)

Abkürzungsverzeichnis[1]

[1] Abkürzungen in Zitaten oder Originaltiteln sind nicht aufgeführt. Die in Fußnoten abgekürzten Vornamen sind in der Bibliografie aufgelöst. Die Ortsangaben in diesem Verzeichnis beziehen sich jeweils nur auf die zeitlich letzten bekannten Erscheinungsorte (außer bei Nachdrucken).

1 Kor	Erster Brief des heiligen Apostels Paulus an die Korinther
30Tg	*30 Tage in Kirche und Welt*, Roma
AAS	*Acta Apostolicae Sedis*, Città del Vaticano
AAS.S	*Acta Apostolicae Sedis. Supplemento per le leggi e disposizioni dello Stato della Città del Vaticano*, Città del Vaticano
ABAW.H	*Abhandlungen der historischen Classe der königlich bayerischen Akademie der Wissenschaften*, München
ABAW.PPH	*Abhandlungen der Bayerischen Akademie der Wissenschaften, Philosophisch-philologische und historische Klasse*, München
ABC	*ABC. Settimanale politico e di attualità*, Milano
ACan	*L'Année canonique*, Paris
ACBC.	AUSTRALIAN CATHOLIC BISHOPS' CONFERENCE
ADAP	*Acta doctorum Academiae Pisanae*, Pisa
ADB	*Allgemeine deutsche Biographie*, Leipzig
ADCOV	*Acta et documenta Concilio Oecumenico Vaticano II apparando*, Città del Vaticano
ADE	*Archivio di diritto ecclesiastico*, Roma u. a.
ADGC	*Annali di dottrina e giurisprudenza canonica*, Città del Vaticano
ADipl	*Archiv für Diplomatik, Schriftgeschichte, Siegel- und Wappenkunde*, Köln u. a.
AEcR	*The American Ecclesiastical Review*, Washington
AGrXVI	*Acta Gregorii Papae XVI. scilicet Bullae, Litterae Apostolicae, Epistolae*, Romae
AHP	*Archivum historiae pontificiae*, Roma
AHReF	*Archives de l'histoire religieuse de la France*, Paris
AIC	*Adnotationes in ius canonicum*, Frankfurt am Main u. a.
AISIG	*Annali dell'Istituto Storico Italo-Germanico in Trento. Annalen des Italienisch-Deutschen Historischen Instituts in Trient*, Bologna
AkKR	*Archiv für katholisches Kirchenrecht. Mit besonderer Berücksichtigung der Länder deutscher Sprache*, Paderborn
AKuG	*Archiv für Kulturgeschichte*, Köln – Weimar – Wien
ALXIII	*Leonis XIII. Pontificis Maximi Acta*, Romae
AmiCl	*L'ami du clergé*, Langres
Ang	*Angelicum. Periodicum internationale de re philosophica et theologica*, Roma
AnGr	*Analecta Gregoriana*, Roma
Anm.	Anmerkung
Anna bella	*Anna bella. Rivista di moda e di attualità femminile*, Milano
AnPont	*Annuario Pontificio*, Città del Vaticano
AnwBl	*Anwaltsblatt. Nachrichten für die Mitglieder des Deutschen Anwaltsvereins e. V.*, Bonn
Ap. Breve	Apostolisches Breve, *Breve Apostolicum*
Ap. Konst.	Apostolische Konstitution, *Constitutio Apostolica*
Ap. Schr.	Apostolisches Schreiben, *Litterae Apostolicae*

ApAdm.	Apostolischer Administrator
ApDel.	Apostolischer Delegat
Apg	Apostelgeschichte
APiiIX	*Pii IX Pontificis Maximi Acta*, Romae
Apol	*Apollinaris. Commentarius iuris canonici*, Città del Vaticano
Apr	April, *mensis Aprilis die*
Arch. Rot.	Archiv des *Tribunal Rotae Romanae*
Arch. Sign.	Archiv des *Supremum Signaturae Apostolicae Tribunal*
Arch. Vat.	Vatikanisches Geheimarchiv
Arkiv	*Arkiv. Tidsskrift for arkivforskning*, København
ARP	*Acta Romanorum pontificum*, Città del Vaticano
art.	*articulus*, Artikel
ArZs	*Archivalische Zeitschrift*, München
ASCOV	*Acta synodalia sacrosancti Concilii Oecumenici Vaticani II*, Città del Vaticano
ASD	*Annali di storia del diritto*, Milano
ASS	*Acta Sanctae Sedis*, Romae
AttSS	*L'attività della Santa Sede*, Città del Vaticano
AudRR.	Auditor-Prälat des *Tribunal Rotae Romanae*
AUF	*Archiv für Urkundenforschung*, Berlin
Aug	August, *mensis Augusti die*
B. Bis	*Bollettino Bis*
BAC.M	*Biblioteca de autores cristianos. Serie maior*, Madrid
BAOl	*Biblioteca Abat Oliba*, Barcelona
BAStG	*Biblioteca dell'Accademia Storico-Giuridica*, Romae
BBGK	*Des Herrn Abts de Berault-Bercastel Geschichte der Kirche in einem getreuen Auszuge*, Innsbruck
BBKG	*Beiträge zur bayerischen Kirchengeschichte*, Erlangen
BBKL	*Biographisch-Bibliographisches Kirchenlexikon*, Hamm
BCSR	*Bibliothèque catholique des sciences religieuses*, Paris
BDHIR	*Bibliothek des Deutschen Historischen Instituts in Rom*, Roma
BECh	*Bibliothèque de l'École des Chartes*, Genève
BEHE.R	*Bibliothéque de l'École des Hautes Études*, 5. *Section des sciences religieuses*, Paris
BEr	*Bibliotheca Eruditorum. Internationale Bibliothek der Wissenschaften*, Goldbach
BEThL	*Bibliotheca Ephemeridum theologicarum Lovaniensium*, Leuven
Bf.	Bischof
BLE	*Bulletin de littérature ecclésiastique*, Toulouse
BMCL	*Bulletin of Medieval Canon Law*, Berkeley
BME	*Bibliotheca „Monitor Ecclesiasticus"*, Napoli
BNie	*Biblioteka „Niedzieli"*, Częstochowa
BogV	*Bogoslovni Vestnik*, Ljubljana

BPHIR	*Bibliothek des kgl. Preußischen Historischen Instituts in Rom*, Rom
BSal.E	*Bibliotheca Salmanticensis. Estudios*, Salamanca
BullBenXIV	*Benedicti XIV. Pont. Opt. Max. olim Prosperi Cardinalis de Lambertinis Bullarium*, Prati
BullPiiVII	*Bullarium Pii VII.*, Prati
BullRom	*Bullarium Romanum = Bullarum diplomatum et privilegiorum Sanctorum Romanorum Pontificum Taurinensis editio*, Augustae Taurinorum
BullRomCont	*Bullarii Romani continuatio Summorum Pontificum Benedicti XIV. Clementis XIII. Clementis XIV. Pii VI. Pii VII. Leonis XII. Pii VIII.*, Prati
BzMK	*Beihefte zum Münsterischen Kommentar zum Codex Iuris Canonici*, Essen
c.	coram
C.M.	*Congregatio Missionis*
C.M.F.	*Congregatio Missionariorum Filiorum Immaculati Cordis Beatae Mariae Virginis*
C.O.	*Confoederatio Oratorii Sancti Philippi Nerii*
C.S.C.	*Congregatio a Sancta Cruce*
Can	*Canonistica. Beiträge zum Kirchenrecht*, Trier
can.	canon
CanC	*Le Canoniste contemporain*, Paris
cap.	caput, capitulum
Card.	Cardinalis
Carth	*Carthaginensia. Revista semestral de estudios e investigación*, Murcia
Cath	*Catholicisme. Hier, aujourd'hui, demain*, Paris
CAV	*Collectanea Archivi Vaticani*, Città del Vaticano
CCan	*Colección canónica de la Universidad de Navarra*, Pamplona
CCEO	*Codex Canonum Ecclesiarum Orientalium* (1990), Città del Vaticano
CChr.SL	*Corpus Christianorum. Series Latina*, Turnhout
CDCT	*Canones et Decreta Sacrosancti Oecumenici Concilii Tridentini ed. Lipsiae*, Lipsiae
CDE	*Les cahiers du droit ecclésial*, Luçon
CdI	*Corriere d'Italia. Giornale del rinnovamento economico, sociale, politico*, Roma
CE	*The Catholic Encyclopedia*, New York
CECDC	*Comentario exegético al Código de Derecho Canónico*, Pamplona
CEF.	CONFERENCE DES EVÊQUES DE FRANCE
CEFR	*Collection de l'École française de Rome*, Rome
CENS	*Collection de l'École Normale Supérieure de jeunes filles*, Paris
CFan	*Cahiers de Fanjeaux. Collection d'Histoire religieuse du Languedoc aux XIIIe et XIVe siècles*, Fanjeaux
ChFCMW	*Church, Faith and Culture in the Medieval West*, Aldershot – Burlington
Chir.	Chirograf, *Chirographum*

ChW	*Christliche Welt*, Gotha
CIC	*Codex Iuris Canonici* (1983), Città del Vaticano
CIC/1917	*Codex Iuris Canonici* (1917), Roma
CIC/1983	*Codex Iuris Canonici* (1983), Città del Vaticano
CIStAM	*Centro italiano di Studi sull'Alto Medioevo*, Spoleto
CivCatt	*La Civiltà cattolica*, Roma
CLSt	*Canon Law Studies*, Washington
CMT	*Cambridge Medieval Textbooks*, Cambridge – New York – Melbourne
CNBB.	Conferência Nacional dos Bispos do Brasil
COD	*Conciliorum oecumenicorum decreta*, Bologna
ColEstS	*Collección Estudios sociales*, Madrid
ColLac	*Acta et Decreta sacrorum Conciliorum recentiorum. Collectio Lacensis*, Friburgi Brisgoviae
Comm	*Communicationes*, Città del Vaticano
Conc(D)	*Concilium. Internationale Zeitschrift für Theologie*, Einsiedeln u. a.
Conc(F)	*Concilium. Revue internationale de théologie*, Paris
Conc(I)	*Concilium. Rivista internazionale di teologia*, Brescia
CONFEP.	CONFERENTIA EPISCOPALIS
cons.	*consilium*
CONSPEN.	CONSILIUM PRO PUBLICIS ECCLESIAE NEGOTIIS
CorpIC	*Studium Romanae Rotae. Corpus Iuris Canonici*, Città del Vaticano
CRM	*Commentarium pro religiosis et missionariis*, Roma
CSEL	*Corpus scriptorum ecclesiasticorum latinorum*, Wien
CSLH	*Comparative Studies in Continental and Anglo-American Legal History = Vergleichende Untersuchungen zur kontinentaleuropäischen und anglo-amerikanischen Rechtsgeschichte*
CSPac	*Colectánea San Paciano*, Barcelona
CT	*Concilium Tridentinum. Diariorum, actorum, epistularum, tractatuum nova collectio*, Friburgi Brisgoviae
DA	*Deutsches Archiv für Erforschung des Mittelalters*, Köln – Weimar – Wien
DBEC	*Diccionario biográfico español contemporáneo*, Madrid
DBETh	*Deutsche Biographische Enzyklopädie der Theologie und der Kirchen*, München
DBF	*Dictionnaire de biographie française*, Paris
DBI	*Dizionario biografico degli Italiani*, Roma
DBK.	DEUTSCHE BISCHOFSKONFERENZ
DC	*La Documentation Catholique*, Paris
DDC	*Dictionnaire de droit canonique*, Paris
DEc	*Il diritto ecclesiastico*; *Il diritto ecclesiastico e rassegna di diritto matrimoniale*, Roma
Dekl.	Deklaration
Dekr.	Dekret

DekRR.	Dekan des *Tribunal Rotae Romanae* (Dekan *degli Uditori della Sacra Romana Rota*)
Dez	Dezember, *mensis Decembris die*
DFP	*Il diritto di famiglia e delle persone*, Milano
DG	*Diritto & giustizia. Supplemento settimanale al quotidiano giuridico on line Diritto & Giustizi@*, Milano
DHCJ	*Diccionario histórico de la Compañía de Jesús*, Roma – Madrid
DhCSt	*Dharmaram Canonical Studies*, Bangalore
DHEC	*Diccionari d'història eclesiàstica de Catalunya*, Barcelona
DHEE	*Diccionario de historia eclesiástica de España*, Madrid
DHGE	*Dictionnaire d'histoire et de géographie ecclésiastiques*, Paris
DHP	*Dictionnaire historique de la papauté*, Paris
Dig.	*Digesten*
DigIt	*Il Digesto italiano*, Torino
DirP	*Direito & Pastoral*, Rio de Janeiro
disc.	*discursus*
Diss. masch.	maschinenschriftliche Dissertation
DizEc	*Dizionario Ecclesiastico*, Torino
DMC	*Dictionarium morale et canonicum*, Romae
DocR, I	GORDÓN, Ignacio, GROCHOLEWSKI, Zenon (Hg.), *Documenta recentiora circa rem matrimonialem et processualem cum notis bibliographicis et indicibus*, I, Romae
DocR, II	GROCHOLEWSKI, Zenon (Hg.), *Documenta recentiora circa rem matrimonialem et processualem cum notis bibliographicis et indicibus*, II, Romae
DPM	*De processibus matrimonialibus. Fachzeitschrift zu Fragen des Kanonischen Ehe- und Prozeßrechtes*, Frankfurt am Main u. a.
Dr.	Doktor
DStBM	*Dizionario storico-biografico dei marchegiani,* Ancona u. a.
ΔΘ	*Δίκαιο και Θεσμοί*, Thessaloniki
DThC	*Dictionnaire de théologie catholique*, Paris
DZGW	*Deutsche Zeitschrift für Geschichtswissenschaft*, Freiburg im Breisgau
ebd.	ebenda
EC	*Enciclopedia cattolica*, Città del Vaticano
ed.	*editio*
EE	*Estudios eclesiásticos*, Madrid
EEAm	*Enciclopedia universal ilustrada europeo-americana*, Madrid
EG	*Europäische Geschichte*, Frankfurt am Main
ÉglMars	*L'Église aujourd'hui à Marseille. Revue diocésaine*, Marseille
EHS.G	*Europäische Hochschulschriften*, 3. *Geschichte und ihre Hilfswissenschaften*, Frankfurt am Main u. a.
ELBC	*Enciclopédia Luso-Brasileira de Cultura*, Lisboa
EncD	*Enciclopedia del diritto*, Milano
EncG	*Enciclopedia giuridica*, Roma

EncIt	*Enciclopedia italiana di scienze, lettere ed arti*, Roma
EncKat	*Encyklopedia katolicka*, Lublin
Enz.	Enzyklika
EOr	*Échos d'Orient*, Paris
EphIC	*Ephemerides iuris canonici*, Roma
EpRPont	THIEL, Andreas (Hg.), *Epistolae Romanorum pontificum genuinae et quae ad eos scriptae sunt a S. Hilaro usque ad Pelagium II.*, I, Braunsberg = Hildesheim – New York
Erg.-Lfg.	Ergänzungs-Lieferung
ErzBf.	Erzbischof
ESt.NF	*Eichstätter Studien, Neue Folge*, Regensburg
Ét	*Études*, Paris
f.	*folium*
fasc.	*fasciculus*
FC	*Fontes christiani*, Freiburg im Breisgau
Feb	Februar, *mensis Februarii die*
FF	*francs français*, Französische Franken
FGOÖ	*Forschungen zur Geschichte Oberösterreichs*, Graz
FigHoy	*Figuras de hoy. Enciclopedia Biográfica Nacional Ilustrada de las personalidades de la actualidad*, Madrid
FKGG	*Forschungen zur Kirchen- und Geistesgeschichte*, Stuttgart
FKRG	*Forschungen zur kirchlichen Rechtsgeschichte und zum Kirchenrecht*, Köln
FKRW	*Forschungen zur Kirchenrechtswissenschaft*, Würzburg
FolCan	*Folia Canonica. Review of Eastern and Western Canon Law*, Budapest – Nyíregyháza
For	*Forum. A Review of the Maltese Ecclesiastical Tribunal*, Valletta
Frhr. v.	Freiherr von
FThSt	*Freiburger theologische Studien*, Freiburg im Breisgau
FVKS	*Freiburger Veröffentlichungen aus dem Gebiete von Kirche und Staat*, Freiburg, Schweiz
GCFP	*La Gerarchia cattolica e la famiglia pontificia*, Roma
Germ.WB	*Germania. Wissenschaftliche Beilage. Blätter für Litteratur, Wissenschaft und Kunst*, Berlin
GiurCC	*Giurisprudenza canonica commentata*, Città del Vaticano
GRSS	*Grazer rechts- und staatswissenschaftliche Studien*, Graz
GsGg	*Geschichte und Gegenwart*, Graz
HDIEO	*Histoire du droit et des institutions de l'Église en Occident*, Paris
HDRG	*Handwörterbuch zur deutschen Rechtsgeschichte*, Berlin
Hg.	Herausgeber(in)
hg. v.	herausgegeben von
HGrE	*Historische Grundwissenschaften in Einzeldarstellungen*, Stuttgart – Wiesbaden
HJ	*Historisches Jahrbuch der Görresgesellschaft*, München u. a.

HKG	*Handbuch der Kirchengeschichte*, Freiburg – Basel – Wien
HKKR	*Handbuch des katholischen Kirchenrechts*, Regensburg
Hochl	*Hochland. Monatsschrift*, München
HomN	*L'Home nou*, Barcelona
HQLPG	*Handbuch der Quellen und Literatur der neueren europäischen Privatrechtsgeschichte*, München
HSp	*Herder spektrum*, Freiburg im Breisgau
IEC.	IRISH EPISCOPAL CONFERENCE
IllVat.D	*L'Illustrazione Vaticana. Deutsche Ausgabe*, Città del Vaticano
IndT	*India Today*, New Delhi – Chennai
IPX.St	*Istituto di diritto canonico San Pio X. Studi*, Venezia
IR £	*Irish Pounds*, Irische Pfund
IurOr	*Iura Orientalia*, Rom
IusCan	*Ius Canonicum*, Pamplona
IusCom	*Ius Commune*, Frankfurt am Main
IusEc	*Ius Ecclesiae*, Milano
IusN	*Ius Nostrum. Studi e testi pubblicati dall'Istituto di storia del diritto italiano dell'Università di Roma*, Napoli
IusPont	*Ius Pontificium seu ephemerides Romanae ad canonicas disciplinas spectantes*, Roma
Iust	*Iustitia, Roma*
Jan	Januar, *mensis Ianuarii die*
JEH	*The Journal of Ecclesiastical History*, London
Jh.	Jahrhundert
Joh	Evangelium nach Johannes
Jul	Juli, *mensis Iulii die*
Jun	Juni, *mensis Iunii die*
Jur	*The Jurist*, Washington
Kard.	Kardinal
KardStSekr.	Kardinalstaatssekretär bzw. Kardinalstaatssekretär Seiner Heiligkeit
KatL	*Katolikus lexikon*, Budapest
KatNov	*Katolícke noviny*, Bratislava
KDGK	*Kürschners deutscher Gelehrtenkalender*, Berlin – Leipzig
KEP.	KONFERENCJA EPISKOPATU POLSKI
KHL	*Kirchliches Handlexikon*, Freiburg im Breisgau
KiBOs	*Kirchenbote. Wochenzeitung für das Bistum Osnabrück*, Osnabrück
KoKat	*Kościół katolicki na ziemiach polski w czasie II wajny światowe*, Warszawa
KRA	*Kirchenrechtliche Abhandlungen*, Stuttgart
KStT	*Kanonistische Studien und Texte*, Bonn
KVRG	*Kölner Veröffentlichungen zur Religionsgeschichte*, Köln
KZfRG	*Kritische Zeitschrift für Rechtswissenschaft und Gesetzgebung des Auslandes*, Heidelberg

LE	OCHOA, Javier (Hg.) bzw. ANDRÉS GUTIÉRREZ, Domingo Javier (Hg.), *Leges Ecclesiae post Codicem iuris canonici editae,* Roma
Lib	*Libelli*, Darmstadt
lib.	*liber*
Lit.	Literatur
LitAnz	*Literarischer Anzeiger*, Graz
LiVi	*I libri di Viella*, Roma
LKB	*Linzer Kanonistische Beiträge*, Linz
LKR	*Lexikon des Kirchenrechts*, Freiburg – Basel – Wien
LKStKR	*Lexikon für Kirchen- und Staatskirchenrecht*, Paderborn u. a.
LMA	*Lexikon des Mittelalters*, München – Zürich
LThCPol	*Lexicon Theologorum Catholicorum Poloniae = Słownik. Polskich Teologōw Katolickich 1918-1981*, Warszawa
LThK	*Lexikon für Theologie und Kirche*, Freiburg im Breisgau u. a.
LusCan.B	*Lusitania canonica. Série B – Documentação*, Lisboa
M.L.M.	*Missionarii Libanenses Maronitae*
MagKL	*Magyar Katolikus Lexikon*, Budapest
MAH	*Mélanges d'archéologie et d'histoire de l'École française de Rome*, Paris
Mai	Mai, *mensis Maii die*
MBTh	*Münsterische Beiträge zur Theologie*, Münster
MCS	*Monumenta Christiana selecta*, Tournai u. a.
MCSM	*Miscellanea del Centro di Studi Medioevali*, Milano
MDSC.M	*Università di Torino. Memorie del Dipartimento di Scienze giuridiche. Miscellanea (III serie)*, Napoli
ME	*Monitor Ecclesiasticus* bzw. *Il monitore ecclesiastico*, Roma
MedW	*The Medieval World*, London – New York
MEFRIM	*Mélanges de l'École Française de Rome. Italie et Méditerranée*, Paris
MG	*Pontificio Ateneo della Santa Croce. Monografie giuridiche*, Milano
MGH	*Monumenta Germaniae historica*, Hannover
MGH.ES	*Monumenta Germaniae historica. Epistolae selectae*, München
MGH.LL	*Monumenta Germaniae historica. Libelli de lite imperatorum et pontificum saeculis XI et XII conscripti*, Hannover
MHEc	*Monografias de historia eclesiastica*, Madrid
MHP	*Miscellanea historiae pontificiae*, Roma
MHSt.GH	*Münchener Historische Studien. Abteilung Geschichtliche Hilfswissenschaften*, Kallmünz
MIC.S	*Monumenta iuris canonici. Series C: Subsidia*, Roma
MIÖG	*Mitt(h)eilungen des Instituts für Österreichische Geschichtsforschung*, Innsbruck
MIÖG.E	*Mitt(h)eilungen des Instituts für Österreichische Geschichtsforschung. Ergänzungsband*, Innsbruck
Misc.	*Miscellanea*
MK	*Münsterischer Kommentar zum Codex Iuris Canonici*, Essen

Mons.	Monsignore
MÖSA	*Mitteilungen des Österreichischen Staatsarchivs*, Wien
Motu pr.	Motu proprio
Mrz	März, *mensis Martii die*
Msgr.	Monsignore
MThS.K	*Münchener theologische Studien. Kanonistische Abteilung*, Sankt Ottilien
n.	*numerus*
N. N.	*nomen nominandum*
NA	*Neues Archiv der Gesellschaft für Ältere Deutsche Geschichtskunde zur Beförderung einer Gesamtausgabe der Quellen deutscher Geschichte des Mittelalters*, Hannover
NCCB.	NATIONAL CONFERENCE OF CATHOLIC BISHOPS [OF THE UNITED STATES OF AMERICA]
NCE	*New Catholic Encyclopedia,* New York u. a.
NCOG	*Nuova collezione di opere giuridiche*, Roma – Torino – Firenze
NDB	*Neue deutsche Biographie*, Berlin
NDDC	*Nuovo Dizionario di Diritto Canonico*, Cinisello Balsamo
NDigIt	*Nuovo Digesto Italiano*, Torino
NISStS	*La nuova Italia scientifica. Studi superiori*, Roma
NKD	*Nachkonziliare Dokumentation*, Trier
NLeader	*The New Leader*, Chennai
Not.	*Notabilia*
Nov	November, *mensis Novembris die*
NovDigIt	*Novissimo Digesto Italiano*, Torino
Nr.	Nummer
NRSG	*Nuova raccolta di scritti giuridici*, Torino
NRTh	*Nouvelle revue théologique*, Louvain
NStr	*Norm und Struktur. Studien zum sozialen Wandel in Mittelalter und früher Neuzeit*, Köln – Weimar – Wien
Nuntia	*Nuntia. Commentarium cura et studio Pontificiae Commissionis Codici Iuris Canonici Orientalis Recognoscendo*, Città del Vaticano
O.F.M.	*Ordo Fratrum Minorum*
O.F.M.Conv.	*Ordo Fratrum Minorum Conventualium*
O.R.C.	*Ordo Canonicorum Regularium Sanctae Crucis*
ÖAKR	*Österreichisches Archiv für Kirchenrecht*, Wien
ÖARR	*Österreichisches Archiv für Recht und Religion*, Wien
ÖBL	*Österreichisches Biographisches Lexikon 1815-1950*, Graz
OCP	*Orientalia Christiana Periodica*, Roma
ODNB	*Oxford Dictionary of National Biography*, Oxford
Okt	Oktober, *mensis Octobris die*
OpOBenXIV	*Benedicti XIV. Pont. Opt. Max. olim Prosperi Cardinalis de Lambertinis opera omnia*, Prati
OR	*L'Osservatore Romano*, Città del Vaticano

OR (D)	*L'Osservatore Romano. Wochenausgabe in deutscher Sprache*, Città del Vaticano
OR (F)	*L'Osservatore Romano. Édition hebdomadaire en langue française*, Città del Vaticano
P.	Pater
P. N.	Protokoll-Nummer
P.S.S.	*Societas Presbyterorum a Sancto Sulpicio*
Paese Sera	*Paese Sera*, Roma
Panorama	*Panorama*, Milano
PapEnc	*The Papacy. An Encyclopedia*, New York – London
PastB	*Pastor bonus. Zeitschrift für kirchliche Wissenschaft und Praxis,* Trier
PCCCI.	PONTIFICIA COMMISSIO AD CODICIS CANONES AUTHENTICE INTERPRETANDOS
PCICI.	PONTIFICIA COMMISSIO AD CODICEM IURIS CANONICI AUTHENTICE INTERPRETANDUM bzw. PONTIFICIA COMMISSIO CODICI IURIS CANONICI AUTHENTICE INTERPRETANDO
PCLT.	PONTIFICIUM CONSILIUM DE LEGUM TEXTIBUS
PCLTI.	PONTIFICIUM CONSILIUM DE LEGUM TEXTIBUS INTERPRETANDIS
PCOR.	PONTIFICIA COMMISSIO CODICI IURIS CANONICI ORIENTALIS RECOGNOSCENDO
PCR.	PONTIFICIA COMMISSIO CODICI IURIS CANONICI RECOGNOSCENDO
PCRC.	PONTIFICIA COMMISSIO PRO REVISIONE CODICIS IURIS CANONICI
PCRCO.	PONTIFICIA COMMISSIO PRO REVISIONE CODICIS IURIS CANONICI ORIENTALIS
Per	*Periodica de re morali canonica liturgica*; *Periodica de re canonica*, Roma
PFGUM	*Pubblicazioni della Facoltà di Giurisprudenza dell'Università degli Studi „Macerata"*, Milano
PFGUP	*Pubblicazioni della Facoltà di Giurisprudenza dell'Università di Padova*, Padova
PHIÖR	*Publikationen des Historischen Instituts beim Österreichischen Kulturinstitut in Rom*, Innsbruck
PISDI	*Pubblicazioni dell'Istituto di Storia del Diritto Italiano dell'Università degli Studi di Milano*, Firenze
PL	MIGNE, Jacques-Paul (Hg.), *Patrologiae cursus completus. Series latina*, Parisiis
PräfCDF.	Präfekt der *Congregatio pro Doctrina Fidei*
PräfConsPEN.	Präfekt des *Consilium pro Publicis Ecclesiae Negotiis*
PräfSCNExtr.	Präfekt der *Sacra Congregatio super Negotiis Ecclesiasticis Extraordnariis*
PräfSCDSacr.	Präfekt der *Sacra Congregatio de Disciplina Sacramentorum*
PräfSignAp.	Präfekt des *Supremum Signaturae Apostolicae Tribunal*
PraKan	*Prawo kanoniczne*, Warszawa
PrDekRR.	Pro-Dekan des *Tribunal Rotae Romanae* bzw. Pro-Dekan der *Sacra Romana Rota*

PrPräfSignAp.	Pro-Präfekt *Supremum Signaturae Apostolicae Tribunal*
PrStSekr.	Pro-Staatssekretär Seiner Heiligkeit
PSHD	*Publications de la Société d'histoire du droit et des institutions des anciens pays de droit écrit*, Montpellier
PuP	*Päpste und Papsttum*, Stuttgart
QdA	*Quaderni di Apollinaris*, Roma
QDEc	*Quaderni di diritto ecclesiale*, Milano
QdM	*Quaderni della Mendola*, Milano
QFG	*Quellen und Forschungen aus dem Gebiete der Geschichte*, Paderborn
QFGAR	*Quellen und Forschungen zur höchsten Gerichtsbarkeit im Alten Reich*, Köln – Weimar – Wien
QFIAB	*Quellen und Forschungen aus italienischen Archiven und Bibliotheken*, Tübingen
QGHRF	*Quellen zur Geschichte des Humanismus und der Reformation in Faksimile-Ausgaben*, München
QL	*Quadrante Laterza*, Roma u. a.
QOR	*Quaderni de „L'Osservatore Romano"*, Città del Vaticano
QStR	*Quaderni Studio Rotale* bzw. *Quaderni dello Studio Rotale*, Roma
RBMAS	*Rerum Britannicarum medii aevi scriptores or chronicles and memorials of Great Britain and Ireland during the middle ages*, London
RCatT	*Revista catalana de teologia*, Barcelona
RDC	*Revue de droit canonique*, Strasbourg
REB	*Revista eclesiástica brasileira*, Petrópolis
REcL	*Revue ecclésiastique de Liège*, Liège
REDC	*Revista española de derecho canónico*, Salamanca
RenSt	*Renaissance Studies*, Oxford
REU	Apostolische Konstitution *Regimini Ecclesiae Universae*
RF	*Razón y fé. Revista hispano-americana de cultura*, Madrid
RGG[4]	*Religion in Geschichte und Gegenwart*[4], Tübingen
RGST	*Reformationsgeschichtliche Studien und Texte*, Münster
RH	*Revue historique*, Paris
RHDF	*Revue historique de droit français et étranger*, Paris
RHDF.IV	*Revue historique de droit français et étranger. Quatrième série*, Paris
RHE	*Revue d'histoire ecclésiastique*, Louvain
RhV	*Rheinische Vierteljahresblätter*, Bonn
RJC	*Revista jurídica de Cataluña*, Barcelona
RLDRI	*Raccolta ufficiale delle leggi e dei decreti del Regno d'Italia*, Firenze
RmMC	*Roma moderna e contemporanea. Rivista interdisciplinare di storia*, Roma
Röm	Brief des heiligen Apostels Paulus an die Römer
RQ	*Römische Quartalschrift für christliche Altertumskunde und Kirchengeschichte*, Freiburg im Breisgau
RQ.S	*Römische Quartalschrift für christliche Altertumskunde und Kirchengeschichte. Supplementheft*, Freiburg im Breisgau

RR.	ROTAE ROMANAE TRIBUNAL
RRDec	*Rotae Romanae Decisiones seu Sententiae,* Città del Vaticano
RRDecr	*Rotae Romanae Decreta*, Città del Vaticano
RSRDEc	*Raccolta di studi della rivista ‚Il diritto ecclesiastico'*, Milano
RTLi	*Revista Teológica Limense*, Lima
RWPK	*Katolicki Uniwersytet Lubelski: Rozprawy doctorskie, magisterskie i seminaryjne, wydziat prawa kanonicznego*, Lublin
s. a.	*sine anno*, ohne Jahr
s. d.	*sine die*, ohne Tag
S. E.	Seine Exzellenz
s. l.	*sine loco*, ohne Ort
s. n.	*sine numero*, ohne Nummer
s. p.	*sine pagina*, ohne Seite
S. R. Rota	*Sacra Romana Rota*
S.A.C.	*Societas Apostolatus Catholici*
S.D.B.	*Societas Sancti Francisci Salesii*
S.J.	*Societas Iesu*
S.M.M.	*Societas Mariae Montfortana*
SalTer	*Sal terrae. Revista hispanoamericana de cultura eclesiástica*, Santander
SAU.G	*Schriften der Albertus-Universität Königsberg. Geisteswissenschaftliche Reihe*, Königsberg
ScC	*Scuola cattolica. Rivista di scienze religiose*, Milano
SCCAER.	SACRA CONGREGATIO CAEREMONIALIS
SCCONS.	SACRA CONGREGATIO CONSISTORIALIS
SCDSACR.	SACRA CONGREGATIO DE DISCIPLINA SACRAMENTORUM
SCNEXTR.	SACRA CONGREGATIO SUPER NEGOTIIS ECCLESIASTICIS EXTRAORDINARIIS
SConcCol	MANSI, Giovanni Domenico (Hg.), *Sacrorum Conciliorum nova et amplissima collectio*, Florentiae – Venetiae = Paris
SCRIT.	SACRA CONGREGATIO DE RITIS
SCSACR.	SACRA CONGREGATIO DE SACRAMENTIS
SCSOFF.	SUPREMA CONGREGATIO SANCTI OFFICII
SDIC	*Studia et documenta iuris canonici*, Roma
SECRST.	SECRETARIA STATUS bzw. SECRETARIA STATUS SANCTITATIS SUAE
SekrSCConc.	Sekretär der *Sacra Congregatio Concilii*
SekrSCCons.	Sekretär der *Sacra Congregatio Consistorialis*
SekrSCRit.	Sekretär der *Sacra Congregatio de Ritis*
SekrSignAp.	Sekretär des *Supremum Signaturae Apostolicae Tribunal*
Sent.	*Sententia*
Sep	September, *mensis Septembris die*
ser.	*seria*
SGSG	*Studi gregoriani per la storia di Gregorio VII e della riforma gregoriana,* Roma

SHDR	*Systematisches Handbuch der deutschen Rechtswissenschaft*, Berlin
SIGNAP.	SUPREMUM SIGNATURAE APOSTOLICAE TRIBUNAL
SMGH	*Schriften der Monumenta Germaniae Historica*, Stuttgart
SÖAW.PH	*Sitzungsberichte der Österreichischen Akademie der Wissenschaften in Wien. Philosophisch-Historische Klasse*, Wien
SQS	*Sammlung ausgewählter kirchen- und dogmengeschichtlicher Quellenschriften*, Tübingen
SRR.	SACRA ROMANA ROTA
SRRDec	*Sacrae Romanae Rotae Sententiae seu Decisiones*, Romae
ST £	*Pound Sterling*, britische Pfund
StDC	*Studi di diritto comparato*, Milano
StDGP	*Studien und Dokumente zur Gallia Pontificia; Études et documents pour servir à une Gallia Pontificia*, Bonn
StDPISt	*Studi di diritto privato italiano e straniero*, Padova
StEc.HI	*Studia ecclesiastica. Historica-iuridica*, Roma
StGiur	*Studi giuridici*, Città del Vaticano
StGra	*Studia Gratiana*, Bologna
STHIC	*Studia et textus historiae iuris canonici*, Roma
StSekr.	Staatssekretär, Staatssekretär Seiner Heiligkeit
StSGS.NS	*Studi nelle scienze giuridiche e sociali. Nuova serie*, Padova
StT	*Studi e testi*, Città del Vaticano
StUrb	*Studia Urbaniana*, Roma
SubstSecrSt.	Substitut des Staatssekretariats
SZ	*Süddeutsche Zeitung*, München
TG.DC	*Tesi Gregoriana. Serie Diritto Canonico*, Roma
TG.StE	*Tesi Gregoriana. Serie Storia Ecclesiastica*, Roma
TG.T	*Tesi Gregoriana. Serie Teologia*, Roma
THEP	*Travaux d'histoire éthico-politique*, Genève
ThGl	*Theologie und Glaube. Zeitschrift für den katholischen Klerus*, Paderborn
ThJb	*Theologisches Jahrbuch*, Leipzig
ThPQ	*Theologisch-praktische Quartalschrift*, Linz an der Donau
ThQ	*Theologische Quartalschrift*, Tübingen
THR	*Travaux d'humanisme et renaissance*, Genève
ThRv	*Theologische Revue*, Münster
tit.	*titulus*
TitBf.	Titularbischof
TitErzBf.	Titularerzbischof
TLeg	*Pontificio Ateneo della Santa Croce. Testi legislativi*, Milano
tom.	*tomus*
Tr	*Traditio. Studies in ancient and medieval history, thought and religion*, New York
TRE	*Theologische Realenzyklopädie*, Berlin – New York

TRG	*Tijdschrift voor rechtsgeschiedenis*, Groningen
TyV	*Teología y vida*, Santiago de Chile
u. a.	und andere, und andernorts
UD	*Uomini e dottrine*, Roma
UDStRG.AF	*Untersuchungen zur deutschen Staats- und Rechtsgeschichte*, Breslau
UnCa	*L'Université catholique*, Lyon
US $	Amerikanische Dollars
usw.	und so weiter
UTB	*Uni-Taschenbücher*, Heidelberg u. a.
v.	von
VetMH	THEINER, Augustin (Hg.), *Vetera monumenta historica Hungariam sacram illustrantia*, II, Romae = Osnabrück
VGG.R	*Veröffentlichungen der Görres-Gesellschaft zur Pflege der Wissenschaft im katholischen Deutschland. Sektion für Rechts- und Sozialwissenschaft* bzw. *Sektion für Rechts- und Staatswissenschaft* bzw. *Neue Folge*, Bonn
vgl.	vergleiche
VHKP	*Veröffentlichungen der Historischen Kommission für Pommern*, Köln
VI	*Liber sextus*
vol.	*volumen, volumina*
VStAHH	*Veröffentlichungen aus dem Staatsarchiv der Freien und Hansestadt Hamburg*, Hamburg
VuF	*Vorträge und Forschungen*, Sigmaringen
WA.TR	LUTHER, Martin, *Werke. Kritische Gesamtausgabe [Weimarer Ausgabe]. Tischreden*, Weimar
WBGerm	*Wissenschaftliche Beilage zur Germania. Blätter für Literatur, Wissenschaft und Kunst*, Berlin
WeihBf.	Weihbischof
WeltW	*Die Weltwoche*, Zürich
WH.T	*Wissenschaftliche Handbibliothek. Erste Reihe: Theologische Lehr- und Handbücher*, Paderborn
WWA	*Who's Who in America*, New Providence
WWCW	*Who is Who in the Catholic World. A Biographical Dictionary containing about 5.500 Biographies of prominent Personalities in the Catholic World*, Düsseldorf
WWCW²	*Who is Who in the Catholic World²*, Wien
WWCW³	*Who is Who in the Catholic World³*, Wien
WWF	*Who's Who in France. Qui est qui en France. Dictionnaire biographique*, Levaillos-Perret
WWI	*Who is Who in Italy*, Bresso/Milano
WWInt	*The International Who's Who*, London
WWIntAff	*Who's Who in International affairs*, London
WWKL	*Wetzer und Welte's Kirchenlexikon oder Encyklopädie der katholischen Theologie und ihrer Hülfswissenschaften*, Freiburg im Breisgau

X	*Liber extra*
ZBLG	*Zeitschrift für bayerische Landesgeschichte*, München
Zeit	*Die Zeit. Wochenzeitung für Politik, Wirtschaft, Wissen und Kultur*, Hamburg
ZEvKR	*Zeitschrift für evangelisches Kirchenrecht*, Tübingen
ZfB	*Zentralblatt für Bibliothekswesen*, Leipzig
ZKG	*Zeitschrift für Kirchengeschichte*, Stuttgart
ZKTh	*Zeitschrift für katholische Theologie*, Wien u. a.
ZSRG.G	*Zeitschrift der Savigny-Stiftung für Rechtsgeschichte. Germanistische Abteilung*, Weimar
ZSRG.K	*Zeitschrift der Savigny-Stiftung für Rechtsgeschichte. Kanonistische Abteilung*, Weimar
ZZP	*Zeitschrift für Zivilprozeß*, Köln u. a.

Bibliografie I

Unveröffentlichte Quellen

1. Päpste

PIUS X., Reskript, Nr. 1508/61 CP, 1910, Apr 23: Arch. Sign.

BENEDIKT XV., Indult, 1915, Okt 23: Arch. Rot., Not. 89.

JOHANNES PAUL II., Indult, Nr. 5756/78, 1978, Okt 26: Arch. Rot., Not. 337.

2. Heiliger Stuhl

Schema legis peculiaris de Curia Romana, Civitas Vaticana 1985.

3. Staatssekretariat

ANTONELLI, Giacomo, KardStSekr., Brief, Nr. 426, 1870, Nov 30, an G. A. Del Magno, DekRR.: Arch. Vat., S. R. Rota, Misc. 84 .

MERRY DEL VAL, Rafael, KardStSekr., Brief, Nr. 33745, 1908, Nov 27, an M. Lega, DekRR.: Arch. Rot., Not. 1.

MERRY DEL VAL, Rafael, KardStSekr., Brief, Nr. 67326, 1913, Okt 29, an M. Lega, DekRR.: Arch. Rot., Not. 90.

GASPARRI, Pietro, KardStSekr., Brief, Nr. 1071, 1914, Nov 5, an G. Sebastianelli, DekRR.: Arch. Rot., Not. 103.

GASPARRI, Pietro, KardStSekr., Brief, s. n., 1928, Mai 14, an M. Massimi, DekRR.: Arch. Rot., Not. 81.

MAGLIONE, Luigi, KardStSekr., Brief, Nr. 7086/39, 1939, Okt 10, an G. Grazioli, DekRR.: Arch. Rot.: Not. 81.

SECRST., Indult, Nr. 7800/46, 1946, Okt 25, an A. Hlond, Kard., ErzBf. von Gnesen und Warschau, und A. Sapieha, Kard., ErzBf. von Krakau: Arch. Rot., Not. 337.

MONTINI, Giovanni Battista, PrStSekr., Brief, Nr. 324153, 1954, Mai 26, an A. Jullien, DekRR.: Arch. Rot., Not. 1.

DELL'ACQUA, Angelo, SubstStSekr., Brief, Nr. 324153, 1955, Feb 21, an A. Jullien, DekRR.: Arch. Rot., Not. 344.

VILLOT, Jean, KardStSekr., Brief, Nr. 305826, 1977, Mrz 12, an C. Lefebvre, DekRR.: Arch. Rot., Not. 682.

MARTÍNEZ SOMALO, Eduardo, ErzBf., TitBf. von Tagora, SubstStSekr., Brief, Nr. 127.141, 1984, Mrz 6, an A. De Jorio, DekRR.: Arch. Rot., Not. 477.

MARTÍNEZ SOMALO, Eduardo, ErzBf., TitBf. von Tagora, SubstStSekr., Brief, Nr. 166.691, 1986, Feb 24, an E. M. Fiore, DekRR.: Arch. Rot., Not. 302.

CASSIDY, Edward Idris, ErzBf., TitBf. von Amanzia, SubstStSekr., Brief, Nr. 224.137, 1988, Jul 22, an die Verantwortlichen der Dikasterien und Organe der Römischen Kurie: Arch. Rot., Not. 694.

SODANO, Angelo, KardStSekr., Brief, Nr. 414.266, 1997, Mai 21, an M. F. Pompedda, DekRR.: Arch. Rot., Not. 190.

4. Konsistorialkongregation

DE LAI, Gaetano, Kard., SekrSCCons., Brief, 1908, Nov 28, an M. Lega, DekRR.: Arch. Rot., Not. 113.

ROSSI, Raffaele Carlo, Kard., SekrSCCons., Brief, Nr. 298/26, 1932, Apr 1, an M. Massimi, DekRR.: Arch. Rot., Not. 113.

5. Ritenkongregation

PANICI, Diomede, TitErzBf. von Laodicea di Frigia, SekrSCRit., Brief, 1908, Dez 10, an M. Lega, DekRR.: Arch. Rot., Not. 3.

6. Sakramentenkongregation

SCDSACR., *Memoriale*, 1940, Jan 10: Arch. Rot., Not. 81.

JORIO, Domenico, Kard., PräfSCDSacr., Brief, Nr. 631/42 Vg., 1943, Feb 26, an L. Jaeger, ErzBf. von Paderborn: Arch. Rot., Not. 139.

JORIO, Domenico, Kard., PräfSCDSacr., Brief, Nr. 541/43 Vg., 1943, Mai 28, an A. Jullien, DekRR.: Arch. Rot., Not. 302.

7. Kongregation für die außerordentlichen kirchlichen Angelegenheiten

TARDINI, Domenico, PräfSCNExtr., Brief, Nr. 418/54, 1954, Jan 22, an A. Jullien, DekRR.: Arch. Rot., Not. 81.

TARDINI, Domenico, PräfSCNExtr., Brief, Nr. 8122/55, 1955, Dez 22, an A. Jullien, DekRR.: Arch. Rot., Not. 81.

TARDINI, Domenico, PräfSCNExtr., Brief, Nr. 5242/58, 1958, Jun 26, an P. Mattioli, AudRR.: Arch. Rot., Not. 81.

8. Apostolische Signatur

CATTANI AMADORI, Federico, SekrSignAp., Brief, 1931, Feb 19, an M. Massimi, DekRR.: Arch. Rot., Not. 109.

Memoriale della Segnatura Apostolica, 1939, Dez 30: Arch. Rot., Not. 81.

GASPARRI, Enrico, Kard., PräfSignAp., Brief, C. P. 866/943, 1943, Jun 6, an G. Grazioli, DekRR.: Arch. Rot., Not. 103.

BARTOCCETTI, Vittorio, SekrSignAp., Brief, Nr. 1501/61 C.P., Limburgen., 1961, Mrz 17, an F. J. Brennan, DekRR.: Arch. Rot., Not. 477.

ROBERTI, Francesco, Kard., PräfSignAp., Brief, 1962, Mai 26, an F. J. Brennan, DekRR.: Arch. Rot., Not. 139.

SABATTANI, Aurelio, Kard., PräfSignAp., Brief, P. N. 1077/85 SAT und 1078/85 SAT, 1985, Mrz 8, an E. T. O'Meara, ErzBf. von Indianapolis: Arch. Rot., Not. 644.

SABATTANI, Aurelio, Kard., PräfSignAp., Brief, P. N. 18171/86 V. T., 1986, Apr 28, an E. M. Fiore, DekRR.: Arch. Rot., Not. 302.

AGUSTONI, Gilberto, ErzBf., TitBf. von Caorle, PrPräfSignAp., Brief, P. N. 23711/92 V. T., 1993, Jul 23, an J. Glemp, Kard., ErzBf. von Warschau, Vorsitzender der KEP.: Arch. Sign.

9. Rota Romana

a. Historische Quellen

Liber Sacrae Rotae, scriptus de ordine R. P. D. Iosephi Molines anno 1693: Arch. Vat., S. R. Rota, Misc. 11.

CESAREI LEONI, Francesco, DekRR., Brief, [1815], an Papst Pius VII.: Arch. Vat., S. R. Rota, Misc. 31.

CESAREI LEONI, Francesco, DekRR., *Notificazione*, 1815, Mrz 6: Arch. Vat., S. R. Rota, Misc. 154.

Diarium R .P. D. Sibilia, [1870-1871]: Arch. Vat., S. R. Rota, Diaria 155.

Breve Rapporto intorno alle passate vicende ed alle attuali condizioni dell'Archivio Rotale che si presenta da Serafino Marinelli a Sua Eccellenza R.ma Monsig. Sibilia: 1871, Dez 10: Arch. Rot., Not. 98.

[DEL MAGNO, Alessandro], DekRR., *Prima udienza di Papa Leone XIII intimata quest'oggi 30 Marzo 1878*, 1878, Mrz 30: Arch. Vat., S. R. Rota, Misc. 92.

Diario dell'Uditore di Rota Giovanni De Montel, 1888: Arch. Vat., S. R. Rota, Misc. 28.

SRR., Vereidigungsprotokolle, 1908, Nov 12, 16 , 21 und 26: Arch. Rot., Not. 76.

SRR., *Registro di protocollo*, 1 (1908-1912); 2 (1913-1920); 3 (1920-1923); 5 (1928-1931); 6 (1931-1934); 7 (1934-1936); 8 (1936-1938); 9 (1938-1940); 10 (1940-1943); 11 (1943-1946); 12 (1946-1948); 15 (1951-1952); 16 (1952-1953); 17 (1953-1955); 18 (1955-1956); 19 (1956-1958); 27 (1968-1969); 28 (1969-1970); 29 (1971-1972); 31 (1973-1975); 32 (1975-1976); 35 (1978-1980); 36 (1980-1981); 38 (1982-1984); 39 (1984-1985); 45 (1993-1995); 46 (1995-1996).

Biografie degli Ill.mi e Reverendiss.mi Uditori della S. R. Rota dalla sua restituzione, I: Arch. Rot.

[LEGA, Michele, DekRR.], *Biglietto di nomina del Rev.do Roberto Vicentini a Sostituto del Difensore del Vincolo*, [1910]: Arch. Rot., Not. 231.

SEBASTIANELLI, Guglielmo, DekRR., Aktennotiz, [1915]: Arch. Rot., Not. 81.

MASSIMI, Massimo, DekRR., Aktennotiz *ex audientia Sanctissimi*, 1929, Mrz 22: Arch. Rot., Not. 81.

MASSIMI, Massimo, DekRR., Brief, 1931, Mrz 2, an F. Cattani Amadori, SekrSignAp.: Arch. Rot., Not. 109.

MASSIMI, Massimo, DekRR., Brief, 1932, Apr 7, an R. C. Rossi, Kard., SekrSCCons.: Arch. Rot., Not. 113.

Attività della Sacra Romana Rota: Sentenze emesse dal 1909 al 1938: Arch. Rot., Not. 234.

Numero complessivo delle cause pervenute alla Sacra Romana Rota dall'Ottobre 1908 all'inizio 1938: Arch. Rot., Not. 234.

Risposta dell'Ecc.mo Collegio Rotale, 1939, Dez 30: Arch. Rot., Not. 81.

Risposta della S. R. Rota al memoriale della S. Congregazione dei Sacramenti, [1940, Mrz 1]: Arch. Rot., Not. 81.

[JULLIEN, André, DekRR.], Aktennotiz „*Guerra 1939-1940-1944*", s. d.: Arch. Rot., Not. 99.

[JULLIEN, André , DekRR.], *Pro memoria*, 1944, Nov 25: Arch. Rot., Not. 82.

JULLIEN, André, DekRR., Brief, 1947, Jan 7, an R. C. Rossi, Kard., Präsident der Päpstlichen Kommission für die Güterverwaltung des Heiligen Stuhls: Arch. Rot., Not. 85.

JULLIEN, André, DekRR., Brief, 1947, Apr 15, an G. Guidetti, Sekretär der Päpstlichen Kommission für die Güterverwaltung des Heiligen Stuhls: Arch. Rot., Not. 159.

Attività e personale nel Tribunale della Sacra Romana Rota, [1953]: Arch. Rot., Not. 1.

SRR., *Il problema del numero sempre crescente delle cause – rimedi proposti*, 1953, Dez 27: Arch. Rot., Not. 1.

SRR., *Note riassuntive relative alla soluzione del problema della S. R. Rota sul numero sempre crescente delle cause*, [1954]: Arch. Rot., Not. 1.

JULLIEN, André, DekRR., Aktennotiz *ex audientia Santissimi*, 1955, Jul 21: Arch. Rot., Not. 120.

JULLIEN, André, DekRR., *Pro Memoria*, 1955, Jul 22: Arch. Rot., Not. 110.

JULLIEN, André, DekRR., Aktennotiz *ex audientia Santissimi*, 1957, Apr 11: Arch. Rot., Not. 128.

JULLIEN, André, DekRR., Aktennotiz *ex audientia Sanctissimi*, [1958]: Arch. Rot., Not. 128.

[BRENNAN, Francis James, DekRR.], Aktennotiz, [1961]: Arch. Rot., Not. 400.

FILIPIAK, Bolesław, DekRR., Brief, s. d. [1967?], an A. G. Cicognani, KardStSekr.: Arch. Rot., Not. 682.

FILIPIAK, Bolesław, DekRR., Brief, 1974, Sep 24, an L. Traglia, Kard., Präsident der Studiengruppe zur Revision der *Regimini Ecclesiae Universae*: Arch. Rot., Not. 694.

LEFEBVRE, Charles, DekRR., Brief, 1977, Mrz 18, an J. Villot, KardStSekr.: Arch. Rot., Not. 682.

DE JORIO, Arturo, DekRR., Brief, 1982, Mrz 1, an E. M. Martínez Somalo, ErzBf., TitBf. von Tagora, SubstStS.: Arch. Rot., Not. 440.

DE JORIO, Arturo, DekRR., Dekret, 1983, Apr 3: Arch. Rot., Not. 241.

DE JORIO, Arturo, DekRR., Brief, 1984, Apr 6, an E. M. Martínez Somalo, ErzBf., TitBf. von Tagora, SubstStS.: Arch. Rot., Not. 477.

RR., *Statistica mese dicembre 1983; mese dicembre 1984; mese dicembre 1985 ; anno 1987; anno 1988; anno 1989; anno 1990; anno 1991; anno 1992; anno 1993; anno 1994, mese gennaio 1995; anno 1997*: Arch. Rot., Not. 234.

Annotazioni del Collegio dei Prelati Uditori circa lo „Schema legis particularis de Curia Romana", 1985, Okt 23 = Anlage zu: FIORE, Ernesto Maria, DekRR., Brief, 1985, Okt 24, an A. Casaroli, KardStSekr.: Arch. Rot., Not. 694.

FIORE, Ernesto Maria, DekRR., Brief, 1986, Mrz 20, an E. Martínez Somalo, ErzBf., TitBf. von Tagora, SubstStS.: Arch. Rot., Not. 302.

[FIORE, Ernesto Maria, DekRR.], Dekret, 1987, Nov 26: Arch. Rot., Not. 3.

FIORE, Ernesto Maria, DekRR., Brief, 1988, Mrz 15, an J. May, ErzBf. von Saint Louis, Vorsitzender der NCCB.: Arch. Rot., Not. 612.

FIORE, Ernesto Maria, DekRR., Brief, 1989, Jul 28, an L. P. Mendes de Almeida, ErzBf. von Mariana, Vorsitzender der CNBB.: Arch. Rot., Not. 474.

FIORE, Ernesto Maria, DekRR., Brief, 1990, Jan 16, an T. Ó Fiaich, Kard., ErzBf. von Armagh, Vorsitzender der IEC.: Arch. Rot., Not. 872.

FIORE, Ernesto Maria, ErzBf., TitBf. von Novi, DekRR., *Indirizzo d'omaggio*, 1993, Jan 29: Arch. Rot., Not. 4.

FIORE, Ernesto Maria, ErzBf., TitBf. von Novi, DekRR., Brief, 1993, Mai 28, an W. H. Keeler, ErzBf. von Baltimore, Vorsitzender der NCCB.: Arch. Rot., Not. 872.

Attività del Tribunale della Rota Romana. Anno 1994. Relazione annuale (Manuskript), [1995].

Attività del Tribunale della Rota Romana. Anno 2000. Relazione annuale (Manuskript), [2001].

RR., *Relazione annuale 2006* (Manuskript), [2007].

b. Legislative Quellen

SRR., *Prescrizioni rigurdanti i diritti ed onorari degli Avvocati e Procuratori rotali*, 1914, Jun 18: Arch. Rot., Not. 143.*Ordinamento suppletivo per lo Studio presso la S. R. Rota,* 1923, Nov 24: Arch. Rot., Not. 82.

Regulae S. Romanae Rotae Tribunalis, Romae 1927.

MASSIMI, Massimo, DekRR., *Prefazione,* 1927, Aug s. d.: *Regulae S. Romanae Rotae Tribunalis*, Romae 1927, 3.

Facoltà concesse dal Sommo Pontefice Pio XII al Decano della S. R. Rota per la durata dell'Anno Santo 1950, 1949, Dez 11: Arch. Rot., Not. 74.

POMPEDDA, Mario Francesco, ErzBf., TitBf. von Bisarcio, DekRR., BILLÉ, Louis-Marie, ErzBf. von Aix, Vorsitzender der CEF., *Protocole d'accord entre le Tribunal de la Rote Romaine et la Conférence des Evêques de France*, 1998, Sep 2/30: Arch. Rot, Not. 218.

c. Entscheidungen

SRR., Decisio c. SIBILIA, Romana, *Emendationis computi in re commerciali*, 1870, Jul 29: *Decisioni Rotali*, 47 (1870), s. p.

SRR., Dekret c. BONET, Barcinonen., *Nullitatis Matrimonii*, 1953, Mrz 7 (B. Bis 23/54).

SRR., Dekret c. PARISELLA, Romana, *Nullitatis Matrimonii,* 1971, Jul 15 (B. Bis 28/71).

RR., Urteil c. POMPEDDA, Aprutina, *Nullitatis Matrimonii,* 1987, Mai 18 (Sent. 83/87).

RR., Urteil c. STANKIEWICZ, Theatina, *Nullitatis Matrimonii,* 1988, Okt 27 (Sent. 144/88).

RR., Urteil c. CIVILI, Calaritana, *Poenalis*, 1994, Mrz 29 (Sent. 26/94).

RR., Urteil c. COLAGIOVANNI, *Poenalis; Dimissionis e statu clericali*, 1994, Jun 14 (Sent. 42/94).

RR., Dekret c. ALWAN, Inter-Dioecesana Britanniae seu Nanneten., *Nullitatis matrimonii; Novae causae propositionis*, 1997, Jul 4 (B.Bis 57/97).

10. Rat für die öffentlichen Angelegenheiten der Kirche

VILLOT, Jean, Kard., PräfConsPEN., Brief, Nr. 3935/73, 1973, Jun 20, an J. D. Freeman, Kard., ErzBf. von Sydney, Vorsitzender der ACBC.: Arch. Rot., Not. 612.

11. Bischofskonferenzen

MAY, John Lawrence, ErzBf. von Saint Louis, Vorsitzender der NCCB., Brief, 1988, Apr 8, an alle Mitglieder der NCCB.: Arch. Rot., Not. 612.

Ó FIAICH, Tomás, Kard., ErzBf. von Armagh, Vorsitzender der IEC., Brief, 1989, Nov 28, an E. M. Fiore, DekRR.: Arch. Rot., Not. 612.

KEELER, William Henry, ErzBf. von Baltimore, Vorsitzender der NCCB., *Memorandum,* 1993, Jun 22: Arch. Rot., Not. 612.

Bibliografie II

Veröffentlichte Quellen

1. Päpste

CLEMENS I., Brief *Δια τας αιφνιδίους*, [um 96], an die Korinther: SCHNEIDER, Gerhard (Hg.), *Clemens von Rom. Epistola ad Corinthios. Brief an die Korinther* (= FC, 15), Freiburg im Breisgau 1994, 65-222.

INNOZENZ I., Brief *Etsi tibi*, 404, Feb 15, an Victricius, Bf. von Rouen: PL, XX, 468-481.

ZOSIMUS, *Commonitorium*, [419], an Faustinus, Bf. von Potenza, und die Presbyter Philippus und Asellus: MUNIER, Charles (Hg.), *Concilia Africanae a. 345 – a. 525* (= CChr.SL, 149), Turnholti 1974, 90-94.

ZOSIMUS, Brief *Quamvis Patrum traditio*, 418, Mrz 21, an Aurelius und die Teilnehmer am Konzil von Karthago: GUENTHER, Otto (Hg.), *Epistulae imperatorum pontificum aliorum inde ab a. CCCLXVII usque ad a. DLIII datae Avellana quae dicitur collectio* (= CSEL, 35), Pragae – Vindobonae – Lipsia 1895, 115-117.

BONIFATIUS I., Brief *Valentinae nos clerici*, 419, Jun 13, an die Bischöfe Galliens: PL, LXXXIV, 677-680.

BONIFATIUS I., Brief *Retro majoribus*, 422, Mrz 3, an Rufus, Bf. von Thessalonike: PL, XX, 774-777.

BONIFATIUS I., Brief *Manet beatum*, 422, Mrz 11, an Rufus, Bf. von Thessalonike, und andere Bischöfe: PL, XX, 779-784.

LEO I., Sermo *Gaudeo, dilectissimi*, 441, Sep 29: PL, LIV, 148-152.

LEO I., Brief *Epistolas fraternitatis*, [458/59], an Rusticus, Bf. von Narbonne: PL, LIV, 1199-1209.

GELASIUS I., Brief *Ego quoque*, [493], an Faustus, Legat in Konstantinopel: EpRomPont, I, 341-348.

GELASIUS I., Brief *Valde mirati*, 495, Feb 1, an die Bischöfe Dardaniens: EpRomPont, I, 392-413.

GREGOR I., *Registrum XIII,* Brief *De persona*, 603, Aug s. d., an den Defensor Johannes: NORBERG, Dag (Hg.), *S. Gregorii Magni Registrum Epistularum* (= CChr.SL, 140 A), Turnholti 1982, 1058-1064.

NIKOLAUS I., Brief *Beatitudinis tuae*, [865, Jan], an Hinkmar, ErzBf. von Reims: SConcCol, XV, 294-295.

NIKOLAUS I., Brief *Scriptis dilectae*, [865], an die Bischöfe der Synode von Senlis: SConcCol, XV, 300-306.

GREGOR VII., *Dictatus pape*, [1075, Mrz]: CASPAR, Erich (Hg.), *Das Register Gregors VII.*, I (= MGH.ES, 2/1), Berlin 1920 = München 1978, 202-208.

PASCHALIS II., Brief *Qualiter ecclesia*, 1115, Apr 1, an König Heinrich I. und die Bischöfe von England: RULE, Martin (Hg.), *Eadmeri Historia Novorum in Anglia et opuscula duo e vita Sancti Anselmi et quibusdam miraculis ejus* (= RBMAS, 81), London 1884 = Nendeln 1965, 232-233.

INNOZENZ II., Brief *Quoties frater*, s. d., an den Patriarchen von Aquileia und den Bf. von Mantua: C. 2 q. 5 c. 17.

INNOZENZ II., Brief *Tunc pax*, 1135, Mai 30, an die Erzbischöfe und Bischöfe im Teutonenreich: PL, XVII, 226-227.

INNOZENZ II., Brief *Statuta*, 1136, Jan 15, an Heinrich, ErzBf. von Sens: PL, CLXXIX, 264-265.

ALEXANDER III., Brief *Sicut meminisse*, 1162, Apr 30, an Hugo, Bf. von Sessa Aurunca: PL, CC, 137-138.

ALEXANDER III., Dekretale *Audivimus*, [1171/72]: X 3.45.1.

LUCIUS III., Brief *Intelleximus*, 1181, Mai, an den Bf. von Padua: X 5.32.1.

LUCIUS III., Brief *Suggestum est*, [1181], Nov 29, an den Abt von Sankt Benedikt *super Padum* u. a.: KEHR, Paul Fridolin (Hg.), *Papsturkunden in Italien. Reiseberichte zur Italia Pontificia,* V (= ARP, 5), Città del Vaticano 1977, 541-542.

LUCIUS III., Brief *Quantum monasterium*, 1184, Feb 16, an den Prior und die Mönche von Léhon: PL, CCI, 1234.

LUCIUS III., Brief *Cum omnibus*, 1184, Aug 18, an Abt Hugo: PL, CCI, 1317.

GREGOR VIII., Brief *Vel ex dolo*, 1187, Nov, an alle Bischöfe und Erzdiakone: PL, CCII, 1552-1553.

CLEMENS III., Ap. Schr. *Cum ex imposito*, 1189, Mrz 9, bei HOLTZMANN, Walther, *Die Dekretalen Gregors VIII.*: MIÖG 58 (1950), 113-123, 122-123.

COELESTIN III., Dekret *Secundo requiris*, 1193, Jul 17: X 2.28.41.

INNOZENZ III., Brief *Ut nostrum prodeat*, 1198, Sep 23, an den ErzBf. von Mailand: X 2.28.56.

INNOZENZ III., Dekret *Super quaestionum*, 1204, Mrz 27: X 1.29.27.

HONORIUS III., *Regestum* n. 631, [1217], Jun 24: PRESSUTTI, Pietro (Hg.), *Regesta Honorii Papae III*, I, Romae 1888 = Hildesheim – New York 1978, 109.

GREGOR IX., Ap. Konst. *Rex pacificus*, 1234, Sep 5: FRIEDBERG, Emil (Hg.), *Corpus iuris canonici. Editio Lipsiensis secunda*, II, Leipzig ²1881 = Graz 1955, 2-3.

JOHANNES XXI. (genannt XXII.), Ap. Konst. *Ratio Iuris*, [1331]: BullRom, IV, 417-323.

BENEDIKT XII., Ap. Konst. *Ad regimen*, 1335, Jan 10: CERCHIARI, *Capellani Papae*, III, 79-81.

BENEDIKT XII., Ap. Konst. *Cum, sicut accepimus*, 1335, Okt 1: CERCHIARI, *Capellani Papae*, III, 81-82.

BENEDIKT XII., *Ordo judiciarius qui in Romana curia consuevit communiter observari*, 1337, s. d., bei BARRACLOUGH, Geoffrey, „*Ordo judiciarius qui in Romana Curia consuevit communiter observari*" *e codicibus manuscriptis dissertatione critica praemissa*": IusPont 17 (1937), 111-130 und 209-217, 209-217.

BENEDIKT XII., Ap. Konst. *Decens et necessarium*, 1340, Okt 26: CERCHIARI, *Capellani Papae*, III, 82-89.

MARTIN V., Schema *Statuimus*, 1418, Mrz 21: SConcCol, XXVII, 1177-1184.

MARTIN V., Ap. Konst. *In apostolicae dignitatis specula*, 1418, Sep 1: BullRom, IV, 679-689.

MARTIN V., Ap. Konst. *Statuimus*, 1421, Apr 7: CERCHIARI, *Capellani Papae*, III, 106-107.

MARTIN V., Ap. Konst. *Romani Pontificis providentia*, [1423, Mrz 1]: BullRom, IV, 708-714.

NIKOLAUS V., Ap. Konst. *Sacrosancte Romane Ecclesie*, 1451, Mrz 3: VetMH, 600-601.

NIKOLAUS V., Ap. Konst. *Excellens Apostolicae Sedis*, 1452, Apr 4: VetMH, 601.

PIUS II., *Liber undecimus*, [1464]: HECK, Adrianus van (Hg.), *Pii II. commentarii rerum memorabilium que temporibus suis contigerunt*, II (= StT, 313), Città del Vaticano 1984, 639-715.

SIXTUS IV., Ap. Konst. *Romani Pontificis*, 1472, Mai 22: BullRom, V, 207-209.

SIXTUS IV., Ap. Konst. *Sicut prudens*, 1477, Nov 29: CERCHIARI, *Capellani Papae*, III, 191-195.

SIXTUS IV., Motu Pr. *Dudum sub data*, 1484, Mrz 3, bei HILLING, Nikolaus, *Felinus Sandeus, Auditor der Rota*: AkKR 84 (1904), 102-103.

INNOZENZ VIII., Ap. Konst. *Finem litibus*, 1488, Jan 10: BullRom, V, 339-341.

LEO X., Ap. Konst. *Regimini*, 1513, Mai 6: VetMH, 593-594.

LEO X., Ap. Konst. *Decet Romanum Pontificem*, 1513, Aug 8: VetMH, 597-600.

LEO X., Ap. Konst. *Pastoralis officii*, 1513, Dez 13: BullRom, V, 571-601.

CLEMENS VII., Ap. Breve *Appellationes a delegatis*, 1529, Apr 16: GIOBBIO, Adolfo, *Lezioni di Diplomazia Ecclesiastica dettate nella Pontificia Accademia dei Nobili Ecclesiastici*, I, Roma 1899, 290, Anm.

CLEMENS VII., Sentenz *In throno iustitiae*, 1534, Mrz 3: EHSES, Stephan (Hg.), *Römische Dokumente zur Geschichte der Ehescheidung Heinrichs VIII. von England. 1527-1534* (= QFG, 2), Paderborn 1893, 215-216.

JULIUS III., Ap. Schr. *Eximia fides*, 1550, Apr 5: CANTERO, Pedro, *La Rota Española*, Madrid 1946, nach 160, *Apendice* n. 3.

PIUS IV., Ap. Konst. *In throno iustitiae*, 1561, Dez 27: BullRom, VII, 155-158.

PIUS IV., Ap. Konst. *Alias Nos*, 1564, Aug 2: BullRom, VII, 300-301.

GREGOR XIII., Ap. Konst. *Exposcit debitum*, 1572, Mai 15: BullRom, VIII, 1-3.

GREGOR XIII., Ap. Konst. *Consueverunt Romani Pontifices*, 1583, Apr 4: BullRom, VIII, 413-419.

SIXTUS V., Ap. Konst. *Immensa aeterna*, 1587, Jan 22: BullRom, VIII, 985-999.

SIXTUS V., Dekl. *Sanctissimus*, 1587, Mai 11: BullRom, VIII, 999.

PAUL V., Ap. Konst. *Universi agri dominici*, 1612, Mrz 1: BullRom, XII, 58-111.

URBAN VIII., Ap. Konst. *Pastoralis Romani Pontifici vigilantia*, 1627, Apr 1: BullRom, XIII, 530-537.

CLEMENS X., Ap. Konst. *Romanus Pontifex*, 1671, Okt 23: BullRom, XVIII, 263-268.

CLEMENS XII., Ap. Konst. *In summi pontificatus specula*, 1734, Nov 17: BullRom, XXIV, 11-14.

BENEDIKT XIV., Admonitio *Matrimonii perpetuum*, 1741, Apr 11: BullBenXIV, I = OpOBenXIV, XV, 57-58.

BENEDIKT XIV., Ap. Konst. *Dei miseratione*, 1741, Nov 3: BullBenXIV, I = OpOBenXIV, XV, 106-111.

BENEDIKT XIV., Ap. Konst. *Apostolicae servitutis*, 1743, Mrz 14: BullBenXIV, I = OpOBen-XIV, XV, 273-279.

BENEDIKT XIV., Ap. Konst. *Romanae Curiae*, 1744, Dez 21: BullBenXIV, I = OpOBenXIV, XV, 479-490.

BENEDIKT XIV., Ap. Konst. *Gravissimum Ecclesiae*, 1745, Nov 26: BullBenXIV, I = OpOBenXIV, XV, 601-606.

BENEDIKT XIV., Ap. Konst. *Iustitiae et pacis*, 1746, Okt 7: BullBenXIV, II = OpOBenXIV, XVI, 137-144.

CLEMENS XIII., Ap. Konst. *Ex parte*, 1759, Sep 30: BullPiiVII = BullRomCont, III, 374-378.

CLEMENS XIII., Ap. Konst. *Etsi iustitia*, 1762, Jul 27: CERCHIARI, *Capellani Papae*, III, 572-584.

CLEMENS XIV., Ap. Breve *Administrandae iustitiae zelus*, 1771, Mrz 26, bei PICANYOL, Leodegario, *De origine et evolutione historica tribunalis Rotae Hispanicae*: Apol 5 (1932), 218-237, 233-237.

PIUS VII., Ap. Konst. *Post diuturnas*, 1800, Okt 30: BullRomCont, VII/1, 49-67.

PIUS VII., Motu pr. *Quando per ammirabile*, 1816, Jul 6: BullRomCont, VII/2, 1268-1297.

LEO XII., Motu pr. *Dopo le orribili calamità*, 1824, Okt 5: BullRomCont, XVI, 128-255.

PIUS VIII., Ap. Breve *Cogitationes Nostras*, 1829, Okt 5: BullRomCont, XVIII, 67-68.

GREGOR XVI., Motu pr. *Elevati appena*, 1834, Nov 10: BullRomCont, XIX, 390-391.

PIUS IX., Ap. Schr. *Paterna ducti charitate*, 1855, Jan 12: LÄMMER, Hugo, *Institutionen des Katholischen Kirchenrechts*, Freiburg 1886, 234-235, Anm. 7.

PIUS IX., Ap. Schr. *Romani Pontifices*, 1862, Jan 6: APiiIX, I/3, 402-406.

LEO XIII., Motu pr. *Nella penosa e difficile situazione*, 1882, Mai 25: ALXIII, III, 75-76 = ASS 15 (1898), 193-194.

LEO XIII., Chir., 1894, Jun 3, an Kaiser Franz Joseph I., bei BLAAS, Richard, *Das kaiserliche Auditoriat bei der Sacra Rota Romana*: MÖSA 11 (1958), 37-152, 142.

LEO XIII., Ap. Schr. *Trans Oceanum Atlanticum*, 1897, Apr 18: ASS 29 (1896-1897), 659-663.

PIUS X., Enz. *E supremi apostolatus cathedra*, 1903, Okt 4: ASS 36 (1904), 129-139.

PIUS X., Mot. pr. *Arduum sane munus*, 1904, Mrz 19: ASS 36 (1904), 549-551.

PIUS X., Ap. Schr. Br. *Romani Pontifices*, 1904, Apr 16: AkKR 84 (1904), 585-586.

PIUS X., Chir. *Progetto di riordinamento delle Sacre Congregazioni Romane*, 1907, Nov s. d., bei FERRETTO, Giuseppe, *La riforma del B. Pio X*: Apol 25 (1952), 35-84, 44-52.

PIUS X., Ap. Konst. *Sapienti consilio*, 1908, Jun 29: AAS 1 (1909), 7-19.

PIUS X., Ap. Konst. *Etsi Nos*, 1912, Jan 1: AAS 4 (1919), 5-22.

BENEDIKT XV., Chir. *Attentis expositis*, 1915, Jun 28: AAS 7 (1915), 320-325.

BENEDIKT XV., Ap. Konst. *Providentissima Mater Ecclesia*, 1917, [Mai 27]: AAS 9 (1917), II, 5-8.

PIUS XI., [*Allocutio ad Praelatos Auditores*] (Auszug), 1926, Okt 16: AAS 18 (1926), 459.

PIUS XI., Indult, 1932, Mrz 5: LE, I, 1380, Nr. 1079.

PIUS XI., *Legge fondamentale della Città del Vaticano*, 1929, Jun 7: AAS.S 1 (1929), 1-4.

PIUS XI., *Legge sulle fonti del diritto*, 1929, Jun 7: AAS.S 1 (1929), 5-13.

PIUS XI., Motu pr. *Al fine*, 1932, Sep 21: AAS 24 (1932), 332-334.

PIUS XI., Ap. Breve *Litteris Apostolicis*, 1929, Apr 30: AAS 21 (1929), 554-557.

PIUS XI., Ap. Konst. *Ad incrementum decoris*, 1934, Aug 15: AAS 26 (1934), 497-521.

PIUS XI., Motu pr. *Qua cura*, 1938, Dez 8: AAS 30 (1938), 410-413.

PIUS XII., [*Allocutio ad Praelatos Auditores*], 1939, Okt 2: OR 79 (1939), Nr. 232, 02./03.10.1939, 1.

PIUS XII., [*Allocutio ad Praelatos Auditores*], 1940, Okt 1: OR 80 (1940), Nr. 228, 02.10.1940, 1.

PIUS XII., *Allocutio ad Praelatos Auditores ceterosque officiales et administros Tribunalis S. Romanae Rotae necnon eiusdem Tribunalis Advocatos et Procuratores*, 1941, Okt 3: AAS 33 (1941), 421-426.

PIUS XII., Reskript, 1942, Feb 13: LE, VI, 7507, Nr. 4604.

PIUS XII., *Allocutio ad Praelatos Auditores ceterosque officiales et administros Tribunalis S. Romanae Rotae necnon eiusdem Tribunalis Advocatos et Procuratores*, 1944, Okt 2: AAS 36 (1944), 281-290.

PIUS XII., Motu pr. *Con la legge*, 1946, Mai 1: AAS 38 (1946), 170-172 .

PIUS XII., Motu pr. *Apostolicum Hispaniarum Nuntio*, 1947, Apr 7: AAS 39 (1947), 155-163.

PIUS XII., Motu pr. *Sollicitudinem Nostram*, 1950, Jan 6: AAS 42 (1950), 5-120.

JOHANNES XXIII., *Allocutio ad E.mos Patres Cardinales in Urbe praesentes habita*, 1959, Jan 25: AAS 51 (1959), 65-69.

JOHANNES XXIII., *Allocutio ad Praelatos Auditores ceterosque Officiales, Advocatos et Procuratores Tribunalis Sacrae Romanae Rotae*, 1959, Okt 19: AAS 51 (1959), 822-825.

JOHANNES XXIII., *Allocutio ad Praelatos Auditores ceterosque Officiales, Advocatos et Procuratores Tribunalis Sacrae Romanae Rotae*, 1961, Dez 13: AAS 53 (1961), 817-820.

PAUL VI., *Allocutio ad E.mos Patres Cardinales, Exc.mos Praesules, Rev.mos Praelatos ceterosque Romanae Curiae Officiales*, 1963, Sep 21: AAS 55 (1963), 793-800.

PAUL VI., *Allocutio ad Praelatos Auditores, Officiales et Advocatos Tribunalis Sacrae Romanae Rotae, novo litibus ineunte anno*, 1965, Jan 11: AAS 57 (1965), 233-236.

PAUL VI., Motu pr. *Apostolica Sollicitudo*, 1965, Sep 15: AAS 57 (1965), 775-780.

PAUL VI., Motu pr. *Integrae servandae*, 1965, Dez 7: AAS 57 (1965), 952-955.

PAUL VI., *Allocutio ad Praelatos Auditores, Officiales et Advocatos Tribunalis Sacrae Romanae Rotae, novo litibus ineunte anno coram admissos*, 1966, Jan 25: AAS 58 (1966), 152-155.

PAUL VI., Motu pr. *Catholicam Christi Ecclesiam*, 1967, Jan 6: AAS 59 (1967), 25-28.

PAUL VI., *Allocutio ad Praelatos Auditores, Officiales et Advocatos Tribunalis Sacrae Romanae Rotae, novo litibus ineunte anno coram admissos*, 1967, Jan 23: AAS 59 (1967), 142-145.

PAUL VI., Motu pr. *Episcopali potestatis*, 1967, Mai 11: AAS 59 (1967), 385-390.

PAUL VI., Ap. Konst. *Regimini Ecclesiae Universae*, 1967, Aug 15: AAS 59 (1967), 885-928.

PAUL VI., *Allocutio ad Praelatos Auditores, Officiales et Advocatos Tribunalis Sacrae Romanae Rotae, novo litibus iudicandis ineunte anno coram admissos*, 1968, Feb 12: AAS 60 (1968), 202-207.

PAUL VI., *Allocutio ad Praelatos Auditores, Officiales et Advocatos Tribunalis Sacrae Romanae Rotae, novo litibus ineunte anno coram admissos*, 1969, Jan 27: AAS 61 (1969), 174-178.

PAUL VI., Motu pr. *Causas matrimoniales*, 1971, Mrz 28: AAS 63 (1971), 441-446.

PAUL VI., *Allocutio ad Praelatos Auditores, Officiales et Advocatos Tribunalis Sacrae Romanae Rotae, novo litibus ineunte anno coram admissos*, 1972, Jan 28: AAS 64 (1972), 202-205.

PAUL VI., *Allocutio ad Praelatos Auditores, Officiales et Advocatos Tribunalis Sacrae Romanae Rotae, novo litibus ineunte anno coram admissos*, 1973, Feb 8: AAS 65 (1973), 95-103.

PAUL VI., Motu pr. *Cum matrimonialium*, 1973, Sep 8: AAS 65 (1973), 577-581.

PAUL VI., *Allocutio ad Praelatos Auditores et Officiales Tribunalis Sacrae Romanae Rotae, a Beatissimo Patre novo litibus iudicandis ineunte anno coram admissos*, 1975, Jan 30: AAS 67 (1975), 179-183.

PAUL VI., Ap. Konst. *Vicariae potestatis*, 1977, Jan 6: AAS 69 (1977), 5-18.

JOHANNES PAUL I., *Allocutio ad S. R. E. Cardinales et ad totius orbis catholici Christifideles, postridie ipsius electionem*, 1978, Aug 27: AAS 70 (1978), 691-695.

JOHANNES PAUL I., *Allocutio ad Archiepiscopos et Episcopos XII Regionis Pastoralis Foederatorum Civitatum Americae Septentrionalis, occasione oblata ipsorum visitationis „Ad limina"*, 1978, Sep 21: AAS 70 (1978), 765-767.

JOHANNES PAUL II., *Allocutio ad Praelatos Auditores ceterosque Officiales et Administros Tribunalis Sacrae Romanae Rotae*, 1981, Jan 24: AAS 73 (1981), 228-234.

JOHANNES PAUL II., Ap. Konst. *Sacrae disciplinae leges*, 1983, Jan 25: AAS 75 (1983), II, VI-XIV.

JOHANNES PAUL II., *Allocutio ad Sacrae Romanae Rotae Tribunalis Praelatos Auditores, Officiales et Advocatos coram admissos*, 1983, Feb 26: AAS, 75 (1983), 554-559.

JOHANNES PAUL II., *Allocutio ad eos qui cursui secundo praesentationis novi codicis iuris canonici apud Pontificiam Universitatem Gregorianam interfuere*, 1983, Dez 9: LE, VI, 8731-8732, Nr. 5019.

JOHANNES PAUL II., *Allocutio ad Rotae Romanae praelatos auditores coram admissos*, 1986, Jan 30: AAS 78 (1986), 921-925.

JOHANNES PAUL II., Motu pr. *Quo civium*, 1987, Nov 21: AAS 79 (1987), 1353-1355.

JOHANNES PAUL II., Motu pr. *Sollicita cura*, 1987, Dez 26: AAS 80 (1988), 121-124.

JOHANNES PAUL II., Ap. Konst. *Pastor Bonus*, 1988, Jun 28: AAS 80 (1988), 841-934.

JOHANNES PAUL II., Ap. Konst. *Sacri Canones*, 1990, Okt 18: AAS 82 (1990), 1034-1044.

JOHANNES PAUL II., *Allocutio in aula Synodi episcoporum habita: de novo Codice Canonum Ecclesiarum Orientalium*, 1990, Okt 25: AAS 83 (1990), 486-493.

JOHANNES PAUL II., *Allocutio ad Romanae Rotae Iudices coram admissos*, 1992, Jan 23: AAS 84 (1992), 140-142.

JOHANNES PAUL II., *Allocutio ad eos qui conventui internationali iuris canonici interfuerunt*, 1993, Apr [23]: Comm 25 (1993), 12-16.

JOHANNES PAUL II., *Allocutio ad Romanae Rotae praelatos auditores*, 1998, Jan 17: AAS 90 (1998), 781-785.

JOHANNES PAUL II., Motu pr. *Nuntiaturae Apostolicae in Hispania*, 1999, Okt 10: AAS 92 (2000), 5-17.

JOHANNES PAUL II., Motu pr. *Sacramentorum sanctitatis tutela*, 2001, Apr 30: AAS 93 (2001), 737-739.

BENEDIKT XVI., Homilie *A distanza di qualche giorno*, 2006, Okt 21: OR 146 (2006), Nr. 245, 22.10.2006, 5.

BENEDIKT XVI., *Allocutio ad Rotam Romanam*, 2007, Jan 27, OR 147 (2007), Nr. 22, 28.01.2007, 5.

BENEDIKT XVI., Papst, *Allocutio ad Rotam Romanam*, 2008, Jan 26: OR 148 (2008), Nr. 23, 27.01.2008, 8.

2. Konzilien und Synoden

Κανόνες των 'εν 'Αγκύρα συνελθόντων μακαρίων πατέρων, [314]: LAUCHERT, Friedrich (Hg.), *Die Kanones der wichtigsten altkirchlichen Concilien nebst den apostolischen Kanones* (= SQS, 12), Tübingen 1896 = Frankfurt am Main 1961, 29-34.

CONCILIUM NICAENUM I, *Canones*, [325]: COD^3, 6-16.

SYNODUS ANTIOCHIAE, *Canones Gentiano Herveto Interprete*, [341]: SConcCol, II, 1307-1320.

CONCILIUM SARDICENSE GENERALE, *Canones Sanctorum et Beatorum Patrum, qui Sardicae convenerunt. Gentiano Herveto interprete*, [342/43]: SConcCol, III, 5-22.

CONCILIUM SARDICENSE GENERALE, *Canones ex interpretatione Dionysii Exigui interpretis*, [342/43]: SConcCol, III, 22-30.

CONCILIUM ROMANUM, *Epistola sub Damaso habiti ad Gratianum et Valentinianum Imperatores*, [378]: PL, XIII, 575-584.

CONCILIUM CARTHAGINENSE VI, *Canones in causa Apiarii*, 419, Mai 25: MUNIER, Charles (Hg.), *Concilia Africanae a. 345 – a. 525* (= CChr.SL, 149), Turnholti 1974, 101-111.

CONCILIUM CARTHAGINENSE VI, Brief, 419, Mai 26, an Bonifatius I., Papst: MUNIER, Charles (Hg.), *Concilia Africanae a. 345 – a. 525* (= CChr.SL, 149), Turnholti 1974, 156-161.

CONCILIUM LUGDUNENSE I, Dekr. *Statuimus*, [1245]: VI 1.6.1.

CONCILIUM CONSTANTIENSE, *Sessio XL: Reformationes fiendae per papam una cum concilio antequam dissolvatur*, 1417, Okt 30: COD^3, 444-446.

CONCILIUM TRIDENTINUM, *Sessio XXIV*, 1563, Nov 11, *Decretum de reformatione*: CDCT^8, 170-172.

CONCILIUM VATICANUM II, Dogmatische Konstitution über die Kirche *Lumen Gentium*, 1964, Nov 21: AAS 57 (1965), 5-71.

CONCILIUM VATICANUM II, Dekr. über die Hirtenaufgabe der Bischöfe in der Kirche *Christus Dominus*, 1965, Okt 28: AAS 58 (1966), 673-701.

3. Heiliger Stuhl

Qualiter procedatur in causis in pallacio apostolico, [um 1350], bei LEFEBVRE, Charles, *Un texte inédit sur la procédure rotale au XIVe siècle*: RDC 10-11 (1960-1961), 174-191, 184-191.

Formularium notariarum curie Romane sub Iohanne Papa XXII compositum, [um 1327]: BARRACLOUGH, Geoffrey (Hg.), *Public Notaries and the Papal Curia. A Calendar and a Study of a Formularium notariorum Curie from the early years of the Fourteenth Century*, London – Rome 1934, 133-250 und 254-274.

RODERICUS, Bf. von Porto, Päpstlicher Vizekanzler, Brief, 1479, Apr 22, an alle Bischöfe und Priester: CERCHIARI, *Capellani Papae*, III, 196-199.

Relatio super causa, [1530]: EHSES, Stephan (Hg.), *Römische Dokumente zur Geschichte der Ehescheidung Heinrichs VIII. von England. 1527-1534* (= QFG, 2), Paderborn 1893, 156-158, Nr. 28.

Regolamento organico per l'amministrazione della giustizia civile, 1831, Okt 5: AGrXVI IV, 42-52.

Regolamento di procedura nei giudizi civili, 1831, Okt 31: AGrXVI, IV, 53-73.

Regolamento legislativo e giudiziario per gli affari civili emanato dalla Santità di Nostro Signore Gregorio Papa XVI con Motu proprio del 10 novembre 1834 esibito il 17 dello stesso mese agli atti dell'Apolloni Segretario e Cancelliere della R. C. A., Roma 1834.

AnPont 1870; 1970; 1971; 1973; 1974; 1983; 1985; 1986; 1987; 1988; 1990; 2005; 2007.

GCFP 1872; 1873; 1874; 1875; 1876; 1877; [1]1878; [2]1878; 1879; 1880; 1881; 1883; 1884; 1885; 1886; 1888; 1889; 1890; 1893; 1895; 1896; 1897; 1898; 1899; 1900; 1901; 1902; 1903; 1904; 1905; 1906; 1907; 1908; 1909.

Schema 2 Codicis Iuris Canonici libri quinti; de iudiciis, 1907: LLOBELL, Joaquín, DE LEÓN, Enrique, NAVARRETE, Jesús, *Il libro „De processibus" nella codificazione del 1917. Studi e documenti*, I. *Cenni storici sulla codificazione „De iudiciis in genere". Il processo contenzioso ordinario e sommario. Il processo di nullità el matrmonio* (= MG, 15), Milano 1999, I, 449-476.

Lex propria Sacrae Romanae Rotae et Signaturae Apostolicae, Romae, 1908, Jun 29: AAS 1 (1909), 20-35.

Ordo servandus in Sacris Congregationibus Tribunalibus Officiis Romanae Curiae, I. *Normae communes*: AAS 1 (1909), 36-58.

Ordo servandus in Sacris Congregationibus Tribunalibus Officiis Romanae Curiae, II. *Normae peculiares*, 1908, Jun 29: AAS 1 (1909), 59-108.

ROBERTI, Francesco (Hg.), *Codicis Iuris Canonici Schemata, lib. IV: De processibus*, I. *De iudiciis in genere*, In Civitate Vaticana 1940.

Codex Iuris Canonici: AAS 9 (1917), II, 11-521.

Notificatio: Instituitur Commissio Pontificia ad codificationem iuris ecclesiastici orientalis parandam, 1929, Jul 13: AAS 21 (1929), 669.

Inter Sanctam Sedem et Italiae Regnum conventiones – Trattato fra la Santa Sede e l'Italia, 1929, Feb 11: AAS 21 (1929), 209-221 und 223-274.

Concordato fra la Santa Sede e l'Italia, 1929, Feb 11: AAS 21 (1929), 275-294.

Processo verbale dello scambio delle Ratifiche, 1929, Jun 7: AAS, 21 (1929), 295.

Regolamento per il personale della Curia Romana, 1951, Mrz 2: AAS 43 (1951), appendix fascicolo n. 8, [1]-[21].

Diarium Romanae Curiae: AAS 55 (1963), 363-364.

Regolamento generale della Curia Romana, 1968, Feb 22: AAS 60 (1968), 129-176.

CIC: AAS 75 (1983), II, 1-317.

Codex Iuris Canonici auctoritate Ioannis Pauli PP. II promulgatus fontium annotatione et indice analytico-alphabetico auctus, Città del Vaticano 1989.

Codex Canonum Ecclesiarum Orientalium: AAS 82 (1990), 1045 und 1061-1363.

Regolamento Generale della Curia Romana, 1992, Feb 4: AAS 84 (1992), 202-267.

4. Staatssekretariat

SECRST., *Ordine Circolare*, 1846, Nov 24: CERCHIARI, *Capellani Papae*, III, 654-655.

SIMEONI, Giovanni, KardStSekr., Brief Nr. 20633, 1877, Jan 13, an L. Jacobini, TitErzBf. von Tessalonica, Apostolischer Nuntius in Österreich-Ungarn, bei ERDŐ, Péter, *Il potere giudiziario del Primate d'Ungheria. Osservazioni canonistiche*: Apol 54 (1981), 213-231, 228-229.

SECRST., *Dispaccio all'E.mo e R.mo Sig. Cardinale Prefetto della S. Congregazione dei Riti*, 1878, Okt 23: *Attribuzioni concesse fino a nuova disposizione dalla Santità di Nostro Signore Papa Leone XIII ai Prelati Uditori della Sacra Rota presso la Sacra Congregazione dei Riti*, Roma 1896, 3-5.

SECRST., *Organico per la discussione delle cause appartenenti alla S. Congregazione dei Riti rimesse al giudizio della S. Rota*, 1878, Nov 20: *Attribuzioni concesse fino a nuova disposizione dalla Santità di Nostro Signore Papa Leone XIII ai Prelati Uditori della Sacra Rota presso la Sacra Congregazione dei Riti*, Roma 1896, 7-13.

SECRST., *Dispaccio all'E.mo e R.mo Sig. Cardinale Prefetto della S. Congregazione dei Riti*, 1895, Dez 19: *Attribuzioni concesse fino a nuova disposizione dalla Santità di Nostro Signore Papa Leone XIII ai Prelati Uditori della Sacra Rota presso la Sacra Congregazione dei Riti*, Roma 1896, 6.

SECRST., *Indultum extensionis litterarum Apostolicarum „Trans Oceanum" et Constitutionis „Romanos Pontifices" ad Insulas Philippinas*, 1910, Jan 1: AAS 2 (1910), 220.

SECRST., Brief, 1933, Aug 1, an die Ordinarien Spaniens: LE, I, 1510-1511, Nr. 1185.

SECRST., *Rescriptum Pontificium de causis nullitatis matrimonii, quae a Tribunalibus ecclesiasticis regionalibus Italiae in primo gradu tractatae fuerunt ac de institutione Tribunalis appellationis in Vicariatu Urbis*, 1954, Okt 16: AAS 46 (1954), 614-615.

SECRST., *Normae speciales in Supremo Tribunali Signaturae Apostolicae ad experimentum servandae post Ap. Konst. Pauli VI „Regimini Ecclesiae Universae"*, 1968, Mrz 23: LE, III, 5321-5332, Nr. 3636.

SECRST., *Rescriptum Pontificium*, 1969, Feb 10: LE, IV, 5475-5476, Nr. 3716.

SECRST. – RATIONARIUM GENERALE ECCLESIAE, *Annuarium statisticum Ecclesiae MCMLXX*, [Città del Vaticano] 1973.

SECRST. – RATIONARIUM GENERALE ECCLESIAE, *Annuarium statisticum Ecclesiae 1971*, [Città del Vaticano] 1973.

SECRST., Brief, 1972, Jun 10, an G. Parecattil, Kard., ernannter Präsident der PCRCO.: Nuntia 1 (1975), 11.

VILLOT, Jean, KardStSekr., Reskript, Nr. 248137, 1974, Mrz 26, an D. Staffa, Kard., Präf SignAp: LE, V, 6786, Nr. 4279.

SODANO, KardStSekr., *Rescriptum ex audientia Sanctissimi quo Normae Rotales in forma specifica approbantur*, 1995, Feb 23: AAS 87 (1995), 366.

BERTONE, Tarcisio, KardStSekr., *Rescriptum ex audientia Sanctissimi*, 2008, Okt 2: QStR 18 (2008), 97.

5. Heiliges Offizium / Glaubenskongregation

SCSOFF., *De competentia in causis matrimonialibus dubia*, 1928, Jan: AAS 20 (1928), 75.

RATZINGER, Joseph, Kard., PräfCDF., Brief, 2001, Mai 18, an die Bischöfe der ganzen katholischen Kirche und an andere betroffene Ordinarien und Hierarchen: AAS 93 (2001), 785-788.

6. Konsistorialkongregation

SCCONS., Romana, *De remissione causarum a Sacris Congregationibus ad S. Romanam Rotam*, 1909, Jan 28: AAS 1 (1909), 211-214.

SCCONS., Romana, *Dubia de competentia iudicandi et de iure advocandi*, 1909, Jun 11: AAS 1 (1909), 515-516.

SCCONS., Romana, *De competentia in ecclesiasticis legibus interpretandis*, 1911, Feb 11: AAS 3 (1911), 99-100.

SCCONS., *Decretum pro celebratione conciliorum et appellationibus in regionibus Italiae*, 1919, Feb 15: AAS 11 (1919), 72-74.

SCCONS., Dekret, 1939, Apr 28: AAS 31 (1939), 224.

7. Sakramentenkongregation

SCDSACR., *Regulae servandae in processibus super matrimonio rato et non consummato*, 1923, Mai 7: AAS 15 (1923), 392-413.

SCDSACR., *Instructio servanda a tribunalibus dioecesanis et pertractandis causis de nullitate matrimoniorum „Provida Mater Ecclesia"*, 1936, Aug 15: AAS 28 (1936), 313-372.

SCDSACR., *Argumenta, consilia et vota, quae Concilio Oecumenico proxime celebrando, proponuntur ut opportunibus consulatur disciplinae Sacramentorum*, 1960, Mrz 28: ADCOV, I/3, 77-102.

8. Zeremonialkongregation

SCCAER., *Decretum de titulo „Excellentiae Reverendissimae“*, 1930, Dez 31: AAS 23 (1931), 22.

9. Apostolische Signatur

SIGNAP., Romana, *Sententiae incidentalis in causa nullitatis matrimonii (Garçia – Sylos)*: AAS 15 (1923), 180-185.

SIGNAP., Indult, 1938, Dez 20: LE, I, 1908, Nr. 1459.

SIGNAP., Indult, P. N. 832/942, 1942, Jul 30: LE, II, 2136-2137, Nr. 1705.

MORANO, Francesco, SekrSignAp, Brief, P. N. 851/43 C. P., 1943, Apr 14, an den Kapitularvikar von Prag [Praha], bei GROCHOLEWSKI, Zenon, *Documenti della Segnatura Apostolica riguardanti i Tribunali Ecclesiastici nella odierna Repubblica Federativa Ceca e Slovacca*: Apol 65 (1992), 539-561, 542-543.

SIGNAP., Brief, Nr. C. P. 1034/1949, 1949, Jun 15, an den Generalvikar von Gran, bei ERDŐ, Péter, *Il potere giudiziario del Primate d'Ungheria. Osservazioni canonistiche*: Apol 54 (1981), 213-231, 231.

SIGNAP., Reskript, P. N. 1058/50, 1950, Mrz 7, bei GROCHOLEWSKI, Zenon, *Documenti della Segnatura Apostolica riguardanti i Tribunali Ecclesiastici nella odierna Repubblica Federativa Ceca e Slovacca*: Apol 65 (1992), 539-561, 544.

STAFFA, Dino, PräfSignAp., Reskript, P. N. 805/70 VT, 1970, Nov 10: LE, IV, 5918, Nr. 3920.

STAFFA, Dino, Kard., PräfSignAp., *Litterae Circulares ad Praesides Conferentiarum Episcopalium de Tribunalium Ecclesiasticorum statu et activitate*, 1970, Dez 28: AAS 63 (1971), 480-486.

STAFFA, Dino, Kard., PräfSignAp., Reskript, P. N. 945/70 VT, 1971, Jan 2: LE, IV, 5962-5963, Nr. 3943.

STAFFA, Dino, Kard., PräfSignAp., Dekret, 1972, Jun 17: LE, IV, 6282, Nr. 4062.

STAFFA, Dino, Kard., PräfSignAp., Brief, Nr. 5374/74 VAR, 1974, Feb 14, an J. Villot, KardStSekr.: LE, V, 6785-6786, Nr. 4279.

SIGNAP., *Normae exsecutivae Rescripti Pontificii diei 1 novembris 1974 circa tractationem causarum nullitatis matrimonii in Australia*, 1975, Apr 21: DocR, II, 131-132, Nr. 5489-5498.

SIGNAP., Reskript, P. N. 38/75 SAT, 1975, Aug 12, bei GROCHOLEWSKI, Zenon, *Documenti della Segnatura Apostolica riguardanti i Tribunali Ecclesiastici nella odierna Repubblica Federativa Ceca e Slovacca*: Apol 65 (1992), 539-561, 544.

STAFFA, Dino, Kard., PräfSignAp., Brief, P. N. 2336/71, 1975, Dez 9, an [F. Tomášek, TitBf. von Butus,] den ApAdm. von Prag, bei GROCHOLEWSKI, Zenon, *Documenti della Segnatura Apostolica riguardanti i Tribunali Ecclesiastici nella odierna Repubblica Federativa Ceca e Slovacca*: Apol 65 (1992), 539-561, 553-554.

SIGNAP., Reskript, P. N. 7602/76 CP, 1976, Mrz 8, bei GROCHOLEWSKI, Zenon, *Documenti della Segnatura Apostolica riguardanti i Tribunali Ecclesiastici nella odierna Repubblica Federativa Ceca e Slovacca*: Apol 65 (1992), 545.

STAFFA, Dino, Kard., PräfSignAp., Reskript „ex audientia Sanctissimi“, 1976, Feb 20: LE, V, 7153, Nr. 4431.

FELICI, Pericle, Kard., PräfSignAp., Brief, P. N. 9597/77 VT, 1977, Dez 14, an J. R. Quinn, ErzBf. von San Francisco, den Vorsitzenden der NCCB.: LE, V, 7385-7386, Nr. 454.

SIGNAP., *Decreto sulla competenza della Rota Romana nelle cause in cui è competente un Tribunale Patriarcale, o equiparato, Orientale*, Prot. N. 24173/93 C. G., 1995, Jul 7, bei SCHÖCH, Nikolaus, *Die absolute Inkompetenz kirchlicher Gerichte zweiter Instanz aufgrund der Berufung an die Römische Rota als Ausnahme vom Prinzip der örtlichen Zuständigkeit*: ERDŐ, Péter, SZABÓ, Péter (Hg.), *Territorialità e personalità nel Diritto Canonico ed Ecclesiastico. Il Diritto canonico di fronte al terzo millennio. Atti dell'XI Congresso Internazionale di Diritto Canonico e del XV Congresso Internazionale della Società per il Diritto delle Chiese Orientali. Territoriality and Personality in Canon Law and Ecclesiastical Law. Canon Law Faces the Third Millennium. Proceedings of the 11th International Congress of Canon Law and of the 15th International Congress of the Society for Law of the Eastern Churches. Budapest, 2-7 Settembre 2001*, Budapest 2002, 797-812, 808-809.

POMPEDDA, Mario Francesco, ErzBf., TitBf. von Bisarcio, PräfSignAp., Brief, P. N. 31349/00 Var, 2000, Jul 12, an K. Lehmann, Bf. von Mainz, Vorsitzender der DBK., bei HAERING, Stephan, *Die Spanische Rota. Anmerkungen anläßlich der Neuordnung eines einzigartigen kirchlichen Gerichts*: AYMANS, Winfried, HAERING, Stephan, SCHMITZ, Heribert (Hg.), *Iudicare Inter Fideles. Festschrift für Karl-Theodor Geringer zum 65. Geburtstag*, Sankt Ottilien 2002, 129-156, 142-143, Anm. 66.

10. Rota Romana

a. Historische Quellen

Extractum Diarii Otthoboni (Auszug), 1644, Mai 13: CERCHIARI, *Capellani Papae*, III, 367.

Diarium Celsi (Auszug), 1648, Jun 26, Jul 1; 1654, Feb 6: CERCHIARI, *Capellani Papae*, III, 376-377 und 384.

Extractum ex diariis R. P. D. Iacobi Emerix, [1668-1696]: TOCCI, Mirella, *Il diario di Jacob Emerix de Matthiis, decano della Sacra Romana Rota* (= IusN, 2/2), Napoli 1982, 21-285.

Liber Sacrae Rotae, scriptus de ordine R. P. D. Iosephi Molines anno 1693 (Auszug), 1831, Mrz 13: CERCHIARI, *Capellani Papae*, III, 639.

Diarium Camerale (Auszug), 1798, Feb 15; 1800, s. d.; 1801, Okt 2: CERCHIARI, *Capellani Papae*, III, 622-624.

Diarium Gamberini (Auszug) 1821, Okt 1: CERCHIARI, *Capellani Papae*, III, 630.

Diarium Pellegrini-Amadori (Auszug), 1870, Sep 20: CERCHIARI, *Capellani Papae*, III, 697.

LEGA, Michele, DekRR., [*Prooemium*], 1909, Sep 7: *Regulae servandae in praecipuis actis iudiciariis apud Sacrae Romanae Rotae Tribunal approbatae et confirmatae ad experimentum a Pio Papa X*, Romae 1909, 5.

LEGA, Michele, DekRR., [*Prooemium*], 1910, Aug 4: *Regulae servandae in iudiciis apud S. Romanae Rotae Tribunal*, Romae 1910, 3.

LEGA, Michele, DekRR., [*Nota*], 1911, Dez 21: *Regulae servandae ab iis qui apud S. R. Rotae Tribunal tirocinio dant operam ut Advocati et Procuratoris Rotalis diploma consequantur*, Romae 1913, 3.

PRIOR, John, DekRR., *Anni iuridici auspicatio*, 1922, Okt 16: AAS 14 (1922), 560-562.

CATTANI AMADORI, Federico, PrDekRR., *Anni iuridici auspicatio*, 1923, Okt 16: AAS 15 (1923), 567-569.

MASSIMI, Massimo, PrDekRR., *Indirizzo d'omaggio*, 1924, Okt 16: OR 64 (1924), Nr. 245, 18.10.1924, 3.

MASSIMI, Massimo, DekRR., *Anni iuridici auspicatio*, 1926, Okt 16: AAS 18 (1926), 458-459.

MASSIMI, Massimo, DekRR., *Indirizzo d'omaggio*, 1927, Okt 1: OR 67 (1927), Nr. 229, 03./04.10. 1927, 1.

MASSIMI, Massimo, DekRR., *Prefazione*, 1927, Aug s. d.: *Regulae S. Romanae Rotae Tribunalis*, Romae 1927, 3.

MASSIMI, Massimo, DekRR., *Indirizzo d'omaggio*, 1928, Okt 2: OR 68 (1928), Nr. 230, 03.10.1928, 1.

MASSIMI, Massimo, DekRR., *Indirizzo d'omaggio*, 1930, Okt 1: OR 70 (1930), Nr. 230, 02.10.1930, 1.

MASSIMI, Massimo, DekRR., *Indirizzo d'omaggio*, 1932, Okt 1: OR 72 (1932), Nr. 230, 01.10.1932, 1.

MASSIMI, Massimo, DekRR., *Indirizzo d'omaggio*, 1933, Okt 2: OR 73 (1933), Nr. 231, 02./03.10.1933, 1.

MASSIMI, Massimo, DekRR., *Prooemium ad novissimas Normas S. R. Rotae*, 1934, Jun 29: AAS 26 (1934), 449-450.

MASSIMI, Massimo, DekRR., *Indirizzo d'omaggio*, 1934, Okt 1: OR 74 (1934), Nr. 228, 01./02.10.1934, 1.

GRAZIOLI, Giulio, DekRR., *Indirizzo d'omaggio*, 1937, Okt 1: OR 77 (1937), Nr. 229, 02.10.1937, 1.

GRAZIOLI, Giulio, DekRR., *Indirizzo d'omaggio*, 1938, Okt 1: OR 78 (1938), Nr. 230, 03./04.10.1938, 1.

GRAZIOLI, Giulio, DekRR., *Indirizzo d'omaggio*, 1940, Okt 1: OR 80 (1940), Nr. 228, 02.10.1940, 1.

GRAZIOLI, Giulio, DekRR., *Indirizzo d'omaggio*, 1941, Okt 3: OR 81 (1941), Nr. 232, 04.10.1941, 1.

GRAZIOLI, Giulio, DekRR., *Indirizzo d'omaggio*, 1942, Okt 1: OR 82 (1942), Nr. 229, 02.10.1942, 1.

GRAZIOLI, Giulio, DekRR., *Indirizzo d'omaggio*, 1944, Okt 2: OR 84 (1944), Nr. 232, 02./03.10.1944, 2.

JULLIEN, André, DekRR., *Indirizzo d'omaggio*, 1945, Okt 2: OR 85 (1945), Nr. 228, 03.10.1945, 1.

BRENNAN, Francis James, DekRR., *Indirizzo d'omaggio*, 1965, Jan 11: OR 105 (1965), Nr. 8, 11./12.01.1965, 2ª edizione, 1.

FILIPIAK, Bolesław, DekRR., [*Prefazione alle Nuove Norme del Tribunale della Sacra Romana Rota*], 1969, Mai 27: LE, IV, 5550, Nr. 3752.

FILIPIAK, Bolesław, DekRR., *Indirizzo d'omaggio*, 1971, Jan 29: OR 111 (1971), Nr. 23, 29.01.1971, 2.

LEFEBVRE, Charles, PrDekRR., *Indirizzo d'omaggio*, 1975, Jan 30: OR 115 (1975), 31.01.1975, 2.

EWERS, Heinrich, DekRR., *Prooemium [ad Normas S. Romanae Rotae Tribunalis]*, 1982, Jan 16: AAS 74 (1982), 490.

FIORE, Ernesto Maria, DekRR., *Indirizzo di omaggio*, 1986, Jan 30: ME 111 (1986), 137-140.

FIORE, Ernesto Maria, DekRR., *Presentazione*, 1987, [Jun 7]: QStR 1 (1987), 5.

FIORE, Ernesto Maria, DekRR., *Indirizzo d'omaggio*, 1989, Jan 26: OR 129 (1989), Nr. 22, 27.01.1989, 4.

FIORE, Ernesto Maria, DekRR., *Indirizzo di omaggio*, 1991, [Jan 28]: ME 116 (1991), 265-267.

FIORE, Ernesto Maria, ErzBf., TitBf. von Novi, DekRR., *Indirizzo di omaggio*, 1992, Jan 23: EphIC 48 (1992), 245-246.

POMPEDDA, Mario Francesco, DekRR., *Prooemium [ad Normas Romanae Rotae Tribunalis*], 1994, Apr 18: AAS 86 (1994), 508-509.

POMPEDDA, Mario Francesco, DekRR., *Indirizzo d'omaggio*, 1995, Feb 10: OR 135 (1995), Nr. 35, 11.02.1995, 5.

POMPEDDA, Mario Francesco, DekRR., *Prefazione [al CD-ROM „Ius Canonicum et Iurisprudentia Rotalis"]*, 1995, Feb 15: *Ius Canonicum et Iurisprudentia Rotalis. Manuale d'uso,* Milano 1995, IX.

POMPEDDA, Mario Francesco, DekRR., *Praefatio [ad Rotae Romanae Decreta]*, 1996, Apr 25: RRDecr 1 (1983), III-IV.

Relazione sull'attività della Rota Romana nell'anno giudiziario 2000: QStR 11 (2001), 169-190.

Relazione sull'attività della Rota Romana nell'anno giudiziario 2001: QStR 12 (2002), 173-201.

Relazione sull'attività della Rota Romana nell'anno giudiziario 2002: QStR 13 (2003), 151-182.

Relazione sull'attività della Rota Romana nell'anno giudiziario 2003: QStR 14 (2004), 135-156.

Relazione sull'attività della Rota Romana nell'anno giudiziario 2004: QStR 15 (2005), 29-65.

Relazione sull'attività della Rota Romana nell'anno giudiziario 2005: QStR 16 (2006), 47-85.

Relazione sull'attività della Rota Romana nell'anno giudiziario 2006: QStR 17 (2007), 71-121.

Relazione sull'attività della Rota Romana nell'anno giudiziario 2007: QStR 18 (2008), 59-95.

b. Legislative Quellen

Statuta sacri causarum apostolici palacii auditorum et notariorum, [um 1450], hg. v. SCHWARZ, Brigide: HELMRATH, Johannes, MÜLLER, Heribert, WOLFF, Helmut (Hg.),

Studien zum 15. Jahrhundert. Festschrift für Erich Meuthen, I, München 1994, 852-867.

Regulae servandae in praecipuis actis iudiciariis apud S. Romanae Rotae Tribunal, Romae 1909.

Regole da osservarsi nei principali atti giudiziari presso il Tribunale della Sacra Romana Rota, Roma 1909.

Regulae servandae in iudiciis apud Sacrae Romanae Rotae Tribunal approbatae et confirmatae a Pio Papa X: AAS 2 (1910), 783-850.

Regulae servandae ab iis qui apud S. R. Rotae Tribunal tirocinio dant operam ut Advocati et Procuratoris Rotalis diploma consequantur, Romae 1913.

Regolamento per il tirocinio da premettersi presso la S. R. Rota al conseguimento del titolo di Procuratore e Avvocato Rotale, Roma 1913.

Normae S. Romanae Rotae Tribunalis, 1934, Jun 29: AAS 26 (1934), 449-491.

SRR., Dekr. *Nihil antiquius*, 1945, Jun 8: AAS 37 (1945), 193-196.

SRR., *Normae ad exsequendum decretum „Nihil antiquius" de ordinando studio S. Romanae Rotae*, 1945, Mrz 16: LE, II, 2273-2274, Nr. 1821.

Studium Sacrae Romanae Rotae, Civitas Vaticana 1950.

Facultates extraordinariae Decano Sacrae Romanae Rotae concessae, 1952, Okt 15: LE, II, 3092, Nr. 2309.

Nuove Norme del Tribunale della Sacra Romana Rota, 1969: LE, IV, 5550-5558, Nr. 3752.

Normae Sacrae Romanae Rotae Tribunalis, 1982, Jan 11: AAS 74 (1982), 490-517.

RR., *Normae,* 1994, Feb 7: AAS 86 (1994), 508-540.

c. Entscheidungen

SRR., Decisio c. FASTOLF, Causa I, 1336 (Auszug): SCHNEIDER, *Die Römische Rota*, 87, Anm. 4.

SRR., Urteil c. SEBASTIANELLI, Alexandrina, *Iuris Patronatus*, 1909, Mrz 15: SRRDec 1 (1909), 5-9 = AAS 1 (1909), 294-298.

SRR., Urteil c. MANY, *Crediti*, 1909, Nov 19: SRRDec 1 (1909), 142-154.

SRR., Urteil c. SEBASTIANELLI, Pharen., *Iurium et poenarum*, 1910, Okt 10: SRRDec 2 (1910), 191-199.

SRR., Urteil c. LEGA, Veszprimien., *Nullitatis matrimonii*, 1911, Jun 2: SRRDec 3 (1911), 224-236.

SRR., Urteil c. MORI, Cameracen., *Nullitatis matrimonii*, 1911, Jun 23: SRRDec 3 (1911), 292-311.

SRR., Urteil c. LEGA, [Romana], *Nullitatis matrimonii*, 1912, Jan 17: SRRDec 4 (1912), 33-56.

SRR., Urteil c. MANY, Treviren., *Diffamationis*, 1913, Feb 7: SRRDec 5 (1913), 116-126.

SRR., Urteil c. MANY, *Refectionis damnorum*, 1913, Mai 16: SRRDec 5 (1913), 313-320.

SRR., Urteil c. PARRILLO, Dioecesis X, *Damnorum: Quaestio incidentalis super competentia S. Romanae Rotae*, 1923, Apr 30: AAS 15 (1923), 296-302.

SRR., Urteil c. PARRILLO, Hieracen., *Iurium: Incidentis de appellationis desertione*, 1926, Jan 9: SRRDec 18 (1926), 1-3.

SRR., Urteil c. QUATTROCOLO, Southwarcen., *Nullitatis matrimonii*, 1926, Jul 29: AAS 18 (1926), 501-506.

SRR., Urteil c. GRAZIOLI, Westmonasterien., *Nullitatis matrimonii*, 1927, Apr 4: AAS 19 (1927), 217-227.

SRR., Urteil c. PARRILLO, Corduben., *Restitutionis ecclesiae*, 1929, Jul 29: SRRDec 21 (1929), 269-280.

SRR., Urteil c. WYNEN, Romana, *Iurium et damnorum*, 1942, Jan 5: SRRDec 34 (1942), 1-19.

SRR., Urteil c. BONET, Barcinonen., *Nullitatis matrimonii*, 1957, Apr 12: SRRDec 49 (1957), 333-346.

SRR., Urteil c. LEFEBVRE, Sipontina, *Nullitatis matrimonii: Querelae nullitatis. Novae causae propositionis*, 1960, Jun 18: SRRDec 52 (1960), 330-333.

SRR., Urteil c. DE JORIO, Romana, *Nullitatis matrimonii; Incidentis: De nullitate sententiae*, 1961, Dez 11: SRRDec 53 (1961), 652-661.

SRR., Urteil c. FIORE, Theatina, *Nullitatis matrimonii*, 1983, Apr 30: SRRDec 75 (1983), 252-269.

RR., Dekret c. PALESTRO, Antiochena Graecorum Melchitarum Catholicorum, *Iurium; Competentiae*, 1986, Jun 18: RRDecr 4 (1986), 102.

RR., Dekret c. BRUNO, Sedinen.-Caminen., *Nullitatis matrimonii*; *Iuris appellandi*, 1987, Jan 30: RRDecr 5 (1987), 15-16.

RR., Urteil c. CORSO, Romana, *Nullitatis matrimonii*, 1988, Apr 13: RRDec 80 (1988), 227-230.

RR., Dekret c. CORSO, Curitiben., *Nullitatis matrimonii; Novae causae propositionis*, 1989, Apr 5: RRDecr 7 (1989), 67-72.

RR., Dekret c. DE LANVERSIN, Inter-Eparchialis Graecorum Melkitarum seu Beryten. et Gibailen., *Nullitatis matrimonii; Praeliminaris: Querelae nullitatis et novae causae propositionis*, 1996, Jun 5: DEc 108/2 (1997), 27-35.

RR., Urteil c. SERRANO RUIZ, Philadelphien., *Nullitatis matrimonii*, 1987, Jul 3: RRDec 79 (1987), 473-481.

RR., Urteil c. PALESTRO, Romana, *Nullitatis matrimonii*, 1990, Mai 16: RRDec 82 (1990), 364-381.

RR., Dekret c. BRUNO, Parisien., *Nullitatis matrimonii; Nullitatis sententiae*, 1992, Mrz 27: RRDecr 10 (1992), 50-53.

RR., Dekret c. POMPEDDA, Cerretana, *Nullitatis matrimonii; Competentiae Romanae Rotae et confirmationis*, 1992, Dez 14: RRDecr 10 (1992), 206-209, und: IusEc 5 (1993), 597-602.

RR., Dekret c. FALTIN, Sanctissimi Salvatoris Marianopolitani Graecorum Melkitarum, *Nullitatis Matrimonii; Competentiae*, 1994, Mai 18: RRDecr 12 (1994), 106-111.

RR., Dekret c. STANKIEWICZ, Denverien., *Nullitatis matrimonii; Nullitatis decisionum et novae causae propositionis*, 1994, Mai 27: RRDecr 12 (1994), 116-128.

RR., Dekret c. SABLE, Iunien. Maronitarum, *Nullitatis Matrimonii; Competentiae Rotae Romanae*, 1996, Jan 19: RRDecr 14 (1996), 1-6.

RR., Urteil c. PINTO, Calaritana, *Poenalis*, 1999, Nov 26: RRDec 91 (1999), 723-740.

RR., Dekret des Dekans FUNGHINI, Hierosolymitana Latinorum, *Iurium: Possessionis; Prael.: De admissione libelli*, 2001, Jul 17, Rep. 53/2001: QStR 12 (2002), 170.

RR., Dekret des Dekans FUNGHINI, Bratislavien.-Tyrnavien., *Nullitatis matrimonii; Prael.: Avocationis causae*, 2002, Jun 15, Rep. 192/2001: QStR 13 (2003), 147.

RR., Dekret des Dekans FUNGHINI Inter-Eparchialis Maronitarum seu Beryten. Maronitarum, *Nullitatis matrimonii; Inc.: Pensionis alimentaris, custodiae et comitatus filiorum*, 2003, Feb 4, Rep. N. 207/2001: QStR 14 (2004), 127.

RR., Dekret des Dekans FUNGHINI; Bratislavien.-Tyrnavien., *Nullitatis matrimonii*, 2003, Feb 25, Rep. N. 30/2001: QStR 14 (2004), 128.

RR., Dekret des Dekans STANKIEWICZ, Reg. Latii, *Nullitatis matrimonii; Prael.: Avocationis causae*, 2004, Mai 8, Rep. N. 69/2004: QStR 15 (2005), 201.

RR., Dekret des Dekans STANKIEWICZ, Messanen.-Liparen.-S. Luciae, *Nulllitatis matrimonii; Prael.: Avocationis causae*, 2004, Mai 8, Rep. N. 58/2004: *ebd.*, 202.

RR., Dekret des Dekans STANKIEWICZ, Paulopolitana et Minneapolitana, *Prael.: Avocationis causae*, 25.4.2005, Rep. 87/2005: QStR 16 (2006), 215-216.

11. Rat für die öffentlichen Angelegenheiten der Kirche

VILLOT, Jean, Kard., PräfConsPEN., Dekret, 1970, Apr 28: LE, IV, 5810, Nr. 3848.

VILLOT, Jean, Kard., PräfConsPEN., Reskript, 1970, Aug 31: LE, IV, 5877, Nr. 3895.

VILLOT, Jean, Kard., PräfConsPEN., Brief, 1971, Jul 19, an [J. J. Krol, Kard., ErzBf. von Philadelphia,] den Vorsitzenden der NCCB.: DocR, I, 252, Nr. 1429-1430.

VILLOT, Jean, Kard., PräfConsPEN., Brief, 1973, Jun 20, an [J. J. Krol, Kard., ErzBf. von Philadelphia,] den Vorsitzenden der NCCB.: LE, V, 6609-6610, Nr. 4209.

VILLOT, Jean, Kard., PräfConsPEN., Brief, 1974, Mai 22, an [J. J. Krol, Kard., ErzBf. von Philadelphia,] den Vorsitzenden der NCCB.: LE, V, 6800-6801, Nr. 4289.

VILLOT, Jean, Kard., PräfConsPEN., *Rescriptum Pontificium quo Conferentiae Episcoporum Canadiensi et Australianae facultates quaedam tribuuntur circa processus instruendos in causis matrimonialibus*, 1974, Nov 1: DocR, I, 259, Nr. 1456-1462.

12. Codex-Interpretations- und Revisionskommissionen

PCCCI., *Dubia soluta ab E.mo Praeside commissionis: de iudiciis (cann. 1552-1601)*, 1923, Mai 22: AAS 26 (1924), 251.

PCCCI., *Dubium de interventu S. C. de Sacramentis in processum nullitatis matrimonii per Promotorem iustitiae accusati*, 1939, Jul 24: LE, I, 1931, Nr. 1489.

PCCCI., Romana et aliarum, *Responsa de competentia*, 1940, Jul 8: AAS 32 (1940), 317-318.

PCR., *Schema canonum de procedendi pro tutela iurium seu de processibus*, Città del Vaticano 1976.

PCRC., *Acta Commissionis*, 1978, Mai 15-16: Comm 10 (1978), 242-248.

PCICI., *Relatio complectens synthesim animadversionum ab Em.mis et Exc.mis Patribus Commissionis ad novissimum schema Codicis Iuris Canonici exhibitarum, cum re-*

sponsionibus a Secretaria et Consultoribus datis. Liber VII – De processibus: Comm 16 (1984), 52-90.

PCOR., *Schema Codicis Iuris Canonici Orientalis*, Romae 1986.

PCICI., *Responsio ad propositum dubium in plenario coetu*, 1986, Mai 17: AAS 78 (1986), 1323-1324.

PCLTI., *Quaestiones quaedam studio Pontificii Consilii submissae*, s. d.: Comm 27 (1995), 30-31.

PCLT., Dignitas connubii. *Instructio servanda a tribunalibus dioecesanis et interdioecesanis in petractandis causis nullitatis matrimonii*, 2005, Jan 25, Città del Vaticano 2005.

13. Gerichtshöfe der Vatikanstadt

TRIBUNALIA PONTIFICIA IN VATICANO, *Statuta praeliminaria pro dirimendis controversiis, contractuum causâ enatis, cum administratione Aedium Vaticani*, [1883]: ASS 16 (1906), 296-301.

14. Bischofskonferenzen

HLOND, Augustyn, Kard., ErzBf. von Gnesen und Warschau, SAPIEHA, Adam Stefan, Kard., ErzBf. von Krakau, Dekr., 1947, Mrz 29, bei GLEMP, Józef, *Polskie Sądownictwo Kościelne w Latach 1945-1970*: PraKan 14 (1971), 169-225, 200-201.

KLEPACZ, Michał, Bf. von Lodsch, Vorsitzender der KEP., Dekr., N. 2840/54/P.E., 1954, Jun 24 bei GLEMP, Józef, *Polskie Sądownictwo Kościelne w Latach 1945-1970*: PraKan 14 (1971), 169-225, 216-217.

KLEPACZ, Michał, Bf. von Lodsch, Vorsitzender der KEP., Dekr., N. 1610/56/E.P., 1956, Mai 22, bei GLEMP, Józef, *Polskie Sądownictwo Kościelne w Latach 1945-1970*: PraKan 14 (1971), 169-225, 218-219.

WYSZYŃSKI, Stefan, Kard., ErzBf. von Gnesen und Warschau, Primas von Polen, Dekr., N. 5724/60/P., 1960, Okt 22, bei GLEMP, Józef, *Polskie Sądownictwo Kościelne w Latach 1945-1970*: PraKan 14 (1971), 169-225, 220-221.

NCCB., *Procedural Norms*, [1970]: LE, IV, 5810-5812, Nr. 3848.

NCCB., *Normae a Signatura Apostolica adprobatae quibus ad usum deducitur Pontificium indultum diei 22 maii 1974, Conferentiae Episcopali Statuum Foederatorum Americae Septemtrionalis concessum*, 1975, Aug 2: DocR, II, 122-123, Nr. 5448-5454.

CONFERENTIA EPISCOPALIS CANADIENSIS, *Normae exsecutionis a Conferentia Episcopali Canadiensi latae quibus in usum deducitur Rescriptum Pontificium diei 1 novembris 1974, de causis nullitatis matrimonii, a Signatura Apostolica die 20 maii 1977 recognitae*: DocR, II, 127-129, Nr. 5465-5483.

15. Einzelne Bischöfe und Kardinäle

CYPRIAN, Bf. von Karthago, Brief, Nr. 59, [252], an Cornelius, Bf. von Rom: HARTEL, Wilhelm von (Hg.), *S. Thasci Caecili Cypriani opera omnia*, II (= CSEL 3/2), Vindobonae 1871, 666-691.

CYPRIAN, Bf. von Karthago, Brief, Nr. 67 [254/255], an den Presbyter Felix, 5: HARTEL, Wilhelm von (Hg.), *S. Thasci Caecili Cypriani opera omnia*, II (= CSEL 3/2), Vindobonae 1871, 735-743.

BOSO, Kard., *Alexander III*, [1177]: DUCHESNE, Louis (Hg.), *Le Liber pontificalis,* II, Paris 1955=1981, 397-446.

CAMPEGGIO [CAMPEGIUS], Lorenzo, Kard., Brief *De depravato statu ecclesiae*, 1522, Mrz 23, an Papst Hadrian VI.: CT, XII/1, 5-17.

REISACH, Karl August von, Kard., *Vom Palast Santa-Croce*, 1859, Jun 28: AkKR 5 (1860), 97-98.

GREGORIUS II YÛSEF, Griechisch-melkitischer Patriarch von Antiochien, *Responsum*, 1866, Apr 12: SConcCol, IL, 1200.

Postulata a pluribus Galliarum Episcopis Sanctissimo DD. NN. Pio Papae IX. et Sacrosancto Concilio Vaticano reverenter proposita, [1869]: ColLac, VII, 833-849.

AUDU, Joseph, Patriarch von Babylon der Chaldäer, *Oratio*, 1870, Jan 25: SConcCol, L, 513-518.

DE LAI, Gaetano, SekrSCConc., Reformplan, 1907, bei FERRETTO, Giuseppe, *La riforma del B. Pio X*: Apol 25 (1952), 35-84, 41

Postulata Episcoporum sub „De iudiciis", 1905: LLOBELL, Joaquín, DE LEÓN, Enrique, NAVARRETE, Jesús, *Il libro „De processibus" nella codificazione del 1917. Studi e documenti,* I. *Cenni storici sulla codificazione „De iudiciis in genere". Il processo contenzioso ordinario e sommario. Il processo di nullità el matrmonio* (= MG, 15), Milano 1999, 357-369.

INNITZER, Theodor, Kard., ErzBf. von Wien, *Preces*, „nomine omnium Austriae Episcoporum", [1938]: LE, I, 1908, Nr. 1459.

CICOGNANI, Amleto Giovanni, TitErzBf. von Laodicea in Phrygia, ApDel. in den Vereinigten Staaten von Amerika, *Preces*, „Archiepiscoporum et Episcoporum illius regionis nomine", [1942]: LE, II, 2136-2137, Nr. 1705

CICOGNANI, Amleto Giovanni, TitErzBf. von Laodicea in Phrygia, ApDel. in den Vereinigten Staaten von Amerika, Brief, 1946, Dez 3, an alle Bischöfe des Landes: LE, II, 2385-2386, Nr. 1893.

REGNO, Bernardo, TitBf. von Bagai, ApAdm. von Kandy, *Consilium*, 1958, Aug 15: ADCOV, I/2/4, 54-56.

PRIMEAU, Ernest John, Bf. von Manchester, *Consilium*, 1959, Mai 10: ADCOV, I/2/6, 370-373.

BYRNE, Edwin Vincent, ErzBf. von Santa Fe, *Consilium*, 1959, Aug 21: ADCOV, I/2/6, 442, Nr. 96.

LEIBOLD, Paul Francis, TitBf. von Trebenna, Weihbischof von Cincinnati, *Consilium*, 1959, Aug 25: ADCOV, I/2/6, 515, Nr. 148.

O'HARA, Gerald Patrick, TitErzBf. von Pessinonte, ApDel. in Großbritannien und Nordirland, *Consilium*, 1960, Apr 26: ADCOV, I/2/6, 48-53, Nr. 20.

SCHÄUFELE, Hermann, ErzBf. von Freiburg im Breisgau, *Animadversio scripto exhibita circa schema decreti de matrimonii servando*, [1963]: ASCOV, III/8, 1103, Nr. 57.

FRINGS, Joseph, Kard., ErzBf. von Köln, *Oratio circa cap. I schematis de episcopis ac dioecesium regimine*, 1963, Nov 8: ASCOV, II/4, 616-618.

RICHAUD, Paul-Marie-André, Kard., ErzBf. von Bordeaux, *Suffragium*, 1965, Mai 11: ADCOV, II/2/3, 1275.

JULLIEN, André, Kard., *Suffragium*, 1965, Mai 11: ADCOV, II/2/3, 1277.

16. Staatliche Gesetze der Vatikanstadt

Ordinamento Giudiziario, 1946, Mai 1: *Ordinamento Giudiziario e Codice di Procedura Civile dello Stato della Città del Vaticano*, Città del Vaticano 1946, XIII-XXV.

17. Sonstige Quellen

GRATIAN, Kaiser von Rom, Edikt *Ordinarium sententias iudicum*, [378]: O. GUENTHER (Hg.), *Epistulae imperatorum pontificum aliorum inde ab a. CCCLXVII usque ad a. DLIII datae Avellana quae dicitur collectio* (= CSEL, 35), Pragae – Vindobonae – Lipsia 1895, 54-58.

[PSEUDO-]ZEPHYRINUS, Brief *Divinae circa*, s. d., an die Bischöfe Siziliens: HINSCHIUS, Paul (Hg.), *Decretales pseudo-isidorianae et capitula Angilramni,* Leipzig 1863 = Aalen 1963, 131-133.

BERNHARD VON CLAIRVAUX, *De consideratione libri quinque ad Eugenium tertium*, [1148]: PL CLXXXII, 727-808.

GERHOH VON REICHERSBERG, *Liber de Aedificio Dei*, [1128/1129]: PL, CXCIV, 1187-1336.

GERHOH VON REICHERSBERG, *De investigatione antichristi liber I*, [um 1162]: MGH.LL 3 (1897), 304-395.

Gesta Innocentii Pp. III, ab auctore anonymo, sed coaetaneo, scripta: PL, CCXIV, XV-CCXXVIII.

Declaratio [super Ioannis PP. XXII decreto *Execrabilis* (Extrav. Jo. XXII 9)], [1317/18]: BMCL 21 (1991), 66-78.

DIETRICH VON NIEHEIM, *Stilus palatii abbreviatus,* [um 1385]: ERLER, Georg, *Der Liber cancellariae apostolicae vom Jahre 1380 und der Stilus palatii abbreviatus Dietrichs von Nieheim*, Leipzig 1888, 217-234.

BELLEMÈRE, Gilles, AudRR., *Consilia*, [1388], bei GILLES, Henri, *Gilles Bellemère e le tribunal de la Rote à la fin du XIVe siècle*: MAH 67 (1955), 281-319, 297, Anm. 1.

Avisamenta Nationis Germanicœ super articulis juxta Decretum Concilii reformandis exhibenda Domino nostro Sanctissimo, 1417: SConcCol, XXVIII, 362-370.

WIMPHELING, Jakob, *Gravamina Germanicae Nationis cum remedijs & avisamentis ad Caesaream Maiestatem*, Selestadii s. a. [1510].

LUTHER, Martin, *An den Christlichen Adel teutscher Nation: von des Christlichen standes besserung*, Vuittenberg 1520 = (= QGHRF, 2) München 1961.

LUTHER, Martin, *Tischrede von der gräulichen Bosheit und dem Regiment zu Rom*, 1536, s. d. [Okt 27 – Dez 4]: WA.TR, III, 345-348.

ECK, Johannes, *Indulgentiae moderandae*, [1522], hg. v. FRIEDENSBURG, Walter: BBKG 2 (1896), 159-196 und 222-253.

REICHSTAG ZU WORMS, *Articul damit bäpstlich Heiligkeit Teutsche land beschwärt* (Entwurf), 1522, Mrz s. d.: WREDE, Adolf (Hg.), *Deutsche Reichstagsakten unter Kaiser Karl V.*, II, Gotha 1896 = Göttingen 1962, 670-704.

Abschied des Reichstages zu Regensburg (Auszug), 1654, Mai 17: ZEUMER, Karl (Hg.), *Quellensammlung zur Geschichte der Deutschen Reichsverfassung in Mittelalter und Neuzeit*, Tübingen ^{2}1913, 446-465.

Wahlkapitulation des römischen Kaisers Franz des Zweiten, Mainz 1792.

K. K. MINISTERIUM DES AEUSSERN, *Note*, 1858, Okt 6, n. Z. 11/858 E., mit *Nachweis*: AkKR 5 (1860), 462-463.

VIKTOR EMANUEL II., König von Italien, Regio Decreto n. 5975, 1870, Okt 27: RLDRI 29 (1870), 2862-2863.

MANY, Séraphin, Konsultor, *Votum*, 1907: LLOBELL, Joaquín, DE LEÓN, Enrique, NAVARRETE, Jesús, *Il libro „De processibus" nella codificazione del 1917. Studi e documenti*, I. *Cenni storici sulla codificazione „De iudiciis in genere". Il processo contenzioso ordinario e sommario. Il processo di nullità el matrmonio* (= MG, 15), Milano 1999, 409-423.

Consulta della Commissione dei Consultori sul libro "De iudiciis", 1907, Jun 20: LLOBELL, Joaquín, DE LEÓN, Enrique, NAVARRETE, Jesús, *Il libro „De processibus" nella codificazione del 1917. Studi e documenti*, I. *Cenni storici sulla codificazione „De iudiciis in genere". Il processo contenzioso ordinario e sommario. Il processo di nullità el matrmonio* (= MG, 15), Milano 1999, 1016-1023.

CHURRUCA, Pablo de, Brief, 1938, Apr 23, an F. Conde de Gómez-Jordana Sousa: MARQUINA BARRIO, Antonio, *La diplomacia vaticana y la España de Franco* (= MHEc, 12), Madrid 1983, 380-383.

L'attività della Santa Sede dal 15 dicembre 1941 al 15 dicembre 1942, Città del Vaticano 1943.

TRIBUNALE ROMA *[Ordinanza]* 25 febbraio 1950 – *Pres.* Surdo – Sacra Romana Rota e Santa Sede in persona di Mons. Staffa c. Coen.: DEc 61 (1950), 906.

AttSS 1954; 1956; 1965; 1967; 1969; 1971; 1972; 1973; 1974; 1975; 1976; 1977; 1978; 1979; 1980; 1982; 1987; 1988; 1989.

UNIVERSITAS CATHOLICA TOLOSANA, FACULTAS IURIS CANONICI, *Votum*, 1960, Apr 18: ADCOV, I/4/2, 587-597.

Ius Canonicum et Iurisprudentia Rotalis. Edizione 1995, CD-ROM, opera coordinata da SCANU, Giuseppe, Software di ricerca by CEDIS Srl, Milano – Città del Vaticano s. a. [1995].

Ius Canonicum et Iurisprudentia Rotalis. Edizione 2004, CD-ROM, opera coordinata da SCANU, Giuseppe, Software di ricerca by CEDIS Srl, Milano – Città del Vaticano s. a. [2004].

CORTE EUROPEA DEI DIRITTI DELL'UOMO, *Caso Pellegrini contro Italia*, Ricorso n° 30882/96, 2001, Jul 20: DG 2 (2001), Nr. 32, 22.09.2001, 19-24.

Bibliografie III

Literatur

ABBASS, Jobe, *,Pastor Bonus' and the Eastern Catholic Churches*: OCP 60 (1994), 587-610.

ABBASS, Jobe, *Apostolic See in the New Eastern Code of Canon Law*, Lewiston – Queenston – Lampeter 1994.

ABBASS, Jobe, *Apostolic See in the New Oriental Legislation*: StCan 27 (1993), 173-215.

ABBASS, Jobe, *The Roman Rota and Appeals from Tribunals of the Eastern Patriarchal Churches*: Per 89 (2000), 439-490.

ACEBAL LUJÁN, Juan Luis, *Normas del Tribunal de la Rota Romana. Texto y comentario*: REDC 52 (1995), 231-279.

AGO, Renata, *Carriere e clientele nella Roma barocca* (= QL, 35), Bari 1990.

AICHNER, Simon, *Compendium Juris Ecclesiastici ad usum cleri, ac praesertim per Imperium Austriacum, in cura animarum laborantis*, I-II, Brixinae ^{3}1870.

ALBERTI, Ottorino, *Mons. Alberto Canestri*: PIOLANTI, Antonio (Hg.), *La Pontificia Università Lateranense. Profilo della sua storia, dei suoi maestri e dei suoi discepoli*, Roma 1963, 221-222.

ALDEA, Quintin, *Bula in Coena Domini*: DHEE, I (1972), 289-290.

ALESANDRO, John A., *The Revision of the* Code of Canon Law. *A Background Study*: StCan 24 (1990), 91-146.

ALWAN, Hanna, *Rapporto fra il Codice dei Canoni per le Chiese Orientali e il Codice di Diritto Canonico per la Chiesa Latina*: IurOr 1 (2005), 103-121 = QStR 15 (2005), 69-92.

AMANIEU, A., *Appel*: DDC, I (1935), 764-807.

AMANIEU, A., *Appellatione remota*: DDC, I (1935), 827-833.

AMO PACHON, León del, *Nueva tramitación de las causas matrimoniales. Comentario a las recientes normas de la Signatura Apostólica sobre tribunales y al „Motu proprio" „Causas matrimoniales" de Pablo VI*, Salamanca 1971.

ANDRÉS, Domingo Javier, *Los Superiores religiosos según el Codigo*, Madrid 1985.

ANDRIEU, Michel, *La rota porphyretica de la basilique vaticane*: MAH 66 (1954), 189-218.

ANSALDIS, Ansaldo de, *Sacrae Romanae Rotae Decisiones coram Reverendiss. P. D. Ansaldo de Ansaldis Patricio Florentino*, Roma 1739, *Praefatio*; in Auszügen bei: CERCHIARI, *Capellani Papae*, I, 95-98.

ARBELOA Y MURU, Victor Manuel, *La supresión de la Rota en España (1932-1933)*: REDC 30 (1974), 363-382.

ARENA, Aldo Maria, *The Jurisprudence of the Sacred Roman Rota: Its Development and Direction after the Second Vatican Council*: StCan 12 (1978), 265-293.

ARNOLD, Franz, *Der Codex für die orientalische Kirche*: ÖAKR 1 (1950), 161-172.

ARNOLD, Franz, *Tätigkeitsbericht der Sacra Romana Rota über das Jahr 1955*: ÖAKR 8 (1957), 209-213.

ARRIETA, Juan Ignacio (Hg.), *L'istruzione Dignitas connubii nella dinamica delle cause matrimoniali* (= IPX.St, 4), Venezia 2006.

ARRIETA, Juan Ignacio, *Il valore giuridico della prassi della Curia Romana*: IusEc 8 (1996), 97-117.

ARRIETA, Juan Ignacio, Kommentar zu: Ap. Konst. *Pastor Bonus*: ARRIETA, Juan Ignacio, u. a. (Hg.), *Legislazione sull'organizzazione centrale della Chiesa* (= TLeg, 3), Milano 1997, 167-373.

ARRIETA, Juan Ignacio, *Principios informadores de la Constitución Apostólica „Pastor bonus"*: IusCan 30 (1990), 59-81.

ARRIGHI, Jean-François, *Le rescrit pontifical du 16 octobre 1954 et la création d'un tribunal d'appel pour le Vicariat de Rome*: ACan 3 (1954-1955), 294-297.

ARROBA CONDE, Manuel Jesús, *Diritto processuale canonico*, Roma 1993.

ASCHERI, Mario, *Höchste Gerichte in Italien zur Zeit des Ancien Régime*: SCHEURMANN, Ingrid (Hg.), *Frieden durch Recht. Das Reichskammergericht von 1495 bis 1806*, Mainz 1994, 428-434.

ASCHERI, Mario, *Rechtsprechungs- und Konsiliensammlungen. Erster Abschnitt. Italien*: HQLPG, II/2 (1976), 1113-1194.

ASCHERI, Mario, *Tribunali, giuristi e istituzioni. Dal medioevo all'età moderna*, Bologna ^{2}1989.

ASSENMACHER, Günter, *Die Eheverfahren*: HKKR^{2} (1999), 1187-1208.

AUBERT, Roger, *1. Jullien*: DHGE, XXVIII (2003), 565-566.

AUBERT, Roger, *Das Reformwerk Pius' X.*: HKG, VI/2 (1973), 406-434.

AUBERT, Roger, *Die Französische Revolution und Pius VI.*: HKG, VI/1 (1971), 13-59.

AUBERT, Roger, *Die katholische Kirche nach dem Wiener Kongreß:* HKG, VI/1 (1971), 105-127.

AUBERT, Roger, *Die Römische Frage*: HKG, VI/1 (1971), 696-705.

AUBERT, Roger, *Napoleon und Pius VII.*: HKG, VI/1 (1971), 59-104.

AUBERT, Roger, *Pius X., ein konservativer Reformpapst*: HKG, VI/2 (1973), 391-405.

AUBERT, Roger, *Pius X.*: LThK^{3}, VIII (1999), 333-335.

AUGUSTIN, Antonio, *Praxis Rotae*: LEFEBVRE, Charles (Hg.), *Antonii Augustini Praxis Rotae et Jacobi Emerix Tractatus seu notitia S. Rotae Romanae. Deux traités inédits sur la procédure de la S. Rote Romaine* (= MCS, 8), Tournai u. a. 1961, 12-27.

ÁVILA Y LAGLERA, Marcial de, *Sacra Romana Rota. Elenco degli uditori spagnuoli che hanno occupato le due sedie rotali*, s. l. [Roma] s. a. [1865].

AYMON, Jean, *Tableau de la Cour de Rome dans lequel sont representés au naturel sa Politique, & son Gouvernement tant spirituel, que temporel, les cérémonies religieuses & civiles, ce qui s'observe dans le Conclave à l'Election des Papes, les cavalcades, & plusieurs autres choses très-rares & très-curieuses, et qui ne se trouvent ni dans l'histoire des Conclaves, ni dans aucune relation de l'Italie*, Den Haag ^{2}1726.

AZNAR GIL, Federico Rafael, *Delitos más graves reservados a la Congregación para la Doctrina de la Fe. Texto del M.Pr. Sacramentorum sanctitatis tutela y comentario*: REDC 61 (2004), 433-472.

AZNAR GIL, Federico Rafael, *El error doloso (c. 1098) en la jurisprudencia del Tribunal Apostólico de la Rota Romana*: CASTÁN VÁZQUEZ, José María, u. a. (Hg.), *Hominum causa omne ius constitutum est. Escritos sobre el matrimonio en homenaje al Prof. Dr. José María Díaz Moreno, S. J.*, Madrid 2000, 427-456.

BAART, Peter A., *The Roman Court, or A Treatise on the Cardinals, Roman Congregations and Tribunals, Legates, Apostolic Vicars, Protonotaries and Other Prelates of the Holy Roman Church*, New York – Cincinatti ^{2}1895.

BAÑARES, Juan Ignacio, *Breve síntesis sobre criterios de distinción entre falta de discreción de juicio e incapacidad de asumir, en las sentencias recientes de la Rota Romana*: Ius Can 31 (1991), 253-263.

BANASZAK, Marian, *Filipiak, Bolesław*: LThCPol, V (1983), 383-386.

BANASZAK, Marian, *Janasik, Stanisław*: LThCPol, V (1983), 573-574.

BANGEN, Johann Heinrich, *Die römische Curie, ihre gegenwärtige Zusammensetzung und ihr Geschäftsgang*, Münster 1854.

BANTILLO MAGBANUA, Antonio, *The M. P. „Causas Matrimoniales": Towards a Reformed Matrimonial Procedural Law in the Code (A Study on the Development of the Principal Reform Sources of Annulment Proceedings in the New Code of Canon Law)*, Romae 1984.

BARBICHE, Bernard, *Le personnel de la chancellerie pontificale aux XIIIe et XIVe siècles*: AUTRAND, Françoise (Hg.), *Prosopographie et genèse de l'état moderne. Actes de la table rotonde organisée par le Centre National de la Recherche scientifique et l'École Normale Supérieure de jeune filles, Paris 22-23 octobre 1984* (= CENS, 30), Paris 1986, 117-130.

BARGILLIAT, Michel, *Praelectiones Juris Canonici*, I, Parisiis ^{24}1907.

BARRACLOUGH, Geoffrey, *„Ordo judiciarius qui in Romana Curia consuevit communiter observari" e codicibus manuscriptis dissertatione critica praemissa*: IusPont 17 (1937), 111-130 und 209-217.

BARRACLOUGH, Geoffrey, *Audientia litterarum contradictarum*: DDC, I (1935), 1387-1399.

BARRACLOUGH, Geoffrey, *Praxis Beneficiorum. A Contribution to the History of Practical Legal Literature in the Later Middle Ages*: ZSRG.K 27 (1938), 94-134.

BARRACLOUGH, Geoffrey, *Public Notaries and the Papal Curia. A Calendar and a Study of a Formularium notariorum Curie from the Early Years of the Fourteenth Century*, London – Rome 1934.

BARTOCCETTI, Vittorio, *Annotationes in „De Iudiciis" pro Ecclesia Orientale*: Apol 24 (1951), 99-101.

BARTOCCETTI, Vittorio, *Die Römische Rota, der Gerichtshof der Päpste*: IllVat.D 7 (1936), 115-118.

BARTONE, Nicola, *Una sanzione che colpisce l'intera procedura canonica e concordataria. Predisposta però per applicarsi a tutto l'universo cattolico*: DG 2 (2001), Nr. 32, 22.09.2001, 25-27.

BASTIDA I CANAL, Xavier, *La dimensió jurídica del doctor Bonet*: SUBIRÀ, Joan (Hg.), *Miscel.lània Manuel Bonet i Muixí* (= BAOl, 231), Barcelona 2001, 45-96.

BAUMGARTEN, Paul Maria, *Die Geschäftsführung an der Kurie*: WEBER, Christoph (Hg.), *Die römische Kurie um 1900. Ausgewählte Aufsätze von P. M. Baumgarten* (= KVRG, 10), Köln – Wien 1986, 90-98.

BAURA, Eduardo, *Il valore normativo dell'Istruzione „Dignitas connubii"*: BONNET, Piero Antonio, GULLO, Carlo (Hg.), *Il giudizio di nullità matrimoniale dopo l'istruzione „Dignitas connubii"*, I. *I principi* (= StGiur, 75), Città del Vaticano 2007, 185-211.

BAUS, Karl, *Die Weiterentwicklung des römischen Primates von Miltiades bis Leo I.*: HKG, II/1 (1973), 254-278.

BAUTZ, Friedrich Wilhelm, *Campegio (Campeggi), Lorenzo*: BBKL, I (1990), 901-902.

BAUTZ, Friedrich Wilhelm, *Consalvi, Ercole*: BBKL, I (1990), 1117-1119

BAUTZ, Friedrich Wilhelm, *Dietrich von Niem (Nieheim)*: BBKL, I (1990), 1299-1300.

BAUTZ, Friedrich Wilhelm, *Eck (eigentlich Maier), Johann*: BBKL, I (1990), 1452-1454.

BAUTZ, Friedrich Wilhelm, *Heiner, Franz*: BBKL, II (1990), 666-667.

BAZYDŁO, Janusz, *Janasik Stanisław*: EncKat, VII (1997), 956.

BECK, Marcel, *Rota, Roe = Pluteus Versatilis: Über mittelalterliche Lesemaschinen*: ZfB 62 (1948), 291-304.

BECKER, Hans-Jürgen, *Die* Sacra Rota Romana *in der frühen Neuzeit*: AUER, Leopold, OGRIS, Werner, ORTLIEB, Eva (Hg.), *Höchstgerichte in Europa. Bausteine frühneuzeitlicher Rechtsordnungen* (= QFGAR, 53), Köln – Weimar – Wien 2007, 1-18.

BEDOUELLE, Guy, LE GAL, Patrick, *Le „divorce" du roi Henry VIII. Études et documents* (= THR, 221), Genève 1987.

BEGUS, Cristian, *Il ruolo della giurisprudenza nell'art. 126 della Costituzione apostolica Pastor Bonus e nelle Allocuzioni di Giovanni Paolo II al Tribunale della Rota Romana*: Apol 76 (2003), 515-527.

BELLAVISTA, Joan, *Manuel Bonet i Muixí e l'aportació catalana a la reforma litúrgica conciliar (1962-1969)*: RCatT 27 (2001), 123-184.

BELLI, Giuseppe Gioacchino, *Sonetti*, hg. v. VIGOLO, Giorgio, GIBELLINI, Pietro, Milano [3]1984.

BENIGNI, Umberto, *Rota, Sacra Romana*: CE, XIII (1912), 205-206.

BERGH, Emile, *[Motu proprio de S. S. Pie XI sur l'organisation des tribunaux ecclésiastiques en Italie pour les causes en nullité de marriage]*: NRTh 66 (1939), 336-338.

BERGH, Emile, *Nouvelle organisation de la Curie romaine*: NRTh 100 (1968), 298-306.

BERLINGÒ, Salvatore, *La perenzione, deserzione e rinuncia delle cause in Rota e la loro riassunzione. Un'applicazione al processo dell'„economia canonica"*: BONNET, Piero Antonio, GULLO, Carlo (Hg.), *Le „normae" del Tribunale della Rota Romana* (= StGiur, 42 = ADGC, 21), Città del Vaticano 1997, 223-240.

BERNARDAKIS, P., *Les appels au Pape dans l'Église grecque jusqu'à Photius*: EOr 6 (1903), 30-42, 118-125 und 249-257.

BERNARDINI, Corrado, *[Annotatio ad instructionem servandam a tribunalibus dioecesanis in pertractandis causis de nullitate matrimoniorum]*: Apol 9 (1936), 521-585.

BERNARDINI, Corrado, *Annotationes ad Motu Proprio de Rotae Nuntiaturae Apostolicae in Hispania denuo constituenda*: Apol 21 (1948), 15-30.

BERNARDINI, Corrado, *Le nuove norme processuali della S. Romana Rota*: DEc 45 (1934), 531-538.

BERNARDINI, Corrado, *Leges processuales vigentes apud S. R. Rotae Tribunal*, Romae [2]1947.

BERNARDINI, Corrado, *Motu proprio de ordine iudiciali et de ratione procedendi in causis civilibus in Statu Civitatis Vaticanae servandis. Annotationes*: Apol 19 (1946), 214-219.

BERNARDINI, Corrado, *Normae S. Romanae Rotae Tribunalis. Adnotationes*: Apol 7 (1934), 429-478.

BERNARDINI, Corrado, *Normae S. Romanae Rotae tribunalis*: IusPont 14 (1934), 304-313.

BERNARDINI, Corrado, *Problemi di contenzioso amministrativo canonico specialmente secondo la giurisprudenza della Sacra Romana Rota*: PONTIFICIUM INSTITUTUM UTRIUSQUE IURIS (Hg.), *Acta Congressus Iuridici internationalis VII saeculo a Decretalibus Gregorii IX et XIV a Codice Iustiniano promulgatis Romae 12-17 novembris 1934*, IV, Romae 1937, 357-432.

BERNHARD, Jean, *Quelques aspects de l'œuvre judiciaire de S. E. le cardinal Jullien*: RDC 10-11 (1960-1961), 295-318.

BERNINO, Domenico, *Il tribunale della S. Rota Romana*, Roma 1717 = Sala Bolognese 2001.

BERSINI, Francesco (Hg.), *I discorsi del Papa alla Rota* (= StGiur, 9), Città del Vaticano 1986.

BERTOLINO, Rinaldo, *La tutela dei diritti nella Chiesa dal vecchio al nuovo Codice di diritto canonico*, Torino 1983.

BERTRAM, Martin, *Das Tagungsbild*: BERTRAM, Martin (Hg.), *Stagnation oder Fortbildung? Aspekte des allgemeinen Kirchenrechts im 14. und 15. Jahrhundert* (= BDHIR, 108), Tübingen 2005, 9-14.

BESSON, Jules, *La réorganisation de la Curie romaine*: NRTh 40 (1908), 713-723; 41 (1909), 5-22, 80-92 und 216-222.

BETHMANN-HOLLWEG, Moritz August von, *Der Civilprozeß des gemeinen Rechts in geschichtlicher Entwicklung*, VI, Bonn 1874.

BEYER, Jean, *Le linee fondamentali della Costituzione Apostolica „Pastor Bonus"*: BONNET, Piero Antonio, GULLO, Carlo (Hg.), *La Curia Romana nella Cost. Ap. „Pastor Bonus"* (= StGiur, 21 = ADGC, 13), Città del Vaticano 1990, 17-43.

BEYER, Jean, *Le nouveau Code de Droit canonique. Esprit et structures*: NRTh 106 (1984), 360-382.

BIANCHI, Paolo, *Il potere giudiziario del Romano Pontefice*: QDEc 13 (2000) 64-82.

BIANCHI, Paolo, *Quale futuro per la doppia sentenza conforme?*: ASSOCIAZIONE CANONISTICA ITALIANA (Hg.), *La doppia conforme nel processo matrimoniale. Problemi e prospettive* (= StGiur, 60), Città del Vaticano 2003, 167-182.

BIDAGOR, Raimondo, *La Lettera Apostolica del Papa*: OR 111 (1971), Nr. 133, 11./12. 06.1971, 3.

BIDAGOR, Raimondo, *Praesentatio diurnariis Litt. Apost. Causas matrimoniales*: Comm 3 (1971), 95-101.

BIEG, Zdzisław Marian, *Struttura e competenza dei tribunali territoriali e personali della Chiesa*, Roma 1989.

BIER, Georg, *Psychosexuelle Abweichungen und Ehenichtigkeit. Eine kirchenrechtliche Untersuchung zur Rechtsprechung der Rota Romana und zur Rechtslage nach dem Codex Iuris Canonici von 1983 im Horizont der zeitgenössischen Sexualwissenschaft* (= FKRW, 9), Würzburg 1990.

BLAAS, Richard, *Das kaiserliche Auditoriat bei der Sacra Rota Romana*: MÖSA 11 (1958), 37-152.

BOCCALINI, Traiano, *Comentari di Traiano Boccalini Romano sopra Cornelio Tacito*, Cosmopolis 1677.

BONAL, Antoine, *Institutiones canonicae ad usum seminariorum juxta novissima S. Sedis decreta*, I, Tolosae 1884.

BONDINI, Giuseppe, *Del Tribunale della Sagra Romana Rota. Memorie storiche colle rispettive bolle de'Pontefici*, Roma 1854 = Città del Vaticano 2008.

BONET, Manuel, *El restablicimiento del Tribunal de la Rota de la Nunciatura Apostólica*, Madrid s. a.

BONNET, Piero Antonio, GULLO, Carlo (Hg.), *Il giudizio di nullità matrimoniale dopo l'istruzione „Dignitas connubii"*, I. *I principi* (= StGiur, 75), Città del Vaticano 2007.

BONNET, Piero Antonio, GULLO, Carlo (Hg.), *L'incapacitas (can. 1095) nelle „sententiae selectae coram Pinto"* (= StGiur, 15 = GiurCC, 1), Città del Vaticano 1988.

BONNET, Piero Antonio, *I tribunali nella loro diversità di grado e di specie*: GULLO, Carlo (Hg.), *Il processo matrimoniale canonico* (= StGiur, 29 = ADGC, 18), Città del Vaticano ^{2}1994, 183-225.

BONNET, Piero Antonio, *Il principio della duplice decisione giudiziaria conforme ed il suo fondamento*: ASSOCIAZIONE CANONISTICA ITALIANA (Hg.), *La doppia conforme nel processo matrimoniale. Problemi e prospettive* (= StGiur, 60), Città del Vaticano 2003, 71-104.

BONNET, Piero Antonio, *La competenza del Tribunale della Rota romana e del Supremo Tribunale della Segnatura Apostolica*: IusEc 7 (1995), 3-37.

BONNET, Piero Antonio, *La competenza. Brevi annotazioni ai cc. 1404-1416 CIC*: Per 85 (1996), 303-330 und 515-530.

BORETTINI, Luigi, *Mons. Giuseppe Pasquazi*: PIOLANTI, Antonio (Hg.), *La Pontificia Università Lateranense. Profilo della sua storia, dei suoi maestri e dei suoi discepoli*, Roma 1963, 244.

BOSSELINI, Lodovico, *Ueber die Entwickelung der Gesetzgebung der Rechtswissenschaft in Italien*: KZfRG 27 (1855), 113-149.

BOUBLIK, Vladimir, *Mons. Arturo Wynen*: PIOLANTI, Antonio (Hg.), *La Pontificia Università Lateranense. Profilo della sua storia, dei suoi maestri e dei suoi discepoli*, Roma 1963, 532-533.

BOUIX, Dominique, *Tractatus de Curia Romana seu de Cardinalibus, Romanis Congregationibus, Legatis, Nuntiis, Vicariis et Protonotariis Apostolicis*, Parisiis 1880.

BOYER, Jean-Jacques, *Chronique de jursiprudence rotale*: ACan 46 (2004), 295-311, und ACan 47 (2005), 313-333.

BR., G., *La morte di Mons. Francesco Parrillo*: OR 75 (1935), Nr. 107, 06.-07.05.1935, 5.

BRACKMANN, Albert, *Germania Pontificia sive Repertorium privilegiorum et litterarum a Romanis pontificibus ante annum 1598 Germaniae ecclesiis monasteriis civitatibus singulisque personis concessorum*, II/2, Berolini 1927.

BRETT, Martin, *The English Church under Henry I*, Oxford 1975.

BRIDE, André, *Tribunaux ecclésiastiques*: DThC, XV (1946), 1516-1525.

BROSIUS, Dieter, *Eine Reise an die Kurie im Jahre 1462. Ein Rechenschaftsbericht des Lübecker Domherrn Albert Krummediek*: QFIAB 58 (1978), 411-440.

BROWN, Jacqueline, *The Declaratio on John XXII's Decree Execrabilis and the Early History of the Rota*: BMCL 21 (1991), 47-78.

BROWNE, M. J., *The Catholic Matrimonial Courts: The Sacred Roman Rota*, New York s. a. [1928?].

BROWNE, M. J., *The Sacred Roman Rota*, Dublin 1928.

BRUGI, Biagio, *Per la storia della giurisprudenza e delle università italiane. Nuovi saggi* (= NRSG, 9), Torino 1921.

BRUNDAGE, James A., *Medieval Canon Law* (= MedW), London – New York 1995.

BRUNDAGE, James A., *The Rise of Professional Canonista and the Development of the Ius Commune*: ZSRG.K 81 (1995), 26-63.

BRUNO, Francesco, *Sua Eccellenza Mons. Raffaello Funghini Decano del Tribunale Apostolico della Rota Romana*: BONNET, Piero Antonio, GULLO, Carlo (Hg.), *Diritto matrimoniale canonico*, III. *La forma, gli effetti, la separazione, la convalida* (= StGiur, 63 = ADGC, 31), Città del Vaticano 2005, 9-22.

BUCCI, Onorato, *Il Codice di Diritto Canonico Orientale nella storia della Chiesa*: Apol 55 (1982), 370-448.

BUKOWSKA-GORGONI, Christina, *Causae polonae coram sacra Romana Rota, XV-XVII saec. Explanatio processuum et regesta documentorum* (= StEc.HI, 1), Roma 1995.

BURIGANA, Riccardo, *Felici*: DBI, XLVI (1996), 69-74.

BURKE, Raymond Leo, *Defectus discretionis iudicii propter schizophreniam. Doctrina et recens iurisprudentia rotalis*: Per 73 (1984), 555-570.

BURKE, Raymond Leo, *Lack of Discretion of Judgement because of Schizophrenia. Doctrine and Recent Rotal Jurisprudence* (= AnGr, 238), Roma 1986.

BUSSI, Emilio, *La formazione dei dogmi di diritto privato nel diritto comune*, I. *Diritti reali e diritti di obbligazione* (= StDPISt, 27), Padova 1937 = 1971; II. *Contratti, successioni, diritti di famiglia* (= StDPISt, 27bis), Padova 1939 = 1971.

CABREROS DE ANTA, Marcelino, *Estudios Canónicos*, Madrid 1956.

CABREROS DE ANTA, Marcelino, *Naturaleza y competencia de la Rota de la Nunciatura Apostólica en España*: REDC 2 (1947), 863-895.

CAIROLI, Luigi Pasquale, *La Città del Vaticano. Spunto di diritto internazionale*, Monza [2]1931.

CALDERONE, Gemma, *La condizione nella recente giurisprudenza della Rota Romana*: DEc 112/2 (2001), 637-656.

CALISSE, Carlo, *Il diritto comune con riguardo speciale agli Stati della Chiesa*: BESTA, Enrico (Hg.), *Studi di storia e diritto in onore di Enrico Besta per il XL anno del suo insegnamento*, II, Milano 1939, 415-433.

CAMMEO, Federico, *Ordinamento giuridico dello Stato della Città del Vaticano*, Firenze 1932.

CAMP, George, *Die organisatorische Trennung der Gewalten in der römischen Kurie*, Zürich 1926.

CANDELIER, Gaston, *Les apports originaux de Mgr José María Serrano Ruiz dans la jurisprudence rotale*: StCan 30 (1996), 437-486.

CANONICO, Marco, *Il magistero di Giovanni Paolo II in tema di matrimonio nelle allocuzioni alla Sacra Romana Rota*: DFP 20 (1991), 1226-1265.

CANONICO, Marco, *Le nuove norme del Tribunale della Rota Romana a confronto con la disciplina anteriore*: DFP 24 (1995), 800-842.

CANOSA, Javier, *Sulle facoltà straordinarie del Decano della Rota Romana*: IusEc 9 (1997), 377-381.

CANTERO, Pedro, *La Rota Española*, Madrid 1946.

CAPALTI, Luigi, *Nuovo ordinamento dei tribunali ecclesiastici per le cause matrimoniali*: DEc 49 (1938), 501-505.

CAPPELLO, Felice Maria, *De Curia Romana iuxta reformationem a Pio X sapientissime inductam*, I, Romae u. a. 1911.

CAPPELLO, Felice Maria, *La Curia romana secondo la sapiente riforma di Pio X*, Torino 1910.

CAPRILE, Giovanni, *Il Concilio Vaticano II*, I/1. *L'annunzio e la preparazione 1959-1960*, Roma 1966; I/2. *L'annunzio e la preparazione 1961-1962*, Roma 1966.

CAPRILE, Giovanni, *Il Sinodo dei Vescovi. Prima assemblea generale (29 settembre – 29 ottobre 1967)*, Roma 1968.

CÁRCEL ORTÍ, Vicente, *Aurelius Cardinalis Sabattani. Nota biographica*: GROCHOLEWSKI, Zenon, CÁRCEL ORTÍ, Vicente (Hg.), *Dilexit iustitiam. Studia in honorem Aurelii Card. Sabattani* (= StGiur, 5), Città del Vaticano 1984, XIII-XX.

CÁRCEL ORTÍ, Vicente, *Diccionario de sacerdotes diocesanos españoles del siglo XX* (= BAC.M, 81), Madrid 2006.

CÁRCEL ORTÍ, Vicente, *Il Supremo Tribunale della Segnatura Apostolica. Cenni storici*: GROCHOLEWSKI, Zenon, CÁRCEL ORTÍ, Vicente (Hg.), *Dilexit iustitiam. Studia in honorem Aurelii Card. Sabattani* (= StGiur, 5), Città del Vaticano 1984, 167-195.

CARDINALE, Gianni, *Bis daß die Rota euch scheidet*: 30Tg 22 (2004), Nr. 5, 24-27.

CARDINALE, Gianni, *Der erste sardische Kardinal nach 123 Jahren*: 30Tg 22 (2004), Nr. 2, 20.

CARDINALE, Marco, *Adnotationes [ad Litteras Apostolicas motu proprio datae quibus tribunal Appellationis apud Vicariatum Urbis constituitur]*: Apol 61 (1988), 9-18.

CARMIGNANI CARIDI, Settimio, *The Error Personae vel Qualitatis Personae in Rotal Jurisprudence (1983-1990)*: For 3 (1992), 67-96.

CARON, Pier Giovanni, *L'appello per abusu* (= RSRDEc, 3), Milano 1954.

CASTAÑO, José Manuel, *Simplificacion de los procesos matrimoniales*: TyV 11 (1970), 251-265.

CASTELL, Ernst Freiherr von, *Alkoholismus in der Rechtsprechung der Rota Romana* (= AIC, 4), Frankfurt am Main u. a. 1997.

CASTELLANO, Pietro, *Nuovo specchio geografico-storico-politico di tutte le nazioni del globo susseguito dal dizionario geografico universale*, I, Roma 1829.

CASTILLO LARA, Rosalio José, *Criteri ispiratori della revisione del Codice di diritto canonico*: PONTIFICIA UNIVERSITAS URBANIANA (Hg.), *La nuova legislazione canonica. Introduzione al Diritto del Popolo di Dio* (= StUrb, 13), Roma 1983, 15-33.

CASTILLO LARA, Rosalio José, *Presentazione*: BONNET, Piero Antonio, GULLO, Carlo (Hg.), *La Curia Romana nella Cost. Ap. „Pastor Bonus"* (= StGiur, 21 = ADGC, 13), Città del Vaticano 1990, V-IX.

CATTANEO, Arturo, *La fundamentación ecclesiológica de la Curia Romana en la „Pastor Bonus"*: IusCan 30 (1990), 39-57.

CAVANNA, Adriano, *Storia del diritto moderno in Europa*, I. *Le fonti e il pensiero giuridico*, Milano 1979.

CERCHIARI, Emmanuele, *Capellani Papae et Apostolicae Sedis Auditores causarum sacri palatii apostolici seu Sacra Romana Rota ab origine ad diem usque 20 septembris 1870. Relatio historica-iuridica*, I. *Relatio*, Romae 1921; II. *Syntaxis Capellanorum Auditorum*, Romae 1920; III. *Documenta*, Romae 1919; IV. *Formae et indices*, Romae 1921.

CHAPEAU, André, *Jullien (André-Damien-Ferdinand)*: DBF, XVIII (1994), 1006-1007.

CHENEY, Christopher R., *England and the Roman Curia under Innocent III*: JEH 18 (1967), 173-186.

CHIAPPETTA, Luigi, *Il Codice di diritto canonico. Commento giuridico-pastorale*, I. *Libri I, II, III*, Napoli 1988; II. *Libri IV, V, VI, VII*, Napoli 1988.

CHIAPPETTA, Luigi, *Prontuario di diritto canonico e concordatario*, Roma 1994.

CHIARELLI, Andrea, *La Rota ai tempi dell'Uditore Pericle Felici*: CHIARELLI, Andrea, MEUCCI, Ugo (Hg.), *Coram Felici*, Città del Vaticano 2005, 251-262.

CHIARELLI, Andrea, MEUCCI, Ugo (Hg.), *Coram Felici*, Città del Vaticano 2005.

CHIERICATO, Giovanni Maria, *Decisiones Sacramentales, Theologicae, Canonicae, & Legales*, II/6. *Decisiones de Matrimonio,* Augustae Vindelicorum 1730.

CHIRON, Yves, *Lefebvre (Charles)*: DBF, CXVII (2007), 704.

CHIRON, Yves, *Saint Pie X*, Versailles 1999.

CHODOROW, Stanley, *Dishonest Litigation in the Church Courts, 1140-98*: PENNINGTON, Kenneth, SOMERVILLE, Robert (Hg.), *Law, Church and Society. Essays in Honor of Stephan Kuttner*, Pennsylvania 1977, 187-206.

CHOUPIN, Lucien, *La constitution „Sapienti consilio" de Pie X et la réorganisation de la Curie romaine*: Ét 117 (1908), 308-320.

CICOGNANI, Amleto Giovanni, *De codificatione canonica orientali*: Apol 5 (1932), 86-95.

CIPROTTI, Pio, *Annotationes ad Rescriptum Pont. et ad Normas Tribunalium Vic. Urbis*: Apol 27 (1954), 321-322.

CIPROTTI, Pio, *Codex iuris canonici*: EncD, VII (1960), 236-240.

CIPROTTI, Pio, *Codice del diritto canonico orientale*: EC, III (1949), 1925-1926.

CIPROTTI, Pio, D'AMICO, Domenico, *Sulla capacità della S. R. Rota di costituirsi parte civile*: DEc 61 (1950), 906-918.

CIPROTTI, Pio, *I „Quaderni" dello Studio Rotale*: OR 127 (1987), Nr. 268, 09.-10.11.1987, 5.

CIPROTTI, Pio, *Otto anni di giurisprudenza rotale*: OR 129 (1989), Nr. 23, 28.01.1989, 5.

CIPROTTI, Pio, *Qualche particolare aspetto dell'attività giudiziaria nello Stato della Città del Vaticano*: GROCHOLEWSKI, Zenon, CÁRCEL ORTÍ, Vicente (Hg.), *Dilexit iustitiam. Studia in honorem Aurelii Card. Sabattani* (= StGiur, 5), Città del Vaticano 1984, 591-603.

CITO, Davide, *Nota al M. P.* Sacramentorum sanctitatis tutela: IusEc 14 (2002), 322-328.

CLAEYS BOUUAERT, Fernand, *Bulle In Coena Domini*: DDC, II (1937), 1132-1136.

CLAEYS BOUUAERT, Fernand, *Chancellerie*: DDC, III (1942), 464-471.

CLAUDI, Giovanni Maria, CATRI, Liana, *Roberti Francesco*: DStBM, II (1993), 160.

COCCOPALMERIO, Francesco, *La Rota Romana e la sua funzione nell'interpretazione della legge canonica*: QStR 18 (2008), 115-130.

COLAGIOVANNI, Emilio, *Contributi giurisprudenziali innovativi nelle Sentenze „selectae" coram Angelo Di Felice*: ME 113 (1988), 197-209.

COLAGIOVANNI, Emilio, *De innovatione processus matrimonialis in jure et in jurisprudentia S. R. Rotae* (= BME, 40), Neapoli 1973.

COLANTONIO, Rosario, GULLO, Carlo, *Il contributo di Mons. Di Felice alla giurisprudenza canonica*: CASTILLO LARA, Rosalio José (Hg.), *Teologia e Diritto canonico* (= StGiur, 12 = ADGC, 9), Città del Vaticano 1987, 209-229.

COLBERG, Katharina, *D. v. Nieheim*: LMA, III (1986), 1037-1038.

COLETTI, Arturo, *Mons. Giulio Grazioli, Decano della S. Romana Rota*: PIOLANTI, Antonio (Hg.), *La Pontificia Università Lateranense. Profilo della sua storia, dei suoi maestri e dei suoi discepoli*, Roma 1963, 476.

COLOMBE, Gabriel, *A propos de la ‚rota' de l'Audience au Palais d'Avignon*, Marseille 1926.

COLOMBE, Gabriel, *Au palais des papes d'Avignon. Nouvelles recherches critiques et archéologiques*, XXIII. *Le quartier de l'auditeur général*, Paris 1941.

COLOMBE, Gabriel, *Au palais des papes d'Avignon. Recherches critiques et archéologiques*, XXI. *La „rota" de la Grande Audience*, Paris 1921.

COMOTTI, Giuseppe, *Considerazioni circa il valore giuridico delle allocuzioni del Pontefice alla Rota Romana*: IusEc 16 (2004), 3 -20.

COMOTTI, Giuseppe, *Le allocuzioni del Papa alla Rota Romana e i rapporti tra magistero e giurisprudenza canonica*: GHERRO, Sandro (Hg.), *Studi sulle fonti del diritto matrimoniale canonico* (= PFGUP, 109), Padova 1988, 173-185.

CONRAD, Hermann Josef, *Die iurisdictio delegata im römischen und kanonischen Recht*, Köln 1930.

COPPOLA, Raffaele, *La conservazione del principio della doppia sentenza conforme nel processo matrimoniale: una prospettiva da non sottovalutare*: ASSOCIAZIONE CANONISTICA ITALIANA (Hg.), *La doppia conforme nel processo matrimoniale. Problemi e prospettive* (= StGiur, 60), Città del Vaticano 2003, 71-104.

CORDERO RODRÍGUEZ, Luis, *El proceso matrimonial canónico en la historia*: RTLi 29 (1995), 440-467.

CORDOVA, Antonino, *Rota (Tribunale della)*: DigIt, XX/2 (1918), 1646-1658.

CORRAL SALVADOR, Carlos, *Codice di diritto canonico (Codex iuris canonici)*: NDDC^2 (1996), 190-200.

CORRAL SALVADOR, Carlos, *Qué es y qué no es la reforma de la Curia*: RF 177 (1968), 411-416.

COUSSA, Acace, *Epitome praelectionum de iure ecclesiastico orientali*, I, Cryptaferratae 1948.

COVILLE, Alfred, *La vie intellectuelle dans les domaines d'Anjou-Provence de 1380 à 1435*, Paris 1941.

COVILLE, Alfred, *Recherches sur quelques écrivains du XIVe et du XVe siècle*, Paris 1935.

CRESCENTI, José Geraldo Caiuby, *Falta de liberdade interna e nulidade de consentimento matrimonial. Reflexões sobre o princípio „ubi intellectus, ibi voluntas" nas decisões da Rota Romana (1977-1988)*, Roma 1990.

CURTIS-HAYWARD, Tom, *Heard, William Theodore (1884-1973)*: ODNB, XXVI (2004), 151-152.

D'ANNA, Giovanni, *Themis et Thalia di Pericle Felici*: CHIARELLI, Andrea, MEUCCI, Ugo (Hg.), *Coram Felici*, Città del Vaticano 2005, 237-240.

D'OSTILIO, Francesco, *Il diritto amministrativo della Chiesa*, Città del Vaticano 1995.

D'OSTILIO, Francesco, *L'opera di revisione del Codex Iuris Canonici della Chiesa latina*: Apol 55 (1982), 308-369.

D'OSTILIO, Francesco, *Prontuario del Codice di Diritto Canonico,* Città del Vaticano 1995.

DALIO, Pedro Daniel, *La nueva proposición de la causa en la legislación, en la doctrina y en la jurisprudencia*, Roma 1996.

DANEELS, Frans, *Una introducción general a la Instrucción* Dignitas connubii: RODRÍGUEZ-OCAÑA, Rafael, SEDANO, Joaquín (Hg.), *Procesos de nulidad matrimonial. La instrucción „Dignitas connubii". Actas del XXIV Curso de Actualización en Derecho Canónico de la Facultad de Derecho Canónico (Pamplona, 24-26 octubre de 2005)* (= CCan), Pamplona 2006, 21-44, und: IusCan 46 (2006), 33-58.

DANIELI, Pietro Antonio, *Institutiones canonicae, civiles et criminales*, IV: *Recentior Praxis Romanae Curiae*, Romae 1759.

DE ANDREIS, Stefano, *Sempre più Rota*: Panorama 10 (1972), Nr. 338, 12.10.1972, 59-65.

DE ANDREIS, Stefano, *Vittime della Rota*: Panorama 12 (1974), Nr. 419, 02.05.1974, 83-95.

DE BUTRIO, Antonio, *Super Decretalium commentarii, summariis et indice rerum ac verborum memorabilium locupletissimus, universas Decretalium materias complectentibus, in studiosorum gratiam exornati*, Venetiis 1578.

DE LUCA, Giovanni Battista, *Il dottor volgare, ouero Il compendio di tutta la legge ciuile, canonica, feudale, e municipale, nelle cose piu riceuute in pratica; moralizato in lingua italiana per istruzione, e comodita maggiore di questa prouincia*, XV/1. *Delli giudizii ciuili, e della loro pratica nella Curia romana*, Roma 1673; XV/3. *Della relazione della stessa Curia romana, per quel che spetta alli tribunali, & anche alle sacre congregazioni, per i negozij forensi; ma non della corte*, Roma 1673.

DE LUCA, Giovanni Battista, *Theatrum veritatis & justitiae: sive decisivi discursus per materias, seu titulos distincti, & ad veritatem editi in forensibus controversiis canonicis & civilibus, in quibus in Urbe Advocatus pro una partium scripsit, vel consultus respondit*, XV/1. *De judiciis, & de praxi curiae romanae*, Venetiis 1716; XV/2. *Relacio Romanae curiae forensis, ejusque tribunalium, & congregationum*, Venetiis 1716.

DE LUCA, Luigi, *Giurisprudenza della Rota Romana, sguardo verso il futuro*: DEc 110/1 (1999), 9-28.

DE LUCA, Luigi, *La considerazione della persona umana ed il consenso matrimoniale nell'insegnamento di Sua Eminenza M. F. Pompedda*: DEc 114/2 (2003) 463-475.

DE LUCA, Luigi, *La figura del Collegio dei Prelati Uditori ed i rapporti con il Decano*: BONNET, Piero Antonio, GULLO, Carlo (Hg.), *Le „normae" del Tribunale della Rota Romana* (= StGiur, 42 = ADGC, 21), Città del Vaticano 1997, 103-112.

DE MAGISTRIS, Luigi, *Card. Francesco Morano*: PIOLANTI, Antonio (Hg.), *La Pontificia Università Lateranense. Profilo della sua storia, dei suoi maestri e dei suoi discepoli*, Roma 1963, 455-456.

DE MAGISTRIS, Luigi, *Card. Luigi Traglia*: PIOLANTI, Antonio (Hg.), *La Pontificia Università Lateranense. Profilo della sua storia, dei suoi maestri e dei suoi discepoli*, Roma 1963, 448-449.

DE MAGISTRIS, Luigi, *Mons. Dino Staffa, Arcivescovo Tit. di Cesarea di Palestina, Segretario della S. Congregazione dei Seminari e della Università degli Studi*: PIOLANTI, Antonio (Hg.), *La Pontificia Università Lateranense. Profilo della sua storia, dei suoi maestri e dei suoi discepoli*, Roma 1963, 226-227.

DE MAGISTRIS, Luigi, *Mons. Pericle Felici, Arcivescovo Tit. di Samosata, Segretario Generale del Concilio Ecumenico Vaticano*: PIOLANTI, Antonio (Hg.), *La Pontificia Università Lateranense. Profilo della sua storia, dei suoi maestri e dei suoi discepoli*, Roma 1963, 130-131.

DE MATTEI, Roberto, *Pio IX*, Casale Monferrato 2000.

DE PAOLIS, Velasio, *La giurisprudenza del Tribunale della Rota Romana e i tribunali locali*: QStR 18 (2008), 131-165.

DE ZAULIS, Domenico, *Annotationes decisivae Joannis Baptistae Coccini*, Romae 1672.

DECIUS, Filippo, *In Digestum vetus, & Codicem Commentaria: cum non paucis doctissimorum & illustrium virorum adnotationibus*, Augustae Taurinorum 1575.

DECKHERR, Johann, *Monumenta lectionis cameralis antiquae*, Wetzlarii 1720.

DEL RE, Niccolò, *Cancelleria Apostolica*: DEL RE, Niccolò (Hg.), *Mondo Vaticano. Passato e presente*, Città del Vaticano 1995, 180-182.

DEL RE, Niccolò, *Die Römische Rota*: OR (D) 26 (1996), Nr. 7, 16.02.1996, 5.

DEL RE, Niccolò, *La Curia Romana. Lineamenti storico-giuridici*, Città del Vaticano ^{4}1998.

DEL RE, Niccolò, *Rota Romana (Tribunale della)*: DEL RE, Niccolò (Hg.), *Mondo Vaticano. Passato e presente*, Città del Vaticano 1995, 904-907.

DEL RE, Niccolò, *Rota, Tribunal der römischen*: DEL RE, Niccolò (Hg.), *Vatikanlexikon*, Augsburg 1998, 661-663.

DEL RE, Niccolò, *Rota. -1, Sacra Romana Rota*: DizEc, III (1958), 606-607.

DEL RE, Niccolò, *Segnatura di Giustizia*: DEL RE, Niccolò (Hg.), *Mondo Vaticano. Passato e presente*, Città del Vaticano 1995, 965-966.

DEL RE, Niccolò, *Segnatura di Grazia*: DEL RE, Niccolò (Hg.), *Mondo Vaticano. Passato e presente*, Città del Vaticano 1995, 966-967.

DEL RE, Niccolò, *Uditore generale della Camera Apostolica:* DEL RE, Niccolò (Hg.), *Mondo Vaticano. Passato e presente*, Città del Vaticano 1995, 1058-1059.

DELANEY, John F., *Dictionary of American Catholic Biography*, Garden City, New York 1984.

DELCHARD, A., *Motu proprio „Sollicitudinem Nostram" du 6 janvier 1950 promulguant les canons sur la procédure judiciaire pour l'Église Orientale*: NRTh 82 (1950), 418-419.

DELLA ROCCA, Fernando, *Diritto matrimoniale canonico. Tavole sinottiche. Volume di aggiornamento*, Padova 1982.

DELLA ROCCA, Fernando, *Diritto matrimoniale canonico. Tavole sinottiche*, Padova 1963.

DELLA ROCCA, Fernando, *Diritto matrimoniale canonico. Tavole sinottiche. Secondo volume di aggiornamento*, Padova 1987.

DELLA ROCCA, Fernando, *Diritto matrimoniale canonico. Tavole sinottiche. Terzo volume di aggiornamento*, Padova 1992.

DELLA ROCCA, Fernando, *Diritto matrimoniale canonico. Tavole sinottiche. Quarto volume di aggiornamento*, Padova 1995.

DELLA ROCCA, Fernando, *Giovanni Paolo II e la Giustizia della Rota Romana*: EphIC 48 (1992), 250-254.

DELLA ROCCA, Fernando, *Tribunali ecclesiastici*: NovDigIt, XIX (1973), 753-761.

DENIS, Jacques, *L'activité de la S. Rote Romaine au cours de l'année 1953*: ACan 3 (1954-1955), 289-293.

DENIS, Jacques, *L'activité de la S. Rote Romaine au cours de l'année 1954*: ACan 4 (1956), 281-285.

DENIS, Jacques, *L'activité de la S. Rote Romaine au cours de l'année 1955*: ACan 4 (1956), 286-291.

DENIS, Jacques, *Monseigneur Charles Lefebvre, doyen de la S. Rote Romaine*: ACan 22 (1978), XIX-XXXII.

DEVISSE, Jean, *Hincmar Archevêque de Reims 845-882*, I-II (= THEP, 29), Paris 1972.

DI FELICE, Angelo, *Principi ispiratori del Motu Proprio „Causas Matrimoniales"*: DI FELICE, Angelo (Hg.), *Il Motu Proprio „Causas Matrimoniales" nella dottrina e nell'attuale giurisprudenza* (= SDIC, 8 = ADGC, 5), Roma 1979, 1-5.

DI JORIO, Orlando, *De motu proprio Pauli Pp. VI „Causas matrimoniales" quibusdam adnotationibus instructo*, Roma 1971.

DI JORIO, Orlando, *De prooemio in M. P. „Causas matrimoniales"*: Per 61 (1972), 395-422.

DIEGO-LORA, Carmelo de, *I Tribunali della Sede Apostolica:* GULLO, Carlo (Hg.), *Il processo matrimoniale canonico* (= StGiur, 29 = ADGC, 18), Citta del Vaticano [2]1994, 227-297.

DIEGO-LORA, Carmelo de, *Los tribunales de justicia de la Sede Apostólica: I. La Rota*: IusEc 4 (1992), 419-461.

DIEGO-LORA, Carmelo de, RODRÍGUEZ-OCAÑA, Rafael, *Lecciones de derecho procesal canónico. Parte general*, Pamplona 2003.

DIGONNET, Felix, *Le Palais des Papes d'Avignon*, Avignon 1907.

DLUGOŠ, František, *Jubilant Mons. Daniel Faltin OFM. 75 rokov života a 50 rokov kňazstva*: KatNov 117 (2002), Nr. 16, 21.04.2002, 19.

DOLEZALEK, Gero, *Audientia sacri palatii*: LMA, I (1980), 1193-1194.

DOLEZALEK, Gero, *Bernardus de Bosqueto, seine Quaestiones motae in Rota (1360-1365) und ihr Anteil in den Decisiones Antiquae*: ZSRG.K 62 (1976), 106-172.

DOLEZALEK, Gero, *Die handschriftliche Verbreitung von Rechtsprechungssammlungen der Rota*: ZSRG.K 89 (1972), 1-106.

DOLEZALEK, Gero, *Ein Brief des Rotarichters Geraldus de Podio Fulconis an Kaiser Karl IV.*: BECKER, Hans-Jürgen u. a. (Hg.), *Rechtsgeschichte als Kulturgeschichte. Festschrift für Adalbert Erler zum 70. Geburtstag*, Aalen 1976, 197-207.

DOLEZALEK, Gero, *Ein Rechtsgutachten aus dem vierzehnten Jahrhundert, erstattet durch vier Rotarichter*: KUTTNER, Stephan, STICKLER, Alfons M. (Hg.), *Mélanges G. Fransen*, I (= StGra 19/1), Romae 1976, 161-173.

DOLEZALEK, Gero, *Horborch, Wilhelmus*: HDRG, II (1978), 237-238.

DOLEZALEK, Gero, *Legal Practice at the Rota in Avignon at the Time of Bishop Bateman*: TRINITY HALL (Hg.), *Trinity Hall 2000. Legal Education and Learning. Proceedings of the Second Conference Held in July 1997 to Commemorate 650 Years of Education and Learning at Trinity Hall 1350 – 2000*, Cambridge 1998, 51-57.

DOLEZALEK, Gero, *Litigation at the Rota Romana, particularly around 1700*: WIJFFELS, Alain (Hg.), *Case Law in the Making. The Techniques and Methods of Judicial Records and Law Reports*, I-II (= CSLH, 17/1-2), Berlin 1997, I, 339-373 und II, 457-485.

DOLEZALEK, Gero, NÖRR, Knut Wolfgang, *Die Rechtsprechungssammlungen der mittelalterlichen Rota*: HQLPG, I (1973), 847-856.

DOLEZALEK, Gero, *Quaestiones motae in Rota. Richterliche Beratungsnotizen aus dem 14. Jahrhundert*: KUTTNER, Stephan, PENNINGTON, Kenneth (Hg.), *Proceedings of the Fifth International Congress of Medieval Canon Law (Salamanca 1976)* (= MIC.S, 6), Città del Vaticano 1980, 99-114.

DOLEZALEK, Gero, *Rechtsprechung der Sacra Romana Rota – unter besonderer Berücksichtigung der Rotamanualien des Basler Konzils*: BERTRAM, Martin (Hg.), *Stagnation oder Fortbildung? Aspekte des allgemeinen Kirchenrechts im 14. und 15. Jahrhundert* (= BDHIR, 108), Tübingen 2005, 133-157.

DOLEZALEK, Gero, *Reports of the „Rota" (14th - 19th centuries)*: BAKER, John H. (Hg.), *Judicial Records, Law Reports, and the Growth of Case Law* (= CSLH, 5), Berlin 1989, 69-99.

DOLEZALEK, Gero, *Rota*: HDRG, IV (1990), 1148-1152.

DOLEZALEK, Gero, *Scriptura non est de substantia legis. A propos d'une décision de la Rote Romaine, de l'an 1378 environ*: MAX-PLANCK-INSTITUT FÜR EUROPÄISCHE RECHTSGESCHICHTE (Hg.), *Diritto comune e diritti locali nella storia dell'Europa. Atti del convegno di Varenna 1979*, Milano 1980, 49-70.

DORAN, Thomas George, *The Apostolic Tribunal of the Roman Rota*: CANON LAW SOCIETY OF AMERICA (Hg.), *Reflections on the Occasion of the 50th Anniversary*, Washington 1988, 29-32.

DRÖGE, Christoph, *Muratori, Lodovico Antonio*: BBKL, VI (1993), 364-366.

DUGUE DE LA FAUCONNERIE, Henri-Joseph, *Le tribunal de la Rote*, Paris 1859.

DURAND, Guillaume, *Speculum iuris*, ed. Venetiis 1576.

DZIERŻON, Ginter, *Troska Roty Rzymskiej o jedność jurisprudencji w kościele*: PraKan 42 (1999), 191-208.

EBERS, Godehard Josef, *Die römische Kurie gemäß der Konstitution „Sapienti consilio" vom 29. Juni 1908*: Germ.WB 14 (1908), Nr. 45-46, 353-363.

ECHEVERRIA Lamberto de, *Manuel Bonet y Muixí*: REDC 25 (1969), 737-740.

ECHEVERRIA, Lamberto de, *Consideraciones sobre el Tribunal de la Rota española*: EphIC 11 (1955), 78-95.

ECHEVERRIA, Lamberto de, *Rote Espagnole*: DDC, VII (1965), 732-742.

EGAN, Edward Michael, *Appeal in Marriage Nullity Cases: two Centuries of Experiment and Reform*: ME 107 (1982), 79-94.

EHRLE, Franz, *Historia Bibliothecae Romanorum Pontificum tum Bonifatianae tum Avenionensis*, I (= BAStG, 7), Romae 1890 = Modena 1981.

EHSES, Stephan (Hg.), *Römische Dokumente zur Geschichte der Ehescheidung Heinrichs VIII. von England. 1527-1534* (= QFG, 2), Paderborn 1893.

EICHMANN, Eduard, *Das Prozeßrecht des Codex Iuris Canonici*, Paderborn 1921.

EICHMANN, Eduard, *Der Recursus ab abusu nach deutschem Recht. Mit besonderer Berücksichtigung des bayerischen, preußischen und reichsländischen Kirchenrechts, historisch-dogmatisch dargestellt* (= UDStRG.AF, 66), Breslau 1903 = Aalen 1971.

EID, Emile, *La figure juridique du Patriarche. Étude historico-juridique*, Rome ²1962.

EISENHOFER, Heinrich, *Zur Rota-Rechtsprechung über das Motu proprio „Causas Matrimoniales"*: SCHEUERMANN, Audomar, WEILER, Rudolf, WINKLER, Günther (Hg.), *Convivium utriusque iuris. Alexander Dordett zum 60. Geburtstag*, Wien 1976, 255-260.

ELZE, Reinhard, *Das „Sacrum Palatium Lateranense" im 10. und 11. Jahrhundert*: SGSG 4 (1952), 27-54.

ELZE, Reinhard, *Die päpstliche Kapelle im 12. und 13. Jahrhundert*: ZSRG.K 36 (1950), 145-204.

EMERIX, Jacob, *Tractatus seu notitia S. Rotae Romanae:* LEFEBVRE, Charles (Hg.), *Antonii Augustini Praxis Rotae et Jacobi Emerix Tractatus seu notitia S. Rotae Romanae. Deux traités inédits sur la procédure de la S. Rote Romaine* (= MCS, 8), Tournai 1961, 43-171 und 173-178.

ERDŐ, Péter, *Das Primatialgericht von Esztergom-Budapest*: DPM 6 (1999), 39-53.

ERDŐ, Péter, *Die Quellen des Kirchenrechts. Eine geschichtliche Einführung* (= AIC, 23), Frankfurt am Main u. a. 2002.

ERDŐ, Péter, *Il potere giudiziario del Primate d'Ungheria. Osservazioni canonistiche*: Apol 54 (1981), 213-231.

ERDŐ, Péter, *Il potere giudiziario del Primate d'Ungheria. Rilievi storici*: Apol 53 (1980), 272-292.

ERLEBACH, Grzegorz (Hg.), *Le allocuzioni dei Sommi Pontefici alla Rota Romana (1939-2003)* (= StGiur, 66), Città del Vaticano 2004.

ERLEBACH, Grzegorz, *Decisioni „extravagantes" della Rota Romana*: QStR 11 (2001), 129-168.

ERLEBACH, Grzegorz, *Gli aspetti procedurali del processus brevior nella giurisprudenza rotale*: Per 88 (1999), 725-753.

ERLEBACH, Grzegorz, *I motivi di rinvio ad esame ordinario nella giurisprudenza della Rota Romana*: BONNET, Piero Antonio, GULLO, Carlo (Hg.), *La procedura matrimoniale abbreviata (can. 1682 § 2 e art. 58 § 2 delle norme rotali)* (= StGiur, 51 = GiurCC, 6), Città del Vaticano 1998, 31-58.

ERLEBACH, Grzegorz, *La nullità della sentenza giudiziale „ob ius defensionis denegatum" nella giurisprudenza rotale* (= StGiur, 25), Città del Vaticano 1991.

ERLEBACH, Grzegorz, *Le fonti di cognizione della giurisprudenza rotale (1909-1998)*: QStR 10 (1999), 47-80.

ERLEBACH, Grzegorz, *Wokół pojęcia jurysprudencji rotalnej*: DĘBIŃSKI, Antoni, SZCZOT, Elżbieta (Hg.), *Plenitudo legis dilectio. Księga pamiątkowa dedykowana prof. dr. hab. Bronisławowi W. Zubertowi OFM z okazji 65. rocznicy urodzin*, Lublin 2000, 251-272.

ERLER, Adalbert, *Recursus ab abusu*: HDRG, IV (1990), 445-446.

ERLER, Georg, *Der Liber cancellariae apostolicae vom Jahre 1380 und der Stilus palatii abbreviatus Dietrichs von Nieheim*, Leipzig 1888.

ERLER, Georg, *Dietrich von Nieheim (Theodericus de Nyem.). Sein Leben und seine Schriften*, Leipzig 1887 = Aalen 1977.

ERMINI, Giuseppe, *Guida bibliografica per lo studio del diritto comune pontificio*, Bologna 1934.

ERMINI, Giuseppe, *La giurisprudenza della Rota Romana come fattore costitutivo dello „Ius commune"*: CYA, Carlo (Hg.), *Studi in onore di Francesco Scaduto*, I, Firenze 1936, 283-298.

ESPOSITO, Enrico, *Contenzioso amministrativo nello Stato Pontificio*: AMMINISTRAZIONE PROVINCIALE DI ROMA (Hg.), *Studi in occasione del Centenario*, I, Milano 1970, 215-248.

EWERS, Heinrich, *Arthur Wynen †*: AkKR 132 (1963), 142-144.

EWIG, Eugen, *Die Kirche im Abendland vom Tode Ludwigs des Frommen bis zum Ende der Karolingerzeit*: HKG, III/1 (1966), 144-178.

FABRIS, Richard, *Mons. Costantino Contini Riccardi*: PIOLANTI, Antonio (Hg.), *La Pontificia Università Lateranense. Profilo della sua storia, dei suoi maestri e dei suoi discepoli*, Roma 1963, 210.

FABRIS, Rinaldo, *Card. Massimo Massimi*: PIOLANTI, Antonio (Hg.), *La Pontificia Università Lateranense. Profilo della sua storia, dei suoi maestri e dei suoi discepoli*, Roma 1963, 234-235.

FABRIS, Rinaldo, *Mons. Giacomo Sole*: PIOLANTI, Antonio (Hg.), *La Pontificia Università Lateranense. Profilo della sua storia, dei suoi maestri e dei suoi discepoli*, Roma 1963, 217.

FAGIOLO, Vincenzo, *Il Cardinale Amleto Cicognani e mons. Pericle Felici*: LEVILLAIN, Philippe (Hg.), *Le deuxième Concile du Vatican (1959-1965). Actes du colloque organisé par l'École française de Rome en collaboration avec l'Université de Lille III, l'Istituto per le scienze religiose de Bologne et le Dipartimento di studi storici del Medioevo e dell'età contemporanea de l'Università di Roma – La Sapienza (Rome 28-30 mai 1986)* (= CEFR, 113), Rome 1989, 229-242.

FAGIOLO, Vincenzo, *Il Cardinale Pericle Felici a 10 anni dalla morte*: EphIC 48 (1992), 189-200.

FAGIOLO, Vincenzo, *La figura ed i poteri del Decano*: BONNET, Piero Antonio, GULLO, Carlo (Hg.), *Le „normae" del Tribunale della Rota Romana* (= StGiur, 42 = ADGC, 21), Città del Vaticano 1997, 93-102.

FAGIOLO, Vincenzo, *Miscellanea. Diritto canonico e pastoralità* (= StGiur, 54), Città del Vaticano 2001.

FAGIOLO, Vincenzo, *Vaticano II e il diritto canonico*: LEVILLAIN, Philippe (Hg.), *Le deuxième Concile du Vatican (1959-1965). Actes du colloque organisé par l'École française de Rome en collaboration avec l'Université de Lille III, l'Istituto per le scienze religiose de Bologne et le Dipartimento di studi storici del Medioevo e dell'età contemporanea de l'Università di Roma – La Sapienza (Rome 28-30 mai 1986)* (= CEFR, 113), Rome 1989, 627-650.

FAGNANUS, Prospero, *Jus canonicum Sive Commentaria Absolutissima In V. Libros Decretales Cum Indice copiosißimo rerum ac verborum alphabeticâ serie digesto, et juxta materiarum varietatem distincto*, Coloniae Agrippinae 1704.

FALKENSTEIN, Ludwig, *Alexander III. und die Abtei Corbie. Ein Beitrag zum Gewohnheitsrecht exemter Kirchen im 12. Jahrhundert*: AHP 27 (1989), 85-195.

FALKENSTEIN, Ludwig, *Appellationen an den Papst und Delegationsgerichtsbarkeit am Beispiel Alexanders III. und Heinrichs von Frankreich*: ZKG 97 (1986), 36-65.

FALLETTI, Louis, *Guillaume Durand ou Durant, souvent appelé Le Speculateur*: DDC, V (1953), 1014-1075.

FALTIN, Daniel, *Il consenso matrimoniale: incapacità ed errore nel Codice dei canoni delle Chiese orientali*: BUCCI, Onorato (Hg.), *Il matrimonio nel Codice dei canoni delle Chiese orientali* (= StGiur, 32 = ADGC, 19), Città del Vaticano 1994, 207-231.

FALTIN, Daniel, *La Codificazione del Diritto Canonico Orientale*: CONGREGATIO PRO ECCLESIA ORIENTALI (Hg.), *La Sacra Congregazione per le Chiese Orientali nel Cinquentesimo della Fondazione*, Roma 1967, 121-137.

FANELLI, Antonio, *Relatio super jurisprudentia de ritu in Decisionibus Incidentibus et Praeliminaribus latis a Tribunali Apostolico Rotae Romanae, a nova Codificatione Juris Canonici usque ad praesentiarum*, I. *(annis 1984 – 1988)*, Città del Vaticano 2003; III. *(annis 1994 – 1998)*, Città del Vaticano 2000.

FANTAPPIÈ, Carlo, *Chiesa romana e modernità giuridica*, I. *L'edificazione del sistema canonistico (1563-1903)*, Milano 2008; II. *Il Codex iuris canonici (1917)*, Milano 2008.

FANTAPPIÈ, Carlo, *La duplice sentenza conforme: biografia di una norma nel quadro della legislazione matrimoniale*: ASSOCIAZIONE CANONISTICA ITALIANA (Hg.), *La doppia conforme nel processo matrimoniale. Problemi e prospettive* (= StGiur, 60), Città del Vaticano 2003, 19-55.

FARIS, John D., *La storia della codificazione orientale*: BHARANIKULANGARA, Kuriakose (Hg.), *Il Diritto Canonico Orientale nell'ordinamento ecclesiale* (= StGiur, 34), Città del Vaticano 1995, 255-268.

FARIS, John D., *The Eastern Catholic Churches. Constitution and Governance According to the Code of Canons of the Eastern Churches*, New York 1992.

FECI, Simona, *Cause matrimoniali nella documentazione del tribunale della Sacra Romana Rota (secolo XVII)*: AISIG 31 (2005), 189-226.

FECI, Simona, *Pesci fuor d'acqua. Donne a Roma in età moderna: diritti e patrimoni* (= LiVi, 40), Roma 2004.

FECI, Simona, *Riformare in antico regime. La costituzione di Paolo V e i lavori preparatori (1608-1612):* RmMC 1 (1997), 117-140.

FEDELE, Pio, *Note illustrative al „motu proprio": „De ordinandis tribunalibus ecclesiasticis Italiae pro causis nullitatis matrimonii decidendis"*: ADE 1 (1939), 315-319.

FEDELE, Pio, *Pericle Felici canonista*: EphIC 48 (1992), 201-206.

FEDELE, Pio, *Ricordo di Innocenzo Parisella*: EphIC 49 (1993), 211-212.

FEDELE, Pio, *Ricordo di Mons. José Pinto Gomez*: EphIC 49 (1993), 213.

FEINE, Hans Erich, *Kirchliche Rechtsgeschichte. Die Katholische Kirche*, Köln – Wien [5]1972.

FELICI, Guglielmo, *La Reverenda Camera Apostolica. Studio storico-giuridico*, Città del Vaticano 1940.

FELICIANI, Giorgio, *Il nuovo Codice tra fedeltà e novità*: CAPPELLINI, Ernesto (Hg.), *La normativa del nuovo Codice*, Brescia [2]1983, 9-26.

FERME, Brian Edwin, *Graviora Delicta: the Apostolic Letter M.P.* Sacramentorum Sanctitatis Tutela: SUCHECKI, Zbigniew (Hg.), *Il processo penale canonico*, Roma 2003, 365-382.

FERRARIS, Lucio, *Prompta bibliotheca canonica juridica moralis theologica nec non ascetica polemica rubricistica historica editio novissima*, I, Romae 1844.

FERRATA, Giovanni Battista, NAPOLEONI, Umberto, *Notationes quaedam super Litteris Apostolicis „Causas matrimoniales"*, Città del Vaticano 1972.

FERRERES, Juan Bautista, *La Curia romana según la novísima disciplina decretada por Pio X. Comentario canónico e histórico sobre la const. Sapienti consilio*, Madrid [2]1911.

FERRETTO, Giuseppe, *La riforma del B. Pio X*: Apol 25 (1952), 35-84.

FESSLER, Joseph, *Der kanonische Proceß nach seinen positiven Grundlagen und nach seiner ältesten historischen Entwickelung in der vorjustinianischen Periode dargestellt*, Wien 1860.

FIAMINGO, Rosario, *La S. Romana Rota e la Segnatura apostolica*: DEc 43 (1932), 345-361.

FINK, Karl August, *Heiner, Johann Franz Anton*: NDB, VIII (1969), 301-302.

FINK, Karl August, *Päpste der Frührenaissance*: HKG, III/2 (1968), 634-651.

FINK, Karl August, *Vom Mittelalter zur Reformation*: HKG, III/2 (1968), 625-740.

FIORE, Ernesto, *Card. Andrea Jullien*: PIOLANTI, Antonio (Hg.), *La Pontificia Università Lateranense. Profilo della sua storia, dei suoi maestri e dei suoi discepoli*, Roma 1963, 453-455.

FIORI, Antonia, *La prima condanna canonica del duello e il suo contesto storico: Niccolò I e il divorzio di Lotario e Teutberga*: CONDORELLI, Orazio (Hg.), *Panta rei. Studi dedicati a Manlio Bellomo*, V, Roma 2004, 353-374.

FIRPO, Luigi, *Boccalini, Traiano*: DBI, XI (1969), 10-19.

FLINIAUX, André, *Les anciennes collections de „Decisiones Rotae Romanae"*: RHDF.IV 4 (1925), 61-93 und 382-410.

FORBES, Frances A., *Papst Pius X. Ein Lebensbild*, Freiburg im Breisgau 1923.

FOREVILLE, Raymonde, *Alexandre III et la canonisation des Saints*: LIOTTA, Filippo (Hg.), *Miscellanea Rolando Bandinelli Papa Alessandro III*, Siena 1986, 217-236.

FOURNERET, Pierre, *La réforme de la Curie Romaine*: CanC 31 (1908), 577-586; 32 (1909), 16-26, 65-72, 193-202, 321-328; 33 (1910), 65-76, 193-200; 36 (1913), 394-408, 506-514, 656-662, 711-719; 37 (1914), 21-30, 65-77, 141-147, 197-210, 258-271, 334-347, 453-461, 529-546, 655-664; 38 (1915), 18-35, 114-128, 227-249 und 305-372.

FOURNIER, Paul, *Les officialités au moyen âge. Étude sur l'organisation, la compétence et la procédure des tribunaux ecclésiastiques ordinaires en France de 1180 à 1328*, Paris 1880 = Aalen 1984.

FRANCA, Edgar, *O „Motu Proprio" sôbre Procesos de Nulidade de Casamento*: REB 31 (1971), 667-693.

FRANSEN, Gérard, *Heiner*: DHGE, XXIII (1990), 831.

FRANSEN, Gérard, *La valeur de la jurisprudence en droit canonique*: INSTITUTO MARTIN DE AZPILCUETA (Hg.), *La norma en el derecho canónico. Actas del III Congreso Internacional de Derecho Canónico, Pamplona, 10-15 octubre de 1976* (= CCan, 1), I, Pamplona 1979, 197-212.

FRANZEN, August, *Eine Krise der deutschen Kirche im 17. Jahrhundert?*: RQ 49 (1954), 56-111.

FRENZ, Thomas, *Papsturkunden des Mittelalters und der Neuzeit* (= HGrE, 2), Stuttgart ^{2}2000.

FRIEDBERG, Emil Albert, *Lehrbuch des katholischen und evangelischen Kirchenrechts*, Leipzig ^{6}1909.

FRIEDENSBURG, Walter, *Ueber den Verfasser des „Promemoria ad Hadrianum papam VI de depravatione status Romanae ecclesiae"*: DZGW 1 (1896/97), 71-74.

FUHRMANN, Horst, *Das Reformpapsttum und die Rechtswissenschaft*: FLECKENSTEIN, Josef (Hg.), *Investiturstreit und Reichsverfassung* (= VuF, 17), Sigmaringen 1973, 175-203

FUHRMANN, Horst, *Einfluß und Verbreitung der pseudoisidorischen Fälschungen. Von ihrem Auftauchen bis in die neuere Zeit*, I (= SMGH, 24/1), Stuttgart 1972; II (= SMGH, 24/2), Stuttgart 1973; III (= SMGH, 24/3), Stuttgart 1974.

FUMAGALLI CARULLI, Ombretta, *Verità e giustizia nella giurisprudenza ecclesiale*: IusEc 20 (2008), 463-478.

FUNGHINI, Raffaello, *Commento al „Corpus Iuris Canonici"*: QStR 14 (2004), 15-21.

FUNGHINI, Raffaello, *Indagine ed analisi delle sentenze rotali coram R. P. D. Pericle Felici nelle cause di nullità di matrimonio*: QStR 16 (2006), 33-46.

FUNGHINI, Raffaello, *La competenza della Rota Romana*: BONNET, Piero Antonio, GULLO, Carlo (Hg.), *Le „normae" del Tribunale della Rota Romana* (= StGiur, 42 = ADGC, 21), Città del Vaticano 1997, 151-164.

FUNGHINI, Raffaello, *Monsignore José María Serrano Ruiz. Prelato Uditore*: SERRANO RUIZ, José María (Hg.), *Traccie di vita e di speranza. Valladolid, 1955 – 10 luglio – Roma, 2005. 50° Anniversario di ordinazione sacerdotale*, Napoli 2005, 69-72.

FUNGHINI, Raffaello, *Tribunal Rotae Romanae*: PINTO, Pio Vito (Hg.), *Commento alla* Pastor Bonus *e alle norme sussidiarie della Curia Romana* (= CorpIC, 3), Città del Vaticano 2003, 183-192.

FÜRST, Carl Gerold, *Lex prior derogat posteriori? Die Ap. Konst.* Pastor Bonus, *die Römische Rota als konkurrierendes Gericht II. Instanz bzw. als III. (und ggf. weitere) Instanz zu Gerichten einer Orientalischen Kirche eigenen Rechts und der CCEO*: MIRABELLI, Cesare, u. a. (Hg.), *Winfried Schulz in memoriam. Schriften aus Kanonistik und Staatskirchenrecht*, I (= AIC, 8/1), Frankfurt am Main 1999 u. a., 269-283.

FUS, Edward Anthony, *Rota, Roman*: NCE, XII (1967), 683-685.

GALEOTTI, Leopoldo, *Della sovranità e del governo temporale dei Papi*, Parigi 1846.

GALTIER, Francisque, *Code Oriental de procédure ecclésiastique. Traduction annotée*, Beyrouth 1951.

GARCÍA MARTÍN, Carlos, *Rota española*: DHEE, III (1973), 2111-2114.

GARCÍA MARTÍN, Constantino, *El tribunal de la Rota de la Nunciatura de España. Su origen, constitución y estructura*, Roma 1961.

GARCÍA SÁNCHEZ, Justo, *Juristas asturianos de la Rota romana*, I. *Juan Queipo de Llano y Flores Valdés (Fundador del Convento de las MM. Dominicas de Cangas)*, Oviedo 1998.

GATZ, Erwin, *Hindringer, Rudolf*: GATZ, Erwin (Hg.), *Die Bischöfe der deutschsprachigen Länder 1785/1803 bis 1945. Ein biographisches Lexikon*, Berlin 1983, 309-310.

GATZ, Erwin, *Kurie, Römische*, II. *Von der Reformationszeit bis zur Gegenwart*: TRE, XX (1990), 347-352.

GAUGUSCH, Ludwig, *Die Konstitution „Sapienti consilio" vom 29. Juni 1908*: AkKR 89 (1909), 612-630.

GAVENDA, Marián, *Zomrel cirkevný právnik Mons. Faltin*: KatNov 123 (2008), Nr. 8, 24.02.2008, 4.

GAZZANIGA, Jean-Louis, *L'appel „omisso medio" au pape et l'autorité pontificale au Moyen Age*: RHDF 60 (1982), 395-414.

GEBHARDT, Bruno, *Die Gravamina der deutschen Nation gegen den römischen Hof*, Breslau ^{2}1895.

GEFAELL, Pablo, *Relations entre les deux „codes" de l'unique „Corpus Iuris Canonici"*: ACan 41 (1999), 165-179.

GEFAELL, Pablo, *Tribunali delle Chiese* sui iuris *non patriarcali*: IusEc 16 (2004), 111-132.

GEMMEL, Jakob, *Zum Namen der Rota Romana*: ThQ 127 (1947), 418-428.

GÉNESTAL, Robert, *Les origines de l'appel comme d'abus* (= BEHE.R, 63), Paris 1951.

GERINGER, Karl-Theodor, *Codex Iuris Canonici*: LThK^{3}, II (1994), 1243-1245.

GERLICH, Alois, *Hammersteiner Ehe*: LMA, IV (1989), 1892.

GERLICH, Robert S., *Plettenberg, Hunold*: DHCJ, IV (2001), 3154-3155.

GHERRO, Sandro, *Sull'insegnamento del diritto canonico nello „Studium A. R. Rotae Tribunalis"*: QStR 7 (1994), 5-10.

GIANNINI, Amedeo, *Sulla codificazione del diritto canonico orientale*: DEc 58 (1947), 193-201.

GIANNINI, Massimo Carlo, *Tra politica, fiscalità e religione: Filippo II di Spagna e la publicazione della bolla „In Coena Domini" (1567-1570)*: AISIG 23 (1997), 83-152.

GILLES, Henri, *Gilles Bellemère e le tribunal de la Rote à la fin du XIVe siècle*: MAH 67 (1955), 281-319.

GILLES, Henri, *La vie et les œuvres de Gilles Bellemère*: BECh 124 (1966), 30-136 und 382-431.

GILLES, Henri, *Les auditeurs de Rote au temps de Clément VII et Benoit XIII (1378-1417). Notes biographiques*: MAH 67 (1955), 321-357.

GILOMEN, Hans-Jörg, *Die Rotamanualien des Basler Konzils. Verzeichnis der in den Handschriften der Basler Universitätsbibliothek behandelten Rechtsfälle*, Tübingen 1998.

GIOBBIO, Adolfo, *Lezioni di Diplomazia Ecclesiastica nella Pontificia Accademia dei Nobili Ecclesiastici*, I, Roma 1899.

GIORDANENGO, Gérard, *Appel au Pape*: DHP (1994), 128-129.

GLEMP, Józef, *Polskie Sądownictwo Kościelne w Latach 1945-1970*: PraKan 14 (1971), 169-225.

GNAVI, Alessandro, *Carriere e Curia romana: l'Uditorato di Rota (1472-1870)*: MEFRIM 106 (1994), 161-202.

GNAZI, Celestino, *Giurisprudenza rotale sul M. P. „Causas Matrimoniales"*: DI FELICE, Angelo (Hg.), *Il Motu Proprio „Causas Matrimoniales" nella dottrina e nell'attuale giurisprudenza* (= SDIC, 8 = ADGC, 5), Roma 1979, 107-172.

GOETZ, Walter, *Das Wiederaufleben des römischen Rechts im 12. Jahrhundert*: AKuG 10 (1912-13), 25-39.

GÖLLER, Emil, *Wilhelm Horborch und die „Decisiones antiquae" der Rota Romana*: AkKR 91 (1911), 662-680.

GÖLLER, Emil, *Zur Geschichte der Kriminaljustiz und des Gefängniswesens am päpstlichen Hofe in Avignon*: RQ 1 (1905), 191.

GÖLLER, Emil, *Zur Geschichte der Rota Romana. Ein Verzeichnis päpstlicher Rota-Auditoren vom Ende des 14. bis zur Mitte des 16. Jahrhunderts*: AkKR 91 (1911), 19-48.

GOMES, Luis, *Commentaria in regulas cancellariae iudiciales*, Venetiis 1540.

GOMES, Saturino Costa (Hg.), *Alocuções dos Papas Paulo VI e João Paulo II ao Tribunal da Rota Romana* (= LusCan.B, 1), Lisboa 2006.

GONZÁLEZ AYESTA, Juan, *La Instrucción „Dignitas Connubii" y las categorías normativas del derecho vigente*: IusCan 45 (2005), 757-770.

GÓRALSKI, Wojciech, *Uprawnienia udzielone trybunalom koscielnym Belgii oraz Anglii i Walii w zakresie prawa malzenskiego*: PraKan 17 (1974), 107-115.

GORDÓN, Ignacio, *De Curia romana renovata. Renovatio „desiderata" et renovatio „facta" conferuntur*: Per 58 (1969), 59-116.

GORDÓN, Ignacio, *De iudiciis in genere*, I, Romae 1976.

GORDÓN, Ignacio, *De nimia processuum matrimonialium duratione: factum, causae, remedia*: Per 58 (1969), 491-594 und 641-735.

GÖRING, Heinz, *Die Beamten der Kurie unter Bonifaz VIII.*, Königsberg 1938.

GORLA, Gino, *Diritto comparato e diritto comune europeo* (= StDC, 21), Milano 1980.

GORLA, Gino, *I tribunali supremi degli Stati italiani, fra i secc. XVI e XIX, quali fattori della unificazione del diritto nello Stato e della sua uniformazione fra Stati:* SOCIETÀ ITALIANA DI STORIA DEL DIRITTO (Hg.), *La formazione storica del diritto moderno in Europa. Atti del terzo Congresso internazionale della Società italiana di storia del Diritto*, I, Firenze 1977, 447-532.

GOTTSCHALK, Gustav, *Ueber den Einfluss des römischen Rechts auf das canonische Recht, resp. das canonische Rechtsbuch*, Mannheim 1866 = Aalen 1997.

GOYENECHE, Servus, *De SS. Congregationum, tribunalium et officiorum constitutione et interna ordinatione post const. „Sapienti Consilio". II. Tribunalia et Officia (Innovationes post const. Sapienti Consilio)*: Apol 25 (1952), 123-139,

GRAULICH, Markus, *Lambertini, Prospero*: LKStKR, II (2002), 681.

GRAZIANI, Ermanno, *Considerazioni sui recenti provvedimenti pontifici circa le cause matrimoniali italiane*: DEc 65/2 (1954), 361-373.

GREEN, Thomas J., *The American Procedural Norms – An Assessment*: StCan 8 (1974), 317-343.

GRÉGOIRE, Réginald, *Bruno de Segni. Exégète médiéval et théologien monastique* (= CISt AM, 3), Spoleto 1965.

GREGOROVIUS, Ferdinand, *Geschichte der Stadt Rom im Mittelalter. Vom V. bis zum XVI. Jahrhundert*, III, Stuttgart [4]1890.

GRENTRUP, Theodor, *Die rechtliche Stellung der Missionsländer zur römischen Kurie in der Gegenwart*: AkKR 93 (1913), 277-288.

GRIPPIOLO, Adriana R., *Sacra Rota: i nuovi casi di nullità*: Anna bella 40 (1972), Nr. 23, 06.06.1972, 56-61.

GROCHOLEWSKI, Zenon, *c. 1445. Comentario*: CECDC[3], IV/1 (1996), 901-911.

GROCHOLEWSKI, Zenon, *cc. 1443-1444. Comentario*: CECDC[3], IV/1 (1996), 894-899.

GROCHOLEWSKI, Zenon, *Ciò che sfugge ai Canonisti. A proposito di una recente biografia sul Card. Roberti*: Apol 70 (1997), 367-370.

GROCHOLEWSKI, Zenon, *Das Höchste Gericht der Apostolischen Signatur*: DPM 8/2 (2001), 175-197.

GROCHOLEWSKI, Zenon, *De ordinatione ac munere tribunalium in Ecclesia ratione quoque habita iustitiae administrativae*: EphIC 48 (1992), 47-84.

GROCHOLEWSKI, Zenon, *Declaration of the Apostolic Signatura on the Competence of Ecclesiastical Tribunals in the United States of America*: ME 104 (1979), 142-161.

GROCHOLEWSKI, Zenon, *Die Funktion der Sacra Romana Rota und des Obersten Gerichts der Apostolischen Signatur*: Conc(D) 15 (1979), 451-453.

GROCHOLEWSKI, Zenon, *Diritto dei fedeli di deferire e di introdurre le cause presso la Santa Sede*: CORECCO, Eugenio, HERZOG, Niklaus, SCOLA, Angelo (Hg.), *Les Droits Fondamentaux du Chrétien dans l'Église et dans la Société. Die Grundrechte des Christen in Kirche und Gesellschaft. I Diritti Fondamentali del Cristiano nella Chiesa e nella Società. Actes du IVe Congrès International de Droit Canonique. Akten des IV. Internationalen Kongresses für Kirchenrecht. Atti del IV Congresso Internazionale di Diritto Canonico Fribourg (Suisse) 6.-11.X.1980*, Fribourg Suisse – Freiburg im Breisgau – Milano 1981, 559-569.

GROCHOLEWSKI, Zenon, *Documenta recentiora circa rem matrimonialem et processualem cum notis bibliographicis et indicibus*, II, Romae 1980.

GROCHOLEWSKI, Zenon, *Documenti della Segnatura Apostolica riguardanti i Tribunali Ecclesiastici nella odierna Repubblica Federativa Ceca e Slovacca*: Apol 65 (1992), 539-561.

GROCHOLEWSKI, Zenon, *Filipiak Bolesław*: EncKat, V (1989), 208-209.

GROCHOLEWSKI, Zenon, *Fonction de la Rote Romaine et du Tribunal suprême de la Signature apostolique*: Conc(F) 15 (1979), 63-67.

GROCHOLEWSKI, Zenon, *Funzione della Sacra Romana Rota e del Supremo Tribunale della Segnatura Apostolica*: Conc(I) 7 (1979), 82-88.

GROCHOLEWSKI, Zenon, *Giovanni Paolo II, Legislatore*: IusEc 17 (2005), 335-344.

GROCHOLEWSKI, Zenon, *I tribunali apostolici*: THERIAULT, Michel, THORN, Jean (Hg.), *Le nouveau* Code de droit canonique. *Actes du Ve Congrès international de droit canonique, organise par l'Université Saint-Paul et tenu à l'Université d'Ottawa du 19 au 25 août 1984. The new* Code of Canon Law. *Proceedings of the 5th International Congress of Canon Law, organized by Saint Paul University and held at the University of Ottawa, August 19-25, 1984*, I, Ottawa 1986, 457-479.

GROCHOLEWSKI, Zenon, *I Tribunali*: BONNET, Piero Antonio, GULLO, Carlo (Hg.), *La Curia Romana nella Cost. Ap. „Pastor Bonus"* (= StGiur, 21 = ADGC, 13), Città del Vaticano 1990, 395-418.

GROCHOLEWSKI, Zenon, *Il ministero del Supremo Tribunale della Segnatura Apostolica nell'amministrazione della giustizia della Chiesa*: FolCan 3 (2000), 193-213.

GROCHOLEWSKI, Zenon, *Il Romano Pontefice come giudice supremo della Chiesa*: IusEc 7 (1995), 39-64.

GROCHOLEWSKI, Zenon, *Il ruolo specifico della Rota Romana nel Corpo Mistico della Chiesa*: QStR 8 (1996), 51-53.

GROCHOLEWSKI, Zenon, *Il Supremo Tribunale della Segnatura Apostolica nella struttura giudiziaria della Chiesa*: For 6/2 (1995), 33-52.

GROCHOLEWSKI, Zenon, *Kardynał Bolesław Filipiak (1901-1978), długoletni audytor i dziekan Roty Rzymskiej*: PraKan 24 (1981), 265-285.

GROCHOLEWSKI, Zenon, *L'appello nelle cause di nullità matrimoniale*: For 4/2 (1993), 19-64.

GROCHOLEWSKI, Zenon, *L'esperienza canonistica in Polonia*: DEc 89/1 (1978), 125-170.

GROCHOLEWSKI, Zenon, *La Segnatura Apostolica nell'attuale fase di evoluzione*: GROCHOLEWSKI, Zenon, CÁRCEL ORTÍ, Vicente (Hg.), *Dilexit iustitiam. Studia in honorem Aurelii Card. Sabattani* (= StGiur, 5), Città del Vaticano 1984, 211-228.

GROCHOLEWSKI, Zenon, *Linee generali della giurisprudenza della Segnatura Apostolica relativamente alla procedura nelle cause matrimoniali*: ME 107 (1982), 233-267.

GROCHOLEWSKI, Zenon, *Problemi attuali dell'attività giudiziaria della Chiesa nelle cause matrimoniali*: Apol 56 (1983), 159-165.

GROCHOLEWSKI, Zenon, *Scripta iuridica Cardinalis Aurelii Sabattani. Nota bibliographica*: GROCHOLEWSKI, Zenon, CÁRCEL ORTÍ, Vicente (Hg.), *Dilexit iustitiam. Studia in honorem Aurelii Card. Sabattani* (= StGiur 5), Città del Vaticano 1984, XXI-XXXVII.

GROCHOLEWSKI, Zenon, *Vita ed attività del Card. Dino Staffa*: Apol 51 (1978), 203-242.

GROOTAERS, Jan, *Actes et acteurs à Vatican II* (= BEThL, 139), Leuven 1998.

GROSSE-WIETFELD, Franz, *Justizreformen im Kirchenstaat in den ersten Jahren der Restauration (1814-1816). Ein Beitrag zur Geschichte der kurialen Gerichtsbehörden und der Entwicklung des kanonischen Prozeßrechts*, Paderborn 1932.

GRUBER, Alfred, *Perathoner, Anton*: ÖBL, VII (1978), 411.

GUALANDI, Dario, STAFFA, Antonio, TAMPIERI, Ivo (Hg.), *Il Cardinale Dino Staffa. Memorie e scritti*, Fusignano 1979.

GUGGENBERGER, Karl, *Codex juris canonici*: LThK, II (1931), 1000-1003.

GUILLEMAIN, Bernard, *La cour pontificale d'Avignon 1309-1376. Étude d'une société*, Paris [2]1966.

GUILLEMAIN, Bernard, *Les tribunaux de la cour pontificale d'Avignon*: BIGET, Jean-Louis (Hg.), *L'Église et le droit dans le Midi (XIIIe-XIVe s.)* (= CFan, 29), Fanjeaux 1994, 339-360.

GUIMARÃES, Fernando José, *A hierarquia dos Tribunais e o julgamento de novo capítulo introduzido em segunda instância nas causas matrimoniais. Comentário ao cân. 1683*: DirP 8 (1994), 53-66.

GULLO, Carlo, *Giurisprudenza e politica giudiziaria ecclesiastica*: DEc 94/2 (1983), 436-451.

GULLO, Carlo, *La „Nova Causae Propositio"*: GULLO, Carlo (Hg.), *Il processo matrimoniale canonico* (= StGiur, 17 = ADGC, 11), Città del Vaticano 1988, 365-388.

GULLO, Carlo, PALOMBI, Roberto, *La procedura presso il Tribunale della Rota Romana*: BONNET, Piero Antonio, GULLO, Carlo (Hg.), *Le „normae" del Tribunale della Rota Romana* (= StGiur, 42 = ADGC, 21), Città del Vaticano 1997, 165-212.

GULLO, Carlo, *Ricordo di Mons. Angelo Di Felice*: BONNET, Piero Antonio, GULLO, Carlo (Hg.), *Diritto matrimoniale canonico*, II. *Il consenso* (= StGiur, 61 = ADGC, 29), Città del Vaticano 2003, 9-12.

GULLO, Carlo, *Ricordo di Mons. José Miguel Pinto Gomez*: BONNET, Piero Antonio, GULLO, Carlo (Hg.), *Sacramentalità e validità del matrimonio nella giurisprudenza del Tribunale della Rota Romana* (= StGiur, 36 = GiurCC, 4), Città del Vaticano 1995, 7-8.

GUTH, Hans-Jürgen, *Ehescheidung oder Ehenichtigkeit? Das Eheprozeßrecht der römisch-katholischen Kirche in den USA nach dem Zweiten Vatikanischen Konzil* (= FVKS, 38), Freiburg/Schweiz 1993.

GÜTHOFF, Elmar, *Roberti, Francesco Saverio*: LKR (2004), 1144.

GUTIÉRREZ, José Luis, *La Curia Romana ante la nueva codificación*: IusCan 23 (1983), 527-546.

GUTIÉRREZ, José Luis, *La formazione dei principi per la riforma del „Codex Iuris Canonici"*: CANOSA, Javier (Hg.), *I principi per la revisione del Codice di Diritto Canonico. La ricezione giuridica del Concilio Vaticano II* (= MG, 16), Milano 2000, 5-29.

HAERING, Stephan, *Die neue Ordnung der Römischen Rota aus dem Jahr 1994. Anmerkungen zu ausgewählten Aspekten*: DPM 2 (1995), 89-116.

HAERING, Stephan, *Die Neuordnung der Römischen Rota (1994) im wissenschaftlichen Schrifttum. Ein Literaturbericht*: DPM 6 (1999), 181-192.

HAERING, Stephan, *Die Spanische Rota. Anmerkungen anläßlich der Neuordnung eines einzigartigen kirchlichen Gerichts*: AYMANS, Winfried, HAERING, Stephan, SCHMITZ, Heribert (Hg.), *Iudicare Inter Fideles. Festschrift für Karl-Theodor Geringer zum 65. Geburtstag*, Sankt Ottilien 2002, 129-144.

HAERING, Stephan, *Durandus von Mende*, 1. *Wilhelm d. Ä.*: HEIM, Manfred (Hg.), *Theologen, Ketzer, Heilige. Kleines Personenlexikon zur Kirchengeschichte*, München 2001, 111-112.

HAERING, Stephan, *Durandus von Mende, Wilhelm*: LKR (2004), 1067.

HAERING, Stephan, *Eine neue Eheprozeßordnung? Streiflichter zu einem Gesetzentwurf*: GERINGER, Karl-Theodor, SCHMITZ, Heribert (Hg.), *Communio In Ecclesiae Mysterio. Festschrift für Winfried Aymans zum 65. Geburtstag*, Sankt Ottilien 2001, 157-174.

HAERING, Stephan, *Rota, Romana R., Sacra Romana R.*: LThK^{3}, VIII (1999), 1318-1319.

HAFKE, Heinz Christian, *Zuständigkeit in geistlichen Streitigkeiten und konfessionelle Besetzung der höchsten Reichsgerichte nach dem Westfälischen Friedensschluß*, Frankfurt am Main 1972.

HAGENEDER, Othmar, *Die geistliche Gerichtsbarkeit in Ober- und Niederösterreich. Von den Anfängen bis zum Beginn des 15. Jahrhunderts* (= FGOÖ, 10), Graz 1967.

HAGENEDER, Othmar, *Zur Effizienz der römischen Kurie als Gerichtshof um 1200*: EHBRECHT, Wilfried, LAMPEN, Angelika (Hg.), *Der weite Blick des Historikers. Einsichten in Kultur, Landes- und Stadtgeschichte. Festschrift für Peter Johanek*, Köln 2002, 99-112.

HALLER, Johannes, *Das Papsttum. Idee und Wirklichkeit*, II, Stuttgart ^{2}1962.

HALLERMANN, Heribert, *Pastor Bonus*: LKStKR, III (2004), 157-160.

HARING, Johann, *Die Neuordnung der päpstlichen Behörden auf Grund der Konstitution „Sapienti consilio" vom 29. Juni 1908*: LitAnz 22 (1908), 11-12.

HARING, Johann, *Vis ac momentum instructionis S. C. de Sacramentis diei 15 augusti 1936*: Apol 9 (1936), 593-594.

HARMAN, Francis, *Certitudo moralis praesupposita in normis processualibus Tribunalibus Statuum Foederatorum Americae necnon Australiae concessis*: Per 61 (1972), 379-393.

HAUBST, Rudolf, *Der Reformentwurf Pius des Zweiten*: RQ 49 (1954), 188-242.

HAUSBERGER, Karl, *Franz Heiner als Denunziant seines Kollegen Franz Xaver Kraus. Drei Briefe des Freiburger Kanonisten an den Präfekten der Indexkongregation aus den Jahren 1898/99*: MÖDE, Erwin, SCHIEDER, Thomas (Hg.), *Den Glauben verantworten. Bleibende und neue Herausforderungen für die Theologie zur Jahrtausendwende. Festschrift für Heinrich Petri*, Paderborn u. a. 2000, 43-57.

HAYWARD, Fernand, *Pie IX et son temps*, Paris 1948.

HECKEL, Rudolf von, *Die Organisation der kurialen Behörden und ihr Geschäftsgang*: GRAUERT, Hermann (Hg.), *Magister Heinrich der Poet in Würzburg und die römische Kurie* (= ABAW.PPH, 27/1), München 1912, 224 und 489-491.

HECKEL, Rudolf von, *Studien über die Kanzleiordnung Innozenz' III.*: HJ 57 (1937), 258-289.

HEDDE, René, *Pragmatique Sanction*: DThC, XII (1933), 2780-2786.

HEFELE, Carl Joseph, *Histoire des conciles*, I/2, Paris 1907 = Hildesheim – New York 1973.

HEGEL, Eduard, *Geschichte der katholisch-theologischen Fakultät Münster 1773-1964*, I (= MBTh, 30/1), Münster 1966.

HEINER, Franz, *Die geltenden Prozeßregeln der römischen Rota*: AkKR 92 (1912), 645.

HEINER, Franz, *Katholisches Kirchenrecht*, I. *Die Verfassung der Kirche* (= WH.T, 5), Paderborn ^{5}1909.

HELMHOLZ, Richard Henry, *The Spirit of Classical Canon Law*, Athens 1996.

HENNER, Camillo, *Zur Geschichte der Rota Romana*: AkKR 73 (1895), 177-180.

HERDE, Peter, *Audientia litterarum contradictarum. Untersuchungen über die päpstlichen Justizbriefe und die päpstliche Delegationsgerichtsbarkeit vom 13. bis zum Beginn des 16. Jahrhunderts*, I-II (= BDHIR 31-32), Tübingen 1970.

HERDE, Peter, *Audientia litterarum contradictarum*: LMA, I (1980), 1192-1193.

HERDE, Peter, *Beiträge zum päpstlichen Kanzlei- und Urkundenwesen im dreizehnten Jahrhundert* (= MHSt.GH, 1), Kallmünz ²1967.

HERDE, Peter, *Zur päpstlichen Delegationsgerichtsbarkeit im Mittelalter und in der frühen Neuzeit*: ZSRG.K 88 (2002), 20-43.

HERGENRÖTHER, Philipp, *Die Appellationen nach dem Decretalenrechte*, Eichstätt 1875.

HERGENRÖTHER, Philipp, HOLLWECK, Joseph, *Lehrbuch des katholischen Kirchenrechts*, Freiburg im Breisgau ²1905.

HERMAN, Emilio, *Adnotationes ad litteras apostolicas motu proprio datas: de iudiciis pro Ecclesia Orientali*: REDC 5 (1950), 1045-1064.

HERMAN, Emilio, *De novissima lege processuali Ecclesiae Orientalis edita motu proprio „De iudiciis"*: ME 75 (1950), 599-620.

HERTLING, Georg von, *Römische Reformgedanken:* Hochl 3/1 (1905-1906), 553-567.

HIESTAND, Rudolf, *Iudex sacri Lateranensis palatii*: DA 43 (1987), 62-80.

HILLING, Nikolaus, *Die Errichtung des Notarenkollegiums an der Römischen Rota durch Sixtus IV. im Jahre 1477*: BUSCHBELL, Gottfried (Hg.), *Festgabe enthaltend vornehmlich vorreformationsgeschichtliche Forschungen, Heinrich Finke zum 7. August 1904 gewidmet von seinen Schülern,* Münster 1904, 169-194.

HILLING, Nikolaus, *Die Gesetzgebung Leos XIII. auf dem Gebiete des Kirchenrechts*: AkKR 93 (1913), 8-31, 254-276, 460-483, 623-637; 94 (1914), 75-95 und 252-264.

HILLING, Nikolaus, *Die Neuorganisation der römischen Kurie auf Grund der Konstitution Pius' X. „Sapienti consilio" vom 29. Juni 1908*: ThGl 1 (1909), 32-50.

HILLING, Nikolaus, *Die Reformen des Papstes Pius' X. auf dem Gebiete der kirchenrechtlichen Gesetzgebung*, Bonn 1909.

HILLING, Nikolaus, *Die römische Kurie. Ein kurzes Handbuch für die Kenntnis der gegenwärtigen Verfassung*, Paderborn 1906.

HILLING, Nikolaus, *Die römische Rota und das Bistum Hildesheim am Ausgange des Mittelalters (1464-1513). Hildesheimische Prozeßakten aus dem Archiv der Rota zu Rom* (= RGST, 6), Münster 1908.

HILLING, Nikolaus, *Felinus Sandeus, Auditor der Rota*: AkKR 84 (1904), 94-106.

HILLING, Nikolaus, *Franz Heiner* †: AkKR 100 (1920), 104-116.

HILLING, Nikolaus, *Heiner, Franz*: LThK, IV (1932), 906-907.

HILLING, Nikolaus, *Heiner, Franz*: LThK², V (1960), 174.

HILLING, Nikolaus, *Prälat Dr. Franz Heiner, Auditor der Römischen Rota. Kurzes Lebensbild eines deutschen Kanonisten*, Kirchheim 1921.

HILLING, Nikolaus, *Römische Rotaprozesse aus den sächsischen Bistümern von 1464-1513*: AkKR 95 (1915), 33-77, 201-265, 389-421, 579-611; 96 (1916), 3-27, 193-202, 384-421.

HILLING, Nikolaus, *Rota:* KHL, II (1912), 1831-1832.

HINSCHIUS, Paul, *Das Kirchenrecht der Katholiken und Protestanten in Deutschland. System des katholischen Kirchenrechts mit besonderer Rücksicht auf Deutschland*, I, Berlin 1869 = Graz 1959; VI, Berlin 1897 = Graz 1959.

HIRSCHFELD, Theodor, *Das Gerichtswesen der Stadt Rom vom 8. bis 12. Jahrhundert wesentlich nach stadtrömischen Urkunden*: AUF 4 (1912), 419-562.

HIRSCHMANN, Stefan, *Der Fall von Ely (The Stretchworth case). Zur Praxis päpstlicher Delegationsgerichtsbarkeit um die Mitte des 12. Jahrhunderts*: ZSRG.K 89 (2003), 612-618.

HIRSCHMANN, Stefan, *Die päpstliche Kanzlei und ihre Urkundenproduktion (1141-1159)* (= EHS.G, 913), Frankfurt am Main u. a. 2001.

HOBERG, Hermann, *Der Amtsantritt des Rotarichters Antonio Albergati (1649)*: RQ 49 (1954), 112-122.

HOBERG, Hermann, *Der Informativprozeß des Rotarichters Dominikus Jacobazzi (1492)*: RQ 51 (1956), 228-235.

HOBERG, Hermann, *Der Informativprozeß über die Qualifikation des Rotarichters Antonio Corsetti (1500)*: BIBLIOTECA APOSTOLICA VATICANA (Hg.), *Mélanges Eugène Tisserant*, IV. *Archives vaticanes. Histoire ecclésiastique*, 1 (= StT, 234), Città del Vaticano 1964, 389-406.

HOBERG, Hermann, *Die „Admissiones" des Archivs der Rota*: ArZs 50-51 (1955), 391-408.

HOBERG, Hermann, *Die ältesten Informativprozesse über die Qualifikation neuernannter Rotarichter (1492-1547)*: ISERLOHN, Erwin, REPGEN, Konrad (Hg.), *Reformata reformanda. Festgabe für Hubert Jedin zum 17. Juni 1965*, I, Münster 1965, 129-141.

HOBERG, Hermann, *Die Amtsdaten der Rotarichter in den Protokollbüchern der Rotanotare von 1464-1566*: RQ 48 (1953), 43-78.

HOBERG, Hermann, *Die Antrittsdaten der Rotarichter von 1566 bis 1675*: RQ 48 (1953), 211-224.

HOBERG, Hermann, *Die Diarien der Rotarichter*: RQ 50 (1955), 44-68.

HOBERG, Hermann, *Die Protokollbücher der Rotanotare von 1464 bis 1517*: ZSRG.K 39 (1953), 177-227.

HOBERG, Hermann, *Die Rotarichter in den Eidregistern der Apostolischen Kammer von 1347-1494*: QFIAB 34 (1954), 159-172.

HOBERG, Hermann, *Die Tätigkeit der Rota am Vorabend der Glaubensspaltung*: ARCHIVIO VATICANO (Hg.), *Miscellanea in onore di Monsignor Martino Giusti, Prefetto dell'Archivio Segreto Vaticano*, II (= CAV, 6), Città del Vaticano, 1978, 1-32.

HOBERG, Hermann, *Inventario dell'Archivio della Sacra Romana Rota (sec. XIV-XIX)*, hg. v. METZLER, Josef (= CAV, 34), Città del Vaticano 1994.

HOBERG, Hermann, *Passauer Prozesse in den ältesten im Vatikanischen Archiv erhaltenen Protokollbüchern der Rotanotare (1464-1482)*: AMON, Karl (Hg.), *Ecclesia peregrinans. Josef Lenzenweger zum 70. Geburtstag*, Wien 1986, 153-158.

HOBERG, Hermann, *Register von Rotaprozessen des 14. Jahrhunderts im Vatikanischen Archiv*: RQ 51 (1956), 54-69.

HÖFLER, Constantin, *Analecten zur Geschichte Deutschlands und Italiens. Nach handschriftlichen, bisher unbenützten Berichten des päpstlichen Archives, der Bibl. Riccardiana zu Florenz, der Vallicelliana, Angelica, und der k. Universitäts-Bibliothek zu München*, II. *Italienische Zustände gegen Ende des fünfzehnten und im Anfange des sechzehnten Jahrhunderts*: ABAW.H 4/1 (1844), 29-49.

HOFMANN, Karl, *Der „Dictatus Papae" Gregors VII. Eine rechtsgeschichtliche Erklärung* (= VGG.R, 63), Paderborn 1933.

HOFMANN, Konrad, *Hindringer, Rudolf*: LThK, V (1933), 59.

HOFMANN, Michael, *Die Neuregelung der Römischen Kurie durch Pius X. in seiner Konstitution „Sapienti consilio"*: ZKTh 33 (1909), 197-231.

HOFMANN, Walther von, *Forschungen zur Geschichte der kurialen Behörden vom Schisma bis zur Reformation*, I. *Darstellung* (= BPHIR, 12), Rom 1914 = Torino 1971.

HOLBÖCK, Carl, *Tractatus de jurisprudentia Sacrae Romanae Rotae juxta decisiones quas hoc sacrum sacrum tribunal edidit ab anno 1909 usque ad annum 1946 et publicavit in voluminibus I - XXXVIII*, Graetiae – Vindobonae – Coloniae 1947.

HOLL, Karl, *Die Reform der Kurie durch Pius X.*: ChW 24 (1910), 199-207.

HOLLERBACH, Alexander, *Heiner, Franz*: RGG^4, III (2000), 1597.

HOLLERBACH, Alexander, *Zur Geschichte der Vertretung des Kirchenrechts an der Universität Freiburg im Breisgau im 19. Jahrhundert*: ZSRG.K 59 (1973), 343-382.

HOLLNSTEINER, Johannes, *Die Spruchpraxis der S. Romana Rota in Ehenichtigkeitsprozessen seit Geltung des C.J.C. Auf Grund gedruckter und ungedruckter Rotal-Urteile*, Freiburg im Breisgau 1934.

HOLTZMANN, Walther, *Die Benutzung Gratians in der päpstlichen Kanzlei im 12. Jahrhundert*: StGra 1 (1953), 323–349.

HOLTZMANN, Walther, *Die Dekretalen Gregors VIII.*: MIÖG 58 (1950), 113-123.

HONTHEIM, Johannes Nikolaus von], *Justini Febronii Jcti de statu Ecclesiae et legitima potestate Romani Pontificis liber singularis, ad reuniendos dissidentes in religione christiana compositus*, I, Bullioni ^{2}1765; II, Francofurti – Lipsiae ^{2}1770.

HOYER, Ernst, *Die Ehekrise und die Judikatur der Sacra Romana Rota*: LAUFKE, Franz (Hg.), *Festschrift für Otto Peterka zum 60. Geburtstag*, Prag 1936 = Frankfurt am Main 1969, 13-37.

HUBER, Christian, *Papst Paul VI. und das Kirchenrecht* (= BzMK, 21), Essen 1999.

HUBER, Josef, *Die Wirksamkeit von Entscheidungen nach einer Wiederaufnahme des Verfahrens*: PUZA, Richard, WEISS, Andreas (Hg.), *Iustitia in caritate. Festgabe für Ernst Rößler zum 25jährigen Dienstjubiläum als Offizial der Diözese Rottenburg-Stuttgart* (= AIC, 3), Frankfurt am Main u. a. 1997, 343-352.

HUIZING, Peter, *La juridiction ecclésiastique*: Conc(F) 38 (1968), 123-131.

HUTH, Adam, *Jus canonicum ad libros V. decretalium Gregorii IX. explicatum*, Venetiis 1843.

IHLI, Stefan, *Das Bischöfliche Offizialat Rottenburg. Ein Blick in die Geschichte kirchlicher Gerichtsbarkeit in Württemberg*: WEISS, Andreas, IHLI, Stefan (Hg.), *Flexibilitas Iuris Canonici. Festschrift für Richard Puza zum 60. Geburtstag* (= AIC, 28), Frankfurt am Main u. a. 2003, 103-134.

IMKAMP, Wilhelm, *Das Kirchenbild Innozenz' III. (1198-1216)* (= PuP, 22), Stuttgart 1983.

INDEKEU, Bruno, *Matthijs (Emerix de Matthijs) Jacobus de*: BBKL, XXIV (2005), 1064-1071.

INGESMAN, Per, *Appointment of Papal Auditors in the Fifteenth Century*: DUGGAN, Anne, GREATREX, Joan, BOLTON, Brenda (Hg.), *Omnia disce. Medieval Studies in Memory of Leonard Boyle, O.P.* (= ChFCMW), Aldershot – Burlington 2005, 79-88.

INGESMAN, Per, *Danske processer for den romerske Rota. Omkring et fund i Vatikanarkivet*: Arkiv 12/3 (1989), 170-182.

INGESMAN, Per, *Provisioner og processer. Den romerske Rota og dens behandling af danske sager i midelalderen. With an English Summary*, Aarhus 2003.

INNERHOFER, Josef, *Die Kirche in Südtirol gestern und heute*, Bozen 1982.

INNOCENTI, Ennio, *La Santa Sede nella ecclesiologia del Concilio Ecumenico Vaticano II*, Rovigo ^{2}1977.

INNOCENTI, Ennio, *Presenza di Pio XII nel Vaticano*, Roma ^{3}1968.

IUNG, Nicolas, *Auditeur*: DDC, I (1935), 1399-1411.

JACEWICZ, Wictor, *Martyrologium polskiego duchowieństwa rzymskokatolickiego pod okupacją hitlerowską w latach 1929-1945*, IV (= KoKat, 6), Warszawa 1978.

JACOBI, Erwin, *Der Prozeß im Decretum Gratiani und bei den ältesten Dekretisten*: ZSRG.K 3 (1913), 223-343.

JACQUELINE, Bernard, *Le pape d'après le livre II du „De consideratione ad Eugenium papam" de saint Bernard de Clairvaux*: StGra 14 (1967), 219-239.

JANACZEK, Stanisław, *Czapla, Antoni*: LThCPol, V (1983), 248.

JANKOWIAK, François, *Code de droit canonique de 1917*: DHP (1994), 398-402.

JANKOWIAK, François, *Code de droit canonique de 1983*: DHP (1994), 402-405.

JEDIN, Hubert, *Das englische Schisma und die Reformation in England*: HKG, IV (1967), 341-354.

JEDIN, Hubert, *Das Papsttum und die Durchführung des Tridentinums (1565 bis 1605)*: HKG, IV (1967), 521-560.

JEDIN, Hubert, *Das Zweite Vatikanische Konzil*: HKG, VII (1979), 97-151.

JOE, M. Anthony, *The Pope knows India well*: NLeader 120 (2007), Nr. 13, 01.-15.07.2007, 29-30.

JOHNSON, John G., *Fraud and Deceipt in the Roman Rota. The First ten Years*: Jur 56 (1991), 557-585.

JORDAN, Karl, *Die Entstehung der Römischen Kurie. Ein Versuch. Mit Nachtrag 1962* (= Lib, 91), Darmstadt 1973.

JULLIEN, André, *Cinquant'anni di attività giudiziaria del Tribunale della Sacra Romana Rota 1908-1958. Prolusione tenuta all'inaugurazione del Corso Accademico dello Studio Rotale 1958-59*: ME 84 (1959), 1-15.

JULLIEN, André, *Il beato Papa Pio X e i tribunali della Segnatura Apostolica e della S. R. Rota*: Apol 25 (1952), 159-163.

KAAS, Ludwig, *Die geistliche Gerichtsbarkeit der katholischen Kirche in Preussen in Vergangenheit und Gegenwart. Mit besonderer Berücksichtigung des Wesens der Monarchie*, I-II (= KRA, 86-87), Stuttgart 1916 = Amsterdam 1965.

KADA, Lajos, *El Tribunal de la Rota de la Nunciatura Española*: AZNAR GIL, Federico Rafael (Hg.), *Curso de derecho matrimonial y procesal canónico para profesionales (XV)* (= BSal.E, 200), Salamanca 2000, 389-394.

KALB, Herbert, *Lega, Michael*: LKStKR, II (2002), 702.

KALDE, Franz, *Felici, Pericle*: LThK^3, III (1995), 1215, und: LKR (2004), 1072.

KALLER, Gerhard, *Wimpfeling (Wimpheling), Jakob*: BBKL, XIII (1998), 1358-1361.

KEHR, Paul Fridolin, *Regesta Pontificum Romanorum: Italia Pontificia sive repertorium privilegiorum et litterarum a Romanis Pontificibus ante annum MCLXXXXVIII Italiae ecclesiis, monasteriis, civitatibus singulisque personis concessorum*, I (= MGH, 8), Berolini 1906; II (= MGH, 9), Berolini 1907.

KEHR, Paul Fridolin, *Scrinium und Palatium. Zur Geschichte des päpstlichen Kanzleiwesens im 11. Jahrhundert*: MIÖG.E 6 (1901), 70-112.

KEJŘ, Jiří, *Die Causa Johannes Hus und das Prozessrecht der Kirche*, Regensburg 2005.

KELLER, Sigmund, *Die sieben römischen Pfalzrichter im byzantinischen Zeitalter* (= KRA, 12), Stuttgart 1904 = Amsterdam 1962.

KELLY, Henry Ansgar, *The Matrimonial Trials of Henry VIII*, Stanford 1976.

KEMPF, Friedrich, *Kirchenverfassung, Kultus, Seelsorge und Frömmigkeit vom 8. Jahrhundert bis zur gregorianischen Reform*: HKG, III/1 (1966), 294-341.

KENNAN, Elizabeth Topham, *The „De consideratione" of St. Bernard of Clairvaux and the Papacy in the Midtwelth Century: a Review of Scholarship*: Tr 23 (1967), 73-115.

KENNY, Anthony, *A Path From Rome. An Autobiography*, Oxford – New York 1986,

KHOURY, Joseph, *La jurisprudence de la Sacrée Rote Romaine dans les causes des Églises Orientales*, Romae 1972.

KIENITZ, Erwin Roderich von, *Klageinhalt und Klageänderung im Zivilprozeßrecht des Codex Iuris Canonici*, München 1932.

KILLERMANN, Stefan, *Der deutsche Rota-Dekan Heinrich Ewers (1906-1992)*: KAISER, Ulrich, RAITH, Ronny, STOCKMANN, Peter (Hg.), *Salus animarum suprema lex. Festschrift für Offizial Max Hopfner zum 70. Geburtstag* (= AIC, 38), Frankfurt am Main u. a. 2006, 249-266.

KILLERMANN, Stefan, *Die Auseinandersetzung Martin Luthers mit der kirchlichen Ehedispens- und Annullierungspraxis*: MIRABELLI, Cesare, u. a. (Hg.), *Winfried Schulz in memoriam. Schriften aus Kanonistik und Staatskirchenrecht*, II (= AIC, 8), Frankfurt am Main u. a. 1999, 417-434.

KILLERMANN, Stefan, *Die Rota Romana und ihre Rechtsprechung zu Beginn des neuen Jahrtausends*: DPM 14 (2007), 27-74.

KILLERMANN, Stefan, *Die Rota Romana. Auftrag und Funktion des Gerichtshofes in geschichtlicher Entwicklung und aktuellem Anspruch. Excerpta ex Dissertatione ad Doctoratum*, Roma 1999.

KILLERMANN, Stefan, *Ewers, Heinrich*: BBKL, XXVI (2006), 289-298.

KILLERMANN, Stefan, *La legislazione propria della Rota Romana prima delle norme vigenti*: BONNET, Piero Antonio, GULLO, Carlo (Hg.), *Le „normae" del Tribunale della Rota Romana* (= StGiur, 42 = ADGC, 21), Città del Vaticano 1997, 23-45.

KIRSCH, Johann Peter, *Palatini*: CE, XI (1911), 417.

KITTEL, Helmut, *Das Erzbischöfliche Metropolitangericht Bamberg als päpstlich delegiertes Gericht dritter Instanz in Ehesachen*: LÜDICKE, Klaus, MUSSINGHOFF, Heinrich, SCHWENDENWEIN, Hugo (Hg.), *Iustus Iudex. Festgabe für Paul Wesemann zum 75. Geburtstag von seinen Freunden und Schülern* (= BzMK, 5), Essen 1990, 93-105.

KLEEMANN, Georg, *Die Sacra Rota ignoriert die Kinder*: Stuttgarter Zeitung 27 (1971), Nr. 185, 14.08.1971, 24.

KLEWITZ, Hans-Walter, *Cancelleria. Ein Beitrag zur Geschichte des geistlichen Hofdienstes*: DA 1 (1937), 44-78.

KOENIGER, Albert Michael, *Die Eheprozessordnung für die Diözesangerichte. Text mit Übersetzung und Erläuterungen* (= KStT, 11), Bonn 1937 = Amsterdam 1964.

KORR, Wilhelm, *Die Appellation an die S. Rota Romana nach geltendem kanonischen Recht*, Bonn – Köln 1927.

KOSCH, Wilhelm, *Das katholische Deutschland. Biographisch-bibliographisches Lexikon*, Augsburg 1933.

KRAMER VON REISSWITZ, Crista, *Die Papstmacher. Die Kardinäle und das Konklave*, München 2001.

KRÄMER, Peter, *Abendmahlsbulle*: RGG^{4}, I (1998), 54.

KROGNER-KORNALIK, Tobias, *Die Rechtskraft des Urteils im kanonischen Prozeß. Eine rechtshistorische, rechtsvergleichende und rechtsdogmatische Untersuchung* (= LKB, 10), Linz 1998.

KUNSTMANN, Friedrich, *Rota sacra*: ASCHBACH, Joseph (Hg.), *Allgemeines Kirchen-Lexikon oder alphabetisch geordnete Darstellung des Wissenswürdigsten aus der gesammelten Theologie und ihren Hülfswissenschaften*, IV, Mainz 1850, 787.

KURTSCHEID, Bertrand, *De quibusdam Praelatis Romanae Curiae: de Collegio Praelatorum Auditorum S. Romanae Rotae*: Apol 8 (1935), 559-568.

KUTTNER, Stephan, *La réserve papale du droit de canonisation*: RHDF 62 (1938), 172-228.

KYRIAZOPOULOS [ΚΥΡΙΑΖΟΠΟΥΛΟΣ], Kyriákos [Κυριάκος] N., *Η κεντρική οργάνωση της ρωμαιοκαθολικής Εκκλησίας (Ρωμαική Κουρία) σύμφωνα με την Αποστολική Διάταξη „Pastor Bonus" του 1988 και το Γενικό Κανονισμό του 1992* (= ΔΘ, 2), Thessaloniki 1996.

LA CROIX, Pierre, *Mémoire historique sur les institutions de France à Rome, puisé dans leur archives et autres documents la plupart inédits*, Paris 1868.

LA MANTIA, Vito, *Storia della legislazione italiana*, I. *Roma e Stato Romano* (= NCOG, 35), Roma – Torino – Firenze 1884.

LAEMMER, Hugo, *Institutionen des Katholischen Kirchenrechts*, Freiburg im Breisgau 1886.

LAMBRUSCHINI, Ferdinando, *Mons. Giovanni Teodori*: PIOLANTI, Antonio (Hg.), *La Pontificia Università Lateranense. Profilo della sua storia, dei suoi maestri e dei suoi discepoli*, Roma 1963, 128.

LANDAU, Peter, *Die Durchsetzung neuen Rechts im Zeitalter des klassischen kanonischen Rechts*: MELVILLE, Gert (Hg.), *Institutionen und Geschichte. Theoretische Aspekte und mittelalterliche Befunde* (= NStr, 1), Köln – Weimar – Wien 1992, 137-155.

LANVERSIN, Bernard de, *Auditeur de Rote*: DHP (1994), 169-170.

LANVERSIN, Bernard de, *Auditor, Rota*: PapEnc, I (2002), 126.

LANVERSIN, Bernard de, FEDELE, Pio, *Ricordo di Charles Lefebvre*: EphIC 46 (1990), 155-165.

LANVERSIN, Bernard de, *Rota, Tribunal of the*: PapEnc, III (2002), 1348-1351.

LANVERSIN, Bernard de, *Rote (Tribunal de)*: DHP (1994), 1490-1493.

LARRAONA, Arcadio, *De SS. Congregationum, tribunalium et officiorum constitutione et internae ordinatione post constitutionem „Sapienti Consilio". I. De Sacrarum Congregationum constitutione, interna ordinatione, iuridica et practica actuositate a Const. „Sapienti Consilio" usque ad Codicem Iuris Canonici*: Apol 25 (1952), 87-121.

LAUKEMPER-ISERMANN, Beatrix, *Ausgewählte Beispiele aus der jüngeren Rota-Judikatur: Total- und Partialsimulation*: DPM 4 (1998), 45-135.

LAZZARATO, Damiano, *„Versalien": importante decisione sul conflitto di attribuzione tra una S. Congregazione e la S. R. Rota*: ME 51 (1939), 310-311.

LAZZARATO, Damiano, *Iurisprudentia Pontificia in istis primis 50 annis S. Rotae restitutae*, I-III, Neapoli 1963.

LAZZARATO, Damiano, *L'iter del diritto canonico fin oltre il Vaticano II*, Roma 1978.

LE BRAS, Gabriel, *La nouvelle codification de l'Église (1959-1983)*: RDC 33 (1983), 155-168.

LE TOURNEAU, Dominique, *Code des canons des Églises orientales*: DHP (1994), 406-407.

LE TOURNEAU, Dominique, *Critérios básicos de los discursos de Juan Pablo II a la Rota Romana en los años 1989-1998*: IusCan 38 (1998), 677-704.

LE TOURNEAU, Dominique, *Discours du pape à la Rote romaine*: DHP (1994), 567-568.

LE TOURNEAU, Dominique, *Questions canoniques et ecclésiologiques d'actualité dans les discours de S. S. Jean Paul II à la Rote Romaine (1979-1988)*: IusCan 28 (1988), 607-618.

LEFEBVRE, Charles, *1. Grazioli*: DHGE, XXI (1986), 1329.

LEFEBVRE, Charles, *Antonii Augustini Praxis Rotae et Jacobi Emerix Tractatus seu notitia S. Rotae Romanae. Deux traités inédits sur la procédure de la S. Rote Romaine* (= MCS, 8), Tournai 1961.

LEFEBVRE, Charles, *De motu proprio „Causas matrimoniales" animadversiones quaedam*: Per 61 (1972), 395-422.

LEFEBVRE, Charles, *De procedura in causis matrimonialibus concessa Conferentiae episcopali U. S. A.*: Per 59 (1970), 563-592.

LEFEBVRE, Charles, *Evoluzione del processo matrimoniale canonico*: GULLO, Carlo (Hg.), *Il processo matrimoniale canonico* (= StGiur, 17 = ADGC, 11), Città del Vaticano 1988, 25-38.

LEFEBVRE, Charles, *J. B. De Luca et le tribunal de la Rote*: EphIC 14 (1959), 300-320.

LEFEBVRE, Charles, *Jullien de Pommerol*: Cath, VI (1967), 1251-1252.

LEFEBVRE, Charles, *L'auditeur de Rote Barthélemy de Belencinis et les Manualia de ses causes*: VEDEL, Georges (Hg.), *Études d'histoire de droit canonique dédiées à Gabriel Le Bras*, I, Paris 1965, 203-213.

LEFEBVRE, Charles, *La procédure du tribunal de la Rote Romaine au XVIIe siècle d'après un manuscrit inédit*: ACan 5 (1957), 143-155.

LEFEBVRE, Charles, *La reconstitution de registres des causes de l'auditeur de Rote Barthélemy de Belencinis, auditeur de Rote (1470-1478)*: BIBLIOTECA APOSTOLICA VATICANA (Hg.), *Mélanges Eugène Tisserant,* V, (= StT, 235), Città del Vaticano 1964, 47-66.

LEFEBVRE, Charles, *La S. Congrégation du Concile et le tribunal de la S. Rote Romaine a la fin du XVIe siècle:* PALAZZINI, Pietro (Hg.), *La Sacra Congregazione del Concilio. Quarto centenario della fondazione (1564-1964). Studi e ricerche*, Città del Vaticano 1964, 163-177.

LEFEBVRE, Charles, *Le Motu proprio „Causas matrimoniales"*: ACan 18 (1974), 143-155.

LEFEBVRE, Charles, *Le Motu proprio „Causas matrimoniales"*: RDC 27 (1977), 103-117.

LEFEBVRE, Charles, *Le tribunal de la Rote Romaine et sa procédure au temps de Pio II*: MAFFEI, Domenico (Hg.), *Enea Silvio Piccolomini – Papa Pio II. Atti del Convegno per il quinto centenario della morte e altri scritti raccolti*, Siena 1968, 199-211.

LEFEBVRE, Charles, *Lega*: Cath, VII (1975), 202.

LEFEBVRE, Charles, *Les pouvoirs du juge en droit canonique. Contribution historique et doctrinale à l'étude du canon 20 sur la méthode et les sources en droit positif*, Paris 1938.

LEFEBVRE, Charles, *Pauli VI verba de rotali iurisprudentia*: Per 58 (1969), 117-142.

LEFEBVRE, Charles, *Pouvoir judiciaire et pouvoir exécutif dans l'Église postconciliaire*: Apol 43 (1970), 345-358.

LEFEBVRE, Charles, *Relationes inter Sacram Rituum Congregationem et Sacram Romanam Rotam*: CONGREGAZIONE PER LE CAUSE DEI SANTI (Hg.), *Miscellanea in occasione del IV centenario della Congregazione per le Cause dei Santi (1588-1988)*, Città del Vaticano 1988, 53-59.

LEFEBVRE, Charles, *Rote Romaine (Tribunal de la Sainte)*: DDC, VII (1965), 742-771.

LEFEBVRE, Charles, *Un texte inédit sur la procédure rotale au XIVe siècle*: RDC 10-11 (1960-1961), 174-191.

LEFEBVRE, Charles, *Vie et activités d'un auditeur de Rote au XVe siècle: Barthélemy de Belencinis:* GROCHOLEWSKI, Zenon, CARCEL ORTI, Vicente (Hg.), *Dilexit iustitiam. Studia in honorem Aurelii Card. Sabattani* (= StGiur, 5), Città del Vaticano 1984, 155-165.

LEGA, Benedetto, *Card. Michele Lega*: PIOLANTI, Antonio (Hg.), *La Pontificia Università Lateranense. Profilo della sua storia, dei suoi maestri e dei suoi discepoli*, Roma 1963, 215-217.

LEGA, Benedetto, *Lega, Michele*: EC, VII (1951), 1019-1020.

LEGA, Michele (Hg.), *Coram Lega habitae S. R. Rotae decisiones sive sententiae quas nempe E.mus Cardinalis Michaël Lega annis 1909-1914 eiusdem Sacri auditorii Decanus exaravit. Iterum ed. adnotationibus auctae Codicis iuris canonici hodiernaeque iurisprudentiae consentaneis*, Romae 1926.

LEGA, Michele, BARTOCCETTI, Vittorio, *Commentarius in iudicia ecclesiastica iuxta codicem iuris canonici*, I, Romae 1950.

LEGA, Michele, *Praefatio*: SRRDec 1 (1909), V-LIV.

LEGA, Michele, *Praelectiones in textum Iuris Canonici de iudiciis ecclesiasticis in scholis Pont. Sem. Rom. habitae*, I/2. *De iudiciis ecclesiasticis civilbus in specie et in primis de ordinatione Curiae Romanae*, Romae 1898.

LEGENDRE, Pierre, *La pénétration du droit romain dans le droit canonique classique de Gratien à Innocent IV (1140-1254)*, Paris 1964.

LEITE, António, *Rota (Tribunal da)*: ELBC, XVI (1974), 904-906.

LEITNER, Martin, *De Curia Romana. Textum documentorum quibus Curia Romana noviter ordinatur*, Ratisbonae 1909.

LE-XUAN-THUONG, [Philippe], *La double sentence conforme. Une étude historique-juridique*, Roma 1975.

LIESE, Wilhelm, *Necrologium Paderbornense. Totenbuch Paderborner Priester (1822-1930)*, Paderborn 1934.

LITEWSKI, Wiesław, *Appeal in „corpus iuris canonici"*: ASD 14-17 (1970-1973), 145-221.

LITEWSKI, Wiesław, *Der römisch-kanonische Zivilprozeß nach den älteren ordines iudiciarii*, I-II, Kraków 1999.

LIZARRAGA ARTOLA, Alejandro, *Discursos pontificios a la Rota Romana*, Pamplona 2001.

LLOBELL, Joaquín, *Centralizzazione normativa processuale e modifica dei titoli di competenza nelle cause di nullità matrimoniale*: IusEc 3 (1991), 437-477.

LLOBELL, Joaquín, *El M. P. ‚Sollicita cura': Aspectos históricos, eclesiásticos y procesales. Texto y comentario*: REDC 46 (1989), 263-278.

LLOBELL, Joaquín, *El valor jurídico de la Instr.* Dignitas connubii*, su recepción eclesial, el objeto y la conformidad de la sentencia, y la certeza moral*: RODRÍGUEZ-OCAÑA, Rafael, SEDANO, Joaquín (Hg.), *Procesos de nulidad matrimonial. La Instrucción* Dignitas connubii. *Actas del XXIV Curso de Actualización en Derecho Canónico de la Facultad de Derecho Canónico (Pamplona, 24-26 octubre de 2005)*, Pamplona 2006, 235-301.

LLOBELL, Joaquín, *I decreti „per memorialia" e altre questioni. Brevi cenni in occasione della pubblicazione dei „decreta circa rem processualem" del Tribunale Apostolico della Rota Romana*: QStR 10 (1999), 41-46.

LLOBELL, Joaquín, *Il giudizio contenzioso ordinario nel CCEO*: ZAPP, Hartmut, WEISS, Andreas, KORTA, Stefan (Hg.), *Ius Canonicum in Oriente et Occidente. Festschrift für Carl Gerold Fürst zum 70. Geburtstag* (= AIC, 25), Frankfurt am Main u. a. 2003, 915-937.

LLOBELL, Joaquín, *Il sistema giudiziario canonico di tutela dei diritti. Riflessioni sull'attuazione dei principi 6° e 7° approvati dal Sinodo del 1967*: CANOSA, Javier (Hg.), *I principi per la revisione del Codice di Diritto Canonico. La ricezione giuridica del Concilio Vaticano II* (= MG, 16), Milano 2000, 501-546.

LLOBELL, Joaquín, *Il tribunale competente per l'appello della sentenza di nullità del matrimonio giudicata „tamquam in prima instantia ex can. 1683"*: IusEc 8 (1996), 689-712.

LLOBELL, Joaquín, *Il Tribunale di appello del Vicariato di Roma*: IusEc 1 (1989), 257-277.

LLOBELL, Joaquín, *La competenza della Rota Romana nelle cause delle Chiese cattoliche orientali*: QStR 18 (2008), 15-57.

LLOBELL, Joaquín, *La doppia sentenza conforme e la definitività della sentenza alla luce della „teologia del diritto"*: ASSOCIAZIONE CANONISTICA ITALIANA (Hg.), *La doppia conforme nel processo matrimoniale. Problemi e prospettive* (= StGiur, 60), Città del Vaticano 2003, 105-146.

LLOBELL, Joaquín, *La necessità della doppia sentenza conforme e l'„appello automatico" ex can. 1682 costituiscono un gravame? Sul diritto di appello presso la Rota*: IusEc 5 (1993), 607-609.

LLOBELL, Joaquín, *Le norme del 1999 della Rota della Nunziatura Apostolica in Spagna*: DEc 111/3 (2000), 779-808.

LLOBELL, Joaquín, *Le norme della Rota Romana in rapporto alla vigente legislazione canonica: la „matrimonializzazione" del processo; la tutela dell'„ecosistema processuale"; il principio di legalità nell'esercizio della potestà legislativa*: BONNET, Piero Antonio, GULLO, Carlo (Hg.), *Le „normae" del Tribunale della Rota Romana* (= StGiur, 42 = ADGC, 21), Città del Vaticano 1997, 47-92.

LLOBELL, Joaquín, LEÓN, Enrique de, NAVARRETE, Jesús, *Il libro „De processibus" nella codificazione del 1917. Studi e documenti, I. Cenni storici sulla codificazione „De iudiciis in genere". Il processo contenzioso ordinario e sommario. Il processo di nullità del matrimonio* (= MG, 15), Milano 1999.

LLOBELL, Joaquín, *Perfettibilità e sicurezza della norma canonica. Cenni sul valore normativo della giurisprudenza della Rota Romana nelle cause matrimoniali*: PONTIFICIUM CONSILIUM DE LEGUM TEXTIBUS INTERPRETANDIS (Hg.), *Ius in vita et in missione Ecclesiae. Acta Symposii Internationalis Iuris Canonici occurrente X Anniversario promulgationis Codicis Iuris Canonici diebus 19-24 aprilis 1993 in Civitate Vaticana celebrati,* Libreria Editrice Vaticana 1994, 1231-1258.

LLOBELL, Joaquín, *Sulla valenza giuridica dei Discorsi del Romano Pontefice al Tribunale Apostolico della Rota Romana*: IusEc 17 (2005), 547-564.

LLOBELL, Joaquín, *c. 1405. Comentario*: CECDC^3, IV/1 (1996), 700-709.

LÖBMANN, Benno, *Die Reform der Römischen Kurie*: ThJb (1974), 426-446.

LODOS, Francisco, *Mons. Pedro Ramón Lamas Lourido*: REDC 31 (1975), 260-266.

LOHRMANN, Dietrich, *Juges délégués*: DHP (1994), 978-979.

LOHRMANN, Dietrich, *Papstprivileg und päpstliche Delegationsgerichtsbarkeit im nördlichen Frankreich zur Zeit der Kirchenreform*: KUTTNER, Stephan, PENNINGTON, Kenneth (Hg.), *Proceedings of the Sixth International Congress of Medieval Canon Law, Berkeley (California), 28 July – 2 August 1980* (= MIC.S, 7), Città del Vaticano 1985, 535-550.

LOMBARDI, Carlo, *Iuris canonici privati institutiones*, I, Romae 1901.

LOMBARDI, Gabrio, *Mons. Carlo Lombardi*: PIOLANTI, Antonio (Hg.), *La Pontificia Università Lateranense. Profilo della sua storia, dei suoi maestri e dei suoi discepoli*, Roma 1963, 217.

LONGONI, Francesco, *La Curia romana*: ScC 36 (1908), 169-187.

LÓPEZ ALARCÓN, Mariano, *La posición de la jurisprudencia en el sistema de fuentes de derecho canónico*: INSTITUTO MARTÍN DE AZPILCUETA (Hg.), *La norma en el derecho canónico. Actas del III Congreso Internacional de Derecho Canónico, Pamplona, 10-15 octubre de 1976* (= CCan, 1), I, Pamplona 1979, 1105-1112.

LÓPEZ-ILLANA, Francisco, *De aequitate in iudiciis ea generalia quae in decisionibus S. R. Rotae iacent*: Per 59 (1970), 485-494.

LÓPEZ-ILLANA, Francisco, *Mons. Giuseppe Palazzini. Prelato Uditore della S. R. Rota (1910-1981)*, Piobbico 1983.

LÓPEZ-ILLANA, Francisco, *Mons. Salvador Canals*: REDC 31 (1975), 259-260.

LUCCHESI, Giovanni, *Mons. Francesco Solieri*: PIOLANTI, Antonio (Hg.), *La Pontificia Università Lateranense. Profilo della sua storia, dei suoi maestri e dei suoi discepoli*, Roma 1963, 229.

LÜDICKE, Klaus, *„Dignitas connubii". Die Eheprozeßordnung der katholischen Kirche. Text und Kommentar* (= BzMK, 42), Essen 2005.

LÜDICKE, Klaus, *Der Glaubenskongregation vorbehalten. Zu den neuen strafrechtlichen Reservationen des Apostolischen Stuhls*: WEISS, Andreas, IHLI, Stefan (Hg.), *Flexibilitas Iuris Canonici. Festschrift für Richard Puza zum 60. Geburtstag* (= AIC, 28), Frankfurt am Main u. a. 2003, 441-455.

LÜDICKE, Klaus, Kommentar zu: *can. 1405 CIC*: MK, 1405/1-1405/4, 7. Erg.-Lfg., Mrz 1988.

LÜDICKE, Klaus, Kommentar zu: *can. 1419 CIC*: MK, 1419/1-1419/2, 7. Erg.-Lfg., Mrz 1988.

LÜDICKE, Klaus, Kommentar zu: *can. 1444 CIC*: MK, 1444/1-1444/4, 23. Erg.-Lfg., Okt 1994.

LÜDICKE, Klaus, Kommentar zu: *can. 1644 CIC*: MK, 1644/1-1444/6, 14. Erg.-Lfg., Apr 1991.

LÜDICKE, Klaus, Kommentar zu: *can. 1683 CIC*: MK, 1683/1, 23. Erg.-Lfg., Okt 1994.

LÜDICKE, Klaus, *Sexueller Missbrauch und kirchliches Strafrecht – eine neue Herausforderung für die kirchlichen Gerichte*: DPM 11 (2004), 71-92.

LÜDICKE, Klaus, *Zum Berufungssystem im kirchlichen Ehenichtigkeitsprozeß*: LÜDICKE, Klaus, MUSSINGHOFF, Heinrich, SCHWENDENWEIN, Hugo (Hg.), *Iustus Iudex. Festgabe für Paul Wesemann zum 75. Geburtstag von seinen Freunden und Schülern* (= BzMK, 5), Essen 1990, 507-551.

LÜDICKE, Klaus, *Zuständigkeit aufgrund des Instanzenzuges. Bemerkungen zu einem Dekret der Rota Romana*: AYMANS, Winfried, HAERING, Stephan, SCHMITZ, Heribert (Hg.), *Iudicare Inter Fideles. Festschrift für Karl-Theodor Geringer zum 65. Geburtstag*, Sankt Ottilien 2002, 265-271.

MACEOIN, Gary, *The Inner Elite. Dossiers of Papal Candidates*, Kansas City 1978, 198-203.

MADEY, Johannes, *Quellen und Grundzüge des Codex Canonum Ecclesiarum Orientalium. Ausgewählte Themen* (= BzMK, 22), Essen 1999.

MAFFEI, Domenico, *Il giovane Machiavelli banchiere con Berto Berti a Roma*, Firenze 1973.

MALECHA, Paweł, *La nuova proposizione della causa alla luce della recente giurisprudenza della Segnatura Apostolica. Alcune considerazioni pratiche*: QStR 15 (2005), 151-164.

MALECZEK, Werner, *Das Kardinalskollegium unter Innocenz II. und Anaklet II.*: AHP 19 (1981), 27-78.

MALECZEK, Werner, *Papst und Kardinalskolleg von 1191 bis 1216. Die Kardinäle unter Coelestin III. und Innozenz III.* (= PHIÖR, 1/6), Wien 1984.

MALONE, Richard, *Mons. Francesco Brennan, Decano della S. Romana Rota*: PIOLANTI, Antonio (Hg.), *La Pontificia Università Lateranense. Profilo della sua storia, dei suoi maestri e dei suoi discepoli*, Roma 1963, 489.

MARAGNOLI, Giovanni, Dignitas Connubii: *Una nuova „Istruzione" della Santa Sede sui processi canonici di nullità del matrimonio*: Iust 58 (2005), 229-249.

MARCHESI, Giovanni, *La Rota Romana e le cause di nullità matrimoniale*: CivCatt 157/1 (2006), 548-560.

MARCHETTI, Raffaele, *Notizia delle giurisdizioni che sono in vigore nello Stato pontificio*, Romae 1850.

MARCHETTO, Agostino, *Diritto di appello a Roma nelle Decretali Pseudo-Isidoriane*: MÜNSCH, Oliver, ZOTZ, Thomas (Hg.), *Scientia veritatis. Festschrift für Hubert Mordek zum 65. Geburtstag*, Ostfildern 2004, 191-206.

MARGOTTI, Giacomo, *Die Siege der Kirche in den ersten Jahrzehenten des Pontifikates Pius IX.* (= BBGK, 13), Innsbruck ²1860.

MARIANI, Goffredo, *Card. Francesco Bracci*: PIOLANTI, Antonio (Hg.), *La Pontificia Università Lateranense. Profilo della sua storia, dei suoi maestri e dei suoi discepoli*, Roma 1963, 452-453.

MARIGLIANO, Giosue, *Le „Normae Romanae Rotae Tribunalis" del 1994. Dimensione legislativa e procedurale*, Romae 1997.

MARIOTTI, [Annibale], *De'perugini auditori della Sacra Rota Romana. Memorie istoriche*, Perugia 1787.

MARITSCHNIG, Richard, *Die wichtigsten Reformen Pius X. Mit historischem Rückblick speziell für Studierende des Kirchenrechts*, Innsbruck ²1917.

MARKGRAF, Hermann, *Die Römische Curie in ihrer Ausbildung und Verfassung bis auf unsere Zeit*, Breslau 1875.

MARTÍ, Casimir, *Manuel Bonet i Muixí, precere de Barcelona. Lluitador enèrgic, sempre disposat a acceptar el risc* (= HomN, 31), Barcelona 1974.

MARTIN, Michael, *The New Apostolic Constitution on the Roman Curia*: AEcR 39 (1908), 627-641; 40 (1909), 270-285.

MARTIN, Michael, *The Roman Curia. The Epilogue of the Constitution „Sapienti consilio"*: AEcR 43 (1910), 412-429.

MARTIN, Michael, *Tribunals of the Roman Curia*: AEcR 42 (1910), 37-46, 163-168 und 287-290.

MARTIN, Victor, *Les cardinaux et la Curie. Tribunaux et offices, la vacance du siège apostolique* (= BCSR, 36), Paris 1930.

MARTINES, Lauro, *Lawyers and Statecraft in Renaissance Florence*, Princetown 1968.

MARTINEZ SASTRE, Pedro, *Doctrina reciente del Tribunal de la Rota sobre incapacidades matrimoniales y bienes del matrimonio*: Carth 12 (1996), 293-311.

MASSÈ, Domenico, *Pio IX papa e principe italiano*, Modena 1957.

MATTEI, Giorgia, *Portata ed effetti della connotazione della Rota Romana quale Tribunale Apostolico:* QStR 18 (2008), 167-190.

MAURO, Tommaso, *L'avocatio causae*: BONNET, Piero Antonio, GULLO, Carlo (Hg.), *Le „normae" del Tribunale della Rota Romana* (= StGiur, 42 = ADGC, 21), Città del Vaticano 1997, 213-222.

MAURO, Tommaso, *Scritti di diritto ecclesiastico e canonico*, I, Padova 1991.

MAY, Georg, *Das Mainzer Metropolitangericht als Berufungsinstanz der Mainzer Kirchenprovinz im 17. und 18. Jahrhundert*: ASCHERI, Mario, u. a. (Hg.), *„Ins Wasser geworfen und Ozeane durchquert". Festschrift für Knut Wolfgang Nörr*, Köln – Weimar – Wien 2003, 523-560.

MAY, Georg, *Der CIC und die Entwicklung des Kirchenrechts bis 1974*: HKG, VII (1979), 152-179.

MAY, Georg, *Der Instanzenzug in der Erzdiözese Mainz*: BREITSCHING, Konrad, REES, Wilhelm (Hg.), *Tradition – Wegweisung in die Zukunft. Festschrift für Johannes Mühlsteiger SJ zum 75. Geburtstag* (= KStT, 46), Berlin 2001, 103-131.

MAY, Georg, *Pfalzrichter*: LThK², VIII (1963), 396.

MAY, Georg, *Pfalzrichter*: LThK³, VIII (1999), 161.

MAY, Georg, *Rota*: RGG⁴, VII (2004), 542-543.

MAZZACANE, Aldo, *De Luca, Giovanni Battista*: DBI, XXXVIII (1990), 340-347.

MEDUNA, Brigitte, *Studien zum Formular der päpstlichen Justizbriefe von Alexander III. bis Innocenz III. (1159-1216): die „non-obstantibus"-Formel* (= SÖAW.PH, 536), Wien 1989.

MELLINI, Mauro, *Così annulla la Sacra Rota. Divorzio di classe nell'Italia clericale*, Roma 1968.

MELLINI, Mauro, *Le sante nullità: la vera alternativa: divorzio o Sacra Rota*, Roma 1974.

MÉNDEZ RAYÓN, José Luis, *La tercera instancia judicial local en la actual legislación latina*, Romae 1993.

MÉNDEZ RAYÓN, José Luis, *Normativa procesal y tercera instancia:* REDC 52 (1995), 593-655.

MENDONÇA, Augustine, *Recent Trends in Rotal Jurisprudence*: StCan 87 (1994), 167-230.

MENDONÇA, Augustine, *Rotal Anthology. An Annotated Index of Rotal Decisions from 1971 to 1988*, Washington 1992.

MERRY DEL VAL, Rafael, *Pio X. Impressioni e Ricordi*, Padova 1949.

METZ, René, *La nouvelle codification du droit de l'Église (1959-1983)*: RDC 33 (1983), 110-168.

METZ, René, *La première tentative de codifier le droit des Églises Orientales catholiques au XXe siècle (1927-58)*: OURLIAC, Paul (Hg.), *Mélanges offerts à Jean Dauvillier*, Toulouse 1979, 531-546.

METZ, René, *Le nouveau Code des canons des Églises orientales*: RDC 42 (1992), 99-117.

METZ, René, *Le nouveau droit des Églises orientales catholiques*, Paris 1997.

MEUTHEN, Erich, *Rota und Rotamanuale des Basler Konzils. Mit Notizen über den Rotanotar Johannes Wydenroyd aus Köln*: GATZ, Erwin (Hg.), *Römische Kurie. Kirchliche Finanzen. Vatikanisches Archiv. Studien zu Ehren von Hermann Hoberg*, II (= MHP, 46), Roma 1979, 473-518.

MIGUÉLEZ, Lorenzo, *La Rota española; su establecimiento y su obra*: FACULTAD DE DERECHO DE LA UNIVERSIDAD DE MADRID (Hg.), *El Concordato de 1953. Conferencias pronunciadas en la Facultad de Derecho de la Universidad de Madrid durante el curso 1953-54* (= ColEstS), Madrid 1956, 327-365.

MILITE, Pietro, *La discrezionalità dell'Ordinario riguardo ai presupposti dell'azione penale in ordine al delitto di „pedofilia"*: QStR 16 (2006), 131-145.

MILITE, Pietro, *Utrum „Pedofilia" irregularitas „ex delicto" est? Et, quatenus affirmative, indolem poenae habet an non?*: Apol 76 (2003), 575-585.

MIOZZI, Umberto Massimo, *Il Cardinale Francesco Saverio Roberti (1889-1977)*, Roma 1997.

MOJOL, Giuseppe, *Sincero, Luigi*: EC, XI (1953), 661-662.

MOLES CAUBET, José María, *Reforma en el proceso conyugal. Comentarios al Motu Proprio Causas matrimoniales*, Barcelona 1973.

MOLINARO, Aniceto, *P. Daniele Faltin, O. F. M. Conv.*: PIOLANTI, Antonio (Hg.), *La Pontificia Università Lateranense. Profilo della sua storia, dei suoi maestri e dei suoi discepoli*, Roma 1963, 253-254.

MOLLAT, Guillaume, *Contribution à l'histoire de l'administration judicaire de l'Église romaine au XIVe siècle*: RHE 32 (1936), 877-928.

MOLLAT, Guillaume, *La collation des bénéfices ecclésiastiques a l'époque des papes d'Avignon (1305-1378)*: MOLLAT, Guillaume (Hg.), *Lettres communes de Jean XXII, analysées d'après les registres dits d'Avignon et du Vatican*, I, Paris 1921, 1-152.

MOLLAT, Guillaume, *Les Papes d'Avignon (1305-1378)*, Paris ^{9}1949.

MOMBILI THUMAINI, Melchior-Edouard, *L'aspect d'autonomie et de communion dans la praxis africaine des recours à Rome (IIIe-Ve siècles). Essai d'interprétation du comportement ambivalent de l'épiscopat africain* (= TG.StE, 3), Roma 2001.

MONALDINUS, Philippus, *Praxis ecclesiastica Curiae Romanae Henrico Aburlys presbytero dictata*, Ulmae 1757.

MONETA, Gianpaolo, *Dalla Istruzione „Provida Mater" all'Istruzione „Dignitas connubii"*: BONNET, Piero Antonio, GULLO, Carlo (Hg.), *Il giudizio di nullità matrimoniale dopo l'istruzione „Dignitas connubii"*, I. *I principi* (= StGiur, 75), Città del Vaticano 2007, 17-45.

MONETA, Paolo, *Il riesame obbligatorio delle sentenze di nullità di matrimonio. Una regola da abolire*: DEc 111/4 (2000), 1068-1083.

MONETA, Paolo, *La giustizia nella Chiesa*, Bologna 1993.

MONETA, Paolo, *La nuova trattazione della causa matrimoniale*: IusEc 3 (1991), 479-497.

MONETA, Paolo, *Le parti in causa: diritti e limiti*: BONNET, Piero Antonio, GULLO, Carlo (Hg.), *La procedura matrimoniale abbreviata (can. 1682 § 2 e art. 58 § 2 delle norme rotali)* (= StGiur, 51 = GiurCC, 6), Città del Vaticano 1998, 7-21.

MONETA, Paolo, *Le sentenze coram Serrano e il rinnovamento del diritto matrimoniale canonico*: SERRANO RUIZ, José María (Hg.), *Traccie di vita e di speranza. Valladolid, 1955 – 10 luglio – Roma, 2005. 50° Anniversario di ordinazione sacerdotale*, Napoli 2005, 85-90.

MONETA, Paolo, *Rota Romana (tribunale della)*: EncD, XLI (1989), 137-151.

MONIN, Arthur, *De Curia Romana. Ejus historia ac hodierna disciplina juxta reformationem a Pio X inductam*, Lovanii 1912.

MONTEIRO, António Xavier de Sousa, *Compendium Juris Canonici Seminariorum Lusitaniae studiis adcommodatum*, I, Conimbricae 1876.

MONTINI, Gian Paolo, *L'istruzione „Dignitas connubi" nella gerarchia delle fonti*: Per 94 (2005), 417-476.

MONTINI, Gian Paolo, *L'istruzione „Dignitas connubii" sui processi di nullità matrimoniale. Una introduzione*: QDEc18 (2005), 342-363.

MONTINI, Gian Paolo, *L'unità della giurisprudenza: Segnatura Apostolica e Rota Romana*: GRUPPO ITALIANO DOCENTI DI DIRITTO CANONICO (Hg.), *I giudizi nella Chiesa. Il processo contenzioso e il processo matrimoniale. XXIV Incontro di Studio Villa Luzzago – Ponte di Legno (BS), 30 giugno - 4 luglio 1997* (= QdM, 6), Milano 1998, 219-245.

MONTINI, Gian Paolo, *La giurisprudenza dei Tribunali Apostolici e dei Tribunali delle Chiese particolari*: GIORDANO, Michele, u. a., *Il diritto della Chiesa. Interpretazione e prassi. Atti del XXVII Congresso Nazionale di Diritto Canonico, Napoli – Pozzuoli, 11-14 settembre 1995* (= StGiur, 41), Città del Vaticano 1996, 111-134.

MONTINI, Gian Paolo, *La riforma della Curia Romana*: QDEc 2 (1989), 195-202.

MONTORZI, Mario, *Taccuino Feliniano. Schede per lo studio della vita e dell'opera di Felino Sandei* (ADAP, 1), Pisa 1984.

MORHARD, Anton, *Die gerichtliche Berufung im kanonischen Recht. Eine Analyse des klassischen* remedium iuris (= AIC, 1), Frankfurt am Main u. a. 1995.

MORONI, Gaetano, *Dizionario di erudizione storico-ecclesiastica da S. Pietro sino ai nostri giorni*, LXXX, Venezia 1856; LXXXII, Venezia 1862.

MÖRSDORF, Klaus, *Codex Iuris Canonici (CIC)*: LThK^2, II (1958), 1244-1250.

MÖRSDORF, Klaus, *De relationibus inter potestatem administrativam et iudicialem in Iure Canonico*: BIDAGOR, Raimondo (Hg.), *Questioni attuali di Diritto Canonico. Relazioni lette nella Sezione di Diritto Canonico del Congresso Internazionale per il IV Centenario della Pontificia Università Gregoriana 13-17 ottobre 1953* (= AnGr, 69), Romae 1955, 399-418.

MÖRSDORF, Klaus, *Die Autorität der rotalen Rechtsprechung*: AkKR 131 (1962), 415-432.

MÖRSDORF, Klaus, *Die kirchliche Verwaltungsgerichtsbarkeit*: GRABMANN, Martin, HOFMANN, Karl (Hg.), *Festschrift Eduard Eichmann zum 70. Geburtstag*, Paderborn 1940, 551-591.

MÖRSDORF, Klaus, *Die Rechtssprache des Codex Juris Canonici. Eine kritische Untersuchung* (= VGG.R, 74), Paderborn 1937 = 1967.

MÖRSDORF, Klaus, *Die Zuständigkeitsgrenzen der Sakramentenkongregation in Ehenichtigkeitssachen*: PastB 51 (1940), 138-145.

MÖRSDORF, Klaus, *Eine höchstrichterliche Kompetenzentscheidung zum Klagerecht in Ehenichtigkeitssachen*: ThGl 32 (1940), 164-166.

MÖRSDORF, Klaus, *Kanonistischer Totenkranz*: ThRv 45 (1949), 42-45.

MÖRSDORF, Klaus, *Rechtsprechung und Verwaltung im kanonischen Recht*, Freiburg im Breisgau 1941.

MÖRSDORF, Klaus, *Zur Eheprozeßordnung für die Diözesangerichte vom 15.8.1936*: ThQ 120 (1939), 206-219 und 338-370.

MOSIEK, Ulrich, *Bemerkenswertes aus der neuesten Judikatur der S. R. Rota*: ÖAKR 15 (1964), 198-208.

MOSIEK, Ulrich, *Die neueste Judikatur der S. R. Rota in Ehesachen*: ÖAKR 13 (1962), 300-324.

MOSIEK, Ulrich, *Die probati auctores in den Ehenichtigkeitsprozessen der S. R. Rota seit Inkrafttreten des Codex Iuris Canonici* (= FThSt, 74), Freiburg im Breisgau 1959.

MÜLLER, Andreas, *Lexikon des Kirchenrechts und der römisch-katholischen Liturgie*, IV, Würzburg 1842.

MÜLLER, Harald, *Päpste und Prozeßkosten im späten Mittelalter*: BERTRAM, Martin (Hg.), *Stagnation oder Fortbildung? Aspekte des allgemeinen Kirchenrechts im 14. und 15. Jahrhundert* (= BDHIR, 108), Tübingen 2005, 249-270.

MÜLLER, Harald, *Päpstliche Delegationsgerichtsbarkeit in der Normandie*, I (= StDGP, 4/1), Bonn 1997.

MÜLLER, Harald, *Streitwert und Kosten in Prozessen vor dem päpstlichen Gericht – eine Skizze*: ZSRG.K 87 (2001), 138-164.

MÜLLER, Heribert, *Pragmatique Sanction*: LMA, VII (1995), 166-167.

MÜLLER, Heribert, *Pragmatische Sanktion*: LThK³, VIII (1999), 498-499.

MÜLLER, Jörg, *Durantis, Guilelmus d. Ä. (Speculator), (um 1237-1296)*: M. HOLLEIS, Michael (Hg.), *Juristen. Ein biographisches Lexikon. Von der Antike bis zum 20. Jahrhundert*, München 1995, 184.

MUNERATI, Dante Maria, *Elementi iuris ecclesiastici publici et privati*, Augustae Taurinorum 1903.

MUÑOZ CÁRDABA, Luis-Miguel, *Principios eclesiológicos de la „Pastor Bonus"* (= TG.T, 56), Roma 1999.

MURATORI, Lodovico Antonio, *Dei difetti della giurisprudenza*, Venezia 1742.

MUSOLES CUBEDO, María Cruz, *La Rota de la Nunciatura Apostólica en España: nuevas normas orgánicas y procesales*: REDC 57 (2000), 763-794.

MUSSELLI, Luciano, *Il concetto di giudicato nelle fonti storiche del diritto canonico (Dalle origini al XVII° secolo)* (= StSGS.NS, 7), Padova 1972.

MUSSINGHOFF, Heinrich, *Das Bischöfliche Offizialat Münster. Anmerkungen zu seiner Geschichte*: LÜDICKE, Klaus, MUSSINGHOFF, Heinrich, SCHWENDENWEIN, Hugo (Hg.), *Iustus Iudex. Festgabe für Paul Wesemann zum 75. Geburtstag von seinen Freunden und Schülern* (= BzMK, 5), Essen 1990, 143-182.

[N. N.], *Anné Lucien*: WWCW (1967-1968), 30.

[N. N.], *Bonet Muixi, Manuel (1913-1969), Jurista*: DBEC², I (1970), 310-311.

[N. N.], *Bonet y Muixi Manuel*: WWCW (1967-1968), 85.

[N. N.], *Bracci Francesco*: WWCW (1967-1968), 94 und 820.

[N. N.], *Brennan Francis James*: WWCW (1967-1968), 98.

[N. N.], *Canals Salvador*: WWCW (1967-1968), 115.

[N. N.], *Canestri Alberto*: WWCW (1967-1968), 115-116.

[N. N.], *Cardinal William Theodore Heard*: ROBERTS, Frank C. (Hg.), *Obituaries from the Times 1971-1975 including an Index toall Obituaries and Tributes appearing in the Times during the years 1971-1975*, Reading 1978, 234.

[N. N.], *Czapla Antoni*: WWCW (1967-1968), 152.

[N. N.], *De Jorio Arturo*: WWCW (1967-1968), 165.

[N. N.], *Décès*: ÉglMars 36 (2004), 15.11.2004, 279.

[N. N.], *Doheny Guglielmo Giuseppe*: WWCW (1967-1968), 182-183.

[N. N.], *Dopo la morte del Card. Mori. Il compianto del paese natale*: OR 74 (1934), Nr. 229, 03.10.1934, 2.

[N. N.], *Doran, Thomas George*: WWA 58 (2004), I, 1331.

[N. N.], *Egan, Edward Michael*: WWA 58 (2004), I, 1437.

[N. N.], *Egan, HE Cardinal Edward Michael*: WWInt 67 (2004), 480.

[N. N.], *Ewers Heinrich*: WWCW (1967-1968), 206.

[N. N.], *Fagiolo Vincenzo*: WWCW (1967-1968), 209.

[N. N.], *Faltin Daniel*: WWCW (1967-1968), 211.

[N. N.], *Felice Ugo*: WWCW (1967-1968), 214.

[N. N.], *Felici Pericle*: WWCW (1967-1968), 216 und 821; $WWCW^2$ (1981), 139.

[N. N.], *Ferraro Nicola*: WWCW (1967-1968), 219.

[N. N.], *Filipiak Bolesław*: WWCW (1967-1968), 222.

[N. N.], *Fiore Ernesto*: WWCW (1967-1968), 224.

[N. N.], *Fiore, Ernesto Maria, (S. E. R. Mons.)*: WWI (1994), I, 513.

[N. N.], *France. Messe à la mémoire de Mgr Bernard de Lanversin présidée par le Cardinal Etchegaray: Avec Mgr de Lanversin, le ministère de la justice est tempéré par le baume de la miséricorde*: OR (F) 56 (2004), Nr. 44, 02.11.2004, 10 und 12.

[N. N.], *Governatori Lauro*: WWCW (1967-1968), 266.

[N. N.], *Heard, William Theodore*: WWCW (1967-1968), 289.

[N. N.], *Heiner, Franz Xaver*: DBETh, I (2005), 607.

[N. N.], *Hindringer, Rudolf*: $KDGK^3$ (1928-1929), 944; $KDGK^4$ (1931), 1183.

[N. N.], *I funerali di Mons. Alberti*: OR 55 (1915), Nr. 248, 08.09.1915, 3.

[N. N.], *Il cordoglio per la morte del Card. Massimi*: OR 94 (1955), Nr. 56, 09.03.1954, 2.

[N. N.], *Il giuramento degli Uditori di Rota*: OR 48 (1908), Nr. 263, 13.11.1908, 2-3.

[N. N.], *Il solenne giuramento dei nuovi uditori di Rota*: CdI 3 (1908), 13.11.1908.

[N. N.], *Inaugurazione dell'anno giuridico della Rota*, 1923, Okt 16: CdI 18 (1923), 16.10. 1923.

[N. N.], *Jubilación del Decano*: REDC 6 (1951), 441.

[N. N.], *La morte del Cardinale Francesco Morano*: OR 108 (1968), Nr. 160, 14.07.1968, 2.

[N. N.], *La morte del Cardinale Mario Francesco Pompedda*: OR 146 (2006), Nr. 242, 19.10.2006, 9.

[N. N.], *La morte del Cardinale Vincenzo Fagiolo*: OR 140 (2000), Nr. 222, 24.09.2000, 7.

[N. N.], *La morte del Decano di Sacra Romana Rota*: OR 66 (1926), Nr. 98, 29.04.1926, 3.

[N. N.], *La morte dell'Arcivescovo Ernesto Maria Fiore*: OR 141 (2001), Nr. 251, 01.11. 2001, 2.

[N. N.], *La morte di Mons. Grazioli*: OR 84 (1944), Nr. 257, 01.11.1944, 2.

[N. N.], *La morte di Mons. Quattrocolo*: OR 84 (1944), Nr. 127, 30.05.1944, 2.

[N. N.], *La notizia della morte del Cardinale Mori*: OR 74 (1934), Nr. 228, 01.-02.10.1934, 2.

[N. N.], *La salute di Mons. Martini*: OR 48 (1909), Nr. 30, 01.02.1909, 2.

[N. N.], *La scomparsa del Cardinale Boleslaw Filipiak*: OR 118 (1978), Nr. 237, 14.10.1978, 2.

[N. N.], *La solenne „Cappella" funebre in suffragio del Cardinale Massimi*: OR 94 (1955), Nr. 57, 10.03.1954, 1.

[N. N.], *Lamas Lourido, Pedro Ramón (1901), Catedrático de Derecho Canónico*: DBEC², III (1970), 898.

[N. N.], *Lanversin (Mgr Bernard de Troullioud de)*: WWF 35 (2003-2004), 1111

[N. N.], *Le nuove Norme Rotali: Una pietra miliare nel cammino plurisecolare del Tribunale della Sede Apostolica*: OR 134 (1994), Nr. 105, 07.05.1994, 4.

[N. N.], *Lefebvre Charles*: WWCW (1967-1968), 382.

[N. N.], *Lutto nella S. R. Rota*: OR 62 (1922), Nr. 192, 16.-17.08.1922, 2.

[N. N.], [† *Massimi*]: OR 94 (1955), Nr. 55, 07.03.1954, 2.

[N. N.], *Mercieca, Joseph*: WWCW² (1981), 324; WWCW³ (1983), 376.

[N. N.], *Mercieca, Mgr Joseph*: WWInt 67 (2004), 1126.

[N. N.], *Mercieca, Mgr. Joseph*: WWIntAff 3 (2003), 369.

[N. N.], *Monreal Oliver (Santiago)*: FigHoy, I (1950), 394.

[N. N.], *Monreal y Oliver (Santiago)*: EEAm, XXXVI (1918=1978), 278.

[N. N.], *Mons. Achille Martini*: OR 48 (1909), Nr. 31, 02.02.1909, 3.

[N. N.], *Morano Francesco*: WWCW (1967-1968), 446.

[N. N.], *Nel Tribunale della S. R. Rota*: CdI 16 (1921), 19.10.1921, 4.

[N. N.], *Note biografiche dei nuovi Cardinali creati dal Papa nel Concistoro odierno*: OR 134 (1994), Nr. 273, 27.11.1994, 5-10.

[N. N.], *Palazzini Giuseppe*: WWCW (1967-1968), 479.

[N. N.], *Parisella Innocenzo*: WWCW (1967-1968), 482-483.

[N. N.], *Pasquazi Giuseppe*: WWCW (1967-1968), 484.

[N. N.], *Pinna Giovanni Maria*: WWCW (1967-1968), 501-502.

[N. N.], *Pompedda, Mario Francesco*: WWI (1981), II, 1433-1434.

[N. N.], *Popolo e autorità di Loro Piceno presso la salma del Card. Mori*: OR 74 (1934), Nr. 230, 04.10.1934, 4.

[N. N.], *Prälat Sigwart Neuhaus gestorben*: OR (D) 38 (2008), Nr. 19, 09.05.2008, 3.

[N. N.], *Pucci Adamo*: WWCW (1967-1968), 515.

[N. N.], *Roberti Francesco*: WWCW (1967-1968), 541.

[N. N.], *Rogers Gerard Marie*: WWCW (1967-1968), 546.

[N. N.], *S. Em. le cardinal Bracci*: DC 56 (1959), 11.

[N. N.], *S. Em. le cardinal Brennan*: DC 64 (1967), 1310.

[N. N.], *S. Em. le cardinal Felici*: DC 64 (1967), 1311.

[N. N.], *S. Em. le cardinal Heard*: DC 57 (1960), 27.

[N. N.], *S. Em. le cardinal Jullien*: DC 56 (1959), 25-26.

[N. N.], *S. Em. le cardinal Morano*: DC 57 (1960), 29.

[N. N.], *S. Em. le cardinal Roberti*: DC 56 (1959), 31.

[N. N.], *S. Em. le cardinal Staffa*: DC 64 (1967),1314.

[N. N.], *S. Em. le cardinal Traglia*: DC 57 (1960), 474.

[N. N.], *Sabattani Aurelio*: WWCW (1967-1968), 559.

[N. N.], *Sable, Robert Michael*: WWCW² (1981), 433; WWCW³ (1983), 511.

[N. N.], *Schneider, Egon*: KDGK (1925), 917; KDGK² (1926), 1734; KDGK³ (1928-1929), 2132; KDGK⁴ (1931), 2626; KDGK⁵ (1935), 1229; KDGK⁶ (1940-1941), 651.

[N. N.], *Staffa Dino*: WWCW (1967-1968), 612-613.

[N. N.], *Traglia Luigi*: WWCW (1967-1968), 641.

[N. N.], *Wynen, Artur*: KDGK (1925), 1168-1169; KDGK² (1926), 2211-2212; KDGK³ (1928-1929), 2732; KDGK⁴ (1931), 3358; KDGK⁵ (1935), 1574.

[N. N.], *Zwei Priester verstorben*: KiBOs (2008), Nr. 18, 04.05.2008, 15.

NACHTMAN, Władysław, *Trybunal Roty Rzymskiej. Historia, organizacja, postepowanie* (= RWPK, 9), Lublin 1957.

NANNI, Vittorio, *Sacra Rota: un tribunale speciale simile a quello dell'inquisizione*: ABC 13 (1972), Nr. 52, 22.12.1972, 26-27.

NANNI, Vittorio, *Tribunale della Sacra Rota: impotenza sessuale e Spirito Santo: Il divorzio sadico*: ABC 12 (1971), Nr. 51, 17.12.1971, 8-11.

NAVARRETE, Urbano, *Introduzione*: ERLEBACH, Grzegorz (Hg.), *Le Allocuzioni dei Sommi Pontefici alla Rota Romana (1939-2003)* (= StGiur, 66), Città del Vaticano 2004, 7-15 (= NAVARRETE, Urbano, *La rilevanza giuridica delle Allocuzioni dei Romani Pontefici alla Rota Romana*: QStR 15 [2005], 19-28).

NAZ, Raoul, *Lega*: DDC, VI (1957), 371.

NAZ, Raoul, *Signature apostolique (Tribunal de la)*: DDC, VII (1965), 1012-1018.

NEGWER, Josef, *Geschichte des Breslauer Domkapitels im Rahmen der Diözesangeschichte vom Beginn des 19. Jahrhunderts bis zum Ende des Zweiten Weltkrieges*, hg. v. ENGELBERT, Kurt, Hildesheim 1964.

NELI, Linus, *Catholic Marriage Nullity Process. The Introduction of the Case. A Study of Latin and Oriental Codes with Reference to Rotal Jurisprudence* (= DhCSt, 4), Bangalore 2007.

NELI, Linus, *The Role of the Judge in the Introduction of Cases Declaring Nullity of Marriage*, Romae 1994.

NERSINGER, Ulrich, *„Der kostbarste Edelstein in der päpstlichen Krone". Aus der Geschichte des Gerichtshofes der Päpste*: OR (D) 38 (2008), Nr. 7, 15.02.2008, 6.

NESNER, Hans-Jörg, *Das Metropolitankapitel zu München (seit 1821)*: SCHWAIGER, Georg (Hg.), *Monachium sacrum. Festschrift zur 500-Jahrfeier der Metropolitankirche Zu Unserer Lieben Frau in München*, I, München 1994, 475-608.

NIES, Dietmar Eberhard, *Vindiciae secundum libertatem ecclesiarum Germanicarum postulatae a pontifice Romano contra appellationes ad eius legatos supremumque tribunal Romanum, quod rotam vocant*, Ienae 1741.

NITECKI, Piotr, *Kardynałowie Kościoła w Polsce* (= BNie, 76), Częstochowa 1999.

NOIROT, M., *L'activité du Tribunal de la Rote*: AmiCl 61 (1955), 689-702.

NOONAN, John Thomas, *Power to Dissolve. Lawyers and Marriages in the Courts of the Roman Curia*, Cambridge/Massachusetts 1972.

NÖRR, Knut Wolfgang, *À-propos du ,Speculum iudiciale' de Guillaume Durand*: GY, Pierre-Marie (Hg.), *Guillaume Durand: évêque de Mende (v. 1230 - 1296); canoniste, liturgiste et homme politique; actes de la table ronde du C.N.R.S., Mende 24 - 27 mai 1990*, Paris 1992, 63-71.

NÖRR, Knut Wolfgang, *Duranti berichtet aus der Praxis der Kurie*: ZSRG.K 86 (2000), 320-333.

NÖRR, Knut Wolfgang, *Ein Baustein der mittelalterlichen Rechtskirche: die appellatio extraiudicialis*: CASTILLO LARA, Rosalio José (Hg.), *Studia in honorem Eminentissimi Cardinalis Alphonsi M. Stickler* (= STHIC, 7), Roma 1992, 463-482,

NÖRR, Knut Wolfgang, *Ein Kapitel aus der Geschichte der Rechtsprechung: Die Rota Romana*: IusCom 5 (1975), 192-209.

NÖRR, Knut Wolfgang, *Institutional foundations of the New Jurisprudence*: BENSON, Robert L., CONSTABLE, Giles (Hg.), *Renaissance and Renewal in the 12th Century*, Oxford 1982, 324-338.

NÖRR, Knut Wolfgang, *Iudicium est actus trium personarum. Beiträge zur Geschichte des Zivilprozeßrechts in Europa* (= BEr, 4), Goldbach 1993.

NÖRR, Knut Wolfgang, *Reihenfolgeprinzip, Terminsequenz und „Schriftlichkeit". Bemerkungen zum römisch-kanonischen Zivilprozeß*: ZZP 85 (1972), 160-170.

NÖRR, Knut Wolfgang, *Über die drei Verfahrensordnungen der mittelalterlichen Rota Romana*: ZEvKR 49 (2004), 89-97.

NÖRR, Knut Wolfgang, *Über die mittelalterliche Rota Romana. Ein Streifzug aus der Geschichte der kurialen Gerichtsbarkeit, des römisch-kanonischen Prozessrechts und der kanonistischen Wissenschaft*: ZSRG.K 93 (2007), 220-245.

NOUBEL, Jean-Félix, *Jurisprudence de la S. Rote romaine et matières administratives de droit canonique*: RDC 13 (1963), 304-326.

NOUBEL, Jean-Félix, *La responsabilité administrative devant la S. R. Rote*: RDC 18 (1968), 241-270; 19 (1969), 18-31 und 339-355.

NOVAL, Giuseppe, *Commentarium Codicis Iuris Canonici*, IV. *De processibus*, 1. *De iudiciis*, Augustae Taurinorum – Romae 1920.

NUÑEZ, Gerardo, *La competencia penal de la Congregación para la Doctrina de la Fe. Comentario al m.p. „Sacramentorum Sanctitatis Tutela"*: IusCan 43 (2003), 351-388.

NÜSKE, Gerd Friedrich, *Untersuchungen über das Personal der päpstlichen Kanzlei 1254 – 1304*: ADipl 20 (1974), 39-240; 21 (1975), 249-431.

NUVOLI, Giovanni Baldassare, *Index generalis conclusionum rerumque notabilium quae continentur in decisionibus A S. romana Rota editis ab anno 1814 ad annum 1819*, Romae 1840.

NUVOLI, Giovanni Baldassare, *Index generalis conclusionum rerumque notabilium quae continentur in decisionibus a S. Romana Rota editis ab anno 1819 ad annum 1824*, Romae 1853.

O'DWYER, Margaret M., *The Papacy in the Age of Napoleon and the Restoration. Pius VII, 1800-1823*, Lanham u. a. 1985.

OCHOA, Javier, *Il „De processibus" secondo il nuovo Codice*: PONTIFICIA UNIVERSITAS URBANIANA (Hg.), *La nuova legislazione canonica* (= StUrb, 13), Roma 1984.

ODAR, Alejzij, *Novi pravilnik Rimske Rote iz leta 1934*: BogV 15 (1935), 77-80.

ODAR, Alejzij, *Sodbe rimske rote v zakonskih pravdah*, Groblje-Domžale 1934.

OJETTI, Benedetto, *De Romana Curia: Commentarium in Constitutionem Apostolicam „Sapienti Consilio" seu de Curiae piana reformatione*, Romae 1910.

OLIVARES, Estanislao, *Evolución de la jurisprudencia de la Rota Romana sobre la discreción de juicio*: CASTÁN VÁZQUEZ, José María, u. a. (Hg.), *Hominum causa omne ius constitutum est. Escritos sobre el matrimonio en homenaje al Prof. Dr. José María Díaz Moreno, S. J.*, Madrid 2000, 555-580.

ONORIO, Joël-Benoît d', *Le Pape et le gouvernement de l'Église*, Paris 1992.

ONORIO, Joël-Benoît d', *Paul VI et le gouvernement central de l'Église*: VALLET, Georges, PIETRI, Charles (Hg.), *Actes du colloque organisé par l'École française de Rome (Rome 2-4 juin 1983)* (= CEFR, 72), Rome 1984, 615-645.

ONORIO, Joël-Benoît d', *Tribunaux apostoliques*: DHP (1994), 1644-1647.

ORIOLI, Giorgio, *I lavori della Commissione dalla sua istituzione al 21 giugno 1975*: Nuntia 1 (1975), 20-22.

ORZESZYNA, Krzysztof, *Józef Florczak (1887-1943)*: DĘBIŃSKI, Antoni, STASZEWSKI, Wojciech Szczepan, WÓJCIK, Monika (Hg.), *Dziekani Wydziału Prawa Kanonicznego i Administracji KUL*, Lublin 2008, 55-59.

OSCHWALD, Hanspeter, *Die Deutschen im Vatikan. Ein Report* (= HSp, 5309), Freiburg – Basel – Wien 2003.

OTADUY, Javier, *El principio de jerarquía normativa y la Instrucción* Dignitas connubii: RODRÍGUEZ-OCAÑA, Rafael, SEDANO, Joaquín (Hg.), *Procesos de nulidad matrimonial. La instrucción* Dignitas connubii. *Actas del XXIV Curso de Actualización en Derecho Canónico de la Facultad de Derecho Canónico (Pamplona, 24-26 octubre de 2005)* (= CCan), Pamplona 2006, 45-80.

OTTENTHAL, Emil von, *Die päpstlichen Kanzleiregeln von Johannes XXII. bis Nikolaus V.*, Innsbruck 1888.

PAARHAMMER, Hans, *Päpstlich delegierte Richter im mittelalterlichen Erzbistum Salzburg. Ein Beitrag zur Geschichte der geistlichen Gerichtbarkeit des 12. und 13. Jahrhunderts*: AYMANS, Winfried, GERINGER, Karl-Theodor (Hg.), *Iuri Canonico Promovendo. Festschrift für Heribert Schmitz zum 65. Geburtstag*, Regensburg 1994, 729-767.

PACAUT, Marcel, *Les organes du gouvernement pontifical*: LEFEBVRE, Charles, PACAUT, Marcel, CHEVAILLER, Laurent (Hg.), *L'époque moderne 1563-1789. Les sources du droit et la seconde centralisation romaine* (= HDIEO, 15/1), Paris 1976, 153-190.

PACAUT, Marcel, *Pragmatique Sanction*: Cath, XI (1988), 726-727.

PACAUT, Marcel, *Rote*: Cath, XIII (1993), 130-132.

PADOA-SCHIOPPA, Antonio, *Gerarchia e giurisdizione: il modello canonistico medievale*: ALZATI, Cesare (Hg.), *Cristianità ed Europa. Miscellanea di studi in onore di Luigi Prosdocimi*, II, Rom – Freiburg – Wien 2000, 107-121.

PADOA-SCHIOPPA, Antonio, *La delega „appellatione remota" nelle decretali di Alessandro III*: GOURON, André, RIGAUDIERE, Albert (Hg.), *Renaissance de pouvoir législatif et genèse de l'État* (= PSHD, 3), Montpellier 1988, 179-188.

PALAZZINI, Giuseppe, *Rota S. Romana*: DMC, IV (1968), 153-155.

PALAZZINI, Pietro, *Card. Francesco Roberti*: PIOLANTI, Antonio (Hg.), *La Pontificia Università Lateranense. Profilo della sua storia, dei suoi maestri e dei suoi discepoli*, Roma 1963, 222-224.

PALAZZINI, Pietro, *Commemorazione del Cardinale Francesco Roberti*: Apol 51 (1978), 5-15.

PALAZZINI, Pietro, *Prefazione*: CONGREGAZIONE PER LE CAUSE DEI SANTI (Hg.), *Miscellanea in occasione del IV centenario della Congregazione per le Cause dei Santi (1588-1988)*, Città del Vaticano 1988, 3-12.

PALESTRO, Vittorio, *Le sentenze penali della Rota Romana (1909-1996)*: SUCHECKI, Zbigniew (Hg.), *Il processo penale canonico* (= QdA), Roma 2003, 325-364.

PALESTRO, Vittorio, *Rassegna di giurisprudenza rotale nelle cause iurium e penali (1909-1993)* (= MG, 10), Milano 1996.

PALLARD, Louis, *Les ministères ecclésiastiques du Saint-Siège dans la douzième année du pontificat de Pie IX*, Lyon – Paris 1858.

PALLATH, Paul, *The Synod of Bishops of Catholic Oriental Churches*, Rome 1994.

PANIZO ORALLO, Santiago, *Las nuevas normas del Tribunal de la Rota Romana*: REDC 38 (1982), 287-311.

PAPPADIA, Francesco, *Circa la competenza del tribunale d'appello nelle cause di nullità del matrimonio ex cann. 1683, 1524 § 1 e 1673 § 3*: IusEc 16 (2004), 693-708.

PAPP-SZILÁGHY, József, *Enchiridion iuris Ecclesiae Catholicae Orientalis. Pro usu auditorum Theologiae, et eruditione cleri graeco-catholici*, I, M.-Varadini 1862.

PARAVICINI BAGLIANI, Agostino, *Curie (XIe-XIIIe siècle)*: DHP (1994), 505-511.

PARAVICINI BAGLIANI, Agostino, *Il „Registrum causarum" di Ottaviano Ubaldini e l'amministrazione della giustizia alla Curia Romana nel secolo XIII*: GATZ, Erwin (Hg.), *Römische Kurie. Kirchliche Finanzen. Vatikanisches Archiv. Studien zu Ehren von Hermann Hoberg*, II (= MHP, 46), Roma 1979, 635-657.

PARAVICINI BAGLIANI, Agostino, *Il personale della Curia romana preavignonese: Bilancio e prospettive di ricerca*: KUTTNER, Stephan, PENNINGTON, Kenneth (Hg.), *Proceedings of the Sixth International Congress of Medieval Canon Law, Berkeley (California), 28 July – 2 August 1980* (= MIC.S, 7), Città del Vaticano 1985, 391-410.

PARAVICINI BAGLIANI, Agostino, *Il trono di Pietro. L'universalità del papato da Alessandro III a Bonifacio VIII* (= NISStS, 299), Roma 1996.

PARAVICINI BAGLIANI, Agostino, *La cour des papes au XIIIe siècle*, Paris 1995.

PARAYRE, Regis, *La nouvelle Organisation du Gouvernement central de l'Église*, Lyon 1908.

PARAYRE, Regis, *Une institution judiciaire de l'Église: La S. Rote Romaine*: UnCa 67 (1911), 63-104.

PASQUAZI, Giuseppe, *Constitutio Status Civitatis Vaticanae*: Apol 3 (1930), 97-109.

PASTOR, Ludwig, *Geschichte der Päpste seit dem Ausgange des Mittelalters*, IV. *Geschichte der Päpste m Zeitalter der Renaissance und der Glaubensspaltung von der Wahl Leos X. bis zum Tode Klemens' VII. (1513-1534)*, 2. *Adrian VI. und Klemens VII.*, Freiburg im Breisgau u. a. $^{1-7}$1925; XIII. *Geschichte der Päpste m Zeitalter der katholischen Restauration und des Dreißigjährigen Krieges: Gregor XV. und Urban VIII. (1621-1644)*, 1. *Gregor XV. (1621-1623), Urban VIII. (1623-1644), erster Teil*, Freiburg im Breisgau u. a. $^{1-7}$1928.

PASUTTO, Giordano, *Romana Rota (Romana Rota)*: NDDC^2 (1996), 930-931.

PASUTTO, Giordano, *Segnatura Apostolica (Signatura Apostolica)*: NDDC^2 (1996), 977-979.

PÁSZTOR, Edith, *La curia romana*: PROSDOCIMI, Luigi, ZERBI, Piero (Hg.), *Le istituzioni ecclesiastiche della „societas christiana" dei secoli XI-XII. Papato, cardinalato ed episcopato. Atti della quinta settimana internazionale di studio, Mendola 26-31 agosto 1971* (= MCSM, 7), Milano 1974, 490-504.

PASZTOR, Lajos, *La Curia Romana. Problemi e ricerche per la sua storia nell'età moderna e contemporanea*, Roma 1969.

PAVLOFF, George G., *Papal Judge Delegates at the Time of the Corpus Iuris Canonici* (= CLSt, 426), Washington 1963.

PEREGO, Francesco, *Divorziare in nome di Dio*, Venezia – Padova 1974.

PERELS, Ernst, *Eine Denkschrift Hinkmars von Reims im Prozeß Rothads von Soissons*: NA 44 (1922), 43-100.

PERELS, Ernst, *Papst Nikolaus I. und Anastasius Bibliothecarius. Ein Beitrag zur Geschichte des Papsttums im neunten Jahrhundert*, Berlin 1920.

PÉREZ DE HEREDIA Y VALLE, Ignacio, *Die Römische Kurie*: HKKR (1983), 281-294.

PERGHEM, Roberto, *I Tribunali Ecclesiastici*: REDC 54 (1997), 577-610.

PERMANEDER, Michael, *Handbuch des gemeingiltigen Kirchenrechtes mit steter Berücksichtigung auf das katholisch-kirchliche Partikularrecht in Oesterreich, Preussen, Bayern, Sachsen, Hannover und den übrigen deutschen Staaten*, Landshut ^{3}1856.

PERMANEDER, Michael, *Rota Romana*: WWKL, IX (1852), 404-405.

PERMANEDER, Michael, *Rota Romana*: WWKL^2, X (1897), 1317-1318.

PERREMUTO, Paolo Francesco, *Conflictus iure consultorum inter sese discrepantium*, III/1, Panormi 1671.

PERRIN, Charles-Edmond, *La cour pontificale d'Avignon (1309-1376)*: RH 232 (1964), 361-378.

PETRA, Vincenzo, *Commentaria ad constitutiones apostolicas seu bullas singulas Summorum Pontificum in Bullario Romano contentas secundum collectionem Cherubini incipientes a divo Leone Magno*, IV, Romae 1711.

PETRONCELLI, Mario, *Il Concilio Vaticano II e la codificazione del diritto canonico*, Napoli 1968.

PETRONCELLI, Mario, *Il diritto canonico dopo il Concilio Vaticano II*, Napoli 1969.

PETROSILLO, Orazio, *Funghini decano. Sacra Rota: Dopo sei secoli l'anzianità non conta più*: Il Messaggero 122 (1999), 11.12.1999, 13.

PEZZANI, Enrico Maria, *In decisiones Sacrae Romanae Rotae commentarium*, I, Romae 1910.

PEZZANI, Enrico Maria, *In decisiones Sacrae Romanae Rotae et S. T. Signaturae Apostolicae*, II, Romae 1912; III, Romae 1913.

PFAFF, Ivo, *Zur Geschichte des Kanonisten Wilhelm Horborch und seiner Werke*: ZSRG.K 44 (1924), 513-518.

PFAFF, Karl, *Beiträge zur Geschichte der Abendmahlsbulle vom 16. bis 18. Jahrhundert*: RQ 38 (1930), 23-76.

PFAFF, Volkert, *Der Widerstand der Bischöfe gegen den päpstlichen Zentralismus um 1200*: ZSRG.K 66 (1980), 459-465.

PFAFF, Volkert, *Die innere Verwaltung der Kirche unter Papst Coelestin III.*: ADipl 18 (1972), 342-398.

PFAFF, Volkert, *Die Kardinäle unter Papst Coelestin III. (1191 bis 1198)*: ZSRG.K 41 (1955), 58-94.

PFAFF, Volkert, *Papst Coelestin III.*: ZSRG.K 47 (1961), 109-128.

PFAFF, Volkert, *Pro posse nostro. Die Ausübung der Kirchengewalt durch Papst Coelestin III.*: ZSRG.K 43 (1957), 89-131.

PFAFF, Volkert, *Sieben Jahre päpstlicher Politik: Die Wirksamkeit der Päpste Lucius III., Urban III., Gregor VIII.*: ZRSG.K 67 (1981), 148-212.

PHILLIPS, George, *Kirchenrecht*, V, Regensburg 1857 = Graz 1959; VI, Regensburg 1864 = Graz 1959.

[PIANCIANI], Luigi, *La Rome des papes. Son origine, ses phases successives, ses mœurs intimes, son gouvernement, son système administratif. Traduction de l'ouvrage italien inédit*, III, Bâle – London 1859.

PIAZZA, Adeodato Giovanni, *Commemorazione della Costituzione Apostolica „Sapienti consilio"*: DEc 63 (1952), 635-639.

PICANYOL, Leodegario, *De origine et evolutione historica tribunalis Rotae Hispanicae*: Apol 5 (1932), 218-237.

PICHON, Charles, *Le Vatican. Hier et aujourd'hui*, Paris [3]1968.

PIERONEK, Tadeusz, *Normy postepowania w sprawach malzeńskich wydane przez Stolice Apostolska dla diecezji Stanów Zjednoczonych*: PraKan 16 (1971), 177-204.

PIÑERO CARRIÓN, José Maria, *La constitución apostólica „Vicariae potestatis" sobre el Vicariato de Roma*: REDC 33 (1977), 428-444.

PINNA, Giovanni Maria, *Const. Ap. „Regimini Ecclesiae Universae"*: Apol 43 (1970), 45-57.

PINNA, Giovanni Maria, *Contenuto e valore della Costituzione Apostolica „Regimini Ecclesiae Universae"*: OR 107 (1967), Nr. 190, 19.08.1967, 4.

PINNA, Giovanni Maria, *Praxis iudicialis canonica*, Romae [2]1965.

PINTO, Pio Vito (Hg.), *Commento al Codice di Diritto Canonico* (= CorpIC, 1), Città del Vaticano [2]2001.

PINTO, Pio Vito (Hg.), *Commento al Codice dei Canoni delle Chiese Orientali* (= CorpIC, 2), Città del Vaticano 2001.

PINTO, Pio Vito (Hg.), *Commento alla* Pastor Bonus *e alle norme sussidiarie della Curia Romana* (= CorpIC, 3), Città del Vaticano 2003.

PINTO, Pio Vito, Einführung und Kommentar zu: *Normae Romanae Rotae Tribunalis*, Artt. 1-23: PINTO, Pio Vito (Hg.), *Commento alla* Pastor Bonus *e alle norme sussidiarie della Curia Romana* (= CorpIC, 3), Città del Vaticano 2003, 477-496.

PINTO, Pio Vito, *I processi nel Codice di diritto canonico. Commento sistematico al Lib. VII*, Città del Vaticano 1993.

PIOLANTI, Antonio, *Mons. Ubaldo Manucci*: PIOLANTI, Antonio (Hg.), *La Pontificia Università Lateranense. Profilo della sua storia, dei suoi maestri e dei suoi discepoli*, Roma 1963, 524.

PITZ, Ernst, *Papstreskript und Kaiserreskript im Mittelalter* (= BDHIR, 36), Tübingen 1971.

PLETTENBERG, Hunold, *Notitia congregationum et tribunalium Curiae Romanae*, Hildesii 1693.

PLÖCHL, Willibald Maria, *Geschichte des Kirchenrechts*, III. *Das katholische Kirchenrecht der Neuzeit*, 1, Wien – München²1970.

POLITI, Vincenzo, *La giurisdizione ecclesiastica e la sua delegazione*, Milano 1937.

POMPEDDA, Mario Francesco, *Dopo novanta anni dalla sua ricostituzione, la Rota Romana sulla soglia del terzo millennio: retrospettive e problematiche attuali*: IusEc 11 (1999), 667-681.

POMPEDDA, Mario Francesco, *Il tribunale della Rota Romana*: BONNET, Piero Antonio, GULLO, Carlo (Hg.), *Le „normae" del Tribunale della Rota Romana* (= StGiur, 42 = ADGC, 21), Città del Vaticano 1997, 7-22.

POMPEDDA, Mario Francesco, *L'amministrazione della giustizia nella Chiesa*: IusEc 13 (2001), 675-691.

POMPEDDA, Mario Francesco, *La giurisprudenza come fonte di diritto nell'ordinamento canonico matrimoniale*: QStR 1 (1987), 47-72.

POMPEDDA, Mario Francesco, *La giurisprudenza rotale tra ius conditum e ius condendum*: CAPPELLINI, Ernesto (Hg.), *Problemi e prospettive di diritto canonico*, Brescia 1977, 289-313.

POMPEDDA, Mario Francesco, *La Rota Romana tra storia e realtà giudiziaria*: COPPOLA, Raffaele (Hg.), *Giornate canonistiche baresi*, I, Bari 1998, 11-16.

POMPEDDA, Mario Francesco, *Nuove Norme: tradizione e rinnovamento*: QStR 8 (1996), 7-11.

POMPEDDA, Mario Francesco, *Supremum Tribunal Signaturae Apostolicae*: PINTO, Pio Vito (Hg.), *Commento alla* Pastor Bonus *e alle norme sussidiarie della Curia Romana* (= CorpIC, 3), Città del Vaticano 2003, 173-182.

POÓS, Ádám, *Primate e potere primaziale in Polonia e Ungheria*, Roma 1992.

POSPISHIL, Victor John, *Eastern Catholic Church Law. According to the Code of Canons of the Eastern Churches*, New York ²1996.

POTOTSCHNIG, Franz, *Entwicklungstendenzen im kanonischen Ehe- und Eheprozeßrecht*: ÖAKR 29 (1978), 52-81.

POTZ, Richard, *Codex Canonum Ecclesiarum Orientalium*: LKStKR, I (2000), 342-345.

POTZ, Richard, *Codex Canonum Ecclesiarum Orientalium*: LThK³, II (1994), 1241-1243.

POTZ, Richard, *Der Codex Canonum Ecclesiarum Orientalium*: HKKR² (1999), 77-89.

POTZ, Richard, *Die Kodifikation des katholischen Ostkirchenrechts*: HKKR (1983), 57-65.

PREE, Helmuth, *Aus der Rechtsprechung der Rota Romana. Ausgewählte Fragen der Gerichtsjahre 1989/90-1993/94*: DPM 1 (1994), 95-125.

PREE, Helmuth, *Neuestes aus der Ehejudikatur der Rota Romana*: AkKR 159 (1990), 60-93.

PRICE, David Desmond, *Law at the Service of Truth and Justice: An Analysis of Pope John Paul II's Rotal Allocutions*: Jur 53 (1993), 155-185.

PRIETO LOPEZ, Ildefonso, *Los cánones del Derecho procesal de la Iglesia latina comparados con los de la Iglesia oriental*: REDC 7 (1952), 743-797.

PRODI, Paolo, *Il cardinale Gabriele Paleotti (1522-1597)*, I (= UD, 7/1), Roma 1959.

PRODI, Paolo, *Il sovrano pontefice. Un corpo e due anime: la monarchia papale nella prima età moderna*, Bologna 1982.

PROKOP, Krzysztof Rafał, *Polscy kardynałowie*, Kraków 2001.

PRZYKUCKI, Marian, *Ostanie miesiące życia ś. p. Ks. Kard. Bolesława Filipiaka spędzone w Poznaniu*, Szczecin 2001.

PUZA, Richard, *Katholisches Kirchenrecht* (= UTB, 1395), Heidelberg 1986.

PUZA, Richard, *Res iudicata. Rechtskraft und fehlerhaftes Urteil in den Decisionen der Römischen Rota* (= GRSS, 29), Graz 1973.

PUZA, Richard, *Salus animarum suprema lex. Gültiges und richtiges Urteil in der Rechtsprechung der alten Heiligen Römischen Rota*: ZAPP, Hartmut, WEISS, Andreas, KORTA, Stefan (Hg.), *Ius Canonicum in Oriente et Occidente. Festschrift für Carl Gerold Fürst zum 70. Geburtstag* (= AIC, 25), Frankfurt am Main u. a. 2003, 329-359.

PUZA, Richard, *Sandei (Sandeo, Sandaeus), Felino Maria*: LThK^3, IX (2000), 5-6, und: LKR (2004), 1149.

PUZA, Richard, *Signatura iustitiae und commissio. Ein Beitrag zum Prozeßgang an der römischen Kurie in der Neuzeit*: ZSRG.K 64 (1978), 95-115.

RAAB, Heribert, *Grundlagen und Formen des Staatskirchentums besonders in den Bourbonenstaaten des 17. und 18. Jahrhunderts*: HKG, V (1970), 353-368, 358-359.

RABIKAUSKAS, Paulius, *„Auditor litterarum contradictarum" et commissions de juges délégués sous le pontificat d'Honorius III*: BECh 132 (1974), 213-244.

RABIKAUSKAS, Paulius, *Chancellerie pontificale*: DHP (1994), 331-336.

RABIKAUSKAS, Paulius, *Die römische Kuriale in der päpstlichen Kanzlei*, Rom 1958.

RAMDACHER, Stefan, *Psycho-affektive Unreife als Ehenichtigkeitsgrund. Eine Untersuchung aufgrund der Rechtsprechung der Römischen Rota*: AkKR 167 (1998), 49-75 und 389-430.

RAMOS, Francisco Javier, *I tribunali ecclesiastici. Costituzione, organizzazione, norme processuali, cause matrimoniali*, Roma ^{2}2000.

RAPOLLA, Diego, *Del cardinale Giovanni Battista di Luca giureconsulto venosino, del suo tempo e della sua patria*, Portici 1899.

RATTINGER, Daniel, *Der Papst und der Kirchenstaat*, Freiburg im Breisgau 1866.

RAVA, Enzo, *La Rota facile*: Paese Sera 24 (1973), 19.06.1973, 3.

REETZ, Jürgen, *Kuriales Prozeßwesen um 1340. Nachrichten aus avignonesischen Akten in Hamburg*: ADipl 9-10 (1963-64), 395-413.

REETZ, Jürgen, *Rat und Domkapitel von Hamburg um die Mitte des 14. Jahrhunderts*, II (= VStAHH, 9/2), Hamburg 1975.

REETZ, Jürgen, *Zur Bedeutung des Namens „Rota"*: ÖAKR 9 (1958), 50-51.

REGATILLO, Eduardo Fernandez, *Curia romana*: SalTer 9 (1920), 296-304 und 379-386.

REICKE, Siegfried, *Der Hammersteinsche Ehehandel im Lichte der mittelalterlichen Herrschaftsordnung*: RhV 38 (1974), 203-224.

REIFFENSTUEL, Anaklet, *Jus canonicum universum. Clara methodo juxta titulos quinque librorum Decretalium in quaestiones distributum, solidisque responsionibus, & objectionum solutionibus diludicatum*, I, Venetiis 1735.

RICHTER, Aemilius Ludwig, DOVE, Richard Wilhelm, *Lehrbuch des katholischen und evangelischen Kirchenrechts*, Leipzig [7]1874.

RIDOLFINI, Pietro, *De Ordine Procedendi in Iudicijs in Romana Curia, praxis recentior*, Venetiis 1696.

RIUS, José, *Auditores españoles en la Rota Romana*: REDC 3 (1948), 767-781.

ROBERTI, Francesco, *Annotationes ad Motu Proprio d. 8 dec. 1938*: Apol 12 (1939), 19-25.

ROBERTI, Francesco, *De Curia Romana ante pianam reformationem*: Apol 25 (1952), 15-34.

ROBERTI, Francesco, *De processibus opus ad Codicis schemata exactum Ss. Congregationum instructionibus normisque S. R. Rotae conlatis iurisprudentia Tribunalium Apostolicorum inspecta et cum iure canonico orientali comparatum*, I. *De actione. De praesuppositis processus et sententiae de merito*, Romae [4]1956.

ROBERTI, Francesco, *De processibus*, II, Romae 1926.

[ROBERTI, Francesco], *In memoriam [Cardinalis Michaël Lega]*: Apol 9 (1936) 353-354.

ROBERTI, Francesco, *Romana et aliarum. Responsa de competentia*: Apol 13 (1940), 195-204.

ROBERTI, Francesco, *Tribunali ecclesiastici*: NDigIt, XII/2 (1940), 517-525.

ROBERTSON, James J., *Scottish legal research in the Vatican Archives. A preliminary report*: RenSt 2 (1988), 339-346.

ROBINSON, Ian Stuart, *The Papacy 1073-1198. Continuity and Innovation* (= CMT), Cambridge – New York – Melbourne 1990.

RODRIGO, Romualdo, *Cur optata a M. P. „Causas matrimoniales" celeritas haud semper obtinetur?*: Per 62 (1973), 503-550.

RODRÍGUEZ-OCAÑA, Rafael, *El Tribunal de la Rota Romana y la unidad de la jurisprudencia*: IusCan 30 (1990), 426-431.

RODRÍGUEZ-OCAÑA, Rafael, SEDANO, Joaquín (Hg.), *Procesos de nulidad matrimonial. La Instrucción Dignitas connubii. Actas del XXIV Curso de Actualización en Derecho Canónico de la Facultad de drecho Canónico (Pamplona, 24-26 octubre de 2005)* (= CCan), Pamplona 2006.

ROHBAN, Louis, *Codification du droit canonique oriental*: Apol 65 (1992), 237-298.

ROKAHR, Ernst-Günter, *Die Wesenseigenschaft der ehelichen Einheit in der Rechtsprechung der Römischen Rota*: AkKR 162 (1993), 396-426.

ROMANATO, Gianpaolo, *Pio X e la riforma della Rota Romana. L'asse di equilibrio della Chiesa novecentesca*: OR 148 (2008), Nr. 259, 06.11.2008, 4.

ROMANATO, Gianpaolo, *Pio X. La vita di Papa Sarto*, Milano 1992.

ROMANO, Maria Teresa, *Rassegna ragionata della giurisprudenza di rito della Rota Romana. Anno 2002*: QStR 13 (2003), 83-99.

ROMANO, Maria Teresa, *Rassegna ragionata della giurisprudenza di rito della Rota Romana. Anno 2003*: QStR 14 (2004), 95-106.

ROMANO, Maria Teresa, *Rassegna ragionata della giurisprudenza di rito della Rota Romana. Anno 2004*: QStR 15 (2005), 165-187.

ROMANO, Maria Teresa, *Rassegna ragionata della giurisprudenza di rito della Rota Romana. Anno 2005*: QStR 16 (2006), 173-203.

ROMITA, Fiorenzo, *Adnotationes [in Const. apost. de Romana Curia Regimini Ecclesiae Universae]*: ME 93 (1968), 55-95.

ROMITA, Fiorenzo, *La continuazione del „Thesaurus resolutionum Sacrae Congregationis Concilii"*: PALAZZINI, Pietro (Hg.), *La Sacra Congregazione del Concilio. Quarto Centenario della Fondazione (1564-1964). Studi e ricerche*, Città del Vaticano 1964, 477-480.

ROSSHIRT, Conrad Franz, *Canonisches Recht*, Schaffhausen 1857.

ROSSI, Opilio, *Le tappe della preparazione della Costituzione Apostolica „Pastor Bonus"*: ARINZE, Francis (Hg.), *La Curia Romana. Aspetti ecclesiologici, pastorali, istituzionali per una lettura della „Pastor Bonus". Testo e commento* (= QOR, 10), Città del Vaticano 1989, 103-107.

ROTA, Antonio, *De Luca*: EC, IV (1950), 1388-1389.

ROTONDÒ, Antonio, *Bernini, Domenico Stefano*: DBI, IX (1967), 364-365.

ROUQUETTE, Robert, *La réforme de la Curie romaine*: Ét 327 (1967), 540-547.

ROUSSEAU, Olivier, *La doctrine du ministère épiscopal et ses vicissitudes dans l'Église d'Occident*: CONGAR, Yves (Hg.), *L'Épiscopat et l'Église universelle*, Paris 1962, 279-308.

RUCK, Erwin, *Die Organisation der Römischen Kurie*, Tübingen 1913.

RUGAMBWA, Novatus, *The Reform of the Roman Curia since the Second Vatican Council (An Expression of the Principle: „Ecclesia semper reformanda")*, Diss. masch. (Pontificia Universitas Urbaniana), Romae 1991.

RULKA, Kazimierz, *Florczak Józef*: EncKat, V (1989), 329.

RUSCH, Borwin, *Die Behörden und Hofbeamten der päpstlichen Kurie des 13. Jahrhunderts* (= SAU.G, 3), Königsberg – Berlin 1938.

RUSSO, Fortunato, *La Curia Romana nella organizzazione e nel suo funzionamento secondo il diritto canonico vigente. Manuale pratico per le Curie Vescovili, le Parrocchie, gli Ecclesiastici*, Palermo 1903.

RUSSO, Fortunato, *La Curia romana nella sua organizzazione e nel suo completo funzionamento a datare del 3 novembre 1908. Diritto e psicologia*, Palermo ^{2}1908.

RUSSO, Vito, *La Sacra Romana Rota e la Segnatura Apostolica. Storia – Competenza Procedura e Giurisprudenza circa le cause matrimoniali*, Acireale 1933.

SABBARESE, Luigi (Hg.), *Coram Sabattani. Decisiones ineditae (1955-1965)*, Città del Vaticano 2006.

SÄGMÜLLER, Johann Baptist, *Die Entwicklung der Rota bis zur Bulle Johanns XXII: „Ratio Iuris" a. 1326*: ThQ 77 (1895), 97-120.

SÄGMÜLLER, Johann Baptist, *Die Tätigkeit und Stellung der Cardinäle bis Papst Bonifaz VIII.*, Freiburg 1896.

SÄGMÜLLER, Johann Baptist, *Lehrbuch des katholischen Kirchenrechts*, II, Freiburg im Breisgau 1914.

SAGNORI, Carlo, *Relazione sul riordinamento dell'archivio notarile della Sacra Rota*, Roma 1887.

SALA, Giuseppe Antonio, *Piano di Riforma umiliato a Pio VII ora per la prima volta integralmente pubblicato dal pro-nipote di lui Giuseppe Cugnoni*, Tolentino 1907.

SALERNO, Francesco, *Curia romana*: EncD, XI (1962), 549-561.

SALERNO, Francesco, *Natura e sacramento nel matrimonio canonico, secondo Giovanni Paolo II nei discorsi alla Rota Romana*: QStR 17 (2007), 17-69.

SALTOR I SOLER, Octavi, *Un barceloní a la Sagrada Rota Romana: Mons. Manuel Bonet i Muixí*: RJC 78 (1979), 213-240.

SÁNCHEZ Y SÁNCHEZ, Juan, *Ante una nueva reforma de la Curia Romana*: SÁNCHEZ Y SÁNCHEZ, Juan, AZNAR GIL, Federico Rafael (Hg.), *Estudios canónicos en homenaje al Profesor D. Lamberto de Echeverría* (= BSal.E, 103), Salamanca 1988, 245-264.

SÁNCHEZ Y SÁNCHEZ, Juan, *La Constitución Apostolica „Regimini Ecclesiae Universae" seis años más tarde*: EE 50 (1975), 455-507.

SÁNCHEZ Y SÁNCHEZ, Juan, *La Curia Romana hasta Pablo VI. Las grandes líneas de su evolución histórica*: REDC 31 (1976), 439-458.

SÁNCHEZ Y SÁNCHEZ, Juan, *Pablo VI y la reforma de la Curia romana*: REDC 21 (1966), 461-478; 22 (1967), 85-107 und 333-371.

SANTANGELO CORDANI, Angela, *Figli naturali e diritto agli alimenti nella giurisprudenza della Rota Romana tra Cinque e Seicento*: CONDORELLI, Orazio (Hg.), *Panta rei. Studi dedicati a Manlio Bellomo*, V, Roma 2004, 57-88.

SANTANGELO CORDANI, Angela, *Il primato papale e il conferimento dei benefici ecclesiastici nel diritto canonico trecentesco: uno sguardo alla prassi giudiziaria della Rota Romana*: DE LEÓN, Enrique, ÁLVAREZ DE LAS ASTURIAS, Nicolás (Hg.), *La cultura giuridico-canonica medioevale. Premesse per un dialogo ecumenico* (= MG, 22), Milano 2003, 395-417.

SANTANGELO CORDANI, Angela, *L'accertamento della paternità tra dottrina e prassi all'indomani del Concilio di Trento: uno sguardo alle Decisiones della Rota Romana*: PADOA SCHIOPPA, Antonio, DI RENZO VILLATA, Gigliola, MASSETTO, Gian Paolo (Hg.), *Amicitiae pignus. Studi in ricordo di Adriana Cavanna*, III, Milano 2003, 1949-1987.

SANTANGELO CORDANI, Angela, *La giurisprudenza dei Grandi Tribunali*: BUCCELLATI, Graziella, MARCHI, Anna (Hg.), *Bibliotheca Senatus Mediolanensis. I libri giuridici di un Grande Tribunale d'ancien régime*, Milano 2002, 165-178.

SANTANGELO CORDANI, Angela, *La giurisprudenza della Rota romana nel secolo XIV* (= PISDI, 26), Milano 2001.

SANTANGELO CORDANI, Angela, *La Rota Romana e la motivazione della sentenza*: PENE VIDARI, Gian Savino (Hg.), *Le droit par-dessus les frontières. Il diritto sopra le frontiere. „Atti" delle journées internationales. Torino 2003* (= MDSC.M, 4), Napoli 2003, 321-346.

SANTANGELO CORDANI, Angela, *Les „Decisiones" de la Rote Romaine et le système des bénéfices ecclésiastiques au XIVe siècle*, Lille 1998.

SANTI, Francesco, *Praelectiones Juris Canonici*, hg. v. LEITNER, Martin, I, Ratisbonae – Neo-Eboraci – Cincinatti ^{3}1898.

SANTINI, Pietro, *De referendariorum ac Signaturae historico-iuridica evolutione*, Romae 1945.

SANTINI, Pietro, *È ancora giustificata la doppia sentenza conforme nelle cause di nullità di matrimonio?*: ALVAREZ-MENENDEZ, Severino (Hg.), *Studi di diritto canonico in onore di Marcello Magliocchetti*, III (= SDIC, 5/3), Roma 1979, 995-1000.

SANTINI, Pietro, *Tribunali ecclesiastici: I. T. della S. Sede: III. Sacra Romana Rota*: EC, XII (1954), 502-508.

SARRAF, Joussef Ibrahim, Kommentar zu: *cann. 1058-1085 CCEO*: PINTO, Pio Vito (Hg.), *Commento al Codice dei Canoni delle Chiese Orientali* (= CorpIC, 2), Città del Vaticano 2001, 877-1003.

SAUCHELLI, Fabio, *La Rota Romana e la procreazione artificiale*: DEc 108/2 (1997), 573-580.

SAVIANO, Renato, *Il „Corpus iuris canonici" e la giurisprudenza della Rota Romana come fonti dello „ius commune"*, Napoli s. a. [1954].

SAYERS, Jane E., *Papal Judges Delegate in the Province of Canterbury. A Study in Ecclesiastical Jurisdiction and Administration*, Oxford 1971 = 1997.

SCACCIA, Sigismondo, *Tractatus De judiciis Causarum civilium criminalium et haereticalium*, I, Francofurti 1618.

SCHERER, Rudolf Ritter von, *Handbuch des Kirchenrechtes*, I, Graz 1886.

SCHEUERMANN, Audomar, *Vorschläge zum kirchlichen Eheprozeßrecht*: AkKR 136 (1967), 3-45.

SCHIERGHOFER, Georg, *Rudolf Hindringer †*: ZBLG 5 (1932), 501.

SCHIMMELPFENNIG, Bernd, *Die Organisation der päpstlichen Kapelle in Avignon*: QFIAB 50 (1971), 8-111.

SCHMELTER, Jürgen, *Alberti, Giuseppe*: LThK^{3}, I (1993), 335-336, und: LKR (2004), 1037.

SCHMIDLIN, Joseph, *Papstgeschichte der neuesten Zeit*, I. *Papsttum und Päpste im Zeitalter der Restauration (1800-1846)*, München ^{2}1933.

SCHMIDT, Julius, *Die Neuordnung der Römischen Kurie*: PastB 21 (1909), 240-244.

SCHMITZ, Heribert, *Appellatio extraiudicialis. Entwicklungslinien einer kirchlichen Gerichtsbarkeit über die Verwaltung im Zeitalter der klassischen Kanonistik (1140-1348)* (= MThS.K, 29), München 1970.

SCHMITZ, Heribert, *Der Codex Iuris Canonici von 1983*: HKKR (1983), 33-57.

SCHMITZ, Heribert, *Der Codex Iuris Canonici von 1983*: HKKR^{2} (1999), 49-76.

SCHMITZ, Heribert, *Die Römische Kurie*: HKKR^{2} (1999), 364-385.

SCHMITZ, Heribert, *Kommentar zur Apostolischen Konstitution „Regimini Ecclesiae" und zum Motuproprio „Pro comperto"*: NKD, X (1968), 17-61.

SCHMITZ, Heribert, *Reform des kirchlichen Gesetzbuches Codex Iuris Canonici 1963-1978. 15 Jahre Päpstliche Reformkommission* (= Can, 1), Trier 1979.

SCHNEEMANN, Gerhard, *Der Papst, das Oberhaupt der Gesammtkirche. Eine geschichtliche Studie, zugleich eine Festgabe zur achtzehnten Säcularfeier des glorreichen Martyriums des ersten Papstes*, Freiburg im Breisgau 1867.

SCHNEIDER, Franz Egon, *Der deutsche Rotaauditor Jakob Emerix (1668-1696) und die Jurisdiktion der Römischen Rota*: GRABMANN, Martin, HOFMANN, Karl (Hg.), *Festschrift Eduard Eichmann zum siebzigsten Geburtstag*, Paderborn 1940, 165-177.

SCHNEIDER, Franz Egon, *Die Römische Rota nach geltendem Recht auf geschichtlicher Grundlage*, I. *Die Verfassung der Rota* (= VGG.R, 22), Paderborn 1914.

SCHNEIDER, Franz Egon, EWERS, Heinrich, *Rota, Sacra Romana R. (SRR)*: LThK^2, IX (1964), 62-64.

SCHNEIDER, Franz Egon, *Rota*: LThK VII (1936), 1007-1009.

SCHNEIDER, Franz Egon, *Über den Ursprung und die Bedeutung des Namens Rota als Bezeichnung für den obersten päpstlichen Gerichtshof*: RQ 41 (1933), 29-43.

SCHNEIDER, Franz Egon, *Zur Entstehungsgeschichte der Römischen Rota als Kollegialgericht*: SEPPELT, Franz Xaver (Hg.), *Kirchengeschichtliche Festgabe Anton de Waal* (= RQ.S, 20), Freiburg 1913, 20-36.

SCHÖCH, Nikolaus, *Das Bestätigungsdekret in zweiter Instanz bei mehreren Klagegründen*: AYMANS, Winfried, HAERING, Stephan, SCHMITZ, Heribert (Hg.), *Iudicare Inter Fideles. Festschrift für Karl-Theodor Geringer zum 65. Geburtstag*, Sankt Ottilien 2002, 461-503.

SCHÖCH, Nikolaus, *Die absolute Inkompetenz kirchlicher Gerichte zweiter Instanz aufgrund der Berufung an die Römische Rota als Ausnahme vom Prinzip der örtlichen Zuständigkeit*: ERDŐ, Péter, SZABÓ, Péter (Hg.), *Territorialità e personalità nel Diritto Canonico ed Ecclesiastico. Il Diritto Canonico di fronte al terzo millennio. Atti dell'XI Congresso Internazionale di Diritto Canonico e del XV Congresso Internazionale della Società per il Diritto delle Chiese Orientali. Territoriality and Personality in Canon Law and Ecclesiastical Law. Canon Law Faces the Third Millennium. Proceedings of the 11th International Congress of Canon Law and of the 15th International Congress of the Society for the Law of the Eastern Churches. Budapest, 2-7 Settembre 2001*, Budapest 2002, 797-812.

SCHÖCH, Nikolaus, *Die kirchenrechtliche Interpretation der Grundprinzipien der christlichen Anthropologie als Voraussetzung für die eheprozessrechtliche Beurteilung der psychischen Ehekonsensunfähigkeit. Eine kanonistische Studie unter besonderer Berücksichtigung der päpstlichen Allokutionen und der Judikatur der Römischen Rota* (= AIC, 15), Frankfurt am Main u. a. 1999.

SCHÖCH, Nikolaus, *Die Wiederaufnahme des Personenstandsverfahrens gemäß der Rotajudikatur*: DPM 8/2 (2001), 63-110.

SCHÖCH, Nikolaus, Rezension zu: *Quaderni Studio rotale*: AkKR 171 (2002), 649-652.

SCHÖCH, Nikolaus, *Römische Höchstgerichtsbarkeit*: ÖARR 52 (2005), 493-522.

SCHRADER, Theodor, *Die Rechnungsbücher der hamburgischen Gesandten in Avignon 1338 bis 1355*, Hamburg – Leipzig 1907.

SCHRÖRS, Heinrich, *Hinkmar Erzbischof von Reims. Sein Leben und seine Schriften*, Freiburg im Breisgau 1884 = Hildesheim 1967.

SCHUCHARD, Christiane, *Deutsche an der päpstlichen Kurie im 15. und frühen 16. Jahrhundert*: RQ 86 (1991), 78-97.

SCHUCHARD, Christiane, *Die Deutschen an der päpstlichen Kurie im späten Mittelalter (1378-1447)*, Tübingen 1987.

SCHUCHARD, Christiane, *Zu den Rotanotaren im 5. und frühen 16. Jahrhundert*: JAMME, Armand, PONCET, Olivier (Hg.), *Offices et papauté (XIVe-XVIIe siècle). Charges, hommes, destins* (= CEFR, 334), Rome 2005, 805-828.

SCHÜLER, Alfred, *Reflex der „Gerechtigkeit Gottes": Die Eheannullierungen durch die Sacra Rota*: WeltW 36 (1968), Nr. 1783, 12.01.1968, 9.

SCHULTE, Johann Friedrich von, *Plettenberg: Hunold P.*: ADB, XXVI (1888), 282.

SCHULTE, Johann Friedrich von, *Status dioecesium catholicarum in Austria Germanica, Borussia, Bavaria, reliquis Germaniae terris sitarum*, Gissae 1866.

SCHULZ, Winfried, *Die neuen vatikanischen Gerichtsordnungen*: AYMANS, Winfried, EGLER, Anna, LISTL, Joseph (Hg.), *Fides et ius. Festschrift für Georg May zum 65. Geburtstag*, Regensburg 1991, 237-248.

SCHULZ, Winfried, *Die Zuständigkeitsordnung des Motu proprio „Pastor bonus" vom 28. Juni 1988. Anmerkungen zur Kurienreform von Johannes Paul II.*: ÖAKR 38 (1989), 62-72.

SCHWARZ, Brigide, *Die Organisation kurialer Schreiberkollegien von ihrer Entstehung bis zur Mitte des 15. Jahrhunderts* (= BDHIR, 37), Tübingen 1972.

SCHWARZ, Brigide, *Die römische Kurie im Zeitalter des Schismas und der Reformkonzilien*: MELVILLE, Gert (Hg.), *Institutionen und Geschichte. Theoretische Aspekte und mittelalterliche Befunde* (= NStr, 1), Köln – Weimar – Wien 1992, 231-258.

SCHWARZ, Brigide, *Statuta sacri causarum apostolici palacii auditorum et notariorum. Eine neue Quelle zur Geschichte der Rota Romana im späten Mittelalter*: HELMRATH, Johannes, MÜLLER, Heribert, WOLFF, Helmut (Hg.), *Studien zum 15. Jahrhundert. Festschrift für Erich Meuthen*, I, München 1994, 845-867.

SCHWENDENWEIN, Hugo, *Der geschichtliche Weg der Neukodifikation des kanonischen Rechtes*: GsGg 2 (1983), 116-127 und 184-206.

SCHWENDENWEIN, Hugo, *Die römische Kurie*: ÖAKR 41 (1992), 208-226.

SCIACCA, Giuseppe, *Pericle Felici Uditore di Rota:* CHIARELLI, Andrea, MEUCCI, Ugo (Hg.), *Il Cardinale Pericle Felici (1911-1982). Convegno di studio nel ventennale della sua morte: Roma 22-23 marzo, Segni 24 marzo 2002*, Città del Vaticano 2003, 33-51.

SCICLUNA, Charles, *The Procedure and Praxis of the Congregation for the Doctrine of the Faith Regarding Graviora Delicta*: For 13-14 (2002-2003), 116-125.

SCOTT, Leonard George, *A Comparative Study of the Ecclesiastical Tribunals of the United States and the Sacred Roman Rota in Recent Years (Matrimonial Cases)*, Rome 1968.

SEBASTIANELLI, Guglielmo, *Praelectiones Juris Canonici*, 1. *De personis*, Romae u. a. ^{2}1905; 2. *De rebus*, Romae u. a. ^{2}1905.

SENTIS, Franz Jacob, *Die „Monarchia Sicula". Eine historisch-canonistische Untersuchung*, Freiburg im Breisgau 1869.

SEPPELT, Franz Xaver, *Geschichte des Papsttums. Eine Geschichte des Papsttums von den Anfängen bis zur Gegenwart*, II. *Das Papsttum im Frühmittelalter. Geschichte der Päpste vom Regierungsantritt Gregor des Großen bis zur Mitte des 11. Jahrhunderts*, Leipzig 1934.

SERRANO RUIZ, José María, *Attività e progetti*: QStR 15 (2005), 15-18.

SERRANO RUIZ, José María, *Attuazione dei principi ispiratori del Codice di Diritto Canonico nelle nuove Norme Rotali*: QStR 8 (1996), 13-30.

SERRANO RUIZ, José María, *El espíritu del Derecho Canónico*, Valladolid 1986.

SERRANO RUIZ, José María, *La querela di nullità contro la sentenza (Commento ai cc. 1619-1627)*: GULLO, Carlo (Hg.), *Il processo matrimoniale canonico* (StGiur, 29 = ADGC, 18), Città del Vaticano ²1994, 751-769.

SERRANO RUIZ, José María, *Nulidad de matrimonio coram Serrano* (= BSal.E, 43), Salamanca 1981.

SERRANO RUIZ, José María, *Persone e uffici maggiori nel Tribunale: i Prelati Uditori, il Promotore di Giustizia, il Difensore del vincolo*: BONNET, Piero Antonio, GULLO, Carlo (Hg.), *Le „normae" del Tribunale della Rota Romana* (= StGiur, 42 = ADGC, 21), Città del Vaticano 1997, 113-138.

SERRANO RUIZ, José María, *Praxis procesal de la Rota Romana a partir del nuevo Código*: SÁNCHEZ Y SÁNCHEZ, Juan (Hg.), *Curso de Derecho matrimonial y procesal canónico para los profesionales del foro (IX)* (= BSal.E, 131), Salamanca 1990, 475-494.

SERRANO RUIZ, José María, *Ricordo di S. Em. Rev.ma Vincenzo Fagiolo*: BONNET, Piero Antonio, GULLO, Carlo (Hg.), *Diritto matrimoniale canonico*, I (= StGiur, 56 = ADGC, 27), Città del Vaticano 2002, 7-8.

SERRANO RUIZ, José María, *Riflessioni sullo Studio Rotale nel Decreto* Nihil antiquius *ed altri documenti ad esso collegati*: QStR 12 (2002), 33-54.

SERRANO RUIZ, José María (Hg.), *Traccie di vita e di speranza. Valladolid, 1955 – 10 luglio – Roma, 2005. 50° Anniversario di ordinazione sacerdotale*, Napoli 2005.

SERRANO RUIZ, José María (Hg.), *Trazos de vida y esperanza. Valladolid, 1955 – 10 julio – Roma, 2005. 50 aniversario de Ordenación*, Valladolid 2005.

SERVATIUS, Carlo, *Paschalis II. (1099-1118). Studien zu seiner Person und seiner Politik* (= PuP, 14), Stuttgart 1979.

SHOURI, Arun, *New honour to India*: IndT 20 (2008), Nr. 6, 11.-17.09.2008, 8.

SILBERNAGL, Isidor, *Lehrbuch des katholischen Kirchenrechts zugleich mit Rücksicht auf das im jetzigen deutschen Reiche geltende Staatskirchenrecht*, Regensburg 1880.

SIMENON, Guillaume, *La Curie Romaine depuis sa réorganisation*: REcL 4 (1908-1909), 215-220.

SIMIER, Jules, *La Curie Romaine. Notes historiques et canoniques d'après la Constitution „Sapienti consilio" et les autres documents Pontificaux*, Paris 1909.

SIPOS, István, *Rota Romana*: KatL, IV (1933), 113-114.

SOCHA, Hubert, Kommentar zu: *can. 19 CIC*: MK, 19/1-19-15, Stand: 13. Erg-Lfg., Nov 1990.

SOHM, Rudolph, *Kirchenrecht*, I. *Die geschichtlichen Grundlagen* (= SHDR, 8/1), Berlin 1923 = 1970.

SOUTO, José Antonio, *La reforma de la Curia romana*: IusCan 8 (1968), 547-568.

SPADA, Ilo, *La Rivoluzione francese e il Papa*, Bologna 1989.

SPINELLI, Lorenzo, *Tribunali ecclesiastici*: EncD, XLV (1992), 69-80.

STAFFA, Dino, *Adnotationes [ad Rescriptum Pontificium de causis nullitatis matrimonii, quae a tribunalibus ecclesiasticis regionalibus Italiae in primo gradu tractatae fuerunt, ac de institutione Tribunalis Appellationis in Vicariatu Urbi]*: ME 80 (1955), 38-43.

STAFFA, Dino, *Codex Iuris Canonici*: EC, III (1949), 1911-1919.

STANKIEWICZ, Antoni, *An exceptio nullitatis decreti rotalis proponi potest apud Rotam Romanam*: QStR 12 (2002), 73-81.

STANKIEWICZ, Antoni, *De iurisprudentia rotali recentiori circa simulationem totalem et partialem*: ME 122 (1997), 189-234 und 425-512.

STANKIEWICZ, Antoni, *Il tribunale della Rota Romana*: QStR 18 (2008), 103-113.

STANKIEWICZ, Antoni, *Jurisprudencia de la Rota Romana sobre inmadurez afectiva*: IusCan 45 (2005), 35-53.

STANKIEWICZ, Antoni, Kommentar zu: *Normae Romanae Rotae Tribunalis*, Artt. 42-120: PINTO, Pio Vito (Hg.), *Commento alla* Pastor Bonus *e alle norme sussidiarie della Curia Romana* (= CorpIC, 3), Città del Vaticano 2003, 513-552.

STANKIEWICZ, Antoni, *L'incapacità psichica nelle sentenze rotali coram Felici*: QStR 13 (2003), 47-54.

STANKIEWICZ, Antoni, *La conformità delle sentenze nella giurisprudenza*: ASSOCIAZIONE CANONISTICA ITALIANA (Hg.), *La doppia conforme nel processo matrimoniale. Problemi e prospettive* (= StGiur, 60), Città del Vaticano 2003, 147-166.

STANKIEWICZ, Antoni, *Le impugnazioni delle decisioni rotali*: BONNET, Piero Antonio, GULLO, Carlo (Hg.), *Le „normae" del Tribunale della Rota Romana* (= StGiur, 42 = ADGC, 21), Città del Vaticano 1997, 249-269.

STANKIEWICZ, Antoni, *Rilievi procedurali nel nuovo „Ordo iudiciarius" della Rota Romana*: IusEc 6 (1995), 65-87 = QStR 8 (1996), 31-49.

STEHLE, Hansjakob, *Sie glaubten an den Storch: Der Vatikan macht Scheidungen nach wie vor leicht*: Zeit 27 (1972), Nr. 46, 17.11.1972, 70.

STEIN, Peter G., *Römisches Recht und Europa. Die Geschichte einer Rechtskultur* (= EG, 60102), Frankfurt am Main [3]1999.

STEINWENTER, Artur, *Der antike kirchliche Rechtsgang und seine Quellen*: ZSRG.K 23 (1934), 1-116.

STICKLER, Alfons Maria, *Historia Juris Canonici Latini. Institutiones Academicae*, I. *Historia fontium* (= STHIC, 6), Roma [3]1985.

STICKLER, Alfons Maria, *Le riforme della Curia nella storia della Chiesa*: BONNET, Piero Antonio, GULLO, Carlo (Hg.), *La Curia Romana nella Cost. Ap. „Pastor Bonus"* (= StGiur, 21 = ADGC, 13), Città del Vaticano 1990, 1-15.

STINGER, Charles L., *The Renaissance in Rome*, Bloomington 1985.

STOCKMANN, Peter, *Die Ansprache Papst Johannes Pauls II. vom 30. Januar 2003 vor der Römischen Rota*: DPM 11 (2004), 117-124.

STOCKMANN, Peter, *Von Heiligen und Heiratsschwindlern. Berühmte kirchliche Ehefälle*: DPM 15 (2008) [im Druck].

STÜMPER, Franz, *Die kirchenrechtlichen Ideen des Febronius*, Aschaffenburg 1908.

SUBIRÀ, Joan (Hg.), *Miscel.lània Manuel Bonet i Muixí* (= BAOl, 231), Barcelona 2001.

SYDOW, Jürgen, *Untersuchungen zur kurialen Verwaltungsgeschichte im Zeitalter des Reformpapsttums*: DA 11 (1954), 18-73.

SZENWIC, Roman, *L'attività del Tribunale della S. R. Rota nel 1950*: DEc 62/2 (1951), 965-968.

SZENWIC, Roman, *L'attività del Tribunale della S. R. Rota nel 1951*: DEc 63/2 (1952), 639-642.

SZENWIC, Roman, *L'attività del Tribunale della S. R. Rota nel 1952*: DEc 64/2 (1953), 582-585.

SZTYCHMILER, Ryszard, *Der Ausschluss von Nachkommenschaft nach dem CIC und der neuesten Rota-Rechtsprechung*: DPM 8/1 (2001), 501-522.

SZUROMI, Szabolcs Anzelm, *Rota Romana Törvényszék*: MagKL, XI (2006), 718.

TÁDRA, Ferdinand, *Kníha protokolů auditorů papežskýck z konce XIV. století*, Praha 1894.

TAMMLER, Ulrich, *Tutela iurium personarum. Grundfragen des Verwaltungsrechtsschutzes in der katholischen Kirche in Vergangenheit und Gegenwart* (= KStT, 32), Amsterdam 1981.

TANGL, Michael, *Die päpstlichen Kanzleiordnungen von 1200 - 1500*, Innsbruck 1894 = Aalen 1959.

TANGL, Michael, *Eine Rota-Verhandlung vom Jahre 1323*: MIÖG.E 6 (1901), 320-332.

TARTAGNUS, Alexander, *Commentarium in Digestum*, Venetiis 1618.

TELLENBACH, Gerd, *Libertas. Kirche und Weltordnung im Zeitalter des Investiturstreits* (= FKGG, 7), Stuttgart 1936.

TESIO, Agostino, *Rota*: EncIt, XXX (1936), 164.

THOMA, Emil, WEILER, Eugen (Hg.), *Die Geistlichen in Dachau sowie in anderen Konzentrationslagern und Gefängnissen*, I, Mödling 1971.

THORN, Jean (Hg.), *Le Pape s'adresse à la Rote. Allocutions annuelles de Pie XII à Jean-Paul II. 1939-1994*, Ottawa 1994.

TOCANEL, Pietro, *Cardinale Pericle Felici*: Apol 55 (1982), 241-244.

TOCANEL, Pietro, *In memoriam Cardinale Dino Staffa*: Apol 50 (1977), 335-337.

TOCANEL, Pietro, *In memoriam Cardinale Francesco Roberti*: Apol 50 (1977), 329-334.

TOCCI, Mirella, *Il diario di Jacob Emerix de Matthiis, decano della Sacra Romana Rota* (= IusN, 2/2), Napoli 1982.

TORQUEBIAU, Pierre, *Compétence*: DDC, III (1942), 1189-1238.

TORQUEBIAU, Pierre, *Curie romaine*: DDC, IV (1949), 971-1008.

TOTOSAUS I MARTORELL, Josep Maria, *Bonet i Muixí, Manuel*: DHEC, I (1998), 332-333.

TOURNON, [Philippe-Camille-Casimir-Marcellin] Comte de, *Études statistiques sur Rome et la partie occidentale des États Romains*, I-II, Paris 1831.

TRASERRA, Jaime, *La tutela de los derechos subjectivos frente a la administración eclesiastica* (= CSPac, 18), Barcelona 1972.

TRILHE, Auguste, *Les chapelains du Pape auditeurs des causes du palais apostolique ou la Rote Romaine*: BLE 24 (1923), 348-359.

TRUSEN, Winfried, *Die gelehrte Gerichtsbarkeit der Kirche*: HQLPG, I (1973), 467-504.

UGGÉ, Bassiano, *La fase preliminare/abbreviata del processo di nullità del matrimonio in secondo grado di giudizio a norma del can. 1682 § 2* (= TG.DC, 60), Roma 2003.

UGINET, François-Charles, *La constitution „Regimini ecclesiae universae"*: VALLET, Georges, PIETRI, Charles (Hg.), *Paul VI et la modernité dans l'Église. Actes du colloque organisé par l'École française de Rome (Rome 2-4 juin 1983)* (= CEFR, 72), Rome 1984, 603-645.

ULLMANN, Walter, *Kurze Geschichte des Papsttums im Mittelalter*, Berlin – New York 1978.

ULLMANN, Walter, *The Growth of Papal Government in the Middle Ages. A Study in the Ideological Relation of Curial to Lay Power*, London ^{3}1970.

URSO, Paolo, *L'impugnazione della sentenza (Cann. 1619-1640)*: GRUPPO ITALIANO DOCENTI DI DIRITTO CANONICO (Hg.), *I giudizi nella Chiesa. Il processo contenzioso e il processo matrimoniale. XXIV Incontro di Studio Villa Luzzago – Ponte di Legno (BS), 30 giugno – 4 luglio 1997* (= QdM, 6), Milano 1998, 189-218.

URUSZCZAK, Wacław, *Les juges délégués du pape et la procédure romano-canonique à Reims dans la seconde moitié du XIIe siècle*: TRG 53 (1985), 27-41.

USAI, Giovanni, *Const. Ap. Vicariae Potestatis in Urbe d. 6 ian. 1977, qua Vicariatus Urbis nova ratione ordinatur*: ME 102 (1977), 3-19.

VACCARO, Gennaro, *Panorama biografico degli italiani d'oggi*, II, Roma 1956.

VACCAROTTO, Giovanni, Kommentar zu: *Normae Romanae Rotae Tribunalis*, Artt. 24-41: PINTO, Pio Vito (Hg.), *Commento alla* Pastor Bonus *e alle norme sussidiarie della Curia Romana* (= CorpIC, 3), Città del Vaticano 2003, 497-512.

VALOIS, Noël, *Histoire de la Pragmatique Sanction de Bourges sous Charles VII* (= AHReF, 4), Paris 1906.

VARALTA, Zaccaria, *De principio subsidiarietatis relate ad ordinandam administrationem iustitiae in Ecclesia:* PCR. (Hg.), *Acta conventus internationalis canonistarum. Romae diebus 20-25 maii 1968 celebrati*, Città del Vaticano 1970, 334-355.

VARSÁNYI, William, *De competentia et procedura Sacrae Congregationis Concilii ab origine usque ad nostra tempora*: PALAZZINI, Pietro (Hg.), *La Sacra Congregazione del Concilio. Quarto centenario della fondazione (1564-1964). Studi e ricerche*, Città del Vaticano 1964, 51-161.

VASOLI, Robert H., *What God Has Joined Together. The Annullment Crisis in American Catholicism*, New York – Oxford 1998.

VERCESI, Ernesto, *Il pontificato di Pio X*, Milano 1935.

VERING, Friedrich Heinrich, *Lehrbuch des katholischen und protestantischen Kirchenrechts mit besonderer Rücksicht auf das Vaticanische Concil sowie auf Deutschland, Oesterreich und die Schweiz*, Freiburg im Breisgau 1876.

VERMEERSCH, Arthur, CREUSEN, Joseph, *Epitome Iuris Canonici cum commentariis ad scholas et ad usum privatum*, III. *Libri IV et V Codicis iuris canonici. Indices generales*, Mechliniae – Romae – Parisiis – Bruxellis ^{5}1936.

VERNAY, Jacques, *La jurisprudence matrimoniale du Tribunal de la Rote*: CDE 3 (1986), 121-143.

VESTRIUS, Octavius, *Practica in Romanae aulae actionem et iudiciorum mores introductionem continens*, Coloniae 1597.

VETULANI, Adam, NAZ, Raoul, *Codex Juris Canonici*: DDC, III (1942), 909-935.

VIEJO-XIMÉNEZ, José Miguel, *La ricezione del diritto romano nel diritto canonico*: LEÓN, Enrique de, ÁLVAREZ DE LAS ASTURIAS, Nicolás (Hg.), *La cultura giuridico-canonica medioevale. Premesse per un dialogo ecumenico* (= MG, 22), Milano 2003, 157-209.

VILLEGGIANTE, Sebastiano, *Il discorso di S.S. Benedetto XVI del 28 gennaio 2006 alla Rota apre le porte al nuovo processo matrimoniale canonico?*: Ang 83 (2006), 685-704.

VILLEGGIANTE, Sebastiano, *Le questioni incidentali presso il Tribunale della Rota Romana*: BONNET, Piero Antonio, GULLO, Carlo (Hg.), *Le „normae" del Tribunale della Rota Romana* (= StGiur, 42 = ADGC, 21), Città del Vaticano 1997, 241-247.

VILLEGGIANTE, Sebastiano (Hg.), Sacra Romana Rota. Coram De Iorio Decano sententiae selectae, Romae 1985.

VILLEGGIANTE, Sebastiano, *Umanità e coerenza nel pensiero e nell'opera giurisprudenziale di Mons. José M. Serrano Ruiz*: SERRANO RUIZ, José María (Hg.), *Traccie di vita e di speranza. Valladolid, 1955 – 10 luglio – Roma, 2005. 50° Anniversario di ordinazione sacerdotale*, Napoli 2005, 73-84.

VISCARDI, Sesto, *Alla Sacra Rota come a Las Vegas*: mia 1 (1968), Nr. 9, 27.11.1968, 12-14.

VITALE, Antonio, *Tribunali Ecclesiastici*: EncG, XXXI (1994), [1]-[6].

VOGT, Joseph, *Das kirchliche Eherecht*, Cöln ^{3}1910.

VONA, Costantino, *Mons. Guglielmo Sebastianelli Decano della S. R. Rota*: PIOLANTI, Antonio (Hg.), *La Pontificia Università Lateranense. Profilo della sua storia, dei suoi maestri e dei suoi discepoli*, Roma 1963, 213-215.

VOOGHT, Paul de, *Pragmatische Sanktion*: LThK^{2}, VIII (1963), 680.

WALTER, Ferdinand, *Lehrbuch des Kirchenrechts aller christlichen Confessionen*, Bonn ^{4}1829.

WEBER, Christoph, *Die ältesten päpstlichen Staatshandbücher: Elenchus Congregationum, Tribunalium et Collegiorum Urbis 1629-1714* (= RQ.S, 45), Rom 1991.

WEBER, Christoph, *Kardinäle und Prälaten in den letzten Jahrzehnten des Kirchenstaates. Elite-Rekrutierung, Karriere-Muster und soziale Zusammensetzung der kurialen Führungsschicht zur Zeit Pius' IX. (1846-1878)*, I (= PuP, 13/1), Stuttgart 1978..

WEBER, Josef, *„Erfüllungsunvermögen" in der Rechtsprechung der Sacra Romana Rota. Ursprung und Entwicklung eines neuen Ehenichtigkeitsgrundes in der katholischen Kirche* (= ESt.NF, 17), Regensburg 1983.

WEBER, Margit, *Die Totalsimulation. Eine Untersuchung aufgrund der Rechtsprechung der römischen Rota* (= MThS.K, 45), Sankt Ottilien 1994.

WEGAN, Martha, *Ehescheidung möglich? Auswege mit der Kirche. Mit praktischen Hinweisen*, Graz – Wien – Köln 1993.

WEGAN, Martha, *Kosten und Dauer der Ehenichtigkeitsverfahren an der Rota Romana*: DPM 10 (2003), 77-98.

WEGAN, Martha, *L'esclusione del „bonum fidei" nella più recente giurisprudenza della Rota Romana*: Apol 61 (1988), 89-108.

WEGAN, Martha, *Rota Romana*: LKStKR, III (2004), 464-467.

WEISMANN, Jakob, *Die Entwickelung der Principalintervention in Italien*: ZSRG.G 1 (1880), 191-244.

WENNER, Joseph (Hg.), *Kirchliche Eheprozeßordnung. Instruktionen nebst einschlägigen Vorschriften über das Verfahren in Ehenichtigkeits- und Inkonsummationssachen sowie bei Todesnachweis, Ehetrennung und Ehezulassung*, Paderborn [3]1956.

WERNZ, Franz Xaver, *Ius Decretalium ad usum praelectionum in scholis textus canonici sive Iuris Decretalium*, II. *Ius constitutionis Ecclesiae Catholicae*, 2, Romae [2]1906.

WERNZ, Franz Xaver, VIDAL, Pedro, *Ius canonicum ad Codicis normam exactum*, VI. *De processibus*, Romae 1927.

WESEMANN, Paul, *Das erstinstanzliche Gericht und seine pastorale Aufgabe*: GROCHOLEWSKI, Zenon, CÁRCEL ORTÍ, Vicente (Hg.), *Dilexit iustitiam. Studia in honorem Aurelii Card. Sabattani* (= StGiur, 5), Città del Vaticano 1984, 91-118.

WETZSTEIN, Thomas, *Heilige vor Gericht. Das Kanonisationsverfahren im europäischen Spätmittelalter* (= FKRG, 28), Köln – Weimar – Wien 2004.

WIDMOSER, Eduard, *Südtirol A-Z*, IV, Innsbruck – München 1995.

WIRTH, Paul, *Gerichtsverfassung und Gerichtsordnung*: HKKR (1983), 962-972.

WOESTMAN, William H. (Hg.), *Papal Allocutions to the Roman Rota 1939-2002*, Ottawa 2002.

WOLFRAM, Jens, *Die Rota Romana. Ältestes Gericht der Welt und örtlich zuständig für alle Kontinente der Erde*: AnwBl 48 (1998), 354-358.

WOLTER, Hans, *Das nachgregorianische Zeitalter*: HKG, III/2 (1968), 3-56.

WOLTER, Hans, *Die Krise des Papsttums und der Kirche im Ausgang des 13. Jahrhunderts (1274-1303)*: HKG, III/2 (1968), 297-356.

WRENN, Lawrence Gregory, *A New Procedural Law for the Marriage Cases?*: Jur 62 (2002), 195-210.

WRENN, Lawrence Gregory, *The American Procedural Norms*: AEcR 165 (1971), 175-186.

WRIEDT, Klaus, *Die kanonischen Prozesse und die Ansprüche Mecklenburgs und Pommerns auf das rügische Erbe 1326-1348* (= VHKP 5/4), Köln – Graz 1963.

WUCHER, Albert, *Langsam dreht sich das Heilige Rad: Das päpstliche Gericht hat im vergangenen Jahr 180 Ehen annulliert*: SZ 30 (1974), Nr. 3, 04.01.1974.

WÜNNENBERG, Hugo, *Die Kardinals-Kongregationen, die Rota Romana und die Signatura Apostolica. Eine rechtsgeschichtlich vergleichende Darstellung*, Hamburg 1924.

WYNEN, Arthur, *Die bisherigen Entscheidungen der S. R. Rota*: AkKR 91 (1911), 230-251, 424-447, 638-654.

WYNEN, Arthur, *Die Rota Romana*: MAGNUS, Julius (Hg.), *Die Höchsten Gerichte der Welt*, Leipzig 1929, 613-622.

ZABARELLA, Francesco, *Institutionum iuris ecclesiastici publici et privati liber subsidiarius qui est isagogos*, Augustae Vindelicorum 1791.

ZACCARIA, Francescantonio, *Anti-Febbronio o sia apologia storico-polemica del primato del Papa*, I, Cesena [2]1770.

ZAGGIA, Cesare, *I Tribunali interdiocesani o regionali nella vita della Chiesa*: GROCHOLEWSKI, Zenon, CÁRCEL ORTÍ, Vicente (Hg.), *Dilexit iustitiam. Studia in honorem Aurelii Card. Sabattani* (= StGiur, 5), Città del Vaticano 1984, 119-153.

ZANCHINI DI CASTIGLIONCHIO, Francesco, *Problemi di decentramento della giurisdizione ecclesiastico dopo il Concilio*: ALVAREZ-MENENDEZ, Severino (Hg.), *Studi di diritto canonico in onore di Marcello Magliocchetti*, III (= SDIC, 5/3), Roma 1979, 1175-1187.

ZANNONI, Giorgio, *Matrimonio e antropologia nella giurisprudenza rotale. Presupposti e orizzonte dell'approccio personalista*, Roma 1995.

ZAPP, Hartmut, *Heiner, Franz*: LThK^3, IV (1995), 1370, und: LKR (2004), 1088-1089.

ZARAGOZA I PASCUAL, Ernesto, *Lamas Lourido (Ramón)*: DHGE, XXIX (2007), 1511-1512.

ZENOBI, Bandino Giacomo, *I giudici della Ruota Avignonese 1566-1791*: SBRICCOLI, Mario, BETTONI, Antonella (Hg.), *Grandi tribunali e rote nell'Italia di antico regime* (= PFGUM, 4), Milano 1993, 421-433.

ŽUŽEK, Ivan, *Informatio de statu laborum Pontificiae Commissionis Codici Iuris Canonici recognoscendo*: Per 67 (1978), 765-772.

ŽUŽEK, Ivan, *Les textes non publiés du Code de Droit Canon Oriental*: Nuntia 1 (1975), 23-31.

ŽUŽEK, Ivan, *Omissione di alcune sezioni di canoni dal Codex Canonum Ecclesiarum Orientalium*: Apol 66 (1993), 439-449.

Register I

Canonesverzeichnis

1. CIC/1917

2. CIC/1983

3. CIC

Register II

Incipitverzeichnis

Register III

Stichwortverzeichnis[1]

[1] Seitenangaben in *kursiver* Schrift beziehen sich auf die Fundstellen in der Bibliografie.

Adnotationes in Ius Canonicum

Herausgegeben von Elmar Güthoff und Karl-Heinz Selge

Band 1 Anton Morhard: Die gerichtliche Berufung im kanonischen Recht. Eine Analyse des klassischen remedium iuris. 1995.

Band 2 Elmar Güthoff (Hrsg.): Der Schutz des geistigen Eigentums in den Schriften von Winfried Schulz. Festgabe für Theodor Schmitz zur Vollendung des 80. Lebensjahres. 1997.

Band 3 Richard Puza/Andreas Weiß (Hrsg.): Iustitia in caritate. Festgabe für Ernst Rößler zum 25jährigen Dienstjubiläum als Offizial der Diözese Rottenburg-Stuttgart. 1997.

Band 4 Ernst Freiherr von Castell: Alkoholismus in der Rechtsprechung der Rota Romana. 1997.

Band 5 Burghard Pimmer-Jüsten: Facultas vel licentia imponendi tributa sacerdotibus. Partikularrechtliche Untersuchung zu den diözesanen "Pflichtabgaben" der Kleriker. 1997.

Band 6 Jürgen Olschewski: Das Recht auf Sakramentenempfang. Zur Entwicklung eines Fundamentalrechtes der Gläubigen vom Konzil von Trient bis zur Gegenwart. 1998.

Band 7 Martin Grichting: Die Umschreibung der Diözesen. Die Kriterien des II. Vatikanischen Konzils für die kirchliche Zirkumskriptionspraxis. 1998.

Band 8 Cesare Mirabelli/Giorgio Feliciani/Carl Gerold Fürst/Helmuth Pree (Hrsg.): Winfried Schulz in memoriam. Schriften aus Kanonistik und Staatskirchenrecht. 1999.

Band 9 Christoph Kühn: Die Rechtsbeziehungen des Heiligen Stuhls zum Europarat. 1999.

Band 10 Peter Stockmann: Außerordentliche Gemeindeleitung. Historischer Befund – Dogmatische Grundlegung – Kirchenrechtliche Analyse – Offene Positionen. 1999.

Band 11 Jürgen Cleve: Inkompatibilität und Kumulationsverbot. Eine Untersuchung zu c. 152 CIC/1983. 1999.

Band 12 Karl-Heinz Selge: Ehe als Lebensbund. Die Unauflöslichkeit der Ehe als Herausforderung für den Dialog zwischen katholischer und evangelisch-lutherischer Theologie. 1999.

Band 13 Elmar Güthoff / Karl-Heinz Selge (Hrsg.): Der Staat der Vatikanstadt, der Heilige Stuhl und die Römische Kurie in den Schriften von Winfried Schulz. Città del Vaticano, Santa Sede e Curia Romana negli Scritti di Winfried Schulz. Franz X. Walter zur Vollendung des 70. Lebensjahres. 1999.

Band 14 Hermann Kahler: Absentia consensus. Der fehlende Mindestwille zur Ehe als Ehenichtigkeitsgrund. 1999.

Band 15 Nikolaus Schöch: Die kirchenrechtliche Interpretation der Grundprinzipien der christlichen Anthropologie als Voraussetzung für die eheprozessrechtliche Beurteilung der psychischen Ehekonsensunfähigkeit. Eine kanonistische Studie unter besonderer Berücksichtigung der päpstlichen Allokutionen und der Judikatur der Römischen Rota. 1999.

Band 16 Michael Landau: Amtsenthebung und Versetzung von Pfarrern. Eine Untersuchung des geltenden Rechts unter besonderer Berücksichtigung der Rechtsprechung der Zweiten Sektion des Höchsten Gerichts der Apostolischen Signatur. 1999.

Band 17 Paul Weibel: Das Selbstbestimmungsrecht der römisch-katholischen Kirche. Eine staatskirchenrechtliche Studie am Beispiel des Kantons Schwyz. 2003.

Band 18 Stefan Korta: Der katholische Kirchenvertrag Sachsen. 2001.

Band 19 Jürgen Wätjer: Das katholische Domkapitel zu Hamburg von den Anfängen bis zur Reformation und seine Wiedererrichtung 1996. Eine kanonistische Untersuchung. 2001.

Band 20 Bernd Matecki: Der Traktat *In primis hominibus*. Eine theologie- und kirchenrechtsgeschichtliche Untersuchung zu einem Ehetext der Schule von Laon aus dem 12. Jahrhundert. Anhang: Edition des Traktates *In primis hominibus*. 2001.

Band 21 Stefan Gatzhammer: Der Souveränitätsanspruch des Apostolischen Stuhles in päpstlichen Lehraussagen und in der Kanonistik von 1846 bis 1978. 2001.

Band 22 Andreas Franitza: Das Domkapitel zu Hildesheim in der Zeit zwischen Preußenkonkordat (1929) und Niedersachsenkonkordat (1965) und seine Statuten von 1984. 2001.

Band 23 Péter Erdö: Die Quellen des Kirchenrechts. Eine geschichtliche Einführung. 2002.

Band 24 Rüdiger Althaus / Rosel Oehmen-Vieregge / Jürgen Olschewski (Hrsg.): Aktuelle Beiträge zum Kirchenrecht. Festgabe für Heinrich J. F. Reinhardt zum 60. Geburtstag. 2002.

Band 25 Hartmut Zapp / Andreas Weiß / Stefan Korta (Hrsg.): Ius Canonicum in Oriente et Occidente. Festschrift für Carl Gerold Fürst zum 70. Geburtstag. 2003.

Band 26 Johnson Michael Kallidukil: The Canonical Significance of the Synod of Bishops of 1994 on Consecrated Life. From the *Lineamenta* to the *Vita consecrata*. 2003.

Band 27 Hubert Schiepek: Der Sonntag und kirchlich gebotene Feiertage nach kirchlichem und weltlichem Recht. Eine rechtshistorische Untersuchung. 2003. 2.,durchgesehene Auflage 2009.

Band 28 Andreas Weiß / Stefan Ihli (Hrsg.): Flexibilitas Iuris Canonici. Festschrift für Richard Puza zum 60. Geburtstag. 2003.

Band 29 Benita von Beyme: Die Baulast für das Freiburger Münster. 2003.

Band 30 Nikolaus Schöch: Festlegung, Änderung und Konformität von Klagegründen im kanonischen Eheprozess. 2003.

Band 31 Andreas Weiß / Stefan Ihli (Hrsg.): Kulturgutschutz und Kirche, Bibel und Kirchenrecht. Symposion und Festakt anlässlich des 60. Geburtstags von Professor Dr. Richard Puza. 2004.

Band 32 Stefan Lunze: The Protection of Religious Personnel in Armed Conflict. 2004.

Band 33 Christian Kröber: Zur Bedeutung der urheberrechtlichen Vergütungspflicht von kultischer Kirchenmusik in Deutschland. 2004.

Band 34 Szabolcs Anzelm Szuromi: Anselm of Lucca as a Canonist. 2006.

Band 35 Robert Oswald: Streikrecht im kirchlichen Dienst und in anderen karitativen Einrichtungen. 2005.

Band 36 Heribert Schmitz: Die Liturgie-Instruktion *Redemptionis Sacramentum* von 2004. Kirchenrechtliche Anmerkungen zum Erlaß der Kongregation für den Gottesdienst und die Sakramentenordnung vom 25. März 2004. 2005.

Band 37 Krzysztof Górski: Das personenbezogene Eheverständnis und relatives Erfüllungsunvermögen. 2006.

Band 38 Salus animarum suprema lex. Festschrift für Offizial Max Hopfner zum 70. Geburtstag. Herausgegeben von Ulrich Kaiser, Ronny Raith und Peter Stockmann. 2006.

Band 39 Bernd Eicholt: Geltung und Durchbrechung des Grundsatzes „Nullum crimen nulla poena sine lege" im kanonischen Recht, insbesondere in c. 1399 CIC/1983. 2006.

Band 40 Georg May: Die Auseinandersetzungen zwischen den Mainzer Erzbischöfen und dem Heiligen Stuhl um die Dispensbefugnis im 18. Jahrhundert. 2007.

Band 41 Wolfgang F. Rothe: Die Statuten der Kollegiatkapitel im deutschen Sprachraum. Rechtslage und Rechtspraxis. 2007.

Band 42 Markus Müller: *Officium divinum.* Studien zur kodikarisch-rechtlichen Ordnung des kirchlichen Stundengebetes in der lateinischen Kirche. 2007.

Band 43 Dagmar Schaaf: Der kirchliche Strafanspruch. Die Begründung der kirchlichen Strafgewalt vom Ius Publicum Ecclesiasticum bis zum CIC/1983. 2007.

Band 44 Burkhard Josef Berkmann: Die Ehen von/mit Nichtkatholiken vor der lateinischen Kirche. Das neue Ehe-Kollisionsrecht in *Dignitas Connubii.* 2008.

Band 45 Klaus Kottmann: Die Freimaurer und die katholische Kirche. Vom geschichtlichen Überblick zur geltenden Rechtslage. 2009.

Band 46 Stefan Killermann: Die Rota Romana. Wesen und Wirken des päpstlichen Gerichtshofes im Wandel der Zeit. 2., überarbeitete Auflage. 2011.

Band 47 Ansgar Grochtmann: Justitiabilität der Gewissensfreiheit. Rechtsvergleichende Anaylse zur kirchlichen Strafverhängung und zum Schutz des *forum internum* im Völkerrecht. 2009.

Band 48 Sabine Heidl: Psychische Störungen und ihre Begutachtung im Ehenichtigkeitsprozess. 2009.

Band 49 Peter Fabritz: *Sanatio in radice.* Historie eines Rechtsinstituts und seine Beziehung zum sakramentalen Eheverständnis der katholischen Kirche. 2010.

Printed by
CPI books GmbH, Leck

FSC
www.fsc.org
MIX
Papier | Fördert gute Waldnutzung
FSC® C083411

Kolibri 360 GmbH
Ferdinand-Jühlke-Straße 7
99095 Erfurt, Deutschland
produktsicherheit@kolibri360.de